2024年注册会计师职业能力综合测试辅导教材

综合阶段教程

（上册）

财政部中财传媒　注册会计师考试研究组　组织编写

中国财经出版传媒集团
中国财政经济出版社
·北京·

前　　言

注册会计师全国统一考试综合阶段考试（以下简称综合阶段考试）测试考生是否具备在职业环境中综合运用专业学科知识，坚持正确的职业价值观，遵从职业道德要求，保持正确的职业态度，有效解决实务问题的能力。考生应当在掌握专业阶段各学科知识、基本职业技能和职业道德规范的基础上，在复杂的职业环境中，综合运用相关专业学科知识和职业技能，坚持正确的职业价值观，遵从职业道德要求，保持正确的职业态度，对实务问题进行分析、判断、综合、评价，以书面形式清晰、有效地表达看法或提出方案。

综合阶段考试设职业能力综合测试科目，分成试卷一和试卷二，考试题型为综合案例分析。试卷一以鉴证业务为重点，内容主要涉及会计、审计和税法等专业领域；试卷二以管理咨询和业务分析为重点，内容主要涉及财务成本管理、公司战略与风险管理和经济法等专业领域。

为帮助参加综合阶段考试考生进行复习备考，我们组织常年从事注册会计师考试的辅导专家，按照《2024年注册会计师全国统一考试大纲——综合阶段考试》编写了《综合阶段教程》，全面梳理专业阶段六科教材中的核心内容，用精练、清晰、准确的语言涵盖相关学科知识内容，帮助考生综合全面掌握基本原理、学科知识，有效复习备考，顺利通过综合阶段考试。

本教材既可以作为指导考生复习备考之用，也可以作为工作、学习的参考用书。对于教材中的疏漏、错误之处，恳请读者指正。

财政部中财传媒 注册会计师考试研究组
2024年2月

总目录

上册

会计篇	1
审计篇	265
税法篇	529

下册

财务成本管理篇	627
公司战略与风险管理篇	809
经济法篇	991

目 录

（上 册）

会 计 篇

第一章 存货 3
    第一节 存货的初始计量 3
    第二节 发出存货的计量 4
    第三节 期末存货的计量 4

第二章 固定资产 7
    第一节 固定资产的确认和初始计量 7
    第二节 固定资产的折旧 10
    第三节 固定资产的后续支出 12
    第四节 固定资产的处置 13

第三章 无形资产 14
    第一节 无形资产的确认和初始计量 14
    第二节 内部研究开发支出的确认和计量 16
    第三节 无形资产的后续计量 17
    第四节 无形资产的处置 18

第四章 投资性房地产 19
    第一节 投资性房地产的确认和初始计量 19
    第二节 投资性房地产的后续计量 20
    第三节 投资性房地产的转换和处置 21

第五章 金融工具 25
    第一节 金融资产和金融负债的分类和重分类 25
    第二节 金融负债和权益工具的区分 33
    第三节 金融工具的计量 40
    第四节 金融资产转移 44

第五节 套期会计 ··· 53
第六节 金融工具的披露 ··· 59

第六章 长期股权投资与合营安排 ·· 65
第一节 长期股权投资的初始计量 ··· 65
第二节 长期股权投资的后续计量 ··· 69
第三节 长期股权投资核算方法的转换及处置 ·· 75
第四节 合营安排 ·· 77

第七章 资产减值 ·· 82
第一节 存货跌价准备的确认和计量 ·· 82
第二节 其他资产减值的确认和计量 ·· 84

第八章 负债、职工薪酬和所有者权益 ··· 91
第一节 流动负债和非流动负债 ·· 91
第二节 借款费用 ·· 94
第三节 职工薪酬的确认与计量 ·· 96
第四节 或有事项的确认和预计负债计量 ··· 100
第五节 实收资本和其他权益工具的确认和计量 ·· 102
第六节 资本公积、其他综合收益和留存收益 ··· 106

第九章 收入、费用和利润 ··· 110
第一节 收入的定义及其分类 ··· 110
第二节 收入的确认和计量 ··· 110
第三节 合同成本 ··· 121
第四节 特定交易的会计处理 ·· 123
第五节 政府补助 ··· 127
第六节 期间费用的构成确认和计量 ··· 130
第七节 利润 ··· 131

第十章 非货币性资产交换和债务重组 ··· 133
第一节 非货币性资产交换的确认和计量 ··· 133
第二节 非货币性资产交换的会计处理 ·· 135
第三节 债务重组的会计处理 ·· 138
第四节 债务重组的披露 ·· 143

第十一章 所得税 ·· 144
第一节 资产、负债的计税基础及暂时性差异的认定 ·· 144
第二节 递延所得税资产及负债的确认和计量 ··· 149
第三节 所得税费用的确认和计量 ·· 154
第四节 所得税的列报 ··· 155

第十二章 外币折算 ··· 156
第一节 记账本位币的确定 ··· 156
第二节 外币交易的会计处理 ·· 157

第三节　外币财务报表折算	159

第十三章　租赁　161
　第一节　租赁的分拆、合并与租赁期　161
　第二节　承租人会计处理　164
　第三节　出租人会计处理　171
　第四节　特殊租赁业务的会计处理　174

第十四章　财务报告　177
　第一节　个别财务报表　177
　第二节　企业合并　190
　第三节　合并财务报表　195
　第四节　每股收益　203
　第五节　资产负债表日后事项　208
　第六节　持有待售的非流动资产、处置组和终止经营　213

第十五章　会计政策、会计估计及其变更和差错更正　220
　第一节　会计政策与会计估计及其变更的划分　220
　第二节　会计政策和会计估计变更的会计处理　221
　第三节　前期差错及其更正　224

第十六章　公允价值计量　227
　第一节　公允价值初始计量　227
　第二节　估值技术　228

第十七章　政府及民间非营利组织会计　232
　第一节　政府会计概述　232
　第二节　政府单位特定业务的会计核算　234
　第三节　民间非营利组织会计　258

审 计 篇

第一章　审计概述　267
　第一节　审计的概念与保证程度　267
　第二节　审计要素　269
　第三节　审计目标　270
　第四节　审计基本要求　273
　第五节　审计风险　274
　第六节　审计过程　276

第二章　审计计划　278
　第一节　初步业务活动　278

第二节　总体审计策略和具体审计计划 ………………………………………… 281
　　第三节　重要性 ………………………………………………………………… 284
第三章　审计证据 ……………………………………………………………………… 289
　　第一节　审计证据的性质 ……………………………………………………… 289
　　第二节　审计程序 ……………………………………………………………… 291
　　第三节　函证 …………………………………………………………………… 292
　　第四节　分析程序 ……………………………………………………………… 297
第四章　审计抽样方法 ………………………………………………………………… 300
　　第一节　审计抽样的相关概念 ………………………………………………… 300
　　第二节　审计抽样在控制测试中的应用 ……………………………………… 302
　　第三节　审计抽样在细节测试中的应用 ……………………………………… 306
第五章　信息技术对审计的影响 ……………………………………………………… 311
　　第一节　信息技术对企业财务报告和内部控制的影响 ……………………… 311
　　第二节　信息技术一般控制、信息处理控制和公司层面信息技术控制 …… 313
　　第三节　信息技术对审计过程的影响 ………………………………………… 314
　　第四节　计算机辅助审计技术和电子表格的运用 …………………………… 316
　　第五节　数据分析 ……………………………………………………………… 317
　　第六节　不同信息技术环境下的信息管理 …………………………………… 318
第六章　审计工作底稿 ………………………………………………………………… 320
　　第一节　审计工作底稿概述 …………………………………………………… 320
　　第二节　审计工作底稿的格式、要素和范围 ………………………………… 321
　　第三节　审计工作底稿的归档 ………………………………………………… 322
第七章　风险评估 ……………………………………………………………………… 325
　　第一节　风险识别和评估概述 ………………………………………………… 325
　　第二节　风险评估程序、信息来源以及项目组内部的讨论 ………………… 326
　　第三节　了解被审计单位及其环境和适用的财务报告编制基础 …………… 327
　　第四节　了解被审计单位内部控制体系各要素 ……………………………… 333
　　第五节　识别和评估重大错报风险 …………………………………………… 342
第八章　风险应对 ……………………………………………………………………… 347
　　第一节　针对财务报表层次重大错报风险的总体应对措施 ………………… 347
　　第二节　针对认定层次重大错报风险的进一步审计程序 …………………… 349
　　第三节　控制测试 ……………………………………………………………… 351
　　第四节　实质性程序 …………………………………………………………… 354
第九章　销售与收款循环的审计 ……………………………………………………… 357
　　第一节　销售与收款循环的特点 ……………………………………………… 358
　　第二节　销售与收款循环的主要业务活动和相关内部控制 ………………… 359
　　第三节　销售与收款循环的重大错报风险 …………………………………… 360
　　第四节　销售与收款循环的控制测试 ………………………………………… 361

第五节　销售与收款循环的实质性程序 …………………………………… 362
第十章　采购与付款循环的审计 …………………………………………………… 367
　　　第一节　采购与付款循环的特点 …………………………………………… 367
　　　第二节　采购与付款循环的主要业务活动和相关内部控制 ………………… 368
　　　第三节　采购与付款循环的重大错报风险 ………………………………… 368
　　　第四节　采购与付款循环的控制测试 ……………………………………… 370
　　　第五节　采购与付款循环的实质性程序 …………………………………… 370
第十一章　生产与存货循环的审计 ………………………………………………… 374
　　　第一节　生产与存货循环的特点 …………………………………………… 374
　　　第二节　生产与存货循环的主要业务活动和相关内部控制 ………………… 375
　　　第三节　生产与存货循环的重大错报风险 ………………………………… 378
　　　第四节　生产与存货循环的控制测试 ……………………………………… 379
　　　第五节　生产与存货循环的实质性程序 …………………………………… 379
第十二章　货币资金的审计 ………………………………………………………… 385
　　　第一节　货币资金审计概述 ………………………………………………… 385
　　　第二节　货币资金的重大错报风险 ………………………………………… 386
　　　第三节　货币资金的控制测试 ……………………………………………… 388
　　　第四节　货币资金的实质性程序 …………………………………………… 389
第十三章　对舞弊和法律法规的考虑 ……………………………………………… 392
　　　第一节　财务报表审计中与舞弊相关的责任 ……………………………… 392
　　　第二节　财务报表审计中对法律法规的考虑 ……………………………… 398
第十四章　审计沟通 ………………………………………………………………… 402
　　　第一节　注册会计师与治理层的沟通 ……………………………………… 402
　　　第二节　前任注册会计师和后任注册会计师的沟通 ……………………… 408
第十五章　注册会计师利用他人的工作 …………………………………………… 411
第十六章　对集团财务报表审计的特殊考虑 ……………………………………… 412
　　　第一节　与集团财务报表审计相关的概念 ………………………………… 412
　　　第二节　集团审计中的责任设定和注册会计师的目标 …………………… 413
　　　第三节　集团审计业务的接受与保持 ……………………………………… 414
　　　第四节　了解集团及其环境、集团组成部分及其环境 …………………… 415
　　　第五节　了解组成部分注册会计师 ………………………………………… 416
　　　第六节　重要性 ……………………………………………………………… 417
　　　第七节　针对评估的风险采取的应对措施 ………………………………… 417
　　　第八节　合并过程及期后事项 ……………………………………………… 419
　　　第九节　与组成部分注册会计师的沟通 …………………………………… 419
　　　第十节　评价审计证据的充分性和适当性 ………………………………… 421
　　　第十一节　与集团管理层和集团治理层的沟通 …………………………… 421

第十七章　其他特殊项目的审计 ······ 422
第一节　审计会计估计和相关披露 ······ 422
第二节　关联方的审计 ······ 426
第三节　考虑持续经营假设 ······ 430
第四节　首次接受委托时对期初余额的审计 ······ 434

第十八章　完成审计工作 ······ 436
第一节　完成审计工作概述 ······ 436
第二节　期后事项 ······ 439
第三节　书面声明 ······ 441

第十九章　审计报告 ······ 443
第一节　审计报告概述 ······ 443
第二节　审计意见的形成 ······ 444
第三节　审计报告的基本内容 ······ 445
第四节　在审计报告中沟通关键审计事项 ······ 447
第五节　非无保留意见审计报告 ······ 448
第六节　在审计报告中增加强调事项段和其他事项段 ······ 451
第七节　比较信息 ······ 452
第八节　注册会计师对其他信息的责任 ······ 454

第二十章　企业内部控制审计 ······ 458
第一节　内部控制审计的概念 ······ 458
第二节　计划内部控制审计工作 ······ 460
第三节　自上而下的方法 ······ 463
第四节　测试控制的有效性 ······ 466
第五节　企业层面控制的测试 ······ 467
第六节　业务流程、应用系统或交易层面的控制的测试 ······ 469
第七节　信息技术控制的测试 ······ 472
第八节　内部控制缺陷评价 ······ 474
第九节　完成内部控制审计工作 ······ 476
第十节　出具内部控制审计报告 ······ 477

第二十一章　会计师事务所业务质量管理 ······ 480
第一节　会计师事务所质量管理体系 ······ 480
第二节　项目质量复核 ······ 490
第三节　对财务报表审计实施的质量管理 ······ 491

第二十二章　职业道德基本原则和概念框架 ······ 496
第一节　职业道德基本原则 ······ 496
第二节　职业道德概念框架 ······ 497
第三节　注册会计师对职业道德概念框架的具体运用 ······ 498
第四节　非执业会员对职业道德概念框架的运用 ······ 501

第二十三章　审计业务对独立性的要求 ········· 505
第一节　基本概念和要求 ········· 505
第二节　经济利益 ········· 509
第三节　贷款和担保以及商业关系、家庭和私人关系 ········· 511
第四节　与审计客户发生人员交流 ········· 514
第五节　与审计客户长期存在业务关系 ········· 516
第六节　为审计客户提供非鉴证服务 ········· 518
第七节　收费 ········· 526
第八节　影响独立性的其他事项 ········· 528

税 法 篇

第一章　增值税法 ········· 531
第一节　征税范围与纳税义务人 ········· 531
第二节　一般纳税人和小规模纳税人的登记 ········· 533
第三节　税率与征收率 ········· 534
第四节　一般计税方法应纳税额的计算 ········· 536
第五节　简易计税方法 ········· 543
第六节　进口环节增值税的征收 ········· 544
第七节　出口和跨境业务增值税的退（免）税和征税 ········· 545
第八节　增值税发票的使用及管理 ········· 554

第二章　消费税法 ········· 558
第一节　纳税义务人与税目、税率 ········· 558
第二节　计税依据 ········· 559
第三节　应纳税额的计算 ········· 560

第三章　企业所得税法 ········· 565
第一节　纳税义务人、征税对象与税率 ········· 565
第二节　应纳税所得额 ········· 566
第三节　资产的税务处理 ········· 572
第四节　资产损失的所得税处理 ········· 577
第五节　企业重组的所得税处理 ········· 579
第六节　应纳税额的计算 ········· 583

第四章　个人所得税法 ········· 586
第一节　纳税义务人与征税范围 ········· 586
第二节　税率、应纳税所得额的确定与应纳税额的计算 ········· 588
第三节　境外所得的税额扣除 ········· 590

第五章　关税法 ... 594
第一节　征税对象与纳税义务人 ... 594
第二节　进出口税则 ... 594
第三节　关税完税价格与应纳税额的计算 ... 596
第四节　减免规定 ... 600

第六章　资源税法和环境保护税法 ... 602
第一节　资源税法 ... 602
第二节　环境保护税法 ... 606

第七章　房产税法、城镇土地使用税法和土地增值税法 ... 609
第一节　房产税法 ... 609
第二节　城镇土地使用税法 ... 611
第三节　土地增值税法 ... 613

第八章　国际税收 ... 617
第一节　非居民企业税收管理 ... 617
第二节　境外所得税收管理 ... 618
第三节　国际反避税 ... 621
第四节　转让定价税务管理 ... 624

会 计 篇

第一章 存　货

第一节　存货的初始计量

企业取得存货应当按照成本进行计量。存货成本包括采购成本、加工成本和使存货达到目前场所和状态所发生的其他成本三个组成部分。企业存货的取得主要是通过外购和自制两个途径。

一、外购存货的成本

企业外购存货主要包括原材料和商品。外购存货的成本即存货的采购成本，指企业物资从采购到入库前所发生的相关支出，包括购买价款、相关税费、运输费、装卸费、保险费以及其他可归属于存货采购成本的费用。商品流通企业在采购商品过程中发生的运输费、装卸费、保险费以及其他可归属于存货采购成本的费用等进货费用，应计入所购商品成本。

企业通过外购方式取得确认为存货的数据资源，其采购成本包括购买价款、相关税费、保险费，以及数据权属鉴证、质量评估、登记结算、安全管理等所发生的其他可归属于存货采购成本的费用。

二、加工取得存货的成本

企业通过进一步加工取得的存货，主要包括产成品、在产品、半成品、委托加工物资等，其成本由采购成本、加工成本构成。某些存货还包括使存货达到目前场所和状态所发生的其他成本，如可直接认定的产品设计费用等。通过进一步加工取得的存货的成本中采购成本是由所使用或消耗的原材料采购成本转移而来的，因此，计量加工取得的存货成本，重点是要确定存货的加工成本。

存货加工成本由直接人工和制造费用构成，其实质是企业在进一步加工存货的过程中追加发生的生产成本，因此，不包括直接由材料存货转移来的价值。其中，直接人工是指企业在生产产品过程中，直接从事产品生产的工人的职工薪酬。直接人工和间接人工的划分依据通常是生产工人是否与所生产的产品直接相关（即可否直接确定其服务的产品对象）。制造费用是指企业为生产产品和提供劳务而发生的各项间接费用。制造费用是一项间接生产成本，包括企业生产部门（如生产车间）管理人员的职工薪酬、折旧费、办公费、水电费、机物料消耗、劳动保护费、车间固定资产的修理费用、季节性和修理期间的停工损失等。

企业通过数据加工取得确认为存货的数据资源，其成本包括采购成本，数据采集、脱敏、清洗、标注、整合、分析、可视化等加工成本和使存货达到目前场所和状态所发生的其他支出。

第二节 发出存货的计量

一、发出存货成本的计量方法

企业在确定发出存货的成本时，可以采用先进先出法、移动加权平均法、月末一次加权平均法和个别计价法等方法。现行会计准则不允许采用后进先出法确定发出存货的成本。

二、存货成本的结转

企业销售存货，应当将已售存货的成本结转为当期损益，计入营业成本。也就是说，企业在确认存货销售收入的当期，应当将已经销售存货的成本结转为当期营业成本。

对已售存货计提了存货跌价准备，还应结转已计提的存货跌价准备，冲减当期主营业务成本或其他业务成本，实际上是按已售产成品或商品的账面价值结转主营业务成本或其他业务成本。企业按存货类别计提存货跌价准备的，也应按比例结转相应的存货跌价准备。

第三节 期末存货的计量

一、存货期末计量及存货跌价准备计提原则

资产负债表日，存货应当按照成本与可变现净值孰低计量。当存货成本低于可变现净值时，存货按成本计量；当存货成本高于可变现净值时，存货按可变现净值计量，同时按照成本高于可变现净值的差额计提存货跌价准备，计入当期损益。

二、存货的可变现净值

可变现净值，是指在日常活动中，存货的估计售价减去至完工时估计将要发生的成本、估计的销售费用以及相关税费后的金额。这里的销售费用不仅包括销售存货过程中

发生的增量成本,还应包括企业将在销售存货过程中必须发生的、除增量成本以外的其他成本,例如,销售门店发生的水电、摊销等费用。

(一) 可变现净值的基本特征

(1) 确定存货可变现净值的前提是企业在进行日常活动。

(2) 可变现净值为存货的预计未来净现金流入,而不是简单地等于存货的售价或合同价。

(3) 不同存货可变现净值的构成不同。①产成品、商品和用于出售的材料等直接用于出售的商品存货,在正常生产经营过程中,应当以该存货的估计售价减去估计的销售费用和相关税费后的金额,确定其可变现净值。②需要经过加工的材料存货,在正常生产经营过程中,应当以所生产的产成品的估计售价减去至完工时估计将要发生的成本、估计的销售费用和相关税费后的金额,确定其可变现净值。

(二) 确定存货的可变现净值时应考虑的因素

(1) 确定存货的可变现净值应当以取得确凿证据为基础。这里所讲的"确凿证据"是指对确定存货的可变现净值和成本有直接影响的客观证明。

①存货成本的确凿证据。存货的采购成本、加工成本和其他成本及以其他方式取得存货的成本,应当以取得外来原始凭证、生产成本账簿记录等作为确凿证据。

②存货可变现净值的确凿证据。存货可变现净值的确凿证据,是指对确定存货的可变现净值有直接影响的确凿证明,如产成品或商品的市场销售价格、与产成品或商品相同或类似商品的市场销售价格、销货方提供的有关资料和生产成本资料等。

(2) 确定存货的可变现净值应当考虑持有存货的目的。

(3) 确定存货的可变现净值应当考虑资产负债表日后事项等的影响。确定存货可变现净值时,应当以资产负债表日取得最可靠的证据估计的售价为基础并考虑持有存货的目的,资产负债表日至财务报告批准报出日之间存货售价发生波动的,如有确凿证据表明其对资产负债表日存货已经存在的情况提供了新的或进一步的证据,则在确定存货可变现净值时应当予以考虑,否则,不应予以考虑。

三、存货期末计量和存货跌价准备的计提

(一) 存货估计售价的确定

对于企业持有的各类存货,在确定其可变现净值时,最关键的问题是确定估计售价。企业应当区别如下情况确定存货的估计售价:

(1) 为执行销售合同或者劳务合同而持有的存货,通常应当以产成品或商品的合同价格作为其可变现净值的计算基础。如果企业与购买方签订了销售合同(或劳务合同,下同),并且销售合同订购的数量等于企业持有存货的数量,在这种情况下,在确定与该项销售合同直接相关存货的可变现净值时,应当以销售合同价格作为其可变现净值的计算基础。

(2) 如果企业持有存货的数量多于销售合同订购数量,超出部分的存货可变现净值应当以产成品或商品的一般销售价格(即市场销售价格)作为计算基础。

(3) 如果企业持有存货的数量少于销售合同订购数量,实际持有与该销售合同相关

的存货应以销售合同所规定的价格作为可变现净值的计算基础。

（4）没有销售合同约定的存货（不包括用于出售的材料），其可变现净值应当以产成品或商品一般销售价格（即市场销售价格）作为计算基础。

（5）用于出售的材料等，通常以市场价格作为其可变现净值的计算基础。

（二）材料存货的期末计量

材料存货的期末价值应当以所生产的产成品的可变现净值与成本的比较为基础加以确定。

（1）对于为生产而持有的材料等，如果用其生产的产成品的可变现净值预计高于成本，则该材料仍然应当按照成本计量。这里的"材料"是指原材料、在产品、委托加工材料等。"可变现净值高于成本"中的成本是指产成品的生产成本。

（2）如果材料价格的下降表明产成品的可变现净值低于成本，则该材料应当按可变现净值计量，按其差额计提存货跌价准备。

（三）计提存货跌价准备的方法

（1）企业通常应当按照单个存货项目计提存货跌价准备。

（2）对于数量繁多、单价较低的存货，可以按照存货类别计提存货跌价准备。

（3）与在同一地区生产和销售的产品系列相关、具有相同或类似最终用途或目的，且难以与其他项目分开计量的存货，可以合并计提存货跌价准备。

（4）存货存在下列情形之一的，通常表明存货的可变现净值低于成本。①该存货的市场价格持续下跌，并且在可预见的未来无回升的希望。②企业使用该项原材料生产的产品的成本大于产品的销售价格。③企业因产品更新换代，原有库存原材料已不适应新产品的需要，而该原材料的市场价格又低于其账面成本。④因企业所提供的商品或劳务过时或消费者偏好改变而使市场的需求发生变化，导致市场价格逐渐下跌。⑤其他足以证明该项存货实质上已经发生减值的情形。

（5）存货存在下列情形之一的，通常表明存货的可变现净值为零。①已霉烂变质的存货。②已过期且无转让价值的存货。③生产中已不再需要，并且已无使用价值和转让价值的存货。④其他足以证明已无使用价值和转让价值的存货。

（四）存货跌价准备转回的处理

（1）资产负债表日，企业应当确定存货的可变现净值。

（2）企业的存货在符合条件的情况下，可以转回计提的存货跌价准备。存货跌价准备转回的条件是以前减记存货价值的影响因素已经消失，而不是在当期造成存货可变现净值高于成本的其他影响因素。

（3）当符合存货跌价准备转回的条件时，应在原已计提的存货跌价准备的金额内转回。

（五）存货跌价准备的结转

企业计提了存货跌价准备，如果其中有部分存货已经销售，则企业在结转销售成本时，应同时结转对其已计提的存货跌价准备。

第二章 固定资产

第一节 固定资产的确认和初始计量

一、固定资产的确认条件

固定资产在符合定义的前提下,应当同时满足以下两个条件,才能加以确认。
(1) 与该固定资产有关的经济利益很可能流入企业。
(2) 该固定资产的成本能够可靠地计量。

二、固定资产的初始计量

固定资产的初始计量是指确定固定资产的取得成本。取得成本包括企业为购建某项固定资产达到预定可使用状态前所发生的一切合理的、必要的支出。在实务中,企业取得固定资产的方式是多种多样的,包括外购、自行建造、投资者投入以及非货币性资产交换、债务重组、企业合并等,取得的方式不同,其成本的具体构成内容及确定方法也不尽相同。

(一) 外购固定资产的成本

企业外购固定资产的成本,包括购买价款、相关税费、使固定资产达到预定可使用状态前所发生的可归属于该项资产的运输费、装卸费、安装费和专业人员服务费等。

外购固定资产是否达到预定可使用状态,需要根据具体情况进行分析判断。如果购入不需安装的固定资产,购入后即可发挥作用,因此,购入后即可达到预定可使用状态。如果购入需安装的固定资产,只有安装调试后,达到设计要求或合同规定的标准,该项固定资产才可发挥作用,才意味着达到预定可使用状态。

在实务中,企业可能以一笔款项同时购入多项没有单独标价的资产。如果这些资产均符合固定资产的定义,并满足固定资产的确认条件,则应将各项资产单独确认为固定资产,并按各项固定资产公允价值的比例对总成本进行分配,分别确定各项固定资产的成本。如果以一笔款项购入的多项资产中还包括固定资产以外的其他资产,也应按类似的方法予以处理。

企业购入的固定资产分为不需要安装的固定资产和需要安装的固定资产两种情形。

前者的取得成本为企业实际支付的购买价款、包装费、运杂费、保险费、专业人员服务费和相关税费（不含可抵扣的增值税进项税额）等，其账务处理为：按应计入固定资产成本的金额，借记"固定资产"科目，贷记"银行存款""其他应付款""应付票据"等科目；后者的取得成本是在前者取得成本的基础上，加上安装调试成本等，其账务处理为：按应计入固定资产成本的金额，先记入"在建工程"科目，安装完毕交付使用时再转入"固定资产"科目。

企业购买固定资产通常在正常信用条件期限内付款，但也会发生超过正常信用条件购买固定资产的经济业务，如采用分期付款方式购买资产，且在合同中规定的付款期限比较长，超过了正常信用条件。在这种情况下，该项购货合同实质上具有融资性质，购入固定资产的成本不能以各期付款额之和确定，而应以各期付款额的现值之和确定。固定资产购买价款的现值，应当按照各期支付的价款选择恰当的折现率进行折现后的金额加以确定。折现率是反映当前市场货币时间价值和延期付款债务特定风险的利率。该折现率实质上是供货企业的必要报酬率。各期实际支付的价款之和与其现值之间的差额，在达到预定可使用状态之前符合《企业会计准则第17号——借款费用》中规定的资本化条件的，应当通过在建工程计入固定资产成本，其余部分应当在信用期间内确认为财务费用，计入当期损益。其账务处理为：购入固定资产时，按购买价款的现值，借记"固定资产"或"在建工程"等科目，按应支付的金额，贷记"长期应付款"科目，按其差额，借记"未确认融资费用"科目。

（二）自行建造固定资产的成本

1. 自营方式建造固定资产。

企业为建造固定资产准备的各种物资应当按照实际支付的买价、运输费、保险费等相关税费作为实际成本，并按照各种专项物资的种类进行明细核算。工程完工后，剩余的工程物资转为本企业存货的，按其实际成本或计划成本进行结转。建设期间发生的工程物资盘亏、报废及毁损，减去残料价值以及保险公司、过失人等赔款后的净损失，计入所建工程项目的成本；盘盈的工程物资或处置净收益，冲减所建工程项目的成本。工程完工后发生的工程物资盘盈、盘亏、报废、毁损，计入当期损益。

建造固定资产领用工程物资、原材料或库存商品，应按其实际成本转入所建工程成本。自营方式建造固定资产应负担的职工薪酬、辅助生产部门为之提供的水、电、运输等劳务，以及其他必要支出等也应计入所建工程项目的成本。符合资本化条件，应计入所建造固定资产成本的借款费用按照《企业会计准则第17号——借款费用》的有关规定处理。

所建造的固定资产已达到预定可使用状态，但尚未办理竣工结算的，应当自达到预定可使用状态之日起，根据工程预算、造价或者工程实际成本等，按暂估价值转入固定资产，并按有关计提固定资产折旧的规定，计提固定资产折旧。待办理竣工决算手续后再调整原来的暂估价值，但不需要调整原已计提的折旧额。

企业自营方式建造固定资产，发生的工程成本应通过"在建工程"科目核算，工程完工达到预定可使用状态时，从"在建工程"科目转入"固定资产"科目。

高危行业企业按照国家规定提取的安全生产费，应当计入相关产品的成本或当期损益，同时记入"专项储备"科目。企业使用提取的安全生产费形成固定资产的，应当通过"在建工程"科目归集所发生的支出,待安全项目完工达到预定可使用状态时确认为固定资产;同时,按照形成固定资产的成本冲减专项储备,并确认相同金额的累计折旧。该固定资产在以后期间不再计提折旧。

2. 出包方式建造固定资产。

企业以出包方式建造固定资产,其成本由建造该项固定资产达到预定可使用状态前所发生的必要支出构成,包括发生的建筑工程支出、安装工程支出以及需分摊计入各固定资产价值的待摊支出。建筑工程、安装工程支出,如人工费、材料费、机械使用费等由建造承包商核算。对于发包企业而言,建筑工程支出、安装工程支出是构成在建工程成本的重要内容,发包企业按照合同规定的结算方式和工程进度定期与建造承包商办理工程价款结算,结算的工程价款计入在建工程成本。待摊支出,是指在建设期间发生的,不能直接计入某项固定资产价值,而应由所建造固定资产共同负担的相关费用,包括为建造工程发生的管理费、可行性研究费、临时设施费、公证费、监理费、应负担的税金、符合资本化条件的借款费用、建设期间发生的工程物资盘亏、报废及毁损净损失以及负荷联合试车费等。企业为建造固定资产通过出让方式取得土地使用权而支付的土地出让金不计入在建工程成本,应确认为无形资产(土地使用权)。

在出包方式下,"在建工程"科目主要是企业与建造承包商办理工程价款的结算科目,企业支付给建造承包商的工程价款,作为工程成本通过"在建工程"科目核算。企业应按合理估计的工程进度和合同规定结算的进度款,借记"在建工程——建筑工程——××工程""在建工程——安装工程——××工程"科目,贷记"银行存款""预付账款"等科目。工程完成时,按合同规定补付的工程款,借记"在建工程"科目,贷记"银行存款"等科目。企业将需安装设备运抵现场安装时,借记"在建工程——在安装设备——××设备"科目,贷记"工程物资——××设备"科目;企业为建造固定资产发生的待摊支出,借记"在建工程——待摊支出"科目,贷记"银行存款""应付职工薪酬"等科目。

在建工程达到预定可使用状态时,首先计算分配待摊支出,待摊支出的分配率可按下列公式计算:

$$待摊支出分配率 = \frac{累计发生的待摊支出}{建筑工程支出 + 安装工程支出 + 在安装设备支出} \times 100\%$$

$$\begin{matrix}××工程应分\\配的待摊支出\end{matrix} = \left(\begin{matrix}××工程的\\建筑工程支出\end{matrix} + \begin{matrix}××工程的\\安装工程支出\end{matrix} + \begin{matrix}××工程的在\\安装设备支出\end{matrix} \right) \times \begin{matrix}待摊支出\\分\ 配\ 率\end{matrix}$$

其次,计算确定已完工的固定资产成本:

房屋、建筑物等固定资产成本 = 建筑工程支出 + 应分摊的待摊支出

需要安装设备的成本 = 设备成本 + 为设备安装发生的基础、支座等建筑工程支出 + 安装工程支出 + 应分摊的待摊支出

然后,进行相应的账务处理,借记"固定资产"科目,贷记"在建工程——建筑工程""在建工程——安装工程""在建工程——待摊支出"等科目。

(三)其他方式取得的固定资产的成本

1. 投资者投入固定资产的成本。

投资者投入固定资产的成本,应当按照投资合同或协议约定的价值确定,但合同或

协议约定价值不公允的除外。在投资合同或协议约定价值不公允的情况下，按照该项固定资产的公允价值作为入账价值。

2. 盘盈固定资产的成本。

盘盈的固定资产，作为前期差错处理，在按管理权限报经批准处理前，应先通过"以前年度损益调整"科目核算。

（四）存在弃置费用的固定资产

弃置费用的金额与其现值比较通常较大，需要考虑货币时间价值，对于这些特殊行业的特定固定资产，企业应当根据《企业会计准则第13号——或有事项》，按照现值计算确定应计入固定资产成本的金额和相应的预计负债。在固定资产的使用寿命内按照预计负债的摊余成本和实际利率计算确定的利息费用应当在发生时计入财务费用。一般工商企业的固定资产发生的报废清理费用不属于弃置费用，应当在发生时作为固定资产处置费用处理。

另外，值得关注的是，企业将固定资产达到预定可使用状态前或者研发过程中产出的产品或副产品对外销售（以下统称试运行销售）的，应当按照《企业会计准则第14号——收入》《企业会计准则第1号——存货》等规定，对试运行销售相关的收入和成本分别进行会计处理，计入当期损益，不应将试运行销售相关收入抵销相关成本后的净额冲减固定资产成本或者研发支出。试运行产出的有关产品或副产品在对外销售前，符合《企业会计准则第1号——存货》规定的应当确认为存货，符合其他相关企业会计准则中有关资产确认条件的应当确认为相关资产。本解释所称"固定资产达到预定可使用状态前产出的产品或副产品"，包括测试固定资产可否正常运转时产出的样品等情形。测试固定资产可否正常运转而发生的支出属于固定资产达到预定可使用状态前的必要支出，应当按照《企业会计准则第4号——固定资产》的有关规定，计入该固定资产成本。这里的"测试固定资产可否正常运转"，指评估该固定资产的技术和物理性能是否达到生产产品、提供服务、对外出租或用于管理等标准的活动，不包括评估固定资产的财务业绩。

企业应当按照《企业会计准则第1号——存货》《企业会计准则第14号——收入》《企业会计准则第30号——财务报表列报》等规定，判断试运行销售是否属于企业的日常活动，并在财务报表中分别日常活动和非日常活动列示试运行销售的相关收入和成本，属于日常活动的，在"营业收入"和"营业成本"项目列示，属于非日常活动的，在"资产处置收益"等项目列示。同时，企业应当在附注中单独披露试运行销售的相关收入和成本金额、具体列报项目以及确定试运行销售相关成本时采用的重要会计估计等相关信息。

第二节 固定资产的折旧

一、固定资产折旧方法

（一）年限平均法

年限平均法又称直线法，是指将固定资产的应计折旧额均衡地分摊到固定资产预计使用寿命内的一种方法。采用这种方法计算的每期折旧额均相等。计算公式如下：

年折旧率 = $\dfrac{1 - 预计净残值率}{预计使用寿命（年）} \times 100\%$

月折旧率 = 年折旧率 ÷ 12

月折旧额 = 固定资产原价 × 月折旧率

（二）工作量法

工作量法是根据实际工作量计算每期应提折旧额的一种方法。计算公式如下：

单位工作量折旧额 = $\dfrac{固定资产原价 \times （1 - 预计净残值率）}{预计总工作量}$

某项固定资产月折旧额 = 该项固定资产当月工作量 × 单位工作量折旧额

工作量法假定固定资产价值的降低不是由于时间的推移，而是由于使用。对于在使用期内工作量负担程度差异大，提供的经济效益不均衡的固定资产而言，特别是在有形磨损比经济折旧更为重要的情况下，工作量法的这一假定是合理的。

但是，工作量法把有形损耗看作是引起固定资产折旧的唯一因素，由于无形损耗的客观存在，固定资产即使不使用也会发生折旧，使用工作量法难以在账面上对这种情况作出反映。

（三）双倍余额递减法

双倍余额递减法是指在不考虑固定资产预计净残值的情况下，根据每期期初固定资产原价减去累计折旧后的金额（即固定资产净值）和双倍的直线法折旧率计算固定资产折旧的一种方法。计算公式如下：

年折旧率 = 2 ÷ 预计使用寿命（年）× 100%

月折旧率 = 年折旧率 ÷ 12

月折旧额 = 固定资产净值 × 月折旧率

由于每年年初固定资产净值没有扣除预计净残值，因此，在应用这种方法计算折旧额时必须注意不能使固定资产的净值降低到其预计净残值以下，即采用双倍余额递减法计提折旧的固定资产，通常在其折旧年限到期前两年内，将固定资产净值扣除预计净残值后的余额平均摊销。

（四）年数总和法

年数总和法又称年限合计法，是将固定资产的原价减去预计净残值的余额乘以一个以固定资产尚可使用寿命为分子、以预计使用寿命逐年数字之和为分母的逐年递减的分数计算每年的折旧额。计算公式如下：

年折旧率 = 尚可使用寿命/预计使用寿命的年数总和 × 100%

月折旧率 = 年折旧率 ÷ 12

月折旧额 = (固定资产原价 − 预计净残值) × 月折旧率

二、固定资产折旧的会计处理

固定资产应当按月计提折旧，计提的折旧应通过"累计折旧"科目核算，并根据用途计入相关资产的成本或者当期损益。

（1）企业基本生产车间所使用的固定资产，其计提的折旧应计入制造费用。

（2）管理部门所使用的固定资产，其计提的折旧应计入管理费用。

（3）销售部门所使用的固定资产，其计提的折旧应计入销售费用。

（4）自行建造固定资产过程中使用的固定资产，其计提的折旧应计入在建工程成本。

（5）经营租出的固定资产，其计提的折旧应计入其他业务成本。

（6）未使用的固定资产，其计提的折旧应计入管理费用。

三、固定资产使用寿命、预计净残值和折旧方法的复核

企业至少应当于每年年度终了，对固定资产的使用寿命、预计净残值和折旧方法进行复核。在固定资产使用过程中，其所处的经济环境、技术环境以及其他环境（如气候风险）有可能对固定资产使用寿命和预计净残值产生较大影响，也可能致使与固定资产有关的经济利益的预期消耗方式发生重大改变而调整折旧方式。固定资产使用寿命、预计净残值和折旧方法的改变应作为会计估计变更处理。

第三节　固定资产的后续支出

固定资产的后续支出是指固定资产使用过程中发生的更新改造支出、修理费用等。

后续支出的处理原则为：符合资本化条件的，应当计入固定资产成本或其他相关资产的成本（例如，与生产产品相关的固定资产的后续支出计入相关产成品的成本），同时将被替换部分的账面价值扣除；不符合资本化条件的，应当计入当期损益。

一、资本化的后续支出

固定资产发生可资本化的后续支出时，企业一般应将该固定资产的原价、已计提的累计折旧和减值准备转销，将固定资产的账面价值转入在建工程，并在此基础上重新确定固定资产原价。当固定资产转入在建工程，应停止计提折旧。在固定资产发生的后续支出完工并达到预定可使用状态时，再从在建工程转为固定资产，并按重新确定的固定资产原价、使用寿命、预计净残值和折旧方法计提折旧。固定资产发生的可资本化的后续支出，通过"在建工程"科目核算。

二、费用化的后续支出

与固定资产有关的修理费用等后续支出，不符合资本化条件的，应当根据不同情况分别在发生时计入当期管理费用或销售费用。

一般情况下，固定资产投入使用之后，由于固定资产磨损、各组成部分耐用程度不同，可能导致固定资产的局部损坏，为了维护固定资产的正常运转和使用，充分发挥其使用效能，企业将对固定资产进行必要的维护。除与存货的生产和加工相关的固定资产的修理费用按照存货成本确定原则进行处理外，行政管理部门、企业专设的销售机构等

发生的固定资产修理费用等后续支出计入管理费用或销售费用；企业固定资产更新改造支出不满足资本化条件的，在发生时应直接计入当期损益。

第四节　固定资产的处置

一、固定资产处置的账务处理

企业出售、转让划归为持有待售类别的，按照持有待售非流动资产、处置组的相关章内容进行会计处理；未划归为持有待售类别而出售、转让的，通过"固定资产清理"科目归集所发生的损益，其产生的利得或损失转入"资产处置损益"科目，计入当期损益；固定资产因报废毁损等原因而终止确认的，通过"固定资产清理"科目归集所发生的损益，其产生的利得或损失计入营业外收入或营业外支出。

固定资产清理完成后的净收益或净损失，属于正常出售、转让所产生的利得或损失，借记或贷记"资产处置损益"科目，贷记或借记"固定资产清理"科目；属于已丧失使用功能正常报废所产生的利得或损失，借记或贷记"营业外支出——非流动资产报废"科目，贷记或借记"固定资产清理"科目；属于自然灾害等非正常原因造成的，借记或贷记"营业外支出——非常损失"科目，贷记或借记"固定资产清理"科目。

二、固定资产的清查

清查固定资产的损益，应当及时查明原因，并按照规定程序报批处理。

1. 固定资产盘盈的会计处理。

企业在财产清查中盘盈的固定资产，作为前期差错处理。企业在财产清查中盘盈的固定资产，在按管理权限报经批准处理前应先通过"以前年度损益调整"科目核算。盘盈的固定资产，应按重置成本确定其入账价值，借记"固定资产"科目，贷记"以前年度损益调整"科目。

2. 固定资产盘亏的会计处理。

固定资产盘亏造成的损失，应当计入当期损益。企业在财产清查中盘亏的固定资产，按盘亏固定资产的账面价值，借记"待处理财产损溢——待处理固定资产损溢"科目，按已计提的累计折旧，借记"累计折旧"科目，按已计提的减值准备，借记"固定资产减值准备"科目，按固定资产原价，贷记"固定资产"科目。按管理权限报经批准后处理时，按可收回的保险赔偿或过失人赔偿，借记"其他应收款"科目，按应计入营业外支出的金额，借记"营业外支出——盘亏损失"科目，贷记"待处理财产损溢"科目。

第三章 无形资产

第一节 无形资产的确认和初始计量

一、无形资产的确认条件

无形资产应当在符合定义的前提下，同时满足以下两个确认条件时，才能予以确认。

（1）与该资产有关的经济利益很可能流入企业。
（2）该无形资产的成本能够可靠地计量。

二、无形资产的初始计量

无形资产通常是按实际成本计量，即以取得无形资产并使之达到预定用途而发生的全部支出，作为无形资产的成本。对于不同来源取得的无形资产，其初始成本构成也不尽相同。

（一）外购的无形资产成本

外购的无形资产，其成本包括购买价款、相关税费以及直接归属于使该项资产达到预定用途所发生的其他支出。其中，直接归属于使该项资产达到预定用途所发生的其他支出包括使无形资产达到预定用途所发生的专业服务费用、测试无形资产是否能够正常发挥作用的费用等。

下列各项不包括在无形资产的初始成本中：（1）为引入新产品进行宣传发生的广告费、管理费用及其他间接费用；（2）无形资产已经达到预定用途以后发生的费用。

外购的无形资产，应按其取得成本进行初始计量；如果购入的无形资产超过正常信用条件延期支付价款，实质上具有融资性质的，应按所取得无形资产购买价款的现值计量其成本，现值与应付价款之间的差额作为未确认的融资费用，在付款期间内按照实际利率法确认为利息费用。

（二）投资者投入的无形资产成本

投资者投入的无形资产的成本，应当按照投资合同或协议约定的价值确定无形资产的取得成本。如果投资合同或协议约定价值不公允的，应按无形资产的公允价值作为无形资产初始成本入账。

（三）通过政府补助取得的无形资产成本

通过政府补助取得的无形资产成本，应当按照公允价值计量；公允价值不能可靠取得的，按照名义金额计量。

（四）土地使用权的处理

企业取得的土地使用权，通常应当按照取得时所支付的价款及相关税费确认为无形资产。土地使用权用于自行开发建造厂房等地上建筑物时，土地使用权的账面价值不与地上建筑物合并计算其成本，而仍作为无形资产进行核算，土地使用权与地上建筑物分别进行摊销和提取折旧。但下列情况除外：

（1）房地产开发企业取得的土地使用权用于建造对外出售的房屋建筑物，相关的土地使用权应当计入所建造的房屋建筑物成本。

（2）企业外购的房屋建筑物，实际支付的价款中包括土地以及建筑物的价值，则应当对支付的价款按照合理的方法（例如，公允价值比例）在土地和地上建筑物之间进行分配；如果确实无法在地上建筑物与土地使用权之间进行合理分配的，应当全部作为固定资产，按照固定资产确认和计量的规定进行处理。

（3）厂房建设在达到预定可使用状态前，土地使用权的摊销应计入在建工程成本。

企业改变土地使用权的用途，将其用于出租或增值目的时，应将其转为投资性房地产。

（五）企业通过外购方式取得确认为无形资产的数据资源成本

企业通过外购方式取得确认为无形资产的数据资源，其成本包括购买价款，相关税费，直接归属于使该项无形资产达到预定用途所发生的数据脱敏、清洗、标注、整合、分析、可视化等加工过程所发生的有关支出，以及数据权属鉴证、质量评估、登记结算、安全管理等费用。企业通过外购方式取得数据采集、脱敏、清洗、标注、整合、分析、可视化等服务所发生的有关支出，不符合《企业会计准则第6号——无形资产》规定的无形资产确认条件的，应当根据用途计入当期损益。

（六）企业合并中取得的无形资产成本

企业合并中取得的无形资产，按照企业合并的分类分别处理：

（1）同一控制下吸收合并，按照被合并企业无形资产的账面价值确认为取得时的初始成本；同一控制下控股合并，合并方在合并日编制合并报表时，应当按照被合并方无形资产的账面价值作为合并基础。

（2）非同一控制下的企业合并中，购买方取得的无形资产应以其在购买日的公允价值计量，包括：①被购买企业原已确认的无形资产。②被购买企业原未确认的无形资产，但其公允价值能够可靠计量，购买方就应在购买日将其独立于商誉确认为一项无形资产。例如，被购买方正在进行中的一个研究开发项目，符合无形资产的定义且其公允价值能够可靠计量，则购买方应将其独立于商誉确认为一项无形资产。

在企业合并中，如果取得的无形资产本身可以单独辨认，但其计量或处置必须与有形的或其他无形的资产一并作价，如天然矿泉水的商标可能与特定的泉眼有关，但不能独立于该泉眼出售，在这种情况下，如果该无形资产及与其相关的资产各自的公允价值不能可靠计量，则应将该资产组（即将无形资产与其相关的有形资产一并）独立于商誉确认为单项资产。

第二节　内部研究开发支出的确认和计量

一、研究阶段和开发阶段的划分

对于企业自行进行的研究开发项目（包括企业内部数据资源的研究开发），应当区分研究阶段与开发阶段两个部分分别进行核算。

（一）研究阶段

研究阶段是指为获取新的技术和知识等进行的有计划的调研，研究是否能在未来形成成果，即通过开发后是否会形成无形资产均具有很大的不确定性，企业也无法证明其能够带来未来经济利益的无形资产的存在，因此，研究阶段的有关支出在发生时，应当予以费用化计入当期损益。

（二）开发阶段

开发阶段是指在进行商业性生产或使用前，将研究成果或其他知识应用于某项计划或设计，以生产出新的或具有实质性改进的材料、装置、产品等。

由于开发阶段相对于研究阶段更进一步，相对于研究阶段来讲，进入开发阶段，则很大程度上形成一项新产品或新技术的基本条件已经具备，此时如果企业能够证明满足无形资产的定义及相关确认条件，所发生的开发支出可资本化，确认为无形资产的成本。

（三）研究阶段与开发阶段的不同点

（1）目标不同。研究阶段一般目标不具体，不具有针对性；而开发阶段多是针对具体目标、产品、工艺等。

（2）对象不同。研究阶段一般很难具体化到特定项目上；而开发阶段往往形成对象化的成果。

（3）风险不同。研究阶段的成功概率很难判断，一般成功率很低，风险比较大；而开发阶段的成功率较高，风险相对较小。

（4）结果不同。研究阶段的结果多是研究报告等基础性成果；而开发阶段的结果则多是具体的新技术、新产品等。

二、开发阶段有关支出资本化的条件

在开发阶段，判断可以将有关支出资本化计入无形资产成本的条件包括：

（1）完成该无形资产以使其能够使用或出售在技术上具有可行性。

（2）具有完成该无形资产并使用或出售的意图。

（3）无形资产产生经济利益的方式，包括能够证明运用该无形资产生产的产品存在市场或无形资产自身存在市场，无形资产将在内部使用的，应当证明其有用性。

（4）有足够的技术、财务资源和其他资源支持，以完成该无形资产的开发，并有能力使用或出售该无形资产。

（5）归属于该无形资产开发阶段的支出能够可靠地计量。

三、内部开发的无形资产的计量

内部研发活动形成的无形资产成本，由可直接归属于该资产的创造、生产并使该资产能够以管理层预定的方式运作的所有必要支出组成。可直接归属成本包括：开发该无形资产时耗费的材料、劳务成本、注册费，在开发该无形资产过程中使用的其他专利权和特许权的摊销，以及按照借款费用的处理原则可资本化的利息支出。在开发无形资产过程中发生的除上述可直接归属于无形资产开发活动的其他销售费用、管理费用等间接费用、无形资产达到预定用途前发生的可辨认的无效和初始运作损失、为运行该无形资产发生的培训支出等不构成无形资产的开发成本。

四、内部研究开发支出的会计处理

（一）基本原则

企业内部研究和开发无形资产，其在研究阶段的支出全部费用化，计入当期损益（管理费用）；开发阶段的支出符合条件的资本化，不符合资本化条件的计入当期损益（管理费用）。如果确实无法区分研究阶段的支出和开发阶段的支出，应将其所发生的研发支出全部费用化，计入当期损益。

（二）具体账务处理方法

（1）企业自行开发无形资产发生的研发支出，不满足资本化条件的，借记"研发支出——费用化支出"科目，满足资本化条件的，借记"研发支出——资本化支出"科目，贷记"原材料""银行存款""应付职工薪酬"等科目。

（2）企业以其他方式取得的正在进行中的研究开发项目，应按确定的金额，借记"研发支出——资本化支出"科目，贷记"银行存款"等科目。以后发生的研发支出，应当比照上述第一条原则进行处理。

（3）研究开发项目达到预定用途形成无形资产的，应按"研发支出——资本化支出"科目的余额，借记"无形资产"科目，贷记"研发支出——资本化支出"科目。

除了内部开发产生的无形资产外，其他内部产生的无形资产，比照上述原则进行处理。

第三节　无形资产的后续计量

一、使用寿命有限的无形资产

使用寿命有限的无形资产，应在其预计的使用寿命内采用系统合理的方法对应摊销金额进行摊销。应摊销金额，是指无形资产的成本扣除残值后的金额。已计提减值准备的无形资产，还应扣除已计提的无形资产减值准备累计金额。使用寿命有限的无形资产，其残值一般应当视为零。

（一）摊销期和摊销方法

无形资产的摊销期自其可供使用（即其达到预定用途）时起至终止确认时止，即无形资产摊销的起始和停止日期为：当月增加的无形资产，当月开始摊销；当月减少的无形资产，当月不再摊销。

在无形资产的使用寿命内系统地分摊其应摊销金额，存在多种方法。这些方法包括直线法、产量法等。企业选择的无形资产摊销方法，应当能够反映与该项无形资产有关的经济利益的预期消耗方式，并一致地运用于不同会计期间。

无形资产的摊销一般应计入当期损益，但如果某项无形资产是专门用于生产某种产品或者其他资产，其所包含的经济利益是通过转入所生产的产品或其他资产中实现的，则无形资产的摊销费用应当计入相关资产的成本。例如，某项专门用于生产过程中的专利技术，其摊销费用应构成所生产产品成本的一部分，计入制造该产品的制造费用。

持有待售的无形资产不进行摊销，按照账面价值与公允价值减去处置费用后的净额孰低进行计量。

（二）残值的确定

除下列情况外，无形资产的残值一般为零：（1）有第三方承诺在无形资产使用寿命结束时购买该项无形资产；（2）可以根据活跃市场得到无形资产预计残值信息，并且该市场在该项无形资产使用寿命结束时可能存在。

（三）使用寿命有限的无形资产摊销的账务处理

使用寿命有限的无形资产应当在其使用寿命内，采用合理的摊销方法进行摊销。摊销时，应当考虑该项无形资产所服务的对象，并以此为基础将其摊销价值计入相关资产的成本或者当期损益。

二、使用寿命不确定的无形资产

根据可获得的相关信息判断，如果无法合理估计某项无形资产的使用寿命的，应作为使用寿命不确定的无形资产进行核算。对于使用寿命不确定的无形资产，在持有期间内不需要摊销，但应当在每个会计期间进行减值测试。其减值测试的方法按照资产减值的原则进行处理，如经减值测试表明已发生减值，则需要计提相应的减值准备，其相关的账务处理为：借记"资产减值损失"科目，贷记"无形资产减值准备"科目。

第四节 无形资产的处置

无形资产的处置，主要是指无形资产出售、对外捐赠，或者是无法为企业带来未来经济利益时，应予终止确认并转销。

1. 企业出售某项无形资产，表明企业放弃无形资产的所有权，应按照持有待售非流动资产、处置组的相关规定进行会计处理。

2. 如果无形资产预期不能为企业带来未来经济利益，例如，该无形资产已被其他新技术所替代或超过法律保护期，不能再为企业带来经济利益的，则不再符合无形资产的定义，应将其报废并予以转销，其账面价值转作当期损益。转销时，应按已计提的累计摊销，借记"累计摊销"科目；按其账面余额，贷记"无形资产"科目；按其差额，借记"营业外支出"科目。已计提减值准备的，还应同时结转减值准备。

第四章 投资性房地产

第一节 投资性房地产的确认和初始计量

一、投资性房地产的确认和初始计量

投资性房地产只有在符合定义的前提下，同时满足下列条件的，才能予以确认。
（1）与该投资性房地产有关的经济利益很可能流入企业；
（2）该投资性房地产的成本能够可靠地计量。
投资性房地产应当按照成本进行初始计量。

（一）外购投资性房地产的确认和初始计量

外购的土地使用权和建筑物，按照取得时的实际成本进行初始计量。取得时的实际成本包括购买价款、相关税费和可直接归属于该资产的其他支出。企业购入的房地产，部分用于出租（或资本增值）、部分自用，用于出租（或资本增值）的部分应当予以单独确认的，应按照不同部分的公允价值占公允价值总额的比例将成本在不同部分之间进行分配。

如采用公允价值模式计量，需要在"投资性房地产"科目下设置"成本"和"公允价值变动"两个明细科目，其中，"投资性房地产——成本"科目反映外购的土地使用权和建筑物发生的实际成本。

（二）自行建造投资性房地产的确认和初始计量

自行建造投资性房地产，其成本由建造该项资产达到预定可使用状态前发生的必要支出构成，包括土地开发费、建筑成本、安装成本、应予以资本化的借款费用、支付的其他费用和分摊的间接费用等。建造过程中发生的非正常性损失，直接计入当期损益，不计入建造成本。

（三）非投资性房地产转换为投资性房地产的确认和初始计量

非投资性房地产转换为投资性房地产，实质上是因房地产用途发生改变而对房地产进行的重新分类。如果投资性房地产采用成本模式计量，则按照该项房地产在转换日的账面价值入账；如果投资性房地产采用公允价值模式计量，则按该项房地产在转换日的公允价值入账。

二、与投资性房地产有关的后续支出

（一）资本化的后续支出

与投资性房地产有关的后续支出，满足投资性房地产确认条件的，应当计入投资性房地产成本。例如，企业为了提高投资性房地产的使用效能，往往需要对投资性房地产进行改建、扩建而使其更加坚固耐用，或者通过装修而改善其室内装潢，改扩建或装修支出满足确认条件的，应当将其资本化。企业对某项投资性房地产进行改扩建等再开发且将来仍作为投资性房地产的，在再开发期间应继续将其作为投资性房地产，再开发期间不计提折旧或摊销。

（二）费用化的后续支出

与投资性房地产有关的后续支出，不满足投资性房地产确认条件的，应当在发生时计入当期损益。例如，企业对投资性房地产进行日常维护发生一些支出。企业在发生投资性房地产费用化的后续支出时，借记"其他业务成本"等科目，贷记"银行存款"等科目。

第二节　投资性房地产的后续计量

投资性房地产后续计量可以选择成本模式或公允价值模式，但同一企业只能采用一种模式对其所有投资性房地产进行后续计量，不得同时采用两种计量模式，即不得对一部分投资性房地产采用成本模式进行后续计量，对另一部分投资性房地产采用公允价值模式进行后续计量。

一、采用成本模式进行后续计量的投资性房地产

采用成本模式进行后续计量的投资性房地产，应当按照《企业会计准则第4号——固定资产》或《企业会计准则第6号——无形资产》的有关规定，按期（月）计提折旧或摊销，借记"其他业务成本"等科目，贷记"投资性房地产累计折旧（摊销）"科目。取得的租金收入，借记"银行存款"等科目，贷记"其他业务收入"等科目。

投资性房地产存在减值迹象的，还应当适用资产减值的有关规定。经减值测试后确定发生减值的，应当计提减值准备，借记"资产减值损失"科目，贷记"投资性房地产减值准备"科目。如果已经计提减值准备的投资性房地产的价值又得以恢复，不得转回。

二、采用公允价值模式进行后续计量的投资性房地产

企业存在确凿证据表明其投资性房地产的公允价值能够持续可靠取得的，可以对投资性房地产采用公允价值模式进行后续计量。公允价值模式的最大特点是在会计期末按照公允价值调整投资性房地产的账面价值，并将公允价值变动计入当期损益。从理论上说，采用公允价值模式进行后续计量更符合投资性房地产的特点，但实务中能否持续可

靠取得公允价值是较大的挑战。为此，会计准则提出了两种计量模式供企业选择，并对选择公允价值模式所应具备的条件进行了规定。

采用公允价值模式计量的投资性房地产，应当同时满足下列条件：

（1）投资性房地产所在地有活跃的房地产交易市场。所在地，通常指投资性房地产所在的城市。对于大中型城市，应当为投资性房地产所在的城区。

（2）企业能够从活跃的房地产交易市场上取得同类或类似房地产的市场价格及其他相关信息，从而对投资性房地产的公允价值作出合理的估计。

投资性房地产采用公允价值模式进行后续计量的，不计提折旧或摊销，应当以资产负债表日的公允价值计量。资产负债表日，投资性房地产的公允价值高于其账面余额的差额，借记"投资性房地产——公允价值变动"科目，贷记"公允价值变动损益"科目；公允价值低于其账面余额的差额作相反的会计分录。

三、投资性房地产后续计量模式的变更

为保证会计信息的可比性，企业对投资性房地产的计量模式一经确定，不得随意变更。只有在房地产市场比较成熟、能够满足采用公允价值模式条件的情况下，才允许企业对投资性房地产从成本模式计量变更为公允价值模式计量。

成本模式转为公允价值模式的，应当作为会计政策变更处理，并按计量模式变更时公允价值与账面价值的差额调整期初留存收益。已采用公允价值模式计量的投资性房地产，不得从公允价值模式转为成本模式。

第三节　投资性房地产的转换和处置

一、投资性房地产的转换

（一）投资性房地产转换形式和转换日

1. 房地产转换形式。

房地产的转换，是因房地产用途发生改变而对房地产进行的重新分类。这里所说的房地产转换是针对房地产用途发生改变而言，而不是后续计量模式的转变。企业必须有确凿证据表明房地产用途发生改变，才能将投资性房地产转换为非投资性房地产或者将非投资性房地产转换为投资性房地产，例如自用的办公楼改为出租等。这里的确凿证据包括两个方面：一是企业董事会或类似机构应当就改变房地产用途形成正式的书面决议；二是房地产因用途改变而发生实际状态上的改变，如从自用状态改为出租状态。房地产转换形式主要包括：

（1）投资性房地产开始自用，相应地由投资性房地产转换为固定资产或无形资产。

（2）作为存货的房地产，改为出租，通常指房地产开发企业将其持有的开发产品以经营租赁的方式出租，相应地由存货转换为投资性房地产。

（3）自用土地使用权停止自用，用于赚取租金或资本增值，相应地由无形资产转换为投资性房地产。

（4）自用建筑物停止自用，改为出租，相应地由固定资产转换为投资性房地产。

（5）房地产企业将用于经营出租的房地产重新开发用于对外销售，从投资性房地产转为存货。

2. 投资性房地产转换日的确定。

转换日的确定关系到资产的确认时点和入账价值，因此非常重要。转换日是指房地产的用途发生改变、状态相应发生改变的日期。转换日的确定标准主要包括：

（1）投资性房地产开始自用，转换日是指房地产达到自用状态，企业开始将房地产用于生产商品、提供劳务或者经营管理的日期。

（2）投资性房地产转换为存货，转换日为租赁期届满、企业董事会或类似机构作出书面决议明确表明将其重新开发用于对外销售的日期。

（3）作为存货的房地产改为出租，或者自用建筑物或土地使用权停止自用改为出租，转换日通常为租赁期开始日。租赁期开始日是指承租人有权行使其使用租赁资产权利的日期。

（二）投资性房地产转换为非投资性房地产

（1）采用成本模式进行后续计量的投资性房地产转换为自用房地产。企业将原本用于赚取租金或资本增值的房地产改用于生产商品、提供劳务或者经营管理，投资性房地产相应地转换为固定资产或无形资产。例如，企业将出租的厂房收回，并用于生产本企业的产品。在此种情况下，转换日为房地产达到自用状态，企业开始将房地产用于生产商品、提供劳务或者经营管理的日期。

企业将投资性房地产转换为自用房地产，应当按该项投资性房地产在转换日的账面余额、累计折旧或摊销、减值准备等，分别转入"固定资产""累计折旧""固定资产减值准备"等科目；按投资性房地产的账面余额，借记"固定资产"或"无形资产"科目，贷记"投资性房地产"科目；按已计提的折旧或摊销，借记"投资性房地产累计折旧（摊销）"科目，贷记"累计折旧"或"累计摊销"科目；原已计提减值准备的，借记"投资性房地产减值准备"科目，贷记"固定资产减值准备"或"无形资产减值准备"科目。

（2）采用公允价值模式进行后续计量的投资性房地产转为自用房地产。企业将采用公允价值模式计量的投资性房地产转换为自用房地产时，应当以其转换当日的公允价值作为自用房地产的账面价值，公允价值与原账面价值的差额计入当期损益。

转换日，按该项投资性房地产的公允价值，借记"固定资产"或"无形资产"科目，按该项投资性房地产的成本，贷记"投资性房地产——成本"科目，按该项投资性房地产的累计公允价值变动，贷记或借记"投资性房地产——公允价值变动"科目，按其差额，贷记或借记"公允价值变动损益"科目。

（3）采用成本模式进行后续计量的投资性房地产转换为存货。房地产开发企业将用于经营出租的房地产重新开发用于对外销售的，从投资性房地产转换为存货。这种情况下，转换日为租赁期届满、企业董事会或类似机构作出书面决议明确表明将其重新开发用于对外销售的日期。

企业将投资性房地产转换为存货时,应当按照该项房地产在转换日的账面价值,借记"开发产品"科目,按照已计提的折旧或摊销,借记"投资性房地产累计折旧(摊销)"科目,原已计提减值准备的,借记"投资性房地产减值准备"科目,按其账面余额,贷记"投资性房地产"科目。

(4)采用公允价值模式进行后续计量的投资性房地产转换为存货。企业将采用公允价值模式计量的投资性房地产转换为存货时,应当以其转换当日的公允价值作为存货的账面价值,公允价值与原账面价值的差额计入当期损益。

转换日,按该项投资性房地产的公允价值,借记"开发产品"等科目,按该项投资性房地产的成本,贷记"投资性房地产——成本"科目;按该项投资性房地产的累计公允价值变动,贷记或借记"投资性房地产——公允价值变动"科目;按其差额,贷记或借记"公允价值变动损益"科目。

(三)非投资性房地产转换为投资性房地产

1. 非投资性房地产转换为采用成本模式进行后续计量的投资性房地产。

(1)作为存货的房地产转换为投资性房地产。企业将作为存货的房地产转换为采用成本模式计量的投资性房地产,应当按该项存货在转换日的账面价值,借记"投资性房地产"科目,原已计提跌价准备的,借记"存货跌价准备"科目,按其账面余额,贷记"开发产品"等科目。

(2)自用房地产转换为投资性房地产。企业将自用土地使用权或建筑物转换为以成本模式计量的投资性房地产时,应当按该项建筑物或土地使用权在转换日的原价、累计折旧、减值准备等,分别转入"投资性房地产""投资性房地产累计折旧(摊销)""投资性房地产减值准备"科目,按其账面余额,借记"投资性房地产"科目,贷记"固定资产"或"无形资产"科目,按已计提的折旧或摊销,借记"累计摊销"或"累计折旧"科目,贷记"投资性房地产累计折旧(摊销)"科目,原已计提减值准备的,借记"固定资产减值准备"或"无形资产减值准备"科目,贷记"投资性房地产减值准备"科目。

2. 非投资性房地产转换为采用公允价值模式进行后续计量的投资性房地产。

(1)作为存货的房地产转换为投资性房地产。企业将作为存货的房地产转换为采用公允价值模式计量的投资性房地产,应当按该项房地产在转换日的公允价值入账,借记"投资性房地产——成本"科目,原已计提跌价准备的,借记"存货跌价准备"科目;按其账面余额,贷记"开发产品"等科目。同时,转换日的公允价值小于账面价值的,按其差额,借记"公允价值变动损益"科目;转换日的公允价值大于账面价值的,按其差额,贷记"其他综合收益"科目。当该项投资性房地产处置时,因转换计入其他综合收益的部分应转入当期损益。

(2)自用房地产转换为投资性房地产。企业将自用房地产转换为采用公允价值模式计量的投资性房地产,应当按该项土地使用权或建筑物在转换日的公允价值,借记"投资性房地产——成本"科目,按已计提的累计摊销或累计折旧,借记"累计摊销"或"累计折旧"科目;原已计提减值准备的,借记"无形资产减值准备""固定资产减值准备"科目；按其账面余额，贷记"固定资产"或"无形资产"科目。同时，转换日的公允价值小于账面价值的，按其差额，借记"公允价值变动损益"科目；转换日的公允价值大于账面价值的，按其差额，贷记"其他综合收益"科目。当该项投资性房地产处置时，因转换计入其他综合收益的部分应转入当期损益。

二、投资性房地产的处置

（一）采用成本模式计量的投资性房地产的处置

处置采用成本模式计量的投资性房地产时，应当按实际收到的金额，借记"银行存款"等科目，贷记"其他业务收入""应交税费——应交增值税（销项税额）"科目；按该项投资性房地产的账面价值，借记"其他业务成本"科目，按其账面余额，贷记"投资性房地产"科目，按照已计提的折旧或摊销，借记"投资性房地产累计折旧（摊销）"科目，原已计提减值准备的，借记"投资性房地产减值准备"科目。

（二）采用公允价值模式计量的投资性房地产的处置

处置采用公允价值模式计量的投资性房地产时，应当按实际收到的金额，借记"银行存款"等科目，贷记"其他业务收入""应交税费——应交增值税（销项税额）"科目；按该项投资性房地产的账面余额，借记"其他业务成本"科目，按其成本，贷记"投资性房地产——成本"科目，按其累计公允价值变动，贷记或借记"投资性房地产——公允价值变动"科目。同时结转投资性房地产累计公允价值变动。若存在原转换日计入其他综合收益的金额，也一并结转。

第五章 金融工具

第一节 金融资产和金融负债的分类和重分类

金融资产和金融负债的分类是确认和计量的基础。企业应当根据其管理金融资产的业务模式和金融资产的合同现金流量特征,对金融资产进行合理的分类。金融资产一般划分为以下三类:

(1) 以摊余成本计量的金融资产;
(2) 以公允价值计量且其变动计入其他综合收益的金融资产;
(3) 以公允价值计量且其变动计入当期损益的金融资产。

同时,企业应当结合自身业务特点和风险管理要求,对金融负债进行合理的分类。对金融资产和金融负债的分类一经确定,不得随意变更。

一、金融资产的分类

(一) 关于企业管理金融资产的业务模式

1. 业务模式评估。

企业确定其管理金融资产的业务模式时,应当注意以下方面:

(1) 企业应当在金融资产组合的层次上确定管理金融资产的业务模式,而不必按照单个金融资产逐项确定业务模式。金融资产组合的层次应当反映企业管理该金融资产的层次。有些情况下,企业可能将金融资产组合分拆为更小的组合,以合理反映企业管理该金融资产的层次。例如,企业购买一个抵押贷款组合,以收取合同现金流量为目标管理该组合中的一部分贷款,以出售为目标管理该组合中的其他贷款。

(2) 一个企业可能会采用多个业务模式管理其金融资产。例如,企业持有一组以收取合同现金流量为目标的投资组合,同时还持有另一组既以收取合同现金流量为目标又以出售该金融资产为目标的投资组合。

(3) 企业应当以企业关键管理人员决定的对金融资产进行管理的特定业务目标为基础,确定管理金融资产的业务模式。其中,"关键管理人员"是指《企业会计准则第36号——关联方披露》中定义的关键管理人员。

(4) 企业的业务模式并非企业自愿指定,而是一种客观事实,通常可以从企业为实现其目标而开展的特定活动中得以反映。企业应当考虑在业务模式评估日可获得的所有相关证据，包括企业评价和向关键管理人员报告金融资产业绩的方式、影响金融资产业绩的风险及其管理方式以及相关业务管理人员获得报酬的方式（例如报酬是基于所管理资产的公允价值还是所收取的合同现金流量）等。

（5）企业不得以按照合理预期不会发生的情形为基础确定管理金融资产的业务模式。例如，对于某金融资产组合，如果企业预期仅会在压力情形下将其出售，且企业合理预期该压力情形不会发生，则该压力情形不得影响企业对该类金融资产的业务模式的评估。

企业应当以企业关键管理人员决定的对金融资产进行管理的特定业务目标为基础，在金融资产组合的层次上确定其管理金融资产的业务模式；同一企业可能会采用多个业务模式管理其金融资产。集团及各子公司应当根据各自的实际情况确定其管理金融资产的业务模式。对于同一金融资产组合，集团和子公司对其管理该组合的业务模式的判断通常一致。

此外，如果金融资产实际现金流量的实现方式不同于评估业务模式时的预期，只要企业在评估业务模式时已经考虑了当时所有可获得的相关信息，这一差异不构成企业财务报表的前期差错，也不改变企业在该业务模式下持有的剩余金融资产的分类。但是，企业在评估新的金融资产的业务模式时，应当考虑这些信息。

2. 以收取合同现金流量为目标的业务模式。

在以收取合同现金流量为目标的业务模式下，企业管理金融资产旨在通过在金融资产存续期内收取合同付款来实现现金流量，而不是通过持有并出售金融资产产生整体回报。

在以收取合同现金流量为目标的业务模式下，金融资产的信用质量影响着企业收取合同现金流量的能力。为减少因信用恶化所导致的潜在信用损失而进行的风险管理活动与以收取合同现金流量为目标的业务模式并不矛盾。因此，即使企业在金融资产的信用风险增加时为减少信用损失而将其出售，金融资产的业务模式仍然可能是以收取合同现金流量为目标的业务模式。

尽管企业持有金融资产是以收取合同现金流量为目标，但是企业无须将所有此类金融资产持有至到期。因此，即使企业出售金融资产或者预计未来出售金融资产，此类金融资产的业务模式仍然可能是以收取合同现金流量为目标。企业在评估金融资产是否属于该业务模式时，应当考虑此前出售此类资产的原因、时间、频率和出售的价值，以及对未来出售的预期。但是，此前出售资产的事实只是为企业提供相关依据，而不能决定业务模式。如果企业在金融资产到期日前出售金融资产，即使与信用风险管理活动无关，在出售只是偶然发生（即使价值重大），或者单独及汇总出售的价值非常小（即使频繁发生）的情况下，金融资产的业务模式仍然可能是以收取合同现金流量为目标。如果企业能够解释出售的原因并且证明出售并不反映业务模式的改变，出售频率或者出售价值在特定时期内增加不一定与以收取合同现金流量为目标的业务模式相矛盾。此外，如果出售发生在金融资产临近到期时，且出售所得接近待收取的剩余合同现金流量，金融资产的业务模式仍然可能是以收取合同现金流量为目标。因此，不能仅因存在出售情况或者出售超过一定比例而认为管理该金融资产的业务模式不是以收取合同现金流量为目标。

3. 以收取合同现金流量和出售金融资产为目标的业务模式。

在同时以收取合同现金流量和出售金融资产为目标的业务模式下，企业的关键管理人员认为收取合同现金流量和出售金融资产对于实现其管理目标而言都是不可或缺的。例如，企业的目标是管理日常流动性需求同时维持特定的收益率，或将金融资产的存续期与相关负债的存续期进行匹配。

与以收取合同现金流量为目标的业务模式相比，此业务模式涉及的出售通常频率更高、价值更大。因为出售金融资产是此业务模式的目标之一，在该业务模式下不存在出售金融资产的频率或者价值的明确界限。

4. 其他业务模式。

如果企业管理金融资产的业务模式，不是以收取合同现金流量为目标，也不是以收取合同现金流量和出售金融资产为目标，则该企业管理金融资产的业务模式是其他业务模式。例如，企业持有金融资产的目的是交易性的或者基于金融资产的公允价值作出决策并对其进行管理。在这种情况下，企业管理金融资产的目标是通过出售金融资产以实现现金流量。即使企业在持有金融资产的过程中会收取合同现金流量，企业管理金融资产的业务模式也不是以收取合同现金流量和出售金融资产为目标，因为收取合同现金流量对实现该业务模式目标来说只是附带性质的活动。

（二）关于金融资产的合同现金流量特征

金融资产的合同现金流量特征，是指金融工具合同约定的、反映相关金融资产经济特征的现金流量属性。企业分类为以摊余成本计量的金融资产和以公允价值计量且其变动计入其他综合收益的金融资产，其合同现金流量特征应当与基本借贷安排相一致，即相关金融资产在特定日期产生的合同现金流量仅为对本金和以未偿付本金金额为基础的利息的支付（以下简称本金加利息的合同现金流量特征）。无论金融资产的法律形式是否为一项贷款，都可能是一项基本借贷安排。

本金是指金融资产在初始确认时的公允价值，本金金额可能因提前还款等原因在金融资产的存续期内发生变动；利息包括对货币时间价值、与特定时期未偿付本金金额相关的信用风险，以及其他基本借贷风险、成本和利润的对价。其中，货币时间价值是利息要素中仅因为时间流逝而提供对价的部分，不包括为所持有金融资产的其他风险或成本提供的对价，但货币时间价值要素有时可能存在修正。在货币时间价值要素存在修正的情况下，企业应当对相关修正进行评估，以确定其是否满足上述合同现金流量特征的要求。此外，金融资产包含可能导致其合同现金流量的时间分布或金额发生变更的合同条款（如包含提前还款特征）的，企业应当对相关条款进行评估（如评估提前还款特征的公允价值是否非常小），以确定其是否满足上述合同现金流量特征的要求。

（三）金融资产的具体分类

（1）金融资产同时符合下列条件的，应当分类为以摊余成本计量的金融资产：

①企业管理该金融资产的业务模式是以收取合同现金流量为目标；

②该金融资产的合同条款规定，在特定日期产生的现金流量，仅为对本金和以未偿付本金金额为基础的利息的支付。

企业一般应当设置"贷款""应收账款""债权投资"等科目核算分类为以摊余成本

计量的金融资产。

（2）金融资产同时符合下列条件的，应当分类为以公允价值计量且其变动计入其他综合收益的金融资产：

①企业管理该金融资产的业务模式既以收取合同现金流量为目标又以出售该金融资产为目标；

②该金融资产的合同条款规定，在特定日期产生的现金流量，仅为对本金和以未偿付本金金额为基础的利息的支付。

企业应当设置"其他债权投资"科目核算分类为以公允价值计量且其变动计入其他综合收益的债权投资。

（3）按照以上（1）和（2）分类为以摊余成本计量的金融资产和以公允价值计量且其变动计入其他综合收益的金融资产之外的金融资产，企业应当将其分类为以公允价值计量且其变动计入当期损益的金融资产。例如，企业常见的下列投资产品通常应当分类为以公允价值计量且其变动计入当期损益的金融资产：

①股票。股票的合同现金流量源自收取被投资企业未来股利分配以及其清算时获得剩余收益的权利。由于股利及获得剩余收益的权利均不符合本章关于本金和利息的定义，因此股票不符合本金加利息的合同现金流量特征。在不考虑特殊指定的情况下，企业持有的股票应当分类为以公允价值计量且其变动计入当期损益的金融资产。

②基金。常见的股票型基金、债券型基金、货币基金或混合基金，通常投资于动态管理的资产组合，投资者从该类投资中所取得的现金流量既包括投资期间基础资产产生的合同现金流量，也包括处置基础资产的现金流量。基金一般情况下不符合本金加利息的合同现金流量特征。企业持有的基金通常应当分类为以公允价值计量且其变动计入当期损益的金融资产。

③可转换债券。可转换债券除按一般债权类投资的特性到期收回本金、获取约定利息或收益外，还嵌入了一项转股权。通过嵌入衍生工具，企业获得的收益在基本借贷安排的基础上，会产生基于其他因素变动的不确定性。企业将可转换债券作为一个整体进行评估，由于可转换债券不符合本金加利息的合同现金流量特征，企业持有的可转换债券投资应当分类为以公允价值计量且其变动计入当期损益的金融资产。

此外，在初始确认时，如果能够消除或显著减少会计错配，企业可以将金融资产指定为以公允价值计量且其变动计入当期损益的金融资产。该指定一经作出，不得撤销。

企业应当设置"交易性金融资产"科目核算分类为以公允价值计量且其变动计入当期损益的金融资产。企业持有的指定为以公允价值计量且其变动计入当期损益的金融资产可在本科目下单设"指定类"明细科目核算。

（四）金融资产分类的特殊规定

1. 非交易性权益工具投资。

权益工具投资一般不符合本金加利息的合同现金流量特征，因此应当分类为以公允价值计量且其变动计入当期损益的金融资产。然而在初始确认时，企业可以将非交易性权益工具投资指定为以公允价值计量且其变动计入其他综合收益的金融资产，并按规定确认股利收入。该指定一经作出，不得撤销。企业投资其他上市公司股票或者非上市公司股权的，都可能属于这种情形。

（1）关于"非交易性"和"权益工具投资"的界定。

金融资产或金融负债满足下列条件之一的，表明企业持有该金融资产或承担该金融负债的目的是交易性的：

①取得相关金融资产或承担相关金融负债的目的，主要是为了近期出售或回购。例如，企业以赚取差价为目的从二级市场购入的股票、债券和基金等，或者发行人根据债务工具的公允价值变动计划在近期回购的、有公开市场报价的债务工具。

②相关金融资产或金融负债在初始确认时属于集中管理的可辨认金融工具组合的一部分，且有客观证据表明近期实际存在短期获利模式。在这种情况下，即使组合中有某个组成项目持有的期限稍长也不受影响。其中，"金融工具组合"指金融资产组合或金融负债组合。

③相关金融资产或金融负债属于衍生工具。但符合财务担保合同定义的衍生工具以及被指定为有效套期工具的衍生工具除外。例如，未作为套期工具的利率互换或外汇期权。

只有不符合上述条件的非交易性权益工具投资才可以进行该指定。

此处权益工具投资中的"权益工具"，是指对于工具发行方来说，满足本章中权益工具定义的工具。例如，普通股对于发行方而言，满足权益工具定义，对于投资方而言，属于权益工具投资。

（2）符合金融负债定义但是被分类为权益工具的特殊金融工具（包括可回售工具和发行方仅在清算时才有义务向另一方按比例交付其净资产的金融工具）本身并不符合权益工具的定义，因此从投资方的角度也就不符合指定为以公允价值计量且其变动计入其他综合收益的金融资产的条件。例如某些开放式基金，基金持有人可将基金份额回售给基金，该基金发行的基金份额并不符合权益工具的定义，只是按照规定符合列报为权益工具条件的可回售工具。在这种情况下，投资人持有的该基金份额，不能指定为以公允价值计量且其变动计入其他综合收益的金融资产。

（3）企业在非同一控制下的企业合并中确认的或有对价构成金融资产的，该金融资产应当分类为以公允价值计量且其变动计入当期损益的金融资产。企业不得将该或有对价指定为以公允价值计量且其变动计入其他综合收益的金融资产。

（4）企业持有的符合《中国银保监会办公厅关于进一步规范商业银行结构性存款业务的通知》（银保监办发〔2019〕204号）定义的结构性存款，通常应当分类为以公允价值计量且其变动计入当期损益的金融资产。

2. 基本会计处理原则。

初始确认时，企业可基于单项非交易性权益工具投资，将其指定为以公允价值计量且其变动计入其他综合收益的金融资产，其公允价值的后续变动计入其他综合收益，不需计提减值准备。除了获得的股利收入（明确作为投资成本部分收回的股利收入除外）计入当期损益外，其他相关的利得和损失（包括汇兑损益）均应当计入其他综合收益，且后续不得转入损益。当金融资产终止确认时，之前计入其他综合收益的累计利得或损失应当从其他综合收益中转出，计入留存收益。

需要注意的是，企业在非同一控制下的企业合并中确认的或有对价构成金融资产的，该金融资产应当分类为以公允价值计量且其变动计入当期损益的金融资产，不得指定为以公允价值计量且其变动计入其他综合收益的金融资产。

二、金融负债的分类

（一）除下列各项外，企业应当将金融负债分类为以摊余成本计量的金融负债

（1）以公允价值计量且其变动计入当期损益的金融负债，包括交易性金融负债（含属于金融负债的衍生工具）和指定为以公允价值计量且其变动计入当期损益的金融负债。

（2）不符合终止确认条件的金融资产转移或继续涉入被转移金融资产所形成的金融负债。

（3）部分财务担保合同，以及不属于以公允价值计量且其变动计入当期损益的金融负债、以低于市场利率贷款的贷款承诺。

在非同一控制下的企业合并中，企业作为购买方确认的或有对价形成金融负债的，该金融负债应当按照以公允价值计量且其变动计入当期损益进行会计处理。

（二）公允价值选择权

在初始确认时，为了提供更相关的会计信息，企业可以将一项金融资产、一项金融负债或者一组金融工具（金融资产、金融负债或者金融资产及负债）指定为以公允价值计量且其变动计入当期损益，但该指定应当满足下列条件之一：

（1）该指定能够消除或显著减少会计错配。

（2）根据正式书面文件载明的企业风险管理或投资策略，企业以公允价值为基础对金融负债组合或金融资产和金融负债组合进行管理和业绩评价，并在内部以此为基础向关键管理人员报告。

企业将一项金融资产、一项金融负债或者一组金融工具（金融资产、金融负债或者金融资产及负债）指定为以公允价值计量且其变动计入当期损益的，一经作出不得撤销。即使造成会计错配的金融工具被终止确认，也不得撤销这一指定。

三、嵌入式衍生工具

（一）嵌入式衍生工具的概念

衍生工具通常是独立存在的，但也可能嵌入非衍生金融工具或其他合同（主合同）中，这种衍生工具称为嵌入衍生工具。嵌入衍生工具与主合同构成混合合同（如企业持有的可转换公司债券）。嵌入衍生工具对混合合同的现金流量产生影响的方式，应当与单独存在的衍生工具类似，且该混合合同的全部或部分现金流量随特定利率、汇率、金融工具价格、商品价格、价格指数、费率指数、信用等级、信用指数或其他变量的变动而变动，变量为非金融变量的，该变量不应与合同的任何一方存在特定关系。

（1）主合同通常包括租赁合同、保险合同、服务合同、特许权合同、债务工具合同、合营合同等。

（2）在混合合同中，嵌入衍生工具通常以具体合同条款体现。例如，甲公司签订了按一般物价指数调整租金的3年期租赁合同。根据该合同，第1年的租金先约定，从第2

年开始,租金按前 1 年的一般物价指数调整。此例中,主合同是租赁合同,嵌入衍生工具体现为一般物价指数调整条款。

(3) 衍生工具如果附属于一项金融工具但根据合同规定可以独立于该金融工具进行转让,或者具有与该金融工具不同的交易对手方,则该衍生工具不是嵌入衍生工具,应当作为一项单独存在的衍生工具处理。

(二) 嵌入式衍生工具与主合同的关系

嵌入衍生工具的核算有两种模式,从混合合同中分拆或不分拆。混合合同包含的主合同属于《企业会计准则第 22 号——金融工具确认和计量》规范的资产的,企业不应从该混合合同中分拆嵌入衍生工具,而应当将该混合合同作为一个整体适用关于金融资产分类的相关规定。如果主合同并非《企业会计准则第 22 号——金融工具确认和计量》所规范的资产,企业对嵌入衍生工具进行会计处理时,应当合理地判断其与主合同的关系,根据其经济特征和风险是否与主合同的经济特征和风险紧密相关,并结合其他条件,决定是否分拆。

企业判断嵌入衍生工具的经济特征和风险是否与主合同的经济特征和风险紧密相关时,应当重点关注嵌入衍生工具与主合同的风险敞口是否相似,以及嵌入衍生工具是否可能会对混合合同的现金流量产生重大改变。除特殊规定外,一般情况下,如果嵌入衍生工具与主合同的风险敞口不同或者嵌入衍生工具可能对混合合同的现金流量产生重大改变,则嵌入衍生工具的经济特征和风险与主合同的经济特征和风险很可能不紧密相关。例如,主债务工具中嵌入看跌期权,使得持有人有权要求发行人以一定金额的现金或其他资产回购这项工具,其中现金或其他资产的金额随着某一权益工具或商品价格或指数的变动而变动,该看跌期权不与主债务工具紧密相关。

(三) 嵌入式衍生工具的会计处理

1. 嵌入衍生工具的分拆

混合合同包含的主合同不属于《企业会计准则第 22 号——金融工具确认和计量》规范的资产,且同时符合下列条件的,企业应当从混合合同中分拆嵌入衍生工具,将其作为单独存在的衍生工具处理:

(1) 嵌入衍生工具的经济特征和风险与主合同的经济特征和风险不紧密相关。

(2) 与嵌入衍生工具具有相同条款的单独工具符合衍生工具的定义。

(3) 该混合合同不是以公允价值计量且其变动计入当期损益进行会计处理。

嵌入衍生工具从混合合同中分拆的,企业应当按照适用的会计准则规定,对混合合同的主合同进行会计处理。对于单独存在的衍生工具,通常应采用公允价值进行初始计量和后续计量。

2. 将混合合同指定为以公允价值计量且其变动计入当期损益的金融工具

当企业成为混合合同的一方,而主合同不属于《企业会计准则第 22 号——金融工具确认和计量》规范的资产且包含一项或多项嵌入衍生工具时,则企业应识别所有此类嵌入衍生工具,评估其是否需要与主合同分拆,并且对于需与主合同分拆的嵌入衍生工具,应以公允价值进行初始确认和后续计量。与整项金融工具均以公允价值计量且其变动计入当期损益相比,上述要求可能更为复杂或导致可靠性更差。为此,企业可以将整项混合合同指定为以公允价值计量且其变动计入当期损益的金融工具。但下列情况除外:

（1）嵌入衍生工具不会对混合合同的现金流量产生重大改变。

（2）在初次确定类似的混合合同是否需要分拆时，几乎不需分析就能明确其包含的嵌入衍生工具不应分拆。如嵌入贷款的提前还款权，允许持有人以接近摊余成本的金额提前偿还贷款，该提前还款权不需要分拆。

此外，企业无法根据嵌入衍生工具的条款和条件对嵌入衍生工具的公允价值进行可靠计量的，该嵌入衍生工具的公允价值应当根据混合合同公允价值和主合同公允价值之间的差额确定。使用了上述方法后，该嵌入衍生工具在取得日或后续资产负债表日的公允价值仍然无法单独计量的，企业应当将该混合合同整体指定为以公允价值计量且其变动计入当期损益的金融工具。

四、金融工具的重分类

（一）金融工具重分类的原则

企业改变其管理金融资产的业务模式时，应当按照规定对所有受影响的相关金融资产进行重分类。企业对所有金融负债均不得进行重分类。

企业对金融资产进行重分类，应当自重分类日起采用未来适用法进行相关会计处理，不得对以前已经确认的利得、损失（包括减值损失或利得）或利息进行追溯调整。重分类日，是指导致企业对金融资产进行重分类的业务模式发生变更后的首个报告期间的第一天。例如，甲上市公司决定于2×17年3月22日改变其管理某金融资产的业务模式，则重分类日为2×17年4月1日（即下一个季度会计期间的期初）；乙上市公司决定于2×17年10月15日改变其管理某金融资产的业务模式，则重分类日为2×18年1月1日。

企业管理金融资产业务模式的变更是一种极其少见的情形。该变更源自外部或内部的变化，必须由企业的高级管理层进行决策，且其必须对企业的经营非常重要，并能够向外部各方证实。因此，只有当企业开始或终止某项对其经营影响重大的活动时（例如当企业收购、处置或终止某一业务线时），其管理金融资产的业务模式才会发生变更。例如，某银行决定终止其零售抵押贷款业务，该业务线不再接受新业务，并且该银行正在积极寻求出售其抵押贷款组合，则该银行管理其零售抵押贷款的业务模式发生了变更。需要注意的是，企业业务模式的变更必须在重分类日之前生效。例如，银行决定于2×17年10月15日终止其零售抵押贷款业务，并在2×18年1月1日对所有受影响的金融资产进行重分类。在2×17年10月15日之后，其不应开展新的零售抵押贷款业务，或另外从事与之前零售抵押贷款业务模式相同的活动。

以下情形不属于业务模式变更：

（1）企业持有特定金融资产的意图改变。企业即使在市场状况发生重大变化的情况下改变对特定资产的持有意图，也不属于业务模式变更。

（2）金融资产特定市场暂时性消失从而暂时影响金融资产出售。

（3）金融资产在企业具有不同业务模式的各部门之间转移。

需要注意的是，如果企业管理金融资产的业务模式没有发生变更，而金融资产的条款发生变更但未导致终止确认的，不允许重分类。如果金融资产条款发生变更导致金融资产终止确认的，不涉及重分类问题，企业应当终止确认原金融资产，同时按照变更后的条款确认一项新金融资产。

（二）金融资产重分类的计量

1. 以摊余成本计量的金融资产的重分类。

（1）企业将一项以摊余成本计量的金融资产重分类为以公允价值计量且其变动计入当期损益的金融资产的，应当按照该资产在重分类日的公允价值进行计量。原账面价值与公允价值之间的差额计入当期损益。

（2）企业将一项以摊余成本计量的金融资产重分类为以公允价值计量且其变动计入其他综合收益的金融资产的，应当按照该金融资产在重分类日的公允价值进行计量。原账面价值与公允价值之间的差额计入其他综合收益。该金融资产重分类不影响其实际利率和预期信用损失的计量。

2. 以公允价值计量且其变动计入其他综合收益的金融资产的重分类。

（1）企业将一项以公允价值计量且其变动计入其他综合收益的金融资产重分类为以摊余成本计量的金融资产的，应当将之前计入其他综合收益的累计利得或损失转出，调整该金融资产在重分类日的公允价值，并以调整后的金额作为新的账面价值，即视同该金融资产一直以摊余成本计量。该金融资产重分类不影响其实际利率和预期信用损失的计量。

（2）企业将一项以公允价值计量且其变动计入其他综合收益的金融资产重分类为以公允价值计量且其变动计入当期损益的金融资产的，应当继续以公允价值计量该金融资产。同时，企业应当将之前计入其他综合收益的累计利得或损失从其他综合收益转入当期损益。

3. 以公允价值计量且其变动计入当期损益的金融资产的重分类。

（1）企业将一项以公允价值计量且其变动计入当期损益的金融资产重分类为以摊余成本计量的金融资产的，应当以其在重分类日的公允价值作为新的账面余额。

（2）企业将一项以公允价值计量且其变动计入当期损益的金融资产重分类为以公允价值计量且其变动计入其他综合收益的金融资产的，应当继续以公允价值计量该金融资产。

对以公允价值计量且其变动计入当期损益的金融资产进行重分类的，企业应当根据该金融资产在重分类日的公允价值确定其实际利率。同时，企业应当自重分类日起对该金融资产适用金融资产减值的相关规定，并将重分类日视为初始确认日。

第二节 金融负债和权益工具的区分

一、金融负债和权益工具的区分

（一）金融负债和权益工具区分的基本原则

1. 是否存在无条件地避免交付现金或其他金融资产的合同义务。

（1）如果企业不能无条件地避免以交付现金或其他金融资产来履行一项合同义务，

则该合同义务符合金融负债的定义。实务中，常见的该类合同义务情形包括：

①不能无条件避免的赎回，即金融工具发行方不能无条件地避免赎回此金融工具。

②强制付息，即金融工具发行方被要求强制支付利息。

（2）如果企业能够无条件地避免交付现金或其他金融资产，例如能够根据相应的议事机制自主决定是否支付股息（即无支付股息的义务），同时所发行的金融工具没有到期日且合同对手方没有回售权，或虽有固定期限但发行方有权无限期递延（即无支付本金的义务），则此类交付现金或其他金融资产的结算条款不构成金融负债。如果发放股利由发行方根据相应的议事机制自主决定，则股利是累积股利还是非累积股利本身均不会影响该金融工具被分类为权益工具。

（3）判断一项金融工具是划分为权益工具还是金融负债，不受下列因素的影响：①以前实施分配的情况；②未来实施分配的意向；③相关金融工具如果没有发放股利对发行方普通股的价格可能产生的负面影响；④发行方的未分配利润等可供分配权益的金额；⑤发行方对一段期间内损益的预期；⑥发行方是否有能力影响其当期损益。

（4）有些金融工具虽然没有明确地包含交付现金或其他金融资产义务的条款和条件，但有可能通过其他条款和条件间接地形成合同义务。

2. 是否通过交付固定数量的自身权益工具结算。

权益工具是证明拥有企业的资产扣除负债后的剩余权益的合同。因此，对于将来须交付企业自身权益工具的金融工具，如果未来结算时交付的权益工具数量是可变的，或者收到对价的金额是可变的，则该金融工具的结算将对其他权益工具所代表的剩余权益带来不确定性（通过影响剩余权益总额或者稀释其他权益工具），也就不符合权益工具的定义。

实务中，一项须用或可用企业自身权益工具结算的金融工具是否对其他权益工具的价值带来不确定性，通常与该工具的交易目的相关。如果该自身权益工具是作为现金或其他金融资产的替代品（例如作为商品交易中的支付手段），则该自身权益工具的接收方一般而言需要该工具在交收时具有确定的公允价值，以便得到与接受现金或其他金融资产的同等收益，因此企业所交付的自身权益工具数量是根据交付时的公允价值计算的，是可变的。反之，如果该自身权益工具是为了使持有方作为出资人享有企业（发行人）资产扣除负债的剩余权益，那么需要交付的自身权益工具数量通常在一开始就已商定，而不是在交付时计算确定。

对于将来须用或可用企业自身权益工具结算的金融工具应当区分衍生工具还是非衍生工具。

（1）基于自身权益工具的非衍生工具。对于非衍生工具，如果发行方未来有义务交付可变数量的自身权益工具进行结算，则该非衍生工具是金融负债；否则，该非衍生工具是权益工具。

（2）基于自身权益工具的衍生工具。对于衍生工具，如果发行方只能通过以固定数量的自身权益工具交换固定金额的现金或其他金融资产进行结算（即"固定换固定"），则该衍生工具是权益工具；如果发行方以固定数量自身权益工具交换可变金额现金或其他金融资产，或以可变数量自身权益工具交换固定金额现金或其他金融资产，或以可变数量自身权益工具交换可变金额现金或其他金融资产，则该衍生工具应当确认为衍生金融负债或衍生金融资产。

（二）以外币计价的配股权、期权或认股权证

一般来说，如果企业的某项合同是通过固定金额的外币（即企业记账本位币以外的其他货币）交换固定数量的自身权益工具进行结算，由于固定金额的外币代表的是以企业记账本位币计价的可变金额，因此不符合"固定换固定"原则。但是，对以外币计价的配股权、期权或认股权证规定了一类例外情况：企业对全部现有同类别非衍生自身权益工具的持有方同比例发行配股权、期权或认股权证，使之有权按比例以固定金额的任何货币交换固定数量的该企业自身权益工具的，该类配股权、期权或认股权证应当分类为权益工具。这是一个范围很窄的例外情况，不能以类推方式适用于其他工具（如以外币计价的可转换债券）。

（三）或有结算条款

附有或有结算条款的金融工具，指是否通过交付现金或其他金融资产进行结算，或者是否以其他导致该金融工具成为金融负债的方式进行结算，需要由发行方和持有方均不能控制的未来不确定事项（如股价指数、消费价格指数变动，利率或税法变动，发行方未来收入、净收益或债务权益比率等）的发生或不发生（或发行方和持有方均不能控制的未来不确定事项的结果）来确定的金融工具。对于附有或有结算条款的金融工具，发行方不能无条件地避免交付现金、其他金融资产或以其他导致该工具成为金融负债的方式进行结算的，应当分类为金融负债。但是，满足下列条件之一的，发行方应当将其分类为权益工具：（1）要求以现金、其他金融资产或以其他导致该工具成为金融负债的方式进行结算的或有结算条款几乎不具有可能性，即相关情形极端罕见、显著异常或几乎不可能发生。（2）只有在发行方清算时，才需以现金、其他金融资产或以其他导致该工具成为金融负债的方式进行结算。（3）特殊金融工具中分类为权益工具的可回售工具。

（四）结算选择权

对于存在结算选择权的衍生工具（例如，合同规定发行方或持有方能选择以现金净额或以发行股份交换现金等方式进行结算的衍生工具），发行方应当将其确认为金融负债或金融资产；如果可供选择的结算方式均表明该衍生工具应当确认为权益工具，则应当确认为权益工具。

（五）合并财务报表中金融负债和权益工具的区分

在合并财务报表中对金融工具（或其组成部分）进行分类时，企业应考虑集团成员和金融工具的持有方之间达成的所有条款和条件，以确定集团作为一个整体是否由于该工具而承担了交付现金或其他金融资产的义务，或者承担了以其他导致该工具分类为金融负债的方式进行结算的义务。

（六）特殊金融工具的区分

1. 可回售工具。

可回售工具，是指根据合同约定，持有方有权将该工具回售给发行方以获取现金或其他金融资产的权利，或者在未来某一不确定事项发生或者持有方死亡或退休时，自动回售给发行方的金融工具。例如，某些合作制法人的可随时回售的"权益"或者某些开

放式基金的可随时赎回的基金份额。

符合金融负债定义，但同时具有下列特征的可回售工具，应当分类为权益工具：

（1）赋予持有方在企业清算时按比例份额获得该企业净资产的权利。企业净资产，是指扣除所有优先于该工具对企业资产要求权之后的剩余资产。按比例份额是指清算时将企业的净资产分拆为金额相等的单位，并且将单位金额乘以持有方所持有的单位数量。

（2）该工具所属的类别次于其他所有工具类别，即该工具在归属于该类别前无须转换为另一种工具，且在清算时对企业资产没有优先于其他工具的要求权。

（3）该类别的所有工具具有相同的特征（例如它们必须都具有可回售特征，并且用于计算回购或赎回价格的公式或其他方法都相同）。

（4）除了发行方应当以现金或其他金融资产回购或赎回该工具的合同义务外，该工具不满足金融负债定义中的任何其他特征。

（5）该工具在存续期内的预计现金流量总额，应当实质上基于该工具存续期内企业的损益、已确认净资产的变动、已确认和未确认净资产的公允价值变动（不包括该工具的任何影响）。

企业在认定可回售工具是否应分类为权益工具时，应当注意以下三点：

（1）在企业清算时具有优先要求权的工具不是有权按比例份额获得企业净资产的工具。

（2）在确定一项工具是否属于最次级类别时，应当评估若企业在评估日发生清算时该工具对企业净资产的要求权。同时，应当在相关情况发生变化时重新评估对该工具的分类。

（3）除了发行方应当以现金或金融资产回购或赎回该工具的合同义务外，该工具应当不包括其他符合金融负债定义的合同义务。本节对于符合条件的可回售工具的特殊规定，是仅针对回购权规定的一项债务与权益区分的例外。如果可回售工具中包含了回售权以外的其他构成发行方交付现金或其他金融资产的合同义务，则该回售工具不能适用这一例外。

2. 发行方仅在清算时才有义务向另一方按比例交付其净资产的金融工具。

符合金融负债定义，但同时具有下列特征的发行方仅在清算时才有义务向另一方按比例交付其净资产的金融工具（例如封闭式基金、理财产品的份额、信托计划等寿命固定的结构化主体的份额，实务中也称有限寿命工具），应当分类为权益工具：（1）赋予持有方在企业清算时按比例份额获得该企业净资产的权利；（2）该工具所属的类别次于其他所有工具类别；（3）在次于其他所有类别的工具类别中，发行方对该类别中所有工具都应当在清算时承担按比例份额交付其净资产的同等合同义务。产生上述合同义务的清算确定将会发生并且不受发行方的控制（如发行方本身是有限寿命主体），或者发生与否取决于该工具的持有方。

针对仅在清算时才有义务向另一方按比例交付其净资产的金融工具的特征要求，与针对可回售工具的其中几条特征要求是类似的，但特征要求相对较少。原因在于清算是触发该合同支付义务的唯一条件，可以不必考虑其他特征，包括：不要求考虑除清算以外的其他的合同支付义务（如股利分配）；不要求考虑存续期间预期现金流量的确定方法

（如根据净利润或净资产）；不要求该类别工具的所有特征均相同，仅要求清算时按比例支付净资产份额的特征相同。

3. 特殊金融工具分类为权益工具的其他条件。

分类为权益工具的可回售工具，或发行方仅在清算时才有义务向另一方按比例交付其净资产的金融工具，除应当具有上述1和2所述特征外，其发行方应当没有同时具备下列特征的其他金融工具或合同：（1）现金流量总额实质上基于企业的损益、已确认净资产的变动、已确认和未确认净资产的公允价值变动（不包括该工具或合同的任何影响）。（2）实质上限制或固定了工具持有方所获得的剩余回报。

在实务中的一些安排下，股东将实质上的企业控制权和利润转让给非股东方享有。例如，甲企业可能与乙企业签订包括资产运营控制协议（乙企业承包甲企业的运营管理）、知识产权的独家服务协议（甲企业经营所需知识产权由乙企业独家提供）、借款合同（甲企业向乙企业借款满足营运需要）等系列协议，将经营权和收益转移到乙企业；同时，甲企业股东还可能与乙企业签订股权质押协议和投票权委托协议等，将甲企业股东权利转移给乙企业。在这种情况下，甲企业形式上的股份已经不具有权益工具的实质。因此，本章规定的特殊权益工具，应当排除存在上述安排的情形。

当然，实务中的情况比较复杂。例如，合伙企业的合伙人除了作为企业所有者外，通常也作为企业雇员参与经营，并获取劳动报酬。这类劳动合同也可能形成对企业剩余回报的限制。为避免企业误判，在运用上述条件时，对于发行方与工具持有方签订的非金融合同，如果其条款和条件与发行方和其他方之间可能订立的同等合同类似，不应考虑该非金融合同的影响。但如果不能作出此判断，则不得将该工具分类为权益工具。

下列按照涉及非关联方的正常商业条款订立的工具，不大可能会导致满足上述特征要求的可回售工具或发行方仅在清算时才有义务向另一方按比例交付其净资产的金融工具无法被分类为权益工具：（1）现金流量总额实质上基于企业的特定资产；（2）现金流量总额基于企业收入的一定比例；（3）就职工为企业提供的服务给予报酬的合同；（4）要求企业为其所提供的产品或服务支付一定报酬（占利润的比例非常小）的合同。

4. 特殊金融工具在母公司合并财务报表中的处理。

由于将某些可回售工具以及仅在清算时才有义务向另一方按比例交付其净资产的金融工具列报为权益工具而不是金融负债是金融工具列报准则原则的一个例外，即不允许将该例外扩大到发行方母公司合并财务报表中少数股东权益的分类。因此，子公司在个别财务报表中作为权益工具列报的特殊金融工具，在其母公司合并财务报表中对应的少数股东权益部分，应当分类为金融负债。

5. 特殊金融工具持有方的会计处理。

特殊金融工具对于发行方而言不满足权益工具的定义，对于投资方而言也不属于权益工具投资，投资方不能将其指定为以公允价值计量且其变动计入其他综合收益的金融资产。

（七）金融负债和权益工具之间的重分类

由于发行的金融工具原合同条款约定的条件或事项随着时间的推移或经济环境的改变而发生变化，可能会导致已发行金融工具（含特殊金融工具）的重分类。例如，企业拥有可回售工具和其他工具，本来可回售工具并非最次级类别，并不符合分类为权益工具的条件。如果企业赎回其已发行的全部其他工具后，发行在外的可回售工具符合了分类为权益工具的全部特征和全部条件，那么企业应从其赎回全部其他工具之日起将可回售工具重分类为权益工具。反之，如果原来被分类为权益工具的可回售工具因为更次级的新工具的发行，而不再满足分类为权益工具的条件，则企业应在新权益工具的发行日将可回售工具重分类为金融负债。

发行方原分类为权益工具的金融工具，自不再被分类为权益工具之日起，发行方应当将其重分类为金融负债，以重分类日该工具的公允价值计量，重分类日权益工具的账面价值和金融负债的公允价值之间的差额确认为权益。

发行方原分类为金融负债的金融工具，自不再被分类为金融负债之日起，发行方应当将其重分类为权益工具，以重分类日金融负债的账面价值计量。

（八）收益和库存股

1. 发行方对利息、股利、利得或损失的处理。

将金融工具或其组成部分划分为金融负债还是权益工具，决定了发行方对相关利息、股利、利得或损失的会计处理方法。金融工具或其组成部分属于金融负债的，相关利息、股利、利得或损失，以及赎回或再融资产生的利得或损失等，应当计入当期损益。金融工具或其组成部分属于权益工具的，其发行（含再融资）、回购、出售或注销时，发行方应当作为权益的变动处理；发行方不应当确认权益工具的公允价值变动；发行方对权益工具持有方的分配应作利润分配处理，发放的股票股利不影响所有者权益总额。

与权益性交易相关的交易费用应当从权益中扣减。交易费用是指可直接归属于购买、发行或处置金融工具的增量费用。只有那些可直接归属于发行新的权益工具或者购买此前已经发行在外的权益工具的增量费用才是与权益交易相关的费用。

利息、股利、利得或损失的会计处理原则同样也适用于复合金融工具，任何与负债成分相关的利息、股利、利得或损失应计入当期损益，任何与权益成分相关的利息、股利、利得或损失应计入权益。发行复合金融工具发生的交易费用，也应当在负债成分和权益成分之间按照各自占总发行价款的比例进行分摊。

2. 库存股。

回购自身权益工具（库存股）支付的对价和交易费用，应当减少所有者权益，不得确认金融资产。库存股可由企业自身购回和持有，也可由集团合并范围内的其他成员购回和持有。其他成员包括子公司，但是不包括集团的联营和合营企业。此外，如果企业是替他人持有自身权益工具，例如金融机构作为代理人代其客户持有该金融机构自身的股票，那么所持有的这些股票不是金融机构自身的资产，也不属于库存股。

如果企业持有库存股之后又将其重新出售，反映的是不同所有者之间的转让，而非企业本身的利得或损失。因此，无论这些库存股的公允价值如何波动，企业应直接将支付或收取的任何对价在权益中确认，而不产生任何损益。

3. 对每股收益计算的影响。

企业应当按照规定计算每股收益。企业存在发行在外的除普通股以外的金融工具的，在计算每股收益时，应当按照以下原则处理：

（1）基本每股收益的计算。在计算基本每股收益时，基本每股收益中的分子，即归属于普通股股东的净利润，不应包含其他权益工具的股利或利息。其中，对于发行的不可累积优先股等其他权益工具应扣除当期宣告发放的股利，对于发行的累积优先股等其他权益工具，无论当期是否宣告发放股利，均应予以扣除。

基本每股收益计算中的分母，为发行在外普通股的加权平均股数。

对于同普通股股东一起参加剩余利润分配的其他权益工具，在计算普通股每股收益时，归属于普通股股东的净利润不应包含根据可参加机制计算的应归属于其他权益工具持有者的净利润。

（2）稀释每股收益的计算。企业发行的金融工具中包含转股条款的，即存在潜在稀释性的，在计算稀释每股收益时考虑的因素与企业发行可转换公司债券、认股权证相同。

二、复合金融工具

企业应对发行的非衍生工具进行评估，以确定所发行的工具是否为复合金融工具。企业所发行的非衍生工具可能同时包含金融负债成分和权益工具成分。对于复合金融工具，发行方应于初始确认时将各组成部分分别分类为金融负债、金融资产或权益工具。企业发行的一项非衍生工具同时包含金融负债成分和权益工具成分的，应于初始计量时先确定金融负债成分的公允价值（包括其中可能包含的非权益性嵌入衍生工具的公允价值），再从复合金融工具公允价值中扣除负债成分的公允价值，作为权益工具成分的价值。

可转换债券等可转换工具可能被分类为复合金融工具。发行方对该类可转换工具进行会计处理时，应当注意以下方面：

（1）在可转换工具转换时，应终止确认负债成分，并将其确认为权益。原来的权益成分仍旧保留为权益（从权益的一个项目结转到另一个项目，如从"其他权益工具"转入"资本公积——资本溢价或股本溢价"）。可转换工具转换时不产生损益。

（2）企业通过在到期日前赎回或回购而终止一项仍具有转换权的可转换工具时，应在交易日将赎回或回购所支付的价款以及发生的交易费用分配至该工具的权益成分和负债成分。分配价款和交易费用的方法应与该工具发行时采用的分配方法一致。价款和交易费用分配后，所产生的利得或损失应分别根据权益成分和负债成分所适用的会计原则进行处理，分配至权益成分的款项计入权益，与债务成分相关的利得或损失计入当期损益。

（3）企业可能修订可转换工具的条款以促成持有方提前转换。例如，提供更有利的转换比率或在特定日期前转换则支付额外的对价。在条款修订日，对于持有方根据修订后的条款进行转换所能获得的对价的公允价值与根据原有条款进行转换所能获得的对价的公允价值之间的差额，企业（发行方）应将其确认为一项损失。

（4）企业发行认股权和债权分离交易的可转换公司债券，所发行的认股权符合有关权益工具定义的，应当确认为一项权益工具（其他权益工具），并以发行价格减去不附认股权且其他条件相同的公司债券公允价值后的净额进行计量。认股权持有方到期没有行权的，应当在到期时将原计入其他权益工具的部分转入资本公积（股本溢价）。

第三节 金融工具的计量

一、金融资产和金融负债的初始计量

企业初始确认金融资产或金融负债,应当按照公允价值计量。对于以公允价值计量且其变动计入当期损益的金融资产和金融负债,相关交易费用应当直接计入当期损益;对于其他类别的金融资产或金融负债,相关交易费用应当计入初始确认金额。但是,企业初始确认的应收账款未包含收入准则所定义的重大融资成分或不考虑不超过一年的合同中的融资成分的,应当按照其定义的交易价格进行初始计量。

金融资产或金融负债公允价值与交易价格存在差异的,企业应当区别下列情况进行处理:

(1) 在初始确认时,金融资产或金融负债的公允价值依据相同资产或负债在活跃市场上的报价或者以仅使用可观察市场数据的估值技术确定的,企业应当将该公允价值与交易价格之间的差额确认为一项利得或损失。

(2) 在初始确认时,金融资产或金融负债的公允价值以其他方式确定的,企业应当将该公允价值与交易价格之间的差额递延。初始确认后,企业应当根据某一因素在相应会计期间的变动程度将该递延差额确认为相应会计期间的利得或损失。该因素应当仅限于市场参与者对该金融工具定价时将予考虑的因素,包括时间等。

企业取得金融资产所支付的价款中包含的已宣告但尚未发放的债券利息或现金股利,应当单独确认为应收项目进行处理。

二、金融资产的后续计量

(一) 金融资产后续计量原则

金融资产的后续计量与金融资产的分类密切相关。企业应当对不同类别的金融资产,分别以摊余成本、以公允价值计量且其变动计入其他综合收益或以公允价值计量且其变动计入当期损益进行后续计量。

需要注意的是,企业在对金融资产进行后续计量时,如果一项金融工具以前被确认为一项金融资产并以公允价值计量,而现在它的公允价值低于零,企业应将其确认为一项负债。但对于主合同为资产的混合合同,即使整体公允价值可能低于零,企业应当始终将混合合同整体作为一项金融资产进行分类和计量。

(二) 以摊余成本计量的金融资产的会计处理

1. 实际利率。

实际利率法,是指计算金融资产或金融负债的摊余成本以及将利息收入或利息费用分摊计入各会计期间的方法。

2. 摊余成本。

金融资产或金融负债的摊余成本,应当以该金融资产或金融负债的初始确认金额经下列调整确定：（1）扣除已偿还的本金。（2）加上或减去采用实际利率法将该初始确认金额与到期日金额之间的差额进行摊销形成的累计摊销额。（3）扣除计提的累计信用减值准备（仅适用于金融资产）。

（三）以公允价值进行后续计量的金融资产的会计处理

（1）对于按照公允价值进行后续计量的金融资产，其公允价值变动形成的利得或损失，除与套期会计有关外，应当按照下列规定处理：

①以公允价值计量且其变动计入当期损益的金融资产的利得或损失，应当计入当期损益。

②分类为以公允价值计量且其变动计入其他综合收益的金融资产所产生的利得或损失，除减值损失或利得和汇兑损益之外，均应当计入其他综合收益，直至该金融资产终止确认或被重分类。但是，采用实际利率法计算的该金融资产的利息应当计入当期损益。该类金融资产计入各期损益的金额应当与视同其一直按摊余成本计量而计入各期损益的金额相等。

该金融资产终止确认时，之前计入其他综合收益的累计利得或损失应当从其他综合收益中转出，计入当期损益。

③指定为以公允价值计量且其变动计入其他综合收益的非交易性权益工具投资，除了获得的股利（属于投资成本收回部分的除外）计入当期损益外，其他相关的利得和损失（包括汇兑损益）均应计入其他综合收益，且后续不得转入当期损益。当其终止确认时，之前计入其他综合收益的累计利得或损失应当从其他综合收益中转出，计入留存收益。

（2）企业只有在同时符合下列条件时，才能确认股利收入并计入当期损益：①企业收取股利的权利已经确立；②与股利相关的经济利益很可能流入企业；③股利的金额能够可靠计量。

三、金融负债的后续计量

（一）金融负债后续计量原则

企业应当按照以下原则对金融负债进行后续计量：

（1）以公允价值计量且其变动计入当期损益的金融负债，应当按照公允价值进行后续计量。

（2）金融资产转移不符合终止确认条件或继续涉入被转移金融资产所形成的金融负债。对此类金融负债，企业应当按照《企业会计准则第23号——金融资产转移》相关规定进行计量。

（3）不属于指定为以公允价值计量且其变动计入当期损益的金融负债的财务担保合同或没有指定为以公允价值计量且其变动计入当期损益并将以低于市场利率贷款的贷款承诺，企业作为此类金融负债发行方的，应当在初始确认后按照损失准备金额以及初始确认金额扣除累计摊销额后的余额孰高进行计量。

（4）上述金融负债以外的金融负债，应当按摊余成本进行后续计量。

（二）金融负债后续计量的会计处理

（1）对于以公允价值进行后续计量的金融负债，其公允价值变动形成利得或损失，除与套期会计有关外,应当计入当期损益。

(2) 以摊余成本计量且不属于任何套期关系的一部分的金融负债所产生的利得或损失,应当在终止确认时计入当期损益或在按照实际利率法摊销时计入相关期间损益。

企业与交易对手方修改或重新议定合同,未导致金融负债终止确认,但导致合同现金流量发生变化的,应当重新计算该金融负债的账面价值,并将相关利得或损失计入当期损益。重新计算的该金融负债的账面价值,应当根据将重新议定或修改的合同现金流量按金融负债的原实际利率折现的现值确定。对于修改或重新议定合同所产生的所有成本或费用,企业应当调整修改后的金融负债账面价值,并在修改后金融负债的剩余期限内进行摊销。

四、金融工具的减值

(一) 金融工具减值概述

本章对金融工具减值的规定称为预期信用损失法。该方法与过去规定的、根据实际已发生减值损失确认损失准备的方法有着根本性不同。在预期信用损失法下,减值准备的计提不以减值的实际发生为前提,而是以未来可能的违约事件造成的损失的期望值来计量当前(资产负债表日)应当确认的损失准备。

企业应当以预期信用损失为基础,对下列项目进行减值会计处理并确认损失准备:(1) 分类为以摊余成本计量的金融资产和以公允价值计量且其变动计入其他综合收益的金融资产。(2) 租赁应收款。(3) 合同资产。(4) 部分贷款承诺和财务担保合同。

(二) 金融工具减值的三阶段

一般情况下,企业应当在每个资产负债表日评估相关金融工具的信用风险自初始确认后是否已显著增加,可以将金融工具发生信用减值的过程分为三个阶段,并按照下列情形分别计量其损失准备、确认预期信用损失及其变动:

1. 第一阶段:信用风险自初始确认后未显著增加。

对于处于该阶段的金融工具,企业应当按照未来12个月的预期信用损失计量损失准备,并按其账面余额(即未扣除减值准备)和实际利率计算利息收入(若该工具为金融资产,下同)。

2. 第二阶段:信用风险自初始确认后已显著增加但尚未发生信用减值。

对于处于该阶段的金融工具,企业应当按照该工具整个存续期的预期信用损失计量损失准备,并按其账面余额和实际利率计算利息收入。

3. 第三阶段:初始确认后发生信用减值。

对于处于该阶段的金融工具,企业应当按照该工具整个存续期的预期信用损失计量损失准备,但对利息收入的计算不同于处于前两阶段的金融资产。对于已发生信用减值的金融资产,企业应当按其摊余成本(账面余额减已计提减值准备,也即账面价值)和实际利率计算利息收入。

上述三阶段的划分,适用于购买或源生时未发生信用减值的金融工具。对于购买或源生时已发生信用减值的金融资产,企业应当仅将初始确认后整个存续期内预期信用损失的变动确认为损失准备,并按其摊余成本和经信用调整的实际利率计算利息收入。

（三）特殊情形

在以下两类情形下，企业无须就金融工具初始确认时的信用风险与资产负债表日的信用风险进行比较分析。

1. 较低信用风险。

如果企业确定金融工具的违约风险较低，借款人在短期内履行其支付合同现金流量义务的能力很强，并且即使较长时期内经济形势和经营环境存在不利变化，也不一定会降低借款人履行其支付合同现金流量义务的能力，那么该金融工具可被视为具有较低的信用风险。对于在资产负债表日具有较低信用风险的金融工具，企业可以不用与其初始确认时的信用风险进行比较，而直接作出该工具的信用风险自初始确认后未显著增加的假定（企业对这种简化处理有选择权）。

2. 应收款项、租赁应收款和合同资产。

企业对于收入所规定的、不含重大融资成分（包括根据该章不考虑不超过一年的合同中融资成分的情况）的应收款项和合同资产，应当始终按照整个存续期内预期信用损失的金额计量其损失准备（企业对这种简化处理没有选择权）。

除此之外，准则还允许企业作出会计政策选择，对包含重大融资成分的应收款项、合同资产和租赁应收款（可分别对应收款项、合同资产、应收租赁款作出不同的会计政策选择），始终按照相当于整个存续期内预期信用损失的金额计量其损失准备。

除了上述收入和租赁规定的应收款和合同资产外，其他金融资产不应当采用简化处理方法。因此，企业以预期信用损失为基础，对计入其他应收款的金融资产、向其他企业提供的委托贷款、财务担保或向集团内关联企业提供的资金借贷等进行减值会计处理时，应当将其发生信用减值的过程分为三个阶段，对不同阶段的预期信用损失采用相应的会计处理方法，不得采用按照整个存续期内预期信用损失的金额计量损失准备的简化处理方法。

（四）预期信用损失的计量

企业计量金融工具预期信用损失的方法应当反映下列各项要素：

（1）通过评价一系列可能的结果而确定的无偏概率加权平均金额。

（2）货币时间价值。

（3）在资产负债表日无须付出不必要的额外成本或努力即可获得的有关过去事项、当前状况以及未来经济状况预测的合理且有依据的信息。

企业应当按照下列方法确定有关金融工具的信用损失：

（1）对于金融资产，信用损失应为企业应收取的合同现金流量与预期收取的现金流量之间差额的现值。

（2）对于租赁应收款项，信用损失应为企业应收取的合同现金流量与预期收取的现金流量之间差额的现值。其中，用于确定预期信用损失的现金流量，应与按照《企业会计准则第21号——租赁》用于计量租赁应收款项的现金流量保持一致。

（3）对于未提用的贷款承诺，信用损失应为在贷款承诺持有人提用相应贷款的情况下，企业应收取的合同现金流量与预期收取的现金流量之间差额的现值。企业对贷款承诺预期信用损失的估计，应当与其对该贷款承诺提用情况的预期保持一致。

（4）对于财务担保合同，信用损失应为企业就该合同持有人发生的信用损失向其作出赔付的预计付款额，减去企业预期向该合同持有人、债务人或任何其他方收取的金额之间差额的现值。

（5）对于资产负债表日已发生信用减值但并非购买或源生已发生信用减值的金融资产，信用损失应为该金融资产账面余额与按原实际利率折现的估计未来现金流量的现值之间的差额。

企业应当以概率加权平均为基础对预期信用损失进行计量。企业对预期信用损失的计量应当反映发生信用损失的各种可能性，但不必识别所有可能的情形。在计量预期信用损失时，企业需考虑的最长期限为企业面临信用风险的最长合同期限（包括考虑续约选择权），而不是更长期间，即使该期间与业务实践相一致。

（五）金融工具减值的账务处理

1. 减值准备的计提和转回。

企业应当在资产负债表日计算金融工具（或金融工具组合）预期信用损失。如果该预期信用损失大于该工具（或组合）当前减值准备的账面金额，企业应当将其差额确认为减值损失，借记"信用减值损失"或"资产减值损失"（合同资产计提的减值损失）科目，根据金融工具的种类，贷记"贷款损失准备""债权投资减值准备""坏账准备""合同资产减值准备""租赁应收款减值准备""预计负债"（用于贷款承诺及财务担保合同）或"其他综合收益"（用于以公允价值计量且其变动计入其他综合收益的债权类资产，企业可以设置二级科目"其他综合收益——信用减值准备"核算此类工具的减值准备）等科目（上述贷记科目，以下统称"贷款损失准备"等科目）；如果资产负债表日计算的预期信用损失小于该工具（或组合）当前减值准备的账面金额（例如，从按照整个存续期预期信用损失计量损失准备转为按照未来12个月预期信用损失计量损失准备时，可能出现这一情况），则应当将差额确认为减值利得，作相反的会计分录。

2. 已发生信用损失金融资产的核销和收回

企业实际发生信用损失，认定相关金融资产无法收回，经批准予以核销的，应当根据批准的核销金额，借记"贷款损失准备"等科目，贷记相应的资产科目，如"贷款""应收账款""合同资产""应收租赁款"等。若核销金额大于已计提的损失准备，还应按其差额借记"信用减值损失"科目。对于收回已核销的金融资产，按实际收到的金额，借记相应的资产科目，贷记"贷款损失准备"等科目；借记"贷款损失准备"等科目，贷记"信用减值损失"科目；或者采用简化处理，即借记相应的资产科目，贷记"信用减值损失"科目。

第四节　金融资产转移

一、金融资产终止确认的一般原则

金融资产终止确认，是指企业将之前确认的金融资产从其资产负债表中予以转出。

金融资产满足下列条件之一的，应当终止确认：（1）收取该金融资产现金流量的合同权利终止。（2）该金融资产已转移，且该转移满足本节关于终止确认的规定。

在第一个条件下，企业收取金融资产现金流量的合同权利终止，如因合同到期而使合同权利终止，金融资产不能再为企业带来经济利益，应当终止确认该金融资产。在第二个条件下，企业收取一项金融资产现金流量的合同权利并未终止，但若企业转移了该项金融资产，同时该转移满足本节关于终止确认的规定，在这种安排下，企业也应当终止确认被转移的金融资产。

二、金融资产终止确认的判断流程

本节关于终止确认的相关规定，适用于所有金融资产的终止确认。企业在判断金融资产是否应当终止确认以及在多大程度上终止确认时，应当遵循以下步骤：

（一）确定适用金融资产终止确认规定的报告主体层面

企业（转出方）对金融资产转入方具有控制权的，除在该企业个别财务报表基础上应用本节规定外，在编制合并财务报表时，还应当按照合并财务报表准则的规定合并所有纳入合并范围的子公司（含结构化主体），并在合并财务报表层面应用本节规定。

在资产证券化实务中，企业通常设立"信托计划""专项支持计划"等结构化主体作为结构化融资的载体，由结构化主体向第三方发行证券并向企业自身购买金融资产。在这种情况下，从法律角度看企业可能已将金融资产转移到结构化主体，两者之间实现了风险隔离。但在进行金融资产终止确认判断时，企业应首先确定报告主体，即是编制合并财务报表还是个别财务报表。如果是合并财务报表，企业应当首先按照有关规定合并所有子公司（含结构化主体），然后将本节的规定应用于合并财务报表，即在合并财务报表层面进行金融资产转移及终止确认分析。

（二）确定金融资产是部分还是整体适用终止确认原则

本节中的金融资产既可能指一项金融资产或其部分，也可能指一组类似金融资产或其部分。一组类似金融资产通常指金融资产的合同现金流量在金额和时间分布上相似并且具有相似的风险特征，如合同条款类似、到期期限接近的一组住房抵押贷款等。

当且仅当金融资产（或一组金融资产，下同）的一部分满足下列三个条件之一时，终止确认的相关规定适用于该金融资产部分，否则，适用于该金融资产整体：

（1）该金融资产部分仅包括金融资产所产生的特定可辨认现金流量。如企业就某债务工具与转入方签订一项利息剥离合同，合同规定转入方拥有获得该债务工具利息现金流量的权利，但无权获得该债务工具本金现金流量，则终止确认的规定适用于该债务工具的利息现金流量。

（2）该金融资产部分仅包括与该金融资产所产生的全部现金流量完全成比例的现金流量部分。如企业就某债务工具与转入方签订转让合同，合同规定转入方拥有获得该债务工具全部现金流量 90% 份额的权利，则终止确认的规定适用于这些现金流量的 90%。如果转入方不止一个，只要转出方所转移的份额与金融资产的现金流量完全成比例即可，不要求每一转入方均持有成比例的现金流量份额。

（3）该金融资产部分仅包括与该金融资产所产生的特定可辨认现金流量完全成比例

的现金流量部分。如企业就某债务工具与转入方签订转让合同，合同规定转入方拥有获得该债务工具利息现金流量90%份额的权利，则终止确认的规定适用于该债务工具利息现金流量90%部分。如果转入方不止一个，只要转出方所转移的份额与金融资产的特定可辨认现金流量完全成比例即可，不要求每一转入方均持有成比例的现金流量份额。

在除上述情况外的其他所有情况下，有关金融资产终止确认的相关规定适用于金融资产的整体。例如，企业转移了公允价值为100万元人民币的一组类似的固定期限贷款组合，约定向转入方支付贷款组合预期所产生的现金流量的前90万元人民币，企业保留了取得剩余现金流量的次级权益。因为最初90万元人民币的现金流量既可能来自贷款本金也可能来自利息，且无法辨认来自贷款组合中的哪些贷款，所以不是特定可辨认的现金流量，也不是该金融资产所产生的全部或部分现金流量的完全成比例的份额。在这种情况下，企业不能将终止确认的相关规定适用于该金融资产90万元人民币的部分，而应当适用于该金融资产的整体。

又如，企业转移了一组应收款项产生的现金流量90%的权利，同时提供了一项担保以补偿转入方可能遭受的信用损失，最高担保额为应收款项本金金额的8%。在这种情况下，由于存在担保，在发生信用损失的情况下，企业可能需要向转入方支付部分已经收到的企业自留的10%的现金流量，以补偿对方就90%现金流所遭受的损失，导致该组应收款项下实际合同现金流量的分类并非完全按90%及10%完全成比例分配，因此终止确认的相关规定适用于该组金融资产的整体。

（三）确定收取金融资产现金流量的合同权利是否终止

企业在确定适用金融资产终止确认规定的报告主体层面（合并财务报表层面或个别财务报表层面）以及对象（金融资产整体或部分）后，即可开始判断是否对金融资产进行终止确认。收取金融资产现金流量的合同权利已经终止的，企业应当终止确认该金融资产。如一项应收账款的债务人在约定期限内支付了全部款项，或者在期权合同到期时期权持有人未行使期权权利，导致收取金融资产现金流量的合同权利终止，企业应终止确认金融资产。

若收取金融资产的现金流量的合同权利没有终止，企业应当判断是否转移了金融资产，并根据以下有关金融资产转移的相关判断标准确定是否应当终止确认被转移金融资产。

（四）判断企业是否已转移金融资产

企业在判断是否已转移金融资产时，应分以下两种情形作进一步的判断：

1. 企业将收取金融资产现金流量的合同权利转移给其他方。

企业将收取金融资产现金流量的合同权利转移给其他方，表明该项金融资产发生了转移，通常表现为金融资产的合法出售或者金融资产现金流量权利的合法转移。例如，实务中常见的票据背书转让、商业票据贴现等，均属于这一种金融资产转移的情形。在这种情形下，转入方拥有了获取被转移金融资产所有未来现金流量的权利，转出方应进一步判断金融资产风险和报酬转移情况来确定是否应当终止确认被转移金融资产。

2. 企业保留了收取金融资产现金流量的合同权利，但承担了将收取的该现金流量支付给一个或多个最终收款方的合同义务。

这种金融资产转移的情形通常被称为"过手安排"，在某些金融资产转移交易中，转出方在出售金融资产后，会继续作为收款服务方或收款代理人等收取金融资产的现金流量，再转交给转入方或最终收款方。这种金融资产转移情形常见于资产证券化业务。例如，在某些情况下，银行可能负责收取所转移贷款的本金和利息并最终支付给收益权持有者，同时收取相应服务费。当企业保留了收取金融资产现金流量的合同权利，但承担了将收取的该现金流量支付给一个或多个最终收款方的合同义务时，当且仅当同时符合以下三个条件时，转出方才能按照金融资产转移的情形进行后续分析及处理，否则，被转移金融资产应予以继续确认：

（1）企业（转出方）只有从该金融资产收到对等的现金流量时，才有义务将其支付给最终收款方。在有的资产证券化等业务中，如发生由于被转移金融资产的实际收款日期与向最终收款方付款的日期不同而导致款项缺口的情况，转出方需要提供短期垫付款项。在这种情况下，当且仅当转出方有权全额收回该短期垫付款并按照市场利率就该垫付款计收利息，方能视同满足这一条件。在有转出方短期垫付安排的资产证券化业务中，如果转出方收回该垫付款的权利仅优先于次级资产支持证券持有人，但劣后于优先级资产支持证券持有人，或者转出方不计收利息的，均不能满足这一条件。

例如，在一项资产证券化交易中，按照交易协议规定，转出方在设立结构化主体时需要向结构化主体提供现金或其他资产以建立流动性储备，确保在收取基础资产款项发生延误时能够向资产证券化产品的持有者按协议规定付款，被动用的流动性储备只能通过提留基础资产后续产生的现金流的方式收回。假设转出方合并该结构化主体，在该种情况下，由于转出方出资设立了流动性储备（即提供了垫付款项），在发生收款延误时，转出方有义务向最终收款方支付尚未从基础资产收取的款项，且如果出现基础资产后续产生的现金流量不足的情况转出方没有收回权，导致该交易不满足上述"转出方只有从该金融资产收到对等的现金流量时，才有义务将其支付给最终收款方"的条件。类似地，如果资产证券化协议规定转出方承担或转出方实际承担了在需要时向结构化主体提供现金借款的确定承诺，且该借款只能通过提留基础资产后续产生的现金流的方式收回，则该资产证券化交易也不满足本条件。

如果结构化主体的流动性储备不是由转出方预提或承诺提供的，而是来自基础资产产生的现金流量或者由资产支持证券的第三方次级权益持有者提供，且转出方不控制（即不需合并）该结构化主体，由于企业没有向结构化主体（即转入方）支付从被转移金融资产中取得的现金流量以外的其他现金流量，这种流动性储备安排满足本条件的情形。

（2）转让合同规定禁止企业（转出方）出售或抵押该金融资产，但企业可以将其作为向最终收款方支付现金流量义务的保证。企业不能出售该项金融资产，也不能以该项金融资产作为质押品对外进行担保，意味着转出方不再拥有出售或处置被转移金融资产的权利。但是，由于企业负有向最终收款方支付该项金融资产所产生的现金流量的义务，该项金融资产可以作为企业如期向最终收款方支付现金流量的保证。

（3）企业（转出方）有义务将代表最终收款方收取的所有现金流量及时划转给最终收款方，且无重大延误。企业无权将该现金流量进行再投资。但是，如果企业在收款日和最终收款方要求的划转日之间的短暂结算期内将代为收取的现金流量进行现金或现金等价物投资，并且按照合同约定将此类投资的收益支付给最终收款方，则视同满足本条件。

这一条件不仅对转出方在收款日至向最终收款方支付日的短暂结算期间内将收取的现金流量再投资作出了限制，而且将转出方为了最终收款人利益而进行的投资严格地限定为现金或现金等价物投资。在这种情况下，现金和现金等价物应当符合财务报告准则中的定义，而且不允许转出方在这些现金或现金等价物投资中保留任何投资收益，所有的投资收益必须支付给最终收款方。例如，如果按照某过手安排，合同条款允许企业将代最终收款方收取的现金流量投资于不满足现金和现金等价物定义的某些理财产品或货币市场基金等产品，则该过手安排不满足本条件，进而不能按照金融资产转移进行后续判断和会计处理。此外，在通常情况下，如果根据合同条款，企业自代为收取现金流量之日起至最终划转给最终收款方的期间超过三个月，则视为有重大延误，进而该过手安排不满足本条件，因此不构成金融资产转移。

（五）分析所转移金融资产的风险和报酬转移情况

企业转让收取现金流量的合同权利或者通过符合条件的过手安排方式转移金融资产的，应根据规定进一步对被转移金融资产进行风险和报酬转移分析，以判断是否应终止确认被转移金融资产。

企业在判断金融资产转移是否导致金融资产终止确认时，应当评估其在多大程度上保留了金融资产所有权上的风险和报酬，即比较其在转移前后所承担的、该金融资产未来净现金流量金额及其时间分布变动的风险，并分别以下情形进行处理：

1. 企业转移了金融资产所有权上几乎所有风险和报酬的，应当终止确认该金融资产，并将转移中产生或保留的权利和义务单独确认为资产或负债。

金融资产转移后，企业承担的金融资产未来净现金流量现值变动的风险与转移前金融资产的未来净现金流量现值变动的风险相比不再显著的，表明该企业已经转移了金融资产所有权上几乎所有风险和报酬。

需要注意的是，金融资产转移后企业承担的未来净现金流量现值变动的风险占转移前变动风险的比例，并不等同于企业保留的现金流量金额占全部现金流量的比例。例如，在一项资产证券化交易中，次级资产支持证券的份额占全部资产支持证券的5%，转出方持有全部次级资产支持证券，这并不意味着转出方仅保留金融资产5%的风险和报酬。实际上，次级资产支持证券向优先级资产支持证券提供了信用增级，而使得基础资产未来现金流量在优先级和次级之间不再是完全成比例分配，因此，转移后企业承担的次级资产支持证券对应的未来净现金流量现值变动的风险则可能远大于转移前全部变动风险的5%。

关于这里所指的"几乎所有风险和报酬"，企业应当根据金融资产的具体特征作出判断。需要考虑的风险类型通常包括利率风险、信用风险、外汇风险、逾期未付风险、提前偿付风险（或报酬）、权益价格风险等。

在通常情况下，通过分析金融资产转移协议中的条款，企业就可以比较容易地确定是否转移或保留了金融资产所有权上几乎所有的风险和报酬，而不需要通过计算确定。以下情形表明企业已将金融资产所有权上几乎所有的风险和报酬转移给了转入方：

（1）企业无条件出售金融资产。企业出售金融资产时，如果根据与购买方之间的协议约定，在任何时候（包括所出售金融资产的现金流量逾期未收回时）购买方均不能够向企业进行追偿，企业也不承担任何未来损失，此时，企业可以认定几乎所有的风险和报酬已经转移，应当终止确认该金融资产。

例如，某银行向某资产管理公司出售了一组贷款，双方约定，在出售后银行不再承担该组贷款的任何风险，该组贷款发生的所有损失均由资产管理公司承担，资产管理公司不能因该组已出售贷款的包括逾期未付在内的任何未来损失向银行要求补偿。在这种情况下，银行已经将该组贷款上几乎所有的风险和报酬转移，可以终止确认该组贷款。

（2）企业出售金融资产，同时约定按回购日该金融资产的公允价值回购。企业通过与购买方签订协议，按一定价格向购买方出售了一项金融资产，同时约定到期日企业再将该金融资产购回，回购价为到期日该金融资产的公允价值。此时，该项金融资产如果发生公允价值变动，其公允价值变动由购买方承担，因此可以认定企业已经转移了该项金融资产所有权上几乎所有的风险和报酬，应当终止确认该金融资产。同样，企业在金融资产转移以后只保留了优先按照回购日公允价值回购该金融资产的权利的，也应当终止确认所转移的金融资产。

（3）企业出售金融资产，同时与转入方签订看跌或看涨期权合约，且该看跌或看涨期权为深度价外期权（即到期日之前不大可能变为价内期权），此时可以认定企业已经转移了该项金融资产所有权上几乎所有的风险和报酬，应当终止确认该金融资产。

企业需要通过计算判断是否转移或保留了金融资产所有权上几乎所有风险和报酬的，在计算金融资产未来现金流量净现值时，应考虑所有合理、可能的现金流量变动，采用适当的市场利率作为折现率，并采用概率加权平均方法。

2. 企业保留了金融资产所有权上几乎所有风险和报酬的，应当继续确认该金融资产。

与企业转移了金融资产所有权上几乎所有风险和报酬的判断方法相似，企业在判断是否保留了金融资产所有权上几乎所有的风险和报酬时，应当比较其在转移前后面临的该金融资产未来净现金流量金额及其时间分布变动的风险。企业承担的风险没有因金融资产转移发生显著改变的，表明企业仍保留了金融资产所有权上几乎所有的风险和报酬。

以下情形通常表明企业保留了金融资产所有权上几乎所有的风险和报酬：

（1）企业出售金融资产并与转入方签订回购协议，协议规定企业将按照固定回购价格或是按照原售价加上合理的资金成本向转入方回购原被转移金融资产，或者与售出的金融资产相同或实质上相同的金融资产。例如，采用买断式回购、质押式回购交易卖出债券等。

（2）企业融出证券或进行证券出借。例如，证券公司将自身持有的证券借给客户，合同约定借出期限和出借费率，到期客户需归还相同数量的同种证券，并向证券公司支付出借费用。证券公司保留了融出证券所有权上几乎所有的风险和报酬。因此，证券公司应当继续确认融出的证券。

（3）企业出售金融资产并附有将市场风险敞口转回给企业的总回报互换。在附总回报互换的金融资产出售中，企业出售了一项金融资产，并与转入方达成一项总回报互换协议，如转入方将该资产实际产生的现金流量支付给企业以换取固定付款额或浮动利率付款额,该项资产公允价值的所有增减变动由企业(转出方)承担,从而使企业保留了该金融资产所有权上几乎所有的风险和报酬。在这种情况下,企业应当继续确认所出售的金融资产。

(4)企业出售短期应收款项或信贷资产,并且全额补偿转入方可能因被转移金融资产发生的信用损失。企业将短期应收款项或信贷资产整体出售,符合金融资产转移的条件。但由于企业出售金融资产时作出承诺,当已转移的金融资产将来发生信用损失时,由企业(出售方)进行全额补偿。在这种情况下,企业保留了该金融资产所有权上几乎所有的风险和报酬,因此不应当终止确认所出售的金融资产。这种情形经常出现在资产证券化实务中,例如,企业通过持有次级权益或承诺对特定现金流量进行担保,实现了对证券化资产的信用增级。如果通过这种信用增级,企业保留了被转移资产所有权上几乎所有的风险和报酬,那么企业就不应当终止确认该金融资产。

(5)企业出售金融资产,同时向转入方签订看跌或看涨期权合约,且该看跌期权或看涨期权为一项价内期权。例如,企业出售某金融资产但同时持有深度价内的看涨期权(即到期日之前不大可能变为价外期权),或者企业出售金融资产而转入方有权通过同时签订的深度价内看跌期权在以后将金融资产回售给企业。在这两种情况下,由于企业都保留了该项金融资产所有权上几乎所有的风险和报酬,因此不应当终止确认该金融资产。

(6)采用附追索权方式出售金融资产。企业出售金融资产时,如果根据与购买方之间的协议约定,在所出售金融资产的现金流量无法收回时,购买方能够向企业进行追偿,企业也应承担任何未来损失。此时,可以认定企业保留了该金融资产所有权上几乎所有的风险和报酬,不应当终止确认该金融资产。

3. 企业既没有转移也没有保留金融资产所有权上几乎所有的风险和报酬的,应当判断其是否保留了对金融资产的控制,根据是否保留了控制分别进行处理。

实务中,可通过分析金融资产转移协议中的条款和现金流量分布实际情况(例如将超额服务费等纳入考虑),计算确定金融资产转移前后所承担的未来现金流量现值变动情况,且实践中存在多种可行的计算方法,企业可以根据具体情况选用合适的计算方法并在附注中进行说明,计算方法一经确定,不得随意变更。

(六)分析企业是否保留了控制

若企业既没有转移也没有保留金融资产所有权上几乎所有的风险和报酬,企业应当判断企业是否保留了对该金融资产的控制。如果没有保留对该金融资产的控制的,应当终止确认该金融资产。

此处所述的"控制"概念,与合并财务报表中的"控制"概念,在适用场景和判断条件上都有所不同。企业在判断是否保留了对被转移金融资产的控制时,应当重点关注转入方出售被转移金融资产的实际能力。如果转入方有实际能力单方面决定将转入的金融资产整体出售给与其不相关的第三方,且没有额外条件对此项出售加以限制,则表明企业作为转出方未保留对被转移金融资产的控制;在除此之外的其他情况下,则应视为企业保留了对金融资产的控制。

企业既没有转移也没有保留金融资产所有权上几乎所有的风险和报酬,且未放弃对该金融资产控制的,应当按照其继续涉入被转移金融资产的程度确认有关金融资产,并相应确认有关负债。在这种情况下确认的有关金融资产和有关负债反映了企业所承担的被转移金融资产价值变动风险或报酬的程度。导致转出方对被转移金融资产形成继续涉入的常见方式有：具有追索权，享有继续服务权，签订回购协议，签发或持有期权或提供担保等。

如果企业对金融资产的继续涉入仅限于金融资产的一部分，例如，企业持有回购一部分被转移金融资产的看涨期权，或者企业保留了某项剩余权益但并未导致企业保留了所有权上几乎所有的风险和报酬，且企业保留了控制权，则企业应当按照转移日因继续涉入而继续确认部分和不再确认部分的相对公允价值，在两者之间分配金融资产的原账面价值，并按其继续涉入被转移金融资产的部分确认有关金融资产，并相应确认有关负债。

三、金融资产转移的会计处理

（一）满足终止确认条件的金融资产转移的会计处理

对于满足终止确认条件的金融资产转移，企业应当按照被转移的金融资产是金融资产的整体还是金融资产的一部分，分别按照以下方式进行会计处理：

1. 金融资产整体转移的会计处理。

金融资产整体转移满足终止确认条件的，应当将下列两项金额的差额计入当期损益：

（1）被转移金融资产在终止确认日的账面价值。

（2）因转移金融资产而收到的对价，与原直接计入其他综合收益的公允价值变动累计额（涉及转移的金融资产为分类为以公允价值计量且其变动计入其他综合收益的金融资产的情形）之和。

具体计算公式如下：

金融资产整体转移形成的损益＝因转移收到的对价－所转移金融资产账面价值±原直接计入其他综合收益的公允价值变动累计利得（或损失）

因转移收到的对价＝因转移交易实际收到的价款＋新获得金融资产的公允价值＋因转移获得的服务资产的价值－新承担金融负债的公允价值－因转移承担的服务负债的公允价值

2. 金融资产部分转移的会计处理。

企业转移了金融资产的一部分，且该被转移部分满足终止确认条件的，应当将转移前金融资产整体的账面价值，在终止确认部分和继续确认部分（在此种情形下，所保留的服务资产应当视同继续确认金融资产的一部分）之间，按照转移日各自的相对公允价值进行分摊，并将下列两项金额的差额计入当期损益：

（1）终止确认部分在终止确认日的账面价值。

（2）终止确认部分收到的对价（包括获得的所有新资产减去承担的所有新负债），与原计入其他综合收益的公允价值变动累计额中对应终止确认部分的金额（涉及部分转移的金融资产为分类为以公允价值计量且其变动计入其他综合收益的金融资产的情形）之和。

企业在确定继续确认部分的公允价值时，应当遵循下列规定：①企业出售过与继续确认部分类似的金融资产,或继续确认部分存在其他市场交易的,近期实际交易价格可作为其公允价值的最佳估计。②继续确认部分没有报价或近期没有市场交易的,其公允价值的最佳估计为转移前金融资产整体的公允价值扣除终止确认部分的对价后的差额。在计量终止确认部分和继续确认部分的公允价值时,除适用上述规定外,企业还应适用《企业会计准则第 39 号——公允价值计量》相关规定。

(二) 继续确认被转移金融资产的会计处理

企业保留了被转移金融资产所有权上几乎所有的风险和报酬的,表明企业所转移的金融资产不满足终止确认的条件,不应当将其从企业的资产负债表中转出。此时,企业应当继续确认所转移的金融资产整体,因资产转移而收到的对价,应当在收到时确认为一项金融负债。需要注意的是,该金融负债与被转移金融资产应当分别确认和计量,不得相互抵销。在后续会计期间,企业应当继续确认该金融资产产生的收入或利得以及该金融负债产生的费用或损失。

(三) 继续涉入被转移金融资产的会计处理

企业既没有转移也没有保留金融资产所有权上几乎所有的风险和报酬,且保留了对该金融资产控制的,应当按照其继续涉入被转移金融资产的程度继续确认该被转移金融资产,并相应确认相关负债。企业所确认的被转移的金融资产和相关负债,应当反映企业所保留的权利和承担的义务。

企业应当对因继续涉入被转移金融资产形成的有关资产确认相关收益,对继续涉入形成的有关负债确认相关费用。按继续涉入程度继续确认的被转移金融资产应根据所转移金融资产的原性质及其分类,继续列报于资产负债表中的贷款、应收款项等。相关负债应当根据被转移的资产是按公允价值计量还是摊余成本计量,使得被转移资产和相关负债的账面价值:(1) 被转移的金融资产以摊余成本计量的,等于企业保留的权利和义务的摊余成本;(2) 被转移金融资产以公允价值计量的,等于企业保留的权利和义务按独立基础计量的公允价值。如果所转移的金融资产以摊余成本计量,确认的相关负债不得指定为以公允价值计量且其变动计入当期损益的金融负债。

企业通过对被转移金融资产提供担保方式继续涉入的,应当在转移日按照金融资产的账面价值和担保金额两者之中的较低者,按继续涉入的程度继续确认被转移资产,同时按照担保金额和担保合同的公允价值之和确认相关负债。这里的担保金额,是指企业所收到的对价中,将可能被要求偿还的最高金额。担保合同的公允价值,通常是指提供担保而收取的费用。

对金融资产的继续涉入仅限于金融资产一部分的,企业应当按照转移日因继续涉入而继续确认部分和不再确认部分的相对公允价值,在两者之间分配金融资产的账面价值,并将下列两项金额的差额计入当期损益:

(1) 分配至不再确认部分的账面金额(以转移日为准);

(2) 不再确认部分所收到的对价。

如果涉及转移的金融资产为根据《企业会计准则第 22 号——金融工具确认和计量》分类为以公允价值计量且其变动计入其他综合收益的金融资产的,不再确认部分的金额对应的原计入其他综合收益的公允价值变动累计额应当计入当期损益。

第五节 套期会计

一、套期会计方法

对于满足一定条件的套期，企业可运用套期会计方法进行处理。套期会计方法，是指企业将套期工具和被套期项目产生的利得或损失在相同会计期间计入当期损益（或其他综合收益）以反映风险管理活动影响的方法。

企业开展套期业务以进行风险管理，但是如果按照常规的会计处理方法，可能会导致损益更大的波动，这是因为企业被套期的风险敞口和对风险敞口进行套期的金融工具的确认和计量基础不一定相同。例如，企业使用衍生工具对某项极可能发生的预期交易的价格风险进行套期，按照常规会计处理方法，该衍生工具应当以公允价值计量且其变动计入当期损益，而预期交易则需到交易发生时才能予以确认，这样，企业利润表反映的损益就会产生较大的波动。再如，企业使用衍生工具对其持有的存货的价格风险进行套期，按照常规会计处理方法，该衍生工具应当以公允价值计量且其变动计入当期损益，而存货则以成本与可变现净值孰低计量，这同样会导致企业利润表反映的损益产生较大的波动。企业使用金融工具进行风险管理的目的是对冲风险，减少企业损益的波动，而由于常规会计处理方法中有关会计确认和计量基础不一致，在一定会计期间不仅可能无法如实反映企业的风险管理活动，反而可能会在财务报表上"扩大风险"。因此，尽管从长期来看，被套期项目和套期工具实现了风险的对冲，但是在套期存续期所涵盖的各个会计报告期间内，在常规会计处理方法下有可能会产生会计错配和损益波动。套期会计方法基于企业风险管理活动，将套期工具和被套期项目产生的利得或损失在相同会计期间计入当期损益（或其他综合收益），有助于处理被套期项目和套期工具在确认和计量方面存在的上述差异，并在企业财务报告中如实反映企业进行风险管理活动的影响。

二、套期工具和被套期项目

（一）套期工具

1. 符合条件的套期工具。

套期工具，是指企业为进行套期而指定的、其公允价值或现金流量变动预期可抵销被套期项目的公允价值或现金流量变动的金融工具。企业可以作为套期工具的金融工具包括：

（1）以公允价值计量且其变动计入当期损益的衍生工具，但签出期权除外。企业只有在对购入期权（包括嵌入在混合合同中的购入期权）进行套期时，签出期权才可以作为套期工具。嵌入在混合合同中但未分拆的衍生工具不能作为单独的套期工具。

衍生工具通常可以作为套期工具。衍生工具包括远期合同、期货合同、互换和期权，以及具有远期合同、期货合同、互换和期权中一种或一种以上特征的工具等。例如，某企业为规避库存铜价格下跌的风险，可以卖出一定数量的铜期货合同。其中，铜期货合同即是套期工具。

衍生工具无法有效地对冲被套期项目风险的，不能作为套期工具。企业的签出期权（除非该签出期权指定用于抵销购入期权）不能作为套期工具，因为该期权的潜在损失可能大大超过被套期项目的潜在利得，从而不能有效地对冲被套期项目的风险。而购入期权的一方可能承担的损失最多就是期权费，可能拥有的利得通常等于或大大超过被套期项目的潜在损失，可被用来有效对冲被套期项目的风险，因此购入期权的一方可以将购入的期权作为套期工具。

（2）以公允价值计量且其变动计入当期损益的非衍生金融资产或非衍生金融负债，但指定为以公允价值计量且其变动计入当期损益，且其自身信用风险变动引起的公允价值变动计入其他综合收益的金融负债除外。

对于指定为以公允价值计量且其变动计入当期损益，且其自身信用风险变动引起的公允价值变动计入其他综合收益的金融负债，由于没有将整体公允价值变动计入损益，不能被指定为套期工具。

（3）对于外汇风险套期，企业可以将非衍生金融资产（选择以公允价值计量且其变动计入其他综合收益的非交易性权益工具投资除外）或非衍生金融负债的外汇风险成分指定为套期工具。

2. 对套期工具的指定。

（1）企业在确立套期关系时，应当将前述符合条件的金融工具整体（或外汇风险套期中的非衍生金融资产或非衍生金融负债的外汇风险成分）指定为套期工具。因为企业对套期工具进行计量时，通常以该金融工具整体为对象，采用单一的公允价值基础对其进行计量。但是，由于期权的时间价值、远期合同的远期要素和金融工具的外汇基差通常具备套期成本的特征且可以单独计量，为便于提高某些套期关系的有效性，允许企业在对套期工具进行指定时，作出以下例外处理：

①对于期权，企业可以将期权的内在价值和时间价值分开，只将期权的内在价值变动指定为套期工具。期权的价值包括内在价值（立即执行期权时现货价格与行权价格之差所带来的收益）和时间价值（期权的价格与内在价值之差）。随着期权临近到期，期权的时间价值不断减少直至为零。当企业仅指定期权的内在价值变动为套期工具时，与期权的时间价值相关的公允价值变动被排除在套期有效性评估之外，从而能够提高套期的有效性。

②对于远期合同，企业可以将远期合同的远期要素和即期要素分开，只将即期要素的价值变动指定为套期工具。远期合同的即期要素反映了基础项目远期价格和现货价格的差异，而远期要素的特征取决于不同的基础项目。当企业仅指定远期合同的即期要素的价值变动为套期工具时，能够提高套期的有效性。

③对于金融工具，企业可以将金融工具的外汇基差单独分拆，只将排除外汇基差后的金融工具指定为套期工具。外汇基差反映了货币主权信用差异、市场供求等因素所带来的成本。将外汇基差分拆，只将排除外汇基差后的金融工具指定为套期工具，能够提高套期的有效性。

（2）企业可以将套期工具的一定比例指定为套期工具，但不可以将套期工具剩余期限内某一时段的公允价值变动部分指定为套期工具。例如,甲公司有一项支付固定利息、收取浮动利息的互换合同,拟将其用于对该公司所发行的浮动利率债券进行套期。该互换合同的剩余期限为10年,而债券的剩余期限为5年。在这种情况下,甲公司不能将该互换合同剩余期限中某5年的互换合同公允价值变动指定为套期工具。

(3) 企业可以将两项或两项以上金融工具(或其一定比例)的组合指定为套期工具(包括组合内的金融工具形成风险头寸相互抵销的情形)。

对于一项由签出期权和购入期权组成的期权(如利率上下限期权),或对于两项或两项以上金融工具(或其一定比例)的组合,其在指定日实质上相当于一项净签出期权的,不能将其指定为套期工具。只有在对购入期权(包括嵌入在混合合同中的购入期权)进行套期时,净签出期权才可以作为套期工具。

3. 使用单一套期工具对多种风险进行套期。

企业通常将单项套期工具指定为对一种风险进行套期。但是,如果对套期工具与被套期项目的不同风险敞口之间有具体指定关系,则一项套期工具可以被指定为对一种以上的风险进行套期。

(二) 被套期项目

1. 符合条件的被套期项目。

被套期项目,是指使企业面临公允价值或现金流量变动风险,且被指定为被套期对象的、能够可靠计量的项目。企业可以将下列单个项目、项目组合或其组成部分指定为被套期项目:

(1) 已确认资产或负债。

(2) 尚未确认的确定承诺。其中,确定承诺,是指在未来某特定日期或期间,以约定价格交换特定数量资源、具有法律约束力的协议;尚未确认,是指尚未在资产负债表中确认。

在本例中,该确定承诺可以被指定为被套期项目,外币远期合同可以被指定为公允价值套期或现金流量套期中的套期工具。

(3) 极可能发生的预期交易。预期交易,是指尚未承诺但预期会发生的交易。企业应当明确区分预期交易与确定承诺。

(4) 境外经营净投资。境外经营净投资可以被指定为被套期项目。境外经营净投资,是指企业在境外经营净资产中的权益份额。企业既无计划也无可能在可预见的未来会计期间结算的长期外币货币性应收项目(含贷款),应当视同实质构成境外经营净投资的组成部分。因销售商品或提供劳务等形成的期限较短的应收账款不构成境外经营净投资。

境外经营可以是企业在境外的子公司、合营安排、联营企业或分支机构。在境内的子公司、合营安排、联营企业或分支机构,采用不同于企业记账本位币的,也视同境外经营。

2. 项目组成部分。

项目组成部分是指小于项目整体公允价值或现金流量变动的部分,它仅反映其所属项目整体面临的某些风险,或仅反映一定程度的风险(例如对某项目的一定比例进行指定时)。企业只能将下列项目组成部分或其组合指定为被套期项目:

(1) 项目整体公允价值或现金流量变动中仅由某一个或多个特定风险引起的公允价

值或现金流量变动部分（风险成分）。

（2）一项或多项选定的合同现金流量。

（3）项目名义金额的组成部分。

3. 汇总风险敞口。

企业可以将符合被套期项目条件的风险敞口与衍生工具组合形成的汇总风险敞口指定为被套期项目。在指定此类被套期项目时，企业应当评估该汇总风险敞口是否是由风险敞口与衍生工具相结合，从而产生了不同于该风险敞口的另一个风险敞口，并将其作为针对某项（或几项）特定风险的一个风险敞口进行管理。在这种情况下，企业可基于该汇总风险敞口指定被套期项目。

4. 被套期项目的组合。

当企业出于风险管理目的对一组项目进行组合管理，且组合中的每一个项目（包括其组成部分）单独都属于符合条件的被套期项目时，可以将该项目组合指定为被套期项目。一组风险相互抵销的项目形成风险净敞口，一组风险不存在相互抵销的项目形成风险总敞口。只有当企业出于风险管理目的以净额为基础进行套期时，风险净敞口才符合运用套期会计的条件。判断企业是否以净额为基础进行套期应当基于事实，而不仅仅是声明或文件记录。因此，如果仅仅为了达到特定的会计结果却无法反映企业的风险管理策略和风险管理目标，企业不得运用以净额为基础的套期会计。净敞口套期必须是既定风险管理策略的组成部分，通常应当获得企业关键管理人员的批准。

风险净敞口并非在任何情况下都符合运用套期会计的条件。在现金流量套期中，企业仅可以将外汇风险净敞口指定为被套期项目，并且应当在套期指定中明确预期交易预计影响损益的报告期间，以及预期交易的性质和数量。

企业根据其风险管理目标，还可以将一组项目的一定比例或某一层级指定为被套期项目。

在运用套期会计时，在合并财务报表层面，只有与企业集团之外的对手方之间交易形成的资产、负债、尚未确认的确定承诺或极可能发生的预期交易才能被指定为被套期项目；在合并财务报表层面，只有与企业集团之外的对手方签订的合同才能被指定为套期工具。对于同一企业集团内的主体之间的交易，在企业个别财务报表层面可以运用套期会计，在企业集团合并财务报表层面不得运用套期会计，但下列情形除外：

（1）在合并财务报表层面，符合合并财务报表准则规定的投资性主体与其以公允价值计量且其变动计入当期损益的子公司之间的交易，可以运用套期会计。

（2）企业集团内部交易形成的货币性项目的汇兑收益或损失，不能在合并财务报表中全额抵销的，企业可以在合并财务报表层面将该货币性项目的外汇风险指定为被套期项目。

（3）企业集团内部极可能发生的预期交易，按照进行此项交易的主体的记账本位币以外的货币标价，且相关的外汇风险将影响合并损益的，企业可以在合并财务报表层面将该外汇风险指定为被套期项目。

三、套期关系评估

（一）运用套期会计的条件

公允价值套期、现金流量套期或境外经营净投资套期同时满足下列条件的，才能运用套期会计方法进行处理：

（1）套期关系仅由符合条件的套期工具和被套期项目组成。

（2）在套期开始时，企业正式指定了套期工具和被套期项目，并准备了关于套期关系和企业从事套期的风险管理策略与风险管理目标的书面文件。该文件至少载明了套期工具、被套期项目、被套期风险的性质以及套期有效性评估方法（包括套期无效部分产生的原因分析以及套期比率确定方法）等内容。

（3）套期关系符合套期有效性要求。

（二）套期关系再平衡

套期关系由于套期比率的原因而不再符合套期有效性要求，但指定该套期关系的风险管理目标没有改变的，企业应当进行套期关系再平衡。套期关系再平衡，是指对已经存在的套期关系中被套期项目或套期工具的数量进行调整，以使套期比率重新符合套期有效性要求。基于其他目的对被套期项目或套期工具所指定的数量进行变动，例如仅对特定风险敞口更多或更少的数量进行套期以符合企业的风险管理策略，不构成套期关系再平衡。

企业在套期关系再平衡时，应当首先确认套期关系调整前的套期无效部分，并更新在套期剩余期限内预期将影响套期关系的套期无效部分产生原因的分析，同时相应更新套期关系的书面文件。

（三）套期关系的终止

企业不得撤销指定并终止一项继续满足套期风险管理目标并在再平衡之后继续符合套期会计条件的套期关系。但是，如果套期关系不再满足套期风险管理目标或在再平衡之后不符合套期会计条件等情形的，则企业必须终止套期关系。当只有部分套期关系不再满足运用套期会计的标准时，套期关系将部分终止，其余部分将继续适用套期会计。

企业发生下列情形之一的，应当终止运用套期会计（包括部分终止运用套期会计和整体终止运用套期会计）：

（1）因风险管理目标发生变化，导致套期关系不再满足风险管理目标。

（2）套期工具已到期、被出售、合同终止或已行使。

（3）被套期项目与套期工具之间不再存在经济关系，或者被套期项目和套期工具经济关系产生的价值变动中，信用风险的影响开始占主导地位。

（4）套期关系不再满足运用套期会计方法的其他条件。在适用套期关系再平衡的情况下，企业应当首先考虑套期关系再平衡，然后评估套期关系是否满足运用套期会计方法的条件。

四、确认和计量

（一）公允价值套期

公允价值套期满足运用套期会计方法条件的，应当按照下列规定处理：

（1）套期工具产生的利得或损失应当计入当期损益。

（2）被套期项目因被套期风险敞口形成的利得或损失应当计入当期损益，同时调整未以公允价值计量的已确认被套期项目的账面价值。

（二）现金流量套期

现金流量套期的目的是将套期工具产生的利得或损失递延至被套期的预期未来现金流量影响损益的同一期间或多个期间。

（1）现金流量套期满足运用套期会计方法条件的，应当按照下列规定处理：

①套期工具产生的利得或损失中属于套期有效的部分，作为现金流量套期储备，应当计入其他综合收益。

②套期工具产生的利得或损失中属于套期无效的部分（即扣除计入其他综合收益后的其他利得或损失），应当计入当期损益。

（2）现金流量套期储备的金额，应当按照下列规定处理：

①被套期项目为预期交易，且该预期交易使企业随后确认一项非金融资产或非金融负债的，或者非金融资产或非金融负债的预期交易形成一项适用于公允价值套期会计的确定承诺时，企业应当将原在其他综合收益中确认的现金流量套期储备金额转出，计入该资产或负债的初始确认金额。

②其他现金流量套期，企业应当在被套期的预期现金流量影响损益的相同期间，将原在其他综合收益中确认的现金流量套期储备金额转出，计入当期损益。

③如果在其他综合收益中确认的现金流量套期储备金额是一项损失，且该损失全部或部分预计在未来会计期间不能弥补的，企业应当在预计不能弥补时，将预计不能弥补的部分从其他综合收益中转出，计入当期损益。

（3）当企业对现金流量套期终止运用套期会计时，在其他综合收益中确认的累计现金流量套期储备金额，应当按照下列规定进行处理：

①被套期的未来现金流量预期仍然会发生的，累计现金流量套期储备的金额应当予以保留，并按照前述现金流量套期储备的后续处理规定进行会计处理。

②被套期的未来现金流量预期不再发生的，累计现金流量套期储备的金额应当从其他综合收益中转出，计入当期损益。被套期的未来现金流量预期不再极可能发生但可能预期仍然会发生，在预期仍然会发生的情况下，累计现金流量套期储备的金额应当予以保留，并按照前述现金流量套期储备的后续处理规定进行会计处理。

（三）境外经营净投资套期

对境外经营净投资的套期，包括对作为净投资的一部分进行会计处理的货币性项目的套期，应当按照类似于现金流量套期会计的规定处理：

（1）套期工具形成的利得或损失中属于套期有效的部分，应当计入其他综合收益。全部或部分处置境外经营时，上述计入其他综合收益的套期工具利得或损失应当相应转出，计入当期损益。

（2）套期工具形成的利得或损失中属于无效套期的部分，应当计入当期损益。

五、信用风险敞口的公允价值选择权

许多金融机构通过信用衍生工具管理借贷活动产生的信用风险敞口。例如，金融机构运用信用衍生工具对信用风险敞口进行套期以将其贷款或贷款承诺的信用损失风险转移至第三方。但是根据规定，企业的信用衍生工具应当以公允价值计量且其变动计入当期损益,而贷款等并不一定以公允价值计量且其变动计入当期损益(如按摊余成本计量或尚未确认)。因此,在被套期风险敞口未按与信用衍生工具相同的基础进行计量的情况下,将会产生会计错配。

由于金融项目的信用风险通常无法单独识别,不属于符合条件的被套期项目,因此使用信用衍生工具对信用风险敞口进行套期的企业将无法运用套期会计。为解决这一问题,并允许企业在一定程度上反映其信用风险管理活动,企业可以选择以公允价值计量且其变动计入当期损益的方式计量被套期风险敞口的方法替代套期会计。

(一)指定条件

企业使用以公允价值计量且其变动计入当期损益的信用衍生工具管理金融工具(或其组成部分)的信用风险敞口时,可以在该金融工具(或其组成部分)初始确认时、后续计量中或尚未确认时,将其指定为以公允价值计量且其变动计入当期损益的金融工具,并同时作出书面记录,但应当同时满足下列条件:

(1)金融工具信用风险敞口的主体(如借款人或贷款承诺持有人)与信用衍生工具涉及的主体相一致;

(2)金融工具的偿付级次与根据信用衍生工具条款须交付的工具的偿付级次相一致。

(二)相关会计处理

金融工具(或其组成部分)被指定为以公允价值计量且其变动计入当期损益的金融工具的,企业应当在指定时将其账面价值(如有)与其公允价值之间的差额计入当期损益。如该金融工具是分类为以公允价值计量且其变动计入其他综合收益的金融资产的,企业应当将之前计入其他综合收益的累计利得或损失转出,计入当期损益。

在选择运用针对信用风险敞口(全部或部分)的公允价值选择权之后,同时满足下列条件的,企业应当对金融工具(或其一定比例)终止以公允价值计量且其变动计入当期损益:

(1)规定的条件不再适用,例如信用衍生工具或金融工具(或其一定比例)已到期、被出售、合同终止或已行使,或企业的风险管理目标发生变化,不再通过信用衍生工具进行风险管理。

(2)金融工具(或其一定比例)按照规定,仍然不满足以公允价值计量且其变动计入当期损益的金融工具的条件。

当企业对金融工具(或其一定比例)终止以公允价值计量且其变动计入当期损益时,该金融工具(或其一定比例)在终止时的公允价值应当作为其新的账面价值。同时,企业应当采用与该金融工具被指定为以公允价值计量且其变动计入当期损益之前相同的方法进行计量。

第六节 金融工具的披露

一、金融工具一般信息披露要求

企业应当披露编制财务报表时对金融工具所采用的重要会计政策、计量基础和与理解财务报表相关的其他会计政策等信息，主要包括：

（一）对于指定为以公允价值计量且其变动计入当期损益的金融资产，企业应当披露的信息

（1）指定的金融资产的性质。

（2）企业如何满足运用指定的标准。企业应当披露该指定所针对的确认或计量不一致的描述性说明。

（二）对于指定为以公允价值计量且其变动计入当期损益的金融负债，企业应当披露的信息

（1）指定的金融负债的性质。

（2）初始确认时对上述金融负债作出指定的标准。

（3）企业如何满足运用指定的标准。对于以消除或显著减少会计错配为目的的指定，企业应当披露该指定所针对的确认或计量不一致的描述性说明。对于以更好地反映组合的管理实质为目的的指定，企业应当披露该指定符合企业正式书面文件载明的风险管理或投资策略的描述性说明。对于整体指定为以公允价值计量且其变动计入当期损益的混合工具，企业应当披露运用指定标准的描述性说明。

（三）如何确定每类金融工具的利得或损失

需要指出的是：（1）风险投资机构、共同基金以及类似主体持有的、在初始确认时按照《企业会计准则第22号——金融工具确认和计量》的规定以公允价值计量且其变动计入当期损益的金融资产，应当按照金融工具列报准则进行列报。（2）企业如发行了一项既含负债成分又含权益成分的工具，且该工具嵌入了多重衍生特征（相关价值是联动的），比如，可赎回的可转换债务工具，则应披露体现在其中的这些特征。

二、资产负债表相关信息的披露

（1）企业应当在资产负债表或相关附注中列报下列金融资产或金融负债的账面价值：①以摊余成本计量的金融资产。②以摊余成本计量的金融负债。③以公允价值计量且其变动计入其他综合收益的金融资产，并分别反映：a. 分类为以公允价值计量且其变动计入其他综合收益的金融资产；b. 指定为以公允价值计量且其变动计入其他综合收益的非交易性权益工具投资。④以公允价值计量且其变动计入当期损益的金融资产，并分别反映：a. 分类为以公允价值计量且其变动计入当期损益的金融资产；b. 指定为以公允价值计量且其变动计入当期损益的金融资产；c. 根据《企业会计准则第24号——套期会计》使用信用风险敞口的公允价值选择权在初始确认或后续计量时指定为以公允价值计量且其变动计入当期损益的金融资产。⑤以公允价值计量且其变动计入当期损益的金融负债，并分别反映：a. 分类为以公允价值计量且其变动计入当期损益的金融负债；b. 在初始确认时指定为以公允价值计量且其变动计入当期损益的金融负债；c. 根据《企业会计准则第24号——套期会计》使用信用风险敞口的公允价值选择权在初始确认和后续计量时指定为以公允价值计量且其变动计入当期损益的金融负债。

（2）企业将本应按摊余成本或以公允价值计量且其变动计入其他综合收益计量的一项或一组金融资产指定为以公允价值计量且其变动计入当期损益的金融资产的，应当披露下列信息：①该金融资产在资产负债表日使企业面临的最大信用风险敞口；②企业通过任何相关信用衍生工具或类似工具使得该最大信用风险敞口降低的金额；③该金融资产因信用风险变动引起的公允价值本期变动额和累计变动额；④相关信用衍生工具或类似工具自该金融资产被指定以来的公允价值本期变动额和累计变动额。信用风险，是指金融工具的一方不履行义务，造成另一方发生财务损失的风险。金融资产在资产负债表日的最大信用风险敞口，通常是金融工具账面余额减去减值损失准备后的金额（已减去根据规定已抵销的金额）。

（3）企业将一项金融负债指定为以公允价值计量且其变动计入当期损益的金融负债，且企业自身信用风险变动引起的该金融负债公允价值的变动金额计入其他综合收益的，应当披露下列信息：①该金融负债因自身信用风险变动引起的公允价值本期变动额和累计变动额；②该金融负债的账面价值与按合同约定到期应支付债权人金额之间的差额；③该金融负债的累计利得或损失本期从其他综合收益转入留存收益的金额和原因。

（4）企业将一项金融负债指定为以公允价值计量且其变动计入当期损益的金融负债，且该金融负债（包括企业自身信用风险变动的影响）的全部利得或损失计入当期损益的，应当披露下列信息：①该金融负债因自身信用风险变动引起的公允价值本期变动额和累计变动额；②该金融负债的账面价值与按合同约定到期应支付债权人金额之间的差额。

（5）企业将非交易性权益工具投资指定为以公允价值计量且其变动计入其他综合收益的，应当披露下列信息：①企业每一项指定为以公允价值计量且其变动计入其他综合收益的权益工具投资；②企业作出该指定的原因；③企业每一项指定为以公允价值计量且其变动计入其他综合收益的权益工具投资的期末公允价值；④本期确认的股利收入，其中对本期终止确认的权益工具投资相关的股利收入和资产负债表日仍持有的权益工具投资相关的股利收入应当分别单独披露；⑤该权益工具投资的累计利得和损失本期从其他综合收益转入留存收益的金额及其原因。

（6）企业本期终止确认了指定为以公允价值计量且其变动计入其他综合收益的非交易性权益工具投资的，应当披露下列信息：①企业处置该权益工具投资的原因；②该权益工具投资在终止确认时的公允价值；③该权益工具投资在终止确认时的累计利得或损失。

（7）企业在当期或以前报告期间将金融资产进行重分类的，对于每一项重分类，应当披露重分类日、对业务模式变更的具体说明及其对财务报表影响的定性描述，以及该金融资产重分类前后的金额。

企业自上一年度报告日起将以公允价值计量且其变动计入其他综合收益的金融资产重分类为以摊余成本计量的金融资产的，或者将以公允价值计量且其变动计入当期损益的金融资产重分类为其他类别的，应当披露下列信息：①该金融资产在资产负债表日的公允价值；②如果未被重分类，该金融资产原来应在当期损益或其他综合收益中确认的公允价值利得或损失。

企业将以公允价值计量且其变动计入当期损益的金融资产重分类为其他类别的，自重分类日起到终止确认的每一个报告期间内，都应当披露该金融资产在重分类日确定的实际利率和当期已确认的利息收入。

(8) 对于所有可执行的总互抵协议或类似协议下的已确认金融工具，以及符合抵销条件的已确认金融工具，企业应当在报告期末以表格形式（除非企业有更恰当的披露形式）分别按金融资产和金融负债披露下列定量信息：①已确认金融资产和金融负债的总额。②按规定抵销的金额。③在资产负债表中列示的净额。④可执行的总互抵协议或类似协议确定的、未包含在本段②中的金额，包括：a. 不满足抵销条件的已确认金融工具的金额；b. 与财务担保物（包括现金担保）相关的金额，以在资产负债表中列示的净额扣除本段④第a项后的余额为限。⑤资产负债表中列示的净额扣除本段④后的余额。

企业应当披露上述④所述协议中抵销权的条款及其性质等信息，以及不同计量基础的金融工具适用上述内容时产生的计量差异。

(9) 分类为权益工具的可回售工具，企业应当披露下列信息：①可回售工具的汇总定量信息；②对于按持有方要求承担的回购或赎回义务，企业的管理目标、政策和程序及其变化；③回购或赎回可回售工具的预期现金流出金额以及确定方法。

可回售工具或发行方仅在清算时才有义务向另一方按比例交付其净资产的金融工具，在金融负债和权益工具之间重分类的，应当分别披露重分类前后的公允价值或账面价值，以及重分类的时间和原因。

(10) 企业应当披露作为负债或或有负债担保物的金融资产的账面价值，以及与该项担保有关的条款和条件。其中，对于企业（转出方）向金融资产转入方提供了非现金担保物（如债务工具或权益工具投资等），转入方按照合同或惯例有权出售该担保物或将其再作为担保物的，企业应当将该非现金担保物在财务报表中单独列报。

企业取得担保物（担保物为金融资产或非金融资产），在担保物所有人未违约时可将该担保物出售或再抵押的，应当披露该担保物的公允价值、企业已出售或再抵押担保物的公允价值，以及承担的返还义务和使用担保物的条款和条件。

(11) 对于企业发行的包含金融负债成分和权益工具成分的复合金融工具，嵌入了价值相互关联的多项衍生工具（如可赎回的可转换债务工具）的，应当披露相关特征。

(12) 对于除基于正常信用条款的短期贸易应付款项之外的金融负债，企业应当披露下列信息：①本期发生违约的金融负债的本金、利息、偿债基金、赎回条款的详细情况；②发生违约的金融负债的期末账面价值；③在财务报告批准对外报出前，就违约事项已采取的补救措施、对债务条款的重新议定等情况。

企业本期发生其他违反合同的情况，且债权人有权在发生违约或其他违反合同情况时要求企业提前偿还的，企业应当按上述要求披露。如果在期末前违约或其他违反合同情况已得到补救或已重新议定债务条款，则无须披露。

三、利润表相关信息的披露

企业应当披露与金融工具有关的下列收入、费用、利得或损失：（1）以公允价值计量且其变动计入当期损益的金融资产和金融负债所产生的利得或损失。其中，指定为以公允价值计量且其变动计入当期损益的金融资产和金融负债，以及分类为以公允价值计量且其变动计入当期损益的金融资产和分类为以公允价值计量且其变动计入当期损益的金融负债的净利得或净损失，应当分别披露。（2）对于指定为以公允价值计量且其变动计入当期损益的金融负债,企业应当分别披露本期在其他综合收益中确认的和在当期损益中确认的利得或损失。(3)分类为以公允价值计量且其变动计入其他综合收益的金融资产,企业应当分别披露当期在其他综合收益中确认的以及当期终止确认时从其他综合收益转入当期损益的利得或损失。(4)指定为以公允价值计量且其变动计入其他综合收益的非交易性权益工具投资,企业应当分别披露在其他综合收益中确认的利得和损失以及在当期损益中确认的股利收入。(5)除以公允价值计量且其变动计入当期损益的金融资产或金融负债外,按实际利率法计算的金融资产或金融负债产生的利息收入或利息费用总额,以及在确定实际利率时未予包括并直接计入当期损益的手续费收入或支出。(6)企业通过信托和其他托管活动代他人持有资产或进行投资而形成的,直接计入当期损益的手续费收入或支出。

四、公允价值相关信息的披露

(1)除特别说明外,企业应当披露每一类金融资产和金融负债的公允价值,并与账面价值进行比较。对于在资产负债表中相互抵销的金融资产和金融负债,其公允价值应当以抵销后的金额披露。

(2)金融资产或金融负债初始确认的公允价值与交易价格存在差异时,如果其公允价值并非基于相同资产或负债在活跃市场中的报价确定的,也非基于仅使用可观察市场数据的估值技术确定的,企业在初始确认金融资产或金融负债时不应确认利得或损失。在此情况下,企业应当按金融资产或金融负债的类型披露下列信息:①企业在损益中确认交易价格与初始确认的公允价值之间差额时所采用的会计政策,以反映市场参与者对资产或负债进行定价时所考虑的因素(包括时间因素)的变动;②该项差异期初和期末尚未在损益中确认的总额和本期变动额的调节表;③企业如何认定交易价格并非公允价值的最佳证据,以及确定公允价值的证据。

(3)企业可以不披露下列金融资产或金融负债的公允价值信息:①账面价值与公允价值差异很小的金融资产或金融负债(如短期应收账款或应付账款);②包含相机分红特征且其公允价值无法可靠计量的合同;③租赁负债。

对于上述②,企业应当披露下列信息:a.对金融工具的描述及其账面价值,以及因公允价值无法可靠计量而未披露其公允价值的事实和说明;b.金融工具的相关市场信息;c.企业是否有意图处置以及如何处置这些金融工具;d.之前公允价值无法可靠计量的金融工具终止确认的,应当披露终止确认的事实,终止确认时该金融工具的账面价值和所确认的利得或损失金额。

五、金融工具风险信息披露

(1)企业应当披露与各类金融工具风险相关的定性和定量信息,以便财务报表使用者评估报告期末金融工具产生的风险的性质和程度,更好地评价企业所面临的风险敞口。

(2)为使财务报表使用者了解信用风险对未来现金流量的金额、时间和不确定性的影响,企业应当披露信用风险。

(3)流动性风险,是指企业在履行以交付现金或其他金融资产的方式结算的义务时发生资金短缺的风险。企业应当披露流动性风险信息。

（4）金融工具的市场风险，是指金融工具的公允价值或未来现金流量因市场价格变动而发生波动的风险，包括汇率风险、利率风险和其他价格风险。企业应当披露市场风险信息。

第六章 长期股权投资与合营安排

第一节 长期股权投资的初始计量

一、对联营企业、合营企业投资的初始计量

对联营企业、合营企业投资,取得时初始投资成本的确定应遵循以下规定:
(1)以支付现金取得的长期股权投资,应当按照实际支付的购买价款作为长期股权投资的初始投资成本,包括与取得长期股权投资直接相关的费用、税金及其他必要支出,但所支付价款中包含的被投资单位已宣告但尚未发放的现金股利或利润应作为应收项目核算,不构成取得长期股权投资的成本。
(2)以发行权益性证券方式取得的长期股权投资,其成本为所发行权益性证券的公允价值,但不包括被投资单位已宣告但尚未发放的现金股利或利润。
为发行权益性证券支付给有关证券承销机构等的手续费、佣金等与权益性证券发行直接相关的费用,不构成取得长期股权投资的成本。按照《企业会计准则第37号——金融工具列报》的规定,该部分费用应自权益性证券的溢价发行收入中扣除,权益性证券的溢价收入不足冲减的,应冲减盈余公积和未分配利润。

二、对子公司投资的初始计量

对于形成控股合并的长期股权投资,应分别形成同一控制下控股合并与非同一控制下控股合并两种情况确定长期股权投资的初始投资成本。

(一)同一控制下控股合并形成的对子公司长期股权投资

同一控制下企业合并中,考虑到构成同一控制下企业合并的有关条件,即交易发生前后合并方、被合并方均在相同的最终控制方控制之下。从能够对参与合并各方在合并前及合并后均实施最终控制的一方来看,最终控制方在企业合并前及合并后能够控制的资产并没有发生变化,只是由于合并方的加入,其所控制子公司相互的层级、直接或间接关系的变化。控制的理念在会计核算中非常重要,从能够实施控制一方的角度,不管其在某些交易事项发生前后,对被投资方实施的是直接控制还是通过中间层次间接控制,只要能够实施控制,其所能够支配和运用的经济资源即是不变的,一

般不能改记相关资产、负债的价值,这一理念原则上应体现在合并报表层面,即最终控制方的合并报表、合并方编制的以最终控制方作为最主要使用者的合并财务报表中均应体现从最终控制方角度自其实施控制开始,延续下来的至合并发生时有关资产、负债的应有价值。

同一控制下企业合并形成的合并方对被合并方的长期股权投资,是合并方在该项交易后在其个别财务报表中应当确认的资产,其成本代表的是在被合并方所有者权益中享有的份额。理论上来讲,该项资产是合并方通过支付相关的对价取得的,其初始入账价值应当按照合并方为获取该项资产所支付对价的公允价值计量,这是从单独的法律主体角度对合并方在交易中进行的真实价值交换的反映。但是,我国企业会计准则体系中未采用这一观点,而是从最终控制方的角度,将合并方取得被合并方股权的交易作为企业集团内资产和权益的重新整合处理,不管交易本身是否是按照公平的市场价格作价,也不管交易本身是否是在最终控制方的主导下进行,只要符合同一控制下企业合并的界定,合并方通过交易取得对被合并方的长期股权投资即应按照通过该项交易取得的被合并方账面净资产的份额确认。应予关注的是,该账面净资产并非是指被合并方个别财务报表中体现的有关资产、负债的价值,而是从最终控制方的角度,被合并方自其被最终控制方开始控制时开始,其所持有的资产、负债确定对于最终控制方的价值持续计算至合并日的账面价值。具体如下:

(1)合并方以支付现金、转让非现金资产或承担债务方式作为合并对价的,应当在合并日按照取得被合并方所有者权益在最终控制方合并财务报表中的账面价值的份额作为长期股权投资的初始投资成本。长期股权投资的初始投资成本与支付的现金、转让的非现金资产及所承担债务账面价值之间的差额,应当调整资本公积(资本溢价或股本溢价);资本公积(资本溢价或股本溢价)的余额不足冲减的,调整留存收益。

具体进行会计处理时,合并方在合并日按取得被合并方所有者权益在最终控制方合并财务报表中账面价值的份额,借记"长期股权投资"科目,按应享有被投资单位已宣告但尚未发放的现金股利或利润,借记"应收股利"科目,按支付的合并对价的账面价值,贷记有关资产或负债科目,如为贷方差额,贷记"资本公积——资本溢价或股本溢价"科目;如为借方差额,应借记"资本公积——资本溢价或股本溢价"科目,资本公积(资本溢价或股本溢价)不足冲减的,借记"盈余公积""利润分配——未分配利润"科目。

(2)合并方以发行权益性证券作为合并对价的,应按合并日取得被合并方所有者权益在最终控制方合并财务报表中的账面价值的份额确认长期股权投资,按发行权益性证券的面值总额作为股本,长期股权投资初始投资成本与所发行权益性证券面值总额之间的差额,应当调整资本公积(资本溢价或股本溢价);资本公积(资本溢价或股本溢价)不足冲减的,调整留存收益。

具体进行会计处理时,在合并日应按取得被合并方所有者权益在最终控制方合并财务报表中的账面价值的份额,借记"长期股权投资"科目,按应享有被投资单位已宣告但尚未发放的现金股利或利润,借记"应收股利"科目,按发行权益性证券的面值,贷记"股本"科目,如为贷方差额,贷记"资本公积——资本溢价或股本溢价"科目;如为借方差额，应借记"资本公积——资本溢价或股本溢价"科目，资本公积（资本溢价或股本溢价）不足冲减的，借记"盈余公积""利润分配——未分配利润"科目。

应注意的是，在计算确定同一控制下企业合并形成对子公司长期股权投资成本时，应当合理确定被合并方所有者权益在最终控制方合并财务报表中的账面价值。

（3）通过多次交换交易，分步取得股权最终形成同一控制下控股合并的，在个别财务报表中，应当以持股比例计算的合并日应享有被合并方所有者权益在最终控制方合并财务报表中的账面价值份额，作为该项投资的初始投资成本。初始投资成本与其原长期股权投资账面价值加上合并日为取得新的股份所支付对价的现金、转让的非现金资产及所承担债务账面价值之和的差额，调整资本公积（资本溢价或股本溢价），资本公积不足冲减的，冲减留存收益。

（4）在企业合并中，合并方发生的审计、法律服务、评估咨询等中介费用以及其他相关管理费用，应当于发生时计入当期损益（管理费用）。

（二）非同一控制下控股合并形成的对子公司长期股权投资

非同一控制下企业合并本质上为市场化购买，其处理原则与一般的单项资产购买有相同之处，同时亦有区别。相同之处在于因为交易本身是按照市场化原则进行的，购买方在支付有关对价后，对于该项交易中自被购买方取得的各项资产、负债应当按照其在购买日的公允价值计量；与单项资产购买的不同之处在于，企业合并是构成业务的多项资产及负债的整体购买，由于在交易价格形成过程中购买方与出售方之间议价等因素的影响，交易的最终价格与通过交易取得被购买方持有的有关单项资产、负债的公允价值之和一般会存在差异。该差异主要是源于两种情况：一是购买方支付的成本大于通过该项交易自被购买方取得的各单项可辨认资产、负债的公允价值之和，差额部分是交易各方在作价时出于对被购买业务整合获利能力等因素的考虑，即被购买业务中有关资产、负债整合在一起预期会产生高于其中单项资产、负债的价值，即为商誉的价值；二是购买方支付的成本小于该项交易中自被购买方取得的各单项资产、负债的公允价值之和，差额部分是购买方在交易作价过程中通过自身的议价能力得到的折让。应予说明的是，按照我国企业会计准则规定，对子公司长期股权投资在取得以后，在母公司账簿及个别财务报表中均体现为单项资产——长期股权投资，且采用成本法计量，上述商誉因素包含在相关对子公司长期股权投资的初始投资成本中，仅在编制合并财务报表时才会体现；负商誉的因素不影响母公司账面及个别财务报表中持有的对子公司初始投资成本的确定，在编制合并财务报表时，体现为企业合并发生当期合并利润表的损益。具体如下：

（1）非同一控制下的控股合并中，购买方应当按照确定的企业合并成本作为长期股权投资的初始投资成本。企业合并成本包括购买方付出的资产、发生或承担的负债、发行的权益性证券的公允价值之和。

具体进行会计处理时，对于非同一控制下控股合并形成的长期股权投资，应在购买日按企业合并成本（不含应自被投资单位收取的现金股利或利润），借记"长期股权投资"科目，按享有被投资单位已宣告但尚未发放的现金股利或利润，借记"应收股利"科目，按支付合并对价的账面价值，贷记有关资产或负债科目，按其差额，贷记或借记

"资产处置损益"或"投资收益"等科目。购买方以发行权益性证券作为合并对价的,应在购买日按照发行的权益性证券的公允价值,借记"长期股权投资"科目,按照发行的权益性证券的面值总额,贷记"股本"科目,按其差额,贷记"资本公积——资本溢价或股本溢价"科目。企业发生的直接相关费用,应借记"管理费用"科目,贷记"银行存款"等科目。

非同一控制下控股合并涉及以库存商品等作为合并对价的,应按库存商品的公允价值,贷记"主营业务收入"或"其他业务收入"科目,并同时结转相关的成本。以公允价值计量且其变动计入其他综合收益的债权性金融资产作为合并对价的,原持有期间公允价值变动形成的其他综合收益应一并转入投资收益,借记"其他综合收益"科目,贷记"投资收益"科目。

(2) 通过多次交换交易,分步取得股权最终形成非同一控制下控股合并的,购买方在个别财务报表中,应当以购买日之前所持被购买方的股权投资的账面价值与购买日新增投资成本之和,作为该项投资的初始投资成本。其中,形成控股合并前对长期股权投资采用权益法核算的,购买日长期股权投资的初始投资成本,为原权益法下的账面价值加上购买日为取得新的股份所支付对价的公允价值之和,购买日之前因权益法形成的其他综合收益或其他资本公积暂时不作处理,待到处置该项投资时将与其相关的其他综合收益或其他资本公积采用与被购买方直接处置相关资产或负债相同的基础进行会计处理;形成控股合并前对股权投资采用金融工具准则以公允价值计量的(例如,原分类为以公允价值计量且其变动计入其他综合收益的金融资产的非交易性权益工具投资),长期股权投资在购买日的初始投资成本为原公允价值计量的账面价值加上购买日取得新的股份所支付对价的公允价值之和,购买日之前持有的被购买方的股权涉及其他综合收益的,计入留存收益,不得转入当期损益。

(三) 投资成本中包含的已宣告但尚未发放的现金股利或利润的处理

企业无论以何种方式取得长期股权投资,取得投资时,对于投资成本中包含的被投资单位已经宣告但尚未发放的现金股利或利润,应作为应收项目单独核算,不构成取得长期股权投资的初始投资成本。即企业在支付对价取得长期股权投资时,对于实际支付的价款中包含的对方已经宣告但尚未发放的现金股利或利润,应作为预付款,构成企业的一项债权,其与取得的对被投资单位的长期股权投资应作为两项金融资产。

(四) 一项交易中同时涉及自最终控制方购买股权形成控制及自其他外部独立第三方购买股权的会计处理

某些股权交易中,合并方除自最终控制方取得集团内企业的股权外,还会涉及自外部独立第三方购买被合并方进一步的股权。该类交易中,一般认为自集团内取得的股权能够形成控制的,相关股权投资成本的确定按照同一控制下企业合并的有关规定处理,而自外部独立第三方取得的股权则视为在取得对被投资单位的控制权,形成同一控制下企业合并后少数股权的购买,该部分少数股权的购买不管与形成同一控制下企业合并的交易是否同时进行,在与同一控制下企业合并不构成一揽子交易的情况下,有关股权投资成本即应按照实际支付的购买价款确定。该种情况下,在合并方最终持有对同一被投资单位的股权中,不同部分的计量基础会存在差异。

第二节 长期股权投资的后续计量

一、长期股权投资的成本法

采用成本法核算的长期股权投资，核算方法如下：

（1）初始投资或追加投资时，按照初始投资或追加投资时的成本增加长期股权投资的账面价值。

（2）除取得投资时实际支付的价款或对价中包含的已宣告但尚未发放的现金股利或利润外，投资企业应当按照享有被投资单位宣告发放的现金股利或利润确认投资收益，不管有关利润分配是属于对取得投资前还是取得投资后被投资单位实现净利润的分配。

投资企业在确认自被投资单位应分得的现金股利或利润后，应当考虑有关长期股权投资是否发生减值。理论上来讲，如果投资方在取得投资以后，自被投资单位分得的现金股利或利润大于在其获取投资以后被投资单位实现的净利润，则超过部分是对被投资单位在投资方取得投资前被投资单位实现利润的分配，该部分利润原则上应当已经包含在长期股权投资的原取得成本中，因而可能涉及相关长期股权投资应当考虑减值的问题，但这只是判断有关长期股权投资可能存在减值的一个因素而已。在判断该类长期股权投资是否存在减值迹象时，一般应当关注长期股权投资的账面价值是否大于享有被投资单位净资产（包括相关商誉）账面价值的份额等情况。出现类似情况时，企业应当按照《企业会计准则第8号——资产减值》的规定对长期股权投资进行减值测试，可收回金额低于长期股权投资账面价值的，应当计提减值准备。

（3）子公司将未分配利润或盈余公积转增股本（实收资本），且未向投资方提供等值现金股利或利润的选择权时，投资方并没有获得收取现金或者利润的权力，该项交易通常属于子公司自身权益结构的重分类，会计准则规定投资方不应确认相关的投资收益。

二、长期股权投资的权益法

（一）权益法的核算

1. 初始投资成本的调整。

投资企业取得对联营企业或合营企业的投资以后，对于取得投资时投资成本与应享有被投资单位可辨认净资产公允价值份额之间的差额，应区别情况分别处理。

初始投资成本大于取得投资时应享有被投资单位可辨认净资产公允价值份额的，该部分差额从本质上是投资企业在取得投资过程中通过购买作价体现出的与所取得股权份额相对应的商誉及被投资单位不符合确认条件的资产价值。长期股权投资在投资方的个别财务报表中作为单项资产核算的情况下，商誉等不单独反映，初始投资成本大于投资时应享有被投资单位可辨认净资产公允价值的份额时，不要求对长期股权投资的成本进行调整。

初始投资成本小于取得投资时应享有被投资单位可辨认净资产公允价值份额的，两者之间的差额体现为双方在交易作价过程中转让方的让步,该部分经济利益流入应作为收益处理,计入取得投资当期的营业外收入,同时调整增加长期股权投资的账面价值。

2. 投资损益的确认。

投资企业取得长期股权投资后,应当按照应享有或应分担被投资单位实现净利润或发生净亏损的份额,调整长期股权投资的账面价值,并确认为当期投资损益。

在确认应享有或应分担被投资单位的净利润或净亏损时,在被投资单位账面净利润的基础上,应考虑以下因素的影响并进行适当调整:

一是被投资单位采用的会计政策及会计期间与投资企业不一致的,应按投资企业的会计政策及会计期间对被投资单位的财务报表进行调整。

二是以取得投资时被投资单位固定资产、无形资产的公允价值为基础计提的折旧额或摊销额,以及以投资企业取得投资时的公允价值为基础计算确定的资产减值准备金额等对被投资单位净利润的影响。

被投资单位个别利润表中的净利润是以其持有的资产、负债账面价值为基础持续计算的,而投资企业在取得投资时,是以被投资单位有关资产、负债的公允价值为基础确定投资成本,长期股权投资的投资收益所代表的是于投资日被投资单位资产、负债在公允价值计量的情况下在未来期间通过经营产生的损益中归属于投资企业的部分。取得投资时有关资产、负债的公允价值与其账面价值不同的,未来期间,在计算归属于投资企业应享有的净利润或应承担的净亏损时,应以投资时被投资单位有关资产对投资企业的成本即取得投资时的公允价值为基础计算确定,从而产生了需要对被投资单位账面净利润进行调整的情况。该调整从基本的会计理论来讲,是要落实资本保全原则。在有关股权性交易发生在股东之间,并未影响到被投资单位作为一个独立的会计主体日常核算的情况下,其自身原已持有的资产、负债在持续经营情况下应保持原有账面价值不变,而该账面价值如与新的投资方进入时所确定的相应资产、负债的公允价值不同,则对投资方来讲,其所获得的投资背后包含的被投资单位每一单项资产、负债的成本为投资取得时点的公允价值,如以被投资单位的资产、负债账面价值为基础计算确认投资损益,则可能产生投资方的有关成本未能得到完全补偿的情况,进而违背资本保全原则。也正是基于此,会计准则要求投资方在采用权益法计算确认应享有被投资单位的净损益时,应当考虑投资时被投资单位有关资产、负债公允价值与其账面价值的差额对被投资单位实现净利润的影响,计算确定属于投资方的净利润,并考虑持股比例确认有关的投资收益。

在针对上述事项对被投资单位实现的净利润进行调整时,出于实务操作角度考虑,如果对所有投资时点公允价值与账面价值不同的资产、负债项目均进行调整,一方面调整的工作量较大且有些资产、负债项目的跟踪相对较为困难,同时相关所得税等因素的影响也较难计算确定,因此有关调整应立足重要性原则,不具重要性的项目可不予调整。符合下列条件之一的,投资企业可以以被投资单位的账面净利润为基础,计算确认投资损益,同时应在财务报表附注中说明不能按照准则规定进行核算的原因:(1)投资企业无法合理确定取得投资时被投资单位各项可辨认资产等的公允价值;(2)投资时被投资单位可辨认净资产的公允价值与其账面价值相比,两者之间的差额不具重要性的;(3)其他原因导致无法取得被投资单位的有关资料,不能按照准则中规定的原则对被投资单位的净损益进行调整的。

三是在评估投资方对被投资单位是否具有重大影响时，应当考虑潜在表决权的影响，但在确定应享有的被投资单位实现的净损益、其他综合收益和其他所有者权益变动的份额时，潜在表决权所对应的权益份额不应予以考虑。该处理方式是与控制等的判断相一致，即在确定投资方与被投资单位之间的关系时，所有实际持有股权与其他影响对被投资单位投资的因素均应予以考虑，但在具体确定对被投资单位净资产的享有及收益、损失归属份额时，仍然应当以现行实际法律关系为基础。

四是在确认应享有或应分担的被投资单位净利润（或亏损）额时，法规或章程规定不属于投资企业的净损益应当予以剔除后计算。例如，被投资单位发行了分类为权益的可累积优先股等类似的权益工具，无论被投资单位是否宣告分配优先股股利，投资方计算应享有被投资单位的净利润时，均应将归属于其他投资方的累积优先股股利予以扣除。

五是在确认投资收益时，除考虑公允价值的调整外，对于投资企业与其联营企业及合营企业之间发生的未实现内部交易损益应予抵销。即投资企业与联营企业及合营企业之间发生的未实现内部交易损益按照持股比例计算归属于投资企业的部分应当予以抵销，在此基础上确认投资损益。投资企业与被投资单位发生的内部交易损失，按照《企业会计准则第 8 号——资产减值》等规定属于资产减值损失的，应当全额确认。投资企业对于纳入其合并范围的子公司与其联营企业及合营企业之间发生的内部交易损益，也应当按照上述原则进行抵销，在此基础上确认投资损益。

应当注意的是，投资方与联营、合营企业之间发生投出或出售资产的交易（包括投资方以投出资产形式设立联营企业或合营企业），该资产构成业务的，应当按照《企业会计准则第 20 号——企业合并》《企业会计准则第 33 号——合并财务报表》的有关规定进行会计处理。该资产是否构成业务应当依据《企业会计准则解释第 13 号》"关于企业合并中取得的经营活动或资产的组合是否构成业务的判断"来判断。

应予说明的是，现行会计准则体系中对于购买或出售资产与购买或出售业务的会计处理理念很大程度上并不一致，这种不一致性一般不是体现为出售方的会计处理，而是体现为购买方会计处理的差异。即作为资产的购买方与作为业务的购买方，其在进行会计处理过程中应当分别遵循不同的原则，购买资产的情况下，应当将购买成本按照相对公允价值的比例分配给所购入资产，但如有关交易是发生在投资方与其联营或合营企业之间时，投资方相关损益的确认仅限于除自身以外与联营或合营其他投资者之间的部分；购买业务的情况下，因构成企业合并，其会计处理遵从企业合并的处理原则，此时无论交易是否发生在投资方与其联营或合营企业之间，有关损益均需全额确认，不再作为权益法下与长期股权投资相关投资损益的调整因素。

投资方与联营、合营企业之间发生投出或出售资产的交易，不构成业务的，应当分别顺流交易和逆流交易进行会计处理。顺流交易是指投资方向其联营企业或合营企业投出或出售资产（包括投资方以投出资产形式设立联营企业或合营企业）。逆流交易是指联营企业或合营企业向投资方出售资产。未实现内部交易损益体现在投资方或其联营企业、合营企业持有的资产账面价值中的，在计算确认投资损益时应予抵销。

（1）对于联营企业或合营企业向投资企业出售资产的逆流交易，在该交易存在未实现内部交易损益的情况下（即有关资产未对外部独立第三方出售），投资企业在采用权益法计算确认应享有联营企业或合营企业的投资损益时，应抵销该未实现内部交易损益的影响。当投资企业自其联营企业或合营企业购买资产时，在将该资产出售给外部独立的第三方之前，不应确认联营企业或合营企业因该交易产生的损益中本企业应享有的部分。

因逆流交易产生的未实现内部交易损益，在未对外部独立第三方出售之前，体现在投资企业持有资产的账面价值当中。投资企业对外编制合并财务报表的，应在合并财务报表中对长期股权投资及包含未实现内部交易损益的资产账面价值进行调整，抵销有关资产账面价值中包含的未实现内部交易损益，并相应调整对联营企业或合营企业的长期股权投资。

上述对逆流交易的处理在投资方的个别财务报表及合并财务报表中的处理方式不同的原因在于，个别报表反映的是法律主体的资产、负债、收入、费用情况，投资方以支付既定的价款自其联营企业、合营企业取得有关资产后，在有关资产未对外部独立第三方出售的情况下，该资产的价值在其个别报表中应体现为按照实际支付的购买价款确定的成本，虽然有关未实现内部交易损益体现在该项资产的账面价值中，但从法律主体价值交换的角度，无法调整有关交易在个别报表中的价值。相比之下，合并财务报表更多体现的是会计主体的概念，对于从会计理念出发，投资方与其在联营企业、合营企业中持有的股权作为一个整体反映的情况下，有关资产账面价值中包含的未实现内部交易损益可以在合并报表中予以抵销，相应恢复长期股权投资的账面价值。

（2）对于投资企业向联营企业或合营企业投出或出售资产的顺流交易，在该交易存在未实现内部交易损益的情况下（即有关资产未向外部独立第三方出售或未被消耗），投资企业在采用权益法计算确认应享有联营企业或合营企业的投资损益时，应抵销该未实现内部交易损益的影响，同时调整对联营企业或合营企业长期股权投资的账面价值。当投资企业向联营企业或合营企业投出或出售资产，同时有关资产由联营企业或合营企业持有时，投资方因出售资产应确认的损益仅限于与联营企业或合营企业其他投资者交易的部分。即在顺流交易中，投资方投出资产或出售资产给其联营企业或合营企业产生的损益中，按照持股比例计算确定归属于本企业的部分不予确认。

应予说明的是，对于投资方与其联营企业、合营企业之间的顺流交易，相关抵销处理在投资方的个别财务报表与合并财务报表中亦存在差异。在投资方的个别财务报表中，因出售资产等体现为其个别利润表中的收入、成本等项目，考虑到个别财务报表反映的是独立的法律主体的经济利益变动情况，在有关资产流出投资方且投资方收取价款或取得收取价款等权利，满足收入确认条件时，因该未实现内部交易损益相应进行的调整无法调减上述收入和成本，在个别财务报表中仅能通过长期股权投资的损益确认予以体现。在投资方编制合并财务报表时，因合并财务报表体现的是会计主体的理念，有关未实现的收入和成本可以在合并财务报表中予以抵销，相应地调整原权益法下确认的投资收益。

（3）取得现金股利或利润的处理。按照权益法核算的长期股权投资，投资企业自被投资单位取得的现金股利或利润，应抵减长期股权投资的账面价值。在被投资单位宣告分派现金股利或利润时，借记"应收股利"科目，贷记"长期股权投资——损益调整"科目。

（4）其他综合收益的处理。在权益法核算下，被投资单位确认的其他综合收益及其变动,也会影响被投资单位所有者权益总额,进而影响投资企业应享有被投资单位所有者权益的份额。因此,当被投资单位其他综合收益发生变动时,投资企业应当按照归属于本企业的部分,相应调整长期股权投资的账面价值,同时增加或减少其他综合收益。

(5) 被投资单位所有者权益其他变动的处理。采用权益法核算时,投资企业对于被投资单位除净损益、其他综合收益以及利润分配以外所有者权益的其他变动,应按照持股比例与被投资单位所有者权益的其他变动计算的归属于本企业的部分,相应调整长期股权投资的账面价值,同时增加或减少资本公积(其他资本公积)。被投资单位除净损益、其他综合收益以及利润分配以外的所有者权益的其他变动,主要包括:被投资单位接受其他股东的资本性投入、被投资单位发行可分离交易的可转换公司债券中包含的权益成分、以权益结算的股份支付等。

(6) 超额亏损的确认。按照权益法核算的长期股权投资,投资企业确认应分担被投资单位发生的损失,原则上应以长期股权投资及其他实质上构成对被投资单位净投资的长期权益减记至零为限,投资企业负有承担额外损失义务的除外。这里所讲的"其他实质上构成对被投资单位净投资的长期权益"通常是指长期应收项目,比如,企业对被投资单位的长期债权,该债权没有明确的清收计划,且在可预见的未来期间不准备收回的,实质上构成对被投资单位的净投资,但不包括投资企业与被投资单位之间因销售商品、提供劳务等日常活动所产生的长期债权。

投资企业在确认应分担被投资单位发生的亏损时,具体应按照以下顺序处理:

第一步,减记长期股权投资的账面价值。

第二步,在长期股权投资的账面价值减记至零的情况下,对于未确认的投资损失,应考虑除长期股权投资以外,投资方的账面上是否有其他实质上构成对被投资单位净投资的长期权益项目,如果有,则应以其他长期权益的账面价值为限,继续确认投资损失,冲减长期应收项目等的账面价值。

第三步,经过上述处理,按照投资合同或协议约定,投资企业仍需要承担额外损失弥补等义务的,应按预计将承担的义务金额确认预计负债,计入当期投资损失。

企业在实务操作过程中,在发生投资损失时,应借记"投资收益"科目,贷记"长期股权投资——损益调整"科目。在长期股权投资的账面价值减记至零以后,考虑其他实质上构成对被投资单位净投资的长期权益,继续确认的投资损失,应借记"投资收益"科目,贷记"长期应收款"等科目;因投资合同或协议约定导致投资企业需要承担额外义务的,按照或有事项准则的规定,对于符合确认条件的义务,应确认为当期损失,同时确认预计负债,借记"投资收益"科目,贷记"预计负债"科目。除上述情况仍未确认的应分担被投资单位的损失,应在账外备查登记。

在确认了有关的投资损失以后,被投资单位于以后期间实现盈利的,应按以上相反顺序分别减记账外备查登记的金额、已确认的预计负债、恢复其他长期权益及长期股权投资的账面价值,同时确认投资收益。即应当按顺序分别借记"预计负债""长期应收款""长期股权投资"等科目,贷记"投资收益"科目。

(7) 股票股利的处理。被投资单位分派的股票股利,投资企业不作账务处理,但应于除权日注明所增加的股数,以反映股份的变化情况。权益法下对于被投资单位分派股票股利的处理，与成本法下的讨论相一致，实务中有不同的意见：有意见认为股票股利与现金股利应采用同样的处理方法，即投资方应在确认应收股利的同时，减少长期股权投资（损益调整），同时将应收股利相关价值量调整增加长期股权投资（投资成本）；另有意见认为股票股利不影响被投资单位所有者权益总额，投资方不应进行会计处理。目前我国会计准则及实务中均采用了第二种做法。

（二）联营企业发生同一控制下企业合并

当联营企业发生同一控制下企业合并，并调整其财务报表的比较信息时，投资方不应当调整财务报表的比较信息。联营企业发生同一控制下企业合并导致投资方股权被稀释（如联营企业以发行股份作为对价进行企业合并），且稀释后投资方仍采用权益法核算时，投资方应以持股比例变更日（即联营企业的合并日）为界分段进行会计处理：在联营企业的合并日，先按照联营企业重组前的净利润与原股权比例确认投资收益并调整长期股权投资账面价值，再以调整后的长期股权投资账面价值为基础，计算联营企业重组所导致的股权稀释的影响，并将该影响作为联营企业所有者权益的其他变动，计入资本公积（其他资本公积）；变更日之后按照联营企业重组后的净利润与新持股比例确认投资收益。

（三）风险投资机构对联营企业或合营企业投资的分类

风险投资机构、共同基金以及类似主体可以根据长期股权投资准则，将其持有的对联营企业或合营企业投资在初始确认时，确认为以公允价值计量且其变动计入当期损益的金融资产，以向财务报表使用者提供比权益法更有用的信息。风险投资机构、共同基金以及类似主体可将其持有的联营企业或合营企业投资在初始确认时，选择以公允价值计量且其变动计入当期损益的金融资产的处理，仅是长期股权投资准则对于这种特定机构持有的联营企业或合营企业投资的特殊规定，不能指定为以公允价值计量且其变动计入其他综合收益的金融资产。

（四）因被动稀释导致持股比例下降时，"内含商誉"的结转

权益法下，因其他投资方对被投资单位增资而导致投资方的持股比例被稀释，且稀释后投资方仍对被投资单位采用权益法核算的情况下，投资方在调整相关长期股权投资的账面价值时，面临是否应当按比例结转初始投资时形成的"内含商誉"问题。其中，"内含商誉"是指长期股权投资的初始投资成本大于投资时享有的被投资单位可辨认净资产公允价值份额的差额。投资方因股权比例被动稀释而"间接"处置长期股权投资的情况下，相关"内含商誉"的结转应当比照投资方直接处置长期股权投资处理，即应当按比例结转初始投资时形成的"内含商誉"，并将相关股权稀释影响计入资本公积（其他资本公积）。

采用权益法核算的长期股权投资，若因股权被动稀释而使得投资方产生损失，投资方首先应将产生股权稀释损失作为股权投资发生减值的迹象之一，对该笔股权投资进行减值测试。投资方对该笔股权投资进行减值测试后，若发生减值，应先对该笔股权投资确认减值损失并调减长期股权投资账面价值，再计算股权稀释产生的影响并进行相应会计处理。

投资方进行减值测试并确认减值损失（如有）后，应当将相关股权稀释损失计入资本公积（其他资本公积）借方，当资本公积贷方余额不够冲减时，仍应继续计入资本公积（其他资本公积）借方。

(五) 长期股权投资的减值

长期股权投资在按照规定进行核算确定其账面价值的基础上，如果存在减值迹象的，应当按照相关准则的规定计提减值准备。其中，对子公司、联营企业及合营企业的投资，应当按照《企业会计准则第8号——资产减值》的规定确定其可收回金额及应予计提的减值准备，长期股权投资的减值准备在提取以后，不允许转回。

第三节 长期股权投资核算方法的转换及处置

一、成本法转换为权益法

因处置投资导致对被投资单位的影响能力下降，由控制转为具有重大影响，或是与其他投资方一起实施共同控制的情况下，在投资企业的个别财务报表中，首先应按处置投资的比例结转应终止确认的长期股权投资成本。在此基础上，将剩余的长期股权投资转为采用权益法核算，即应当比较剩余的长期股权投资成本与按照剩余持股比例计算原投资时应享有被投资单位可辨认净资产公允价值的份额，属于投资作价中体现的商誉部分，不调整长期股权投资的账面价值；属于投资成本小于应享有被投资单位可辨认净资产公允价值份额的，在调整长期股权投资成本的同时，应调整留存收益。对于原取得投资后至转变为权益法核算之间被投资单位实现的净损益中应享有的份额，一方面应调整长期股权投资的账面价值，同时对于原取得投资时至处置投资当期期初被投资单位实现的净损益（扣除已发放及已宣告发放的现金股利及利润）中应享有的份额，调整留存收益，对于处置投资当期期初至处置投资之日被投资单位实现的净损益中享有的份额，调整当期损益；其他原因导致被投资单位所有者权益变动中应享有的份额，在调整长期股权投资账面价值的同时，应当计入"其他综合收益"或"资本公积——其他资本公积"。

在合并财务报表中，对于剩余股权，应当按照其在丧失控制权日的公允价值进行重新计量。处置股权取得的对价与剩余股权公允价值之和，减去按原持股比例计算应享有原有子公司自购买日开始持续计算的净资产的份额之间的差额，计入丧失控制权当期的投资收益。与原有子公司股权投资相关的其他综合收益，应当采用与被投资单位直接处置相关资产或负债相同的基础进行会计处理。企业应当在附注中披露处置后的剩余股权在丧失控制权日的公允价值、按照公允价值重新计量产生的相关利得或损失的金额。

二、公允价值计量或权益法转换为成本法

因追加投资原因导致原持有的分类为以公允价值计量且其变动计入当期损益的金融资产，或非交易性权益工具投资分类为公允价值计量且其变动计入其他综合收益的金融资产，以及对联营企业或合营企业的投资转变为对子公司投资的，长期股权投资账面价值的调整应当按照本章关于对子公司投资初始计量的相关规定处理。

三、公允价值计量转为权益法核算

投资企业对原持有的被投资单位的股权不具有控制、共同控制或重大影响，按照金融工具确认和计量准则进行会计处理的，因追加投资等原因导致持股比例增加，使其能够对被投资单位实施共同控制或重大影响而转按权益法核算的，应在转换日，按照原股权的公允价值加上为取得新增投资而应支付对价的公允价值，作为改按权益法核算的初始投资成本；如原投资属于分类为公允价值计量且其变动计入其他综合收益的非交易性权益工具投资，与其相关的原计入其他综合收益的累计公允价值变动转入改按权益法核算当期的留存收益，不得计入当期损益。在此基础上，比较初始投资成本与获得被投资单位共同控制或重大影响时应享有被投资单位可辨认净资产公允价值份额之间的差额，前者大于后者的，不调整长期股权投资的账面价值；前者小于后者的，调整长期股权投资的账面价值，并计入当期营业外收入。

四、权益法转为公允价值计量的金融资产

投资企业原持有的被投资单位的股权对其具有共同控制或重大影响，因部分处置等原因导致持股比例下降，不能再对被投资单位实施共同控制或重大影响的，应于失去共同控制或重大影响时，改按金融工具确认和计量准则的规定对剩余股权进行会计处理。即，对剩余股权在改按公允价值计量时，公允价值与其原账面价值之间的差额计入当期损益。同时，原采用权益法核算的相关其他综合收益应当在终止采用权益法核算时，采用与被投资单位直接处置相关资产或负债相同的基础进行会计处理；因被投资单位除净损益、其他综合收益和利润分配以外的其他所有者权益变动而确认的所有者权益，应当在终止采用权益法时全部转入当期损益。

五、成本法转为公允价值计量的金融资产

投资企业原持有被投资单位的股份使得其能够对被投资单位实施控制，其后因部分处置等原因导致持股比例下降，不能再对被投资单位实施控制，同时对被投资单位亦不具有共同控制能力或重大影响的，应将剩余股权改按金融工具确认和计量准则的要求进行会计处理，并于丧失控制权日将剩余股权按公允价值重新计量，公允价值与其账面价值的差额计入当期损益。

六、长期股权投资的处置

企业处置长期股权投资时，应相应结转与所售股权相对应的长期股权投资的账面价值，出售所得价款与处置长期股权投资账面价值之间的差额，应确认为处置损益。

采用权益法核算的长期股权投资，原计入其他综合收益（不能结转损益的除外）或资本公积（其他资本公积）中的金额，如处置后因具有重大影响或共同控制仍然采用权益法核算的，在处置时亦应进行结转，将与所出售股权相对应的部分在处置时自其他综合收益或资本公积转入当期损益。如处置后对有关投资终止采用权益法的，则原计入其他综合收益（不能结转损益的除外）或资本公积（其他资本公积）中的金额应全部结转。

第四节 合营安排

一、概念及合营安排的认定

(一) 合营安排

合营安排是指一项由两个或两个以上的参与方共同控制的安排。合营安排的主要特征包括：

一是各参与方均受到该安排的约束。合营安排通过相关约定对各参与方予以约束。相关约定是指据以判断是否存在共同控制的一系列具有执行力的合约，通常包括合营安排各参与方达成的合同安排，如合同、协议、会议纪要、契约等，也包括对该安排构成约束的法律形式本身。从内容来看，有关约定可能涵盖以下方面：对合营安排的目的、业务活动及期限的约定；对合营安排的治理机构（如董事会或类似机构）成员的任命方式的约定；对合营安排相关事项的决策方式的约定，包括哪些事项需要参与方决策、参与方的表决权情况、决策事项所需的表决权比例等内容，合营安排相关事项的决策方式是分析是否存在共同控制的重要因素；对参与方需要提供的资本或其他投入的约定；对合营安排的资产、负债、收入、费用、损益在参与方之间分配方式的约定。当合营安排通过单独主体达成时，该单独主体所制定的章程或其他法律文件有时会约定相关内容。

二是两个或两个以上的参与方对该安排实施共同控制。任何一个参与方都不能够单独控制该安排，对该安排具有共同控制的任何一个参与方均能够阻止其他参与方或参与方组合单独控制该安排。

(二) 共同控制及其判断原则

合营安排的一个重要特征是共同控制。共同控制是指按照相关约定对某项安排所共有的控制，并且该安排的相关活动必须经过分享控制权的参与方一致同意后才能决策。共同控制不同于控制，共同控制是由两个或两个以上的参与方实施，而控制由单一参与方实施。共同控制也不同于重大影响，享有重大影响的参与方只拥有参与安排的财务和经营政策的决策权力，但并不能够控制或者与其他方一起共同控制这些政策的制定。

在判断是否具有共同控制时，首先判断是否所有参与方或参与方组合集体控制该安排，其次再判断该安排相关活动的决策是否必须经过这些参与方一致同意。相关活动是指对某项安排的回报产生重大影响的活动，具体应视安排的情况而定，通常包括商品或劳务的销售和购买、资产的购买和处置、研究与开发活动及融资活动等。

1. 集体控制。

如果所有参与方或一组参与方必须一致行动才能决定某项安排的相关活动，则称所有参与方或一组参与方集体控制该安排。在判断集体控制时，需要注意以下几点：

(1) 集体控制不是单独一方控制。为了确定相关约定是否赋予参与方对该安排的共同控制，主体首先识别该安排的相关活动，然后确定哪些权利能够赋予参与方主导相关活动的权力。

如果某一个参与方能够单独主导该安排中的相关活动，则为控制。如果一组参与方或所有参与方联合起来才能够主导该安排中的相关活动，则为集体控制。即在集体控制下，不存在任何一个参与方能够单独控制某安排，而是由一组参与方或所有参与方联合起来才能控制该安排。"一组参与方或所有参与方"即意味着要有两个或两个以上的参与方联合起来才能形成控制。

（2）尽管所有参与方联合起来一定能够控制该安排，但集体控制下，集体控制该安排的组合指的是那些既能联合起来控制该安排，又使得参与方数量最少的一个或几个参与方组合。能够集体控制一项安排的参与方组合很可能不止一个。

2. 相关活动的决策。

主体应当在确定是由参与方组合集体控制该安排，而不是某一参与方单独控制该安排后，再判断这些集体控制该安排的参与方是否共同控制该安排。当且仅当相关活动的决策要求集体控制该安排的参与方一致同意时，才存在共同控制。

存在共同控制时，有关合营安排相关活动的所有重大决策必须经分享控制权的各方一致同意。一致同意的规定保证了对合营安排具有共同控制的任何一个参与方均可以阻止其他参与方在未经其同意的情况下就相关活动单方面作出决策。

"一致同意"中，并不要求其中一方必须具备主动提出议案的能力，只要具备对合营安排相关活动的所有重大决策予以否决的权力即可；也不需要该安排的每个参与方都一致同意，只要那些能够集体控制该安排的参与方意见一致，就可以达成一致同意。有时，相关约定中设定的决策方式也可能暗含需要达成一致同意。

当相关约定中设定了就相关活动作出决策所需的最低投票权比例时，若存在多种参与方的组合形式均满足最低投票权比例要求的情形，则该安排就不是合营安排；除非相关约定明确指出，需要其中哪些参与方一致同意才能就相关活动作出决策。

如果存在两个或两个以上的参与方组合能够集体控制某项安排的，不构成共同控制。

3. 争议解决机制。

在分析合营安排的各方是否共同分享控制权时，要关注对于争议解决机制的安排。相关约定可能包括处理纠纷的条款，例如，关于仲裁的约定。这些条款可能允许具有共同控制的各参与方在没有达成一致意见的情况下进行决策。这些条款的存在不会妨碍该安排构成共同控制的判断，因此，也不会妨碍该安排成为合营安排。但是，如果在各方未就相关活动的重大决策达成一致意见的情况下，其中一方具备"一票通过权"或者潜在表决权等特殊权力，则需要仔细分析，很可能具有特殊权力的一方实质上具备控制权。

4. 仅享有保护性权利的参与方不享有共同控制。

保护性权利，是指仅为了保护权利持有人利益却没有赋予持有人对相关活动进行决策的一项权利。保护性权利通常只能在合营安排发生根本性改变或某些例外情况发生时才能够行使，它既没有赋予其持有人对合营安排拥有权力，也不能阻止其他参与方对合营安排拥有权力。对于某些安排，相关活动仅在特定情况或特定事项发生时开展，例如，某些安排在设计时就确定了安排的活动及其回报，在特定情况或特定事项发生之前不需要进行重大决策。这种情况下,权利在特定情况或特定事项发生时方可行使并不意味该权利是保护性权利。

如果一致同意的要求仅仅与向某些参与方提供保护性权利的决策有关,而与该安排的相关活动的决策无关,那么拥有该保护性权利的参与方不会仅仅因为该保护性权利而成为该项安排的合营方。因此,在评估参与方能否共同控制合营安排时,必须具体区分参与方持有的权利是否为保护性权利,判断为保护性权利的,其行使与否不影响其他参与方控制或共同控制该安排。

5. 一项安排的不同活动可能分别由不同的参与方或参与方组合主导。

在不同阶段,一项安排可能发生不同的活动,从而导致不同参与方可能主导不同的相关活动,或者共同主导所有相关活动。不同参与方分别主导不同相关活动时,相关的参与方需要分别评估自身是否拥有主导对回报产生最重大影响的活动的权利,从而确定是否能够控制该项安排,而不是与其他参与方共同控制该项安排。

6. 综合评估多项相关协议。

有时,一项安排的各参与方之间可能存在多项相关协议。在单独考虑一份协议时,某参与方可能对合营安排具有共同控制,但在综合考虑该安排的目的和设计等所有情况时,该参与方实际上可能对该安排并不具有共同控制。因此,在判断是否存在共同控制时,需要综合考虑该多项相关协议。

(三)合营安排中的不同参与方

只要两个或两个以上的参与方对该安排实施共同控制,一项安排就可以被认定为合营安排,并不要求所有参与方都对该安排享有共同控制。即一项合营安排的所有投资者群体中,只要其中部分投资者能够对该合营安排实施共同控制即可,构成合营安排的前提条件不要求所有投资者均具有共同控制能力。对合营安排享有共同控制的参与方(分享控制权的参与方)被称为"合营方";对合营安排不享有共同控制的参与方被称为"非合营方"。

(四)合营安排的分类

合营安排分为共同经营和合营企业。共同经营,是指合营方享有该安排相关资产且承担该安排相关负债的合营安排。合营企业,是指合营方仅对该安排的净资产享有权利的合营安排。合营方应当根据其在合营安排的正常经营中享有的权利和承担的义务,来确定合营安排的分类。

共同经营和合营企业的一些普遍特征的比较包括但不限于表6-1。

表6-1　　　　　　　　　　　共同经营和合营企业的对比

对比项目	共同经营	合营企业
合营安排的条款	参与方对合营安排的相关资产享有权利并对相关负债承担义务	参与方对与合营安排有关的净资产享有权利,即单独主体(而不是参与方)享有与安排相关资产的权利,并承担与安排相关负债的义务
对资产的权利	参与方按照约定的比例分享合营安排的相关资产的全部利益(例如,权利、权属或所有权等)	资产属于合营安排,参与方并不对资产享有权利

续表

对比项目	共同经营	合营企业
对负债的义务	参与方按照约定的比例分担合营安排的成本、费用、债务及义务。第三方对该安排提出的索赔要求,参与方作为义务人承担赔偿责任	合营安排对自身的债务或义务承担责任。参与方仅以其各自对该安排认缴的投资额为限对该安排承担相应的义务。合营安排的债权方无权就该安排的债务对参与方进行追索
收入、费用及损益	合营安排建立了各参与方按照约定的比例(例如,按照各自所耗用的产能比例)分配收入和费用的机制。某些情况下,参与方按约定的份额比例享有合营安排产生的净损益不会必然使其被分类为合营企业,仍应当分析参与方对该安排相关资产的权利以及对该安排相关负债的义务	各参与方按照约定的份额比例享有合营安排产生的净损益
担保	参与方为合营安排提供担保(或提供担保的承诺)的行为本身并不直接导致一项安排被分类为共同经营	

二、共同经营中合营方的会计处理

(一) 一般会计处理原则

除合营方对持有合营企业投资应当采用权益法核算以外,其他合营安排中的合营方应当确认自身所承担的以及按比例享有或承担的合营安排中按照合同、协议等的规定归属于本企业的资产、负债、收入及费用。该处理方法一定程度上类似于比例合并,但与比例合并又存在差异。具体如下:

合营方应当确认其与共同经营中利益份额相关的下列项目,并按照相关企业会计准则的规定进行会计处理:一是确认单独所持有的资产,以及按其份额确认共同持有的资产;二是确认单独所承担的负债,以及按其份额确认共同承担的负债;三是确认出售其享有的共同经营产出份额所产生的收入;四是按其份额确认共同经营因出售产出所产生的收入;五是确认单独所发生的费用,以及按其份额确认共同经营发生的费用。

合营方可能将其自有资产用于共同经营,如果合营方保留了对这些资产的全部所有权或控制权,则这些资产的会计处理与合营方自有资产的会计处理并无差别。

合营方也可能与其他合营方共同购买资产来投入共同经营,并共同承担共同经营的负债,此时,合营方应当按照企业会计准则相关规定确认在这些资产和负债中的利益份额。如按照《企业会计准则第 4 号——固定资产》来确认在相关固定资产中的利益份额,按照金融工具确认和计量准则来确认在相关金融资产和金融负债中的份额。共同经营通过单独主体达成时,合营方应确认按照上述原则单独所承担的负债,以及按本企业的份额确认共同承担的负债。但合营方对于因其他股东未按约定向合营安排提供资金,按照我国相关法律或相关合同约定等规定而承担连带责任的,从其规定,在会计处理上应遵循《企业会计准则第 13 号——或有事项》的要求。

有关合营合同的安排通常描述了该安排所从事活动的性质,以及各参与方打算共同开展这些活动的方式。例如，合营安排各参与方可能同意共同生产产品，每一参与方负责特定的任务，使用各自的资产，承担各自的负债。合同安排也可能规定了各参与方分享共同收入和分担共同费用的方式。在这种情况下，每一个合营方在其资产负债表上确认其用于完成特定任务的资产和负债，并根据相关约定确认相关的收入和费用份额。当合营安排各参与方可能同意共同拥有和经营一项资产时，相关约定规定了各参与方对共同经营资产的权利，以及来自该项资产的收入或产出和相应的经营成本在各参与方之间分配的方式。每一个合营方对其在共同资产中的份额、同意承担的负债份额进行会计处理，并按照相关约定确认其在产出、收入和费用中的份额。

（二）合营方向共同经营投出或者出售不构成业务的资产的会计处理

合营方向共同经营投出或出售资产等（该资产构成业务的除外），在共同经营将相关资产出售给第三方或相关资产消耗之前（即，未实现内部利润仍包括在共同经营持有的资产账面价值中时），应当仅确认归属于共同经营其他参与方的利得或损失。如果投出或出售的资产发生符合《企业会计准则第8号——资产减值》等规定的资产减值损失的，合营方应当全额确认该损失。

（三）合营方自共同经营购买不构成业务的资产的会计处理

合营方自共同经营购买资产等（该资产构成业务的除外），在将该资产等出售给第三方之前（即，未实现内部利润仍包括在合营方持有的资产账面价值中时），不应当确认因该交易产生的损益中该合营方应享有的部分。即此时应当仅确认因该交易产生的损益中归属于共同经营其他参与方的部分。

（四）合营方取得构成业务的共同经营的利益份额且形成控制情况的会计处理

合营方取得共同经营中的利益份额，且该共同经营构成业务时，应当按照企业合并准则等相关准则进行相应的会计处理，但其他相关准则的规定不能与合营安排准则的规定相冲突。企业应当按照企业合并准则的相关规定判断该共同经营是否构成业务。该处理原则不仅适用于收购现有的构成业务的共同经营中的利益份额，也适用于与其他参与方一起设立共同经营，且由于有其他参与方注入既存业务，使共同经营设立时即构成业务。

合营方增加其持有的一项构成业务的共同经营的利益份额时，如果合营方对该共同经营仍然是共同控制，则合营方之前持有的共同经营的利益份额不应按照新增投资日的公允价值重新计量。

三、对共同经营不享有共同控制的参与方的会计处理原则

对共同经营不享有共同控制的参与方（非合营方），如果享有该共同经营相关资产且承担该共同经营相关负债的，比照合营方进行会计处理。即，共同经营的参与方，不论其是否具有共同控制，只要能够享有共同经营相关资产的权利，并承担共同经营相关负债的义务，对在共同经营中的利益份额采用与合营方相同的会计处理；否则，应当按照相关企业会计准则的规定对其利益份额进行会计处理。例如，如果该参与方对于合营安排的净资产享有权利并且具有重大影响，则按照长期股权投资准则等相关规定进行会计处理；如果该参与方对于合营安排的净资产享有权利并且无重大影响，则按照金融工具确认和计量准则等相关规定进行会计处理；向共同经营投出构成业务的资产的，以及取得共同经营的利益份额的，则按照合并财务报表及企业合并等相关准则进行会计处理。

第七章 资产减值

第一节 存货跌价准备的确认和计量

一、存货估计售价的确定

对于企业持有的各类存货,在确定其可变现净值时,最关键的问题是确定估计售价。企业应当区别如下情况确定存货的估计售价:

(1) 为执行销售合同或者劳务合同而持有的存货,通常应当以产成品或商品的合同价格作为其可变现净值的计算基础。

(2) 如果企业持有存货的数量多于销售合同订购数量,超出部分的存货可变现净值应当以产成品或商品的一般销售价格(即市场销售价格)作为计算基础。

(3) 如果企业持有存货的数量少于销售合同订购数量,实际持有与该销售合同相关的存货应以销售合同所规定的价格作为可变现净值的计算基础。如果该合同为亏损合同,还应同时按照《企业会计准则第13号——或有事项》的规定处理。

(4) 没有销售合同约定的存货(不包括用于出售的材料),其可变现净值应当以产成品或商品一般销售价格(即市场销售价格)作为计算基础。

(5) 用于出售的材料等,通常以市场价格作为其可变现净值的计算基础。这里的市场价格是指材料等的市场销售价格。如果用于出售的材料存在销售合同约定,应按合同价格作为其可变现净值的计算基础。

二、材料存货的期末计量

材料存货的期末价值应当以所生产的产成品的可变现净值与成本的比较为基础加以确定。

(1) 对于为生产而持有的材料等,如果用其生产的产成品的可变现净值预计高于成本,则该材料仍然应当按照成本计量。这里的"材料"是指原材料、在产品、委托加工材料等。"可变现净值高于成本"中的成本是指产成品的生产成本。

(2) 如果材料价格的下降表明产成品的可变现净值低于成本,则该材料应当按可变现净值计量,按其差额计提存货跌价准备。

三、计提存货跌价准备的方法

（1）企业通常应当按照单个存货项目计提存货跌价准备。

（2）对于数量繁多、单价较低的存货，可以按照存货类别计提存货跌价准备。

（3）与在同一地区生产和销售的产品系列相关、具有相同或类似最终用途或目的，且难以与其他项目分开计量的存货，可以合并计提存货跌价准备。

（4）存货存在下列情形之一的，通常表明存货的可变现净值低于成本。①该存货的市场价格持续下跌，并且在可预见的未来无回升的希望。②企业使用该项原材料生产的产品的成本大于产品的销售价格。③企业因产品更新换代，原有库存原材料已不适应新产品的需要，而该原材料的市场价格又低于其账面成本。④因企业所提供的商品或劳务过时或消费者偏好改变而使市场的需求发生变化，导致市场价格逐渐下跌。⑤其他足以证明该项存货实质上已经发生减值的情形。

（5）存货存在下列情形之一的，通常表明存货的可变现净值为零。①已霉烂变质的存货。②已过期且无转让价值的存货。③生产中已不再需要，并且已无使用价值和转让价值的存货。④其他足以证明已无使用价值和转让价值的存货。

需要注意的是，资产负债表日，同一项存货中一部分有合同价格约定、其他部分不存在合同价格的，应当分别确定其可变现净值，并与其相对应的成本进行比较，分别确定存货跌价准备的计提或转回的金额，由此计提的存货跌价准备不得相互抵销。

四、存货跌价准备转回的处理

（1）资产负债表日，企业应当确定存货的可变现净值。企业确定存货的可变现净值，应当以资产负债表日的状况为基础确定，既不能提前确定存货的可变现净值，也不能延后确定存货的可变现净值，并且在每一个资产负债表日都应当重新确定存货的可变现净值。

（2）企业的存货在符合条件的情况下，可以转回计提的存货跌价准备。存货跌价准备转回的条件是以前减记存货价值的影响因素已经消失，而不是在当期造成存货可变现净值高于成本的其他影响因素。

（3）当符合存货跌价准备转回的条件时，应在原已计提的存货跌价准备的金额内转回。即在对该项存货、该类存货或该合并存货已计提的存货跌价准备的金额内转回。转回的存货跌价准备与计提该准备的存货项目或类别应当存在直接对应关系，但转回的金额以将存货跌价准备余额冲减至零为限。

五、存货跌价准备的结转

企业计提了存货跌价准备，如果其中有部分存货已经销售，则企业在结转销售成本时，应同时结转对其已计提的存货跌价准备。对于因债务重组、非货币性资产交换转出的存货，也应同时结转已计提的存货跌价准备。如果按存货类别计提存货跌价准备的，应当按照发生销售、债务重组、非货币性资产交换等而转出存货的成本占该存货未转出前该类别存货成本的比例，结转相应的存货跌价准备。

第二节 其他资产减值的确认和计量

一、资产减值的范围

企业所有的资产在发生减值时,原则上都应当对所发生的减值损失及时确认和计量,因此,资产减值包括所有资产的减值。但是,由于有关资产特性不同,其减值会计处理也有所差别,因而所适用的具体准则也不尽相同。

本章涉及的主要是除上述资产以外的资产,这些资产通常属于企业的非流动资产,具体包括:(1)对子公司、联营企业和合营企业的长期股权投资;(2)采用成本模式进行后续计量的投资性房地产;(3)固定资产;(4)生产性生物资产;(5)无形资产;(6)商誉;(7)探明石油天然气矿区权益和井及相关设施。

二、资产减值的迹象与测试

(一)资产减值迹象的判断

企业在资产负债表日应当判断资产是否存在可能发生减值的迹象,主要可从外部信息来源和内部信息来源两方面加以判断:

从企业外部信息来源来看,如果出现了资产的市价在当期大幅度下跌,其跌幅明显高于因时间的推移或者正常使用而预计的下跌;企业经营所处的经济、技术或者法律等环境以及资产所处的市场在当期或者将在近期发生重大变化,从而对企业产生不利影响;市场利率或者其他市场投资报酬率在当期已经提高,从而影响企业计算资产预计未来现金流量现值的折现率,导致资产可收回金额大幅度降低;企业所有者权益(净资产)的账面价值远高于其市值等,均属于资产可能发生减值的迹象,企业需要据此估计资产的可收回金额,决定是否需要确认减值损失。

从企业内部信息来源来看,如果有证据表明资产已经陈旧过时或者其实体已经损坏;资产已经或者将被闲置、终止使用或者计划提前处置;企业内部报告的证据表明资产的经济绩效已经低于或者将低于预期,如资产所创造的净现金流量或者实现的营业利润远远低于原来的预算或者预计金额、资产发生的营业损失远远高于原来的预算或者预计金额、资产在建造或者收购时所需的现金支出远远高于最初的预算、资产在经营或者维护中所需的现金支出远远高于最初的预算等,均属于资产可能发生减值的迹象。

(二)资产减值的测试

如果有确凿证据表明资产存在减值迹象的,应当进行减值测试,估计资产的可收回金额。资产存在减值迹象是资产是否需要进行减值测试的必要前提,但是以下资产除外,即因企业合并形成的商誉和使用寿命不确定的无形资产,对于这些资产,无论是否存在减值迹象,都应当至少每年年度终了进行减值测试。

企业在判断资产减值迹象以决定是否需要估计资产可收回金额时,应当遵循重要性原则。根据这一原则，企业资产存在下列情况的，可以不估计其可收回金额：

（1）以前报告期间的计算结果表明，资产可收回金额远高于其账面价值，之后又没有发生消除这一差异的交易或者事项的，企业在资产负债表日可以不需重新估计该资产的可收回金额。

（2）以前报告期间的计算与分析表明，资产可收回金额对于资产减值准则中所列示的一种或者多种减值迹象反应不敏感，在本报告期间又发生了这些减值迹象的，在资产负债表日企业可以不需因为上述减值迹象的出现而重新估计该资产的可收回金额。

三、估计资产可收回金额的基本方法

企业资产存在减值迹象的，应当估计其可收回金额，然后将所估计的资产可收回金额与其账面价值相比较，以确定资产是否发生了减值，以及是否需要计提资产减值准备并确认相应的减值损失。在估计资产可收回金额时，原则上应当以单项资产为基础，如果企业难以对单项资产的可收回金额进行估计的，应当以该资产所属的资产组为基础确定资产组的可收回金额。

资产可收回金额的估计，应当根据其公允价值减去处置费用后的净额与资产预计未来现金流量的现值两者之间较高者确定。因此，要估计资产的可收回金额，通常需要同时估计该资产的公允价值减去处置费用后的净额和资产预计未来现金流量的现值。但是，在下列情况下，可以有例外或者作特殊考虑：

（1）资产的公允价值减去处置费用后的净额与资产预计未来现金流量的现值，只要有一项超过了资产的账面价值，就表明资产没有发生减值，不需再估计另一项金额。

（2）没有确凿证据或者理由表明，资产预计未来现金流量现值显著高于其公允价值减去处置费用后的净额的，可以将资产的公允价值减去处置费用后的净额视为资产的可收回金额。对于企业持有待售的资产往往属于这种情况，即该资产在持有期间（处置之前）所产生的现金流量可能很少，其最终取得的未来现金流量往往就是资产的处置净收入，因此，在这种情况下，以资产公允价值减去处置费用后的净额作为其可收回金额是适宜的，因为资产的未来现金流量现值不大会显著高于其公允价值减去处置费用后的净额。

（3）资产的公允价值减去处置费用后的净额如果无法可靠估计的，应当以该资产预计未来现金流量的现值作为其可收回金额。

四、资产的公允价值减去处置费用后的净额的估计

资产的公允价值减去处置费用后的净额，通常反映的是资产如果被出售或者处置时可以收回的净现金收入。其中，资产的公允价值是指市场参与者在计量日发生的有序交易中，出售一项资产所能收到的价格；处置费用是指可以直接归属于资产处置的增量成本，包括与资产处置有关的法律费用、相关税费、搬运费以及为使资产达到可销售状态所发生的直接费用等，但是，财务费用和所得税费用等不包括在内。

企业在估计资产的公允价值减去处置费用后的净额时，应当按照下列顺序进行：

首先，应当根据公平交易中资产的销售协议价格减去可直接归属于该资产处置费用的金额确定资产的公允价值减去处置费用后的净额。这是估计资产的公允价值减去处置

费用后的净额的最佳方法，企业应当优先采用这一方法。

其次，在资产不存在销售协议但存在活跃市场的情况下，应当根据该资产的市场价格减去处置费用后的金额确定。

最后，在既不存在资产销售协议又不存在资产活跃市场的情况下，企业应当以可获取的最佳信息为基础，根据在资产负债表日如果处置资产的话，熟悉情况的交易双方自愿进行公平交易愿意提供的交易价格减去资产处置费用后的金额，估计资产的公允价值减去处置费用后的净额。

如果企业按照上述要求仍然无法可靠估计资产的公允价值减去处置费用后的净额的，应当以该资产预计未来现金流量的现值作为其可收回金额。

五、资产预计未来现金流量的现值的估计

资产预计未来现金流量的现值，应当按照资产在持续使用过程中和最终处置时所产生的预计未来现金流量，选择恰当的折现率对其进行折现后的金额加以确定。因此，预计资产未来现金流量的现值，主要应当综合考虑以下因素：

（一）资产未来现金流量的预计

1. 预计资产未来现金流量的基础。

为了估计资产未来现金流量的现值，需要首先预计资产的未来现金流量，为此，企业管理层应当在合理和有依据的基础上对资产剩余使用寿命内整个经济状况进行最佳估计，并将资产未来现金流量的预计建立在经企业管理层批准的最近财务预算或者预测数据之上。但是，出于数据可靠性和便于操作等方面的考虑，建立在该预算或者预测基础上的预计现金流量最多涵盖5年，企业管理层如能证明更长的期间是合理的，可以涵盖更长的期间。其原因是，在通常情况下，要对期限超过5年的未来现金流量进行较为可靠的预测比较困难，即使企业管理层可以以超过5年的财务预算或者预测为基础对未来现金流量进行预计，企业管理层应当确保这些预计的可靠性，并提供相应的证明，比如根据过去的经验和实践，企业有能力而且能够对超过5年的期间作出较为准确的预测。

如果资产未来现金流量的预计还包括最近财务预算或者预测期之后的现金流量，企业应当以该预算或者预测期之后年份稳定的或者递减的增长率为基础进行估计。但是，企业管理层如能证明递增的增长率是合理的，可以以递增的增长率为基础进行估计。同时，所使用的增长率除了企业能够证明更高的增长率是合理的之外，不应当超过企业经营的产品、市场、所处的行业或者所在国家或者地区的长期平均增长率，或者该资产所处市场的长期平均增长率。在恰当、合理的情况下，该增长率可以是零或者负数。

2. 资产预计未来现金流量应当包括的内容。

预计的资产未来现金流量应当包括下列各项：（1）资产持续使用过程中预计产生的现金流入。（2）为实现资产持续使用过程中产生的现金流入所必需的预计现金流出（包括为使资产达到预定可使用状态所发生的现金流出）。该现金流出应当是可直接归属于或者可通过合理和一致的基础分配到资产中的现金流出，后者通常是指那些与资产直接相关的间接费用。（3）资产使用寿命结束时，处置资产所收到或者支付的净现金流量。该现金流量应当是在公平交易中，熟悉情况的交易双方自愿进行交易时，企业预期可从资产的处置中获取或者支付的减去预计处置费用后的金额。

3. 预计资产未来现金流量应当考虑的因素。

企业为了预计资产未来现金流量，应当综合考虑下列因素：

（1）以资产的当前状况为基础预计资产未来现金流量。企业资产在使用过程中有时会因为修理、改良、重组等原因而发生变化，因此，在预计资产未来现金流量时，企业应当以资产的当前状况为基础，不应当包括与将来可能会发生的、尚未作出承诺的重组事项或者与资产改良有关的预计未来现金流量。具体包括以下几层意思：

①重组通常会对资产的未来现金流量产生影响，有时还会产生较大影响，因此，对于重组的界定就显得十分重要。②企业已经承诺重组的，在确定资产的未来现金流量的现值时，预计的未来现金流入和流出数，应当反映重组所能节约的费用和由重组所带来的其他利益，以及因重组所导致的估计未来现金流出数。③企业在发生与资产改良（包括提高资产的营运绩效）有关的现金流出之前，预计的资产未来现金流量仍然应当以资产的当前状况为基础，不应当包括因与该现金流出相关的未来经济利益增加而导致的预计未来现金流入金额。④企业未来发生的现金流出如果是为了维持资产正常运转或者资产正常产出水平而必要的支出或者属于资产维护支出，应当在预计资产未来现金流量时将其考虑在内。

（2）预计资产未来现金流量不应当包括筹资活动和所得税收付产生的现金流量。企业预计的资产未来现金流量，不应当包括筹资活动产生的现金流入或者流出以及与所得税收付有关的现金流量。

（3）对通货膨胀因素的考虑应当和折现率相一致。企业在预计资产未来现金流量和折现率时，考虑因一般通货膨胀而导致物价上涨的因素，应当采用一致的基础。

（4）内部转移价格应当予以调整。

4. 预计资产未来现金流量的方法。

企业预计资产未来现金流量的现值，需要预计资产未来现金流量。预计资产未来现金流量，通常可以根据资产未来每期最有可能产生的现金流量进行预测。这种方法叫作传统法，它使用的是单一的未来每期预计现金流量和单一的折现率计算资产未来现金流量的现值。

（二）折现率的预计

为了资产减值测试的目的，计算资产未来现金流量现值时所使用的折现率应当是反映当前市场货币时间价值和资产特定风险的税前利率。该折现率是企业在购置或者投资资产时所要求的必要报酬率。需要说明的是，如果在预计资产的未来现金流量时已经对资产特定风险的影响作了调整的，折现率的估计不需要考虑这些特定风险。如果用于估计折现率的基础是税后的，应当将其调整为税前的折现率，以便于与资产未来现金流量的估计基础相一致。

在实务中，折现率的确定，应当首先以该资产的市场利率为依据。如果该资产的利率无法从市场获得，可以使用替代利率估计。在估计替代利率时，企业应当充分考虑资产剩余寿命期间的货币时间价值和其他相关因素，比如资产未来现金流量金额及其时间的预计离异程度、资产内在不确定性的定价等，如果资产预计未来现金流量已经对这些因素作了有关调整的，应当予以剔除。

在估计替代利率时，可以根据企业加权平均资金成本、增量借款利率或者其他相关市场借款利率作适当调整后确定。调整时，应当考虑与资产预计现金流量有关的特定风险以及其他有关政治风险、货币风险和价格风险等。

估计资产未来现金流量现值，通常应当使用单一的折现率。但是，如果资产未来现金流量的现值对未来不同期间的风险差异或者利率的期间结构反应敏感的，企业应当在未来各不同期间采用不同的折现率。

（三）资产未来现金流量现值的预计

在预计了资产的未来现金流量和折现率后，资产未来现金流量的现值只需将该资产的预计未来现金流量按照预计的折现率在预计的资产使用寿命里加以折现即可确定。其一般计算公式如下：

$$\text{资产未来现金流量的现值 PV} = \sum \left[\text{第 t 年预计资产未来现金流量 NCF}_t / (1 + \text{折现率 R})^t \right]$$

（四）外币未来现金流量及其现值的预计

随着我国企业日益融入世界经济体系和国际贸易的大幅度增加，企业使用资产所收到的未来现金流量有可能为外币，在这种情况下，企业应当按照以下顺序确定资产未来现金流量的现值：

首先，应当以该资产所产生的未来现金流量的结算货币为基础预计其未来现金流量，并按照该货币适用的折现率计算资产的现值；其次，将该外币现值按照计算资产未来现金流量现值当日的即期汇率进行折算，从而折现成按照记账本位币表示的资产未来现金流量的现值；最后，在该现值基础上，比较资产公允价值减去处置费用后的净额以及资产的账面价值，以确定是否需要确认减值损失以及确认多少减值损失。

六、资产减值损失确认与计量的一般原则

企业在对资产进行减值测试后，如果可收回金额的计量结果表明，资产的可收回金额低于其账面价值的，应当将资产的账面价值减记至可收回金额，减记的金额确认为资产减值损失，计入当期损益，同时，计提相应的资产减值准备。这样，企业当期确认的减值损失应当反映在其利润表中，而计提的资产减值准备应当作为相关资产的备抵项目，反映于资产负债表中，从而夯实企业资产价值，避免利润虚增，如实反映企业的财务状况和经营成果。

资产减值损失确认后，减值资产的折旧或者摊销费用应当在未来期间作相应调整，以使该资产在剩余使用寿命内，系统地分摊调整后的资产账面价值（扣除预计净残值）。比如，固定资产计提了减值准备后，固定资产账面价值将根据计提的减值准备相应抵减，因此，固定资产在未来计提折旧时，应当以新的固定资产账面价值为基础计提每期折旧。

考虑到固定资产、无形资产、商誉等资产发生减值后，一方面价值回升的可能性比较小，通常属于永久性减值；另一方面从会计信息稳健性要求考虑，为了避免确认资产重估增值和操纵利润，资产减值损失一经确认，在以后会计期间不得转回。以前期间计提的资产减值准备，需要等到资产处置时才可转出。

七、资产减值损失的账务处理

为了正确核算企业确认的资产减值损失和计提的资产减值准备，企业应当设置"资产减值损失"科目，按照资产类别进行明细核算，反映各类资产在当期确认的资产减值损失金额；同时，应当根据不同的资产类别，分别设置"固定资产减值准备""在建工程减值准备""投资性房地产减值准备""无形资产减值准备""商誉减值准备""长期股权投资减值准备""生产性生物资产减值准备"等科目。

当企业确定资产发生了减值时，应当根据所确认的资产减值金额，借记"资产减值损失"科目，贷记"固定资产减值准备""在建工程减值准备""投资性房地产减值准备""无形资产减值准备""商誉减值准备""长期股权投资减值准备""生产性生物资产减值准备"等科目。在期末，企业应当将"资产减值损失"科目余额转入"本年利润"科目，结转后该科目应当没有余额。各资产减值准备科目累积每期计提的资产减值准备，直至相关资产被处置时才予以转出。

八、资产组的认定

（一）资产组的定义

资产组是企业可以认定的最小资产组合，其产生的现金流入应当基本上独立于其他资产或者资产组。资产组应当由创造现金流入相关的资产组成。

（二）认定资产组应当考虑的因素

（1）资产组的认定，应当以资产组产生的主要现金流入是否独立于其他资产或者资产组的现金流入为依据。因此，资产组能否独立产生现金流入是认定资产组的最关键因素。比如，企业的某一生产线、营业网点、业务部门等，如果能够独立于其他部门或者单位等创造收入、产生现金流，或者其创造的收入和现金流入绝大部分独立于其他部门或者单位的，并且属于可认定的最小的资产组合的，通常应将该生产线、营业网点、业务部门等认定为一个资产组。

（2）资产组的认定，应当考虑企业管理层对生产经营活动的管理或者监控方式（如是按照生产线、业务种类还是按照地区或者区域等）和对资产的持续使用或者处置的决策方式等。比如，企业各生产线都是独立生产、管理和监控的，那么各生产线很可能应当认定为单独的资产组；如果某些机器设备是相互关联、互相依存的，其使用和处置是一体化决策的，那么，这些机器设备很可能应当认定为一个资产组。

资产组一经确定后，在各个会计期间应当保持一致，不得随意变更。

九、资产组减值测试

资产组减值测试的原理与单项资产是一致的，即企业需要预计资产组的可收回金额和计算资产组的账面价值，并将两者进行比较，如果资产组的可收回金额低于其账面价值的，表明资产组发生了减值损失，应当予以确认。

（一）资产组账面价值和可收回金额的确定基础

资产组账面价值的确定基础应当与其可收回金额的确定方式相一致。因为这样的比较才有意义，否则，如果两者在不同的基础上进行估计和比较，就难以正确估算资产组的减值损失。

在确定资产组的可收回金额时，应当按照该资产组的公允价值减去处置费用后的净额与其预计未来现金流量的现值两者之间较高者确定。

（二）资产组减值的会计处理

根据减值测试的结果，资产组（包括资产组组合，在后述有关总部资产或者商誉的减值测试时涉及）的可收回金额如低于其账面价值的，应当确认相应的减值损失。减值损失金额应当按照以下顺序进行分摊：（1）抵减分摊至资产组中商誉的账面价值；（2）根据资产组中除商誉之外的其他各项资产的账面价值所占比重，按比例抵减其他各项资产的账面价值。

以上资产账面价值的抵减，应当作为各单项资产（包括商誉）的减值损失处理，计入当期损益。抵减后的各资产的账面价值不得低于以下三者之中最高者：该资产的公允价值减去处置费用后的净额（如可确定的）、该资产预计未来现金流量的现值（如可确定的）和零。因此而导致的未能分摊的减值损失金额，应当按照相关资产组中其他各项资产的账面价值所占比重进行分摊。

十、总部资产的减值测试

企业总部资产包括企业集团或其事业部的办公楼、电子数据处理设备、研发中心等资产。总部资产的显著特征是难以脱离其他资产或者资产组产生独立的现金流入，而且其账面价值难以完全归属于某一资产组。因此，总部资产通常难以单独进行减值测试，需要结合其他相关资产组或者资产组组合进行。资产组组合，是指由若干个资产组组成的最小资产组组合，包括资产组或者资产组组合，以及按合理方法分摊的总部资产部分。

在资产负债表日，如果有迹象表明某项总部资产可能发生减值的，企业应当计算确定该总部资产所归属的资产组或者资产组组合的可收回金额，然后将其与相应的账面价值相比较，据以判断是否需要确认减值损失。

基于此，企业对某一资产组进行减值测试时，应当先认定所有与该资产组相关的总部资产，再根据相关总部资产能否按照合理和一致的基础分摊至该资产组分别下列情况处理：

（1）对于相关总部资产能够按照合理和一致的基础分摊至该资产组的部分，应当将该部分总部资产的账面价值分摊至该资产组，再据以比较该资产组的账面价值（包括已分摊的总部资产的账面价值部分）和可收回金额，并按照前述有关资产组减值测试的顺序和方法处理。

（2）对于相关总部资产中有部分资产难以按照合理和一致的基础分摊至该资产组的，应当按照下列步骤处理：

首先，在不考虑相关总部资产的情况下，估计和比较资产组的账面价值和可收回金额，并按照前述有关资产组减值测试的顺序和方法处理。

其次，认定由若干个资产组组成的最小的资产组组合，该资产组组合应当包括所测试的资产组与可以按照合理和一致的基础将该部分总部资产的账面价值分摊其上的部分。

最后，比较所认定的资产组组合的账面价值（包括已分摊的总部资产的账面价值部分）和可收回金额，并按照前述有关资产组减值测试的顺序和方法处理。

第八章 负债、职工薪酬和所有者权益

第一节 流动负债和非流动负债

一、应交税费

增值税是以商品（含货物、加工修理修配劳务、服务、无形资产或不动产，以下统称商品）在流转过程中产生的增值额作为计税依据而征收的一种流转税。按照增值税有关规定，企业购入商品支付的增值税（即进项税额），可以从销售商品按规定收取的增值税（即销项税额）中抵扣。我国于 2016 年 5 月 1 日起全面推开"营改增"试点，扩大试点行业范围，将建筑业、房地产业、金融业、生活服务业纳入试点范围。同时，继上一轮增值税转型改革将企业购进机器设备纳入抵扣范围之后，将不动产也纳入抵扣范围，在符合税收法规规定情况下，新增不动产所支付的增值税从销项税额中扣除，不再计入相关资产成本。假定本部分所举例子中确认的收入均符合收入确认条件。

1. 购销业务的会计处理。

增值税一般纳税人发生的应税行为适用一般计税方法计税。在这种方法下，采购等业务进项税额允许抵扣销项税额。在购进阶段，会计处理时实行价与税的分离，属于价款部分，计入购入商品的成本；属于增值税税额部分，按规定计入进项税额。在销售阶段，销售价格中不再含税，如果定价时含税，应还原为不含税价格作为销售收入，向购买方收取的增值税作为销项税额。

一般纳税人应当在"应交税费"科目下设置"应交增值税""未交增值税""预交增值税""待抵扣进项税额"等明细科目进行核算。"应交税费——应交增值税"明细科目下设置"进项税额""销项税额抵减""已交税金""转出未交增值税""减免税款""销项税额""出口退税""进项税额转出""转出多交增值税"等专栏。其中，一般纳税人发生的应税行为适用简易计税方法的，销售商品时应交纳的增值税额在"简易计税"明细科目核算。

2. 小规模纳税人发生的应税行为适用简易计税方法计税。

在购买商品时，小规模纳税人支付的增值税税额均不计入进项税额，不得由销项税额抵扣，应计入相关成本费用。销售商品时按照销售额和增值税征收率计算增值税税额，不得抵扣进项税额。简易计税方法的销售额不包括其应纳税额，纳税人采用销售额和应纳税额合并定价方法的，按照公式"销售额=含税销售额÷（1+征收率）"还原为不含税销售额计算。小规模纳税企业"应交税费——应交增值税"科目，应采用三栏式账户。

3. 视同销售的会计处理。

按照增值税有关规定，对于企业将自产、委托加工或购买的货物分配给股东或投资者；将自产、委托加工的货物用于集体福利或个人消费等时，视同销售货物，需计算交纳增值税。对于税法上某些视同销售的行为，如以自产产品对外投资，从会计角度看属于非货币性资产交换，因此，会计核算遵照非货币性资产交换准则进行会计处理。但是，无论会计上如何处理，只要税法规定需要交纳增值税的，应当计算交纳增值税销项税额，并记入"应交税费——应交增值税"科目中的"销项税额"专栏。

4. 进项税额不予抵扣的情况及抵扣情况发生变化的会计处理。

按照增值税有关规定，一般纳税人购进货物、加工修理修配劳务、服务、无形资产或不动产，用于简易计税方法计税项目、免征增值税项目、集体福利或个人消费等，其进项税额不得从销项税额中抵扣的，应当计入相关成本费用，不通过"应交税费——应交增值税（进项税额）"科目核算。

因发生非正常损失或改变用途等，导致原已计入进项税额但按现行增值税制度规定不得从销项税额中抵扣的，应当将进项税额转出，借记"待处理财产损溢""应付职工薪酬"等科目，贷记"应交税费——应交增值税（进项税额转出）"科目。原不得抵扣且未抵扣进项税额的固定资产、无形资产等，因改变用途等用于允许抵扣进项税额的应税项目的，应当在用途改变的次月调整相关资产账面价值，按允许抵扣的进项税额，借记"应交税费——应交增值税（进项税额）"科目，贷记"固定资产""无形资产"等科目，并按调整后的账面价值计提折旧或者摊销。

5. 差额征税的会计处理。

一般纳税人提供应税服务，按照营业税改征增值税有关规定允许从销售额中扣除其支付给其他单位或个人价款的，在收入采用总额法确认的情况下，减少的销项税额应借记"应交税费——应交增值税（销项税额抵减）"科目，同理，小规模纳税人应借记"应交税费——应交增值税"科目；在收入采用净额法确认的情况下，按照增值税有关规定确定的销售额计算增值税销项税额并记入"应交税费——应交增值税（销项税额）"科目。

6. 转出多交增值税和未交增值税的会计处理。

为了分别反映增值税一般纳税人欠交增值税款和待抵扣增值税的情况，确保企业及时足额上交增值税，避免出现企业用以前月份欠交增值税抵扣以后月份未抵扣的增值税的情况，企业应在"应交税费"科目下设置"未交增值税"明细科目，核算企业月份终了从"应交税费——应交增值税"科目转入的当月未交或多交的增值税；同时，在"应交税费——应交增值税"科目下设置"转出未交增值税"和"转出多交增值税"专栏。月份终了，企业计算出当月应交未交的增值税，借记"应交税费——应交增值税（转出未交增值税）"科目，贷记"应交税费——未交增值税"科目；当月多交的增值税，借记"应交税费——未交增值税"科目，贷记"应交税费——应交增值税（转出多交增值税）"科目。

7. 交纳增值税的会计处理。

企业当月交纳当月的增值税，通过"应交税费——应交增值税（已交税金）"科目核算，借记"应交税费——应交增值税（已交税金）"科目（小规模纳税人应借记"应交税费——应交增值税"科目），贷记"银行存款"科目；当月交纳以前各期未交的增值税，通过"应交税费——未交增值税"科目核算，借记"应交税费——未交增值税"科目，贷记"银行存款"科目。

企业预缴增值税，借记"应交税费——预交增值税"科目，贷记"银行存款"科目。月末，企业应将"预交增值税"明细科目余额转入"未交增值税"明细科目，借记"应交税费——未交增值税"科目，贷记"应交税费——预交增值税"科目。

8. 增值税税控系统专用设备和技术维护费用抵减增值税额的会计处理。

按增值税有关规定，初次购买增值税税控系统专用设备支付的费用以及缴纳的技术维护费允许在增值税应纳税额中全额抵减。企业购入增值税税控系统专用设备，按实际支付或应付的金额，借记"固定资产"科目，贷记"银行存款""应付账款"等科目。按规定抵减的增值税应纳税额，借记"应交税费——应交增值税（减免税款）"科目（小规模纳税人借记"应交税费——应交增值税"科目），贷记"管理费用"科目。

企业发生技术维护费，按实际支付或应付的金额，借记"管理费用"等科目，贷记"银行存款"等科目。按规定抵减的增值税应纳税额，借记"应交税费——应交增值税（减免税款）"科目（小规模纳税人借记"应交税费——应交增值税"科目），贷记"管理费用"等科目。

9. 减免增值税的账务处理。

对于当期直接减免的增值税，借记"应交税费——应交增值税（减免税款）"科目，贷记"其他收益"科目。当期按规定即征即退的增值税，也记入"其他收益"科目。

二、公司债券

企业发行债券时，按实际收到的款项，借记"银行存款""库存现金"等科目，按债券票面价值，贷记"应付债券—面值"科目，按实际收到的款项与票面价值之间的差额，贷记或借记"应付债券—利息调整"科目。

资产负债表日，对于分期付息、一次还本的债券，企业应按应付债券的摊余成本和实际利率计算确定的债券利息费用，借记"在建工程""制造费用""财务费用"等科目，按票面利率计算确定的应付未付利息，贷记"应付利息"科目，按其差额，借记或贷记"应付债券—利息调整"科目。对于一次还本付息的债券，应于资产负债表日按摊余成本和实际利率计算确定的债券利息费用，借记"在建工程""制造费用""财务费用"等科目，按票面利率计算确定的应付未付利息，贷记"应付债券—应计利息"科目，按其差额，借记或贷记"应付债券—利息调整"科目。

采用一次还本付息方式的，企业应于债券到期支付债券本息时，借记"应付债券—面值、应计利息"科目，贷记"银行存款"科目。采用一次还本、分期付息方式的，在每期支付利息时，借记"应付利息"科目，贷记"银行存款"科目；债券到期偿还本金并支付最后一期利息时,借记"应付债券——面值""在建工程""财务费用""制造费用"等科目,贷记"银行存款"科目,按借贷双方之间的差额,借记或贷记"应付债券——利息调整"科目。

第二节 借款费用

一、借款费用的范围

借款费用是企业因借入资金所付出的代价,它包括借款利息费用(包括借款折价或者溢价的摊销和相关辅助费用)以及因外币借款而发生的汇兑差额等。对于企业发生的权益性融资费用,不应包括在借款费用中。承租人根据租赁会计准则所确认的融资费用属于借款费用。

二、借款的范围

借款包括专门借款和一般借款。专门借款是指为购建或者生产符合资本化条件的资产而专门借入的款项。专门借款通常应当有明确的用途,即为购建或者生产某项符合资本化条件的资产而专门借入的,并通常应当具有标明该用途的借款合同。一般借款是指除专门借款之外的借款,相对于专门借款而言,一般借款在借入时,其用途通常没有特指用于符合资本化条件的资产的购建或者生产。

三、符合资本化条件的资产

符合资本化条件的资产是指需要经过相当长时间的购建或者生产活动才能达到预定可使用或者可销售状态的固定资产、投资性房地产和存货等资产。建造合同成本、确认为无形资产的开发支出等在符合条件的情况下,也可以认定为符合资本化条件的资产。

四、借款费用开始资本化的时点

借款费用允许开始资本化必须同时满足三个条件,即资产支出已经发生、借款费用已经发生、为使资产达到预定可使用或者可销售状态所必要的购建或者生产活动已经开始。

1. 资产支出已经发生,是指企业已经发生了支付现金、转移非现金资产或者承担带息债务形式所发生的支出。

2. 借款费用已经发生,是指企业已经发生了因购建或者生产符合资本化条件的资产而专门借入款项的借款费用或者所占用的一般借款的借款费用。

3. 为使资产达到预定可使用或者可销售状态所必要的购建或者生产活动已经开始,是指符合资本化条件的资产的实体建造或者生产工作已经开始,例如主体设备的安装、厂房的实际开工建造等。它不包括仅仅持有资产但没有发生为改变资产形态而进行的实质上的建造或者生产活动。

企业只有在上述三个条件同时满足的情况下，有关借款费用才可开始资本化，只要其中有一个条件没有满足，借款费用就不能开始资本化。

五、借款费用暂停资本化的时间

符合资本化条件的资产在购建或者生产过程中发生非正常中断，且中断时间连续超过3个月的，应当暂停借款费用的资本化。中断的原因必须是非正常中断，属于正常中断的，相关借款费用仍可资本化。在实务中，企业应当遵循"实质重于形式"等原则来判断借款费用暂停资本化的时间，如果相关资产购建或者生产的中断时间较长而且满足其他规定条件的，相关借款费用应当暂停资本化。

六、借款费用停止资本化的时点

购建或者生产符合资本化条件的资产达到预定可使用或者可销售状态时，借款费用应当停止资本化。在符合资本化条件的资产达到预定可使用或者可销售状态之后所发生的借款费用，应当在发生时根据其发生额确认为费用，计入当期损益。购建或者生产符合资本化条件的资产达到预定可使用或者可销售状态，可从下列几个方面进行判断：（1）符合资本化条件的资产的实体建造（包括安装）或者生产工作已经全部完成或者实质上已经完成。（2）所购建或者生产的符合资本化条件的资产与设计要求、合同规定或者生产要求相符或者基本相符，即使有极个别与设计、合同或者生产要求不相符的地方，也不影响其正常使用或者销售。（3）继续发生在所购建或生产的符合资本化条件的资产上的支出金额很少或者几乎不再发生。

所购建或者生产的资产如果分别建造、分别完工的，企业应当区别情况界定借款费用停止资本化的时点。

所购建或者生产的符合资本化条件的资产的各部分分别完工，且每部分在其他部分继续建造或者生产过程中可供使用或者可对外销售，且为使该部分资产达到预定可使用或可销售状态所必要的购建或者生产活动实质上已经完成的，应当停止与该部分资产相关的借款费用的资本化，因为该部分资产已经达到了预定可使用或者可销售状态。

七、借款利息资本化金额的确定

在借款费用资本化期间内，每一会计期间的利息资本化金额，应当按照下列规定确定：

（1）为购建或者生产符合资本化条件的资产而借入专门借款的，应当以专门借款当期实际发生的利息费用，减去将尚未动用的借款资金存入银行取得的利息收入或进行暂时性投资取得的投资收益后的金额确定。

（2）为购建或者生产符合资本化条件的资产而占用了一般借款的，企业应当根据累计资产支出超过专门借款部分的资产支出加权平均数乘以所占用一般借款的资本化率，计算确定一般借款应予资本化的利息金额。资本化率应当根据一般借款加权平均利率计算确定。

(3) 每一会计期间的利息资本化金额,不应当超过当期相关借款实际发生的利息金额。

企业在确定每期利息资本化金额时,应当首先判断符合资本化条件的资产在购建或者生产过程所占用的资金来源,如果所占用的资金是专门借款资金,则应当在资本化期间内,根据每期实际发生的专门借款利息费用,确定应予资本化的金额。在企业将闲置的专门借款资金存入银行取得利息收入或者进行暂时性投资获取投资收益的情况下,企业还应当将这些相关的利息收入或者投资收益从资本化金额中扣除,以如实反映符合资本化条件的资产的实际成本。

企业在购建或者生产符合资本化条件的资产时,如果专门借款资金不足,占用了一般借款资金的,或者企业为购建或者生产符合资本化条件的资产并没有借入专门借款,而占用的都是一般借款资金,则企业应当根据为购建或者生产符合资本化条件的资产而发生的累计资产支出超过专门借款部分的资产支出加权平均数乘以所占用一般借款的资本化率,计算确定一般借款应予资本化的利息金额。资本化率应当根据一般借款加权平均利率计算确定。如果符合资本化条件的资产的购建或者生产没有借入专门借款,则应以累计资产支出加权平均数为基础计算所占用的一般借款利息资本化金额。即企业占用一般借款资金购建或者生产符合资本化条件的资产时,一般借款的借款费用的资本化金额的确定应当与资产支出相挂钩。

八、外币专门借款汇兑差额资本化金额的确定

当企业为购建或者生产符合资本化条件的资产所借入的专门借款为外币借款时,由于企业取得外币借款日、使用外币借款日和会计结算日往往并不一致,而外汇汇率又在随时发生变化,因此,外币借款会产生汇兑差额。相应地,在借款费用资本化期间内,为购建固定资产而专门借入的外币借款所产生的汇兑差额,是购建固定资产的一项代价,应当予以资本化,计入固定资产成本。出于简化核算的考虑,在资本化期间内,外币专门借款本金及其利息的汇兑差额,应当予以资本化,计入符合资本化条件的资产的成本。而除外币专门借款之外的其他外币借款本金及其利息所产生的汇兑差额应当作为财务费用,计入当期损益。

第三节 职工薪酬的确认与计量

企业应当在职工为其提供服务的会计期间,将实际发生的短期薪酬确认为负债,并计入当期损益,其他会计准则要求或允许计入资产成本的除外。

一、货币性短期薪酬

职工的工资、奖金、津贴和补贴,大部分的职工福利费、医疗保险费、工伤保险费和生育保险费等社会保险费,住房公积金、工会经费和职工教育经费一般属于货币性短期薪酬。

企业应当根据职工提供服务情况和工资标准计算应计入职工薪酬的工资总额，按照受益对象计入当期损益或相关资产成本，借记"生产成本""制造费用""管理费用"等科目，贷记"应付职工薪酬"科目。发放时，借记"应付职工薪酬"科目，贷记"银行存款"等科目。企业发生的职工福利费，应当在实际发生时根据实际发生额计入当期损益或相关资产成本。

二、带薪缺勤

企业对各种原因产生的缺勤进行补偿，比如，年休假、病假、短期伤残假、婚假、产假、丧假、探亲假等。带薪缺勤应当分为累积带薪缺勤和非累积带薪缺勤两类。

（一）累积带薪缺勤

累积带薪缺勤，是指带薪权利可以结转下期的带薪缺勤，本期尚未用完的带薪缺勤权利可以在未来期间使用。企业应当在职工提供了服务从而增加了其未来享有的带薪缺勤权利时，确认与累积带薪缺勤相关的职工薪酬，并以累积未行使权利而增加的预期支付金额计量。

有些累积带薪缺勤在职工离开企业时，对未行使的权利职工有权获得现金支付。如果职工在离开企业时能够获得现金支付，企业就应当确认企业必须支付的、职工全部累积未使用权利的金额。企业应当根据资产负债表日因累积未使用权利而导致的预期支付的追加金额，作为累积带薪缺勤费用进行预计。

（二）非累积带薪缺勤

非累积带薪缺勤，是指带薪权利不能结转下期的带薪缺勤，本期尚未用完的带薪缺勤权利将予以取消，并且职工离开企业时也无权获得现金支付。我国企业职工休婚假、产假、丧假、探亲假、病假期间的工资通常属于非累积带薪缺勤。由于职工提供服务本身不能增加其能够享受的福利金额，企业在职工未缺勤时不应当计提相关费用和负债；企业应在职工缺勤时确认职工享有的带薪权利，即视同职工出勤确认的相关资产成本或当期费用。企业应当在缺勤期间计提应付工资时一并处理。

企业应当在职工实际发生缺勤的会计期间确认与非累积带薪缺勤相关的职工薪酬。

三、短期利润分享计划

利润分享计划同时满足下列条件的，企业应当确认相关的应付职工薪酬，并计入当期损益或者相关资产成本：

（1）企业因过去事项导致现在具有支付职工薪酬的法定义务。

（2）因利润分享计划所产生的应付职工薪酬义务能够可靠估计。属于以下三种情形之一的，视为义务金额能够可靠估计：①在财务报告批准报出之前企业已确定应支付的薪酬金额；②该利润分享计划的正式条款中包括确定薪酬金额的方式；③过去的惯例为企业确定推定义务金额提供了明显证据。

四、非货币性福利

企业向职工提供非货币性福利的，应当按照公允价值计量。公允价值不能可靠取得的，可以采用成本计量。

企业向职工提供的非货币性福利，应当分别情况处理：

（一）以自产产品或外购商品发放给职工作为福利

企业以其生产的产品作为非货币性福利提供给职工的，应当按照该产品的公允价值和相关税费，计量应计入成本费用的职工薪酬金额，相关收入的确认、销售成本的结转和相关税费的处理，与正常商品销售相同。以外购商品作为非货币性福利提供给职工的，应当按照该商品的公允价值和相关税费计入成本费用。

需要注意的是，在以自产产品或外购商品发放给职工作为福利的情况下，企业在进行账务处理时，应当先通过"应付职工薪酬"科目归集当期应计入成本费用的非货币性薪酬金额。

（二）向职工提供企业支付了补贴的商品或服务

企业有时以低于企业取得资产或服务成本的价格向职工提供资产或服务，比如以低于成本的价格向职工出售住房、以低于企业支付的价格向职工提供医疗保健服务。以提供包含补贴的住房为例，企业在出售住房等资产时，应当将此类资产的公允价值与其内部售价之间的差额（即相当于企业补贴的金额）分别情况处理：

（1）如果出售住房的合同或协议中规定了职工在购得住房后至少应当提供服务的年限，且如果职工提前离开则应退回部分差价，企业应当将该项差额作为长期待摊费用处理，并在合同或协议规定的服务年限内平均摊销，根据受益对象分别计入相关资产成本或当期损益。

（2）如果出售住房的合同或协议中未规定职工在购得住房后必须服务的年限，企业应当将该项差额直接计入出售住房当期相关资产成本或当期损益。

五、设定提存计划

设定提存计划，是指向独立的基金缴存固定费用后，企业不再承担进一步支付义务的离职后福利计划。

设定提存计划的会计处理比较简单，因为企业在每一期间的义务取决于该期间将要提存的金额。因此，在计量义务或费用时不需要精算假设，通常也不存在精算利得或损失。

企业应在资产负债表日确认为换取职工在会计期间内为企业提供的服务而应付给设定提存计划的提存金，并作为一项费用计入当期损益或相关资产成本。

六、设定受益计划

设定受益计划，是指除设定提存计划以外的离职后福利计划。两者的区分取决于计划的主要条款和条件所包含的经济实质。在设定提存计划下，企业的法定义务是以企业同意向基金的缴存额为限，职工所取得的离职后福利金额取决于向离职后福利计划或保险公司支付的提存金金额，以及提存金所产生的投资回报，从而精算风险（即福利将少于预期）和投资风险（即投资的资产将不足以支付预期的福利）实质上要由职工来承担。在设定受益计划下，企业的义务是为现在及以前的职工提供约定的福利，并且精算风险和投资风险实质上由企业来承担，因此，如果精算或者投资的实际结果比预期差，则企业的义务可能会增加。

当企业通过以下方式负有法定义务时，该计划就是一项设定受益计划：

（1）计划福利公式不仅仅与提存金金额相关，且要求企业在资产不足以满足该公式的福利时提供进一步的提存金；

（2）通过计划间接地或直接地对提存金的特定回报作出担保。

设定受益计划可能是不注入资金的，或者可能全部或部分由企业（有时由其职工）向法律上独立于报告主体的企业或者基金，以缴纳提存金形式注入资金，并由其向职工支付福利。到期时已注资福利的支付不仅取决于基金的财务状况和投资业绩，而且取决于企业补偿基金资产短缺的能力和意愿。企业实质上承担着与计划相关的精算风险和投资风险。因此，设定受益计划所确认的费用并不一定是本期应付的提存金金额。企业如果存在一项或多项设定受益计划的，对于每一项计划应当分别进行会计处理。

设定受益计划的核算涉及四个步骤：

步骤一：确定设定受益义务现值和当期服务成本。

步骤二：确定设定受益计划净负债或净资产。

步骤三：确定应当计入当期损益的金额。

步骤四：确定应当计入其他综合收益的金额。

七、辞退福利的确认与计量

辞退福利包括两方面的内容：一是在职工劳动合同尚未到期前，不论职工本人是否愿意，企业决定解除与职工的劳动关系而给予的补偿；二是在职工劳动合同尚未到期前，为鼓励职工自愿接受裁减而给予的补偿，职工有权利选择继续在职或接受补偿离职。辞退福利还包括当公司控制权发生变动时，对辞退的管理层人员进行补偿的情况。

企业向职工提供辞退福利的，应当在以下两者孰早日确认辞退福利产生的职工薪酬负债，并计入当期损益：

（1）企业不能单方面撤回解除劳动关系计划或裁减建议所提供的辞退福利时。如果企业能够单方面撤回解除劳动关系计划或裁减建议，则表明未来经济利益流出不是很可能，因而不符合负债的确认条件。

（2）企业确认涉及支付辞退福利的重组相关的成本或费用时。

同时存在下列情况时，表明企业承担了重组义务：

①有详细、正式的重组计划，包括重组涉及的业务、主要地点、需要补偿的员工人数及其岗位性质、预计重组支出、计划实施时间等；

②该重组计划已对外公告。

由于被辞退的职工不再为企业带来未来经济利益，因此，对于所有辞退福利，均应当于辞退计划满足负债确认条件的当期一次计入费用，不计入资产成本。

辞退福利的计量因辞退计划中职工有无选择权而有所不同：

（1）对于职工没有选择权的辞退计划，应当根据计划条款规定拟解除劳动关系的职工数量、每一职位的辞退补偿等计提应付职工薪酬。

（2）对于自愿接受裁减的建议，因接受裁减的职工数量不确定，企业应当根据《企业会计准则第13号——或有事项》规定，预计将会接受裁减建议的职工数量，根据预计的职工数量和每一职位的辞退补偿等计提应付职工薪酬。

（3）企业应当按照辞退计划条款的规定，合理预计并确认辞退福利产生的应付职工薪酬。辞退福利预期在其确认的年度报告期间期末后12个月内完全支付的，应当适用短期薪酬的相关规定。

（4）对于辞退福利预期在年度报告期间期末后12个月内不能完全支付的，应当适用关于其他长期职工福利的有关规定。即实质性辞退工作在一年内实施完毕但补偿款项超过一年支付的辞退计划，企业应当选择恰当的折现率，以折现后的金额计量应计入当期损益的辞退福利金额。

八、其他长期职工福利的确认与计量

其他长期职工福利，是指除短期薪酬、离职后福利和辞退福利以外的其他所有职工福利。其他长期职工福利包括以下各项（假设预计在职工提供相关服务的年度报告期末以后12个月内不会全部结算）：长期带薪缺勤，如其他长期服务福利、长期残疾福利、长期利润分享计划和长期奖金计划，以及递延酬劳等。

企业向职工提供的其他长期职工福利，符合设定提存计划条件的，应当按照设定提存计划的有关规定进行会计处理。符合设定受益计划条件的，企业应当按照设定受益计划的有关规定，确认和计量其他长期职工福利净负债或净资产。在报告期末，企业应当将其他长期职工福利产生的职工薪酬成本确认为下列组成部分：

（1）服务成本；
（2）其他长期职工福利净负债或净资产的利息净额；
（3）重新计量其他长期职工福利净负债或净资产所产生的变动。

为了简化相关会计处理，上述项目的总净额应计入当期损益或相关资产成本。

长期残疾福利水平取决于职工提供服务期间长短的，企业应在职工提供服务的期间确认应付长期残疾福利义务，计量时应当考虑长期残疾福利支付的可能性和预期支付的期限；与职工提供服务期间长短无关的，企业应当在导致职工长期残疾的事件发生的当期确认应付长期残疾福利义务。

递延酬劳包括按比例分期支付或者经常性定额支付的递延奖金等。这类福利应当按照奖金计划的福利公式来对费用进行确认，或者按照直线法在相应的服务期间分摊确认。如果一个企业内部为其长期奖金计划或者递延酬劳设立一个账户，则这样的其他长期职工福利不符合设定提存计划的条件。

第四节 或有事项的确认和预计负债计量

一、或有事项的确认

或有事项形成的或有资产只有在企业基本确定能够收到的情况下，才转变为真正的

资产,从而予以确认。与或有事项有关的义务应当在同时符合以下三个条件时确认为负债,作为预计负债进行确认和计量:(1)该义务是企业承担的现时义务;(2)履行该义务很可能导致经济利益流出企业;(3)该义务的金额能够可靠地计量。

二、预计负债的计量

当与或有事项有关的义务符合确认为负债的条件时应当将其确认为预计负债,预计负债应当按照履行相关现时义务所需支出的最佳估计数进行初始计量。此外,企业清偿预计负债所需支出还可能从第三方或其他方获得补偿。因此,或有事项的计量主要涉及两个问题:一是最佳估计数的确定;二是预期可获得补偿的处理。

(一) 最佳估计数的确定

预计负债应当按照履行相关现时义务所需支出的最佳估计数进行初始计量。最佳估计数的确定应当分别两种情况处理:

第一,所需支出存在一个连续范围(或区间,下同),且该范围内各种结果发生的可能性相同,则最佳估计数应当按照该范围内的中间值,即上下限金额的平均数确定。

第二,所需支出不存在一个连续范围,或者虽然存在一个连续范围,但该范围内各种结果发生的可能性不相同,那么,如果或有事项涉及单个项目,最佳估计数按照最可能发生金额确定;如果或有事项涉及多个项目,最佳估计数按照各种可能结果及相关概率计算确定。"涉及单个项目"指或有事项涉及的项目只有一个,如一项未决诉讼、一项未决仲裁或一项债务担保等。"涉及多个项目"指或有事项涉及的项目不止一个,如产品质量保证。在产品质量保证中,提出产品保修要求的可能有许多客户,相应地,企业对这些客户负有保修义务。

(二) 预期可获得补偿的处理

如果企业清偿因或有事项而确认的负债所需支出全部或部分预期由第三方或其他方补偿,则此补偿金额只有在基本确定能收到时,才能作为资产单独确认,确认的补偿金额不能超过所确认负债的账面价值。预期可能获得补偿的情况通常有:发生交通事故等情况时,企业通常可从保险公司获得合理的赔偿;在某些索赔诉讼中,企业可对索赔人或第三方另行提出赔偿要求;在债务担保业务中,企业在履行担保义务的同时,通常可向被担保企业提出追偿要求。

企业预期从第三方获得的补偿,是一种潜在资产,其最终是否真的会转化为企业真正的资产(即企业是否能够收到这项补偿)具有较大的不确定性,企业只能在基本确定能够收到补偿时才能对其进行确认。根据资产和负债不能随意抵销的原则,预期可获得的补偿在基本确定能够收到时应当确认为一项资产,而不能作为预计负债金额的扣减。

(三) 预计负债的计量需要考虑的其他因素

企业在确定最佳估计数时,应当综合考虑与或有事项有关的风险和不确定性、货币时间价值和未来事项等因素。

三、对预计负债账面价值的复核

企业应当在资产负债表日对预计负债的账面价值进行复核。有确凿证据表明该账面价值不能真实反映当前最佳估计数的，应当按照当前最佳估计数对该账面价值进行调整。

例如，某化工企业对环境造成了污染，按照当时的法律规定，只需要对污染进行清理。随着国家对环境保护越来越重视，按照现在的法律规定，该企业不但需要对污染进行清理，还很可能要对居民进行赔偿。这种法律要求的变化，会对企业预计负债的计量产生影响。企业应当在资产负债表日对为此确认的预计负债金额进行复核，相关因素发生变化表明预计负债金额不再能反映真实情况时，需要按照当前情况下企业清理和赔偿支出的最佳估计数对预计负债的账面价值进行相应的调整。

第五节　实收资本和其他权益工具的确认和计量

一、实收资本

（一）实收资本增减变动的会计处理

《中华人民共和国公司登记管理条例》规定，公司增加注册资本的，有限责任公司股东认缴新增资本的出资和股份有限公司的股东认购新股，应当分别依照《公司法》设立有限责任公司缴纳出资和设立股份有限公司缴纳股款的有关规定执行。公司法定公积金转增为注册资本的，留存的该项公积金不少于转增前公司注册资本的25%。公司减少注册资本的，应当自公告之日起45日后申请变更登记，并应当提交公司在报纸上登载公司减少注册资本公告的有关证明和公司债务清偿或者债务担保情况的说明。公司减资后的注册资本不得低于法定的最低限额。

1. 实收资本增加的会计处理。

（1）企业增加资本的一般途径。

企业增加资本的途径一般有三条：一是将资本公积转为实收资本或者股本。会计上应借记"资本公积——资本溢价"或"资本公积——股本溢价"科目，贷记"实收资本"或"股本"科目。二是将盈余公积转为实收资本。会计上应借记"盈余公积"科目，贷记"实收资本"或"股本"科目。这里要注意的是，资本公积和盈余公积均属所有者权益，转为实收资本或者股本时，企业如为独资企业的，核算比较简单，直接结转即可；如为股份有限公司或有限责任公司的，应按原投资者所持股份同比例增加各股东的股权。三是所有者（包括原企业所有者和新投资者）投入。企业接受投资者投入的资本，借记"银行存款""固定资产""无形资产""长期股权投资"等科目，贷记"实收资本"或"股本"等科目。

（2）股份有限公司发放股票股利。

股份有限公司采用发放股票股利实现增资的，在发放股票股利时，按照股东原来持有的股数分配，如股东所持股份按比例分配的股利不足一股时，应采用恰当的方法处理。例如，股东会决议按股票面额的10%发放股票股利时（假定新股发行价格及面额与原股相同），对于所持股票不足10股的股东，将会发生不能领取一股的情况。在这种情况下，有两种方法可供选择：一是将不足一股的股票股利改为现金股利，用现金支付；二是由股东相互转让，凑为整股。股东大会批准的利润分配方案中分配的股票股利，应在办理增资手续后，借记"利润分配"科目，贷记"股本"科目。

（3）可转换公司债券持有人行使转换权利。

可转换公司债券持有人行使转换权利，将其持有的债券转换为股票，按可转换公司债券的余额，借记"应付债券——可转换公司债券（面值、利息调整）"科目，按其权益成分的金额，借记"其他权益工具"科目，按股票面值和转换的股数计算的股票面值总额，贷记"股本"科目，按其差额，贷记"资本公积——股本溢价"科目。

（4）企业将重组债务转为资本。

企业将重组债务转为资本的，应按重组债务的账面余额，借记"应付账款"等科目，按债权人因放弃债权而享有本企业股份的面值总额，贷记"实收资本"或"股本"科目，按股份的公允价值总额与相应的实收资本或股本之间的差额，贷记或借记"资本公积——资本溢价"或"资本公积——股本溢价"科目，按其差额，贷记"投资收益"科目。

（5）以权益结算的股份支付的行权。

以权益结算的股份支付换取职工或其他方提供服务的，应在行权日，按根据实际行权情况确定的金额，借记"资本公积——其他资本公积"科目，按应计入实收资本或股本的金额，贷记"实收资本"或"股本"科目。

2. 实收资本减少的会计处理。

企业实收资本减少的原因大体有两种：一是资本过剩；二是企业发生重大亏损而需要减少实收资本。企业因资本过剩而减资，一般要发还股款。有限责任公司和一般企业发还投资的会计处理比较简单，按法定程序报经批准减少注册资本的，借记"实收资本"科目，贷记"库存现金""银行存款"等科目。

股份有限公司由于采用的是发行股票的方式筹集股本，发还股款时，则要回购发行的股票，发行股票的价格与股票面值可能不同，回购股票的价格也可能与发行价格不同，会计处理较为复杂。股份有限公司因减少注册资本而回购本公司股份的，应按实际支付的金额，借记"库存股"科目，贷记"银行存款"等科目。注销库存股时，应按股票面值和注销股数计算的股票面值总额，借记"股本"科目，按注销库存股的账面余额，贷记"库存股"科目，按其差额，冲减股票发行时原记入资本公积的溢价部分，借记"资本公积——股本溢价"科目，回购价格超过上述冲减"股本"及"资本公积——股本溢价"科目的部分，应依次借记"盈余公积""利润分配——未分配利润"等科目；如回购价格低于回购股份所对应的股本，所注销库存股的账面余额与所冲减股本的差额作为增加股本溢价处理，按回购股份所对应的股本面值，借记"股本"科目，按注销库存股的账面余额，贷记"库存股"科目，按其差额，贷记"资本公积——股本溢价"科目。

二、其他权益工具

（一）其他权益工具会计处理的基本原则

企业发行的金融工具应当按照金融工具准则进行初始确认和计量；其后，于每个资产负债表日计提利息或分派股利，按照相关具体企业会计准则进行处理。即企业应当以所发行金融工具的分类为基础，确定该工具利息支出或股利分配等的会计处理。对于归类为权益工具的金融工具，无论其名称中是否包含"债"，其利息支出或股利分配都应当作为发行企业的利润分配，其回购、注销等作为权益的变动处理；对于归类为金融负债的金融工具，无论其名称中是否包含"股"，其利息支出或股利分配原则上按照借款费用进行处理，其回购或赎回产生的利得或损失等计入当期损益。

企业（发行方）发行金融工具，其发生的手续费、佣金等交易费用，如分类为债务工具且以摊余成本计量的，应当计入所发行工具的初始计量金额；如分类为权益工具的，应当从权益（其他权益工具）中扣除。

（二）科目设置

金融工具发行方应当设置下列会计科目，对发行的金融工具进行会计核算：

（1）发行方对于归类为金融负债的金融工具在"应付债券"科目核算。"应付债券"科目应当按照发行的金融工具种类进行明细核算，并在各类工具中按"面值""利息调整""应计利息"设置明细账，进行明细核算（发行方发行的符合流动负债特征并归类为流动负债的金融工具，以相关流动性质的负债类科目进行核算，本教材在账务处理部分均以"应付债券"科目为例）。

对于需要拆分且形成衍生金融负债或衍生金融资产的，应将拆分的衍生金融负债或衍生金融资产按照其公允价值在"衍生工具"科目核算。对于发行的且嵌入了非紧密相关的衍生金融资产或衍生金融负债的金融工具，如果发行方选择将其整体指定为以公允价值计量且其变动计入当期损益的，则应将发行的金融工具的整体在以公允价值计量且其变动计入当期损益的金融负债等科目中核算。

（2）在所有者权益类科目中设置"其他权益工具"科目，核算企业发行的除普通股以外的归类为权益工具的各种金融工具。"其他权益工具"科目应按发行金融工具的种类等进行明细核算。

（三）主要账务处理

1. 发行方的账务处理。

（1）发行方发行的金融工具归类为债务工具并以摊余成本计量的，应按实际收到的金额，借记"银行存款"等科目，按债务工具的面值，贷记"应付债券——优先股、永续债等（面值）"科目，按其差额，贷记或借记"应付债券——优先股、永续债等（利息调整）"科目。

在该工具存续期间，计提利息并对账面的利息调整进行调整等的会计处理，按照金融工具确认和计量准则中有关金融负债按摊余成本后续计量的规定进行会计处理。

（2）发行方发行的金融工具归类为权益工具的，应按实际收到的金额，借记"银行存款"等科目，贷记"其他权益工具——优先股、永续债等"科目。

分类为权益工具的金融工具，在存续期间分派股利（含分类为权益工具的工具所产生的利息，下同）的，作为利润分配处理。发行方应根据经批准的股利分配方案，按应分配给金融工具持有者的股利金额，借记"利润分配——应付优先股股利、应付永续债利息等"科目，贷记"应付股利——优先股股利、永续债利息等"科目。

（3）发行方发行的金融工具为复合金融工具的，应按实际收到的金额，借记"银行存款"等科目,按金融工具的面值,贷记"应付债券——优先股、永续债(面值)等"科目,按负债成分的公允价值与金融工具面值之间的差额,借记或贷记"应付债券——优先股、永续债等(利息调整)"科目,按实际收到的金额扣除负债成分的公允价值后的金额,贷记"其他权益工具——优先股、永续债等"科目。

发行复合金融工具发生的交易费用,应当在负债成分和权益成分之间按照各自占总发行价款的比例进行分摊。与多项交易相关的共同交易费用,应当在合理的基础上,采用与其他类似交易一致的方法,在各项交易之间进行分摊。

(4)发行的金融工具本身是衍生金融负债或衍生金融资产或者内嵌了衍生金融负债或衍生金融资产的,按照金融工具确认和计量准则中有关衍生工具的规定进行处理。

(5)由于发行的金融工具原合同条款约定的条件或事项随着时间的推移或经济环境的改变而发生变化,导致原归类为权益工具的金融工具重分类为金融负债的,应当于重分类日,按该工具的账面价值,借记"其他权益工具——优先股、永续债等"科目,按该工具的面值,贷记"应付债券——优先股、永续债等(面值)"科目,按该工具的公允价值与面值之间的差额,借记或贷记"应付债券——优先股、永续债等(利息调整)"科目,按该工具的公允价值与账面价值的差额,贷记或借记"资本公积——资本溢价(或股本溢价)"科目,如资本公积不够冲减的,依次冲减盈余公积和未分配利润。发行方以重分类日计算的实际利率作为应付债券后续计量利息调整等的基础。

因发行的金融工具原合同条款约定的条件或事项随着时间的推移或经济环境的改变而发生变化,导致原归类为金融负债的金融工具重分类为权益工具的,应于重分类日,按金融负债的面值,借记"应付债券——优先股、永续债等(面值)"科目,按利息调整余额,借记或贷记"应付债券——优先股、永续债等(利息调整)"科目,按金融负债的账面价值,贷记"其他权益工具——优先股、永续债等"科目。

(6)发行方按合同条款约定赎回所发行的除普通股以外的分类为权益工具的金融工具,按赎回价格,借记"库存股——其他权益工具"科目,贷记"银行存款"等科目;注销所购回的金融工具,按该工具对应的其他权益工具的账面价值,借记"其他权益工具"科目,按该工具的赎回价格,贷记"库存股——其他权益工具"科目,按其差额,借记或贷记"资本公积——资本溢价(或股本溢价)"科目,如资本公积不够冲减的,依次冲减盈余公积和未分配利润。

发行方按合同条款约定赎回所发行的分类为金融负债的金融工具,按该工具赎回日的账面价值,借记"应付债券"等科目,按赎回价格,贷记"银行存款"等科目,按其差额,借记或贷记"财务费用"科目。

(7)发行方按合同条款约定将发行的除普通股以外的金融工具转换为普通股的,按该工具对应的金融负债或其他权益工具的账面价值,借记"应付债券""其他权益工具"等科目,按普通股的面值,贷记"实收资本(或股本)"科目,按其差额,贷记"资本公积——资本溢价(或股本溢价)"科目(如转股时金融工具的账面价值不足转换为1股普通股而以现金或其他金融资产支付的,还需按支付的现金或其他金融资产的金额,贷记"银行存款"等科目)。

2. 投资方的账务处理。

金融工具投资方（持有人）考虑持有的金融工具或其组成部分是权益工具还是债务工具投资时，应当遵循金融工具确认和计量准则的相关要求，通常应当与发行方对金融工具的权益或负债属性的分类保持一致。例如，对于发行方归类为权益工具的非衍生金融工具，投资方通常应当将其归类为权益工具投资。

如果投资方因持有发行方发行的金融工具而对发行方拥有控制、共同控制或重大影响的，按照《企业会计准则第2号——长期股权投资》和《企业会计准则第20号——企业合并》进行确认和计量；投资方需编制合并财务报表的，按照《企业会计准则第33号——合并财务报表》的规定编制合并财务报表。

第六节 资本公积、其他综合收益和留存收益

一、资本公积的确认和计量

资本公积是企业收到投资者的超出其在企业注册资本（或股本）中所占份额的投资，以及某些特定情况下直接计入所有者权益的项目。资本公积包括资本溢价（或股本溢价）和其他资本公积。资本溢价（或股本溢价）是企业收到投资者的超出其在企业注册资本（或股本）中所占份额的投资。形成资本溢价（或股本溢价）的原因有溢价发行股票、投资者超额缴入资本等。资本公积一般应当设置"资本（或股本）溢价""其他资本公积"明细科目核算。

（一）资本溢价或股本溢价的会计处理

1. 资本溢价。

会计上应设置"实收资本"科目，核算企业投资者按照公司章程所规定的出资比例实际缴付的出资额。在企业创立时，出资者认缴的出资额全部记入"实收资本"科目。

在企业重组并有新的投资者加入时，为了维护原有投资者的权益，新加入的投资者的出资额，并不一定全部作为实收资本处理。投资者投入的资本中按其投资比例计算的出资额部分，应记入"实收资本"科目，大于部分应记入"资本公积"科目。

2. 股本溢价。

为提供企业股本总额及其构成和注册资本等信息，在采用与股票面值相同的价格发行股票的情况下，企业发行股票取得的收入，应全部记入"股本"科目；在采用溢价发行股票的情况下，企业发行股票取得的收入，相当于股票面值的部分记入"股本"科目，超出股票面值的溢价收入记入"资本公积"科目。委托证券商代理发行股票而支付的手续费、佣金等，应从溢价发行收入中扣除，企业应按扣除手续费、佣金后的数额记入"资本公积"科目。

（二）其他资本公积的会计处理

其他资本公积，是指除资本溢价（或股本溢价）项目以外所形成的资本公积。

1. 以权益结算的股份支付。

以权益结算的股份支付换取职工或其他方提供服务的,应按照确定的金额,记入"管理费用"等科目,同时增加资本公积(其他资本公积)。在行权日,应按实际行权的权益工具数量计算确定的金额,借记"资本公积——其他资本公积"科目,按计入实收资本或股本的金额,贷记"实收资本"或"股本"科目,并将其差额记入"资本公积——资本溢价"或"资本公积——股本溢价"科目。

2. 采用权益法核算的长期股权投资。

长期股权投资采用权益法核算的,被投资单位除净损益、其他综合收益和利润分配以外的所有者权益的其他变动,投资企业按持股比例计算应享有的份额,应当增加或减少长期股权投资的账面价值,同时增加或减少资本公积(其他资本公积)。当处置采用权益法核算的长期股权投资时,应当将原记入资本公积(其他资本公积)的相关金额转入投资收益(除不能转入损益的项目外)。

(三)资本公积转增资本的会计处理

企业经股东大会或类似机构决议,用资本公积(资本溢价或股本溢价)转增资本时,应冲减资本公积(资本溢价或股本溢价),同时按照转增前的实收资本(或股本)的结构或比例,将转增的金额计入"实收资本"(或"股本")科目下各所有者的明细分类账。

二、其他综合收益的确认与计量

其他综合收益,是指企业根据其他会计准则规定未在当期损益中确认的各项利得和损失。包括以后会计期间不能重分类进损益的其他综合收益和以后会计期间满足规定条件时将重分类进损益的其他综合收益两类。

1. 以后会计期间不能重分类进损益的其他综合收益项目

以后会计期间不能重分类进损益的其他综合收益项目,主要包括:重新计量设定受益计划净负债或净资产导致的变动;企业指定为以公允价值计量且其变动计入当期损益的金融负债,由企业自身信用风险变动引起的公允价值变动而计入其他综合收益的金额;在初始确认时,企业可以将非交易性权益工具指定为以公允价值计量且其变动计入其他综合收益的金融资产,该指定一经作出,不得撤销,即当该类非交易性权益工具终止确认时原计入其他综合收益的公允价值变动损益不得重分类进损益;企业按照权益法核算的在被投资单位以后会计期间不能重分类进损益的其他综合收益中所享有的份额。

2. 以后会计期间满足规定条件时将重分类进损益的其他综合收益项目,主要包括:

(1)符合金融工具准则规定,同时符合两个条件的金融资产应当分类为以公允价值计量且其变动计入其他综合收益:①企业管理该金融资产的业务模式既以收取合同现金流量为目标又以出售该金融资产为目标;②该金融资产的合同条款规定,在特定日期产生的现金流量,仅为对本金和以未偿付本金金额为基础的利息的支付。当该类金融资产终止确认时,之前计入其他综合收益的累计利得或损失应当从其他综合收益中转出,计入当期损益。

(2)按照金融工具准则规定,将以公允价值计量且其变动计入其他综合收益的债务工具投资重分类为以摊余成本计量的金融资产的,或重分类为以公允价值计量且其变动计入当期损益的金融资产的,按规定可以将原计入其他综合收益的利得或损失转入当期损益的部分。

（3）采用权益法核算的长期股权投资。采用权益法核算的长期股权投资，按照被投资单位实现其他综合收益以及持股比例计算应享有或分担的金额，调整长期股权投资的账面价值，同时增加或减少其他综合收益，其会计处理为：借记（或贷记）"长期股权投资——其他综合收益"科目，贷记（或借记）"其他综合收益"科目，待该项股权投资处置时，将原计入其他综合收益的金额转入当期损益。

（4）存货或自用房地产转换为投资性房地产。企业将作为存货的房地产转换为采用公允价值模式计量的投资性房地产时，应当按该项房地产在转换日的公允价值，借记"投资性房地产——成本"科目，原已计提跌价准备的，借记"存货跌价准备"科目，按其账面余额，贷记"开发产品"等科目；同时，转换日的公允价值小于账面价值的，按其差额，借记"公允价值变动损益"科目，转换日的公允价值大于账面价值的，按其差额，贷记"其他综合收益"科目。

企业将自用的建筑物等转换为采用公允价值模式计量的投资性房地产时，应当按该项房地产在转换日的公允价值，借记"投资性房地产——成本"科目，原已计提减值准备的，借记"固定资产减值准备"科目，按已计提的累计折旧等，借记"累计折旧"等科目，按其账面余额，贷记"固定资产"等科目；同时，转换日的公允价值小于账面价值的，按其差额，借记"公允价值变动损益"科目，转换日的公允价值大于账面价值的，按其差额，贷记"其他综合收益"科目。

待该项投资性房地产处置时，因转换计入其他综合收益的部分应转入当期损益。

（5）现金流量套期工具产生的利得或损失中属于有效套期的部分。

（6）外币财务报表折算差额。按照外币折算的要求，企业在处置境外经营的当期，将已列入合并财务报表所有者权益的外币报表折算差额中与该境外经营相关部分，自其他综合收益项目转入处置当期损益。如果是部分处置境外经营，应当按处置的比例计算处置部分的外币报表折算差额，转入处置当期损益。

三、留存收益

（一）盈余公积

根据《公司法》等有关法规的规定，企业当年实现的净利润，一般应当按照如下顺序进行分配：

（1）提取法定公积金。公司制企业的法定公积金按照税后利润的10%的比例提取（非公司制企业也可按照超过10%的比例提取），在计算提取法定盈余公积的基数时，不应包括企业年初未分配利润。公司法定公积金累计额为公司注册资本的50%以上时，可以不再提取法定公积金。

公司的法定公积金不足以弥补以前年度亏损的，在提取法定公积金之前，应当先用当年利润弥补亏损。

（2）提取任意公积金。公司从税后利润中提取法定公积金后，经股东会或者股东大会决议，还可以从税后利润中提取任意公积金。非公司制企业经类似权力机构批准，也可提取任意盈余公积。

（3）向投资者分配利润或股利。公司弥补亏损和提取公积金后所余税后利润，有限责任公司股东按照实缴的出资比例分取红利，但是，全体股东约定不按照出资比例分取红利的除外；股份有限公司按照股东持有的股份比例分配，但股份有限公司章程规定不按持股比例分配的除外。

股东会、股东大会或者董事会违反规定，在公司弥补亏损和提取法定公积金之前向股东分配利润的，股东必须将违反规定分配的利润退还公司。公司持有的本公司股份不得分配利润。

盈余公积是指企业按照规定从净利润中提取的各种积累资金。公司制企业的盈余公积分为法定盈余公积和任意盈余公积。两者的区别就在于其各自计提的依据不同。前者以国家的法律或行政规章为依据提取；后者则由企业自行决定提取。

企业提取盈余公积主要可以用于以下几个方面：（1）弥补亏损。企业发生亏损时，应由企业自行弥补。（2）转增资本。按照《公司法》的规定，法定公积金（指法定盈余公积）转为资本时，所留存的该项公积金不得少于转增前公司注册资本的25%。企业将盈余公积（包括法定盈余公积和任意盈余公积）转增资本时，必须经股东大会决议批准。在实际将盈余公积转增资本时，要按股东原有持股比例结转。（3）扩大企业生产经营。

（二）未分配利润

未分配利润是企业留待以后年度进行分配的结存利润，也是企业所有者权益的组成部分。相对于所有者权益的其他部分来讲，企业对于未分配利润的使用分配有较大的自主权。从数量上来讲，未分配利润是期初未分配利润，加上本期实现的净利润，减去提取的各种盈余公积和分出利润后的余额。

在会计处理上，未分配利润是通过"利润分配"科目进行核算的，"利润分配"科目应当分别"提取法定盈余公积""提取任意盈余公积""应付现金股利或利润""转作股本的股利""盈余公积补亏""未分配利润"等进行明细核算。

第九章 收入、费用和利润

第一节 收入的定义及其分类

收入是指企业在日常活动中形成的、会导致所有者权益增加的、与所有者投入资本无关的经济利益的总流入。其中，日常活动是指企业为完成其经营目标所从事的经常性活动以及与之相关的其他活动。工业企业制造并销售产品、商品流通企业销售商品、咨询公司提供咨询服务、软件公司为客户开发软件、安装公司提供安装服务、建筑企业提供建造服务等，均属于企业的日常活动。企业按照本节确认收入的方式应当反映其向客户转让商品（或提供服务，以下简称转让商品）的模式，收入的金额应当反映企业因转让这些商品（或服务，以下简称商品）而预期有权收取的对价金额。

本章不涉及企业对外出租资产收取的租金、进行债权投资收取的利息、进行股权投资取得的现金股利、保险合同取得的保费收入等。企业以存货换取客户的存货、固定资产、无形资产以及长期股权投资等，按照本节进行会计处理；其他非货币性资产交换，按照非货币性资产交换的规定进行会计处理。企业处置固定资产、无形资产等，在确定处置时点以及计量处置损益时，按照本节的有关规定进行处理。

第二节 收入的确认和计量

收入确认和计量大致分为五步：第一步，识别与客户订立的合同；第二步，识别合同中的单项履约义务；第三步，确定交易价格；第四步，将交易价格分摊至各单项履约义务；第五步，履行各单项履约义务时确认收入。其中，第一步、第二步和第五步主要与收入的确认有关，第三步和第四步主要与收入的计量有关。

一、识别与客户订立的合同

本节所称合同，是指双方或多方之间订立有法律约束力的权利义务的协议，包括书面形式、口头形式以及其他可验证的形式（如隐含于商业惯例或企业以往的习惯做法中等）。

1. 收入确认的原则。

企业应当在履行了合同中的履约义务，即在客户取得相关商品控制权时确认收入。取得相关商品控制权，是指能够主导该商品的使用并从中获得几乎全部的经济利益，也包括有能力阻止其他方主导该商品的使用并从中获得经济利益。取得商品控制权包括以下三个要素：

一是能力，二是主导该商品的使用，三是能够获得几乎全部的经济利益。

2. 合同成立的条件。

企业与客户之间的合同同时满足下列条件的，企业应当在客户取得相关商品控制权时确认收入：（1）合同各方已批准该合同并承诺将履行各自义务；（2）该合同明确了合同各方与所转让的商品相关的权利和义务；（3）该合同有明确的与所转让的商品相关的支付条款；（4）该合同具有商业实质，即履行该合同将改变企业未来现金流量的风险、时间分布或金额；（5）企业因向客户转让商品而有权取得的对价很可能收回。

实务中，企业可能存在一组类似的合同，企业在对该组合同中的每一份合同进行评估时，均认为其合同对价很可能收回，但是根据历史经验，企业预计可能无法收回该组合同的全部对价。在这种情况下，企业应当认为这些合同满足"因向客户转让商品而有权取得的对价很可能收回"这一条件，并以此为基础估计交易价格。与此同时，企业应当考虑这些合同下确认的合同资产或应收款项是否存在减值。

对于不能同时满足上述收入确认的五个条件的合同，企业只有在不再负有向客户转让商品的剩余义务（例如，合同已完成或取消），且已向客户收取的对价（包括全部或部分对价）无须退回时，才能将已收取的对价确认为收入；否则，应当将已收取的对价作为负债进行会计处理。其中，企业向客户收取无须退回的对价的，应当在已经将该部分对价所对应的商品的控制权转移给客户，并且已不再向客户转让额外的商品且不再负有此类义务时，将该部分对价确认为收入；或者，在相关合同已经终止时，将该部分对价确认为收入。

对于在合同开始日即满足上述收入确认条件的合同，企业在后续期间无须对其进行重新评估，除非有迹象表明相关事实和情况发生重大变化。对于不满足上述收入确认条件的合同，企业应当在后续期间对其进行持续评估，以判断其能否满足这些条件。企业如果在合同满足相关条件之前已经向客户转移了部分商品，当该合同在后续期间满足相关条件时，企业应当将在此之前已经转移的商品所分摊的交易价格确认为收入。通常情况下，合同开始日，是指合同开始赋予合同各方具有法律约束力的权利和义务的日期，即合同生效日。

需要说明的是，没有商业实质的非货币性资产交换，无论何时，均不应确认收入。从事相同业务经营的企业之间，为便于向客户或潜在客户销售而进行的非货币性资产交换（例如，两家石油公司之间相互交换石油，以便及时满足各自不同地点客户的需求），不应确认收入。

本节有关企业与客户之间合同的会计处理是以单个合同为基础，为了便于实务操作，企业可以将本节要求应用于具有类似特征的合同组合，前提是企业能够合理预计，在该组合层面或者在该组合中的每一个合同层面应用本节进行会计处理，将不会对企业的财务报表产生显著不同的影响。对于具有类似特征的合同组合，企业也可以在确定退货率、坏账率、合同存续期间等方面运用组合法进行估计。

企业与同一客户（或该客户的关联方）同时订立或在相近时间内先后订立的两份或多份合同，在满足下列条件之一时，应当合并为一份合同进行会计处理：（1）该两份或多份合同基于同一商业目的而订立并构成一揽子交易，如一份合同在不考虑另一份合同的对价的情况下将会发生亏损；（2）该两份或多份合同中的一份合同的对价金额取决于其他合同的定价或履行情况，如一份合同如果发生违约，将会影响另一份合同的对价金额；（3）该两份或多份合同中所承诺的商品（或每份合同中所承诺的部分商品）构成本节后文所述的单项履约义务。两份或多份合同合并为一份合同进行会计处理的，仍然需要区分该一份合同中包含的各单项履约义务。

3. 合同变更。

本节所称合同变更，是指经合同各方同意对原合同范围或价格（或两者）作出的变更。企业应当区分下列三种情形对合同变更分别进行会计处理：

（1）合同变更部分作为单独合同进行会计处理的情形。合同变更增加了可明确区分的商品及合同价款，且新增合同价款反映了新增商品单独售价的，应当将该合同变更作为一份单独的合同进行会计处理。判断新增合同价款是否反映了新增商品的单独售价时，应当考虑为反映该特定合同的具体情况而对新增商品价格所作适当调整。例如，在合同变更时，企业由于无须发生为发展新客户等所须发生的相关销售费用，可能会向客户提供一定的折扣，从而在新增商品单独售价的基础上予以适当调整。

（2）合同变更作为原合同终止及新合同订立进行会计处理的情形。合同变更不属于上述第（1）种情形，且在合同变更日已转让商品与未转让商品之间可明确区分的，应当视为原合同终止，同时，将原合同未履约部分与合同变更部分合并为新合同进行会计处理。新合同的交易价格应当为下列两项金额之和：一是原合同交易价格中尚未确认为收入的部分（包括已从客户收取的金额）；二是合同变更中客户已承诺的对价金额。

（3）合同变更部分作为原合同的组成部分进行会计处理的情形。合同变更不属于上述第（1）种情形，且在合同变更日已转让商品与未转让商品之间不可明确区分的，应当将该合同变更部分作为原合同的组成部分，在合同变更日重新计算履约进度，并调整当期收入和相应成本等。

如果在合同变更日未转让商品为上述第（2）和第（3）种情形的组合，企业应当分别相应按照上述第（2）或第（3）种情形的方式对合同变更后尚未转让（或部分未转让）商品进行会计处理。

企业应当区分交易价格的变动是属于合同变更还是可变对价。

二、识别合同中的单项履约义务

合同开始日，企业应当对合同进行评估，识别该合同所包含的各单项履约义务，并确定各单项履约义务是在某一时段内履行，还是在某一时点履行，然后，在履行了各单项履约义务时分别确认收入。履约义务，是指合同中企业向客户转让可明确区分商品的承诺。企业应当将下列向客户转让商品的承诺作为单项履约义务：

（1）企业向客户转让可明确区分商品（或者商品或服务的组合）的承诺。

（2）企业向客户转让一系列实质相同且转让模式相同的、可明确区分商品的承诺。

三、确定交易价格

交易价格，是指企业因向客户转让商品而预期有权收取的对价金额。企业代第三方收取的款项（例如增值税）以及企业预期将退还给客户的款项，应当作为负债进行会计处理，不计入交易价格。合同标价并不一定代表交易价格，企业应当根据合同条款，并结合以往的习惯做法等确定交易价格。企业在确定交易价格时，应当假定将按照现有合同的约定向客户转让商品，且该合同不会被取消、续约或变更。

（一）可变对价

企业与客户的合同中约定的对价金额可能会因折扣、价格折让、返利、退款、奖励积分、激励措施、业绩奖金、索赔等因素而变化。此外，根据一项或多项或有事项的发生而收取不同对价金额的合同，也属于可变对价的情形。企业在判断合同中是否存在可变对价时，不仅应当考虑合同条款的约定，还应当考虑下列情况：一是根据企业已公开宣布的政策、特定声明或者以往的习惯做法等，客户能够合理预期企业将会接受低于合同约定的对价金额，即企业会以折扣、返利等形式提供价格折让；二是其他相关事实和情况表明企业在与客户签订合同时即意图向客户提供价格折让。合同中存在可变对价的，企业应当对计入交易价格的可变对价进行估计。

（1）可变对价最佳估计数的确定。企业应当按照期望值或最可能发生金额确定可变对价的最佳估计数。企业所选择的方法应当能够更好地预测其有权收取的对价金额，并且对于类似的合同，应当采用相同的方法进行估计。对于某一事项的不确定性对可变对价金额的影响，企业应当在整个合同期间一致地采用同一种方法进行估计。但是，当存在多个不确定性事项均会影响可变对价金额时，企业可以采用不同的方法对其进行估计。期望值是按照各种可能发生的对价金额及相关概率计算确定的金额。如果企业拥有大量具有类似特征的合同，并估计可能产生多个结果时，通常按照期望值估计可变对价金额。最可能发生金额是一系列可能发生的对价金额中最可能发生的单一金额，即合同最可能产生的单一结果。当合同仅有两个可能结果时，通常按照最可能发生金额估计可变对价金额。

（2）计入交易价格的可变对价金额的限制。企业按照期望值或最可能发生金额确定可变对价金额之后，计入交易价格的可变对价金额还应该满足限制条件，即包含可变对价的交易价格，应当不超过在相关不确定性消除时，累计已确认的收入极可能不会发生重大转回的金额。企业在评估是否极可能不会发生重大转回时，应当同时考虑收入转回的可能性及其比重。其中，"极可能"发生的概率应远高于"很可能"（即，可能性超过50%），但不要求达到"基本确定"（即，可能性超过95%），其目的是为了避免因为一些不确定性因素的发生导致之前已经确认的收入发生转回；在评估收入转回金额的比重时，应同时考虑合同中包含的固定对价和可变对价，即可能发生的收入转回金额相对于合同总对价（包括固定对价和可变对价）的比重。企业应当将满足上述限制条件的可变对价的金额，计入交易价格。需要说明的是，将可变对价计入交易价格的限制条件不适用于企业向客户授予知识产权许可并约定按客户实际销售或使用情况收取特许权使用费的情况。

每一资产负债表日，企业应当重新估计应计入交易价格的可变对价金额，包括重新评估将估计的可变对价计入交易价格是否受到限制，以如实反映报告期末存在的情况以及报告期内发生的情况变化。

（二）合同中存在的重大融资成分

当合同各方以在合同中（或者以隐含的方式）约定的付款时间为客户或企业就该交易提供了重大融资利益时，合同中即包含了重大融资成分。例如，企业以赊销的方式销售商品等。合同中存在重大融资成分的，企业应当按照假定客户在取得商品控制权时即以现金支付的应付金额（即，现销价格）确定交易价格。在评估合同中是否存在融资成分以及该融资成分对于该合同而言是否重大时，企业应当考虑所有相关的事实和情况，包括：（1）已承诺的对价金额与已承诺商品的现销价格之间的差额；（2）下列两项的共同影响：一是企业将承诺的商品转让给客户与客户支付相关款项之间的预计时间间隔；二是相关市场的现行利率。

表明企业与客户之间的合同未包含重大融资成分的情形有：一是客户就商品支付了预付款，且可以自行决定这些商品的转让时间（例如，企业向客户出售其发行的储值卡，客户可随时到该企业持卡购物；企业向客户授予奖励积分，客户可随时到该企业兑换这些积分等）；二是客户承诺支付的对价中有相当大的部分是可变的，该对价金额或付款时间取决于某一未来事项是否发生，且该事项实质上不受客户或企业控制（例如，按照实际销量收取的特许权使用费）；三是合同承诺的对价金额与现销价格之间的差额是由于向客户或企业提供融资利益以外的其他原因所导致的，且这一差额与产生该差额的原因是相称的（例如，合同约定的支付条款目的是向企业或客户提供保护，以防止另一方未能依照合同充分履行其部分或全部义务）。

需要说明的是，企业应当在单个合同层面考虑融资成分是否重大，而不应在合同组合层面考虑。合同中存在重大融资成分的，企业在确定该重大融资成分的金额时，应使用将合同对价的名义金额折现为商品的现销价格的折现率。该折现率一经确定，不得因后续市场利率或客户信用风险等情况的变化而变更。企业确定的交易价格与合同承诺的对价金额之间的差额，应当在合同期间内采用实际利率法摊销。

为简化实务操作，如果在合同开始日，企业预计客户取得商品控制权与客户支付价款间隔不超过一年的，可以不考虑合同中存在的重大融资成分。企业应当对类似情形下的类似合同一致地应用这一简化处理方法。

（三）非现金对价

非现金对价包括实物资产、无形资产、股权、客户提供的广告服务等。客户支付非现金对价的，通常情况下，企业应当按照非现金对价在合同开始日的公允价值确定交易价格。非现金对价公允价值不能合理估计的，企业应当参照其承诺向客户转让商品的单独售价间接确定交易价格。

非现金对价的公允价值可能会因对价的形式而发生变动（例如，企业有权向客户收取的对价是股票，股票本身的价格会发生变动），也可能会因为其形式以外的原因而发生变动。合同开始日后，非现金对价的公允价值因对价形式以外的原因而发生变动的，应当作为可变对价，按照与计入交易价格的可变对价金额的限制条件相关的规定进行处理；合同开始日后，非现金对价的公允价值因对价形式而发生变动的，该变动金额不应计入交易价格。

（四）应付客户对价

企业存在应付客户对价的，应当将该应付对价冲减交易价格，但应付客户对价是为了自客户取得其他可明确区分商品的除外。企业应付客户对价是为了向客户取得其他可明确区分商品的，应当采用与企业其他采购相一致的方式确认所购买的商品。企业应付客户对价超过向客户取得可明确区分商品公允价值的，超过金额应当冲减交易价格。向客户取得的可明确区分商品公允价值不能合理估计的，企业应当将应付客户对价全额冲减交易价格。在将应付客户对价冲减交易价格处理时，企业应当在确认相关收入与支付（或承诺支付）客户对价二者孰晚的时点冲减当期收入。

四、将交易价格分摊至各单项履约义务

当合同中包含两项或多项履约义务时，为了使企业分摊至每一单项履约义务的交易价格能够反映其因向客户转让已承诺的相关商品（或提供已承诺的相关服务）而预期有权收取的对价金额，企业应当在合同开始日，按照各单项履约义务所承诺商品的单独售价的相对比例，将交易价格分摊至各单项履约义务。

单独售价，是指企业向客户单独销售商品的价格。企业在类似环境下向类似客户单独销售某商品的价格，应作为确定该商品单独售价的最佳证据。单独售价无法直接观察的，企业应当综合考虑其能够合理取得的全部相关信息，采用市场调整法、成本加成法、余值法等方法合理估计单独售价。

企业在商品近期售价波动幅度巨大，或者因未定价且未曾单独销售而使售价无法可靠确定时，可采用余值法估计其单独售价。

（一）分摊合同折扣

合同折扣，是指合同中各单项履约义务所承诺商品的单独售价之和高于合同交易价格的金额。对于合同折扣，企业应当在各单项履约义务之间按比例分摊。有确凿证据表明合同折扣仅与合同中一项或多项（而非全部）履约义务相关的，企业应当将该合同折扣分摊至相关一项或多项履约义务。

同时满足下列条件时，企业应当将合同折扣全部分摊至合同中的一项或多项（而非全部）履约义务：（1）企业经常将该合同中的各项可明确区分的商品单独销售或者以组合的方式单独销售；（2）企业也经常将其中部分可明确区分的商品以组合的方式按折扣价格单独销售；（3）上述第（2）项中的折扣与该合同中的折扣基本相同，且针对每一组合中的商品的分析为将该合同的全部折扣归属于某一项或多项履约义务提供了可观察的证据。有确凿证据表明合同折扣仅与合同中的一项或多项（而非全部）履约义务相关，且企业采用余值法估计单独售价的，企业应当首先在该一项或多项（而非全部）履约义务之间分摊合同折扣，然后再采用余值法估计单独售价。

（二）分摊可变对价

合同中包含可变对价的，该可变对价可能与整个合同相关，也可能仅与合同中的某一特定组成部分有关，后者包括两种情形：一是可变对价可能与合同中的一项或多项（而非全部）履约义务有关；二是可变对价可能与企业向客户转让的构成单项履约义务的一系列可明确区分商品中的一项或多项（而非全部）商品有关。

同时满足下列条件的，企业应当将可变对价及可变对价的后续变动额全部分摊至与之相关的某项履约义务，或者构成单项履约义务的一系列可明确区分商品中的某项商品：(1)可变对价的条款专门针对企业为履行该项履约义务或转让该项可明确区分商品所作的努力（或者是履行该项履约义务或转让该项可明确区分商品所导致的特定结果）；(2)企业在考虑了合同中的全部履约义务及支付条款后，将合同对价中的可变金额全部分摊至该项履约义务或该项可明确区分商品符合分摊交易价格的目标。对于不满足上述条件的可变对价及可变对价的后续变动额，以及可变对价及其后续变动额中未满足上述条件的剩余部分，企业应当按照分摊交易价格的一般原则，将其分摊至合同中的各单项履约义务。对于已履行的履约义务，其分摊的可变对价后续变动额应当调整变动当期的收入。

（三）交易价格的后续变动

交易价格发生后续变动的，企业应当按照在合同开始日所采用的基础将该后续变动金额分摊至合同中的履约义务。企业不得因合同开始日之后单独售价的变动而重新分摊交易价格。对于合同变更导致的交易价格后续变动，应当按照本节有关合同变更的要求进行会计处理。合同变更之后发生可变对价后续变动的，企业应当区分下列三种情形分别进行会计处理：

1. 合同变更属于本节合同变更第（1）种规定情形的，企业应当判断可变对价后续变动与哪一项合同相关，并按照分摊可变对价的相关规定进行会计处理。

2. 合同变更属于本节合同变更第（2）种规定情形，且可变对价后续变动与合同变更前已承诺可变对价相关的，企业应当首先将该可变对价后续变动额以原合同开始日确定的单独售价为基础进行分摊，然后再将分摊至合同变更日尚未履行履约义务的该可变对价后续变动额以新合同开始日确定的基础进行二次分摊。

3. 合同变更之后发生除上述第（1）和第（2）种情形以外的可变对价后续变动的，企业应当将该可变对价后续变动额分摊至合同变更日尚未履行（或部分未履行）的履约义务。

五、履行每一单项履约义务时确认收入

企业应当在履行了合同中的履约义务，即客户取得相关商品控制权时确认收入。企业应当根据实际情况，首先判断履约义务是否满足在某一时段内履行的条件，如不满足，则该履约义务属于在某一时点履行的履约义务。对于在某一时段内履行的履约义务，企业应当选取恰当的方法来确定履约进度；对于在某一时点履行的履约义务，企业应当综合分析控制权转移的迹象，判断其转移时点。

（一）在某一时段内履行的履约义务的收入确认条件

满足下列条件之一的，属于在某一时段内履行的履约义务，相关收入应当在该履约义务履行的期间内确认：

1. 客户在企业履约的同时即取得并消耗企业履约所带来的经济利益。

企业在履约过程中是持续地向客户转移企业履约所带来的经济利益的，该履约义务属于在某一时段内履行的履约义务，企业应当在履行履约义务的期间内确认收入。企业在进行判断时，可以假定在企业履约的过程中更换为其他企业继续履行剩余履约义务，如果该继续履行合同的企业实质上无须重新执行企业累计至今已经完成的工作，则表明客户在企业履约的同时即取得并消耗了企业履约所带来的经济利益。例如，企业承诺将客户的一批货物从 A 市运送到 B 市，假定该批货物在途经 C 市时，由另外一家运输公司接替企业继续提供该运输服务，由于 A 市到 C 市之间的运输服务是无须重新执行的，因此，表明客户在企业履约的同时即取得并消耗了企业履约所带来的经济利益，所以，企业提供的运输服务属于在某一时段内履行的履约义务。企业在判断其他企业是否实质上无须重新执行企业累计至今已经完成的工作时，应当基于以下两个前提：一是不考虑可能会使企业无法将剩余履约义务转移给其他企业的潜在限制，包括合同限制或实际可行性限制；二是假设继续履行剩余履约义务的其他企业将不会享有企业目前已控制的任何资产的利益，也不会享有剩余履约义务转移后企业仍然控制的任何资产的利益。

2. 客户能够控制企业履约过程中在建的商品。

企业在履约过程中创建的商品包括在产品、在建工程、尚未完成的研发项目、正在进行的服务等，如果客户在企业创建该商品的过程中就能够控制这些商品，应当认为企业提供该商品的履约义务属于在某一时段内履行的履约义务。

3. 企业履约过程中所产出的商品具有不可替代用途，且该企业在整个合同期间内有权就累计至今已完成的履约部分收取款项。

（1）商品具有不可替代用途。在判断商品是否具有不可替代用途时，企业既应当考虑合同限制，也应当考虑实际可行性限制，但无须考虑合同被终止的可能性。企业在判断商品是否具有不可替代用途时，需要注意以下四点：

一是企业应当在合同开始日判断所承诺的商品是否具有不可替代用途。在此之后，除非发生合同变更，且该变更显著改变了原合同约定的履约义务，否则，企业无须重新进行评估。

二是合同中是否存在实质性限制条款，导致企业不能将合同约定的商品用于其他用途。保护性条款在判断商品是否具有可替代用途时不应考虑。

三是是否存在实际可行性限制，例如，虽然合同中没有限制，但是如果企业将合同中约定的商品用作其他用途，将遭受重大的经济损失或发生重大的返工成本，则表明企业将该商品用作其他用途的能力实际上受到了限制。

四是企业应当根据最终转移给客户的商品的特征判断其是否具有不可替代用途。例如，某商品在生产的前期可以满足多种用途需要的，从某一时点或某一流程开始，才进入定制化阶段，此时，企业应当根据该商品在最终转移给客户时的特征来判断其是否满足"具有不可替代用途"的条件。

（2）企业在整个合同期间内有权就累计至今已完成的履约部分收取款项。有权就累计至今已完成的履约部分收取款项，是指在由于客户或其他方原因终止合同的情况下，企业有权就累计至今已完成的履约部分收取能够补偿其已发生成本和合理利润的款项，并且该权利具有法律约束力。需要强调的是，合同终止必须是由于客户或其他方而非企业自身的原因（即由于企业未按照合同承诺履约之外的其他原因）所致，在整个合同期间内的任一时点，企业均应当拥有此项权利。企业在进行判断时，需要注意以下五点：

一是企业有权就累计至今已完成的履约部分收取的款项应当大致相当于累计至今已经转移给客户的商品的售价，即该金额应当能够补偿企业已经发生的成本和合理利润。其中，合理的利润补偿并非一定是该合同的整体毛利水平，以下两种情形都属于合理的利润补偿：①根据合同终止前的履约进度对该合同的毛利水平进行调整后确定的金额作为利润补偿金额；②如果该合同的毛利水平高于企业同类合同的毛利水平，以企业从同类合同中能够获取的合理资本回报或者经营毛利作为利润补偿金额。

二是企业有权就累计至今已完成的履约部分收取款项，并不意味着企业拥有现时可行使的无条件收款权。在合同约定客户在约定的某一时点、重要事项完成的时点或者整个合同完成之后才支付合同价款的情况下，在判断其是否满足本要求时，应当考虑在整个合同期间内的任一时点，假设由于客户或其他方原因导致合同在该重要时点、重要事项完成前或合同完成之前终止时，企业是否有权主张该收款权利，即有权要求客户补偿其截至目前已完成的履约部分应收取的款项。

三是当客户只有在某些特定时点才能要求终止合同，或者根本无权终止合同时终止了合同（包括客户没有按照合同约定履行其义务）时，如果合同条款或法律法规赋予了企业继续执行合同的权利（即企业继续向客户转移合同中承诺的商品并有权要求客户支付对价），则表明企业有权就累计至今已完成的履约部分收取款项。

四是企业在进行相关判断时，不仅要考虑合同条款的约定，还应当充分考虑所处的法律环境（包括适用的法律法规、以往的司法实践以及类似案例的结果等）是否对合同条款形成了补充，或者会凌驾于合同条款之上。例如，在合同没有明确约定的情况下，相关的法律法规等是否支持企业主张相关的收款权利；以往的司法实践是否表明合同中的某些条款没有法律约束力；在以往的类似合同中，企业虽然拥有此类权利，却在考虑了各种因素之后没有行使该权利，这是否会导致企业主张该权利的要求在当前的法律环境下不被支持等。

五是企业和客户在合同中约定的具体付款时间表并不一定意味着，企业有权就累计至今已完成的履约部分收取款项。企业需要进一步评估，合同中约定的付款时间表，是否使企业在整个合同期间内的任一时点，在由于除企业自身未按照合同承诺履约之外的其他原因导致合同终止的情况下，均有权就累计至今已完成的履约部分收取能够补偿其成本和合理利润的款项。

（二）在某一时段内履行的履约义务的收入确认方法

对于在某一时段内履行的履约义务，企业应当在该段时间内按照履约进度确认收入，履约进度不能合理确定的除外。企业应当采用恰当的方法确定履约进度，以使其如实反映企业向客户转让商品的履约情况。企业应当考虑商品的性质，采用产出法或投入法确定恰当的履约进度,并且在确定履约进度时,应当扣除那些控制权尚未转移给客户的商品和服务。

(1)产出法。产出法主要是根据已转移给客户的商品对于客户的价值确定履约进度,主要包括按照实际测量的完工进度、评估已实现的结果、已达到的里程碑、时间进度、已完工或交付的产品等确定履约进度的方法。企业在评估是否采用产出法确定履约进度时,应当考虑所选择的产出指标是否能够如实地反映向客户转移商品的进度。

产出法是按照已完成的产出直接计算履约进度,通常能够客观地反映履约进度。当产出法所需要的信息可能无法直接通过观察获得,企业为获得这些信息需要花费很高的成本时,可能需要采用投入法。

(2)投入法。投入法主要是根据企业履行履约义务的投入确定履约进度,通常可采用投入的材料数量、花费的人工工时或机器工时、发生的成本和时间进度等投入指标确定履约进度。当企业从事的工作或发生的投入是在整个履约期间内平均发生时,按照直线法确认收入是合适的。由于企业的投入与向客户转移商品的控制权之间未必存在直接的对应关系,因此,企业在采用投入法时,应当扣除那些虽然已经发生但是未导致向客户转移商品的投入。实务中,企业通常按照累计实际发生的成本占预计总成本的比例(即成本法)确定履约进度,累计实际发生的成本包括企业向客户转移商品过程中所发生的直接成本和间接成本,如直接人工、直接材料、分包成本以及其他与合同相关的成本。企业在采用成本法确定履约进度时,可能需要对已发生的成本进行适当调整。

①已发生的成本并未反映企业履行其履约义务的进度,如因企业生产效率低下等原因而导致的非正常消耗,包括非正常消耗的直接材料、直接人工及制造费用等,除非企业和客户在订立合同时已经预见会发生这些成本并将其包括在合同价款中。

②已发生的成本与企业履行其履约义务的进度不成比例。如果企业已发生的成本与履约进度不成比例,企业在采用成本法时需要进行适当调整。对于施工中尚未安装、使用或耗用的商品(本段的商品不包含服务)或材料成本等,当企业在合同开始日就能够预期将满足下列所有条件时,企业在采用成本法确定履约进度时不应包括该商品的成本,而是应当按照其成本金额确认收入:一是该商品不构成单项履约义务;二是客户先取得该商品的控制权,之后才接受与之相关的服务;三是该商品的成本占预计总成本的比重较大;四是企业自第三方采购该商品,且未深入参与其设计和制造,对于包含该商品的履约义务而言,企业是主要责任人。

对于每一项履约义务,企业只能采用一种方法来确定其履约进度,并加以一贯运用。对于类似情况下的类似履约义务,企业应当采用相同的方法确定履约进度。

资产负债表日,企业应当在按照合同的交易价格总额乘以履约进度扣除以前会计期间累计已确认的收入后的金额,确认为当期收入。当履约进度不能合理确定时,企业已经发生的成本预计能够得到补偿的,应当按照已经发生的成本金额确认收入,直到履约进度能够合理确定为止。每一资产负债表日,企业应当对履约进度进行重新估计。当客观环境发生变化时,企业也需要重新评估履约进度是否发生变化,以确保履约进度能够反映履约情况的变化,该变化应当作为会计估计变更进行会计处理。对于每一项履约义务,企业只能采用一种方法来确定其履约进度,并加以一贯运用。

（三）在某一时点履行的履约义务

若一项履约义务不属于在某一时段内履行的履约义务，则应当属于在某一时点履行的履约义务。对于在某一时点履行的履约义务，企业应当在客户取得相关商品控制权时点确认收入。在判断客户是否已取得商品控制权时，企业应当考虑下列迹象：

（1）企业就该商品享有现时收款权利，即客户就该商品负有现时付款义务。如果企业就该商品享有现时的收款权利，则可能表明客户已经有能力主导该商品的使用并从中获得几乎全部的经济利益。

（2）企业已将该商品的法定所有权转移给客户，即客户已拥有该商品的法定所有权。客户如果取得了商品的法定所有权，则可能表明其已经有能力主导该商品的使用并从中获得几乎全部的经济利益，或者能够阻止其他企业获得这些经济利益。如果企业仅仅是为了确保到期收回货款而保留商品的法定所有权，那么企业所保留的这项权利通常不会对客户取得对该商品的控制权构成障碍。

（3）企业已将该商品实物转移给客户，即客户已实物占有该商品。客户如果已经实物占有商品，则可能表明其有能力主导该商品的使用并从中获得其几乎全部的经济利益，或者使其他企业无法获得这些利益。需要说明的是，客户占有了某项商品的实物并不意味着其就一定取得了该商品的控制权，反之亦然。例如，采用支付手续费方式的委托代销安排下，虽然企业作为委托方已将商品发送给受托方，但是受托方并未取得该商品的控制权，因此，企业不应在向受托方发货时确认销售商品的收入，而仍然应当根据控制权是否转移来判断何时确认收入，通常应当在受托方售出商品时确认销售商品收入；受托方应当在商品销售后，按合同或协议约定的方法计算确定的手续费确认收入。表明一项安排是委托代销安排的迹象包括但不限于：①在特定事件发生之前（例如，向最终客户出售产品或指定期间到期之前），企业拥有对商品的控制权；②企业能够要求将委托代销的商品退回或者将其销售给其他方（如其他经销商）；③尽管经销商可能被要求向企业支付一定金额的押金，但是其并没有承担对这些商品无条件付款的义务。

实务中，企业有时根据合同已经就销售的商品向客户收款或取得了收款权利，但是，由于客户缺乏足够的仓储空间或生产进度延迟等原因，直到在未来某一时点将该商品交付给客户之前，企业仍然继续持有该商品实物，这种情况通常称为"售后代管商品"安排。此时，企业除了考虑客户是否取得商品控制权的迹象之外，还应当同时满足下列条件，才表明客户取得了该商品的控制权：①该安排必须具有商业实质，例如该安排是应客户的要求而订立的；②属于客户的商品必须能够单独识别，例如将属于客户的商品单独存放在指定地点；③该商品可以随时交付给客户；④企业不能自行使用该商品或将该商品提供给其他客户。企业根据上述条件对尚未发货的商品确认了收入的，还应当考虑是否还承担了其他履约义务，例如向客户提供保管服务等，从而应当将部分交易价格分摊至该其他履约义务。越是通用的、可以和其他商品互相替换的商品，可能越难满足上述条件。

（4）企业已将该商品所有权上的主要风险和报酬转移给客户，即客户已取得该商品所有权上的主要风险和报酬。企业在判断时，不应当考虑保留了除转让商品之外产生其他履约义务的风险的情形。例如，企业将产品销售给客户，并承诺提供后续维护服务，销售产品和维护服务均构成单项履约义务，企业保留的因维护服务而产生的风险并不影响企业有关主要风险和报酬转移的判断。

（5）客户已接受该商品。企业在判断是否已经将商品的控制权转移给客户时，应当考虑客户是否已接受该商品。如果企业能够客观地确定其已经按照合同约定的标准和条件将商品的控制权转移给客户，那么客户验收可能只是一项例行程序，并不会影响企业判断客户取得该商品控制权的时点。实务中，企业应当考虑，在过去执行类似合同的过程中已经积累的经验以及客户验收的结果，以证明其所提供的商品是否能够满足合同约定的具体条件。如果在取得客户验收之前已经确认了收入，企业应当考虑是否还存在剩余的履约义务，例如设备安装、运输等，并且评估是否应当对其单独进行会计处理。相反地，如果企业无法客观地确定其向客户转让商品是否符合合同规定的条件，那么在客户验收之前，企业不能认为已经将该商品的控制权转移给了客户。例如，客户主要基于主观判断进行验收时，在验收完成之前，企业无法确定其商品是否能够满足客户的主观标准，因此，企业应当在客户完成验收接受该商品时才能确认收入。实务中，定制化程度越高的商品，可能越难证明客户验收仅仅是一项例行程序。此外，如果企业将商品发送给客户供其试用或者测评，且客户并未承诺在试用期结束前支付任何对价，则在客户接受该商品或者在试用期结束之前，该商品的控制权并未转移给客户。

（6）其他表明客户已取得商品控制权的迹象。需要强调的是，在上述迹象中，并没有哪一个或哪几个迹象是决定性的，企业应当根据合同条款和交易实质进行分析，综合判断其是否以及何时将商品的控制权转移给客户，从而确定收入确认的时点。此外，企业应当从客户的角度进行评估，而不应当仅考虑企业自身的看法。

第三节 合 同 成 本

一、合同履约成本

企业为履行合同可能会发生各种成本，企业在确认收入的同时应当对这些成本进行分析，属于存货、固定资产、无形资产等规范范围的，应当按照相关章节进行会计处理；不属于其他章节规范范围且同时满足下列条件的，应当作为合同履约成本确认为一项资产：

一是该成本与一份当前或预期取得的合同直接相关。预期取得的合同应当是企业能够明确识别的合同，例如，现有合同续约后的合同、尚未获得批准的特定合同等。与合同直接相关的成本包括直接人工（如，支付给直接为客户提供所承诺服务的人员的工资、奖金等）、直接材料（如，为履行合同耗用的原材料、辅助材料、构配件、零件、半成品的成本和周转材料的摊销及租赁费用等）、制造费用或类似费用（如，与组织和管理生产、施工、服务等活动发生的费用，包括管理人员的职工薪酬、劳动保护费、固定资产折旧费及修理费、物料消耗、取暖费、水电费、办公费、差旅费、财产保险费、工程保修费、排污费、临时设施摊销费等）、明确由客户承担的成本以及仅因该合同而发生的其他成本（如，支付给分包商的成本、机械使用费、设计和技术援助费用、施工现场二次搬运费、生产工具和用具使用费、检验试验费、工程定位复测费、工程点交费用、场地清理费等)。

二是该成本增加了企业未来用于履行(或持续履行)履约义务的资源。

三是该成本预期能够收回。

企业应当在下列支出发生时,将其计入当期损益:(1)管理费用,除非这些费用明确由客户承担。(2)非正常消耗的直接材料、直接人工和制造费用(或类似费用),这些支出为履行合同发生,但未反映在合同价格中。(3)与履约义务中已履行(包括已全部履行或部分履行)部分相关的支出,即该支出与企业过去的履约活动相关。(4)无法在尚未履行的与已履行(或已部分履行)的履约义务之间区分的相关支出。

对于与履行客户合同无关的运输费用,若运输费用属于使存货达到目前场所和状态的必要支出,形成了预期会给企业带来经济利益的资源时,运输费用应当计入存货成本,否则应计入期间费用。对于为履行客户合同而发生的运输费用,属于合同履约成本。若运输活动发生在商品的控制权转移之前,其通常不构成单项履约义务,企业应将相关支出作为与商品销售相关的成本计入合同履约成本,最终计入营业成本。若运输活动发生在商品控制权转移之后,可能构成单项履约义务,企业应在确认运输服务收入的同时,将相关支出计入运输服务成本。

二、合同取得成本

企业为取得合同发生的增量成本预期能够收回的,应当作为合同取得成本确认为一项资产。增量成本,是指企业不取得合同就不会发生的成本,例如销售佣金等。为简化实务操作,该资产摊销期限不超过一年的,可以在发生时计入当期损益。企业采用该简化处理方法的,应当对所有类似合同一致采用。企业为取得合同发生的、除预期能够收回的增量成本之外的其他支出,例如,无论是否取得合同均会发生的差旅费、投标费、为准备投标资料发生的相关费用等,应当在发生时计入当期损益,除非这些支出明确由客户承担。

实务中,涉及合同取得成本的安排可能会比较复杂,例如,合同续约或合同变更时需要支付额外的佣金、企业支付的佣金金额取决于客户未来的履约情况或者取决于累计取得的合同数量或金额等,企业需要运用判断,对发生的合同取得成本进行恰当的会计处理。企业因现有合同续约或发生合同变更需要支付的额外佣金,也属于为取得合同发生的增量成本。

对于在某一时段内履行的履约义务,由于履行义务所产生的商品或服务的控制权在一段时间内持续转移给客户,因此企业实际发生的履约支出仅与已转移给客户的部分相关,并未增加企业用于未来履行履约义务的资源,即不满足资本化条件,应计入当期损益。

三、与合同履约成本和合同取得成本有关的资产的摊销和减值

(一) 摊销

对于确认为资产的合同履约成本和合同取得成本,企业应当采用与该资产相关的商品收入确认相同的基础(即,在履约义务履行的时点或按照履约义务的履约进度)进行

摊销，计入当期损益。

在确定与合同履约成本和合同取得成本有关的资产的摊销期限和方式时，如果该资产与一份预期将要取得的合同（如续约后的合同）相关，则在确定相关摊销期限和方式时，应当考虑该预期将要取得的合同的影响。但是，对于合同取得成本而言，如果合同续约时，企业仍需要支付与取得原合同相当的佣金，这表明取得原合同时支付的佣金与预期将要取得的合同无关，该佣金只能在原合同的期限内进行摊销。企业为合同续约仍需支付的佣金是否与原合同相当，需要根据具体情况进行判断。例如，如果两份合同的佣金按照各自合同金额的相同比例计算，通常表明这两份合同的佣金水平是相当的。

企业应当根据预期向客户转让与上述资产相关的商品的时间，对资产的摊销情况进行复核并更新，以反映该预期时间的重大变化。此类变化应当作为会计估计变更进行会计处理。

（二）减值

合同履约成本和合同取得成本的账面价值高于下列两项的差额的，超出部分应当计提减值准备，并确认为资产减值损失：（1）企业因转让与该资产相关的商品预期能够取得的剩余对价；（2）为转让该相关商品估计将要发生的成本。估计将要发生的成本主要包括直接人工、直接材料、制造费用（或类似费用）、明确由客户承担的成本以及仅因该合同而发生的其他成本（例如，支付给分包商的成本）等。以前期间减值的因素之后发生变化，使得前款（1）减（2）的差额高于该资产账面价值的，应当转回原已计提的资产减值准备，并计入当期损益，但转回后的资产账面价值不应超过假定不计提减值准备情况下该资产在转回日的账面价值。

在确定合同履约成本和合同取得成本的减值损失时，企业应当首先确定其他资产减值损失；然后，按照本节的要求确定合同履约成本和合同取得成本的减值损失。企业按照《企业会计准则第8号——资产减值》测试相关资产组的减值情况时，应当将按照上述规定确定上述资产减值后的新账面价值计入相关资产组的账面价值。

第四节 特定交易的会计处理

一、附有销售退回条款的销售

对于附有销售退回条款的销售，企业应当在客户取得相关商品控制权时，按照因向客户转让商品而预期有权收取的对价金额（即，不包含预期因销售退回将退还的金额）确认收入，按照预期因销售退回将退还的金额确认负债；同时，按照预期将退回商品转让时的账面价值，扣除收回该商品预计发生的成本（包括退回商品的价值减损）后的余额，确认为一项资产，按照所转让商品转让时的账面价值，扣除上述资产成本的净额结转成本。

每一资产负债表日，企业应当重新估计未来销售退回情况，如有变化，应当作为会计估计变更进行会计处理。

二、附有质量保证条款的销售

对于附有质量保证条款的销售,企业应当评估该质量保证是否在向客户保证所销售商品符合既定标准之外提供了一项单独的服务。企业提供额外服务的,应当作为单项履约义务,按照本节进行会计处理;否则,质量保证责任应当按照或有事项的要求进行会计处理。在评估质量保证是否在向客户保证所销售商品符合既定标准之外提供了一项单独的服务时,企业应当考虑该质量保证是否为法定要求、质量保证期限以及企业承诺履行任务的性质等因素。客户能够选择单独购买质量保证的,该质量保证构成单项履约义务。法定要求通常是为了保护客户避免其购买瑕疵或缺陷商品的风险,而并非为客户提供一项单独的质量保证服务。质量保证期限越长,越有可能是单项履约义务。如果企业必须履行某些特定的任务以保证所转让的商品符合既定标准(例如企业负责运输被客户退回的瑕疵商品),则这些特定的任务可能不构成单项履约义务。企业提供的质量保证同时包含上述两类的,应当分别对其进行会计处理,无法合理区分的,应当将这两类质量保证一起作为单项履约义务进行会计处理。

三、主要责任人和代理人

企业应当根据其在向客户转让商品前是否拥有对该商品的控制权,来判断其从事交易时的身份是主要责任人还是代理人。企业在向客户转让商品前能够控制该商品的,该企业为主要责任人,应当按照已收或应收对价总额确认收入;否则,该企业为代理人,应当按照预期有权收取的佣金或手续费的金额确认收入,该金额应当按照已收或应收对价总额扣除应支付给其他相关方的价款后的净额,或者按照既定的佣金金额或比例等确定。企业与客户订立的包含多项可明确区分商品的合同中,企业需要分别判断其在不同履约义务中的身份是主要责任人还是代理人。

当存在第三方参与企业向客户提供商品时,企业向客户转让特定商品之前能够控制该商品,从而应当作为主要责任人的情形包括:一是企业自该第三方取得商品或其他资产控制权后,再转让给客户,此时,企业应当考虑该权利是仅在转让给客户时才产生,还是在转让给客户之前就已经存在,且企业一直能够主导其使用,如果该权利在转让给客户之前并不存在,表明企业实质上并不能在该权利转让给客户之前控制该权利。二是企业能够主导该第三方代表本企业向客户提供服务,说明企业在相关服务提供给客户之前能够控制该相关服务。三是企业自该第三方取得商品控制权后,通过提供重大的服务将该商品与其他商品整合成合同约定的某组合产出转让给客户,此时,企业承诺提供的特定商品就是合同约定的组合产出,企业应首先获得为生产该组合产出所需要的投入的控制权,然后才能够将这些投入加工整合为合同约定的组合产出。

如果企业仅仅是在特定商品的法定所有权转移给客户之前,暂时性地获得该特定商品的法定所有权,这并不意味着企业一定控制了该商品。实务中,企业在判断其在向客户转让特定商品之前是否已经拥有对该商品的控制权时,不应仅局限于合同的法律形式,而应当综合考虑所有相关事实和情况进行判断。这些事实和情况包括:(1)企业承担向客户转让商品的主要责任。(2)企业在转让商品之前或之后承担了该商品的存货风险。

(3)企业有权自主决定所交易商品的价格。(4)其他相关事实和情况。

四、附有客户额外购买选择权的销售

对于附有客户额外购买选择权的销售,企业应当评估该选择权是否向客户提供了一项重大权利。企业提供重大权利的,应当作为单项履约义务,按照本节有关交易价格分摊的要求将交易价格分摊至该履约义务,在客户未来行使购买选择权取得相关商品控制权时,或者该选择权失效时,确认相应的收入。客户额外购买选择权的单独售价无法直接观察的,企业应当综合考虑客户行使和不行使该选择权所能获得的折扣的差异、客户行使该选择权的可能性等全部相关信息后,予以合理估计。

额外购买选择权的情况包括销售激励、客户奖励积分、未来购买商品的折扣券以及合同续约选择权等。对于附有客户额外购买选择权的销售,企业应当评估该选择权是否向客户提供了一项重大权利。如果客户只有在订立了一项合同的前提下才取得了额外购买选择权,并且客户行使该选择权购买额外商品时,能够享受到超过该地区或该市场中其他同类客户所能够享有的折扣,则通常认为该选择权向客户提供了一项重大权利。该选择权向客户提供了重大权利的,应当作为单项履约义务。在考虑授予客户的该项权利是否重大时,应根据其金额和性质综合进行判断。

客户虽然有额外购买商品选择权,但客户行使该选择权购买商品时的价格反映了这些商品单独售价的,不应被视为企业向该客户提供了一项重大权利。为简化实务操作,当客户行使该权利购买的额外商品与原合同下购买的商品类似,且企业将按照原合同条款提供该额外的商品时,例如,企业向客户提供续约选择权,企业可以无须估计该选择权的单独售价,而是直接把其预计将提供的额外商品的数量以及预计将收取的相应对价金额纳入原合同,并进行相应的会计处理。

五、授予知识产权许可

企业向客户授予的知识产权,常见的包括软件和技术、影视和音乐等的版权、特许经营权以及专利权、商标权和其他版权等。企业向客户授予知识产权许可的,应当按照本节要求评估该知识产权许可是否构成单项履约义务。对于不构成单项履约义务的,企业应当将该知识产权许可和其他商品一起作为一项履约义务进行会计处理。授予知识产权许可不构成单项履约义务的情形包括:一是该知识产权许可构成有形商品的组成部分并且对于该商品的正常使用不可或缺,例如,企业向客户销售设备和相关软件,该软件内嵌于设备之中,该设备必须安装了该软件之后才能正常使用;二是客户只有将该知识产权许可和相关服务一起使用才能够从中获益,例如,客户取得授权许可,但是只有通过企业提供的在线服务才能访问相关内容。对于构成单项履约义务的,应当进一步确定其是在某一时段内履行还是在某一时点履行,同时满足下列条件时,应当作为在某一时段内履行的履约义务确认相关收入;否则,应当作为在某一时点履行的履约义务确认相关收入:

(1)合同要求或客户能够合理预期企业将从事对该项知识产权有重大影响的活动。
(2)该活动对客户将产生有利或不利影响。
(3)该活动不会导致向客户转让商品。

企业向客户授予知识产权许可不能同时满足上述条件的，则属于在某一时点履行的履约义务，并在该时点确认收入。在客户能够使用某项知识产权许可并开始从中获益之前，企业不能对此类知识产权许可确认收入。例如，企业授权客户在一定期间内使用软件，但是在企业向客户提供该软件的密钥之前，客户都无法使用该软件，不应确认收入。值得注意的是，在判断某项知识产权许可是属于在某一时段内履行的履约义务还是在某一时点履行的履约义务时，企业不应考虑下列因素：一是该许可在时间、地域或使用方面的限制；二是企业就其拥有的知识产权的有效性以及防止未经授权使用该知识产权许可所提供的保证。

企业向客户授予知识产权许可，并约定按客户实际销售或使用情况收取特许权使用费的，应当在下列两项孰晚的时点确认收入：一是客户后续销售或使用行为实际发生；二是企业履行相关履约义务。这是估计可变对价的例外规定，该例外规定只有在下列两种情形下才能使用：一是特许权使用费仅与知识产权许可相关；二是特许权使用费可能与合同中的知识产权许可和其他商品都相关，但是与知识产权许可相关的部分占有主导地位。企业使用该例外规定时，应当对特许权使用费整体采用该规定，而不应当将特许权使用费进行分拆。如果与授予知识产权许可相关的对价同时包含固定金额和按客户实际销售或使用情况收取的变动金额两部分，则只有后者能采用该例外规定，而前者应当在相关履约义务履行的时点或期间内确认收入。对于不适用该例外规定的特许权使用费，应当按照估计可变对价的一般原则进行处理。

六、售后回购

售后回购，是指企业销售商品的同时承诺或有权选择日后再将该商品（包括相同或几乎相同的商品，或以该商品作为组成部分的商品）购回的销售方式。对于不同类型的售后回购交易，企业应当区分下列两种情形分别进行会计处理：

（1）企业因存在与客户的远期安排而负有回购义务或企业享有回购权利的，表明客户在销售时点并未取得相关商品控制权，企业应当作为租赁交易或融资交易进行相应的会计处理。其中，回购价格低于原售价的，应当视为租赁交易，按照租赁准则进行会计处理；回购价格不低于原售价的，应当视为融资交易，在收到客户款项时确认金融负债，并将该款项和回购价格的差额在回购期间内确认为利息费用等。企业到期未行使回购权利的，应当在该回购权利到期时终止确认金融负债，同时确认收入。

（2）企业负有应客户要求回购商品义务的，应当在合同开始日评估客户是否具有行使该要求权的重大经济动因。客户具有行使该要求权重大经济动因的，企业应当将售后回购作为租赁交易或融资交易，按照上述第（1）种情形进行会计处理；否则，企业应当将其作为附有销售退回条款的销售交易进行会计处理。在判断客户是否具有行权的重大经济动因时，企业应当综合考虑各种相关因素，包括回购价格与预计回购时市场价格之间的比较，以及权利的到期日等。例如，如果回购价格明显高于该资产回购时的市场价值，则表明客户有行权的重大经济动因。

七、客户未行使的权利

企业向客户预收销售商品款项的，应当首先将该款项确认为合同负债，待履行了相关履约义务时再转为收入。当企业预收款项无须退回,且客户可能会放弃其全部或部分合同权利时,例如,放弃储值卡的使用等,企业预期将有权获得与客户所放弃的合同权利相关的金额的,应当按照客户行使合同权利的模式按比例将上述金额确认为收入;否则,企业只有在客户要求其履行剩余履约义务的可能性极低时,才能将上述负债的相关余额转为收入。企业在确定其是否预期将有权获得与客户所放弃的合同权利相关的金额时,应当考虑将估计的可变对价计入交易价格的限制要求。

如果有相关法律规定,企业所收取的与客户未行使权利相关的款项须转交给其他方的(例如,法律规定无人认领的财产需上交政府),企业不应将其确认为收入。

八、无须退回的初始费

企业在合同开始(或接近合同开始)日向客户收取的无须退回的初始费(如俱乐部的入会费等)应当计入交易价格。企业应当评估该初始费是否与向客户转让已承诺的商品相关。该初始费与向客户转让已承诺的商品相关,并且该商品构成单项履约义务的,企业应当在转让该商品时,按照分摊至该商品的交易价格确认收入;该初始费与向客户转让已承诺的商品相关,但该商品不构成单项履约义务的,企业应当在包含该商品的单项履约义务履行时,按照分摊至该单项履约义务的交易价格确认收入;该初始费与向客户转让已承诺的商品不相关的,该初始费应当作为未来将转让商品的预收款,在未来转让该商品时确认为收入。

企业收取了无须退回的初始费且为履行合同应开展初始活动,但这些活动本身并没有向客户转让已承诺的商品的,例如,企业为履行会员健身合同开展了一些行政管理性质的准备工作,该初始费与未来将转让的已承诺商品相关,应当在未来转让该商品时确认为收入,企业在确定履约进度时不应考虑这些初始活动;企业为该初始活动发生的支出应当按照本节合同成本部分的要求确认为一项资产或计入当期损益。

第五节 政府补助

一、政府补助的会计处理

(一)会计处理方法

根据政府补助准则的规定,政府补助同时满足下列条件的,才能予以确认:一是企业能够满足政府补助所附条件;二是企业能够收到政府补助。在计量方面,政府补助为货币性资产的,应当按照收到或应收的金额计量。如果企业已经实际收到补助资金,应当按照实际收到的金额计量;如果资产负债表日企业尚未收到补助资金,但企业在符合了相关政策规定后获得了收款权,且与之相关的经济利益很可能流入企业,企业应当在这项补助成为应收款时按照应收的金额计量。政府补助为非货币性资产的,应当按照公允价值计量;公允价值不能可靠取得的,按照名义金额计量。

政府补助有两种会计处理方法：一是总额法，在确认政府补助时将政府补助全额确认为收益，而不是作为相关资产账面价值或者费用的扣减；二是净额法，将政府补助作为相关资产账面价值或所补偿费用的扣减。根据《企业会计准则——基本准则》的要求，同一企业不同时期发生的相同或者相似的交易或者事项，应当采用一致的会计政策，不得随意变更。确需变更的，应当在附注中说明。企业应当根据经济业务的实质，判断某一类政府补助业务应当采用总额法还是净额法，通常情况下，对同类或类似政府补助业务只能选用一种方法，同时，企业对该业务应当一贯地运用该方法，不得随意变更。

与企业日常活动相关的政府补助，应当按照经济业务实质，计入其他收益或冲减相关成本费用。与企业日常活动无关的政府补助，计入营业外收支。通常情况下，若政府补助补偿的成本费用是营业利润之中的项目，或该补助与日常销售等经营行为密切相关如增值税即征即退等，则认为该政府补助与日常活动相关。企业选择总额法对与日常活动相关的政府补助进行会计处理的，应在"其他收益"科目进行核算。"其他收益"科目核算总额法下与日常活动相关的政府补助，以及其他与日常活动相关且应直接记入本科目的项目。对于总额法下与日常活动相关的政府补助，企业在实际收到或应收时，或者将先确认为"递延收益"的政府补助分摊计入损益时，借记"银行存款""其他应收款""递延收益"等科目，贷记"其他收益"科目。

（二）与资产相关的政府补助

实务中，企业通常先收到补助资金，再按照政府要求将补助资金用于购建固定资产或无形资产等长期资产。企业在收到补助资金时，有两种会计处理方法可供选择：一是总额法，即按照补助资金的金额借记"银行存款"等科目，贷记"递延收益"科目；然后在相关资产使用寿命内按合理、系统的方法分期计入损益。如果企业先收到补助资金，再购建长期资产，则应当在开始对相关资产计提折旧或摊销时开始将递延收益分期计入损益；如果企业先开始购建长期资产，再收到补助资金，则应当在相关资产的剩余使用寿命内按照合理、系统的方法将递延收益分期计入损益。企业对与资产相关的政府补助选择总额法后，为避免出现前后方法不一致的情况，结转递延收益时不得冲减相关成本费用，而是将递延收益分期转入其他收益或营业外收入，借记"递延收益"科目，贷记"其他收益"或"营业外收入"科目。相关资产在使用寿命结束时或结束前被处置（出售、转让、报废等），尚未分摊的递延收益余额应当一次性转入资产处置当期的损益，不再予以递延。二是净额法，将补助冲减相关资产账面价值，企业按照扣减了政府补助后的资产价值对相关资产计提折旧或进行摊销。

实务中存在政府无偿给予企业长期非货币性资产的情况，如无偿给予的土地使用权和天然起源的天然林等。对无偿给予的非货币性资产，企业在收到时，应当按照公允价值借记有关资产科目，贷记"递延收益"科目，在相关资产使用寿命内按合理、系统的方法分期计入损益，借记"递延收益"科目，贷记"其他收益"或"营业外收入"科目。对以名义金额（1元）计量的政府补助，在取得时计入当期损益。

（三）与收益相关的政府补助

对于与收益相关的政府补助，企业应当选择采用总额法或净额法进行会计处理。选择总额法的，应当计入其他收益或营业外收入。选择净额法的，应当冲减相关成本费用或营业外支出。

（1）用于补偿企业以后期间的相关成本费用或损失的，在收到时应当先判断企业能否满足政府补助所附条件。根据政府补助准则的规定，只有满足政府补助确认条件的才能予以确认。客观情况通常表明企业能够满足政府补助所附条件，企业应当将补助确认为递延收益，并在确认相关费用或损失的期间，计入当期损益或冲减相关成本。

（2）用于补偿企业已发生的相关成本费用或损失的，直接计入当期损益或冲减相关成本。这类补助通常与企业已经发生的行为有关，是对企业已发生的成本费用或损失的补偿，或是对企业过去行为的奖励。

（四）政府补助的退回

已计入损益的政府补助需要退回的，应当在需要退回的当期分情况按照以下规定进行会计处理：（1）初始确认时冲减相关资产账面价值的，调整资产账面价值；（2）存在相关递延收益的，冲减相关递延收益账面余额，超出部分计入当期损益；（3）属于其他情况的，直接计入当期损益。此外，对于属于前期差错的政府补助退回，应当按照前期差错更正进行追溯调整。

（五）特定业务的会计处理

1. 综合性项目政府补助。

综合性项目政府补助同时包含与资产相关的政府补助和与收益相关的政府补助，企业需要将其进行分解并分别进行会计处理；难以区分的，企业应当将其整体归类为与收益相关的政府补助进行处理。

2. 政策性优惠贷款贴息。

政策性优惠贷款贴息是政府为支持特定领域或区域发展，根据国家宏观经济形势和政策目标，对承贷企业的银行借款利息给予的补贴。企业取得政策性优惠贷款贴息的，应当区分财政将贴息资金拨付给贷款银行和财政将贴息资金直接拨付给受益企业两种情况，分别进行会计处理。

（1）财政将贴息资金拨付给贷款银行。在财政将贴息资金拨付给贷款银行的情况下，由贷款银行以政策性优惠利率向企业提供贷款。这种方式下，受益企业按照优惠利率向贷款银行支付利息，没有直接从政府取得利息补助，企业可以选择下列方法之一进行会计处理：一是以实际收到的金额作为借款的入账价值，按照借款本金和该政策性优惠利率计算借款费用。通常情况下，实际收到的金额即为借款本金。二是以借款的公允价值作为借款的入账价值并按照实际利率法计算借款费用，实际收到的金额与借款公允价值之间的差额确认为递延收益，递延收益在借款存续期内采用实际利率法摊销，冲减相关借款费用。企业选择了上述两种方法之一后，应当一致地运用，不得随意变更。

在这种情况下，向企业发放贷款的银行并不是受益主体，其仍然按照市场利率收取利息，只是一部分利息来自企业，另一部分利息来自财政贴息。所以金融企业发挥的是中介作用，并不需要确认与贷款相关的递延收益。

（2）财政将贴息资金直接拨付给受益企业。财政将贴息资金直接拨付给受益企业，企业先按照同类贷款市场利率向银行支付利息，财政部门定期与企业结算贴息。在这种方式下，由于企业先按照同类贷款市场利率向银行支付利息，所以实际收到的借款金额通常就是借款的公允价值，企业应当将对应的贴息冲减相关借款费用。

二、政府补助的列报

（一）政府补助在利润表上的列示

计入递延收益的政府补助在资产负债表按流动性将其余额在流动负债的"递延收益"项目单独列示，属于长期负债性质的，在"其他非流动负债"项目列示。

企业应当在利润表中的"营业利润"项目之上单独列报"其他收益"项目，计入其他收益的政府补助在该项目中反映。冲减相关成本费用的政府补助，在相关成本费用项目中反映。与企业日常经营活动无关的政府补助，在利润表的营业外收支项目中列报。

（二）政府补助的附注披露

企业应当在附注中披露与政府补助有关的下列信息：政府补助的种类、金额和列报项目；计入当期损益的政府补助金额；本期退回的政府补助金额及原因。

因政府补助涉及递延收益、其他收益、营业外收入以及成本费用等多个报表项目，为了全面反映政府补助情况，企业应当在附注中单设项目披露政府补助的相关信息。

第六节 期间费用的构成确认和计量

一、管理费用

管理费用是指企业为组织和管理企业生产经营所发生的管理费用，包括企业在筹建期间内发生的开办费、董事会和行政管理部门在企业的经营管理中发生的或者应由企业统一负担的公司经费（包括行政管理部门职工工资及福利费、物料消耗、低值易耗品摊销、办公费和差旅费等）、工会经费、董事会费（包括董事会成员津贴、会议费和差旅费等）、聘请中介机构费、咨询费（含顾问费）、诉讼费、业务招待费、技术转让费、排污费以及行政管理部门等发生的固定资产修理费用、应缴纳的残疾人就业保障金等。

二、销售费用

销售费用是指企业在销售商品和材料、提供劳务的过程中发生的各种费用，包括企业在销售商品过程中发生的保险费、包装费、展览费和广告费、商品维修费、装卸费等，以及为销售本企业商品而专设的销售机构（含销售网点、售后服务网点等）的职工薪酬、业务费、折旧费、固定资产修理费用等费用。不包括构成合同履约成本从而应当计入主营业务成本的情形。

企业（金融）应将"销售费用"科目改为"业务及管理费"科目，核算企业（金融）在业务经营和管理过程中所发生的各项费用，包括折旧费、业务宣传费、业务招待费、电子设备运转费、钞币运送费、安全防范费、邮电费、劳动保护费、外事费、印刷费、低值易耗品摊销、职工工资及福利费、差旅费、水电费、职工教育经费、工会经费、会议费、诉讼费、公证费、咨询费、无形资产摊销、长期待摊费用摊销、取暖降温费、聘请中介机构费、技术转让费、绿化费、董事会费、财产保险费、劳动保险费、待业保险费、住房公积金、物业管理费、提取保险保障基金等。

三、研发费用

研发费用是指企业进行研究与开发过程中发生的费用化支出，以及计入管理费用的自行开发无形资产的摊销金额。包括"管理费用"科目下的"研究费用"明细科目的当期发生额，以及"管理费用"科目下的"无形资产摊销"明细科目中属于开发费用资本化金额在当期的摊销额。

四、财务费用

财务费用是指企业为筹集生产经营所需资金等而发生的应予费用化的筹资费用，包括利息支出（减利息收入）、汇兑损益等。

第七节 利 润

一、利润的构成

企业作为独立的经济实体，应当以自己的经营收入抵补其成本费用，并且实现盈利。企业盈利的大小在很大程度上反映企业生产经营的经济效益，表明企业在每一会计期间的最终经营成果。

利润是指企业在一定会计期间的经营成果。利润包括收入减去费用后的净额、直接计入当期利润的利得和损失等。

直接计入当期利润的利得和损失，是指应当计入当期损益、会导致所有者权益发生增减变动的、与所有者投入资本或者向所有者分配利润无关的利得或者损失。

（一）营业利润

营业利润＝营业收入－营业成本－税金及附加－销售费用－管理费用－研发费用
　　　　　－财务费用＋其他收益＋投资收益（－投资损失）＋净敞口套期收益
　　　　　（－净敞口套期损失）＋公允价值变动收益（－公允价值变动损失）
　　　　　－信用减值损失－资产减值损失＋资产处置收益（－资产处置损失）

其中，营业收入是指企业经营业务所实现的收入总额，包括主营业务收入和其他业务收入。营业成本是指企业经营业务所发生的实际成本总额，包括主营业务成本和其他业务成本。资产减值损失是指企业计提各项资产减值准备所形成的损失。信用减值损失反映企业计提的各项金融工具信用减值准备所确认的信用损失。公允价值变动收益（或损失）是指企业交易性金融资产等公允价值变动形成的应计入当期损益的利得（或损失）。投资收益（或损失）是指企业以各种方式对外投资所取得的收益（或发生的损失）。

（二）利润总额

利润总额 = 营业利润 + 营业外收入 - 营业外支出

其中，营业外收入（或支出）是指企业发生的与日常活动无直接关系的各项利得（或损失）。

（三）净利润

净利润 = 利润总额 - 所得税费用

其中，所得税费用是指企业确认的应从当期利润总额中扣除的所得税费用。

二、营业外收支的会计处理

营业外收支是指企业发生的与日常活动无直接关系的各项收支。营业外收支虽然与企业生产经营活动没有多大的关系，但从企业主体来考虑，同样带来收益或形成企业的损失，也是增加或减少利润的因素，对企业的利润总额及净利润产生较大的影响。

（一）营业外收入

营业外收入是指企业发生的营业利润以外的收益。在会计处理上，应当严格区分营业外收入与营业收入的界限。营业外收入主要包括：非流动资产毁损报废利得、与企业日常活动无关的政府补助、盘盈利得、捐赠利得等。

企业应当通过"营业外收入"科目，核算营业外收入的取得和结转情况。该科目可按营业外收入项目进行明细核算。期末，应将该科目余额转入"本年利润"科目，结转后该科目无余额。

（二）营业外支出

营业外支出是指企业发生的营业利润以外的支出，主要包括：非流动资产毁损报废损失、公益性捐赠支出、非常损失、盘亏损失、企业未按规定缴纳残疾人就业保障金缴纳的滞纳金等。

企业应通过"营业外支出"科目，核算营业外支出的发生及结转情况。该科目可按营业外支出项目进行明细核算。期末，应将该科目余额转入"本年利润"科目，结转后该科目无余额。

三、本年利润的会计处理

企业应设置"本年利润"科目，核算企业当期实现的净利润（或发生的净亏损）。

企业期（月）末结转利润时，应将各损益类科目的金额转入本科目，结平各损益类科目。结转后本科目的贷方余额为当期实现的净利润；借方余额为当期发生的净亏损。

年度终了，应将本年收入利得和费用、损失相抵后结出的本年实现的净利润，转入"利润分配"科目，借记本科目，贷记"利润分配——未分配利润"科目；如为净亏损作相反的会计分录。结转后本科目应无余额。

四、综合收益总额

净利润加上其他综合收益的税后净额为综合收益总额。

第十章 非货币性资产交换和债务重组

第一节 非货币性资产交换的确认和计量

一、非货币性资产交换的确认原则

企业应当分别按照下列原则对非货币性资产交换中的换入资产进行确认，对换出资产终止确认：对于换入资产，应当在其符合资产定义并满足资产确认条件时予以确认；对于换出资产，应当在其满足资产终止确认条件时终止确认。例如，某企业在非货币性资产交换中的换入资产或换出资产均为固定资产，按照《企业会计准则第4号——固定资产》和《企业会计准则第14号——收入》的规定，换入的固定资产应当在与该固定资产有关的经济利益很可能流入企业，且成本能够可靠地计量时确认；换出的固定资产应当以换入企业取得该固定资产控制权时点作为处置时点终止确认。

非货币性资产交换中的资产应当符合资产的定义并满足资产的确认条件，且作为资产列报于企业的资产负债表上。因此，通常情况下，换入资产的确认时点与换出资产的终止确认时点应当相同或相近。实务中，由于资产控制权转移所必须的运输或转移程序等方面印原因（如资产运输至对方地点所需的合理运输时间、办理股权或房产过户手续等），可能导致换入资产满足确认条件的时点与换出资产满足终止确认条件的时点存在短暂不一致，企业可以按照重要性原则，在换入资产满足确认条件和换出资产满足终止确认条件孰晚的时点进行会计处理。在换入资产的确认时点与换出资产的终止确认时点存在不一致的情形下，在资产负债表日，企业应当按照下列原则进行会计处理：换入资产满足资产确认条件，换出资产尚未满足终止确认条件的，在确认换入资产的同时将交付换出资产的义务确认为一项负债，如其他应付款；换入资产尚未满足资产确认条件，换出资产满足终止确认条件的，在终止确认换出资产的同时将取得换入资产的权利确认为一项资产，如其他应收款。

二、非货币性资产交换的计量原则

在非货币性资产交换的情况下，不论是一项资产换入一项资产、一项资产换入多项资产、多项资产换入一项资产，还是多项资产换入多项资产，非货币性资产交换准则规定了换入资产成本的计量基础和交换所产生损益的确认原则。

（一）以公允价值为基础计量

非货币性资产交换同时满足下列两个条件的，应当以公允价值和应支付的相关税费作为换入资产的成本，公允价值与换出资产账面价值的差额计入当期损益：

（1）该项交换具有商业实质；

（2）换入资产或换出资产的公允价值能够可靠地计量。

换入资产和换出资产公允价值均能够可靠计量的，应当以换出资产公允价值作为确定换入资产成本的基础，一般来说，取得资产的成本应当按照所放弃资产的对价来确定，在非货币性资产交换中，换出资产就是放弃的对价，如果其公允价值能够可靠确定，应当优先考虑按照换出资产的公允价值作为确定换入资产成本的基础；如果有确凿证据表明换入资产的公允价值更加可靠的，应当以换入资产公允价值为基础确定换入资产的成本。

对于非货币资产交换中换入资产和换出资产的公允价值均能够可靠计量的情形，企业在判断是否有确凿证据表明换入资产的公允价值更加可靠时，应当考虑确定公允价值所使用的输入值层次，企业可以参考以下情况：第一层次输入值为公允价值提供了最可靠的证据，第二层次直接或间接可观察的输入值比第三层次不可观察输入值为公允价值提供更确凿的证据。实务中，在考虑了补价因素的调整后，正常交易中换入资产的公允价值和换出资产的公允价值通常是一致的。

（二）以账面价值为基础计量

不具有商业实质或交换涉及资产的公允价值均不能可靠计量的非货币性资产交换，应当按照换出资产的账面价值和应支付的相关税费，作为换入资产的成本，无论是否支付补价，均不确认损益；收到或支付的补价作为确定换入资产成本的调整因素。

三、商业实质的判断

非货币性资产交换具有商业实质，是能够以公允价值为基础计量的重要条件之一。在确定资产交换是否具有商业实质时，企业应当重点考虑由于发生了该项资产交换预期使企业未来现金流量发生变动的程度，通过比较换出资产和换入资产预计产生的未来现金流量或其现值，确定非货币性资产交换是否具有商业实质。只有当换出资产和换入资产预计未来现金流量或其现值两者之间的差额较大时，才能表明交易的发生使企业经济状况发生了明显改变，非货币性资产交换因而具有商业实质。

（一）判断条件

企业发生的非货币性资产交换，满足下列条件之一的，视为具有商业实质。

1. 换入资产的未来现金流量在风险、时间分布或金额方面与换出资产显著不同。

企业应当对比考虑换入资产与换出资产的未来现金流量在风险、时间分布或金额的三个方面，对非货币性资产交换是否具有商业实质进行综合判断。通常情况下，只要换入资产和换出资产的未来现金流量在其中某个方面存在显著不同，即表明满足商业实质的判断条件。

例如，某企业以对联营企业的投资换入一项设备，对联营企业的投资与设备两者产生现金流量的时间相差较大，则可以判断上述对联营企业投资与固定资产的未来现金流量显著不同，因而该两项资产的交换具有商业实质。又如，A企业以其用于经营出租的一幢公寓楼，与B企业同样用于经营出租的一幢公寓楼进行交换，两幢公寓楼的租期、每期租金总额均相同，但是A企业是租给一家财务及信用状况良好的企业（该企业租用该公寓是给其单身职工居住），B企业的客户则都是单个租户，相比较而言，A企业取得租金的风险较小，B企业由于租给散户，租金的取得依赖于各单个租户的财务和信用状况。因此，两者现金流量流入的风险或不确定性程度存在明显差异，则两幢公寓楼的未来现金流量显著不同，进而可判断该两项资产的交换具有商业实质。

2. 使用换入资产所产生的预计未来现金流量现值与继续使用换出资产所产生的预计未来现金流量现值不同，且其差额与换入资产和换出资产的公允价值相比是重大的。

企业如按照上述第一个条件难以判断某项非货币性资产交换是否具有商业实质，即可根据第二个条件，通过计算换入资产和换出资产的预计未来现金流量现值，进行比较后判断。资产预计未来现金流量现值，应当按照资产在持续使用过程和最终处置时预计产生的税后未来现金流量（使用企业自身的所得税税率），根据企业自身而不是市场参与者对资产特定风险的评价，选择恰当的折现率对预计未来现金流量折现后的金额加以确定，以体现资产对企业自身的特定价值。

从市场参与者的角度分析，换入资产和换出资产预计未来现金流量在风险、时间分布或金额方面可能相同或相似，但是，鉴于换入资产的性质和换入企业经营活动的特征等因素，换入资产与换入企业其他现有资产相结合，能够比换出资产产生更大的作用，使换入企业受该换入资产影响的经营活动部分产生的现金流量，与换出资产明显不同，即换入资产对换入企业的使用价值与换出资产对该企业的使用价值明显不同，使换入资产预计未来现金流量现值与换出资产发生明显差异，则表明该两项资产的交换具有商业实质。

（二）交换涉及的资产类别与商业实质的关系

企业在判断非货币性资产交换是否具有商业实质时，还可以从资产是否属于同一类别进行分析，因为不同类非货币性资产因其产生经济利益的方式不同，一般来说其产生的未来现金流量风险、时间分布或金额也不相同，因而不同类非货币性资产之间的交换是否具有商业实质，通常较易判断。不同类非货币性资产是指在资产负债表中列示为不同报表项目的资产。

同类非货币性资产交换是否具有商业实质，通常较难判断，需要根据上述两项判断条件综合判断。企业应当重点关注的是换入资产和换出资产为同类资产的情况，同类资产产生的未来现金流量既可能相同，也可能显著不同，其之间的交换因而可能具有商业实质，也可能不具有商业实质。比如，A企业将自己拥有的一幢建筑物，与B企业拥有的在同一地点的另一幢建筑物相交换，两幢建筑物的建造时间、建造成本等均相同，但两者未来现金流量的风险、时间分布或金额可能不同。

第二节　非货币性资产交换的会计处理

一、以公允价值为基础计量的会计处理

非货币性资产交换具有商业实质且公允价值能够可靠计量的，应当以换出资产的公允价值和应支付的相关税费作为换入资产的成本，除非有确凿证据表明换入资产的公允

价值比换出资产公允价值更加可靠。其中，计入换入资产的应支付的相关税费应当符合相关会计准则对资产初始计量成本的规定。例如，换入资产为存货的，包括相关税费、使该资产达到目前场所和状态所发生的运输费、装卸费、保险费以及可归属于该资产的其他成本；换入资产为固定资产的，包括相关税费、使该资产达到预定可使用状态前所发生的可归属于该资产的运输费、装卸费、安装费和专业人员服务费等。

在以公允价值为基础计量的情况下，不论是否涉及补价，只要换出资产的公允价值与其账面价值不相同，就一定会涉及损益的确认，因为换出资产公允价值与换出资产账面价值的差额，通常是通过非货币性资产交换予以实现。

企业应当在换出资产终止确认时，将换出资产的公允价值与其账面价值之间的差额计入当期损益。换出资产的公允价值不能够可靠计量，或换入资产和换出资产的公允价值均能够可靠计量但有确凿证据表明换入资产的公允价值更加可靠的，应当在终止确认时，将换入资产的公允价值与换出资产账面价值之间的差额计入当期损益。

非货币性资产交换的会计处理，视换出资产的类别不同而有所区别：

（1）换出资产为固定资产、在建工程、生产性生物资产、无形资产的，换出资产公允价值和换出资产账面价值的差额，计入资产处置损益。

（2）换出资产为长期股权投资的，换出资产公允价值和换出资产账面价值的差额，计入投资收益。

（3）换出资产为投资性房地产的，按换出资产公允价值或换入资产公允价值确认其他业务收入，按换出资产账面价值结转其他业务成本，二者之间的差额计入当期损益。

换入资产与换出资产涉及相关税费的，按照相关税收规定计算确定。

在以公允价值为基础确定换入资产成本的情况下，发生补价的，支付补价方和收到补价方应当分别情况处理：

1. 支付补价方。

（1）以换出资产的公允价值为基础计量的，应当以换出资产的公允价值，加上支付补价的公允价值和应支付的相关税费，作为换入资产的成本，换出资产的公允价值与其账面价值之间的差额计入当期损益。（2）有确凿证据表明换入资产的公允价值更加可靠的，即以换入资产的公允价值为基础计量的，应当以换入资产的公允价值和应支付的相关税费作为换入资产的初始计量金额，换入资产的公允价值减去支付补价的公允价值，与换出资产账面价值之间的差额计入当期损益。

2. 收到补价方。

（1）以换出资产的公允价值为基础计量的，应当以换出资产的公允价值，减去收到补价的公允价值，加上应支付的相关税费，作为换入资产的成本，换出资产的公允价值与其账面价值之间的差额计入当期损益。（2）有确凿证据表明换入资产的公允价值更加可靠的，即以换入资产的公允价值为基础计量的，应当以换入资产的公允价值和应支付的相关税费作为换入资产的初始计量金额，换入资产的公允价值加上收到补价的公允价值，与换出资产账面价值之间的差额计入当期损益。

在涉及补价的情况下，对于支付补价方而言，作为补价的货币性资产构成换入资产所放弃对价的一部分，对于收到补价方而言，作为补价的货币性资产构成换入资产的一部分。

二、以账面价值为基础计量的会计处理

非货币性资产交换不具有商业实质,或者虽然具有商业实质但换入资产和换出资产的公允价值均不能可靠计量的,应当以换出资产账面价值为基础确定换入资产成本,无论是否支付补价,均不确认损益。

(一) 不涉及补价的情况

在以账面价值为基础计量的情况下,对于换入资产,应当以换出资产的账面价值和应支付的相关税费作为换入资产的初始计量金额;对于换出资产,终止确认时不确认损益。

(二) 涉及补价的情况

对于以账面价值为基础计量的非货币性资产交换,涉及补价的,应当将补价作为确定换入资产初始计量金额的调整因素,分别下列情况进行处理:

(1) 支付补价方:应当以换出资产的账面价值,加上支付补价的账面价值和应支付的相关税费,作为换入资产的初始计量金额,不确认损益。

(2) 收到补价方:应当以换出资产的账面价值,减去收到补价的公允价值,加上应支付的相关税费,作为换入资产的初始计量金额,不确认损益。

三、涉及多项非货币性资产交换的会计处理

企业以一项非货币性资产同时换入另一企业的多项非货币性资产,或同时以多项非货币性资产换入另一企业的一项非货币性资产,或以多项非货币性资产同时换入多项非货币性资产,也可能涉及补价。涉及多项资产的非货币性资产交换,企业无法将换出的某一资产与换入的某一特定资产相对应。与单项非货币性资产之间的交换一样,涉及多项资产的非货币性资产交换的计量,企业也应当首先判断是否符合以公允价值计量的两个条件,再分别情况确定各项换入资产的成本。

(一) 以公允价值为基础计量的情况

1. 以换出资产的公允价值为基础计量的。

(1) 对于同时换入的多项资产,由于通常无法将换出资产与换入的某项特定资产相对应,应当按照各项换入资产的公允价值的相对比例(换入资产的公允价值不能够可靠计量的,可以按照换入的金融资产以外的各项资产的原账面价值的相对比例或其他合理的比例),将换出资产公允价值总额(涉及补价的,加上支付补价的公允价值或减去收到补价的公允价值)分摊至各项换入资产,以分摊额和应支付的相关税费作为各项换入资产的成本进行初始计量。需要说明的是,如果同时换入的多项非货币性资产中包含由《企业会计准则第22号——金融工具确认和计量》规范的金融资产,应当按照《企业会计准则第22号——金融工具确认和计量》的规定进行会计处理,在确定换入的其他多项资产的初始计量金额时,应当将金融资产公允价值从换出资产公允价值总额中扣除。

(2) 对于同时换出的多项资产,应当将各项换出资产的公允价值与其账面价值之间的差额,在各项换出资产终止确认时计入当期损益。

2. 以换入资产的公允价值为基础计量的。

(1) 对于同时换入的多项资产,应当以各项换入资产的公允价值和应支付的相关税

费作为各项换入资产的初始计量金额。

（2）对于同时换出的多项资产，由于通常无法将换出资产与换入的某项特定资产相对应，应当按照各项换出资产的公允价值的相对比例（换出资产的公允价值不能够可靠计量的，可以按照各项换出资产的账面价值的相对比例），将换入资产的公允价值总额（涉及补价的，减去支付补价的公允价值或加上收到补价的公允价值）分摊至各项换出资产，分摊额与各项换出资产账面价值之间的差额，在各项换出资产终止确认时计入当期损益。需要说明的是，如果同时换出的多项非货币性资产中包含由《企业会计准则第22号——金融工具确认和计量》规范的金融资产，该金融资产应当按照《企业会计准则第22号——金融工具确认和计量》和《企业会计准则第23号——金融资产转移》的规定判断换出的该金融资产是否满足终止确认条件并进行终止确认的会计处理。在确定其他各项换出资产终止确认的相关损益时，终止确认的金融资产公允价值应当从换入资产公允价值总额中扣除。

（二）以账面价值为基础计量的情况

对于以账面价值为基础计量的非货币性资产交换，如涉及换入多项资产或换出多项资产，或者同时换入和换出多项资产的，应当分别对换入的多项资产、换出的多项资产进行会计处理。

（1）对于换入的多项资产，由于通常无法将换出资产与换入的某项特定资产相对应，应当按照各项换入资产的公允价值的相对比例（换入资产的公允价值不能够可靠计量的，也可以按照各项换入资产的原账面价值的相对比例或其他合理的比例），将换出资产的账面价值总额（涉及补价的，加上支付补价的账面价值或减去收到补价的公允价值）分摊至各项换入资产，加上应支付的相关税费，作为各项换入资产的初始计量金额。

（2）对于同时换出的多项资产，各项换出资产终止确认时均不确认损益。

第三节 债务重组的会计处理

一、债权和债务的终止确认

债务重组中涉及的债权和债务的终止确认，应当遵循《企业会计准则第22号——金融工具确认和计量》和《企业会计准则第23号——金融资产转移》有关金融资产和金融负债终止确认的规定。债权人在收取债权现金流量的合同权利终止时终止确认债权，债务人在债务的现时义务解除时终止确认债务。

由于债权人与债务人之间进行的债务重组涉及债权和债务的认定，以及清偿方式和期限等的协商，通常需要经历较长时间，例如破产重整中进行的债务重组。只有在符合上述终止确认条件时才能终止确认相关债权和债务，并确认债务重组相关损益。对于在报告期间已经开始协商，但在报告期资产负债表日后的债务重组，不属于资产负债表日后调整事项。

由于债权人与债务人之间进行的债务重组涉及债权和债务的认定,以及清偿方式和期限等的协商,通常需要经历较长时间,例如破产重整中进行的债务重组。因此,债务人只有在符合上述终止确认条件时才能终止确认相关债务,并确认债务重组相关损益。在签署债务重组合同的时点,如果债务的现时义务尚未解除,债务人不能确认债务重组相关损益。

对于终止确认的债权,债权人应当结转已计提的减值准备中对应该债权终止确认部分的金额。对于终止确认的分类为以公允价值计量且其变动计入其他综合收益的债权,之前计入其他综合收益的累计利得或损失应当从其他综合收益中转出,记入"投资收益"科目。

(一) 以资产清偿债务或将债务转为权益工具

对于以资产清偿债务或者将债务转为权益工具方式进行的债务重组,由于债权人在拥有或控制相关资产时,通常其收取债权现金流量的合同权利也同时终止,债权人一般可以终止确认该债权。同样地,由于债务人通过交付资产或权益工具解除了其清偿债务的现时义务,债务人一般可以终止确认该债务。

(二) 修改其他条款

对于债权人,债务重组通过调整债务本金、改变债务利息、变更还款期限等修改合同条款方式进行的,合同修改前后的交易对手方没有发生改变,合同涉及的本金、利息等现金流量很难在本息之间及债务重组前后作出明确分割,即很难单独识别合同的特定可辨认现金流量。因此通常情况下,应当整体考虑是否对全部债权的合同条款作出了实质性修改。如果作出实质性修改,或者债权人与债务人之间签订协议,以获取实质上不同的新金融资产方式替换债权,应当终止确认原债权,并按照修改后的条款或新协议确认新金融资产。

对于债务人,如果对债务或部分债务的合同条款作出"实质性修改"形成重组债务,或者债权人与债务人之间签订协议,以承担"实质上不同"的重组债务方式替换债务,债务人应当终止确认原债务,同时按照修改后的条款确认一项新金融负债。其中,如果重组债务未来现金流量(包括支付和收取的某些费用)现值与原债务的剩余期间现金流量现值之间的差异超过10%,则意味着新的合同条款进行了"实质性修改"或者重组债务是"实质上不同"的,有关现值的计算均采用原债务的实际利率。

(三) 组合方式

对于债权人,与上述"修改其他条款"部分的分析类似,通常情况下应当整体考虑是否终止确认全部债权。由于组合方式涉及多种债务重组方式,一般可以认为对全部债权的合同条款作出了实质性修改,从而终止确认全部债权,并按照修改后的条款确认新金融资产。

对于债务人,组合中以资产清偿债务或者将债务转为权益工具方式进行的债务重组,如果债务人清偿该部分债务的现时义务已经解除,应当终止确认该部分债务。组合中以修改其他条款方式进行的债务重组,需要根据具体情况,判断对应的部分债务是否满足终止确认条件。

二、债权人的会计处理

（一）以资产清偿债务或将债务转为权益工具

债务重组采用以资产清偿债务或者将债务转为权益工具方式进行的，债权人应当在受让的相关资产符合其定义和确认条件时予以确认。

1. 债权人受让金融资产。

债权人受让包括现金在内的单项或多项金融资产的，应当按照《企业会计准则第22号——金融工具确认和计量》的规定进行确认和计量。金融资产初始确认时应当以其公允价值计量，金融资产确认金额与债权终止确认日账面价值之间的差额，记入"投资收益"科目。但是，收取的金融资产的公允价值与交易价格（即放弃债权的公允价值）存在差异的，应当按照《企业会计准则第22号——金融工具确认和计量》第三十四条的规定处理。

2. 债权人受让非金融资产。

债权人初始确认受让的金融资产以外的资产时，应当按照下列原则以成本计量：（1）存货的成本，包括放弃债权的公允价值，以及使该资产达到当前位置和状态所发生的可直接归属于该资产的税金、运输费、装卸费、保险费等其他成本。（2）对联营企业或合营企业投资的成本，包括放弃债权的公允价值，以及可直接归属于该资产的税金等其他成本。（3）投资性房地产的成本，包括放弃债权的公允价值，以及可直接归属于该资产的税金等其他成本。（4）固定资产的成本，包括放弃债权的公允价值，以及使该资产达到预定可使用状态前所发生的可直接归属于该资产的税金、运输费、装卸费、安装费、专业人员服务费等其他成本。确定固定资产成本时，应当考虑预计弃置费用因素。（5）生物资产的成本，包括放弃债权的公允价值，以及可直接归属于该资产的税金、运输费、保险费等其他成本。（6）无形资产的成本，包括放弃债权的公允价值，以及可直接归属于使该资产达到预定用途所发生的税金等其他成本。放弃债权的公允价值与账面价值之间的差额，记入"投资收益"科目。

债权人和债务人以资产清偿债务方式进行债务重组的，债权人初始确认受让非金融资产时，应以放弃债权的公允价值和可直接归属于受让资产的其他成本作为受让资产初始计量成本。如果债权人与债务人间的债务重组是在公平交易的市场环境中达成的交易，放弃债权的公允价值通常与受让资产的公允价值相等，且通常不高于放弃债权的账面余额。

3. 债权人受让多项资产。

债权人受让多项非金融资产，或者包括金融资产、非金融资产在内的多项资产的，应当按照《企业会计准则第22号——金融工具确认和计量》的规定确认和计量受让的金融资产；按照受让的金融资产以外的各项资产在债务重组合同生效日的公允价值比例，对放弃债权在合同生效日的公允价值扣除受让金融资产当日公允价值后的净额进行分配，并以此为基础分别确定各项资产的成本。放弃债权的公允价值与账面价值之间的差额，记入"投资收益"科目。

4. 债权人受让处置组。

债务人以处置组清偿债务的，债权人应当分别按照《企业会计准则第22号——金融工具确认和计量》和其他相关准则的规定，对处置组中的金融资产和负债进行初始计量，然后按照金融资产以外的各项资产在债务重组合同生效日的公允价值比例，对放弃债权在合同生效日的公允价值以及承担的处置组中负债的确认金额之和，扣除受让金融资产当日公允价值后的净额进行分配，并以此为基础分别确定各项资产的成本。放弃债权的公允价值与账面价值之间的差额，记入"投资收益"科目。

5. 债权人将受让的资产或处置组划分为持有待售类别。

债务人以资产或处置组清偿债务，且债权人在取得日未将受让的相关资产或处置组作为非流动资产和非流动负债核算，而是将其划分为持有待售类别的，债权人应当在初始计量时，比较假定其不划分为持有待售类别情况下的初始计量金额和公允价值减去出售费用后的净额，以两者孰低计量。

（二）修改其他条款

债务重组采用以修改其他条款方式进行的，如果修改其他条款导致全部债权终止确认，债权人应当按照修改后的条款以公允价值初始计量新的金融资产，新金融资产的确认金额与债权终止确认日账面价值之间的差额，记入"投资收益"科目。

如果修改其他条款未导致债权终止确认，债权人应当根据其分类，继续以摊余成本、以公允价值计量且其变动计入其他综合收益，或者以公允价值计量且其变动计入当期损益进行后续计量。对于以摊余成本计量的债权，债权人应当根据重新议定合同的现金流量变化情况，重新计算该重组债权的账面余额，并将相关利得或损失记入"投资收益"科目。重新计算的该重组债权的账面余额，应当根据将重新议定或修改的合同现金流量按债权原实际利率折现的现值确定，购买或源生的已发生信用减值的重组债权，应按经信用调整的实际利率折现。对于修改或重新议定合同所产生的成本或费用，债权人应当调整修改后的重组债权的账面价值，并在修改后重组债权的剩余期限内摊销。

（三）组合方式

债务重组采用组合方式进行的，一般可以认为对全部债权的合同条款作出了实质性修改，债权人应当按照修改后的条款，以公允价值初始计量新的金融资产和受让的新金融资产，按照受让的金融资产以外的各项资产在债务重组合同生效日的公允价值比例，对放弃债权在合同生效日的公允价值扣除受让金融资产和重组债权当日公允价值后的净额进行分配，并以此为基础分别确定各项资产的成本。放弃债权的公允价值与账面价值之间的差额，记入"投资收益"科目。

三、债务人的会计处理

（一）债务人以资产清偿债务

债务重组采用以资产清偿债务方式进行的，债务人应当将所清偿债务账面价值与转让资产账面价值之间的差额计入当期损益。

1. 债务人以金融资产清偿债务。

债务人以单项或多项金融资产清偿债务的，债务的账面价值与偿债金融资产账面价值的差额，记入"投资收益"科目。偿债金融资产已计提减值准备的，应结转已计提的减值准备。对于以分类为以公允价值计量且其变动计入其他综合收益的债务工具投资清偿债务的，之前计入其他综合收益的累计利得或损失应当从其他综合收益中转出，记入"投资收益"科目。对于以指定为以公允价值计量且其变动计入其他综合收益的非交易性权益工具投资清偿债务的，之前计入其他综合收益的累计利得或损失应当从其他综合收益中转出，记入"盈余公积""利润分配——未分配利润"等科目。

2. 债务人以非金融资产清偿债务。

债务人以单项或多项非金融资产清偿债务，或者以包括金融资产和非金融资产在内的多项资产清偿债务的，不需要区分资产处置损益和债务重组损益，也不需要区分不同资产的处置损益，而应将所清偿债务账面价值与转让资产账面价值之间的差额，记入"其他收益——债务重组收益"科目。偿债资产已计提减值准备的，应结转已计提的减值准备。

债务人以包含非金融资产的处置组清偿债务的，应当将所清偿债务和处置组中负债的账面价值之和，与处置组中资产的账面价值之间的差额，记入"其他收益——债务重组收益"科目。处置组所属的资产组或资产组组合按照《企业会计准则第8号——资产减值》分摊了企业合并中取得的商誉的，该处置组应当包含分摊至处置组的商誉。处置组中的资产已计提减值准备的，应结转已计提的减值准备。

通常情况下，债务重组不属于企业的日常活动，因此债务重组中如债务人以日常活动产出的商品或服务清偿债务的，不应按收入准则确认为商品或服务的销售处理。债务人以日常活动产出的商品或服务清偿债务（以企业的存货或提供服务清偿债务）的，应当将所清偿债务账面价值与存货等相关资产账面价值之间的差额，记入"其他收益——债务重组收益"科目。

（二）债务人将债务转为权益工具

债务重组采用将债务转为权益工具方式进行的，债务人初始确认权益工具时，应当按照权益工具的公允价值计量，权益工具的公允价值不能可靠计量的，应当按照所清偿债务的公允价值计量。所清偿债务账面价值与权益工具确认金额之间的差额，记入"投资收益"科目。债务人因发行权益工具而支出的相关税费等，应当依次冲减资本公积（资本溢价或股本溢价）、盈余公积、未分配利润等。

（三）修改其他条款

债务重组采用修改其他条款方式进行的，如果修改其他条款导致债务终止确认，债务人应当按照公允价值计量重组债务，终止确认的债务账面价值与重组债务确认金额之间的差额，记入"投资收益"科目。

如果修改其他条款未导致债务终止确认，或者仅导致部分债务终止确认，对于未终止确认的部分债务，债务人应当根据其分类，继续以摊余成本、以公允价值计量且其变动计入当期损益或其他适当方法进行后续计量。对于以摊余成本计量的债务，债务人应当根据重新议定合同的现金流量变化情况，重新计算该重组债务的账面价值，并将相关利得或损失记入"投资收益"科目。重新计算的该重组债务的账面价值，应当根据将重新议定或修改的合同现金流量按债务的原实际利率或按《企业会计准则第24号——套期会计》第二十三条规定的重新计算的实际利率（如适用）折现的现值确定。对于修改或重新议定合同所产生的成本或费用，债务人应当调整修改后的重组债务的账面价值，并在修改后重组债务的剩余期限内摊销。

（四）组合方式

债务重组采用以资产清偿债务、将债务转为权益工具、修改其他条款等方式的组合进行的，对于权益工具，债务人应当在初始确认时按照权益工具的公允价值计量；权益工具的公允价值不能可靠计量的，应当按照所清偿债务的公允价值计量。对于修改其他条款形成的重组债务，债务人应当参照上文"（三）修改其他条款"部分的内容，确认和计量重组债务。所清偿债务的账面价值与转让资产的账面价值以及权益工具和重组债务的确认金额之和的差额，记入"其他收益——债务重组收益"或"投资收益"（仅涉及金融工具时）科目。

值得注意的是，对于企业因破产重整而进行的债务重组交易，由于涉及破产重整的债务重组协议执行过程及结果存在重大不确定性，因此，企业通常应在破产重整协议履行完毕后确认债务重组收益，除非有确凿证据表明上述重大不确定性已经消除。

第四节 债务重组的披露

债务重组中涉及的债权、重组债权、债务、重组债务和其他金融工具的披露，应当按照《企业会计准则第37号——金融工具列报》的规定处理。此外，债权人和债务人还应当在附注中披露与债务重组有关的额外信息。

债权人应当在附注中披露与债务重组有关的下列信息：（1）根据债务重组方式，分组披露债权账面价值和债务重组相关损益。分组时，债权人可以按照以资产清偿债务方式、将债务转为权益工具方式、修改其他条款方式、组合方式为标准分组，也可以根据重要性原则以更细化的标准分组。（2）债务重组导致的对联营企业或合营企业的权益性投资增加额，以及该投资占联营企业或合营企业股份总额的比例。

债务人应当在附注中披露与债务重组有关的下列信息：（1）根据债务重组方式，分组披露债务账面价值和债务重组相关损益。分组的标准与对债权人的要求类似。（2）债务重组导致的股本等所有者权益的增加额。

报表使用者可能关心与债务重组相关的其他信息，例如，债权人和债务人是否具有关联方关系；再如，如何确定债务转为权益工具方式中的权益工具，以及修改其他条款方式中的新重组债权或重组债务等的公允价值；又如，是否存在与债务重组相关的或有事项等，企业应当根据《企业会计准则第13号——或有事项》《企业会计准则第22号——金融工具确认和计量》《企业会计准则第36号——关联方披露》《企业会计准则第37号——金融工具列报》《企业会计准则第39号——公允价值计量》等准则规定，披露相关信息。

第十一章 所 得 税

第一节 资产、负债的计税基础及暂时性差异的认定

所得税会计的关键在于确定资产、负债的计税基础。在确定资产、负债的计税基础时，应严格遵循税收法规中对于资产的税务处理以及可税前扣除的费用等的规定进行。

一、资产的计税基础

资产的计税基础，是指企业收回资产账面价值过程中，计算应纳税所得额时按照税法规定可以自应税经济利益中抵扣的金额，即某一项资产在未来期间收回该资产的账面价值时，计税时按照税法规定可以税前扣除的总金额。如果这些经济利益不需纳税，该资产的计税基础即为其账面价值。

资产在初始确认时，其计税基础一般为取得成本，即企业为取得某项资产支付的成本在未来期间准予税前扣除。在资产持有过程中，其计税基础是指资产的取得成本减去以前期间按照税法规定已经税前扣除的金额后的余额。如固定资产、无形资产等长期资产在某一资产负债表日的计税基础是指其成本扣除按照税法规定已在以前期间税前扣除的累计折旧额或累计摊销额后的金额。

现举例说明部分资产项目计税基础的确定：

（一）固定资产

以各种方式取得的固定资产，初始确认时按照会计准则规定确定的入账价值基本上是被税法认可的，即取得时其账面价值一般等于计税基础。

固定资产在持有期间进行后续计量时，由于会计与税法规定就折旧方法、折旧年限以及固定资产减值准备的提取等处理的不同，造成固定资产的账面价值与计税基础的差异。

1. 折旧方法、折旧年限的差异。

会计准则规定，企业应当根据与固定资产有关的经济利益的预期实现方式合理选择折旧方法，如可以按年限平均法计提折旧，也可以按照双倍余额递减法、年数总和法等计提折旧，前提是企业选用的有关折旧方法反映相关固定资产包含经济利益的实现方式。

税法中除某些按照规定可以加速折旧的情况外，基本上可以税前扣除的是按照年限平均法计提的折旧；另外，税法还就每一类固定资产的最低折旧年限作出了规定，而会计准则规定折旧年限是由企业根据固定资产的性质和使用情况合理确定的。如企业进行会计处理时确定的折旧年限与税法规定不同，也会因每一期间折旧额的差异产生固定资产在资产负债表日账面价值与计税基础的差异。

2. 因计提固定资产减值准备产生的差异。

持有固定资产的期间内，在对固定资产计提了减值准备以后，因税法规定企业计提的资产减值准备在发生实质性损失前不允许税前扣除，在有关减值准备转变为实质性损失前，也会造成固定资产的账面价值与计税基础的差异。

（二）无形资产

除内部研究开发形成的无形资产以外，其他方式取得的无形资产，初始确认时按照会计准则规定确定的入账价值与按照税法规定确定的计税基础之间一般不存在差异。无形资产的差异主要产生于内部研究开发形成的无形资产以及使用寿命不确定的无形资产。

（1）内部研究开发形成的无形资产，其成本为开发阶段符合资本化条件以后至达到预定用途前发生的支出，除此之外，研究开发过程中发生的其他支出应予费用化计入损益；税法规定，自行开发的无形资产，以开发过程中该资产符合资本化条件后至达到预定用途前发生的支出为计税基础。另外，对于研究开发费用的加计扣除，假定税法中规定企业为开发新技术、新产品、新工艺发生的研究开发费用，未形成无形资产计入当期损益的，在按照规定据实扣除的基础上，按照研究开发费用的100%加计扣除；形成无形资产的，按照无形资产成本的200%摊销。

另外，会计准则中规定有例外条款，即如该无形资产的确认不是产生于企业合并交易、同时在确认时既不影响会计利润也不影响应纳税所得额，则不确认该暂时性差异的所得税影响。该种情况下，无形资产在初始确认时，对于会计与税收规定之间存在的暂时性差异不予确认，持续持有过程中，在初始未予确认暂时性差异的所得税影响范围内的摊销额等的差异亦不予确认。

（2）无形资产在后续计量时，会计与税法的差异主要产生于是否需要摊销、摊销方法和年限的差异及无形资产减值准备的提取。

会计准则规定，企业应根据无形资产的使用寿命情况，区分为使用寿命有限的无形资产与使用寿命不确定的无形资产。对于使用寿命不确定的无形资产，不要求摊销，但持有期间每年应进行减值测试。税法规定，企业取得的无形资产成本（外购商誉除外），应在一定期限内摊销。对于使用寿命不确定的无形资产，会计处理时不予摊销，但计税时按照税法规定确定的摊销额允许税前扣除，造成该类无形资产账面价值与计税基础的差异。

在对无形资产计提减值准备的情况下，因税法规定计提的无形资产减值准备在转变为实质性损失前不允许税前扣除，即在提取无形资产减值准备的期间，无形资产的计税基础不会随减值准备的提取发生变化，从而造成无形资产的账面价值与计税基础的差异。

（三）以公允价值计量且其变动计入当期损益的金融资产

按照《企业会计准则第22号——金融工具确认和计量》的规定，以公允价值计量且其变动计入当期损益的金融资产于某一会计期末的账面价值为其公允价值。税法规定，企业以公允价值计量的金融资产、金融负债以及投资性房地产等，持有期间公允价值的变动不计入应纳税所得额，在实际处置或结算时，处置取得的价款扣除其历史成本后的差额应计入处置或结算期间的应纳税所得额。按照该规定，以公允价值计量的金融资产在持有期间市价的波动在计税时不予考虑，有关金融资产在某一会计期末的计税基础为其取得成本，从而造成在公允价值变动的情况下，对以公允价值计量的金融资产账面价值与计税基础之间的差异。

企业持有的以公允价值计量且其变动计入其他综合收益的金融资产，其计税基础的确定，与以公允价值计量且其变动计入当期损益的金融资产类似，可比照处理。

（四）其他资产

因会计准则规定与税法规定不同，企业持有的其他资产，可能造成其账面价值与计税基础之间存在差异的，例如：

（1）投资性房地产，企业持有的投资性房地产进行后续计量时，会计准则规定可以采用两种模式：一种是成本模式，采用该种模式计量的投资性房地产，其账面价值与计税基础的确定与固定资产、无形资产相同；另一种是在符合规定条件的情况下，可以采用公允价值模式对投资性房地产进行后续计量。对于采用公允价值模式进行后续计量的投资性房地产，其账面价值的确定类似于以公允价值计量的金融资产，因税法中没有投资性房地产的概念及专门的税收处理规定，其计税基础的确定类似于固定资产或无形资产的计税基础。

（2）其他计提了资产减值准备的各项资产。有关资产计提了减值准备后，其账面价值会随之下降，而税法规定资产在发生实质性损失之前，预计的减值损失不允许税前扣除，即其计税基础不会因减值准备的提取而变化，造成在计提资产减值准备以后，资产的账面价值与计税基础之间的差异。

二、负债的计税基础

负债的计税基础，是指负债的账面价值减去未来期间计算应纳税所得额时按照税法规定可予抵扣的金额。对于预收收入，所产生负债的计税基础是其账面价值减去未来期间非应税收入的金额。用公式表示为：

负债的计税基础 = 账面价值 − 未来期间按照税法规定可予税前扣除的金额（或未来期间非应税收入的金额）

负债的确认与偿还一般不会影响企业的损益，也不会影响其应纳税所得额，未来期间计算应纳税所得额时按照税法规定可予抵扣的金额为0，计税基础即为账面价值。但是，某些情况下，负债的确认可能会影响企业的损益，进而影响不同期间的应纳税所得额，使得其计税基础与账面价值之间产生差额，如按照会计规定确认的某些预计负债。

（一）企业因销售商品提供售后服务等原因确认的预计负债

按照或有事项准则的规定，企业对于预计提供售后服务将发生的支出在满足有关确认条件时，销售当期即应确认为费用，同时确认预计负债。如果税法规定，与销售产品相关的支出应于实际发生时税前扣除。因该类事项产生的预计负债在期末的计税基础为其账面价值与未来期间可税前扣除的金额之间的差额,即为0。

其他交易或事项中确认的预计负债,应按照税法规定的计税原则确定其计税基础。某些情况下,因有些事项确认的预计负债,税法规定其支出无论是否实际发生均不允许税前扣除,即未来期间按照税法规定可予抵扣的金额为0,账面价值等于计税基础。

(二) 合同负债

企业在收到客户预付的款项时,因不符合收入确认条件,会计上将其确认为一项负债(合同负债)。税法中对于收入的确认原则一般与会计规定相同,即会计上未确认收入时,计税时一般亦不计入应纳税所得额,该部分经济利益在未来期间计税时可予税前扣除的金额为0,计税基础等于账面价值。

某些情况下,因不符合会计准则规定的收入确认条件,未确认为收入而确认为合同负债的,按照税法规定应计入当期应纳税所得额时,有关预收并确认为合同负债的计税基础为0,即因其产生时已经计算交纳所得税,未来期间可全额税前扣除。

(三) 应付职工薪酬

会计准则规定,企业为获得职工提供的服务给予的各种形式的报酬以及其他相关支出均应作为企业的成本费用,在未支付之前确认为负债。税法中对于合理的职工薪酬基本允许税前扣除,但税法中如果规定了税前扣除标准的,按照会计准则规定计入成本费用支出的金额超过规定标准部分,应进行纳税调整。因超过部分在发生当期不允许税前扣除,在以后期间也不允许税前扣除,即该部分差额对未来期间计税不产生影响,所产生应付职工薪酬负债的账面价值等于计税基础。

(四) 其他负债

其他负债如企业应交的罚款和滞纳金等,在尚未支付之前按照会计规定确认为损失,同时作为负债反映。税法规定,罚款和滞纳金不能税前扣除,即该部分费用无论是在发生当期还是在以后期间均不允许税前扣除,其计税基础为账面价值减去未来期间计税时可予税前扣除的金额0之间的差额,即计税基础等于账面价值。

其他交易或事项产生的负债,其计税基础的确定应当遵从适用税法的相关规定。

三、特殊交易或事项中产生资产、负债计税基础的确定

除企业在正常生产经营活动过程中取得的资产和负债以外,对于某些特殊交易中产生的资产、负债,其计税基础的确定应遵从税法规定,如企业合并过程中取得资产、负债计税基础的确定。

《企业会计准则第20号——企业合并》中,视参与合并各方在合并前后是否为同一方或相同的多方最终控制,分为同一控制下的企业合并与非同一控制下的企业合并两种类型。同一控制下的企业合并,合并中取得的有关资产、负债基本上维持其原账面价值不变,合并中不产生新的资产和负债;对于非同一控制下的企业合并,合并中取得的有关资产、负债应按其在购买日的公允价值计量,企业合并成本大于合并中取得可辨认净资产公允价值的份额部分确认为商誉,企业合并成本小于合并中取得可辨认净资产公允价值的份额部分计入合并当期损益。

对于企业合并的税收处理,通常情况下被合并企业应视为按公允价值转让、处置全

部资产，计算资产的转让所得，依法缴纳所得税。合并企业接受被合并企业的有关资产，计税时可以按经评估确认的价值确定计税基础。另外，在考虑有关企业合并是应税合并还是免税合并时，某些情况下还需要考虑在合并中涉及的获取资产或股权的比例、非股权支付额的比例，具体划分标准和条件应遵从税法规定。

由于会计准则与税收法规对企业合并的划分标准不同，处理原则不同，某些情况下，会造成企业合并中取得的有关资产、负债的入账价值与其计税基础的差异。

例如，某项企业合并按照会计准则规定因合并方与被合并方在合并前后均处于同一集团内母公司的最终控制之下，会计处理时将其作为同一控制下企业合并处理，合并方对于合并中取得的被合并方的有关资产、负债均按照其原账面价值确认。该项合并中，假如从合并方取得的股权比例、合并中支付的非股权支付额的角度考虑，不考虑税法中规定的免税合并的条件，则合并方自被合并方取得的有关资产、负债的计税基础应当重新认定。假如按照税法规定确定的被合并方有关资产、负债的计税基础为合并日的市场价格，则相关资产、负债的账面价值与其计税基础会存在差异，从而产生需要确认的递延所得税资产或负债。因有关暂时性差异产生于企业合并交易，且该企业合并为同一控制下企业合并，在确认合并中产生的递延所得税资产或负债时，相关影响应当计入所有者权益。

再如，某项企业合并交易为市场独立主体之间发生，按照会计准则规定属于非同一控制下企业合并，购买方对于合并中取得的被购买方各项可辨认资产、负债应当按照公允价值确认。该项合并中，如果购买方取得被购买方的股权比例、合并中股权支付额的比例等达到税法中规定的免税合并的条件，则计税时可以作为免税合并处理，即购买方对于交易中取得被购买方各项可辨认资产、负债的计税基础应承继其原有计税基础。比较该项企业合并中取得有关可辨认资产、负债的账面价值与其计税基础会产生暂时性差异。因有关暂时性差异产生于企业合并，且该企业合并为非同一控制下企业合并，与暂时性差异相关的所得税影响的确认的同时，将影响合并中确认的商誉。

上述关于与企业合并相关，因合并中取得可辨认资产、负债的账面价值与计税基础不同产生的暂时性差异的所得税影响，在控股合并的情况下，应于合并财务报表中确认。购买方或合并方的个别财务报表中产生的会计与税收的差异可能源于相关长期股权投资的入账价值与计税基础之间，一般在长期股权投资初始确认时，应当确认相关的递延所得税影响。

四、应纳税暂时性差异

应纳税暂时性差异，是指在确定未来收回资产或清偿负债期间的应纳税所得额时，将导致产生应税金额的暂时性差异，即在未来期间不考虑该事项影响的应纳税所得额的基础上，由于该暂时性差异的转回，会进一步增加转回期间的应纳税所得额和应交所得税金额，在其产生当期应当确认相关的递延所得税负债。

应纳税暂时性差异通常产生于以下情况：(1) 资产的账面价值大于其计税基础；(2) 负债的账面价值小于其计税基础。

五、可抵扣暂时性差异

可抵扣暂时性差异是指在确定未来收回资产或清偿负债期间的应纳税所得额时，将导致产生可抵扣金额的暂时性差异。该差异在未来期间转回时会减少转回期间的应纳税所得额，减少未来期间的应交所得税。在可抵扣暂时性差异产生当期，符合确认条件时，应当确认相关的递延所得税资产。

可抵扣暂时性差异一般产生于以下情况：

（1）资产的账面价值小于其计税基础，意味着资产在未来期间产生的经济利益少，按照税法规定允许税前扣除的金额多，两者之间的差额可以减少企业在未来期间的应纳税所得额并减少应交所得税，符合有关条件时，应当确认相关的递延所得税资产。例如，一项资产的账面价值为 500 万元，计税基础为 650 万元，则企业在未来期间就该项资产可以在其自身取得经济利益的基础上多扣除 150 万元，未来期间应纳税所得额会减少，应交所得税也会减少，形成可抵扣暂时性差异。

（2）负债的账面价值大于其计税基础，负债产生的暂时性差异实质上是税法规定就该项负债可以在未来期间税前扣除的金额。即：

负债产生的暂时性差异 = 账面价值 − 计税基础
　　　　　　　　　　 = 账面价值 −（账面价值 − 未来期间计税时按照税法规定可
　　　　　　　　　　　　予税前扣除的金额）
　　　　　　　　　　 = 未来期间计税时按照税法规定可予税前扣除的金额

负债的账面价值大于其计税基础，意味着未来期间按照税法规定与负债相关的全部或部分支出可以自未来应税经济利益中扣除，减少未来期间的应纳税所得额和应交所得税。符合有关确认条件时，应确认相关的递延所得税资产。

六、特殊项目产生的暂时性差异

（一）未作为资产、负债确认的项目产生的暂时性差异

某些交易或事项发生以后，因为不符合资产、负债确认条件而未体现为资产负债表中的资产或负债，但按照税法规定能够确定其计税基础的，其账面价值零与计税基础之间的差异也构成暂时性差异。如企业发生的符合条件的广告费和业务宣传费支出，除另有规定外，不超过当年销售收入 15% 的部分准予扣除；超过部分准予在以后纳税年度结转扣除。该类费用在发生时按照会计准则规定即计入当期损益，不形成资产负债表中的资产，但按照税法规定可以确定其计税基础的，两者之间的差异也形成暂时性差异。

（二）可抵扣亏损及税款抵减产生的暂时性差异

按照税法规定可以结转以后年度的未弥补亏损及税款抵减，虽不是因资产、负债的账面价值与计税基础不同产生的，但与可抵扣暂时性差异具有同样的作用，均能够减少未来期间的应纳税所得额，进而减少未来期间的应交所得税，会计处理上视同可抵扣暂时性差异，符合条件的情况下，应确认与其相关的递延所得税资产。

第二节　递延所得税资产及负债的确认和计量

企业在计算确定了应纳税暂时性差异与可抵扣暂时性差异后，应当按照所得税会计准则规定的原则确认相关的递延所得税负债以及递延所得税资产。

一、递延所得税负债的确认和计量

(一) 递延所得税负债的确认

企业在确认因应纳税暂时性差异产生的递延所得税负债时，应遵循以下原则：

1. 除所得税准则中明确规定可不确认递延所得税负债的情况以外，企业对于所有的应纳税暂时性差异均应确认相关的递延所得税负债。

除与直接计入所有者权益的交易或事项以及企业合并中取得资产、负债相关的以外，在确认递延所得税负债的同时，应增加利润表中的所得税费用。与应纳税暂时性差异相关的递延所得税负债的确认，体现了会计上的谨慎性原则，即企业进行会计核算时不应高估资产、不应低估负债。

2. 不确认递延所得税负债的特殊情况。

有些情况下，虽然资产、负债的账面价值与其计税基础不同，产生了应纳税暂时性差异，但出于各方面考虑，所得税准则中规定不确认相应的递延所得税负债，主要包括：

（1）商誉的初始确认。非同一控制下的企业合并中，企业合并成本大于合并中取得的被购买方可辨认净资产公允价值份额的差额，按照会计准则规定应确认为商誉。因会计与税收的划分标准不同，会计上作为非同一控制下的企业合并，但如果按照税法规定计税时作为免税合并的情况下，商誉的计税基础为0，其账面价值与计税基础形成应纳税暂时性差异，准则中规定不确认与其相关的递延所得税负债。

（2）除企业合并以外的其他交易或事项中，如果该项交易或事项发生时既不影响会计利润，也不影响应纳税所得额，则所产生的资产、负债的初始确认金额与其计税基础不同，形成应纳税暂时性差异的，交易或事项发生时不确认相应的递延所得税负债。该规定主要是考虑到由于交易发生时既不影响会计利润，也不影响应纳税所得额，确认递延所得税负债的直接结果是增加有关资产的账面价值或是降低所确认负债的账面价值，使得资产、负债在初始确认时，违背历史成本原则，影响会计信息的可靠性。

（3）与子公司、联营企业、合营企业投资等相关的应纳税暂时性差异，一般应确认相应的递延所得税负债，但同时满足以下两个条件的除外：一是投资企业能够控制暂时性差异转回的时间；二是该暂时性差异在可预见的未来很可能不会转回。满足上述条件时，投资企业可以运用自身的影响力决定暂时性差异的转回，如果不希望其转回，则在可预见的未来期间，该项暂时性差异即不会转回，对未来期间计税不产生影响，从而无须确认相应的递延所得税负债。

对于采用权益法核算的长期股权投资，其账面价值与计税基础产生的有关暂时性差异是否应确认相关的所得税影响，应当考虑该项投资的持有意图：

如果企业拟长期持有，则因初始投资成本的调整产生的暂时性差异预计未来期间不会转回，对未来期间没有所得税影响；因确认投资损益产生的暂时性差异，如果在未来期间逐期分回现金股利或利润时免税（我国税法规定，居民企业间的股息、红利免税），也不存在对未来期间的所得税影响；因确认应享有被投资单位其他权益变动而产生的暂时性差异，在长期持有的情况下预计未来期间也不会转回。因此，在准备长期持有的情况下，对于采用权益法核算的长期股权投资账面价值与计税基础之间的差异，投资企业一般不确认相关的所得税影响。

如果投资企业改变持有意图拟对外出售的情况下，按照税法规定，企业在转让或者处置投资资产时，投资资产的成本准予扣除。在持有意图由长期持有转变为拟近期出售的情况下，因长期股权投资的账面价值与计税基础不同产生的有关暂时性差异，均应确认相关的所得税影响。

（二）递延所得税负债的计量

所得税准则规定，资产负债表日，对于递延所得税负债，应当根据适用税法规定，按照预期收回该资产或清偿该负债期间的适用税率计量。即递延所得税负债应以相关应纳税暂时性差异转回期间按照税法规定适用的所得税税率计量。无论应纳税暂时性差异的转回期间如何，相关的递延所得税负债不要求折现。

二、递延所得税资产的确认和计量

（一）递延所得税资产的确认

1. 确认的一般原则。

递延所得税资产产生于可抵扣暂时性差异。确认因可抵扣暂时性差异产生的递延所得税资产应以未来期间可能取得的应纳税所得额为限。在可抵扣暂时性差异预期转回的未来期间内，企业无法产生足够的应纳税所得额用以利用可抵扣暂时性差异的影响，使得与可抵扣暂时性差异相关的经济利益无法实现的，不应确认递延所得税资产；企业有明确的证据表明其于可抵扣暂时性差异转回的未来期间能够产生足够的应纳税所得额，进而利用可抵扣暂时性差异的，则应以可能取得的应纳税所得额为限，确认相关的递延所得税资产。

在判断企业于可抵扣暂时性差异转回的未来期间是否能够产生足够的应纳税所得额时，应考虑企业在未来期间通过正常的生产经营活动能够实现的应纳税所得额以及以前期间产生的应纳税暂时性差异在未来期间转回时将增加的应纳税所得额。

（1）对与子公司、联营企业、合营企业的投资相关的可抵扣暂时性差异，同时满足下列条件的，应当确认相关的递延所得税资产：一是暂时性差异在可预见的未来很可能转回；二是未来很可能获得用来抵扣可抵扣暂时性差异的应纳税所得额。

对联营企业和合营企业等的投资产生的可抵扣暂时性差异，主要产生于权益法下被投资单位发生亏损时，投资企业按照持股比例确认应予承担的部分相应减少长期股权投资的账面价值，但税法规定长期股权投资的成本在持有期间不发生变化，造成长期股权投资的账面价值小于其计税基础，产生可抵扣暂时性差异。

投资企业对有关投资计提减值准备的情况下，也会产生可抵扣暂时性差异。

（2）对于按照税法规定可以结转以后年度的未弥补亏损和税款抵减，应视同可抵扣暂时性差异处理。在有关的亏损或税款抵减金额得到税务部门的认可或预计能够得到税务部门的认可且预计可利用未弥补亏损或税款抵减的未来期间内能够取得足够的应纳税所得额时，除准则中规定不予确认的情况外，应当以很可能取得的应纳税所得额为限，确认相应的递延所得税资产，同时减少确认当期的所得税费用。

2. 不确认递延所得税资产的情况。

某些情况下，企业发生的某项交易或事项不属于企业合并，并且交易发生时既不影响会计利润也不影响应纳税所得额，且该项交易中产生的资产、负债的初始确认金额与其计税基础不同，产生可抵扣暂时性差异的，所得税准则中规定在交易或事项发生时不确认相应的递延所得税资产。

（二）递延所得税资产的计量

同递延所得税负债的计量原则相一致，确认递延所得税资产时，应当以预期收回该资产期间的适用所得税税率为基础计算确定。无论相关的可抵扣暂时性差异转回期间如何，递延所得税资产均不要求折现。

企业在确认了递延所得税资产以后，资产负债表日，应当对递延所得税资产的账面价值进行复核。如果未来期间很可能无法取得足够的应纳税所得额用以利用可抵扣暂时性差异带来的利益，应当减记递延所得税资产的账面价值。减记的递延所得税资产，除原确认时计入所有者权益的，其减记金额亦应计入所有者权益外，其他的情况均应增加当期的所得税费用。

因无法取得足够的应纳税所得额利用可抵扣暂时性差异减记递延所得税资产账面价值的，以后期间根据新的环境和情况判断能够产生足够的应纳税所得额利用可抵扣暂时性差异，使得递延所得税资产包含的经济利益能够实现的，应相应恢复递延所得税资产的账面价值。

另外，无论是递延所得税资产还是递延所得税负债的计量，均应考虑资产负债表日企业预期收回资产或清偿负债方式的所得税影响，在计量递延所得税资产和递延所得税负债时，应当采用与收回资产或清偿债务的预期方式相一致的税率和计税基础。例如，企业持有的某项固定资产，一般情况下是为企业的正常生产经营活动提供必要的生产条件，但在某一时点上，企业决定将该固定资产对外出售，实现其为企业带来的未来经济利益，且假定税法规定长期资产处置时适用的所得税税率与一般情况不同的，则企业在计量因该资产产生的应纳税暂时性差异或可抵扣暂时性差异的所得税影响时，应考虑该资产带来的经济利益预期实现方式的影响。

三、特殊交易或事项中涉及递延所得税的确认和计量

（一）与直接计入所有者权益的交易或事项相关的所得税

与当期及以前期间直接计入所有者权益的交易或事项相关的当期所得税及递延所得税应当计入所有者权益。直接计入所有者权益的交易或事项主要有：会计政策变更采用追溯调整法或对前期差错更正采用追溯重述法调整期初留存收益、以公允价值计量且其变动计入其他综合收益的金融资产公允价值的变动金额、同时包含负债及权益成分的金融工具在初始确认时计入所有者权益、自用房地产转为采用公允价值模式计量的投资性房地产时公允价值大于原账面价值的差额计入其他综合收益等。

（二）与企业合并相关的递延所得税

在企业合并中，购买方取得的可抵扣暂时性差异，比如，购买日取得的被购买方在以前期间发生的未弥补亏损等可抵扣暂时性差异，按照税法规定可以用于抵减以后年度

应纳税所得额，但在购买日不符合递延所得税资产确认条件而不予以确认。购买日后12个月内，如取得新的或进一步的信息表明购买日的相关情况已经存在，预期被购买方在购买日可抵扣暂时性差异带来的经济利益能够实现的，应当确认相关的递延所得税资产，同时减少商誉，商誉不足冲减的，差额部分确认为当期损益；除上述情况以外，确认与企业合并相关的递延所得税资产，应当计入当期损益。

（三）与股份支付相关的当期及递延所得税

与股份支付相关的支出在按照会计准则规定确认为成本费用时，其相关的所得税影响应区别于税法的规定进行处理：如果税法规定与股份支付相关的支出不允许税前扣除，则不形成暂时性差异；如果税法规定与股份支付相关的支出允许税前扣除，在按照会计准则规定确认成本费用的期间内，企业应当根据会计期末取得的信息估计可税前扣除的金额计算确定其计税基础及由此产生的暂时性差异，符合确认条件的情况下，应当确认相关的递延所得税。

根据相关税法规定，对于附有业绩条件或服务条件的股权激励计划，企业按照会计准则的相关规定确认的成本费用在等待期内不得税前抵扣，待股权激励计划可行权时方可抵扣，可抵扣的金额为实际行权时的股票公允价值与激励对象支付的行权金额之间的差额。因此，企业未来可以在税前抵扣的金额与等待期内确认的成本费用金额很可能存在差异。企业应根据期末的股票价格估计未来可以税前抵扣的金额，以未来期间很可能取得的应纳税所得额为限确认递延所得税资产。此外，如果预计未来期间可抵扣的金额超过等待期内确认的成本费用，超出部分形成的递延所得税资产应直接计入所有者权益，而不是计入当期损益。

（四）与单项交易相关的递延所得税

对于不是企业合并、交易发生时既不影响会计利润也不影响应纳税所得额（或可抵扣亏损）、且初始确认的资产和负债导致产生等额应纳税暂时性差异和可抵扣暂时性差异的单项交易（包括承租人在租赁期开始日初始确认租赁负债并计入使用权资产的租赁交易，以及因固定资产等存在弃置义务而确认预计负债并计入相关资产成本的交易等（简称单项交易），不适用上述关于豁免初始确认递延所得税负债和递延所得税资产的规定。企业对该单项交易因资产和负债的初始确认所产生的应纳税暂时性差异和可抵扣暂时性差异，应当在交易发生时分别确认相应的递延所得税负债和递延所得税资产。

（五）发行方分类为权益工具的金融工具相关股利的所得税影响

对于企业（指发行方）按照《企业会计准则第37号——金融工具列报》等规定分类为权益工具的金融工具（如分类为权益工具的永续债等），相关股利支出按照税收政策相关规定在企业所得税税前扣除的，企业应当在确认应付股利时，确认与股利相关的所得税影响。该股利的所得税影响通常与过去产生可供分配利润的交易或事项更为直接相关，企业应当按照与过去产生可供分配利润的交易或事项时所采用的会计处理相一致的方式，将股利的所得税影响计入当期损益或所有者权益项目（含其他综合收益项目）。对于所分配的利润来源于以前产生损益的交易或事项，该股利的所得税影响应当计入当期损益；对于所分配的利润来源于以前确认在所有者权益中的交易或事项，该股利的所得税影响应当计入所有者权益项目。

四、适用税率变化对已确认递延所得税资产和递延所得税负债的影响

因税收法规的变化,导致企业在某一会计期间适用的所得税税率发生变化的,企业应对已确认的递延所得税资产和递延所得税负债按照新的税率进行重新计量。递延所得税资产和递延所得税负债的金额代表的是有关可抵扣暂时性差异或应纳税暂时性差异于未来期间转回时,导致企业应交所得税金额的减少或增加的情况。适用税率变动的情况下,应对原已确认的递延所得税资产及递延所得税负债的金额进行调整,反映税率变化带来的影响。

除直接计入所有者权益的交易或事项产生的递延所得税资产及递延所得税负债,相关的调整金额应计入所有者权益以外,其他情况下因税率变化产生的调整金额应确认为税率变化当期的所得税费用(或收益)。

第三节 所得税费用的确认和计量

所得税会计的主要目的之一是为了确定当期应交所得税以及利润表中的所得税费用。在按照资产负债表债务法核算所得税的情况下,利润表中的所得税费用包括当期所得税和递延所得税两个部分。

一、当期所得税

当期所得税是指企业按照税法规定计算确定的针对当期发生的交易和事项,应交纳给税务部门的所得税金额,即当期应交所得税。

企业在确定当期应交所得税时,对于当期发生的交易或事项,会计处理与税法处理不同的,应在会计利润的基础上,按照适用税收法规的规定进行调整,计算出当期应纳税所得额,按照应纳税所得额与适用所得税税率计算确定当期应交所得税。一般情况下,应纳税所得额可在会计利润的基础上,考虑会计与税收法规之间的差异,公式为:

应纳税所得额=会计利润+按照会计准则规定计入利润表但计税时不允许税前扣除的费用±计入利润表的费用与按照税法规定可予税前抵扣的金额之间的差额±计入利润表的收入与按照税法规定应计入应纳税所得额的收入之间的差额-税法规定的不征税收入±其他需要调整的因素

二、递延所得税

递延所得税是指按照所得税准则规定当期应予确认的递延所得税资产和递延所得税负债金额,即递延所得税资产及递延所得税负债当期发生额的综合结果,但不包括计入所有者权益的交易或事项的所得税影响。用公式表示即为:

递延所得税=(递延所得税负债的期末余额-递延所得税负债的期初余额)-(递延所得税资产的期末余额-递延所得税资产的期初余额)

应予说明的是,企业因确认递延所得税资产和递延所得税负债产生的递延所得税,

一般应当计入所得税费用，但以下两种情况除外：

一是某项交易或事项按照会计准则规定应计入所有者权益的，由该交易或事项产生的递延所得税资产或递延所得税负债及其变化亦应计入所有者权益，不构成利润表中的递延所得税费用（或收益）。

二是企业合并中取得的资产、负债，其账面价值与计税基础不同，应确认相关递延所得税的，该递延所得税的确认影响合并中产生的商誉或是计入当期损益的金额，不影响所得税费用。

三、所得税费用

计算确定了当期所得税及递延所得税以后，利润表中应予确认的所得税费用为两者之和，即：

所得税费用 = 当期所得税 + 递延所得税

第四节 所得税的列报

一、列报的基本原则

企业对所得税的核算结果，除利润表中列示的所得税费用以外，在资产负债表中形成的应交税费（应交所得税）以及递延所得税资产和递延所得税负债应当遵循准则规定列报。其中，递延所得税资产和递延所得税负债一般应当分别作为非流动资产和非流动负债在资产负债表中列示，所得税费用应当在利润表中单独列示，同时还应在附注中披露与所得税有关的信息。

二、所得税费用（收益）与会计利润关系的说明

会计准则要求企业在会计报表附注中就所得税费用（或收益）与会计利润的关系进行说明，该说明意在于在利润表中已列示所得税费用的基础上，对当期以会计利润为起点，考虑会计与税收规定之间的差异，计算得到所得税费用的调节过程。自会计利润到所得税费用之间的调整包括两个方面：一是未包括在利润总额的计算中，但包含在当期或递延所得税计算中的项目；二是未包括在当期或递延所得税计算中，但包含在利润总额中的项目。具体调整项目一般包括：（1）与税率相关的调整；（2）税法规定的非应税收入、不得税前扣除的成本费用和损失，或者可加计扣除的费用（如直接计入当期损益的研发费用按税法规定可加计扣除的金额）等永久性差异；（3）本期未确认递延所得税资产的可抵扣暂时性差异或可抵扣亏损的影响、使用前期未确认递延所得税资产的可抵扣亏损影响；（4）对以前期间所得税进行汇算清缴的结果与以前期间确认金额不同调整报告期间所得税费用等。

第十二章 外币折算

第一节 记账本位币的确定

一、记账本位币的确定

记账本位币是指企业经营所处的主要经济环境中的货币。主要经济环境，通常是指企业主要产生和支出现金的环境，使用该环境中的货币最能反映企业主要交易的经济结果。例如，我国大多数企业主要产生和支出现金的环境在国内，因此，一般以人民币作为记账本位币。

我国《会计法》规定，业务收支以人民币以外的货币为主的单位，可以选定其中一种货币作为记账本位币，但是编报的财务会计报告应当折算为人民币。

二、境外经营记账本位币的确定

(一) 境外经营的含义

境外经营通常是指企业在境外的子公司、合营企业、联营企业、分支机构。当企业在境内的子公司、联营企业、合营企业或者分支机构选定的记账本位币不同于企业的记账本位币时，也应当视同境外经营。

区分某实体是否为该企业的境外经营的关键有两项：一是该实体与企业的关系，是否为企业的子公司、合营企业、联营企业、分支机构；二是该实体的记账本位币是否与企业记账本位币相同，而不是以该实体是否在企业所在地的境外作为标准。

(二) 境外经营记账本位币的确定

境外经营也是一个企业，在确定其记账本位币时也应当考虑企业选择确定记账本位币需要考虑的上述因素。同时，由于境外经营是企业的子公司、联营企业、合营企业或者分支机构，因此，境外经营记账本位币的选择还应当考虑该境外经营与企业的关系：

(1) 境外经营对其所从事的活动是否拥有很强的自主性。
(2) 境外经营活动中与企业的交易是否在境外经营活动中占有较大比重。
(3) 境外经营活动产生的现金流量是否直接影响企业的现金流量、是否可以随时汇回。
(4) 境外经营活动产生的现金流量是否足以偿还其现有债务和可预期的债务。

三、记账本位币变更的会计处理

企业因经营所处的主要经济环境发生重大变化,确需变更记账本位币的,应当采用变更当日的即期汇率将所有项目折算为变更后的记账本位币,折算后的金额作为新的记账本位币的历史成本。由于采用同一即期汇率进行折算,因此,不会产生汇兑差额。当然,企业需要提供确凿的证据证明企业经营所处的主要经济环境确实发生了重大变化,并应当在附注中披露变更的理由。

第二节 外币交易的会计处理

一、汇率

汇率是指两种货币相兑换的比率,是一种货币单位用另一种货币单位所表示的价格。我们通常在银行见到的汇率有三种表示方式:买入价、卖出价和中间价。买入价指银行买入其他货币的价格,卖出价指银行出售其他货币的价格,中间价是银行买入价与卖出价的平均价,银行的卖出价一般高于买入价,以获取其中的差价。

(一) 即期汇率的选择

即期汇率是相对于远期汇率而言的。远期汇率是在未来某一日交付时的结算价格。无论买入价,还是卖出价均是立即交付的结算价格,都是即期汇率。为方便核算,准则中企业用于记账的即期汇率一般指当日中国人民银行公布的人民币汇率的中间价。但是,在企业发生单纯的货币兑换交易或涉及货币兑换的交易时,仅用中间价不能反映货币买卖的损益,需要使用买入价或卖出价折算。

企业发生的外币交易只涉及人民币与美元、欧元、日元、港元等之间折算的,可直接采用中国人民银行每日公布的人民币汇率的中间价作为即期汇率进行折算;企业发生的外币交易涉及人民币与其他货币之间折算的,应按照国家外汇管理局公布的各种货币对美元折算率采用套算的方法进行折算,发生的外币交易涉及人民币以外的货币之间折算的,可直接采用国家外汇管理局公布的各种货币对美元折算率进行折算。

(二) 即期汇率的近似汇率

当汇率变动不大时,为简化核算,企业在外币交易日或对外币报表的某些项目进行折算时,也可以选择即期汇率的近似汇率折算。即期汇率的近似汇率是"按照系统合理的方法确定的、与交易发生日即期汇率近似的汇率",通常是指当期平均汇率或加权平均汇率等。加权平均汇率需要采用外币交易的外币金额作为权重进行计算。

确定即期汇率的近似汇率的方法应在前后各期保持一致。如果汇率波动使得采用即期汇率的近似汇率折算不适当时,应当采用交易发生日的即期汇率折算。至于何时不适当,需要企业根据汇率变动情况及计算近似汇率的方法等进行判断。

二、外币交易的记账方法

外币交易的记账方法有外币统账制和外币分账制两种。外币统账制是指企业在发生外币交易时,即折算为记账本位币入账。外币分账制是指企业在日常核算时分别币种记账,资产负债表日,分别货币性项目和非货币性项目进行调整:货币性项目按资产负债表日即期汇率折算,非货币性项目按交易日即期汇率折算;产生的汇兑差额计入当期损益。从我国目前的情况看,绝大多数企业采用外币统账制,只有银行等少数金融企业由于外币交易频繁,涉及外币币种较多,可以采用分账制记账方法进行日常核算。无论是采用分账制记账方法,还是采用统账制记账方法,只是账务处理的程序不同,但产生的结果应当相同,即计算出的汇兑差额相同;相应的会计处理也相同,即均计入当期损益。

三、外币交易的会计处理

外币是企业记账本位币以外的货币。外币交易是指企业发生以外币计价或者结算的交易。包括:(1)买入或者卖出以外币计价的商品或者劳务,例如,以人民币为记账本位币的国内 A 公司向国外 B 公司销售商品,货款以美元结算;A 公司购买 S 公司发行的 H 股股票,A 公司从境外以美元购买固定资产或生产用原材料等。(2)借入或者借出外币资金,例如,以人民币为记账本位币的甲公司从中国银行借入欧元、经批准向海外发行美元债券等。(3)其他以外币计价或者结算的交易。指除上述(1)、(2)外,以记账本位币以外的货币计价或结算的其他交易。例如,接受外币现金捐赠等。

(一)初始确认

企业发生外币交易的,应在初始确认时采用交易日的即期汇率或即期汇率的近似汇率将外币金额折算为记账本位币金额。这里的即期汇率可以是外汇牌价的买入价或卖出价,也可以是中间价,在与银行不进行货币兑换的情况下,一般以中间价作为即期汇率。

(二)期末调整或结算

期末,企业应当分别外币货币性项目和外币非货币性项目进行处理。

1. 货币性项目。

货币性项目是企业持有的货币和将以固定或可确定金额的货币收取的资产或者偿付的负债。货币性项目分为货币性资产和货币性负债,货币性资产包括现金、银行存款、应收账款、其他应收款、长期应收款等,货币性负债包括应付账款、其他应付款、短期借款、应付债券、长期借款、长期应付款等。期末或结算货币性项目时,应以当日即期汇率折算外币货币性项目,该项目因当日即期汇率不同于该项目初始入账时或前一期末即期汇率而产生的汇兑差额计入当期损益。

企业为购建或生产符合资本化条件的资产而借入的专门借款为外币借款时,在借款费用资本化期间内,由于外币借款在取得日、使用日及结算日的汇率不同而产生的汇兑差额,应当予以资本化,计入相关资产成本。

2. 非货币性项目。

非货币性项目是货币性项目以外的项目,如预付账款、预收账款、合同负债、存货、长期股权投资、交易性金融资产(股票、基金)、固定资产、无形资产等。

（1）对于以历史成本计量的外币非货币性项目，已在交易发生日按当日即期汇率折算，资产负债表日不应改变其原记账本位币金额，不产生汇兑差额。

（2）对于以成本与可变现净值孰低计量的存货，如果其可变现净值以外币确定，则在确定存货的期末价值时，应先将可变现净值折算为记账本位币，再与以记账本位币反映的存货成本进行比较。

（3）对于以公允价值计量的股票、基金等非货币性项目，如果期末的公允价值以外币反映，则应当先将该外币按照公允价值确定当日的即期汇率折算为记账本位币金额，再与原记账本位币金额进行比较，其差额作为公允价值变动损益，计入当期损益。

（4）以公允价值计量且其变动计入其他综合收益的外币货币性金融资产形成的汇兑差额，应当计入当期损益；外币非货币性金融资产形成的汇兑差额，与其公允价值变动一并计入其他综合收益。但是，采用实际利率法计算的金融资产的外币利息产生的汇兑差额，应当计入当期损益；非交易性权益工具投资的外币现金股利产生的汇兑差额，应当计入当期损益。

第三节 外币财务报表折算

在将企业的境外经营通过合并、权益法核算等纳入企业的财务报表中时，需要将企业境外经营的财务报表折算为以企业记账本位币反映的财务报表，这一过程就是外币财务报表的折算。可见，境外经营及其记账本位币的确定是进行财务报表折算的关键。

一、境外经营财务报表的折算

（一）对外币报表的折算

对外币报表的折算，常见的方法一般有四种：流动和非流动法、货币性和非货币性法、时态法与现时汇率法。

（二）我国会计准则采用的折算方法

为与我国《企业会计准则第33号——合并财务报表》所采用的实体理论保持一致，我国外币折算准则基本采用现时汇率法。

在对企业境外经营财务报表进行折算前，应当调整境外经营的会计期间和会计政策，使之与企业会计期间和会计政策相一致，根据调整后会计政策及会计期间编制相应货币（记账本位币以外的货币）的财务报表，再按照以下方法对境外经营财务报表进行折算：

（1）资产负债表中的资产和负债项目，采用资产负债表日的即期汇率折算，所有者权益项目除"未分配利润"项目外，其他项目采用发生时的即期汇率折算。

（2）利润表中的收入和费用项目，采用交易发生日的即期汇率或即期汇率的近似汇率折算。

（3）产生的外币财务报表折算差额，在编制合并财务报表时，应在合并资产负债表中"其他综合收益"项目列示。

比较财务报表的折算比照上述规定处理。

（三）包含境外经营的合并财务报表编制的特殊的处理

1. 少数股东应分担的外币报表折算差额。

在企业境外经营为其子公司的情况下，企业在编制合并财务报表时，应按少数股东在境外经营所有者权益中所享有的份额计算少数股东应分担的外币报表折算差额，并入少数股东权益列示于合并资产负债表。

2. 实质上构成对境外经营净投资的外币货币性项目产生的汇兑差额在编制合并报表时的处理。

母公司含有实质上构成对子公司（境外经营）净投资的外币货币性项目的情况下，在编制合并财务报表时，应分别以下两种情况编制抵销分录：

（1）实质上构成对子公司净投资的外币货币性项目以母公司或子公司的记账本位币反映，则应在抵销长期应收应付项目的同时，将其产生的汇兑差额转入"其他综合收益"项目。即借记或贷记"财务费用——汇兑差额"项目，贷记或借记"其他综合收益"项目。（2）实质上构成对子公司净投资的外币货币性项目以母、子公司的记账本位币以外的货币反映，则应将母、子公司此项外币货币性项目产生的汇兑差额相互抵销，差额转入"其他综合收益"项目。

如果合并财务报表中各子公司之间也存在实质上构成对另一子公司（境外经营）净投资的外币货币性项目，在编制合并财务报表时应比照上述方法编制相应的抵销分录。

二、境外经营的处置

企业可能通过出售、清算、返还股本或放弃全部或部分权益等方式处置其在境外经营中的利益。在包含境外经营的财务报表中，将已列入其他综合收益的外币报表折算差额中与该境外经营相关部分，自所有者权益项目中转入处置当期损益；如果是部分处置境外经营，应当按处置的比例计算处置部分的外币报表折算差额，转入处置当期损益；处置的境外经营为子公司的，将已列入其他综合收益的外币报表折算差额中归属于少数股东的部分，视全部处置或部分处置分别予以终止确认或转入少数股东权益。

第十三章 租 赁

第一节 租赁的分拆、合并与租赁期

一、租赁的分拆

合同中同时包含多项单独租赁的,承租人和出租人应当将合同予以分拆,并分别各项单独租赁进行会计处理。合同中同时包含租赁和非租赁部分的,承租人和出租人应当将租赁和非租赁部分进行分拆,除非企业适用新租赁准则的简化处理。分拆时,各租赁部分应当分别按照新租赁准则进行会计处理,非租赁部分应当按照其他适用的企业会计准则进行会计处理。

同时符合下列条件,使用已识别资产的权利构成合同中的一项单独租赁:

(1) 承租人可从单独使用该资产或将其与易于获得的其他资源一起使用中获利。易于获得的资源是指出租人或其他供应方单独销售或出租的商品或服务,或者承租人已从出租人或其他交易中获得的资源。

(2) 该资产与合同中的其他资产不存在高度依赖或高度关联关系。例如,若承租人租入资产的决定不会对承租人使用合同中的其他资产的权利产生重大影响,则表明该项资产与合同中的其他资产不存在高度依赖或高度关联关系。

1. 承租人的处理。

在分拆合同包含的租赁和非租赁部分时,承租人应当按照各项租赁部分单独价格及非租赁部分的单独价格之和的相对比例分摊合同对价。租赁和非租赁部分的相对单独价格,应当根据出租人或类似资产供应方就该部分或类似部分向企业单独收取的价格确定。如果可观察的单独价格不易于获得,承租人应当最大限度地利用可观察的信息估计单独价格。

为简化处理,承租人可以按照租赁资产的类别选择是否分拆合同包含的租赁和非租赁部分。承租人选择不分拆的,应当将各租赁部分及与其相关的非租赁部分分别合并为租赁,按照新租赁准则进行会计处理。但是,对于按照《企业会计准则第22号——金融工具确认和计量》(2017)应分拆的嵌入衍生工具,承租人不应将其与租赁部分合并进行会计处理。

2. 出租人的处理。

出租人应当分拆租赁部分和非租赁部分，根据《企业会计准则第 14 号——收入》（2017）关于交易价格分摊的规定分摊合同对价。

二、租赁的合并

企业与同一交易方或其关联方在同一时间或相近时间订立的两份或多份包含租赁的合同，在满足下列条件之一时，应当合并为一份合同进行会计处理：

（1）该两份或多份合同基于总体商业目的而订立并构成"一揽子交易"，若不作为整体考虑则无法理解其总体商业目的。

（2）该两份或多份合同中的某份合同的对价金额取决于其他合同的定价或履行情况。

（3）该两份或多份合同让渡的资产使用权合起来构成一项单独租赁。

两份或多份合同合并为一份合同进行会计处理的，仍然需要区分该一份合同中的租赁部分和非租赁部分。

三、租赁期

租赁期是指承租人有权使用租赁资产且不可撤销的期间；承租人有续租选择权，即有权选择续租该资产，且合理确定将行使该选择权的，租赁期还应当包含续租选择权涵盖的期间；承租人有终止租赁选择权，即有权选择终止租赁该资产，但合理确定将不会行使该选择权的，租赁期应当包含终止租赁选择权涵盖的期间。

（一）租赁期开始日

租赁期自租赁期开始日起计算。租赁期开始日，是指出租人提供租赁资产使其可供承租人使用的起始日期。如果承租人在租赁协议约定的起租日或租金起付日之前，已获得对租赁资产使用权的控制，则表明租赁期已经开始。租赁协议中对起租日或租金支付时间的约定，并不影响租赁期开始日的判断。

（二）不可撤销期间

在确定租赁期和评估不可撤销租赁期间时，企业应根据租赁条款约定确定可强制执行合同的期间。

如果承租人和出租人双方均有权在未经另一方许可的情况下终止租赁，且罚款金额不重大，则该租赁不再可强制执行。如果只有承租人有权终止租赁，则在确定租赁期时，企业应将该项权利视为承租人可行使的终止租赁选择权予以考虑。如果只有出租人有权终止租赁，则不可撤销的租赁期包括终止租赁选择权所涵盖的期间。

（三）续租选择权和终止租赁选择权

在租赁期开始日，企业应当评估承租人是否合理确定将行使续租或购买标的资产的选择权，或者将不行使终止租赁选择权。在评估时，企业应当考虑对承租人行使续租选择权或不行使终止租赁选择权带来经济利益的所有相关事实和情况，包括自租赁期开始日至选择权行使日之间的事实和情况的预期变化。

需考虑的因素包括但不限于以下方面：

（1）与市价相比，选择权期间的合同条款和条件。例如，选择权期间内为使用租赁资产而需支付的租金；可变租赁付款额或其他或有款项，如因终止租赁罚款和余值担保导致的应付款项；初始选择权期间后可行使的其他选择权的条款和条件，如续租期结束时可按低于市价的价格行使购买选择权。

（2）在合同期内，承租人进行或预期进行重大租赁资产改良的，在可行使续租选择权、终止租赁选择权或者购买租赁资产选择权时，预期能为承租人带来的重大经济利益。

（3）与终止租赁相关的成本。例如，谈判成本、搬迁成本、寻找与选择适合承租人需求的替代资产所发生的成本、将新资产融入运营所发生的整合成本、终止租赁的罚款、将租赁资产恢复至租赁条款约定状态的成本、将租赁资产归还至租赁条款约定地点的成本等。

（4）租赁资产对承租人运营的重要程度。例如，租赁资产是否为一项专门资产，租赁资产位于何地以及是否可获得合适的替换资产等。

（5）与行使选择权相关的条件及满足相关条件的可能性。例如，租赁条款约定仅在满足一项或多项条件时方可行使选择权，此时还应考虑相关条件及满足相关条件的可能性。

租赁的不可撤销期间的长短会影响对承租人是否合理确定将行使或不行使选择权的评估。通常，租赁的不可撤销期间越短，承租人行使续租选择权或不行使终止租赁选择权的可能性就越大，原因在于不可撤销期间越短，获取替代资产的相对成本就越高。此外，评估承租人是否合理确定将行使或不行使选择权时，如果承租人以往曾经使用过特定类型的租赁资产或自有资产，则可以参考承租人使用该类资产的通常期限及原因。例如，承租人通常在特定时期内使用某类资产，或承租人时常对某类租赁资产行使选择权，则承租人应考虑以往这些做法的原因，以评估是否合理确定将对此类租赁资产行使选择权。

续租选择权或终止租赁选择权可能与租赁的其他条款相结合。例如，无论承租人是否行使选择权，均保证向出租人支付基本相等的最低或固定现金，在此情形下，应假定承租人合理确定将行使续租选择权或不行使终止租赁选择权。又如，同时存在原租赁和转租赁时，转租赁期限超过原租赁期限，如原租赁包含5年的不可撤销期间和2年的续租选择权，而转租赁的不可撤销期限为7年，此时应考虑转租赁期限及相关租赁条款对续租选择权评估的可能影响。

购买选择权的评估方式应与续租选择权或终止租赁选择权的评估方式相同，购买选择权在经济上与将租赁期延长至租赁资产全部剩余经济寿命的续租选择权类似。

（四）对租赁期和购买选择权的重新评估

发生承租人可控范围内的重大事件或变化，且影响承租人是否合理确定将行使相应选择权的，承租人应当对其是否合理确定将行使续租选择权、购买选择权或不行使终止租赁选择权进行重新评估，并根据重新评估结果修改租赁期。承租人可控范围内的重大事件或变化包括但不限于下列情形：

（1）在租赁期开始日未预计到的重大租赁资产改良，在可行使续租选择权、终止租赁选择权或购买选择权时，预期将为承租人带来重大经济利益；

（2）在租赁期开始日未预计到的租赁资产的重大改动或定制化调整；

（3）承租人作出的与行使或不行使选择权直接相关的经营决策。例如，决定续租互补性资产、处置可替代的资产或处置包含相关使用权资产的业务。

如果不可撤销的租赁期间发生变化，企业应当修改租赁期。例如，在下述情况下，不可撤销的租赁期将发生变化：一是承租人实际行使了选择权，但该选择权在之前企业确定租赁期时未涵盖；二是承租人未实际行使选择权，但该选择权在之前企业确定租赁期时已涵盖；三是某些事件的发生，导致根据合同规定承租人有义务行使选择权，但该选择权在之前企业确定租赁期时未涵盖；四是某些事件的发生，导致根据合同规定禁止承租人行使选择权，但该选择权在之前企业确定租赁期时已涵盖。

第二节 承租人会计处理

在租赁期开始日，承租人应当对租赁确认使用权资产和租赁负债，应用短期租赁和低价值资产租赁简化处理的除外。

一、初始计量

（一）租赁负债的初始计量

租赁负债应当按照租赁期开始日尚未支付的租赁付款额的现值进行初始计量。识别应纳入租赁负债的相关付款项目是计量租赁负债的关键。

1. 租赁付款额。

租赁付款额，是指承租人向出租人支付的与在租赁期内使用租赁资产的权利相关的款项。

租赁付款额包括以下五项内容：

（1）固定付款额及实质固定付款额，存在租赁激励的，扣除租赁激励相关金额。

租赁业务中的实质固定付款额是指在形式上可能包含变量但实质上无法避免的付款额。例如：

①付款额设定为可变租赁付款额，但该可变条款几乎不可能发生，没有真正的经济实质。例如，付款额仅需在租赁资产经证实能够在租赁期间正常运行时支付，或者仅需在不可能不发生的事件发生时支付。又如，付款额初始设定为与租赁资产使用情况相关的可变付款额，但其潜在可变性将于租赁期开始日之后的某个时点消除，在可变性消除时，该类付款额成为实质固定付款额。

②承租人有多套付款额方案，但其中仅有一套是可行的。在此情况下，承租人应采用该可行的付款额方案作为租赁付款额。

③承租人有多套可行的付款额方案，但必须选择其中一套。在此情况下，承租人应采用总折现金额最低的一套作为租赁付款额。

租赁激励，是指出租人为达成租赁向承租人提供的优惠，包括出租人向承租人支付的与租赁有关的款项、出租人为承租人偿付或承担的成本等。存在租赁激励的，承租人在确定租赁付款额时，应扣除租赁激励相关金额。

（2）取决于指数或比率的可变租赁付款额。

可变租赁付款额，是指承租人为取得在租赁期内使用租赁资产的权利，而向出租人支付的因租赁期开始日后的事实或情况发生变化（而非时间推移）而变动的款项。可变租赁付款额可能与下列各项指标或情况挂钩：

①由于市场比率或指数数值变动导致的价格变动。例如，基准利率或消费者价格指数变动可能导致租赁付款额调整。

②承租人源自租赁资产的绩效。例如，零售业不动产租赁可能会要求基于使用该不动产取得的销售收入的一定比例确定租赁付款额。

③租赁资产的使用。例如，车辆租赁可能要求承租人在超过特定里程数时支付额外的租赁付款额。

需要注意的是，可变租赁付款额中，仅取决于指数或比率的可变租赁付款额纳入租赁负债的初始计量中，包括与消费者价格指数挂钩的款项、与基准利率挂钩的款项和为反映市场租金费率变化而变动的款项等。此类可变租赁付款额应当根据租赁期开始日的指数或比率确定。除了取决于指数或比率的可变租赁付款额之外，其他可变租赁付款额均不纳入租赁负债的初始计量中。

（3）购买选择权的行权价格，前提是承租人合理确定将行使该选择权。

在租赁期开始日，承租人应评估是否合理确定将行使购买标的资产的选择权。在评估时，承租人应考虑对其行使或不行使购买选择权产生经济激励的所有相关事实和情况。如果承租人合理确定将行使购买标的资产的选择权，则租赁付款额中应包含购买选择权的行权价格。

（4）行使终止租赁选择权需支付的款项，前提是租赁期反映出承租人将行使终止租赁选择权。

在租赁期开始日，承租人应评估是否合理确定将行使终止租赁的选择权。在评估时，承租人应考虑对其行使或不行使终止租赁选择权产生经济激励的所有相关事实和情况。如果承租人合理确定将行使终止租赁选择权，则租赁付款额中应包含行使终止租赁选择权需支付的款项，并且租赁期不应包含终止租赁选择权涵盖的期间。

（5）根据承租人提供的担保余值预计应支付的款项。

担保余值，是指与出租人无关的一方向出租人提供担保，保证在租赁结束时租赁资产的价值至少为某指定的金额。如果承租人提供了对余值的担保，则租赁付款额应包含该担保下预计应支付的款项，它反映了承租人预计将支付的金额，而不是承租人担保余值下的最大敞口。

2. 折现率。

租赁负债应当按照租赁期开始日尚未支付的租赁付款额的现值进行初始计量。在计算租赁付款额的现值时，承租人应当采用租赁内含利率作为折现率；无法确定租赁内含利率的，应当采用承租人增量借款利率作为折现率。

租赁内含利率，是指使出租人的租赁收款额的现值与未担保余值的现值之和等于租赁资产公允价值与出租人的初始直接费用之和的利率。

其中，未担保余值，是指租赁资产余值中，出租人无法保证能够实现或仅由与出租人有关的一方予以担保的部分。

初始直接费用，是指为达成租赁所发生的增量成本。增量成本是指若企业不取得该租赁，则不会发生的成本，如佣金、印花税等。无论是否实际取得租赁都会发生的支出，不属于初始直接费用，例如为评估是否签订租赁而发生的差旅费、法律费用等，此类费用应当在发生时计入当期损益。

承租人增量借款利率，是指承租人在类似经济环境下为获得与使用权资产价值接近的资产，在类似期间以类似抵押条件借入资金须支付的利率。该利率与下列事项相关：(1) 承租人自身情况，即承租人的偿债能力和信用状况；(2) "借款"的期限，即租赁期；(3) "借入"资金的金额，即租赁负债的金额；(4) "抵押条件"，即租赁资产的性质和质量；(5) 经济环境，包括承租人所处的司法管辖区、计价货币、合同签订时间等。

在具体操作时，承租人可以先根据所处经济环境，以可观察的利率作为确定增量借款利率的参考基础，然后根据承租人自身情况、标的资产情况、租赁期和租赁负债金额等租赁业务的具体情况对参考基础进行调整，得出适用的承租人增量借款利率。企业应当对确定承租人增量借款利率的依据和过程做好记录。

（二）使用权资产的初始计量

使用权资产，是指承租人可在租赁期内使用租赁资产的权利。在租赁期开始日，承租人应当按照成本对使用权资产进行初始计量。该成本包括下列四项：

(1) 租赁负债的初始计量金额。

(2) 在租赁期开始日或之前支付的租赁付款额；存在租赁激励的，应扣除已享受的租赁激励相关金额。

(3) 承租人发生的初始直接费用。

(4) 承租人为拆卸及移除租赁资产、复原租赁资产所在场地或将租赁资产恢复至租赁条款约定状态预计将发生的成本。前述成本属于为生产存货而发生的，适用《企业会计准则第1号——存货》。

关于上述第（4）项成本，承租人有可能在租赁期开始日就承担了上述成本的支付义务，也可能在特定期间内因使用标的资产而承担了相关义务。承租人应在其有义务承担上述成本时，将这些成本确认为使用权资产成本的一部分。但是，承租人由于在特定期间内将使用权资产用于生产存货而发生的上述成本，应按照《企业会计准则第1号——存货》进行会计处理。承租人应当按照《企业会计准则第13号——或有事项》对上述成本的支付义务进行确认和计量。承租人发生的租赁资产改良支出不属于使用权资产，应当记入"长期待摊费用"科目。

在某些情况下，承租人可能在租赁期开始前就发生了与标的资产相关的经济业务或事项。例如，租赁合同双方经协商在租赁合同中约定，标的资产需经建造或重新设计后方可供承租人使用；根据合同条款与条件，承租人需支付与资产建造或设计相关的成本。承租人如发生与标的资产建造或设计相关的成本，应适用其他相关准则（如《企业会计准则第4号——固定资产》）进行会计处理。同时，需要注意的是与标的资产建造或设计相关的成本不包括承租人为获取标的资产使用权而支付的款项，此类款项无论在何时支付，均属于租赁付款额。

二、后续计量

（一）租赁负债的后续计量

1. 计量基础。

在租赁期开始日后，承租人应当按以下原则对租赁负债进行后续计量：

（1）确认租赁负债的利息时，增加租赁负债的账面金额；

（2）支付租赁付款额时，减少租赁负债的账面金额；

（3）因重估或租赁变更等原因导致租赁付款额发生变动时，重新计量租赁负债的账面价值。

承租人应当按照固定的周期性利率计算租赁负债在租赁期内各期间的利息费用，并计入当期损益，但按照《企业会计准则第17号——借款费用》等其他准则规定应当计入相关资产成本的，从其规定。

此处的周期性利率，是指承租人对租赁负债进行初始计量时所采用的折现率，或者因租赁付款额发生变动或因租赁变更而需按照修订后的折现率对租赁负债进行重新计量时，承租人所采用的修订后的折现率。

未纳入租赁负债计量的可变租赁付款额，即，并非取决于指数或比率的可变租赁付款额，应当在实际发生时计入当期损益，但按照《企业会计准则第1号——存货》等其他准则规定应当计入相关资产成本的，从其规定。

2. 租赁负债的重新计量。

在租赁期开始日后，当发生下列四种情形时，承租人应当按照变动后的租赁付款额的现值重新计量租赁负债，并相应调整使用权资产的账面价值。使用权资产的账面价值已调减至零，但租赁负债仍需进一步调减的，承租人应当将剩余金额计入当期损益。

（1）实质固定付款额发生变动。

如果租赁付款额最初是可变的，但在租赁期开始日后的某一时点转为固定，那么，在潜在可变性消除时，该付款额成为实质固定付款额，应纳入租赁负债的计量中。承租人应当按照变动后租赁付款额的现值重新计量租赁负债。在该情形下，承租人采用的折现率不变，即，采用租赁期开始日确定的折现率。

（2）担保余值预计的应付金额发生变动。

在租赁期开始日后，承租人应对其在担保余值下预计支付的金额进行估计。该金额发生变动的，承租人应当按照变动后租赁付款额的现值重新计量租赁负债。在该情形下，承租人采用的折现率不变。

（3）用于确定租赁付款额的指数或比率发生变动。

在租赁期开始日后，因浮动利率的变动而导致未来租赁付款额发生变动的，承租人应当按照变动后租赁付款额的现值重新计量租赁负债。在该情形下，承租人应采用反映利率变动的修订后的折现率进行折现。

在租赁期开始日后，因用于确定租赁付款额的指数或比率（浮动利率除外）的变动而导致未来租赁付款额发生变动的，承租人应当按照变动后租赁付款额的现值重新计量租赁负债。在该情形下,承租人采用的折现率不变。

需要注意的是,仅当现金流量发生变动时,即租赁付款额的变动生效时,承租人才应重新计量租赁负债,以反映变动后的租赁付款额。承租人应基于变动后的合同付款额,确定剩余租赁期内的租赁付款额。

(4) 购买选择权、续租选择权或终止租赁选择权的评估结果或实际行使情况发生变化。

租赁期开始日后,发生下列情形的,承租人应采用修订后的折现率对变动后的租赁付款额进行折现,以重新计量租赁负债:

①发生承租人可控范围内的重大事件或变化,且影响承租人是否合理确定将行使续租选择权或终止租赁选择权的,承租人应当对其是否合理确定将行使相应选择权进行重新评估。上述选择权的评估结果发生变化的,承租人应当根据新的评估结果重新确定租赁期和租赁付款额。前述选择权的实际行使情况与原评估结果不一致等导致租赁期变化的,也应当根据新的租赁期重新确定租赁付款额。

②发生承租人可控范围内的重大事件或变化,且影响承租人是否合理确定将行使购买选择权的,承租人应当对其是否合理确定将行使购买选择权进行重新评估。评估结果发生变化的,承租人应根据新的评估结果重新确定租赁付款额。

上述两种情形下,承租人在计算变动后租赁付款额的现值时,应当采用剩余租赁期间的租赁内含利率作为折现率;无法确定剩余租赁期间的租赁内含利率的,应当采用重估日的承租人增量借款利率作为折现率。

(二) 使用权资产的后续计量

1. 计量基础。

在租赁期开始日后,承租人应当采用成本模式对使用权资产进行后续计量,即,以成本减累计折旧及累计减值损失计量使用权资产。

承租人按照新租赁准则有关规定重新计量租赁负债的,应当相应调整使用权资产的账面价值。

2. 使用权资产的折旧。

承租人应当参照《企业会计准则第4号——固定资产》有关折旧规定,自租赁期开始日起对使用权资产计提折旧。使用权资产通常应自租赁期开始的当月计提折旧,当月计提确有困难的,为便于实务操作,企业也可以选择自租赁期开始的下月计提折旧,但应对同类使用权资产采取相同的折旧政策。计提的折旧金额应根据使用权资产的用途,计入相关资产的成本或者当期损益。

承租人在确定使用权资产的折旧方法时,应当根据与使用权资产有关的经济利益的预期实现方式作出决定。通常,承租人按直线法对使用权资产计提折旧,其他折旧方法更能反映使用权资产有关经济利益预期实现方式的,应采用其他折旧方法。

承租人在确定使用权资产的折旧年限时,应遵循以下原则:承租人能够合理确定租赁期届满时取得租赁资产所有权的,应当在租赁资产剩余使用寿命内计提折旧;承租人无法合理确定租赁期届满时能够取得租赁资产所有权的,应当在租赁期与租赁资产剩余使用寿命两者孰短的期间内计提折旧。如果使用权资产的剩余使用寿命短于前两者,则应在使用权资产的剩余使用寿命内计提折旧。

3. 使用权资产的减值。

在租赁期开始日后,承租人应当按照《企业会计准则第8号——资产减值》的规定,确定使用权资产是否发生减值,并对已识别的减值损失进行会计处理。使用权资产发生减值的,按应减记的金额,借记"资产减值损失"科目,贷记"使用权资产减值准备"科目。使用权资产减值准备一旦计提,不得转回。承租人应当按照扣除减值损失之后的使用权资产的账面价值,进行后续折旧。

企业执行新租赁准则后,《企业会计准则第13号——或有事项》有关亏损合同的规定仅适用于采用短期租赁和低价值资产租赁简化处理方法的租赁合同以及在租赁开始日前已是亏损合同的租赁合同,不再适用于其他租赁合同。

4. 承租人发生的租赁资产改良支出及其导致的预计复原支出的会计处理。

对于承租人为拆卸及移除租赁资产、复原租赁资产所在场地或将租赁资产恢复至租赁条款约定状态预计将发生的成本,属于为生产存货而发生的,适用《企业会计准则第1号——存货》,否则计入使用权资产的初始计量成本;承租人应当按照《企业会计准则第13号——或有事项》进行确认和计量。

承租人发生的租赁资产改良支出不属于使用权资产,应当记入"长期待摊费用"科目。对于由租赁资产改良导致的预计复原支出,属于为生产存货而发生的,适用《企业会计准则第1号——存货》,并按照《企业会计准则第13号——或有事项》进行确认和计量。

(三)租赁变更的会计处理

租赁变更,是指原合同条款之外的租赁范围、租赁对价、租赁期限的变更,包括增加或终止一项或多项租赁资产的使用权,延长或缩短合同规定的租赁期等。租赁变更生效日,是指双方就租赁变更达成一致的日期。

1. 租赁变更作为一项单独租赁处理。

租赁发生变更且同时符合下列条件的,承租人应当将该租赁变更作为一项单独租赁进行会计处理:

(1) 该租赁变更通过增加一项或多项租赁资产的使用权而扩大了租赁范围;

(2) 增加的对价与租赁范围扩大部分的单独价格按该合同情况调整后的金额相当。

2. 租赁变更未作为一项单独租赁处理。

租赁变更未作为一项单独租赁进行会计处理的,在租赁变更生效日,承租人应当按照新租赁准则有关租赁分拆的规定对变更后合同的对价进行分摊;按照新租赁准则有关租赁期的规定确定变更后的租赁期;并采用变更后的折现率对变更后的租赁付款额进行折现,以重新计量租赁负债。在计算变更后租赁付款额的现值时,承租人应当采用剩余租赁期间的租赁内含利率作为折现率;无法确定剩余租赁期间的租赁内含利率的,应当采用租赁变更生效日的承租人增量借款利率作为折现率。

就上述租赁负债调整的影响,承租人应区分以下情形进行会计处理:

(1) 租赁变更导致租赁范围缩小或租赁期缩短的,承租人应当调减使用权资产的账面价值,以反映租赁的部分终止或完全终止。承租人应将部分终止或完全终止租赁的相关利得或损失计入当期损益。

（2）其他租赁变更，承租人应当相应调整使用权资产的账面价值。

值得注意的是，租赁变更导致租赁期缩短至 1 年以内的，承租人应当调减使用权资产的账面价值，部分终止租赁的相关利得或损失记入"资产处置损益"科目。企业不得改按短期租赁进行简化处理或追溯调整。

三、短期租赁和低价值资产租赁

对于短期租赁和低价值资产租赁，承租人可以选择不确认使用权资产和租赁负债。作出该选择的，承租人应当将短期租赁和低价值资产租赁的租赁付款额，在租赁期内各个期间按照直线法或其他系统合理的方法计入相关资产成本或当期损益。其他系统合理的方法能够更好地反映承租人的受益模式的，承租人应当采用该方法。

（一）短期租赁

短期租赁，是指在租赁期开始日，租赁期不超过 12 个月（1 年）的租赁。当承租人与出租人签订租赁期为 1 年的租赁合同时，不能简单认为该租赁的租赁期为 1 年，而应当基于所有相关事实和情况判断可强制执行合同的期间以及是否存在实质续租、终止等选择权以合理确定租赁期。如果历史上承租人与出租人之间存在逐年续签的惯例，或者承租人与出租人互为关联方，尤其应当谨慎确定租赁期。企业在考虑所有相关事实和情况后确定租赁期为 1 年的，其他会计估计应与此一致。例如，与该租赁相关的租赁资产改良支出、初始直接费用等应当在 1 年内以直线法或其他系统合理的方法进行摊销。包含购买选择权的租赁，即使租赁期不超过 12 个月，也不属于短期租赁。

对于短期租赁，承租人可以按照租赁资产的类别作出采用简化会计处理的选择。如果承租人对某类租赁资产作出了简化会计处理的选择，未来该类资产下所有的短期租赁都应采用简化会计处理。某类租赁资产是指企业运营中具有类似性质和用途的一组租赁资产。

按照简化会计处理的短期租赁发生租赁变更或者其他原因导致租赁期发生变化的，承租人应当将其视为一项新租赁，重新按照上述原则判断该项新租赁是否可以选择简化会计处理。

（二）低价值资产租赁

低价值资产租赁，是指单项租赁资产为全新资产时价值较低的租赁。

承租人在判断是否是低价值资产租赁时，应基于租赁资产的全新状态下的价值进行评估，不应考虑资产已被使用的年限。

对于低价值资产租赁，承租人可根据每项租赁的具体情况作出简化会计处理选择。低价值资产同时还应满足以下条件，即，只有承租人能够从单独使用该低价值资产或将其与承租人易于获得的其他资源一起使用中获利，且该项资产与其他租赁资产没有高度依赖或高度关联关系时，才能对该资产租赁选择进行简化会计处理。

低价值资产租赁的标准应该是一个绝对金额，即仅与资产全新状态下的绝对价值有关，不受承租人规模、性质等影响，也不考虑该资产对于承租人或相关租赁交易的重要性。常见的低价值资产的例子包括平板电脑、普通办公家具、电话等小型资产。但是，如果承租人已经或者预期要把相关资产进行转租赁，则不能将原租赁按照低价值资产租赁进行简化会计处理。值得注意的是，符合低价值资产租赁的，也并不代表承租人若采取购入方式取得该资产时该资产不符合固定资产确认条件。

第三节 出租人会计处理

一、出租人的租赁分类

（一）融资租赁和经营租赁

出租人应当在租赁开始日将租赁分为融资租赁和经营租赁。

租赁开始日，是指租赁合同签署日与租赁各方就主要租赁条款作出承诺日中的较早者。租赁开始日可能早于租赁期开始日，也可能与租赁期开始日重合。

一项租赁属于融资租赁还是经营租赁取决于交易的实质，而不是合同的形式。如果一项租赁实质上转移了与租赁资产所有权有关的几乎全部风险和报酬，出租人应当将该项租赁分类为融资租赁。出租人应当将除融资租赁以外的其他租赁分类为经营租赁。

出租人的租赁分类是以租赁转移与租赁资产所有权相关的风险和报酬的程度为依据的。风险包括由于生产能力的闲置或技术陈旧可能造成的损失，以及由于经济状况的改变可能造成的回报变动。报酬可以表现为在租赁资产的预期经济寿命期间经营的盈利以及因增值或残值变现可能产生的利得。

租赁开始日后，除非发生租赁变更，出租人无须对租赁的分类进行重新评估。租赁资产预计使用寿命、预计余值等会计估计变更或发生承租人违约等情况变化的，出租人不对租赁进行重分类。

租赁合同可能包括因租赁开始日与租赁期开始日之间发生的特定变化而需对租赁付款额进行调整的条款与条件（例如，出租人标的资产的成本发生变动，或出租人对该租赁的融资成本发生变动）。在此情况下，出于租赁分类目的，此类变动的影响均视为在租赁开始日已发生。

（二）融资租赁的分类标准

一项租赁存在下列一种或多种情形的，通常分类为融资租赁：

（1）在租赁期届满时，租赁资产的所有权转移给承租人。即，如果在租赁协议中已经约定，或者根据其他条件，在租赁开始日就可以合理地判断，租赁期届满时出租人会将资产的所有权转移给承租人，那么该项租赁通常分类为融资租赁。

（2）承租人有购买租赁资产的选择权，所订立的购买价款预计将远低于行使选择权时租赁资产的公允价值，因而在租赁开始日就可以合理确定承租人将行使该选择权。

（3）资产的所有权虽然不转移，但租赁期占租赁资产使用寿命的大部分。实务中，这里的"大部分"一般指租赁期占租赁开始日租赁资产使用寿命的75%以上（含75%）。需要说明的是，这里的量化标准只是指导性标准，企业在具体运用时，必须以准则规定的相关条件进行综合判断。这条标准强调的是租赁期占租赁资产使用寿命的比例，而非租赁期占该项资产全部可使用年限的比例。如果租赁资产是旧资产，在租赁前已使用年限超过资产自全新时起算可使用年限的75%以上时，则这条判断标准不适用，不能使用这条标准确定租赁的分类。

（4）在租赁开始日，租赁收款额的现值几乎相当于租赁资产的公允价值。实务中，这里的"几乎相当于"，通常掌握在90%以上。需要说明的是，这里的量化标准只是指导性标准，企业在具体运用时，必须以准则规定的相关条件进行综合判断。

（5）租赁资产性质特殊，如果不作较大改造，只有承租人才能使用。租赁资产是由出租人根据承租人对资产型号、规格等方面的特殊要求专门购买或建造的，具有专购、专用性质。这些租赁资产如果不作较大的重新改制，其他企业通常难以使用。这种情况下，通常也分类为融资租赁。

一项租赁存在下列一项或多项迹象的，也可能分类为融资租赁：

（1）若承租人撤销租赁，撤销租赁对出租人造成的损失由承租人承担。

（2）资产余值的公允价值波动所产生的利得或损失归属于承租人。

例如，租赁结束时，出租人以相当于资产销售收益的绝大部分金额作为对租金的退还，说明承租人承担了租赁资产余值的几乎所有风险和报酬。

（3）承租人有能力以远低于市场水平的租金继续租赁至下一期间。

此经济激励政策与购买选择权类似，如果续租选择权行权价远低于市场水平，可以合理确定承租人将继续租赁至下一期间。

值得注意的是，出租人判断租赁类型时，上述情形和迹象并非总是决定性的，而是应综合考虑经济激励的有利方面和不利方面。若有其他特征充分表明，租赁实质上没有转移与租赁资产所有权相关的几乎全部风险和报酬，则该租赁应分类为经营租赁。例如，若租赁资产的所有权在租赁期结束时是以相当于届时其公允价值的可变付款额转让至承租人，或者因存在可变租赁付款额导致出租人实质上没有转移几乎全部风险和报酬，就可能出现这种情况。

二、出租人对融资租赁的会计处理

（一）初始计量

在租赁期开始日，出租人应当对融资租赁确认应收融资租赁款，并终止确认融资租赁资产。出租人对应收融资租赁款进行初始计量时，应当以租赁投资净额作为应收融资租赁款的入账价值。

租赁投资净额为未担保余值和租赁期开始日尚未收到的租赁收款额按照租赁内含利率折现的现值之和。租赁内含利率，是指使出租人的租赁收款额的现值与未担保余值的现值之和（即租赁投资净额）等于租赁资产公允价值与出租人的初始直接费用之和的利率。因此，出租人发生的初始直接费用包括在租赁投资净额中，也即包括在应收融资租赁款的初始入账价值中。

租赁收款额，是指出租人因让渡在租赁期内使用租赁资产的权利而应向承租人收取的款项，包括：

（1）承租人需支付的固定付款额及实质固定付款额。存在租赁激励的，应当扣除租赁激励相关金额。

（2）取决于指数或比率的可变租赁付款额。该款项在初始计量时根据租赁期开始日的指数或比率确定。

（3）购买选择权的行权价格，前提是合理确定承租人将行使该选择权。

（4）承租人行使终止租赁选择权需支付的款项，前提是租赁期反映出承租人将行使终止租赁选择权。

（5）由承租人、与承租人有关的一方以及有经济能力履行担保义务的独立第三方向出租人提供的担保余值。

若某融资租赁合同必须以收到租赁保证金为生效条件，出租人收到承租人交来的租赁保证金，借记"银行存款"科目，贷记"其他应收款——租赁保证金"科目。承租人到期不交租金，以保证金抵作租金时，借记"其他应收款——租赁保证金"科目，贷记"应收融资租赁款"科目。承租人违约，按租赁合同或协议规定没收保证金时，借记"其他应收款——租赁保证金"科目，贷记"营业外收入"等科目。

（二）融资租赁的后续计量

出租人应当按照固定的周期性利率计算并确认租赁期内各个期间的利息收入。

纳入出租人租赁投资净额的可变租赁付款额只包含取决于指数或比率的可变租赁付款额。在初始计量时，应当采用租赁期开始日的指数或比率进行初始计量。出租人应定期复核计算租赁投资总额时所使用的未担保余值。若预计未担保余值降低，出租人应修改租赁期内的收益分配，并立即确认预计的减少额。

出租人取得的未纳入租赁投资净额计量的可变租赁付款额，如与资产的未来绩效或使用情况挂钩的可变租赁付款额，应当在实际发生时计入当期损益。

（三）融资租赁变更的会计处理

融资租赁发生变更且同时符合下列条件的，出租人应当将该变更作为一项单独租赁进行会计处理：

（1）该变更通过增加一项或多项租赁资产的使用权而扩大了租赁范围；

（2）增加的对价与租赁范围扩大部分的单独价格按该合同情况调整后的金额相当。

如果融资租赁的变更未作为一项单独租赁进行会计处理，且满足假如变更在租赁开始日生效，该租赁会被分类为经营租赁条件的，出租人应当自租赁变更生效日开始将其作为一项新租赁进行会计处理，并以租赁变更生效日前的租赁投资净额作为租赁资产的账面价值。

如果融资租赁的变更未作为一项单独租赁进行会计处理，且满足假如变更在租赁开始日生效，该租赁会被分类为融资租赁条件的，出租人应当按照《企业会计准则第22号——金融工具确认和计量》第四十二条关于修改或重新议定合同的规定进行会计处理。即，修改或重新议定租赁合同，未导致应收融资租赁款终止确认，但导致未来现金流量发生变化的，应当重新计算该应收融资租赁款的账面余额，并将相关利得或损失计入当期损益。重新计算应收融资租赁款账面余额时，应当根据重新议定或修改的租赁合同现金流量按照应收融资租赁款的原折现率或按照《企业会计准则第24号——套期会计》第二十三条规定重新计算的折现率（如适用）折现的现值确定。对于修改或重新议定租赁合同所产生的所有成本和费用，企业应当调整修改后的应收融资租赁款的账面价值，并在修改后的应收融资租赁款的剩余期限内进行摊销。

三、出租人对经营租赁的会计处理

（一）租金的处理

在租赁期内各个期间，出租人应采用直线法或者其他系统合理的方法将经营租赁的租赁收款额确认为租金收入。如果其他系统合理的方法能够更好地反映因使用租赁资产所产生经济利益的消耗模式的，则出租人应采用该方法。

（二）出租人对经营租赁提供激励措施

出租人提供免租期的，出租人应将租金总额在不扣除免租期的整个租赁期内，按直线法或其他合理的方法进行分配，免租期内应当确认租金收入。出租人承担了承租人某些费用的，出租人应将该费用自租金收入总额中扣除，按扣除后的租金收入余额在租赁期内进行分配。

（三）初始直接费用

出租人发生的与经营租赁有关的初始直接费用应当资本化至租赁标的资产的成本，在租赁期内按照与租金收入相同的确认基础分期计入当期损益。

（四）折旧和减值

对于经营租赁资产中的固定资产，出租人应当采用类似资产的折旧政策计提折旧；对于其他经营租赁资产，应当根据该资产适用的企业会计准则，采用系统合理的方法进行摊销。

出租人应当按照《企业会计准则第8号——资产减值》的规定，确定经营租赁资产是否发生减值，并对已识别的减值损失进行会计处理。

（五）可变租赁付款额

出租人取得的与经营租赁有关的可变租赁付款额，如果是与指数或比率挂钩的，应在租赁期开始日计入租赁收款额；除此之外的，应当在实际发生时计入当期损益。

（六）经营租赁的变更

经营租赁发生变更的，出租人应自变更生效日开始，将其作为一项新的租赁进行会计处理，与变更前租赁有关的预收或应收租赁收款额视为新租赁的收款额。

第四节　特殊租赁业务的会计处理

一、转租赁

转租情况下，原租赁合同和转租赁合同通常都是单独协商的，交易对手也是不同的企业，准则要求转租出租人对原租赁合同和转租赁合同分别根据承租人和出租人的会计处理要求，进行会计处理。

承租人在对转租赁进行分类时，转租出租人应基于原租赁中产生的使用权资产，而不是租赁资产（如作为租赁对象的不动产或设备）进行分类。原租赁资产不归转租出租人所有，原租赁资产也未计入其资产负债表。因此，转租出租人应基于其控制的资产（即使用权资产）进行会计处理。

原租赁为短期租赁，且转租出租人作为承租人已按照准则采用简化会计处理方法的，应将转租赁分类为经营租赁。

二、生产商或经销商出租人的融资租赁会计处理

生产商或经销商通常为客户提供购买或租赁其产品或商品的选择。如果生产商或经销商出租其产品或商品构成融资租赁，则该交易产生的损益应相当于按照考虑适用的交易量或商业折扣后的正常售价直接销售标的资产所产生的损益。构成融资租赁的，生产商或经销商出租人在租赁期开始日应当按照租赁资产公允价值与租赁收款额按市场利率折现的现值两者孰低确认收入，并按照租赁资产账面价值扣除未担保余值的现值后的余额结转销售成本，收入和销售成本的差额作为销售损益。

由于取得融资租赁所发生的成本主要与生产商或经销商赚取的销售利得相关，生产商或经销商出租人应当在租赁期开始日将其计入损益。即，与其他融资租赁出租人不同，生产商或经销商出租人取得融资租赁所发生的成本不属于初始直接费用，不计入租赁投资净额。

为吸引客户，生产商或经销商出租人有时以较低利率报价。使用该利率会导致出租人在租赁期开始日确认的收入偏高。在这种情况下，生产商或经销商出租人应当将销售利得限制为采用市场利率所能取得的销售利得。

三、售后租回交易的会计处理

若企业（卖方兼承租人）将资产转让给其他企业（买方兼出租人），并从买方兼出租人租回该项资产，则卖方兼承租人和买方兼出租人均应按照售后租回交易的规定进行会计处理。企业应当按照《企业会计准则第14号——收入》的规定，评估确定售后租回交易中的资产转让是否属于销售，并区别进行会计处理。

在标的资产的法定所有权转移给出租人并将资产租赁给承租人之前，承租人可能会先获得标的资产的法定所有权。但是，是否具有标的资产的法定所有权本身并非会计处理的决定性因素。如果承租人在资产转移给出租人之前已经取得对标的资产的控制，则该交易属于售后租回交易。然而，如果承租人未能在资产转移给出租人之前取得对标的资产的控制，那么即便承租人在资产转移给出租人之前先获得标的资产的法定所有权，该交易也不属于售后租回交易。

（一）售后租回交易中的资产转让属于销售

卖方兼承租人应当按原资产账面价值中与租回获得的使用权有关的部分，计量售后租回所形成的使用权资产，并仅就转让至买方兼出租人的权利确认相关利得或损失。买方兼出租人根据其他适用的企业会计准则对资产购买进行会计处理，并根据新租赁准则对资产出租进行会计处理。

如果销售对价的公允价值与资产的公允价值不同，或者出租人未按市场价格收取租

金，企业应当进行以下调整：

（1）销售对价低于市场价格的款项作为预付租金进行会计处理；

（2）销售对价高于市场价格的款项作为买方兼出租人向卖方兼承租人提供的额外融资进行会计处理。

同时，承租人按照公允价值调整相关销售利得或损失，出租人按市场价格调整租金收入。

在进行上述调整时，企业应当按以下二者中较易确定者进行：

（1）销售对价的公允价值与资产的公允价值的差异；

（2）合同付款额的现值与按市场租金计算的付款额的现值的差异。

（二）售后租回交易中的资产转让不属于销售

卖方兼承租人不终止确认所转让的资产，而应当将收到的现金作为金融负债，并按照《企业会计准则第 22 号——金融工具确认和计量》进行会计处理。买方兼出租人不确认被转让资产，而应当将支付的现金作为金融资产，并按照《企业会计准则第 22 号——金融工具确认和计量》进行会计处理。

第十四章 财务报告

第一节 个别财务报表

一、资产负债表

(一) 资产负债表的结构

在我国，资产负债表采用账户式结构，报表分为左右两方，左方列示资产各项目，反映全部资产的分布及存在形态；右方列示负债和所有者权益各项目，反映全部负债和所有者权益的内容及构成情况。资产负债表左右双方平衡，资产总计等于负债和所有者权益总计，即"资产＝负债＋所有者权益"。此外，为了使使用者通过比较不同时点资产负债表的数据，掌握企业财务状况的变动情况及发展趋势，企业需要提供比较资产负债表，资产负债表还就各项目再分为"期末余额"和"上年年末余额"两栏分别填列。

(二) 资产和负债按流动性列报

1. 资产的流动性划分。

资产满足下列条件之一的，应当归类为流动资产：(1) 预计在一个正常营业周期中变现、出售或耗用。这主要包括存货、应收票据、应收账款等资产。需要指出的是，变现一般针对应收票据、应收账款等而言，指将资产变为现金；出售一般针对产品等存货而言；耗用一般指将存货（如原材料）转变成另一种形态（如产成品）。(2) 主要为交易目的而持有。比如一些满足《企业会计准则第22号——金融工具确认和计量》规定的持有目的是交易性的金融资产。但是，并非所有交易性金融资产均为流动资产，比如自资产负债表日起超过12个月到期且预期持有超过12个月的衍生工具应当划分为非流动资产或非流动负债。(3) 预计在资产负债表日起一年内（含一年，下同）变现。(4) 自资产负债表日起一年内，交换其他资产或清偿负债的能力不受限制的现金或现金等价物。同时，流动资产以外的资产应当归类为非流动资产。

2. 负债的流动性划分。

流动负债的判断标准与流动资产的判断标准相类似。负债满足下列条件之一的，应当归类为流动负债：(1) 预计在一个正常营业周期中清偿。(2) 主要为交易目的而持有。(3) 自资产负债表日起一年内到期应予以清偿。(4) 企业在资产负债表日没有将负债清偿推迟至资产负债表日后一年以上的实质性权利。但是，企业正常营业周期中的经营性负债项目即使在资产负债表日后超过一年才予以清偿的，仍应划分为流动负债。经营性负债项目包括应付票据、应付账款、应付职工薪酬等，这些项目属于企业正常营业周期中使用的营运资金的一部分。关于可转换工具负债成分的分类还需要注意的是，负债的条款导致企业在交易对手方选择的情况下通过交付自身权益工具进行清偿的，如果该企业按照《企业会计准则第37号——金融工具列报》的规定将上述选择权分类为权益工具并将其作为复合金融工具的权益组成部分单独确认，则该条款不影响该项负债的流动性划分。

此外，企业在判断负债的流动性划分时，对于资产负债表日后事项的有关影响需要特别加以考虑。总的判断原则是，企业在资产负债表上对债务流动和非流动的划分，应当反映在资产负债表日有效的合同安排上，考虑在资产负债表日企业是否拥有将负债清偿推迟至资产负债表日后一年以上的实质性权利，而资产负债表日之后（即使是财务报告批准报出日前）的再融资、展期或提供宽限期等行为，与资产负债表日判断负债的流动性状况无关。具体而言：（1）对于在资产负债表日起一年内到期的负债，企业拥有将清偿义务推迟至资产负债表日后一年以上的实质性权利的，应当归类为非流动负债；没有上述实质性权利的，即使在资产负债表日后、财务报告批准报出日前签订了重新安排清偿计划协议，该项负债在资产负债表日仍应当归类为流动负债。（2）企业在资产负债表日或之前违反了长期借款协议，导致贷款人可随时要求清偿的负债，应当归类为流动负债。但是，如果贷款人在资产负债表日或之前同意提供在资产负债表日后一年以上的宽限期，在此期限内企业能够改正违约行为，且贷款人不能要求随时清偿的，在资产负债表日的此项负债并不符合流动负债的判断标准，应当归类为非流动负债。企业的其他长期负债存在类似情况的，应当比照上述规定进行处理。

企业是否有行使将负债清偿推迟至资产负债表日后一年以上的实质性权利的主观可能性，并不影响负债的流动性划分。对于符合非流动负债划分条件的负债，即使企业有意图或者计划在资产负债表日后一年内（含一年）提前清偿该负债，或者在资产负债表日至财务报告批准报出日之间已提前清偿该负债，该负债仍应归类为非流动负债。

（三）资产负债表的填列方法

1. 资产负债表"期末余额"栏的填列方法。

资产负债表"期末余额"栏一般应根据资产、负债和所有者权益类科目的期末余额填列。

（1）根据总账科目的余额填列。

"其他权益工具投资""递延所得税资产""长期待摊费用""短期借款""应付票据""持有待售负债""交易性金融负债""递延收益""递延所得税负债""实收资本（或股本）""其他权益工具""库存股""资本公积""其他综合收益""专项储备""盈余公积"等项目，应根据有关总账科目的余额填列。"长期待摊费用"项目中摊销年限（或期限）只剩一年或不足一年的，或者预计在一年内（含一年）进行摊销的部分，仍在"长期待摊费用"项目中列示，不转入"一年内到期的非流动资产"项目；"递延收益"项目中摊销期限只剩一年或不足一年的，或预计在一年内（含一年）进行摊销的部分，不得归类为流动负债，仍在该项目中填列，不转入"一年内到期的非流动负债"项目。

有些项目则应根据几个总账科目的余额计算填列,如"货币资金"项目,需根据"库存现金""银行存款""其他货币资金"三个总账科目余额的合计数填列;"其他应付款"项目,需根据"其他应付款""应付利息""应付股利"三个总账科目余额的合计数填列。

(2) 根据明细账科目的余额分析计算填列。

"交易性金融资产"项目,应根据"交易性金融资产"科目的明细科目期末余额分析填列,自资产负债表日起超过一年到期且预期持有超过一年的以公允价值计量且其变动计入当期损益的非流动金融资产,在"其他非流动金融资产"项目中填列;"应收款项融资"项目,应根据"应收票据""应收账款"科目的明细科目期末余额分析填列;"开发支出"项目,应根据"研发支出"科目中所属的"资本化支出"明细科目期末余额填列;"其他债权投资"项目,应根据"其他债权投资"科目的明细科目余额分析填列,自资产负债表日起一年内到期的长期债权投资,在"一年内到期的非流动资产"项目中填列,购入的以公允价值计量且其变动计入其他综合收益的一年内到期的债权投资,在"其他流动资产"项目中填列;"应付账款"项目,应根据"应付账款"和"预付账款"科目所属的相关明细科目的期末贷方余额合计数填列;"预收款项"项目,应根据"预收账款"和相关应收款项类科目所属各明细科目的期末贷方余额合计数填列;"合同负债"项目,应根据"合同资产""合同负债""合同结算"科目的相关明细科目的期末余额分析填列;"应交税费"项目,应根据"应交税费"科目的明细科目期末余额分析填列,其中的借方余额,应当根据其流动性在"其他流动资产"或"其他非流动资产"项目中填列;"应付职工薪酬"项目,应根据"应付职工薪酬"科目的明细科目期末余额分析填列;"预计负债"项目,应根据"预计负债"科目的明细科目期末余额分析填列。"未分配利润"项目,应根据"利润分配"科目中所属的"未分配利润"明细科目期末余额填列;"一年内到期的非流动资产""一年内到期的非流动负债"项目,应根据有关非流动资产或非流动负债项目的明细科目余额分析填列。

(3) 根据总账科目和明细账科目的余额分析计算填列。

"长期借款""应付债券"项目,应分别根据"长期借款""应付债券"总账科目余额扣除"长期借款""应付债券"科目所属的明细科目中将在资产负债表日起一年内到期,且企业没有将负债清偿推迟至资产负债表日后一年以上的实质性权利部分后的金额计算填列;"租赁负债"项目,应根据"租赁负债"科目的期末余额扣除资产负债表日后12个月内租赁负债预期减少的金额计算填列。"其他流动资产""其他流动负债"项目,应根据有关总账科目及有关科目的明细科目期末余额分析填列;"其他非流动负债"项目,应根据有关科目的期末余额减去将于一年内(含一年)到期偿还数后的金额填列。

(4) 根据有关科目余额减去其备抵科目余额后的净额填列。

"长期股权投资""商誉""持有待售资产"项目,应根据相关科目的期末余额填列,已计提减值准备的,还应扣减相应的减值准备;"无形资产""投资性房地产""生产性生物资产""油气资产""使用权资产"项目,应根据相关科目的期末余额扣减相关的累计折旧(或摊销、折耗)填列,已计提减值准备的,还应扣减相应的减值准备,折旧(或摊销、折耗)年限(或期限)只剩一年或不足一年的,或者预计在一年内(含一年)进行折旧(或摊销、折耗)的部分,仍在上述项目中列示,不转入"一年内到期的非流动资产"项目,采用公允价值计量的上述资产,应根据相关科目的期末余额填列;"长期应收款"项目,应根据"长期应收款"科目的期末余额,减去相应的"未实现融资收益"科目和"坏账准备"科目所属相关明细科目期末余额后的金额填列;"长期应付款"项目,应根据"长期应付款"和"专项应付款"科目的期末余额,减去相应的"未确认融资费用"科目期末余额后的金额填列。

(5) 综合运用上述填列方法分析填列。

主要包括:"应收票据"项目,应根据"应收票据"科目的期末余额,减去"坏账准备"科目中相关坏账准备期末余额后的金额分析填列;"应收账款"项目,应根据"应收账款"科目的期末余额,减去"坏账准备"科目中相关坏账准备期末余额后的金额分析填列;"其他应收款"项目,应根据"其他应收款""应收利息""应收股利"科目的期末余额合计数,减去"坏账准备"科目中相关坏账准备期末余额后的金额填列,其中的"应收利息"仅反映相关金融工具已到期可收取但于资产负债表日尚未收到的利息;"预付款项"项目,应根据"预付账款"和"应付账款"科目所属各明细科目的期末借方余额合计数,减去"坏账准备"科目中有关预付款项计提的坏账准备期末余额后的金额填列;"债权投资"项目,应根据"债权投资"科目的相关明细科目的期末余额,减去"债权投资减值准备"科目中相关减值准备的期末余额后的金额分析填列,自资产负债表日起一年内到期的长期债权投资,在"一年内到期的非流动资产"项目中填列,购入的以摊余成本计量的一年内到期的债权投资,在"其他流动资产"项目中填列;"存货"项目,应根据"材料采购""在途物资""原材料""发出商品""库存商品""周转材料""委托加工物资""生产成本""受托代销商品""消耗性生物资产"等科目的期末余额及"合同履约成本"科目的明细科目中初始确认时摊销期限不超过一年或一个正常营业周期的期末余额合计,减去"受托代销商品款""存货跌价准备""消耗性生物资产跌价准备"等科目期末余额及"合同履约成本减值准备"科目中相应的期末余额后的金额填列,材料采用计划成本核算,以及库存商品采用计划成本核算或售价核算的企业,还应按加或减材料成本差异、商品进销差价后的金额填列;"合同资产"项目,应根据"合同资产""合同负债""合同结算"科目的相关明细科目的期末余额,减去"合同资产减值准备"科目中相关坏账准备期末余额后的金额分析填列;"固定资产"项目,应根据"固定资产"和"固定资产清理"科目的期末余额,减去"累计折旧"和"固定资产减值准备"科目的期末余额后的金额填列;"在建工程"项目,应根据"在建工程"和"工程物资"科目的期末余额,减去"在建工程减值准备"和"工程物资减值准备"科目的期末余额后的金额填列;"其他非流动资产"项目,应根据有关科目的期末余额减去将于一年内(含一年)收回数后的金额,及"合同取得成本"科目和"合同履约成本"科目的明细科目中初始确认时摊销期限在一年或一个正常营业周期以上的期末余额,减去"合同取得成本减值准备"科目和"合同履约成本减值准备"科目中相应的期末余额填列。

2. 资产负债表"上年年末余额"栏的填列方法。

资产负债表中的"上年年末余额"栏通常根据上年年末有关项目的期末余额填列,且与上年年末资产负债表"期末余额"栏相一致。如果企业发生了会计政策变更(企业会计准则另有规定的除外）、前期差错更正，应当对"上年年末余额"栏中的有关项目进行相应调整。如果企业上年度资产负债表规定的项目名称和内容与本年度不一致，应当对上年年末资产负债表相关项目的名称和金额按照本年度的规定进行调整，填入"上年年末余额"栏。

二、利润表

（一）利润表的结构

常见的利润表结构主要有单步式和多步式两种。在我国，企业利润表采用的基本上是多步式结构，即通过对当期的收入、费用项目按性质加以归类，按利润形成的主要环节列示一些中间性利润指标，分步计算当期净损益，便于使用者理解企业经营成果的不同来源。企业利润表对于费用列报通常应当按照功能进行分类，即分为从事经营业务发生的成本、管理费用、销售费用、研发费用和财务费用等，有助于使用者了解费用发生的活动领域；与此同时，为了有助于报表使用者预测企业的未来现金流量，对于费用的列报还应当在附注中披露按照性质分类的补充资料，比如分为耗用的原材料、职工薪酬费用、折旧费用、摊销费用等。

利润表主要反映以下几方面的内容：（1）营业收入，由主营业务收入和其他业务收入组成。（2）营业利润，营业收入减去营业成本（主营业务成本、其他业务成本）、税金及附加、销售费用、管理费用、研发费用、财务费用、信用减值损失、资产减值损失，加上其他收益、投资收益、净敞口套期收益、公允价值变动收益、资产处置收益，即为营业利润。（3）利润总额，营业利润加上营业外收入，减去营业外支出，即为利润总额。（4）净利润，利润总额减去所得税费用，即为净利润，按照经营可持续性具体分为"持续经营净利润"和"终止经营净利润"两项。（5）其他综合收益，具体分为"不能重分类进损益的其他综合收益"和"将重分类进损益的其他综合收益"两类，并以扣除相关所得税影响后的净额列报。（6）综合收益总额，净利润加上其他综合收益税后净额，即为综合收益总额。（7）每股收益，包括基本每股收益和稀释每股收益两项指标。

其中，其他综合收益，是指企业根据其他会计准则规定未在当期损益中确认的各项利得和损失。其他综合收益项目分为下列两类：（1）不能重分类进损益的其他综合收益，主要包括：重新计量设定受益计划变动额、权益法不能转损益的其他综合收益、其他权益工具投资公允价值变动、企业自身信用风险公允价值变动等。（2）将重分类进损益的其他综合收益，主要包括：权益法下可转损益的其他综合收益、其他债权投资公允价值变动、金融资产重分类计入其他综合收益的金额、其他债权投资信用减值准备、现金流量套期储备、外币财务报表折算差额、自用房地产或作为存货的房地产转换为以公允价值模式计量的投资性房地产在转换日公允价值大于账面价值部分等。

此外，为了使报表使用者通过比较不同期间利润的实现情况，判断企业经营成果的未来发展趋势，企业需要提供比较利润表，利润表还就各项目再分为"本期金额"和"上期金额"两栏分别填列。

（二）利润表的填列方法

1. 利润表"本期金额"栏的填列方法。

利润表"本期金额"栏一般应根据损益类科目和所有者权益类有关科目的发生额

填列。

（1）"营业收入""营业成本""税金及附加""销售费用""财务费用""其他收益""投资收益""净敞口套期收益""公允价值变动收益""信用减值损失""资产减值损失""资产处置收益""营业外收入""营业外支出""所得税费用"等项目，应根据有关损益类科目的发生额分析填列。

（2）"管理费用"项目，应根据"管理费用"科目所属的相关明细科目的发生额分析填列；"研发费用"项目，应根据"管理费用"科目下的"研发费用"明细科目的发生额，以及"管理费用"科目下的"无形资产摊销"明细科目的发生额分析填列。

（3）"其中：利息费用"和"利息收入"项目，应根据"财务费用"科目所属的相关明细科目的发生额分析填列，且这两个项目作为"财务费用"项目的其中项以正数填列。

（4）"其中：对联营企业和合营企业的投资收益"和"以摊余成本计量的金融资产终止确认收益"项目，应根据"投资收益"科目所属的相关明细科目的发生额分析填列。

（5）"其他综合收益的税后净额"项目及其各组成部分，应根据"其他综合收益"科目及其所属明细科目的本期发生额分析填列。

（6）"营业利润""利润总额""净利润""综合收益总额"项目，应根据本表中相关项目计算填列。

（7）"（一）持续经营净利润"和"（二）终止经营净利润"项目，应根据《企业会计准则第 42 号——持有待售的非流动资产、处置组和终止经营》的相关规定分别填列。

2. 利润表"上期金额"栏的填列方法。

利润表中的"上期金额"栏应根据上年同期利润表"本期金额"栏内所列数字填列。如果上年同期利润表规定的项目名称和内容与本期不一致，应对上年同期利润表各项目的名称和金额按照本期的规定进行调整，填入"上期金额"栏。

三、现金流量表

（一）现金流量表的结构

在现金流量表中，现金及现金等价物被视为一个整体，企业现金形式的转换不会产生现金的流入和流出。例如，企业从银行提取现金，是企业现金存放形式的转换，并未流出企业，不构成现金流量。同样，现金与现金等价物之间的转换也不属于现金流量，例如，企业用现金购买三个月到期的国库券。根据企业业务活动的性质和现金流量的来源，现金流量表在结构上将企业一定期间产生的现金流量分为三类：经营活动产生的现金流量、投资活动产生的现金流量和筹资活动产生的现金流量。

（二）现金流量表的填列方法

1. 经营活动产生的现金流量。

经营活动是指企业投资活动和筹资活动以外的所有交易和事项。各类企业由于行业特点不同，对经营活动的认定存在一定差异。对于工商企业而言，经营活动主要包括销售商品、提供劳务、购买商品、接受劳务、支付职工薪酬、支付税费等。对于商业银行而言，经营活动主要包括吸收存款、发放贷款、同业存放、同业拆借等。对于保险公司而言，经营活动主要包括原保险业务和再保险业务等。对于证券公司而言，经营活动主要包括自营证券、代理承销证券、代理兑付证券、代理买卖证券等。

企业实际收到的政府补助，无论是与资产相关还是与收益相关，均在"收到其他与经营活动有关的现金"项目填列。支付的按《企业会计准则第21号——租赁》规定，采用简化处理的短期租赁付款额、低价值资产租赁付款额、未纳入租赁负债的可变租赁付款额，以及支付的短期租赁和低价值资产租赁相关的预付租金和租赁保证金应当计入经营活动现金流出。

在我国，企业经营活动产生的现金流量应当采用直接法填列。直接法，是指通过现金收入和现金支出的主要类别列示经营活动的现金流量。

2. 投资活动产生的现金流量。

投资活动是指企业长期资产的购建和不包括在现金等价物范围内的投资及其处置活动。长期资产是指固定资产、无形资产、在建工程、其他资产等持有期限在一年或一个营业周期以上的资产。这里所讲的投资活动，既包括实物资产投资，也包括金融资产投资。这里之所以将"包括在现金等价物范围内的投资"排除在外，是因为已经将包括在现金等价物范围内的投资视同现金。不同企业由于行业特点不同，对投资活动的认定也存在差异。例如，交易性金融资产所产生的现金流量，对于工商企业而言，属于投资活动现金流量，而对于证券公司而言，属于经营活动现金流量。

3. 筹资活动产生的现金流量。

筹资活动是指导致企业资本及债务规模和构成发生变化的活动。这里所说的资本，既包括实收资本（股本），也包括资本溢价（股本溢价）；这里所说的债务，指对外举债，包括向银行借款、发行债券以及偿还债务等。通常情况下，应付票据、应付账款等商业应付款等属于经营活动，不属于筹资活动。

对于企业日常活动之外的、不经常发生的特殊项目，如自然灾害损失、保险赔款、捐赠等，应当归并到相关类别中，并单独反映。比如，对于自然灾害损失和保险赔款，如果能够确指属于流动资产损失，应当列入经营活动产生的现金流量；属于固定资产损失，应当列入投资活动产生的现金流量。另外，企业应当将偿还租赁负债本金和利息所支付的现金，以及支付的预付租金和租赁保证金计入筹资活动现金流出。

企业应当结合行业特点判断相关业务活动产生的现金流量的分类。不同形式现金之间的转换以及现金与现金等价物之间的转换均不产生现金流量。例如，因银行承兑汇票贴现而取得的现金，若银行承兑汇票贴现不符合金融资产终止确认条件，因票据贴现取得的现金在资产负债表中应确认为一项借款，该现金流入在现金流量表中相应分类为筹资活动现金流量；若银行承兑汇票贴现符合金融资产终止确认的条件，相关现金流入则分类为经营活动现金流量；若银行承兑汇票贴现不符合金融资产终止确认条件，后续票据到期偿付等导致应收票据和借款终止确认时，因不涉及现金收付，在编制现金流量表时，不得虚拟现金流量。公司发生以银行承兑汇票背书购买原材料等业务时，比照该原则处理。再如，定期存单的质押与解除质押业务，企业首先应当结合定期存单是否存在限制、是否能够随时支取等因素，判断其是否属于现金及现金等价物。如果定期存单本身不属于现金及现金等价物，其质押或解除质押不会产生现金流量；如果定期存单本身属于现金及现金等价物，被用于质押不再满足现金及现金等价物的定义，以及质押解除后重新符合现金及现金等价物的定义，均会产生现金流量。在后者情况下，对相关现金流量进行分类时，应当根据企业所属行业特点进行判断。如果企业属于金融行业，通过定期存款质押获取短期借款的活动可能属于经营活动，相关现金流量分类为经营活动现金流量；如果企业为一般非金融企业，通过定期存款质押获取短期借款的活动属于筹资活动，相关现金流量应被分类为筹资活动现金流量。

4. 汇率变动对现金及现金等价物的影响。

编制现金流量表时，应当将企业外币现金流量以及境外子公司的现金流量折算成记账本位币。外币现金流量以及境外子公司的现金流量，应当采用现金流量发生日的即期汇率或按照系统合理的方法确定的、与现金流量发生日即期汇率近似的汇率折算。汇率变动对现金的影响应当作为调节项目，在现金流量表中单独列报。

汇率变动对现金的影响，指企业外币现金流量及境外子公司的现金流量折算成记账本位币时，所采用的是现金流量发生日的即期汇率或按照系统合理的方法确定的、与现金流量发生日即期汇率近似的汇率，而现金流量表"现金及现金等价物净增加额"项目中外币现金净增加额是按资产负债表日的即期汇率折算的。这两者的差额即为汇率变动对现金的影响。

在编制现金流量表时，对当期发生的外币业务，也可不必逐笔计算汇率变动对现金的影响，可以通过现金流量表补充资料中"现金及现金等价物净增加额"与现金流量表中"经营活动产生的现金流量净额""投资活动产生的现金流量净额""筹资活动产生的现金流量净额"三项之和比较，其差额即为"汇率变动对现金的影响"。

四、所有者权益变动表

（一）所有者权益变动表的结构

为了清楚地表明构成所有者权益的各组成部分当期的增减变动情况，所有者权益变动表应当以矩阵的形式列示：一方面，列示导致所有者权益变动的交易或事项，改变了以往仅仅按照所有者权益的各组成部分反映所有者权益变动情况，而是从所有者权益变动的来源对一定时期所有者权益变动情况进行全面反映；另一方面，按照所有者权益各组成部分［包括实收资本（或股本）、其他权益工具、资本公积、其他综合收益、专项储备、盈余公积、未分配利润和库存股等］及其总额列示交易或事项对所有者权益的影响。此外，企业还需要提供比较所有者权益变动表，所有者权益变动表还就各项目再分为"本年金额"和"上年金额"两栏分别填列。

（二）所有者权益变动表的填列方法

1. 上年金额栏的填列方法。

所有者权益变动表"上年金额"栏内各项数字，应根据上年度所有者权益变动表"本年金额"栏内所列数字填列。如果上年度所有者权益变动表规定的项目的名称和内容与本年度不一致，应对上年度所有者权益变动表各项目的名称和金额按照本年度的规定进行调整，填入所有者权益变动表"上年金额"栏内。

2. 本年金额栏的填列方法。

所有者权益变动表"本年金额"栏内各项数字一般应根据"实收资本（或股本）""其他权益工具""资本公积""盈余公积""专项储备""其他综合收益""利润分配""库存股""以前年度损益调整"等科目及其明细科目的发生额分析填列。

五、分部报告

（一）经营分部的认定

企业应当以内部组织结构、管理要求、内部报告制度为依据确定经营分部。

经济特征不相似的经营分部，应当分别确定为不同的经营分部。企业存在相似经济特征的两个或多个经营分部，例如，具有相近的长期财务业绩，包括具有相近的长期平均毛利率、资金回报率、未来现金流量等，将其合并披露可能更为恰当。具有相似经济特征的两个或多个经营分部，在同时满足下列条件时，可以合并为一个经营分部。

（1）各单项产品或劳务的性质相同或相似，包括产品或劳务的规格、型号、最终用途等。

（2）生产过程的性质相同或相似，包括采用劳动密集或资本密集方式组织生产、使用相同或相似设备和原材料、采用委托生产或加工方式等。

（3）产品或劳务的客户类型相同或相似，包括大宗客户、零散客户等。

（4）销售产品或提供劳务的方式相同或相似，包括批发、零售、自产自销、委托销售、承包等。企业销售产品或提供劳务的方式不同，其承受的风险和报酬也不相同。

（5）生产产品或提供劳务受法律、行政法规的影响相同或相似，包括经营范围或交易定价机制等。

（二）报告分部的确定

1. 重要性标准的判断。

企业应当以经营分部为基础确定报告分部。经营分部满足下列条件之一的，应当确定为报告分部：

（1）该分部的分部收入占所有分部收入合计的10%或者以上。

（2）该分部的分部利润（亏损）的绝对额，占所有盈利分部利润合计额或者所有亏损分部亏损合计额的绝对额两者中较大者的10%或者以上。

（3）该分部的分部资产占所有分部资产合计额的10%或者以上。分部资产，是指分部经营活动使用的可归属于该分部的资产，不包括递延所得税资产。

2. 低于10%重要性标准的选择。

经营分部未满足上述10%重要性标准的，可以按照下列规定确定报告分部：

（1）企业管理层认为披露该经营分部信息对会计信息使用者有用的，可以将其确定为报告分部。在这种情况下，无论该经营分部是否满足10%的重要性标准，企业都可以直接将其指定为报告分部。

（2）将该经营分部与一个或一个以上的具有相似经济特征、满足经营分部合并条件的其他经营分部合并，作为一个报告分部。对经营分部10%的重要性测试可能会导致企业存在大量未满足10%数量临界线的经营分部,在这种情况下,如果企业没有直接将这些经营分部指定为报告分部,可以将一个或一个以上具有相似经济特征、满足经营分部合并条件的一个以上的经营分部合并成一个报告分部。

(3) 不将该经营分部直接指定为报告分部,也不将该经营分部与其他未作为报告分部的经营分部合并为一个报告分部的,企业在披露分部信息时,应当将该经营分部的信息与其他组成部分的信息合并,作为其他项目单独披露。

3. 报告分部75%的标准。

企业的经营分部达到规定的10%重要性标准认定为报告分部后,确定为报告分部的经营分部的对外交易收入合计额占合并总收入或企业总收入的比重应当达到75%的比例。如果未达到75%的标准,企业应增加报告分部的数量,将其他未作为报告分部的经营分部纳入报告分部的范围,直到该比重达到75%。此时,其他未作为报告分部的经营分部很可能未满足前述规定的10%重要性标准,但为了使报告分部的对外交易收入合计额占合并总收入或企业总收入的总体比重能够达到75%的比例要求,也应当将其确定为报告分部。

4. 报告分部的数量。

根据前述的确定报告分部的原则,企业确定的报告分部数量可能超过10个,此时,企业提供的分部信息可能变得非常繁琐,不利于会计信息使用者理解和使用。因此,报告分部的数量通常不应当超过10个。如果报告分部的数量超过10个,企业应当考虑将具有相似经济特征、满足经营分部合并条件的报告分部进行合并,以使合并后的报告分部数量不超过10个。

5. 为提供可比信息确定报告分部。

企业在确定报告分部时,除应当遵循相应的确定标准以外,还应当考虑不同会计期间分部信息的可比性和一致性。对于某一经营分部,在上期可能满足报告分部的确定条件从而确定为报告分部,但本期可能并不满足报告分部的确定条件。此时,如果企业认为该经营分部仍然重要,单独披露该经营分部的信息能够更有助于会计信息使用者了解企业的整体情况,则不需考虑该经营分部确定为报告分部的条件,仍应当将该经营分部确定为本期的报告分部。

对于某一经营分部,在本期可能满足报告分部的确定条件从而确定为报告分部,但上期可能并不满足报告分部的确定条件从而未确定为报告分部。此时,出于比较目的提供的以前会计期间的分部信息应当重述,以将该经营分部反映为一个报告分部,即使其不满足确定为报告分部的条件。如果重述所需要的信息无法获得,或者不符合成本效益原则,则不需要重述以前会计期间的分部信息。不论是否对以前期间相应的报告分部信息进行重述,企业均应当在报表附注中披露这一信息。

(三) 分部信息的披露

企业披露的分部信息,应当有助于会计信息使用者评价企业所从事经营活动的性质和财务影响以及经营所处的经济环境。企业应当以对外提供的财务报表为基础披露分部信息;对外提供合并财务报表的企业,应当以合并财务报表为基础披露分部信息。企业应当在附注中披露报告分部的下列信息:

1. 描述性信息。(1) 确定报告分部考虑的因素，通常包括企业管理层是否按照产品和服务、地理区域、监管环境差异或综合各种因素进行组织管理。(2) 报告分部的产品和劳务的类型。

2. 每一报告分部的利润（亏损）总额相关信息。

该信息包括利润（亏损）总额组成项目及计量的相关会计政策信息。企业管理层在计量报告分部利润（亏损）时运用了下列数据，或者未运用下列数据但定期提供给企业管理层的，应当在附注中披露每一报告分部的下列信息：(1) 对外交易收入和分部间交易收入。(2) 利息收入和利息费用。但是，报告分部的日常活动是金融性质的除外。报告分部的日常活动是金融性质的，可以仅披露利息收入减去利息费用后的净额，同时披露这一处理方法。(3) 折旧费用和摊销费用，以及其他重大的非现金项目。(4) 采用权益法核算的长期股权投资确认的投资收益。(5) 所得税费用或所得税收益。(6) 其他重大的收益或费用项目。

企业应当在附注中披露计量每一报告分部利润（亏损）的下列会计政策：(1) 分部间转移价格的确定基础；(2) 相关收入和费用分配给报告分部的基础；(3) 确定报告分部利润（亏损）使用的计量方法发生变化的性质，以及这些变化产生的影响。

3. 每一报告分部的资产总额、负债总额相关信息。

该信息包括资产总额组成项目的信息，以及有关资产、负债计量相关的会计政策。企业管理层在计量报告分部资产时运用了下列数据，或者未运用下列数据但定期提供给企业管理层的，应当在附注中披露每一报告分部的下列信息：(1) 采用权益法核算的长期股权投资金额；(2) 非流动资产（不包括金融资产、独立账户资产、递延所得税资产）金额。报告分部的负债金额定期提供给企业管理层的，企业应当在附注中披露每一报告分部的负债金额。

分部负债，是指分部经营活动形成的可归属于该分部的负债，不包括递延所得税负债。如果与两个或多个经营分部共同承担的负债相关的费用分配给这些经营分部，该共同承担的负债也应当分配给这些经营分部。

企业应当在附注中披露将相关资产或负债分配给报告分部的基础。

4. 除上述已经作为报告分部信息组成部分的披露内容外，企业还应当披露的信息。

(1) 每一产品和劳务或每一类似产品和劳务的对外交易收入。但是，披露相关信息不切实可行的除外。企业披露相关信息不切实可行的，应当披露这一事实。

(2) 企业取得的来自于本国的对外交易收入总额，以及企业从其他国家取得的对外交易收入总额。但是，披露相关信息不切实可行的除外。企业披露相关信息不切实可行的，应当披露这一事实。

(3) 企业取得的位于本国的非流动资产（不包括金融资产、独立账户资产、递延所得税资产）总额，以及企业位于其他国家的非流动资产（不包括金融资产、独立账户资产、递延所得税资产）总额。但是，披露相关信息不切实可行的除外。企业披露相关信息不切实可行的，应当披露这一事实。

(4) 企业对主要客户的依赖程度。企业与某一外部客户交易收入占合并总收入或企业总收入的10%或以上，应当披露这一事实，以及来自该外部客户的总收入和相关报告分部的特征。

5. 报告分部信息总额与企业信息总额的衔接。

报告分部收入总额应当与企业收入总额相衔接；报告分部利润（亏损）总额应当与企业利润（亏损）总额相衔接；报告分部资产总额应当与企业资产总额相衔接；报告分部负债总额应当与企业负债总额相衔接。

6. 比较信息。

企业在披露分部信息时，为可比起见，应当提供前期的比较数据。对于某一经营分部，如果本期满足报告分部的确定条件确定为报告分部，即使前期没有满足报告分部的确定条件未确定为报告分部，也应当提供前期的比较数据。但是，重述信息不切实可行的除外。

企业内部组织结构改变导致报告分部组成发生变化的，应当提供前期比较数据。但是，提供比较数据不切实可行的除外。企业未提供前期比较数据的，应当在报告分部组成发生变化的当年，同时披露以新的报告分部和旧的报告分部为基础编制的分部信息。

不论企业是否提供前期比较数据，均应披露这一事实。

六、关联方披露

（一）关联方关系的认定

关联方关系的存在往往是以控制、共同控制或重大影响为前提条件的。在判断是否存在关联方关系时，应当遵循实质重于形式的原则。从一个企业的角度出发，与其存在关联方关系的各方包括：

（1）该企业的母公司，不仅包括直接或间接地控制该企业的其他企业，也包括能够对该企业实施直接或间接控制的单位等。

①某一个企业直接控制一个或多个企业。例如，母公司控制一个或若干个子公司，则母公司与子公司之间存在关联方关系。

②某一个企业通过一个或若干个中间企业间接控制一个或多个企业。例如，母公司通过其子公司，间接控制子公司的子公司，表明母公司与其子公司的子公司存在关联方关系。

③一个企业直接地和通过一个或若干个中间企业间接地控制一个或多个企业。例如，母公司对某一企业的投资虽然没有达到控股的程度，但由于其子公司也拥有该企业的股份或权益，如果母公司与其子公司对该企业的投资之和达到拥有该企业的控制权，则母公司直接和间接地控制该企业，表明母公司与该企业之间存在关联方关系。

（2）该企业的子公司，包括直接或间接地被该企业控制的其他企业，也包括直接或间接地被该企业控制的企业、单位、基金等特殊目的实体。

（3）与该企业受同一母公司控制的其他企业。例如，A公司和B公司同受C公司控制，从而A公司和B公司之间构成关联方关系。

（4）对该企业实施共同控制的投资方。这里的共同控制包括直接的共同控制和间接的共同控制。对企业实施直接或间接共同控制的投资方与该企业之间是关联方关系，但这些投资方之间并不能仅仅因为共同控制了同一家企业而视为存在关联方关系。例如，A、B、C三个企业共同控制D企业，从而A和D、B和D，以及C和D成为关联方关系。

如果不存在其他关联方关系，A和B、A和C以及B和C之间不构成关联方关系。

（5）对该企业施加重大影响的投资方。这里的重大影响包括直接的重大影响和间接的重大影响。对企业实施重大影响的投资方与该企业之间是关联方关系，但这些投资方之间并不能仅仅因为对同一家企业具有重大影响而视为存在关联方关系。

（6）该企业的合营企业。合营企业包括合营企业的子公司。合营企业是以共同控制为前提的，两方或多方共同控制某一企业时，该企业则为投资者的合营企业。例如，A、B、C、D企业各占F企业有表决权资本的25%，按照合同规定，投资各方按照出资比例共同控制F企业，在这种情况下，A和F、B和F、C和F以及D和F之间构成关联方关系。

（7）该企业的联营企业。联营企业包括联营企业的子公司。联营企业和重大影响是相联系的，如果投资者能对被投资企业施加重大影响，则该被投资企业应被视为投资者的联营企业。

（8）该企业的主要投资者个人及与其关系密切的家庭成员。主要投资者个人，是指能够控制、共同控制一个企业或者对一个企业施加重大影响的个人投资者。

①某一企业与其主要投资者个人之间的关系。例如，张三是A企业的主要投资者，则A企业与张三构成关联方关系。

②某一企业与其主要投资者个人关系密切的家庭成员之间的关系。例如，A企业的主要投资者张三的儿子与A企业构成关联方关系。

（9）该企业或其母公司的关键管理人员及与其关系密切的家庭成员。关键管理人员，是指有权力并负责计划、指挥和控制企业活动的人员。通常情况下，企业关键管理人员负责管理企业的日常经营活动，并且负责制订经营计划、战略目标、指挥调度生产经营活动等，主要包括董事长、董事、董事会秘书、总经理、总会计师、财务总监、主管各项事务的副总经理以及行使类似决策职能的人员等。

①某一企业与其关键管理人员之间的关系。例如，A企业的总经理与A企业构成关联方关系。

②某一企业与其关键管理人员关系密切的家庭成员之间的关系。例如，A企业的总经理张三的儿子张小三与A企业构成关联方关系。

（10）该企业主要投资者个人、关键管理人员或与其关系密切的家庭成员控制、共同控制或施加重大影响的其他企业。与主要投资者个人、关键管理人员关系密切的家庭成员，是指在处理与企业的交易时可能影响该个人或受该个人影响的家庭成员，例如，父母、配偶、兄弟姐妹和子女等。对于这类关联方，应当根据主要投资者个人、关键管理人员或与其关系密切的家庭成员对两家企业的实际影响力具体分析判断。但是，两方或两方以上同受一方重大影响的，不构成关联方，详见"（二）不构成关联方关系的情况"。

①某一企业与受该企业主要投资者个人控制、共同控制的其他企业之间的关系。例如，A企业的主要投资者H拥有B企业60%的表决权资本，则A和B存在关联方关系。

②某一企业与受该企业主要投资者个人关系密切的家庭成员控制、共同控制的其他企业之间的关系。例如，A企业的主要投资者Y的妻子拥有B企业60%的表决权资本，则A和B存在关联方关系。

③某一企业与受该企业关键管理人员控制、共同控制的其他企业之间的关系。例如，A企业的关键管理人员H控制了B企业，则A和B存在关联方关系。

④某一企业与受该企业关键管理人员关系密切的家庭成员控制、共同控制的其他企业之间的关系。例如，A企业的财务总监Y的妻子控制了B企业，则A和B存在关联方关系。

（11）该企业关键管理人员提供服务的提供方与服务接受方。提供关键管理人员服务的主体（以下简称服务提供方）向接受该服务的主体（以下简称服务接受方）提供关键管理人员服务的，服务提供方和服务接受方之间是否构成关联方关系应当具体分析判断。

①服务接受方在编制财务报表时，应当将服务提供方作为关联方进行相关披露。服务接受方可以不披露服务提供方所支付或应支付给服务提供方有关员工的报酬，但应当披露其接受服务而应支付的金额。

②服务提供方在编制财务报表时，不应仅仅因为向服务接受方提供了关键管理人员服务就将其认定为关联方，而应当按照《企业会计准则第36号——关联方披露》判断双方是否构成关联方并进行相应的会计处理。

（12）企业与其所属企业集团的其他成员单位（包括母公司和子公司）的合营企业或联营企业。

（13）企业的合营企业与企业的其他合营企业或联营企业。

（14）该企业设立的企业年金基金。

（二）不构成关联方关系的情况

（1）与该企业发生日常往来的资金提供者、公用事业部门、政府部门和机构，以及因与该企业发生大量交易而存在经济依存关系的单个客户、供应商、特许商、经销商和代理商之间，不构成关联方关系。

（2）与该企业共同控制合营企业的合营者之间，通常不构成关联方关系。

（3）仅仅同受国家控制而不存在控制、共同控制或重大影响关系的企业，不构成关联方关系。

（4）两方或两方以上受同一方重大影响的企业之间不构成关联方。

第二节 企业合并

一、业务的判断

业务是指企业内部某些生产经营活动或资产负债的组合，该组合具有投入、加工处理过程和产出能力，能够独立计算其成本费用或所产生的收入等，目的在于为投资者提供股利、降低成本或带来其他经济利益。有关资产或资产、负债的组合具备了投入和加工处理过程两个要素即可认为构成一项业务。对于取得的资产、负债组合是否构成业务，应当由企业结合实际情况进行判断。

（一）构成业务的要素

根据企业合并准则的规定，涉及构成业务的合并应当比照企业合并准则规定处理。合并方在合并中取得的生产经营活动或资产的组合（以下简称组合）构成业务，通常应具有下列三个要素：

（1）投入，指原材料、人工、必要的生产技术等无形资产以及构成产出能力的机器设备等其他长期资产的投入。

（2）加工处理过程，指具有一定的管理能力、运营过程，能够组织投入形成产出能力的系统、标准、协议、惯例或规则。

（3）产出，包括为客户提供的产品或服务、为投资者或债权人提供的股利或利息等投资收益，以及企业日常活动产生的其他收益。

（二）构成业务的判断条件

合并方在合并中取得的组合应当至少同时具有一项投入和一项实质性加工处理过程，且二者相结合对产出能力有显著贡献，该组合才构成业务。合并方在合并中取得的组合是否有实际产出并不是判断其构成业务的必要条件。企业应当考虑产出的下列情况分别判断加工处理过程是否是实质性的：

该组合在合并日无产出的，同时满足下列条件的加工处理过程应判断为是实质性的：第一，该加工处理过程对投入转化为产出至关重要；第二，具备执行该过程所需技能、知识或经验的有组织的员工，且具备必要的材料、权利、其他经济资源等投入，例如技术、研究和开发项目、房地产或矿区权益等。

该组合在合并日有产出的，满足下列条件之一的加工处理过程应判断为是实质性的：第一，该加工处理过程对持续产出至关重要，且具备执行该过程所需技能、知识或经验的有组织的员工；第二，该加工处理过程对产出能力有显著贡献，且该过程是独有、稀缺或难以取代的。

企业在判断组合是否构成业务时，应当从市场参与者角度考虑可以将其作为业务进行管理和经营，而不是根据合并方的管理意图或被合并方的经营历史来判断。

（三）判断非同一控制下企业合并中取得的组合是否构成业务，也可选择采用集中度测试

集中度测试是非同一控制下企业合并的购买方在判断取得的组合是否构成一项业务时，可以选择采用的一种简化判断方式。在进行集中度测试时，如果购买方取得的总资产的公允价值几乎相当于其中某一单独可辨认资产或一组类似可辨认资产的公允价值的，则该组合通过集中度测试，应判断为不构成业务，且购买方无须按照上述构成业务的判断条件进行判断；如果该组合未通过集中度测试，购买方仍应按照上述构成业务的判断条件的规定进行判断。购买方应当按照下列规定进行集中度测试：

（1）计算确定取得的总资产的公允价值。取得的总资产不包括现金及现金等价物、递延所得税资产以及由递延所得税负债影响形成的商誉。购买方通常可以通过下列公式之一计算确定取得的总资产的公允价值：

总资产的公允价值＝合并中取得的非现金资产的公允价值＋（购买方支付的对价＋

购买日被购买方少数股东权益的公允价值＋购买日前持有被购买方权益的公允价值－合并中所取得的被购买方可辨认净资产的公允价值）－递延所得税资产－由递延所得税负债影响形成的商誉

总资产的公允价值＝购买方支付的对价＋购买日被购买方少数股东权益的公允价值＋购买日前持有被购买方权益的公允价值＋取得负债的公允价值（不包括递延所得税负债）－取得的现金及现金等价物－递延所得税资产－由递延所得税负债影响形成的商誉

(2) 关于单独可辨认资产。单独可辨认资产是企业合并中作为一项单独可辨认资产予以确认和计量的一项资产或资产组。如果资产（包括租赁资产）及其附着物分拆成本重大，应当将其一并作为一项单独可辨认资产，例如土地和建筑物。

(3) 关于一组类似资产。企业在评估一组类似资产时，应当考虑其中每项单独可辨认资产的性质及其与管理产出相关的风险等。下列情形通常不能作为一组类似资产：一是有形资产和无形资产；二是不同类别的有形资产，例如存货和机器设备；三是不同类别的可辨认无形资产，例如商标权和特许权；四是金融资产和非金融资产；五是不同类别的金融资产，例如应收款项和权益工具投资；六是同一类别但风险特征存在重大差别的可辨认资产等。

二、企业合并的会计处理

（一）同一控制下企业合并的处理

同一控制下的企业合并，是指参与合并的企业在合并前后均受同一方或相同的多方最终控制且该控制并非暂时性的。同一控制下企业合并的定义包含两个核心要素：一是合并方与被合并方在合并前后受同一方或相同的多方最终控制；二是该最终控制并非暂时性的（通常指一年以上）。

(1) 能够对参与合并各方在合并前后均实施最终控制的一方通常指企业集团的母公司。

(2) 能够对参与合并的企业在合并前后均实施最终控制的相同多方，是指根据合同或协议的约定，拥有最终决定参与合并企业的财务和经营政策，并从中获取利益的投资者群体。

(3) 实施控制的时间性要求，是指参与合并各方在合并前后较长时间内为最终控制方所控制。具体是指在企业合并之前（即合并日之前），参与合并各方在最终控制方的控制时间一般在1年以上（含1年），企业合并后所形成的报告主体在最终控制方的控制时间也应达到1年以上（含1年）。

(4) 企业之间的合并是否属于同一控制下的企业合并，应综合构成企业合并交易的各方面情况，按照实质重于形式的原则进行判断。

（二）非同一控制下企业合并的处理

非同一控制下的企业合并，是指参与合并各方在合并前后不受同一方或相同的多方最终控制的合并交易，即除判断属于同一控制下企业合并以外的其他企业合并。

应予说明的是，企业合并发生的当期期末，因合并中取得的各项可辨认资产、负债及或有负债的公允价值或企业合并成本只能暂时确定的，购买方应当以所确定的暂时价值为基础对企业合并进行确认和计量。购买日后 12 个月内对确认的暂时价值进行调整的，视为在购买日确认和计量。

（三）企业合并涉及的或有对价

同一控制下企业合并形成的控股合并，在确认长期股权投资初始投资成本时，应按照《企业会计准则第 13 号——或有事项》的规定，判断是否应就或有对价确认预计负债或者确认资产，以及应确认的金额；确认预计负债或资产的，该预计负债或资产金额与后续或有对价结算金额的差额不影响当期损益，而应当调整资本公积（资本溢价或股本溢价），资本公积（资本溢价或股本溢价）不足冲减的，调整留存收益。

非同一控制下企业合并涉及或有对价时长期股权投资成本的计量。在某些情况下，企业合并各方可能在合并协议中约定，根据未来一项或多项或有事项的发生，购买方通过发行额外证券、支付额外现金或其他资产等方式追加合并对价，或者要求返还之前已经支付的对价，这将导致产生企业合并的或有对价问题。会计准则规定，购买方应当将合并协议约定的或有对价作为企业合并转移对价的一部分，按照其在购买日的公允价值计入企业合并成本。或有对价符合权益工具和金融负债定义的，购买方应当将支付或有对价的义务确认为一项权益或负债；符合资产定义并满足资产确认条件的，购买方应当将符合合并协议约定条件的、可收回的部分已支付合并对价的权利确认为一项资产。同时规定，购买日 12 个月内出现对购买日已存在情况的新的或进一步证据需要调整或有对价的，应当予以确认并对原计入合并商誉的金额进行调整；其他情况下发生的或有对价变化或调整，应当区分情况进行会计处理：或有对价为权益性质的，不进行会计处理；或有对价为资产或负债性质的，如果属于会计准则规定的金融工具，应当按照以公允价值计量且其变动计入当期损益进行会计处理，不得指定为以公允价值计量且其变动计入其他综合收益的金融资产。

上述关于或有对价的规定，主要侧重于两个方面：一是在购买日应当合理估计或有对价并将其计入企业合并成本，购买日后 12 个月内取得新的或进一步证据表明购买日已存在状况，从而需要对企业合并成本进行调整的，可以据以调整企业合并成本；二是无论是购买日后 12 个月内还是其他时点，如果是由于出现新的情况导致对原估计或有对价进行调整的，则不能再对企业合并成本进行调整，相关或有对价属于金融工具的，应以公允价值计量，公允价值变动计入当期损益。上述会计处理的出发点在于，对企业合并交易原则上确认和计量时点应限定为购买日，购买日以后视新的情况对原购买成本进行调整的，不能视为购买日的状况，因此也就不能据以对企业合并成本进行调整。

（四）反向购买的处理

1. 企业合并成本。

反向购买中，法律上的子公司（购买方）的企业合并成本是指其如果以发行权益性证券的方式为获取在合并后报告主体的股权比例，应向法律上母公司（被购买方）的股东发行的权益性证券数量与其公允价值计算的结果。购买方的权益性证券在购买日存在公开报价的，通常应以公开报价作为其公允价值；购买方的权益性证券在购买日不存在可靠公开报价的，应参照购买方的公允价值和被购买方的公允价值两者之中有更为明显证据支持的一个作为基础，确定购买方假定应发行权益性证券的公允价值。

2. 合并财务报表的编制。

反向购买后，法律上的母公司应当遵从以下原则编制合并财务报表：

（1）合并财务报表中，法律上子公司的资产、负债应以其在合并前的账面价值进行确认和计量。

（2）合并财务报表中的留存收益和其他权益余额应当反映的是法律上子公司在合并前的留存收益和其他权益余额。

（3）合并财务报表中的权益性工具的金额应当反映法律上子公司合并前发行在外的股份面值以及假定在确定该项企业合并成本过程中新发行的权益性工具的金额。但是，在合并财务报表中的权益结构应当反映法律上母公司的权益结构，即法律上母公司发行在外权益性证券的数量和种类。

（4）法律上母公司的有关可辨认资产、负债在并入合并财务报表时，应以其在购买日确定的公允价值进行合并，企业合并成本大于合并中取得的法律上母公司（被购买方）可辨认净资产公允价值的份额体现为商誉，小于合并中取得的法律上母公司（被购买方）可辨认净资产公允价值的份额确认为合并当期损益。

（5）合并财务报表的比较信息应当是法律上子公司的比较信息（即法律上子公司的前期合并财务报表）。

（6）法律上子公司的有关股东在合并过程中未将其持有的股份转换为法律上母公司股份的，该部分股东享有的权益份额在合并财务报表中应作为少数股东权益列示。因法律上子公司的部分股东未将其持有的股份转换为法律上母公司的股权，其享有的权益份额仍仅限于对法律上子公司的部分，该部分少数股东权益反映的是少数股东按持股比例计算享有法律上子公司合并前净资产账面价值的份额。另外，对于法律上母公司的所有股东，虽然该项合并中其被认为是被购买方，但其享有合并形成报告主体的净资产及损益，不应作为少数股东权益列示。

上述反向购买的会计处理原则仅适用于合并财务报表的编制。法律上母公司在该项合并中形成的对法律上子公司长期股权投资成本的确定，应当遵从《企业会计准则第2号——长期股权投资》的相关规定。

3. 每股收益的计算。

发生反向购买当期，用于计算每股收益的发行在外普通股加权平均数为：

（1）自当期期初至购买日，发行在外的普通股数量应假定为在该项合并中法律上母公司向法律上子公司股东发行的普通股数量。

（2）自购买日至期末发行在外的普通股数量为法律上母公司实际发行在外的普通股股数。

反向购买后对外提供比较合并财务报表的，其比较前期合并财务报表中的基本每股收益，应以法律上子公司在每一比较报表期间归属于普通股股东的净损益除以在反向购买中法律上母公司向法律上子公司股东发行的普通股股数计算确定。

上述假定法律上子公司发行的普通股股数在比较期间内和自反向购买发生期间的期初至购买日之间未发生变化。如果法律上子公司发行的普通股股数在此期间发生了变动，计算每股收益时应适当考虑其影响进行调整。

反向购买中，被购买方（即上市公司）构成业务的，购买方应按照非同一控制下企业合并的原则进行处理。被购买方不构成业务的，购买方应按照权益性交易的原则进行处理，不得确认商誉或当期损益。

第三节 合并财务报表

一、合并范围的确定

（一）以"控制"为基础，确定合并范围

合并财务报表的合并范围应当以控制为基础予以确定。控制，是指投资方拥有对被投资方的权力，通过参与被投资方的相关活动而享有可变回报，并且有能力运用对被投资方的权力影响其回报金额。当投资方因参与被投资方的相关活动而享有可变回报，且有能力运用对被投资方的权力来影响上述回报时，投资方即控制被投资方。

因此，投资方要实现控制，必须具备以下基本要素，一是因涉入被投资方而享有可变回报；二是拥有对被投资方的权力，并且有能力运用对被投资方的权力影响其回报金额。投资方只有同时具备上述两个要素时，才能控制被投资方。

实际工作中，投资方在判断其能否控制被投资方时，应综合考虑所有相关事实和情况，以判断是否同时满足控制的这两个要素。相关事实和情况主要包括：被投资方的设立目的和设计；被投资方的相关活动以及如何对相关活动作出决策；投资方享有的权利是否使其目前有能力主导被投资方的相关活动；投资方是否通过参与被投资方的相关活动而享有可变回报；投资方是否有能力运用对被投资方的权力影响其回报金额；投资方与其他方的关系。其中，对被投资方的设立目的和设计的分析，贯穿于判断控制的始终，也是分析上述其他事实和情况的基础。如果事实和情况表明上述控制要素中的一个或多个发生变化，投资方应当重新判断其还能否控制被投资方。

投资方在判断能否控制被投资方时，具体判断如下：

1. 被投资方的设立目的和设计。

当判断对被投资方的控制时，投资方应考虑被投资方的设立目的及设计，以明确哪些是相关活动、相关活动的决策机制、谁拥有现时能力主导这些活动，以及谁从这些活动中获得可变回报。

了解被投资方的设立目的和设计有助于了解每个投资方的目的，即：投资方为何参与被投资方的相关活动，参与了哪些活动。因此，在识别哪个投资方控制被投资方时，了解被投资方的设立目的和设计非常关键。被投资方的设立目的和设计在判断控制的很多环节都需要考虑。

如果对被投资方的控制是通过持有被投资方权益工具而获得一定比例表决权或是潜在表决权的方式来实现，在不存在其他改变决策机制的安排时，控制的判断主要着重于判断哪一方能够通过行使表决权来决定被投资方的财务和经营政策。例如，在最简单的情况

下,在不存在其他因素时,通常持有半数以上表决权的投资方控制被投资方,但是如果章程或者其他协议有某些特殊约定,例如,被投资方相关活动的决策需要2/3以上表决权比例通过,在这种情况下,拥有半数以上表决权并不意味着必然能够对被投资方实施控制。

如果在被投资方的设计中,表决权不是判断能否控制被投资方的决定性因素,其仅与被投资方的日常行政管理活动有关,而被投资方的相关活动可能是由其他合同安排规定的,则在这种情况下,投资方在考虑被投资方的设立目的和设计时,还应考虑被投资方的设立带来了哪些风险和收益;被投资方将哪些风险和收益转移给了参与其活动的各方;投资方是否面临这些风险和收益。所考虑的风险不仅包括下行风险,也包括可能的上行收益。

2. 判断通过涉入被投资方的活动享有的是否为可变回报。

（1）可变回报的定义。

享有控制权的投资方,通过参与被投资方相关活动,享有的是可变回报。可变回报,是不固定且可能随着被投资方业绩而变化的回报,可以仅是正回报,仅是负回报,或者同时包括正回报和负回报。

（2）可变回报的形式。

投资方在评价其享有被投资方的回报是否可变以及可变的程度时,需基于合同安排的实质,而不是法律形式。例如,投资方持有固定利息的债券投资时,由于债券存在违约风险,投资方需承担被投资方不履约而产生的信用风险,因此,投资方享有的固定利息回报也可能是一种可变回报。又如,投资方管理被投资方资产而获得的固定管理费也是一种变动回报,因为投资方是否能获得此回报依赖于被投资方能否获得足够的收益以支付该固定管理费。

3. 判断投资方是否对被投资方拥有权力,并能够运用此权力影响回报金额。

（1）权力的定义。

控制的另一个要素是权力。投资方能够主导被投资方的相关活动时,称投资方对被投资方享有"权力"。

（2）相关活动。①识别相关活动。②分析相关活动的决策机制。③两个或两个以上投资方能够分别单方面主导被投资方的不同相关活动时,如何判断哪方拥有权力。

（3）"权力"是一种实质性权利。

权力源于权利。但是,这并不意味着在判断权力时需要考虑投资方及其他方对被投资方的所有权利。在判断投资方是否拥有对被投资方的权力时,应区分投资方及其他方享有的权利是实质性权利还是保护性权利,仅实质性权利才应当被加以考虑。

（4）权力的持有人应为主要责任人。

权力是能够"主导"被投资方相关活动的现时能力,可见,权力是为自己行使的(行使人为主要责任人),而不是代其他方行使权力(行使人为代理人)。

代理人代表其他方(主要责任人)行动并服务于该其他方的利益。主要责任人可能将其对被投资方的某些或全部决策权授予代理人,但代理人代表主要责任人行使此类权力时,代理人并不对被投资方拥有控制。在评估控制时,代理人的决策权应被视为由主要责任人直接持有,权力属于主要责任人,而非代理人。

当存在多个主要责任人时,每个主要责任人需评估其是否拥有对被投资方的权力。

决策者不会仅仅因为其他方能从其决策中获益而成为代理人。决策者在确定其是否为代理人时，应总体考虑自身、被投资方以及其他方之间的关系，尤其需考虑以下四项因素。除非某一方拥有罢免该决策者的实质性权利，且能够实现无理由罢免，否则应当全面分析评价以下四项因素的影响。根据具体情况，以下四项因素的相对重要性程度可能存在差异。

(5) 权力的一般来源——表决权。

投资方对被投资方的权力可能源自各种权利。例如，表决权、委派或罢免有能力主导被投资方相关活动的该被投资方关键管理人员或其他主体的权利、决定被投资方进行某项交易或否决某项交易的权利、由管理合同授予的决策权利。这些权利单独或者结合在一起，可能赋予对被投资方的权力。

通常情况下，当被投资方具有一系列对回报产生重要影响的经营及财务活动，且需要就这些活动连续地进行实质性决策时，表决权或类似权利本身或结合其他安排，将赋予投资者权力。

表决权是对被投资方经营计划、投资方案、年度财务预算方案和决算方案、利润分配方案和弥补亏损方案、内部管理机构的设置、聘任或解聘公司经理及确定其报酬、公司的基本管理制度等事项进行表决而持有的权利。表决权比例通常与其出资比例或持股比例是一致的，但公司章程另有规定的除外。

①通过直接或间接拥有半数以上表决权而拥有权力。

②持有被投资方半数以上表决权但并无权力。

③直接或间接结合，也只拥有半数或半数以下表决权，但仍然可以通过表决权判断拥有权力。

(6) 权力来自于表决权以外的其他权利——来自合同安排。

在某些情况下，某些主体的投资方对其的权力并非源自于表决权（例如，表决权可能仅与日常行政活动工作有关），被投资方的相关活动由一项或多项合同安排决定，例如，证券化产品、资产支持融资工具、部分投资基金等结构化主体。

结构化主体，是指在确定其控制方时没有将表决权或类似权利作为决定因素而设计的主体。通常情况下，结构化主体在合同约定的范围内开展业务活动，表决权或类似权利仅与行政性管理事务相关。

(7) 权力与回报之间的联系。

投资方必须不仅拥有对被投资方的权力和因涉入被投资者而承担或有权获得可变回报，而且要有能力使用权力来影响因涉入被投资者而获得的投资方回报。只有当投资方不仅拥有对被投资方的权力、通过参与被投资方的相关活动而享有可变回报，并且有能力运用对被投资方的权力来影响其回报的金额时，投资方才控制被投资方。

(二) 纳入合并范围的特殊情况——对被投资方可分割部分的控制

投资方通常应当对是否控制被投资方整体进行判断。但在少数情况下，如果有确凿证据表明同时满足下列条件并且符合相关法律法规规定的，投资方应当将被投资方的一部分视为被投资方可分割的部分，进而判断是否控制该部分（可分割部分）：

(1) 该部分的资产是偿付该部分负债或该部分其他利益方的唯一来源，不能用于偿还该部分以外的被投资方的其他负债。

(2) 除与该部分相关的各方外,其他方不享有与该部分资产相关的权利,也不享有与该部分资产剩余现金流量相关的权利。

实质上该部分的所有资产、负债及其他相关权益均与被投资方的剩余部分相隔离,即:该部分的资产产生的回报不能由该部分以外的被投资方其他部分享有,该部分的负债也不能用该部分以外的被投资方资产偿还。

如果被投资方的一部分资产和负债及其他相关权益满足上述条件,构成可分割部分,则投资方应当基于控制的判断标准确定其是否能控制该可分割部分,考虑该可分割部分的相关活动及其决策机制,投资方是否目前有能力主导可分割部分的相关活动并据以从中取得可变回报。如果投资方控制可分割部分,则应将其进行合并。在此情况下,其他方在考虑是否合并被投资方时,应仅对被投资方的剩余部分进行控制及合并的评估,而将可分割部分排除在外。

(三) 合并范围的豁免——投资性主体

1. 豁免规定。

母公司应当将其全部子公司(包括母公司所控制的被投资单位可分割部分、结构化主体)纳入合并范围。但是,如果母公司是投资性主体,则只应将那些为投资性主体的投资活动提供相关服务的子公司纳入合并范围,其他子公司不应予以合并,母公司对其他子公司的投资应当按照以公允价值计量且其变动计入当期损益的金融资产进行核算。

一个投资性主体的母公司如果其本身不是投资性主体,则应当将其控制的全部主体,包括投资性主体以及通过投资性主体间接控制的主体,纳入合并财务报表范围。

2. 投资性主体的定义。

当母公司同时满足以下三个条件时,该母公司属于投资性主体:

(1) 该公司以向投资方提供投资管理服务为目的,从一个或多个投资者获取资金。这是投资性主体与其他主体的显著区别。

(2) 该公司的唯一经营目的,是通过资本增值、投资收益或两者兼有而让投资者获得回报。投资性主体的经营目的一般可能通过其设立目的、投资管理方式、投资期限、投资退出战略等体现出来,具体表现形式可以是通过募集说明书、公司章程或合伙协议以及所发布的其他公开信息。例如,如果一个基金在募集说明书中说明其投资的目的是为了实现资本增值、一般情况下的投资期限较长、制定了比较清晰的投资退出战略等,则这些描述与投资性主体的经营目的是一致的;反之,如果该基金的经营目的是与被投资方合作开发、生产或者销售某种产品,则其不是投资性主体。

(3) 该公司按照公允价值对几乎所有投资的业绩进行计量和评价。对于投资性主体而言,相对于合并子公司财务报表或者按照权益法核算对联营企业或合营企业的投资,公允价值计量所提供的信息更具有相关性。公允价值计量体现在:在企业会计准则允许的情况下,在向投资方报告其财务状况和经营成果时应当以公允价值计量其投资;向其关键管理人员提供公允价值信息,以供他们据此评估投资业绩或作出投资决策。但是,投资性主体没必要以公允价值计量其固定资产等非投资性资产或其负债。

3. 投资性主体的特征。

投资性主体通常应当符合下列四个特征:

(1) 拥有一个以上投资。
(2) 拥有一个以上投资者。
(3) 投资者不是该主体的关联方。
(4) 该主体的所有者权益以股权或类似权益存在。

可见，上述特征仅仅是投资性主体的常见特征，当主体不完全具备上述四个特征时，需要审慎评估，判断是否有确凿证据证明虽然缺少其中一个或几个特征，但该主体仍然符合投资性主体的定义。

4. 因投资性主体转换引起的合并范围的变化。

当母公司由非投资性主体转变为投资性主体时，除仅将为其投资活动提供相关服务的子公司纳入合并财务报表范围编制合并财务报表外，企业自转变日起对其他子公司不应予以合并，其会计处理参照部分处置子公司股权但不丧失控制权的处理原则：终止确认与其他子公司相关资产（包括商誉）及负债的账面价值，以及其他子公司相关少数股东权益（包括属于少数股东的其他综合收益）的账面价值，并按照对该子公司的投资在转变日的公允价值确认一项以公允价值计量且其变动计入当期损益的金融资产，同时将对该子公司的投资在转变日的公允价值作为处置价款，其与当日合并财务报表中该子公司净资产（资产、负债及相关商誉之和，扣除少数股东权益）的账面价值之间的差额，调整资本公积（资本溢价或股本溢价），资本公积不足冲减的，调整留存收益。

当母公司由投资性主体转变为非投资性主体时，应将原未纳入合并财务报表范围的子公司于转变日纳入合并财务报表范围，将转变日视为购买日，原未纳入合并财务报表范围的子公司于转变日的公允价值视为购买的交易对价，按照非同一控制下企业合并的会计处理方法进行会计处理。

（四）控制的持续评估

控制的评估是持续的，当环境或情况发生变化时，投资方需要评估控制的两个基本要素中的一个或多个是否发生了变化。如果有任何事实或情况表明控制的两项基本要素中的一个或多个发生了变化，投资方应重新评估对被投资方是否具有控制。

如果对被投资方的权力的行使方式发生变化，该变化必须反映在投资方对被投资方权力的评估中。例如，决策机制的变化可能意味着投资方不再通过表决权主导相关活动，而是由其他方通过协议或者合同赋予的其他权利来主导相关活动。

某些事件即使不涉及投资方，也可能导致该投资方获得或丧失对被投资方的权力。例如，其他方以前拥有的能阻止投资方控制被投资方的决策权到期失效，则可能使投资方因此而获得权力。

投资方应考虑因其参与被投资方相关活动而承担的可变回报的风险敞口的变化带来的影响。例如，如果拥有权力的投资方不再享有可变回报（如与业绩相关的管理费合同到期），则该投资方会因此而丧失对被投资方的控制。再如，某资产管理计划的管理人原持有该计划5%的份额，并收取按照该计划的利润的一定比例的管理费，其获得的可变回报的规模表明该管理人只是一个代理人，之后，由于该资产管理计划的几个重要投资者的退出，管理人的持有份额上升，加上管理费之后可变回报的相对比例大幅上升，体现出主要责任人的特点，从而该管理人需要持续评估其是否控制该资产管理计划。

投资方还应考虑其作为代理人或主要责任人的评估是否发生了变化。投资方与其他方之间整体关系的变化可能意味着原为代理人的投资方不再是代理人；反之亦然。例如，如果投资方或其他方的权利发生了变化，投资方应重新评估其代理人或主要责任人的身份。

投资方初始评估控制的结果，或者初始评估其是主要责任人或代理人的结果，不会简单地因为市场情况的变化（如因市场情况的变化导致被投资方的回报发生变化）而变化，除非市场情况的变化导致了控制两个要素的一个或多个的改变，或导致主要责任人与代理人之间的整体关系的改变。

二、合并财务报表编制原则和基本程序

（一）合并财务报表的编制原则

合并财务报表作为财务报表，必须符合财务报表编制的一般原则和基本要求。这些基本要求包括真实可靠、内容完整。与个别财务报表相比，合并财务报表又具有下列特点：一是反映的对象是由母公司和其全部子公司组成的会计主体；二是编制者是母公司，但所对应的会计主体是由母公司及其控制的所有子公司所构成的企业集团；三是合并财务报表是站在合并财务报表主体的立场上，以纳入合并范围的企业个别财务报表为基础，根据其他有关资料，抵销母公司与子公司、子公司相互之间发生的内部交易，考虑了特殊交易事项对合并财务报表的影响后编制的，旨在反映合并财务报表主体作为一个整体的财务状况、经营成果和现金流量。因此，合并财务报表的编制除在遵循财务报表编制的一般原则和要求外，还应当遵循以下原则和要求：

（1）以个别财务报表为基础编制。
（2）一体性原则。
（3）重要性原则。

（二）合并财务报表的构成

合并财务报表至少包括合并资产负债表、合并利润表、合并所有者权益变动表（或合并股东权益变动表）、合并现金流量表和附注，它们分别从不同的方面反映企业集团财务状况、经营成果及其现金流量情况，构成一个完整的合并财务报表体系。

（三）合并财务报表的编制程序

合并财务报表的编制是一项极为复杂的工作，不仅涉及本企业会计业务和财务报表，而且还涉及纳入合并范围的子公司的会计业务和财务报表。为了使合并财务报表的编制工作有条不紊，必须按照一定的程序有步骤地进行。合并财务报表编制程序大致如下：

（1）设置合并工作底稿。合并工作底稿的作用是为合并财务报表的编制提供基础。在合并工作底稿中，对母公司和纳入合并范围的子公司的个别财务报表各项目的数额进行汇总和抵销处理，最终计算得出合并财务报表各项目的合并数。

（2）将母公司、纳入合并范围的子公司个别资产负债表、利润表及所有者权益变动表各项目的数据过入合并工作底稿，并在合并工作底稿中对母公司和子公司个别财务报表各项目的数据进行加总，计算得出个别资产负债表、个别利润表及个别所有者权益变动表各项目合计数额。

（3）编制调整分录与抵销分录，将母公司与子公司、子公司相互之间发生的经济业

务对个别财务报表有关项目的影响进行调整抵销处理。编制调整分录与抵销分录，进行调整抵销处理是合并财务报表编制的关键和主要内容，其目的在于将因会计政策及计量基础的差异而对个别财务报表的影响进行调整，以及将个别财务报表各项目的加总数据中重复的因素等予以抵销。

（4）计算合并财务报表各项目的合并数额。即在母公司和纳入合并范围的子公司个别财务报表各项目加总数额的基础上，分别计算财务报表中的资产项目、负债项目、所有者权益项目、收入项目和费用项目的合并数。其计算方法如下：

①资产类项目，其合并数根据该项目加总的数额，加上该项目调整分录与抵销分录的借方发生额，减去该项目调整分录与抵销分录的贷方发生额计算确定。

②负债类项目和所有者权益类项目，其合并数根据该项目加总的数额，减去该项目调整分录与抵销分录的借方发生额，加上该项目调整分录与抵销分录的贷方发生额计算确定。

③有关收益类项目，其合并数根据该项目加总的数额，减去该项目调整分录与抵销分录的借方发生额，加上该项目调整分录与抵销分录的贷方发生额计算确定。

④有关成本费用类项目和有关利润分配的项目，其合并数根据该项目加总的数额，加上该项目调整分录与抵销分录的借方发生额，减去该项目调整分录与抵销分录的贷方发生额计算确定。

（5）填列合并财务报表。即根据合并工作底稿中计算出的资产、负债、所有者权益、收入、成本费用类各项目的合并数，填列正式的合并财务报表。

三、合并抵销原则

（一）编制合并资产负债表需要调整抵销的项目

合并资产负债表是以母公司和纳入合并范围的子公司的个别资产负债表为基础编制的。个别资产负债表则是以单个企业为会计主体进行会计核算的结果，它从母公司本身或从子公司本身的角度对自身的财务状况进行反映。对于企业集团内部发生的经济业务，从发生内部经济业务的企业来看，发生经济业务的双方都在其个别资产负债表中进行了反映。例如，集团内部母公司与子公司之间发生的赊购赊销业务，对于赊销企业来说，一方面，确认营业收入、结转营业成本、计算营业利润，并在其个别资产负债表中反映为应收账款；而对于赊购企业来说，在内部购入的存货未实现对外销售的情况下，则在其个别资产负债表中反映为存货和应付账款。在这种情况下，资产、负债和所有者权益类各项目的加总数额中，必然包含有重复计算的因素。作为反映企业集团整体财务状况的合并资产负债表，必须将这些重复计算的因素予以扣除，对这些重复的因素进行抵销处理。这些需要扣除的重复因素，就是合并财务报表编制时需要进行抵销处理的项目。

编制合并资产负债表时需要进行抵销处理的主要有如下项目：（1）母公司对子公司股权投资项目与子公司所有者权益（或股东权益）项目；（2）母公司与子公司、子公司相互之间未结算的内部债权债务项目；（3）存货项目，即内部购进存货价值中包含的未实现内部销售损益；（4）固定资产项目（包括固定资产原价和累计折旧项目），即内部购进固定资产价值中包含的未实现内部销售损益；（5）无形资产项目，即内部购进无形资产价值包含的未实现内部销售损益。

（二）编制合并利润表和合并所有者权益变动表需要调整抵销的项目

合并利润表和合并所有者权益变动表是以母公司和纳入合并范围的子公司的个别利润表和个别所有者权益变动表为基础编制的。利润表和所有者权益变动表作为以单个企业为会计主体进行会计核算的结果，它从母公司本身或从子公司本身反映一定会计期间经营成果的形成及其分配情况。在以其个别利润表及个别所有者权益变动表为基础计算的收益和费用等项目的加总数额中，也必然包含有重复计算的因素。在编制合并利润表和合并所有者权益变动表时，也需要将这些重复的因素予以扣除。

编制合并利润表和合并所有者权益变动表时需要进行抵销处理的主要有如下项目：(1) 内部销售收入和内部销售成本项目；(2) 内部投资收益项目，包括内部利息收入与利息支出项目、内部股权投资收益项目；(3) 信用减值损失、资产减值损失项目，即与内部交易相关的内部应收账款、存货、固定资产、无形资产等项目的减值损失；(4) 纳入合并范围的子公司利润分配项目。

（三）编制合并现金流量表需要调整抵销的项目

合并现金流量表是综合反映母公司及其子公司组成的企业集团，在一定会计期间现金流入、现金流出数量以及其增减变动情况的财务报表。合并现金流量表以母公司和子公司的现金流量表为基础，在抵销母公司与子公司、子公司相互之间发生内部交易对合并现金流量表的影响后，由母公司编制。

在以母公司和子公司个别现金流量表为基础编制合并现金流量表时，需要进行抵销的内容主要有：(1) 母公司与子公司、子公司相互之间当期以现金投资或收购股权增加的投资所产生的现金流量。(2) 母公司与子公司、子公司相互之间当期取得投资收益收到的现金与分配股利、利润或偿付利息支付的现金。(3) 母公司与子公司、子公司相互之间以现金结算债权与债务所产生的现金流量。(4) 母公司与子公司、子公司相互之间当期销售商品所产生的现金流量。(5) 母公司与子公司、子公司相互之间处置固定资产、无形资产和其他长期资产收回的现金净额与购建固定资产、无形资产和其他长期资产支付的现金。(6) 母公司与子公司、子公司相互之间当期发生的其他内部交易所产生的现金流量。

四、合并财务报表的格式

合并财务报表格式通常在个别财务报表基础上，增加下列项目：

1. 合并资产负债表。

(1) 在所有者权益项目下增加"归属于母公司所有者权益合计"项目，用于反映企业集团的所有者权益中归属于母公司所有者权益的部分，包括实收资本（或股本）、其他权益工具、资本公积、库存股、其他综合收益、盈余公积、未分配利润、其他等项目的金额；(2) 在所有者权益项目下增加"少数股东权益"项目，用于反映非全资子公司的所有者权益中不属于母公司的份额。

2. 合并利润表。

(1) 在"净利润"项目下增加"归属于母公司所有者的净利润"和"少数股东损益"两个项目，分别反映净利润中由母公司所有者享有的份额和非全资子公司当期实现的净利润中归属于少数股东的份额。同一控制下企业合并增加子公司的，当期合并利润表中还应在"净利润"项目下增加"其中：被合并方在合并前实现的净利润"项目，用于反映同一控制下企业合并中取得的被合并方在合并日前实现的净利润。(2) 在"综合收益总额"项目下增加"归属于母公司所有者的综合收益总额"和"归属于少数股东的综合收益总额"两个项目，分别反映综合收益总额中由母公司所有者享有的份额和非全资子公司当期综合收益总额中归属于少数股东的份额。

3. 合并现金流量表。

合并现金流量表格式与《企业会计准则第31号——现金流量表》应用指南（2006）中现金流量表的格式基本相同。

4. 合并所有者权益变动表。

合并所有者权益变动表应增加"少数股东权益"栏目，反映少数股东权益变动的情况。另外，参照合并资产负债表中的"资本公积""其他权益工具""其他综合收益"等项目的列示，合并所有者权益变动表中应单列上述各栏目反映。

对于纳入合并财务报表的子公司既有一般工商企业，又有金融企业等的，如果母公司在企业集团经营中权重较大，以母公司主业是一般企业还是金融企业确定其报表类别，根据集团其他业务适当增加其他报表类别的相关项目；如果母公司在企业集团经营中权重不大，以企业集团的主业确定其报表类别，根据集团其他业务适当增加其他报表类别的相关项目；对于不符合上述情况的，合并财务报表采用一般企业报表格式，根据集团其他业务适当增加其他报表类别的相关项目。

第四节 每股收益

一、基本每股收益的计算

基本每股收益只考虑当期实际发行在外的普通股股份，按照归属于普通股股东的当期净利润除以当期实际发行在外普通股的加权平均数计算确定。

（一）分子的确定

计算基本每股收益时，分子为归属于普通股股东的当期净利润，即企业当期实现的可供普通股股东分配的净利润或应由普通股股东分担的净亏损金额。发生亏损的企业，每股收益以负数列示。以合并财务报表为基础计算的每股收益，分子应当是归属于母公司普通股股东的当期合并净利润，即扣减少数股东损益后的余额。

（二）分母的确定

计算基本每股收益时，分母为当期发行在外普通股的加权平均数，即期初发行在外普通股股数根据当期新发行或回购的普通股股数与相应时间权数的乘积进行调整后的股数。需要指出的是，公司库存股不属于发行在外的普通股，且无权参与利润分配，应当在计算分母时扣除。

发行在外普通股加权平均数 = 期初发行在外普通股股数 + 当期新发行普通股股数 × 已发行时间 ÷ 报告期时间 − 当期回购普通股股数 × 已回购时间 ÷ 报告期时间

其中，作为权数的已发行时间、报告期时间和已回购时间通常按天数计算，在不影响计算结果合理性的前提下，也可以采用简化的计算方法，如按月数计算。

二、稀释每股收益的计算

（一）基本计算原则

稀释每股收益是以基本每股收益为基础，假设企业所有发行在外的稀释性潜在普通股均已转换为普通股，从而分别调整归属于普通股股东的当期净利润以及发行在外普通股的加权平均数计算而得的每股收益。

1. 稀释性潜在普通股。

潜在普通股是指赋予其持有者在报告期或以后期间享有取得普通股权利的一种金融工具或其他合同。目前，我国企业发行的潜在普通股主要有可转换公司债券、认股权证、股份期权等。

稀释性潜在普通股，是指假设当期转换为普通股会减少每股收益或增加每股亏损的潜在普通股。计算稀释每股收益时只考虑稀释性潜在普通股的影响，而不考虑不具有稀释性的潜在普通股。

需要特别说明的是，潜在普通股是否具有稀释性的判断标准是看其对持续经营每股收益的影响；也就是说，假定潜在普通股当期转换为普通股，如果会减少持续经营每股收益或增加持续经营每股亏损，表明具有稀释性，否则，具有反稀释性。一般情况下，每股收益是按照企业当期归属于普通股股东的全部净利润计算而得；但如果企业存在终止经营的情况，应当按照扣除终止经营净利润以后的当期归属于普通股股东的持续经营净利润进行计算。

2. 分子的调整。

计算稀释每股收益时，应当根据下列事项对归属于普通股股东的当期净利润进行调整：（1）当期已确认为费用的稀释性潜在普通股的利息。（2）稀释性潜在普通股转换时将产生的收益或费用。上述调整应当考虑相关的所得税影响。对于包含负债和权益成分的金融工具，仅需调整属于金融负债部分的相关利息、利得或损失。

3. 分母的调整。

计算稀释每股收益时，当期发行在外普通股的加权平均数应当为计算基本每股收益时普通股的加权平均数与假定稀释性潜在普通股转换为已发行普通股而增加的普通股股数的加权平均数之和。

假定稀释性潜在普通股转换为已发行普通股而增加的普通股股数，应当根据潜在普通股的条件确定。当存在不止一种转换基础时，应当假定会采取从潜在普通股持有者角度看最有利的转换率或执行价格。

假定稀释性潜在普通股转换为已发行普通股而增加的普通股股数，应当按照其发行在外时间进行加权平均。以前期间发行的稀释性潜在普通股，应当假设在当期期初转换为普通股；当期发行的稀释性潜在普通股，应当假设在发行日转换普通股；当期被注销或终止的稀释性潜在普通股，应当按照当期发行在外的时间加权平均计入稀释每股收益；当期被转换或行权的稀释性潜在普通股，应当从当期期初至转换日（或行权日）计入稀释每股收益中，从转换日（或行权日）起所转换的普通股则计入基本每股收益中。

（二）可转换公司债券

可转换公司债券是指公司依法发行的、在一定期间内依据约定的条件可以转换成股份的公司债券。对于可转换公司债券，可以采用假设转换法判断其稀释性，并计算稀释每股收益。首先，假设这部分可转换公司债券在当期期初（或发行日）即已转换成普通股，从而一方面增加了发行在外的普通股股数，另一方面节约了公司债券的利息费用，增加了归属于普通股股东的当期净利润。然后，用增加的净利润除以增加的普通股股数，得出增量股的每股收益，与原来的每股收益进行比较。如果增量股的每股收益小于原每股收益，则说明该可转换公司债券具有稀释作用，应当计入稀释每股收益的计算中。

计算稀释每股收益时，以基本每股收益为基础，分子的调整项目为当期已确认为费用的利息等的税后影响额；分母的调整项目为假定可转换公司债券当期期初（以前期间发行的可转换公司债券）或发行日（当期发行的可转换公司债券）转换为普通股的股数加权平均数。

（三）认股权证、股份期权

认股权证是指公司发行的、约定持有人有权在履约期间内或特定到期日按约定价格向本公司购买新股的有价证券。股份期权是指公司授予持有人在未来一定期限内以预先确定的价格和条件购买本公司一定数量股份的权利，股份期权持有人对于其享有的股份期权，可以在规定的期间内以预先确定的价格和条件购买公司一定数量的股份，也可以放弃该种权利。

对于盈利企业，认股权证、股份期权等的行权价格低于当期普通股平均市场价格时，具有稀释性。对于亏损企业，其自身发行的认股权证、股份期权的假设行权一般不影响净亏损，但增加普通股股数，从而导致每股亏损金额的减少，实际上产生了反稀释的作用，因此，这种情况下，不应当计算稀释每股收益。

对于稀释性认股权证、股份期权，计算稀释每股收益时，一般无须调整分子净利润金额，只需要按照下列步骤对分母普通股加权平均数进行调整：

（1）假设这些认股权证、股份期权在当期期初（或发行日）已经行权，计算按约定行权价格发行普通股将取得的股款金额。

（2）假设按照当期普通股平均市场价格发行股票，计算需发行多少普通股能够带来上述相同的股款金额。

（3）比较行使股份期权、认股权证将发行的普通股股数与按照平均市场价格发行的普通股股数，差额部分相当于无对价发行的普通股，作为发行在外普通股股数的净增加。也就是说，认股权证、股份期权行权时发行的普通股可以视为两部分：一部分是按照平均市场价格发行的普通股，这部分普通股由于是按照市价发行，导致企业经济资源流入与普通股股数同比例增加，既没有稀释作用也没有反稀释作用，不影响每股收益金额；另一部分是无对价发行的普通股，这部分普通股由于是无对价发行，企业可利用的经济资源没有增加，但发行在外普通股股数增加，因此具有稀释性，应当计入稀释每股收益中。

$$增加的普通股股数 = 拟行权时转换的普通股股数 - 行权价格 \times 拟行权时转换的普通股股数 \div 当期普通股平均市场价格$$

其中，普通股平均市场价格的计算，理论上应当包括该普通股每次交易的价格，但实务操作中通常对每周或每月具有代表性的股票交易价格进行简单算术平均即可。股票价格比较平稳的情况下，可以采用每周或每月股票的收盘价作为代表性价格；股票价格波动较大的情况下，可以采用每周或每月股票最高价与最低价的平均值作为代表性价格。无论采用何种方法计算平均市场价格，一经确定，不得随意变更，除非股票价格波动情况发生明显改变或有其他确凿证据表明原计算方法不再适用。当期发行认股权证或股份期权的，普通股平均市场价格应当自认股权证或股份期权的发行日起计算。

（4）将净增加的普通股股数乘以其假设发行在外的时间权数，据此调整计算稀释每股收益的分母数。

（四）授予员工的限制性股票或股票期权

上市公司采取授予限制性股票的方式进行股权激励的，在其等待期内应当按照以下原则计算每股收益。

1. 等待期内基本每股收益的计算。

基本每股收益仅考虑发行在外的普通股，按照归属于普通股股东的当期净利润除以发行在外普通股的加权平均数计算。限制性股票由于未来可能被回购，性质上属于或有可发行股票，因此，在计算基本每股收益时不应当包括在内。上市公司在等待期内基本每股收益的计算，应视其发放的现金股利是否可撤销采取不同的方法：

（1）现金股利可撤销，即一旦未达到解锁条件，被回购限制性股票的持有者将无法获得（或需要退回）其在等待期内应收（或已收）的现金股利。等待期内计算基本每股收益时，分子应扣除当期分配给预计未来可解锁限制性股票持有者的现金股利；分母不应包含限制性股票的股数。

（2）现金股利不可撤销，即不论是否达到解锁条件，限制性股票持有者仍有权获得（或不得被要求退回）其在等待期内应收（或已收）的现金股利。对于现金股利不可撤销的限制性股票，即便未来没有解锁，已分配的现金股利也无须退回，表明在分配利润时这些股票享有了与普通股相同的权利。因此，属于同普通股股东一起参加剩余利润分配的其他权益工具。等待期内计算基本每股收益时，分子应扣除归属于预计未来可解锁限制性股票的净利润；分母不应包含限制性股票的股数。

2. 等待期内稀释每股收益的计算。

上市公司在等待期内稀释每股收益的计算，应视解锁条件不同采取不同的方法：

（1）解锁条件仅为服务期限条件的，公司应假设资产负债表日尚未解锁的限制性股票已于当期期初（或晚于期初的授予日）全部解锁，并参照股份期权的有关规定考虑限制性股票的稀释性。行权价格低于公司当期普通股平均市场价格时，应当考虑其稀释性，计算稀释每股收益。其中，行权价格为限制性股票的发行价格加上资产负债表日尚未取得的职工服务按《企业会计准则第 11 号——股份支付》有关规定计算确定的公允价值。

锁定期内计算稀释每股收益时，分子应加回计算基本每股收益分子时已扣除的当期分配给预计未来可解锁限制性股票持有者的现金股利或归属于预计未来可解锁限制性股票的净利润。

行权价格 = 限制性股票的发行价格 + 资产负债表日尚未取得的职工服务的公允价值

稀释每股收益 = 当期净利润 ÷ （普通股加权平均数 + 调整增加的普通股加权平均数）

= 当期净利润 ÷ [普通股加权平均数 + （限制性股票股数 - 行权价格 × 限制性股票股数 ÷ 当期普通股平均市场价格）*]

*限制性股票若为当期发行的，则还需考虑时间权数计算加权平均数

（2）解锁条件包含业绩条件的，公司应假设资产负债表日即为解锁日并据以判断资产负债表日的实际业绩情况是否满足解锁要求的业绩条件。若满足业绩条件的，应当参照上述解锁条件仅为服务期限条件的有关规定计算稀释性每股收益；若不满足业绩条件的，计算稀释性每股收益时不必考虑此限制性股票的影响。

（五）企业承诺将回购其股份的合同

企业承诺将回购其股份的合同中规定的回购价格高于当期普通股平均市场价格时，应当考虑其稀释性。计算稀释每股收益时，与前面认股权证、股份期权的计算思路恰好相反，具体步骤为：

（1）假设企业于期初按照当期普通股平均市场价格发行普通股，以募集足够的资金来履行回购合同；合同日晚于期初的，则假设企业于合同日按照自合同日至期末的普通股平均市场价格发行足量的普通股。该假设前提下，由于是按照市价发行普通股，导致企业经济资源流入与普通股股数同比例增加，每股收益金额不变。

（2）假设回购合同已于当期期初（或合同日）履行，按照约定的行权价格回购本企业股票。

（3）比较假设发行的普通股股数与假设回购的普通股股数，差额部分作为净增加的发行在外普通股股数，再乘以相应的时间权重，据此调整计算稀释每股收益的分母数。

增加的普通股股数 = 回购价格 × 承诺回购的普通股股数 ÷ 当期普通股平均市场价格 - 承诺回购的普通股股数

（六）多项潜在普通股

企业对外发行不同潜在普通股的，单独考察其中某潜在普通股可能具有稀释作用，但如果和其他潜在普通股一并考察时可能恰恰变为反稀释作用。例如，某公司先后发行甲、乙两种可转换债券（票面利率和转换价格均不同），甲债券导致的增量股每股收益为1.5元，乙债券导致的增量股每股收益为3.5元，假设基本每股收益为4元。如果分别考察甲、乙两种可转换债券，增量股每股收益小于基本每股收益，两种债券都具有稀释作用。并且，由于增量股每股收益越小，其稀释作用越大，甲债券的稀释作用大于乙债券。然而，如果综合考察甲、乙两种可转换债券，先计入甲债券使得每股收益稀释为3.1元，若再计入乙债券则使得每股收益反弹为3.4元，因此，乙债券在这种情况下不再具有稀释作用，不应计入稀释每股收益中。

为了反映潜在普通股最大的稀释作用，应当按照各潜在普通股的稀释程度从大到小的顺序计入稀释每股收益，直至稀释每股收益达到最小值。稀释程度根据增量股的

每股收益衡量，即假定稀释性潜在普通股转换为普通股的情况下，将增加的归属于普通股股东的当期净利润除以增加的普通股股数的金额。需要强调的是，企业每次发行的潜在普通股应当视作不同的潜在普通股，分别判断其稀释性，而不能将其作为一个总体考虑。通常情况下，股份期权和认股权证排在前面计算，因为其假设行权一般不影响净利润。

对外发行多项潜在普通股的企业应当按照下列步骤计算稀释每股收益：

（1）列出企业在外发行的各潜在普通股。

（2）假设各潜在普通股已于当期期初或发行日转换为普通股，确定其对归属于普通股股东当期净利润的影响金额。可转换公司债券的假设转换一般会增加当期净利润金额；股份期权和认股权证的假设行权一般不影响当期净利润。

（3）确定各潜在普通股假设转换后将增加的普通股股数。值得注意的是，稀释性股份期权和认股权证假设行权后，计算增加的普通股股数不是发行的全部普通股股数，而应当是其中无对价发行部分的普通股股数。

（4）计算各潜在普通股的增量股每股收益，判断其稀释性。增量股每股收益越小的潜在普通股稀释程度越大。

（5）按照潜在普通股稀释程度从大到小的顺序，将各稀释性潜在普通股分别计入稀释每股收益中。分步计算过程中，如果下一步得出的每股收益小于上一步得出的每股收益，表明新计入的潜在普通股具有稀释作用，应当计入稀释每股收益中；反之，则表明具有反稀释作用，不计入稀释每股收益中。

（6）最后得出的最小每股收益金额即为稀释每股收益。

计算流程如图 14-1 所示。

（七）子公司、合营企业或联营企业发行的潜在普通股

子公司、合营企业、联营企业发行能够转换成其普通股的稀释性潜在普通股，不仅应当包括在其稀释每股收益计算中，而且还应当包括在合并稀释每股收益以及投资者稀释每股收益的计算中。因此，当子公司、合营企业、联营企业存在稀释性潜在普通股时，合并层面或投资者层面即使为亏损，也应当考虑计算稀释性每股收益，因为其应分享的子公司、合营企业、联营企业的净利润可能由于子公司、合营企业、联营企业存在稀释性潜在普通股而稀释减少，从而进一步扩大合并层面归属于母公司普通股股东的亏损或投资者层面的亏损。

第五节 资产负债表日后事项

一、资产负债表日后事项的内容

资产负债表日后事项包括资产负债表日后调整事项（以下简称调整事项）和资产负债表日后非调整事项（以下简称非调整事项）。

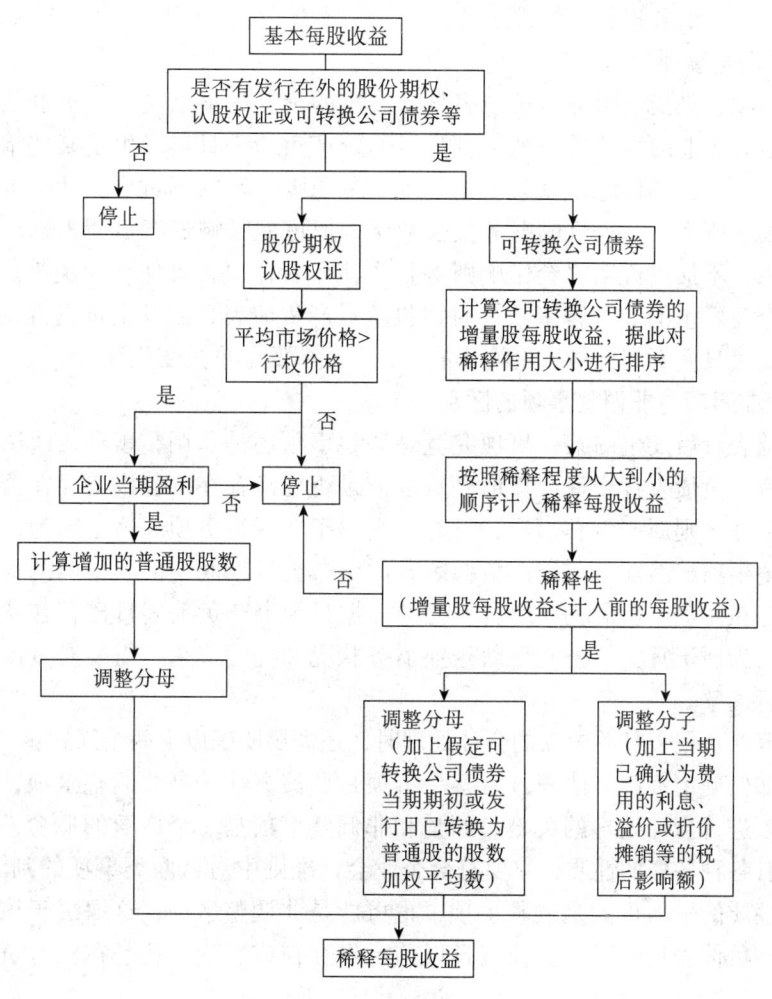

图 14-1 计算流程图

（一）调整事项

资产负债表日后调整事项，是指对资产负债表日已经存在的情况提供了新的或进一步证据的事项。

如果资产负债表日及所属会计期间已经存在某种情况，但当时并不知道其存在或者不能知道确切结果，资产负债表日后发生的事项能够证实该情况的存在或者确切结果，则该事项属于资产负债表日后事项中的调整事项。如果资产负债表日后事项对资产负债表日的情况提供了进一步的证据，证据表明的情况与原来的估计和判断不完全一致，则需要对原来的会计处理进行调整。

企业发生的调整事项，通常包括下列各项：（1）资产负债表日后诉讼案件结案，法院判决证实了企业在资产负债表日已经存在现时义务，需要调整原先确认的与该诉讼案件相关的预计负债，或确认一项新负债。（2）资产负债表日后取得确凿证据，表明某项资产在资产负债表日发生了减值或者需要调整该项资产原先确认的减值金额。（3）资产负债表日后进一步确定了资产负债表日前购入资产的成本或售出资产的收入。（4）资产负债表日后发现了财务报表舞弊或差错。

(二) 非调整事项

非调整事项，是指表明资产负债表日后发生的情况的事项。非调整事项的发生不影响资产负债表日企业的财务报表数字，只说明资产负债表日后发生了某些情况。对于财务报告使用者而言，非调整事项说明的情况有的重要，有的不重要。其中重要的非调整事项虽然不影响资产负债表日的财务报表数字，但可能影响资产负债表日以后的财务状况和经营成果，不加以说明将会影响财务报告使用者作出正确估计和决策。因此，需要适当披露。企业发生的非调整事项，通常包括资产负债表日后发生重大诉讼、仲裁、承诺，资产负债表日后资产价格、税收政策、外汇汇率发生重大变化等。

(三) 调整事项与非调整事项的区别

资产负债表日后发生的某一事项究竟是调整事项还是非调整事项，取决于该事项表明的情况在资产负债表日或资产负债表日以前是否已经存在。若该情况在资产负债表日或之前已经存在，则属于调整事项；反之，则属于非调整事项。这是因为，在会计期间假设下，调整事项虽然发生在资产负债表日的下一会计期间，但其指向的情况在资产负债表日已经存在，资产负债表日后所获得的证据只为资产负债表日已存在状况提供了进一步的证据，为便于真实、公允反映企业财务状况和经营成果，需要对资产负债表日的财务报表进行调整。

在理解资产负债表日后事项的会计处理时，还需要明确以下两个问题：

第一，如何确定资产负债表日后某一事项是调整事项还是非调整事项，是对资产负债表日后事项进行会计处理的关键。调整和非调整事项是一个广泛的概念，就事项本身而言，可以有各种各样的性质，只要符合企业会计准则中对这两类事项的判断原则即可。另外，同一性质的事项可能是调整事项，也可能是非调整事项，这取决于该事项表明的情况是在资产负债表日或资产负债表日以前已经存在或发生，还是在资产负债表日后才发生的。

第二，企业会计准则中分别列举了部分资产负债表日后调整事项和非调整事项，但并非全部。实务中，会计人员应按照资产负债表日后事项的判断原则，确定资产负债表日后发生的事项中哪些属于调整事项，哪些属于非调整事项。

二、调整事项的会计处理

(一) 调整事项的处理原则

企业发生的调整事项，应当调整资产负债表日的财务报表。对于年度财务报告而言，由于资产负债表日后事项发生在报告年度的次年，报告年度的有关账目已经结转，特别是损益类科目在结账后已无余额。因此，年度资产负债表日后发生的调整事项，应具体分别以下情况进行处理：

(1) 涉及损益的事项，通过"以前年度损益调整"科目核算。调整增加以前年度利润或调整减少以前年度亏损的事项，记入"以前年度损益调整"科目的贷方；调整减少以前年度利润或调整增加以前年度亏损的事项，记入"以前年度损益调整"科目的借方。

涉及损益的调整事项，如果发生在该企业资产负债表日所属年度（即报告年度）所得税汇算清缴前的,应调整报告年度应纳税所得额、应纳所得税税额;发生在该企业报告年度所得税汇算清缴后的,应调整本年度(即报告年度的次年)应纳所得税税额。

由于以前年度损益调整增加的所得税费用,记入"以前年度损益调整"科目的借方,同时贷记"应交税费——应交所得税"等科目;由于以前年度损益调整减少的所得税费用,记入"以前年度损益调整"科目的贷方,同时借记"应交税费——应交所得税"等科目。

调整完成后,将"以前年度损益调整"科目的贷方或借方余额,转入"利润分配——未分配利润"科目。

(2)涉及利润分配调整的事项,直接在"利润分配——未分配利润"科目核算。

(3)不涉及损益及利润分配的事项,调整相关科目。

(4)通过上述账务处理后,还应同时调整财务报表相关项目的数字,包括:①资产负债表日编制的财务报表相关项目的期末数或本年发生数。②当期编制的财务报表相关项目的期初数或上年数。③经过上述调整后,如果涉及报表附注内容的,还应当作出相应调整。

(二)资产负债表日后调整事项的具体会计处理方法

1. 资产负债表日后诉讼案件结案,法院判决证实了企业在资产负债表日已经存在现时义务,需要调整原先确认的与该诉讼案件相关的预计负债,或确认一项新负债。

这一事项是指导致诉讼的事项在资产负债表日已经发生,但尚不具备确认负债的条件而未确认,资产负债表日后至财务报告批准报出日之间获得了新的或进一步的证据(法院判决结果),表明符合负债的确认条件。因此,应在财务报告中确认为一项新负债;或者在资产负债表日虽已确认,但需要根据判决结果调整已确认负债的金额。

2. 资产负债表日后取得确凿证据,表明某项资产在资产负债表日发生了减值或者需要调整该项资产原先确认的减值金额。

这一事项是指在资产负债表日,根据当时的资料判断某项资产可能发生了损失或减值,但没有最后确定是否会发生,因而按照当时的最佳估计金额反映在财务报表中。但在资产负债表日至财务报告批准报出日之间,所取得的确凿证据能证明该事实成立,即某项资产已经发生了损失或减值,则应对资产负债表日所作的估计予以修正。

3. 资产负债表日后进一步确定了资产负债表日前购入资产的成本或售出资产的收入

这类调整事项包括两方面的内容:(1)若资产负债表日前购入的资产已经按暂估金额等入账,资产负债表日后获得证据,可以进一步确定该资产的成本,则应对已入账的资产成本进行调整。(2)企业在资产负债表日已根据收入确认条件确认资产销售收入,但资产负债表日后获得关于资产销售收入的进一步证据,如可变对价相关的后续变化等,此时也应调整财务报表相关项目的金额。

企业销售商品附有销售退回条件的,在确认商品销售收入时应根据《企业会计准则第14号——收入》的相关规定对预计退回的部分作出合理估计。资产负债表日后至财务报告批准报出日之间发生的销售退回如果与之前预计的情况不一致,如属于估计偏差,即企业在资产负债表日应该能够合理预见相关情况的,实际退回的金额为资产负债表日已存在的退回条款的影响提供了进一步证据,应予以调整;但如果属于资产负债表日后退回条件有所改变,或市场突发难以预期的重大变化导致的,则不应调整。

企业销售商品未附有退回条件,也未有允许退回的惯例和预期,但资产负债表日后实际发生了退回的,应分析具体原因,如属于商品质量问题,应作为调整事项处理,如属于合同变更,则作为非调整事项处理。

三、非调整事项的会计处理

(一) 非调整事项的处理原则

资产负债表日后发生的非调整事项,是表明资产负债表日后发生的情况的事项,与资产负债表日存在状况无关,不应当调整资产负债表日的财务报表。但有的非调整事项对财务报告使用者具有重大影响,如不加以说明,将不利于财务报告使用者作出正确估计和决策。因此,应在附注中进行披露。

(二) 非调整事项的具体会计处理办法

资产负债表日后发生的非调整事项,应当在报表附注中披露每项重要的资产负债表日后非调整事项的性质、内容及其对财务状况和经营成果的影响。无法作出估计的,应当说明原因。

资产负债表日后非调整事项的主要例子有:

1. 资产负债表日后发生重大诉讼、仲裁和承诺。

资产负债表日后发生的重大诉讼等事项,如与企业资产负债表日已存在的现实义务无关,但对企业影响较大,为防止误导投资者及其他财务报告使用者,应当在报表附注中披露。

2. 资产负债表日后资产价格、税收政策、外汇汇率发生重大变化。

资产负债表日后发生的资产价格、税收政策和外汇汇率的重大变化,虽然不会影响资产负债表日财务报表相关项目的数据,但对企业资产负债表日后期间的财务状况和经营成果有重大影响,应当在报表附注中予以披露。如发电企业资产负债表日后发生的上网电价的调整。

3. 资产负债表日后因自然灾害导致资产发生重大损失。

4. 资产负债表日后发行股票和债券以及其他巨额举债。

企业发行股票、债券以及向银行或非银行金融机构举借巨额债务都是比较重大的事项,虽然这一事项与企业资产负债表日的存在状况无关,但这一事项的披露能使财务报告使用者了解与此有关的情况及可能带来的影响。因此,应当在报表附注中披露。

5. 资产负债表日后资本公积转增资本。

企业以资本公积转增资本将会改变企业的资本(或股本)结构,影响较大,应当在报表附注中进行披露。

6. 资产负债表日后发生巨额亏损。

企业资产负债表日后发生巨额亏损将会对企业报告期以后的财务状况和经营成果产生重大影响,应当在报表附注中及时披露该事项,以便为投资者或其他财务报告使用者作出正确决策提供信息。

7. 资产负债表日后发生企业合并或处置子公司。

企业合并或者处置子公司的行为可以影响股权结构、经营范围等方面，对企业未来的生产经营活动将产生重大影响，应当在报表附注中进行披露。

8. 资产负债表日后，企业利润分配方案中拟分配的以及经审议批准宣告发放的现金股利或利润。

资产负债表日后，企业制订利润分配方案，拟分配或经审议批准宣告发放现金股利或利润的行为，并不会导致企业在资产负债表日形成现时义务，虽然该事项的发生可导致企业负有支付股利或利润的义务，但支付义务在资产负债表日尚不存在，不应该调整资产负债表日的财务报告。因此，该事项为非调整事项。但为便于财务报告使用者更充分地了解相关信息，企业需要在财务报告中适当披露该信息。

此外，需要关注以下问题：

（1）对于在报告期资产负债表日已经存在的债务，在其资产负债表日后期间与债权人达成的债务重组交易不属于资产负债表日后调整事项，不能据以调整报告期资产、负债项目的确认和计量。在报告期资产负债表中，债务重组中涉及的相关负债仍应按照达成债务重组协议前具有法律效力的有关协议等约定进行确认和计量。

（2）如果企业于资产负债表日对金融资产计提损失准备，资产负债表日至财务报告批准报出日之间，该笔金融资产到期并全额收回。如果企业在资产负债表日考虑所有合理且有依据的信息，已采用预期信用损失法基于有关过去事项、当前状况以及未来经济状况预测计提了信用减值准备，不能仅因资产负债表日后交易情况认为已计提的减值准备不合理，并进而调整资产负债表日的财务报表。对于这种情形，企业在资产负债表日后终止确认金融资产，属于表明资产负债表日后发生的情况的事项，即非调整事项。

第六节 持有待售的非流动资产、处置组和终止经营

一、持有待售的非流动资产和处置组

（一）持有待售类别的分类

1. 持有待售类别分类的基本要求。

（1）分类原则。

企业主要通过出售而非持续使用一项非流动资产或处置组收回其账面价值的，应当将其划分为持有待售类别。处置组，是指在一项交易中作为整体通过出售或其他方式一并处置的一组资产，以及在该交易中转让的与这些资产直接相关的负债。处置组中可能包含企业的任何资产和负债，如流动资产、流动负债、非流动资产和非流动负债。按照《企业会计准则第8号——资产减值》的规定，企业合并中取得的商誉应当按照合理的方法分摊至相关的资产组或资产组组合，如果处置组即为该资产组或者包括在该资产组或资产组组合中，处置组也应当包含分摊的商誉。

对于符合持有待售类别划分条件但仍在使用的非流动资产或处置组，由于通过该资产或处置组的使用收回的价值相对于通过出售收回的价值是微不足道的，资产的账面价值仍然主要通过出售收回，因此企业不应当因持有待售的非流动资产或处置组仍在产生零星收入而不将其划分为持有待售类别。

（2）延长一年期限的例外条款。

有些情况下，由于发生一些企业无法控制的原因，可能导致出售未能在一年内完成。如果涉及的出售是关联方交易，不允许放松一年期限条件。如果涉及的出售不是关联方交易，且有充分证据表明企业仍然承诺出售非流动资产或处置组，允许放松一年期限条件，企业可以继续将非流动资产或处置组划分为持有待售类别。企业无法控制的原因包括：意外设定条件、发生罕见情况。

（3）不再继续符合划分条件的处理。

持有待售的非流动资产或处置组不再继续满足持有待售类别划分条件的，企业不应当继续将其划分为持有待售类别。部分资产或负债从持有待售的处置组中移除后，如果处置组中剩余资产或负债新组成的处置组仍然满足持有待售类别划分条件，企业应当将新组成的处置组划分为持有待售类别，否则应当将满足持有待售类别划分条件的非流动资产单独划分为持有待售类别。

2. 某些特定持有待售类别分类的具体应用。

（1）专为转售而取得的非流动资产或处置组。

对于企业专为转售而新取得的非流动资产或处置组，如果在取得日满足"预计出售将在一年内完成"的规定条件，且短期（通常为3个月）内很可能满足划分为持有待售类别的其他条件，企业应当在取得日将其划分为持有待售类别。这些"其他条件"包括：根据类似交易中出售此类资产或处置组的惯例，在当前状况下即可立即出售；企业已经就一项出售计划作出决议且获得确定的购买承诺。有关规定要求企业相关权力机构或者监管部门批准后方可出售的，应当已经获得批准。

（2）持有待售的长期股权投资。

有些情况下，企业出售对子公司投资但并不丧失对其控制权，企业不应当将拟出售的部分对子公司投资或对子公司投资整体划分为持有待售类别。有些情况下，企业因出售对子公司的投资等原因导致其丧失对子公司的控制权，出售后企业可能保留对原子公司的部分权益性投资，也可能丧失所有权益。无论企业是否保留非控制的权益性投资，应当在拟出售的对子公司投资满足持有待售类别划分条件时，在母公司个别财务报表中将对子公司投资整体划分为持有待售类别，而不是仅将拟处置的投资划分为持有待售类别；在合并财务报表中将子公司所有资产和负债划分为持有待售类别，而不是仅将拟处置的投资对应的资产和负债划分为持有待售类别。但是，无论对子公司的投资是否划分为持有待售类别，企业始终应当按照《企业会计准则第33号——合并财务报表》的规定确定合并范围，编制合并财务报表。

企业出售对子公司投资后保留的部分权益性投资，应当区分以下情况处理：（1）如果企业对被投资企业施加共同控制或重大影响，在编制母公司个别财务报表时，应当按照《企业会计准则第2号——长期股权投资》有关成本法转权益法的规定进行会计处理，在编制合并财务报表时,应当按照《企业会计准则第33号——合并财务报表》的有关规定进行会计处理;(2)如果企业对被投资企业不具有控制、共同控制或重大影响,应当按照《企业会计准则第22号——金融工具确认和计量》进行会计处理。

按照《企业会计准则第2号——长期股权投资》规定,对联营企业或合营企业的权益性投资全部或部分分类为持有待售资产的应当停止权益法核算,对于未划分为持有待售资产的剩余权益性投资,应当在划分为持有待售的那部分权益性投资出售前继续采用权益法进行会计处理。原权益法核算的相关其他综合收益等应当在持有待售资产终止确认时,按照有关处置长期股权投资的规定进行会计处理。

(3) 拟结束使用而非出售的非流动资产或处置组。

非流动资产或处置组可能因为种种原因而结束使用,且企业并不会将其出售,或仅获取其残值,例如,因已经使用至经济寿命期结束而将某机器设备报废,因技术进步而将某子公司关停或转产。由于对该非流动资产或处置组的使用几乎贯穿其整个经济使用寿命期,其账面价值并非主要通过出售收回,无论在停止使用之前或之后;企业均不应当将其划分为持有待售类别。对于暂时停止使用的非流动资产,不应当认为其拟结束使用,也不应当将其划分为持有待售类别。

(二) 持有待售类别的计量

对于持有待售的非流动资产(包括处置组中的非流动资产)的计量,应当区分不同情况:(1)采用公允价值模式进行后续计量的投资性房地产,适用《企业会计准则第3号——投资性房地产》;(2)采用公允价值减去出售费用后的净额计量的生物资产,适用《企业会计准则第5号——生物资产》;(3)职工薪酬形成的资产,适用《企业会计准则第9号——职工薪酬》;(4)递延所得税资产,适用《企业会计准则第18号——所得税》;(5)由金融工具相关会计准则规范的金融资产,适用金融工具相关会计准则;(6)由保险合同相关会计准则规范的保险合同所产生的权利,适用保险合同相关会计准则;(7)除上述各项外的其他持有待售的非流动资产,按照下文所述的方法计量。

对于持有待售的处置组的计量,只要处置组中包含了上述第(7)项所述的非流动资产,就应当采用下文所述的方法计量整个处置组。处置组中的流动资产、上述第(1)至(6)项所述的非流动资产(以下简称适用其他准则计量规定的非流动资产)和所有负债的计量适用相关会计准则。

1. 划分为持有待售类别前的计量。

企业将非流动资产或处置组首次划分为持有待售类别前,应当按照相关会计准则规定计量非流动资产或处置组中各项资产和负债的账面价值。例如,按照《企业会计准则第4号——固定资产》的规定,对固定资产计提折旧;按照《企业会计准则第6号——无形资产》的规定,对无形资产进行摊销。按照《企业会计准则第8号——资产减值》的规定,企业应当在资产负债表日判断资产是否存在可能发生减值的迹象,如果资产已经或者将被闲置、终止使用或者计划提前处置,表明资产可能发生了减值。对于拟出售的非流动资产或处置组,企业应当在划分为持有待售类别前考虑进行减值测试。

2. 划分为持有待售类别时的计量。

对于持有待售的非流动资产或处置组,企业在初始计量时,应当按照相关会计准则规定计量流动资产、适用其他准则计量规定的非流动资产和负债。

如果持有待售的非流动资产或处置组整体的账面价值低于其公允价值减去出售费用后的净额，企业不需要对账面价值进行调整；如果账面价值高于其公允价值减去出售费用后的净额，企业应当将账面价值减记至公允价值减去出售费用后的净额，减记的金额确认为资产减值损失，计入当期损益，同时计提持有待售资产减值准备。

企业应当按照《企业会计准则第39号——公允价值计量》的有关规定确定非流动资产或处置组的公允价值。具体来说，企业应当参考所获得的确定的购买承诺中的交易价格，确定持有待售的非流动资产或处置组的公允价值，交易价格应当考虑可变对价、合同中存在的重大融资成分、非现金对价、应付客户对价等因素的影响。如果企业尚未获得确定的购买承诺，例如对于专为转售而取得的非流动资产或处置组，企业应当对其公允价值作出估计，优先使用市场报价等可观察输入值。

出售费用是企业发生的可以直接归属于出售资产或处置组的增量费用，出售费用直接由出售引起，并且是企业进行出售所必需的，如果企业不出售资产或处置组，该费用将不会产生。出售费用包括为出售发生的特定法律服务、评估咨询等中介费用，也包括相关的消费税、城市维护建设税、土地增值税和印花税等，但不包括财务费用和所得税费用。有些情况下，公允价值减去出售费用后的净额可能为负值，持有待售的非流动资产或处置组中资产的账面价值应当以减记至零为限。是否需要确认相关预计负债，应当按照《企业会计准则第13号——或有事项》的规定进行会计处理。

3. 划分为持有待售类别后的计量。

（1）持有待售的非流动资产的后续计量。

企业在资产负债表日重新计量持有待售的非流动资产时，如果其账面价值高于公允价值减去出售费用后的净额，应当将账面价值减记至公允价值减去出售费用后的净额，减记的金额确认为资产减值损失，计入当期损益，同时计提持有待售资产减值准备。

如果后续资产负债表日持有待售的非流动资产公允价值减去出售费用后的净额增加，以前减记的金额应当予以恢复，并在划分为持有待售类别后非流动资产确认的资产减值损失金额内转回，转回金额计入当期损益，划分为持有待售类别前确认的资产减值损失不得转回。

持有待售的非流动资产不应计提折旧或摊销。

（2）持有待售的处置组的后续计量。

企业在资产负债表日重新计量持有待售的处置组时，应当首先按照相关会计准则规定计量处置组中的流动资产、适用其他准则计量规定的非流动资产和负债的账面价值。例如，处置组中的金融工具，应当按照《企业会计准则第22号——金融工具确认和计量》的规定计量。

在进行上述计量后，企业应当比较持有待售的处置组整体账面价值与公允价值减去出售费用后的净额，如果账面价值高于其公允价值减去出售费用后的净额，应当将账面价值减记至公允价值减去出售费用后的净额，减记的金额确认为资产减值损失，计入当期损益，同时计提持有待售资产减值准备。

对于持有待售的处置组确认的资产减值损失金额，如果该处置组包含商誉，应当先抵减商誉的账面价值，再根据处置组中适用本章计量规定的各项非流动资产账面价值所占比重，按比例抵减其账面价值。确认的资产减值损失金额应当以处置组中包含的适用本章计量规定的各项资产的账面价值为限，不应分摊至处置组中包含的流动资产或适用其他准则计量规定的非流动资产。

如果后续资产负债表日持有待售的处置组公允价值减去出售费用后的净额增加，以前减记的金额应当予以恢复，并在划分为持有待售类别后适用本章计量规定的非流动资产确认的资产减值损失金额内转回，转回金额计入当期损益，且不应当重复确认适用其他准则计量规定的非流动资产和负债按照相关准则规定已经确认的利得。已抵减的商誉账面价值，以及适用本章计量规定的非流动资产在划分为持有待售类别前确认的资产减值损失不得转回。对于持有待售的处置组确认的资产减值损失后续转回金额，应当根据处置组中除商誉外适用本章计量规定的各项非流动资产账面价值所占比重，按比例增加其账面价值。

4. 不再继续划分为持有待售类别的计量。

非流动资产或处置组因不再满足持有待售类别划分条件而不再继续划分为持有待售类别或非流动资产从持有待售的处置组中移除时，应当按照以下两者孰低计量：（1）划分为持有待售类别前的账面价值，按照假定不划分为持有待售类别情况下本应确认的折旧、摊销或减值等进行调整后的金额；（2）可收回金额。这样处理的结果是，原来划分为持有待售的非流动资产或处置组在重新分类后的账面价值，与其从未划分为持有待售类别情况下的账面价值相一致。由此产生的差额计入当期损益，可以通过"资产减值损失"科目进行会计处理。

5. 终止确认。

持有待售的非流动资产或处置组在终止确认时，企业应当将尚未确认的利得或损失计入当期损益。

（三）持有待售类别的列报

持有待售资产和负债不应当相互抵销。"持有待售资产"和"持有待售负债"应当分别作为流动资产和流动负债列示。对于当期首次满足持有待售类别划分条件的非流动资产或划分为持有待售类别的处置组中的资产和负债，不应当调整可比会计期间资产负债表，即不对其符合持有待售类别划分条件前各个会计期间的资产负债表进行项目的分类调整或重新列报。企业还应当在附注中披露有关持有待售的非流动资产或处置组的相关信息。

非流动资产或处置组在资产负债表日至财务报告批准报出日之间满足持有待售类别划分条件的，应当作为资产负债表日后非调整事项进行会计处理，并在附注中披露相关信息。

二、终止经营

（一）终止经营的定义

终止经营，是指企业满足下列条件之一的、能够单独区分的组成部分，且该组成部分已经处置或划分为持有待售类别：（1）该组成部分代表一项独立的主要业务或一个单独的主要经营地区；（2）该组成部分是拟对一项独立的主要业务或一个单独的主要经营地区进行处置的一项相关联计划的一部分；（3）该组成部分是专为转售而取得的子公司。

终止经营的定义包含以下三方面含义：（1）终止经营应当是企业能够单独区分的组成部分；（2）终止经营应当具有一定的规模；（3）终止经营应当满足一定的时点要求。

符合终止经营定义的组成部分应当属于以下两种情况之一：

（1）组成部分在资产负债表日之前已经处置，包括已经出售、结束使用（如关停或报废等）。多数情况下，如果组成部分的所有资产和负债均已处置，产生收入和发生成本的来源消失，这时确定组成部分"处置"的时点是较为容易的。但在有些情况下，组成部分的资产仍处于出售或报废过程中，仍可能发生清理费用，企业需要根据实际情况判断组成部分是否已经处置，从而符合终止经营的定义。

（2）组成部分在资产负债表日之前已经划分为持有待售类别。有些情况下，企业对一项独立的主要业务或一个单独的主要经营地区进行处置的一项相关联计划持续数年，并非组成部分中所有的资产组或资产组组合能够同时满足持有待售类别的划分条件。随着处置计划的进行，组成部分中的一些资产组或资产组组合可能先满足持有待售类别划分条件且构成企业的终止经营，其他资产组或资产组组合可能在未来满足持有待售类别的划分条件，应当适时将其作为终止经营处理。

（二）终止经营的列报

企业应当在利润表中分别列示持续经营损益和终止经营损益。下列不符合终止经营定义的持有待售的非流动资产或处置组所产生的相关损益，应当在利润表中作为持续经营损益列报：（1）企业初始计量或在资产负债表日重新计量持有待售的非流动资产或处置组时，因账面价值高于其公允价值减去出售费用后的净额而确认的资产减值损失。（2）后续资产负债表日持有待售的非流动资产或处置组公允价值减去出售费用后的净额增加，因恢复以前减记的金额而转回的资产减值损失。（3）持有待售的非流动资产或处置组的处置损益。

终止经营的相关损益应当作为终止经营损益列报，列报的终止经营损益应当包含整个报告期间，而不仅包含认定为终止经营后的报告期间。相关损益具体包括：（1）终止经营的经营活动损益，如销售商品、提供服务的收入、相关成本和费用等。（2）企业初始计量或在资产负债表日重新计量符合终止经营定义的持有待售的处置组时，因账面价值高于其公允价值减去出售费用后的净额而确认的资产减值损失。（3）后续资产负债表日符合终止经营定义的持有待售处置组的公允价值减去出售费用后的净额增加，因恢复以前减记的金额而转回的资产减值损失。（4）终止经营的处置损益。（5）终止经营处置损益的调整金额，可能引起调整的情形包括：最终确定处置条款，如与买方商定交易价格调整额和补偿金；消除与处置相关的不确定因素，如确定卖方保留的环保义务或产品质量保证义务；履行与处置相关的职工薪酬支付义务等。

企业在处置终止经营的过程中可能附带产生一些增量费用，如果不进行该项处置就不会产生这些费用，企业应当将这些增量费用作为终止经营损益列报。

（三）特殊事项的列报

1. 企业专为转售而取得的持有待售子公司的列报。

如果企业专为转售而取得的子公司符合持有待售类别的划分条件，应当按照持有待售的处置组和终止经营的有关规定进行列报，但适当简化了其资产负债表列示和附注披露。除非企业是投资性主体并将该子公司按照公允价值计量且其变动计入当期损益，否则应当按照《企业会计准则第33号——合并财务报表》的规定，将该子公司纳入合并范围。

在合并资产负债表中，允许采用简便方法处理，将企业专为转售而取得的持有待售子公司的全部资产和负债分别作为持有待售资产和持有待售负债项目列示。

在合并利润表中，企业专为转售而取得的持有待售子公司的列示要求与其他终止经营一致，即将该子公司净利润与其他终止经营净利润合并列示在"终止经营净利润"项目中。企业在附注中披露的信息也可以更为简化。

2. 不再继续划分为持有待售类别的列报。

对于非流动资产或处置组，如果其不再继续划分为持有待售类别或非流动资产从持有待售的处置组中移除，在资产负债表中，企业应当将原来分类为持有待售类别的非流动资产或处置组重新作为固定资产、无形资产等列报，并调整其账面价值。在当期利润表中，企业应当将账面价值调整金额作为持续经营损益列报。企业还应在附注中披露相关信息。

对于企业的子公司、共同经营、合营企业、联营企业以及部分对合营企业或联营企业的投资，按照《企业会计准则第2号——长期股权投资》的规定，持有待售的对联营企业或合营企业的权益性投资不再符合持有待售类别划分条件的，应当自划分为持有待售类别日起采用权益法进行追溯调整。持有待售的对子公司、共同经营的权益性投资不再符合持有待售类别划分条件的，同样应当自划分为持有待售类别日起追溯调整。上述情况下，划分为持有待售类别期间的财务报表应当作相应调整。

第十五章　会计政策、会计估计及其变更和差错更正

第一节　会计政策与会计估计及其变更的划分

企业应当在符合我国现行会计准则、制度和其他相关法律法规要求的前提下，以一贯性、适用性和成本效益原则为基础，正确选择和确定本企业采用的会计政策与会计估计，并正确划分会计政策变更与会计估计变更，按照不同的方法进行相关会计处理。

企业应当以变更事项的会计确认、计量基础和列报项目是否发生变更作为判断该变更是会计政策变更还是会计估计变更的划分基础。

第一，以会计确认是否发生变更作为判断基础。《企业会计准则——基本准则》规定了资产、负债、所有者权益、收入、费用和利润六项会计要素的确认标准，是会计处理的首要环节。一般地，对会计确认的指定或选择是会计政策，其相应的变更是会计政策变更。会计确认的变更一般会引起列报项目的变更。例如，企业在前期将某项内部研究开发项目开发阶段的支出计入当期损益，而当期按照《企业会计准则第6号——无形资产》的规定，该项支出符合无形资产的确认条件，应当确认为无形资产。该事项的会计确认发生变更，即前期将研发费用确认为一项费用，而当期将其确认为一项资产。该事项中会计确认发生了变化，所以该变更是会计政策变更。

第二，以计量基础是否发生变更作为判断基础。《企业会计准则——基本准则》规定了历史成本、重置成本、可变现净值、现值和公允价值五项会计计量属性，是会计处理的计量基础。一般地，对计量基础的指定或选择是会计政策，其相应的变更是会计政策变更。例如，企业在前期对购入的价款超过正常信用条件延期支付的固定资产初始计量采用历史成本，而当期按照《企业会计准则第4号——固定资产》的规定，该类固定资产的初始成本应以购买价款的现值为基础确定。该事项的计量基础发生了变化，所以该变更是会计政策变更。

第三，以列报项目是否发生变更作为判断基础。《企业会计准则第30号——财务报表列报》规定了财务报表项目应采用的列报原则。一般地，对列报项目的指定或选择是会计政策，其相应的变更是会计政策变更。例如，某商业企业在前期按原会计准则规定将商品采购费用列入营业费用，当期根据新发布的《企业会计准则第1号——存货》的

规定，将采购费用列入存货成本。因为列报项目发生了变化，所以该变更是会计政策变更。

第四，根据会计确认、计量基础和列报项目所选择的、为取得与资产负债表项目有关的金额或数值（如预计使用寿命、净残值等）所采用的处理方法，不是会计政策，而是会计估计，其相应的变更是会计估计变更。例如，企业需要对某项资产采用公允价值进行计量，而公允价值的确定需要根据市场情况选择不同的处理方法。相应地，当企业面对的市场情况发生变化时，其采用的确定公允价值的方法变更是会计估计变更，不是会计政策变更。

企业可以采用以下具体方法划分会计政策变更与会计估计变更：分析并判断该事项是否涉及会计确认、计量基础选择或列报项目的变更，当至少涉及上述一项划分基础变更时，该事项是会计政策变更；不涉及上述划分基础变更时，该事项可以判断为会计估计变更。例如，企业在前期按原会计准则规定将购建固定资产相关的一般借款利息计入当期损益，当期根据新的会计准则的规定，将其予以资本化，企业因此将对该事项进行变更。该事项的计量基础未发生变更，即都是以历史成本作为计量基础；该事项的会计确认发生变更，即前期将借款费用确认为一项费用，而当期将其确认为一项资产；同时，会计确认的变更导致该事项在资产负债表和利润表相关项目的列报也发生变更。该事项涉及会计确认和列报的变更，所以属于会计政策变更。又如，企业原采用双倍余额递减法计提固定资产折旧，根据固定资产使用的实际情况，企业决定改用直线法计提固定资产折旧。该事项前后采用的两种计提折旧的方法都是以历史成本作为计量基础，对该事项的会计确认和列报项目也未发生变更，只是固定资产折旧、固定资产净值等相关金额发生了变化。因此，该事项属于会计估计变更。

第二节　会计政策和会计估计变更的会计处理

一、会计政策变更的会计处理

发生会计政策变更时，有两种会计处理方法，即追溯调整法和未来适用法，两种方法适用于不同情形。

（一）追溯调整法

追溯调整法，是指对某项交易或事项变更会计政策，视同该项交易或事项初次发生时即采用变更后的会计政策，并以此对财务报表相关项目进行调整的方法。采用追溯调整法时，对于比较财务报表期间的会计政策变更，应调整各期间净损益各项目和财务报表其他相关项目，视同该政策在比较财务报表期间一直采用。对于比较财务报表可比期间以前的会计政策变更的累积影响数，应调整比较财务报表最早期间的期初留存收益，财务报表其他相关项目的数字也应一并调整。

追溯调整法通常由以下步骤构成：

第一步，计算会计政策变更的累积影响数；
第二步，编制相关项目的调整分录；
第三步，调整列报前期财务报表相关项目及其金额；
第四步，附注说明。

其中，会计政策变更累积影响数，是指按照变更后的会计政策对以前各期追溯计算的列报前期最早期初留存收益应有金额与现有金额之间的差额。根据上述定义的表述，会计政策变更的累积影响数可以分解为以下两个金额之间的差额：

（1）在变更会计政策当期，按变更后的会计政策对以前各期追溯计算，所得到的列报前期最早期初留存收益金额。

（2）在变更会计政策当期，列报前期最早期初留存收益金额。上述留存收益金额，包括盈余公积和未分配利润等项目，不考虑由于损益的变化而应当补分的利润或股利。例如，由于会计政策变化，增加了以前期间可供分配的利润，该企业通常按净利润的20%分派股利。但在计算调整会计政策变更当期期初的留存收益时，不应当考虑由于以前期间净利润的变化而需要分派的股利。

在财务报表只提供列报项目上一个可比会计期间比较数据的情况下，上述第（2）项，在变更会计政策当期，列报前期最早期初留存收益金额，即为上期资产负债表所反映的期初留存收益，可以从上年资产负债表项目中获得；需要计算确定的是第（1）项，即按变更后的会计政策对以前各期追溯计算，所得到的上期期初留存收益金额。

累积影响数通常可以通过以下步骤计算获得：
第一步，根据新会计政策重新计算受影响的前期交易或事项；
第二步，计算两种会计政策下的差异；
第三步，计算差异的所得税影响金额；
第四步，确定前期中的每一期的税后差异；
第五步，计算会计政策变更的累积影响数。

需要注意的是，对以前年度损益进行追溯调整或财务报表追溯重述的，应当重新计算各列报期间的每股收益。

（二）未来适用法

未来适用法，是指将变更后的会计政策应用于变更日及以后发生的交易或者事项，或者在会计估计变更当期和未来期间确认会计估计变更影响数的方法。

在未来适用法下，不需要计算会计政策变更产生的累积影响数，也无须重编以前年度的财务报表。企业会计账簿记录及财务报表上反映的金额，变更之日仍保留原有的金额，不因会计政策变更而改变以前年度的既定结果，而是在现有金额的基础上再按新的会计政策进行核算。

（三）会计政策变更会计处理方法的选择

对于会计政策变更，企业应当根据具体情况，分别采用不同的会计处理方法：

（1）法律、行政法规或者国家统一的会计制度等要求变更的情况下，企业应当分别以下情况进行处理：①国家发布相关的会计处理方法，则按照国家发布的相关会计处理规定进行会计处理。②国家没有发布相关的会计处理方法，则采用追溯调整法进行会计处理。

（2）会计政策变更能够提供更可靠、更相关的会计信息的情况下，企业应当采用追溯调整法进行会计处理，将会计政策变更累积影响数调整列报前期最早期初留存收益，其他相关项目的期初余额和列报前期披露的其他比较数据也应当一并调整。

（3）确定会计政策变更对列报前期影响数不切实可行的，应当从可追溯调整的最早期间期初开始应用变更后的会计政策；在当期期初确定会计政策变更对以前各期累积影响数不切实可行的，应当采用未来适用法处理。

不切实可行，是指企业在采取所有合理的方法后，仍然不能获得采用某项规定所必需的相关信息，而导致无法采用该项规定，则该项规定在此时是不切实可行的。

对于以下特定前期，对某项会计政策变更应用追溯调整法是不切实可行的：
①应用追溯调整法的累积影响数不能确定。
②应用追溯调整法要求对管理层在该期当时的意图作出假定。
③应用追溯调整法要求对有关金额进行重大估计，并且不可能将提供有关交易发生时存在状况的证据（例如，有关金额确认、计量或披露日期存在事实的证据，以及在受变更影响的当期和未来期间确认会计估计变更影响的证据）和该期间财务报表批准报出时能够取得的信息与其他信息客观地加以区分。

在某些情况下，调整一个或者多个前期比较信息以获得与当期会计信息的可比性是不切实可行的。例如，企业因账簿、凭证超过法定保存期限而销毁，或因不可抗力而毁坏、遗失，如火灾、水灾等，或因人为因素，如盗窃、故意毁坏等，可能使当期期初确定会计政策变更对以前各期累积影响数无法计算，即不切实可行，此时，会计政策变更应当采用未来适用法进行处理。

对根据某项交易或者事项确认、披露的财务报表项目应用会计政策时常常需要进行估计。本质上，估计是根据现有状况所作出的最佳判断，而且可能在资产负债表日后才作出。当追溯调整会计政策变更或者追溯重述前期差错更正时，要作出切实可行的估计更加困难，因为有关交易或者事项已经发生较长一段时间，要获得作出切实可行的估计所需要的相关信息往往比较困难。

当在前期采用一项新会计政策时，不论是对管理层在某个前期的意图作出假定，还是估计在前期确认、计量或者披露的金额，都不应当使用"后见之明"。例如，按照《企业会计准则第22号——金融工具确认和计量》的规定，企业对原先划归为按摊余成本计量的金融资产计量的前期差错，即便管理层随后决定不将这些投资划归为按摊余成本计量，也不能改变它们在前期的计量基础，即该项金融资产应当仍然按照摊余成本进行计量。

（四）会计政策变更的披露

企业应当在附注中披露与会计政策变更有关的下列信息：

（1）会计政策变更的性质、内容和原因。包括：对会计政策变更的简要阐述、变更的日期、变更前采用的会计政策和变更后所采用的新会计政策及会计政策变更的原因。

（2）当期和各个列报前期财务报表中受影响的项目名称和调整金额。包括：采用追溯调整法时，计算出的会计政策变更的累积影响数；当期和各个列报前期财务报表中需要调整的净损益及其影响金额，以及其他需要调整的项目名称和调整金额。

(3) 无法进行追溯调整的，说明该事实和原因以及开始应用变更后会计政策的时点、具体应用情况。包括：无法进行追溯调整的事实；确定会计政策变更对列报前期累积影响数不切实可行的原因；在当期期初确定会计政策变更对以前各期累积影响数不切实可行的原因；开始应用新会计政策的时点和具体应用情况。

需要注意的是，在以后期间的财务报表中，不需要重复披露在以前期间的附注中已披露的会计政策变更的信息。

二、会计估计变更的会计处理

企业对会计估计变更应当采用未来适用法处理。即在会计估计变更当期及以后期间，采用新的会计估计，不改变以前期间的会计估计，也不调整以前期间的报告结果。

第一，会计估计变更仅影响变更当期的，其影响数应当在变更当期予以确认。例如，企业原按应收账款余额的5%提取坏账准备，由于企业不能收回应收账款的比例已达10%，则企业改按应收账款余额的10%提取坏账准备。这类会计估计的变更，只影响变更当期。因此，应于变更当期确认。

第二，既影响变更当期又影响未来期间的，其影响数应当在变更当期和未来期间予以确认。例如，企业的某项可计提折旧的固定资产，其有效使用年限或预计净残值的估计发生的变更，常常影响变更当期及以后使用年限内各个期间的折旧费用，这类会计估计的变更，应于变更当期及以后各期确认。

会计估计变更的影响数应计入变更当期与前期相同的项目中。为了保证不同期间的财务报表具有可比性，如果以前期间的会计估计变更的影响数计入企业日常经营活动损益，则以后期间也应计入日常经营活动损益；如果以前期间的会计估计变更的影响数计入特殊项目，则以后期间也应计入特殊项目。

第三，企业应当正确划分会计政策变更和会计估计变更，并按不同的方法进行相关会计处理。企业通过判断会计政策变更和会计估计变更划分基础仍然难以对某项变更进行区分的，应当将其作为会计估计变更处理。

企业应当在附注中披露与会计估计变更有关的下列信息：
(1) 会计估计变更的内容和原因。包括变更的内容、变更日期以及为什么要对会计估计进行变更。
(2) 会计估计变更对当期和未来期间的影响数。包括会计估计变更对当期和未来期间损益的影响金额，以及对其他各项目的影响金额。
(3) 会计估计变更的影响数不能确定的，披露这一事实和原因。

第三节 前期差错及其更正

如果财务报表项目的遗漏或错误表述可能影响财务报表使用者根据财务报表所作出的经济决策，则该项目的遗漏或错误是重要的。重要的前期差错，是指足以影响财务报表使用者对企业财务状况、经营成果和现金流量作出正确判断的前期差错。不重要的前期差错,是指不足以影响财务报表使用者对企业财务状况、经营成果和现金流量作出正确判断的会计差错。

前期差错的重要性取决于在相关环境下对遗漏或错误表述的规模和性质的判断。前期差错所影响的财务报表项目的金额或性质,是判断该前期差错是否具有重要性的决定性因素。一般来说,前期差错所影响的财务报表项目的金额越大、性质越严重,其重要性水平越高。

企业应当采用追溯重述法更正重要的前期差错,但确定前期差错累积影响数不切实可行的除外。追溯重述法,是指在发现前期差错时,视同该项前期差错从未发生过,从而对财务报表相关项目进行更正的方法。

一、不重要的前期差错的会计处理

对于不重要的前期差错,企业不需调整财务报表相关项目的期初数,但应调整发现当期与前期相同的相关项目。属于影响损益的,应直接计入本期与上期相同的净损益项目;属于不影响损益的,应调整本期与前期相同的相关项目。

二、重要的前期差错的会计处理

对于重要的前期差错,企业应当在其发现当期的财务报表中,调整前期比较数据。具体地说,企业应当在重要的前期差错发现当期的财务报表中,通过下述处理对其进行追溯更正:

(1) 追溯重述差错发生期间列报的前期比较金额。

(2) 如果前期差错发生在列报的最早前期之前,则追溯重述列报的最早前期的资产、负债和所有者权益相关项目的期初余额。

对于发生的重要的前期差错,如影响损益,应将其对损益的影响数调整发现当期的期初留存收益,财务报表其他相关项目的期初数也应一并调整;如不影响损益,应调整财务报表相关项目的期初数。

在编制比较财务报表时,对于比较财务报表期间的重要的前期差错,应调整各该期间的净损益和其他相关项目,视同该差错在产生的当期已经更正;对于比较财务报表期间以前的重要的前期差错,应调整比较财务报表最早期间的期初留存收益,财务报表其他相关项目的数字也应一并调整。

确定前期差错影响数不切实可行的,可以从可追溯重述的最早期间开始调整留存收益的期初余额,财务报表其他相关项目的期初余额也应当一并调整,也可以采用未来适用法。当企业确定前期差错对列报的一个或者多个前期比较信息的特定期间的累积影响数不切实可行时,应当追溯重述切实可行的最早期间的资产、负债和所有者权益相关项目的期初余额(可能是当期);当企业在当期期初确定前期差错对所有前期的累积影响数不切实可行时,应当从确定前期差错影响数切实可行的最早日期开始采用未来适用法追溯重述比较信息。

需要注意的是,为了保证经营活动的正常进行,企业应当建立健全内部稽核制度,保证会计资料的真实、完整。对于年度资产负债表日至财务报告批准报出日之间发现的报告年度的会计差错及报告年度前不重要的前期差错，应按照《企业会计准则第29号——资产负债表日后事项》的规定进行处理。

值得关注的是，在实务中，会计估计变更与前期差错更正有时难以区分，尤其是难以区分会计估计变更和由于会计估计错误导致的前期差错更正。企业不应简单将会计估计与实际结果对比认定存在差错。如果企业前期作出会计估计时，未能合理使用报表编报时已经存在且能够取得的可靠信息，导致前期会计估计结果未恰当反映当时情况，则应属于前期差错，应当适用前期差错更正的会计处理方法；反之，如果企业前期的会计估计是以当时存在且预期能够取得的可靠信息为基础作出的，随后因资产和负债的当前状况及预期经济利益和义务发生了变化而变更会计估计的，则属于会计估计变更，应当适用会计估计变更的会计处理方法。

第十六章 公允价值计量

第一节 公允价值初始计量

企业应当根据交易性质和相关资产或负债的特征等，判断初始确认时的公允价值是否与其交易价格相等。企业在取得资产或者承担负债的交易中，交易价格是取得该资产所支付或者承担该负债所收到的价格，即进入价格。而相关资产或负债的公允价值是脱手价格，即出售该资产所能收到的价格或者转移该负债所需支付的价格。在大多数情况下，相关资产或负债的进入价格等于其脱手价格。但企业未必以取得资产时所支付的价格出售该资产，同样，也未必以承担负债时所收取的价格转移该负债，也就是说，企业取得资产或承担负债的进入价格不一定等于该资产或负债的脱手价格。在下列情况下，企业以公允价值对相关资产或负债进行初始计量的，不应将取得资产或者承担负债的交易价格作为该资产或负债的公允价值：

（1）关联方之间的交易。但企业有证据表明，关联方之间的交易是按照市场条款进行的，该交易价格可作为确定其公允价值的基础。

（2）被迫进行的交易，或者资产出售方（或负债转移方）在交易中被迫接受价格的交易。例如，资产出售方或负债转移方为满足监管或法律要求而被迫出售资产或转移负债，或者资产出售方或负债转移方正陷于财务困境。

（3）交易价格所代表的计量单元不同于以公允价值计量的相关资产或负债的计量单元。例如，在企业合并交易中，以公允价值计量的相关资产或负债仅是交易中的一部分，而交易除该资产或负债外，还包括应单独计量但未确认的无形资产。

（4）进行交易的市场不是该资产或负债的主要市场（或者在不存在主要市场情况下的最有利市场）。例如，某商业银行是银行间债券市场的做市商，既可以与其他做市商在银行间债券市场进行交易，也可以与客户在交易所市场进行交易，但对于该银行而言，债券交易的主要市场（或者在不存在主要市场情况下的最有利市场）是与其他做市商进行交易的银行间债券市场，交易所市场上的交易价格有可能不同于银行间债券市场上的交易价格，交易所市场上的交易价格不应作为公允价值。

企业以公允价值对相关资产或负债进行初始计量，并且交易价格与公允价值不相等的，交易价格与公允价值的差额应当按照会计准则的要求进行处理。如果会计准则对此未作出明确规定，企业应当将该差额计入当期损益。

第二节 估值技术

估值技术通常包括市场法、收益法和成本法，企业应当根据实际情况从这三种方法中选择一种或多种估值技术，用于估计相关资产或负债的公允价值。

一、市场法

市场法是利用相同或类似的资产、负债或资产和负债组合的价格以及其他相关市场交易信息进行估值的技术。企业应用市场法估计相关资产或负债公允价值的，可利用相同或类似的资产、负债或资产和负债的组合（例如，一项业务）的价格和其他相关市场交易信息进行估值。

企业在使用市场法时，应当以市场参与者在相同或类似资产出售中能够收到或者转移相同或类似负债需要支付的公开报价为基础。企业应当根据资产或负债的特征，例如，当前状况、地理位置、出售和使用的限制等，对相同或类似资产或负债的市场价格进行调整，以确定该资产或负债的公允价值。

企业在应用市场法时，除直接使用相同或类似资产或负债的公开报价外，还可以使用市场乘数法等估值方法。市场乘数法是一种使用可比企业市场数据估计公允价值的方法，包括上市公司比较法、交易案例比较法等。企业采用上市公司比较法时，可使用的市场乘数包括市盈率、市净率、企业价值/税息折旧及摊销前利润乘数等。企业应当进行职业判断，考虑与计量相关的定性和定量因素，选择恰当的市场乘数。

二、收益法

收益法是企业将未来金额转换成单一现值的估值技术。企业使用收益法时，应当反映市场参与者在计量日对未来现金流量或者收入费用等金额的预期。企业使用的收益法包括现金流量折现法、多期超额收益折现法、期权定价模型等估值方法。

（一）现金流量折现法

现金流量折现法是企业在收益法中最常用到的估值方法，包括传统法（即折现率调整法）和期望现值流量法。企业运用折现率将未来金额与现在金额联系起来，取得现值。企业使用现金流量折现法估计相关资产或负债的公允价值时，需要在计量日从市场参与者角度考虑相关资产或负债的未来现金流量、现金流量金额和时间的可能变动、货币时间价值、因承受现金流量固有不确定性而要求的补偿（即风险溢价）、与负债相关的不履约风险（包括企业自身信用风险）、市场参与者在当前情况下可能考虑的其他因素等。

企业以现金流量折现法估计相关资产或负债的公允价值，应当避免重复计算或遗漏风险因素的影响，协调折现率与现金流量输入值的选择。例如，企业使用了合同现金流量的，应当采用能够反映预期违约风险的折现率；使用了概率加权现金流量的，应当采用无风险利率；使用了包含通货膨胀影响的现金流量的，应当采用名义利率；使用了排除通货膨胀影响的现金流量的，应当采用实际利率；使用税后现金流量的，应当采用税后折现率；使用税前现金流量的，应当采用税前折现率；使用人民币现金流量的，应当采用与人民币相关的利率等。

企业在现金流量折现法中所使用的现金流量是估计金额，而非确定的已知金额。当存在违约风险时，即使是合同约定的金额也不是确定的折现现金流量，例如，贷款承诺中虽约定贷款金额，但如果企业无法按期还款，该金额并不能作为确定的已知折现现金流量。所以，企业使用现金流量折现法时，将面临较多不确定性。企业在以公允价值计量该资产或负债时应当考虑风险溢价，即使存在较大困难，企业仍应当考虑相关风险调整因素。

根据对风险的调整方式和采用的现金流量类型，可以将现金流量折现法区分为传统法和期望现金流量法两种方法。

（1）传统法。传统法是使用在估计金额范围内最有可能的现金流量和经风险调整的折现率的一种折现方法。企业在传统法中所使用的现金流量，包括合同现金流量、承诺现金流量或者最有可能的现金流量等。这些现金流量都以特定事项为前提条件，例如，债券中包含的合同现金流量或承诺现金流量是以债务人不发生违约为前提条件的。企业所使用的经风险调整的折现率，应当来自市场上交易的类似资产或负债的可观察回报率。当不存在可观察的市场回报率时，企业也可以使用估计的市场回报率。企业在确定资产或负债是否类似时，需要考虑现金流量的性质，例如，现金流量是合同现金流量还是非合同现金流量，现金流量是否会对经济条件的改变作出类似反应，还需要考虑信用状况、抵押品、期限、限制性合同和流动性等其他因素。

（2）期望现金流量法。期望现金流量法是使用经风险调整的期望现金流量和无风险利率，或者使用未经风险调整的期望现金流量和包含市场参与者要求的风险溢价的折现率的一种折现方法。企业应当通过以概率为权重计算的期望现金流量反映未来所有可能的现金流量。企业在期望现金流量法中使用的现金流量是对所有可能的现金流量进行概率加权，最终得到的期望现金流量不再以特定事项为前提条件，这不同于企业在传统法中所使用的现金流量。

在期望现金流量法中，可以通过两种方法调整相关资产或负债期望现金流量的风险溢价：第一种方法是，企业从以概率为权重计算的期望现金流量中扣除风险溢价，得到确定等值现金流量，并按照无风险利率对确定等值现金流量折现，从而估计出相关资产或负债的公允价值。当市场参与者认为确定的现金流量和期望现金流量无差异时，该确定的现金流量即为确定等值现金流量。例如，如果市场参与者愿意以 1 000 元的确定现金流量交换 1 200 元的期望现金流量，该 1 000 元即为 1 200 元的确定等值（即 200 元代表风险溢价）。在这种情况下，持有 1 200 元的期望现金流量和持有 1 000 元现金，对于市场参与者而言是无差异的。第二种方法是，企业在无风险利率之上增加风险溢价，得到期望回报率，并使用该期望回报率对以概率为权重计算的现金流量进行折现，从而估计出相关资产或负债的公允价值。企业可以使用对风险资产进行计价的模型估计期望回报率，例如资本资产定价模型。使用期望现金流量法的上述两种方法得到的现金流量现值应当是相同的。因此，企业在使用期望现金流量法估计相关资产或负债的公允价值时，期望现金流量法的上述两种方法均可使用。企业对期望现金流量法第一种方法或第二种方法的选择，取决于被计量资产或负债的特征和环境因素、企业是否可获取足够多的数据，以及企业运用判断的程度等。

（二）期权定价模型

企业可以使用布莱克—斯科尔斯模型、二叉树模型、蒙特卡洛模拟法等期权定价模型估计期权的公允价值。其中，布莱克—斯科尔斯期权定价模型可以用于认股权证和具有转换特征的金融工具的简单估值。布莱克—斯科尔斯期权定价模型中的输入值包括即期价格、行权价格、合同期限、预计或内含波动率、无风险利率、期望股息率等。蒙特卡洛模拟法适用于包含可变行权价格或转换价格、对行权时间具有限制条款等复杂属性的认股权证或具有转换特征的金融工具。蒙特卡洛模拟法根据认股权证或具有转换特征的金融工具的条款、条件以及其他假设，随机生成数千甚至数百万的可能结果，计算每种可能情形的相关回报，这些回报用概率加权并折现以计算相关资产或负债的公允价值。

三、成本法

成本法，是反映当前要求重置相关资产服务能力所需金额的估值技术，通常是指现行重置成本。在成本法下，企业应当根据折旧贬值情况，对市场参与者获得或构建具有相同服务能力的替代资产的成本进行调整。折旧贬值包括实体性损耗、功能性贬值以及经济性贬值。企业主要使用现行重置成本法估计与其他资产或其他资产和负债一起使用的有形资产的公允价值。

四、估值技术的选择

企业在某些情况下使用单项估值技术是恰当的，如企业使用相同资产或负债在活跃市场上的公开报价计量该资产或负债的公允价值。但在有些情况下，企业可能需要使用多种估值技术，如企业采用市场法和收益法估计未上市企业股权投资的公允价值。企业应当运用更多职业判断，确定恰当的估值技术。企业至少应当考虑下列因素：

（1）根据企业可获得的市场数据和其他信息，其中一种估值技术是否比其他估值技术更恰当；

（2）其中一种估值技术所使用的输入值是否更容易在市场上观察到或者只需作更少的调整；

（3）其中一种估值技术得到的估值结果区间是否在其他估值技术的估值结果区间内；

（4）市场法和收益法结果存在较大差异的，进一步分析存在较大差异的原因，例如，其中一种估值技术可能使用不当，或者其中一种估值技术所使用的输入值可能不恰当等。

企业在公允价值后续计量中使用了估值技术，并且运用了不可观察输入值的，应当确保该估值技术反映了计量日可观察的市场数据，例如，类似资产或负债的最近交易价格等。企业以相关资产或负债的交易价格作为其初始确认时的公允价值，并在公允价值后续计量中使用了不可观察输入值的，应当校正后续计量中运用的估值技术，以使得用该估值技术确定的初始确认结果与初始确认时的交易价格相等。企业通过校准估值技术，能够确保估值技术反映当前市场情况，避免发生估值技术无法反映相关资产或负债的特征。

企业在估计不存在活跃市场的权益工具的公允价值时，如果自权益工具购买日至计量日之间的间隔较短，并且在此期间没有发生对该权益工具价值产生重大影响的事件，企业可采用近期交易价格作为无公开报价权益工具的公允价值；如果权益工具非近期购买，或者自购买日至计量日之间发行权益工具的企业或发行人发生了重大变化，企业可能不应按照近期交易价格确定权益工具的公允价值，而应当根据发行人的具体情况，选用恰当的估值方法进行估值。

例如，对于成熟的被投资企业，企业可采用市场法计量其无公开报价权益工具的公允价值。企业选择可比公司作为基准公司时，应当重点考虑业务的性质、业务的盈利能力及所在地。企业无法找到与被投资企业在同一行业的上市公司时，可选择最相近行业和具有相似经营风险和利润率的公司作为替代。企业选定可比公司后，应当对关键指标的差异进行调整，从而增强市场法的适用性和可靠性。这些所需调整的关键指标差异包括可比公司所在不同市场的估值水平，可比公司与被投资企业之间增长性、盈利能力、股本回报率、流动性的差异等。另外，企业也可使用股价/页面浏览量等行业特定的一些业务驱动因素进行比较。又如，对于迅速成长的被投资企业，企业可采用收益法计量其无公开报价权益工具的公允价值。企业使用该方法时，需要进行一系列的财务预测，预测时间至少包括企业一个业务周期，一般不少于 5 年。如果被投资企业已经确定在近期能够实现上市流通，并且相应的股价已大致确定，企业可采用投资收益折现法来确定被投资企业发行的权益工具的公允价值，使用较低的风险回报率确定计量日的现值。企业应当采用市场法对收益法的结果进行交叉检验。

企业在公允价值计量中使用的估值技术一经确定，不得随意变更。企业公允价值计量中应用的估值技术应当在前后各会计期间保持一致，除非变更估值技术或其应用方法能使计量结果在当前情况下同样或者更能代表公允价值，包括但不限于下列情况：（1）出现新的市场；（2）可以取得新的信息；（3）无法再取得以前使用的信息；（4）改进了估值技术；（5）市场状况发生变化等。企业变更估值技术及其应用方法的，应当按照会计估计变更处理，并对估值技术及其应用方法的变更进行披露。企业无论使用何种估值技术，都应当考虑当前市场状况并作出市场参与者可能进行的风险调整，如对信用风险和流动性风险的调整。

第十七章 政府及民间非营利组织会计

第一节 政府会计概述

政府会计是会计体系的重要分支,它是运用会计专门方法对政府及其组成主体的财务状况、运行情况(含运行成本,下同)、现金流量、预算执行等情况进行全面核算、监督和报告。

一、政府会计标准体系

我国的政府会计标准体系由政府会计准则(包括基本准则、具体准则及应用指南)、政府会计制度和政府会计准则制度解释等组成。

二、政府会计核算模式

政府会计由预算会计和财务会计构成。政府会计核算应当实现预算会计与财务会计适度分离并相互衔接,全面、清晰反映政府财务信息和预算执行信息,为开展政府信用评级、加强资产负债管理、改进政府绩效监督考核、防范财政风险等提供支持,促进政府财务管理水平提高和财政经济可持续发展。

(一)政府预算会计和财务会计的"适度分离"

(1)"双功能"。政府会计应当实现预算会计和财务会计双重功能。预算会计应准确完整反映政府预算收入、预算支出和预算结余等预算执行信息,财务会计应全面准确反映政府的资产、负债、净资产、收入、费用等财务信息。

(2)"双基础"。预算会计实行收付实现制,国务院另有规定的,从其规定;财务会计实行权责发生制。

(3)"双报告"。政府会计主体应当编制决算报告和财务报告。政府决算报告的编制主要以收付实现制为基础,以预算会计核算生成的数据为准;政府财务报告的编制主要以权责发生制为基础,以财务会计核算生成的数据为准。

(二)政府预算会计和财务会计的"相互衔接"

政府预算会计和财务会计"适度分离",并不是要求政府会计主体分别建立预算会计和财务会计两套账,对同一笔经济业务或事项进行会计核算,而是要求政府预算会计要素和财务会计要素相互协调，决算报告和财务报告相互补充，共同反映政府会计主体的预算执行信息和财务信息。

三、政府会计要素及其确认和计量

（一）政府预算会计要素

政府预算会计要素包括预算收入、预算支出与预算结余。

1. 预算收入。

预算收入是指政府会计主体在预算年度内依法取得并纳入预算管理的现金流入。预算收入一般在实际收到时予以确认，以实际收到的金额计量。

2. 预算支出。

预算支出是指政府会计主体在预算年度内依法发生并纳入预算管理的现金流出。预算支出一般在实际支付时予以确认，以实际支付的金额计量。

3. 预算结余。

预算结余是指政府会计主体预算年度内预算收入扣除预算支出后的资金余额，以及历年滚存的资金余额。

预算结余包括结余资金和结转资金。结余资金是指年度预算执行终了，预算收入实际完成数扣除预算支出和结转资金后剩余的资金。结转资金是指预算安排项目的支出年终尚未执行完毕或者因故未执行，且下年需要按原用途继续使用的资金。

（二）政府财务会计要素

政府财务会计要素包括资产、负债、净资产、收入和费用。

四、政府财务报告和决算报告

（一）政府财务报告

政府财务报告是反映政府会计主体某一特定日期的财务状况和某一会计期间的运行情况和现金流量等信息的文件。政府财务报告的目标是向财务报告使用者提供与政府财务状况、运行情况和现金流量等有关的信息，反映政府会计主体公共受托责任履行情况，有助于财务报告使用者作出决策或者进行监督和管理。

政府财务报告应当包括财务报表和其他应当在财务报告中披露的相关信息和资料。财务报表包括会计报表和附注。会计报表至少应当包括资产负债表、收入费用表和现金流量表。

政府财务报告主要分为政府部门财务报告和政府综合财务报告。政府部门编制部门财务报告，反映本部门的财务状况和运行情况；财政部门编制政府综合财务报告，反映政府整体的财务状况、运行情况和财政中长期可持续性。

（二）政府决算报告

政府决算报告是综合反映政府会计主体年度预算收支执行结果的文件。政府决算报告的目标是向决算报告使用者提供与政府预算执行情况有关的信息，综合反映政府会计主体预算收支的年度执行结果，有助于决算报告使用者进行监督和管理，并为编制后续年度预算提供参考和依据。

政府决算报告应当包括决算报表和其他应当在决算报告中反映的相关信息和资料。

第二节 政府单位特定业务的会计核算

行政事业单位（以下简称单位）是政府会计主体的重要组成部分。单位财务会计的原理和方法与企业会计基本一致，但与企业会计不同的是，单位会计中没有"利润"要求，且其核算应当具备财务会计与预算会计双重功能，实现财务会计与预算会计适度分离并相互衔接，全面、清晰反映单位财务信息和预算执行信息。本节主要介绍单位特定业务的会计核算。

一、单位会计核算一般原则

单位应当根据政府会计准则规定的原则和《政府单位会计制度》的要求，对其发生的各项经济业务或事项进行会计核算。

单位财务会计通过资产、负债、净资产、收入、费用五个要素，全面反映单位财务状况、运行情况和现金流量情况。单位预算会计通过预算收入、预算支出和预算结余三个要素，全面反映单位预算收支执行情况。为了保证单位预算会计要素单独循环，在日常核算时，单位应当设置"资金结存"科目，核算纳入年度部门预算管理的资金的流入、流出、调整和滚存等情况。根据资金支付方式及资金形态，"资金结存"科目应设置"零余额账户用款额度""货币资金""财政应返还额度"三个明细科目。年末预算收支结转后，"资金结存"科目借方余额与预算结转结余科目贷方余额相等。

单位对于纳入年度部门预算管理的现金收支业务，在采用财务会计核算的同时应当进行预算会计核算；对于其他业务，仅需进行财务会计核算。年末结账前，单位应当对暂收暂付款项进行全面清理，并对于纳入本年度部门预算管理的暂收暂付款项进行预算会计处理，确认相关预算收支，确保预算会计信息能够完整反映本年度部门预算收支执行情况。这里的部门预算是指部门综合预算，包括财政拨款收支和非财政拨款收支；未纳入年初批复的预算但纳入决算报表编制范围的非财政收支，也应当进行预算会计核算。这里的现金，是指单位的库存现金以及其他可以随时用于支付的款项，包括库存现金、银行存款、其他货币资金、零余额账户用款额度、财政应返还额度，以及通过财政直接支付方式支付的款项。对于单位受托代理的现金以及不纳入部门预算管理的暂收暂付款项（如应上缴、应转拨或应退回的资金），仅需要进行财务会计处理，不需要进行预算会计处理。

另外，单位会计核算的一个重要特点是关于明细科目的设置及运用。比如，为了满足决算报表的编制要求，单位应当在预算会计"行政支出""事业支出"科目下，分别按照"财政拨款支出""非财政专项资金支出"和"其他资金支出"，"基本支出"和"项目支出"等进行明细核算，并按照《政府收支分类科目》中"支出功能分类科目"的项级科目进行明细核算；"基本支出"和"项目支出"明细科目下应当按照《政府收支分类科目》中"部门预算支出经济分类科目"的款级科目进行明细核算，同时在"项目支出"明细科目下按照具体项目进行明细核算。又如，为了满足成本核算需要，单位可在财务会计"业务活动费用"和"单位管理费用"科目下，按照"工资福利费用""商品和服务费用""对个人和家庭的补助费用""对企业补助费用""固定资产折旧费""无形资产摊销费""公共基础设施折旧（摊销）费""保障性住房折旧费""计提专用基金"等成本项目设置明细科目，归集能够直接计入业务活动或采用一定方法计算后计入业务活动的费用。

此外，单位财务会计核算中关于应交增值税的会计处理与企业会计基本相同，但是在预算会计处理中，预算收入和预算支出包含了销项税额和进项税额，实际缴纳增值税时计入预算支出。为了简化起见，本节内容在账务处理介绍中一般不涉及增值税的会计处理。

二、财政拨款收支业务

财政拨款收支业务是绝大多数单位的主要业务，"财政拨款（预算）收入"科目核算单位从同级财政部门取得的各类财政拨款。实行国库集中支付的单位，财政资金的支付方式包括财政直接支付和财政授权支付[①]。单位核算国库集中支付业务，应当在进行预算会计核算的同时进行财务会计核算。单位在财务会计中应当设置"财政拨款收入""零余额账户用款额度""财政应返还额度"等科目，在预算会计中应设置"财政拨款预算收入""资金结存——零余额账户用款额度""资金结存——财政应返还额度"科目。

（一）财政直接支付业务

在财政直接支付方式下，单位收到"财政直接支付入账通知书"时，按照通知书中的直接支付入账金额，在预算会计中借记"行政支出""事业支出"等科目，贷记"财政拨款预算收入"科目；同时在财务会计中借记"库存物品""固定资产""应付职工薪酬""业务活动费用""单位管理费用"等科目，贷记"财政拨款收入"科目。

年末，根据本年度财政直接支付预算指标数与当年财政直接支付实际支出数的差额，在预算会计中借记"资金结存——财政应返还额度"科目，贷记"财政拨款预算收入"科目；同时在财务会计中借记"财政应返还额度"科目，贷记"财政拨款收入"科目[②]。

下年度恢复财政直接支付额度后，单位以财政直接支付方式发生实际支出时，在预算会计中借记"行政支出""事业支出"等科目，贷记"资金结存——财政应返还额度"科目；同时在财务会计中借记"库存物品""固定资产""应付职工薪酬""业务活动费用""单位管理费用"等科目，贷记"财政应返还额度"科目。

（二）财政授权支付业务

在财政授权支付方式下，单位收到代理银行盖章的"授权支付到账通知书"时，根据通知书所列数额，在预算会计中借记"资金结存——零余额账户用款额度"科目，贷

[①] 实行预算管理一体化的行政事业单位，国库集中支付业务流程与本节讲述的内容不一致的，应当遵循财政部关于预算管理一体化相关会计处理的规定，具体参见《政府会计准则制度解释第5号》。

[②] 按照《国务院关于进一步深化预算管理制度改革的意见》（国发〔2021〕5号）规定，市县级财政国库集中支付结余不再按权责发生制列支，相关单位年末不再进行上述账务处理。

记"财政拨款预算收入"科目;同时在财务会计中借记"零余额账户用款额度"科目,贷记"财政拨款收入"科目。

按规定支用额度时,按照实际支用的额度,在预算会计中借记"行政支出""事业支出"等科目,贷记"资金结存——零余额账户用款额度"科目;同时在财务会计中借记"库存物品""固定资产""应付职工薪酬""业务活动费用""单位管理费用"等科目,贷记"零余额账户用款额度"科目。

年末,依据代理银行提供的对账单作注销额度的相关账务处理,在预算会计中借记"资金结存——财政应返还额度"科目,贷记"资金结存——零余额账户用款额度"科目;同时在财务会计中借记"财政应返还额度"科目,贷记"零余额账户用款额度"科目。下年年初恢复额度时,在预算会计中借记"资金结存——零余额账户用款额度"科目,贷记"资金结存——财政应返还额度"科目;同时在财务会计中借记"零余额账户用款额度"科目,贷记"财政应返还额度——财政授权支付"科目。

年末,单位本年度财政授权支付预算指标数大于零余额账户用款额度下达数的,根据未下达的用款额度,在预算会计中借记"资金结存——财政应返还额度"科目,贷记"财政拨款预算收入"科目;同时在财务会计中借记"财政应返还额度"科目,贷记"财政拨款收入"科目①。下年度收到财政部门批复的上年末未下达零余额账户用款额度时,在预算会计中借记"资金结存——零余额账户用款额度"科目,贷记"资金结存——财政应返还额度"科目;同时在财务会计中借记"零余额账户用款额度"科目,贷记"财政应返还额度"科目。

三、非财政拨款收支业务

单位的收支业务除了财政拨款收支业务之外,还包括事业活动、经营活动等形成的收支。这里主要以事业(预算)收入、捐赠(预算)收入和支出、债务预算收入和债务还本支出、投资支出为例进行说明。

(一)事业(预算)收入

事业收入是指事业单位开展专业业务活动及其辅助活动实现的收入,不包括从同级政府财政部门取得的各类财政拨款。为了核算事业收入,单位在预算会计中应当设置"事业预算收入"科目,采用收付实现制核算;在财务会计中应当设置"事业收入"科目,采用权责发生制核算。

(1)对采用财政专户返还方式管理的事业(预算)收入,实现应上缴财政专户的事业收入时,按照实际收到或应收的金额,在财务会计中借记"银行存款""应收账款"等科目,贷记"应缴财政款"科目。向财政专户上缴款项时,按照实际上缴的款项金额,在财务会计中借记"应缴财政款"科目,贷记"银行存款"等科目。收到从财政专户返还的事业收入时,按照实际收到的返还金额,在财务会计中借记"银行存款"等科目,贷记"事业收入"科目;同时在预算会计中借记"资金结存——货币资金"科目,贷记"事业预算收入"科目。

---

① 按照《国务院关于进一步深化预算管理制度改革的意见》(国发〔2021〕5号)规定,市县级财政国库集中支付结余不再按权责发生制列支,相关单位年末不再进行上述账务处理。

(2) 对采用预收款方式确认的事业（预算）收入，实际收到预收款项时，按照收到的款项金额，在财务会计中借记"银行存款"等科目，贷记"预收账款"科目；同时在预算会计中借记"资金结存——货币资金"科目，贷记"事业预算收入"科目。以合同完成进度确认事业收入时，按照基于合同完成进度计算的金额，借记"预收账款"科目，贷记"事业收入"科目。

(3) 对采用应收款方式确认的事业收入，根据合同完成进度计算本期应收的款项，在财务会计中借记"应收账款"科目，贷记"事业收入"科目。实际收到款项时，在财务会计中借记"银行存款"等科目，贷记"应收账款"科目；同时在预算会计中借记"资金结存——货币资金"科目，贷记"事业预算收入"科目。

单位以合同完成进度确认事业收入时，应当根据业务实质，选择累计实际发生的合同成本占合同预计总成本的比例、已经完成的合同工作量占合同预计总工作量的比例、已经完成的时间占合同期限的比例、实际测定的完工进度等方法，合理确定合同完成进度。

(4) 对于其他方式下确认的事业收入，按照实际收到的金额，在财务会计中借记"银行存款""库存现金"等科目，贷记"事业收入"科目；同时在预算会计中借记"资金结存——货币资金"科目，贷记"事业预算收入"科目。

(5) 事业活动中涉及增值税业务的，事业收入按照实际收到的金额扣除增值税销项税之后的金额入账，事业预算收入按照实际收到的金额入账。

(6) 事业单位对于因开展专业业务活动及其辅助活动取得的非同级财政拨款收入（包括两大类，一类是从同级财政以外的同级政府部门取得的横向转拨财政款，另一类是从上级或下级政府取得的各类财政款），应当通过"事业收入"和"事业预算收入"下的"非同级财政拨款"明细科目核算；对于其他非同级财政拨款收入，应当通过"非同级财政拨款收入"科目核算。

（二）捐赠（预算）收入和支出

1. 捐赠（预算）收入。

捐赠收入指单位接受其他单位或者个人捐赠取得的收入，包括现金捐赠和非现金捐赠收入。捐赠预算收入指单位接受的现金资产。

单位接受捐赠的货币资金，按照实际收到的金额，在财务会计中借记"银行存款""库存现金"等科目，贷记"捐赠收入"科目；同时在预算会计中借记"资金结存——货币资金"科目，贷记"其他预算收入——捐赠预算收入"科目。

单位接受捐赠的存货、固定资产等非现金资产，按照确定的成本，在财务会计中借记"库存物品""固定资产"等科目，按照发生的相关税费、运输费等，贷记"银行存款"等科目，按照其差额，贷记"捐赠收入"科目；同时在预算会计中，按照发生的相关税费、运输费等支出金额，借记"其他支出"科目，贷记"资金结存——货币资金"科目。

需要说明的是，单位取得捐赠的货币资金按规定应当上缴财政的，应当按照"应缴财政款"科目相关规定进行财务会计处理，预算会计不作处理。单位接受捐赠人委托转赠的资产，应当按受托代理业务相关规定进行财务会计处理，预算会计不作处理。

2. 捐赠（支出）费用。

单位对外捐赠现金资产的，按照实际捐赠的金额，在财务会计中借记"其他费用"

科目，贷记"银行存款""库存现金"等科目；同时在预算会计中借记"其他支出"科目，贷记"资金结存——货币资金"科目。

单位对外捐赠库存物品、固定资产等非现金资产的，在财务会计中应当将资产的账面价值转入"资产处置费用"科目；如未以货币资金支付相关费用，则预算会计则不作账务处理。

（三）债务预算收入和债务还本支出

债务预算收入是指事业单位按照规定从银行和其他金融机构等借入的、纳入部门预算管理的、不以财政资金作为偿还来源的债务本金，债务还本支出是指事业单位偿还自身承担的纳入预算管理的从金融机构举借的债务本金的现金流出。事业单位为了核算借款及债务预算收入，在预算会计下应设置"债务预算收入"和"债务还本支出"科目，在财务会计下设置"短期借款""长期借款""应付利息"等科目。

事业单位借入各种短期借款、长期借款时，按照实际借入的金额，在预算会计中借记"资金结存——货币资金"科目，贷记"债务预算收入"科目；同时在财务会计中借记"银行存款"科目，贷记"短期借款""长期借款"科目。

事业单位按期计提长期借款的利息时，按照计算确定应支付的利息金额，在财务会计中借记"其他费用"或"在建工程"科目，贷记"应付利息"或"长期借款——应付利息"科目。待实际支付利息时，在财务会计中借记"应付利息"科目，贷记"银行存款"等科目；同时在预算会计中借记"其他支出"等科目，贷记"资金结存——货币资金"科目。

事业单位偿还各项短期或长期借款时，按照偿还的借款本金，在预算会计中借记"债务还本支出"科目，贷记"资金结存——货币资金"科目；同时在财务会计中借记"短期借款""长期借款"科目，贷记"银行存款"科目。

需要说明的是，单位通过部门预算从同级财政取得政府债券资金的，不应计入单位债务预算收入，应当在财务会计中借记"银行存款""零余额账户用款额度"等科目，贷记"财政拨款收入"科目；同时在预算会计中借记"资金结存"等科目，贷记"财政拨款预算收入"科目。同级财政以地方政府债券置换单位原有负债的，单位应当借记"长期借款""应付利息"等科目，贷记"累计盈余"科目；预算会计不作处理。单位需要向同级财政上缴专项债券对应项目专项收入的，取得专项收入时，应当借记"银行存款"等科目，贷记"应缴财政款"科目；实际上缴时，借记"应缴财政款"科目，贷记"银行存款"等科目；预算会计不作处理。

（四）投资支出

投资支出指事业单位以货币资金对外投资发生的现金流出。为了核算投资支出，事业单位应当在预算会计下设置"投资支出"科目，在财务会计下设置"短期投资""长期股权投资""长期债券投资"等科目。

事业单位以货币资金对外投资时，按照投资金额和所支付的相关税费金额的合计数，在预算会计中借记"投资支出"科目，贷记"资金结存—货币资金"科目；同时在财务会计中借记"短期投资""长期股权投资""长期债券投资"等科目，贷记"银行存款"等科目。需要说明的有两点：第一，单位按规定出资成立非营利法人单位，如事业单位、社会团体、基金会等，不应按照投资业务进行会计处理，在出资时应当按照出资金额，在财务会计中借记"其他费用"科目，贷记"银行存款"等科目；同时，在预算会计中借记"其他支出"科目，贷记"资金结存"科目。第二，根据国务院和地方人民政府授权、代表本级人民政府对国家出资企业履行出资人职责的单位，与其履行出资人职责的国家出资企业之间不存在股权投资关系，其履行出资人职责的行为不作为单位的投资进行会计处理。通过单位账户对国家出资企业投入货币资金，纳入本单位预算管理的，应当按照"其他费用（支出）"科目相关规定处理；不纳入本单位预算管理的，应当按照"其他应付款"科目相关规定处理。

事业单位收到取得投资时实际支付价款中包含的已到付息期但尚未领取的利息或股利时，按照实际收到的金额，在预算会计中借记"资金结存——货币资金"科目，贷记"投资支出"科目；同时在财务会计中借记"银行存款"科目，贷记"短期投资""应收股利""应收利息"等科目。

事业单位持有股权投资期间收到被投资单位发放的现金股利或分期付息的利息时，按照实际收到的金额，在预算会计中借记"资金结存——货币资金"科目，贷记"投资预算收益"科目；同时在财务会计中借记"银行存款"科目，贷记"应收股利""应收利息"科目。

事业单位出售、对外转让或到期收回本年度以货币资金取得的对外投资，按规定将投资收益留归本单位的，在预算会计中，按照实际收到的金额，借记"资金结存——货币资金"科目，按照取得投资时"投资支出"科目的发生额，贷记"投资支出"科目，按照其差额，贷记或借记"投资预算收益"科目（如果单位出售、对外转让或到期收回的是以前年度以货币资金取得的对外投资，应当将上述业务处理中的"投资支出"科目改为"其他结余"）。同时，在财务会计中，按照实际收到的金额，借记"银行存款"科目，按照对外投资的账面余额，贷记"短期投资""长期股权投资""长期债券投资"科目，按照尚未领取的现金股利、利润或尚未收取的利息，贷记"应收股利"或"应收利息"科目，按照发生的相关税费等支出，贷记"银行存款"等科目，按照借贷方差额，借记或贷记"投资收益"科目。

四、预算结转结余及分配业务

单位应当严格区分财政拨款结转结余和非财政拨款结转结余。财政拨款结转结余不参与事业单位的结余分配，单独设置"财政拨款结转"和"财政拨款结余"科目核算。非财政拨款结转结余通过设置"非财政拨款结转""非财政拨款结余""专用结余""经营结余""非财政拨款结余分配"等科目核算。

（一）财政拨款结转结余的核算

1. 财政拨款结转的核算。

单位应当在预算会计中设置"财政拨款结转"科目，核算滚存的财政拨款结转资金。本科目下应当设置"年初余额调整""归集调入""归集调出""归集上缴""单位内部调剂""本年收支结转""累计结转"等明细科目，反映财政拨款结转金额变动情况。年末结转后，本科目除"累计结转"明细科目外，其他明细科目应无余额。

本科目还应当设置"基本支出结转""项目支出结转"两个明细科目,并在"基本支出结转"明细科目下按照"人员经费""日常公用经费"进行明细核算,在"项目支出结转"明细科目下按照具体项目进行明细核算;同时,本科目还应按照《政府收支分类科目》中"支出功能分类科目"的相关科目进行明细核算。

财政拨款结转的主要账务处理如下:

(1)年末,单位应当将财政拨款收入和对应的财政拨款支出结转入"财政拨款结转"科目。根据财政拨款收入本年发生额,借记"财政拨款预算收入"科目,贷记"财政拨款结转——本年收支结转"科目;根据各项支出中的财政拨款支出本年发生额,借记"财政拨款结转——本年收支结转"科目,贷记各项支出(财政拨款支出)科目。

(2)按照规定从其他单位调入财政拨款结转资金的,按照实际调增的额度数额或调入的资金数额,在预算会计中借记"资金结存——财政应返还额度、零余额账户用款额度、货币资金"科目,贷记"财政拨款结转——归集调入";同时在财务会计中借记"零余额账户用款额度""财政应返还额度"等科目,贷记"累计盈余"科目。

按规定上缴(或注销)财政拨款结转资金、向其他单位调出财政拨款结转资金,按照实际上缴资金数额、实际调减的额度数额或调出的资金数额,在预算会计中借记"财政拨款结转——归集上缴、归集调出"科目,贷记"资金结存——财政应返还额度、零余额账户用款额度、货币资金"科目;同时在财务会计中借记"累计盈余"科目,贷记"零余额账户用款额度""财政应返还额度"等科目。

因发生会计差错等事项调整以前年度财政拨款结转资金的,按照调整的金额,在预算会计中借记或贷记"资金结存——财政应返还额度、零余额账户用款额度、货币资金"科目,贷记或借记"财政拨款结转——年初余额调整"科目;同时在财务会计中借记或贷记"以前年度盈余调整"科目,贷记或借记"零余额账户用款额度""银行存款"等科目。

经财政部门批准对财政拨款结余资金改变用途,调整用于本单位基本支出或其他未完成项目支出的,按照批准调剂的金额,借记"财政拨款结余——单位内部调剂"科目,贷记"财政拨款结转——单位内部调剂"科目。

(3)年末,冲销有关明细科目余额。将"财政拨款结转——本年收支结转、年初余额调整、归集调入、归集调出、归集上缴、单位内部调剂"科目余额转入"财政拨款结转——累计结转"科目。

(4)年末,完成上述财政拨款收支结转后,应当对财政拨款各明细项目执行情况进行分析,按照有关规定将符合财政拨款结余性质的项目余额转入财政拨款结余,借记"财政拨款结转——累计结转"科目,贷记"财政拨款结余——结转转入"科目。

2. 财政拨款结余的核算。

单位在预算会计中应当设置"财政拨款结余"科目,核算单位滚存的财政拨款项目支出结余资金。本科目应当设置"年初余额调整""归集上缴""单位内部调剂""结转转入""累计结余"等明细科目,反映财政拨款结余金额变动情况。年末结转后,本科目除"累计结余"明细科目外,其他明细科目应无余额。该科目还应当按照《政府收支分类科目》中"支出功能分类科目"的相关科目进行明细核算。

财政拨款结余的主要账务处理如下：

（1）年末，对财政拨款结转各明细项目执行情况进行分析，按照有关规定将符合财政拨款结余性质的项目余额转入财政拨款结余，借记"财政拨款结转——累计结转"科目，贷记"财政拨款结余——结转转入"科目。

（2）经财政部门批准对财政拨款结余资金改变用途，调整用于本单位基本支出或其他未完成项目支出的，按照批准调剂的金额，借记"财政拨款结余——单位内部调剂"科目，贷记"财政拨款结转——单位内部调剂"科目。

按照规定上缴财政拨款结余资金或注销财政拨款结余资金额度的，按照实际上缴资金数额或注销的资金额度数额，在预算会计中借记"财政拨款结余——归集上缴"科目，贷记"资金结存——财政应返还额度、零余额账户用款额度、货币资金"科目；同时在财务会计中借记"累计盈余"科目，贷记"零余额账户用款额度""财政应返还额度"等科目。

因发生会计差错等事项调整以前年度财政拨款结余资金的，按照调整的金额，在预算会计中借记或贷记"资金结存——财政应返还额度、零余额账户用款额度、货币资金"科目，贷记或借记"财政拨款结余——年初余额调整"科目；同时在财务会计中借记或贷记"以前年度盈余调整"科目，贷记或借记"零余额账户用款额度""银行存款"等科目。

（3）年末，冲销有关明细科目余额。将本科目（年初余额调整、归集上缴、单位内部调剂、结转转入）余额转入本科目（累计结转）。

（二）非财政拨款结转的核算

非财政拨款结转资金是指单位除财政拨款收支、经营收支以外的各非同级财政拨款专项资金收入与其相关支出相抵后剩余滚存的、须按规定用途使用的结转资金。单位应当在预算会计中设置"非财政拨款结转"科目，核算单位除财政拨款收支、经营收支以外各非同级财政拨款专项资金的调整、结转和滚存情况。"非财政拨款结转"科目应当设置"年初余额调整""缴回资金""项目间接费用或管理费""本年收支结转""累计结转"等明细科目，反映非财政拨款结转的变动情况。本科目还应当按照具体项目、《政府收支分类科目》中"支出功能分类科目"的相关科目等进行明细核算。

非财政拨款结转的主要账务处理如下：

（1）年末，将事业预算收入、上级补助预算收入、附属单位上缴预算收入、非同级财政拨款预算收入、债务预算收入、其他预算收入本年发生额中的专项资金收入转入本科目，借记"事业预算收入""上级补助预算收入""附属单位上缴预算收入""非同级财政拨款预算收入""债务预算收入""其他预算收入"科目下各专项资金收入明细科目，贷记"非财政拨款结转——本年收支结转"科目；将行政支出、事业支出、其他支出本年发生额中的非财政拨款专项资金支出转入本科目，借记"非财政拨款结转——本年收支结转"科目，贷记"行政支出""事业支出""其他支出"科目下各非财政拨款专项资金支出明细科目。

（2）按照规定从非财政科研项目预算收入中提取项目间接费用或管理费时，按照提取金额，在预算会计中借记"非财政拨款结转——项目间接费用或管理费"科目，贷记"非财政拨款结余——项目间接费用或管理费"科目；同时在财务会计中借记"单位管理费用"等科目，贷记"预提费用——项目间接费用或管理费"科目。

因会计差错更正等事项调整非财政拨款结转资金的，按照收到或支出的金额，在预算会计中借记或贷记"资金结存——货币资金"科目，贷记或借记"非财政拨款结转——年初余额调整"科目；同时在财务会计中借记或贷记"以前年度盈余调整"，贷记或借记"银行存款"等科目。

按照规定缴回非财政拨款结转资金的，按照实际缴回资金数额，在预算会计中借记"非财政拨款结转——缴回资金"科目，贷记"资金结存——货币资金"科目；同时在财务会计中借记"累计盈余"科目，贷记"银行存款"等科目。

（3）年末，冲销有关明细科目余额。将"非财政拨款结转——年初余额调整、项目间接费用或管理费、缴回资金、本年收支结转"科目余额转入"非财政拨款结转——累计结转"科目。结转后，"非财政拨款结转"科目除"累计结转"明细科目外，其他明细科目应无余额。

（4）年末，完成上述结转后，应当对非财政拨款专项结转资金各项情况进行分析，将留归本单位使用的非财政拨款专项（项目已完成）剩余资金转入非财政拨款结余，借记"非财政拨款结转——累计结转"科目，贷记"非财政拨款结余——结转转入"科目。

（三）非财政拨款结余的核算

非财政拨款结余指单位历年滚存的非限定用途的非同级财政拨款结余资金，主要为非财政拨款结余扣除结余分配后滚存的金额。单位应当在预算会计中设置"非财政拨款结余"科目，核算单位历年滚存的非限定用途的非同级财政拨款结余资金。本科目应当设置"年初余额调整""项目间接费用或管理费""结转转入""累计结余"等明细科目，反映非财政拨款结余的变动情况。本科目还应当按照《政府收支分类科目》中"支出功能分类科目"的相关科目进行明细核算。

非财政拨款结余的主要账务处理如下：

（1）年末，将留归本单位使用的非财政拨款专项（项目已完成）剩余资金转入本科目，借记"非财政拨款结转——累计结转"科目，贷记"非财政拨款结余——结转转入"科目。

（2）按照规定从非财政科研项目预算收入中提取项目间接费用或管理费时，按照提取金额，在预算会计中借记"非财政拨款结转——项目间接费用或管理费"科目，贷记"非财政拨款结余——项目间接费用或管理费"科目；同时在财务会计中借记"单位管理费用"等科目，贷记"预提费用——项目间接费用或管理费"科目。

有企业所得税缴纳义务的事业单位实际缴纳企业所得税时，按照缴纳金额，在预算会计中借记"非财政拨款结余——累计结余"科目，贷记"资金结存——货币资金"科目；同时在财务会计中借记"其他应缴税费——单位应交所得税"科目，贷记"银行存款"等科目。

因会计差错更正等调整非财政拨款结余资金的，按照收到或支出的金额，在预算会计中借记或贷记"资金结存——货币资金"科目，贷记或借记"非财政拨款结余——年初余额调整"；同时在财务会计中借记或贷记"以前年度盈余调整"，贷记或借记"银行存款"等科目。

（3）年末，冲销有关明细科目余额。将"非财政拨款结余——年初余额调整、项目间接费用或管理费、结转转入"科目余额结转入"非财政拨款结余——累计结余"科目。结转后，本科目除"累计结余"明细科目外，其他明细科目应无余额。

（4）年末，事业单位将"非财政拨款结余分配"科目余额转入非财政拨款结余。"非财政拨款结余分配"科目为借方余额的，借记"非财政拨款结余——累计结余"科目，贷记"非财政拨款结余分配"科目；"非财政拨款结余分配"科目为贷方余额的，借记"非财政拨款结余分配"科目，贷记"非财政拨款结余——累计结余"科目。

年末，行政单位将"其他结余"科目余额转入非财政拨款结余。"其他结余"科目为借方余额的，借记"非财政拨款结余——累计结余"科目，贷记"其他结余"科目；"其他结余"科目为贷方余额的，借记"其他结余"科目，贷记"非财政拨款结余——累计结余"科目。

（四）专用结余、经营结余、其他结余及非财政拨款结余分配的核算

1. 专用结余的核算。

专用结余是指事业单位按照规定从非财政拨款结余中提取的具有专门用途的资金。事业单位在预算会计中设置"专用结余"科目，核算专用结余资金的变动和滚存情况。根据有关规定从本年度非财政拨款结余或经营结余中提取基金的，按照提取金额，在预算会计中借记"非财政拨款结余分配"科目，贷记"专用结余"科目；同时，按照相同金额，在财务会计中借记"本年盈余分配"科目，贷记"专用基金"科目。根据规定使用从非财政拨款结余或经营结余中提取的专用基金时，按照使用金额，借记"事业支出"等支出科目，贷记"资金结存——货币资金"科目；同时，按照相同金额，在财务会计中，借记"业务活动费用"等科目，贷记"银行存款"等科目。年末，事业单位应当将有关预算支出中使用专用结余的本年发生额转入专用结余，在预算会计下借记"专用结余"科目，贷记"事业支出"等科目。

2. 经营结余的核算。

事业单位应当在预算会计中设置"经营结余"科目，核算单位本年度经营活动收支相抵后余额弥补以前年度经营亏损后的余额。期末，事业单位应当结转本期经营收支。根据经营预算收入本期发生额，借记"经营预算收入"科目，贷记"经营结余"科目；根据经营支出本期发生额（不含使用专用结余形成的支出），借记"经营结余"科目，贷记"经营支出"科目。年末，如"经营结余"科目为贷方余额，将余额结转入"非财政拨款结余分配"科目，借记"经营结余"科目，贷记"非财政拨款结余分配"科目；如为借方余额，为经营亏损，不予结转。

3. 其他结余的核算。

单位应当在预算会计中设置"其他结余"科目，核算单位本年度除财政拨款收支、非同级财政专项资金收支和经营收支以外各项收支相抵后的余额。

年末，单位应将事业预算收入、上级补助预算收入、附属单位上缴预算收入、非同级财政拨款预算收入、债务预算收入、其他预算收入本年发生额中的非专项资金收入以及投资预算收益本年发生额转入本科目，借记"事业预算收入""上级补助预算收入"

"附属单位上缴预算收入""非同级财政拨款预算收入""债务预算收入""其他预算收入"科目下各非专项资金收入明细科目和"投资预算收益"科目,贷记"其他结余"科目("投资预算收益"科目本年发生额为借方净额时,借记"其他结余"科目,贷记"投资预算收益"科目);将行政支出、事业支出、其他支出本年发生额中的非同级财政、非专项资金支出(不含使用专用结余形成的支出),以及上缴上级支出、对附属单位补助支出、投资支出、债务还本支出本年发生额转入本科目,借记"其他结余"科目,贷记"行政支出""事业支出""其他支出"科目下各非同级财政、非专项资金支出明细科目和"上缴上级支出""对附属单位补助支出""投资支出""债务还本支出"科目。

年末,完成上述结转后,行政单位将本科目余额转入"非财政拨款结余——累计结余"科目;事业单位将本科目余额转入"非财政拨款结余分配"科目。

4. 非财政拨款结余分配的核算。

事业单位应当在预算会计中设置"非财政拨款结余分配"科目,核算事业单位本年度非财政拨款结余分配的情况和结果。年末,事业单位应将"其他结余"科目余额和"经营结余"科目贷方余额转入"非财政拨款结余分配"科目。根据有关规定提取专用基金的,按照提取的金额,借记"非财政拨款结余分配"科目,贷记"专用结余"科目;同时在财务会计中按照相同金额,借记"本年盈余分配"科目,贷记"专用基金"科目。然后,将"非财政拨款结余分配"科目余额转入非财政拨款结余。

五、净资产业务

单位财务会计中净资产的来源主要包括累计实现的盈余和无偿调拨的净资产。在日常核算中,单位应当在财务会计中设置"累计盈余""专用基金""无偿调拨净资产""权益法调整"和"本期盈余""本期盈余分配""以前年度盈余调整"等科目。

(一)本期盈余及本年盈余分配

1. 本期盈余。

本期盈余反映单位本期各项收入、费用相抵后的余额。期末,单位应当将各类收入科目的本期发生额转入本期盈余,借记"财政拨款收入""事业收入""上级补助收入""附属单位上缴收入""经营收入""非同级财政拨款收入""投资收益""捐赠收入""利息收入""租金收入""其他收入"科目,贷记"本期盈余"科目;将各类费用科目本期发生额(不含使用从非财政拨款结余或经营结余中提取的专用基金形成的费用)转入本期盈余,借记"本期盈余"科目,贷记"业务活动费用""单位管理费用""经营费用""所得税费用""资产处置费用""上缴上级费用""对附属单位补助费用""其他费用"科目。年末,单位应当将"本期盈余"科目余额转入"本年盈余分配"科目。

2. 本年盈余分配。

"本年盈余分配"科目反映单位本年度盈余分配的情况和结果。年末,单位应当将"本期盈余"科目余额转入本科目,借记或贷记"本期盈余"科目,贷记或借记"本年盈余分配"科目。根据有关规定从本年度非财政拨款结余或经营结余中提取专用基金的,按照预算会计下计算的提取金额,借记"本年盈余分配"科目,贷记"专用基金"科目。然后,将"本年盈余分配"科目余额转入"累计盈余"科目。

（二）专用基金

专用基金是指事业单位按照规定提取或设置的具有专门用途的净资产，主要包括职工福利基金、科技成果转换基金等。事业单位应当设置"专用基金"科目，核算专用基金的取得和使用情况。事业单位从本年度非财政拨款结余或经营结余中提取专用基金的，在财务会计"专用基金"科目核算的同时，还应在预算会计"专用结余"科目进行核算。

1. 专用基金的取得。

事业单位根据有关规定从预算收入中提取专用基金并计入费用的，一般按照预算会计下基于预算收入计算提取的金额，借记"业务活动费用"等科目，贷记"专用基金"科目。单位根据有关规定设置的其他专用基金（如留本基金），按照实际收到的基金金额，借记"银行存款"等科目，贷记"专用基金"科目。

年末，事业单位根据有关规定从本年度非财政拨款结余或经营结余中提取专用基金的，按照预算会计下计算的提取金额，在财务会计中借记"本年盈余分配"科目，贷记"专用基金"科目，同时在预算会计中借记"非财政拨款结余分配"科目，贷记"专用结余"科目。

2. 专用基金的使用。

事业单位按照规定使用提取的专用基金时，在财务会计中借记"专用基金"科目（使用从预算收入中提取并计入费用的专用基金）或"业务活动费用"等费用科目（使用从非财政拨款结余或经营结余中提取的专用基金），贷记"银行存款"等科目，同时在预算会计中借记"事业支出"等科目，贷记"资金结存——货币资金"科目。期末，单位应当将有关费用中使用专用基金的本期发生额转入专用基金，在财务会计下借记"专用基金"科目，贷记"业务活动费用"等科目。

但是，单位使用提取的专用基金购置固定资产、无形资产的，按照固定资产、无形资产成本金额，借记"固定资产""无形资产"科目，贷记"银行存款"等科目（预算会计处理同上）；同时，按照专用基金使用金额，借记"专用基金"科目，贷记"累计盈余"科目。

（三）无偿调拨净资产

按照行政事业单位资产管理相关规定，经批准政府单位之间可以无偿调拨资产。通常情况下，无偿调拨非现金资产不涉及资金业务，因此不需要进行预算会计核算（除非以现金支付相关费用等）。单位应当设置"无偿调拨净资产"科目，核算无偿调入或调出非现金资产所引起的净资产变动金额。

单位按照规定取得无偿调入的非现金资产等，按照相关资产在调出方的账面价值加相关税费、运输费等确定的金额（资产账面价值为零或该资产以名义金额计量的除外），借记"库存物品""长期股权投资""固定资产""无形资产""公共基础设施""政府储备物资""文物文化资产""保障性住房"等科目，按照调入过程中发生的归属于调入方的相关费用，贷记"零余额账户用款额度""银行存款"等科目，按照其差额，贷记"无偿调拨净资产"科目，同时在预算会计中按照调入方实际发生的费用金额，借记"其他支出"科目，贷记"资金结存"科目。

单位按照规定经批准无偿调出非现金资产等，按照调出资产的账面余额或账面价值，借记"无偿调拨净资产"科目，按照相关资产已计提的累计折旧或累计摊销金额，借记"固定资产累计折旧""无形资产累计摊销""公共基础设施累计折旧（摊销）""保障性住房累计折旧"科目，按照调出资产的账面余额，贷记"库存物品""长期股权投资""固定资产""无形资产""公共基础设施""政府储备物资""文物文化资产""保障性住房"等科目。按照调出过程中发生的归属于调出方的相关费用，借记"资产处置费用"科目，贷记"零余额账户用款额度""银行存款"等科目，同时在预算会计中借记"其他支出"科目，贷记"资金结存"科目。

年末，单位应将"无偿调拨净资产"科目余额转入累计盈余，借记或贷记"无偿调拨净资产"科目，贷记或借记"累计盈余"科目。

（四）权益法调整

"权益法调整"科目核算事业单位持有的长期股权投资采用权益法核算时，按照被投资单位除净损益和利润分配以外的所有者权益变动份额调整长期股权投资账面余额而计入净资产的金额。年末，按照被投资单位除净损益和利润分配以外的所有者权益变动应享有（或应分担）的份额，借记或贷记"长期股权投资——其他权益变动"科目，贷记或借记"权益法调整"科目。处置长期股权投资时，按照原计入净资产的相应部分金额，借记或贷记"权益法调整"科目，贷记或借记"投资收益"科目。

（五）以前年度盈余调整

"以前年度盈余调整"科目核算单位本年度发生的调整以前年度盈余的事项，包括本年度发生的重要前期差错更正涉及调整以前年度盈余的事项。单位对相关事项调整后，应当及时将"以前年度盈余调整"科目余额转入累计盈余，借记或贷记"累计盈余"科目，贷记或借记"以前年度盈余调整"科目。

（六）累计盈余

累计盈余反映单位历年实现的盈余扣除盈余分配后滚存的金额，以及因无偿调入调出资产产生的净资产变动额。年末，将"本年盈余分配"科目的余额转入累计盈余，借记或贷记"本年盈余分配"科目，贷记或借记"累计盈余"科目；将"无偿调拨净资产"科目的余额转入累计盈余，借记或贷记"无偿调拨净资产"科目，贷记或借记"累计盈余"科目。

按照规定上缴、缴回、单位间调剂结转结余资金产生的净资产变动额，以及对以前年度盈余的调整金额，也通过"累计盈余"科目核算。

六、资产业务

单位资产业务涉及的核算内容较多，下面主要介绍资产业务的几个共性内容及应收账款、库存物品、固定资产、无形资产、公共基础设施、政府储备物资和受托代理资产的核算。

（一）资产业务的几个共性内容

1. 资产取得。

单位资产取得的方式包括外购、自行加工或自行建造、接受捐赠、无偿调入、置换换入、租赁等。资产在取得时按照成本进行初始计量，并分别不同取得方式进行会计处理。

（1）外购的资产，其成本通常包括购买价款、相关税费（不包括按规定可抵扣的增值税进项税额）以及使得资产达到目前场所和状态或交付使用前所发生的归属于该项资产的其他费用。

（2）自行加工或自行建造的资产，其成本包括该项资产至验收入库或交付使用前所发生的全部必要支出。

（3）接受捐赠的非现金资产，对于存货、固定资产、无形资产而言，其成本按照有关凭据注明的金额加上相关税费等确定；没有相关凭据可供取得，但按规定经过资产评估的，其成本按照评估价值加上相关税费等确定；没有相关凭据可供取得、也未经资产评估的，其成本比照同类或类似资产的市场价格加上相关税费等确定；没有相关凭据且未经资产评估、同类或类似资产的市场价格也无法可靠取得的，按照名义金额（人民币1元）入账。对于投资和公共基础设施、政府储备物资、保障性住房、文物文化资产等经管资产而言，其初始成本不能采用名义金额计量。盘盈资产的入账成本的确定参照上述规定。这里的"同类或类似资产的市场价格"，一般指取得资产当日捐赠方自产物资的出厂价、所销售物资的销售价、非自产或销售物资在知名大型电商平台同类或类似商品价格等。如果存在政府指导价或政府定价的，应符合其规定。有确凿证据表明凭据上注明的金额高于受赠资产同类或类似资产的市场价格30%或达不到其70%的，则应当以同类或类似资产的市场价格确定成本。

单位对于接受捐赠的资产，其成本能够确定的，应当按照确定的成本减去相关税费后的净额计入捐赠收入。资产成本不能确定的，单独设置备查簿进行登记，相关税费等计入当期费用。

（4）无偿调入的资产，其成本按照调出方账面价值加上相关税费等确定。但是，无偿调入资产在调出方的账面价值为零（即已经按制度规定提足折旧）或者账面余额为名义金额的，单位（调入方）应当将调入过程中其承担的相关税费计入当期费用，不计入调入资产的初始入账成本。

（5）置换取得的资产，其成本按照换出资产的评估价值，加上支付的补价或减去收到的补价，加上为换入资产发生的其他相关支出确定。

2. 资产处置。

资产处置的形式按照规定包括无偿调拨、出售、出让、转让、置换、对外捐赠、报废、毁损以及货币性资产损失核销等。单位应当按规定报经批准后对资产进行处置。通常情况下，单位应当将被处置资产账面价值转销计入资产处置费用，并按照"收支两条线"将处置净收益上缴财政。如按规定将资产处置净收益纳入单位预算管理的，应将净收益计入当期收入。对于资产盘盈、盘亏、报废或毁损的，应当在报经批转前将相关资产账面价值转入"待处理财产损溢"，待报经批准后再进行资产处置。

对于无偿调出的资产，单位应当在转销被处置资产账面价值时冲减无偿调拨净资产。对于置换换出的资产，应当与换入资产一同进行相关会计处理。

（二）应收账款

单位的应收账款是指单位因出租资产、出售物资等应收取的款项以及事业单位提供服务、销售产品等应收取的款项。单位应视应收账款收回后是否需要上缴财政进行不同的会计处理。目前,我国政府会计核算中除了对事业单位收回后不需上缴财政的应收账款和其他应收款进行减值处理外,对于其他资产均未考虑减值。

1. 收回后不需上缴财政的应收账款。

对于应收账款收回后不需上缴财政的,单位发生应收账款时,按照应收未收金额,借记"应收账款"科目,贷记"事业收入""经营收入""租金收入""其他收入"等科目;收回应收账款时,按照实际收到的金额,借记"银行存款"等科目,贷记"应收账款"科目;同时在预算会计中借记"资金结存——货币资金"科目,贷记"事业预算收入""经营预算收入"等科目。

年末,事业单位对收回后不需上缴财政的应收账款进行全面检查,分析其可收回性,对预计可能产生的坏账损失计提坏账准备、确认坏账损失。提取坏账准备时,借记"其他费用"科目,贷记"坏账准备"科目。对于账龄超过规定年限并确认无法收回的应收账款,应当按照有关规定报经批准后,按照无法收回的金额,借记"坏账准备"科目,贷记"应收账款"科目。已核销的应收账款在以后期间又收回的,按照实际收回金额,借记"应收账款"科目,贷记"坏账准备"科目;同时,借记"银行存款"等科目,贷记"应收账款"科目,并且在预算会计中借记"资金结存——货币资金"科目,贷记"非财政拨款结余"科目。

2. 收回后需上缴财政的应收账款。

对于应收账款收回后需上缴财政的,单位发生应收账款时,按照应收未收金额,借记"应收账款"科目,贷记"应缴财政款"科目;收回应收账款时,按照实际收到的金额,借记"银行存款"等科目,贷记"应收账款"科目;将款项上缴财政时,借记"应缴财政款"科目,贷记"银行存款"科目。

年末,单位对收回后应当上缴财政的应收账款应进行全面检查。对于账龄超过规定年限、确认无法收回的应收账款,按照规定报经批准后予以核销。按照核销金额,借记"应缴财政款"科目,贷记"应收账款"科目。已核销的应收账款在以后期间又收回的,按照实际收回金额,借记"银行存款"等科目,贷记"应缴财政款"科目。

(三)库存物品

库存物品是指单位在开展业务活动及其他活动中为耗用或出售而储存的各种材料、产品、包装物、低值易耗品,以及达不到固定资产标准的用具、装具、动植物等的成本。

单位应当设置"库存物品"科目对其库存物品进行核算。已完成的测绘、地质勘查、设计成果等的成本,也通过本科目核算。单位随买随用的零星办公用品,可以在购进时直接列作费用,不通过本科目核算。单位控制的政府储备物资,应当通过"政府储备物资"科目核算,不通过本科目核算。单位受托存储保管的物资和受托转赠的物资,应当通过"受托代理资产"科目核算,不通过本科目核算。单位为在建工程购买和使用的材料物资,应当通过"工程物资"科目核算,不通过本科目核算。

1. 库存物品的取得。

(1)单位外购的库存物品验收入库,按照确定的成本,借记"库存物品"科目,贷记"财政拨款收入""零余额账户用款额度""银行存款""应付账款""在途物品"等科目;同时在预算会计中借记"行政支出""事业支出""经营支出"等科目,贷记"财政拨款预算收入""资金结存"科目。

（2）单位自行加工的库存物品，其成本包括耗用的直接材料费用、发生的直接人工费用和按照一定方法分配的与库存物品加工有关的间接费用。单位委托加工的存货，其成本包括委托加工前存货成本、委托加工的成本以及使存货达到目前场所和状态所发生的归属于存货成本的其他支出。自制或委托加工的库存物品验收入库，按照确定的成本，借记"库存物品"科目，贷记"加工物品——自制物品、委托加工物品"科目。

（3）单位接受捐赠的库存物品验收入库，按照确定的成本，借记"库存物品"科目，按照发生的相关税费、运输费等，贷记"银行存款"等科目，按照其差额，贷记"捐赠收入"科目。接受捐赠的库存物品按照名义金额入账的，按照名义金额，借记"库存物品"科目，贷记"捐赠收入"科目；同时，按照发生的相关税费、运输费等，借记"其他费用"科目，贷记"银行存款"等科目。对于捐赠过程中实际支付的相关税费、运输费等，在财务会计核算的同时，应当在预算会计中借记"其他支出"科目，贷记"资金结存"科目。

（4）单位无偿调入的库存物品验收入库，按照确定的成本，借记"库存物品"科目，按照发生的相关税费、运输费等，贷记"银行存款"等科目，按照其差额，贷记"无偿调拨净资产"科目。

（5）单位置换换入的库存物品验收入库，按照确定的成本，借记"库存物品"科目，按照换出资产的账面余额，贷记相关资产科目（换出资产为固定资产、无形资产的，还应当借记"固定资产累计折旧""无形资产累计摊销"科目），按照置换过程中发生的其他相关支出，贷记"银行存款"等科目，按照借贷方差额，借记"资产处置费用"科目或贷记"其他收入"科目。涉及补价的，还应考虑补价对处置损益的影响。对于置换过程中实际支付的相关支出，在财务会计核算的同时，应当在预算会计中借记"其他支出"科目，贷记"资金结存"科目。

其他资产置换业务参照上述规定进行会计处理。

2. **库存物品的发出。**

（1）单位开展业务活动等领用、按照规定自主出售发出或加工发出库存物品，按照领用、出售等发出物品的实际成本，借记"业务活动费用""单位管理费用""经营费用""加工物品"等科目，贷记"库存物品"科目。

（2）经批准对外出售的库存物品（不含可自主出售的库存物品）发出时，按照库存物品的账面余额，借记"资产处置费用"科目，贷记"库存物品"科目；同时，按照收到的价款，借记"银行存款"等科目，按照处置过程中发生的相关费用，贷记"银行存款"等科目，按照其差额，贷记"应缴财政款"科目。

（3）经批准对外捐赠的库存物品发出时，按照库存物品的账面余额和对外捐赠过程中发生的归属于捐出方的相关费用合计数，借记"资产处置费用"科目，按照库存物品账面余额，贷记"库存物品"科目，按照对外捐赠过程中发生的归属于捐出方的相关费用，贷记"银行存款"等科目，同时在预算会计中按照实际支出金额借记"其他支出"科目，贷记"资金结存"科目。

(4) 经批准无偿调出的库存物品发出时, 按照库存物品的账面余额, 借记"无偿调拨净资产"科目, 贷记"库存物品"科目; 按照无偿调出过程中发生的归属于调出方的相关费用, 借记"资产处置费用"科目, 贷记"银行存款"等科目, 同时在预算会计中借记"其他支出"科目, 贷记"资金结存"科目。

(四) 固定资产

固定资产, 是指单位为满足自身开展业务活动或其他活动需要而控制的, 使用年限超过1年(不含1年)、单位价值在规定标准以上, 并在使用过程中基本保持原有物质形态的资产, 一般包括房屋及构筑物、专用设备、通用设备等。单位价值虽未达到规定标准, 但是使用年限超过1年(不含1年)的大批同类物资, 如图书、家具、用具、装具等, 应当确认为固定资产。

为了核算固定资产, 单位应当设置"固定资产""固定资产累计折旧"等科目。购入需要安装的固定资产, 应当先通过"在建工程"科目核算, 安装完毕交付使用时再转入"固定资产"科目核算。以借入、经营租赁租入方式取得的固定资产, 不通过"固定资产"科目核算, 应当设置备查簿进行登记。采用融资租入方式取得的固定资产, 通过本科目核算, 并在"固定资产"科目下设置"融资租入固定资产"明细科目。经批准在境外购买具有所有权的土地, 作为固定资产, 通过"固定资产"科目核算; 单位应当在"固定资产"科目下设置"境外土地"明细科目, 进行相应明细核算。

按规定由本级政府机关事务管理等部门统一管理(如仅持有资产的产权证等), 但具体由其他部门占有、使用的固定资产, 应当由占有、使用该资产的部门作为会计确认主体, 对该资产进行会计核算。多个部门共同占用、使用同一项固定资产, 且该项固定资产由本级政府机关事务管理等部门统一管理并负责后续维护、改造的, 由本级政府机关事务管理等部门作为确认主体, 对该项固定资产进行会计核算。同一部门内部所属单位共同占有、使用同一项固定资产, 或者所属事业单位占有、使用部门本级拥有产权的固定资产的, 按照本部门规定对固定资产进行会计核算。

1. 取得固定资产。

(1) 购入不需安装的固定资产验收合格时, 按照确定的固定资产成本, 借记"固定资产"科目, 贷记"财政拨款收入""零余额账户用款额度""应付账款""银行存款"等科目; 同时按照实际支付的款项, 在预算会计中借记"行政支出""事业支出""经营支出"等科目, 贷记"财政拨款预算收入""资金结存"科目。购入需要安装的固定资产, 在安装完毕交付使用前通过"在建工程"科目核算, 安装完毕交付使用时再转入"固定资产"科目。

(2) 自行建造的固定资产交付使用时, 按照在建工程成本, 借记"固定资产"科目, 贷记"在建工程"科目。已交付使用但尚未办理竣工决算手续的固定资产, 按照估计价值入账, 待办理竣工决算后再按照实际成本调整原来的暂估价值。这里的估计价值是指项目竣工财务决算前在建工程的实际成本, 包括项目建设资金安排的各项支出, 以及应付未付的工程价款、职工薪酬等。单位办理竣工财务决算后, 按照实际成本调整资产暂估价值时, 应当将实际成本与暂估价值的差额计入净资产, 借记或贷记"固定资产", 贷记或借记"以前年度盈余调整"科目。经过上述调整后, 应将"以前年度盈余调整"科目转入"累计盈余"科目。

（3）融资租赁取得的固定资产，其成本按照租赁协议或者合同确定的租赁价款、相关税费以及固定资产交付使用前所发生的可归属于该项资产的运输费、途中保险费、安装调试费等确定。融资租入的固定资产，按照确定的成本，借记"固定资产"科目（不需安装）或"在建工程"科目（需安装），按照租赁协议或者合同确定的租赁付款额，贷记"长期应付款"科目，按照支付的运输费、途中保险费、安装调试费等金额，贷记"财政拨款收入""零余额账户用款额度""银行存款"等科目；同时在预算会计中按照实际支付的税费等金额，借记"行政支出""事业支出""经营支出"等科目，贷记"财政拨款预算收入""资金结存"等科目。

（4）接受捐赠的固定资产，按照确定的成本，借记"固定资产"科目（不需安装）或"在建工程"科目（需安装），按照发生的相关税费、运输费等，贷记"零余额账户用款额度""银行存款"等科目，按照其差额，贷记"捐赠收入"科目；同时在预算会计中按照实际支付的税费、运输费等金额，借记"其他支出"科目，贷记"资金结存"科目。接受捐赠的以名义金额计量的固定资产，其会计处理参照库存物品。

（5）无偿调入的固定资产，按照确定的成本，借记"固定资产"科目（不需安装）或"在建工程"科目（需安装），按照发生的相关税费、运输费等，贷记"零余额账户用款额度""银行存款"等科目，按照其差额，贷记"无偿调拨净资产"科目；同时在预算会计中按照实际支付的税费、运输费等金额，借记"其他支出"科目，贷记"资金结存"科目。

无偿调入资产在调出方的账面价值为零的，单位（调入方）在进行财务会计处理时，应当按照该项资产在调出方的账面余额，借记"固定资产"科目，按照该项资产在调出方已经计提的折旧或摊销金额（与资产账面余额相等），贷记"固定资产累计折旧"科目；按照支付的相关税费，借记"其他费用"科目，贷记"零余额账户用款额度""银行存款"等科目。同时，在预算会计中按照支付的相关税费，借记"其他支出"科目，贷记"资金结存"科目。无偿调入资产在调出方的账面余额为名义金额的，单位（调入方）在进行财务会计处理时，应当按照名义金额，借记"固定资产"科目，贷记"无偿调拨净资产"科目；按照支付的相关税费，借记"其他费用"科目，贷记"零余额账户用款额度""银行存款"等科目。同时，在预算会计中按照支付的相关税费，借记"其他支出"科目，贷记"资金结存"科目。

2. 固定资产后续支出。

固定资产在使用过程中发生的后续支出，符合资产确认条件的，应当资本化计入固定资产；不符合资产确认条件的，应当在发生时计入当期费用或其他相关资产成本。通常情况下，为增加固定资产使用效能或延长其使用年限而发生的改建、扩建、大型维修改造等后续支出，应当计入固定资产成本；为维护固定资产正常使用发生的日常维修、养护等后续支出，应当计入当期费用。列入部门预算支出经济分类科目中资本性支出的后续支出，应当予以资本化。单位将固定资产转入改建、扩建时，按照固定资产的账面价值，借记"在建工程"科目，按照固定资产已计提折旧，借记"固定资产累计折旧"科目，按照固定资产的账面余额，贷记"固定资产"科目。

单位在原有固定资产基础上进行改建、扩建、大型维修改造等建造活动后的固定资产，其成本按照原固定资产账面价值加上改建、扩建、大型维修改造等建造活动发生的支出，再扣除固定资产被替换部分的账面价值后的金额确定。被替换部分的账面价值难以确定的，单位可以采用合理的分配方法计算确定，或组织专家参照资产评估方法进行估价。单位确定被替换部分的账面价值不切实可行或不符合成本效益原则的，可以不予扣除，但应当在报表附注中予以披露。

单位对于租入等不由本单位入账核算但实际使用的固定资产，发生的符合资产确认条件的后续支出，应当按照《政府单位会计制度》中"长期待摊费用"科目相关规定进行会计处理。

3. 对固定资产计提折旧。

单位应当按月对固定资产计提折旧，下列固定资产除外：（1）文物和陈列品；（2）动植物；（3）图书、档案；（4）单独计价入账的土地；（5）以名义金额计量的固定资产。单位应当根据相关规定以及固定资产的性质和使用情况，合理确定固定资产的使用年限。因改建、扩建等原因而延长固定资产使用年限的，应当重新确定固定资产的折旧年限。单位盘盈、无偿调入、接受捐赠以及置换的固定资产，应当考虑该项资产的新旧程度，按照其尚可使用的年限计提折旧。

固定资产应当按月计提折旧，当月增加的固定资产，当月开始计提折旧；当月减少的固定资产，当月不再计提折旧。固定资产提足折旧后，无论能否继续使用，均不再计提折旧；提前报废的固定资产，也不再补提折旧。已提足折旧的固定资产，可以继续使用的，应当继续使用，规范实物管理。

单位按月计提固定资产折旧时，按照应计提折旧金额，借记"业务活动费用""单位管理费用""经营费用""加工物品""在建工程"等科目，贷记"固定资产累计折旧"科目。

4. 处置固定资产。

（1）报经批准出售、转让固定资产，按照被出售、转让固定资产的账面价值，借记"资产处置费用"科目，按照固定资产已计提的折旧，借记"固定资产累计折旧"科目，按照固定资产账面余额，贷记"固定资产"科目；同时，按照收到的价款，借记"银行存款"等科目，按照处置过程中发生的相关费用，贷记"银行存款"等科目，按照其差额，贷记"应缴财政款"科目。

（2）报经批准对外捐赠固定资产，按照固定资产已计提的折旧，借记"固定资产累计折旧"科目，按照被处置固定资产账面余额，贷记"固定资产"科目，按照捐赠过程中发生的归属于捐出方的相关费用，贷记"银行存款"等科目，按照其差额，借记"资产处置费用"科目；同时，在预算会计中按照实际支付的相关费用金额，借记"其他支出"科目，贷记"资金结存"科目。

（3）报经批准无偿调出固定资产，按照固定资产已计提的折旧，借记"固定资产累计折旧"科目，按照被处置固定资产账面余额，贷记本科目，按照其差额，借记"无偿调拨净资产"科目。按照无偿调出过程中发生的归属于调出方的相关费用，借记"资产处置费用"科目，贷记"银行存款"等科目；同时在预算会计中借记"其他支出"科目，贷记"资金结存"科目。

（五）自行研发取得的无形资产

单位自行研究开发项目形成的无形资产，其成本包括自该项目进入开发阶段后至达到预定用途前所发生的支出总额。这里的自行研究开发项目，应当同时满足以下条件：一是该项目以科技成果创造和运用为目的，预期形成至少一项科技成果。二是该项目的研发活动起点可以明确。例如，利用财政资金等单位外部资金设立的科研项目，可以将立项之日作为起点；利用单位自有资金设立的科研项目，可以将单位决策机构批准同意立项之日，或科研人员将研发计划书提交单位科研管理部门审核通过之日作为起点。

单位自行研究开发项目的支出，应当区分研究阶段支出与开发阶段支出，研究阶段的支出，应当于发生时计入当期费用；开发阶段的支出，先按合理方法进行归集，如果最终形成无形资产的，应当确认为无形资产；如果最终未形成无形资产的，应当计入当期费用。自行研究开发项目尚未进入开发阶段，或者确实无法区分研究阶段支出和开发阶段支出，但按法律程序已申请取得无形资产的，应当将依法取得时发生的注册费、聘请律师费等费用确认为无形资产。

当单位自行研究开发项目预期形成的无形资产同时满足以下条件时，可以认定该自行研究开发项目进入开发阶段：（1）单位预期完成该无形资产以使其能够使用或出售在技术上具有可行性。（2）单位具有完成该无形资产并使用或出售的意图。（3）单位预期该无形资产能够为单位带来经济利益或服务潜能。该无形资产自身或运用该无形资产生产的产品存在市场，或者该无形资产在内部使用具有有用性。（4）单位具有足够的技术、财务资源和其他资源支持，以完成该无形资产的开发，并有能力使用或出售该无形资产。（5）归属于该无形资产开发阶段的支出能够可靠地计量。通常情况下，单位可以将样品样机试制成功、可行性研究报告通过评审等作为自行研究开发项目进入开发阶段的标志，但该时点不满足上述进入开发阶段5个条件的除外。

单位应当设置"研发支出"科目，核算自行研发项目研究阶段和开发阶段发生的各项支出。对于研究阶段的支出，应当先在"研发支出"科目归集。期（月）末，应当将本科目归集的研究阶段的支出金额转入当期费用，借记"业务活动费用"等科目，贷记"研发支出——研究支出"科目。对于开发阶段的支出，先通过本科目进行归集，待自行研究开发项目完成，达到预定用途形成无形资产的，按照本科目归集的开发阶段的支出金额，借记"无形资产"科目，贷记"研发支出——开发支出"科目。单位应于每年年度终了评估研究开发项目是否能达到预定用途，如预计不能达到预定用途（如无法最终完成开发项目并形成无形资产的），应当将已发生的开发支出金额全部转入当期费用。

（六）投资

这里所讲的投资，是指政府会计主体按规定以货币资金、实物资产、无形资产等方式形成的债权或股权投资。

1. 短期投资

政府会计主体取得的短期投资，应于取得时，按照取得时的实际成本（包括购买价款和相关税费）作为初始投资成本。其中，实际支付的价款中包含的已到付息期但尚未领取的利息，应于收到时冲减短期投资成本。短期投资持有期间的利息，应当于实际收到时确认为投资收益;期末,短期投资应当按照账面余额计量。

2. 长期股权投资

政府会计主体取得的长期股权投资,应于取得时按照实际成本作为初始投资成本:

(1)以支付现金取得的长期股权投资,按照实际支付的全部价款(包括购买价款和相关税费)作为实际成本,其中,实际支付价款中包含的已宣告但尚未发放的现金股利,应当单独确认为应收股利,不计入长期股权投资初始投资成本。

(2)以现金以外的其他资产置换取得的长期股权投资,其成本按照换出资产的评估价值加上支付的补价或减去收到的补价,加上换入长期股权投资发生的其他相关支出确定。

(3)接受捐赠的长期股权投资,其成本按照有关凭据注明的金额加上相关税费确定;没有相关凭据可供取得,但按规定经过资产评估的,其成本按照评估价值加上相关税费确定;没有相关凭据可供取得,也未经资产评估的,其成本比照同类或类似资产的市场价格加上相关税费确定。

(4)无偿调入的长期股权投资,其成本按照调出方账面价值加上相关税费确定。

长期股权投资在持有期间,通常应当采用权益法进行核算。政府会计主体无权决定被投资单位的财务和经营政策或无权参与被投资单位的财务和经营政策决策的,应当采用成本法进行核算。

3. 长期债权投资

政府会计主体取得的长期债权投资,应于取得时按照实际成本作为初始投资成本,其中,实际支付价款中包含的已到付息期但尚未领取的债券利息,应当单独确认为应收利息,不计入长期债券投资初始投资成本。

长期债券投资持有期间,应当按照以票面金额与票面利率计算的金额确认利息收入。对于分期付息、一次还本的长期债券投资,应当将计算确定的应收未收利息确认为应收利息,计入投资收益;对于一次还本付息的长期债券投资,应当将计算确定的应收未收利息计入投资收益,并增加长期债券投资的账面余额。政府会计主体按规定出售或到期收回长期债券投资,应当将实际收到的价款扣除长期债券投资账面余额和相关税费后的差额计入投资损益。

(七)公共基础设施和政府储备物资

公共基础设施和政府储备物资属于特殊的行政事业性资产,这类资产的典型特征是政府会计主体控制的,供社会公众使用的经济资源。这类资产除公共基础设施、政府储备物资外,还包括文物文化资产、保障性住房等。这里主要概述公共基础设施和政府储备物资的会计核算。

1. 公共基础设施。

公共基础设施是指单位为满足社会公共需求而控制的,同时具有以下特征的有形资产:(1)是一个有形资产系统或网络的组成部分;(2)具有特定用途;(3)一般不可移动。公共基础设施主要包括市政基础设施(如城市道路、桥梁、隧道、公交场站、路灯、广场、公园绿地、室外公共健身器材,以及环卫、排水、供水、供电、供气、供热、污水处理、垃圾处理系统等)、交通基础设施(如公路、航道、港口等)、水利基础设施

（如大坝、堤防、水闸、泵站、渠道等）和其他公共基础设施。独立于公共基础设施、不构成公共基础设施使用不可缺少组成部分的管理维护用房屋建筑物、设备、车辆等，应当确认为固定资产。

通常情况下，公共基础设施应当由按规定对其负有管理维护职责的政府会计主体予以确认。多个政府会计主体共同管理维护的公共基础设施，应当由对该资产负有主要管理维护职责或者承担后续主要支出责任的政府会计主体予以确认。分为多个组成部分由不同政府会计主体分别管理维护的公共基础设施，应当由各个政府会计主体分别对其负责管理维护的公共基础设施的相应部分予以确认。负有管理维护公共基础设施职责的政府会计主体通过政府购买服务方式委托企业或其他会计主体代为管理维护公共基础设施的，该公共基础设施应当由委托方予以确认。

公共基础设施的各组成部分具有不同使用年限或者以不同方式提供公共产品或服务，适用不同折旧率或折旧方法且可以分别确定各自原价的，应当分别将各组成部分确认为该类公共基础设施的一个单项公共基础设施。在购建公共基础设施时，能够分清购建成本中的构筑物部分与土地使用权部分的，应当将其中的构筑物部分和土地使用权部分分别确认为公共基础设施；不能分清购建成本中的构筑物部分与土地使用权部分的，应当整体确认为公共基础设施。

为了核算公共基础设施，单位应当设置"公共基础设施"和"公共基础设施累计折旧（摊销）"科目。公共基础设施在取得时，应当按照其成本入账，其账务处理与固定资产基本相同。按月计提公共基础设施折旧时，按照应计提的折旧额，借记"业务活动费用"科目，贷记"公共基础设施累计折旧（摊销）"科目。处置公共基础设施时，按照所处置公共基础设施的账面价值，借记"资产处置费用""无偿调拨净资产""待处理财产损溢"等科目，按照已提取的折旧和摊销，借记"公共基础设施累计折旧（摊销）"科目，按照公共基础设施账面余额，贷记"公共基础设施"科目。

2. 政府储备物资。

政府储备物资是指单位为满足实施国家安全与发展战略、进行抗灾救灾、应对公共突发事件等特定公共需求而控制的，同时具有下列特征的有形资产：（1）在应对可能发生的特定事件或情形时动用；（2）其购入、存储保管、更新（轮换）、动用等由政府及相关部门发布的专门管理制度规范。政府储备物资包括战略及能源物资、抢险抗灾救灾物资、农产品、医药物资和其他重要商品物资，通常情况下由政府会计主体委托承储单位存储。

通常情况下，政府储备物资应当由按规定对其负有行政管理职责的政府会计主体予以确认。行政管理职责主要指提出或拟定收储计划、更新（轮换）计划、动用方案等。相关行政管理职责由不同政府会计主体行使的政府储备物资，由负责提出收储计划的政府会计主体予以确认。对政府储备物资不负有行政管理职责但接受委托具体负责执行其存储保管等工作的政府会计主体，应当将受托代储的政府储备物资作为受托代理资产核算。

为了核算政府储备物资，单位应当设置"政府储备物资"科目。政府储备物资在取得时，应当按照其成本入账，会计处理与库存物品基本一致。因动用而发出无须收回的政府储备物资的,按照发出物资的账面余额,计入业务活动费用;因动用而发出需要收回或者预期可能收回的政府储备物资的,单位应当在按规定的质量验收标准收回物资时,将未收回物资的账面余额予以转销计入业务活动费用;因行政管理主体变动等原因而将政府储备物资调拨给其他主体的,按照无偿调出政府储备物资的账面余额冲减无偿调拨净资产;对外销售政府储备物资并将销售收入纳入单位预算统一管理的,应当将发出物资的账面余额计入业务活动费用,将实现的销售收入计入当期收入;对外销售政府储备物资并按照规定将销售净收入上缴财政的,应当将取得销售价款时大于所承担的相关税费后的差额确认为应缴财政款。

(七)受托代理资产

受托代理资产是指单位接受委托方委托管理的各项资产,包括受托指定转赠的物资、受托存储保管的物资等。为了核算受托代理资产,单位应当设置"受托代理资产"科目。单位管理的罚没物资也应当通过本科目核算。单位收到的受托代理资产为现金和银行存款的,不通过本科目核算,应当通过"库存现金""银行存款"科目进行核算。

需要注意的是,单位对受托代理资产不拥有控制权,因此受托代理资产并不符合《基本准则》所规定的资产的定义及其确认标准。"受托代理负债"科目因单位接受受托代理资产而产生,应当按照相对应的受托代理资产的金额予以确认和计量。单位收取的押金、存入保证金等负有偿还义务的暂收款项,应当通过"其他应付款"科目核算。

单位接受委托人委托存储保管或需要转赠给受赠人的物资,其成本按照有关凭据注明的金额确定。接受委托的物资验收入库,按照确定的成本,借记"受托代理资产"科目,贷记"受托代理负债"科目。将受托转赠物资交付受赠人或按委托人要求发出委托存储保管的物资时,作相反会计分录。转赠物资的委托人取消了对捐赠物资的转赠要求,且不再收回捐赠物资的,应当将转赠物资转为单位的存货、固定资产等,同时确认其他收入。

单位取得罚没物资时,其成本按照有关凭据注明的金额确定。罚没物资验收(入库),按照确定的成本,借记"受托代理资产"科目,贷记"受托代理负债"科目。罚没物资成本无法可靠确定的,单位应当设置备查簿进行登记。按照规定处置或移交罚没物资时,按照罚没物资的成本,借记"受托代理负债"科目,贷记"受托代理资产"科目。处置时取得款项的,按照实际取得的款项金额,借记"银行存款"等科目,贷记"应缴财政款"等科目。

七、负债业务

单位负债主要包括应付及预收款项、应缴税费、应付职工薪酬、应缴款项、长期应付款、预计负债等,其财务会计核算与企业会计基本相同。下面主要介绍应缴财政款和应付职工薪酬的核算。

(一)应缴财政款

单位应缴财政款是指单位取得或应收的按照规定应当上缴财政的款项,包括应缴国库的款项和应缴财政专户的款项。为核算应缴财政的各类款项,单位应当设置"应缴财政款"科目。单位按照国家税法等有关规定应当缴纳的各种税费,通过"应交增值税"

"其他应交税费"科目核算，不通过本科目核算。

单位取得或应收按照规定应缴财政的款项时，借记"银行存款""应收账款"等科目，贷记"应缴财政款"科目。单位上缴应缴财政的款项时，按照实际上缴的金额，借记"应缴财政款"科目，贷记"银行存款"科目。由于应缴财政的款项不属于纳入部门预算管理的现金收支，因此不进行预算会计处理。

（二）应付职工薪酬

单位的应付职工薪酬是指按照有关规定应付给职工（含长期聘用人员）及为职工支付的各种薪酬，包括基本工资、国家统一规定的津贴补贴、规范津贴补贴（绩效工资）、改革性补贴、社会保险费（如职工基本养老保险费、职业年金、基本医疗保险费等）、住房公积金等。为核算应付职工薪酬业务，单位应当设置"应付职工薪酬"科目。该科目应当根据国家有关规定按照"基本工资"（含离退休费）、"国家统一规定的津贴补贴""规范津贴补贴（绩效工资）""改革性补贴""社会保险费""住房公积金""其他个人收入"等进行明细核算。其中，"社会保险费""住房公积金"明细科目核算内容包括单位从职工工资中代扣代缴的社会保险费、住房公积金，以及单位为职工计算缴纳的社会保险费、住房公积金。

单位计算确认当期应付职工薪酬时，根据职工提供服务的受益对象，借记"业务活动费用""单位管理费用""在建工程""加工物品""研发支出"等科目，贷记"应付职工薪酬"科目。按照税法规定代扣职工个人所得税时，借记"应付职工薪酬——基本工资"科目，贷记"其他应交税费——应交个人所得税"科目；从应付职工薪酬中代扣社会保险费和住房公积金，按照代扣的金额，借记"应付职工薪酬——基本工资"科目，贷记"应付职工薪酬——社会保险费、住房公积金"科目；从应付职工薪酬中代扣为职工垫付的水电费、房租等费用时，按照实际扣除的金额，借记"应付职工薪酬——基本工资"科目，贷记"其他应收款"等科目。

单位向职工支付工资、津贴补贴等薪酬，或按照国家有关规定缴纳职工社会保险费和住房公积金时，按照实际支付的金额，借记"应付职工薪酬"科目，贷记"财政拨款收入""零余额账户用款额度""银行存款"等科目，同时在预算会计中借记"行政支出""事业支出""经营支出"等科目，贷记"财政拨款预算收入""资金结存"科目。

八、部门（单位）合并财务报表

部门（单位）合并财务报表，是指以政府部门（单位）本级作为合并主体，将部门（单位）本级及其合并范围内全部被合并主体的财务报表进行合并后形成的，反映部门（单位）整体财务状况与运行情况的财务报表。部门（单位）合并财务报表是政府部门财务报告的主要组成部分。

（一）合并范围

部门（单位）合并财务报表的合并范围一般应当以财政预算拨款关系为基础予以确定。有下级预算单位的部门（单位）为合并主体，其下级预算单位为被合并主体。合并主体应当将其全部被合并主体纳入合并财务报表的合并范围。通常情况下，纳入本部门预决算管理的行政事业单位和社会组织（包括社会团体、基金会和社会服务机构，下同）

都应当纳入本部门（单位）合并财务报表范围。

除满足一般原则的会计主体外，以下会计主体也应当纳入部门（单位）合并财务报表范围：（1）部门（单位）所属的未纳入部门预决算管理的事业单位。（2）部门（单位）所属的纳入企业财务管理体系执行企业类会计准则制度的事业单位。（3）财政部规定的应当纳入部门（单位）合并财务报表范围的其他会计主体。（1）、（2）中的所属关系，应当按照《事业单位法人证书》所列的举办单位确认。涉及两个或两个以上举办单位的，按排序第一的举办单位确认，纳入该举办单位的合并财务报表编制范围；举办单位之间有协议、章程或管理办法约定的，按约定执行，不得重复编报。

以下会计主体不纳入部门（单位）合并财务报表范围：（1）部门（单位）所属的企业，以及所属企业下属的事业单位。（2）与行政机关脱钩的行业协会商会。（3）部门（单位）财务部门按规定单独建账核算的会计主体，如工会经费、党费、团费和土地储备资金、住房公积金等资金（基金）会计主体。（4）挂靠部门（单位）的没有财政预算拨款关系的社会组织以及非法人性质的学术团体、研究会等。

（二）合并程序

部门（单位）合并资产负债表应当以部门（单位）本级和其被合并主体符合上述有关编制基础和统一会计政策要求的个别资产负债表或合并资产负债表为基础，在抵销内部业务或事项对合并资产负债表的影响后，由部门（单位）本级合并编制。编制部门（单位）合并资产负债表时，需要抵销的内部业务或事项包括部门（单位）本级和其被合并主体之间、被合并主体相互之间的债权（含应收款项坏账准备，下同）、债务项目，以及其他业务或事项对部门（单位）合并资产负债表的影响。

部门（单位）合并收入费用表应当以部门（单位）本级和其被合并主体符合上述有关编制基础和统一会计政策要求的个别收入费用表或合并收入费用表为基础，在抵销内部业务或事项对合并收入费用表的影响后，由部门（单位）本级合并编制。编制部门（单位）合并收入费用表时，需要抵销的内部业务或事项包括部门（单位）本级和其被合并主体之间、被合并主体相互之间的收入、费用项目。

第三节　民间非营利组织会计

民间非营利组织会计是对民间非营利组织的财务收支活动进行连续、系统、综合的记录、计量和报告，以价值指标客观地反映业务活动过程，从而为业务管理和其他相关的管理工作提供信息的活动。民间非营利组织会计与政府会计的共性体现为"非营利性"，因此，相对于企业会计，二者的会计要素中均没有"利润"要素。

一、民间非营利组织会计概述

（一）民间非营利组织的概念和特征

民间非营利组织是指通过筹集社会民间资金举办的、不以营利为目的，从事教育、科技、文化、卫生、宗教等社会公益事业，提供公共产品的社会服务组织。

我国的民间非营利组织包括依照国家法律、行政法规登记的社会团体、基金会、社会服务机构和寺庙、宫观、清真寺、教堂等。按照《民间非营利组织会计制度》规定，适用于本制度的民间非营利组织应当同时具备以下三个特征：

（1）该组织不以营利为宗旨和目的。这一特征强调民间非营利组织的非营利性，这与企业的营利性有本质的区别。但是强调民间非营利组织目的的非营利性，并不排除其因提供商品或者社会服务而获取相应收入或者收取合理费用，只要这些营利活动的所得最终是用于组织的非营利事业。

（2）资源提供者向该组织投入资源不取得经济回报。这一特征强调民间非营利组织的资金或者其他资源提供者不能从民间非营利组织中获取回报，如果出资者等可以从组织中获取回报，应当将其视为企业，适用企业会计准则和企业会计制度。

（3）资源提供者不享有该组织的所有权。这一特征强调资金或者其他资源提供者在将资源投入到民间非营利组织后不再享有相关所有者权益，如与所有者权益有关的资产出售、转让、处置权以及清算时剩余财产的分配权等。这一特征既将民间非营利组织与企业区分开来，也将其与各行政事业单位区分开来，因为行政事业单位尽管也属于非营利组织，但是国家对这些组织及其净资产拥有所有权。

满足上述三个特征的境外非政府组织在中国境内依法登记设立的代表机构，也应当按照《民间非营利组织会计制度》进行会计核算。

（二）民间非营利组织会计的特点

民间非营利组织会计的主要特点包括：

（1）以权责发生制为会计核算基础。这是由于权责发生制较收付实现制更有助于民间非营利组织加强资产、负债的管理，提高民间非营利组织会计信息质量，增强其会计信息的有用性。

（2）在采用历史成本计价的基础上，引入公允价值计量基础。公允价值的引入是由民间非营利组织的特殊业务活动所决定的，如通过接受捐赠等业务取得的资产，可能很难或者根本无法确定其实际成本，此时以历史成本原则就无法满足对资产计量的要求，采用公允价值则可以解决资产计量问题。

（3）由于民间非营利组织资源提供者既不享有组织的所有权，也不取得经济回报，因此，其会计要素不应包括所有者权益和利润，而是设置了净资产这一要素。

（三）民间非营利组织的会计要素

民间非营利组织的会计要素划分为反映财务状况的会计要素和反映业务活动情况的会计要素。

1. 反映财务状况的会计要素。

（1）资产，是指过去的交易或者事项形成并由民间非营利组织拥有或者控制的资源，该资源预期会给民间非营利组织带来经济利益或者服务潜力。资产应当按其流动性分为流动资产、长期投资、固定资产、在建工程、文物文化资产、无形资产和受托代理资产等。

（2）负债，是指过去的交易或者事项形成的现时义务，履行该义务预期会导致含有经济利益或者服务潜力的资源流出民间非营利组织。负债按其流动性分为流动负债、长期负债和受托代理负债等。

（3）净资产，是指民间非营利组织的资产减去负债后的余额，包括限定性净资产和非限定性净资产。

2. 反映业务成果的会计要素。

（1）收入，是指民间非营利组织开展业务活动取得的、导致本期净资产增加的经济利益或者服务潜力的流入。收入应当按其来源分为捐赠收入、会费收入、提供服务收入、政府补助收入、投资收益、商品销售收入等主要业务活动收入和其他收入等。

民间非营利组织在确认收入时，应当区分交换交易所形成的收入和非交换交易所形成的收入。交换交易是指按照等价交换原则所从事的交易，即当某一主体取得资产、获得服务或者解除债务时，需要向交易对方支付等值或者大致等值的现金，或者提供等值或者大致等值的货物、服务等的交易。如按照等价交换原则销售商品、提供劳务等均属于交换交易。非交换交易是指除交换交易之外的交易，如捐赠、政府补助等均属于非交换交易。民间非营利组织承接政府购买服务属于交换交易，取得的相关收入应当记入"提供服务收入"等收入类科目，不应当记入"政府补助收入"科目。

民间非营利组织对于各项收入应当按是否存在限定区分为非限定性收入和限定性收入进行核算。如果资产提供者对资产的使用设置了时间限制或者（和）用途限制，则所确认的相关收入为限定性收入；除此之外的其他收入，为非限定性收入。民间非营利组织的会费收入、提供服务收入、商品销售收入和投资收益等一般为非限定性收入，除非相关资产提供者对资产的使用设置了限制。民间非营利组织的捐赠收入和政府补助收入，应当视相关资产提供者对资产的使用是否设置了限制，分别限定性收入和非限定性收入进行核算。

（2）费用，是指民间非营利组织为开展业务活动所发生的、导致本期净资产减少的经济利益或者服务潜力的流出。费用应当按照其功能分为业务活动成本、管理费用、筹资费用和其他费用等。

（四）民间非营利组织财务会计报告

民间非营利组织的财务会计报告由会计报表、会计报表附注和财务情况说明书组成。会计报表至少应当包括资产负债表、业务活动表和现金流量表三张基本报表，附注侧重披露编制会计报表所采用的会计政策、已经在会计报表中得到反映的重要项目的具体说明和未在会计报表中得到反映的重要信息的说明等内容。

民间非营利组织的财务会计报告分为年度财务会计报告和中期财务会计报告。民间非营利组织在编制中期财务会计报告时，应当采用与年度会计报表相一致的确认与计量原则。中期财务会计报告的内容相对于年度财务会计报告而言可以适当简化，但仍应保证包括与理解中期期末财务状况和中期业务活动情况及其现金流量相关的重要财务信息。

二、民间非营利组织特定业务的会计核算

（一）捐赠业务

1. 捐赠的概念和特征。

捐赠属于非交换交易的一种，通常是指某个单位或个人（捐赠人）自愿地将现金或其他资产无偿地转让给另一单位或个人（受赠人），或者无偿地清偿或取消该单位或个人

（受赠人）的负债。这里的其他资产包括债券、股票、产品、材料、设备、房屋、无形资产和劳务等。在实务中，民间非营利组织既可能作为受赠人，接受其他单位或个人的捐赠，也可能作为捐赠人，对其他单位或个人作出捐赠。

捐赠一般具有以下三个基本特征：（1）捐赠是无偿地转让资产或者取消负债，属于非交换交易；（2）捐赠是自愿地转让资产或者取消负债，从而将捐赠与纳税、征收罚款等其他非交换交易区分开来；（3）捐赠交易中资产或劳务的转让不属于所有者的投入或向所有者的分配。

判断某项交易是否是捐赠时，还需要注意以下几点：（1）应当将捐赠与受托代理交易等类似交易区分开来；（2）可能某项交易的一部分属于捐赠交易，另一部分属于其他性质的交易；（3）应当将政府补助收入与捐赠收入区分开来，分别核算和反映。

2. 捐赠资产的确认和计量。

对于民间非营利组织接受捐赠的现金资产，应当按照实际收到的金额入账。对于民间非营利组织接受捐赠的非现金资产，如接受捐赠的短期投资、存货、长期投资、固定资产和无形资产等，如果捐赠方提供了有关凭据（如发票、报关单、有关协议等）的，应当按照凭据上标明的金额作为入账价值；如果凭据上标明的金额与受赠资产公允价值相差较大，受赠资产应当以其公允价值作为其入账价值；如果捐赠方没有提供有关凭据的，受赠资产应当以其公允价值作为入账价值。民间非营利组织接受捐赠资产的有关凭据或公允价值以外币计量的，应当按照取得资产当日的市场汇率将外币金额折算为人民币金额记账。当汇率波动较小时，也可以采用当期期初的汇率进行折算。

对于民间非营利组织接受非现金资产捐赠时发生的应归属于其自身的相关税费、运输费等，应当计入当期费用，借记"筹资费用"科目，贷记"银行存款"等科目。

民间非营利组织应当区分捐赠与捐赠承诺。捐赠承诺是指捐赠现金或其他资产的书面协议或口头约定等。捐赠承诺不满足非交换交易收入的确认条件。民间非营利组织对于捐赠承诺，不应予以确认，但可以在会计报表附注中作相关披露。

需要注意的是，劳务捐赠是捐赠的一种，即捐赠人自愿地向受赠人无偿提供劳务。民间非营利组织对于其接受的劳务捐赠，不予确认，但应当在会计报表附注中作相关披露。

3. 捐赠收入的核算。

捐赠收入是指民间非营利组织接受其他单位或者个人捐赠所取得的收入，应当根据相关资产提供者对资产的使用是否设置了限制，划分为限定性收入和非限定性收入分别进行核算。

一般情况下，对于无条件的捐赠，民间非营利组织应当在捐赠收到时确认收入；对于附条件的捐赠，应当在取得捐赠资产控制权时确认收入，但当民间非营利组织存在需要偿还全部或部分捐赠资产或者相应金额的现时义务时，应当根据需要偿还的金额同时确认一项负债和费用。

民间非营利组织为了核算捐赠收入，应当设置"捐赠收入"科目，并按照捐赠收入是否存在限制，在"捐赠收入"科目下设置"限定性收入"和"非限定性收入"明细科目。如果民间非营利组织存在多个捐赠项目，还可以结合具体情况，在"限定性收入"和"非限定性收入"明细科目下按照捐赠项目设置相应的明细科目。

（1）接受捐赠时，按照应确认的金额，借记"现金""银行存款""短期投资""存货""长期股权投资""长期债权投资""固定资产""无形资产"等科目，贷记"捐赠收入——限定性收入"或"捐赠收入——非限定性收入"科目。

对于接受的附条件捐赠，如果存在需要偿还全部或部分捐赠资产或者相应金额的现时义务时（如因无法满足捐赠所附条件而必须将部分捐赠款退还给捐赠人时），按照需要偿还的金额，借记"管理费用"科目，贷记"其他应付款"等科目。

（2）如果限定性捐赠收入的限制在确认收入的当期得以解除，应当将其转为非限定性捐赠收入，借记"捐赠收入——限定性收入"科目，贷记"捐赠收入——非限定性收入"科目。

（3）期末，将"捐赠收入"科目各明细科目的余额分别转入限定性净资产和非限定性净资产，借记"捐赠收入——限定性收入"科目，贷记"限定性净资产"科目，借记"捐赠收入——非限定性收入"科目，贷记"非限定性净资产"科目。期末结转后"捐赠收入"科目应无余额。

（二）受托代理业务

1. 受托代理业务的概念。

受托代理业务是指民间非营利组织从委托方收到受托资产，并按照委托人的意愿将资产转赠给指定的其他组织或者个人的受托代理过程。民间非营利组织接受委托方委托从事受托代理业务而收到的资产即为受托代理资产。民间非营利组织因从事受托代理业务、接受受托代理资产而产生的负债即为受托代理负债。

2. 受托代理业务的界定。

《民间非营利组织会计制度》规定的受托代理业务，是指有明确的转赠或者转交协议，或者虽然无协议但同时满足以下条件的业务：

（1）民间非营利组织在取得资产的同时即产生了向具体受益人转赠或转交资产的现时义务，不会导致自身净资产的增加。

（2）民间非营利组织仅起到中介而非主导发起作用，帮助委托人将资产转赠或转交给指定的受益人，并且没有权利改变受益人，也没有权利改变资产的用途。

（3）委托人已明确指出了具体受益人个人的姓名或受益单位的名称，包括从民间非营利组织提供的名单中指定一个或若干个受益人。

3. 受托代理业务的核算。

对于受托代理业务，民间非营利组织应当比照接受捐赠资产的原则确认和计量受托代理资产，同时应当按照其金额确认相应的受托代理负债。为此，民间非营利组织需要设置两个会计科目，即"受托代理资产"和"受托代理负债"科目。民间非营利组织应当设置受托代理资产登记簿，加强对受托代理资产的管理。同时，应当在"受托代理资产"和"受托代理负债"科目下，按照指定的受赠组织或个人设置明细账，进行明细核算。"受托代理资产"科目的期末借方余额，反映民间非营利组织期末尚未转出的受托代理资产价值；"受托代理负债"科目的期末贷方余额，反映民间非营利组织尚未清偿的受托代理负债。

民间非营利组织收到受托代理资产时，应当按照应确认的受托代理资产的入账金额，借记"受托代理资产"科目,贷记"受托代理负债"科目。在转赠或者转出受托代理资产时,应当按照转出受托代理资产的账面余额,借记"受托代理负债"科目,贷记"受托代理资产"科目。收到的受托代理资产如果为现金、银行存款或其他货币资金,可以不通过"受托代理资产"科目核算,而在"现金""银行存款""其他货币资金"科目下设置"受托代理资产"明细科目进行核算。

民间非营利组织从事受托代理业务时发生的应归属于其自身的相关税费、运输费等,应当计入当期费用,借记"其他费用"科目,贷记"银行存款"等科目。

(三) 会费收入

会费收入是指民间非营利组织根据章程等的规定向会员收取的会费。一般情况下,民间非营利组织的会费收入为非限定性收入,除非相关资产提供者对资产的使用设置了限制。民间非营利组织的会费收入通常属于非交换交易收入。

民间非营利组织为了核算会费收入,应当设置"会费收入"科目,并应当在"会费收入"科目下设置"非限定性收入"明细科目。如果存在限定性会费收入,还应当设置"限定性收入"明细科目;同时,民间非营利组织应当按照会费种类(如团体会费、个人会费等),在"非限定性收入"或"限定性收入"科目下设置明细科目,进行明细核算。在会计期末,民间非营利组织应当将"会费收入"科目中"非限定性收入"明细科目当期贷方发生额转入"非限定性净资产"科目,将该科目中"限定性收入"明细科目当期贷方发生额转入"限定性净资产"科目。期末结转后该科目应无余额。

(四) 业务活动成本

业务活动成本是指民间非营利组织为了实现其业务活动目标、开展某项目活动或者提供服务所发生的费用。为了核算业务活动成本,民间非营利组织应当设置"业务活动成本"科目。民间非营利组织应当结合具体情况,在"业务活动成本"科目下设置相应的明细科目,进行明细核算。此外,如果民间非营利组织接受政府提供的专项资金补助,可以在"政府补助收入——限定性收入"科目下设置"专项补助收入"进行核算;同时,在"业务活动成本"科目下设置"专项补助成本",归集当期为专项资金补助项目发生的所有费用。

民间非营利组织按规定出资设立其他民间非营利组织,应当计入当期费用。设立与实现本组织业务活动目标相关的民间非营利组织的,相关出资金额记入"业务活动成本"科目;设立与实现本组织业务活动目标不相关的民间非营利组织的,相关出资金额记入"其他费用"科目。

业务活动成本的主要账务处理如下:

(1) 发生的业务活动成本,应当借记"业务活动成本"科目,贷记"现金""银行存款""存货""应付账款"等科目。

(2) 会计期末,将"业务活动成本"科目的余额转入非限定性净资产,借记"非限定性净资产"科目,贷记"业务活动成本"科目。

(五) 净资产

1. 限定性净资产的核算。

民间非营利组织应当设置"限定性净资产"科目来核算本单位的限定性净资产,并可根据本单位的具体情况和实际需要，在"限定性净资产"科目下设置相应的二级科目和明细科目。

（1）期末结转限定性收入。民间非营利组织限定性净资产的主要来源是获得了限定性收入（主要是限定性捐赠收入和政府补助收入）。期末，民间非营利组织应当将当期限定性收入的贷方余额转为限定性净资产，即将各收入科目中所属的限定性收入明细科目的贷方余额转入"限定性净资产"科目的贷方，借记"捐赠收入——限定性收入""政府补助收入——限定性收入"等科目，贷记"限定性净资产"科目。

（2）限定性净资产的重分类。如果限定性净资产的限制已经解除，应当对净资产进行重新分类，将限定性净资产转为非限定性净资产，借记"限定性净资产"科目，贷记"非限定性净资产"科目。

2. 非限定性净资产的核算。

民间非营利组织应当设置"非限定性净资产"科目来核算本单位的非限定性净资产，并可以根据本单位的具体情况和实际需要，在"非限定性净资产"科目下设置相应的二级科目和明细科目。

（1）期末结转非限定性收入和成本费用项目。期末，民间非营利组织应当将捐赠收入、会费收入、提供服务收入、政府补助收入、商品销售收入、投资收益和其他收入等各项收入科目中非限定性收入明细科目的期末余额转入非限定性净资产，借记"捐赠收入——非限定性收入""会费收入——非限定性收入""提供服务收入——非限定性收入""政府补助收入——非限定性收入""商品销售收入——非限定性收入""投资收益——非限定性收入""其他收入——非限定性收入"科目，贷记"非限定性净资产"科目。

（2）期末结转成本费用。期末，民间非营利组织应当将业务活动成本、管理费用、筹资费用和其他费用的期末余额均结转至非限定性净资产，借记"非限定性净资产"科目，贷记"业务活动成本""管理费用""筹资费用""其他费用"科目。

3. 调整以前年度收入、费用项目对净资产的影响。

如果因调整以前期间收入、费用项目而涉及调整非限定性净资产的，民间非营利组织应当就需要调整的金额，借记或贷记有关科目，贷记或借记"非限定性净资产"或"限定性净资产"科目。

审 计 篇

第一章 审计概述

第一节 审计的概念与保证程度

一、审计的产生

公司制度产生于19世纪中期，与之相应，注册会计师制度也产生于这一时期。注册会计师制度源于企业所有权和经营权的分离，所有者不再直接参与企业的日常经营管理，这就产生了所有者如何对经营者（管理层）的行为进行监督和控制的问题，由此产生了经营者定期通过财务报表向所有者报告财务状况和经营成果的需要。财务报表是由企业管理层编制和提供的，其自身利益通常与企业的财务状况与经营成果挂钩，需要由独立的第三方——注册会计师对财务报表进行审计，出具客观、公正的审计报告。

随着资本市场的发展，会计信息对资源配置发挥越来越重要的作用，财务报表使用者需要根据财务报表作出各种经济决策。由于企业管理层是提供财务报表的责任主体，编制的财务报表容易受到利益驱动而失实，注册会计师的审计能够有效地降低财务报表使用者进行决策所面临的信息失真风险，提高经济决策的有效性，维护市场经济秩序和保护公众利益。

二、财务报表审计的概念

财务报表审计是注册会计师的核心业务。财务报表审计是指注册会计师对财务报表是否不存在重大错报提供合理保证，以积极方式提出意见，增强除管理层之外的预期使用者对财务报表信赖的程度。

三、保证程度

注册会计师执行的业务分为鉴证业务和相关服务两类。鉴证业务包括审计、审阅和其他鉴证业务。相关服务包括代编财务信息、对财务信息执行商定程序、税务咨询和管理咨询等。

四、注册会计师审计、政府审计和内部审计

(一) 注册会计师审计与政府审计

注册会计师审计是指注册会计师接受委托，对被审计单位财务报表、内部控制的有效性等进行独立检查并发表意见。政府审计主要是指政府审计机关，包括审计署和地方审计厅局，依法对国务院各部门和地方各级人民政府及其各部门的财政收支，国有的金融机构和企业事业组织的财务收支，以及其他应当接受审计的财政收支、财务收支的真实、合法和效益进行审计监督。注册会计师审计和政府审计共同发挥作用，是维护市场经济秩序，强化经济监督的有效手段，两者都是国家治理体系及治理能力现代化建设的重要方面，但也存在以下几方面的区别：

(二) 注册会计师审计与内部审计

内部审计是一种独立、客观的鉴证和咨询活动，它通过运用系统、规范的方法，审查和评价组织的业务活动、内部控制和风险管理的适当性和有效性，以促进组织完善治理、增加价值和实现目标。注册会计师审计与内部审计之间的联系主要体现在，前者在执行业务时可以利用被审计单位的内部审计工作，内部审计应当做好与注册会计师审计的沟通和合作等协调工作，以提高审计效率和效果。内部审计与注册会计师审计的主要区别有：

五、职业责任和期望差距

注册会计师的职业责任是指注册会计师作为一个职业对社会公众应尽的责任，在很大程度上反映相关方（特别是财务报表使用者）的期望。通常而言，财务报表使用者期望注册会计师评价被审计单位管理层的会计确认、计量与披露，判断财务报表是否不存在重大错报，以维护公众利益。在过去，注册会计师职业界曾认为他们的责任是通过审计发现财务报表中存在的重大非故意错报，而不负责通过审计发现财务报表中存在的重大故意错报，因为许多职业人士认为，要发现精心策划的，尤其是涉及多方共谋的财务报表错报存在很高的难度，甚至在某些情况下是不可能的。社会公众则期望注册会计师通过审计，能发现并报告被审计单位的重大故意和非故意的错报。社会公众与注册会计师职业界在对职业责任的认识上存在的差距便形成了"期望差距"。当然，期望差距并不仅仅针对注册会计师的执业行为和职业责任，同时还涉及了许多其他基本的问题，例如财务报表的确认、计量与披露原则、商业道德以及公司管理层应尽的社会责任。20世纪七八十年代以来，期望差距在发达国家中愈演愈烈，不断爆发的虚假财务报告与违反法律法规行为案件导致社会公众对注册会计师承担责任以发现并报告舞弊与违反法律法规行为的呼声越来越高。以美国为例，注册会计师职业界越来越关注财务报表审计中对舞弊的考虑。1977年，美国注册会计师协会在审计准则中首次明确注册会计师审计对舞弊负有责任；此后，于1988年、1997年和2002年发布相关审计准则，要求注册会计师在执业过程中充分关注舞弊风险，合理制定审计计划，实施必要的审计程序，最终为发现财务报表中的重大舞弊提供合理保证。通过美国注册会计师职业界态度和观念的转变，不难发现，了解期望差距并尽可能缩小期望差距是注册会计师职业界继续生存并更好地

服务于社会公众的前提和努力方向，也是整个行业积极发展和不断走向成熟的重要标志。

六、审计报告和信息差距

审计是财务信息生成链条上关键的一环，对增强财务信息的可信性起着至关重要的作用。审计报告是注册会计师对财务报表发表审计意见形成的书面文件，同时也是注册会计师与财务报表使用者沟通审计事项的主要手段。在过去，审计报告模式曾经是短式标准审计报告模式，在格式、要素和内容上，都体现了标准化，其核心内容是审计意见，即注册会计师对财务报表是否具有合法性和公允性发表高度浓缩的意见。审计报告的标准化具有格式统一、要素一致、内容简洁、意见明确等优点，但也存在着信息含量低、相关性差等缺点。这种缺点导致社会公众产生"信息差距"，也就是说，财务报表使用者作出理智投资和信托决策需要的信息，与他们从审计报告和已审计财务报表中得到的信息之间存在着较大的差距。这种"信息差距"会影响资本市场的效率和成本。

第二节 审计要素

注册会计师通过收集充分、适当的证据来评价财务报表编制是否在所有重大方面符合适用的财务报告编制基础，并出具审计报告，从而提高财务报表的可信性。因此，对财务报表审计而言，审计业务要素（简称审计要素）包括审计业务的三方关系人、财务报表、财务报告编制基础、审计证据和审计报告。

一、审计业务的三方关系人

（一）注册会计师

注册会计师是指取得注册会计师证书并在会计师事务所执业的人员，通常是指项目合伙人或项目组其他成员，有时也指其所在的会计师事务所。

（二）被审计单位管理层

管理层是指对被审计单位经营活动的执行负有经营管理责任的人员，对财务报表编制负责。在某些被审计单位，管理层包括部分或全部的治理层成员，如治理层中负有经营管理责任的人员，或参与日常经营管理的业主（以下简称业主兼经理）。治理层是指对被审计单位战略方向以及管理层履行经营管理责任负有监督责任的人员或组织。治理层的责任包括监督财务报告的产生过程。在某些被审计单位，治理层可能包括管理层，如治理层中负有经营管理责任的人员，或业主兼经理。

（三）预期使用者

预期使用者是指预期使用审计报告和财务报表的组织或人员。如果审计业务服务于特定的使用者或具有特殊目的，注册会计师可以很容易地识别预期使用者。例如，企业向银行贷款，银行要求企业提供一份经审计的反映财务状况的财务报表，那么，银行就是该审计报告的预期使用者。

二、财务报表

在财务报表审计中，审计对象是历史的财务状况、经营成果（财务业绩）和现金流量，审计对象信息（即审计对象的载体）是财务报表。财务报表，是指依据某一财务报告编制基础对被审计单位历史财务信息作出的结构性表述，旨在反映某一时点的经济资源或义务或者某一时期经济资源或义务的变化。财务报表通常是指整套财务报表，有时也指单一财务报表。披露包括适用的财务报告编制基础所要求的、明确允许的或通过其他形式允许作出的解释性或描述性信息。披露是财务报表不可分割的组成部分，主要在财务报表附注中反映，也可能在财务报表表内反映，或通过财务报表中的交叉索引予以提及。

三、财务报告编制基础

被审计单位应当依据和使用适用的财务报告编制基础编制财务报表。在财务报表审计中，注册会计师也应当运用适用的财务报告编制基础这一标准，获取充分、适当的审计证据，评价财务报表编制质量，以对财务报表是否在所有重大方面按照适用的财务报告编制基础编制发表审计意见。适用的财务报告编制基础，是指法律法规要求采用的财务报告编制基础；或者管理层和治理层（如适用）在编制财务报表时，针对被审计单位性质和财务报表目标，采用的可接受的财务报告编制基础。

四、审计证据

注册会计师对财务报表提供合理保证是建立在获取充分、适当证据的基础上。审计证据，是指注册会计师为了得出审计结论和形成审计意见而使用的必要信息。

五、审计报告

注册会计师应当对财务报表在所有重大方面是否符合适用的财务报告编制基础，以书面报告的形式发表能够提供合理保证程度的意见。

第三节 审计目标

审计目标分为审计总体目标和具体审计目标。审计的总体目标是指注册会计师为完成整体审计工作而达到的预期目的。具体审计目标是指注册会计师通过实施审计程序以确定管理层在财务报表中确认的各类交易、账户余额、披露层次认定是否恰当。注册会计师在了解每个项目的认定后，就容易相对应地确定每个项目的具体审计目标。

一、审计总体目标

在执行财务报表审计工作时，注册会计师的总体目标是：（1）对财务报表整体是否不存在舞弊或错误导致的重大错报获取合理保证，使得注册会计师能够对财务报表是否在所有重大方面按照适用的财务报告编制基础编制发表审计意见；（2）按照审计准则的规定，根据审计结果对财务报表出具审计报告，并与管理层和治理层沟通。在任何情况下，如果不能获取合理保证，并且在审计报告中发表保留意见也不足以实现向预期使用者报告的目的，注册会计师应当按照审计准则的规定出具无法表示意见的审计报告，或者在法律法规允许的情况下终止审计业务或解除业务约定。

二、认定

认定与具体审计目标密切相关，注册会计师的基本职责就是确定被审计单位管理层对财务报表的认定是否恰当（即是否存在重大错报）。注册会计师了解认定，才能相对应地确定每个项目的具体审计目标。

（一）认定的概念

认定，是指管理层针对财务报表要素的确认、计量和列报（包括披露）作出一系列明确或暗含的意思表达。注册会计师在识别、评估和应对重大错报风险的过程中，将管理层的认定用于考虑可能发生的不同类型的错报。

（二）关于所审计期间各类交易、事项及相关披露的认定

关于所审计期间各类交易、事项及相关披露的认定通常分为下列类别：

1. 发生：记录或披露的交易和事项已发生，且这些交易和事项与被审计单位有关。
2. 完整性：所有应当记录的交易和事项均已记录，所有应当包括在财务报表中的相关披露均已包括。
3. 准确性：与交易和事项有关的金额及其他数据已恰当记录，相关披露已得到恰当计量和描述。
4. 截止：交易和事项已记录于正确的会计期间。
5. 分类：交易和事项已记录于恰当的账户。
6. 列报：交易和事项已被恰当地汇总或分解且表述清楚，相关披露在适用的财务报告编制基础下是相关的、可理解的。

（三）关于期末账户余额及相关披露的认定

关于期末账户余额及相关披露的认定通常分为下列类别：

1. 存在：记录的资产、负债和所有者权益是存在的。
2. 权利和义务：记录的资产由被审计单位拥有或控制，记录的负债是被审计单位应当履行的偿还义务。
3. 完整性：所有应当记录的资产、负债和所有者权益均已记录，所有应当包括在财务报表中的相关披露均已包括。
4. 准确性、计价和分摊：资产、负债和所有者权益以恰当的金额包括在财务报表中，与之相关的计价或分摊调整已恰当记录，相关披露已得到恰当计量和描述。
5. 分类：资产、负债和所有者权益已记录于恰当的账户。
6. 列报：资产、负债和所有者权益已被恰当地汇总或分解且表述清楚，相关披露在适用的财务报告编制基础下是相关的、可理解的。

三、具体审计目标

注册会计师了解认定后，就容易相对应地确定每个项目的具体审计目标，并以此作为识别和评估重大错报风险以及设计和实施应对措施的基础。

（一）与所审计期间各类交易、事项及相关披露相关的审计目标

1. 发生：由"发生"认定推导的审计目标是确认已记录的交易是真实的。例如，如果没有发生销售交易，但在销售日记账中记录了一笔销售，则违反了该目标。

"发生"认定所要解决的问题是管理层是否把那些不曾发生的项目列入财务报表，它主要与财务报表组成要素的高估有关。

2. 完整性：由"完整性"认定推导的审计目标是确认已发生的交易确实已经记录，所有应包括在财务报表中的相关披露均已包括。例如，如果发生了销售交易，但没有在销售明细账和总账中记录，则违反了该目标。

发生和完整性两者强调的是不同的关注点。发生目标针对多记、虚构交易（高估），而完整性目标则针对漏记交易（低估）。

3. 准确性：由"准确性"认定推导出的审计目标是确认已记录的交易是按正确金额反映的，相关披露已得到恰当计量和描述。例如，如果在销售交易中，发出商品的数量与账单上的数量不符，或是开账单时使用了错误的销售价格，或是账单中的乘积或加总有误，或是在销售明细账中记录了错误的金额，则违反了该目标。

准确性与发生、完整性之间存在区别。例如，若已记录的销售交易是不应当记录的（如发出的商品是寄销商品），则即使发票金额是准确计算的，仍违反了发生目标。再如，若已入账的销售交易是对正确发出商品的记录，但金额计算错误，则违反了准确性目标，而没有违反发生目标。在完整性与准确性之间也存在同样的关系。

4. 截止：由"截止"认定推导出的审计目标是确认接近于资产负债表日的交易记录于恰当的期间。例如，如果本期交易推到下期，或下期交易提到本期，均违反了截止目标。

5. 分类：由"分类"认定推导出的审计目标是确认被审计单位记录的交易经过适当分类。例如，如果将出售经营性固定资产所得的收入记录为营业收入，则导致交易分类的错误，违反了分类的目标。

6. 列报：由"列报"认定推导出的审计目标是确认被审计单位的交易和事项已被恰当地汇总或分解且表述清楚，相关披露在适用的财务报告编制基础下是相关的、可理解的。

（二）与期末账户余额及相关披露相关的审计目标

1. 存在：由"存在"认定推导的审计目标是确认记录的金额确实存在。例如，如果不存在某客户的应收账款，在应收账款明细表中却列入了对该客户的应收账款，则违反了存在目标。

2. 权利和义务：由"权利和义务"认定推导的审计目标是确认资产归属于被审计单位，负债属于被审计单位的义务。例如，将他人寄售商品列入被审计单位的存货中，违反了权利目标；将不属于被审计单位的债务记入账内，违反了义务目标。

3. 完整性：由"完整性"认定推导的审计目标是确认已存在的金额均已记录，所有应包括在财务报表中的相关披露均已包括。例如，如果存在某客户的应收账款，而应收账款明细表中却没有列入，则违反了完整性目标。

4. 准确性、计价和分摊：资产、负债和所有者权益以恰当的金额包括在财务报表中，与之相关的计价或分摊调整已恰当记录，相关披露已得到恰当计量和描述。

5. 分类：资产、负债和所有者权益已记录于恰当的账户。

6. 列报：资产、负债和所有者权益已被恰当地汇总或分解且表述清楚，相关披露在适用的财务报告编制基础下是相关的、可理解的。

第四节 审计基本要求

一、遵守审计准则

审计准则是衡量注册会计师执行财务报表审计业务的权威性标准，涵盖从接受业务委托到出具审计报告的整个过程，注册会计师在执业过程中应当遵守审计准则的要求。《中华人民共和国注册会计师法》第二十一条规定，注册会计师执行审计业务，必须按照执业准则、规则确定的工作程序出具报告。第三十五条规定，中国注册会计师协会依法拟订注册会计师执业准则、规则，报国务院财政部门批准后施行。

二、遵守职业道德守则

注册会计师受到与财务报表审计相关的职业道德要求（包括与独立性相关的要求）的约束。相关的职业道德要求通常是指中国注册会计师职业道德守则（以下简称职业道德守则）中与财务报表审计相关的规定。

三、保持职业怀疑

在计划和实施审计工作时，注册会计师应当保持职业怀疑，认识到可能存在导致财务报表发生重大错报的情形。职业怀疑，是指注册会计师执行审计业务的一种态度，包括采取质疑的思维方式，对可能表明舞弊或错误导致错报的情况保持警觉，以及对审计证据进行审慎评价。职业怀疑应当从下列四方面理解：

1. 职业怀疑在本质上要求秉持一种质疑的理念。
2. 职业怀疑要求对引起疑虑的情形保持警觉。
3. 职业怀疑要求审慎评价审计证据。
4. 职业怀疑要求客观评价管理层和治理层。

在审计过程中，保持职业怀疑的作用包括：

1. 在识别和评估重大错报风险时，保持职业怀疑有助于注册会计师设计恰当的风险评估程序，有针对性地了解被审计单位及其环境等方面的情况；有助于使注册会计师对引起疑虑的情形保持警觉，充分考虑错报发生的可能性和重大程度，有效识别和评估重大错报风险。

2. 在设计和实施进一步审计程序以应对重大错报风险时，保持职业怀疑有助于注册会计师针对评估出的重大错报风险，恰当设计进一步审计程序的性质、时间安排和范围，降低选取不适当的审计程序的风险；有助于注册会计师对已获取的审计证据表明可能存在未识别的重大错报风险的情形保持警觉，并作出进一步调查。

3. 在评价审计证据时，保持职业怀疑有助于注册会计师评价是否已获取充分、适当的审计证据以及是否还需执行更多的工作；有助于注册会计师审慎评价审计证据，纠正仅获取最容易获取的审计证据，忽视存在相互矛盾的审计证据的偏向。

四、运用职业判断

职业判断，是指在审计准则、财务报告编制基础和职业道德要求的框架下，注册会计师综合运用相关知识、技能和经验，作出适合审计业务具体情况、有根据的行动决策。

职业判断是注册会计师执业的精髓。从本质上讲，无论是财务报表的编制，还是注册会计师审计，都是由一系列判断行为构成的。职业判断对于适当地执行审计工作是必不可少的，如果没有运用职业判断将相关知识和经验灵活运用于具体事实和情况，仅靠机械地执行审计程序，注册会计师无法理解审计准则、财务报告编制基础和相关职业道德要求，难以在整个审计过程中作出有依据的决策。

职业判断涉及注册会计师执业的各个环节。一方面，职业判断贯穿于注册会计师执业的始终，从决定是否接受业务委托，到出具业务报告，注册会计师都需要作出职业判断；另一方面，职业判断涉及注册会计师执业中的各类决策，包括与具体会计处理相关的决策、与审计程序相关的决策，以及与遵守职业道德要求相关的决策。

第五节 审计风险

审计风险，是指当财务报表存在重大错报时，注册会计师发表不恰当审计意见的可能性。审计风险是一个与审计过程相关的技术术语，并不是指注册会计师执行业务的法律后果，包括诉讼和因负面宣传或其他与财务报表审计相关的事项而导致损失的可能性。

审计风险取决于重大错报风险和检查风险。

一、重大错报风险

重大错报风险是指财务报表在审计前存在重大错报的可能性。重大错报风险与被审计单位的风险相关，且独立于财务报表审计而存在。在设计审计程序以确定财务报表整体是否存在重大错报时，注册会计师应当从财务报表层次和各类交易、账户余额和披露认定层次考虑重大错报风险。《中国注册会计师审计准则第1211号——重大错报风险的识别和评估》对注册会计师如何识别和评估财务报表层次和认定层次的重大错报风险提出了详细的要求。

二、检查风险

检查风险是指如果存在某一错报，该错报单独或连同其他错报可能是重大的，注册会计师为将审计风险降至可接受的低水平而实施程序后没有发现这种错报的风险。检查风险取决于审计程序设计的合理性和执行的有效性。由于注册会计师通常并不对所有的交易、账户余额和披露进行检查，以及其他原因，检查风险不可能降低为零。其他原因包括注册会计师可能选择了不恰当的审计程序、审计过程执行不当，或者错误解读了审计结论。这些因素可以通过适当计划、在项目组成员之间进行恰当的职责分配、保持职业怀疑态度以及监督、指导和复核项目组成员执行的审计工作得以解决。

三、检查风险与重大错报风险的关系

在既定的审计风险水平下，注册会计师针对某一认定确定的可接受检查风险水平与注册会计师对认定层次重大错报风险的评估结果呈反向关系。即评估的重大错报风险越高，可接受的检查风险越低；评估的重大错报风险越低，可接受的检查风险就越高。检查风险与重大错报风险的反向关系用数学模型表示如下：

审计风险＝重大错报风险×检查风险

四、审计的固有限制

注册会计师不可能将审计风险降至零，因此，不能对财务报表是否不存在舞弊或错误导致的重大错报获取绝对保证。这是由于审计存在固有限制，导致注册会计师据以得出结论和形成审计意见的大多数审计证据是说服性而非结论性的。审计的固有限制源于：（1）财务报告的性质；（2）审计程序的性质；（3）在合理的时间内以合理的成本完成审计的需要。

（一）财务报告的性质

企业财务报告的主体和核心是财务报表。管理层编制财务报表，需要根据被审计单位的事实和情况运用适用的财务报告编制基础的规定，在这一过程中需要作出判断。此外，许多财务报表项目涉及主观决策、评估或一定程度的不确定性，并且可能存在一系列可接受的解释或判断。因此，某些财务报表项目的金额本身就存在一定的变动幅度，这种变动幅度不能通过实施追加的审计程序来消除。例如，某些会计估计通常如此。即便如此，审计准则要求注册会计师特别考虑在适用的财务报告编制基础下会计估计是否合理，相关披露是否充分，会计实务的质量是否良好（包括管理层判断是否可能存在偏向）。

（二）审计程序的性质

注册会计师获取审计证据的能力受到实务和法律上的限制。例如：（1）管理层或其他人员可能有意或无意地不提供与财务报表编制相关的或注册会计师要求的全部信息。因此，即使实施了旨在保证获取所有相关信息的审计程序，注册会计师也不能保证信息的完整性。（2）舞弊可能涉及精心策划和蓄意实施以进行隐瞒。因此，用以收集审计证据的审计程序可能对于发现舞弊是无效的。例如，舞弊导致的错报涉及串通伪造文件，使得注册会计师误以为有效的证据实际上是无效的。注册会计师没有接受文件真伪鉴定方面的培训，不应被期望成为鉴定文件真伪的专家。（3）审计不是对涉嫌违法行为的官方调查。因此，注册会计师没有被授予特定的法律权力（如搜查权），而这种权力对调查是必要的。

（三）财务报告的及时性和成本效益的权衡

审计中的困难、时间或成本等事项本身，不能作为注册会计师省略不可替代的审计程序或满足于说服力不足的审计证据的正当理由。制定适当的审计计划有助于保证执行审计工作需要的充分的时间和资源。尽管如此，信息的相关性及其价值会随着时间的推移而降低，所以需在信息的可靠性和成本之间进行权衡。这在某些财务报告编制基础中得到认可。

第六节　审 计 过 程

风险导向审计模式要求注册会计师在审计过程中，以重大错报风险的识别、评估和应对作为工作主线。相应地，审计过程大致可分为以下几个阶段。

一、接受业务委托

会计师事务所应当按照审计准则等职业准则的相关规定，谨慎决策是否接受或保持某客户关系和具体审计业务，以切实履行执业责任和防范职业风险。在接受新客户的业务前，或决定是否保持现有业务或考虑接受现有客户的新业务时，会计师事务所应当执行有关客户接受与保持的程序，以获取如下信息：（1）考虑客户的诚信，没有信息表明客户缺乏诚信；（2）具有执行业务必要的素质、专业胜任能力、时间和资源；（3）能够遵守相关职业道德要求。

二、计划审计工作

计划审计工作十分重要。如果没有恰当的审计计划，不仅无法获取充分、适当的审计证据，影响审计目标的实现，而且还会浪费有限的审计资源，影响审计工作的效率。因此，对于任何一项审计业务，注册会计师在执行具体审计程序之前，都必须根据具体情况制定科学、合理的计划，使审计业务以有效的方式得到执行。一般来说，计划审计工作主要包括：在本期审计业务开始时开展的初步业务活动；制定总体审计策略；制定具体审计计划等。需要指出的是，计划审计工作不是审计业务的一个孤立阶段，而是一个持续的、不断修正的过程，贯穿于整个审计过程的始终。

三、识别和评估重大错报风险

审计准则规定，注册会计师必须实施风险评估程序，以此作为评估财务报表层次和认定层次重大错报风险的基础。风险评估程序是指注册会计师为了解被审计单位及其环境、适用的财务报告编制基础和内部控制体系各要素，以识别和评估财务报表层次和认定层次的重大错报风险（无论该错报是舞弊或错误导致）而实施的审计程序。风险评估程序是必要程序，了解被审计单位及其环境、适用的财务报告编制基础和内部控制体系各要素为注册会计师在许多关键环节作出职业判断提供了重要基础。了解被审计单位及其环境等方面的情况，实际上是一个连续和动态地收集、更新与分析信息的过程，贯穿于整个审计过程的始终。一般来说，实施风险评估程序的主要工作包括：了解被审计单位及其环境、适用的财务报告编制基础和内部控制体系各要素；识别和评估财务报表层次以及各类交易、账户余额和披露认定层次的重大错报风险，包括确定需要特别考虑的重大错报风险（即特别风险）以及考虑仅通过实施实质性程序无法应对的重大错报风险等特殊情形。

四、应对重大错报风险

注册会计师实施风险评估程序本身并不足以为发表审计意见提供充分、适当的审计证据，还应当实施进一步审计程序，包括实施控制测试（必要时或决定测试时）和实质性程序。因此，注册会计师在评估财务报表重大错报风险后，应当运用职业判断，针对评估的财务报表层次重大错报风险确定总体应对措施，并针对评估的认定层次重大错报风险设计和实施进一步审计程序，以将审计风险降至可接受的低水平。

五、编制审计报告

注册会计师在完成进一步审计程序后，还应当按照有关审计准则的规定做好审计完成阶段的工作，并根据所获取的审计证据，合理运用职业判断，形成适当的审计意见，编制审计报告。

第二章 审计计划

计划审计工作对于注册会计师顺利完成审计工作和控制审计风险具有非常重要的意义。合理的审计计划有助于注册会计师关注重点审计领域、及时发现和解决潜在问题并恰当地组织和管理审计工作,以使审计工作更加有效。同时,充分的审计计划可以帮助注册会计师对项目组成员进行恰当分工和指导监督,并复核其工作,还有助于协调其他注册会计师和专家的工作。计划审计工作是一项持续的过程,注册会计师通常在前一期审计工作结束后即开始开展本期的审计计划工作,并直到本期审计工作结束为止。在计划审计工作时,注册会计师需要进行初步业务活动、制定总体审计策略和具体审计计划。在此过程中,需要作出很多关键决策,包括确定可接受的审计风险水平和重要性、配置项目人员等。

第一节 初步业务活动

一、初步业务活动的目的和内容

(一) 初步业务活动的目的

在本期审计业务开始时,注册会计师需要开展初步业务活动,以实现以下三个主要目的:(1) 具备执行业务所需的独立性和能力;(2) 不存在因管理层诚信问题而可能影响注册会计师保持该项业务的意愿的事项;(3) 与被审计单位之间不存在对业务约定条款的误解。

(二) 初步业务活动的内容

注册会计师应当开展下列初步业务活动:(1) 针对保持客户关系和具体审计业务实施相应的质量管理程序;(2) 评价遵守相关职业道德要求的情况;(3) 就审计业务约定条款达成一致意见。

二、审计的前提条件

审计的前提条件是指被审计单位管理层在编制财务报表时采用可接受的财务报告编制基础,以及管理层对注册会计师执行审计工作的前提的认可。

(一) 财务报告编制基础

承接鉴证业务的条件之一是《中国注册会计师鉴证业务基本准则》中提及的使用的标准适当，且预期使用者能够获取该标准。标准是指用于评价或计量鉴证对象的基准，当涉及列报时，还包括列报与披露的基准。适当的标准使注册会计师能够运用职业判断对鉴证对象作出合理一致的评价或计量。就审计准则而言，适用的财务报告编制基础为注册会计师提供了用以审计财务报表（包括公允反映，如相关）的标准。如果不存在可接受的财务报告编制基础，管理层就不具有编制财务报表的恰当基础，注册会计师也不具有对财务报表进行审计的适当标准。

1. 确定财务报告编制基础的可接受性。
2. 通用目的编制基础。

(二) 就管理层的责任达成一致意见

按照审计准则的规定执行审计工作的前提是管理层已认可并理解其承担的责任。审计准则并不超越法律法规对这些责任的规定。然而，独立审计的理念要求注册会计师不对财务报表的编制或被审计单位的相关内部控制承担责任，并要求注册会计师合理预期能够获取审计所需要的信息（在管理层能够提供或获取的信息范围内，包括从总账和明细账之外的其他途径获取的信息）。因此，管理层认可并理解其责任，这一前提对执行独立审计工作是至关重要的。

1. 按照适用的财务报告编制基础编制财务报表，并使其实现公允反映（如适用）。
2. 设计、执行和维护必要的内部控制，以使财务报表不存在舞弊或错误导致的重大错报。
3. 向注册会计师提供必要的工作条件，包括允许注册会计师接触与编制财务报表相关的所有信息（如记录、文件和其他事项），向注册会计师提供审计所需要的其他信息，允许注册会计师在获取审计证据时不受限制地接触其认为必要的内部人员和其他相关人员。

(三) 确认的形式

按照《中国注册会计师审计准则第1341号——书面声明》的规定，注册会计师应当要求管理层就其已履行的某些责任提供书面声明。因此，注册会计师需要获取针对管理层责任的书面声明、其他审计准则要求的书面声明，以及在必要时需要获取用于支持其他审计证据（用以支持财务报表或者一项或多项具体认定）的书面声明。注册会计师需要使管理层意识到这一点。

三、审计业务约定书

(一) 审计业务约定书的基本内容

审计业务约定书的具体内容和格式可能因被审计单位的不同而各异，但应当包括以下主要内容：

1. 财务报表审计的目标与范围；
2. 注册会计师的责任；
3. 管理层的责任；
4. 指出用于编制财务报表所适用的财务报告编制基础；

5. 提及注册会计师拟出具的审计报告的预期形式和内容,以及对在特定情况下出具的审计报告可能不同于预期形式和内容的说明。

(二)审计业务约定书的特殊考虑

1. 考虑特定需要。如果情况需要,注册会计师还可能考虑在审计业务约定书中列明下列内容:

(1) 详细说明审计工作的范围,包括提及适用的法律法规、审计准则,以及注册会计师协会发布的职业道德守则和其他公告;

(2) 对审计业务结果的其他沟通形式;

(3) 关于注册会计师按照《中国注册会计师审计准则第 1504 号——在审计报告中沟通关键审计事项》的规定,在审计报告中沟通关键审计事项的要求;

(4) 说明由于审计和内部控制的固有限制,即使审计工作按照审计准则的规定得到恰当的计划和执行,仍不可避免地存在某些重大错报未被发现的风险;

(5) 计划和执行审计工作的安排,包括审计项目组的构成;

(6) 预期管理层将提供书面声明;

(7) 预期管理层将允许注册会计师接触管理层知悉的与财务报表编制相关的所有信息(包括与披露相关的所有信息);

(8) 管理层同意向注册会计师及时提供财务报表草稿(包括与财务报表及披露的编制相关的所有信息)和其他所有附带信息(如有),以使注册会计师能够按照预定的时间表完成审计工作;

(9) 管理层同意告知注册会计师在审计报告日至财务报表报出日之间注意到的可能影响财务报表的事实;

(10) 收费的计算基础和收费安排;

(11) 管理层确认收到审计业务约定书并同意其中的条款;

(12) 在某些方面对利用其他注册会计师和专家工作的安排;

(13) 对审计涉及的内部审计人员和被审计单位其他员工工作的安排;

(14) 在首次审计的情况下,与前任注册会计师(如存在)沟通的安排;

(15) 说明对注册会计师责任可能存在的限制;

(16) 注册会计师与被审计单位之间需要达成进一步协议的事项;

(17) 向其他机构或人员提供审计工作底稿的义务。

2. 组成部分的审计。如果母公司的注册会计师同时也是组成部分注册会计师,需要考虑下列因素,决定是否向组成部分单独致送审计业务约定书:

(1) 组成部分注册会计师的委托人;

(2) 是否对组成部分单独出具审计报告;

(3) 与审计委托相关的法律法规的规定;

(4) 母公司占组成部分的所有权份额;

(5) 组成部分管理层相对于母公司的独立程度。

3. 连续审计。对于连续审计,注册会计师应当根据具体情况评估是否需要对审计业务约定条款作出修改,以及是否需要提醒被审计单位注意现有的条款。

注册会计师可以决定不在每期都致送新的审计业务约定书或其他书面协议。然而，下列因素可能导致注册会计师修改审计业务约定条款或提醒被审计单位注意现有的业务约定条款：

（1）有迹象表明被审计单位误解审计目标和范围；
（2）需要修改约定条款或增加特别条款；
（3）被审计单位高级管理人员近期发生变动；
（4）被审计单位所有权发生重大变动；
（5）被审计单位业务的性质或规模发生重大变化；
（6）法律法规的规定发生变化；
（7）编制财务报表采用的财务报告编制基础发生变更；
（8）其他报告要求发生变化。

4. 审计业务约定条款的变更。

（1）变更审计业务约定条款的要求。在完成审计业务前，如果被审计单位或委托人要求将审计业务变更为保证程度较低的业务，注册会计师应当确定是否存在合理理由予以变更。

下列原因可能导致被审计单位要求变更业务：①环境变化对审计服务的需求产生影响；②对原来要求的审计业务的性质存在误解；③无论是管理层施加的还是其他情况引起的审计范围受到限制。上述第①和第②项通常被认为是变更业务的合理理由，但如果有迹象表明该变更要求与错误的、不完整的或者不能令人满意的信息有关，注册会计师不应认为该变更是合理的。

如果没有合理的理由，注册会计师不应同意变更业务。如果注册会计师不同意变更审计业务约定条款，而管理层又不允许继续执行原审计业务，注册会计师应当：①在适用的法律法规允许的情况下，解除审计业务约定；②确定是否有约定义务或其他义务向治理层、所有者或监管机构等报告该事项。

（2）变更为审阅业务或相关服务业务的要求。在同意将审计业务变更为审阅业务或相关服务业务前，接受委托按照审计准则执行审计工作的注册会计师，除考虑上述（1）中提及的事项外，还需要评估变更业务对法律责任或业务约定的影响。

第二节　总体审计策略和具体审计计划

审计计划分为总体审计策略和具体审计计划两个层次。

一、总体审计策略

注册会计师应当为审计工作制定总体审计策略。总体审计策略用以确定审计范围、时间安排和方向，并指导具体审计计划的制定。在制定总体审计策略时，应当考虑以下主要事项：

（一）审计范围

在确定审计范围时，需要考虑下列具体事项：

1. 编制拟审计的财务信息所依据的财务报告编制基础，包括是否需要将财务信息调整至按照其他财务报告编制基础编制；
2. 特定行业的报告要求，如某些行业监管机构要求提交的报告；
3. 预期审计工作涵盖的范围，包括应涵盖的组成部分的数量及所在地点；
4. 母公司和集团组成部分之间存在的控制关系的性质，以确定如何编制合并财务报表；
5. 由组成部分注册会计师审计组成部分的范围；
6. 拟审计的经营分部的性质，包括是否需要具备专门知识；
7. 外币折算，包括外币交易的会计处理、外币财务报表的折算和相关信息的披露；
8. 除为合并目的执行的审计工作之外，对个别财务报表进行法定审计的需求；
9. 内部审计工作的可获得性及注册会计师拟信赖内部审计工作的程度；
10. 被审计单位使用服务机构的情况，及注册会计师如何取得有关服务机构内部控制设计和运行有效性的证据；
11. 对利用在以前审计工作中获取的审计证据（如获取的与风险评估程序和控制测试相关的审计证据）的预期；
12. 信息技术对审计程序的影响，包括数据的可获得性和对使用计算机辅助审计技术的预期；
13. 协调审计工作与中期财务信息审阅的预期涵盖范围和时间安排，以及中期审阅所获取的信息对审计工作的影响；
14. 与被审计单位人员的时间协调和相关数据的可获得性。

（二）报告目标、时间安排及所需沟通的性质

为计划报告目标、时间安排和所需沟通，需要考虑下列事项：

1. 被审计单位对外报告的时间表，包括中间阶段和最终阶段；
2. 与管理层和治理层举行会谈，讨论审计工作的性质、时间安排和范围；
3. 与管理层和治理层讨论注册会计师拟出具的报告的类型和时间安排以及沟通的其他事项（口头或书面沟通），包括审计报告、管理建议书和向治理层通报的其他事项；
4. 与管理层讨论预期就整个审计业务中审计工作的进展进行的沟通；
5. 与组成部分注册会计师沟通拟出具的报告的类型和时间安排，以及与组成部分审计相关的其他事项；
6. 项目组成员之间沟通的预期性质和时间安排，包括项目组会议的性质和时间安排，以及复核已执行工作的时间安排；
7. 预期是否需要和第三方进行其他沟通，包括与审计相关的法定或约定的报告责任。

（三）审计方向

总体审计策略的制定应当包括考虑影响审计业务的重要因素，以确定项目组工作方向，包括确定适当的重要性水平，初步识别可能存在较高的重大错报风险的领域，初步识别重要的组成部分和账户余额，评价是否需要针对内部控制的有效性获取审计证据，

识别被审计单位、所处行业、财务报告要求及其他相关方面最近发生的重大变化等。

在确定审计方向时，注册会计师需要考虑下列事项：

1. 重要性方面。具体包括：

（1）为计划目的确定重要性；

（2）为组成部分确定重要性且与组成部分的注册会计师沟通；

（3）在审计过程中重新考虑重要性；

（4）识别重要的组成部分和账户余额。

2. 重大错报风险较高的审计领域。

3. 评估的财务报表层次的重大错报风险对指导、监督及复核的影响。

4. 项目组人员的选择（在必要时包括项目质量复核人员）和工作分工，包括向重大错报风险较高的审计领域分派具备适当经验的人员。

5. 项目预算，包括考虑为重大错报风险可能较高的审计领域分配适当的工作时间。

6. 如何向项目组成员强调在收集和评价审计证据过程中保持职业怀疑的必要性。

7. 以往审计中对内部控制运行有效性进行评价的结果，包括所识别的控制缺陷的性质及应对措施。

8. 管理层重视设计和实施健全的内部控制的相关证据，包括这些内部控制得以适当记录的证据。

9. 业务交易量规模，以基于审计效率的考虑确定是否依赖内部控制。

10. 对内部控制重要性的重视程度。

11. 管理层用于识别和编制适用的财务报告编制基础所要求的披露（包括从总账和明细账之外的其他途径获取的信息）的流程。

12. 影响被审计单位经营的重大发展变化，包括信息技术和业务流程的变化，关键管理人员变化，以及收购、兼并和分立。

13. 重大的行业发展情况，如行业法规变化和新的报告规定。

14. 会计准则及会计制度的变化，该变化可能涉及作出重大的新披露或对现有披露作出重大修改。

15. 其他重大变化，如影响被审计单位的法律环境的变化。

（四）审计资源

注册会计师应当在总体审计策略中清楚地说明审计资源的规划和调配，包括确定执行审计业务所必需的审计资源的性质、时间安排和范围。

1. 向具体审计领域调配的资源，包括向高风险领域分派有适当经验的项目组成员，就复杂的问题利用专家工作等；

2. 向具体审计领域分配资源的多少，包括分派到重要地点进行存货监盘的项目组成员的人数，在集团审计中复核组成部分注册会计师工作的范围，向高风险领域分配的审计时间预算等；

3. 何时调配这些资源，包括是在期中审计阶段还是在关键的截止日期调配资源等；

4. 如何管理、指导、监督这些资源，包括预期何时召开项目组预备会和总结会，预期项目合伙人和经理如何进行复核，是否需要实施项目质量复核等。

总体审计策略格式参见附录 2-1。

二、具体审计计划

注册会计师应当为审计工作制定具体审计计划。

（一）风险评估程序

具体审计计划应当包括按照《中国注册会计师审计准则第 1211 号——重大错报风险的识别和评估》的规定，为了充分识别和评估财务报表重大错报风险，注册会计师计划实施的风险评估程序的性质、时间安排和范围。

（二）计划实施的进一步审计程序

具体审计计划应当包括按照《中国注册会计师审计准则第 1231 号——针对评估的重大错报风险采取的应对措施》的规定，针对评估的认定层次的重大错报风险，注册会计师计划实施的进一步审计程序的性质、时间安排和范围。进一步审计程序包括控制测试和实质性程序。

（三）计划其他审计程序

具体审计计划应当包括根据审计准则的规定，注册会计师针对审计业务需要实施的其他审计程序。计划的其他审计程序可以包括上述进一步审计程序的计划中没有涵盖的、根据其他审计准则的要求注册会计师应当执行的既定程序。

三、审计过程中对计划的更改

计划审计工作并非审计业务的一个孤立阶段，而是一个持续的、不断修正的过程，贯穿于整个审计业务的始终。由于未预期事项、条件的变化或在实施审计程序中获取的审计证据等原因，在审计过程中，注册会计师应当在必要时对总体审计策略和具体审计计划作出更新和修改。

四、指导、监督与复核

注册会计师应当制定计划，确定对项目组成员的指导、监督以及对其工作进行复核的性质、时间安排和范围。项目组成员的指导、监督以及对其工作进行复核的性质、时间安排和范围主要取决于下列因素：

（1）被审计单位的规模和复杂程度；
（2）审计领域；
（3）评估的重大错报风险；
（4）执行审计工作的项目组成员的专业素质和胜任能力。

第三节　重　要　性

一、重要性的概念

财务报告编制基础通常从编制和列报财务报表的角度阐释重要性概念。财务报告编制基础可能以不同的术语解释重要性，但通常而言，重要性概念可从下列方面进行理解：

1. 如果合理预期错报（包括漏报）单独或汇总起来可能影响财务报表使用者依据财务报表作出的经济决策，则通常认为错报是重大的；

2. 对重要性的判断是根据具体环境作出的，并受错报的金额或性质的影响，或受两者共同作用的影响；

3. 判断某事项对财务报表使用者是否重大，是在考虑财务报表使用者整体共同的财务信息需求的基础上作出的。由于不同财务报表使用者对财务信息的需求可能差异很大，因此不考虑错报对个别财务报表使用者可能产生的影响。

二、重要性水平的确定

在计划审计工作时，注册会计师应当确定一个合理的重要性水平，以发现在金额上重大的错报。

（一）财务报表整体的重要性

由于财务报表审计的目标是注册会计师通过执行审计工作对财务报表发表审计意见，因此，注册会计师应当考虑财务报表整体的重要性。

在选择基准时，需要考虑的因素包括：

1. 财务报表要素（如资产、负债、所有者权益、收入和费用）；

2. 是否存在特定会计主体的财务报表使用者特别关注的项目（如为了评价财务业绩，使用者可能更关注利润、收入或净资产）；

3. 被审计单位的性质、所处的生命周期阶段以及所处行业和经济环境；

4. 被审计单位的所有权结构和融资方式（例如，如果被审计单位仅通过债务而非权益进行融资，财务报表使用者可能更关注资产及资产的索偿权，而非被审计单位的收益）；

5. 基准的相对波动性。

在通常情况下，对于以营利为目的的企业，利润可能是大多数财务报表使用者最为关注的财务指标，因此，注册会计师可能考虑选取经常性业务的税前利润作为基准。但是在某些情况下，例如企业处于微利或微亏状态时，采用经常性业务的税前利润为基准确定重要性可能影响审计的效率和效果。注册会计师可以考虑采用以下方法确定基准：

（1）如果微利或微亏状态是由宏观经济环境的波动或企业自身经营的周期性所导致，可以考虑采用过去3~5年经常性业务的平均税前利润作为基准；

（2）采用财务报表使用者关注的其他财务指标作为基准，如营业收入、总资产等。

需要注册会计师关注的是，如果被审计单位的经营规模较上年度没有重大变化，通常使用替代性基准确定的重要性不宜超过上年度的重要性。

（二）特定交易类别、账户余额或披露的重要性水平

根据被审计单位的特定情况，下列因素可能表明存在一个或多个特定交易类别、账户余额或披露，其发生的错报金额虽然低于财务报表整体的重要性，但合理预期将影响财务报表使用者依据财务报表作出的经济决策：

1. 法律法规或适用的财务报告编制基础是否影响财务报表使用者对特定项目（如关

联方交易、管理层和治理层的薪酬及对具有较高估计不确定性的公允价值会计估计的敏感性分析）计量或披露的预期；

2. 与被审计单位所处行业相关的关键性披露（如制药企业的研究与开发成本）；

3. 财务报表使用者是否特别关注财务报表中单独披露的业务的特定方面（如关于分部或重大企业合并的披露）。

在根据被审计单位的特定情况考虑是否存在上述交易、账户余额或披露时，了解治理层和管理层的看法和预期通常是有用的。

（三）实际执行的重要性

实际执行的重要性，是指注册会计师确定的低于财务报表整体重要性的一个或多个金额，旨在将未更正和未发现错报的汇总数超过财务报表整体的重要性的可能性降至适当的低水平。如果适用，实际执行的重要性还指注册会计师确定的低于特定交易类别、账户余额或披露的重要性水平的一个或多个金额。

（四）审计过程中修改重要性

由于存在下列原因，注册会计师可能需要修改财务报表整体的重要性和特定交易类别、账户余额或披露的重要性水平（如适用）：（1）审计过程中情况发生重大变化（如决定处置被审计单位的一个重要组成部分）；（2）获取新信息；（3）通过实施进一步审计程序，注册会计师对被审计单位及其经营所了解的情况发生变化。例如，注册会计师在审计过程中发现，实际财务成果与最初确定财务报表整体的重要性时使用的预期本期财务成果相比存在着很大差异，则需要修改重要性。

（五）在审计中运用实际执行的重要性

实际执行的重要性在审计中的作用主要体现在以下几个方面：

1. 注册会计师在计划审计工作时可以根据实际执行的重要性确定需要对哪些类型的交易、账户余额和披露实施进一步审计程序，即通常选取金额超过实际执行的重要性的财务报表项目，因为这些财务报表项目有可能导致财务报表出现重大错报。但是，这不代表注册会计师可以对所有金额低于实际执行的重要性的财务报表项目不实施进一步审计程序，这主要出于以下考虑：

（1）单个金额低于实际执行的重要性的财务报表项目汇总起来可能金额重大（可能远远超过财务报表整体的重要性），注册会计师需要考虑汇总后的潜在错报风险；

（2）对于存在低估风险的财务报表项目，不能仅仅因为其金额低于实际执行的重要性而不实施进一步审计程序；

（3）对于识别出存在舞弊风险的财务报表项目，不能因为其金额低于实际执行的重要性而不实施进一步审计程序。

2. 运用实际执行的重要性确定进一步审计程序的性质、时间安排和范围。例如，在实施实质性分析程序时，注册会计师确定的已记录金额与预期值之间的可接受差异额通常不超过实际执行的重要性；在运用审计抽样实施细节测试时，注册会计师可以将可容忍错报的金额设定为等于或低于实际执行的重要性。

三、错报

(一) 错报的概念

错报,是指某一财务报表项目的金额、分类或列报,与按照适用的财务报告编制基础应当列示的金额、分类或列报之间存在的差异;或根据注册会计师的判断,为使财务报表在所有重大方面实现合法、公允反映,需要对金额、分类或列报作出的必要调整。错报可能是由于错误或舞弊导致的。

错报可能由下列事项导致:

1. 收集或处理用以编制财务报表的数据时出现错误;
2. 遗漏某项金额或披露,包括不充分或不完整的披露,以及为满足特定财务报告编制基础的披露目标而被要求作出的披露(如适用);
3. 由于疏忽或明显误解有关事实导致作出不正确的会计估计;
4. 注册会计师认为管理层对会计估计作出不合理的判断或对会计政策作出不恰当的选择和运用;
5. 信息的分类、汇总或分解不恰当。

(二) 累积识别出的错报

注册会计师可能将低于某一金额的错报界定为明显微小的错报,对这类错报不需要累积,因为注册会计师认为这些错报的汇总数明显不会对财务报表产生重大影响。"明显微小"不等同于"不重大"。

为了帮助注册会计师评价审计过程中累积的错报的影响以及与管理层和治理层沟通错报事项,将错报区分为事实错报、判断错报和推断错报可能是有用的。

1. 事实错报。

事实错报是毋庸置疑的错报。这类错报产生于被审计单位收集和处理数据的错误,对事实的忽略或误解,或故意舞弊行为。例如,注册会计师在审计测试中发现购入存货的实际价值为 15 000 元,但账面记录的金额却为 10 000 元。因此,存货和应付账款分别被低估了 5 000 元,这里被低估的 5 000 元就是已识别的对事实的具体错报。

2. 判断错报。

由于注册会计师认为管理层对财务报表中的确认、计量和列报(包括对会计政策的选择或运用)作出不合理或不恰当的判断而导致的差异。这类错报产生于两种情况:一是管理层和注册会计师对会计估计值的判断差异,例如,由于包含在财务报表中的管理层作出的估计值超出了注册会计师确定的一个合理范围,导致出现判断差异;二是管理层和注册会计师对选择和运用会计政策的判断差异,由于注册会计师认为管理层选用会计政策造成错报,管理层却认为选用会计政策适当,导致出现判断差异。

3. 推断错报。

注册会计师对总体存在的错报作出的最佳估计数,涉及根据在审计样本中识别出的错报来推断总体的错报。推断错报通常是指通过测试样本估计出的总体的错报减去在测试中发现的已经识别的具体错报。例如,应收账款年末余额为 2 000 万元,注册会计师测试样本发现样本金额有 100 万元的高估,高估部分为样本账面金额的 20%,据此注册会计师推断总体的错报金额为400万元（即2 000×20%），那么上述100万元就是已识别的具体错报，其余300万元即推断错报。

（三）对审计过程识别出的错报的考虑

错报可能不会孤立发生，一项错报的发生还可能表明存在其他错报。例如，注册会计师识别出由于内部控制失效而导致的错报，或被审计单位广泛运用不恰当的假设或评估方法而导致的错报，均可能表明还存在其他错报。

第三章 审计证据

注册会计师应当获取充分、适当的审计证据,以得出合理的审计结论,作为形成审计意见的基础。因此,注册会计师需要确定什么构成审计证据、如何获取审计证据、如何确定已收集的证据是否充分适当、收集的审计证据如何支持审计意见。

第一节 审计证据的性质

一、审计证据的概念

审计证据是指注册会计师为了得出审计结论、形成审计意见而使用的所有信息。审计证据包括构成财务报表基础的会计记录所含有的信息和其他的信息。

（一）会计记录中含有的信息

依据会计记录编制财务报表是被审计单位管理层的责任,注册会计师应当测试会计记录以获取审计证据。会计记录主要包括原始凭证、记账凭证、总分类账和明细分类账、未在记账凭证中反映的对财务报表的其他调整,以及支持成本分配、计算、调节和披露的手工计算表和电子数据表。

（二）其他的信息

会计记录中含有的信息本身并不足以提供充分的审计证据作为对财务报表发表审计意见的基础,注册会计师还应当获取用作审计证据的其他的信息。可用作审计证据的其他的信息包括注册会计师从被审计单位内部或外部获取的会计记录以外的信息,如被审计单位会议记录、内部控制手册、询证函的回函、分析师的报告、与竞争者的比较数据等；通过询问、观察和检查等审计程序获取的信息,如通过检查存货获取存货存在的证据等；以及自身编制或获取的可以通过合理推断得出结论的信息,如注册会计师编制的各种计算表、分析表等。

二、审计证据的充分性与适当性

注册会计师应当保持职业怀疑态度,运用职业判断,评价审计证据的充分性和适当性。

（一）审计证据的充分性

审计证据的充分性是对审计证据数量的衡量，主要与注册会计师确定的样本量有关。例如，对某个审计项目实施某一选定的审计程序，从 200 个样本项目中获得的证据要比从 100 个样本项目中获得的证据更充分。获取的审计证据应当充分，足以将与每个重要认定相关的审计风险限制在可接受的水平。

（二）审计证据的适当性

审计证据的适当性，是对审计证据质量的衡量，即审计证据在支持审计意见所依据的结论方面具有的相关性和可靠性。相关性和可靠性是审计证据适当性的核心内容，只有相关且可靠的审计证据才是高质量的。

1. 审计证据的相关性。相关性，是指用作审计证据的信息与审计程序的目的和所考虑的相关认定之间的逻辑联系。

实质性程序旨在发现认定层次重大错报，包括细节测试和实质性分析程序。设计实质性程序包括识别与测试目的相关的情况，这些情况构成相关认定的错报。

2. 审计证据的可靠性。审计证据的可靠性是指证据的可信程度。例如，注册会计师亲自检查存货所获得的证据，就比被审计单位管理层提供给注册会计师的存货数据更可靠。

审计证据的可靠性受其来源和性质的影响，并取决于获取审计证据的具体环境。注册会计师在判断审计证据的可靠性时，通常会考虑下列原则：

（1）从外部独立来源获取的审计证据比从其他来源获取的审计证据更可靠。

（2）内部控制有效时内部生成的审计证据比内部控制薄弱时内部生成的审计证据更可靠。

（3）直接获取的审计证据比间接获取或推论得出的审计证据更可靠。

（4）以文件、记录形式（无论是纸质、电子或其他介质）存在的审计证据比口头形式的审计证据更可靠。

（5）从原件获取的审计证据比从传真件或复印件获取的审计证据更可靠。

3. 充分性和适当性之间的关系。充分性和适当性是审计证据的两个重要特征，两者缺一不可，只有充分且适当的审计证据才是有证明力的。

4. 评价充分性和适当性时的特殊考虑。

（1）对文件记录可靠性的考虑。

（2）使用被审计单位生成信息时的考虑。

（3）证据相互矛盾时的考虑。

如果针对某项认定从不同来源获取的审计证据或获取的不同性质的审计证据能够相互印证，与该项认定相关的审计证据则具有更强的说服力。例如，注册会计师通过检查委托加工协议发现被审计单位有委托加工材料，且委托加工材料占存货比重较大，经发函询证后证实委托加工材料确实存在。委托加工协议和询证函回函这两个不同来源的审计证据互相印证，证明委托加工材料真实存在。

（4）获取审计证据时对成本的考虑。

注册会计师可以考虑获取审计证据的成本与所获取信息的有用性之间的关系，但不应以获取审计证据的困难和成本为理由减少不可替代的审计程序。

第二节 审计程序

一、审计程序的概念和作用

审计程序是指注册会计师在审计过程中的某个时间,对将要获取的某类审计证据如何进行收集的详细指令。注册会计师面临的主要任务,就是通过实施审计程序,获取充分、适当的审计证据,以支持对财务报表发表审计意见。受到成本的约束,注册会计师不可能检查和评价所有可能获取的证据,因此对审计证据充分性、适当性的判断是非常重要的。注册会计师利用审计程序获取审计证据涉及以下四个方面的决策:(1)选用何种审计程序;(2)对选定的审计程序,应当选取多大的样本规模;(3)应当从总体中选取哪些项目;(4)何时执行这些程序。

二、审计程序的种类

在审计过程中,注册会计师可根据需要单独或综合运用以下审计程序,以获取充分、适当的审计证据。

(一)检查

检查是指注册会计师对被审计单位内部或外部生成的,以纸质、电子或其他介质形式存在的记录和文件进行审查,或对资产进行实物审查。检查记录或文件可以提供可靠程度不同的审计证据,审计证据的可靠性取决于记录或文件的性质和来源,而在检查内部记录或文件时,其可靠性则取决于生成该记录或文件的内部控制的有效性。将检查用作控制测试的一个例子,是检查记录以获取关于授权的审计证据。

(二)观察

观察是指注册会计师查看相关人员正在从事的活动或实施的程序。例如,注册会计师对被审计单位人员执行的存货盘点或控制活动进行观察。观察可以提供执行有关过程或程序的审计证据,但观察所提供的审计证据仅限于观察发生的时点,而且被观察人员的行为可能因被观察而受到影响,这也会使观察提供的审计证据受到限制。

(三)询问

询问是指注册会计师以书面或口头方式,向被审计单位内部或外部的知情人员获取财务信息和非财务信息,并对答复进行评价的过程。作为其他审计程序的补充,询问广泛应用于整个审计过程。

(四)函证

函证,是指注册会计师直接从第三方(被询证者)获取书面答复以作为审计证据的过程,书面答复可以采用纸质、电子或其他介质等形式。当针对的是与特定账户余额及其项目相关的认定时,函证常常是相关的程序。但是,函证不必仅仅局限于账户余额。

（五）重新计算

重新计算是指注册会计师对记录或文件中的数据计算的准确性进行核对。重新计算可通过手工方式或电子方式进行。

（六）重新执行

重新执行是指注册会计师独立执行原本作为被审计单位内部控制组成部分的程序或控制。

（七）分析程序

分析程序，是指注册会计师通过分析不同财务数据之间以及财务数据与非财务数据之间的内在关系，对财务信息作出评价。分析程序还包括在必要时对识别出的、与其他相关信息不一致或与预期值差异重大的波动或关系进行调查。

上述审计程序基于审计的不同阶段和目的单独或组合起来，可用作风险评估程序、控制测试和实质性程序。

第三节 函　　证

一、函证决策

注册会计师应当确定是否有必要实施函证以获取认定层次的充分、适当的审计证据。在作出决策时，注册会计师应当考虑以下三个因素。

（一）评估的认定层次重大错报风险

评估的认定层次重大错报风险水平越高，注册会计师对通过实质性程序获取的审计证据的相关性和可靠性的要求越高。因此，随着评估的认定层次重大错报风险的增高，注册会计师就要设计实质性程序获取更加相关和可靠的审计证据，或者更具说服力的审计证据。在这种情况下，函证程序的运用对于提供充分、适当的审计证据可能是有效的。

（二）函证程序针对的认定

函证可以为某些认定提供审计证据，但是对不同的认定，函证的证明力是不同的。在函证应收账款时，函证可能为"存在"及"权利和义务"认定提供相关可靠的审计证据，但是不能为"准确性、计价和分摊"认定（应收账款涉及的坏账准备计提）提供证据。

（三）实施除函证以外的其他审计程序

针对同一项认定可以从不同来源获取审计证据或获取不同性质的审计证据。

这里的其他审计程序是指除函证程序以外的其他审计程序。注册会计师应当考虑被审计单位的经营环境、内部控制的有效性、账户或交易的性质、被询证者处理询证函的习惯做法及回函的可能性等，以确定函证的内容、范围、时间和方式。例如，如果被审计单位与应收账款"存在"认定有关的内部控制设计良好并有效运行，注册会计师可适当减少函证的样本量。

二、函证的内容

（一）函证的对象
1. 银行存款、借款及与金融机构往来的其他重要信息。
2. 应收账款。
3. 函证的其他内容。

（二）函证程序实施的范围
如果采用审计抽样的方式确定函证程序的范围，无论采用统计抽样方法，还是非统计抽样方法，选取的样本应当足以代表总体。根据对被审计单位的了解、评估的重大错报风险以及所测试总体的特征等，注册会计师可以确定从总体中选取特定项目进行测试。选取的特定项目可能包括：
1. 金额较大的项目；
2. 账龄较长的项目；
3. 交易频繁但期末余额较小的项目；
4. 重大关联方交易；
5. 重大或异常的交易；
6. 可能存在争议、舞弊或错误的交易。

（三）函证的时间
注册会计师通常以资产负债表日为截止日，在资产负债表日后适当时间内实施函证。如果重大错报风险评估为低水平，注册会计师可选择资产负债表日前适当日期为截止日实施函证，并对所函证项目自该截止日起至资产负债表日止发生的变动实施实质性程序。

（四）管理层要求不实施函证时的处理
当被审计单位管理层要求对拟函证的某些账户余额或其他信息不实施函证时，注册会计师应当考虑该项要求是否合理，并获取审计证据予以支持。如果认为管理层的要求合理，注册会计师应当实施替代审计程序，以获取与这些账户余额或其他信息相关的充分、适当的审计证据。如果认为管理层的要求不合理，且被其阻挠而无法实施函证，注册会计师应当视为审计范围受到限制，并考虑对审计报告可能产生的影响。

三、询证函的设计

（一）设计询证函的总体要求
注册会计师应当根据特定审计目标设计询证函。询证函的设计服从于审计目标的需要。通常，在针对账户余额的"存在"认定获取审计证据时，注册会计师应当在询证函中列明相关信息，要求对方核对确认。但在针对账户余额的"完整性"认定获取审计证据时，注册会计师则需要改变询证函的内容设计或者采用其他审计程序。

（二）设计询证函需要考虑的因素
在设计询证函时，注册会计师应当考虑所审计的认定以及可能影响函证可靠性的因素。可能影响函证可靠性的因素主要包括：
1. 函证的方式。

2. 以往审计或类似业务的经验。
3. 拟函证信息的性质。
4. 选择被询证者的适当性。
5. 被询证者易于回函的信息类型。

（三）积极式函证与消极式函证

注册会计师可采用积极式函证或消极式函证，也可将两种方式结合使用。

1. 积极式函证。如果采用积极式函证，注册会计师应当要求被询证者必须回函，确认询证函所列示信息是否正确，或填列询证函要求的信息。

在采用积极式函证时，只有注册会计师收到回函，才能为财务报表认定提供审计证据。注册会计师没有收到回函，可能是由于被询证者根本不存在，或是由于被询证者没有收到询证函，也可能是由于询证者没有理会询证函，因此，无法证明所函证信息是否正确。

2. 消极式函证。如果采用消极式函证，注册会计师只要求被询证者仅在不同意询证函列示信息的情况下才予以回函。对消极式询证函而言，未收到回函并不能明确表明预期的被询证者已经收到询证函或已经核实了询证函中包含的信息的准确性。

3. 两种方式的结合使用。在实务中，注册会计师也可将这两种方式结合使用。以应收账款为例，当应收账款的余额是由少量的大额应收账款和大量的小额应收账款构成时，注册会计师可以对所有的或抽取的大额应收账款样本项目采用积极式函证，而对抽取的小额应收账款样本项目采用消极式函证。

四、函证的实施与评价

（一）对函证过程的控制

注册会计师应当对函证的全过程保持控制。

1. 函证发出前的控制措施。

询证函经被审计单位盖章后，应当由注册会计师直接发出。

2. 通过不同方式发出询证函时的控制措施。

根据注册会计师对舞弊风险的判断，以及被询证者的地址和性质、以往回函情况、回函截止日期等因素，询证函的发出和收回可以采用邮寄、跟函、电子形式函证（包括传真、电子邮件、直接访问网站等）等方式。

（二）积极式函证未收到回函时的处理

如果在合理的时间内没有收到询证函回函时，注册会计师应当考虑必要时再次向被询证者寄发询证函。

如果未能得到被询证者的回应，注册会计师应当实施替代审计程序。在某些情况下，注册会计师可能识别出认定层次重大错报风险，且取得积极式函证回函是获取充分、适当的审计证据的必要程序。这些情况可能包括：

1. 可获取的佐证管理层认定的信息只能从被审计单位外部获得；
2. 存在特定舞弊风险因素，例如，管理层凌驾于内部控制之上、员工和（或）管理层串通使注册会计师不能信赖从被审计单位获取的审计证据。

（三）评价函证的可靠性

函证所获取的审计证据的可靠性主要取决于注册会计师设计询证函、实施函证程序和评价函证结果等程序的适当性。

在评价函证的可靠性时，注册会计师应当考虑：

1. 对询证函的设计、发出及收回的控制情况；
2. 被询证者的胜任能力、独立性、授权回函情况、对函证项目的了解及其客观性；
3. 被审计单位施加的限制或回函中的限制。

收到回函后，根据不同情况，注册会计师可以分别实施以下程序，以验证回函的可靠性。在验证回函的可靠性时，注册会计师需要保持职业怀疑。

1. 通过邮寄方式收到的回函。

通过邮寄方式发出询证函并收到回函后，注册会计师可以验证以下信息：

（1）被询证者确认的询证函是否是原件，是否与注册会计师发出的询证函是同一份；

（2）回函是否由被询证者直接寄给注册会计师；

（3）寄给注册会计师的回邮信封或快递信封中记录的发件方名称、地址是否与询证函中记载的被询证者名称、地址一致；

（4）回邮信封上寄出方的邮戳显示发出城市或地区是否与被询证者的地址一致；

（5）被询证者加盖在询证函上的印章以及签名中显示的被询证者名称是否与询证函中记载的被询证者名称一致。在认为必要的情况下，注册会计师还可以进一步与被审计单位持有的其他文件进行核对或亲自前往被询证者进行核实等。

如果被询证者将回函寄至被审计单位，被审计单位将其转交注册会计师，该回函不能视为可靠的审计证据。在这种情况下，注册会计师可以要求被询证者直接书面回复。

2. 通过跟函方式收到的回函。

对于通过跟函方式获取的回函，注册会计师可以实施以下审计程序：

（1）了解被询证者处理函证的通常流程和处理人员；

（2）确认处理询证函人员的身份和处理询证函的权限，如索要名片、观察员工卡或姓名牌等；

（3）观察处理询证函的人员是否按照处理函证的正常流程认真处理询证函，例如，该人员是否在其计算机系统或相关记录中核对相关信息。

3. 以电子形式收到的回函。

对以电子形式收到的回函，由于回函者的身份及其授权情况很难确定，对回函的更改也难以发觉，因此可靠性存在风险。注册会计师和回函者采用一定的程序为电子形式的回函创造安全环境，可以降低该风险。如果注册会计师确信这种程序安全并得到适当控制，则会提高相关回函的可靠性。

电子函证程序涉及多种确认发件人身份的技术，如加密技术、电子数码签名技术、网页真实性认证程序。

4. 对询证函的口头回复。

只对询证函进行口头回复不是对注册会计师的直接书面回复，不符合函证的要求，因此，不能作为可靠的审计证据。在收到对询证函口头回复的情况下，注册会计师可以要求被询证者提供直接书面回复。如果仍未收到书面回函，注册会计师需要通过实施替代程序，寻找其他审计证据以支持口头回复中的信息。

1. 对回函可靠性不产生影响的条款。

回函中格式化的免责条款可能并不会影响所确认信息的可靠性，实务中常见的这种免责条款的例子包括：

（1）"提供的本信息仅出于礼貌，我方没有义务必须提供，我方不因此承担任何明示或暗示的责任、义务和担保"。

（2）"本回复仅用于审计目的，被询证方、其员工或代理人无任何责任，也不能免除注册会计师做其他询问或执行其他工作的责任"。

2. 对回函可靠性产生影响的限制条款。

一些限制条款可能使注册会计师对回函中所包含信息的完整性、准确性或注册会计师能够信赖其所含信息的程度产生怀疑，实务中常见的此类限制条款的例子包括：

（1）"本信息是从电子数据库中取得，可能不包括被询证方所拥有的全部信息"；

（2）"本信息既不保证准确也不保证是最新的，其他方可能会持有不同意见"；

（3）"接收人不能依赖函证中的信息"。

（四）对不符事项的处理

不符事项，是指被询证者提供的信息与询证函要求确认的信息不一致，或与被审计单位记录的信息不一致。注册会计师应当调查不符事项，以确定是否表明存在错报。

（五）实施函证时需要关注的舞弊风险迹象以及采取的应对措施

在函证过程中，注册会计师需要始终保持职业怀疑，对舞弊风险迹象保持警觉。

1. 注册会计师需要关注的舞弊风险迹象。

与函证程序有关的舞弊风险迹象的情形包括：

（1）管理层不允许寄发询证函；

（2）管理层试图拦截、篡改询证函或回函，如坚持以特定的方式发送询证函；

（3）被询证者将回函寄至被审计单位，被审计单位将其转交注册会计师；

（4）注册会计师跟进访问被询证者，发现回函信息与被询证者记录不一致，例如，对银行的跟进访问表明提供给注册会计师的银行函证结果与银行的账面记录不一致；

（5）从私人电子信箱发送的回函；

（6）收到同一日期发回的、相同笔迹的多份回函；

（7）位于不同地址的多家被询证者的回函邮戳显示的发函地址相同；

（8）收到不同被询证者用快递寄回的回函，但快递的交寄人或发件人是同一个人或是被审计单位的员工；

（9）回函邮戳显示的发函地址与被审计单位记录的被询证者的地址不一致；

（10）不正常的回函率，例如，银行函证未回函；与以前年度相比，回函率异常偏高或回函率重大变动；向被审计单位债权人发送的询证函回函率很低；

（11）被询证者缺乏独立性。例如，被审计单位及其管理层能够对被询证者施加重大影响以使其向注册会计师提供虚假或误导信息（如被审计单位是被询证者唯一或重要的客户或供应商）；被询证者既是被审计单位资产的保管人又是资产的管理者。

2. 针对舞弊风险迹象注册会计师可以采取的应对措施。

针对舞弊风险迹象，注册会计师根据具体情况可以实施的审计程序的情形包括：

（1）验证被询证者是否存在、是否与被审计单位之间缺乏独立性，其业务性质和规模是否与被询证者和被审计单位之间的交易记录相匹配；

（2）将与从其他来源得到的被询证者的地址（如与被审计单位签订的合同上签署的地址、网络上查询到的地址）相比较，验证寄出方地址的有效性；

（3）将被审计单位档案中有关被询证者的签名样本、公司公章与回函核对；

（4）要求与被询证者相关人员直接沟通讨论询证事项，考虑是否有必要前往被询证者工作地点以验证其是否存在；

（5）分别在中期和期末寄发询证函，并使用被审计单位账面记录和其他相关信息核对相关账户的期间变动；

（6）考虑从金融机构获得被审计单位的信用记录，加盖该金融机构公章，并与被审计单位会计记录相核对，以证实是否存在被审计单位没有记录的贷款、担保、开立银行承兑汇票、信用证、保函等事项。根据金融机构的要求，注册会计师获取信用记录时可以考虑由被审计单位人员陪同前往。在该过程中，注册会计师需要注意确认该信用记录没有被篡改。

第四节　分析程序

一、分析程序的目的

分析程序，是指注册会计师通过分析不同财务数据之间以及财务数据与非财务数据之间的内在关系，对财务信息作出评价。分析程序还包括在必要时对识别出的、与其他相关信息不一致或与预期值差异重大的波动或关系进行调查。

注册会计师实施分析程序的目的包括：

1. 用作风险评估程序，以了解被审计单位及其环境等方面情况。
2. 当使用分析程序比细节测试能更有效地将认定层次的检查风险降至可接受的水平时，分析程序可以用作实质性程序。
3. 在临近审计结束时对财务报表进行总体复核。

二、用作风险评估程序

1. 总体要求。注册会计师在实施风险评估程序时，应当运用分析程序，以了解被审计单位及其环境等方面情况。

2. 在风险评估程序中的具体运用。

在运用分析程序时，注册会计师应重点关注关键的账户余额、趋势和财务比率关系等方面，对其形成一个合理的预期，并与被审计单位记录的金额、依据记录金额计算的比率或趋势相比较。如果分析程序的结果显示的比率、比例或趋势与注册会计师对被审计单位及其环境等方面情况的了解不一致，并且被审计单位管理层无法提出合理的解释，或者无法取得相关的支持性文件证据，注册会计师应当考虑其是否表明被审计单位的财务报表存在重大错报风险。

3. 风险评估过程中运用的分析程序的特点。风险评估程序中运用分析程序的主要目的在于识别那些可能表明财务报表存在重大错报风险的异常变化。因此，所使用的数据汇总性比较强，其对象主要是财务报表中账户余额及其相互之间的关系；所使用的分析程序通常包括对账户余额变化的分析，并辅之以趋势分析和比率分析。

三、用作实质性程序

1. 总体要求。注册会计师应当针对评估的认定层次重大错报风险设计和实施实质性程序。实质性程序包括对各类交易、账户余额和披露的细节测试以及实质性分析程序。

实质性分析程序是指用作实质性程序的分析程序，它与细节测试都可用于收集审计证据，以识别认定层次的重大错报。当使用分析程序比细节测试能更有效地将认定层次的检查风险降至可接受的水平时，注册会计师可以考虑单独或结合细节测试，运用实质性分析程序。实质性分析程序不仅是细节测试的一种补充，在某些审计领域，如果重大错报风险较低且数据之间具有稳定的预期关系，注册会计师可以单独使用实质性分析程序获取充分、适当的审计证据。

2. 确定实质性分析程序对特定认定的适用性。实质性分析程序通常更适用于在一段时期内存在预期关系的大量交易。分析程序的运用建立在这种预期的基础上，即数据之间的关系存在且在没有反证的情况下继续存在。然而，某一分析程序的适用性，取决于注册会计师评价该分析程序在发现某一错报单独或连同其他错报可能引起财务报表存在重大错报时的有效性。

3. 数据的可靠性。注册会计师对已记录的金额或比率作出预期时，需要采用内部或外部的数据。

来自被审计单位内部的数据包括：（1）前期数据，并根据当期的变化进行调整；（2）当期的财务数据；（3）预算或预测；（4）非财务数据等。

外部数据包括：（1）政府有关部门发布的信息，如通货膨胀率、利率、税率，有关部门确定的进出口配额等；（2）行业监管者、贸易协会以及行业调查单位发布的信息，如行业平均增长率；（3）经济预测组织，包括某些银行发布的预测消息，如某些行业的业绩指标等；（4）公开出版的财务信息；（5）证券交易所发布的信息等。

4. 评价预期值的准确程度。准确程度是对预期值与真实值之间接近程度的度量，也称精确度。分析程序的有效性很大程度上取决于注册会计师形成的预期值的准确性。预期值的准确性越高，注册会计师通过分析程序获取的保证水平将越高。

在评价作出预期的准确程度是否足以在计划的保证水平上识别重大错报时，注册会计师应当考虑下列主要因素：

（1）对实质性分析程序的预期结果作出预测的准确性。例如，与各年度的研究开发和广告费用支出相比，注册会计师通常预期各期的毛利率更具有稳定性。

（2）信息可分解的程度。信息可分解的程度是指用于分析程序的信息的详细程度，如按月份或地区分部分解的数据。通常，数据的可分解程度越高，预期值的准确性越高，注册会计师将相应获取较高的保证水平。当被审计单位经营复杂或多元化时，分解程度高的详细数据更为重要。

（3）财务和非财务信息的可获得性。在设计实质性分析程序时，注册会计师应考虑是否可以获得财务信息（如预算和预测）以及非财务信息（如已生产或已销售产品的数量），以有助于运用分析程序。

5. 已记录金额与预期值之间可接受的差异额。预期值只是一个估计数据，大多数情况下与已记录金额并不一致。为此，在设计和实施实质性分析程序时，注册会计师应当确定已记录金额与预期值之间可接受的差异额。

四、用于总体复核

1. 总体要求。在临近审计结束时，注册会计师运用分析程序的目的是确定财务报表整体是否与其对被审计单位的了解一致，注册会计师应当围绕这一目的运用分析程序。这时运用分析程序是强制要求，注册会计师在这个阶段应当运用分析程序。

2. 总体复核阶段分析程序的特点。在总体复核阶段执行分析程序，所进行的比较和使用的手段与风险评估程序中使用的分析程序基本相同，但两者的目的不同。在总体复核阶段实施的分析程序主要在于强调并解释财务报表项目自上个会计期间以来发生的重大变化，以证实财务报表中列报的所有信息与注册会计师对被审计单位及其环境等方面情况的了解一致，与注册会计师取得的审计证据一致。

3. 再评估重大错报风险。在运用分析程序进行总体复核时，如果识别出以前未识别的重大错报风险，注册会计师应当重新考虑对全部或部分各类交易、账户余额和披露评估的风险是否恰当，并在此基础上重新评价之前计划的审计程序是否充分，是否有必要追加审计程序。

第四章 审计抽样方法

注册会计师为获取充分、适当的审计证据，需要选取项目进行测试。选取方法包括三种：一是对某总体包含的全部项目进行测试（比如对资本公积项目）；二是对选出的特定项目进行测试，但不推断总体；三是审计抽样，以样本结果推断总体结论。随着企业规模的扩大和经营复杂程度的不断上升，注册会计师对每一笔交易进行检查变得既不可行，也没有必要。为了在合理的时间内以合理的成本完成审计工作，审计抽样应运而生。审计抽样旨在帮助注册会计师确定实施审计程序的范围，以获取充分、适当的审计证据，得出合理的结论，作为形成审计意见的基础。

第一节 审计抽样的相关概念

一、审计抽样

（一）审计抽样的概念

审计抽样是指注册会计师对具有审计相关性的总体中低于百分之百的项目实施审计程序，使所有抽样单元都有被选取的机会，为注册会计师针对整个总体得出结论提供合理基础。审计抽样能够使注册会计师获取和评价有关所选取项目某一特征的审计证据，以形成或有助于形成有关总体的结论。总体，是指注册会计师从中选取样本并期望据此得出结论的整个数据集合。抽样单元，则是指构成总体的个体项目。

（二）审计抽样的特征

审计抽样应当同时具备三个基本特征：（1）对具有审计相关性的总体中低于百分之百的项目实施审计程序；（2）所有抽样单元都有被选取的机会；（3）可以根据样本项目的测试结果推断出有关总体的结论。

（三）审计抽样的适用性

审计抽样并非在所有审计程序中都可使用。注册会计师拟实施的审计程序将对运用审计抽样产生重要影响。在风险评估程序、控制测试和实质性程序中，有些审计程序可以使用审计抽样，有些审计程序则不宜使用审计抽样。

风险评估程序通常不涉及审计抽样。如果注册会计师在了解控制的设计和确定控制是否得到执行的同时计划和实施控制测试,则可能涉及审计抽样,但此时审计抽样仅适用于控制测试。

二、抽样风险和非抽样风险

在获取审计证据时,注册会计师应当运用职业判断,评估重大错报风险,并设计进一步审计程序,以将审计风险降至可接受的低水平。

(一)抽样风险

抽样风险,是指注册会计师根据样本得出的结论,不同于对整个总体实施与样本相同的审计程序得出的结论的可能性。抽样风险是由抽样引起的,与样本规模和抽样方法相关。

1. 控制测试中的抽样风险。

控制测试中的抽样风险包括信赖过度风险和信赖不足风险。信赖过度风险是指推断的控制有效性高于其实际有效性的可能性,也可以说,尽管样本结果支持注册会计师计划信赖内部控制的程度,但实际偏差率不支持该信赖程度的风险。信赖过度风险与审计的效果有关。如果注册会计师评估的控制有效性高于其实际有效性,从而导致评估的重大错报风险水平偏低,注册会计师可能不适当地减少从实质性程序中获取的证据,因此审计的有效性下降。对于注册会计师而言,信赖过度风险更容易导致注册会计师发表不恰当的审计意见,因而更应予以关注。

2. 细节测试中的抽样风险。

在实施细节测试时,注册会计师也要关注两类抽样风险:误受风险和误拒风险。误受风险是指注册会计师推断某一重大错报不存在而实际上存在的可能性。如果账面金额实际上存在重大错报而注册会计师认为其不存在重大错报,注册会计师通常会停止对该账面金额继续进行测试,并根据样本结果得出账面金额无重大错报的结论。与信赖过度风险类似,误受风险影响审计效果,容易导致注册会计师发表不恰当的审计意见,因此注册会计师更应予以关注。

(二)非抽样风险

非抽样风险,是指注册会计师由于任何与抽样风险无关的原因而得出错误结论的可能性。注册会计师即使对某类交易或账户余额的所有项目实施审计程序,也可能仍未能发现重大错报或控制失效。在审计过程中,可能导致非抽样风险的原因主要包括下列情形:

1. 注册会计师选择了不适于实现特定目标的审计程序。例如,注册会计师依赖应收账款函证来揭露未入账的应收账款。

2. 注册会计师选择的总体不适合于测试目标。例如,注册会计师在测试销售收入的"完整性"认定时将主营业务收入日记账界定为总体。

3. 注册会计师未能适当地定义误差(包括控制偏差或错报),导致注册会计师未能发现样本中存在的控制偏差或错报。例如,注册会计师在测试现金支付授权控制的有效性时,未将签字人未得到适当授权的情况界定为控制偏差。

4. 注册会计师未能适当地评价审计发现的情况。例如,注册会计师错误解读审计证据可能导致没有发现误差。注册会计师对所发现误差的重要性的判断有误，从而忽略了性质十分重要的误差，也可能导致得出不恰当的结论。

三、统计抽样和非统计抽样

所有的审计抽样都需要注册会计师运用职业判断，计划并实施抽样程序，评价样本结果。审计抽样时，注册会计师既可以使用统计抽样方法，也可以使用非统计抽样方法。

（一）统计抽样

统计抽样，是指同时具备下列特征的抽样方法：（1）随机选取样本项目；（2）运用概率论评价样本结果，包括计量抽样风险。如果注册会计师严格按照随机原则选取样本，却没有对样本结果进行统计评估，或者基于非随机选样进行统计评估，都不能认为使用了统计抽样。

（二）非统计抽样

不同时具备统计抽样两个基本特征的抽样方法为非统计抽样。统计抽样能够客观地计量抽样风险，并通过调整样本规模精确地控制风险，这是与非统计抽样最重要的区别。不计量抽样风险的抽样方法都是非统计抽样，即便注册会计师按照随机原则选取样本项目，或使用统计抽样的表格确定样本规模，如果没有对样本结果进行统计评估，仍然是非统计抽样。注册会计师使用非统计抽样时，也必须考虑抽样风险并将其降至可接受水平，但无法精确地测定抽样风险。

四、属性抽样和变量抽样

属性抽样和变量抽样都是统计抽样方法。

（一）属性抽样

属性抽样是一种用来对总体中某一事件发生率得出结论的统计抽样方法。属性抽样在审计中最常见的用途是测试某一既定控制的偏差率，以支持注册会计师评估的控制风险水平。无论交易的规模如何，针对某类交易的既定控制预期将以同样的方式运行。因此，在属性抽样中，既定控制的每一次发生或偏离都被赋予同样的权重，而不管交易的金额大小。

（二）变量抽样

变量抽样是一种用来对总体金额得出结论的统计抽样方法。变量抽样通常要回答下列问题：金额是多少？或账户是否存在重大错报？变量抽样在审计中的主要用途是进行细节测试，以确定记录金额是否合理。

第二节　审计抽样在控制测试中的应用

在控制测试中应用审计抽样有两种方法。一种是发现抽样。这种方法在注册会计师预计控制高度有效时可以使用，以证实控制的有效性。在发现抽样中，注册会计师使用的预计总体偏差率是0。在检查样本时，一旦发现一个控制偏差就立即停止抽样。如果在样本中没有发现控制偏差，则可以得出总体偏差率可以接受的结论。另一种是属性估计抽样，用以估计被测试控制的偏差发生率，或控制未有效运行的频率。本节以第二种方法为主。

一、样本设计阶段

（一）确定测试目标

注册会计师实施控制测试的目标是提供关于控制运行有效性的审计证据，以支持计划的重大错报风险评估水平。因此，控制测试主要关注：（1）控制在所审计期间的相关时点是如何运行的；（2）控制是否得到一贯执行；（3）控制由谁或以何种方式执行。

注册会计师应当首先针对某项认定详细了解控制目标和内部控制政策与程序之后，方可确定从哪些方面获取关于控制是否有效运行的审计证据。

（二）定义总体

总体，是指注册会计师从中选取样本并期望据此得出结论的整个数据集合。注册会计师在界定总体时，应当确保总体的适当性和完整性。

（三）定义抽样单元

注册会计师定义的抽样单元应与审计测试目标相适应。抽样单元通常是能够提供控制运行证据的一份文件资料、一个记录或其中一行，每个抽样单元构成了总体中的一个项目。在控制测试中，注册会计师应根据被测试的控制定义抽样单元。例如，如果测试目标是确定付款是否得到授权，且既定控制要求付款之前授权人在付款单据上签字，抽样单元可能被定义为每一张付款单据。如果一张付款单据包含了对几张发票的付款，且既定控制要求每张发票分别得到授权，那么付款单据上与发票对应的一行就可能被定义为抽样单元。

（四）定义控制偏差的构成条件

注册会计师应根据对内部控制的了解，确定哪些特征能够显示被测试控制的运行情况，然后据此定义控制偏差的构成条件。在控制测试中，控制偏差是指偏离对既定控制的预期执行。在评估控制运行的有效性时，注册会计师应当考虑其认为必要的所有环节。例如，既定控制要求每笔支付都应附有发票、收据、验收报告和订购单等证明文件，且均盖上"已付"戳记。注册会计师认为盖上"已付"戳记的发票和验收报告足以显示控制的适当运行。在这种情况下，控制偏差可能被定义为缺乏盖有"已付"戳记的发票和验收报告等证明文件的款项支付。

（五）定义测试期间

注册会计师通常在期中实施控制测试。由于期中测试获取的证据只与控制截至期中测试时点的运行有关，注册会计师需要确定如何获取关于剩余期间的证据。注册会计师可以有两种做法：（1）将测试扩展至在剩余期间发生的交易，以获取额外的证据。（2）不将测试扩展至在剩余期间发生的交易。

二、选取样本阶段

（一）确定抽样方法

1. 简单随机选样。使用这种方法，相同数量的抽样单元组成的每种组合被选取的概率都相等。注册会计师可以使用计算机或随机数表获得所需的随机数，选取匹配的随机样本。

简单随机选样在统计抽样和非统计抽样中均适用。

2. 系统选样。使用这种方法，注册会计师需要确定选样间隔，即用总体中抽样单元的总数量除以样本规模，得到样本间隔，然后在第一个间隔中确定一个随机起点，从这个随机起点开始，按照选样间隔，从总体中顺序选取样本。

3. 随意选样。使用这种方法并不意味着注册会计师可以漫不经心地选择样本，注册会计师要避免任何有意识的偏向或可预见性（如回避难以找到的项目，或总是选择或回避每页的第一个或最后一个项目），从而保证总体中的所有项目都有被选中的机会，使选择的样本具有代表性。

4. 整群选样。使用这种方法，注册会计师从总体中选取一群（或多群）连续的项目。

（二）确定样本规模

样本规模是指从总体中选取样本项目的数量。在审计抽样中，如果样本规模过小，就不能反映出审计对象总体的特征，注册会计师就无法获取充分的审计证据，其审计结论的可靠性就会大打折扣，甚至可能得出错误的审计结论。因此，注册会计师应当确定足够的样本规模，以将抽样风险降至可接受的低水平。相反，如果样本规模过大，则会增加审计工作量，造成不必要的时间和人力上的浪费，加大审计成本，降低审计效率，就会失去审计抽样的意义。

1. 影响样本规模的因素。在控制测试中影响样本规模的因素如下：

（1）可接受的抽样风险。控制测试中的抽样风险包括信赖不足风险和信赖过度风险。

（2）可容忍偏差率。在控制测试中，可容忍偏差率是指注册会计师设定的偏离规定的内部控制的比率，注册会计师试图对总体中的实际偏差率不超过该比率获取适当水平的保证。

（3）预计总体偏差率。对于控制测试，注册会计师在考虑总体特征时，需要根据对相关控制的了解或对总体中少量项目的检查来评估预计总体偏差率。

（4）总体规模。除非总体非常小，一般而言，总体规模对样本规模的影响几乎为零。注册会计师通常将抽样单元超过 2 000 个的总体视为大规模总体。对大规模总体而言，总体的实际容量对样本规模几乎没有影响。对小规模总体而言，审计抽样比其他选择测试项目的方法的效率低。

（5）其他因素。控制运行的相关期间越长（年或季度），需要测试的样本越多，因为注册会计师需要对整个拟信赖期间控制的有效性获取证据。控制程序越复杂，测试的样本越多。

2. 针对运行频率较低的内部控制的考虑。某些重要的内部控制并不经常运行，例如，银行存款余额调节表的编制可能是按月执行，针对年末结账流程的内部控制则是一年执行一次。

3. 确定样本量。实施控制测试时，注册会计师可能使用统计抽样，也可能使用非统计抽样。在非统计抽样中，注册会计师可以只对影响样本规模的因素进行定性的估计，并运用职业判断确定样本规模。使用统计抽样方法时，注册会计师必须对影响样本规模的因素进行量化，并利用根据统计公式开发的专门的计算机程序或专门的样本量表来确定样本规模。

（三）选取样本并对其实施审计程序

使用统计抽样或非统计抽样时，注册会计师可以根据具体情况，从简单随机选样、系统选样或随意选样中挑选适当的选样方法选取样本。注册会计师应当针对选取的样本项目，实施适当的审计程序，以发现并记录样本中存在的控制偏差。

三、评价样本结果阶段

在完成对样本的测试并汇总控制偏差之后，注册会计师应当评价样本结果，对总体得出结论，即样本结果是否支持计划评估的控制有效性，从而支持计划的重大错报风险评估水平。在此过程中，无论使用统计抽样还是非统计抽样方法，注册会计师都需要运用职业判断。

（一）计算偏差率

将样本中发现的控制偏差数量除以样本规模，就可以计算出样本偏差率。样本偏差率就是注册会计师对总体偏差率的最佳估计，因而在控制测试中无需另外推断总体偏差率，但注册会计师还必须考虑抽样风险。

（二）考虑抽样风险

在控制测试中评价样本结果时，注册会计师应当考虑抽样风险。也就是说，如果总体偏差率（即样本偏差率）低于可容忍偏差率，注册会计师还要考虑实际的总体偏差率仍有可能高于可容忍偏差率的风险。

1. 使用统计抽样方法。注册会计师在统计抽样中通常使用公式、表格或计算机程序直接计算在确定的信赖过度风险水平下可能发生的偏差率上限。

（1）使用统计公式评价样本结果。

$$总体偏差率上限 = \frac{风险系数(R)}{样本量(n)}$$

（2）使用样本结果评价表。注册会计师也可以使用样本结果评价表评价统计抽样的结果。

2. 使用非统计抽样方法。在非统计抽样中，抽样风险无法直接计量。注册会计师通常将估计的总体偏差率（即样本偏差率）与可容忍偏差率相比较，运用职业判断确定总体是否可以接受。

如果总体偏差率高于可容忍偏差率，则总体不能接受。

如果总体偏差率大大低于可容忍偏差率，注册会计师通常认为总体可以接受。

如果总体偏差率虽然低于可容忍偏差率，但两者很接近，注册会计师通常认为实际的总体偏差率高于可容忍偏差率的抽样风险很高，因而总体不可接受。

如果总体偏差率与可容忍偏差率之间的差额不是很大也不是很小，以至于不能认定总体是否可以接受时，注册会计师则要考虑扩大样本规模或实施其他测试，以进一步收集证据。

（三）考虑控制偏差的性质和原因

除了关注偏差率和抽样风险之外，注册会计师还应当调查识别出的所有控制偏差的性质和原因，并评价其对审计程序的目的和审计的其他方面可能产生的影响。无论是统计抽样还是非统计抽样，对样本结果的定性评估和定量评估一样重要。即使样本的评价结果在可接受的范围内，注册会计师也应对样本中的所有控制偏差进行定性分析。

（四）得出总体结论

在计算偏差率、考虑抽样风险并分析控制偏差的性质和原因之后，注册会计师需要运用职业判断得出总体结论。如果样本结果及其他相关审计证据支持计划评估的控制有效性，从而支持计划的重大错报风险评估水平，注册会计师可能不需要修改计划的实质性程序。

（五）统计抽样示例

假设注册会计师准备使用统计抽样方法，测试现金支付授权控制运行的有效性。注册会计师作出下列判断：（1）为发现未得到授权的现金支付，注册会计师将所有已支付现金的项目作为总体；（2）定义的抽样单元为现金支付单据上的每一行；（3）控制偏差被定义为没有授权人签字的发票和验收报告等证明文件的现金支付；（4）可接受信赖过度风险为10%；（5）可容忍偏差率为7%；（6）根据上年测试结果和对控制的初步了解，预计总体的偏差率为1.75%；（7）由于现金支付业务数量很大，总体规模对样本规模的影响可以忽略。

四、记录抽样程序

注册会计师应当记录所实施的审计程序，以形成审计工作底稿。在控制测试中使用审计抽样时，注册会计师通常记录下列内容：（1）对所测试的既定控制的描述；（2）与抽样相关的控制目标，包括相关认定；（3）对总体和抽样单元的定义，包括注册会计师如何考虑总体的完整性；（4）对控制偏差的构成条件的定义；（5）可接受的信赖过度风险，可容忍偏差率，以及在抽样中使用的预计总体偏差率；（6）确定样本规模的方法；（7）选样方法；（8）选取的样本项目；（9）对如何实施抽样程序的描述；（10）对样本的评价及总体结论摘要。

第三节　审计抽样在细节测试中的应用

与控制测试相同，在细节测试中实施审计抽样也分为样本设计、选取样本和评价样本结果三个主要阶段。

一、样本设计阶段

（一）确定测试目标

细节测试的目的是识别财务报表中各类交易、账户余额和披露中存在的重大错报。

在细节测试中，审计抽样通常用来测试有关财务报表金额的一项或多项认定（如应收账款的存在）的合理性。如果该金额是合理正确的，注册会计师将接受与之相关的认定，认为财务报表金额不存在重大错报。

（二）定义总体

在实施审计抽样之前，注册会计师必须仔细定义总体，确定总体的范围，确保总体的适当性和完整性。

1. 适当性。注册会计师应确信总体适合于特定的审计目标。例如，注册会计师如果对已记录的项目进行抽样，就无法发现由于某些项目被隐瞒而导致的金额低估。为发现这类低估错报，注册会计师应从包含被隐瞒项目的来源选取样本。例如，注册会计师可能对期后的现金支付进行抽样，以测试由隐瞒采购所导致的应付账款低估，或者对装运单据进行抽样，以发现由已装运但未确认为销售的交易所导致的销售收入低估问题。

2. 完整性。总体的完整性包括代表总体的实物的完整性。

（三）定义抽样单元

在细节测试中，注册会计师应根据审计目标和所实施审计程序的性质定义抽样单元。抽样单元可能是一个账户余额、一笔交易或交易中的一个记录（如销售发票中的单个项目），甚至是每个货币单元。

（四）界定错报

在细节测试中，注册会计师应根据审计目标界定错报。例如，在对应收账款存在的细节测试中（如函证），客户在函证信息针对的截止日之前已支付而被审计单位在该日之后才收到的款项不构成错报。而且，被审计单位在不同客户之间误登明细账也不影响应收账款总账余额。即使在不同客户之间误登明细账可能对审计的其他方面（如对舞弊的可能性或坏账准备的适当性的评估）产生重要影响，注册会计师在评价应收账款函证程序的样本结果时也不宜将其判定为错报。注册会计师还可能将被审计单位自己发现并已在适当期间予以更正的错报排除在外。

二、选取样本阶段

（一）确定抽样方法

在细节测试中进行审计抽样，可能使用统计抽样，也可能使用非统计抽样。注册会计师在细节测试中常用的统计抽样方法包括货币单元抽样和传统变量抽样。

1. 货币单元抽样。货币单元抽样是一种运用属性抽样原理对货币金额而不是对发生率得出结论的统计抽样方法，它是概率比例规模抽样方法的分支，有时也被称为金额单元抽样、累计货币金额抽样以及综合属性变量抽样等。

2. 传统变量抽样。传统变量抽样运用正态分布理论，根据样本结果推断总体的特征。传统变量抽样涉及难度较大、较为复杂的数学计算，注册会计师通常使用计算机程序确定样本规模，一般不需懂得这些方法所用的数学公式。

传统变量抽样的优点主要包括：（1）如果账面金额与审定金额之间存在较多差异，传统变量抽样可能只需较小的样本规模就能满足审计目标；（2）注册会计师关注总体的低估时，使用传统变量抽样比货币单元抽样更合适；（3）需要在每一层追加选取额外的样本项目时，传统变量抽样更易于扩大样本规模；（4）对零余额或负余额项目的选取，传统变量抽样不需要在设计时予以特别考虑。

传统变量抽样的缺点主要包括：（1）传统变量抽样比货币单元抽样更复杂，注册会计师通常需要借助计算机程序；（2）在传统变量抽样中确定样本规模时，注册会计师需要估计总体特征的标准差，而这种估计往往难以作出，注册会计师可能利用以前对总体的了解或根据初始样本的标准差进行估计；（3）如果存在非常大的项目，或者在总体的账面金额与审定金额之间存在非常大的差异，而且样本规模比较小，正态分布理论可能不适用，注册会计师更可能得出错误的结论；（4）如果几乎不存在错报，传统变量抽样中的差额法和比率法将无法使用。

（二）确定样本规模

提供充分审计证据所必需的样本规模取决于审计目标和抽样方法的效率。在既定目标下，如果一个样本能够以更小的样本规模实现相同的目标，它就比另一个样本更为有效。

1. 影响样本规模的因素。在细节测试中影响样本规模的因素如下：

（1）可接受的抽样风险。细节测试中的抽样风险包括误受风险和误拒风险。

（2）可容忍错报。可容忍错报，是指注册会计师设定的货币金额，注册会计师试图对总体中的实际错报不超过该货币金额获取适当水平的保证。细节测试中，某账户余额、交易类型或披露的可容忍错报是注册会计师能够接受的最大金额的错报。

（3）预计总体错报。在确定细节测试所需的样本规模时，注册会计师还需要考虑预计在账户余额或交易类别中存在的错报金额和频率。预计总体错报不应超过可容忍错报。在既定的可容忍错报下，预计总体错报的金额和频率越小，所需的样本规模也越小。相反，预计总体错报的金额和频率越大，所需的样本规模也越大。如果预期错报很高，注册会计师在实施细节测试时对总体进行100%检查或使用较大的样本规模可能较为适当。

（4）总体规模。总体中的项目数量在细节测试中对样本规模的影响很小。因此，按总体的固定百分比确定样本规模通常缺乏效率。

（5）总体的变异性。总体变异性是指总体的某一特征（如金额）在各项目之间的差异程度。在细节测试中，注册会计师确定适当的样本规模时要考虑特征的变异性。衡量这种变异或分散程度的指标是标准差。如果使用非统计抽样，注册会计师不需量化期望的总体标准差，但要用"大"或"小"等定性指标来估计总体的变异性。总体项目的变异性越低，通常样本规模越小。

2. 确定样本量。实施细节测试时，无论使用统计抽样还是非统计抽样方法，注册会计师都应当综合考虑上文所述的影响因素，运用职业判断和经验确定样本规模。在情形类似时，注册会计师考虑的因素相同，使用统计抽样和非统计抽样确定的样本规模通常是可比的。必要时，可以进一步调整非统计抽样计划，例如，增加样本量或改变选样方法，使非统计抽样也能提供与统计抽样方法同样有效的结果。即便使用非统计抽样，注册会计师熟悉统计理论，对于其运用职业判断和经验考虑各因素对样本规模的影响也是非常有益的。

(三) 选取样本并对其实施审计程序

注册会计师应当仔细选取样本，以使样本能够代表总体的特征。注册会计师可以根据具体情况，从简单随机选样、系统选样或随意选样中挑选适当的选样方法选取样本，也可以使用计算机辅助审计技术提高选样的效果。

三、评价样本结果阶段

(一) 推断总体的错报

注册会计师应当根据样本结果推断总体的错报。如果在期中实施细节测试时用到审计抽样，注册会计师只能根据样本结果推断从中选取样本的总体的错报金额。注册会计师需要实施进一步审计程序，以确定能否将期中测试得出的结论合理延伸至期末。值得关注的是，消极式函证未收到回函不能证明被询证者已收到询证函并验证其中包含的信息是正确的，因此注册会计师不能根据未回函的消极式询证函推断总体的错报。

(二) 考虑抽样风险

在细节测试中，推断的错报是注册会计师对总体错报作出的最佳估计。当推断的错报接近或超过可容忍错报时，总体中的实际错报金额很可能超过了可容忍错报。因此，注册会计师要将各交易类别或账户余额的错报总额与该类交易或账户余额的可容忍错报相比较，并适当考虑抽样风险，以评价样本结果。如果推断的错报总额低于可容忍错报，注册会计师还要考虑总体的实际错报金额仍有可能超过可容忍错报的风险。

(三) 考虑错报的性质和原因

除了评价错报的金额和频率以及抽样风险之外，注册会计师还应当考虑：(1) 错报的性质和原因，是原则还是应用方面的差异？是错误还是舞弊导致？是误解指令还是粗心大意所致？(2) 错报与审计工作其他阶段（比如本教材第十八章第一节"二、评价审计过程中识别出的错报"所述内容）之间可能存在的关系。

(四) 得出总体结论

在推断总体的错报，考虑抽样风险，分析错报的性质和原因之后，注册会计师需要运用职业判断得出总体结论。如果样本结果不支持总体账面金额，且注册会计师认为账面金额可能存在错报，注册会计师通常会建议被审计单位对错报进行调查，并在必要时调整账面记录。依据被审计单位已更正的错报对推断的总体错报额进行调整后，注册会计师应当将该类交易或账户余额中剩余的推断错报与其他交易或账户余额中的错报总额累计起来，以评价财务报表整体是否存在重大错报。无论样本结果是否表明错报总额超过了可容忍错报，注册会计师都应当要求被审计单位的管理层记录已发现的事实错报（除非明显微小）。

四、记录抽样程序

在细节测试中使用审计抽样时，注册会计师通常在审计工作底稿中记录下列内容：(1) 测试的目标，受到影响的账户和认定；(2) 对总体和抽样单元的定义，包括注册会计师如何考虑总体的完整性；(3) 对错报的定义；(4) 可接受的误受风险；(5) 可接受的误拒风险（如涉及）；（6）估计的错报及可容忍错报；（7）使用的审计抽样方法；（8）确定样本规模的方法；（9）选样方法；（10）选取的样本项目；（11）对如何实施抽样程序的描述，以及在样本中发现的错报的清单；（12）对样本的评价；（13）总体结论概要；（14）进行样本评估和作出职业判断时，认为重要的性质因素。

第五章 信息技术对审计的影响

在计算机技术得到广泛普及之前，企业内部的信息处理通常是以人工方式进行的。企业的会计部门，通过不同岗位之间的分工协作，将日常经营活动中产生的财务资料进行加工处理，形成企业内部和外部需要的各种纸质会计信息。在这种情况下，审计毫无疑问采取人工方式。

第一节 信息技术对企业财务报告和内部控制的影响

一、信息技术的概念

从广义上讲，凡是能扩展人类信息功能的技术，都是信息技术。具体而言，信息技术是指利用电子计算机和现代通信手段实现获取信息、传递信息、存储信息、处理信息、展示信息、分配信息等的相关技术。

二、信息技术对企业财务报告的影响

信息系统的使用，会给企业的管理和会计核算带来很多重要的变化，包括：
1. 计算机输入和输出代替了人工记录。
2. 计算机显示屏和电子影像代替了纸质凭证。
3. 计算机文档代替了纸质日记账和分类账。
4. 网络通信和电子邮件代替了公司间的邮寄。
5. 管理需求固化到应用程序之中。
6. 灵活多样的报告代替了固定格式的报告。
7. 数据更加充分，信息更容易实现共享。
8. 系统性问题比偶然性误差更为普遍。

信息系统形成的信息的质量影响企业编制财务报表、管理企业活动和作出恰当的管理决策。因此，有效的信息系统需要实现下列功能并保留记录结果：
1. 识别和记录全部经授权的交易。
2. 及时、详细记录交易内容，并在财务报告中对全部交易进行恰当分类。

3. 衡量交易价值，并在财务报告中恰当体现相关价值。

4. 确定交易发生的期间，并将交易记录在恰当的会计期间。

5. 将有关交易信息在财务报告中作恰当披露。

三、信息技术对企业内部控制的影响

在信息技术环境下，传统的人工控制越来越多地被自动化控制所替代。当然，被审计单位采用信息系统处理业务，并不意味着人工控制被完全取代。信息系统对控制的影响，取决于被审计单位对信息系统的依赖程度。例如，在基于信息技术的信息系统中，系统进行自动化操作来实现对交易信息的创建、记录、处理和报告，并将相关信息保存为电子形式（如电子的采购订单、采购发票、发运凭证和相关会计记录）。但相关控制也可能同时包含人工部分，如订单的审批和事后审阅以及会计记录调整之类的人工控制。由于被审计单位信息技术的特点及复杂程度不同，人工及自动化控制的组合方式往往会有所区别。

四、运用信息技术导致的风险

随着信息技术的运用，内部控制虽然在形式和内涵方面发生了变化，但其目标并没有发生改变，即：

1. 提高管理层决策制定的效果和业务流程的效率。

2. 提高会计信息的可靠性。

3. 促进企业遵守法律法规。

信息技术在改进被审计单位内部控制的同时，也产生了特定的风险：

1. 信息系统或相关程序可能会对数据进行错误处理，也可能会去处理那些本身就错误的数据。

2. 自动化信息系统、数据库及操作系统的相关安全控制如果无效，会增加对数据信息非授权访问的风险，这种风险可能导致系统对非授权交易及虚假交易请求的拒绝处理功能遭到破坏，系统程序、系统内的数据遭到不适当的改变，系统对交易进行不适当的记录，以及信息技术人员获得超过其职责范围的系统权限等。

3. 数据丢失风险或数据无法访问风险，如系统瘫痪等。

4. 不适当的人工干预，或人为绕过自动化控制。

五、注册会计师在信息化环境下面临的挑战

1. 对业务流程开展和内部控制运作的理解。

2. 对信息系统相关审计风险的认识。

3. 审计范围的确定。

4. 审计内容的变化。

5. 审计线索的隐性化。

6. 改进审计技术的必要性。

7. 知识结构有待优化。

8. 与专业团队的充分协作。

第二节 信息技术一般控制、信息处理控制和公司层面信息技术控制

在信息技术环境下，人工控制的基本原理并不会发生实质性改变，注册会计师仍需按照传统方法实施相关的审计程序，而对于自动化控制，就需要从信息技术一般控制、信息处理控制以及公司层面信息技术控制三方面考虑。

一、信息技术一般控制

信息技术一般控制是指为了保证信息系统的安全，对整个信息系统以及外部各种环境要素实施的、对所有的应用或控制模块具有普遍影响的控制措施。信息技术一般控制既包括人工进行的控制，也包括自动化控制。

二、信息处理控制

信息处理控制，是指与被审计单位信息系统中下列两方面相关的控制：（1）信息技术应用程序进行的信息处理；（2）人工进行的信息处理。信息处理控制既包括人工进行的控制，也包括自动化控制。信息处理控制一般要经过输入、处理及输出等环节。与人工控制类似，系统自动化控制关注的要素包括：完整性、准确性、存在和发生等。

三、公司层面信息技术控制

除信息技术一般控制和信息处理控制外，企业的管理层也越来越重视公司层面信息技术控制管理。常见的公司层面信息技术控制包括但不限于：
1. 信息技术规划的制定；
2. 信息技术年度计划的制定；
3. 信息技术内部审计机制的建立；
4. 信息技术外包管理；
5. 信息技术预算管理；
6. 信息安全和风险管理；
7. 信息技术应急预案的制定；
8. 信息系统架构建设和信息技术复杂性的考虑。

目前，注册会计师通常针对公司层面信息技术控制单独执行审计，以评估企业信息技术的整体控制环境，确定信息技术一般控制和信息处理控制的审计重点、风险等级、审计测试方法等。

四、信息技术一般控制、信息处理控制与公司层面信息技术控制之间的关系

公司层面信息技术控制情况代表了该公司信息技术控制的整体环境，包括该公司对

于信息技术的重视程度和依赖程度、信息技术复杂性、对于外部信息技术资源的使用和管理情况、信息技术风险偏好等，这些要素会影响该公司信息技术一般控制和信息处理控制的部署和落实。

第三节 信息技术对审计过程的影响

一、信息技术对审计的影响

信息技术在企业中的应用并不改变注册会计师制定审计目标、实施风险评估和了解内部控制的原则性要求，审计准则和财务报表审计目标在所有情况下都适用。但是，注册会计师必须更深入了解企业的信息技术应用范围和性质，因为系统的设计和运行对审计风险的评价、业务流程和控制的了解、审计工作的执行以及需要收集的审计证据的性质都有直接的影响。归纳起来，信息技术对审计过程的影响主要体现在以下几个方面：

（一）对审计线索的影响

审计线索对审计来说极其重要。对于传统的人工会计系统，审计线索包括凭证、日记账、分类账和报表。注册会计师通过顺查和逆查的方法来审查记录，检查和确定其是否正确地反映了被审计单位的经济业务，检查企业的会计核算是否合理、合规。而在信息技术环境下，从业务数据的具体处理过程到报表的输出都由计算机按照程序指令完成，数据均保存在存储介质上，从而会影响到审计线索，如数据存储介质、存取方式以及处理程序等。

（二）对审计技术手段的影响

过去，注册会计师的审计都是人工进行的，但随着信息技术的广泛应用，若仍以人工方式进行审计，显然已经难以满足工作的需要，难以达到审计的目的。因此，注册会计师需要掌握相关信息技术，把信息技术当作一种有用的审计工具。

（三）对内部控制的影响

现代审计技术中，注册会计师会对被审计单位的内部控制进行了解与评价，以此作为制定审计方案和决定抽样范围的依据。

（四）对审计内容的影响

在信息化环境下，由于信息化的特点，审计内容发生了相应的变化。在信息化的会计系统中，各项会计事项都是由计算机按照程序进行自动化处理的，信息系统的特点及固有风险决定了信息化环境下审计的内容，包括对信息化系统的处理和相关控制功能的审查。例如，在审计账龄分析表时，在信息技术环境下，注册会计师必须考虑其数据准确性和完整性以支持相关审计结论，因而需要对其基于系统的数据来源及处理过程进行考虑。

（五）对注册会计师的影响

信息技术在被审计单位的广泛应用要求注册会计师具备相关信息技术方面的知识。因此，注册会计师要成为知识全面的复合型人才，不仅要有丰富的会计、审计、经济、法律、管理等方面的知识和技能，还需要熟悉信息系统的应用技术、结构和运行原理，有能力对信息化环境下的内部控制作出适当的评价。

二、信息技术审计范围的确定

被审计单位的流程和信息系统可能拥有各自不同的特点，因此注册会计师应按其特点制定审计计划中包含的信息技术审计内容。另外，如果注册会计师计划依赖自动化控制或自动化信息系统生成的信息，就需要适当扩大信息技术审计的范围。

（一）评估业务流程（如销售流程、薪酬流程、采购流程等）的复杂程度

对业务流程复杂程度的评估并不纯粹是一个客观的过程，而是需要注册会计师运用职业判断。

（二）评估信息系统的复杂程度

与评估业务流程的复杂程度相似，对企业信息系统复杂程度的评估也不纯粹是一个客观的过程，包含大量的职业判断，也受到所使用系统类型（如商业软件或自行研发系统）的影响。

（三）信息技术环境的规模和复杂程度

评估信息技术环境的规模和复杂程度，主要应当考虑产生财务数据的信息系统数量、信息系统接口以及数据传输方式、信息部门的结构与规模、网络规模、用户数量、外包及访问方式（例如本地登录或远程登录）。信息技术环境复杂并不一定意味着信息系统是复杂的，反之亦然。

三、信息技术一般控制对控制风险的影响

信息技术一般控制对信息处理控制的有效性具有普遍性影响。无效的一般控制增加了信息处理控制不能防止或发现并纠正认定层次重大错报的可能性，即使这些信息处理控制本身得到了有效设计。如果一般控制有效，注册会计师可以更多地信赖信息处理控制，测试这些控制的运行有效性，并将控制风险评估为低于"最高"水平。考虑到公司层面信息技术控制是公司的整体控制环境，决定了信息技术的风险基准，因此，注册会计师通常优先评估公司层面信息技术控制和信息技术一般控制的有效性。

四、信息处理控制对控制风险和实质性程序的影响

在评估信息处理控制对控制风险和实质性程序的影响时，注册会计师需要将控制与具体的审计目标相联系，其一般原理将在本教材第二编"审计测试流程"中进一步阐述，在第三编"各类交易和账户余额的审计"中将演示这些原理在审计实务中如何具体运用。注册会计师首先针对每个具体的审计目标，了解和识别相关的控制与缺陷，在此基础上，对每个相关审计目标评估初步控制风险。但对于一般控制而言，由于其影响广泛，注册会计师通常不将控制与具体的审计目标相联系。

五、不太复杂信息技术环境下的审计

当面临不太复杂的信息技术环境时，例如在信息技术并不对传统审计线索产生重

大影响的情况下,注册会计师可采取传统方式进行审计,即"绕过计算机进行审计"。在此情形下,注册会计师虽然仍需了解信息技术一般控制和信息处理控制,但不需要测试其运行有效性,即不依赖其降低评估的控制风险水平,更多的审计工作将依赖非信息技术类审计方法。

六、较为复杂信息技术环境下的审计

当面临较为复杂的信息技术环境时,"绕过计算机进行审计"就不可行,而需要"穿过计算机进行审计"。这时,注册会计师需要更多运用下述的各项审计技术和审计工具开展具体的审计工作。

第四节 计算机辅助审计技术和电子表格的运用

一、计算机辅助审计技术

(一)计算机辅助审计技术的概念

计算机辅助审计技术(Computer Assisted Audit Techniques,CAATs),是指利用计算机和相关软件,使审计测试工作实现自动化的技术。通常将计算机辅助审计技术分为两类,一类是用来测试程序和系统的,即面向系统的计算机辅助审计技术;另一类是用于分析电子数据的,即面向数据的计算机辅助审计技术。

(二)计算机辅助审计技术的应用

最广泛地应用计算机辅助审计技术的领域是实质性程序,特别是实质性分析程序。计算机辅助审计技术使得对系统中的每一笔交易进行测试成为可能,可用于在交易样本量很大的情况下替代人工测试。

(三)计算机辅助审计工具

计算机辅助审计技术是一种审计方式,因此也需要使用一定的工具来加以实现。

二、电子表格

即使在信息化程度极高的环境下,由于系统限制等原因,财务信息和财务报告的生成往往还需要借助电子表格来完成。所谓电子表格是指利用计算机作为表格处理工具,以实现制表工具、计算工具以及表格结果保存的综合电子化软件。目前普遍使用的电子表格通常包括 Excel 等软件,通过电子表格可以进行数据记录、计算与分析,并能对输入的数据进行各种复杂统计运算后显示为可视性极佳的表格。因此,注册会计师在进行系统审计时,需要谨慎地考虑电子表格中的控制,以及类似于信息系统一般控制的设计与执行(在相关时)有效性,从而确保这些内嵌控制的持续完整性。

(一)电子表格的特性

电子表格的特性(即开放的访问、人工输入数据和容易出错)以及编制并使用电子

表格的环境的特性（例如，用户开发不正式、开发文档不完整、保存在局域网或本地磁盘而不是其他受控的信息系统环境中），增加了电子表格所生成的数据存在错误的风险，从而影响审计工作的进行。

（二）确定重要的财务电子表格和其他最终用户计算工具的范围

重要的财务电子表格和其他最终用户计算工具（例如，按需报告工具或在数据仓库中运行查询）用来在重要的流程中（即自动化控制或步骤）生成财务数据，或用来生成用于关键人工控制的财务或其他数据。作为起始点，注册会计师应当了解评估范围内重要的流程和账户，并识别用来支持这些流程或账户的相关电子表格或工具。

（三）电子表格控制的考虑

因为电子表格非常容易被修改，并可能缺少控制活动，因此，电子表格往往面临重大的固有风险和错误，例如：

1. 输入错误：由错误数据录入、错误引用或其他简单的剪贴功能造成的错误。
2. 逻辑错误：创建错误的公式从而生成了错误的结果。
3. 接口错误：与其他系统传输数据时产生的错误。
4. 其他错误：单元格范围定义不当、单元格参考错误或电子表格链接不当。

注册会计师应当了解相关的电子表格或数据库如何支持关键控制达到相关业务流程的信息处理目标。电子表格控制可能包括以下内容：

1. 对电子表格执行的、类似于信息系统一般控制的控制；
2. 内嵌在电子表格中的控制（类似于一个自动化信息处理控制）；
3. 针对电子表格数据输入和输出的人工控制。

第五节　数据分析

一、数据分析的概念

对审计而言，数据分析是注册会计师获取审计证据的一种手段，是指注册会计师在计划和执行审计工作时，通过对内部或外部数据进行分析、建模或可视化处理，以发现其中隐含的模式、偏差或不一致，从而揭示出对审计有用的信息的方法。

二、数据分析的作用

1. 数据分析能够帮助注册会计师以快速、低成本的方式实现对被审计单位整套完整数据（而非运用抽样技术抽出的样本数据）进行检查，不仅能够在很大程度上提高审计的效率和效果，也有助于注册会计师从全局的角度更好地把握被审计单位交易和事项的经济实质，从而有助于提高审计质量。

2. 运用数据分析技术可以提高注册会计师识别舞弊的能力，降低审计风险，提升审计质量。注册会计师通过对业务数据、财务和非财务数据等进行多维度分析，可以精准有效地识别出异常情况,从而为审计提供方向和思路。例如,注册会计师通过收集和分析不同来源的数据,如银行网银数据、税务数据等,与被审计单位提供的数据相互印证,可能能够发现异常情况,提示下一步审计的方向和重点领域。

3. 利用数据分析技术,进行持续的审计和监控,能够帮助注册会计师及时识别出偏差,有助于注册会计师与被审计单位保持持续沟通,及早地对偏差进行调查。

4. 数据分析可以帮助注册会计师向治理层(包括审计委员会)提供更加深入和更有针对性的观点和建议。例如,数据分析可以提供含有丰富内容的可视化图表和更细颗粒度的信息,从而提升审计的附加价值。

三、数据分析的基本步骤

数据分析可应用于审计的不同阶段,如风险评估、了解和测试内部控制、实质性程序等。数据分析可总结为计划数据分析、获取和整理数据、评价所用数据的相关性和可靠性、具体执行数据分析、评价和应对数据分析结果五个步骤。具体如图 5-1 所示。

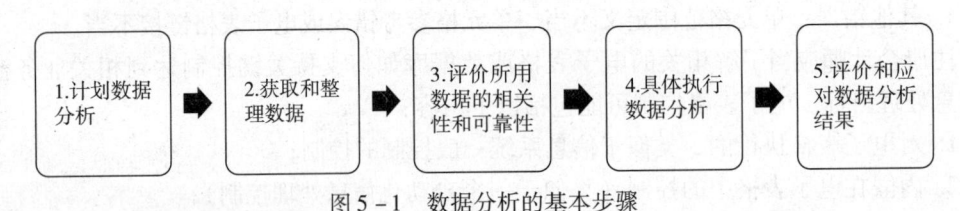

1.计划数据分析 → 2.获取和整理数据 → 3.评价所用数据的相关性和可靠性 → 4.具体执行数据分析 → 5.评价和应对数据分析结果

图 5-1 数据分析的基本步骤

四、数据分析面临的主要挑战

1. 审计对象信息或审计证据的数字化程度。
2. 电子数据的可获得性。
3. 数据标准的统一。
4. 被审计单位的信息技术一般控制和应用控制存在缺陷。

第六节 不同信息技术环境下的信息管理

一、网络环境

很多企业可能使用局域网或互联网将各种类型的计算机、工作站、打印机、服务器等互相连接起来。在网络环境下,用于处理交易的应用软件和数据文件可能分布于不同位置但互相连接的计算机设备上,由此产生了与内部控制相关的问题,包括对分布于不同位置的服务器的安全、数据和信息的分布及同步、管理监督以及兼容性问题。

二、数据库管理系统

数据库管理系统（Database Management System，DBMS）是一种操纵和管理数据库的大型软件，用于建立、使用和维护数据库，它对数据库进行统一的管理和控制，以保证数据库的安全性和完整性。使用数据库管理系统能够实现不同应用软件之间的数据共享，减少数据冗余，改进对数据的控制，提高数据的决策支撑作用。

三、电子商务系统

越来越多的被审计单位采用电子商务方式进行交易。电子商务是指在互联网开放的网络环境下，以信息技术为手段，买卖双方不谋面地进行各种商贸活动，实现消费者的网上购物、商户之间的网上交易和在线电子支付以及各种商务活动、交易活动、金融活动和相关综合服务活动的一种新型商业运营模式。在这种方式下，交易信息在网上传输，容易被拦截、篡改或不当获取，需要采取相应的安全控制。此外，被审计单位的会计信息系统可能与交易对方的系统相连接，产生了互相依赖的风险，即交易一方的风险部分取决于交易对手如何识别和管理其自身系统中的风险。

四、外包安排

被审计单位可能将全部或部分的信息技术职能外包给专门的应用软件服务提供商或云计算服务商等计算机服务机构。根据美国国家标准与技术研究院（NIST）的定义，云计算是一种按使用量付费的模式，这种模式提供可用的、便捷的、按需的网络访问，进入可配置的计算资源共享池（资源包括网络、服务器、存储、应用软件、服务），这些资源能够被快速提供，只需投入很少的管理工作，或与服务供应商进行很少的交互。

第六章 审计工作底稿

第一节 审计工作底稿概述

一、审计工作底稿的概念

审计工作底稿是指注册会计师对制定的审计计划、实施的审计程序、获取的相关审计证据,以及得出的审计结论作出的记录。审计工作底稿是审计证据的载体,是注册会计师在审计过程中形成的审计工作记录和获取的资料。审计工作底稿形成于审计过程,反映整个审计过程。

二、审计工作底稿的编制目的

审计工作底稿在计划和执行审计工作中发挥着关键作用。它提供了审计工作实际执行情况的记录,是形成审计报告的基础。审计工作底稿也可用于项目质量复核、监督会计师事务所对审计准则的遵循情况以及第三方的检查等。在会计师事务所因执业质量而涉及诉讼或有关监管机构进行执业质量检查时,审计工作底稿能够提供证据,证明会计师事务所是否按照审计准则的规定执行了审计工作。

三、审计工作底稿的编制要求

注册会计师编制的审计工作底稿,应当使未曾接触该项审计工作的有经验的专业人士清楚地了解:

1. 按照审计准则和相关法律法规的规定实施的审计程序的性质、时间安排和范围;
2. 实施审计程序的结果和获取的审计证据;
3. 审计中遇到的重大事项和得出的结论,以及在得出结论时作出的重大职业判断。

有经验的专业人士,是指会计师事务所内部或外部的具有审计实务经验,并且对下列方面有合理了解的人士:

1. 审计过程;
2. 审计准则和相关法律法规的规定;

3. 被审计单位所处的经营环境；
4. 与被审计单位所处行业相关的会计和审计问题。

四、审计工作底稿的性质

（一）审计工作底稿的形式
审计工作底稿可以以纸质、电子或其他介质形式存在。

（二）审计工作底稿的内容
审计工作底稿通常包括总体审计策略、具体审计计划、分析表、问题备忘录、重大事项概要、询证函回函和声明、核对表、有关重大事项的往来函件（包括电子邮件），注册会计师还可以将被审计单位文件记录的摘要或复印件（如重大的或特定的合同和协议）作为审计工作底稿的一部分。

第二节 审计工作底稿的格式、要素和范围

一、确定审计工作底稿的格式、要素和范围时考虑的因素

审计工作底稿的格式、要素和范围取决于诸多因素，例如：
1. 被审计单位的规模和复杂程度。
2. 拟实施审计程序的性质。
3. 识别出的重大错报风险。
4. 已获取的审计证据的重要程度。
5. 识别出的例外事项的性质和范围。
6. 当从已执行审计工作或获取审计证据的记录中不易确定结论或结论的基础时，记录该结论或结论的基础的必要性。
7. 审计方法和使用的工具。

二、审计工作底稿的要素

通常，审计工作底稿包括下列全部或部分要素：
1. 审计工作底稿的标题。
2. 审计过程记录。
3. 审计结论。
4. 审计标识及其说明。
5. 索引号及编号。
6. 编制者姓名及编制日期。
7. 复核者姓名及复核日期。
8. 其他应说明事项。

第三节 审计工作底稿的归档

审计档案是指一个或多个文件夹或其他存储介质，以实物或电子形式存储构成某项具体业务的审计工作底稿的记录。《会计师事务所质量管理准则第 5101 号——业务质量管理》和《中国注册会计师审计准则第 1131 号——审计工作底稿》对审计工作底稿的归档作出了具体规定，涉及归档工作的性质和期限、审计工作底稿保管期限等方面。

一、审计工作底稿归档工作的性质

在出具审计报告前，注册会计师应完成所有必要的审计程序，取得充分、适当的审计证据并得出适当的审计结论。由此，在审计报告日后将审计工作底稿归整为最终审计档案是一项事务性的工作，不涉及实施新的审计程序或得出新的结论。

二、审计档案的结构

对每项具体审计业务，注册会计师应当将审计工作底稿归整为审计档案。
以下是典型的审计档案结构。
1. 沟通和报告相关工作底稿。
（1）审计报告和经审计的财务报表；
（2）与集团项目组注册会计师的沟通和报告；
（3）与治理层的沟通和报告；
（4）与管理层的沟通和报告；
（5）管理建议书。
2. 审计完成阶段工作底稿。
（1）审计工作完成情况核对表；
（2）管理层声明书原件；
（3）重大事项概要；
（4）错报汇总表；
（5）被审计单位财务报表和试算平衡表；
（6）有关列报的工作底稿（如现金流量表、关联方和关联交易的披露等）；
（7）财务报表所属期间的董事会会议纪要；
（8）总结会会议纪要。
3. 审计计划阶段工作底稿。
（1）总体审计策略和具体审计计划；
（2）对内部审计职能的评价；
（3）对外部专家的评价；
（4）对服务机构的评价；

（5）被审计单位提交资料清单；
（6）集团项目组的审计指令和沟通；
（7）前期审计报告和经审计的财务报表；
（8）预备会会议纪要。

4. 特定项目审计程序表。
（1）舞弊；
（2）持续经营；
（3）对法律法规的考虑；
（4）关联方。

5. 进一步审计程序工作底稿。
（1）有关控制测试工作底稿；
（2）有关实质性程序工作底稿（包括实质性分析程序和细节测试）。

三、审计工作底稿归档的期限

会计师事务所应当制定有关及时完成最终业务档案归整工作的政策和程序。审计工作底稿的归档期限为审计报告日后60天内。如果注册会计师未能完成审计业务，审计工作底稿的归档期限为审计业务中止后的60天内。

四、审计工作底稿归档后的变动

（一）需要变动审计工作底稿的情形

注册会计师发现有必要修改现有审计工作底稿或增加新的审计工作底稿的情形主要有以下两种：

1. 注册会计师已实施了必要的审计程序，取得了充分、适当的审计证据并得出了恰当的审计结论，但审计工作底稿的记录不够充分。

2. 审计报告日后，发现例外情况要求注册会计师实施新的或追加审计程序，或导致注册会计师得出新的结论。例外情况的例子包括注册会计师在审计报告日后获知，但在审计报告日已经存在的事实，并且如果注册会计师在审计报告日已获知该事实，可能导致财务报表需要作出修改或在审计报告中发表非无保留意见。例如，注册会计师在审计报告日后才获知法院在审计报告日前已对被审计单位的诉讼、索赔事项作出最终判决结果。例外情况可能在审计报告日后发现，也可能在财务报表报出日后发现，注册会计师应当按照《中国注册会计师审计准则第1332号——期后事项》有关"财务报表报出后知悉的事实"的相关规定，对例外事项实施新的或追加的审计程序。

（二）变动审计工作底稿时的记录要求

在完成最终审计档案的归整工作后，如果发现有必要修改现有审计工作底稿或增加新的审计工作底稿，无论修改或增加的性质如何，注册会计师均应当记录下列事项：

1. 修改或增加审计工作底稿的理由；
2. 修改或增加审计工作底稿的时间和人员，以及复核的时间和人员。

五、审计工作底稿的保存期限

会计师事务所应当自审计报告日起,对审计工作底稿至少保存 10 年。如果注册会计师未能完成审计业务,会计师事务所应当自审计业务中止日起,对审计工作底稿至少保存 10 年。

在完成最终审计档案的归整工作后,注册会计师不应在规定的保存期届满前删除或废弃任何性质的审计工作底稿。

第七章 风险评估

注册会计师实施审计的目的是对财务报表整体是否不存在舞弊或错误导致的重大错报获取合理保证。风险导向审计模式是当今主流的审计方法，它要求注册会计师实施风险评估程序，了解被审计单位及其环境、适用的财务报告编制基础和内部控制体系各要素，并识别和评估财务报表层次及认定层次的重大错报风险，为设计和实施总体应对措施和进一步审计程序，应对评估的重大错报风险提供依据。本章和第八章分别介绍如何对重大错报风险进行识别和评估及应对，并最终将审计风险降至可接受的低水平。

第一节 风险识别和评估概述

一、风险识别和评估的概念

在风险导向审计模式下，注册会计师以重大错报风险的识别和评估以及应对为审计工作的主线，最终将审计风险降至可接受的低水平。风险的识别和评估是审计风险控制流程的起点。风险识别和评估，是指注册会计师通过设计、实施风险评估程序，识别和评估财务报表层次及认定层次的重大错报风险。其中，风险识别是指找出财务报表层次和认定层次的重大错报风险；风险评估是指对重大错报发生的可能性和后果严重程度进行评估。

二、风险识别和评估的作用

注册会计师应当实施风险评估程序，以了解被审计单位及其环境、适用的财务报告编制基础和内部控制体系各要素。获得的了解具有重要作用，特别是为注册会计师在下列关键环节作出职业判断提供重要基础：

1. 确定重要性水平，并随着审计工作的进程评估对重要性水平的判断是否仍然适当；
2. 考虑会计政策的选择和运用是否恰当，以及财务报表的列报是否适当；
3. 识别与财务报表中金额或披露相关的需要特别考虑的领域，包括关联方交易、管理层运用持续经营假设的合理性，或交易是否具有合理的商业目的等；
4. 确定在实施分析程序时所使用的预期值；

5. 设计和实施进一步审计程序,以将审计风险降至可接受的低水平;
6. 评价所获取审计证据的充分性和适当性。

第二节 风险评估程序、信息来源以及项目组内部的讨论

一、风险评估程序和信息来源

风险评估程序,是指注册会计师为识别和评估财务报表层次以及认定层次的重大错报风险,而设计和实施的审计程序。注册会计师应当依据实施这些程序所获取的信息,识别和评估重大错报风险。

二、其他审计程序和信息来源

1. 其他审计程序。除了采用上述程序从被审计单位内部获取信息以外,如果根据职业判断认为从被审计单位外部获取的信息有助于识别重大错报风险,注册会计师应当实施其他审计程序以获取这些信息。例如,直接或间接从特定外部机构(如监管机构)获取;获取被审计单位的公开信息,如被审计单位发布的新闻稿、分析师或投资者会议的材料、分析师报告或与交易活动有关的信息;询问被审计单位聘请的外部法律顾问、专业评估师、投资顾问和财务顾问等。不论内部和外部信息的来源如何,注册会计师都需要考虑用作审计证据的信息的相关性和可靠性。

2. 其他信息来源。注册会计师应当考虑在评价客户关系和审计业务的接受或保持过程中获取的信息是否与识别重大错报风险相关。通常,对新的审计业务,注册会计师应在业务承接阶段对被审计单位及其环境等方面情况有一个初步的了解,以确定是否承接该业务。而对连续审计业务,也应在每年的续约过程中对上年审计作总体评价,并更新对被审计单位的了解和风险评估结果,以确定是否续约。注册会计师还应当考虑向被审计单位提供其他服务(如执行中期财务报表审阅业务)所获得的经验是否有助于识别重大错报风险。

三、项目组内部的讨论

(一)讨论的目的

项目组内部进行的上述讨论可以达到下列目的:(1)使经验较丰富的项目组成员(包括项目合伙人)有机会分享其根据对被审计单位的了解形成的见解,共享信息有助于增进所有项目组成员对项目的了解;(2)使项目组成员能够讨论被审计单位面临的经营风险,固有风险因素如何影响各类交易、账户余额和披露易于发生错报的可能性,以及财务报表易于发生舞弊或错误导致的重大错报的方式和领域;(3)帮助项目组成员更好地了解在各自负责的领域中潜在的财务报表重大错报,并了解各自实施的审计程序的结果可能如何影响审计的其他方面,包括对确定进一步审计程序的性质、时间安排和范围

的影响。特别是讨论可以帮助项目组成员基于各自对被审计单位性质和情况的了解，进一步考虑相矛盾的信息；（4）为项目组成员交流和分享在审计过程中获取的、可能影响重大错报风险评估结果或应对这些风险的审计程序的新信息提供基础。

（二）讨论的内容

讨论的内容和范围受项目组成员的职位、经验和所需要的信息的影响。

（三）参与讨论的人员

注册会计师应当运用职业判断确定项目组内部参与讨论的成员。项目组的关键成员应当参与讨论，如果项目组需要拥有信息技术或其他特殊技能的专家，这些专家也可根据需要参与讨论。参与讨论人员的范围受项目组成员的职责经验和信息需要的影响，例如，在跨地区审计中，每个重要地区项目组的关键成员都应该参加讨论，但不要求所有成员每次都参与项目组的讨论。

（四）讨论的时间和方式

项目组应当根据审计的具体情况，在整个审计过程中持续交换有关财务报表发生重大错报可能性的信息。

第三节 了解被审计单位及其环境和适用的财务报告编制基础

一、总体要求

注册会计师应当实施风险评估程序，以了解下列三个方面：

1. 被审计单位及其环境，包括：

（1）组织结构、所有权和治理结构、业务模式（包括该业务模式利用信息技术的程度）；

（2）行业形势、法律环境、监管环境和其他外部因素；

（3）财务业绩的衡量标准，包括内部和外部使用的衡量标准。

2. 适用的财务报告编制基础、会计政策以及变更会计政策的原因。

基于对上述第1项和第2项的了解，被审计单位在按照适用的财务报告编制基础编制财务报表时，固有风险因素怎样影响各项认定易于发生错报的可能性以及影响的程度。

3. 被审计单位内部控制体系各要素。

上述了解的第1项中第（2）点是被审计单位的外部环境，第1项中第（1）点、第2项、第3项是被审计单位的内部因素，第1项中第（3）点则既有外部因素也有内部因素。值得注意的是，上述了解的各个方面可能会互相影响。例如，被审计单位的行业形势、法律环境、监管环境和其他外部因素可能影响到被审计单位的目标、战略以及相关经营风险，而被审计单位的性质、目标、战略以及相关经营风险可能影响到被审计单位对会计政策的选择和运用，以及内部控制的设计和执行。因此，注册会计师在对上述各个方面进行了解和评价时，应当考虑各因素之间的相互关系。

二、组织结构、所有权和治理结构、业务模式

（一）组织结构

复杂的组织结构通常更有可能导致某些特定的重大错报风险。注册会计师应当了解被审计单位的组织结构，考虑复杂组织结构可能导致的重大错报风险，包括财务报表合并、商誉以及长期股权投资核算等问题，以及财务报表是否已对这些问题作了充分披露。

（二）所有权结构

注册会计师应当了解所有权结构以及所有者与其他人员或实体之间的关系，包括关联方，考虑关联方关系是否已经得到识别，以及关联方交易是否得到恰当会计处理。例如，注册会计师应当了解被审计单位是属于国有企业、外商投资企业、民营企业，还是属于其他类型的企业，还应当了解其直接控股母公司、间接控股母公司、最终控股母公司和其他股东的构成，以及所有者与其他人员或实体（如控股母公司控制的其他企业）之间的关系。

（三）治理结构

良好的治理结构可以对被审计单位的经营和财务运作以及财务报告实施有效的监督，从而降低财务报表发生重大错报的风险。注册会计师应当了解被审计单位的治理结构。注册会计师可以考虑下列事项，以了解治理结构：（1）治理层人员是否参与对被审计单位的管理；（2）董事会中的非执行人员（如有）是否与负责执行的管理层相分离；（3）治理层人员是否在被审计单位法律上的组织结构下的组成部分中任职，例如担任董事；（4）治理层是否下设专门机构（如审计委员会）以及该专门机构的责任；（5）治理层监督财务报告的责任，包括批准财务报表。注册会计师应当考虑治理层是否能够在独立于管理层的情况下对被审计单位事务包括财务报告作出客观判断。

（四）业务模式

了解业务模式主要是为了了解和评价被审计单位经营风险可能对财务报表重大错报风险产生的影响。

三、行业形势、法律环境、监管环境及其他外部因素

（一）行业形势

了解行业形势有助于注册会计师识别与被审计单位所处行业有关的重大错报风险。被审计单位经营所处的行业可能由于其经营性质或监管程度导致产生特定的重大错报风险。

（二）法律环境与监管环境

被审计单位在日常经营管理活动中应当遵守相关法律法规和监管要求。注册会计师了解被审计单位法律环境与监管环境的主要原因有：（1）某些法律法规或监管要求可能对被审计单位经营活动有重大影响，如不遵守将导致停业等严重后果；（2）某些法律法规或监管要求（如环保法规等）规定了被审计单位某些方面的责任和义务；（3）某些法律法规或监管要求决定了被审计单位需要遵循的行业惯例和核算要求。

(三) 其他外部因素

注册会计师应当了解影响被审计单位的其他外部因素，主要包括总体经济情况、利率、融资的可获得性、通货膨胀水平或币值变动等。

(四) 了解的重点和程度

注册会计师对上述外部因素了解的范围和程度，因被审计单位所处行业、规模以及其他因素（如市场地位）的不同而不同。例如，对从事计算机硬件制造的被审计单位，注册会计师可能更关心市场和竞争以及技术进步的情况；对金融企业，注册会计师可能更关心宏观经济走势以及货币、财政等方面的宏观经济政策；对化工等产生污染的行业，注册会计师可能更关心相关环保法规。注册会计师可以考虑将了解的重点，放在对被审计单位的经营活动可能产生重要影响的关键外部因素，以及与前期相比发生的重大变化上。

四、被审计单位财务业绩的衡量标准

被审计单位管理层经常会衡量和评价关键业绩指标（包括财务的和非财务的）完成情况、预算及差异分析报告、分部信息和分支机构、部门或其他层次的业绩报告以及与竞争对手的业绩比较信息等。通过询问管理层等程序，了解用于评价被审计单位财务业绩的衡量标准，有助于注册会计师考虑这些内部或外部的衡量标准，是否会导致被审计单位面临实现业绩目标的压力。这些压力可能促使管理层采取某些措施，从而增加易于发生由管理层偏向或舞弊导致的错报的可能性（如改善经营业绩或有意歪曲财务报表）。

此外，外部机构或人员（如分析师或信用机构，新闻和其他媒体，税务机关，监管机构，商会和资金提供方）也可能评价和分析被审计单位的财务业绩。注册会计师可以考虑获取这些可公开获得的信息，以帮助其进一步了解业务并识别相矛盾的信息。

五、适用的财务报告编制基础、会计政策及变更会计政策的原因

注册会计师应当了解适用的财务报告编制基础、会计政策及变更会计政策的原因，并评价被审计单位的会计政策是否适当、是否与适用的财务报告编制基础一致。

在了解被审计单位适用的财务报告编制基础，以及如何根据被审计单位及其环境的性质和情况运用该编制基础时，注册会计师可能需要考虑的事项包括：

1. 被审计单位与适用的财务报告编制基础相关的财务报告实务，例如：

（1）会计政策和行业特定惯例，包括特定行业财务报表中的"相关交易类别、账户余额和披露"（如银行业的贷款和投资、医药行业的研究与开发活动）；

（2）收入确认；

（3）金融工具以及相关信用损失的会计处理；

（4）外币资产、负债与交易；

（5）异常或复杂交易（包括在有争议或新兴领域的交易）的会计处理（如对加密货币的会计处理）；

2. 就被审计单位对会计政策的选择和运用（包括发生的变化以及变化的原因）获得的了解，可能包括下列事项：

（1）被审计单位用于确认、计量和列报（包括披露）重大和异常交易的方法；

（2）在缺乏权威性标准或共识的争议或新兴领域采用重要会计政策产生的影响；

（3）环境变化，例如适用的财务报告编制基础的变化或税制改革可能导致被审计单位的会计政策变更；

（4）新颁布的会计准则、法律法规，被审计单位采用的时间以及如何采用或遵守这些规定。

值得注意的是，这里的"相关交易类别、账户余额和披露"，是指存在"相关认定"的交易类别、账户余额和披露。

六、了解固有风险因素如何影响认定易于发生错报的可能性

（一）固有风险因素的概念

固有风险因素，是指在不考虑内部控制的情况下，导致交易类别、账户余额和披露的某一认定易于发生错报（无论该错报是舞弊还是错误导致）的因素。固有风险因素可能是定性或定量的，包括复杂性、主观性、变化、不确定性以及管理层偏向和其他舞弊风险因素。在了解被审计单位及其环境和适用的财务报告编制基础时，注册会计师还应当了解被审计单位在按照适用的财务报告编制基础编制财务报表时，固有风险因素如何影响各项认定易于发生错报的可能性。

（二）了解固有风险因素的重要作用

了解被审计单位及其环境和适用的财务报告编制基础，有助于注册会计师识别可能导致各类交易、账户余额和披露的认定易于发生错报的固有风险因素。固有风险因素可能通过影响：（1）错报发生的可能性；以及（2）错报发生时其可能的严重程度，来影响认定易于发生错报的可能性。

（三）与适用的财务报告编制基础要求的信息编制相关的固有风险因素

与适用的财务报告编制基础要求的信息（以下简称所需信息）编制相关的固有风险因素包括：

1. 复杂性。

这是由信息的性质或编制所需信息的方式导致的，包括编制过程本身较为复杂的情况。

2. 主观性。

由于知识或信息的可获得性受到限制，客观编制所需信息的能力存在固有局限性。

3. 变化。

随着时间的变化，被审计单位的经营、经济环境、会计、监管、所处行业或经营环境中其他方面的事项或情况也会产生变化，其影响反映在所需信息中。

4. 不确定性。

不能仅通过直接观察可验证的充分精确和全面的数据编制所需信息时，会导致不确定性。

5. 管理层偏向和其他舞弊风险因素。

管理层偏向的可能性，是由于管理层有意或无意地在信息编制过程中未保持中立而

导致的。

（四）固有风险因素对某类交易、账户余额和披露的影响

某类交易、账户余额和披露由于其复杂性或主观性而导致易于发生错报的可能性，通常与其变化或不确定性的程度密切相关。例如，如果被审计单位存在一项基于假设的会计估计，其选择涉及重大判断，则这项会计估计的计量可能受到主观性和不确定性的影响。

某类交易、账户余额和披露由于其复杂性或主观性而导致易于发生错报的可能性越大，注册会计师越有必要保持职业怀疑。此外，如果某类交易、账户余额和披露由于其复杂性、主观性、变化或不确定性而导致易于发生错报，这些固有风险因素可能为管理层偏向（无论无意或有意）创造了机会，并影响由管理层偏向导致的易于发生错报的可能性。注册会计师对重大错报风险的识别和认定层次固有风险的评估，也受到固有风险因素之间相互关系的影响。

（五）可能表明财务报表存在重大错报风险的事项和情况

以下是按照固有风险因素分类，说明可能导致财务报表存在财务报表层次或认定层次重大错报风险的事项和情况（包括交易）的示例。这些事项和情况涵盖范围广泛，但不一定完整，且并非所有的事项和情况都与每项审计业务相关。这些事项和情况按照对相关情形影响最大的固有风险因素分类列示。需要注意的是，由于固有风险因素之间的相互关系，以下事项和情况的示例也可能在不同程度上受到其他固有风险因素的影响：

1. 复杂性。

监管：

（1）在高度复杂的监管环境中开展业务；

业务模式：

（2）存在复杂的联营或合资企业；

适用的财务报告编制基础：

（3）涉及复杂过程的会计计量；

交易：

（4）使用表外融资、特殊目的实体以及其他复杂的融资安排。

2. 主观性。

适用的财务报告编制基础：

（5）某项会计估计具有多种可能的衡量标准。例如，管理层确认折旧费用或建造收入和费用；

（6）管理层对非流动资产（如投资性房地产）的估值技术或模型的选择。

3. 变化。

经济情况：

（7）在经济不稳定（如货币发生重大贬值或经济发生严重通货膨胀）的国家或地区开展业务；

市场：

（8）在不稳定的市场开展业务（如期货交易）；

客户流失：

(9) 持续经营和资产流动性出现问题，包括重要客户流失；

行业模式：

(10) 被审计单位经营所处的行业发生变化；

业务模式：

(11) 供应链发生变化；

(12) 开发新产品或提供新服务，或进入新的业务领域；

地理：

(13) 开辟新的经营场所；

被审计单位组织结构：

(14) 被审计单位发生变化，如发生重大收购、重组或其他非常规事项；

(15) 拟出售分支机构或业务分部；

人力资源的胜任能力：

(16) 关键人员变动（包括核心执行人员的离职）；

信息技术：

(17) 信息技术环境发生变化；

(18) 安装新的与财务报告相关的重大信息技术系统；

适用的财务报告编制基础：

(19) 采用新的会计准则；

资本：

(20) 获取资本或借款的能力受到新的限制；

监管：

(21) 经营活动或财务业绩受到监管机构或政府机构的调查；

(22) 与环境保护相关的新立法的影响。

4. 不确定性。

报告：

(23) 涉及重大计量不确定性（包括会计估计）的事项或交易及相关披露；

(24) 存在未决诉讼和或有负债（如售后质量保证、财务担保和环境补救）。

5. 管理层偏向和其他舞弊风险因素。

报告：

(25) 管理层和员工编制虚假财务报告的机会，包括遗漏披露应包含的重大信息或信息晦涩难懂；

交易：

(26) 从事重大的关联方交易；

(27) 发生大额非常规或非系统性交易（包括公司间的交易和在期末发生大量收入的交易）；

(28) 按照管理层特定意图记录的交易（如债务重组、资产出售和交易性债券的分类）。

其他可能表明存在财务报表层次重大错报风险的事项或情况包括：

(1) 缺乏具备会计和财务报告技能的员工；

（2）控制缺陷，尤其是内部环境、风险评估和内部监督中的控制缺陷和管理层未处理的内部控制缺陷；

（3）以往发生的错报或错误，或者在本期期末出现重大会计调整。

第四节 了解被审计单位内部控制体系各要素

一、内部控制的概念和要素

内部控制（以下简称控制），是指被审计单位为实现控制目标所制定的政策和程序。其中：

（1）政策，是指被审计单位为了实施控制而作出的应当或不应当采取某种措施的规定。政策是通过被审计单位人员采取相关行动或限制该人员采取与政策相冲突的行动而得以贯彻的。

（2）程序，是指为执行政策而采取的行动。程序可能是通过正式文件或由管理层采取其他形式明确规定的，也可能是被审计单位组织文化中约定俗成的。程序还可能通过被审计单位的信息技术应用程序及信息技术环境的其他方面所允许的行动来实施。

内部控制体系，是指由治理层、管理层和其他人员设计、执行和维护的体系，以合理保证被审计单位能够实现财务报告的可靠性，提高经营效率和效果，以及遵守适用的法律法规等目标。该体系包含以下五个相互关联的要素：

（1）内部环境（控制环境）；

（2）风险评估；

（3）信息与沟通（信息系统与沟通）；

（4）控制活动；

（5）内部监督。

二、直接控制和间接控制

从内部控制概念可看出，被审计单位的内部控制目标相当广泛。针对财务报表审计的目的和需要，注册会计师只应当了解与审计相关的控制。与审计相关的控制，按照其对防止、发现或纠正认定层次错报发挥作用的方式，分为直接控制和间接控制。

（一）识别与审计相关的控制的方法

前已述及，内部控制的目标旨在合理保证财务报告的可靠性、经营的效率和效果以及对法律法规的遵守。

（二）直接控制和间接控制区分的依据及作用

直接控制是指足以精准防止、发现或纠正认定层次错报的内部控制，间接控制是指不足以精准防止、发现或纠正认定层次错报的内部控制。也就是说，直接控制和间接控制对防止、发现或纠正认定层次错报分别产生直接影响和间接影响。

三、了解内部控制的性质和程度

(一) 了解内部控制的性质

注册会计师了解内部控制的目的,就是为了评价控制设计的有效性以及控制是否得到执行。在评价控制设计的有效性以及控制是否得到执行时,注册会计师了解被审计单位内部控制体系各项要素,有助于其初步了解被审计单位如何识别和应对经营风险。这些了解也可能以不同方式,影响注册会计师对重大错报风险的识别和评估。这有助于注册会计师设计和实施进一步审计程序,包括计划测试控制运行的有效性。

(二) 了解内部控制的程度

对内部控制了解的程度,是指注册会计师在实施风险评估程序时,了解被审计单位内部控制的范围及深度。包括评价控制设计的有效性,并确定其是否得到执行,但不包括对控制是否得到一贯执行的测试。

四、内部控制的人工和自动化成分

(一) 考虑内部控制的人工和自动化特征及其影响

大多数被审计单位出于编制财务报告和实现经营目标的需要使用信息技术。然而,即使信息技术得到广泛使用,人工因素仍然会存在于这些系统之中。不同的被审计单位采用的控制系统中人工控制和自动化控制的比例是不同的。在一些小型的、生产经营不太复杂的被审计单位,可能以人工控制为主;而在另外一些单位,可能以自动化控制为主。内部控制可能既包括人工成分,又包括自动化成分,在风险评估以及设计和实施进一步审计程序时,注册会计师应当考虑内部控制的人工和自动化特征及其影响。

(二) 信息技术的优势及相关内部控制风险

信息技术通常在下列方面提高被审计单位内部控制的效率和效果:
1. 在处理大量的交易或数据时,一贯运用事先确定的业务规则,并进行复杂运算;
2. 提高信息的及时性、可获得性及准确性;
3. 促进对信息的深入分析;
4. 提高对被审计单位的经营业绩及其政策和程序执行情况进行监督的能力;
5. 降低控制被规避的风险;
6. 通过对信息技术应用程序、数据库系统和操作系统执行安全控制,提高职责分离的有效性。

(三) 人工控制的适用范围及相关内部控制风险

内部控制的人工成分在处理下列需要主观判断或酌情处理的情形时可能更为适当:
1. 存在大额、异常或偶发的交易;
2. 存在难以界定、预计或预测的错误的情况;
3. 针对变化的情况,需要对现有的自动化控制进行人工干预;
4. 监督自动化控制的有效性。

但是,由于人工控制由人执行,受人为因素的影响,也产生了特定风险,注册会计师可从下列方面了解人工控制产生的特定风险:

1. 人工控制可能更容易被规避、忽视或凌驾；
2. 人工控制可能不具有一贯性；
3. 人工控制可能更容易产生简单错误或失误。

五、内部控制的局限性

（一）内部控制的固有局限性

内部控制无论如何有效，都只能为被审计单位实现财务报告目标提供合理保证。内部控制实现目标的可能性受其固有限制的影响。这些限制包括：

1. 在决策时人为判断可能出现错误和因人为失误而导致内部控制失效。例如，控制的设计和修改可能存在失误。同样地，控制的运行可能无效，例如，由于负责复核信息的人员不了解复核的目的或没有采取适当的措施，内部控制生成的信息（如例外报告）没有得到有效使用。

2. 控制可能由于两个或更多的人员串通或管理层不当地凌驾于内部控制之上而被规避。例如，管理层可能与客户签订"背后协议"，修改标准的销售合同条款和条件，从而导致不适当的收入确认。再如，信息技术应用程序中的编辑控制旨在识别和报告超过赊销信用额度的交易，但这一控制可能被凌驾或不能得到执行。

（二）对小型被审计单位的考虑

小型被审计单位拥有的员工通常较少，限制了其职责分离的程度。但是，在业主管理的小型被审计单位，业主兼经理可以实施比大型被审计单位更有效的监督。这种监督可以弥补职责分离有限的局限性。另外，由于内部控制系统较为简单，业主兼经理更有可能凌驾于控制之上。注册会计师在识别舞弊导致的重大错报风险时需要考虑这一问题。

六、与财务报表编制相关的内部环境

审计准则规定，注册会计师为了解与财务报表编制相关的内部环境，应当实施以下风险评估程序：

1. 了解涉及下列方面的控制、流程和组织结构：
（1）管理层如何履行其管理职责，例如，被审计单位的组织文化，管理层是否重视诚信、道德和价值观；
（2）在治理层与管理层分离的体制下，治理层的独立性以及治理层监督内部控制体系的情况；
（3）被审计单位内部权限和职责的分配情况；
（4）被审计单位如何吸引、培养和留住具有胜任能力的人员；
（5）被审计单位如何使其人员致力于实现内部控制体系的目标。

2. 评价下列方面的情况：
（1）在治理层的监督下，管理层是否营造并保持了诚实守信和合乎道德的文化；
（2）根据被审计单位的性质和复杂程度，内部环境是否为内部控制体系的其他要素奠定了适当的基础；

（3）识别出的内部环境方面的控制缺陷，是否会削弱被审计单位内部控制体系的其他要素。

（一）内部环境的概念

内部环境包括治理职能和管理职能，以及治理层和管理层对内部控制体系及其重要性的态度、认识和行动。内部环境设定了被审计单位的内部控制基调，影响员工的内部控制意识，并为被审计单位内部控制体系中其他要素的运行奠定了总体基础。良好的内部环境是实施有效内部控制的基础。防止或发现并纠正舞弊和错误是被审计单位治理层和管理层的责任。在评价内部环境的设计和实施情况时，注册会计师应当了解管理层在治理层的监督下，是否营造并保持了诚实守信和合乎道德的文化，以及是否建立了防止或发现并纠正舞弊和错误的恰当控制。实际上，在审计业务承接阶段，注册会计师就需要对内部环境作出初步了解和评价。

（二）对诚信和道德价值观念的沟通与落实

诚信和道德价值观念是内部环境的重要组成部分，影响到重要业务流程的内部控制设计和运行。内部控制的有效性直接依赖于负责创建、管理和监控内部控制的人员的诚信和道德价值观念。被审计单位是否存在道德行为规范，以及这些规范如何在被审计单位内部得到沟通和落实，决定了是否能产生诚信和道德的行为。对诚信和道德价值观念的沟通与落实，既包括管理层如何处理不诚实、非法或不道德行为，也包括在被审计单位内部，通过行为规范以及高层管理人员的身体力行，对诚信和道德价值观念的营造和保持。

（三）对胜任能力的重视

胜任能力是指具备完成某一职位的工作所应有的知识和能力。管理层对胜任能力的重视包括对于特定工作所需的胜任能力水平的设定，以及对达到该水平所必需的知识和能力的要求。注册会计师应当考虑主要管理人员和其他相关人员是否能够胜任承担的工作和职责，例如，财务人员是否对编制财务报表所适用的会计准则和相关会计制度有足够的了解并能正确运用。

（四）治理层的参与程度

被审计单位的内部环境在很大程度上受治理层的影响。治理层的职责应在被审计单位的章程和政策中予以规定。治理层（董事会）通常通过其自身的活动，并在审计委员会或类似机构的支持下，监督被审计单位的财务报告政策和程序。因此，董事会、审计委员会或类似机构应关注被审计单位的财务报告，并监督被审计单位的会计政策以及内部、外部的审计工作和结果。治理层的职责还包括监督用于复核内部控制有效性的政策和程序设计是否合理，执行是否有效。

（五）管理层的理念和经营风格

管理层负责企业的运作以及经营策略和程序的制定、执行与监督。内部环境的每个方面在很大程度上都受管理层采取的措施和作出决策的影响，或在某些情况下受管理层不采取某些措施或不作出某种决策的影响。在有效的内部环境中，管理层的理念和经营风格可以创造一个积极的氛围，促进业务流程和内部控制的有效运行，同时创造一个减少错报发生可能性的环境。在管理层以一个或少数几个人为主时，管理层的理念和经营风格对内部控制的影响尤为突出。

（六）职权与责任的分配

被审计单位的组织结构为计划、运作、控制及监督经营活动提供了一个整体框架。通过集权或分权决策，可在不同部门间进行适当的职责划分，建立适当层次的报告体系。组织结构将影响权利、责任和工作任务在组织成员中的分配。被审计单位的组织结构在一定程度上取决于被审计单位的规模和经营活动的性质。

（七）人力资源政策与实务

政策与程序（包括内部控制）的有效性，通常取决于执行人。因此，被审计单位员工的能力与诚信是内部环境中不可缺少的因素。人力资源政策与实务涉及招聘、培训、考核、咨询、晋升和薪酬等方面。被审计单位是否有能力雇用并保留一定数量既有能力又有责任心的员工在很大程度上取决于其人事政策与实务。例如，如果招聘录用标准要求录用最合适的员工，包括强调员工的学历、经验、诚信和道德，这表明被审计单位希望录用有能力并值得信赖的人员。被审计单位有关培训方面的政策应显示员工应达到的工作表现和业绩水准，通过定期考核的晋升政策表明被审计单位希望具备相应资格的人员承担更多的职责。

七、与财务报表编制相关的风险评估工作

审计准则规定，注册会计师为了解被审计单位与财务报表编制相关的风险评估工作，应当实施以下风险评估程序：

1. 了解被审计单位的下列工作：

（1）识别与财务报告目标相关的经营风险；

（2）评估上述风险的严重程度和发生的可能性；

（3）应对上述风险。

2. 根据被审计单位的性质和复杂程度，评价其风险评估工作是否适合其具体情况。

（一）被审计单位风险评估的概念

任何经济组织在经营活动中都会面临各种各样的风险，风险对其生存和竞争能力产生影响。很多风险并不为经济组织所控制，但管理层应当确定可以承受的风险水平，识别这些风险并采取一定的应对措施。

（二）对风险评估的了解

在评价被审计单位风险评估的设计和执行时，注册会计师应当确定管理层如何识别与财务报告相关的经营风险，如何估计该风险的重要性即严重程度，如何评估风险发生的可能性，以及如何采取措施管理这些风险。如果被审计单位的风险评估符合其具体情况，了解被审计单位的风险评估工作有助于注册会计师识别财务报表的重大错报风险。

（三）对较不复杂被审计单位的考虑

较不复杂被审计单位可能没有正式的风险评估。在这种情况下，管理层很可能通过亲自参与经营来识别风险。无论情况如何，注册会计师询问识别出的风险以及管理层如何应对这些风险，仍是必要的。

八、与财务报表编制相关的信息系统与沟通

审计准则规定,注册会计师为了解被审计单位与财务报表编制相关的信息系统与沟通,应当实施以下风险评估程序:

1. 了解被审计单位的信息处理活动(包括数据和信息),在这些活动中使用的资源,针对相关交易类别、账户余额和披露的信息处理活动的政策。具体包括:

(1) 信息在被审计单位信息系统中的传递情况,包括交易如何生成,与交易相关的信息如何进行记录、处理、更正、结转至总账、在财务报表中报告,以及其他方面的相关信息如何获取、处理、在财务报表中披露;

(2) 与信息传递相关的会计记录、财务报表特定项目以及其他支持性记录;

(3) 被审计单位的财务报告过程;

(4) 与上述第(1)点至第(3)点相关的被审计单位资源,包括信息技术环境。

2. 了解被审计单位如何沟通与财务报表编制相关的重大事项,以及信息系统和内部控制体系其他要素中的相关报告责任。具体包括:

(1) 被审计单位内部人员之间的沟通,包括就与财务报告相关的岗位职责和相关人员的角色进行的沟通;

(2) 管理层与治理层之间的沟通;

(3) 被审计单位与监管机构等外部各方的沟通。

3. 评价被审计单位的信息系统与沟通是否能够为被审计单位按照适用的财务报告编制基础编制财务报表提供适当的支持。

(一) 与财务报表编制相关的信息系统的概念

与财务报表编制相关的信息系统由一系列的活动和政策、会计记录和支持性记录组成。

(二) 对与财务报表编制相关的信息系统的了解

被审计单位的内部控制体系包括与其报告目标(包括财务报告目标)相关的方面,但也可能包括与财务报告有关的经营目标或合规目标相关的方面。注册会计师在了解被审计单位的信息系统时,应了解被审计单位如何生成交易和获取信息,这其中可能包括与被审计单位为应对合规目标和经营目标而设置的系统(被审计单位的政策)相关的信息,因为这类信息可能与财务报表编制相关。此外,某些被审计单位的信息系统可能是高度集成的,控制的设计可以同时实现财务报告、合规和经营这三个控制目标。

(三) 与财务报表编制相关的沟通的概念

与财务报表编制相关的沟通,包括使员工了解各自在与财务报告有关的内部控制方面的角色和职责,员工之间的工作联系,以及向适当级别的管理层报告例外事项的方式。

公开的沟通渠道有助于确保例外情况得到报告和处理。沟通可以采用政策手册、会计和财务报告手册及备忘录等形式进行,也可以采用电子方式或口头方式和通过管理层的行动来实现。

(四) 对与财务报表编制相关的沟通的了解

注册会计师应当了解被审计单位内部,如何对财务报告的岗位职责以及与财务报表编制相关的重大事项进行沟通。注册会计师还应当了解管理层与治理层（特别是审计委员会）之间的沟通，以及被审计单位与外部（包括与监管部门）的沟通。

（五）对小型被审计单位的考虑

在小型被审计单位，与财务报表编制相关的信息系统和沟通可能不如大型被审计单位正式和复杂。管理层可能会更多地参与日常经营管理活动和财务报告活动，不需要很多书面的政策和程序指引，也没有复杂的信息系统和会计流程。由于小型被审计单位的规模较小、报告层次较少，因此，小型被审计单位可能比大型被审计单位更容易实现有效的沟通。注册会计师需要考虑这些特征对评估重大错报风险的影响。

九、与财务报表编制相关的控制活动

审计准则规定，注册会计师为了解与财务报表编制相关的控制活动，应当实施以下风险评估程序：

1. 识别用于应对认定层次重大错报风险的控制，包括：

（1）应对特别风险的控制；

（2）与会计分录相关的控制，这些会计分录包括用以记录非经常性的、异常的交易，以及用于调整的非标准会计分录；

（3）注册会计师拟测试运行有效性的控制，包括用于应对仅实施实质性程序不能提供充分、适当审计证据的重大错报风险的控制；

（4）注册会计师根据职业判断认为适当的、能够有助于其实现与认定层次重大错报风险有关目标的其他控制。

2. 基于上述第1项中识别的控制，识别哪些信息技术应用程序及信息技术环境的其他方面，可能面临运用信息技术导致的风险。

3. 针对上述第2项中识别的信息技术应用程序及信息技术环境的其他方面，进一步识别：

（1）运用信息技术导致的相关风险；

（2）被审计单位用于应对这些风险的信息技术一般控制。

4. 针对上述第1项以及第3项第（2）点识别出的每项控制：

（1）评价控制的设计是否有效，即这些控制能否应对认定层次重大错报风险或为其他控制的运行提供支持；

（2）询问被审计单位内部人员，并运用其他风险评估程序，以确定控制是否得到执行。

十、对与财务报表编制相关的内部控制体系的监督

审计准则规定，注册会计师为了解被审计单位对与财务报表编制相关的内部控制体系的监督工作，应当实施以下风险评估程序：

1. 了解被审计单位实施的持续性评价和单独评价，以及识别控制缺陷的情况和整改的情况；

2. 了解被审计单位的内部审计，包括内部审计的性质、职责和活动；

3. 了解被审计单位在监督内部控制体系的过程中所使用信息的来源，以及管理层认为这些信息足以信赖的依据；

4. 根据被审计单位的性质和复杂程度，评价被审计单位对内部控制体系的监督是否适合其具体情况。

十一、在整体层面和业务流程层面了解内部控制

内部控制的某些要素（如内部环境）更多地对被审计单位整体层面产生影响，而其他要素（如信息系统与沟通、控制活动）则可能更多地与特定业务流程相关。在实务中，注册会计师应当从被审计单位整体层面和业务流程层面分别了解和评价被审计单位的内部控制。整体层面的控制（包括对管理层凌驾于内部控制之上的控制）和信息技术一般控制通常在所有业务活动中普遍存在。业务流程层面控制主要是对工薪、销售和采购等交易的控制。整体层面的控制对内部控制在所有业务流程中得到严格的设计和执行具有重要影响。整体层面的控制较差甚至可能使最好的业务流程层面控制失效。例如，被审计单位可能有一个有效的采购系统，但如果会计人员不胜任，仍然会发生大量错误，且其中一些错误可能导致财务报表存在重大错报。而且，管理层凌驾于内部控制之上（它们经常在企业整体层面出现）也是不好的公司行为中的普遍问题。

（一）确定重要业务流程和相关交易类别

在实务中，将被审计单位的整个经营活动划分为几个重要的业务循环，有助于注册会计师更有效地了解和评估重要业务流程及相关控制。通常，对制造业企业，可以划分为销售与收款循环、采购与付款循环、生产与存货循环、人力资源与工薪循环、投资与筹资循环等。相关交易类别是指可能存在重大错报风险的各类交易。相关交易类别应与相关账户及其相关认定相联系，例如，对于一般制造业企业，销售收入和应收账款通常是相关账户，销售和收款都是相关交易类别。除了一般所理解的交易以外，对财务报表具有重大影响的事项和情况也应包括在内，例如，计提资产的折旧或摊销，考虑应收款项的可回收性和计提坏账准备等。

（二）了解相关交易流程，并进行记录

在确定重要的业务流程和相关交易类别后，注册会计师便可着手了解每一类相关交易类别在信息技术或人工系统中生成、记录、处理及在财务报表中报告的程序，即相关交易流程。这是确定在哪个环节或哪些环节可能发生错报的基础。

交易流程通常包括一系列工作：输入数据的核准与修订，数据的分类与合并，进行计算、更新账簿资料和客户信息记录，生成新的交易，归集数据，列报数据。而与注册会计师了解相关交易有关的流程通常包括生成、记录、处理和报告交易等活动。例如，在销售循环中，这些活动包括输入销售订购单、编制货运单据和发票、更新应收账款信息记录等。相关的处理程序包括通过编制调整分录，修改并再次处理以前被拒绝的交易，以及修改被错误记录的交易。

（三）确定可能发生错报的环节

注册会计师需要确认和了解被审计单位应在哪些环节设置控制，以防止或发现并纠正各相关交易流程可能发生的错报。注册会计师所关注的控制，是那些能通过防止错报的发生，或者通过发现和纠正已有错报，从而确保各个相关交易流程中的具体活动（从交易的发生到记录于账目）能够顺利运转的人工或自动化控制程序。

（四）识别和了解相关控制

通过对被审计单位的了解，包括在被审计单位整体层面对内部控制体系各要素的了解，以及在上述程序中对重要业务流程的了解，注册会计师可以确定是否有必要进一步了解在业务流程层面的控制。在某些情况下，注册会计师之前的了解可能表明，被审计单位在业务流程层面针对某些相关交易流程所设计的控制是无效的，或者注册会计师并不打算信赖控制，这时注册会计师没有必要进一步了解在业务流程层面的控制。

（2）检查性控制。建立检查性控制的目的是发现流程中可能发生的错报（尽管有预防性控制还是会发生的错报）。被审计单位通过检查性控制，监督其流程和相应的预防性控制能否有效地发挥作用。检查性控制通常是管理层用来监督实现流程目标的控制。检查性控制可以由人工执行，也可以由信息系统自动执行。

（五）执行穿行测试，证实对交易流程和相关控制的了解

为了解各类相关交易在业务流程中发生、处理和记录的过程，注册会计师通常会执行穿行测试。执行穿行测试可获得下列方面的证据：（1）确认对业务流程的了解；（2）确认对相关交易的了解是完整的，即在交易流程中所有与财务报表认定相关的可能发生错报的环节都已识别；（3）确认所获取的有关流程中的预防性控制和检查性控制信息的准确性；（4）评估控制设计的有效性；（5）确认控制是否得到执行；（6）确认之前所作书面记录的准确性。

（六）初步评价和风险评估

1. 对控制的初步评价。在识别和了解控制后，根据执行上述程序及获取的审计证据，注册会计师需要评价控制设计的合理性并确定其是否得到执行。

2. 风险评估需考虑的因素。注册会计师对控制的评价，进而对重大错报风险的评估，需考虑以下因素：

（1）账户特征及已识别的重大错报风险。如果已识别的重大错报风险水平为高（例如，复杂的发票计算或计价过程增加了开票错报的风险；经营的季节性特征增加了在旺季发生错报的风险），相关的控制应有较高的敏感度，即在错报率较低的情况下也能防止或发现并纠正错报。

（2）对被审计单位整体层面控制的评价。注册会计师应将对整体层面获得的了解和结论，同在业务流程层面获得的有关相关交易流程及其控制的证据结合起来考虑。

（七）对财务报告流程的了解

以上讨论了注册会计师如何在重要业务流程层面了解相关交易生成、处理和记录的流程，并评估在可能发生错报的环节控制的设计及其是否得到执行。在实务中，注册会计师还需要进一步了解有关信息从具体交易的业务流程过入总账、财务报表以及相关列报的流程，即财务报告流程及其控制。这一流程和控制与财务报表的列报认定直接相关。

财务报告流程包括：（1）将业务数据汇总记入总账的程序，即如何将重要业务流程的信息与总账和财务报告系统相连接；（2）在总账中生成、记录和处理会计分录的程序；

(3) 记录对财务报表常规和非常规调整的程序,如合并调整、重分类等;(4) 草拟财务报表和相关披露的程序。

第五节 识别和评估重大错报风险

识别和评估重大错报风险是风险评估阶段的最后步骤。本章第三节和第四节,阐述了注册会计师在财务报表审计中,应当如何实施风险评估程序获取对被审计单位及其环境等方面情况的了解。获取这些了解的目的是为了使用通过了解获得的、可能导致财务报表发生重大错报的风险因素(事项或情况)以及内部控制对相关风险的抵销信息,识别和评估财务报表层次以及各类交易、账户余额和披露认定层次的重大错报风险。对重大错报风险的识别和评估结果是注册会计师设计和实施应对措施的依据。

注册会计师在识别、评估和应对重大错报风险的过程中,应当将管理层的认定用于考虑可能发生的不同类型的错报。

一、识别和评估财务报表层次以及认定层次的重大错报风险

(一)识别和评估重大错报风险的作用和步骤

1. 识别和评估重大错报风险的作用。注册会计师识别和评估重大错报风险能为风险应对提供方向性指引,有助于注册会计师确定总体应对措施和用于获取充分、适当的审计证据的进一步审计程序的性质、时间安排和范围,这些证据使其最终能够以可接受的低审计风险水平对财务报表发表审计意见。

2. 识别和评估重大错报风险的步骤。包括:

(1) 利用实施风险评估程序所了解的信息。通过实施风险评估程序收集的信息可以作为审计证据,为注册会计师识别和评估重大错报风险提供基础。例如,在评价识别的控制活动要素中的控制的设计并确定这些控制是否得到执行时获取的审计证据,可以作为支持风险评估的审计证据。这些证据还可以为注册会计师按照《中国注册会计师审计准则第1231号——针对评估的重大错报风险采取的应对措施》的规定,采取用于应对评估的财务报表层次重大错报风险的总体应对措施,以及设计和实施用于应对评估的认定层次重大错报风险的进一步审计程序的性质、时间安排和范围奠定基础。注册会计师还需要考虑利用执行有关客户关系和具体业务接受与保持的程序、以前审计以及通过其他途径所获取的与本期财务报表发生错报相关的信息。

(2) 识别两个层次的重大错报风险。包括:

①要求分成两个层次识别。尽管两个层次的重大错报风险相互影响,但审计准则规定,注册会计师应当识别重大错报风险,并确定其存在于财务报表层次,还是各类交易、账户余额和披露的认定层次。注册会计师应当利用了解获得的信息,判断确定某风险是与财务报表整体存在广泛的联系,并可能影响多项认定,进而识别该风险属于财务报表层次重大错报风险,还是与财务报表整体不存在广泛联系,进而识别该风险为认定层次

重大错报风险。

②要求考虑的风险因素。注册会计师应当在考虑相关控制之前识别重大错报风险（即固有风险），并以注册会计师对错报的初步考虑为基础，即错报的发生、错报如果发生将是重大的，均具有合理可能性。

（3）评估两个层次的重大错报风险。由于重大错报风险是固有风险和控制风险共同作用的结果，因此，注册会计师在评估重大错报风险时，应当考虑相关控制的影响（即控制风险）。

（4）评价审计证据的适当性。对于实施风险评估程序获取的审计证据，能否为识别和评估重大错报风险提供适当依据，注册会计师应当作出评价。如果不能提供适当依据，注册会计师应当实施追加的风险评估程序，直至获取的审计证据能够提供这样的依据。在识别和评估重大错报风险时，注册会计师应当考虑通过实施风险评估程序获取的所有审计证据，无论这些证据是佐证性的还是相矛盾的。也就是说，注册会计师不应当偏向于获取、使用佐证性的审计证据，而排斥、舍弃相矛盾的审计证据。审慎评价审计证据是保持职业怀疑的需要。

（5）修正识别或评估的结果。随着审计过程的推进，如果注册会计师获取新信息（例如，执行控制测试或实质性程序后获得的新信息），与之前识别或评估重大错报风险时所依据的审计证据不一致，注册会计师应当修正之前对重大错报风险的识别或评估结果，并考虑对风险应对的影响。

（二）识别和评估财务报表层次重大错报风险

1. 识别。如果判断某风险与财务报表整体存在广泛联系，并可能影响多项认定，注册会计师应当将其识别为财务报表层次重大错报风险。例如，在经济不稳定的国家和地区开展业务、资产的流动性出现问题、重要客户流失、融资能力受限等，可能导致注册会计师对被审计单位的持续经营能力产生重大疑虑。又如，管理层缺乏诚信，或承受异常的压力，或管理层凌驾于内部控制之上可能引发舞弊风险，这些风险与财务报表整体相关。

2. 评估。对于识别出的财务报表层次重大错报风险，注册会计师应当从下列两方面对其进行评估：

（1）评价这些风险对财务报表整体产生的影响；

（2）确定这些风险是否影响对认定层次风险的评估结果。

（三）识别和评估认定层次重大错报风险

1. 识别。如果判断某固有风险因素可能导致某项认定发生重大错报，但与财务报表整体不存在广泛联系，注册会计师应当将其识别为认定层次的重大错报风险。例如，被审计单位存在复杂的联营或合资，这一事项表明长期股权投资账户的认定可能存在重大错报风险。又如，被审计单位存在重大的关联方交易，该事项表明关联方及关联方交易的披露认定可能存在重大错报风险。

2. 评估。评估的要求及工作事项包括：

（1）总体要求。对于识别出的认定层次重大错报风险，注册会计师应当分别评估固有风险和控制风险。这样有利于注册会计师把认定层次重大错报风险的评估工作做细做实（可为设计和实施进一步审计程序提供适当依据），进而倒逼其按照审计准则要求把实施风险评估程序获取有关了解的基础工作做细做实，避免在认定层次将固有风险和控制风险简单混合起来作出粗略的、不适当的风险评估。

（2）评估固有风险。对于识别出的认定层次重大错报风险，注册会计师应当通过评估错报发生的可能性和严重程度来评估固有风险。在评估时，注册会计师应当考虑：

①固有风险因素如何以及在何种程度上影响相关认定易于发生错报的可能性；

②财务报表层次重大错报风险如何以及在何种程度上影响认定层次重大错报风险中固有风险的评估。

（3）评估控制风险。注册会计师在拟测试控制运行有效性的情况下，应当评估控制风险。如果拟不测试控制运行的有效性，则应当将固有风险的评估结果作为重大错报风险的评估结果。《〈中国注册会计师审计准则第1211号——重大错报风险的识别和评估〉应用指南》为如何初步评估控制风险提供了指引。

（4）确定特别风险。注册会计师应当确定评估的重大错报风险是否为特别风险。确定特别风险可以使注册会计师通过实施特定应对措施，更专注于那些位于固有风险等级上限的风险。按照《中国注册会计师审计准则第1211号——重大错报风险的识别和评估》的定义，特别风险，是指注册会计师识别出的符合下列特征之一的重大错报风险：

①根据固有风险因素对错报发生的可能性和错报的严重程度的影响，注册会计师将固有风险评估为达到或接近固有风险等级的最高级（上限）；

②根据其他审计准则的规定，注册会计师应当将其作为特别风险。

（5）两种特殊情形的处理。包括：

①仅实施实质性程序无法应对的重大错报风险。

针对某些认定层次重大错报风险，仅实施实质性程序无法为其提供充分、适当的审计证据，注册会计师应当确定评估出的重大错报风险是否属于该类风险。对这类风险，注册会计师应当根据相关审计准则的规定，对相关控制的设计和执行进行了解和测试。

②对重大交易类别、账户余额和披露的考虑。

按照《中国注册会计师审计准则第1221号——计划和执行审计工作时的重要性》的要求，识别并评估各类交易、账户余额和披露中存在的重大错报风险时需要考虑重要性和审计风险。注册会计师对重要性的确定属于职业判断，受到注册会计师关于财务报表使用者对财务信息需求的认识的影响。如果能够合理预期，某类交易、账户余额和披露中信息的遗漏、错误陈述或含糊表达，可能影响财务报表使用者依据财务报表整体作出的经济决策，则通常认为该类交易、账户余额和披露是重大的。如果注册会计师未将重大交易类别、账户余额和披露确定为"相关交易类别、账户余额和披露"（例如，注册会计师可能确定被审计单位披露的高管薪酬是重大披露，但对该披露未识别出重大错报风险即未识别出相关认定），则应当评价这样做是否适当。

（6）两个层次间相互影响的处理。

（四）考虑财务报表的可审计性

注册会计师在了解被审计单位内部控制后，可能对被审计单位财务报表的可审计性产生怀疑。例如，对被审计单位会计记录的可靠性和状况的担心可能会使注册会计师认为可能很难获取充分、适当的审计证据,以支持对财务报表发表审计意见。再如,管理层严重缺乏诚信,注册会计师认为管理层在财务报表中作出虚假陈述的风险高到无法进行审计的程度。因此,如果通过对内部控制的了解发现下列情况,并对财务报表局部或整体的可审计性产生疑问,注册会计师应当考虑出具保留意见或无法表示意见的审计报告:(1)被审计单位会计记录的状况和可靠性存在重大问题,不能获取充分、适当的审计证据以发表无保留意见;(2)对管理层的诚信存在严重疑虑。必要时,注册会计师应当考虑解除业务约定。

二、评估固有风险等级

在评估与特定认定层次重大错报风险相关的固有风险等级时,注册会计师应当运用职业判断,确定错报发生的可能性和严重程度综合起来的影响程度。

固有风险等级是指注册会计师对固有风险水平在一个范围内作出的从低到高的判断。作出该判断应当考虑被审计单位的性质和具体情况,并考虑评估的错报发生的可能性和严重程度以及固有风险因素。

三、需要特别考虑的重大错报风险

(一)确定特别风险时考虑的事项

哪些风险是特别风险,通常需要注册会计师运用职业判断。注册会计师在评估固有风险等级时,应当考虑固有风险因素的相对影响。固有风险因素的影响越低,评估的风险等级可能也越低。以下事项可能导致注册会计师评估认为重大错报风险具有较高的固有风险等级,进而将其确定为特别风险:

(1)交易具有多种可接受的会计处理,因此涉及主观性;
(2)会计估计具有高度不确定性或模型复杂;
(3)支持账户余额的数据收集和处理较为复杂;
(4)账户余额或定量披露涉及复杂的计算;
(5)对会计政策存在不同的理解;
(6)被审计单位业务的变化涉及会计处理发生变化,如合并和收购。

在判断哪些风险是特别风险时,注册会计师不应考虑识别出的控制对相关风险的抵销效果。

(二)非常规交易和判断事项导致的特别风险

日常的、不复杂的、经正规处理的交易不太可能产生特别风险。特别风险通常与重大的非常规交易和判断事项有关。

(三)考虑与特别风险相关的控制

了解与特别风险相关的控制,有助于注册会计师制定有效的审计应对方案。对特别风险,注册会计师应当评价相关控制的设计情况,并确定其是否已经得到执行。由于与重大非常规交易或判断事项相关的风险很少受到日常控制的约束,注册会计师应当了解被审计单位是否针对该特别风险设计和实施了控制。

四、仅实施实质性程序无法应对的重大错报风险

作为风险评估的一部分，如果认为仅实施实质性程序获取的审计证据无法应对认定层次的重大错报风险，注册会计师应当评价被审计单位针对这些风险设计的控制，并确定其执行情况。

在被审计单位对日常交易采用高度自动化处理的情况下，审计证据可能仅以电子形式存在，其充分性和适当性通常取决于自动化信息系统相关控制的有效性，注册会计师应当考虑仅实施实质性程序不能获取充分、适当审计证据的可能性。

五、修正风险识别或评估结果

注册会计师对认定层次重大错报风险的识别或评估，可能随着审计过程中不断获取审计证据而作出相应的变化。

六、审计工作底稿

注册会计师应当遵守《中国注册会计师审计准则第1131号——审计工作底稿》的规定，并就下列事项形成审计工作底稿：

1. 项目组内部进行的讨论以及得出的重要结论；
2. 注册会计师根据《中国注册会计师审计准则第1211号——重大错报风险的识别和评估》的规定，对被审计单位及其环境、适用的财务报表编制基础和内部控制体系各要素等所了解到的要点和信息来源，以及实施的风险评估程序；
3. 根据《中国注册会计师审计准则第1211号——重大错报风险的识别和评估》的规定，对所识别的控制的设计进行的评价，以及如何确定这些控制是否得到执行的；
4. 识别、评估的财务报表层次和认定层次重大错报风险，包括：特别风险，仅实施实质性程序不能提供充分、适当的审计证据的风险，以及作出有关重大判断的理由。

第八章 风险应对

第一节 针对财务报表层次重大错报风险的总体应对措施

一、财务报表层次重大错报风险与总体应对措施

在财务报表重大错报风险的评估过程中，注册会计师应当确定，识别的重大错报风险是与特定的某类交易、账户余额和披露的认定相关，还是与财务报表整体广泛相关，进而影响多项认定。如果是后者，则属于财务报表层次的重大错报风险。

注册会计师应当针对评估的财务报表层次重大错报风险确定下列总体应对措施：

1. 向项目组强调保持职业怀疑的必要性。

2. 指派更有经验或具有特殊技能的审计人员，或利用专家的工作。由于各行业在经营业务、经营风险、财务报告、法规要求等方面具有特殊性，审计人员的专业分工细化成为一种趋势。

3. 对指导和监督项目组成员并复核其工作的性质、时间安排和范围作出调整。对于财务报表层次重大错报风险较高的审计项目，审计项目组的高级别成员，如项目合伙人、项目经理等经验较丰富的人员，要对其他成员提供更详细、更经常、更及时的指导和监督并加强项目质量复核。

4. 在选择拟实施的进一步审计程序时融入更多的不可预见的因素。被审计单位人员，尤其是管理层，如果熟悉注册会计师的审计套路，就可能采取种种规避手段，掩盖财务报告中的舞弊行为。因此，在设计拟实施审计程序的性质、时间安排和范围时，为了避免既定思维对审计方案的限制，避免对审计效果的人为干涉，从而使得针对重大错报风险的进一步审计程序更加有效，注册会计师要考虑使某些程序不被被审计单位管理层预见或事先了解。

5. 按照《中国注册会计师审计准则第1201号——计划审计工作》的规定，对总体审计策略或对拟实施的审计程序作出调整。财务报表层次的重大错报风险很可能源于薄弱的控制环境。薄弱的控制环境带来的风险可能对财务报表产生广泛影响，难以限于某类交易、账户余额和披露，注册会计师应当采取总体应对措施。相应地，注册会计师对控

制环境的了解也影响其对财务报表层次重大错报风险的评估。有效的控制环境可以使注册会计师增强对内部控制和被审计单位内部产生的证据的信赖程度。如果控制环境存在缺陷，注册会计师在对拟实施审计程序的性质、时间安排和范围作出总体修改时应当考虑：

（1）在期末而非期中实施更多的审计程序。控制环境的缺陷通常会削弱期中获得的审计证据的可信赖程度。

（2）通过实施实质性程序获取更广泛的审计证据。良好的控制环境是其他控制要素发挥作用的基础。控制环境存在缺陷通常会削弱其他控制要素的作用，导致注册会计师可能无法信赖内部控制，而主要依赖实施实质性程序获取审计证据。

（3）增加拟纳入审计范围的经营地点的数量。

二、增加审计程序不可预见性的方法

（一）增加审计程序不可预见性的思路

注册会计师可以通过以下方法，提高审计程序的不可预见性。

1. 对某些以前未测试的低于设定的重要性水平或风险较小的账户余额和认定实施实质性程序。注册会计师可以关注以前未曾关注过的审计领域，尽管这些领域可能重要程度比较低。如果这些领域有可能被用于掩盖舞弊行为，注册会计师就要针对这些领域实施一些具有不可预见性的测试。

2. 调整实施审计程序的时间，使其超出被审计单位的预期。比如，如果注册会计师在以前年度的大多数审计工作都围绕着 12 月或在年底前后进行，那么被审计单位就会了解注册会计师这一审计习惯，由此可能会把一些不适当的会计调整放在年度的 9 月、10 月或 11 月等，以避免引起注册会计师的注意。因此，注册会计师可以考虑调整实施审计程序时测试项目的时间，从测试 12 月的项目调整到测试 9 月、10 月或 11 月的项目。

3. 采取不同的审计抽样方法，使当年抽取的测试样本与以前有所不同。

4. 选取不同的地点实施审计程序，或预先不告知被审计单位所选定的测试地点。例如，在存货监盘程序中，注册会计师可以到未事先通知被审计单位的盘点现场进行监盘，使被审计单位没有机会事先安排，隐藏一些不想让注册会计师知道的情况。

（二）增加审计程序不可预见性的实施要点

1. 注册会计师需要与被审计单位的管理层事先沟通，要求实施具有不可预见性的审计程序，但不能告知其具体内容。注册会计师可以在签订审计业务约定书时明确提出这一要求。

2. 虽然对于不可预见性程度没有量化的规定，但审计项目组可根据对舞弊风险的评估等确定具有不可预见性的审计程序。审计项目组可以汇总那些具有不可预见性的审计程序，并记录在审计工作底稿中。

3. 项目合伙人需要安排项目组成员有效地实施具有不可预见性的审计程序，但同时要避免使项目组成员处于困难境地。

三、总体应对措施对拟实施进一步审计程序的总体审计方案的影响

财务报表层次重大错报风险具有难以限于某类交易、账户余额和披露的特点，意味

着此类风险可能对财务报表的多项认定产生广泛影响,并相应增加注册会计师对认定层次重大错报风险的评估难度。因此,注册会计师评估的财务报表层次重大错报风险以及采取的总体应对措施,对拟实施进一步审计程序的总体审计方案具有重大影响。

拟实施进一步审计程序的总体审计方案包括实质性方案和综合性方案。其中,实质性方案是指注册会计师实施的进一步审计程序以实质性程序为主;综合性方案是指注册会计师在实施进一步审计程序时,将控制测试与实质性程序结合使用。当评估的财务报表层次重大错报风险属于高风险水平(并相应采取更强调审计程序不可预见性以及重视调整审计程序的性质、时间安排和范围等总体应对措施)时,拟实施进一步审计程序的总体方案往往更倾向于实质性方案。

第二节 针对认定层次重大错报风险的进一步审计程序

一、进一步审计程序的概念和要求

(一)进一步审计程序的概念

进一步审计程序相对于风险评估程序而言,是指注册会计师针对评估的各类交易、账户余额和披露认定层次重大错报风险实施的审计程序,包括控制测试和实质性程序。

注册会计师应当针对评估的认定层次重大错报风险设计和实施进一步审计程序,包括审计程序的性质、时间安排和范围。注册会计师设计和实施的进一步审计程序的性质、时间安排和范围,应当与评估的认定层次重大错报风险具备明确的对应关系。注册会计师实施的审计程序应具有目的性和针对性,有的放矢地配置审计资源,有利于提高审计效率和效果。

(二)设计进一步审计程序时的考虑因素

在设计进一步审计程序时,注册会计师应当考虑下列因素:

1. 风险的重要性。风险的重要性是指风险造成的后果的严重程度。风险的后果越严重,就越需要注册会计师关注和重视,越需要精心设计有针对性的进一步审计程序。

2. 重大错报发生的可能性。重大错报发生的可能性越大,同样越需要注册会计师精心设计进一步审计程序。

3. 涉及的各类交易、账户余额和披露的特征。不同的交易、账户余额和披露,产生的认定层次的重大错报风险也会存在差异,适用的审计程序也有差别,需要注册会计师区别对待,并设计有针对性的进一步审计程序予以应对。

4. 被审计单位采用的特定控制的性质。不同性质的控制(尤其是人工控制或自动化控制)对注册会计师设计进一步审计程序具有重要影响。

5. 注册会计师是否拟获取审计证据,以确定内部控制在防止或发现并纠正重大错报方面的有效性。如果注册会计师在风险评估时预期内部控制运行有效,随后拟实施的进一步审计程序就必须包括控制测试,且实质性程序自然会受到之前控制测试结果的影响。

二、进一步审计程序的性质

(一) 进一步审计程序的性质的概念

进一步审计程序的性质是指进一步审计程序的目的和类型。其中,进一步审计程序的目的包括通过实施控制测试以确定内部控制运行的有效性,通过实施实质性程序以发现认定层次的重大错报;进一步审计程序的类型包括检查、观察、询问、函证、重新计算、重新执行和分析程序。

(二) 进一步审计程序的性质的选择

在确定进一步审计程序的性质时,注册会计师首先需要考虑的是认定层次重大错报风险的评估结果。因此,注册会计师应当根据认定层次重大错报风险的评估结果选择审计程序。评估的认定层次重大错报风险越高,对通过实质性程序获取的审计证据的相关性和可靠性的要求越高,从而可能影响进一步审计程序的类型及其综合运用。例如,当注册会计师判断某类交易协议的完整性存在更高的重大错报风险时,除了检查文件以外,注册会计师还可能决定向第三方询问或函证协议条款的完整性。

三、进一步审计程序的时间

(一) 进一步审计程序的时间的概念

进一步审计程序的时间是指注册会计师何时实施进一步审计程序,或审计证据适用的期间或时点。因此,当提及进一步审计程序的时间时,在某些情况下指的是审计程序的实施时间,在另一些情况下是指需要获取的审计证据适用的期间或时点。

(二) 进一步审计程序的时间的选择

有关进一步审计程序的时间的选择问题:第一个层面是注册会计师选择在何时实施进一步审计程序的问题;第二个层面是选择获取什么期间或时点的审计证据的问题。第一个层面的选择问题主要集中在如何权衡期中与期末实施审计程序的关系;第二个层面的选择问题分别集中在如何权衡期中审计证据与期末审计证据的关系、如何权衡以前审计获取的审计证据与本期审计获取的审计证据的关系。这两个层面的最终落脚点都是如何确保获取审计证据的效率和效果。

四、进一步审计程序的范围

(一) 进一步审计程序的范围的概念

进一步审计程序的范围是指实施进一步审计程序(含控制测试和实质性程序)所涉及的数量多少,包括抽取的样本量、对某项控制活动的观察次数等。

(二) 确定进一步审计程序的范围时考虑的因素

在确定进一步审计程序的范围时,注册会计师应当考虑下列因素:

1. 确定的重要性水平。确定的重要性水平越低,注册会计师实施进一步审计程序的范围越广。

2. 评估的重大错报风险。评估的重大错报风险越高,对拟获取审计证据的相关性、可靠性的要求越高,因此,注册会计师实施的进一步审计程序的范围也越广。

3. 计划获取的保证程度。计划获取的保证程度，是指注册会计师计划通过所实施的审计程序对测试结果可靠性所获取的信心。计划获取的保证程度越高，对测试结果可靠性要求越高，注册会计师实施的进一步审计程序的范围越广。例如，注册会计师对财务报表是否不存在重大错报的信心可能来自控制测试和实质性程序。如果注册会计师计划从控制测试中获取更高的保证程度，则控制测试的范围就更广。

第三节 控制测试

控制测试是为了评价内部控制在防止或发现并纠正认定层次重大错报方面的运行有效性而实施的审计程序。注册会计师应当选择为相关交易类别、账户余额和披露的认定提供证据的内部控制进行测试。

一、控制测试的概念和要求

（一）控制测试的概念

控制测试是指用于评价内部控制在防止或发现并纠正认定层次重大错报方面的运行有效性的审计程序，这一概念需要与"了解内部控制"进行区分。"了解内部控制"包含两层含义：一是评价控制的设计；二是确定控制是否得到执行。测试控制运行的有效性与确定控制是否得到执行所需获取的审计证据是不同的。

（二）控制测试的要求

作为进一步审计程序的类型之一，控制测试并非在任何情况下都需要实施。当存在下列情形之一时，注册会计师应当实施控制测试：（1）在评估认定层次重大错报风险时，预期控制的运行是有效的；（2）仅实施实质性程序并不能够提供认定层次充分、适当的审计证据。

二、控制测试的性质

（一）控制测试的性质的概念

控制测试的性质是指控制测试所使用的审计程序的类型及其组合。

计划从控制测试中获取的保证水平是决定控制测试性质的主要因素之一。注册会计师应当选择适当类型的审计程序以获取有关控制运行有效性的保证。在计划和实施控制测试时，对控制有效性的信赖程度越高，注册会计师应当获取越有说服力的审计证据。当拟实施的进一步审计程序主要以控制测试为主，尤其是仅实施实质性程序无法或不能获取充分、适当的审计证据时，注册会计师应当获取有关控制运行有效性的更高的保证水平。

（二）确定控制测试的性质时的要求

1. 考虑特定控制的性质。注册会计师应当根据特定控制的性质选择所需实施审计程序的类型。例如，某些控制可能存在反映控制运行有效性的文件记录，在这种情况下，注册会计师可以检查这些文件记录以获取控制运行有效的审计证据；某些控制可能不存在文件记录（如一项自动化的控制活动），或文件记录与能否证实控制运行有效性不相关，注册会计师应当考虑实施检查以外的其他审计程序（如询问和观察）或借助计算机辅助审计技术，以获取有关控制运行有效性的审计证据。

2. 考虑测试与认定直接相关和间接相关的控制。在设计控制测试时，注册会计师不仅应当考虑与认定直接相关的控制，还应当考虑这些控制所依赖的与认定间接相关的控制，以获取支持控制运行有效性的审计证据。例如，被审计单位可能针对超出信用额度的例外赊销交易设置报告和审核制度（与认定直接相关的控制）；在测试该项制度的运行有效性时，注册会计师不仅应当考虑审核的有效性，还应当考虑与例外赊销报告中信息准确性有关的控制（与认定间接相关的控制）是否有效运行。

3. 如何对一项自动化的信息处理控制实施控制测试。对于一项自动化的信息处理控制，由于信息技术处理过程的内在一贯性，注册会计师可以利用该项控制得以执行的审计证据和信息技术一般控制（特别是对系统变动的控制）运行有效性的审计证据，作为支持该项控制在相关期间运行有效性的重要审计证据。

（三）实施控制测试时对双重目的的实现

控制测试的目的是评价控制是否有效运行；细节测试的目的是发现认定层次的重大错报。尽管两者目的不同，但注册会计师可以考虑针对同一交易同时实施控制测试和细节测试，以实现双重目的。例如，注册会计师通过检查某笔交易的发票可以确定其是否经过适当的授权，也可以获取关于该交易的金额、发生时间等细节证据。当然，如果拟实施双重目的的测试，注册会计师应当仔细设计和评价测试程序。

（四）实施实质性程序的结果对控制测试结果的影响

如果通过实施实质性程序未发现某项认定存在错报，这本身并不能说明与该认定有关的控制是有效运行的；但如果通过实施实质性程序发现某项认定存在错报，注册会计师应当在评价相关控制的运行有效性时予以考虑。因此，注册会计师应当考虑实施实质性程序发现的错报对评价相关控制运行有效性的影响（如降低对相关控制的信赖程度、调整实质性程序的性质、扩大实质性程序的范围等）。如果实施实质性程序发现被审计单位没有识别出的重大错报，通常表明内部控制存在值得关注的缺陷，注册会计师应当就这些缺陷与管理层和治理层进行沟通。

三、控制测试的时间

（一）控制测试的时间的概念

如前所述，控制测试的时间包含两层含义：一是何时实施控制测试；二是测试所针对的控制适用的时点或期间。一个基本的原理是，如果测试特定时点的控制，注册会计师仅得到该时点控制运行有效性的审计证据；如果测试某一期间的控制，注册会计师可获取控制在该期间有效运行的审计证据。因此，注册会计师应当根据控制测试的目的确定控制测试的时间，并确定拟信赖的相关控制的时点或期间。

（二）如何考虑期中审计证据

前已述及，注册会计师可能在期中实施进一步审计程序。对于控制测试，注册会计师在期中实施此类程序具有更积极的作用。但需要说明的是，即使注册会计师已获取有关控制在期中运行有效性的审计证据，仍然需要考虑如何能够将控制在期中运行有效性的审计证据合理延伸至期末，一个基本的考虑是针对期中至期末这段剩余期间获取充分、适当的审计证据。因此，如果已获取有关控制在期中运行有效性的审计证据，并拟利用该证据，注册会计师应当实施下列审计程序：（1）获取这些控制在剩余期间发生重大变化的审计证据；（2）确定针对剩余期间还需获取的补充审计证据。

（三）如何考虑以前审计获取的审计证据

注册会计师考虑以前审计获取的有关控制运行有效性的审计证据，其意义在于：一方面，内部控制中的诸多要素对于被审计单位往往是相对稳定的（相对于具体的交易、账户余额和披露），因此，注册会计师在本期审计时还是可以适当考虑利用以前审计获取的有关控制运行有效性的审计证据；另一方面，内部控制在不同期间可能发生重大变化，注册会计师在利用以前审计获取的有关控制运行有效性的审计证据时需要格外慎重，充分考虑各种因素。

4. 不得依赖以前审计所获取证据的情形。鉴于特别风险的特殊性，对于旨在减轻特别风险的控制，不论该控制在本期是否发生变化，注册会计师都不应依赖以前审计获取的证据。因此，如果确定评估的认定层次重大错报风险是特别风险，并拟信赖旨在减轻特别风险的控制，注册会计师不应依赖以前审计获取的审计证据，而应在本期审计中测试这些控制的运行有效性。也就是说，如果注册会计师拟信赖针对特别风险的控制，那么，所有关于该控制运行有效性的审计证据必须来自当年的控制测试。相应地，注册会计师应当在每次审计中都测试这类控制。

四、控制测试的范围

对于控制测试的范围，其含义主要是指某项控制活动的测试次数。注册会计师应当设计控制测试，以获取控制在整个拟信赖的期间有效运行的充分、适当的审计证据。

（一）确定控制测试范围的考虑因素

当针对控制运行的有效性需要获取更具说服力的审计证据时，可能需要扩大控制测试的范围。在确定控制测试的范围时，除考虑对控制的信赖程度外，注册会计师还可能考虑以下因素：

1. 在拟信赖期间，被审计单位执行控制的频率。执行控制的频率越高，控制测试的范围越大。

2. 在所审计期间，注册会计师拟信赖控制运行有效性的时间长度。拟信赖控制运行有效性的时间长度不同，在该时间长度内发生的控制活动次数也不同。注册会计师需要根据拟信赖控制的时间长度确定控制测试的范围。拟信赖期间越长，控制测试的范围越大。

3. 控制的预计偏差。预计偏差可以用控制未得到执行的预计次数占控制应当得到执行次数的比率加以衡量（也可称为预计偏差率）。考虑该因素，是因为在考虑测试结果是否可以得出控制运行有效性的结论时，不可能只要出现任何控制运行偏差就认定控制运行无效，所以需要确定一个合理水平的预计偏差率。控制的预计偏差率越高，需要实施控制测试的范围越大。如果控制的预计偏差率过高，注册会计师应当考虑控制可能不足以将认定层次的重大错报风险降至可接受的低水平，从而针对某一认定实施的控制测试可能是无效的。

4. 通过测试与认定相关的其他控制获取的审计证据的范围。针对同一认定，可能存在不同的控制。当针对其他控制获取审计证据的充分性和适当性较高时，测试该控制的范围可适当缩小。

5. 拟获取的有关认定层次控制运行有效性的审计证据的相关性和可靠性。如拟获取的有关证据的相关性和可靠性较高，测试该控制的范围可适当缩小。

（二）对自动化控制的测试范围的特别考虑

除非系统（包括系统使用的表格、文档或其他永久性数据）发生变动，注册会计师通常不需要增加自动化控制的测试范围。

信息技术处理具有内在一贯性，除非系统发生变动，一项自动化信息处理控制应当一贯运行。对于一项自动化信息处理控制，一旦确定被审计单位正在执行该控制，注册会计师通常无需扩大控制测试的范围，但需要考虑执行下列测试以确定该控制持续有效运行：

1. 测试与该信息处理控制有关的信息技术一般控制的运行有效性；
2. 确定系统是否发生变动，如果发生变动，是否存在适当的系统变动控制；
3. 确定对交易的处理是否使用授权批准的软件版本。

例如，注册会计师可以检查信息系统安全控制记录，以确定是否存在未经授权的接触系统硬件和软件，以及系统是否发生变动。

（三）测试两个层面控制时注意的问题

控制测试可用于被审计单位不同层面的内部控制。整体层面控制测试通常更加主观（如管理层对胜任能力的重视）。对整体层面控制进行测试，通常比业务流程层面控制（如检查付款是否得到授权）更难以记录。因此，整体层面控制和信息技术一般控制的评价通常记录的是文件备忘录和支持性证据。注册会计师最好在审计的早期测试整体层面控制。原因在于对这些控制测试的结果会影响其他计划审计程序的性质和范围。

第四节　实质性程序

一、实质性程序的概念和要求

（一）实质性程序的概念

实质性程序是指用于发现认定层次重大错报的审计程序，包括对各类交易、账户余额和披露的细节测试以及实质性分析程序。

（二）针对特别风险实施的实质性程序

如果认为评估的认定层次重大错报风险是特别风险，注册会计师应当专门针对该风险实施实质性程序。例如，如果认为管理层面临实现盈利指标的压力而可能提前确认收入，注册会计师在设计询证函时不仅应当考虑函证应收账款的账户余额，还应当考虑询证销售协议的细节条款（如交货、结算及退货条款）；注册会计师还可考虑在实施函证的基础上针对销售协议及其变动情况询问被审计单位的非财务人员。如果针对特别风险实施的程序仅为实质性程序，这些程序应当包括细节测试，或将细节测试和实质性分析程序结合使用，以获取充分、适当的审计证据。为应对特别风险需要获取具有高度相关性和可靠性的审计证据，仅实施实质性分析程序不足以获取有关特别风险的充分、适当的审计证据。

二、实质性程序的性质

（一）实质性程序的性质的概念

实质性程序的性质，是指实质性程序的类型及其组合。实质性程序包括细节测试和实质性分析程序两类。

细节测试是对各类交易、账户余额和披露的具体细节进行测试，目的在于直接识别各类交易、账户余额和披露的认定是否存在错报。细节测试被用于获取与某些认定相关的审计证据，如"存在""准确性、计价和分摊"等认定。

实质性分析程序从技术特征上讲仍然是分析程序，主要是通过研究数据间关系评价信息，只是将该技术方法用做实质性程序，即用以识别各类交易、账户余额和披露的认定是否存在错报。实质性分析程序通常更适用于在一段时间内存在可预期关系的大量交易。

（二）细节测试和实质性分析程序的适用性

由于细节测试和实质性分析程序的目的和技术手段存在一定差异，因此，各自有不同的适用领域。注册会计师应当根据各类交易、账户余额和披露的性质选择实质性程序的类型。细节测试适用于对各类交易、账户余额和披露认定的测试，尤其是对存在或发生、计价认定的测试；对在一段时期内存在可预期关系的大量交易，注册会计师可以考虑实施实质性分析程序。

（三）细节测试的方向

对于细节测试，注册会计师应当针对评估的风险设计细节测试，获取充分、适当的审计证据，以达到认定层次所计划的保证水平。该规定的含义是，注册会计师需要根据不同的认定层次的重大错报风险设计有针对性的细节测试。例如，在针对存在或发生认定设计细节测试时，注册会计师应当选择包含在财务报表金额中的项目，并获取相关审计证据；又如，在针对完整性认定设计细节测试时，注册会计师应当选择有证据表明应包含在财务报表金额中的项目，并调查这些项目是否确实包括在内。如为应对被审计单位漏记本期应付账款的风险，注册会计师可以检查期后付款记录。

（四）设计实质性分析程序时考虑的因素

注册会计师在设计实质性分析程序时应当考虑的因素包括：（1）对特定认定使用实质性分析程序的适当性；（2）对已记录的金额或比率作出预期时，所依据的内部或外部数据的可靠性；（3）作出预期的准确程度是否足以在计划的保证水平上识别重大错报；

(4）已记录金额与预期值之间可接受的差异额。考虑到数据及分析的可靠性，在实施实质性分析程序时，如果使用被审计单位编制的信息，注册会计师应当考虑测试与信息编制相关的控制，以及这些信息是否在本期或前期经过审计。

三、实质性程序的时间

（一）如何考虑是否在期中实施实质性程序

如前所述，在期中实施实质性程序，一方面消耗了审计资源，另一方面期中实施实质性程序获取的审计证据又不能直接作为期末财务报表认定的审计证据，注册会计师仍然需要消耗进一步的审计资源，使期中审计证据能够合理延伸至期末。于是这两部分审计资源的总和是否能够显著小于完全在期末实施实质性程序所需消耗的审计资源，是注册会计师需要权衡的。

（二）如何考虑期中审计证据

如果在期中实施了实质性程序，注册会计师应当针对剩余期间实施进一步的实质性程序，或将实质性程序和控制测试结合使用，以将期中测试得出的结论合理延伸至期末。在将期中实施的实质性程序得出的结论合理延伸至期末时，注册会计师有两种选择：其一是针对剩余期间实施进一步的实质性程序；其二是将实质性程序和控制测试结合使用。

如果拟将期中测试得出的结论延伸至期末，注册会计师应当考虑针对剩余期间仅实施实质性程序是否足够。如果认为实施实质性程序本身不充分，注册会计师还应测试剩余期间相关控制运行的有效性或针对期末实施实质性程序。

对于舞弊导致的重大错报风险（作为一类重要的特别风险），被审计单位存在故意错报或操纵的可能性，那么注册会计师更应慎重考虑能否将期中测试得出的结论延伸至期末。因此，如果已识别出舞弊导致的重大错报风险，为将期中得出的结论延伸至期末而实施的审计程序通常是无效的，注册会计师应当考虑在期末或者接近期末实施实质性程序。

（三）如何考虑以前审计获取的审计证据

在以前审计中实施实质性程序获取的审计证据，通常对本期只有很弱的证据效力或没有证据效力，不足以应对本期的重大错报风险。只有当以前获取的审计证据及其相关事项未发生重大变动时（例如，以前审计通过实质性程序测试过的某项诉讼在本期没有任何实质性进展），以前获取的审计证据才可能用做本期的有效审计证据。但即便如此，如果拟利用以前审计中实施实质性程序获取的审计证据，注册会计师应当在本期实施审计程序，以确定这些审计证据是否具有持续相关性。

四、实质性程序的范围

评估的认定层次重大错报风险和实施控制测试的结果是注册会计师在确定实质性程序的范围时的重要考虑因素。因此，在确定实质性程序的范围时，注册会计师应当考虑评估的认定层次重大错报风险和实施控制测试的结果。注册会计师评估的认定层次的重大错报风险越高，需要实施实质性程序的范围越广。如果对控制测试结果不满意，注册会计师可能需要考虑扩大实质性程序的范围。

第九章 销售与收款循环的审计

财务报表审计的组织方式大致有两种：一是对财务报表的每个账户余额单独进行审计，称为账户法（account approach）；二是将财务报表分成几个循环进行审计，即把紧密联系的各类交易和账户余额归入同一循环中，按业务循环组织实施审计，称为循环法（cycle approach）。一般而言，账户法与多数被审计单位账户设置体系及财务报表格式相吻合，具有操作方便的优点，但它将紧密联系的相关账户（如存货和营业成本）人为地予以分割，容易造成整个审计工作脱节和重复，不利于审计效率的提高；而循环法则更符合被审计单位的业务流程和内部控制设计的实际情况，不仅可加深审计人员对被审计单位经济业务的理解，而且由于将特定业务循环所涉及的财务报表项目分配给一个或数个审计人员，增强了审计人员分工的合理性，有助于提高审计工作的效率与效果。

控制测试是在了解被审计单位内部控制体系各要素的基础上进行的，与被审计单位的业务流程关系密切，因此，对控制测试通常采用循环法实施。一般而言，在财务报表审计中可将被审计单位的所有交易和账户余额划分为多个业务循环。由于各被审计单位的业务性质和规模不同，其业务循环的划分也有所不同。即使是同一被审计单位，不同注册会计师也可能有不同的循环划分方法。在本教材中，我们将交易和账户余额划分为销售与收款循环、采购与付款循环、生产与存货循环、人力资源与工薪循环、投资与筹资循环，并举例阐述对各业务循环的审计。由于货币资金与上述多个业务循环均密切相关，并且货币资金的业务和内部控制又有着不同于其他业务循环和其他财务报表项目的鲜明特征，因此，将货币资金审计单独作为一章进行阐述。

值得注意的是，本教材第九章至第十二章所述各业务循环以经营活动及业务模式较为简单的一般制造业企业为背景，其中列举的风险和控制是为了举例说明注册会计师在评估风险和应对风险的过程中，如何将风险评估结果、控制测试和实质性程序联系起来，以实现审计目标，并非对可能存在的风险和控制的完整描述。

对交易和账户余额的实质性程序，既可采用账户法实施，也可采用循环法实施。但由于控制测试通常按循环法实施，为有利于实质性程序与控制测试的衔接，提倡采用循环法。

第一节 销售与收款循环的特点

一、不同行业类型的收入来源

企业的收入主要来自出售商品、提供服务等，由于所处行业不同，企业的收入来源有所不同。

二、涉及的主要单据与会计记录

在内部控制较为健全的企业，处理销售与收款业务通常需要使用多种单据与会计记录。以下列示了常见的销售与收款循环所涉及的主要单据与会计记录（不同被审计单位的单据名称可能不同）：

（一）客户订购单

客户订购单即客户提出的书面购货要求。企业可以通过销售人员或其他途径，如采用电话、信函、邮件和向现有的及潜在的客户发送订购单等方式接受订货，取得客户订购单。

（二）销售单

销售单是列示客户所订商品的名称、规格、数量以及其他与客户订购单有关信息的凭证，作为企业内部处理客户订购单的凭据。

（三）出库单

出库单是仓库确认商品已出库发运的凭证，在货物出库时填制，用以反映发出商品的名称、规格、数量和其他有关内容的凭证。出库单的一联留给客户，其余联（一联或数联）由企业保留，通常其中有一联由客户在收到商品时签字确认并返还给企业，用作企业确认收入以及向客户收取货款的依据。

（四）销售发票

销售发票通常包含已销售商品的名称、规格、数量、价格、销售金额等内容。以增值税发票为例，销售发票的两联（抵扣联和发票联）交给客户，一联由企业保留。销售发票通常也是在会计账簿中登记销售交易的基本凭证之一。

（五）商品价目表

商品价目表是列示已经授权批准的、可供销售的各种商品的价格清单。

（六）贷项通知单

贷项通知单是一种用于表示因销售退回或经批准的折让而导致应收货款减少的单据，其格式通常与销售发票的格式类似。

（七）应收票据/应收款项融资/应收账款/合同资产预期信用损失计算表

通常，企业按月编制应收票据/应收款项融资/应收账款/合同资产预期信用损失计算表，反映月末应收票据/应收款项融资/应收账款/合同资产的预期信用损失。

（八）应收票据/应收款项融资/应收账款/合同资产明细账

应收票据/应收款项融资/应收账款/合同资产明细账是用来记录已向每个客户转让商品而有权收取对价的权利的明细账。

（九）主营业务收入明细账

主营业务收入明细账是一种用于记录销售交易的明细账。它通常记载和反映不同类别商品或服务的收入明细发生情况和总额。

（十）可变对价相关会计记录

企业与客户的合同中约定的对价金额可能因折扣、价格折让、返利等因素而变化。企业通常定期编制可变对价的相关会计记录，反映对计入交易价格的可变对价的估计和结算情况。

（十一）汇款通知书

汇款通知书是一种与销售发票一起寄给客户，由客户在付款时再寄回企业的凭证。这种凭证注明了客户名称、销售发票号码、企业开户银行账号以及金额等内容。

（十二）现金日记账和银行存款日记账

现金日记账和银行存款日记账是用来记录应收账款的收回或现销收入以及其他各种现金、银行存款收入和支出的日记账。

（十三）坏账核销审批表

坏账核销审批表是一种用于批准将无法收回的应收款项融资/应收款项作为坏账予以核销的单据。

（十四）客户对账单

客户对账单是一种定期寄送给客户的用于购销双方核对账目的文件。客户对账单上通常注明应收票据/应收款项融资/应收账款的期初余额、本期销售交易的金额、本期已收到的货款、贷项通知单的金额以及期末余额等内容。对账单可能是月度、季度或年度的，取决于企业的经营管理需要。

（十五）转账凭证

转账凭证是指记录转账业务的记账凭证。它是根据有关转账业务（即不涉及现金、银行存款收付的各项业务）的原始凭证编制的。企业记录赊销交易的会计凭证即为一种转账凭证。

（十六）现金和银行凭证

现金和银行凭证是指分别用来记录现金和银行存款收入业务和支付业务的记账凭证。

第二节 销售与收款循环的主要业务活动和相关内部控制

了解被审计单位的重大业务循环的业务活动及其相关内部控制是注册会计师在实施风险评估程序时的一项必要工作，其目的是为了识别认定层次重大错报风险，针对识别出的认定层次重大错报风险分别评估固有风险和控制风险，从而设计和实施进一步审计程序。

第三节 销售与收款循环的重大错报风险

一、销售与收款循环存在的重大错报风险

不同被审计单位的收入模式可能不同,即使是同一被审计单位也可能存在多种收入模式,收入的来源和构成、交易特性、行业特定惯例、收入确认的具体原则等因素对收入交易的会计核算产生诸多影响。例如,不同合同下的收入确认的前提条件可能不尽相同。因此,注册会计师识别出的重大错报风险因被审计单位的性质和交易的具体情况而异。以一般制造业的赊销销售为例,注册会计师识别出的重大错报风险通常包括:

1. 已记录的收入交易未真实发生。
2. 未完整记录所有已发生的收入交易。
3. 收入交易的复杂性可能导致的错误。例如,被审计单位可能针对一些特定的产品或者服务提供一些特殊的交易安排,如可变对价安排、特殊的退货约定、特殊的服务期限安排等,但管理层可能对这些不同安排下所涉及的交易风险的判断缺乏经验,导致收入确认发生错误。
4. 期末发生的交易可能未计入正确的期间,包括销售退回交易的截止错误。
5. 收款未及时入账或记入不正确的账户,因而导致应收账款/合同资产(或应收票据/银行存款)的错报。
6. 应收账款坏账准备/合同资产减值准备的计提不准确。

(一)识别与收入确认相关的舞弊风险

在实施风险评估程序时,注册会计师识别与收入确认相关的舞弊风险至关重要。注册会计师通过了解被审计单位生产经营的基本情况、销售模式和业务流程、与收入相关的生产技术条件、收入的来源和构成、收入交易的特性、收入确认的具体原则、与收入确认相关的信息系统、所在行业的基本情况和特殊事项、上下游行业的景气度、重大异常交易的商业理由、被审计单位的业绩衡量、管理层的经营理念、内部控制、财务报表项目的内在联系等,有助于其考虑发生舞弊的方式和领域,以及管理层可能采取的舞弊手段,从而更有效地识别与收入确认相关的舞弊风险,并设计恰当的审计程序以应对此类风险。

(二)常用的收入确认舞弊手段

了解被审计单位通常采用的收入确认舞弊手段,有助于注册会计师更加有针对性地实施审计程序。

(三)表明被审计单位在收入确认方面可能存在舞弊风险的迹象

舞弊风险迹象,是注册会计师在实施审计过程中发现的、需要引起对舞弊风险警觉的事实或情况。存在舞弊风险迹象并不必然表明发生了舞弊,但了解舞弊风险迹象,有助于注册会计师对审计过程中发现的异常情况产生警觉,从而更有针对性地采取应对措

施。注册会计师保持职业怀疑，充分了解被审计单位业务模式并理解业务逻辑，有助于识别舞弊风险迹象。例如，被审计单位的产品具有一定的销售半径，如果存在超出销售半径而没有合理商业理由的销售交易，则可能表明被审计单位存在收入舞弊风险。又如，被审计单位技术水平处于行业中端，但高端产品却占销售收入比重较大，可能表明被审计单位存在收入舞弊风险。

（四）对收入确认实施分析程序

在收入确认领域实施审计程序时，分析程序是一种较为有效的方法，注册会计师需要重视并充分利用分析程序，发挥其在识别收入确认舞弊中的作用。在设计分析程序时，注册会计师需要在充分了解被审计单位及其环境等方面情况的基础上，识别与收入相关的财务数据和其他财务数据、非财务数据之间存在的关系，以提升实施分析程序的效果。基于被审计单位的业务性质，可以采用不同的数据指标分析。例如，餐饮业可以考虑翻台率，游戏直播行业可以考虑单客充值金额、实际在线时间等。在某些情况下，注册会计师还可以使用数据分析技术。

二、评估固有风险和控制风险

（一）评估固有风险

针对识别出的销售与收款循环相关交易类别、账户余额和披露存在的重大错报风险，注册会计师应当通过评估错报发生的可能性和严重程度来评估固有风险。在评估时，注册会计师运用职业判断确定错报发生的可能性和严重程度综合起来的影响程度。

（二）评估控制风险

如果计划测试销售与收款循环中相关控制的运行有效性，注册会计师应当评估控制风险。注册会计师可以根据自身偏好的审计技术或方法，以不同方式实施和体现对控制风险的评估。

三、根据重大错报风险评估结果设计进一步审计程序

注册会计师根据对销售与收款循环的重大错报风险的评估结果，制定实施进一步审计程序的总体方案，包括确定是采用综合性方案还是实质性方案，并考虑审计程序的性质、时间安排和范围，继而实施控制测试和实质性程序，以应对识别出的认定层次的重大错报风险。

第四节 销售与收款循环的控制测试

一、控制测试的基本原理

在对被审计单位销售与收款循环的相关内部控制实施测试时，注册会计师需要注意以下几点：

1. 控制测试所使用的审计程序的类型主要包括询问、观察、检查和重新执行，其提供的保证程度依次递增。注册会计师需要根据所测试的内部控制的特征及需要获得的保证程度选用适当的测试程序。

2. 如果在期中实施了控制测试，注册会计师应当在年末审计时实施适当的前推程序，就控制在剩余期间的运行情况获取证据，以确定控制是否在整个被审计期间持续运行有效。

3. 控制测试的范围取决于注册会计师需要通过控制测试获取的保证程度。

4. 如果拟信赖的内部控制是由计算机执行的自动化控制，注册会计师除了测试自动化信息处理控制的运行有效性，还需要就相关的信息技术一般控制的运行有效性获取审计证据。如果所测试的人工控制利用了系统生成的信息或报告，注册会计师除了测试人工控制，还需就系统生成的信息或报告的可靠性获取审计证据。

二、以风险为起点的控制测试

风险评估和风险应对是整个审计过程的核心，因此，注册会计师通常以识别的重大错报风险为起点，选取拟测试的控制并实施控制测试。

第五节　销售与收款循环的实质性程序

在完成控制测试之后，注册会计师基于控制测试的结果（即控制运行是否有效），考虑从控制测试中已获得的审计证据及其保证程度，确定是否需要对具体审计计划中设计的实质性程序的性质、时间安排和范围作出适当调整。例如，如果控制测试的结果表明内部控制未能有效运行，注册会计师需要从实质性程序中获取更多的相关审计证据，注册会计师可以修改实质性程序的性质，如采用细节测试而非实质性分析程序、获取更多的外部证据等，或修改实质性审计程序的范围，如扩大样本规模。

一、营业收入的实质性程序

（一）营业收入的审计目标

营业收入项目反映企业在销售商品、提供劳务等主营业务活动中所产生的收入，以及企业确认的除主营业务活动以外的其他经营活动实现的收入，包括出租固定资产、出租无形资产、出租包装物和商品、销售材料等实现的收入。

（二）主营业务收入的常规实质性程序

1. 获取主营业务收入明细表，并执行以下工作：
（1）复核加计是否正确，并与总账数和明细账合计数核对是否相符；
（2）检查以非记账本位币结算的主营业务收入使用的折算汇率及折算是否正确。

2. 实施实质性分析程序。
（1）针对已识别需要运用分析程序的有关项目，并基于对被审计单位及其环境等方面情况的了解，通过进行以下比较，同时考虑有关数据间关系的影响，以建立有关数据的期望值：

①将账面销售收入、销售清单和销售增值税销项清单进行核对。

②将本期销售收入金额与以前可比期间的对应数据或预算数进行比较。

③分析月度或季度销售量、销售单价、销售收入金额、毛利率变动趋势。

④将销售收入变动幅度与销售商品及提供劳务收到的现金、应收账款/合同资产、存货、税金等项目的变动幅度进行比较。

⑤将销售毛利率、应收账款/合同资产周转率、存货周转率等关键财务指标与可比期间数据、预算数或同行业其他企业数据进行比较。

⑥分析销售收入等财务信息与投入产出率、劳动生产率、产能、水电能耗、运输数量等非财务信息之间的关系。

⑦分析销售收入与销售费用之间的关系，包括销售人员的人均业绩指标、销售人员薪酬、广告费、差旅费，以及销售机构的设置、规模、数量、分布等。

（2）确定可接受的差异额。

（3）将实际金额与期望值相比较，计算差异。

（4）如果差异额超过确定的可接受差异额，调查并获取充分的解释和恰当的、佐证性质的审计证据（如通过检查相关的凭证等）。需要注意的是，如果差异超过可接受差异额，注册会计师需要对差异额的全额进行调查证实，而非仅针对超出可接受差异额的部分。

（5）评价实质性分析程序的结果。

3. 检查主营业务收入确认方法是否符合企业会计准则的规定。

注册会计师通常对所选取的交易，检查销售合同及与履行合同相关的单据和文件记录，而对于某些特定的收入交易，注册会计师可能还需要根据被审计单位的具体情况和重大错报风险的评估结果，评价收入确认方法是否符合企业会计准则的规定。

4. 检查交易价格。

交易价格，指企业因向客户转让商品而预期有权收取的对价金额。由于合同标价不一定代表交易价格，被审计单位需要根据合同条款，并结合以往的习惯做法等确定交易价格。

5. 检查与收入交易相关的原始凭证与会计分录。

以主营业务收入明细账中的会计分录为起点，检查相关原始凭证，如订购单、销售单、出库单、发票等，评价已入账的营业收入是否真实发生（"发生"认定）。检查订购单和销售单，用以确认存在真实的客户购买要求，销售交易已经过适当的授权批准。销售发票存根上所列的单价，通常还要与经过批准的商品价目表进行比较核对，对其金额小计和合计数也要进行复算。发票中列出的商品的规格、数量和客户代码等，则应与出库单进行比较核对，尤其是由客户签收商品的一联，确定已按合同约定履行了履约义务，可以确认收入。同时，还要检查原始凭证中的交易日期（客户取得商品控制权的日期），以确认收入计入正确的会计期间。

6. 从出库单（客户签收联）中选取样本，追查至主营业务收入明细账，以确定是否存在遗漏事项（"完整性"认定）。也就是说，如果注册会计师测试收入的"完整性"这一目标，起点需要是出库单。为使这一程序成为一项有意义的测试，注册会计师需要确认已获取全部出库单，通常可以通过检查出库单的顺序编号来查明。

7. 结合对应收账款/合同资产实施的函证程序，选择客户函证本期销售额。

8. 实施销售截止测试。

对销售实施截止测试，其目的主要在于确定被审计单位主营业务收入的会计记录归属期是否正确：应记入本期或下期的主营业务收入是否被推延至下期或提前至本期。

9. 对于销售退回，检查相关手续是否符合规定，结合原始销售凭证检查其会计处理是否正确，结合存货项目审计关注其真实性。

10. 检查可变对价的会计处理。

11. 检查主营业务收入在财务报表中的列报和披露是否符合企业会计准则的规定。

（三）营业收入的"延伸检查"程序

如果识别出被审计单位收入真实性存在重大异常情况，且通过常规审计程序无法获取充分、适当的审计证据，注册会计师需要考虑实施"延伸检查"程序，即对检查范围进行合理延伸，以应对识别出的舞弊风险。例如，对所销售产品或服务及其所涉及资金的来源和去向进行追踪，对交易参与方（含代为收付款方）的最终控制人或其真实身份进行查询。

二、应收账款的实质性程序

应收账款是企业无条件收取合同对价的权利。合同资产是指企业已向客户转让商品而有权收取对价的权利，且该权利取决于时间流逝之外的因素。两者的主要区别在于相关的风险不同，应收款项仅承担信用风险，而合同资产除信用风险外，还可能承担其他风险。本教材重点阐述应收账款的实质性程序。

（一）应收账款的审计目标

应收账款的审计目标一般包括：确定资产负债表中记录的应收账款是否存在（"存在"认定）；确定所有应当记录的应收账款是否均已记录（"完整性"认定）；确定记录的应收账款是否由被审计单位拥有或控制（"权利和义务"认定）；确定应收账款是否可收回，预期信用损失的计提方法和金额是否恰当，计提是否充分（"准确性、计价和分摊"认定）；应收账款及其预期信用损失是否已记录于恰当的账户（"分类"认定），并已被恰当地汇总或分解且表述清楚，按照企业会计准则的规定在财务报表中作出的相关披露是相关的、可理解的（"列报"认定）。

（二）应收账款的实质性程序

以下列示了针对应收账款的常规的实质性程序：

1. 取得应收账款明细表。

（1）复核加计正确，并与总账数和明细账合计数核对是否相符；结合损失准备科目与报表数核对是否相符。应收款项报表数反映企业因销售商品、提供劳务等应向客户收取的各种款项，减去已计提的相应的损失准备后的净额。

（2）检查非记账本位币应收账款的折算汇率及折算是否正确。对于用非记账本位币

（通常为外币）结算的应收账款，注册会计师检查被审计单位外币应收账款的增减变动是否采用交易发生日的即期汇率将外币金额折算为记账本位币金额，或者采用按照系统合理的方法确定的、与交易发生日即期汇率近似的汇率折算，选择采用汇率的方法前后各期是否一致；期末外币应收账款余额是否采用期末即期汇率折合为记账本位币金额；折算差额的会计处理是否正确。

（3）分析有贷方余额的项目，查明原因，必要时，建议作重分类调整。

（4）结合其他应收款、预收款项等往来项目的明细余额，调查有无同一客户多处挂账、异常余额或与销售无关的其他款项（如代销账户、关联方账户或员工账户）。必要时提出调整建议。

2. 分析与应收账款相关的财务指标。

（1）复核应收账款借方累计发生额与主营业务收入关系是否合理，并将当期应收账款借方发生额占销售收入净额的百分比与管理层考核指标和被审计单位相关赊销政策比较，如存在异常查明原因。

（2）计算应收账款周转率、应收账款周转天数等指标，并与被审计单位相关赊销政策、被审计单位以前年度指标、同行业同期相关指标对比，分析是否存在重大异常并查明原因。

3. 对应收账款实施函证程序。函证应收账款的目的在于证实应收账款账户余额是否真实、准确。通过第三方提供的函证回复，可以比较有效地证明被询证者的存在和被审计单位记录的可靠性。

（4）函证时间的选择。注册会计师通常以资产负债表日为截止日，在资产负债表日后适当时间内实施函证。如果重大错报风险评估为低水平，注册会计师可选择资产负债表日前适当日期为截止日实施函证，并对所函证项目自该截止日起至资产负债表日止发生的变动实施其他实质性程序。

（5）函证的控制。注册会计师通常利用被审计单位提供的应收账款明细账户名称及客户地址等资料据以编制询证函，但注册会计师应当对函证全过程保持控制。并对确定需要确认或填列的信息、选择适当的被询证者、设计询证函以及发出和跟进（包括收回）询证函保持控制。

（6）对不符事项的处理。对回函中出现的不符事项，注册会计师需要调查核实原因，确定其是否构成错报。注册会计师不能仅通过询问被审计单位相关人员对不符事项的性质和原因得出结论，而是要在询问原因的基础上，检查相关的原始凭证和文件资料予以证实。必要时与被询证方联系，获取相关信息和解释。对应收账款而言，登记入账的时间不同而产生的不符事项主要表现为：①客户已经付款，被审计单位尚未收到货款；②被审计单位的货物已经发出并已做销售记录，但货物仍在途中，客户尚未收到货物；③客户由于某种原因将货物退回，而被审计单位尚未收到；④客户对收到的货物的数量、质量及价格等方面有异议而全部或部分拒付货款等。

（7）对未回函项目实施替代程序。如果未收到被询证方的回函，注册会计师应当实施替代审计程序，例如，在考虑实施收入截止测试等审计程序所获取审计证据的基础上：

①检查资产负债表日后收回的货款。值得注意的是，注册会计师不能仅查看应收账

款的贷方发生额，而是要查看相关的收款单据，以证实付款方确为该客户且确与资产负债表日的应收账款相关。

②检查相关的销售合同、销售单、出库单等文件。注册会计师需要根据被审计单位的收入确认条件和时点，确定能够证明收入发生的凭证。

③检查被审计单位与客户之间的往来邮件，如有关发货、对账、催款等事宜邮件。

4. 对应收账款余额实施函证以外的细节测试。在未实施应收账款函证的情况下（例如，由于实施函证不可行），注册会计师需要实施其他审计程序获取有关应收账款的审计证据。这种程序通常与上述未收到回函情况下实施的替代程序相似。

5. 检查坏账的冲销和转回。一方面，注册会计师检查有无债务人破产或者死亡的，以及破产或以遗产清偿后仍无法收回的，或者债务人长期未履行清偿义务的应收账款；另一方面，应检查被审计单位坏账的处理是否经授权批准，有关会计处理是否正确。

6. 确定应收账款的列报是否恰当。除了企业会计准则要求的披露之外，如果被审计单位为上市公司，注册会计师还要评价其披露是否符合证券监管部门的特别规定。

（三）坏账准备的实质性程序

应收账款属于以摊余成本计量的金融资产，企业应当以预期信用损失为基础，对其进行减值会计处理并确认坏账准备。以下阐述坏账准备审计常规的实质性程序。

1. 取得坏账准备明细表，复核加计是否正确，与坏账准备总账数、明细账合计数核对是否相符。

2. 将应收账款坏账准备本期计提数与信用减值损失相应明细项目的发生额核对是否相符。

3. 检查应收账款坏账准备计提和核销的批准程序，取得书面报告等证明文件，结合应收账款函证回函结果，评价计提坏账准备所依据的资料、假设及方法。

4. 实际发生坏账损失的，检查转销依据是否符合有关规定，会计处理是否正确。对于被审计单位在审计期间内发生的坏账损失，注册会计师应检查其原因是否清楚，是否符合有关规定，有无授权批准，有无已做坏账处理后又重新收回的应收账款，相应的会计处理是否正确。对有确凿证据表明确实无法收回的应收账款，如债务单位已撤销、破产、资不抵债、现金流量严重不足等，企业应根据管理权限，经股东（大）会或董事会，或经理（厂长）办公会或类似机构批准作为坏账损失，冲销提取的坏账准备。

5. 已经确认并转销的坏账重新收回的，检查其会计处理是否正确。

6. 确定应收账款坏账准备的披露是否恰当，如企业是否在财务报表附注中清晰地说明坏账的确认标准、坏账准备的计提方法等内容。

第十章 采购与付款循环的审计

第一节 采购与付款循环的特点

本节包括两部分内容：一是不同行业的采购和费用支出；二是本循环涉及的主要单据与会计记录。

一、不同行业的采购和费用支出

企业的采购与付款循环包括购买商品和服务，以及企业在经营活动中为获取收入而发生的直接或间接的支出。采购业务是企业生产经营活动的起点，企业的支出从性质、数量和发生频率上看是多种多样的。本章主要关注与购买商品和服务、应付账款的支付有关的控制活动以及重大交易。固定资产的采购和管理通常由单独的资产管理部门负责，其风险考虑和相关控制与普通的原材料等商品采购有较大不同，因此在审计实务中一般单独考虑，下文也未将其包含在本循环内进行描述。

不同的企业性质决定企业除了有一些共性的费用支出外，还会发生一些不同类型的支出。

二、涉及的主要单据与会计记录

采购与付款交易通常要经过请购—订货—验收—付款这样的流程，同销售与收款交易一样，在内部控制比较健全的企业，处理采购与付款交易通常需要使用多种单据与会计记录。以一般制造业为例，以下列示了常见的采购与付款循环所涉及的主要单据与会计记录（不同被审计单位的单据名称可能不同）：

（一）采购计划

企业以销售和生产计划为基础，考虑供需关系及市场变化等因素，制订采购计划，并经适当的管理层审批后执行。

（二）供应商清单

企业通过文件审核及实地考察等方式对合作的供应商进行认证，将通过认证的供应商信息进行人工或自动化维护，并及时进行更新。

（三）请购单

请购单是由生产、仓库等部门的有关人员填写，送交采购部门，是申请购买商品、服务或其他资产的书面凭据。

(四) 订购单

订购单是由采购部门填写，经适当的管理层审核后发送供应商，是向供应商购买订购单上所指定的商品和服务的书面凭据。

(五) 验收及入库单

验收单是收到商品时所编制的凭据，列示通过质量检验的、从供应商处收到的商品的种类和数量等内容。入库单是由仓库管理人员填写的验收合格品入库的凭证。

(六) 卖方发票

卖方发票（供应商发票）是供应商开具的，交给采购方企业以载明发运的商品或提供的服务、应付款金额和付款条件等事项的凭证。

(七) 转账凭证

转账凭证是指记录转账交易的记账凭证，它是根据有关转账交易（即不涉及现金、银行存款收付的各项交易）的原始凭证编制的。

(八) 付款凭证

付款凭证包括现金付款凭证和银行存款付款凭证，是指用来记录现金和银行存款支出交易的记账凭证。

(九) 供应商对账单

实务中，对采购及应付账款的定期对账通常由供应商发起。供应商对账单是由供应商编制的、用于核对与采购企业往来款项的凭据，通常标明期初余额、本期购买、本期支付给供应商的款项和期末余额等信息。供应商对账单是供应商对有关交易的陈述，如果不考虑买卖双方在收发商品或接受服务货物上可能存在的时间差等因素，其期末余额通常应与采购方相应的应付账款期末余额一致。

第二节 采购与付款循环的主要业务活动和相关内部控制

本节以一般制造业的商品采购为例，简要介绍采购与付款循环通常涉及的主要业务活动及其相关的内部控制。

第三节 采购与付款循环的重大错报风险

一、采购与付款循环存在的重大错报风险

注册会计师识别出的采购与付款循环存在的重大错报风险，因被审计单位的性质和

交易的具体情况而异。以一般制造业为例，就采购与付款循环，注册会计师识别出的重大错报风险通常包括：

1. 未完整记录负债的风险。在承受反映较高盈利水平和营运资本的压力下（如为满足业绩考核要求、从银行获得资金或吸引潜在投资者），被审计单位管理层可能试图低估应付账款等负债。重大错报风险常常集中体现在遗漏交易，例如，未记录已收取货物但尚未收到发票的与采购相关的负债，或未记录尚未付款的已经购买的服务支出，这将对"完整性"等认定产生影响。

2. 多计或少计费用支出的风险。例如，通过多计或少计费用支出把损益控制在被审计单位管理层希望的程度，或是管理层把私人费用计入企业费用。

3. 费用支出记录不准确的风险。例如，被审计单位以复杂的交易安排购买一定期间的多种服务，管理层对于涉及的服务收益与付款安排所涉及的复杂性缺乏足够的了解。这可能导致费用支出分配或计提的错误。

4. 不正确地记录外币交易。当被审计单位进口用于出售的商品时，可能由于采用不恰当的外币汇率而导致该项采购的记录出现差错。此外，还存在未能将诸如运费、保险费和关税等与存货相关的进口费用进行正确分摊的风险。

5. 存在未记录的权利和义务。这可能导致资产负债表分类错误以及财务报表附注不正确或披露不充分。

二、评估固有风险和控制风险

（一）评估固有风险

针对识别出的相关交易类别、账户余额和披露存在的重大错报风险，注册会计师应当通过评估错报发生的可能性和严重程度来评估固有风险。在评估时，注册会计师运用职业判断确定错报发生的可能性和严重程度综合起来的影响程度。例如，某被审计单位从事农产品加工业务，部分原材料系向农户个人采购。在评估固有风险时，注册会计师认为与该类交易相关的固有风险因素主要是复杂性，如采购交易涉及多个农户，并且交易价格的季节性波动较大，导致核算较为复杂。此外，由于与农户的交易多为现金交易，以往年度存在白条交易的情况，存在较高的舞弊风险。基于上述因素，注册会计师认为错报发生的可能性较高，并且由于采购金额重大，如果发生错报，其严重程度较高，因此，将与该类交易相关的风险的固有风险等级评估为最高级，即存在特别风险。

（二）评估控制风险

如果注册会计师计划测试采购与付款循环中相关控制的运行有效性，应当评估相关控制的控制风险。注册会计师可以根据自身偏好的审计技术或方法，以不同方式实施和体现对控制风险的评估。例如，被审计单位每月由不负责应付账款核算的财务人员与供应商对账，就对账差异进行调查并编写说明，报经财务经理复核。注册会计师计划测试该项控制的运行有效性，考虑到该项控制属于常规性控制，不涉及重大判断，执行控制的人员具备相应的知识和技能并且保持了适当的职责分离，因此，注册会计师将该项控制的控制风险等级评估为低水平。

三、根据重大错报风险评估结果设计进一步审计程序

注册会计师根据对采购与付款循环存在重大错报风险的评估结果，制定实施进一步

审计程序的总体方案，包括确定是采用综合性方案还是实质性方案，并考虑审计程序的性质、时间安排和范围，继而实施控制测试和实质性程序，以应对识别出的认定层次的重大错报风险。

第四节 采购与付款循环的控制测试

如上节所述，是否执行如本节示例的控制测试工作是注册会计师根据其风险评估确定的。在某些情况下，例如，被审计单位的采购是根据信息技术系统事先设定的规则（包括购买的商品及数量）自动发起的，付款也是根据收到商品后系统设置的付款期限自动确定的，该过程在信息技术系统之外没有其他相关凭据的情形下，注册会计师可能判断无法仅通过实施实质性程序获取充分、适当的审计证据；在其他情况下，是否执行本节所述的控制测试工作则是注册会计师根据审计效率作出的总体判断。

注册会计师在实际工作中，并不需要对流程中的所有控制进行测试，而是应该针对识别的可能发生错报环节，选择足以应对评估的重大错报风险的控制进行测试。

控制测试的具体方法则需要根据具体控制的性质确定。例如，对于入库单连续编号的控制，如果该控制是人工控制，注册会计师可以根据样本量选取一定数量的经复核的入库单清单，检查入库单编号是否完整。如果入库单编号存在跳号情况，向企业的复核人员询问跳号原因，就其解释获取佐证并考虑对审计的影响；如果该控制是自动化控制，则注册会计师可以选取系统生成的例外事项报告，检查报告并确定是否存在管理层复核的证据以及复核是否在合理的时间内完成；与复核人员讨论其复核和跟进过程，如适当，确定复核人员采取的行动以及这些行动在此环境下是否恰当。确认是否发现了任何调整，调整如何得以解决以及采取的行动是否恰当。同时，由专门的信息系统测试人员测试系统的相关控制，以确认例外事项报告的完整性和准确性。

第五节 采购与付款循环的实质性程序

一、应付账款的实质性程序

应付账款是企业在正常经营过程中，因购买材料、商品和接受劳务供应等经营活动而应付给供应商的款项。注册会计师需要结合赊购交易进行应付账款的审计。

（一）应付账款的审计目标

应付账款的审计目标一般包括：确定资产负债表中记录的应付账款是否存在（"存

在"认定);确定所有应当记录的应付账款是否均已记录("完整性"认定);确定资产负债表中记录的应付账款是否为被审计单位应当履行的偿还义务("权利和义务"认定);确定应付账款是否以恰当的金额包括在财务报表中("准确性、计价和分摊"认定);确定应付账款已记录于恰当的账户("分类"认定);确定应付账款是否已被恰当地汇总或分解且表述清楚,按照企业会计准则的规定在财务报表中作出的相关披露是相关的、可理解的("列报"认定)。

(二) 应付账款的实质性程序

1. 获取应付账款明细表,并执行以下工作:

(1) 复核加计是否正确,并与报表数、总账数和明细账合计数核对是否相符;

(2) 检查非记账本位币应付账款的折算汇率及折算是否正确;

(3) 分析出现借方余额的项目,查明原因,必要时,建议作重分类调整;

(4) 结合预付账款、其他应付款等往来项目的明细余额,检查有无针对同一交易在应付账款和预付款项同时记账的情况、异常余额或与购货无关的其他款项(如关联方账户或雇员账户)。

2. 对应付账款实施函证程序。

由于采购与付款循环中较为常见的重大错报风险是低估应付账款("完整性"认定),因此,注册会计师在实施函证程序时可能需要从非财务部门(如采购部门)获取适当的供应商清单,如本期采购清单、所有现存供应商名录等,从中选取样本实施函证程序。

对未回函的项目实施替代程序,例如,检查付款单据(如支票存根)、相关的采购单据(如订购单、验收单、发票和合同)或其他适当文件。

3. 检查应付账款是否计入正确的会计期间,是否存在未入账的应付账款。

(1) 对本期发生的应付账款增减变动,检查至相关支持性文件,确认会计处理是否正确。

(2) 检查资产负债表日后应付账款明细账贷方发生额的相应凭证,关注其验收单、供应商发票的日期,确认其入账时间是否合理。

(3) 获取并检查被审计单位与其供应商之间的对账单以及被审计单位编制的差异调节表,确定应付账款金额的准确性。

(4) 针对资产负债表日后付款项目,检查银行对账单及有关付款凭证(如银行汇款通知、供应商收据等),询问被审计单位内部或外部的知情人员,查找有无未及时入账的应付账款。

(5) 结合存货监盘程序,检查被审计单位在资产负债表日前后的存货入库资料(验收报告或入库单),检查相关负债是否计入了正确的会计期间。

如果注册会计师通过这些审计程序发现某些未入账的应付账款,应将有关情况详细记入审计工作底稿,并根据其重要性确定是否需建议被审计单位进行相应的调整。

4. 寻找未入账负债的测试。

获取期后收取、记录或支付的发票明细，包括获取支票登记簿/电汇报告/银行对账单（根据被审计单位情况不同）以及入账的发票和未入账的发票。从中选取项目（尽量接近审计报告日）进行测试并实施以下程序：

（1）检查支持性文件，如相关的发票、采购合同/申请、收货文件以及接受服务明细，以确定收到商品/接受服务的日期及应在期末之前入账的日期。

（2）追踪已选取项目至应付账款明细账、货到票未到的暂估入账和/或预提费用明细表，并关注费用所计入的会计期间。调查并跟进所有已识别的差异。

（3）评价费用是否被记录于正确的会计期间，并相应确定是否存在期末未入账负债。

5. 检查应付账款长期挂账的原因并作出记录，对确实无需支付的应付账款的会计处理是否正确。

6. 检查应付账款是否已按照企业会计准则的规定在财务报表中作出恰当列报和披露。

二、除折旧/摊销、人工费用以外的一般费用的实质性程序

折旧/摊销和人工费用在其他循环中涵盖，此处提及的是除这些费用以外的一般费用，如差旅费、广告费。

（一）一般费用的审计目标

一般费用的审计目标一般包括：确定利润表中记录的一般费用是否确实发生（"发生"认定）；确定所有应当记录的费用是否均已记录（"完整性"认定）；确定一般费用是否以恰当的金额包括在财务报表中（"准确性"认定）；确定费用是否已记录于恰当的账户（"分类"认定）；确定费用是否已计入恰当的会计期间（"截止"认定）。

（二）一般费用的实质性程序

1. 获取一般费用明细表，复核其加计数是否正确、并与总账和明细账合计数核对是否正确。

2. 实质性分析程序：

（1）考虑可获取信息的来源、可比性、性质和相关性以及与信息编制相关的控制，评价在对记录的金额或比率作出预期时使用数据的可靠性。

（2）将费用细化到适当层次，根据关键因素和相互关系（例如，本期预算、费用类别与销售数量、职工人数的变化之间的关系等）设定预期值，评价预期值是否足够精确以识别重大错报。

（3）确定已记录金额与预期值之间可接受的、无需作进一步调查的可接受的差异额。

（4）将已记录金额与期望值进行比较，识别需要进一步调查的差异。

（5）调查差异，询问管理层，针对管理层的答复获取适当的审计证据；根据具体情况在必要时实施其他审计程序。

3. 从资产负债表日后的银行对账单或付款凭证中选取项目进行测试，检查支持性文件（如合同或发票），关注发票日期和支付日期，追踪已选取项目至相关费用明细表，检

查费用所计入的会计期间，评价费用是否被记录于正确的会计期间。

4. 对本期发生的费用选取样本，检查其支持性文件，确定原始凭证是否齐全，记账凭证与原始凭证是否相符以及账务处理是否正确。

5. 抽取资产负债表日前后的凭证，实施截止测试，评价费用是否被记录于正确的会计期间。

6. 检查一般费用是否已按照企业会计准则及其他相关规定在财务报表中作出恰当的列报和披露。

第十一章 生产与存货循环的审计

第一节 生产与存货循环的特点

一、不同行业的存货性质

存货是企业的重要资产，存货的采购、使用和销售与企业的经营活动紧密相关，对企业的财务状况和经营成果具有重大而广泛的影响。注册会计师应当确认在财务报表中列示的存货是否存在（"存在"认定），是否归被审计单位所有（"权利和义务"认定），期末计价是否准确（"准确性、计价和分摊"认定），被审计单位的存货是否均已记录（"完整性"认定）。

原材料的采购入库在采购与付款循环中涉及，产成品的出库销售在销售与收款循环中涉及，本章侧重于原材料入库之后至产成品发出之间的业务活动。

二、涉及的主要单据与会计记录

在内部控制比较健全的企业，处理生产和存货业务通常需要使用很多单据与会计记录。典型的生产与存货循环所涉及的主要单据与会计记录有以下几种（不同被审计单位的单据名称可能不同）：

（一）生产指令

生产指令又称"生产任务通知单"或"生产通知单"，是企业下达制造产品等生产任务的书面文件，用以通知供应部门组织材料发放，生产车间组织产品制造，会计部门组织成本计算。广义的生产指令也包括用于指导产品加工的工艺规程，如机械加工企业的"路线图"等。

（二）领发料凭证

领发料凭证是企业为控制材料发出所采用的各种凭证，如材料发出汇总表、领料单、限额领料单、领料登记簿、退料单等。

（三）产量和工时记录

产量和工时记录是登记工人或生产班组在出勤时间内完成产品数量、质量和生产这些产品所耗费工时数量的原始记录。产量和工时记录的内容与格式是多种多样的，在不同的生产企业中，甚至在同一企业的不同生产车间中，由于生产类型不同而采用不同格式的产量和工时记录。常见的产量和工时记录主要有工作通知单、工序进程单、工作班产量报告、产量通知单、产量明细表、废品通知单等。

（四）工薪汇总表及工薪费用分配表

工薪汇总表是为了反映企业全部工薪的结算情况，并据以进行工薪总分类核算和汇总整个企业工薪费用而编制的，它是企业进行工薪费用分配的依据。工薪费用分配表反映了各生产车间各产品应负担的生产工人工薪及福利费。

（五）材料费用分配表

材料费用分配表是用来汇总反映各生产车间各产品所耗费的材料费用的原始记录。

（六）制造费用分配汇总表

制造费用分配汇总表是用来汇总反映各生产车间各产品所应负担的制造费用的原始记录。

（七）成本计算单

成本计算单是用来归集某一成本计算对象所应承担的生产费用，计算该成本计算对象的总成本和单位成本的记录。

（八）产成品入库单和出库单

产成品入库单是产品生产完成并经检验合格后从生产部门转入仓库的凭证。产成品出库单是根据经批准的销售单发出产成品的凭证。

（九）存货明细账

存货明细账是用来反映各种存货增减变动情况和期末库存数量及相关成本信息的会计记录。

（十）存货盘点指令、盘点表及盘点标签

一般制造型企业通常会定期对存货实物进行盘点，将实物盘点数量与账面数量进行核对，对差异进行分析调查，必要时作账务调整，以确保账实相符。在实施存货盘点之前，管理人员通常编制存货盘点指令，对存货盘点的时间、人员、流程及后续处理等方面作出安排。在盘点过程中，通常会使用盘点表记录盘点结果，使用盘点标签对已盘点存货及数量作出标识。

（十一）存货货龄分析表

很多制造型企业通过编制存货货龄分析表，识别流动较慢或滞销的存货，并根据市场情况和经营预测，确定是否需要计提存货跌价准备。这对于管理具有保质期的存货（如食物、药品、化妆品等）尤其重要。

第二节 生产与存货循环的主要业务活动和相关内部控制

对于一般制造型企业而言，生产和存货通常是重大的业务循环，注册会计师需要在

审计计划阶段了解该循环涉及的业务活动及与财务报表编制相关的内部控制。

（一）计划和安排生产

生产计划部门的职责是根据客户订购单或者销售部门对销售预测和产品需求的分析来决定生产授权。如决定授权生产，即签发预先顺序编号的生产通知单。该部门通常应将发出的所有生产通知单顺序编号并加以记录控制。此外，通常该部门还需编制一份材料需求报告，列示所需要的材料和零件及其库存。

（二）发出原材料

仓储部门的责任是根据从生产部门收到的领料单发出原材料。领料单上必须列示所需的材料数量和种类，以及领料部门的名称。领料单可以一料一单，也可以多料一单，通常需一式三联。仓库管理人员发料并签署后，将其中一联连同材料交给领料部门（生产部门存根联），一联留在仓库登记材料明细账（仓库联），一联交会计部门进行材料收发核算和成本核算（财务联）。

（三）生产产品

生产部门在收到生产通知单及领取原材料后，便将生产任务分解到每一个生产工人，并将所领取的原材料交给生产工人，据以执行生产任务。生产工人在完成生产任务后，将完成的产品交生产部门统计人员查点，然后转交检验员验收并办理入库手续；或是将所完成的半成品移交下一个环节，作进一步加工。

（四）核算产品成本

为了正确核算并有效控制产品成本，必须建立健全成本会计制度，将生产控制和成本核算有机结合在一起。

（五）产成品入库及储存

产成品入库，须由仓储部门先行点验和检查，然后签收。签收后，将实际入库数量通知会计部门。据此，仓储部门确立了本身应承担的保管责任，并对验收部门的工作进行验证。除此之外，仓储部门还应根据产成品的品质特征分类存放，并填制标签。

（六）发出产成品

产成品的发出须由独立的发运部门进行。装运产成品时必须持有经有关部门核准的发运通知单，并据此编制出库单。出库单一般为一式四联，一联交仓储部门；一联由发运部门留存；一联送交客户；一联作为开具发票的依据。

（七）存货盘点

管理人员编制盘点指令，安排适当人员对存货实物（包括原材料、在产品和产成品等所有存货类别）进行定期盘点，将盘点结果与存货账面数量进行核对，调查差异并进行适当调整。

（八）计提存货跌价准备

财务部门根据存货货龄分析表信息或相关部门提供的有关存货状况的其他信息，结合存货盘点过程中对存货状况的检查结果，对出现损毁、滞销、跌价等降低存货价值的情况进行分析计算，计提存货跌价准备。

4. 对于产成品入库和储存这项主要业务活动，有些被审计单位的内部控制要求：

（1）产成品入库时，质量检验员应检查并签发预先按顺序编号的产成品验收单，由生产小组将产成品送交仓库，仓库管理员应检查产成品验收单，并清点产成品数量，填写预先顺序编号的产成品入库单，经质检经理、生产经理和仓储经理签字确认后，由仓库管理员将产成品入库单信息输入计算机系统，计算机系统自动更新产成品明细台账。

（2）存货存放在安全的环境（如上锁、使用监控设备）中，只有经过授权的工作人员可以接触及处理存货。

5. 对于发出产成品这项主要业务活动，在销售与收款流程循环中涉及产成品出库这一环节，此外还有后续的结转销售成本环节。有些被审计单位可能设计以下内部控制要求：

（1）产成品出库时，由仓库管理员填写预先顺序编号的出库单，并将产成品出库单信息输入计算机系统，经仓储经理复核并以电子签名方式确认后，计算机系统自动更新产成品明细台账并与发运通知单编号核对。

（2）产成品装运发出前，由运输经理独立检查出库单、销售订购单和发运通知单，确定从仓库提取的商品附有经批准的销售订购单，并且，所提取商品的内容与销售订购单一致。

（3）每月末，生产成本记账员根据计算机系统内状态为"已处理"的订购单数量，编制销售成本结转凭证，结转相应的销售成本，经会计主管审核批准后进行账务处理。

6. 对于盘点存货这项业务活动，有些被审计单位的内部控制要求：

（1）生产部门和仓储部门在盘点日前对所有存货进行清理和归整，便于盘点顺利进行。

（2）每一组盘点人员中应包括仓储部门以外的其他部门人员，即不能由负责保管存货的人员单独负责盘点存货；安排不同的工作人员分别负责初盘和复盘。

（3）盘点表和盘点标签事先连续编号，发放给盘点人员时登记领用人员；盘点结束后回收并清点所有已使用和未使用的盘点表和盘点标签。

（4）为防止存货被遗漏或重复盘点，所有盘点过的存货贴盘点标签，注明存货品名、数量和盘点人员，完成盘点前检查现场确认所有存货均已贴上盘点标签。

（5）将不属于本单位的代其他方保管的存货单独堆放并作标识；将盘点期间需要领用的原材料或出库的产成品分开堆放并作标识。

（6）汇总盘点结果，与存货账面数量进行比较，调查分析差异原因，并对认定的盘盈和盘亏提出账务调整建议，经仓储经理、生产经理、财务经理和总经理复核批准后入账。

7. 对于计提存货跌价准备这项业务活动，有些被审计单位的内部控制要求：

（1）定期编制存货货龄分析表，管理人员复核该分析表，确定是否有必要对滞销存货计提存货跌价准备，并计算存货可变现净值，据此计提存货跌价准备。

（2）生产部门和仓储部门每月上报残冷背次存货明细，采购部门和销售部门每月上报原材料和产成品最新价格信息，财务部门据此分析存货跌价风险并计提跌价准备，由财务经理和总经理复核批准并入账。

第三节 生产与存货循环的重大错报风险

一、生产与存货循环存在的重大错报风险

以一般制造类型企业为例，影响生产与存货循环交易和余额的风险因素可能包括：

1. 交易的数量和复杂性。制造类型企业交易的数量庞大，业务复杂，这就增加了错误和舞弊的风险。

2. 成本核算的复杂性。制造类型企业的成本核算比较复杂。虽然原材料和直接人工等直接成本的归集和分配比较简单，但间接费用的分配可能较为复杂，并且，同一行业中的不同企业也可能采用不同的认定和计量基础。

3. 产品的多元化。这可能要求聘请专家来验证其质量、状况或价值。另外，计算库存存货数量的方法也可能是不同的。例如，计量煤堆、筒仓里的谷物或糖、黄金或贵重宝石、化工品和药剂产品的存储量的方法都可能不一样。这并不是要求注册会计师每次监盘存货都需要专家配合，如果存货容易辨认、存货数量容易清点，就无需专家帮助。

4. 某些存货项目的可变现净值难以确定。例如，价格受全球经济供求关系影响的存货，由于其可变现净值难以确定，会影响存货采购价格和销售价格的确定，并将影响注册会计师对与存货"准确性、计价和分摊"认定有关的风险进行的评估。

5. 将存货存放在很多地点。大型企业可能将存货存放在很多地点，并且可以在不同的地点之间转移存货，这将增加商品途中毁损或遗失的风险，或者导致存货在两个地点被重复记录，也可能产生转移定价的错误或舞弊。

6. 寄存的存货。有时候存货虽然还存放在企业，但可能已经不归企业所有。反之，企业的存货也可能被寄存在其他企业。

综上所述，一般制造型企业的存货的重大错报风险通常包括：

(1) 存货实物可能不存在（"存在"认定）；

(2) 属于被审计单位的存货可能未在账面反映（"完整性"认定）；

(3) 存货的所有权可能不属于被审计单位（"权利和义务"认定）；

(4) 存货的单位成本可能存在计算错误（"准确性、计价和分摊"认定）；

(5) 存货的账面价值可能无法实现，即存货跌价准备的计提可能不充分（"准确性、计价和分摊"认定）。

二、根据重大错报风险评估结果设计进一步审计程序

注册会计师基于生产与存货循环的重大错报风险评估结果，制定实施进一步审计程序的总体方案（包括综合性方案和实质性方案），继而实施控制测试和实质性程序，以应对识别出的认定层次的重大错报风险。注册会计师通过将控制测试和实质性程序获取的审计证据综合起来应足以应对识别出的认定层次的重大错报风险。

注册会计师根据重大错报风险的评估结果初步确定实施进一步审计程序的具体审计计划,因为风险评估和审计计划都是贯穿审计全过程的动态的活动,而且控制测试的结果可能导致注册会计师改变对内部控制的信赖程度,因此,具体审计计划并非一成不变,可能需要在审计过程中进行调整。

然而,无论是采用综合性方案还是实质性方案,获取的审计证据都应当能够从认定层次应对所识别的重大错报风险,直至针对该风险所涉及的全部相关认定均已获取了足够的保证程度。我们将在本章第四节和第五节的讲解中,说明内部控制测试和实质性程序是如何通过"认定"与识别的重大错报风险相对应的。

第四节 生产与存货循环的控制测试

总体上看,生产与存货循环的内部控制主要包括存货数量的内部控制和存货单价的内部控制两方面。由于生产与存货循环与其他业务循环的紧密联系,生产与存货循环中某些审计程序,特别是对存货余额的审计程序,与其他相关业务循环的审计程序同时进行将更为有效。例如,原材料的采购和记录是作为采购与付款循环的一部分进行测试的,人工成本(包括直接人工成本和制造费用中的人工费用)是作为工薪循环的一部分进行测试的。因此,在对生产与存货循环的内部控制实施测试时,要考虑其他业务循环的控制测试是否与本循环相关,避免重复测试。

风险评估和风险应对是整个审计过程的核心,因此,注册会计师通常以识别的重大错报风险为起点,选取拟测试的控制并实施控制测试。

在上述控制测试中,如果人工控制在执行时依赖于信息技术系统生成的报告,注册会计师还应当针对系统生成报告的准确性执行测试,例如与计提存货跌价准备相关的管理层控制中使用了系统生成的存货货龄分析表,其准确性影响管理层控制的有效性,因此,注册会计师需要同时测试存货货龄分析表的准确性。

有些被审计单位采用信息技术系统执行全程自动化成本核算。在这种情况下,注册会计师通常需要对信息技术系统中的成本核算流程和参数设置进行了解和测试(可能需要利用信息技术专家的工作),并测试相关信息技术一般控制的运行有效性。

第五节 生产与存货循环的实质性程序

在完成控制测试之后,注册会计师基于控制测试的结果(即控制运行是否有效),确定从控制测试中已获得的审计证据及其保证程度,确定是否需要对具体审计计划中设计的实质性程序的性质、时间安排和范围作出适当调整。例如,如果控制测试的结果表明内部控制未能有效运行,注册会计师需要从实质性程序中获取更多的相关审计证据,注册会计师可以修改实质性程序的性质，如采用细节测试而非实质性分析程序、获取更多的外部证据等，或修改实质性审计程序的范围，如扩大样本规模。有关影响抽样时确定样本规模的因素请参考本教材第四章中的讲解。

在实务中，注册会计师通过计划阶段执行的风险评估程序，已经确定了已识别重大错报风险的相关认定。在下面的介绍中，我们从风险对应的具体审计目标和相关认定的角度出发，对实务中较为常见的针对存货和营业成本的实质性程序进行阐述。这些程序可以从一个或多个认定方面应对识别的重大错报风险。

一、存货的审计目标

存货审计，尤其是对年末存货余额的测试，通常是审计中最复杂也最费时的部分。导致存货审计复杂的主要原因包括：

（1）存货通常是资产负债表中的一个主要项目，而且通常是构成营运资本的最大项目。

（2）存货存放于不同的地点，这使得对它的实物控制和盘点都很困难。企业必须将存货置放于便于产品生产和销售的地方，但是这种分散也带来了审计的困难。

（3）存货项目的多样性也给审计带来了困难。例如，化学制品、宝石、电子元件以及其他的高科技产品。

（4）存货本身的状况以及存货成本的分配也使得存货的估价存在困难。

（5）不同企业采用的存货计价方法存在多样性。

正是由于存货对于企业的重要性、存货问题的复杂性以及存货与其他项目密切的关联度，要求注册会计师对存货项目的审计应当予以特别的关注。相应地，要求实施存货项目审计的注册会计师应具备较高的专业素质和相关业务知识，分配较多的审计工时，运用多种有针对性的审计程序。

二、存货的一般审计程序

获取年末存货余额明细表，并执行以下工作：

1. 复核单项存货金额的计算（单位成本×数量）和明细表的加总计算是否准确。
2. 将本年末存货余额与上年末存货余额进行比较，总体分析变动原因。

三、存货监盘

（一）存货监盘的作用

如果存货对财务报表是重要的，注册会计师应当实施下列审计程序，对存货的存在和状况获取充分、适当的审计证据：

1. 在存货盘点现场实施监盘（除非不可行）；
2. 对期末存货记录实施审计程序，以确定其是否准确反映实际的存货盘点结果。

在存货盘点现场实施监盘时，注册会计师应当实施下列审计程序：

1. 评价管理层用以记录和控制存货盘点结果的指令和程序；
2. 观察管理层制定的盘点程序的执行情况；

3. 检查存货；

4. 执行抽盘。

存货监盘的相关程序可以用作控制测试或者实质性程序。注册会计师可以根据风险评估结果、审计方案和实施的特定程序作出判断。例如，如果只有少数项目构成了存货的主要部分，注册会计师可能选择将存货监盘用作实质性程序。

(二) 存货监盘计划

1. 制定存货监盘计划的基本要求。注册会计师应当根据被审计单位存货的特点、盘存制度和存货内部控制的有效性等情况，在评价被审计单位管理层制定的存货盘点程序的基础上，编制存货监盘计划，对存货监盘作出合理安排。

2. 制定存货监盘计划应考虑的相关事项。在编制存货监盘计划时，注册会计师需要考虑以下事项：

（1）与存货相关的重大错报风险。

（2）与存货相关的内部控制的性质。

（3）对存货盘点是否制定了适当的程序，并下达了正确的指令。注册会计师一般需要复核或与管理层讨论其存货盘点程序。

（4）存货盘点的时间安排。如果存货盘点在财务报表日以外的其他日期进行，注册会计师除实施存货监盘相关审计程序外，还应当实施其他审计程序，以获取审计证据，确定存货盘点日与财务报表日之间的存货变动是否已得到恰当的记录。

（5）被审计单位是否一贯采用永续盘存制。存货数量的盘存制度一般分为实地盘存制和永续盘存制。存货盘存制度不同，注册会计师需要作出的存货监盘安排也不同。如果被审计单位通过实地盘存制确定存货数量，则注册会计师要参加此种盘点。如果被审计单位采用永续盘存制，注册会计师应在年度中一次或多次参加盘点。

（6）存货的存放地点（包括不同存放地点的存货的重要性和重大错报风险），以确定适当的监盘地点。

（7）是否需要专家协助。注册会计师可能不具备其他专业领域专长与技能。在确定资产数量或资产实物状况（如矿石堆），或在收集特殊类别存货（如艺术品、稀有玉石、房地产、电子器件、工程设计等）的审计证据时，注册会计师可以考虑利用专家的工作。

3. 存货监盘计划的主要内容。存货监盘计划应当包括以下主要内容：

（1）存货监盘的目标、范围及时间安排。存货监盘的主要目标包括获取被审计单位资产负债表日有关存货的存在和状况以及有关管理层存货盘点程序可靠性的审计证据，检查存货的数量是否真实完整，是否归属被审计单位，存货有无毁损、陈旧、过时、残次和短缺等状况。

存货监盘范围的大小取决于存货的内容、性质以及与存货相关的内部控制的完善程度和重大错报风险的评估结果。

存货监盘的时间，包括实地察看盘点现场的时间、观察存货盘点的时间和对已盘点存货实施检查的时间等，应当与被审计单位实施存货盘点的时间相协调。

（2）存货监盘的要点及关注事项。存货监盘的要点主要包括注册会计师实施存货监盘程序的方法、步骤，各个环节应注意的问题以及所要解决的问题。注册会计师需要重点关注的事项包括盘点期间的存货移动、存货的状况、存货的截止确认、存货的各个存放地点及金额等。

（3）参加存货监盘人员的分工。注册会计师应当根据被审计单位参加存货盘点人员分工、分组情况，存货监盘工作量的大小和人员素质情况，确定参加存货监盘的人员组成以及各组成人员的职责和具体的分工情况，并加强督导。

（4）抽盘存货的范围。注册会计师应当根据对被审计单位存货盘点和对被审计单位内部控制的评价结果确定抽盘存货的范围。在实施观察程序后，如果认为被审计单位内部控制设计良好且得到有效实施，存货盘点组织良好，可以相应缩小实施抽盘的范围。

（三）存货监盘程序

在存货盘点现场实施监盘时，注册会计师应当实施下列审计程序：

1. 评价管理层用以记录和控制存货盘点结果的指令和程序。注册会计师需要考虑这些指令和程序是否包括下列方面：

（1）适当控制活动的运用。例如，收集已使用的存货盘点记录，清点未使用的存货盘点表单，实施盘点和复盘程序。

（2）准确认定在产品的完工程度。例如，流动缓慢（呆滞）、过时或毁损的存货项目，以及第三方拥有的存货（如寄存货物）。

（3）在适用的情况下用于估计存货数量的方法。例如，可能需要估计煤堆的重量。

（4）对存货在不同存放地点之间的移动以及截止日前后出入库的控制。

一般而言，被审计单位在盘点过程中停止生产并关闭存货存放地点以确保停止存货的移动，有利于保证盘点的准确性。但特定情况下，被审计单位可能由于实际原因无法停止生产或收发货物。这种情况下，注册会计师可以根据被审计单位的具体情况考虑其无法停止存货移动的原因及其合理性。

2. 观察管理层制定的盘点程序（如对盘点时及其前后的存货移动的控制程序）的执行情况。这有助于注册会计师获取有关管理层指令和程序是否得到适当设计和执行的审计证据。尽管盘点存货时最好能保持存货不发生移动，但在某些情况下存货的移动是难以避免的。如果在盘点过程中被审计单位的生产经营仍将持续进行，注册会计师应通过实施必要的检查程序，确定被审计单位是否已经对此设置了相应的控制程序，确保在适当的期间内对存货作出了准确记录。

3. 检查存货。在存货监盘过程中检查存货，虽然不一定能确定存货的所有权，但有助于确定存货的存在，以及识别过时、毁损或陈旧的存货。注册会计师应当把所有过时、毁损或陈旧存货的详细情况记录下来，这既便于进一步追查这些存货的处置情况，也能为测试被审计单位存货跌价准备计提的准确性提供证据。

4. 执行抽盘。在对存货盘点结果进行测试时，注册会计师可以从存货盘点记录中选取项目追查至存货实物，以及从存货实物中选取项目追查至盘点记录，以获取有关盘点记录准确性和完整性的审计证据。需要说明的是，注册会计师应尽可能避免让被审计单位事先了解将抽盘的存货项目。除记录注册会计师对存货盘点结果进行的测试情况外，获取管理层完成的存货盘点记录的复印件也有助于注册会计师日后实施审计程序，以确定被审计单位的期末存货记录是否准确地反映了存货的实际盘点结果。

5. 需要特别关注的情况。包括：

（1）存货盘点范围。在被审计单位盘点存货前，注册会计师应当观察盘点现场，确定应纳入盘点范围的存货是否已经适当整理和排列，并附有盘点标识，防止遗漏或重复盘点。对未纳入盘点范围的存货，注册会计师应当查明未纳入的原因。

（2）对特殊类型存货的监盘。对某些特殊类型的存货而言，被审计单位通常使用的盘点方法和控制程序并不完全适用。这些存货通常或者没有标签，或者其数量难以估计，或者其质量难以确定，或者盘点人员无法对其移动实施控制。在这些情况下，注册会计师需要运用职业判断，根据存货的实际情况，设计恰当的审计程序，对存货的存在和状况获取审计证据。

6. 存货监盘结束时的工作。在被审计单位存货盘点结束前，注册会计师应当：

（1）再次观察盘点现场，以确定所有应纳入盘点范围的存货是否均已盘点。

（2）取得并检查已填用、作废及未使用盘点表单的号码记录，确定其是否连续编号，查明已发放的表单是否均已收回，并与存货盘点的汇总记录进行核对。注册会计师应当根据自己在存货监盘过程中获取的信息对被审计单位最终的存货盘点结果汇总记录进行复核，并评估其是否正确地反映了实际盘点结果。

（四）特殊情况的处理

1. 在存货盘点现场实施存货监盘不可行。在某些情况下，实施存货监盘可能是不可行的。这可能是由存货性质和存放地点等因素造成的，例如，存货存放在对注册会计师的安全有威胁的地点。然而，对注册会计师带来不便的一般因素不足以支持注册会计师作出实施存货监盘不可行的决定。审计中的困难、时间或成本等事项本身，不能作为注册会计师省略不可替代的审计程序或满足于说服力不足的审计证据的正当理由。

2. 因不可预见的情况导致无法在存货盘点现场实施监盘。有时，由于不可预见情况而可能导致无法在预定日期实施存货监盘，两种比较典型的情况包括：一是注册会计师无法亲临现场，即由于不可抗力导致其无法到达存货存放地实施存货监盘；二是气候因素，即由于恶劣的天气导致注册会计师无法实施存货监盘程序，或由于恶劣的天气无法观察存货，如木材被积雪覆盖。

如果由于不可预见的情况无法在存货盘点现场实施监盘，注册会计师应当另择日期实施监盘，并对间隔期内发生的交易实施审计程序。

3. 由第三方保管或控制的存货。如果由第三方保管或控制的存货对财务报表是重要的，注册会计师应当实施下列一项或两项审计程序，以获取有关该存货存在和状况的充分、适当的审计证据：

（1）向持有被审计单位存货的第三方函证存货的存在和状况。

（2）实施检查或其他适合具体情况的审计程序。根据具体情况（如获取的信息使注册会计师对第三方的诚信和客观性产生疑虑），注册会计师可能认为实施其他审计程序是适当的。其他审计程序可以作为函证的替代程序，也可以作为追加的审计程序。

其他审计程序的示例包括：

（1）实施或安排其他注册会计师实施对第三方的存货监盘（如可行）；

（2）获取其他注册会计师或服务机构注册会计师针对用以保证存货得到恰当盘点和

保管的内部控制的适当性而出具的报告;

(3) 检查与第三方持有的存货相关的文件记录,如仓储单;

(4) 当存货被作为抵押品时,要求其他机构或人员进行确认。

考虑到第三方仅在特定时点执行存货盘点工作,在实务中,注册会计师可以事先考虑实施函证的可行性。如果预期不能通过函证获取相关审计证据,可以事先计划和安排存货监盘等工作。

四、存货计价测试

存货监盘程序主要是对存货的数量进行测试。为验证财务报表上存货余额的真实性,还应当对存货的计价进行审计。存货计价测试包括两个方面:一是被审计单位所使用的存货单位成本是否正确;二是是否恰当计提了存货跌价准备。

在对存货的计价实施细节测试之前,注册会计师通常先要了解被审计单位本年度的存货计价方法与以前年度是否保持一致。如发生变化,变化的理由是否合理,是否经过适当的审批。

(一) 存货单位成本测试

针对原材料的单位成本,注册会计师通常基于企业的原材料计价方法(如先进先出法、加权平均法等),结合原材料的历史购买成本,测试其账面成本是否准确,测试程序包括核对原材料采购的相关凭证(主要是与价格相关的凭证,如合同、采购订单、发票等)以及验证原材料计价方法的运用是否正确。

(二) 存货跌价准备的测试

注册会计师在测试存货跌价准备时,需要从以下两个方面进行测试:

1. 识别需要计提存货跌价准备的存货项目。
2. 检查可变现净值的计量是否合理。

五、针对与存货相关的舞弊风险采取的应对措施

正如本章第三节所述,在实务中,存货领域亦属于财务舞弊的易发高发领域。如果识别出与存货相关的舞弊风险,注册会计师可以特别关注或考虑实施以下程序:

1. 针对虚构存货相关舞弊风险。(1) 根据存货的特点、盘存制度和存货内部控制,设计和执行存货监盘程序;(2) 关注是否存在金额较大且占比较高、库龄较长、周转率低于同行业可比公司等情形的存货,分析评价其合理性;(3) 严格实施分析程序,检查存货结构波动情况,分析其与收入结构变动的匹配性,评价产成品存货与收入、成本之间变动的匹配性;(4) 对异地存放或由第三方保管或控制的存货,严格实施函证或异地监盘等程序。

2. 针对账外存货相关舞弊风险。(1) 在其他资产审计中,关注是否有转移资产形成账外存货的情况;(2) 关注存货盘亏、报废的内部控制程序,关注是否有异常大额存货盘亏、报废的情况;(3) 存货监盘中,关注存货的所有权及完整性;(4) 关注是否存在通过多结转成本、多报耗用数量、少报产成品入库等方式,形成账外存货。

第十二章 货币资金的审计

第一节 货币资金审计概述

货币资金是企业资产的重要组成部分，是企业资产中流动性最强的资产。任何企业进行生产经营活动都必须拥有一定数额的货币资金，持有货币资金是企业生产经营活动的基本条件。货币资金主要来源于股东投入、债权人借款和企业经营累积，主要用于资产的取得和费用的结付。总的来说，只有保持健康的、正的现金流，企业才能够持续生存；如果出现现金流逆转迹象，产生了不健康的、负的现金流，长此以往，企业将会陷入财务困境，并导致对企业的持续经营能力产生疑虑。

根据货币资金存放地点及用途的不同，货币资金分为库存现金、银行存款及其他货币资金。

一、货币资金与业务循环

企业资金营运过程，从资金流入企业形成货币资金开始，到通过销售收回货币资金、成本补偿确定利润、部分资金流出企业为止。企业资金的不断循环，构成企业的资金周转。

二、涉及的主要单据和会计记录

货币资金审计涉及的单据和会计记录主要有：（1）现金盘点表；（2）银行对账单；（3）银行存款余额调节表；（4）有关科目的记账凭证；（5）有关会计账簿。

三、涉及的主要业务活动

货币资金的增减变动与企业的日常经营活动密切相关，且涉及多个业务循环，本书已在第九章至第十一章中分别演示了对销售与收款循环、采购与付款循环、生产与存货循环的业务活动（包括内部控制）的了解，并在此基础上实施了进一步审计程序。

注册会计师通常实施以下程序，以了解与货币资金相关的业务活动及内部控制：

1. 询问参与货币资金业务活动的被审计单位人员，如销售部门、采购部门和财务部门的员工和管理人员。

2. 观察货币资金业务流程中特定控制的运行，例如，观察被审计单位的出纳人员如何进行现金盘点。

3. 检查相关文件和报告，例如，检查银行余额调节表是否恰当编制以及其中的调节项是否经会计主管的恰当复核等。

实施穿行测试，即追踪货币资金业务在与财务报表编制相关的信息系统中的处理过程。穿行测试通常综合了询问、观察、检查等多种程序。通过实施穿行测试，注册会计师通常能获取充分的信息以评价控制的设计和运行。例如，选取一笔已收款的银行借款，追踪该笔交易从借款预算审批直至收到银行借款的整个过程。

四、货币资金内部控制概述

由于货币资金是企业流动性最强的资产，企业必须加强对货币资金的管理，建立良好的货币资金内部控制，以确保全部应收取的货币资金均能收取，并及时正确地予以记录；全部货币资金支出是按照经批准的用途进行的，并及时正确地予以记录；库存现金、银行存款报告正确，并得以恰当保管；正确预测企业正常经营所需的货币资金收支额，确保企业有充足又不过剩的货币资金余额。

在实务中，库存现金、银行存款和其他货币资金的转换比较频繁，三者的内部控制目标、内部控制制度的制定与实施大致相似，因此，先统一对货币资金的内部控制作一个概述，各自内部控制的特点以及控制测试将在后面分述。一般而言，一个良好的货币资金内部控制应该达到以下几点：（1）货币资金收支与记账的岗位分离。（2）货币资金收支要有合理、合法的凭据。（3）全部收支及时准确入账，并且资金支付应严格履行审批、复核制度。（4）控制现金坐支，当日收入现金应及时送存银行。（5）按月盘点现金，编制银行存款余额调节表，以做到账实相符。（6）对货币资金进行内部审计。

第二节 货币资金的重大错报风险

货币资金主要包括库存现金、银行存款及其他货币资金。

库存现金包括企业的人民币现金和外币现金。现金是企业流动性最强的资产，尽管其在企业资产总额中的比重不大，但企业发生的舞弊事件大多与现金有关，因此，注册会计师应该重视库存现金的审计。

银行存款是指企业存放在银行或其他金融机构的各种款项。按照国家有关规定，凡是独立核算的企业都必须在当地银行开设账户。企业在银行开设账户以后，除按核定的限额保留库存现金外，超过限额的现金必须存入银行；除了在规定的范围内可以用现金直接支付款项外，在经营过程中所发生的一切货币收支业务，都必须通过银行存款账户进行结算。

一、货币资金可能发生错报的环节

与货币资金相关的会计项目主要为库存现金、银行存款、应收（付）款项、短（长）期借款、财务费用、长期投资等。以一般制造型企业为例，与货币资金有关的交易和余额的可能发生错报环节通常包括（括号内为相应的认定）：

1. 被审计单位资产负债表的货币资金在资产负债表日不存在。（"存在"认定）
2. 被审计单位所有应当记录的与货币资金相关的收支业务未得到完整记录，存在遗漏。（"完整性"认定）
3. 被审计单位的货币资金通过舞弊手段被侵占。（"完整性"认定）
4. 记录的货币资金不是为被审计单位所拥有或控制。（"权利和义务"认定）
5. 货币资金金额未被恰当地列报于财务报表中，与之相关的计价调整未得到恰当记录。（"准确性、计价和分摊"认定）
6. 货币资金未按照企业会计准则的规定在财务报表中作出恰当列报。（"列报"认定）

二、识别应对可能发生错报环节的内部控制

为评估与货币资金的交易、账户余额和披露相关的认定层次重大错报风险，注册会计师应了解与货币资金相关的业务活动和内部控制，包括为了应对相关认定发生重大错报的固有风险（即可能发生错报的环节）而设置的控制。注册会计师可以通过审阅以前年度审计工作底稿、观察内部控制运行情况、询问管理层和员工、检查相关的文件和资料等方法对这些控制进行了解，例如，通过检查财务人员编制的银行余额调节表，可以了解该控制的设计和运行情况。

1. 库存现金内部控制。

由于现金是企业流动性最强的资产，加强现金管理对于保护企业资产安全完整具有重要的意义。在良好的现金内部控制下，企业的现金收支记录应及时、准确、完整，全部现金支出均按经批准的用途进行，现金得以安全保管。一般而言，一个良好的现金内部控制应该达到以下几点：（1）现金收支与记账的岗位分离。（2）现金收支要有合理、合法的凭据。（3）全部收入及时准确入账，并且现金支出应严格履行审批、复核制度。（4）控制现金坐支，当日收入现金应及时送存银行。（5）按月盘点现金，以做到账实相符。（6）对现金收支业务进行内部审计。

2. 银行存款内部控制。

一般而言，一个良好的银行存款的内部控制同库存现金的内部控制类似，应达到以下几点：

（1）银行存款收支与记账的岗位分离。
（2）银行存款收支要有合理、合法的凭据。
（3）全部收支及时准确入账，全部支出要有核准手续。
（4）按月编制银行存款余额调节表，以做到账实相符。
（5）加强对银行存款收支业务的内部审计。

三、与货币资金相关的重大错报风险

在评价与货币资金的交易、账户余额和披露相关的认定层次重大错报风险时，注册会计师通常运用职业判断，依据受相关固有风险因素影响的认定易于发生错报的可能性（即固有风险），以及风险评估是否考虑了与之相关的控制（即控制风险），形成对与货币资金相关的重大错报风险的评估，进而影响进一步审计程序。

四、拟实施的进一步审计程序的总体方案

注册会计师基于以上识别的重大错报风险评估结果，制定实施进一步审计程序的总体方案（包括综合性方案和实质性方案），继而实施控制测试和实质性审计程序，以应对识别出的重大错报风险。注册会计师通过综合性方案或实质性方案获取的审计证据应足以应对识别出的认定层次的重大错报风险。

第三节 货币资金的控制测试

一、概述

如果在评估认定层次重大错报风险时预期信赖控制，或仅实施实质性程序不能够提供认定层次充分、适当的审计证据，注册会计师应当实施控制测试，以就与认定相关的控制在相关期间或时点的运行有效性获取充分、适当的审计证据。如果根据注册会计师的判断，决定对货币资金采取实质性审计方案，在此情况下，无需实施本节所述的测试内部控制运行的有效性的程序。

本教材第九章到第十一章所述的其他业务循环（如销售循环、采购循环等）中可能已包含某些针对货币资金的控制测试，例如，检查付款是否已经适当批准等。

二、库存现金的控制测试

在已识别的重大错报风险的基础上，注册会计师选取拟测试的控制并实施控制测试。以下举例说明几种常见的库存现金内部控制以及注册会计师相应可能实施的内部控制测试程序。

1. 现金付款的审批和复核。
2. 现金盘点。

三、银行存款的控制测试

在已识别的重大错报风险的基础上，注册会计师选取拟测试的控制并实施控制测试。以下举例说明几种常见的银行存款内部控制以及注册会计师相应可能实施的内部控制测试程序。

1. 银行账户的开立、变更和注销。
2. 银行付款的审批和复核。
3. 编制银行存款余额调节表。

第四节 货币资金的实质性程序

一、概述

如果实施了本章第三节所述的控制测试，注册会计师根据控制测试的结果（即控制运行是否有效），确定从控制测试中已获得的审计证据及其保证程度，进而确定还需要从实质性程序中获取的审计证据及其保证程度，在此过程中也可能需要对制定具体审计计划时初步确定的实质性程序的性质、时间安排和范围作出适当调整。例如，如果控制测试的结果表明内部控制未能有效运行，注册会计师需要从实质性程序中获取更多的相关审计证据，注册会计师可以修改实质性程序的性质，如采用细节测试而非实质性分析程序、获取更多的外部证据等，或修改实质性审计程序的范围，如扩大样本规模等。

二、库存现金的实质性程序

根据重大错报风险的评估和从控制测试（如实施）中所获取的审计证据和保证程度，注册会计师就库存现金实施的实质性程序可能包括：

1. 核对库存现金日记账与总账的金额是否相符，检查非记账本位币库存现金的折算汇率及折算金额是否正确。注册会计师测试现金余额的起点是，核对库存现金日记账与总账的金额是否相符。如果不相符，应查明原因，必要时应建议作出适当调整。

2. 监盘库存现金。对被审计单位现金盘点实施的监盘程序是用作控制测试还是实质性程序，取决于注册会计师对风险评估结果、审计方案和实施的特定程序的判断。如果注册会计师可能基于风险评估的结果判断无需对现金盘点实施控制测试，仅实施实质性程序。

3. 抽查大额库存现金收支。查看大额现金收支，并检查原始凭证是否齐全、原始凭证内容是否完整、有无授权批准、记账凭证与原始凭证是否相符、账务处理是否正确、是否记录于恰当的会计期间等项内容。

4. 检查库存现金是否在财务报表中作出恰当列报。根据有关规定，库存现金在资产负债表的"货币资金"项目中反映，注册会计师应在实施上述审计程序后，确定"库存现金"账户的期末余额是否恰当，进而确定库存现金是否在资产负债表中恰当披露。

三、银行存款的实质性程序

根据重大错报风险的评估和从控制测试（如实施）中所获取的审计证据和保证程度，注册会计师就银行存款实施的实质性程序可能包括：

1. 获取银行存款余额明细表，复核加计是否正确，并与总账数和日记账合计数核对是否相符；检查非记账本位币银行存款的折算汇率及折算金额是否正确。注册会计师核对银行存款日记账与总账的余额是否相符。如果不相符，应查明原因，必要时应建议作出适当调整。

2. 实施实质性分析程序。计算银行存款累计余额应收利息收入，分析比较被审计单位银行存款应收利息收入与实际利息收入的差异是否恰当，评估利息收入的合理性，检查是否存在高息资金拆借，确认银行存款余额是否存在，利息收入是否已经完整记录。

3. 检查银行存款账户发生额。

4. 取得并检查银行对账单和银行存款余额调节表。取得并检查银行对账单和银行存款余额调节表是证实资产负债表中所列银行存款是否存在的重要程序。银行存款余额调节表通常应由被审计单位根据不同的银行账户及货币种类分别编制。

5. 函证银行存款余额，编制银行函证结果汇总表，检查银行回函。需要关注的是，银行函证程序是证实资产负债表所列银行存款是否存在的重要程序。通过向往来银行函证，注册会计师不仅可了解企业资产的存在，还可了解企业账面反映所欠银行债务的情况，并有助于发现企业未入账的银行借款和未披露的或有负债。

注册会计师应当对银行存款（包括零余额账户和在本期内注销的账户）、借款及与金融机构往来的其他重要信息实施函证程序，除非有充分证据表明某一银行存款、借款及与金融机构往来的其他重要信息对财务报表不重要且与之相关的重大错报风险很低。如果不对这些项目实施函证程序，注册会计师应当在审计工作底稿中说明理由。

当实施函证程序时，注册会计师应当对询证函保持控制，当函证信息与银行回函结果不符时，注册会计师应当调查不符事项，以确定是否表明存在错报。

6. 检查银行存款账户存款人是否为被审计单位，若存款人非被审计单位，应获取该账户户主和被审计单位的书面声明，确认资产负债表日是否需要提请被审计单位进行调整。

7. 关注是否存在质押、冻结等对变现有限制或存在境外的款项。如果存在，是否已提请被审计单位作必要的调整和披露。

8. 对不符合现金及现金等价物条件的银行存款在审计工作底稿中予以列明，以考虑对现金流量表的影响。

9. 抽查大额银行存款收支的原始凭证，检查原始凭证是否齐全、记账凭证与原始凭证是否相符、账务处理是否正确、是否记录于恰当的会计期间等项内容。检查是否存在非营业目的的大额货币资金转移，并核对相关账户的进账情况；如有与被审计单位生产经营无关的收支事项，应查明原因并作相应的记录。

10. 检查银行存款收支的截止是否正确。选取资产负债表日前后若干张、一定金额以上的凭证实施截止测试，关注业务内容及对应项目，如有跨期收支事项，应考虑是否提请被审计单位进行调整。

11. 检查银行存款是否在财务报表中作出恰当列报。根据有关规定，企业的银行存款在资产负债表的"货币资金"项目中反映，所以，注册会计师应在实施上述审计程序后，确定银行存款账户的期末余额是否恰当，进而确定银行存款是否在资产负债表中被恰当披露。此外，如果企业的银行存款存在抵押、冻结等使用限制情况或者潜在回收风险，注册会计师应关注企业是否已经恰当披露有关情况。

四、其他货币资金的实质性程序

注册会计师在对其他货币资金实施审计程序时，通常可能需要特别关注以下事项：

1. 保证金存款的检查，检查开立银行承兑汇票的协议或银行授信审批文件。可以将保证金账户对账单与相应的交易进行核对，根据被审计单位应付票据的规模合理推断保证金数额。检查信用证的开立协议与保证金是否相符，检查保证金与相关债务的比例是否与合同约定一致，特别关注是否存在有保证金发生而被审计单位无对应保证事项的情形。

2. 对于存出投资款，跟踪资金流向，并获取董事会决议等批准文件、开户资料、授权操作资料等。如果投资于证券交易业务，通常结合相应金融资产项目审计，核对证券账户户名是否与被审计单位相符，获取证券公司证券交易结算资金账户的交易流水，抽查大额的资金收支，关注资金收支的账面记录与资金流水是否相符。

3. 检查因互联网支付留存于第三方支付平台的资金。了解是否开立支付宝、微信等第三方支付账户，如是，获取相关开户信息资料，了解其用途和使用情况，获取与第三方支付平台签订的协议，了解第三方平台使用流程等内部控制，比照验证银行存款或银行交易的方式对第三方平台支付账户函证交易发生额和余额（如可行）。获取第三方支付平台发生额及余额明细，在验证这些明细信息可靠性的基础上（如观察被审计单位人员登录并操作相关支付平台导出信息的过程，核对界面的真实性，核对平台界面显示或下载的信息与提供给注册会计师的明细信息的一致性等），将其与账面记录进行核对，对大额交易考虑实施进一步的检查程序。

五、针对与货币资金相关的舞弊风险采取的应对措施

正如本章第二节所述，货币资金领域是财务舞弊的易发高发领域。如果识别出与货币资金相关的舞弊风险，注册会计师应当设计和实施进一步审计程序，审计程序的性质、时间安排和范围应当能够应对评估的舞弊导致的认定层次重大错报风险。针对常见的与货币资金相关的舞弊风险，注册会计师可以特别关注或考虑实施以下程序：

1. 针对虚构货币资金相关舞弊风险。
2. 针对大股东侵占货币资金相关舞弊风险。
3. 针对虚构现金交易相关舞弊风险。

第十三章 对舞弊和法律法规的考虑

第一节 财务报表审计中与舞弊相关的责任

一、舞弊的概念和种类

（一）舞弊的概念

舞弊是指被审计单位的管理层、治理层、员工或第三方使用欺骗手段获取不当或非法利益的故意行为。舞弊是现代经济社会中的一个"毒瘤"，其发生比较普遍。

（二）舞弊的种类

舞弊是一个宽泛的法律概念，但在财务报表审计中，注册会计师关注的是导致财务报表发生重大错报的舞弊。与财务报表审计相关的故意错报，包括编制虚假财务报告导致的错报和侵占资产导致的错报。

二、治理层、管理层的责任与注册会计师的责任

（一）治理层、管理层的责任

被审计单位治理层和管理层对防止或发现舞弊负有主要责任。管理层在治理层的监督下，高度重视对舞弊的防范和遏制是非常重要的。对舞弊进行防范可以减少舞弊发生的机会；对舞弊进行遏制，即发现和惩罚舞弊行为，能够警示被审计单位人员不要实施舞弊。对舞弊的防范和遏制需要管理层营造诚实守信和合乎道德的文化，并且这一文化能够在治理层的有效监督下得到强化。

（二）注册会计师的责任

对于注册会计师发现舞弊的责任，注册会计师职业界与社会公众之间存在期望差。在重大的财务报告舞弊案件发生后，社会公众总是会问"注册会计师干什么去了"。注册会计师职业界往往会辩解财务报表审计不是专门的舞弊调查，在发现舞弊方面有很大的局限性。期望差的存在会影响社会公众对注册会计师行业的信心，也是审计准则制定机构不断修订这方面审计准则的主要动力。

三、项目组内部的讨论

项目组成员之间应当进行讨论,并由项目合伙人确定将哪些事项向未参与讨论的项目组成员通报。项目组就舞弊导致财务报表发生重大错报的可能性进行的讨论可以达到以下目的:

1. 使经验较丰富的项目组成员有机会与其他成员分享关于财务报表易于发生舞弊导致的重大错报的方式和领域的见解;

2. 针对财务报表易于发生舞弊导致的重大错报的方式和领域考虑适当的应对措施,并确定分派哪些项目组成员实施特定的审计程序;

3. 确定如何在项目组成员中共享实施审计程序的结果,以及如何处理可能引起注册会计师关注的舞弊指控。

项目组内部讨论的内容可能包括:

1. 项目组成员认为财务报表易于发生舞弊导致的重大错报的方式和领域、管理层可能编制和隐瞒虚假财务报告的方式以及侵占资产的方式等;

2. 可能表明管理层操纵利润的迹象,以及管理层可能采取的导致虚假财务报告的利润操纵手段;

3. 管理层企图通过晦涩难懂的披露使披露事项无法得到正确理解的风险(例如,包含太多不重要的信息或使用不明晰或模糊的语言);

4. 已知悉的对被审计单位产生影响的外部和内部因素,这些因素可能产生动机或压力使管理层或其他人员实施舞弊,可能提供实施舞弊的机会,可能表明存在为舞弊行为寻找借口的文化或环境;

5. 对接触现金或其他易被侵占资产的员工,管理层对其实施监督的情况;

6. 关注到的管理层或员工在行为或生活方式上出现的异常或无法解释的变化;

7. 强调在整个审计过程中对舞弊导致重大错报的可能性保持适当关注的重要性;

8. 遇到的哪些情形可能表明存在舞弊;

9. 如何在拟实施审计程序的性质、时间安排和范围中增加不可预见性;

10. 为应对舞弊导致财务报表发生重大错报的可能性而选择实施的审计程序,以及特定类型的审计程序是否比其他审计程序更为有效;

11. 注册会计师关注到的舞弊指控;

12. 管理层凌驾于控制之上的风险。

四、风险评估程序和相关活动

注册会计师在财务报表审计中考虑舞弊时,同样需要采用风险导向审计的总体思路,即首先识别和评估舞弊风险,然后采取恰当的措施有针对性地予以应对。注册会计师应当实施下列程序,以获取用以识别舞弊导致的重大错报风险所需的信息。

五、识别和评估舞弊导致的重大错报风险

舞弊导致的重大错报风险属于需要注册会计师特别考虑的重大错报风险,即特别风

险。注册会计师实施舞弊风险评估程序的目的在于识别因舞弊导致的重大错报风险。因此，在识别和评估财务报表层次以及各类交易、账户余额、披露的认定层次的重大错报风险时，注册会计师应当识别和评估舞弊导致的重大错报风险。

在评估舞弊导致的重大错报风险时，注册会计师应当特别关注被审计单位收入确认方面的舞弊风险。审计准则规定，在识别和评估舞弊导致的重大错报风险时，注册会计师应当基于收入确认存在舞弊风险的假定，评价哪些类型的收入、收入交易或认定导致舞弊风险。如果认为收入确认存在舞弊风险的假定不适用于业务的具体情况，从而未将收入确认作为舞弊导致的重大错报风险领域，注册会计师应当在审计工作底稿中记录得出该结论的理由。本教材第九章第三节对收入确认方面的舞弊风险作了比较详细的阐述。

六、应对评估的舞弊导致的重大错报风险

在识别和评估舞弊导致的重大错报风险后，注册会计师需要采取适当的应对措施，以将审计风险降至可接受的低水平。舞弊导致的重大错报风险属于特别风险，注册会计师应当按照审计准则及相关法律法规的规定予以应对。

（一）总体应对措施

在针对评估的舞弊导致的财务报表层次重大错报风险确定总体应对措施时，注册会计师应当：

1. 在分派和督导项目组成员时，考虑承担重要业务职责的项目组成员所具备的知识、技能和能力，并考虑舞弊导致的重大错报风险的评估结果；

2. 评价被审计单位对会计政策（特别是涉及主观计量和复杂交易的会计政策）的选择和运用，是否可能表明管理层通过操纵利润对财务信息作出虚假报告；

3. 在选择审计程序的性质、时间安排和范围时，增加审计程序的不可预见性。

（二）针对评估的舞弊导致的认定层次重大错报风险实施的审计程序

按照《中国注册会计师审计准则第1231号——针对评估的重大错报风险采取的应对措施》的规定，注册会计师应当设计和实施进一步审计程序，审计程序的性质、时间安排和范围应当能够应对评估的舞弊导致的认定层次重大错报风险。

（三）针对舞弊易发高发领域的重点应对措施

注册会计师在审计过程中，要严格执行审计准则，加大对审计重点领域的关注力度，合理运用职业判断，有效应对可能存在的舞弊风险。财政部发布了《关于加大审计重点领域关注力度、控制审计风险、进一步有效识别财务舞弊的通知》（财会〔2022〕28号），指导注册会计师在做好其他领域审计的同时，加大对下列近年来舞弊易发高发领域的关注力度并采取有效应对措施。

（四）针对管理层凌驾于控制之上的风险实施的程序

由于管理层在被审计单位的地位较高，管理层凌驾于控制之上的风险在所有被审计单位都可能存在。对财务信息作出虚假报告通常与管理层凌驾于控制之上有关。管理层通过凌驾于控制之上实施舞弊的手段主要包括：

（1）故意作出虚假会计分录，特别是在临近会计期末时，从而操纵经营成果或实现其他目的；

（2）故意不恰当地调整对账户余额作出估计时使用的假设和判断；

（3）故意在财务报表中漏记、提前或推迟确认报告期内发生的事项和交易；

（4）故意遗漏、掩盖或歪曲适用的财务报告编制基础要求的披露或为实现公允反映所需的披露；

（5）故意隐瞒可能影响财务报表金额的事实；

（6）故意构造复杂交易，以歪曲财务状况或经营成果；

（7）故意篡改与重大和异常交易相关的记录和条款。

管理层凌驾于控制之上的风险属于特别风险。无论对管理层凌驾于控制之上的风险的评估结果如何，注册会计师都应当设计和实施审计程序，用以：（1）测试日常会计核算过程中作出的会计分录以及编制财务报表过程中作出的其他调整是否适当；（2）复核会计估计是否存在偏向，并评价产生这种偏向的环境是否表明存在舞弊导致的重大错报风险；（3）对于超出被审计单位正常经营过程的重大交易，或基于对被审计单位及其环境等方面情况的了解以及在审计过程中获取的其他信息而显得异常的重大交易，评价其商业理由（或缺乏商业理由）是否表明被审计单位从事交易的目的是为了对财务信息作出虚假报告或掩盖侵占资产的行为。

1. 测试会计分录及其他调整。

舞弊导致的财务报表重大错报通常涉及通过作出不恰当或未经授权的会计分录对财务报告过程进行操纵。在设计和实施审计程序，以测试日常会计核算过程中作出的会计分录以及编制财务报表过程中作出的其他调整是否适当时，注册会计师应当：

（1）向参与财务报告过程的人员询问与处理会计分录和其他调整相关的不恰当或异常的活动；

（2）选择在报告期末作出的会计分录和其他调整；

（3）考虑是否有必要测试整个会计期间的会计分录和其他调整。

在识别和选择拟测试的会计分录和其他调整，并针对已选择项目的支持性文件确定适当的测试方法时，注册会计师可以考虑的相关因素包括：

（1）对舞弊导致的重大错报风险的评估。注册会计师识别出的舞弊风险因素和在评估舞弊导致的重大错报风险过程中获取的其他信息，可能有助于注册会计师识别需要测试的特定类别的会计分录和其他调整。

（2）对会计分录和其他调整已实施的控制。在注册会计师已经测试了这些控制运行有效性的前提下，针对会计分录和其他调整的编制和过账所实施的有效控制，可以缩小所需实施的实质性程序的范围。

（3）被审计单位的财务报告过程以及所能获取的证据的性质。在很多被审计单位，会计分录和其他调整的处理过程可能同时涉及人工和自动化的程序和控制。当信息技术应用于财务报告过程时，会计分录和其他调整可能仅以电子形式存在。

（4）虚假会计分录或其他调整的特征。不恰当的会计分录或其他调整通常具有独特的识别特征，这类特征可能包括：①分录记录到不相关、异常或很少使用的账户；②分录由平时不负责作出会计分录的人员作出；③分录在期末或结账过程中编制，且没有或只有很少的解释或描述；④分录在编制财务报表之前或编制过程中编制且没有账户编号；⑤分录金额为约整数或尾数一致。

（5）账户的性质和复杂程度。不恰当的会计分录或其他调整可能体现在以下账户中：①包含复杂或性质异常的交易的账户；②包含重大估计及期末调整的账户；③过去易于发生错报的账户；④未及时调节的账户，或含有尚未调节差异的账户；⑤包含集团内部不同公司间交易的账户；⑥其他虽不具备上述特征但与已识别的舞弊导致的重大错报风险相关的账户。在审计拥有多个经营地点或组成部分的被审计单位时，注册会计师需考虑从不同的地点选取会计分录进行测试。

（6）在常规业务流程之外处理的会计分录或其他调整。针对非标准分录实施的控制的水平与针对为记录日常交易（如每月的销售、采购及现金支出）所编制的分录实施的控制的水平可能不同。

2. 复核会计估计。

在编制财务报表的过程中，管理层需要作出影响重大会计估计的一系列判断或假设，并对这些估计的合理性进行持续地监督。管理层通常通过故意作出不当会计估计来编制虚假财务报告。在复核会计估计是否存在偏向时，注册会计师应当：

（1）评价管理层作出会计估计时所作的判断和决策是否反映出管理层的某种偏向（即使判断和决策单独看起来是合理的），从而可能表明存在舞弊导致的重大错报风险。如果存在偏向，注册会计师应当从整体上重新评价会计估计。

（2）追溯复核与以前年度财务报表反映的重大会计估计相关的管理层判断和假设。

3. 评价重大交易的商业理由。

以下迹象可能表明被审计单位从事超出其正常经营过程的重大交易，或虽然未超出其正常经营过程但显得异常的重大交易：

（1）交易的形式显得过于复杂（例如，交易涉及集团内部多个实体，或涉及多个非关联的第三方）；

（2）管理层未与治理层就此类交易的性质和会计处理进行过讨论，且缺乏充分的记录；

（3）管理层更强调采用某种特定的会计处理的需要，而不是交易的经济实质；

（4）对于涉及不纳入合并范围的关联方（包括特殊目的实体）的交易，治理层未进行适当的审核与批准；

（5）交易涉及以往未识别出的关联方，或涉及在没有被审计单位帮助的情况下不具备物质基础或财务能力完成交易的第三方。

七、评价审计证据

在就财务报表与所了解的被审计单位的情况是否一致形成总体结论时，注册会计师应当评价在临近审计结束时实施的分析程序，是否表明存在此前尚未识别的舞弊导致的重大错报风险。确定哪些特定趋势和关系可能表明存在舞弊导致的重大错报风险，需要运用职业判断。涉及期末收入和利润的异常关系尤其值得关注。这些趋势和关系可能包括：在报告期的最后几周内记录了不寻常的大额收入或异常交易，或收入与经营活动产生的现金流量趋势不一致。

八、无法继续执行审计业务

（一）对继续执行审计业务的能力产生怀疑

如果舞弊或舞弊嫌疑导致出现错报，致使注册会计师遇到对其继续执行审计业务的能力产生怀疑的异常情形，注册会计师应当：

1. 确定适用于具体情况的职业责任和法律责任，包括是否需要向审计业务委托人或监管机构报告；
2. 在相关法律法规允许的情况下，考虑是否需要解除业务约定。

注册会计师可能遇到的对其继续执行审计业务的能力产生怀疑的异常情形如下：

1. 被审计单位没有针对舞弊采取适当的、注册会计师根据具体情况认为必要的措施，即使该舞弊对财务报表并不重大；
2. 注册会计师对舞弊导致的重大错报风险的考虑以及实施审计测试的结果，表明存在重大且广泛的舞弊风险；
3. 注册会计师对管理层或治理层的胜任能力或诚信产生重大疑虑。

（二）解除业务约定

由于可能出现的情形各不相同，因而难以确切地说明在何时解除业务约定是适当的。影响注册会计师得出结论的因素包括管理层或治理层成员参与舞弊可能产生的影响（可能会影响到管理层声明的可靠性），以及与被审计单位之间保持客户关系对注册会计师的影响。

如果决定解除业务约定，注册会计师应当采取下列措施：

1. 与适当层级的管理层和治理层讨论解除业务约定的决定和理由；
2. 考虑是否存在职业责任或法律责任，需要向审计业务委托人或监管机构报告解除业务约定的决定和理由。

九、书面声明

不论被审计单位的规模大小，除认可已经履行了编制财务报表的责任外，管理层和治理层（如适用）还认可其设计、执行和维护内部控制以防止和发现舞弊的责任也是非常重要的。

由于舞弊的性质以及注册会计师在发现舞弊导致的财务报表重大错报时遇到的困难，注册会计师向管理层和治理层（如适用）获取书面声明，确认其已向注册会计师披露了下列信息是非常重要的：

1. 管理层对财务报表可能存在舞弊导致的重大错报风险的评估结果；
2. 对影响被审计单位的舞弊事实、舞弊嫌疑或舞弊指控的了解程度。

基于上述原因，注册会计师应当就下列事项向管理层和治理层（如适用）获取书面声明：

1. 管理层和治理层认可其设计、执行和维护内部控制以防止和发现舞弊的责任；
2. 管理层和治理层已向注册会计师披露了管理层对舞弊导致的财务报表重大错报风险的评估结果；

3. 管理层和治理层已向注册会计师披露了已知的涉及管理层、在内部控制中承担重要职责的员工以及其舞弊行为可能导致财务报表出现重大错报的其他人员的舞弊或舞弊嫌疑；

4. 管理层和治理层已向注册会计师披露了从现任和前任员工、分析师、监管机构等方面获知的、影响财务报表的舞弊指控或舞弊嫌疑。

十、与管理层、治理层及被审计单位之外的适当机构的沟通

（一）与管理层的沟通

当已获取的证据表明存在或可能存在舞弊时，除非法律法规禁止，注册会计师应当及时提请适当层级的管理层关注这一事项。即使该事项（如被审计单位组织结构中处于较低职位的员工挪用小额公款）可能被认为不重要，注册会计师也应当这样做。确定拟沟通的适当层级的管理层，需要运用职业判断，并且这一决定受串通舞弊的可能性、舞弊嫌疑的性质和严重程度等事项的影响。通常情况下，适当层级的管理层至少要比涉嫌舞弊的人员高出一个级别。

（二）与治理层的沟通

如果确定或怀疑舞弊涉及管理层、在内部控制中承担重要职责的员工以及其舞弊行为可能导致财务报表出现重大错报的其他人员，注册会计师应当及时就此类事项与治理层沟通，除非治理层全部成员参与管理被审计单位。如果怀疑舞弊涉及管理层，注册会计师应当与治理层沟通这一怀疑，并与其讨论为完成审计工作所必需的审计程序的性质、时间安排和范围。除非法律法规禁止，注册会计师应当与治理层沟通这些事项。

第二节 财务报表审计中对法律法规的考虑

违反法律法规，是指被审计单位、治理层、管理层或者为被审计单位工作或受其指导的其他人，有意或无意违背除适用的财务报告编制基础以外的现行法律法规的行为，违反法律法规不包括与被审计单位经营活动无关的个人不当行为。

不同的法律法规对财务报表的影响差异很大。被审计单位需要遵守的所有法律法规，构成注册会计师在财务报表审计中需要考虑的法律法规框架。某些法律法规的规定对财务报表有直接影响，决定财务报表中报告的金额和披露。而有些法律法规需要管理层遵守，或规定了允许被审计单位开展经营活动的条件，但不会对财务报表产生直接影响。

一、管理层遵守法律法规的责任

管理层有责任在治理层的监督下确保被审计单位的经营活动符合法律法规的规定。法律法规可能以不同的方式影响被审计单位的财务报表。最直接的方式是可能规定了适用的财务报告编制基础或者影响被审计单位需要在财务报表中作出的具体披露。法律法规也可能确立了被审计单位的某些法定权利和义务，其中部分权利和义务将在财务报表中予以确认。此外，法律法规还可能规定了对违反法律法规行为的惩罚。

二、注册会计师的责任

注册会计师有责任对财务报表整体不存在舞弊或错误导致的重大错报获取合理的保证。

在执行财务报表审计时,注册会计师需要考虑适用于被审计单位的法律法规框架。由于审计的固有限制,即使注册会计师按照审计准则的规定恰当地计划和执行审计工作,也不可避免地存在财务报表中的某些重大错报未被发现的风险。就法律法规而言,由于下列原因,审计的固有限制对注册会计师发现重大错报的能力的潜在影响会加大:

1. 许多法律法规主要与被审计单位经营活动相关,通常不影响财务报表,且不能被与财务报告相关的信息系统所获取;

2. 违反法律法规可能涉及故意隐瞒的行为,如共谋、伪造、故意漏记交易、管理层凌驾于控制之上或故意向注册会计师提供虚假陈述;

3. 某行为是否构成违反法律法规,最终只能由法院或其他适当的监管机构认定。

因此,注册会计师没有责任防止被审计单位的违反法律法规行为,也不能期望其发现所有的违反法律法规行为。

针对前述被审计单位需要遵守的两类不同的法律法规,注册会计师应当承担不同的责任:

1. 针对被审计单位需要遵守的第一类法律法规,注册会计师的责任是,就被审计单位遵守这些法律法规的规定获取充分、适当的审计证据;

2. 针对被审计单位需要遵守的第二类法律法规,注册会计师的责任仅限于实施特定的审计程序,以有助于识别可能对财务报表产生重大影响的违反这些法律法规的行为。

在审计过程中,为了对财务报表形成审计意见而实施的其他审计程序,可能使注册会计师识别出或怀疑被审计单位存在违反法律法规行为,注册会计师对此应保持警觉。事实上,考虑到法律法规对被审计单位产生影响的范围,注册会计师在整个审计过程中均应保持职业怀疑。

三、对被审计单位遵守法律法规的考虑

1. 对法律法规框架的了解。
2. 对决定财务报表中的重大金额和披露有直接影响的法律法规。
3. 识别违反其他法律法规的行为的程序。
4. 实施其他审计程序使注册会计师关注到违反法律法规行为。
5. 书面声明。

四、识别出或怀疑存在违反法律法规行为时实施的审计程序

如果注册会计师发现下列事项或相关信息,可能表明被审计单位存在违反法律法规行为:

1. 受到监管机构、政府部门的调查，或者支付罚金或受到处罚；
2. 向未指明的服务付款，或向顾问、关联方、员工或政府雇员提供贷款；
3. 与被审计单位或所处行业正常支付水平或实际收到的服务相比，支付过多的销售佣金或代理费用；
4. 采购价格显著高于或低于市场价格；
5. 异常的现金支付，以银行本票向持票人付款的方式采购；
6. 与在"避税天堂"注册的公司存在异常交易；
7. 向货物或服务原产地以外的国家或地区付款；
8. 在没有适当的交易控制记录的情况下付款；
9. 现有的信息系统不能（因系统设计存在问题或因突发性故障）提供适当的审计轨迹或充分的证据；
10. 交易未经授权或记录不当；
11. 负面的媒体评论。

如果关注到与识别出的或怀疑存在的违反法律法规行为相关的上述信息，注册会计师应当：

1. 了解违反法律法规行为的性质及其发生的环境；
2. 获取进一步的信息，以评价对财务报表可能产生的影响。包括：

（1）识别出的或怀疑存在的违反法律法规行为对财务报表产生的潜在财务后果，如受到罚款、处分、赔偿、封存财产、强制停业和诉讼等；

（2）潜在财务后果是否需要披露；

（3）潜在财务后果是否非常严重，以致对财务报表的公允反映产生怀疑或导致财务报表产生误导。

五、对识别出的或怀疑存在的违反法律法规行为的沟通和报告

（一）与治理层沟通

1. 与治理层沟通的总体要求。

除非治理层全部成员参与管理被审计单位，因而知悉注册会计师已沟通的、涉及识别出的或怀疑存在的违反法律法规行为的事项，注册会计师应当与治理层沟通审计过程中关注到的有关违反法律法规的事项（除非法律法规禁止），但不必沟通明显不重要的事项。这有利于注册会计师尽到职业责任，为治理层履行对管理层的监督责任提供有用信息。

沟通通常采用书面形式，注册会计师将文件副本作为审计工作底稿。如果采用口头沟通方式，应形成沟通记录并作为审计工作底稿保存。

2. 违反法规行为情节严重时的沟通要求。

（二）出具审计报告

1. 考虑违反法律法规行为的影响。

如果认为识别出的或怀疑存在的违反法律法规行为对财务报表具有重大影响，注

会计师应当要求被审计单位在财务报表中予以恰当反映。

如果认为识别出的或怀疑存在的违反法律法规行为对财务报表具有重大影响,且未能在财务报表中得到恰当反映,注册会计师应当出具保留意见或否定意见的审计报告。

2. 考虑审计范围受到限制的影响。

(1) 来自被审计单位的限制。如果因管理层或治理层阻挠而无法获取充分、适当的审计证据,以评价是否存在或可能存在对财务报表产生重大影响的违反法律法规行为,注册会计师应当根据审计范围受到限制的程度,发表保留意见或无法表示意见。

(2) 其他方面的限制。如果由于审计范围受到管理层或治理层以外的其他方面的限制而无法确定被审计单位是否存在违反法律法规行为,注册会计师应当评价这一情况对审计意见的影响。实务中,审计范围受到其他方面限制的情况较多,例如,客观因素致使注册会计师不能实施审计程序。

(三) 向被审计单位之外的适当机构报告识别出的或怀疑存在的违反法律法规行为

如果识别出或怀疑存在违反法律法规行为,注册会计师应当考虑是否有责任向被审计单位以外的适当机构报告。

值得关注的是,注册会计师考虑是否报告的是经注册会计师发现和确定的严重违反法律法规的行为。所谓"严重"主要是指有重大法律后果或涉及社会公众利益。注册会计师应当了解相关法律法规是否要求报告违反法律法规行为,例如,商业银行监管法规可能要求注册会计师报告商业银行参与"洗钱"行为。同时,注册会计师应考虑采取何种方式、何时以及向谁进行报告。

如果无法确定是否有相关法律法规要求向被审计单位之外的适当机构报告发现的被审计单位的违反法律法规行为,或者无法确定某项违反法律法规行为是否应向被审计单位之外的适当机构报告,注册会计师通常可以考虑征询相关的法律意见,以了解注册会计师的可能选择,以及采取任何特定行动的职业及法律后果。

第十四章 审计沟通

第一节 注册会计师与治理层的沟通

现代企业普遍存在由于所有权和经营权的分离而引发的代理问题,部分企业还可能存在处于控制地位的大股东与中小股东之间的代理问题,因此,为了合理保证实现企业目标,包括中小股东在内的所有者(股东)价值最大化,需要引入一系列的结构和机制,即公司治理。一般认为,公司治理主要解决的是股东、董事会、监事会和经理之间的关系(有时也包括控股股东与中小股东之间的关系)。

一、沟通的对象

(一)总体要求

1.确定沟通对象的一般要求。包括:

(1)确定适当的沟通人员。注册会计师应当确定与被审计单位治理结构中的哪些适当人员沟通,适当人员可能因拟沟通事项的不同而不同。

被审计单位不同,适当的沟通对象可能就不同。即使是同一家被审计单位,由于组织形式的变化、章程的修改或其他方面的变动,也可能使适当的沟通对象发生变动。

另外,由于沟通事项的不同,适当的沟通对象也会有所不同。尽管一般情况下适当的沟通对象可能是相对固定的,但是,针对一些特殊事项,注册会计师应当运用职业判断考虑是否应当与被审计单位治理结构中的其他适当对象进行沟通。例如,在上市公司审计中,有关注册会计师独立性问题的沟通,其沟通对象最好是被审计单位治理结构中有权决定聘任、解聘注册会计师的组织或人员。再如,有关管理层的胜任能力和诚信问题方面的事项,就不宜与兼任高级管理职务的治理层成员沟通。

(2)确定适当的沟通人员时应当利用的信息。在确定与哪些适当人员沟通特定事项时,注册会计师应当利用在了解被审计单位及其环境等方面的情况时获取的有关治理结构和治理过程的信息。通常,了解被审计单位的法律结构、组织形式,查阅被审计单位的章程、组织结构图,询问被审计单位的相关人员等,都有助于获取有关被审计单位治理结构和治理过程的信息,能够帮助注册会计师清楚地识别出适当的沟通对象。

2. 需要商定沟通对象的特殊情形。一般而言，注册会计师通过上述了解，并运用职业判断，可以确定适当的沟通对象。通常，被审计单位也会指定其治理结构中相对固定的人员或组织（如审计委员会）负责与注册会计师进行沟通。如果由于被审计单位的治理结构没有被清楚地界定，导致注册会计师无法清楚地识别适当的沟通对象，被审计单位也没有指定适当的沟通对象，注册会计师就应当尽早与审计委托人商定沟通对象，并就商定的结果形成备忘录或其他形式的书面记录。

（二）与治理层的下设组织或个人沟通

1. 决定与治理层的下设组织或个人沟通时应当考虑的主要因素。通常，注册会计师没有必要（实际上也不可能）就全部沟通事项与治理层整体进行沟通。适当的沟通对象往往是治理层的下设组织和人员，如董事会下设的审计委员会、独立董事、监事会或者被审计单位特别指定的组织和人员等。

在决定与治理层某下设组织或个人沟通时，注册会计师需要考虑下列事项：

（1）治理层的下设组织与治理层各自的责任。这种责任划分是确定适当沟通对象的直接依据。

（2）拟沟通事项的性质。不同性质的沟通事项，其适当的沟通对象可能并不相同。这就意味着，尽管合适的沟通对象可能是治理层下设的某个组织、某些人员，但是，如果出现涉及内容和对象、重要程度等方面比较特殊的事项，可能需要适当改变沟通对象。

（3）相关法律法规的要求。法律法规可能会就治理结构、治理层下设组织和人员的职责作出规定，如有这方面的规定，注册会计师在确定适当的沟通对象时，应当从其规定。

（4）下设组织是否有权就沟通的信息采取行动，以及是否能够提供注册会计师可能需要的进一步信息和解释。对于需要通过与治理层沟通以寻求配合或解决问题的事项，注册会计师应当在合理考虑治理层的职责分工的基础上，选择有利于得到配合、有利于解决问题的适当的沟通对象。

2. 被审计单位设有审计委员会的情形。在许多国家或地区，被审计单位设有审计委员会（或类似下设组织）。尽管审计委员会的具体权力和职责可能不同，但与其沟通已成为注册会计师与治理层沟通的一个关键要素。

3. 需要与治理层整体沟通的特殊情形。在某些情况下，治理层全部成员参与管理被审计单位，例如，在一家小企业中，仅有的一名业主管理该企业，并且没有其他人负有治理责任。此时，如果就审计准则要求沟通的事项已与负有管理责任的人员沟通，且这些人员同时负有治理责任，注册会计师无需就这些事项再次与负有治理责任的相同人员沟通。然而，注册会计师应当确信与负有管理责任人员的沟通能够向所有负有治理责任的人员充分传递应予沟通的内容。这是因为，有时与负有管理责任的人员的沟通，可能不能向所有负有治理责任的人员充分传递应予沟通的内容。例如，在一家所有董事都参与管理的公司中，某一董事（如负责市场营销的董事）可能并不知道注册会计师与另一董事（如负责财务报表编制的董事）讨论的重大事项。在这种情况下，注册会计师需要对如何运用沟通的要求进行调整。

二、沟通的事项

(一) 注册会计师与财务报表审计相关的责任

注册会计师应当就其与财务报表审计相关的责任与治理层进行沟通，包括：

1. 注册会计师负责对管理层在治理层监督下编制的财务报表形成和发表意见；
2. 财务报表审计并不减轻管理层或治理层的责任。

注册会计师与财务报表审计相关的责任应当包含在审计业务约定书或记录审计业务约定条款的其他适当形式的书面协议中。向治理层提供审计业务约定书或其他适当形式的书面协议的副本，可能是与其就下列相关事项进行沟通的适当方式：

1. 注册会计师按照审计准则执行审计工作的责任，主要集中在对财务报表发表意见上。审计准则要求沟通的事项包括财务报表审计中发现的、与治理层对财务报告过程的监督有关的重大事项。
2. 审计准则并不要求注册会计师设计程序来识别与治理层沟通的补充事项。
3. 当《中国注册会计师审计准则第1504号——在审计报告中沟通关键审计事项》适用时，注册会计师确定并在审计报告中沟通关键审计事项的责任。
4. 依据法律法规的规定、与被审计单位的协议或适用于该业务的其他规定，注册会计师沟通特定事项的责任（如适用）。

(二) 计划的审计范围和时间安排

注册会计师应当与治理层沟通计划的审计范围和时间安排的总体情况，包括识别出的特别风险。就计划的审计范围和时间安排进行沟通可以：(1) 帮助治理层更好地了解注册会计师工作的结果，与注册会计师讨论风险问题和重要性的概念，以及识别可能需要注册会计师追加审计程序的领域；(2) 帮助注册会计师更好地了解被审计单位及其环境等方面的情况。

(三) 审计中的重大发现

注册会计师应当与治理层沟通审计中发现的下列事项：

1. 注册会计师对被审计单位会计实务（包括会计政策、会计估计和财务报表披露）重大方面的质量的看法。在适当的情况下，注册会计师应当向治理层解释为何某项在适用的财务报告编制基础下可以接受的重大会计实务，并不一定最适合被审计单位的具体情况。
2. 审计工作中遇到的重大困难。审计工作中遇到的重大困难可能包括下列事项：

(1) 在提供审计所需信息时管理层严重拖延或不愿意提供，或者被审计单位的人员不予配合；
(2) 不合理地要求缩短完成审计工作的时间；
(3) 为获取充分、适当的审计证据需要付出的努力远远超过预期；
(4) 无法获取预期的信息；
(5) 管理层对注册会计师施加的限制；
(6) 管理层不愿意按照要求对被审计单位持续经营能力进行评估，或不愿意延长评估期间。

在某些情况下，这些困难可能构成对审计范围的限制，导致注册会计师发表非无保留意见。

3. 已与管理层讨论或需要书面沟通的重大事项，以及注册会计师要求提供的书面声明，除非治理层全部成员参与管理被审计单位。

已与管理层讨论或需要书面沟通的重大事项可能包括：

（1）影响被审计单位的业务环境，以及可能影响重大错报风险的经营计划和战略；

（2）对管理层就会计或审计问题向其他专业人士进行咨询的关注；

（3）管理层在首次委托或连续委托注册会计师时，就会计实务、审计准则应用、审计或其他服务费用与注册会计师进行的讨论或书面沟通；

（4）当年发生的重大事项或交易；

（5）与管理层存在意见分歧的重大事项，但因事实不完整或初步信息造成并在随后通过进一步获取相关事实或信息得以解决的初始意见分歧除外。

4. 影响审计报告形式和内容的情形（如有）。

按照相关审计准则的规定，注册会计师应当或可能认为有必要在审计报告中包含更多信息并应当就此与治理层沟通的情形包括：

（1）根据《中国注册会计师审计准则第1502号——在审计报告中发表非无保留意见》的规定，注册会计师预期在审计报告中发表非无保留意见；

（2）根据《中国注册会计师审计准则第1324号——持续经营》的规定，报告与持续经营相关的重大不确定性；

（3）根据《中国注册会计师审计准则第1504号——在审计报告中沟通关键审计事项》的规定，沟通关键审计事项；

（4）根据《中国注册会计师审计准则第1503号——在审计报告中增加强调事项段和其他事项段》或其他审计准则的规定，注册会计师认为有必要（或应当）增加强调事项段或其他事项段。

在这些情形下，注册会计师可能认为有必要向治理层提供审计报告的草稿，以便讨论如何在审计报告中处理这些事项。

5. 审计中出现的、根据职业判断认为与监督财务报告过程相关的所有其他重大事项。

审计中出现的、与治理层履行对财务报告过程的监督职责直接相关的其他重大事项，可能包括已更正的其他信息存在的对事实的重大错报或重大不一致。

（四）注册会计师的独立性

注册会计师需要遵守与财务报表审计相关的职业道德要求，包括对独立性的要求。

（五）补充事项

注册会计师可能关注到一些补充事项，虽然这些事项不一定与监督财务报告流程有关，但对治理层监督被审计单位的战略方向或与被审计单位受托责任相关的义务很可能是重要的。这些事项可能包括与治理结构或过程有关的重大问题、缺乏适当授权的高级管理层作出的重大决策或行动。例如，《中国注册会计师审计准则第1152号——向治理层和管理层通报内部控制缺陷》要求注册会计师应当以书面形式及时向治理层通报审计过程中识别出的值得关注的内部控制缺陷。

三、沟通的过程

（一）确立沟通过程

1. 基本要求。清楚地沟通注册会计师的责任、计划的审计范围和时间安排以及期望沟通的大致内容，有助于为有效的双向沟通确立基础。通常，讨论下列事项可能有助于实现有效的双向沟通：

（1）沟通的目的。如果目的明确，注册会计师和治理层就可以更好地就相关问题和在沟通过程中期望采取的行动取得相互了解。

（2）沟通拟采取的形式。与治理层就沟通形式进行讨论，有利于合理确定拟采取的沟通形式，或及时对沟通形式进行必要的调整，同时也有利于得到治理层的理解和配合。

（3）由审计项目组和治理层中的哪些人员就特定事项进行沟通。这方面的讨论有利于双方合理确定参与沟通的人员，以及找到适当的沟通对象。

（4）注册会计师对沟通的期望，包括将进行双向沟通以及治理层就其认为与审计工作相关的事项与注册会计师沟通。与审计工作相关的事项包括：可能对审计程序的性质、时间安排和范围产生重大影响的战略决策，对舞弊的怀疑或检查，对高级管理人员的诚信或胜任能力的疑虑。

（5）对注册会计师沟通的事项采取措施和进行反馈的过程。讨论该事项有利于让治理层知悉注册会计师如何对沟通事项作出反应。

（6）对治理层沟通的事项采取措施和进行反馈的过程。讨论该事项有利于让注册会计师知悉治理层如何对沟通事项作出反应。

2. 与管理层的沟通。许多事项可以在正常的审计过程中与管理层讨论，包括审计准则要求与治理层沟通的事项。这种讨论有助于确认管理层对被审计单位经营活动的执行以及（特别是）对财务报表的编制承担的责任。

在与治理层沟通某些事项前，注册会计师可能就这些事项与管理层讨论，除非这种做法并不适当。例如，就管理层的胜任能力或诚信与其讨论可能是不适当的。除确认管理层的执行责任外，这些初步的讨论还可以澄清事实和问题，并使管理层有机会提供进一步的信息和解释。如果被审计单位设有内部审计，注册会计师可以在与治理层沟通前与内部审计人员讨论相关事项。

3. 与第三方的沟通。治理层可能希望向第三方（如银行或特定监管机构）提供注册会计师书面沟通文件的副本。在某些情况下，向第三方披露书面沟通文件可能是违法或不适当的。在向第三方提供为治理层编制的书面沟通文件时，在书面沟通文件中声明以下内容，告知第三方这些书面沟通文件不是为其编制，可能是非常重要的：

（1）书面沟通文件仅为治理层的使用而编制，在适当的情况下也可供集团管理层和集团注册会计师使用，但不应被第三方依赖；

（2）注册会计师对第三方不承担责任；

（3）书面沟通文件向第三方披露或分发的任何限制。

另外，法律法规也可能要求注册会计师：（1）向监管机构或执法机构报告与治理层沟通的特定事项。例如，如果管理层和治理层没有采取纠正措施，注册会计师有义务向监管机构或执法机构报告错报。（2）将为治理层编制的特定报告的副本提交给相关监管机构、出资机构或其他机构，例如对某些公共部门实体，需要提交给某些主管部门。（3）向公众公开为治理层编制的报告。值得关注的是，除非法律法规要求向第三方提供注册会计师与治理层的书面沟通文件的副本，否则注册会计师在向第三方提供前可能需要事先征得治理层同意。

（二）沟通的形式

有效的沟通可能包括结构化的陈述、书面报告以及不太正式的沟通（包括讨论）。对于审计中发现的重大问题，如果根据职业判断认为采用口头形式沟通不适当，注册会计师应当以书面形式与治理层沟通，当然，书面沟通不必包括审计过程中的所有事项；对于审计准则要求的注册会计师的独立性，注册会计师也应当以书面形式与治理层沟通。注册会计师还应当以书面形式向治理层通报值得关注的内部控制缺陷。除上述事项外，对于其他事项，注册会计师可以采取口头或书面的方式沟通。书面沟通可能包括向治理层提供审计业务约定书。

除特定事项的重要程度外，沟通的形式（口头沟通或书面沟通，沟通内容的详略程度，以正式或非正式的方式沟通）可能还受下列因素的影响：

1. 对该事项的讨论是否将包含在审计报告中。例如，在审计报告中沟通关键审计事项时，注册会计师可能认为有必要就确定为关键审计事项的事项进行书面沟通。

2. 特定事项是否已经得到满意的解决。

3. 管理层是否已事先就该事项进行沟通。通常，在注册会计师确信管理层已经就拟沟通事项与治理层有效沟通的情况下，如果该事项属于审计准则规定应当直接与治理层沟通的事项，注册会计师在与治理层进行沟通时可以相对简略；如果沟通事项属于审计准则规定的补充事项，注册会计师可能就没有必要就该事项再与治理层进行沟通。

4. 被审计单位的规模、经营结构、控制环境和法律结构。通常，被审计单位的规模越大、经营和法律结构越复杂，注册会计师就越倾向于采取书面的、更为详细的和更加正式的沟通形式。相对于上市实体或大型被审计单位，在对中小型被审计单位的审计中，注册会计师可以以非正式的方式来与治理层沟通。

5. 在特殊目的财务报表审计中，注册会计师是否还审计被审计单位的通用目的财务报表。在同时审计的情况下，对于已经在通用目的财务报表审计中充分沟通的事项，就可以仅做简要沟通。

6. 法律法规要求。如果法律法规规定对某些特定事项的沟通必须采用书面、正式形式，应当从其规定。

7. 治理层的期望，包括与注册会计师定期会谈或沟通的安排。在不违背法律法规和审计准则要求、有利于实现沟通目的的前提下，注册会计师在确定沟通形式时一般会尽可能地尊重治理层的预期和愿望。

8. 注册会计师与治理层持续接触和对话的次数。如果双方保持频繁的有效联系和对话，对于一些治理层已经了解的事项，沟通的形式就可以比较简略。

9. 治理机构的成员是否发生了重大变化。通常，如果治理层成员发生了重大变化，注册会计师对相关事项的沟通就应当更加详细，以便让新接任的治理层成员全面了解相关的情况。

需要强调的是，要想有效地实现沟通目的，注册会计师需要根据实际情况灵活选择适当的沟通形式。对于沟通形式的选择不必拘泥于固定的模式，也没有必要对所有的沟通事项都采取正式、详细和书面的形式，这样做有时反而会影响沟通的实际效果。

（三）沟通的时间安排

注册会计师应当及时与治理层沟通。怎样才算及时并非一成不变的，适当的沟通时间安排因业务环境的不同而不同。相关的环境包括事项的重要程度和性质，以及期望治理层采取的行动。

（四）沟通过程的充分性

注册会计师应当评价其与治理层之间的双向沟通对实现审计目的是否充分。如果认为双向沟通不充分，注册会计师应当评价其对重大错报风险评估以及获取充分、适当的审计证据的能力的影响，并采取适当的措施。

四、审计工作底稿

注册会计师应当记录与治理层沟通的重大事项，包括记录那些对于表明形成审计报告的合理基础、证明审计工作的执行遵循了审计准则和其他法律法规要求而言很重要的事项。

如果审计准则要求沟通的事项是以口头形式沟通的，注册会计师应当将其包括在审计工作底稿中，并记录沟通的时间和对象；如果审计准则要求沟通的事项是以书面形式沟通的，注册会计师应当保存一份沟通文件的副本，作为审计工作底稿的一部分。

第二节 前任注册会计师和后任注册会计师的沟通

一、前任注册会计师和后任注册会计师的概念

前任注册会计师，是指已对被审计单位上期财务报表进行审计，但被现任注册会计师接替的其他会计师事务所的注册会计师。接受委托但未完成审计工作，已经或可能与委托人解除业务约定的注册会计师，也被视为前任注册会计师。

二、接受委托前的沟通

（一）沟通的要求

在接受委托前，后任注册会计师应当与前任注册会计师进行必要沟通，并对沟通结果进行评价，以确定是否接受委托。这是审计准则对注册会计师接受委托前进行必要沟通的核心要求，它包括以下三层含义：

1. 沟通的目的。

2. 接受委托前的沟通是必要的审计程序。

3. 评价沟通结果。

（二）沟通的前提

后任注册会计师进行主动沟通的前提是征得被审计单位的同意。后任注册会计师应当提请被审计单位以书面方式同意前任注册会计师对其询问作出充分答复。

（三）沟通的内容

如前所述，接受委托前，向前任注册会计师进行询问是一项必要的沟通程序。但后任注册会计师向前任注册会计师询问的内容应当合理、具体。

（四）前任注册会计师的答复

在被审计单位允许前任注册会计师对后任注册会计师的询问作出充分答复的情况下，前任注册会计师应当根据所了解的事实，对后任注册会计师的合理询问及时作出充分答复。当有多家会计师事务所正在考虑是否接受被审计单位的委托时，前任注册会计师应在被审计单位明确选定其中的一家会计师事务所作为后任注册会计师之后，才对该后任注册会计师的询问作出答复。例如，当会计师事务所以投标方式承接审计业务时，前任注册会计师只需对中标的会计师事务所（后任注册会计师）的询问作出答复，而无需对所有参与投标的会计师事务所的询问进行答复。

三、接受委托后的沟通

接受委托后的沟通与接受委托前有所不同，它不是必要程序，而是由后任注册会计师根据审计工作需要自行决定的。这一阶段的沟通主要包括查阅前任注册会计师的工作底稿及询问有关事项等。沟通可以采用电话询问、举行会谈、致送审计问卷等方式，但最有效、最常用的方式是查阅前任注册会计师的工作底稿。

（一）查阅前任注册会计师工作底稿的前提

接受委托后，如果需要查阅前任注册会计师的工作底稿，后任注册会计师应当征得被审计单位同意，并与前任注册会计师进行沟通。

（二）查阅相关工作底稿及其内容

审计工作底稿的所有权属于会计师事务所，前任注册会计师所在的会计师事务所可自主决定是否允许后任注册会计师获取工作底稿部分内容，或摘录部分工作底稿。

（三）前任注册会计师和后任注册会计师就使用工作底稿达成一致意见

在允许查阅工作底稿之前，前任注册会计师应当向后任注册会计师获取确认函，就工作底稿的使用目的、范围和责任等与其达成一致意见。

（四）利用工作底稿的责任

查阅前任注册会计师工作底稿获取的信息可能影响后任注册会计师实施审计程序的性质、时间安排和范围，但后任注册会计师应当对自身实施的审计程序和得出的审计结论负责。后任注册会计师不应在审计报告中表明，其审计意见全部或部分地依赖前任注册会计师的审计报告或工作。

四、发现前任注册会计师审计的财务报表可能存在重大错报时的处理

（一）安排三方会谈

如果发现前任注册会计师审计的财务报表可能存在重大错报，后任注册会计师应当提请被审计单位告知前任注册会计师。必要时，后任注册会计师应当要求被审计单位安排三方会谈。前后任注册会计师应当就在已审计财务报表报出后发现的、对已审计财务报表可能存在重大影响的任何信息进行沟通，以便双方按照有关审计准则作出妥善处理。

（二）无法参加三方会谈的处理

如果被审计单位拒绝告知前任注册会计师，或前任注册会计师拒绝参加三方会谈，或后任注册会计师对解决问题的方案不满意，后任注册会计师应当考虑对审计意见的影响或解除业务约定。具体讲，后任注册会计师应当考虑：（1）这种情况对当前审计业务的潜在影响，并根据具体情况出具恰当的审计报告；（2）是否退出当前审计业务。此外，后任注册会计师可考虑向其法律顾问咨询，以便决定如何采取进一步措施。

第十五章 注册会计师利用他人的工作

为完成审计工作，实现审计目标，注册会计师可能需要利用他人的工作。本章主要介绍注册会计师利用内部审计工作和专家的工作。

内部审计是指被审计单位负责执行鉴证和咨询活动，以评价和改进被审计单位的治理、风险管理和内部控制流程有效性的部门、岗位或人员。内部审计的职能包括检查、评价和监督内部控制的恰当性和有效性等。

内部审计人员，是指执行内部审计活动的人员。内部审计人员可能属于内部审计部门或履行内部审计职责的类似部门。

注册会计师在审计过程中，通常需要了解和测试被审计单位的内部控制，而内部审计是被审计单位内部控制的一个重要组成部分。因此，注册会计师应当考虑内部审计活动及其在内部控制中的作用，以评估财务报表重大错报风险及其对注册会计师审计程序的影响。

虽然注册会计师对发表审计意见以及确定审计程序的性质、时间安排和范围独自承担责任，但内部审计与注册会计师审计用以实现各自目标的某些手段存在相近之处，利用内部审计工作或利用内部审计人员提供直接协助可能有助于注册会计师的审计工作。例如，内部审计人员在评估销售与收款循环的内部控制时，其工作底稿可能包括相关控制政策的说明和控制流程图等。注册会计师可以通过复核和评价内部审计人员的工作底稿，获得对内部控制的了解。注册会计师通过了解与评估内部审计工作，利用可信赖的内部审计工作相关部分的成果，或利用内部审计人员提供直接协助，可以减少不必要的重复劳动，提高审计工作效率。

第十六章 对集团财务报表审计的特殊考虑

随着企业生产经营活动的规模不断扩大,涌现了越来越多的企业集团。除单一实体财务报表审计中遇到的问题外,集团财务报表审计还涉及集团项目组与组成部分注册会计师之间的责任如何划分及相互之间工作如何配合、集团项目组如何对合并过程收集充分、适当的审计证据、重要性概念在集团财务报表审计中如何运用等诸多问题。

第一节 与集团财务报表审计相关的概念

一、集团

集团,是指由所有组成部分构成的整体,并且所有组成部分的财务信息包括在集团财务报表中。集团至少拥有一个以上的组成部分。

二、组成部分

组成部分,是指某一实体或某项业务活动,其财务信息由集团或组成部分管理层编制并应包括在集团财务报表中。

三、重要组成部分

重要组成部分,是指集团项目组识别出的具有下列特征之一的组成部分:(1)单个组成部分对集团具有财务重大性;(2)由于单个组成部分的特定性质或情况,可能存在导致集团财务报表发生重大错报的特别风险。

四、集团财务报表

集团财务报表,是指包括一个以上组成部分财务信息的财务报表。集团财务报表也指没有母公司但处在同一控制下的各组成部分编制的财务信息所汇总生成的财务报表。

五、集团审计和集团审计意见

集团审计,是指对集团财务报表进行的审计。

集团审计意见,是指对集团财务报表发表的审计意见。

六、集团项目合伙人和集团项目组

集团项目合伙人,是指会计师事务所中负责某项集团审计业务及其执行,并代表会计师事务所在对集团财务报表出具的审计报告上签字的合伙人。

七、组成部分注册会计师

组成部分注册会计师,是指基于集团审计目的,按照集团项目组的要求,对组成部分财务信息执行相关工作的注册会计师。基于集团审计目的,集团项目组成员可能按照集团项目组的工作要求,对组成部分财务信息执行相关工作。在这种情况下,该成员也是组成部分注册会计师。

八、集团管理层和组成部分管理层

集团管理层,是指负责编制集团财务报表的管理层。
组成部分管理层,是指负责编制组成部分财务信息的管理层。

九、集团层面控制

集团层面控制,是指集团管理层设计、执行和维护的与集团财务报告相关的控制。

十、合并过程

合并过程,是指:(1)通过合并、比例合并、权益法或成本法,在集团财务报表中对组成部分财务信息进行确认、计量、列报与披露;(2)对没有母公司但处在同一控制下的各组成部分编制的财务信息进行汇总。

第二节 集团审计中的责任设定和注册会计师的目标

一、集团审计中的责任设定

目前,各国对集团审计中的责任设定有两种模式:一种模式是集团项目组对整个集团审计工作及审计意见负全部责任,这一责任不因利用组成部分注册会计师的工作而减轻。另外一种模式是,集团项目组和组成部分注册会计师就各自执行的审计工作分别负责,集团项目组在执行集团审计时完全基于组成部分注册会计师的工作。为保证审计质量,《中国注册会计师审计准则第1401号——对集团财务报表审计的特殊考虑》采用了第一种模式。在这种模式下,尽管组成部分注册会计师基于集团审计目的对组成部分财务信息执行相关工作,并对所有发现的问题、得出的结论或形成的意见负责,集团项目合伙人及其所在的会计师事务所仍对集团审计意见负全部责任。

二、注册会计师的目标

在集团审计中,注册会计师的目标是:(1)确定是否担任集团审计的注册会计师;(2)如果担任集团审计的注册会计师,就组成部分注册会计师对组成部分财务信息执行工作的范围、时间安排和发现的问题,与组成部分注册会计师进行清晰的沟通;针对组成部分财务信息和合并过程,获取充分、适当的审计证据,以对集团财务报表是否在所有重大方面按照适用的财务报告编制基础编制发表审计意见。

第三节 集团审计业务的接受与保持

一、在接受与保持阶段获取了解

集团项目合伙人应当确定是否能够合理预期获取与合并过程和组成部分财务信息相关的充分、适当的审计证据,以作为形成集团审计意见的基础。因此,集团项目组应当了解集团及其环境、集团组成部分及其环境,以足以识别可能的重要组成部分。如果组成部分注册会计师对重要组成部分财务信息执行相关工作,集团项目合伙人应当评价集团项目组参与组成部分注册会计师工作的程度是否足以获取充分、适当的审计证据。

二、审计范围受到限制

如果集团项目合伙人认为由于集团管理层施加的限制,使集团项目组不能获取充分、适当的审计证据,由此产生的影响可能导致对集团财务报表发表无法表示意见,集团项目合伙人应当视具体情况采取下列措施:(1)如果是新业务,拒绝接受业务委托,如果是连续审计业务,在法律法规允许的情况下,解除业务约定;(2)如果法律法规禁止注册会计师拒绝接受业务委托,或者注册会计师不能解除业务约定,在可能的范围内对集团财务报表实施审计,并对集团财务报表发表无法表示意见。

三、业务约定条款

集团项目合伙人应当按照《中国注册会计师审计准则第1111号——就审计业务约定条款达成一致意见》的规定,就集团审计业务约定条款与管理层或治理层(如适用)达成一致意见。

业务约定条款需要明确适用的财务报告编制基础。集团审计业务约定条款可能还需要包括下列事项:(1)在法律法规允许的范围内,集团项目组与组成部分注册会计师的沟通应当尽可能地不受限制;(2)组成部分注册会计师与组成部分治理层、组成部分管理层之间进行的重要沟通(包括就值得关注的内部控制缺陷进行的沟通),也应当告知集团项目组;(3)监管机构与组成部分就财务报告事项进行的重要沟通,应当告知集团项目组;(4)如果集团项目组认为有必要,应当允许集团项目组接触组成部分信息、组成部分治理层、组成部分管理层和组成部分注册会计师（包括集团项目组需要获取的相关审计工作底稿），以及允许集团项目组或允许其要求组成部分注册会计师对组成部分财务信息执行相关工作。

第四节　了解集团及其环境、集团组成部分及其环境

注册会计师应当通过了解被审计单位及其环境，识别和评估财务报表重大错报风险。在集团审计中，集团项目组应当对集团及其环境、集团组成部分及其环境获取充分的了解，以足以：（1）确认或修正最初识别的重要组成部分；（2）评估舞弊或错误导致集团财务报表发生重大错报的风险。

一、集团管理层下达的指令

为实现财务信息的一致性和可比性，集团管理层通常对组成部分下达指令。这些指令具体说明了对包括在集团财务报表中的组成部分财务信息的要求，通常采用财务报告程序手册和报告文件包的形式。报告文件包通常由标准模板组成，用以提供包括在集团财务报表中所需的财务信息，但报告文件包通常不采用按照适用的财务报告编制基础编制和列报的整套财务报表的形式。

二、舞弊

注册会计师需要识别和评估舞弊导致财务报表发生重大错报的风险，针对评估的风险设计和实施适当的应对措施。用以识别舞弊导致的集团财务报表重大错报风险所需的信息可能包括：

1. 集团管理层对集团财务报表可能存在舞弊导致的重大错报风险的评估；
2. 集团管理层对集团舞弊风险的识别和应对过程，包括集团管理层识别出的任何特定舞弊风险，或可能存在舞弊风险的账户余额、某类交易或披露；
3. 是否有特定组成部分可能存在舞弊风险；
4. 集团治理层如何监督集团管理层识别和应对集团舞弊风险的过程，以及集团管理层为降低集团舞弊风险而建立的控制；
5. 就集团项目组对是否知悉任何影响组成部分或集团的舞弊事实、舞弊嫌疑或舞弊指控的询问，集团治理层、管理层和内部审计人员（如适用，还包括组成部分管理层、组成部分注册会计师和其他人员）作出的答复。

三、集团项目组成员和组成部分注册会计师对集团财务报表重大错报风险（包括舞弊风险）的讨论

项目组关键成员需要讨论舞弊或错误导致被审计单位财务报表发生重大错报的可能性，并特别强调舞弊导致的风险。在集团审计中，参与讨论的成员还可能包括组成部分

注册会计师。集团项目合伙人对参与讨论的项目组成员、讨论的方式、时间和内容的确定，受多项因素（如以前与集团交往的经验）的影响。

四、风险评估

集团项目组可以基于下列信息，在集团层面评估集团财务报表重大错报风险：（1）在了解集团及其环境、集团组成部分及其环境和合并过程时获取的信息，包括在评价集团层面控制以及与合并过程相关的控制的设计和执行时获取的审计证据；（2）从组成部分注册会计师获取的信息。

第五节 了解组成部分注册会计师

只有当基于集团审计目的，计划要求由组成部分注册会计师执行组成部分财务信息的相关工作时，集团项目组才需要了解组成部分注册会计师。

一、与集团审计相关的职业道德要求

当基于集团审计目的对组成部分财务信息执行相关工作时，组成部分注册会计师需要遵守与集团审计相关的职业道德要求。这些要求与组成部分注册会计师在其所在国家或地区执行法定审计时所需遵守的职业道德要求可能不同，或需要遵守更多的要求。因此，集团项目组需要了解组成部分注册会计师是否了解并将遵守与集团审计相关的职业道德要求，组成部分注册会计师了解和遵守的程度是否足以使其履行其在集团审计中承担的责任。

二、组成部分注册会计师的专业胜任能力

集团项目组对组成部分注册会计师的专业胜任能力的了解可能包括下列方面：

1. 组成部分注册会计师是否对适用于集团审计的审计准则和其他职业准则有充分的了解，以足以履行其在集团审计中的责任；

2. 组成部分注册会计师是否拥有对特定组成部分财务信息执行相关工作所必需的专门技能（如行业专门知识）；

3. 如果相关，组成部分注册会计师是否对适用的财务报告编制基础（集团管理层向组成部分下达的指令，通常说明适用的财务报告编制基础的特征）有充分的了解，以足以履行其在集团审计中的责任。

三、利用对组成部分注册会计师的了解

如果组成部分注册会计师不符合与集团审计相关的独立性要求，或集团项目组对下列事项存有重大疑虑：（1）组成部分注册会计师是否了解并将遵守与集团审计相关的职业道德要求；（2）组成部分注册会计师是否具备专业胜任能力；（3）集团项目组参与组

成部分注册会计师工作的程度是否足以获取充分、适当的审计证据，集团项目组应当就组成部分财务信息亲自获取充分、适当的审计证据，而不应要求组成部分注册会计师对组成部分财务信息执行相关工作。

第六节 重　要　性

一、集团财务报表整体的重要性

在制定集团总体审计策略时，集团项目组确定集团财务报表整体的重要性。

二、适用于特定的交易类别、账户余额或披露的一个或多个重要性水平

根据集团的特定情况，如果集团财务报表中存在特定的交易类别、账户余额或披露，其发生的错报金额低于集团财务报表整体的重要性，但合理预期将影响财务报表使用者依据集团财务报表作出的经济决策，则确定适用于这些交易、账户余额或披露的一个或多个重要性水平。

三、组成部分重要性

如果组成部分注册会计师对组成部分财务信息实施审计或审阅，集团项目组应当基于集团审计目的，为这些组成部分确定组成部分重要性。为将未更正和未发现错报的汇总数超过集团财务报表整体的重要性的可能性降至适当的低水平，集团项目组应当将组成部分重要性设定为低于集团财务报表整体的重要性。针对不同的组成部分确定的重要性可能有所不同。但是，在确定组成部分重要性时，无需采用将集团财务报表整体重要性按比例分配的方式，因此，对不同组成部分确定的重要性的汇总数，有可能高于集团财务报表整体重要性。在制定组成部分总体审计策略时，需要使用组成部分的重要性。

四、明显微小错报的临界值

注册会计师需要设定临界值，不能将超过该临界值的错报视为对集团财务报表明显微小的错报。组成部分注册会计师需要将在组成部分财务信息中识别出的超过临界值的错报通报给集团项目组。

第七节　针对评估的风险采取的应对措施

注册会计师应当针对评估的财务报表重大错报风险设计和实施恰当的应对措施。在集团审计中，对于组成部分财务信息，集团项目组应当确定由其亲自执行或由组成部分注册会计师代为执行的相关工作的类型。集团项目组还应当确定参与组成部分注册会计

师工作的性质、时间安排和范围。集团项目组确定对组成部分财务信息拟执行工作的类型以及参与组成部分注册会计师工作的程度，受下列因素影响：

1. 组成部分的重要程度；
2. 识别出的可能导致集团财务报表发生重大错报的特别风险；
3. 对集团层面控制的设计的评价，以及其是否得到执行的判断；
4. 集团项目组对组成部分注册会计师的了解。

一、对重要组成部分需执行的工作

就集团而言，对于具有财务重大性的单个组成部分，集团项目组或代表集团项目组的组成部分注册会计师应当运用该组成部分的重要性，对组成部分财务信息实施审计。

二、对不重要组成部分需执行的工作

对于不重要的组成部分，集团项目组应当在集团层面实施分析程序。

根据业务的具体情况，集团项目组可以将组成部分财务信息在不同层面进行汇总，用以实施分析程序。实施分析程序的结果，可以佐证集团项目组得出的结论，即汇总的不重要的组成部分的财务信息不存在特别风险。

三、已执行的工作仍不能提供充分、适当审计证据时的处理

如果集团项目组认为对重要组成部分财务信息执行的工作、对集团层面控制和合并过程执行的工作以及在集团层面实施的分析程序还不能获取形成集团审计意见所需要的充分、适当的审计证据，集团项目组应当选择某些不重要的组成部分，并对已选择的组成部分财务信息执行或要求组成部分注册会计师执行下列一项或多项工作：

1. 使用组成部分重要性对组成部分财务信息实施审计；
2. 对一个或多个账户余额、一类或多类交易或披露实施审计；
3. 使用组成部分重要性对组成部分财务信息实施审阅；
4. 实施特定程序。

集团项目组确定选择多少组成部分、选择哪些组成部分以及对所选择的每个组成部分财务信息执行工作的类型，可能受到下列因素的影响：

1. 预期就重要组成部分财务信息获取审计证据的程度；
2. 组成部分是新设立的还是收购的；
3. 组成部分是否发生重大变化；
4. 内部审计是否对组成部分执行了工作，以及内部审计工作对集团审计的影响；
5. 组成部分是否应用相同的系统和程序；
6. 集团层面控制运行的有效性；
7. 通过在集团层面实施分析程序识别出的异常波动；
8. 与同类其他组成部分相比，某组成部分是否对集团具有财务重大性，或可能导致风险；
9. 是否因法律法规要求或其他原因需要对组成部分执行审计。

四、参与组成部分注册会计师的工作

如果组成部分注册会计师对重要组成部分财务信息执行审计,集团项目组应当参与组成部分注册会计师实施的风险评估程序,以识别可能导致集团财务报表发生重大错报的特别风险。

第八节 合并过程及期后事项

一、合并过程

前已述及,集团项目组应当了解集团层面的控制和合并过程,包括集团管理层向组成部分下达的指令。如果对合并过程执行工作的性质、时间安排和范围基于预期集团层面控制有效运行,或者仅实施实质性程序不能提供认定层次的充分、适当的审计证据,集团项目组应当测试或要求组成部分注册会计师代为测试集团层面控制运行的有效性。

集团项目组应当针对合并过程设计和实施进一步审计程序,以应对评估的、由合并过程导致的集团财务报表发生重大错报的风险。设计和实施的进一步审计程序应当包括评价所有组成部分是否均已包括在集团财务报表中。

二、期后事项

如果集团项目组或组成部分注册会计师对组成部分财务信息实施审计,集团项目组或组成部分注册会计师应当实施审计程序,以识别组成部分自组成部分财务信息日至对集团财务报表出具审计报告日之间发生的、可能需要在集团财务报表中调整或披露的事项。

如果组成部分注册会计师执行组成部分财务信息审计以外的工作,集团项目组应当要求组成部分注册会计师告知其注意到的、可能需要在集团财务报表中调整或披露的期后事项。

第九节 与组成部分注册会计师的沟通

如果集团项目组与组成部分注册会计师之间未能建立有效的双向沟通关系,则存在集团项目组可能无法获取形成集团审计意见所依据的充分、适当的审计证据的风险。集团项目组清晰、及时地通报工作要求,是集团项目组和组成部分注册会计师之间形成有效的双向沟通关系的基础。

一、集团项目组向组成部分注册会计师沟通

集团项目组应当及时向组成部分注册会计师通报工作要求。通报的内容应当明确组成部分注册会计师应执行的工作和集团项目组对其工作的利用，以及组成部分注册会计师与集团项目组沟通的形式和内容。

通报的内容还应当包括：

1. 在组成部分注册会计师知悉集团项目组将利用其工作的前提下，要求组成部分注册会计师确认其将配合集团项目组的工作。

2. 与集团审计相关的职业道德要求，特别是独立性要求。

3. 在对组成部分财务信息实施审计或审阅的情况下，组成部分的重要性和针对特定的交易类别、账户余额或披露采用的一个或多个重要性水平（如适用）以及临界值，超过临界值的错报不能视为对集团财务报表明显微小的错报。

4. 识别出的与组成部分注册会计师工作相关的、舞弊或错误导致集团财务报表发生重大错报的特别风险。集团项目组应当要求组成部分注册会计师及时沟通所有识别出的、在组成部分内的其他舞弊或错误可能导致集团财务报表发生重大错报的特别风险，以及组成部分注册会计师针对这些特别风险采取的应对措施。

5. 集团管理层编制的关联方清单和集团项目组知悉的任何其他关联方。集团项目组应当要求组成部分注册会计师及时沟通集团管理层或集团项目组以前未识别出的关联方。集团项目组应当确定是否需要将新识别的关联方告知其他组成部分注册会计师。

二、组成部分注册会计师向集团项目组沟通

集团项目组应当要求组成部分注册会计师沟通与集团项目组得出集团审计结论相关的事项。沟通的内容应当包括：

1. 组成部分注册会计师是否已遵守与集团审计相关的职业道德要求，包括对独立性和专业胜任能力的要求；

2. 组成部分注册会计师是否已遵守集团项目组的要求；

3. 指出作为组成部分注册会计师出具报告对象的组成部分财务信息；

4. 因违反法律法规而可能导致集团财务报表发生重大错报的信息；

5. 组成部分财务信息中未更正错报的清单（清单不必包括低于集团项目组通报的临界值且明显微小的错报）；

6. 表明可能存在管理层偏向的迹象；

7. 描述识别出的组成部分层面值得关注的内部控制缺陷；

8. 组成部分注册会计师向组成部分治理层已通报或拟通报的其他重大事项，包括涉及组成部分管理层、在组成部分层面内部控制中承担重要职责的员工以及其他人员（在舞弊行为导致组成部分财务信息出现重大错报的情况下）的舞弊或舞弊嫌疑；

9. 可能与集团审计相关或者组成部分注册会计师期望集团项目组加以关注的其他事项，包括在组成部分注册会计师要求组成部分管理层提供的书面声明中指出的例外事项；

10. 组成部分注册会计师的总体发现、得出的结论和形成的意见。

在配合集团项目组时,如果法律法规未予禁止,组成部分注册会计师可以允许集团项目组接触相关审计工作底稿。

三、评价与组成部分注册会计师的沟通

集团项目组应当评价与组成部分注册会计师的沟通。集团项目组应当:

1. 与组成部分注册会计师、组成部分管理层或集团管理层(如适用)讨论在评价过程中发现的重大事项;

2. 确定是否有必要复核组成部分注册会计师审计工作底稿的相关部分。

组成部分注册会计师的审计工作底稿中哪些部分与集团审计相关,可能因具体情况的不同而不同。集团项目组在复核时,通常关注的是与可能导致集团财务报表发生重大错报的特别风险相关的审计工作底稿。组成部分注册会计师的审计工作底稿按照组成部分注册会计师所在会计师事务所的复核程序进行复核这一事实,可能将影响集团项目组的复核范围。

第十节 评价审计证据的充分性和适当性

注册会计师应当获取充分、适当的审计证据,将审计风险降至可接受的低水平,从而得出合理的结论以作为形成审计意见的基础。在集团审计中,集团项目组应当评价,通过对合并过程实施的审计程序以及由集团项目组和组成部分注册会计师对组成部分财务信息执行的工作,是否已获取充分、适当的审计证据,作为形成集团审计意见的基础。

第十一节 与集团管理层和集团治理层的沟通

一、与集团管理层的沟通

集团项目组应当按照《中国注册会计师审计准则第1152号——向治理层和管理层通报内部控制缺陷》的规定,确定哪些识别出的内部控制缺陷需要向集团治理层和集团管理层通报。

第十七章 其他特殊项目的审计

第一节 审计会计估计和相关披露

一、会计估计的性质

会计估计,是指根据适用的财务报告编制基础的规定,计量涉及估计不确定性的某项金额。由于经营活动具有内在不确定性,某些财务报表项目只能进行估计。进一步讲,某项资产、负债或权益组成部分的具体特征或财务报告编制基础规定的计量基础或方法,可能导致有必要对某一财务报表项目作出估计。

二、风险评估程序和相关活动

在实施风险评估程序和相关活动时,注册会计师应当了解下列内容,作为识别和评估会计估计重大错报风险的基础:

(一)了解被审计单位及其环境、适用的财务报告编制基础和内部控制体系各要素

按照《中国注册会计师审计准则第1211号——重大错报风险的识别和评估》的规定,了解被审计单位及其环境、适用的财务报告编制基础和内部控制体系各要素时,注册会计师应当了解与被审计单位会计估计相关的下列方面:

(二)复核以前期间会计估计的结果或管理层对以前期间会计估计作出的后续重新估计

注册会计师应当复核以前期间会计估计的结果,或者复核管理层对以前期间会计估计作出的后续重新估计(追溯复核),这有助于识别和评估本期的重大错报风险。在确定复核的性质和范围时,注册会计师应当考虑会计估计的特征。注册会计师复核的目的不是质疑以前期间依据当时可获得的信息作出的适当判断。

(三)确定是否需要专门技能或知识

对会计估计进行审计时,注册会计师应当确定,为开展下列工作,项目组是否需要具备专门技能或知识:

1. 实施风险评估程序,以识别和评估重大错报风险;

2. 设计和实施审计程序，以应对重大错报风险；
3. 评价获取的审计证据。

当确定项目组是否需要具备专门技能或知识时，注册会计师可能考虑的事项包括：

1. 特定业务或行业涉及的会计估计的性质（例如，矿产储量、生物资产、复杂金融工具和保险合同负债）；
2. 估计不确定性的程度；
3. 使用的方法或模型的复杂性；
4. 与会计估计相关的适用的财务报告编制基础的规定的复杂性，包括是否存在容易产生不同解释或会计实务的领域，或者在如何作出会计估计方面存在不一致的领域；
5. 注册会计师拟采取的、应对评估的重大错报风险的审计程序；
6. 是否需要就适用的财务报告编制基础未明确的事项作出判断；
7. 选择数据和假设所需的判断程度；
8. 被审计单位作出会计估计时使用信息技术的复杂性和范围。

当涉及会计或审计以外的领域（如估值技能）时，注册会计师可能不具备必要的专门技能或知识，从而可能需要利用专家的工作。

三、识别和评估重大错报风险

按照《中国注册会计师审计准则第 1211 号——重大错报风险的识别和评估》的规定，识别和评估与会计估计和相关披露有关的认定层次重大错报风险（包括分别评估固有风险和控制风险）时，注册会计师应当考虑下列事项，以识别重大错报风险和评估固有风险：

1. 估计不确定性的程度。
2. 复杂性、主观性和其他固有风险因素对下列方面的影响程度：
（1）管理层作出会计估计时，对方法、假设和数据的选择和运用；
（2）管理层对财务报表中的点估计的选择，以及作出的相关披露。

形成认定层次固有风险评估结果的依据可能来自一个或多个固有风险因素，包括估计不确定性、复杂性、主观性或其他固有风险因素。

（一）估计不确定性

估计不确定性，是指会计估计在计量时易于产生内在不精确性。在考虑会计估计涉及估计不确定性的程度时，注册会计师可以考虑下列事项：

1. 适用的财务报告编制基础是否要求：
（1）使用具有固有高度估计不确定性的方法作出会计估计。例如，财务报告编制基础可能要求使用不可观察的输入值；
（2）使用具有固有高度估计不确定性的假设（如预测期较长的假设、依据不可观察数据因而管理层难以作出的假设），或者使用相互关联的各种假设；
（3）披露估计不确定性。
2. 经营环境。被审计单位所处的市场可能经历动荡或发生中断（如重大汇率变动或市场不活跃），因此会计估计可能依赖于不易观察到的数据。

3. 管理层是否有可能（或在适用的财务报告编制基础允许的情况下，是否可行）：

（1）对过去交易的未来实现情况（如根据或有合同条款将支付的金额），或者未来事项或情况的发生和影响（如未来信用损失的金额，或保险索赔的结算金额和结算时间）作出准确和可靠的预测；

（2）获取关于当前状况的准确和完整的信息（如用于作出公允价值估计的、反映财务报表日市场参与方观点的估值属性信息）。

在某些情况下，估计不确定性可能非常高，以致难以作出合理的会计估计，适用的财务报告编制基础可能禁止在财务报表中对此进行确认或以公允价值计量。在这种情况下，可能存在的重大错报风险不仅涉及会计估计是否应予确认或是否应以公允价值计量，而且涉及披露的合理性。针对此类会计估计，适用的财务报告编制基础可能要求披露会计估计和与之相关的估计不确定性。

（二）复杂性或主观性

在考虑复杂性对作出会计估计所使用方法的选择和运用的影响程度时，注册会计师可以考虑下列事项：

1. 管理层需要具备专门技能或知识，可能表明用以作出会计估计的方法具有固有复杂性，因此会计估计可能更易于发生重大错报。如果管理层使用了内部开发的模型且经验相对较少，或者所使用的模型运用的不是特定行业或环境中公认或通用的方法，可能更易于发生重大错报。

2. 适用的财务报告编制基础规定的计量基础的性质，可能导致需要使用复杂的方法，且需要使用从多个来源获取的、相互之间存在多种相互关系的历史和前瞻性数据或假设。

（三）其他固有风险因素

与会计估计相关的主观性程度会影响会计估计发生因管理层偏向或影响固有风险的其他舞弊风险因素导致的错报的可能性。例如，如果会计估计具有高度主观性，则很可能更易于发生因管理层偏向或影响固有风险的其他舞弊风险因素导致的错报，并且导致可能发生的计量结果的区间范围较广。管理层从该区间中选择的点估计可能在具体情况下并不适当，或者不当地受到有意或无意的管理层偏向的影响，从而导致发生错报。对于连续审计，以前期间审计中识别出的可能存在管理层偏向的迹象，可能对本期的计划审计工作和风险评估程序产生影响。

（四）特别风险

对于识别和评估的重大错报风险，注册会计师应当作出职业判断，确定其是否为特别风险。如果存在特别风险，注册会计师应当识别针对该风险实施的控制，评价这些控制的设计是否有效，并确定其是否得到执行。

注册会计师对固有风险的评估结果（包括考虑会计估计涉及估计不确定性的程度，或者受到复杂性、主观性和其他固有风险因素影响的程度），有助于注册会计师确定识别和评估的重大错报风险是否为特别风险。

四、应对评估的重大错报风险

按照《中国注册会计师审计准则第 1231 号——针对评估的重大错报风险采取的应对

措施》的规定，注册会计师应当针对评估的认定层次重大错报风险，在考虑形成风险评估结果的依据的基础上，设计和实施进一步审计程序。

（一）注册会计师的进一步审计程序

评估的重大错报风险越高，在设计和实施进一步审计程序时，注册会计师需要获取越有说服力的审计证据。注册会计师不应当偏向于获取佐证性的审计证据，也不应当排斥相矛盾的审计证据。

（二）注册会计师拟信赖控制运行有效性时实施的审计程序

按照《中国注册会计师审计准则第1231号——针对评估的重大错报风险采取的应对措施》的规定，如果存在下列情形之一，注册会计师应当设计和实施控制测试，针对控制运行的有效性，获取充分、适当的审计证据：（1）在评估认定层次重大错报风险时，预期控制的运行是有效的；（2）仅实施实质性程序并不能够提供认定层次充分、适当的审计证据。

（三）注册会计师为应对特别风险实施的审计程序

对于与会计估计相关的特别风险，如果拟信赖针对该风险实施的控制，注册会计师应当在本期测试这些控制运行的有效性。如果针对特别风险实施的程序仅为实质性程序，这些程序应当包括细节测试。

针对与会计估计相关的特别风险的细节测试可能包括：

1. 检查，例如，检查合同以佐证条款或假设；
2. 重新计算，例如，核实模型计算的准确性；
3. 检查所使用的假设与支持性文件（如第三方公布的信息）是否相符。

（四）从截至审计报告日发生的事项获取审计证据

如果进一步审计程序包括从截至审计报告日发生的事项获取审计证据，注册会计师应当评价这些审计证据是否充分、适当，以应对与会计估计相关的重大错报风险。在评价时，注册会计师应当根据适用的财务报告编制基础，考虑事项发生日与计量日之间具体情况的变化是否会影响这些审计证据的相关性。

（五）测试管理层如何作出会计估计

如果测试管理层如何作出会计估计，注册会计师应当设计和实施进一步审计程序，以针对与下列事项相关的重大错报风险获取充分、适当的审计证据：（1）管理层作出会计估计时，对方法、重大假设和数据的选择和运用；（2）管理层如何选择点估计，并就估计不确定性作出披露。

（七）与审计证据相关的其他考虑

在针对与会计估计相关的重大错报风险获取审计证据时，无论作为审计证据的信息来源如何，注册会计师均应当遵守《中国注册会计师审计准则第1301号——审计证据》的相关规定。针对与会计估计相关的重大错报风险，用作审计证据的信息可能由被审计单位生成，或在编制时利用了管理层的专家的工作，或由外部信息来源提供。

五、其他相关审计程序

（一）关注与会计估计相关的披露

注册会计师应当针对所评估的、与会计估计相关披露有关的认定层次重大错报风险，设计和实施进一步审计程序，以获取充分、适当的审计证据。

针对管理层作出的、与估计不确定性相关的披露，注册会计师需要考虑适用的财务报告编制基础的规定。这些规定可能要求披露下列信息：

（二）识别可能存在管理层偏向的迹象

对于管理层就财务报表中的会计估计所作的判断和决策，注册会计师应当评价是否有迹象表明可能存在管理层偏向，即使这些判断和决策孤立地看是合理的。如果识别出可能存在管理层偏向的迹象，注册会计师应当评价这一情况对审计的影响。如果是管理层有意误导，则管理层偏向具有舞弊性质。

（三）实施审计程序之后作出总体评价

注册会计师应当根据已经实施的审计程序以及获取的审计证据，作出下列评价：

（1）认定层次重大错报风险的评估结果是否仍然适当（包括识别出可能存在管理层偏向的迹象时）；

（2）管理层对于财务报表中会计估计的确认、计量和列报（包括披露）作出的决策，是否符合适用的财务报告编制基础；

（3）是否已经获取充分、适当的审计证据，无论这些审计证据是佐证性的，还是相矛盾的。

（四）获取书面声明

注册会计师应当要求管理层和治理层（如适用）就以下事项提供书面声明：根据适用的财务报告编制基础有关确认、计量或披露的规定，管理层和治理层（如适用）作出会计估计和相关披露时使用的方法、重大假设和数据是适当的。

（五）与治理层、管理层以及其他相关机构和人员进行沟通

按照《中国注册会计师审计准则第1151号——与治理层的沟通》和《中国注册会计师审计准则第1152号——向治理层和管理层通报内部控制缺陷》的规定，与治理层或管理层进行沟通时，注册会计师应当根据形成重大错报风险评估结果的依据，考虑是否需要沟通与会计估计相关的事项。此外，在特定情况下，法律法规可能要求注册会计师就特定事项与其他相关机构和人员进行沟通。

第二节 关联方的审计

一、关联方关系及其交易的性质

许多关联方交易是在正常经营过程中发生的，与类似的非关联方交易相比，这些关联方交易可能并不具有更高的财务报表重大错报风险。但是，在某些情况下，关联方关系及其交易的性质可能导致关联方交易比非关联方交易具有更高的财务报表重大错报风险。

由于关联方之间彼此并不独立，为使财务报表使用者了解关联方关系及其交易的性质，以及关联方关系及其交易对财务报表实际或潜在的影响，许多财务报告编制基础对关联方关系及其交易的会计处理和披露作出了规定。在适用的财务报告编制基础作出规定的情况下，注册会计师有责任实施审计程序，以识别、评估和应对被审计单位未能按照适用的财务报告编制基础对关联方关系及其交易进行恰当会计处理或披露导致的重大错报风险。即使适用的财务报告编制基础对关联方作出很少的规定或没有作出规定，注册会计师仍然需要了解被审计单位的关联方关系及其交易，以足以确定财务报表（就其受到关联方关系及其交易的影响而言）是否实现公允反映。

二、风险评估程序和相关工作

注册会计师在审计过程中应当实施风险评估程序和相关工作，以获取与识别关联方关系及其交易相关的重大错报风险的信息。

（一）了解关联方关系及其交易

1. 项目组内部的讨论。
2. 询问管理层。

注册会计师应当向管理层询问下列事项：

（1）关联方的名称和特征，包括关联方自上期以来发生的变化；

（2）被审计单位和关联方之间关系的性质；

（3）被审计单位在本期是否与关联方发生交易，如发生，交易的类型、定价政策和目的。

3. 与关联方关系及其交易相关的控制。

如果管理层建立了下列与关联方关系及其交易相关的控制，注册会计师应当询问管理层和被审计单位内部其他人员，实施其他适当的风险评估程序，以获取对相关控制的了解：（1）按照适用的财务报告编制基础，对关联方关系及其交易进行识别、会计处理和披露；（2）授权和批准重大关联方交易和安排；（3）授权和批准超出正常经营过程的重大交易和安排。

被审计单位内部的其他人员在某种程度上并不构成管理层，但也可能知悉关联方关系及其交易以及相关控制。这些人员可能包括：（1）治理层成员；（2）负责生成、处理或记录超出正常经营过程的重大交易的人员，以及对其进行监督或监控的人员；（3）内部审计人员；（4）内部法律顾问；（5）负责道德事务的人员。

（二）在检查记录或文件时对关联方信息保持警觉

某些安排或其他信息可能显示管理层以前未识别或未向注册会计师披露的关联方关系或关联方交易，在审计过程中检查记录或文件时，注册会计师应当对这些安排或其他信息保持警觉。

（三）项目组内部分享与关联方有关的信息

在整个审计过程中，注册会计师应当与项目组其他成员分享获取的关联方的相关信息。例如：

（1）关联方的名称和特征；

（2）关联方关系及其交易的性质；

（3）可能被确定为存在特别风险的重大或复杂的关联方关系或关联方交易，特别是涉及管理层或治理层财务利益的交易。

三、识别和评估重大错报风险

根据《中国注册会计师审计准则第1211号——重大错报风险的识别和评估》的规定，注册会计师应当识别和评估关联方关系及其交易导致的重大错报风险，并确定这些风险是否为特别风险。在确定时，注册会计师应当将识别出的、超出被审计单位正常经营过程的重大关联方交易导致的风险确定为特别风险。

四、应对评估的重大错报风险

注册会计师应当按照《中国注册会计师审计准则第1231号——针对评估的重大错报风险采取的应对措施》的规定，针对评估的与关联方关系及其交易相关的重大错报风险，设计和实施进一步审计程序，以获取充分、适当的审计证据。注册会计师可能选择的进一步审计程序的性质、时间安排和范围，取决于风险的性质和被审计单位的具体情况。

（一）识别出以前未识别或未披露的关联方或重大关联方交易

如果识别出可能表明存在管理层以前未识别出或未向注册会计师披露的关联方关系或交易的安排或信息，注册会计师应当确定相关情况是否能够证实关联方关系或关联方交易的存在。

（二）识别出超出正常经营过程的重大关联方交易

对于识别出的超出正常经营过程的重大关联方交易，注册会计师应当：

1. 检查相关合同或协议（如有）。

如果检查相关合同或协议，注册会计师应当评价：

（1）交易的商业理由（或缺乏商业理由）是否表明被审计单位从事交易的目的可能是为了对财务信息作出虚假报告或为了隐瞒侵占资产的行为；

（2）交易条款是否与管理层的解释一致；

（3）关联方交易是否已按照适用的财务报告编制基础得到恰当会计处理和披露。

在评价超出正常经营过程的重大关联方交易的商业理由时，注册会计师可能考虑下列事项：

（1）交易是否过于复杂（如交易是否涉及集团内部多个关联方）；

（2）交易条款是否异常（如价格、利率、担保或付款等条件是否异常）；

（3）交易的发生是否缺乏明显且符合逻辑的商业理由；

（4）交易是否涉及以前未识别的关联方；

（5）交易的处理方式是否异常；

（6）管理层是否已与治理层就这类交易的性质和会计处理进行讨论；

（7）管理层是否更强调需要采用某项特定的会计处理方式，而不够重视交易的经济实质。

2. 获取交易已经恰当授权和批准的审计证据。

如果超出正常经营过程的重大关联方交易经管理层、治理层或股东（如适用）授权和批准，可以为注册会计师提供审计证据，表明该项交易已在被审计单位内部的适当层面进行了考虑，并在财务报表中恰当披露了交易的条款和条件。

（三）对关联方交易是否按照等同于公平交易中的通行条款执行的认定

如果管理层在财务报表中作出认定，声明关联方交易是按照等同于公平交易中通行的条款执行的，注册会计师应当就该项认定获取充分、适当的审计证据。

五、其他相关审计程序

（一）评价会计处理和披露

当按照《中国注册会计师审计准则第1501号——对财务报表形成审计意见和出具审计报告》的规定对财务报表形成审计意见时，注册会计师应当评价：

（1）识别出的关联方关系及其交易是否已按照适用的财务报告编制基础得到恰当会计处理和披露；

（2）关联方关系及其交易是否导致财务报表未实现公允反映。

《中国注册会计师审计准则第1251号——评价审计过程中识别出的错报》要求注册会计师在评价错报是否重大时，考虑错报的金额和性质以及错报发生的特定情况。对财务报表使用者而言，某项交易的重要程度，可能不仅取决于所记录的交易金额，还取决于其他特定的相关因素，如关联方关系的性质。

（二）获取书面声明

如果适用的财务报告编制基础对关联方作出规定，注册会计师应当向管理层和治理层（如适用）获取下列书面声明：

（1）已经向注册会计师披露了全部已知的关联方名称和特征、关联方关系及其交易；

（2）已经按照适用的财务报告编制基础的规定，对关联方关系及其交易进行了恰当的会计处理和披露。

在下列情况下，注册会计师向治理层获取书面声明可能是适当的：

（1）治理层批准某项特定关联方交易，该项交易可能对财务报表产生重大影响或涉及管理层；

（2）治理层就某些关联方交易的细节向注册会计师作出口头声明；

（3）治理层在关联方或关联方交易中享有财务或者其他利益。

注册会计师还可能决定就管理层作出的某项特殊认定获取书面声明，如管理层对特殊关联方交易不涉及某些未予披露的"背后协议"的声明。

（三）与治理层沟通

除非治理层全部成员参与管理被审计单位，注册会计师应当与治理层沟通审计工作中发现的与关联方相关的重大事项。

注册会计师与治理层沟通审计工作中发现的与关联方相关的重大事项，有助于双方就这些事项的性质和解决方法达成共识。下列情形是与关联方相关的重大事项的举例：

（1）管理层有意或无意未向注册会计师披露关联方关系或重大关联方交易。沟通这一情况可以提醒治理层关注以前未识别的重要关联方和关联方交易。

（2）识别出的未经适当授权和批准的、可能产生舞弊嫌疑的重大关联方交易。

（3）注册会计师与管理层在按照适用的财务报告编制基础的规定披露重大关联方交易方面存在分歧。

（4）违反适用的法律法规有关禁止或限制特定类型关联方交易的规定。

（5）在识别被审计单位最终控制方时遇到的困难。

第三节　考虑持续经营假设

持续经营假设是指被审计单位在编制财务报表时，假定其经营活动在可预见的将来会继续下去，不拟也不必终止经营或破产清算，可以在正常的经营过程中变现资产、清偿债务。持续经营假设通常是会计确认和计量的基本假定之一，对财务报表的编制和审计关系重大。是否以持续经营假设为基础编制财务报表，对会计确认、计量和列报将产生很大影响。例如，对于固定资产，企业在持续经营假设基础上，以历史成本计价，并在预计使用年限内对该项资产计提折旧。通过此方式，可将资产的成本分摊到不同期间的费用中去，据以核算各个期间的损益。如果这一假设不再成立，该项资产应以清算价格计价。

一、管理层的责任和注册会计师的责任

（一）管理层的责任

某些适用的财务报告编制基础明确要求管理层对持续经营能力作出评估，并规定了与此相关的需要考虑的事项和作出的披露。相关法律法规还可能对管理层评估持续经营能力的责任和相关财务报表披露作出具体规定。

而其他财务报告编制基础可能没有明确要求管理层对持续经营能力作出评估。但由于持续经营假设是编制财务报表的基本原则，即使其他财务报告编制基础没有对此作出明确规定，管理层也需要在编制财务报表时评估持续经营能力。

（二）注册会计师的责任

在执行财务报表审计业务时，注册会计师的责任是就管理层在编制和列报财务报表时运用持续经营假设的适当性获取充分、适当的审计证据，并就持续经营能力是否存在重大不确定性得出结论。即使编制财务报表时采用的财务报告编制基础没有明确要求管理层对持续经营能力作出专门评估，注册会计师的这种责任仍然存在。

二、风险评估程序和相关活动

在按照《中国注册会计师审计准则第1211号——重大错报风险的识别和评估》的规定实施风险评估程序时，注册会计师应当考虑是否存在可能导致对被审计单位持续经营能力产生重大疑虑的事项或情况，并确定管理层是否已对被审计单位持续经营能力作出初步评估。

(一) 财务方面

被审计单位在财务方面存在的可能导致对持续经营假设产生重大疑虑的事项或情况主要包括：

1. 净资产为负或营运资金出现负数。资不抵债有可能使被审计单位在近期内无法偿还到期债务，从而引发债务危机。

2. 定期借款即将到期，但预期不能展期或偿还，或过度依赖短期借款为长期资产筹资。过度依赖短期借款为长期资产筹资，将使被审计单位长期面临巨大的短期偿债压力，如果无法及时偿还到期债务，将陷入财务困境。

3. 存在债权人撤销财务支持的迹象。如果被审计单位不再能够获得供应商正常商业信用，就意味着无法通过赊购取得生产经营所必需的原材料或其他物资，现金偿付压力巨大。一旦资金短缺，生产经营就有可能中断。

4. 历史财务报表或预测性财务报表表明经营活动产生的现金流量净额为负数。如果被审计单位的营运资金以及经营活动产生的现金流量净额出现负数，表明被审计单位的现金流量可能不能有效维持正常的生产经营，从而影响被审计单位的盈利能力和偿债能力，降低其在市场竞争中的信用等级，最终可能因资金周转困难而导致破产。

5. 关键财务比率不佳。

6. 发生重大经营亏损或用以产生现金流量的资产的价值出现大幅下跌。经营亏损可能是由于被审计单位经营管理不善引起的，也可能是行业整体不景气造成的。巨额经营亏损可能意味着被审计单位丧失盈利能力，并导致其持续经营能力存在着重大的不确定性。

7. 拖欠或停止发放股利。

8. 在到期日无法偿还债务。

9. 无法履行借款合同的条款。为了保证贷款的安全，银行往往在借款合同中订有诸如流动资金保持量、资本支出的限制等条款。一旦被审计单位无法履行这些条款，银行为保全其债权，就有可能要求被审计单位提前偿还借款，从而导致被审计单位的资金周转出现困难。

10. 与供应商由赊购变为货到付款。

11. 无法获得开发必要的新产品或进行其他必要的投资所需的资金。被审计单位无法获得必需的资金，则没有能力在盈利前景良好的项目上进行投资并获取未来收益。当现有产品失去市场竞争力时，将直接影响到被审计单位的盈利能力，从而对被审计单位的持续经营能力产生重大影响。

(二) 经营方面

被审计单位在经营方面存在的可能导致对持续经营假设产生重大疑虑的事项或情况主要包括：

1. 管理层计划清算被审计单位或终止经营。

2. 关键管理人员离职且无人替代。通常，关键管理人员负责管理企业的日常经营活动，在被审计单位中起着重要作用。如果关键管理人员离职且无人替代，则会对被审计单位的经营活动产生重大不利影响，从而使持续经营能力存在重大的不确定性。

3. 失去主要市场、关键客户、特许权、执照或主要供应商。如果被审计单位失去主要市场、关键客户、特许权、执照或主要供应商,表明其在销售、经营和采购方面将面临极大困境,从而影响其持续经营能力。

4. 出现用工困难问题。一些企业的生产经营高度依赖于科技研发人员、技术熟练工人等,比如软件开发公司从事软件设计的关键人员。如果企业缺乏这些对持续经营具有决定性影响的人力资源,将可能无法持续经营。

5. 重要供应短缺。一些企业的生产经营高度依赖于重要原材料供应,一旦短缺,企业将可能无法持续经营。

6. 出现非常成功的竞争者。一旦出现非常成功的竞争者,将可能对企业产品市场、原材料供应、关键管理人员和重要员工的稳定性等诸多方面产生影响,进而可能影响企业的持续经营能力。

(三) 其他方面

被审计单位在其他方面存在的可能导致对持续经营假设产生重大疑虑的事项或情况主要包括:

1. 违反有关资本或其他法定要求。被审计单位在生产经营过程中如果严重违反有关法律法规或政策,则有可能被有关部门撤销或责令关闭,或被处以较大数额的罚款,这将导致被审计单位无法持续经营或对其持续经营能力产生重大影响。

2. 未决诉讼或监管程序,可能导致其无法支付索赔金额。未决诉讼或监管程序可能导致企业财产被冻结或被有关部门责令停产整改,也可能导致其无法支付索赔金额,从而影响其持续经营。

3. 法律法规或政府政策的变化预期会产生不利影响。例如,被审计单位的利润和现金流量主要来自于对境外子公司的投资分得的红利。如果该子公司所在国家加强了外汇管制,被审计单位能否收到红利存在重大不确定性,就可能影响其持续经营。

4. 对发生的灾害未购买保险或保额不足。不可抗力因素超出了企业可控制和预测的范围,企业可能因此无法开展正常的经营活动,从而导致无法持续经营。

三、评价管理层对持续经营能力作出的评估

任何企业都可能面临终止经营的风险,因此,管理层应当定期对其持续经营能力作出分析和判断,确定以持续经营假设为基础编制财务报表的适当性。管理层对被审计单位持续经营能力的评估,是注册会计师考虑管理层运用持续经营假设的一个关键部分。注册会计师应当评价管理层对持续经营能力作出的评估。

1. 管理层评估涵盖的期间。
2. 管理层的评估、支持性分析和注册会计师的评价。

四、超出管理层评估期间的事项或情况

注册会计师应当询问管理层是否知悉超出评估期间的、可能导致对持续经营能力产生重大疑虑的事项或情况。可能存在着已知的事项(预定的或非预定的)或情况,是超出管理层评估期间发生的,可能导致注册会计师对管理层编制财务报表时运用持续经营

假设的适当性产生怀疑。注册会计师需要对存在这些事项或情况的可能性保持警觉。由于事项或情况发生的时点距离作出评估的时点越远,与事项或情况的结果相关的不确定性的程度也相应增加,因此在考虑更远期间发生的事项或情况时,只有持续经营事项的迹象达到重大时,注册会计师才需要考虑采取进一步措施。如果识别出这些事项或情况,注册会计师可能需要提请管理层评价这些事项或情况对于其评估被审计单位持续经营能力的潜在重要性。在这种情况下,注册会计师应当通过实施追加的审计程序(包括考虑缓解因素),获取充分、适当的审计证据,以确定是否存在重大不确定性。

五、识别出事项或情况时实施追加的审计程序

如果识别出可能导致对持续经营能力产生重大疑虑的事项或情况,注册会计师应当通过实施追加的审计程序(包括考虑缓解因素),获取充分、适当的审计证据,以确定是否存在重大不确定性。

六、审计结论

注册会计师应当评价是否就管理层编制财务报表时运用持续经营假设的适当性获取了充分、适当的审计证据,并就运用持续经营假设的适当性得出结论。

注册会计师应当根据获取的审计证据,运用职业判断,确定是否存在与事项或情况相关的重大不确定性(且这些事项或情况单独或汇总起来可能导致对被审计单位持续经营能力产生重大疑虑)并考虑对审计意见的影响。

七、对审计报告的影响

(一) 被审计单位运用持续经营假设适当但存在重大不确定性

如果运用持续经营假设是适当的,但存在重大不确定性,且财务报表对重大不确定性已作出充分披露,注册会计师应当发表无保留意见,并在审计报告中增加以"与持续经营相关的重大不确定性"为标题的单独部分,以:

1. 提醒财务报表使用者关注财务报表附注中对所述事项的披露;
2. 说明这些事项或情况表明存在可能导致对被审计单位持续经营能力产生重大疑虑的重大不确定性,并说明该事项并不影响发表的审计意见。

(二) 运用持续经营假设不适当

如果财务报表按照持续经营基础编制,而注册会计师运用职业判断认为管理层在编制财务报表时运用持续经营假设是不适当的,则无论财务报表中对管理层运用持续经营假设的不适当性是否作出披露,注册会计师均应发表否定意见。

如果在具体情况下运用持续经营假设是不适当的,但管理层被要求或自愿选择编制财务报表,则可以采用替代基础(如清算基础)编制财务报表。注册会计师可以对财务报表进行审计,前提是注册会计师确定替代基础在具体情况下是可接受的编制基础。如果财务报表对此作出了充分披露,注册会计师可以发表无保留意见,但也可能认为在审计报告中增加强调事项段是适当或必要的,以提醒财务报表使用者关注替代基础及其使用理由。

（三）严重拖延对财务报表的批准

如果管理层或治理层在财务报表日后严重拖延对财务报表的批准，注册会计师应当询问拖延的原因。如果认为拖延可能涉及与持续经营评估相关的事项或情况，注册会计师有必要实施前述识别出可能导致对持续经营能力产生重大疑虑的事项或情况时追加的审计程序，并就存在的重大不确定性考虑对审计结论的影响。

八、与治理层的沟通

注册会计师应当与治理层就识别出的可能导致对被审计单位持续经营能力产生重大疑虑的事项或情况进行沟通，除非治理层全部成员参与管理被审计单位。

第四节 首次接受委托时对期初余额的审计

广义地讲，期初余额的审计，既包括注册会计师首次接受委托对被审计单位的财务报表进行审计时所涉及的如何审计财务报表期初余额问题，也包括注册会计师执行连续审计业务时所涉及的如何审计财务报表期初余额问题。对于后者，注册会计师在当期审计中通常只需关注被审计单位经审计的上期期末余额是否已正确结转至本期，或在适当的情况下已作出重新表述，很少再实施其他专门的审计程序。因此，本节主要针对注册会计师首次接受委托对被审计单位的财务报表进行审计时所涉及的期初余额审计问题进行阐述。

一、期初余额的概念

期初余额是指期初存在的账户余额。期初余额以上期期末余额为基础，反映了以前期间的交易和事项以及上期采用的会计政策的结果。正确理解期初余额的含义，需要把握以下三点：

1. 期初余额是期初已存在的账户余额。
2. 期初余额反映了以前期间的交易和事项以及上期采用的会计政策的结果。
3. 期初余额与注册会计师首次审计业务相联系。

二、期初余额的审计目标

在执行首次审计业务时，注册会计师针对期初余额的审计目标是获取充分、适当的审计证据以确定：（1）期初余额是否含有对本期财务报表产生重大影响的错报；（2）期初余额反映的恰当的会计政策是否在本期财务报表中得到一贯运用，或会计政策的变更是否已按照适用的财务报告编制基础作出恰当的会计处理和适当的列报。

1. 确定期初余额是否含有对本期财务报表产生重大影响的错报。
2. 确定期初余额反映的恰当的会计政策是否在本期财务报表中得到一贯运用，或会计政策的变更是否已按照适用的财务报告编制基础作出恰当的会计处理和充分的列报与披露。

三、审计程序

为达到上述期初余额的审计目标,注册会计师应当阅读被审计单位最近期间的财务报表和相关披露,以及前任注册会计师出具的审计报告(如有),获取与期初余额相关的信息。注册会计师对期初余额需要实施的审计程序的性质和范围取决于下列事项:(1)被审计单位运用的会计政策;(2)账户余额、各类交易和披露的性质以及本期财务报表存在的重大错报风险;(3)期初余额相对于本期财务报表的重要程度;(4)上期财务报表是否经过审计,如果经过审计,前任注册会计师的意见是否为非无保留意见。

注册会计师对期初余额实施的审计程序应当包括:
1. 确定上期期末余额是否已正确结转至本期,或在适当的情况下已作出重新表述。
2. 确定期初余额是否反映对恰当会计政策的运用。
3. 实施一项或多项审计程序。

四、审计结论和审计报告

在对期初余额实施审计程序后,注册会计师应当分析已获取的审计证据,区分不同情况形成对被审计单位期初余额的审计结论,在此基础上确定其对本期财务报表出具审计报告的影响。

(一)审计后不能获取有关期初余额的充分、适当的审计证据

如果不能针对期初余额获取充分、适当的审计证据,注册会计师应当在审计报告中发表下列类型之一的非无保留意见:
1. 发表适合具体情况的保留意见或无法表示意见;
2. 除非法律法规禁止,对经营成果和现金流量(如相关)发表保留意见或无法表示意见,而对财务状况发表无保留意见。

(二)期初余额存在对本期财务报表产生重大影响的错报

如果期初余额存在对本期财务报表产生重大影响的错报,注册会计师应当告知管理层;如果上期财务报表由前任注册会计师审计,注册会计师还应当提请管理层告知前任注册会计师。如果错报的影响未能得到正确的会计处理和恰当的列报与披露,注册会计师应当对财务报表发表保留意见或否定意见。

(三)会计政策变更对审计报告的影响

如果认为按照适用的财务报告编制基础与期初余额相关的会计政策未能在本期得到一贯运用,或者会计政策的变更未能得到恰当的会计处理或适当的列报与披露,注册会计师应当对财务报表发表保留意见或否定意见。

(四)前任注册会计师对上期财务报表发表了非无保留意见

如果前任注册会计师对上期财务报表发表了非无保留意见,注册会计师应当考虑该审计报告对本期财务报表的影响。如果导致发表非无保留意见的事项对本期财务报表仍然相关和重大,注册会计师应当对本期财务报表发表非无保留意见。

第十八章 完成审计工作

第一节 完成审计工作概述

完成审计工作阶段是审计的最后一个阶段。注册会计师按业务循环完成各财务报表项目的审计测试和一些特殊项目的审计工作后,在完成审计工作阶段汇总审计测试结果,进行更具综合性的审计工作,如评价审计中的重大发现,评价审计过程中发现的错报,关注期后事项对财务报表的影响,复核审计工作底稿和财务报表等。在此基础上,评价审计结果,在与被审计单位沟通后,获取管理层书面声明,确定应出具的审计报告的意见类型和措辞,进而编制并致送审计报告,终结审计工作。

一、评价审计中的重大发现

在完成审计工作阶段,项目合伙人和审计项目组考虑的重大发现和事项的例子包括:
1. 期中复核中的重大发现及其对审计方法的影响;
2. 涉及会计政策的选择、运用和一贯性的重大事项,包括相关披露;
3. 就识别出的特别风险,对总体审计策略和具体审计计划所作的重大修改;
4. 在与管理层和其他人员讨论重大发现和事项时得到的信息;
5. 与注册会计师的最终审计结论相矛盾或不一致的信息。

对实施的审计程序的结果进行评价,可能全部或部分地揭示出以下事项:
1. 为了实现计划的审计目标,是否有必要对重要性进行修订;
2. 对总体审计策略和具体审计计划的重大修改,包括对重大错报风险评估结果作出的重要修改;
3. 对审计方法有重要影响的值得关注的内部控制缺陷和其他缺陷;
4. 财务报表中存在的重大错报;
5. 项目组内部,或项目组与项目质量复核人员或提供咨询的其他人员之间,就重大会计和审计事项达成最终结论所存在的意见分歧;
6. 审计工作中遇到的重大困难;
7. 向事务所内部有经验的专业人士或外部专业顾问咨询的事项;

8. 与管理层或其他人员就重大发现以及与注册会计师的最终审计结论相矛盾或不一致的信息进行的讨论。

二、评价审计过程中识别出的错报

在评价审计过程中识别出的错报时，注册会计师的目标是：（1）评价识别出的错报对审计的影响；（2）评价未更正错报对财务报表的影响。未更正错报，是指注册会计师在审计过程中累积的且被审计单位未予更正的错报。

（一）累积识别出的错报

注册会计师应当累积审计过程中识别出的错报，除非错报明显微小。

（二）随着审计的推进考虑识别出的错报

如果出现下列情形之一，注册会计师应当确定是否需要修改总体审计策略和具体审计计划：

（1）识别出的错报的性质以及错报发生的环境表明可能存在其他错报，并且可能存在的其他错报与审计过程中累积的错报合计起来可能是重大的；

（2）审计过程中累积的错报合计数接近按照《中国注册会计师审计准则第1221号——计划和执行审计工作时的重要性》的规定确定的重要性。

（三）沟通和更正错报

除非法律法规禁止，注册会计师应当及时将审计过程中累积的所有错报（即超过明显微小错报临界值的所有错报）与适当层级的管理层进行沟通。注册会计师还应当要求管理层更正这些错报。

（四）评价未更正错报的影响

1. 重新评估重要性。
2. 确定未更正错报单独或汇总起来是否重大。

（五）书面声明

注册会计师应当要求管理层和治理层（如适用）提供书面声明，说明其是否认为未更正错报单独或汇总起来对财务报表整体的影响不重大。这些错报项目的概要应当包含在书面声明中或附在其后。由于编制财务报表要求管理层和治理层（如适用）调整财务报表以更正重大错报，注册会计师应当要求其提供有关未更正错报的书面声明。在某些情况下，管理层和治理层（如适用）可能并不认为注册会计师提出的某些未更正的错报是错报。基于这一原因，他们可能在书面声明中增加以下表述："因为［描述理由］，我们不同意……事项和……事项构成错报。"然而，即使获取了这一声明，注册会计师仍需要对未更正错报的影响形成结论。

三、实施分析程序

在临近审计结束时，注册会计师应当运用分析程序，帮助其对财务报表形成总体结论，以确定财务报表是否与其对被审计单位的了解一致。

四、复核审计工作

对审计工作的复核包括项目组内部复核和作为会计师事务所业务质量管理措施而执

行的项目质量复核（如适用）。

（一）项目组内部复核

1. 复核人员。

《会计师事务所质量管理准则第 5101 号——业务质量管理》规定，会计师事务所针对业务执行的质量目标应当包括由经验较为丰富的项目组成员对经验较为缺乏的项目组成员的工作进行指导、监督和复核。会计师事务所应当基于这一质量目标，确定有关复核的政策和程序。

对一些较为复杂、审计风险较高的领域，例如，舞弊风险的评估与应对、重大会计估计及其他复杂的会计问题、审核会议记录和重大合同、关联方关系和交易、持续经营存在的问题等，需要指派经验丰富的项目组成员执行复核，必要时可以由项目合伙人执行复核。

2. 复核范围。

执行复核时，复核人员需要考虑的事项包括但不限于：

（1）审计工作是否已按照职业准则和适用的法律法规的规定执行；

（2）重大事项是否已提请进一步考虑；

（3）相关事项是否已进行适当咨询，由此形成的结论是否已得到记录和执行；

（4）是否需要修改已执行审计工作的性质、时间安排和范围；

（5）已执行的审计工作是否支持形成的结论，并已得到适当记录；

（6）已获取的审计证据是否充分、适当；

（7）审计程序的目标是否已实现。

3. 复核时间。

审计项目复核贯穿审计全过程，随着审计工作的开展，复核人员在审计计划阶段、执行阶段和完成阶段及时复核相应的审计工作底稿。例如，在审计计划阶段复核记录总体审计策略和具体审计计划的审计工作底稿；在审计执行阶段复核记录控制测试和实质性程序的审计工作底稿等。在完成审计工作阶段复核记录重大事项、审计调整及未更正错报的审计工作底稿等。

4. 项目合伙人复核。

项目合伙人应当对管理和实现审计项目的高质量承担总体责任。项目合伙人应当在审计过程中的适当时点复核审计工作底稿，包括与下列方面相关的审计工作底稿：

（1）重大事项；

（2）重大判断，包括与在审计中遇到的困难或有争议事项相关的判断，以及得出的结论；

（3）根据项目合伙人的职业判断，与项目合伙人的职责有关的其他事项。

在审计报告日或审计报告日之前，项目合伙人应当通过复核审计工作底稿与项目组讨论，确信已获取充分、适当的审计证据，支持得出的结论和拟出具的审计报告。此外，项目合伙人应当在签署审计报告前复核财务报表、审计报告以及相关的审计工作底稿，包括对关键审计事项的描述（如适用）。项目合伙人还应当在与管理层、治理层或相关监管机构签署正式书面沟通文件之前对其进行复核。《中国注册会计师审计准则第 1131

号——审计工作底稿》要求项目合伙人记录复核的范围和时间。
（二）项目质量复核

第二节 期后事项

企业的经营活动是连续不断、持续进行的，但财务报表的编制却是建立在"会计分期假设"基础之上的。也就是说，作为主要审计对象的财务报表，其编制基础不过是对连续不断的经营活动的一种人为划分。因此，注册会计师在审计被审计单位某一会计年度的财务报表时，除了对所审会计年度内发生的交易和事项实施必要的审计程序外，还必须考虑所审会计年度之后发生和发现的事项对财务报表和审计报告的影响，以保证一个会计期间的财务报表的真实性和完整性。

一、期后事项的种类

期后事项是指财务报表日至审计报告日之间发生的事项，以及注册会计师在审计报告日后知悉的事实。

（一）财务报表日后调整事项

这类事项既为被审计单位管理层确定财务报表日账户余额提供信息，也为注册会计师核实这些余额提供补充证据。如果这类期后事项的金额重大，应提请被审计单位对本期财务报表及相关的账户金额进行调整。

（二）财务报表日后非调整事项

这类事项由于不影响财务报表日财务状况，因此不需要调整被审计单位的本期财务报表。但如果被审计单位的财务报表因此可能受到误解，就应在财务报表中以附注的形式予以适当披露。

二、财务报表日至审计报告日之间发生的事项

（一）主动识别第一时段期后事项

注册会计师应当设计和实施审计程序，获取充分、适当的审计证据，以确定所有在财务报表日至审计报告日之间发生的、需要在财务报表中调整或披露的事项均已得到识别。但是，注册会计师并不需要对之前已实施审计程序并已得出满意结论的事项执行追加的审计程序。

财务报表日至审计报告日之间发生的期后事项属于第一时段期后事项。对于这一时段的期后事项，注册会计师负有主动识别的义务，应当设计专门的审计程序来识别这些期后事项，并根据这些事项的性质判断其对财务报表的影响，进而确定是进行调整还是披露。

（二）用以识别期后事项的审计程序

注册会计师应当按照审计准则的规定实施审计程序，以使审计程序能够涵盖财务报

表日至审计报告日（或尽可能接近审计报告日）之间的期间。

通常情况下，针对期后事项的专门审计程序，其实施时间越接近审计报告日越好。越接近审计报告日，也就意味着距离财务报表日越远，被审计单位这段时间内累积的对财务报表日已经存在的情况提供的进一步证据也就越多；越接近审计报告日，注册会计师遗漏期后事项的可能性也就越小。

（三）知悉对财务报表有重大影响的期后事项时的考虑

在实施上述审计程序后，如果注册会计师识别出对财务报表有重大影响的期后事项，应当确定这些事项是否按照适用的财务报告编制基础的规定在财务报表中得到恰当反映。

如果所知悉的期后事项属于调整事项，注册会计师应当考虑被审计单位是否已对财务报表作出适当的调整。如果所知悉的期后事项属于非调整事项，注册会计师应当考虑被审计单位是否在财务报表附注中予以充分披露。

（四）书面声明

注册会计师应当要求管理层和治理层（如适用）提供书面声明，确认所有在财务报表日后发生的、按照适用的财务报告编制基础的规定应予调整或披露的事项均已得到调整或披露。

三、注册会计师在审计报告日后至财务报表报出日前知悉的事实

（一）被动识别第二时段期后事项

在审计报告日后，注册会计师没有义务针对财务报表实施任何审计程序。审计报告日后至财务报表报出日前发现的事实属于第二时段期后事项，注册会计师针对被审计单位的审计业务已经结束，要识别可能存在的期后事项比较困难，因而无法承担主动识别第二时段期后事项的审计责任。但是，在这一阶段，被审计单位的财务报表并未报出，管理层有责任将发现的可能影响财务报表的事实告知注册会计师。当然，注册会计师还可能从媒体报道、举报信或者证券监管部门告知等途径获悉影响财务报表的期后事项。

（二）知悉第二时段期后事项时的考虑

在审计报告日后至财务报表报出日前，如果知悉了某事实，且若在审计报告日知悉可能导致修改审计报告，注册会计师应当与管理层和治理层（如适用）讨论该事项；确定财务报表是否需要修改；如果需要修改，询问管理层将如何在财务报表中处理该事项。

四、注册会计师在财务报表报出后知悉的事实

（一）没有义务识别第三时段的期后事项

财务报表报出日后知悉的事实属于第三时段期后事项，注册会计师没有义务针对财务报表实施任何审计程序。但是，并不排除注册会计师通过媒体等其他途径获悉可能对财务报表产生重大影响的期后事项的可能性。

（二）知悉第三时段期后事项时的考虑

在财务报表报出后，如果知悉了某事实，且若在审计报告日知悉可能导致修改审计报告，注册会计师应当：

（1）与管理层和治理层（如适用）讨论该事项；

(2) 确定财务报表是否需要修改;
(3) 如果需要修改,询问管理层将如何在财务报表中处理该事项。

第三节 书面声明

书面声明,是指管理层向注册会计师提供的书面陈述,用以确认某些事项或支持其他审计证据。书面声明不包括财务报表及其认定,以及支持性账簿和相关记录。在本节中单独提及管理层时,应当理解为管理层和治理层(如适用)。管理层负责按照适用的财务报告编制基础编制财务报表并使其实现公允反映。

一、针对管理层责任的书面声明

针对财务报表的编制,注册会计师应当要求管理层提供书面声明,确认其根据审计业务约定条款,履行了按照适用的财务报告编制基础编制财务报表并使其实现公允反映(如适用)的责任。

二、其他书面声明

除《中国注册会计师审计准则第1341号——书面声明》和其他审计准则要求的书面声明外,如果注册会计师认为有必要获取一项或多项其他书面声明,以支持与财务报表或者一项或多项具体认定相关的其他审计证据,注册会计师应当要求管理层提供这些书面声明。

(一)关于财务报表的额外书面声明

除了针对财务报表的编制,注册会计师应当要求管理层提供基本书面声明以确认其履行了责任外,注册会计师可能认为有必要获取有关财务报表的其他书面声明。其他书面声明可能是对基本书面声明的补充,但不构成其组成部分。

(二)与向注册会计师提供信息有关的额外书面声明

除了针对管理层提供的信息和交易的完整性的书面声明外,注册会计师可能认为有必要要求管理层提供书面声明,确认其已将注意到的所有内部控制缺陷向注册会计师通报。

(三)关于特定认定的书面声明

在获取有关管理层的判断和意图的证据时,或在对判断和意图进行评价时,注册会计师可能考虑下列一项或多项事项:

1. 被审计单位以前对声明的意图的实际实施情况;
2. 被审计单位选取特定措施的理由;
3. 被审计单位实施特定措施的能力;
4. 是否存在审计过程中已获取的、可能与管理层判断或意图不一致的任何其他信息。

三、书面声明的日期和涵盖的期间

书面声明的日期应当尽量接近对财务报表出具审计报告的日期,但不得在审计报告日后。书面声明应当涵盖审计报告针对的所有财务报表和期间。

四、书面声明的形式

五、对书面声明可靠性的疑虑以及管理层不提供要求的书面声明

（一）对书面声明可靠性的疑虑

1. 对管理层的胜任能力、诚信、道德价值观或勤勉尽责存在疑虑。
2. 书面声明与其他审计证据不一致。

（二）管理层不提供要求的书面声明

如果管理层不提供要求的一项或多项书面声明，注册会计师应当：

1. 与管理层讨论该事项；
2. 重新评价管理层的诚信，并评价该事项对书面或口头声明和审计证据总体的可靠性可能产生的影响；
3. 采取适当措施，包括确定该事项对审计意见可能产生的影响。

第十九章 审计报告

第一节 审计报告概述

一、审计报告的概念

审计报告是指注册会计师根据审计准则的规定,在执行审计工作的基础上,对财务报表发表审计意见的书面文件。

审计报告是注册会计师在完成审计工作后向委托人提交的最终产品,具有以下特征:
1. 注册会计师应当按照审计准则的规定执行审计工作;
2. 注册会计师在实施审计工作的基础上才能出具审计报告;
3. 注册会计师通过对财务报表发表意见履行业务约定书约定的责任;
4. 注册会计师应当以书面形式出具审计报告。

注册会计师应当根据由审计证据得出的结论,清楚表达对财务报表的意见。注册会计师一旦在审计报告上签名并盖章,就表明对其出具的审计报告负责。

二、审计报告的作用

注册会计师签发的审计报告,主要具有鉴证、保护和证明三方面的作用。

(一)鉴证作用

注册会计师签发的审计报告,不同于政府审计和内部审计的审计报告,是以超然独立的第三方身份,对被审计单位财务报表的合法性和公允性发表意见。这种意见,具有鉴证作用,得到了政府、投资者和其他利益相关者的普遍认可。政府有关部门判断财务报表是否合法、公允,主要依据注册会计师的审计报告。企业的投资者,主要依据注册会计师的审计报告来判断被投资企业的财务报表是否合法、公允地反映了财务状况和经营成果,以进行投资决策等。

(二)保护作用

审计的目的是提高财务报表预期使用者对财务报表的信赖程度。这一目的可以通过注册会计师对财务报表是否在所有重大方面按照适用的财务报表编制基础发表意见得以实现。审计报告是注册会计师对财务报表发表审计意见的书面文件，能够在一定程度上对被审计单位的债权人和股东以及其他利害关系人的利益起到保护作用。例如，投资者为降低投资风险，需要在进行投资之前查阅被投资企业的财务报表和注册会计师的审计报告，了解被投资企业的经营情况和财务状况。

（三）证明作用

审计报告是对注册会计师审计任务完成情况及其结果所作的总结，它可以表明审计工作的质量并明确注册会计师的审计责任。因此，审计报告可以对审计工作质量和注册会计师的审计责任起证明作用。例如，注册会计师是否以获取的审计证据为依据发表审计意见，发表的审计意见是否与被审计单位的实际情况相一致，审计工作的质量是否符合要求。

第二节 审计意见的形成

一、得出审计结论时考虑的领域

注册会计师应当就财务报表是否在所有重大方面按照适用的财务报告编制基础编制并实现公允反映形成审计意见。为了形成审计意见，针对财务报表整体是否不存在由于舞弊或错误导致的重大错报，注册会计师应当得出结论，确定是否已就此获取合理保证。

3. 评价财务报表是否在所有重大方面按照适用的财务报告编制基础编制。

注册会计师应当依据适用的财务报告编制基础特别评价下列内容：

（1）财务报表是否恰当披露了所选择和运用的重要会计政策。作出这一评价时，注册会计师应当考虑会计政策与被审计单位的相关性，以及会计政策是否以可理解的方式予以表述，包括：

①适用的财务报告编制基础要求包括的所有与重要会计政策相关的披露是否均已披露；

②已披露的重要会计政策是否相关，从而反映在被审计单位经营及环境的特定情况下，适用的财务报告编制基础所规定的确认、计量和列报标准如何运用于财务报表中的各类交易、账户余额和披露；

③披露的重要会计政策的明晰性。

（2）选择和运用的会计政策是否符合适用的财务报告编制基础，并适合被审计单位的具体情况。会计政策是被审计单位在会计确认、计量和报告中采用的原则、基础和会计处理方法。被审计单位选择和运用的会计政策既应符合适用的财务报告编制基础，也应适合被审计单位的具体情况。在评价被审计单位选用的会计政策是否适当时，注册会计师需要关注重要的事项。重要事项可能包括重要项目的会计政策和行业惯例、重大和异常交易的会计处理方法、在新兴领域和缺乏权威性标准或共识的领域采用重要会计政策产生的影响、会计政策的变更等。

（3）管理层作出的会计估计和相关披露是否合理。会计估计，是指在缺乏精确计量手段的情况下，采用的某项金额的近似值。由于会计估计的主观性、复杂性和不确定性，管理层作出的会计估计和相关披露发生重大错报的可能性较大。因此，注册会计师应当获取充分、适当的审计证据，以确定根据适用的财务报告编制基础，财务报表中确认或披露的会计估计是否合理，相关披露是否充分。

（4）财务报表列报的信息是否具有相关性、可靠性、可比性和可理解性。作出这一评价时，注册会计师应当考虑：

①应当包括的信息是否均已包括，这些信息的分类、汇总或分解以及描述是否适当；

②财务报表的总体列报（包括披露）是否由于包括不相关的信息或有碍正确理解所披露事项的信息而受到不利影响，包括考虑财务报表中的信息是否以清晰、简洁的形式列报，重要的披露的位置是否能够使披露得以适当的突出显示，以及披露的交叉索引是否适当。

（5）财务报表是否作出充分披露，使财务报表预期使用者能够理解重大交易和事项对财务报表所传递的信息的影响。

按照通用目的编制基础编制的财务报表通常反映被审计单位的财务状况、经营成果和现金流量。基于适用的财务报告编制基础，注册会计师需要评价财务报表是否作出充分披露，以使财务报表预期使用者能够理解重大交易和事项对被审计单位财务状况、经营成果和现金流量的影响。

（6）财务报表使用的术语（包括每一财务报表的标题）是否适当。

在评价财务报表是否在所有重大方面按照适用的财务报告编制基础编制时，注册会计师应当考虑被审计单位会计实务的质量，包括表明管理层的判断可能出现偏向的迹象。

二、审计意见的类型

注册会计师的目标是在评价根据审计证据得出的结论的基础上，对财务报表形成审计意见，并通过书面报告的形式清楚地表达审计意见。

第三节　审计报告的基本内容

一、审计报告的要素

审计报告应当包括下列要素：（1）标题；（2）收件人；（3）审计意见；（4）形成审计意见的基础；（5）管理层对财务报表的责任；（6）注册会计师对财务报表审计的责任；（7）按照相关法律法规的要求报告的事项（如适用）；（8）注册会计师的签名和盖章；（9）会计师事务所的名称、地址和盖章；（10）报告日期。

二、标题

审计报告应当具有标题，统一规范为"审计报告"。

三、收件人

审计报告应当按照审计业务的约定载明收件人。在某些国家或地区，法律法规或业务约定条款可能指定审计报告致送的对象。注册会计师通常将审计报告致送给财务报表使用者，一般是被审计单位的股东或治理层。

四、审计意见

审计意见部分由两部分构成。第一部分指出已审计财务报表，应当包括下列方面：
1. 指出被审计单位的名称；
2. 说明财务报表已经审计；
3. 指出构成整套财务报表的每一财务报表的名称；
4. 提及财务报表附注；
5. 指明构成整套财务报表的每一财务报表的日期或涵盖的期间。

五、形成审计意见的基础

审计报告应当包含标题为"形成审计意见的基础"的部分。该部分提供关于审计意见的重要背景，应当紧接在审计意见部分之后，并包括下列方面：
1. 说明注册会计师按照审计准则的规定执行了审计工作。
2. 提及审计报告中用于描述审计准则规定的注册会计师责任的部分。
3. 声明注册会计师按照与审计相关的职业道德要求对被审计单位保持了独立性，并履行了职业道德方面的其他责任。声明中应当指明适用的职业道德要求，如中国注册会计师职业道德守则。
4. 说明注册会计师是否相信获取的审计证据是充分、适当的，为发表审计意见提供了基础。

六、管理层对财务报表的责任

审计报告应当包含标题为"管理层对财务报表的责任"的部分，其中应当说明管理层负责下列方面：
1. 按照适用的财务报告编制基础的规定编制财务报表，使其实现公允反映，并设计、执行和维护必要的内部控制，以使财务报表不存在由于舞弊或错误导致的重大错报；
2. 评估被审计单位的持续经营能力和使用持续经营假设是否适当，并披露与持续经营相关的事项（如适用）。对管理层评估责任的说明应当包括描述在何种情况下使用持续经营假设是适当的。

当对财务报告过程负有监督责任的人员与履行上述责任的人员不同时，管理层对财务报表的责任部分还应当提及对财务报告过程负有监督责任的人员。在这种情况下，该部分的标题还应当提及"治理层"或者特定国家或地区法律框架中的恰当术语。

第四节 在审计报告中沟通关键审计事项

一、确定关键审计事项

根据关键审计事项的概念，注册会计师在确定关键审计事项时，需要遵循以下决策框架。

1. 以"与治理层沟通过的事项"为起点选择关键审计事项。
2. 从"与治理层沟通过的事项"中确定"在执行审计工作时重点关注过的事项"。
3. 从"在执行审计工作时重点关注过的事项"中确定哪些事项对本期财务报表审计"最为重要"，从而构成关键审计事项。

二、在审计报告中沟通关键审计事项

1. 在审计报告中单设关键审计事项部分。
2. 描述单一关键审计事项。

三、不在审计报告中沟通关键审计事项的情形

四、其他情形下关键审计事项部分的形式和内容

五、就关键审计事项与治理层沟通

治理层在监督财务报告过程中担当重要角色。就关键审计事项与治理层沟通，能够使治理层了解注册会计师就关键审计事项作出的审计决策的基础以及这些事项将如何在审计报告中作出描述，也能够使治理层考虑鉴于这些事项将在审计报告中进行沟通，作出新的披露或提高披露质量是否有用。

六、审计工作底稿记录要求

注册会计师应当在审计工作底稿中记录下列事项：

1. 注册会计师确定的在执行审计工作时重点关注过的事项，以及针对每一事项，是否将其确定为关键审计事项及其理由；
2. 注册会计师确定不存在需要在审计报告中沟通的关键审计事项的理由，或者仅需要沟通的关键审计事项是导致非无保留意见的事项，或者是可能导致对被审计单位持续经营能力产生重大疑虑的事项或情况存在重大不确定性（如适用）；
3. 注册会计师确定不在审计报告中沟通某项关键审计事项的理由（如适用）。

第五节 非无保留意见审计报告

一、非无保留意见的概念

非无保留意见，是指对财务报表发表的保留意见、否定意见或无法表示意见。

当存在下列情形之一时，注册会计师应当在审计报告中发表非无保留意见：

（一）根据获取的审计证据，得出财务报表整体存在重大错报的结论

为了形成审计意见，针对财务报表整体是否不存在舞弊或错误导致的重大错报，注册会计师应当得出结论，确定是否已就此获取合理保证。在得出结论时，注册会计师需要评价未更正错报对财务报表的影响。

（二）无法获取充分、适当的审计证据，不能得出财务报表整体不存在重大错报的结论

下列情形可能导致注册会计师无法获取充分、适当的审计证据（也称为审计范围受到限制）：

1. 超出被审计单位控制的情形。例如，被审计单位的会计记录已被毁坏，或重要组成部分的会计记录已被政府有关机构无限期地查封。

2. 与注册会计师工作的性质或时间安排相关的情形。例如：①被审计单位需要使用权益法对联营企业进行核算，注册会计师无法获取有关联营企业财务信息的充分、适当的审计证据以评价是否恰当运用了权益法；②注册会计师接受审计委托的时间安排，使注册会计师无法实施存货监盘；③注册会计师确定仅实施实质性程序是不充分的，但被审计单位的控制是无效的。

3. 管理层对审计范围施加限制的情形。例如，管理层阻止注册会计师实施存货监盘，或管理层阻止注册会计师对特定账户余额实施函证。管理层施加的限制可能对审计产生其他影响，如注册会计师对舞弊风险的评估和对业务保持的考虑。

二、非无保留意见的类型

（一）在确定非无保留意见类型时需要考虑的因素

注册会计师在确定恰当的非无保留意见类型时，需要考虑下列因素：（1）导致非无保留意见的事项的性质，是财务报表存在重大错报，还是在无法获取充分、适当的审计证据的情况下，财务报表可能存在重大错报；（2）注册会计师就导致非无保留意见的事项对财务报表产生或可能产生影响的广泛性作出的判断。

注册会计师对相关事项的影响的重大性和广泛性的判断均会影响审计意见的类型。

1. 影响的重大性。
2. 影响的广泛性。

（二）确定非无保留意见的类型

总体而言，导致注册会计师发表非无保留意见的事项单独或汇总起来对财务报表的影响或可能产生的影响一定是重大的。在这个前提下，注册会计师应当发表保留意见，还是否定意见或无法表示意见，取决于导致非无保留意见的事项（即财务报表存在重大错报，或注册会计师无法获取充分、适当的审计证据，财务报表可能存在重大错报）对财务报表整体产生的影响或可能产生的影响是否具有广泛性。

1. 发表保留意见。

当存在下列情形之一时，注册会计师应当发表保留意见：

（1）在获取充分、适当的审计证据后，注册会计师认为错报单独或汇总起来对财务报表影响重大，但不具有广泛性。

（2）注册会计师无法获取充分、适当的审计证据以作为形成审计意见的基础，但认为未发现的错报（如存在）对财务报表可能产生的影响重大，但不具有广泛性。

2. 发表否定意见。

在获取充分、适当的审计证据后，如果认为错报单独或汇总起来对财务报表的影响重大且具有广泛性，注册会计师应当发表否定意见。

3. 发表无法表示意见。

如果无法获取充分、适当的审计证据以作为形成审计意见的基础，但认为未发现的错报（如存在）对财务报表可能产生的影响重大且具有广泛性，注册会计师应当发表无法表示意见。

在少数情况下，可能存在多个不确定事项。尽管注册会计师对每个单独的不确定事项获取了充分、适当的审计证据，但由于不确定事项之间可能存在相互影响，以及可能对财务报表产生累积影响，注册会计师不可能对财务报表形成审计意见。在这种情况下，注册会计师应当发表无法表示意见。

当存在多项对财务报表整体具有重要影响的与持续经营相关的重大不确定性时，在极少数情况下，注册会计师可能认为发表无法表示意见是适当的，而非在审计报告中增加"与持续经营相关的重大不确定性"为标题的单独部分。

（三）在确定非无保留意见的类型时需要注意的事项

1. 在承接审计业务后，如果注意到管理层对审计范围施加了限制，且认为这些限制可能导致对财务报表发表保留意见或无法表示意见，注册会计师应当要求管理层消除这些限制。如果管理层拒绝消除限制，除非治理层全部成员参与管理被审计单位，注册会计师应当就此事项与治理层沟通，并确定能否实施替代程序以获取充分、适当的审计证据。

2. 如果认为有必要对财务报表整体发表否定意见或无法表示意见，注册会计师不应在同一审计报告中对按照相同财务报告编制基础编制的单一财务报表或者财务报表特定要素、账户或项目发表无保留意见。在同一审计报告中包含无保留意见，将会与对财务报表整体发表的否定意见或无法表示意见相矛盾。

三、非无保留意见审计报告的格式和内容

(一) 形成非无保留审计意见的基础

1. 审计报告格式和内容的一致性。
2. 量化财务影响。
3. 存在与定性披露相关的重大错报。
4. 存在与应披露而未披露信息相关的重大错报。
5. 无法获取充分、适当的审计证据。
6. 披露其他事项。
7. 对"形成非无保留意见的基础"部分的可理解性的考虑。

(二) 审计意见部分

1. 标题。

在发表非无保留意见时，注册会计师应当对审计意见部分使用恰当的标题，如"保留意见""否定意见""无法表示意见"。审计意见部分的标题能够使财务报表使用者清楚注册会计师发表了非无保留意见，并能够表明非无保留意见的类型。

2. 发表保留意见。

当由于财务报表存在重大错报而发表保留意见时，注册会计师应当在审计意见部分说明：注册会计师认为，除形成保留意见的基础部分所述事项产生的影响外，后附的财务报表在所有重大方面按照适用的财务报告编制基础编制，公允反映了〔……〕。

当无法获取充分、适当的审计证据而导致发表保留意见时，注册会计师应当在审计意见部分使用"除……可能产生的影响外"等措辞。

当注册会计师发表保留意见时，在审计意见部分使用"由于上述解释"或"受……影响"等措辞是不恰当的，因为这些措辞不够清晰或没有足够的说服力。

3. 发表否定意见。

当发表否定意见时，注册会计师应当在审计意见部分说明：注册会计师认为，由于形成否定意见的基础部分所述事项的重要性，后附的财务报表没有在所有重大方面按照适用的财务报告编制基础编制，未能公允反映〔……〕。

4. 发表无法表示意见。

当由于无法获取充分、适当的审计证据而发表无法表示意见时，注册会计师应当在审计意见部分说明注册会计师不对后附的财务报表发表审计意见，并说明：由于形成无法表示意见的基础部分所述事项的重要性，注册会计师无法获取充分、适当的审计证据以为发表审计意见提供基础。同时，注册会计师应当将有关财务报表已经审计的说明，修改为注册会计师接受委托审计财务报表。

(三) 注册会计师对财务报表审计的责任部分

当由于无法获取充分、适当的审计证据而发表无法表示意见时，注册会计师应当对无保留意见审计报告中注册会计师对财务报表审计的责任部分的表述进行修改，使之仅包含下列内容：

(1) 注册会计师的责任是按照中国注册会计师审计准则的规定，对被审计单位财务

报表执行审计工作，以出具审计报告；

（2）但由于形成无法表示意见的基础部分所述的事项，注册会计师无法获取充分、适当的审计证据以作为发表审计意见的基础；

（3）声明注册会计师在独立性和职业道德方面的其他责任。

第六节　在审计报告中增加强调事项段和其他事项段

一、强调事项段

（一）强调事项段的概念

审计报告的强调事项段，是指审计报告中含有的一个段落，该段落提及已在财务报表中恰当列报或披露的事项，且根据注册会计师的职业判断，该事项对财务报表使用者理解财务报表至关重要。

（二）需要增加强调事项段的情形

如果认为有必要提醒财务报表使用者关注已在财务报表中列报或披露，且根据职业判断认为对财务报表使用者理解财务报表至关重要的事项，在同时满足下列条件时，注册会计师应当在审计报告中增加强调事项段：

1. 按照《中国注册会计师审计准则第1502号——在审计报告中发表非无保留意见》的规定，该事项不会导致注册会计师发表非无保留意见；

2. 当《中国注册会计师审计准则第1504号——在审计报告中沟通关键审计事项》适用时，该事项未被确定为在审计报告中沟通的关键审计事项。

（三）在审计报告中包含强调事项段时注册会计师应采取的措施

如果在审计报告中包含强调事项段，注册会计师应当采取下列措施：

1. 将强调事项段作为单独的一部分置于审计报告中，并使用包含"强调事项"这一术语的适当标题。

2. 明确提及被强调事项以及相关披露的位置，以便能够在财务报表中找到对该事项的详细描述。强调事项段应当仅提及已在财务报表中列报或披露的信息。

3. 指出审计意见没有因该强调事项而改变。

二、其他事项段

（一）其他事项段的概念

其他事项段，是指审计报告中含有的一个段落，该段落提及未在财务报表中列报或披露的事项，且根据注册会计师的职业判断，该事项与财务报表使用者理解审计工作、注册会计师的责任或审计报告相关。

（二）可能需要增加其他事项段的情形

如果认为有必要沟通虽然未在财务报表中列报或披露，但根据职业判断认为与财务报表使用者理解审计工作、注册会计师的责任或审计报告相关的事项,在同时满足下列条件时,注册会计师应当在审计报告中增加其他事项段:

1. 未被法律法规禁止;

2. 当《中国注册会计师审计准则第1504号——在审计报告中沟通关键审计事项》适用时,该事项未被确定为在审计报告中沟通的关键审计事项。

具体讲,可能需要在审计报告中增加其他事项段的情形包括:

1. 与使用者理解审计工作相关的情形。

2. 与使用者理解注册会计师的责任或审计报告相关的情形。

3. 对两套以上财务报表出具审计报告的情形。

4. 限制审计报告分发和使用的情形。

三、与治理层的沟通

如果拟在审计报告中增加强调事项段或其他事项段,注册会计师应当就该事项和拟使用的措辞与治理层沟通。

与治理层的沟通能使治理层了解注册会计师拟在审计报告中所强调的特定事项的性质,并在必要时为治理层提供向注册会计师作出进一步澄清的机会。对于连续审计业务,当某一特定事项在每期审计报告中的其他事项段中重复出现时,除非法律法规另有规定,注册会计师可能认为没有必要在每次审计业务中重复沟通。

第七节 比较信息

财务报表使用者为了确定在一段时期内被审计单位财务状况和经营成果的变化趋势,需要了解涉及一个或多个以前会计期间的比较信息。为满足这种需求,我国的企业会计准则对重要会计事项的信息披露作出了明确规定,多项具体会计准则都对比较信息的列报提出了要求,现行的其他相关法律法规对比较信息的披露也作出了明确规定。

一、比较信息的概念

比较信息,是指包含于财务报表中的、符合适用的财务报告编制基础的、与一个或多个以前期间相关的金额和披露。

对应数据,属于比较信息,是指作为本期财务报表组成部分的上期金额和相关披露,这些金额和披露只能与本期相关的金额和披露(称为"本期数据")联系起来阅读。对应数据列报的详细程度主要取决于其与本期数据的相关程度。

二、审计程序

(一)一般审计程序

注册会计师应当确定财务报表中是否包括适用的财务报告编制基础要求的比较信息,

以及比较信息是否得到恰当分类。

（二）注意到比较信息可能存在重大错报时的审计要求

1. 在实施本期审计时，如果注意到比较信息可能存在重大错报，注册会计师应当根据实际情况追加必要的审计程序，获取充分、适当的审计证据，以确定是否存在重大错报。

（三）获取书面声明

注册会计师应当按照《中国注册会计师审计准则第1341号——书面声明》的规定，获取与审计意见中提及的所有期间相关的书面声明。对于管理层作出的、更正上期财务报表中影响比较信息的重大错报的任何重述，注册会计师还应当获取特定书面声明。

三、审计报告：对应数据

（一）总体要求

注册会计师发表的审计意见是针对包括对应数据的本期财务报表整体。当财务报表中列报对应数据时，如果以前针对上期财务报表发表了保留意见、无法表示意见或否定意见，注册会计师首先需要判断导致对上期财务报表发表非无保留意见的事项是否已经解决。例如，对于上期财务报表存在重大错报的情形，如果上期财务报表中的错报已经得到更正，通常视为已经解决；对于上期财务报表审计范围受限的情形，如果原来的审计范围受限情形已消除，注册会计师能够就上期财务报表获取充分、适当的审计证据，通常视为已经解决。在作出判断时，注册会计师不仅要考虑相关事项对本期财务报表的资产负债表余额的影响，也要考虑相关事项对本期利润表、现金流量表以及股东（所有者）权益变动表的影响，以及对本期数据和对应数据的可比性的影响。如果事项已解决，并且被审计单位已经按照适用的财务报告编制基础进行恰当的会计处理，或在财务报表中作出适当的披露，则注册会计师可以针对本期财务报表发表无保留意见，且无需提及之前发表的非无保留意见。

（二）上期财务报表未经审计时的报告要求

如果上期财务报表未经审计，注册会计师应当在审计报告的其他事项段中说明对应数据未经审计。但这种说明并不减轻注册会计师获取充分、适当的审计证据，以确定期初余额不含有对本期财务报表产生重大影响的错报的责任。

（三）上期财务报表已由前任注册会计师审计时的报告要求

如果上期财务报表已由前任注册会计师审计，注册会计师在审计报告中可以提及前任注册会计师对对应数据出具的审计报告。当注册会计师决定提及时，应当在审计报告的其他事项段中说明：（1）上期财务报表已由前任注册会计师审计；（2）前任注册会计师发表的意见的类型（如果是非无保留意见，还应当说明发表非无保留意见的理由）；（3）前任注册会计师出具的审计报告的日期。

四、审计报告：比较财务报表

（一）总体要求

当列报比较财务报表时，审计意见应当提及列报财务报表所属的各期，以及发表的审计意见涵盖的各期。

（二）对上期财务报表发表的意见与以前发表的意见不同

当因本期审计而对上期财务报表发表审计意见时，如果对上期财务报表发表的意见与以前发表的意见不同，注册会计师应当按照《中国注册会计师审计准则第 1503 号——在审计报告中增加强调事项段和其他事项段》的规定，在其他事项段中披露导致不同意见的实质性原因。

（三）上期财务报表已由前任注册会计师审计

如果上期财务报表已由前任注册会计师审计，除非前任注册会计师对上期财务报表出具的审计报告与财务报表一同对外提供，注册会计师除对本期财务报表发表意见外，还应当在其他事项段中说明：（1）上期财务报表已由前任注册会计师审计；（2）前任注册会计师发表的意见的类型（如果是非无保留意见，还应当说明发表非无保留意见的理由）；（3）前任注册会计师出具的审计报告的日期。

（四）存在影响上期财务报表的重大错报

如果认为存在影响上期财务报表的重大错报，而前任注册会计师以前出具了无保留意见的审计报告，注册会计师应当就此与适当层级的管理层沟通，并要求其告知前任注册会计师。注册会计师还应当与治理层进行沟通，除非治理层全部成员参与管理被审计单位。如果上期财务报表已经更正，且前任注册会计师同意对更正后的上期财务报表出具新的审计报告，注册会计师应当仅对本期财务报表出具审计报告。

（五）上期财务报表未经审计

如果上期财务报表未经审计，注册会计师应当在其他事项段中说明比较财务报表未经审计。但这种说明并不减轻注册会计师获取充分、适当的审计证据，以确定期初余额不含对本期财务报表产生重大影响的错报的责任。

第八节　注册会计师对其他信息的责任

一、年度报告、其他信息及其他信息错报的概念

（一）年度报告

年度报告，是指管理层或治理层根据法律法规的规定或惯例，一般以年度为基础编制的、旨在向所有者（或类似的利益相关方）提供实体经营情况和财务业绩及财务状况（财务业绩及财务状况反映于财务报表）信息的一个文件或系列文件组合。一份年度报告包含或随附财务报表和审计报告，通常包括实体的发展、未来前景、风险和不确定事项、治理层声明，以及包含治理事项的报告等信息。

根据法律法规或惯例，以下一项或多项文件可能构成年度报告：

1. 董事会报告；
2. 公司董事会、监事会及董事、监事、高级管理人员保证年度报告内容的真实、准确、完整，不存在虚假记载、误导性陈述或重大遗漏，并承担个别和连带法律责任的声明；

3. 公司治理情况说明；

4. 内部控制自我评价报告；

5. 年度财务报表。

年度报告可能以纸质的形式提供给使用者，也可能以电子形式，包括载于被审计单位网站的形式提供给使用者。

（二）其他信息

其他信息，是指在被审计单位年度报告中包含的除财务报表和审计报告以外的财务信息和非财务信息。例如，分部或分支的资本性支出、主要商品或原材料的市场价格走势描述。

（三）其他信息的错报

其他信息的错报，是指对其他信息作出的不正确陈述或其他信息具有误导性，包括遗漏或掩饰对恰当理解其他信息披露的事项必要的信息。例如，其他信息声称说明了管理层使用的关键业绩指标，则遗漏某项管理层使用的关键业绩指标可能表明其他信息未经正确陈述或具有误导性。

二、获取其他信息

注册会计师应当：

1. 通过与管理层讨论，确定哪些文件组成年度报告，以及被审计单位计划公布这些文件的方式和时间安排。

2. 就及时获取组成年度报告的文件的最终版本与管理层作出适当安排。如果可能，在审计报告日之前获取。

3. 如果组成年度报告的部分或全部文件在审计报告日后才能取得，要求管理层提供书面声明，声明上述文件的最终版本将在可获取时并且在被审计单位公布前提供给注册会计师，以使注册会计师可以完成准则要求的程序。

三、阅读并考虑其他信息

注册会计师应当阅读其他信息。在阅读时，注册会计师应当：

1. 考虑其他信息和财务报表之间是否存在重大不一致。作为考虑的基础，注册会计师应当将其他信息中选取的金额或其他项目与财务报表中的相应金额或其他项目进行比较，以评价其一致性。

2. 在已获取审计证据并已得出审计结论的背景下，考虑其他信息与注册会计师在审计中了解到的情况是否存在重大不一致。

3. 对与财务报表或注册会计师在审计中了解到的情况不相关的其他信息中似乎存在重大错报的迹象保持警觉。

四、当似乎存在重大不一致或其他信息似乎存在重大错报时的应对

如果注册会计师识别出似乎存在重大不一致，或者知悉其他信息似乎存在重大错报，注册会计师应当与管理层讨论该事项，必要时，实施其他程序以确定：

1. 其他信息是否存在重大错报；
2. 财务报表是否存在重大错报；
3. 注册会计师对被审计单位及其环境等方面情况的了解是否需要更新。

五、当注册会计师认为其他信息存在重大错报时的应对

如果注册会计师认为其他信息存在重大错报，应当要求管理层更正其他信息：

1. 如果管理层同意作出更正，注册会计师应当确定更正已经完成；
2. 如果管理层拒绝作出更正，注册会计师应当就该事项与治理层进行沟通，并要求作出更正。

如果注册会计师认为审计报告日前获取的其他信息存在重大错报，且在与治理层沟通后其他信息仍未得到更正，注册会计师应当采取恰当措施，包括：

1. 考虑对审计报告的影响，并就注册会计师计划如何在审计报告中处理重大错报与治理层进行沟通。注册会计师可在审计报告中指明其他信息存在重大错报。在少数情况下，当拒绝更正其他信息的重大错报导致对管理层和治理层的诚信产生怀疑，进而质疑审计证据总体上的可靠性时，对财务报表发表无法表示意见可能是恰当的。
2. 在相关法律法规允许的情况下，解除业务约定。当拒绝更正其他信息的重大错报导致对管理层和治理层的诚信产生怀疑，进而质疑审计过程中从其获取声明的可靠性时，解除业务约定可能是适当的。

如果注册会计师认为审计报告日后获取的其他信息存在重大错报，应当采取以下措施：

1. 如果其他信息得以更正，注册会计师应当根据具体情形实施必要的程序，包括确定更正已经完成，也可能包括复核管理层为与收到其他信息（如果之前已经公告）的人士沟通并告知其修改而采取的步骤。
2. 如果与治理层沟通后其他信息未得到更正，注册会计师应当考虑其法律权利和义务，并采取恰当的措施，以提醒审计报告使用者恰当关注未更正的重大错报。

六、当财务报表存在重大错报或注册会计师对被审计单位及其环境等方面情况的了解需要更新时的应对

如果注册会计师认为财务报表存在重大错报，或者注册会计师对被审计单位及其环境等方面情况的了解需要更新，注册会计师应当根据其他审计准则作出恰当应对。

七、其他信息的报告

如果在审计报告日存在下列两种情况之一，审计报告应当包括一个单独部分，以"其他信息"为标题：

1. 对于上市实体财务报表审计，注册会计师已获取或预期将获取其他信息；
2. 对于上市实体以外其他被审计单位的财务报表审计，注册会计师已获取部分或全部其他信息。

审计报告包含的其他信息部分应当包括：

1. 管理层对其他信息负责的说明。

2. 指明：

（1）注册会计师于审计报告日前已获取的其他信息（如有）。

（2）对于上市实体财务报表审计，预期将于审计报告日后获取的其他信息（如有）。

（3）说明注册会计师的审计意见未涵盖其他信息，因此，注册会计师对其他信息不发表（或不会发表）审计意见或任何形式的鉴证结论。

（4）描述注册会计师根据审计准则的要求，对其他信息进行阅读、考虑和报告的责任。

（5）如果审计报告日前已经获取其他信息，则选择下列两种做法之一进行说明：

①说明注册会计师无任何需要报告的事项；

②如果注册会计师认为其他信息存在未更正的重大错报，说明其他信息中的未更正重大错报。如果注册会计师根据《中国注册会计师审计准则第1502号——在审计报告中发表非无保留意见》的规定发表保留或者否定意见，注册会计师应当考虑导致非无保留意见的事项对上述说明的影响。例如，注册会计师对财务报表发表了否定意见，并在其他信息部分的说明中指出其他信息中的金额和其他项目因导致对财务报表发表否定意见的同一事项或相关事项也存在重大错报。

当注册会计师对财务报表发表无法表示意见时，提供审计的进一步详细情况，包括其他信息，可能会使财务报表整体的无法表示意见显得逊色，因此，无法表示意见的审计报告不包括其他信息部分。

第二十章 企业内部控制审计

第一节 内部控制审计的概念

一、内部控制的概念和目标

内部控制，是指由企业董事会、监事会、管理层和全体员工实施的旨在实现控制目标的过程。

内部控制的目标是合理保证企业经营管理合法合规、资产安全、财务报告及相关信息真实完整，提高经营效率和效果，促进企业实现发展战略。

二、财务报告内部控制

财务报告内部控制，是指公司的董事会、监事会、管理层及全体员工实施的旨在合理保证财务报告及相关信息真实、完整而设计和运行的内部控制，以及用于保护资产安全的内部控制中与财务报告可靠性目标相关的控制。具体而言，财务报告内部控制主要包括下列方面的政策和程序：

1. 保存充分、适当的记录，准确、公允地反映企业的交易和事项。
2. 合理保证按照适用的财务报告编制基础的规定编制财务报告。
3. 合理保证收入和支出的发生以及资产的取得、使用或处置经过适当授权。
4. 合理保证及时防止或发现并纠正未经授权的、对财务报表有重大影响的交易和事项。

财务报告内部控制以外的其他内部控制，属于非财务报告内部控制。

注册会计师考虑某项控制是否是财务报告内部控制的关键依据是控制目标，财务报告内部控制是那些与企业财务报告的可靠性目标相关的内部控制。例如，企业建立的与客户定期对账和差异处理相关的控制与应收账款的存在、权利和义务等认定相关，属于财务报告内部控制。又如，企业为达到最佳库存的经营目标而建立的对存货采购间隔时间进行监控的相关控制与经营效率效果相关，而不直接与财务报表的认定相关，属于非财务报告内部控制。

当然，相当一部分的内部控制能够实现多种目标，主要与经营目标或合规性目标相关的控制可能同时也与财务报告可靠性目标相关。因此，不能仅因为某一控制与经营目标或合规性目标相关而认定其属于非财务报告内部控制，注册会计师需要根据控制在特定企业环境中的目标、性质及作用，根据职业判断考虑该控制在具体情况下是否属于财务报告内部控制。

三、内部控制审计的概念和范围

内部控制审计，是指会计师事务所接受委托，对特定基准日内部控制设计与运行的有效性进行审计。

尽管这里提及的是内部控制审计，但无论从国外审计规定和实践看，还是从我国的相关规定看，注册会计师执行的内部控制审计严格限定在财务报告内部控制审计。之所以将内部控制审计严格限定在财务报告内部控制审计，是因为从注册会计师的专业胜任能力、审计成本效益的约束，以及投资者对财务信息质量的需求来看，财务报告内部控制审计是服务的核心要求。因此，针对财务报告内部控制，注册会计师对其有效性发表审计意见；针对非财务报告内部控制，注册会计师对内部控制审计过程中注意到的非财务报告内部控制的重大缺陷，在内部控制审计报告中增加"非财务报告内部控制重大缺陷描述段"予以披露。

四、内部控制审计基准日

内部控制审计基准日，是指注册会计师评价内部控制在某一时日是否有效所涉及的基准日，也是被审计单位评价基准日，即最近一个会计期间截止日。

注册会计师不可能对企业内部控制在某个期间段（如一年）内每天的运行情况进行描述，然后发表审计意见，这样做不切实际，并且无法向信息使用者提供准确清晰的信息（考虑到期间对内部控制缺陷的纠正），甚至会误导信息使用者。

注册会计师对特定基准日内部控制的有效性发表意见，并不意味着注册会计师只测试基准日这一天的内部控制，而是需要考察足够长一段时间内部控制设计和运行的情况。对控制有效性的测试涵盖的期间越长，提供的控制有效性的审计证据越多。单就内部控制审计业务而言，注册会计师应当获取内部控制在基准日之前一段足够长的期间内有效运行的审计证据。在整合审计中，控制测试所涵盖的期间应当尽量与财务报表审计中拟信赖内部控制的期间保持一致。

五、内部控制审计和财务报表审计的区别

内部控制审计是对内部控制的有效性发表意见，并对内部控制审计过程中注意到的非财务报告内部控制重大缺陷进行披露；财务报表审计是对财务报表是否在所有重大方面按照适用的财务报告编制基础编制发表审计意见。由于发表审计意见的对象不同，使得两者存在一定区别。

六、整合审计

内部控制审计和财务报表审计虽然在测试目的等方面存在差异，但是，两者也存在

多方面的联系,例如,两者都采用风险导向审计模式,均需要识别重点账户、重要的交易类别等重点审计领域。在技术层面和审计实务中,两者审计模式、程序、方法等存在着共同之处,风险识别、评估和应对等大量工作内容相近,有很多的基础工作可以共享,在一项审计工作中发现的问题还可以为另一项审计工作提供线索和思路。因此,为提高审计效果和效率,注册师可以单独进行内部控制审计,也可以将内部控制审计和财务报表审计整合进行(以下简称"整合审计")。

第二节 计划内部控制审计工作

注册会计师应当恰当地计划内部控制审计工作,配备具有专业胜任能力的项目组,并对助理人员进行适当的督导。

一、计划审计工作时应当考虑的事项

在计划审计工作时,注册会计师应当评价下列事项对财务报告内部控制、财务报表及审计工作的影响:

(一)与企业相关的风险

了解企业面临的风险可以帮助识别重大错报风险,继而帮助注册会计师识别重要账户、重要列报和相关认定以及识别重大业务流程,对内部控制审计的重大风险形成初步评价。

(二)相关法律法规和行业概况

注册会计师通常重点关注可能直接影响财务报表金额与披露的法律法规,如税法、高度监管行业的监管法规(如适用)等。同时,注册会计师通过询问董事会、管理人员和相关部门人员以及检查被审计单位与监管部门的往来函件,关注被审计单位的违法违规情况,考虑违法违规行为可能导致的罚款、诉讼及其他可能对企业财务报表产生重大影响的事件,并初步判断是否可能造成非财务报告内部控制的重大缺陷。

(三)企业组织结构、经营特点和资本结构等相关重要事项

注册会计师需要了解被审计单位的股权结构、企业的实际控制人及关联方;企业的子公司、合营公司、联营公司以及财务报表合并范围;企业的组织机构、治理结构;业务及区域的分部设置和管理架构;企业的负债结构和主要条款,包括资产负债表外的筹资安排等。注册会计师了解企业的这些情况,以便评价企业是否存在重大的、可能引起财务报表重大错报的非常规业务和关联交易,是否构成财务报表重大错报风险,以及相关的内部控制是否可能存在重大缺陷。

(四)企业内部控制最近发生变化的程度

企业内部控制的变化(如新增业务流程、原有业务流程变更、内部控制执行人变更)将会直接影响注册会计师确定的内部控制审计程序的性质、时间安排和范围。因此,注册会计师需要了解被审计单位本期内部控制发生的变化以及变化的程度,以确定是否需

要相应调整审计计划。例如，针对企业新增业务的重大业务流程，注册会计师需要安排有经验的审计人员了解该业务流程，并在实施审计工作的前期识别该流程相关的控制，以尽早与企业沟通该流程中的相关控制是否可能存在重大的设计缺陷。

(五) 与企业沟通过的内部控制缺陷

注册会计师需要了解被审计单位对以前年度审计中发现的内部控制缺陷所采取的整改措施及整改结果，以确定是否需要相应调整本年的内部控制审计计划。如果以前年度发现的内部控制缺陷未得到有效整改，则注册会计师需要评价这些缺陷对当期的内部控制审计意见的影响。

(六) 重要性、风险等与确定内部控制重大缺陷相关的因素

注册会计师需要对与确定内部控制重大缺陷相关的重要性、风险及其他因素进行初步判断。

对于已识别的风险，注册会计师评价其对财务报表和内部控制的影响程度。注册会计师更多关注内部控制审计的高风险领域，而没有必要测试那些即使有缺陷也不可能导致财务报表重大错报的控制。

(七) 对内部控制有效性的初步判断

注册会计师综合上述考虑以及借鉴以前年度的审计经验，形成对企业内部控制有效性的初步判断。

对于内部控制可能存在重大缺陷的领域，注册会计师应给予充分的关注。例如，对相关的内部控制亲自进行测试而非利用他人工作；在接近内部控制评价基准日的时间测试内部控制；选择更多的组成部分进行测试；扩大相关内部控制的控制测试范围等。

(八) 可获取的、与内部控制有效性相关的证据的类型和范围

注册会计师需要了解可获取的、与内部控制有效性相关的证据的类型和范围。例如，是第三方证据还是内部证据，是书面证据还是口头证据，所获得证据可以覆盖所有测试领域还是仅能覆盖部分领域。注册会计师还需要对可获取的审计证据的充分性和适当性进行评价，以更好地计划内部控制测试的时间安排、性质和范围。

二、总体审计策略和具体审计计划

内部控制审计计划分为总体审计策略和具体审计计划两个层次。

(一) 总体审计策略

注册会计师应当在总体审计策略中体现下列内容：

1. 确定审计业务的特征，以界定审计范围。注册会计师通常需要考虑下列方面：

(1) 被审计单位采用的内部控制标准；

(2) 预期审计工作涵盖的范围，包括涵盖的组成部分的数量及所在地点；

(3) 拟审计的经营分部的性质，包括是否需要具备专门知识；

(4) 注册会计师对被审计单位内部控制评价工作的了解以及拟利用被审计单位内部相关人员工作的程度；

(5) 被审计单位使用服务机构的情况，以及注册会计师如何取得有关服务机构内部控制设计和运行有效性的证据；

（6）对利用在以前审计工作中或财务报表审计工作中获取的审计证据的预期；

（7）信息技术对审计程序的影响，包括数据的可获得性和对使用计算机辅助审计技术的预期。

2. 明确审计业务的报告目标，以计划审计的时间安排和所需沟通的性质。注册会计师通常需要考虑下列方面：

（1）被审计单位对外公布内部控制审计报告的时间安排；

（2）注册会计师与管理层和治理层讨论内部控制审计工作的性质、时间安排和范围；

（3）注册会计师与管理层和治理层讨论注册会计师拟出具的报告的类型和时间安排以及沟通的其他事项；

（4）注册会计师与管理层讨论预期就整个审计业务中对审计工作的进展进行的沟通；

（5）项目组成员之间沟通的预期性质和时间安排；

（6）预期是否需要与第三方进行其他沟通。

3. 根据职业判断，考虑用以指导项目组工作方向的重要因素。注册会计师通常需要考虑下列方面：

（1）财务报表整体的重要性和实际执行的重要性；

（2）初步识别的可能存在较高重大错报风险的领域；

（3）评估的财务报表层次的重大错报风险对指导、监督和复核的影响；

（4）被审计单位经营活动或内部控制最近发生变化的程度；

（5）与被审计单位沟通过的内部控制缺陷；

（6）有关管理层对设计、执行和维护健全的内部控制重视程度的证据，包括有关这些控制得以适当记录的证据；

（7）注册会计师对内部控制有效性的初步判断和对内部控制重大缺陷的初步识别；

（8）可获取的、与内部控制有效性相关的证据的类型和范围；

（9）与评价财务报表发生重大错报的可能性和内部控制有效性相关的公开信息。

4. 考虑初步业务活动的结果，并考虑对被审计单位执行其他业务时获得的经验是否与内部控制审计业务相关。注册会计师通常需要考虑下列方面：

（1）注册会计师在执行其他业务时对被审计单位财务报告内部控制的了解；

（2）影响被审计单位所处行业的事项，如行业财务报告惯例、经济状况和技术革新等；

（3）与被审计单位相关的法律法规和监管环境；

（4）与被审计单位经营相关的事项，包括组织结构、经营特征和资本结构；

（5）被审计单位经营活动的复杂程度以及与被审计单位相关的风险；

（6）以前审计中对内部控制运行有效性评价的结果，包括识别出的缺陷的性质和应对措施；

（7）影响被审计单位的重大业务发展变化，包括信息技术和业务流程的变化，关键管理人员变化，以及收购、兼并和处置。

5. 确定执行业务所需资源的性质、时间安排和范围。例如，项目组成员的选择以及对项目组成员审计工作的分派，项目时间预算等。

（二）具体审计计划

注册会计师应当在具体审计计划中体现下列内容：
1. 了解和识别内部控制的程序的性质、时间安排和范围；
2. 测试控制设计有效性的程序的性质、时间安排和范围；
3. 测试控制运行有效性的程序的性质、时间安排和范围。

三、对应对舞弊风险的考虑

在计划和实施内部控制审计工作时，注册会计师应当考虑财务报表审计中对舞弊风险的评估结果。在识别和测试企业层面控制以及选择其他控制进行测试时，注册会计师应当评价被审计单位的内部控制是否足以应对识别出的、舞弊导致的重大错报风险，并评价为应对管理层和治理层凌驾于控制之上的风险而设计的控制。

第三节 自上而下的方法

注册会计师应当采用自上而下的方法选择拟测试的控制。自上而下的方法始于财务报表层次，从注册会计师对财务报告内部控制整体风险的了解开始，然后，将关注重点放在企业层面的控制上，并将工作逐渐下移至重要账户、列报及其相关认定。随后，确认其对被审计单位业务流程中风险的了解，并选择能足以应对评估的每个相关认定的重大错报风险的控制进行测试。

自上而下的方法分为下列步骤：
1. 从财务报表层次初步了解内部控制整体风险；
2. 识别、了解和测试企业层面控制；
3. 识别重要账户、列报及其相关认定；
4. 了解潜在错报的来源并识别相应的控制；
5. 选择拟测试的控制。

下面对上述步骤进行具体说明。

一、识别、了解和测试企业层面控制

（一）企业层面控制的内涵

企业的内部控制分为企业层面控制和业务流程、应用系统或交易层面的控制两个层面。

企业层面的控制通常为应对企业财务报表整体层面的风险而设计，或作为其他控制运行的"基础设施"，通常在比业务流程更高的层面上乃至整个企业范围内运行，其作用比较广泛，通常不局限于某个具体认定。企业层面控制包括下列内容：
1. 与控制环境（即内部环境）相关的控制；
2. 针对管理层和治理层凌驾于控制之上的风险而设计的控制；

3. 被审计单位的风险评估过程；

4. 对内部信息传递和期末财务报告流程的控制；

5. 对控制有效性的内部监督（即监督其他控制的控制）和内部控制评价。

此外，集中化的处理和控制（包括共享的服务环境）、监控经营成果的控制以及针对重大经营控制及风险管理实务的政策也属于企业层面控制。

（二）企业层面控制对其他控制及其测试的影响

不同的企业层面控制在性质和精确度上存在差异，注册会计师应当从下列方面考虑这些差异对其他控制及其测试的影响：

1. 某些企业层面控制，例如某些与控制环境相关的控制，对重大错报是否能够被及时防止或发现的可能性有重要影响，虽然这种影响是间接的，但这些控制可能影响注册会计师拟测试的其他控制及其对其他控制所执行程序的性质、时间安排和范围。

例如，被审计单位是否制定了合适的经营理念以及管理基调对于一个有效的内部控制是非常重要的。虽然这些与控制环境相关的控制与某个财务报表的认定没有直接关联，同时这些控制不能减少注册会计师为对财务报表认定相关的内部控制的有效性作出结论而所需获得的充分证据，但是由于这些控制可能会对其他控制的有效运行，以及注册会计师对财务报表是否存在重大错报的风险评估带来普遍性的影响，所以注册会计师可能需要考虑这些控制是否存在缺陷，以制定对其他控制所执行的程序。

2. 某些企业层面控制能够监督其他控制的有效性。管理层设计这些控制可能是为了识别其他控制可能出现的失效情况。但是，这些控制本身并非精确到足以及时防止或发现相关认定的重大错报。当这些控制运行有效时，注册会计师可以减少原本拟对其他控制的有效性进行的测试。

3. 某些企业层面控制本身能精确到足以及时防止或发现一个或多个相关认定中存在的重大错报。如果一项企业层面控制足以应对已评估的重大错报风险，注册会计师可能可以不必测试与该风险相关的其他控制。一般而言，注册会计师可以分析某个控制是否有足够的精确度以及时防止或发现财务报表重大错报，并且考虑以下因素：

（1）内部控制对应的重要账户及列报的性质；

（2）对某些比较稳定或具备预期内在关系的账户，管理层实施的分析对发现财务报表重大错报具有足够的精确度；

（3）管理层分析的细化程度。

一般而言，一个更精确的企业层面控制可能会对账户按照产品、地区作更细化的分析，并且会与其他资料作出比较分析，以确定财务报表相关认定的准确性。

二、识别重要账户、列报及其相关认定

注册会计师应当基于财务报表层次识别重要账户、列报及其相关认定。

三、了解潜在错报的来源并识别相应的控制

（一）了解潜在错报的来源

注册会计师应当实现下列目标，以进一步了解潜在错报的来源，并为选择拟测试的

控制奠定基础：

1. 了解与相关认定有关的交易的处理流程，包括这些交易如何生成、批准、处理及记录；

2. 验证注册会计师识别出的业务流程中可能发生重大错报（包括舞弊导致的错报）的环节；

3. 识别被审计单位用于应对这些错报或潜在错报的控制；

4. 识别被审计单位用于及时防止或发现并纠正未经授权的、导致重大错报的资产取得、使用或处置的控制。

注册会计师应当亲自执行能够实现上述目标的程序，或对提供直接帮助的人员的工作进行督导。

（二）实施穿行测试

穿行测试通常是实现上述目标和评价控制设计的有效性以及确定控制是否得到执行的有效方法。穿行测试是指追踪某笔交易从发生到最终被反映在财务报表中的整个处理过程。

在下列情况下，注册会计师通常会实施穿行测试：

1. 存在较高固有风险的复杂领域；

2. 以前年度审计中识别出的缺陷（需要考虑缺陷的严重程度）；

3. 由于引入新的人员、新的系统、收购和采取新的会计政策而导致流程发生重大变化。

四、选择拟测试的控制

（一）基本要求

注册会计师应当针对每一相关认定获取控制有效性的审计证据，以便对内部控制整体的有效性发表意见，但没有责任对单项控制的有效性发表意见。

注册会计师应当对被审计单位的控制是否足以应对评估的每个相关认定的错报风险形成结论。因此，注册会计师应当选择对形成这一评价结论具有重要影响的控制进行测试。

对特定的相关认定而言，可能有多项控制用以应对评估的错报风险；反之，一项控制也可能应对评估的多项相关认定的错报风险。注册会计师没有必要测试与某项相关认定有关的所有控制。

在确定是否测试某项控制时，注册会计师应当考虑该项控制单独或连同其他控制，是否足以应对评估的某项相关认定的错报风险，而不论该项控制的分类和名称如何。

（二）选择拟测试的控制的考虑因素

注册会计师在选取拟测试的控制时，通常不会选取整个流程中的所有控制，而是选择关键控制，即能够为一个或多个重要账户或列报的一个或多个相关认定提供最有效果或最有效率的证据的控制。每个重要账户、认定和/或重大错报风险至少应当有一个对应的关键控制。

第四节 测试控制的有效性

一、内部控制的有效性

内部控制的有效性包括内部控制设计的有效性和内部控制运行的有效性。

如果某项控制由拥有有效执行控制所需的授权和专业胜任能力的人员按规定的程序和要求执行，能够实现控制目标，从而有效地防止或发现并纠正可能导致财务报表发生重大错报的错误或舞弊，则表明该项控制的设计是有效的。

如果某项控制正在按照设计运行、执行人员拥有有效执行控制所需的授权和专业胜任能力，能够实现控制目标，则表明该项控制的运行是有效的。

注册会计师应当测试控制设计的有效性和控制运行的有效性。

注册会计师获取的有关控制运行有效性的审计证据包括：

1. 控制在所审计期间的相关时点是如何运行的；
2. 控制是否得到一贯执行；
3. 控制由谁或以何种方式执行。

二、与控制相关的风险

在测试所选定控制的有效性时，注册会计师应当根据与控制相关的风险，确定所需获取的审计证据。

三、测试控制有效性的程序

注册会计师测试控制有效性的程序通常为询问、观察、检查和重新执行。以下分别对四种审计程序类型予以说明：

（一）询问

注册会计师通过与被审计单位有关人员进行讨论可以取得与内部控制相关的信息。但是，仅实施询问程序不能为某一特定控制的有效性提供充分、适当的证据。注册会计师还需要获取其他信息以印证询问所取得的信息，包括被审计单位其他人员的佐证，控制执行时所使用的报告、手册或其他文件等。虽然询问是一种可用的手段，但它必须与其他测试手段结合使用才能发挥作用。

（二）观察

观察是测试运行不留下书面记录的控制的有效方法。例如，对于与职责分离相关的控制，注册会计师需要获得第一手证据，不仅通过询问取得关于责任分工的信息，而且通过实地观察，证实责任分工控制是按规定执行的。

（三）检查

检查通常用于确认控制是否得以执行。例如，对偏差报告进行调查与跟进这一控制，负责调查和跟进的人员在偏差报告中添加的书面说明、管理人员审核时留下的记号或其他标记都可以作为控制得到执行的证据。注册会计师需要检查显示控制得以执行的、可以合理预期其存在的证据。缺乏证据可能表示控制没有按规定运行，注册会计师需要执行进一步程序以确定事实上是否存在有效的控制。

（四）重新执行

通常只有当综合运用询问、观察和检查程序仍无法获取充分、适当的证据时，注册会计师才会考虑重新执行程序。重新执行的目的是评价控制的有效性，而不是测试特定交易或余额的存在或准确性，即定性而非定量，因此一般不必选取大量的项目，也不必特意选取金额重大的项目进行测试。

四、控制测试的时间安排

对控制有效性的测试涵盖的期间越长，提供的控制有效性的审计证据越多。单就内部控制审计业务而言，注册会计师应当获取内部控制在基准日之前一段足够长的期间内有效运行的审计证据。在整合审计中，注册会计师控制测试所涵盖的期间应尽量与财务报表审计中拟信赖内部控制的期间保持一致。

五、控制测试的范围

注册会计师在测试控制的运行有效性时，应当在考虑与控制相关的风险的基础上，确定测试的范围（样本规模）。注册会计师确定的测试范围，应当足以使其能够获取充分、适当的审计证据，为基准日内部控制是否不存在重大缺陷提供合理保证。

1. 测试人工控制的最小样本规模。
2. 测试自动化信息处理控制的最小样本规模。
3. 发现控制偏差时的处理。

六、控制变更时的特殊考虑

在基准日前，被审计单位可能为提高效率、效果或弥补控制缺陷而改变控制。

对内部控制审计而言，如果新控制实现了相关控制目标，且运行了足够长的时间，注册会计师能够通过对该控制进行测试评价其设计和运行的有效性，则无需测试被取代的控制。

对财务报表审计而言，如果被取代控制的运行有效性对控制风险的评估有重大影响，注册会计师应当测试被取代控制的设计和运行的有效性。

第五节　企业层面控制的测试

注册会计师应当采用自上而下的方法选择拟测试的控制。企业层面控制的测试是自上而下方法中的重要步骤，本节对此展开阐述。

一、与控制环境相关的控制

控制环境包括治理职能和管理职能,以及治理层和管理层对内部控制及其重要性的态度、认识和行动。控制环境设定了被审计单位的内部控制基调,影响员工的内部控制意识。良好的控制环境是实施有效内部控制的基础。在了解和评价控制环境时,注册会计师需要考虑与控制环境有关的各个要素及其相互联系。

在了解和测试控制环境时,注册会计师需要考虑的方面主要包括:

1. 管理层的理念和经营风格是否促进了有效的财务报告内部控制;
2. 管理层在治理层的监督下,是否营造并保持了诚信和合乎道德的文化;
3. 治理层是否了解并监督财务报告过程和内部控制。

在进行内部控制审计时,注册会计师可以首先了解控制环境的各个要素,在此过程中注册会计师应当考虑其是否得到执行。因为管理层可能建立了合理的内部控制,但却未能有效执行。在了解的基础上,注册会计师可以选择那些对财务报告内部控制有效性的结论产生重要影响的企业层面控制进行测试。

二、针对管理层和治理层凌驾于控制之上的风险而设计的控制

针对管理层和治理层凌驾于控制之上的风险(以下简称"凌驾风险")而设计的控制,对所有企业保持有效的财务报告相关的内部控制都有重要的影响。在不同的企业,管理层和治理层凌驾于内部控制之上的风险水平不同。注册会计师可以根据对被审计单位进行的舞弊风险评估作出判断,选择相关的企业层面控制进行测试,并评价这些控制是否能有效应对已识别的可能导致财务报表发生重大错报的凌驾风险。

三、被审计单位的风险评估过程

风险评估过程包括识别与财务报告相关的经营风险,以及针对这些风险所采取的措施。首先,被审计单位需要有充分的内部控制去识别来自外部环境的风险,例如监管环境和经营环境的变化、新的或升级的信息系统等方面。其次,充分、适当的风险评估过程应当包括对重大风险的估计,对风险发生可能性的评定以及应对方法的确定。注册会计师可以首先了解被审计单位及其环境的其他方面信息,以初步了解被审计单位的风险评估过程。

四、对内部信息传递和期末财务报告流程的控制

在企业中,相关信息需要以适当方式及时识别、保存和传递,并被不同层级的人员使用,以支持财务报告目标的实现。注册会计师可以重点关注被审计单位与财务报告相关的内部信息传递。

五、对控制有效性的内部监督和内部控制评价

管理层的一项重要职责就是持续不断地建立和维护控制。管理层对控制的监督包括考虑控制是否按计划运行,以及控制是否根据情况的变化作出恰当修改。控制监督可以

在企业层面或业务流程层面上实施。对于企业或业务流程层面的监督可以通过持续的监督和管理活动、审计委员会或内部审计部门的活动，以及自我评价的方式等来实现。

六、集中化的处理和控制

集中化的处理可以视作一种企业内部的"外包"安排，以取得规模效益并通过将某些或全部的财务报告过程与负责经营的管理层分离以改进控制环境。例如，被审计单位可能会设立共享服务中心，并向被审计单位内部的其他下属单位或分部提供日常的会计处理及财务报表编制服务。由于采用集中化管理可以降低各个下属单位或分部负责人对该单位或分部财务报表的影响，并且可能会使财务报表相关的内部控制更为有效，所以集中化的财务管理可能有助于降低财务报表错报的风险。

七、监督经营成果的控制

监督经营成果的控制可以视为所有监督性内部控制的一种。一般而言，管理层对于各个单位或业务部门经营情况的监控是企业层面的主要内部控制之一。例如，被审计单位管理层可能将各个下属单位和业务部门上报的实际生产量、销售量和其他资料，与预算或者其预期的数据作对比分析，并且跟进这些差异（如有）的原因及其合理性，以确定财务报表上的金额是否有异常变动。此外，下属单位或业务部门的管理人员可能定期复核其上报的财务报表的准确性，并在上报的资料上签字确认，同时下属单位或业务部门对财务报表发生的错报承担责任。

八、针对重大经营控制及风险管理实务的政策

保持良好的内部控制的企业通常针对重大经营控制及风险管理实务采用相应的内部控制政策，在对内部控制进行审计时，注册会计师在这方面可以考虑的主要因素包括（但不限于）：

1. 企业是否建立了重大风险预警机制，明确界定哪些风险是重大风险，哪些事项一旦出现必须启动应急处理机制。应急预案、预警机制等相关的政策和方案应非常明确地传达到相关人员，一旦出现紧急情况，企业能够在第一时间作出反应，将损失降到最低。

2. 企业是否建立了突发事件应急处理机制，确保突发事件得到及时妥善处理。注册会计师可以关注突发事件应急管理机制，例如，事前的预防、发生突发事件的应急处理、事后相关措施的改进。

第六节　业务流程、应用系统或交易层面的控制的测试

一、了解企业经营活动和业务流程

在实务中，通常可以将被审计单位的整个经营活动划分为几个重要的业务循环（又

称"业务流程"),有助于注册会计师更有效地了解和评估重要业务流程及相关控制。通常,对制造业企业,可以划分为销售与收款循环、采购与付款循环、存货与生产循环、工资与人员循环、筹资与投资循环等。

业务流程通常包括一系列工作:输入数据的核准与修正、数据的分类与合并、计算、更新账簿资料和客户信息记录、生成新的交易、归集数据、列报数据。而与注册会计师审计工作相关的流程通常包括生成、记录、处理和报告交易等活动。例如,在销售与收款流程中,这些活动包括输入销售订单、编制货运单据和开具发票、更新应收账款记录等。

二、识别可能发生错报的环节

注册会计师需要了解和确认被审计单位应在哪些环节设置控制,以防止或发现并纠正各重要业务流程可能发生的错报。注册会计师所关注的控制,是那些能通过防止错报的发生,或者通过发现和纠正已有错报,从而确保每个流程中业务活动(从交易的发生到记录于账目)能够顺利运转的人工或自动化控制程序。

尽管不同的被审计单位为确保会计信息的可靠性而对业务流程设计和实施不同的控制,但设计控制的目的是为实现某些控制目标(见表20-3)。实际上,这些控制目标与财务报表重要账户的相关认定相联系。但注册会计师在此时通常不考虑列报认定,列报及其相关认定通常在财务报告流程中予以考虑。

对于每个重要交易流程,注册会计师都会考虑这些控制目标。评价是否实现这些目标的重要标志是,是否存在控制来防止错报的发生,或发现并纠正错报,然后重新提交到业务流程处理程序中进行处理。

为实现某项审计目标而设计问题的数量,取决于下列因素:

1. 业务流程的复杂程度;
2. 业务流程中发生错报而未能被发现的概率;
3. 是否存在一种具有实效的总体控制来实现控制目标。例如,将仓库的发货日志中记录的发货数量与销售日记账中登记的数量定期进行核对调节,这一控制可以同时实现发生、完整性、截止等多个控制目标。

三、识别和了解相关控制

通过对被审计单位的了解,包括对被审计单位企业层面控制的了解,以及在上述程序中对重要业务流程的了解,注册会计师需要进一步了解流程、交易和应用层面的控制。针对业务流程中容易发生错报的环节,注册会计师应当确定:(1)被审计单位是否建立了有效的控制,以防止或发现并纠正这些错报;(2)被审计单位是否遗漏了必要的控制;(3)是否识别出可以最有效测试的控制。

(一)控制的类型

1. 预防性控制。

预防性控制通常用于正常业务流程的每一项交易,以防止错报的发生。在流程中防止错报是信息系统的重要目标。缺少有效的预防性控制增加了数据发生错报的可能性,特别是在相关账户及其认定存在较高重大错报风险时更是如此。

与简单的业务流程相比，对于较复杂的业务流程，被审计单位通常更依赖自动化控制。例如，对于一个简单的业务流程，发运货物的计价控制包括人工对销货发票的复核，以确定发票采用了正确的价格和折扣。但在一个较复杂的业务流程中，被审计单位可能依赖数据录入控制判别那些不符合要求的价格和折扣，以及通过访问控制来控制对价格信息记录的访问。

对于处理大量业务的复杂业务流程，被审计单位通常使用对程序修改的控制和访问控制，来确保自动化控制的持续有效。

实施针对程序修改的控制，是为了确保所有对计算机程序的修改在实施前都经过适当的授权、测试以及核准。

实施访问控制，是为了确保只有经过授权的人员和程序才有权访问数据，且只能在预先授权情况下才能处理数据（如查询、执行和更新）。

程序修改的控制和访问控制通常不能直接防止错报，但对于确保自动化控制在整个拟信赖期间内的有效性有着十分重要的作用。

2. 检查性控制。

建立检查性控制的目的是发现流程中可能发生的错报（尽管有预防性控制还是会发生的错报）。被审计单位通过检查性控制，监督其流程和相应的预防性控制能否有效地发挥作用。检查性控制通常是管理层用来监督实现流程目标的控制。检查性控制可以由人工执行也可以由信息系统自动执行。

检查性控制通常并不适用于业务流程中的所有交易，而适用于一般业务流程以外的已经处理或部分处理的某类交易，可能一年只运行几次，如每月将应收账款明细账与总账比较；也可能每周运行，甚至一天运行几次。

与预防性控制相比，不同被审计单位之间检查性控制差别很大。许多检查性控制取决于被审计单位的性质，执行人员的能力、习惯和偏好。检查性控制可能是正式建立的程序，如编制银行存款余额调节表，并追查调节项目或异常项目，也可能是非正式的程序。

有些检查性控制虽然并没有正式地设定，但被审计单位人员会有规律地执行并作记录，这些控制也是被审计单位内部控制的有机组成部分。例如，财务总监复核月度毛利率的合理性；信用管理部经理可能有一本记录每月到期应收款的备查簿，以确定这些应收款是否收到，并追查挂账的项目；财务总监实施特定的分析程序来确定某些费用与销售的关系是否与经验数据相符，如果不符，调查不符的原因并纠正其中的错报等。

（二）识别和了解方法

注册会计师需要获取有关控制的足够信息，以使其能够识别控制，了解控制如何执行、由谁执行，以及执行中所使用的数据报告、文件和其他材料等。注册会计师还需要确认，执行控制后所形成的证据是什么，以及该控制是否足够敏感，是否能够及时防止或发现并纠正重大错报。

识别和了解控制采用的主要方法是，询问被审计单位各级别的负责人员。业务流程越复杂，注册会计师越有必要询问信息系统人员，以辨别有关的控制。通常，应首先询问那些级别较高的人员，再询问级别较低的人员，以确定他们认为应该运行哪些控制，以及哪些控制是重要的。这种"从高到低"的询问方法使注册会计师能迅速地辨别被审计单位重要的控制,特别是检查性控制。

对于从级别较低人员处获取的信息,注册会计师需要向级别较高的人员核实其完整性,并确定是否与级别较高的人员所理解的预定控制相符。这一步骤不仅可以向注册会计师提供有关实际执行的控制的信息,而且可以使注册会计师了解管理层对控制运行情况的熟悉程度。

四、记录相关控制

在被审计单位已设置的控制中,如果有可以对应"哪个环节需设置控制"问题的,注册会计师应将其记录于工作底稿,同时记录由谁执行该控制。注册会计师可以通过备忘录、笔记或复印被审计单位相关资料而逐步使信息趋于完整。

第七节 信息技术控制的测试

一、运用信息技术导致的风险

在信息技术环境下,传统的人工控制越来越多地被自动化控制代替。但是,信息技术在改进企业控制的同时,也产生了特定的风险:

1. 信息系统或相关系统程序可能会对数据进行错误处理,也可能会去处理那些本身存在错误的数据;

2. 自动化信息系统、数据库及操作系统的相关安全控制如果无效,会增加对数据信息非授权访问的风险,这种风险可能导致系统内数据遭到破坏和系统对非授权交易或不存在的交易作出记录,系统、系统程序、数据遭到不适当的改变,系统对交易进行不适当的记录,以及信息技术人员获得超过其职责范围的过大系统权限等;

3. 数据丢失风险或数据无法访问风险,如系统瘫痪;

4. 不适当的人工干预,或人为绕过自动化控制。

二、信息技术内部控制测试

在信息技术环境下,人工控制的基本原理与方式在信息环境下并不会发生实质性的改变,注册会计师仍需要按照标准执行相关的审计程序,而对于自动化控制,就需要从信息技术一般控制测试与信息处理控制测试两方面进行考虑。

(一)信息技术一般控制测试

信息技术一般控制是指为了保证信息系统的安全,对整个信息系统以及外部各种环境要素实施的、对所有的应用或控制模块具有普遍影响的控制措施,信息技术一般控制通常会对实现部分或全部财务报告认定做出间接贡献。在有些情况下,信息技术一般控制也可能对实现信息处理目标和财务报告认定做出直接贡献。这是因为有效的信息技术一般控制确保了应用系统控制和依赖计算机处理的自动化会计程序得以持续有效地运行。

当人工控制依赖系统生成的信息时，信息技术一般控制同样重要。

信息技术一般控制包括程序开发、程序变更、程序和数据访问以及计算机运行四个方面。

1. 程序开发。

程序开发领域的目标是确保系统的开发、配置和实施能够实现管理层的信息处理控制目标。程序开发控制的一般要素包括：

（1）对开发和实施活动的管理；

（2）项目启动、分析和设计；

（3）对程序开发实施过程的控制软件包的选择；

（4）测试和质量确保；

（5）数据迁移；

（6）程序实施；

（7）记录和培训；

（8）职责分离。

2. 程序变更。

程序变更领域的目标是确保对程序和相关基础组件的变更是经过申请、授权、执行、测试和实施的，以达到管理层的信息处理控制目标。程序变更一般包括以下要素：

（1）对维护活动的管理；

（2）对变更请求的规范、授权与跟踪；

（3）测试和质量保证；

（4）程序实施；

（5）记录和培训；

（6）职责分离。

3. 程序和数据访问。

程序和数据访问这一领域的目标是确保分配的访问程序和数据的权限是经过用户身份认证并经过授权的。程序和数据访问的子组件一般包括安全活动管理、安全管理、数据安全、操作系统安全、网络安全和实物安全。

4. 计算机运行。

计算机运行这一领域的目标是确保生产系统根据管理层的控制目标完整准确地运行，确保运行问题被完整准确地识别并解决，以维护财务数据的完整性。计算机运行的子组件一般包括计算机运行活动的总体管理、批调度和批处理、实时处理、备份和问题管理以及灾难恢复。

注册会计师需要清晰记录信息技术一般控制与关键的自动化信息处理控制及接口、关键的自动化会计程序、关键人工控制使用的系统生成数据和报告，或生成人工日记账时使用系统生成的数据和报告的关系。

由于程序变更控制、计算机运行控制及程序数据访问控制影响信息处理控制的持续有效运行，注册会计师需要对上述三个领域实施控制测试。

(二) 信息处理控制测试

信息处理控制既包括人工进行的控制，也包括自动化控制。信息处理控制一般要经过输入、处理及输出等环节，与人工控制一样，自动化信息处理控制关注信息处理目标的四个要素：完整性、准确性、授权和访问限制。

(三) 信息处理控制与信息技术一般控制之间的关系

信息处理控制是设计在计算机应用系统中的、有助于达到信息处理目标的控制。例如，许多应用系统中包含很多编辑检查来帮助确保录入数据的准确性。编辑检查可能包括格式检查（如日期格式或数字格式）、存在性检查（如客户编码存在于客户主数据文档之中），或合理性检查（如最大支付金额）。如果录入数据的某一要素未通过编辑检查，那么系统可能拒绝录入该数据或系统可能将该录入数据拖入系统生成的例外报告之中，留待后续跟进和处理。

如果带有关键的编辑检查功能的应用系统所依赖的计算机环境存在信息技术一般控制的缺陷，注册会计师可能就不能信赖上述编辑检查功能按设计发挥作用。例如，程序变更控制缺陷可能导致未授权人员对检查录入数据字段格式的编程逻辑进行修改，以至于系统接受不准确的录入数据。此外，与安全和访问权限相关的控制缺陷可能导致数据录入不恰当地绕过合理性检查，而该合理性检查在其他方面将使系统无法处理金额超过最大容差范围的支付操作。

第八节 内部控制缺陷评价

一、控制缺陷的分类

内部控制存在的缺陷包括设计缺陷和运行缺陷。

设计缺陷是指缺少为实现控制目标所必需的控制，或现有控制设计不适当，即使正常运行也难以实现预期的控制目标。

运行缺陷是指现存设计适当的控制没有按设计意图运行，或执行人员没有获得必要授权或缺乏胜任能力，无法有效地实施内部控制。

内部控制存在的缺陷，按其严重程度分为重大缺陷、重要缺陷和一般缺陷。

重大缺陷是内部控制中存在的、可能导致不能及时防止或发现并纠正财务报表出现重大错报的一项控制缺陷或多项控制缺陷的组合。

重要缺陷是内部控制中存在的、其严重程度不如重大缺陷但足以引起负责监督被审计单位财务报告的人员（如审计委员会或类似机构）关注的一项控制缺陷或多项控制缺陷的组合。

一般缺陷是内部控制中存在的、除重大缺陷和重要缺陷之外的控制缺陷。

二、评价控制缺陷的严重程度

注册会计师应当评价其识别的各项控制缺陷的严重程度，以确定这些缺陷单独或组合起来,是否构成内部控制的重大缺陷。但是,在计划和实施审计工作时,不要求注册会计师寻找单独或组合起来不构成重大缺陷的控制缺陷。

控制缺陷的严重程度取决于:

1. 控制不能防止或发现并纠正账户或列报发生错报的可能性的大小;
2. 因一项或多项控制缺陷导致的潜在错报的金额大小。

控制缺陷的严重程度与错报是否发生无关,而取决于控制不能防止或发现并纠正错报的可能性的大小。

在评价一项控制缺陷或多项控制缺陷的组合是否可能导致账户或列报发生错报时,注册会计师应当考虑的风险因素包括:

1. 所涉及的账户、列报及其相关认定的性质;
2. 相关资产或负债易于发生损失或舞弊的可能性;
3. 确定相关金额时所需判断的主观程度、复杂程度和范围;
4. 该项控制与其他控制的相互作用或关系;
5. 控制缺陷之间的相互作用;
6. 控制缺陷在未来可能产生的影响。

评价控制缺陷是否可能导致错报时,注册会计师无需将错报发生的概率量化为某特定的百分比或区间。

如果多项控制缺陷影响财务报表的同一账户或列报,错报发生的概率会增加。在存在多项控制缺陷时,即使这些缺陷从单项看不重要,但组合起来也可能构成重大缺陷。因此,注册会计师应当确定,对同一重要账户、列报及其相关认定或内部控制要素产生影响的各项控制缺陷,组合起来是否构成重大缺陷。

在评价因一项或多项控制缺陷导致的潜在错报的金额大小时,注册会计师应当考虑的因素包括:

1. 受控制缺陷影响的财务报表金额或交易总额;
2. 在本期或预计的未来期间受控制缺陷影响的账户余额或各类交易涉及的交易量。

在评价潜在错报的金额大小时,账户余额或交易总额的最大多报金额通常是已记录的金额,但其最大少报金额可能超过已记录的金额。通常,小金额错报比大金额错报发生的概率更高。

在确定一项控制缺陷或多项控制缺陷的组合是否构成重大缺陷时,注册会计师应当评价补偿性控制的影响。在评价补偿性控制是否能够弥补控制缺陷时,注册会计师应当考虑补偿性控制是否有足够的精确度以防止或发现并纠正可能发生的重大错报。

三、表明可能存在重大缺陷的迹象

如果注册会计师确定发现的一项控制缺陷或多项控制缺陷的组合将导致审慎的管理人员在执行工作时,认为自身无法合理保证按照适用的财务报告编制基础记录交易,应当将这一项控制缺陷或多项控制缺陷的组合视为存在重大缺陷的迹象。下列迹象可能表明内部控制存在重大缺陷:

1. 注册会计师发现董事、监事和高级管理人员的任何舞弊;

2. 被审计单位重述以前公布的财务报表，以更正舞弊或错误导致的重大错报；

3. 注册会计师发现当期财务报表存在重大错报，而被审计单位内部控制在运行过程中未能发现该错报；

4. 审计委员会和内部审计机构对内部控制的监督无效。

四、内部控制缺陷整改

如果被审计单位在基准日前对存在缺陷的控制进行了整改，整改后的控制需要运行足够长的时间，才能使注册会计师得出其是否有效的审计结论。注册会计师应当根据控制的性质和与控制相关的风险，合理运用职业判断，确定整改后控制运行的最短期间（或整改后控制的最少运行次数）以及最少测试数量。

第九节 完成内部控制审计工作

一、形成内部控制审计意见

注册会计师应当评价从各种来源获取的审计证据，包括对控制的测试结果、财务报表审计中发现的错报以及已识别的所有控制缺陷，形成对内部控制有效性的意见。在评价审计证据时，注册会计师应当查阅本年度涉及内部控制的内部审计报告或类似报告，并评价这些报告中指出的控制缺陷。

在对内部控制的有效性形成意见后，注册会计师应当评价企业内部控制评价报告对相关法律法规规定的要素的列报是否完整和恰当。

二、获取书面声明

注册会计师应当获取经被审计单位签署的书面声明。书面声明的内容应当包括：

1. 被审计单位董事会认可其对建立健全和有效实施内部控制负责；

2. 被审计单位已对内部控制进行了评价，并编制了内部控制评价报告；

3. 被审计单位没有利用注册会计师在内部控制审计和财务报表审计中执行的程序及其结果作为评价的基础；

4. 被审计单位根据内部控制标准评价内部控制有效性得出的结论；

5. 被审计单位已向注册会计师披露识别出的所有内部控制缺陷，并单独披露其中的重大缺陷和重要缺陷；

6. 被审计单位已向注册会计师披露导致财务报表发生重大错报的所有舞弊，以及其他不会导致财务报表发生重大错报，但涉及管理层、治理层和其他在内部控制中具有重要作用的员工的所有舞弊；

7. 注册会计师在以前年度审计中识别出的且已与被审计单位沟通的重大缺陷和重要缺陷是否已经得到解决，以及哪些缺陷尚未得到解决；

8. 在基准日后，内部控制是否发生变化，或者是否存在对内部控制产生重要影响的其他因素，包括被审计单位针对重大缺陷和重要缺陷采取的所有纠正措施。

如果被审计单位拒绝提供或以其他不当理由回避书面声明，注册会计师应当将其视为审计范围受到限制，解除业务约定或出具无法表示意见的内部控制审计报告。此外，注册会计师应当评价拒绝提供书面声明这一情况对其他声明（包括在财务报表审计中获取的声明）的可靠性的影响。

三、沟通相关事项

对于重大缺陷和重要缺陷，注册会计师应当以书面形式与管理层和治理层沟通。书面沟通应当在注册会计师出具内部控制审计报告之前进行。

注册会计师应当以书面形式与管理层沟通其在审计过程中识别的所有其他内部控制缺陷，并在沟通完成后告知治理层。在进行沟通时，注册会计师无需重复自身、内部审计人员或被审计单位其他人员以前书面沟通过的控制缺陷。

虽然并不要求注册会计师执行足以识别所有控制缺陷的程序，但是，注册会计师应当沟通其注意到的内部控制的所有缺陷。内部控制审计不能保证注册会计师能够发现严重程度低于重大缺陷的所有控制缺陷。注册会计师不应在内部控制审计报告中声明，在审计过程中没有发现严重程度低于重大缺陷的控制缺陷。

第十节 出具内部控制审计报告

一、内部控制审计报告要素

标准内部控制审计报告应当包括下列要素：

1. 标题。内部控制审计报告的标题统一规范为"内部控制审计报告"。
2. 收件人。内部控制审计报告的收件人是指注册会计师按照业务约定书的要求致送内部控制审计报告的对象，一般是指审计业务的委托人。内部控制审计报告需要载明收件人的全称。
3. 引言段。内部控制审计报告的引言段说明企业的名称和内部控制已经过审计。
4. 企业对内部控制的责任段。企业对内部控制的责任段说明，按照《企业内部控制基本规范》《企业内部控制应用指引》《企业内部控制评价指引》的规定，建立健全和有效实施内部控制，并评价其有效性是企业董事会的责任。
5. 注册会计师的责任段。注册会计师的责任段说明，在实施审计工作的基础上，对财务报告内部控制的有效性发表审计意见，并对注意到的非财务报告内部控制的重大缺陷进行披露是注册会计师的责任。
6. 内部控制固有局限性的说明段。内部控制无论如何有效，都只能为企业实现控制目标提供合理保证。内部控制实现目标的可能性受其固有限制的影响，包括：（1）在决策时人为判断可能出现错误和因人为失误而导致内部控制失效；（2）控制的运行也可能无效；（3）控制可能由于两个或更多的人员进行串通舞弊或管理层不当地凌驾于内部控制之上而被规避；（4）在设计和执行控制时，如果存在选择执行的控制以及选择承担的风险，管理层在确定控制的性质和范围时需要作出主观判断。

因此，注册会计师需要在内部控制固有局限性的说明段说明，内部控制具有固有局限性，存在不能防止和发现错报的可能性。此外，由于情况的变化可能导致内部控制变得不恰当，或对控制政策和程序遵循的程度降低，根据内部控制审计结果推测未来内部控制的有效性具有一定风险。

7. 财务报告内部控制审计意见段。审计意见段应当说明企业是否按照《企业内部控制基本规范》和相关规定在所有重大方面保持了有效的财务报告内部控制。

8. 非财务报告内部控制重大缺陷描述段。注册会计师应当在本段披露非财务报告内部控制的重大缺陷的性质及其对实现相关控制目标的影响程度。

9. 注册会计师的签名和盖章。

10. 会计师事务所的名称、地址及盖章。

11. 报告日期。审计报告的日期不应早于注册会计师获取充分、适当的审计证据（包括董事会认可对内部控制及评价报告的责任且已批准评价报告的证据），并在此基础上对内部控制的有效性形成审计意见的日期。如果内部控制审计和财务报表审计整合进行，注册会计师应对内部控制审计报告和财务报表审计报告签署相同的日期。

二、内部控制审计报告的意见类型

（一）无保留意见

如果符合下列所有条件，注册会计师应当对财务报告内部控制出具无保留意见的内部控制审计报告：

1. 在基准日，被审计单位按照适用的内部控制标准的要求，在所有重大方面保持了有效的内部控制；

2. 注册会计师已经按照《企业内部控制审计指引》的要求计划和实施审计工作，在审计过程中未受到限制。

（二）非无保留意见

1. 财务报告内部控制存在重大缺陷时的处理。

2. 审计范围受到限制时的处理。

三、强调事项

如果认为内部控制虽然不存在重大缺陷，但仍有一项或多项重大事项需要提请内部控制审计报告使用者注意，注册会计师应当在内部控制审计报告中增加强调事项段予以说明。注册会计师应当在强调事项段中指明，该段内容仅用于提醒内部控制审计报告使用者关注，并不影响对内部控制发表的审计意见。

如果确定企业内部控制评价报告对要素的列报不完整或不恰当，注册会计师应当在内部控制审计报告中增加强调事项段，说明这一情况并解释得出该结论的理由。

四、对期后事项的考虑

在基准日后至审计报告日前(以下简称期后期间),内部控制可能发生变化,或出现其他可能对内部控制产生重要影响的因素。注册会计师应当询问是否存在这类变化或因素,并获取被审计单位关于这类变化或因素的书面声明。

五、非财务报告内部控制重大缺陷

如果在审计过程中注意到存在非财务报告内部控制缺陷,注册会计师应当区分具体情况予以处理:

1. 如果认为非财务报告内部控制缺陷为一般缺陷,注册会计师应当与企业进行沟通,提醒企业加以改进,但无需在内部控制审计报告中说明;

2. 如果认为非财务报告内部控制缺陷为重要缺陷,注册会计师应当以书面形式与企业董事会和管理层沟通,提醒企业加以改进,但无需在内部控制审计报告中说明;

3. 如果认为非财务报告内部控制缺陷为重大缺陷,注册会计师应当以书面形式与企业董事会和管理层沟通,提醒企业加以改进;同时应当在内部控制审计报告中增加非财务报告内部控制重大缺陷描述段,对重大缺陷的性质及其对实现相关控制目标的影响程度进行披露,提示内部控制审计报告使用者注意相关风险,但无需对其发表审计意见。

第二十一章 会计师事务所业务质量管理

执业质量是会计师事务所的生命线,是注册会计师行业维护公众利益的专业基础和诚信义务。加强质量管理体系建设,制定并实施科学、严谨的质量管理政策和程序,积极主动地实施质量管理,是保障会计师事务所执业质量、实现注册会计师行业科学健康发展的重要制度保障和长效机制。设计、实施和运行完善的质量管理体系是一项系统工程,涉及会计师事务所的方方面面。

第一节 会计师事务所质量管理体系

本节主要探讨会计师事务所质量管理体系的目标、总体要求和组成要素,以及会计师事务所对质量管理体系的评价和记录。

一、质量管理体系的概念、目标和框架

(一) 质量管理体系的概念和目标

质量管理体系是会计师事务所为实施质量管理而设计、实施和运行的系统,其目标是在以下两个方面提供合理保证:

1. 会计师事务所及其人员按照适用的法律法规和职业准则的规定履行职责,并根据这些规定执行业务;
2. 会计师事务所和项目合伙人出具适合具体情况的业务报告。

(二) 质量管理体系的框架

会计师事务所质量管理体系的框架包括八个要素:

1. 会计师事务所的风险评估程序;
2. 治理和领导层;
3. 相关职业道德要求;
4. 客户关系和具体业务的接受与保持;
5. 业务执行;
6. 资源;
7. 信息与沟通;

8. 监控和整改程序。

上述各要素应当有效衔接、互相支撑、协同运行，以保障会计师事务所能够积极有效地实施质量管理。

二、质量管理体系的总体要求

会计师事务所质量管理体系应当满足以下总体要求：

1. 在全所范围内统一设计、实施和运行。会计师事务所应当在全所范围内（包括分所或分部）统一设计、实施和运行质量管理体系，实现人事、财务、业务、技术标准和信息管理五方面的统一管理；如果会计师事务所通过合并、新设等方式成立分所（或分部），应当将该分所（或分部）纳入质量管理体系中统一实施质量管理。

2. 风险导向的思路。会计师事务所在设计、实施和运行质量管理体系时，应当采用风险导向的思路。

(2) 识别和评估质量风险。质量风险是一种具有合理可能性会发生的风险，这种风险一旦发生，将单独或连同其他风险对质量目标的实现产生不利影响。

(3) 设计和采取应对措施以应对质量风险。应对措施通常是指会计师事务所为应对质量风险而设计和实施的政策和程序，应对措施的性质、时间安排和范围取决于相关质量风险的评估结果及得出该评估结果的理由。

3. 根据本会计师事务所的实际需要进行"量身定制"。实务中，会计师事务所应当实事求是，根据本会计师事务所及业务的性质和具体情况，以及本会计师事务所质量管理的实际需要，"量身定制"适合本会计师事务所的质量管理体系，而不应当机械执行会计师事务所质量管理准则，也不应当盲目地"照搬照抄"其他事务所的政策和程序。由于不同会计师事务所的规模、组织结构、业务类型、业务风险等方面不同，质量管理体系在设计上会存在差异，特别是其复杂程度和规范程度也会存在差异。例如，如果一个会计师事务所规模较大，组织结构较为复杂，业务类型较多，并且执行上市实体审计业务，则该事务所很可能需要更加复杂和规范的质量管理体系和支持性工作记录。

4. 不断优化和完善。质量管理体系是动态的，不应一成不变。实务中，会计师事务所应当根据本所及其业务在性质和具体情况方面的变化，对质量管理体系的设计、实施和运行进行动态调整。

三、会计师事务所的风险评估程序

按照风险导向的思路，会计师事务所应当设计和实施风险评估程序，以设定质量目标、识别和评估质量风险，并设计和采取应对措施以应对质量风险。

（一）识别和评估质量风险并采取应对措施

会计师事务所在识别和评估质量风险时，应当了解可能对实现质量目标产生不利影响的事项或情况，包括相关人员的作为或不作为。这些事项或情况包括下列方面：

1. 会计师事务所的性质和具体情况，具体包括：
(1) 会计师事务所的复杂程度和经营特征；
(2) 会计师事务所在战略和运营方面的决策与行动、业务流程及业务模式；

（3）会计师事务所领导层的特征和管理风格；

（4）会计师事务所的资源，包括其拥有的内部资源和可获得的外部资源；

（5）法律法规、职业准则的规定；

（6）会计师事务所运营所处的环境；

（7）会计师事务所所在网络向其成员组织统一提出的要求或统一提供的服务（如适用）。

2. 会计师事务所业务的性质和具体情况，具体包括：

（1）会计师事务所执行业务的类型和出具报告的类型（例如，所执行业务的类型是否是审计等要求提供保证程度较高的业务）；

（2）业务执行对象的实体类型（例如，业务执行对象是否为上市公司）。

在了解上述事项或情况的基础上，会计师事务所应当考虑这些事项或情况可能对实现质量目标产生哪些不利影响，以及不利影响的程度。会计师事务所应当根据质量风险的评估结果及得出该评估结果的理由设计和采取应对措施，以应对质量风险。

（二）对风险评估程序的动态调整

实务中，会计师事务所或其业务的性质和具体情况可能发生变化。会计师事务所应当制定政策和程序，以识别这些变化。如果识别出变化，会计师事务所应当考虑调整之前实施风险评估程序的结果，并在适当时采取下列措施：

1. 设定额外的质量目标或调整之前设定的额外质量目标；

2. 识别和评估额外的质量风险、调整之前评估的质量风险或重新评估质量风险；

3. 设计和采取额外的应对措施，或调整已采取的应对措施。

四、治理和领导层

会计师事务所的治理和领导层在全所范围内营造一种"质量至上"的文化氛围，能够为会计师事务所质量管理设定良好的"高层基调"，从而对质量管理体系的设计、实施和运行产生广泛和积极的影响。因此，治理和领导层应当为质量管理体系的设计、实施和运行提供良好的支持性环境。

（一）相关质量目标

针对"治理和领导层"要素，会计师事务所应当设定下列质量目标。

1. 会计师事务所在全所范围内形成一种"质量至上"的文化，树立质量意识。这种"质量至上"的文化应当认可并强调以下方面：

（1）会计师事务所及其人员有责任持续高质量地执行业务，从而更好地服务于公众利益；

（2）会计师事务所人员树立正确的职业价值观、职业道德和职业态度，对于持续高质量地执行业务至关重要；

（3）会计师事务所所有人员都对其执行业务的质量承担责任，或者对其在质量管理体系中所执行工作的质量承担责任，并且这些人员的行为应当得当；

（4）会计师事务所的所有战略决策和行动，都应当坚持质量优先，都不能以牺牲质量为代价。

2. 会计师事务所的领导层对质量负责，并通过实际行动展示出其对质量的重视。

3. 会计师事务所领导层向会计师事务所人员传递"质量至上"的执业理念，培育以质量为导向的文化。

4. 会计师事务所的组织结构以及对相关人员角色、职责、权限的分配是恰当的，能够满足质量管理体系设计、实施和运行的需要。

5. 会计师事务所的资源（包括财务资源）需求得到恰当的计划，并且资源的取得和分配能够为会计师事务所持续高质量地执行业务提供保障。

（二）会计师事务所质量管理领导层

会计师事务所应当在其质量管理领导层中设定以下三种角色，以保障该体系能够得以恰当地设计、实施和运行：

1. 会计师事务所主要负责人（如首席合伙人、主任会计师或者同等职位的人员）应当对质量管理体系承担最终责任；

2. 会计师事务所应当指定专门的合伙人（或类似职位的人员）对质量管理体系的运行承担责任；

3. 会计师事务所应当指定专门的合伙人（或类似职位的人员）对质量管理体系特定方面的运行承担责任。这里的"特定方面"，可以是质量管理体系的特定要素，也可以是特定要素进一步细分出来的特定方面。例如，会计师事务所可以指定专门的合伙人对相关职业道德要求、监控和整改等要素的运行承担责任，也可以指定专门的合伙人对独立性要求的履行（即"相关职业道德要求"要素细分出来的特定方面）承担责任。

会计师事务所应当确保上述三类人员同时满足下列条件：

1. 具备适当的知识、经验和资质；

2. 在会计师事务所内具有履行其责任所需要的权威性和影响力；

3. 具有充足的时间和资源履行其责任；

4. 充分理解其应负的责任并接受对这些责任履行情况的问责。

会计师事务所应当确保对质量管理体系的运行承担责任的人员、对质量管理体系特定方面的运行承担责任的人员，能够直接与对质量管理体系承担最终责任的人员（即主要负责人）沟通。良好的沟通有助于在质量管理体系领导层之间传递信息，有利于相关人员能够及时获取相关信息并迅速作出相关决策。

（三）人员管理

会计师事务所的组织形式通常采用合伙制，也有一些会计师事务所采用有限责任公司制。本章所称的人员，包括会计师事务所的合伙人和员工。其中，合伙人是一种统称，是指在提供专业服务方面有权代表会计师事务所的人员，包括非合伙制会计师事务所中处于同等职位的人员。会计师事务所应当建立实施统一的人员管理制度，制定统一的人员聘用、定级、晋升、业绩考核、薪酬、培训等方面的政策与程序并确保有效执行。会计师事务所的人员业绩考核、晋升和薪酬政策应当坚持以质量为导向，将质量因素作为人员考评、晋升和薪酬的重要因素。

1. 合伙人管理。

2. 晋升合伙人的管理。

3. 合伙人考核和收益分配。

4. 关键管理人员的调度和配置。

五、相关职业道德要求

对任何行业来说，职业道德都与质量密切相关，注册会计师行业尤其如此。注册会计师行业的宗旨是维护公众利益，围绕这一宗旨，注册会计师必须不断提高自身的职业道德水平，会计师事务所也必须制定相关政策和程序，对本所执业人员的职业道德水平给予充分关注并积极加强管理。

为确保会计师事务所执业人员按照相关职业道德要求（包括独立性要求）履行职责，会计师事务所应当设定下列质量目标：

1. 会计师事务所及其人员充分了解相关职业道德要求，并严格按照这些职业道德要求履行职责；

2. 受相关职业道德要求约束的其他组织或人员（例如网络事务所及其人员），充分了解与其相关的职业道德要求，并严格按照这些职业道德要求履行职责。

六、客户关系和具体业务的接受与保持

（一）相关质量目标

会计师事务所在作出是否承接与保持某项客户关系和具体业务的决策时，应当"知己知彼"。所谓"知彼"，是指这种决策应当建立在对客户及其管理层和治理层充分了解的基础之上；所谓"知己"，是指应当充分了解本所自己的专业胜任能力，包括遵守法律法规和相关职业道德要求的情况。基于"质量至上"的原则，会计师事务所在作出相关决策时，应当优先考虑的是质量方面的因素，而非商业利益。

（二）树立风险意识

会计师事务所应当在客户关系和具体业务的接受与保持方面树立风险意识，确保对拟承接项目的风险评估真实、到位，并制定相关政策和程序，在全所范围内统一决策。在决策时，会计师事务所应当充分考虑相关职业道德要求、管理层和治理层的诚信状况、业务风险以及是否具备执行业务所必需的时间和资源，审慎作出承接与保持的决策。

七、业务执行

会计师事务所整体的执业质量，是由每个项目组实际执行业务的质量决定的。每个项目组的质量，都会直接影响会计师事务所整体的执业质量。因此，会计师事务所有必要在项目层面实施质量管理。

（一）相关质量目标

针对业务执行，会计师事务所应当设定下列质量目标：

1. 项目组了解并履行其与所执行业务相关的责任，包括项目合伙人对项目管理和项目质量承担总体责任，并充分、适当地参与项目全过程；

2. 对项目组进行的指导和监督以及对项目组已执行的工作进行的复核是恰当的，并且由经验较为丰富的项目组成员对经验较为缺乏的项目组成员的工作进行指导、监督和

复核；

3. 项目组恰当运用职业判断并保持职业怀疑；

4. 项目组对困难或有争议的事项进行了咨询，并已按照达成的一致意见执行业务；

5. 项目组内部、项目组与项目质量复核人员之间（如适用），以及项目组与会计师事务所内负责执行质量管理体系相关活动的人员之间存在的意见分歧，能够得到会计师事务所的关注并予以解决；

6. 业务工作底稿能够在业务报告日之后及时得到整理，并得到妥善的保存和维护，以遵守法律法规、相关职业道德要求和其他职业准则的规定，并满足会计师事务所自身的需要。

（二）业务分派

会计师事务所应当实行矩阵式管理，即结合所服务客户的行业特点和业务性质，以及本会计师事务所分所（或分部）的地域分布，对业务团队进行专业化设置，以团队专业能力的匹配度为依据分派业务。

（三）对项目合伙人的要求

项目合伙人，是指会计师事务所中负责某项业务及其执行，并代表会计师事务所在出具的报告上签字的合伙人。

会计师事务所应当制定政策和程序，在全所范围内统一委派具有足够专业胜任能力、时间，并且无不良执业诚信记录的项目合伙人执行业务。其中，对专业胜任能力的评价应当包括下列方面：

1. 是否充分了解相关法律法规和监管要求；

2. 是否能够熟练掌握和运用相关职业准则的规定；

3. 是否充分了解客户所在行业的业务特点、发展趋势、重大风险，以及该行业对信息技术的运用情况等。

会计师事务所应当按照质量管理体系的要求，对项目合伙人的委派进行复核。

本章第三节"对财务报表审计实施的质量管理"将针对财务报表审计业务，详细探讨项目合伙人的具体责任和要求。

（四）项目组内部复核

项目组是指执行某项业务的所有合伙人和员工，以及为该项业务实施程序的所有其他人员，但不包括外部专家，也不包括为项目组提供直接协助的内部审计人员。

项目组内部复核，顾名思义，是指在项目组内部实施的复核。

（五）项目质量复核

项目质量复核，是指在报告日或报告日之前，项目质量复核人员对项目组作出的重大判断及据此得出的结论作出的客观评价。

项目质量复核人员，是指会计师事务所中实施项目质量复核的合伙人或其他类似职位的人员，或者由会计师事务所委派实施项目质量复核的外部人员。

（六）意见分歧

在业务执行中，时常可能出现项目组内部、项目组与被咨询者之间以及项目合伙人与项目质量复核人员之间的意见分歧。

（七）出具业务报告

会计师事务所应当按照本所统一的技术标准执行业务并出具报告。

（八）投诉和指控

投诉和指控可能来自会计师事务所内部，也可能来自外部。会计师事务所应当制定政策和程序，以接收、调查、解决由于未能按照适用的法律法规、职业准则的要求执行业务，或由于未能遵守会计师事务所制定的政策和程序，而引发的投诉和指控。

八、资源

会计师事务所的资源是一个宽泛的概念，既包括货币资金、办公设备等各种有形的财务资源，也包括人力资源、知识资源和技术资源。其中，人力资源如会计师事务所的合伙人和员工，包括执业人员和质量管理人员；技术资源如信息技术基础设施、信息技术应用程序等；知识资源如书面的政策和程序、业务方法论或指引等。从某种意义上说，人力资源、知识资源和技术资源，与会计师事务所的整体执业质量具有更高的相关性。

（一）相关质量目标

会计师事务所应当设定下列质量目标，以及时且适当地获取、开发、利用、维护和分配资源，支持质量管理体系的设计、实施和运行：

1. 会计师事务所招聘、培养和留住在下列方面具备胜任能力的人员：

（1）具备与会计师事务所执行的业务相关的知识和经验，能够持续高质量地执行业务；

（2）执行与质量管理体系运行相关的活动或承担与质量管理体系相关的责任。

2. 会计师事务所人员通过其行为展示出对质量的重视，不断培养和保持适当的胜任能力以履行其职责。会计师事务所通过及时的业绩评价、薪酬调整、晋升和其他奖惩措施对这些人员进行问责或认可。

3. 当会计师事务所在质量管理体系的运行方面缺乏充分、适当的人员时，能够从外部（如网络、网络事务所或服务提供商）获取必要的人力资源支持。

4. 会计师事务所为每项业务分派具有适当胜任能力的项目合伙人和其他项目组成员，并保证其有充足的时间持续高质量地执行业务。

5. 会计师事务所分派具有适当胜任能力的人员执行质量管理体系内的各项活动，并保证其有充足的时间执行这些活动。

6. 会计师事务所获取、开发、维护、利用适当的技术资源，以支持质量管理体系的运行和业务的执行。

7. 会计师事务所获取、开发、维护、利用适当的知识资源，为质量管理体系的运行和高质量业务的持续执行提供支持，并且这些知识资源符合相关法律法规和职业准则的规定。

8. 结合上述第 4 项至第 7 项所述的质量目标，从服务提供商获取的人力资源、技术资源或知识资源能够适用于质量管理体系的运行和业务的执行。

（二）与资源相关的政策和程序

对会计师事务所来说，从业人员的专业知识和技能水平，以及在时间和其他资源上的投入，对执业质量至关重要。因此，会计师事务所需要投入足够资源，建立与下列方面相关的政策和程序：

1. 组建一支专业性强、经验丰富、运作规范的质量管理体系团队，以维持质量管理体系的日常运行；

2. 与专业技术支持相关的政策和程序，配备具备相应专业胜任能力、时间和权威性的技术支持人员，确保相关业务能够获得必要的专业技术支持；

3. 统一开展信息系统的规划、建设、运行与维护，通过持续有效的投入，维护信息系统的安全性和实用性，以信息技术手段提高审计作业效率与质量，提升独立性与职业道德管理水平，保障质量管理体系有效实施；

4. 会计师事务所信息系统核心功能或子系统包括但不限于：审计作业管理、工时管理、客户管理、人力资源管理、独立性与职业道德管理、电子邮件、会计核算与财务管理等，会计师事务所的系统服务器应当架设在境内，数据信息应当在境内存储，并符合国家安全保密等规定；

5. 与业务操作规程、业务软件等有关的指引，把职业准则的要求从实质上执行到位，确保执业人员恰当记录判断过程、程序执行情况及得出的结论；

6. 实施统一的财务管理制度，制定统一的业务收费、预算管理、资金管理、费用和支出管理、会计核算、利润分配、职业风险补偿机制并确保有效执行。业务收费应当以项目工时预算和人员级差费率为基础，严禁不正当低价竞争。

九、信息与沟通

会计师事务所质量管理体系能够流畅、有效地运行，有赖于会计师事务所与项目组之间，以及各项目组之间能够有效地进行双向沟通，传递相关、可靠的信息。在某些情况下，会计师事务所也可能有必要与外部各方进行沟通，以支持质量管理体系的设计、实施和运行。

（一）相关质量目标

会计师事务所应当设定下列质量目标，以支持质量管理体系的设计、实施和运行，确保相关方能够及时获取、生成和利用与质量管理体系有关的信息，并及时在会计师事务所内部或与外部各方沟通信息：

1. 会计师事务所的信息系统能够识别、获取、处理和维护来自内部或外部的相关、可靠的信息，为质量管理体系提供支持。

2. 会计师事务所的组织文化认同并强调会计师事务所人员与会计师事务所之间，以及这些人员彼此之间交换信息的责任。

3. 会计师事务所内部以及各项目组之间能够交换相关、可靠的信息，这种信息交换包括以下方面：

（1）会计师事务所向相关人员和项目组传递信息，传递的性质、时间安排和范围足以使其理解和履行与执行业务或质量管理体系各项活动相关的责任；

（2）会计师事务所人员和项目组在执行业务或质量管理体系各项活动的过程中向会计师事务所传递信息。

4. 会计师事务所向外部各方传递相关、可靠的信息，这种信息传递包括以下方面：

（1）会计师事务所向其所在的网络、网络中的其他事务所，或者向服务提供商（如有）传递信息；

（2）会计师事务所根据相关法律法规或职业准则的规定向外部利益相关方传递信息，或为了帮助外部各利益相关方了解质量管理体系而向其传递信息。

（二）与信息与沟通相关的政策和程序

会计师事务所应当针对下列方面制定政策和程序：

1. 会计师事务所在执行上市实体财务报表审计业务时，应当与治理层沟通质量管理体系是如何为持续高质量地执行业务提供支撑的；

2. 会计师事务所在何种情况下向外部各方沟通与质量管理体系相关的信息是适当的；

3. 会计师事务所按照上述第1项和第2项的规定进行外部沟通时应当沟通哪些信息，以及沟通的性质、时间安排、范围和适当形式。

十、监控和整改程序

会计师事务所通过实施监控和整改程序，能够对质量管理体系的运行情况进行定期和持续监控。如果会计师事务所发现质量管理体系存在缺陷，应当评价该缺陷的严重程度和广泛性，并考虑设计和采取恰当的整改措施。

（一）监控活动

会计师事务所应当设计和实施监控活动，既包括定期实施的监控活动，又包括持续实施的监控活动。

在确定监控活动的性质、时间安排和范围时，会计师事务所应当考虑下列方面：

1. 对相关质量风险的评估结果以及得出该评估结果的理由；
2. 针对质量风险的评估结果设计和采取的应对措施；
3. 会计师事务所的风险评估程序以及监控和整改程序的设计；
4. 质量管理体系发生的变化；
5. 以前实施监控活动的结果，包括以前实施的监控活动是否仍然与评价质量管理体系相关，以及为应对以前识别出的缺陷所采取的整改措施是否有效；
6. 其他相关信息。

会计师事务所的监控活动应当包括从会计师事务所已经完成的项目中周期性地选择部分项目进行检查。会计师事务所应当统一安排质量检查抽取的项目和执行检查工作的人员。在每个周期内，对每个项目合伙人，至少选择一项已完成的项目进行检查。对承接上市实体审计业务的每个项目合伙人，检查周期最长不得超过三年。

会计师事务所执行监控活动的人员应当符合以下要求：

1. 具备有效执行监控活动所必需的胜任能力、时间和权威性；
2. 具有客观性，项目组成员和项目质量复核人员不得参与对其项目的监控活动。

（二）会计师事务所质量管理体系的缺陷

会计师事务所质量管理体系的缺陷，是指会计师事务所质量管理体系的设计、实施或运行无法合理保证实现其目标。当存在下列情况之一时，表明会计师事务所质量管理体系存在缺陷：

1. 未能设定某些质量目标，而这些质量目标对实现质量管理体系的目标是必要的；

2. 未能识别或恰当评估一项或多项质量风险；

3. 未能恰当设计和采取应对措施，或者应对措施未能有效发挥作用，导致一项应对措施或者多项应对措施的组合未能将相关质量风险发生的可能性降低至可接受的低水平；

4. 质量管理体系的某些方面缺失，或者某些方面未能得到恰当的设计、实施或有效运行。

（三）整改措施

会计师事务所应当根据对根本原因的调查结果，设计和采取整改措施，以应对识别出的缺陷。

十一、评价质量管理体系

质量管理体系在建成并运行了一段时间以后，会计师事务所应当对其运行情况进行评价，并根据质量管理体系的评价结果，对相关人员进行业绩评价。

1. 对质量管理体系的评价。
2. 对相关人员的业绩评价。

十二、会计师事务所对质量管理体系的记录

（一）记录的目的

会计师事务所应当对质量管理体系进行记录，以实现下列目的：

1. 为会计师事务所人员对质量管理体系的一致理解提供支持，包括理解其在质量管理体系和业务执行中的角色和责任；

2. 为质量管理体系的持续实施和运行提供支持；

3. 为应对措施的设计、实施和运行提供证据，以支持主要负责人对质量管理体系进行评价。

（二）记录的内容

会计师事务所应当就下列方面形成工作记录：

1. 主要负责人和对质量管理体系承担运行责任的人员各自的身份。
2. 会计师事务所的质量目标和质量风险。
3. 对应对措施的描述以及这些措施是如何应对质量风险的。
4. 实施的监控和整改程序，具体包括：

（1）已执行监控活动的证据；

（2）对监控发现的情况、识别出的缺陷、缺陷的根本原因作出的评价；

（3）为应对识别出的缺陷而采取的整改措施，以及对这些整改措施在设计和执行方面的评价；

（4）与监控和整改程序相关的沟通。

5. 主要负责人对质量管理体系作出的评价及其依据。

（三）记录的保存期限

会计师事务所应当规定质量管理体系工作记录的保存期限，该期限应当涵盖足够长的期间，以使会计师事务所能够监控质量管理体系的设计、实施和运行情况。如果法律法规要求更长的期限，应当遵守法律法规的要求。

第二节 项目质量复核

一、项目质量复核人员的委派和资质要求

1. 项目质量复核人员的委派。
2. 项目质量复核人员的资质要求。
3. 为项目质量复核提供协助的人员的资质要求。
4. 项目质量复核人员不再符合任职资质要求的情况。

二、项目质量复核的实施

（一）复核程序

在实施项目质量复核时，项目质量复核人员应当实施下列程序：

1. 阅读并了解相关信息，这些信息包括：
（1）与项目组就项目和客户的性质和具体情况进行沟通获取的信息；
（2）与会计师事务所就监控和整改程序进行沟通获取的信息，特别是针对可能与项目组的重大判断相关或影响该重大判断的领域识别出的缺陷进行的沟通。

2. 与项目合伙人及项目组其他成员讨论重大事项，以及在项目计划、实施和报告时作出的重大判断。

3. 基于实施上述第 1 项和第 2 项程序获取的信息，选取部分与项目组作出的重大判断相关的业务工作底稿进行复核，并评价下列方面：
（1）作出这些重大判断的依据，包括项目组对职业怀疑的运用（如适用）；
（2）业务工作底稿能否支持得出的结论；
（3）得出的结论是否恰当。

4. 对于财务报表审计业务，评价项目合伙人确定独立性要求已得到遵守的依据。

5. 评价是否已就疑难问题或争议事项、涉及意见分歧的事项进行适当咨询，并评价咨询得出的结论。

6. 对于财务报表审计业务，评价项目合伙人得出下列结论的依据：
（1）项目合伙人对整个审计过程的参与程度是充分且适当的；
（2）项目合伙人能够确定作出的重大判断和得出的结论适合项目的性质和具体情况。

7. 针对下列方面实施复核：
（1）针对财务报表审计业务，复核被审计财务报表和审计报告，以及审计报告中对

关键审计事项的描述（如适用）；

（2）针对财务报表审阅业务，复核被审阅财务报表或财务信息，以及拟出具的审阅报告；

（3）针对财务报表审计和审阅以外的其他鉴证业务或相关服务业务，复核业务报告和鉴证对象信息（如适用）。

（二）与项目质量复核相关的政策和程序

针对项目质量复核的实施，会计师事务所应当制定与下列方面相关的政策和程序：

1. 项目质量复核人员有责任在项目的适当时点实施复核程序，为客观评价项目组作出的重大判断和据此得出的结论奠定适当基础；

2. 项目合伙人与项目质量复核相关的责任，包括禁止项目合伙人在收到项目质量复核人员就已完成项目质量复核发出的通知之前签署业务报告；

3. 对项目质量复核人员的客观性产生不利影响的情形，以及在这些情形下需要采取的适当行动。

（三）项目质量复核的完成

如果项目质量复核人员怀疑项目组作出的重大判断或据此得出的结论不恰当，应当告知项目合伙人。如果这一怀疑不能得到满意的解决，项目质量复核人员应当通知会计师事务所适当人员项目质量复核无法完成。

如果项目质量复核人员确定项目质量复核已经完成，应当签字确认并通知项目合伙人。

三、与项目质量复核有关的工作底稿

项目质量复核人员应当负责就项目质量复核的实施情况形成工作底稿。对项目质量复核形成的工作底稿应当足以使未曾接触该项目的、有经验的执业人员了解项目质量复核人员以及对项目质量复核提供协助的人员（如有）所执行程序的性质、时间安排和范围，以及在实施复核的过程中得出的结论。

项目质量复核工作底稿应当包括下列方面的内容：

1. 项目质量复核人员及协助人员的姓名；
2. 已复核的业务工作底稿的识别特征；
3. 项目质量复核人员确定项目质量复核已经完成的依据；
4. 项目质量复核人员就无法完成项目质量复核或项目质量复核已完成所发出的通知；
5. 完成项目质量复核的日期。

第三节　对财务报表审计实施的质量管理

一、审计项目合伙人管理和实现审计质量的领导责任

审计项目合伙人，是指会计师事务所中负责某项审计项目及其执行，并代表会计师

事务所在出具的审计报告上签字的合伙人。

审计项目合伙人应当对管理和实现审计项目的高质量承担总体责任，这种责任包括为审计项目组营造一个良好的环境，强调会计师事务所对诚信和高质量的重视，明确对审计项目组成员的行为期望。审计项目合伙人应当向审计项目组强调以下执业理念：

1. 审计项目组所有成员都有责任为在项目层面管理和实现业务的高质量作出贡献；
2. 审计项目组成员的职业价值观、职业道德和职业态度至关重要；
3. 在审计项目组内部进行开放、顺畅、深入的沟通非常重要，这种沟通应当能够使每位审计项目组成员都能够提出自己的质疑，而不怕遭受报复；
4. 审计项目组成员在整个审计项目中保持职业怀疑非常重要。

二、相关职业道德要求

审计项目合伙人应当了解与本审计项目相关的职业道德要求，包括独立性要求。

审计项目合伙人应当负责确保审计项目组其他成员了解与本审计项目相关的职业道德要求，以及会计师事务所相关的政策和程序，这些政策和程序可能包括以下方面：

1. 识别、评估和应对对遵守相关职业道德要求（包括独立性要求）的不利影响；
2. 可能导致违反相关职业道德要求（包括独立性要求）的情形，以及当审计项目组成员意识到这种违反时应当承担的责任；
3. 当审计项目组成员意识到被审计单位存在违反法律法规的迹象时应当承担的责任。

三、客户关系和审计业务的接受与保持

审计项目合伙人应当确定会计师事务所就客户关系和审计业务的接受与保持制定的政策和程序已得到遵守，并且得出的相关结论是适当的。例如，下列信息可能有助于审计项目合伙人确定针对客户关系和审计业务的接受与保持得出的结论是否适当：

1. 被审计单位的主要所有者、实际控制人、关键管理层、治理层的诚信状况和道德价值观；
2. 是否具备充分、适当的资源以执行该审计项目；
3. 被审计单位管理层和治理层是否认可其与该审计项目相关的责任；
4. 审计项目组是否具备足够的胜任能力，包括充足的时间以执行该审计项目；
5. 本期或以前期间审计中发现的重大事项是否影响该审计业务的保持。

四、业务资源

审计项目合伙人应当确保审计项目组成员以及审计项目组成员以外提供直接协助的外部专家或内部审计人员作为一个集体，拥有适当的胜任能力，包括充足的时间执行审计项目。在确定审计项目组是否具备适当的胜任能力时，审计项目合伙人可以考虑下列因素：

1. 审计项目组通过适当的培训并依赖执业经历，是否能够理解具有相似性质和复杂程度的审计业务，以及是否拥有相关实务经验；

2. 审计项目组是否理解适用的法律法规和职业准则的要求；

3. 审计项目组是否具备会计或审计特殊领域的专长；

4. 针对被审计单位所使用的信息技术，以及审计项目组在计划和执行审计工作时拟使用的自动化工具或技术，审计项目组是否具备专长；

5. 审计项目组是否了解被审计单位所处的行业；

6. 审计项目组是否能够运用职业判断并保持职业怀疑；

7. 审计项目组是否理解会计师事务所的政策和程序。

审计项目合伙人应当在考虑审计项目的性质和具体情况的基础上，制定合理的时间预算，以保证审计项目合伙人和审计项目组其他成员投入充分时间参与审计项目。

五、业务执行

（一）对项目组成员的指导、监督和复核

审计项目合伙人应当负责对审计项目组成员进行指导、监督并复核其工作，并确定指导、监督和复核的性质、时间安排和范围符合下列要求：

1. 按照适用的法律法规和职业准则的规定，以及会计师事务所的政策和程序进行计划和执行。

（二）复核审计工作底稿等相关文件

审计项目合伙人应当在审计过程中的适当时点复核审计工作底稿，包括与下列方面相关的工作底稿：

1. 重大事项；

2. 重大判断，包括与在审计中遇到的困难或有争议事项相关的判断，以及得出的结论；

3. 根据审计项目合伙人的职业判断，与审计项目合伙人的职责有关的其他事项。

审计项目合伙人应当确保审计项目组成员在审计项目执行过程中，将职业准则以及会计师事务所的政策和程序从实质上执行到位，并恰当记录判断过程、程序执行情况及得出的结论。

在审计报告日或审计报告日之前，审计项目合伙人应当通过复核审计工作底稿以及与审计项目组讨论，确保已获取充分、适当的审计证据，以支持得出的结论和拟出具的审计报告。

在签署审计报告前，为确保拟出具的审计报告适合审计项目的具体情况，审计项目合伙人应当复核财务报表、审计报告以及相关的审计工作底稿，包括对关键审计事项的描述（如适用）。

审计项目合伙人应当在与管理层、治理层或相关监管机构签署正式书面沟通文件之前对其进行复核。

（三）咨询

审计项目组在执行审计项目的过程中时常会遇到各种各样的疑难问题或者争议事项。当这些问题和事项不能在审计项目组内部得到解决时，有必要向审计项目组之外的适当人员咨询。咨询可以在会计师事务所内部，也可以在外部。实务中，审计项目组通常针对以下方面进行咨询：

1. 复杂的或不熟悉的事项（如某项具有高度估计不确定性的会计估计）；
2. 存在特别风险的事项；
3. 被审计单位超出正常经营过程的重大交易或重大异常交易；
4. 被审计单位管理层施加限制的情况；
5. 与违反法律法规有关的情况。

针对审计项目中需要咨询的事项，审计项目合伙人应当承担下列责任：
1. 对审计项目组就下列事项进行咨询承担责任：
（1）困难或有争议的事项，以及会计师事务所政策和程序要求咨询的事项；
（2）审计项目合伙人根据职业判断认为需要咨询的其他事项。
2. 确定审计项目组成员已在审计过程中就相关事项进行了适当咨询，咨询可能在审计项目组内部进行，或者在审计项目组与会计师事务所内部或外部的其他适当人员之间进行。
3. 确定已与被咨询者就咨询的性质、范围以及形成的结论达成一致意见。
4. 确定咨询形成的结论已得到执行。

（四）项目质量复核

针对需要实施项目质量复核的审计项目，审计项目合伙人应当承担下列责任：
1. 确定会计师事务所已委派项目质量复核人员；
2. 配合项目质量复核人员的工作，并要求审计项目组其他成员配合项目质量复核人员的工作；
3. 与项目质量复核人员讨论在审计中遇到的重大事项和重大判断，包括在项目质量复核过程中识别出的重大事项和重大判断；
4. 只有在项目质量复核完成后，才签署审计报告。

（五）意见分歧

审计项目组内部、审计项目组与项目质量复核人员之间（如适用），或者审计项目组与在会计师事务所质量管理体系内执行相关活动的人员（包括提供咨询的人员）之间可能出现意见分歧，审计项目组应当遵守会计师事务所处理及解决意见分歧的政策和程序。

针对意见分歧，审计项目合伙人应当承担下列责任：
1. 对按照会计师事务所的政策和程序处理和解决意见分歧承担责任；
2. 确定咨询得出的结论已经记录并得到执行；
3. 在所有意见分歧得到解决之前，不得签署审计报告。

六、监控与整改

针对监控与整改，审计项目合伙人应当对下列方面承担责任：
1. 了解从会计师事务所的监控和整改程序获取的信息，这些信息可能是由会计师事务所提供的，也可能来自网络和网络事务所的监控和整改程序（如适用）；
2. 确定上述第1项提及的信息与审计项目的相关性及其对审计项目的影响，并采取适当行动；
3. 在整个审计过程中，对可能与会计师事务所的监控和整改程序相关的信息保持警觉，并将此类信息通报给对监控和整改程序负责的人员。

七、审计工作底稿

针对财务报表审计的质量管理,注册会计师应当在审计工作底稿中记录下列事项:

1. 针对相关职业道德要求(包括独立性要求)、客户关系和审计业务的接受与保持等方面识别出的事项、与相关人员进行的讨论,以及讨论得出的结论;

2. 在审计过程中进行咨询的性质、范围、得出的结论,以及这些结论是如何得到执行的;

3. 如果审计项目需要实施项目质量复核,则应当记录项目质量复核已经在审计报告日或之前完成。

第二十二章 职业道德基本原则和概念框架

第一节 职业道德基本原则

会员为实现执业目标，必须遵守一些基本的原则。与职业道德有关的基本原则包括诚信、客观公正、独立性、专业胜任能力和勤勉尽责、保密、良好职业行为。

一、诚信

诚信，是指诚实、守信。也就是说，一个人言行与内心思想一致，不虚假；能够履行与别人的约定而取得对方的信任。诚信原则要求会员应当在所有的职业活动中保持正直、诚实可信。

会员如果认为业务报告、申报资料、沟通函件或其他方面的信息存在下列问题，不得与这些有问题的信息发生关联：

1. 含有虚假记载、误导性陈述；
2. 含有缺乏充分根据的陈述或信息；
3. 存在遗漏或含糊其辞的信息，而这种遗漏或含糊其辞可能会产生误导。

二、客观公正

客观，是指按照事物的本来面目去考察，不添加个人的偏见。公正，是指公平、正直、不偏袒。客观公正原则要求会员应当公正处事、实事求是，不得由于偏见、利益冲突或他人的不当影响而损害自己的职业判断。如果存在对职业判断产生过度不当影响的情形，会员不得从事与之相关的职业活动。

三、独立性

独立性，是指不受外来力量控制、支配，按照一定之规行事。独立性原则通常是对注册会计师而不是非执业会员提出的要求。在执行鉴证业务时，注册会计师必须保持独立性。在市场经济条件下，投资者主要依赖财务报表判断投资风险，在投资机会中作出选择。如果注册会计师不能与客户保持独立性，而是存在经济利益、密切关系，或屈从于外在压力,就很难取信于社会公众。注册会计师的独立性包括两个方面——实质上的独立和形式上的独立。注册会计师执行审计和审阅业务、其他鉴证业务时,应当从实质上和形式上保持独立性,不得因任何利害关系影响其客观公正。

四、专业胜任能力和勤勉尽责

专业胜任能力和勤勉尽责原则要求会员通过教育、培训和执业实践获取和保持专业胜任能力。会员应当持续了解并掌握当前法律、技术和实务的发展变化,将专业知识和技能始终保持在应有的水平,确保为客户提供具有专业水准的服务。

在应用专业知识和技能时,会员应当合理运用职业判断。专业胜任能力可分为两个独立阶段:(1)专业胜任能力的获取;(2)专业胜任能力的保持。会员应当持续了解和掌握相关的专业技术和业务的发展,以保持专业胜任能力。持续职业发展能够使会员发展和保持专业胜任能力,使其能够胜任特定业务环境中的工作。

五、保密

会员从事职业活动必须建立在为客户、为工作单位等利益相关方信息保密的基础上。遵循保密原则可以促进信息在会员与客户、会员与工作单位之间的自由传输。如果会员遵循保密原则,信息提供者通常可以放心地向会员提供其从事职业活动所需的信息,而不必担心该信息被其他方获知,这有利于会员更好地维护公众利益。保密原则要求会员应当对职业活动中获知的涉密信息保密。

六、良好职业行为

会员应当遵守相关法律法规,避免发生任何可能损害职业声誉的行为。如果某些法律法规的规定与职业道德守则的相关条款不一致,会员应当注意到这些差异。除非法律法规禁止,会员应当按照较为严格的规定执行。

会员在向公众传递信息以及推介自己和工作时,应当客观、真实、得体,不得损害职业形象。

会员应当诚实、实事求是,不得有下列行为:
1. 夸大宣传提供的服务、拥有的资质或获得的经验;
2. 贬低或无根据地比较他人的工作。

第二节 职业道德概念框架

一、职业道德概念框架的内涵

实务中,会员会遇到的许多情形(如职业活动、利益和关系)都可能对遵循职业道德基本原则产生不利影响。在职业道德守则中,不可能对各式各样的情形予以逐一界定并给出相应的应对措施。因此，职业道德守则提出职业道德概念框架，以指导会员遵循职业道德基本原则，履行维护公众利益的职责。

二、识别、评价和应对不利影响

会员应当运用职业道德概念框架来识别、评价和应对对职业道德基本原则的不利影响。

（一）识别对职业道德基本原则的不利影响

会员应当识别对职业道德基本原则的不利影响。

（二）评价不利影响的严重程度

如果识别出对职业道德基本原则的不利影响，会员应当评价该不利影响的严重程度是否处于可接受的水平。

（三）应对不利影响

三、与治理层的沟通

会员在识别、评价和应对不利影响时，应当根据职业判断，就有关事项与治理层进行沟通，并确定与客户或工作单位治理结构中的哪些适当人员进行沟通。如果会员与治理层的下设组织（如审计委员会）或个人沟通，应当确定是否还需要与治理层整体进行沟通，以使治理层所有成员充分知情。

第三节　注册会计师对职业道德概念框架的具体运用

本节阐述注册会计师在某些情形下如何具体应用职业道德概念框架。

在运用职业道德概念框架时，注册会计师并运用职业判断，对新信息、事实和情况的变化保持警觉，以及实施理性且掌握充分信息的第三方测试。理性且掌握充分信息的第三方测试，是检验注册会计师得出的结论是否客观公正的一种测试方法。具体来说，是指注册会计师考虑：假设存在一个理性且掌握充分信息的第三方，在权衡了注册会计师于得出结论的时点可以了解到的所有具体事实和情况后，是否很可能得出与注册会计师相同的结论。理性且掌握充分信息的第三方不一定是注册会计师，但需要具备相关的知识和经验，以使其能够公正地了解和评价注册会计师结论的适当性。

一、识别对职业道德基本原则的不利影响

（一）因自身利益产生不利影响的情形

举例说明，因自身利益产生不利影响的情形主要包括：

1. 注册会计师在客户中拥有直接经济利益；
2. 会计师事务所的收入过分依赖某一客户；
3. 会计师事务所以较低的报价获得新业务，而该报价过低，可能导致注册会计师难以按照适用的职业准则要求执行业务；

4. 注册会计师与客户之间存在密切的商业关系；

5. 注册会计师能够接触到涉密信息，而该涉密信息可能被用于谋取个人私利；

6. 注册会计师在评价所在会计师事务所以往提供的专业服务时，发现了重大错误。

（二）因自我评价产生不利影响的情形

举例说明，因自我评价产生不利影响的情形主要包括：

1. 注册会计师在对客户提供财务系统的设计或实施服务后，又对系统的运行有效性出具鉴证报告；

2. 注册会计师为客户编制用于生成有关记录的原始数据，而这些记录是鉴证业务的对象。

（三）因过度推介产生不利影响的情形

举例说明，因过度推介产生不利影响的情形主要包括：

1. 注册会计师推介客户的产品、股份或其他利益；

2. 当客户与第三方发生诉讼或纠纷时，注册会计师为该客户辩护；

3. 注册会计师站在客户的立场上影响某项法律法规的制定。

（四）因密切关系产生不利影响的情形

举例说明，因密切关系产生不利影响的情形主要包括：

1. 审计项目团队成员的近亲属担任审计客户的董事或高级管理人员；

2. 鉴证客户的董事、高级管理人员，或所处职位能够对鉴证对象施加重大影响的员工，最近曾担任注册会计师所在会计师事务所的项目合伙人；

3. 审计项目团队成员与审计客户之间存在长期业务关系。

近亲属包括主要近亲属和其他近亲属。主要近亲属是指配偶、父母或子女；其他近亲属是指兄弟姐妹、祖父母、外祖父母、孙子女、外孙子女。

审计项目团队成员是指所有审计项目组成员和会计师事务所中能够直接影响审计业务结果的其他人员，以及网络事务所中能够直接影响审计业务结果的所有人员。

（五）因外在压力导致不利影响的情形

举例说明，因外在压力导致不利影响的情形主要包括：

1. 注册会计师因对专业事项持有不同意见而受到客户解除业务关系或被会计师事务所解雇的威胁；

2. 由于客户对所沟通的事项更具有专长，注册会计师面临服从该客户判断的压力；

3. 注册会计师被告知，除非其同意审计客户某项不恰当的会计处理，否则计划中的晋升将受到影响；

4. 注册会计师接受了客户赠予的重要礼品，并被威胁将公开其收受礼品的事情。

二、评价不利影响的严重程度

1. 与客户及其经营环境相关的条件、政策和程序。

2. 与会计师事务所及其经营环境相关的条件、政策和程序。

三、应对不利影响

四、利益冲突

1. 产生利益冲突的情形。
2. 识别利益冲突产生的不利影响。
3. 评价和应对利益冲突产生的不利影响。

五、专业服务委托

1. 客户关系和业务的承接与保持。
2. 专业服务委托的变更。

六、第二意见

注册会计师可能被要求就某实体或以其名义运用相关准则处理特定交易或事项的情况提供第二意见，而这一实体并非注册会计师的现有客户。向非现有客户提供第二意见可能因自身利益或其他原因对职业道德基本原则产生不利影响。例如，如果第二意见不是以现任或前任注册会计师所获得的相同事实为基础，或依据的证据不充分，可能因自身利益对专业胜任能力和勤勉尽责原则产生不利影响。评价因自身利益产生不利影响的严重程度时，应当考虑被要求提供第二意见的具体情形以及在运用职业判断时能够获得的所有事实和假设等相关因素。

七、收费

会计师事务所在确定收费时应当主要考虑专业服务所需的知识和技能、所需专业人员的水平和经验、各级别专业人员提供服务所需的时间和提供专业服务所需承担的责任。在专业服务得到良好的计划、监督及管理的前提下，收费通常以每一专业人员适当的小时收费标准或日收费标准为基础计算。

八、利益诱惑（包括礼品和款待）

1. 一般规定。
2. 意图不当影响行为的利益诱惑。

注册会计师不得提供或接受，或者授意他人提供或接受任何意图不当影响接受方或其他人员行为的利益诱惑，无论这种利益诱惑是存在不当影响行为的意图，还是注册会计师认为理性且掌握充分信息的第三方很可能会视为存在不当影响行为的意图。

3. 无不当影响行为意图的利益诱惑。

如果注册会计师认为某项利益诱惑不存在不当影响接受方或其他人员行为的意图，

应当运用职业道德概念框架识别、评价和应对可能因该利益诱惑产生的不利影响。即使注册会计师认为某项利益诱惑无不当影响行为的意图，提供或接受此类利益诱惑仍可能对职业道德基本原则产生不利影响。在评价因提供或接受此类利益诱惑产生的不利影响的严重程度时，注册会计师需要考虑与上述在确定是否存在或被认为存在不当影响行为的意图时相同的因素。

九、保管客户资产

除非法律法规允许或要求，并且满足相关条件，注册会计师不得提供保管客户资金或其他资产的服务。保管客户资产可能因自身利益或其他原因而对客观公正、良好职业行为原则产生不利影响。

十、应对违反法律法规行为

违反法律法规行为包括客户、客户的治理层和管理层，以及为客户工作或在客户指令下工作的人员有意或无意作出的与现行法律法规不符的疏漏或违法行为。

第四节 非执业会员对职业道德概念框架的运用

一、基本要求

非执业会员是指加入中国注册会计师协会，除执业注册会计师以外的其他个人会员。非执业会员在从事专业服务时，应当遵守相关的法律法规和《中国注册会计师协会非执业会员职业道德守则》，履行相应的社会责任，维护公众利益。投资者、债权人、工作单位、政府部门以及社会公众等都可能依赖非执业会员的工作。非执业会员可能负责编报财务信息或其他方面的信息，供工作单位或第三方使用，也可能负责从事有效的财务管理工作或就企业各种与经营相关的事项提供合理建议。

二、识别对职业道德基本原则的不利影响

可能对职业道德基本原则产生不利影响的因素包括自身利益、自我评价、过度推介、密切关系和外在压力。

三、评价和应对不利影响

非执业会员对不利影响严重程度的评价可能受多种因素的影响，例如：
1. 非执业会员所从事职业活动的性质和范围；
2. 非执业会员所在工作单位的工作环境和经营环境。

其中，与非执业会员所在工作单位的工作环境和经营环境有关的因素主要包括：
1. 领导层强调道德行为的重要性，并期望员工以符合道德标准的方式行事；

2. 制定政策和程序，授权并鼓励员工就其关心的道德问题与高级管理人员沟通，而不必担心受到惩罚；

3. 制定政策和程序用于监控员工绩效的质量；

4. 建立工作单位的组织监督体系或其他监督结构以及强有力的内部控制；

5. 招聘程序强调雇用高素质、具有胜任能力人员的重要性；

6. 向所有员工及时传达工作单位的政策、程序及其变化情况，并就这些政策和程序提供适当的培训和教育；

7. 制定与职业道德和行为守则相关的政策。

当非执业会员认为工作单位的其他人员已经发生或将要发生违反职业道德的行为时，可以考虑征询法律意见。在极其特殊的情况下，如果非执业会员无法采取防范措施消除不利影响或将其降低至可接受的水平，可能需要考虑向工作单位提出辞职。

四、利益冲突

非执业会员不得因利益冲突损害其职业判断。利益冲突可能对客观公正原则产生不利影响，也可能对其他职业道德基本原则产生不利影响。

举例来说，利益冲突可能产生于下列情形：

1. 同时在两家单位担任管理层或治理层职位，从其中一家单位获取的涉密信息可能被非执业会员用来对另一家单位产生有利或不利影响；

2. 同时为合伙企业的两个合伙人提供专业服务，而双方均聘请非执业会员协助其解除合伙关系；

3. 为工作单位中正在寻求执行管理层收购的某些管理层成员编制财务信息；

4. 负责为工作单位选择供应商，而非执业会员的主要近亲属有可能从该交易中获得经济利益；

5. 在工作单位中担任治理层职务，负责审批公司的特定投资事项，而其中的某项投资将为非执业会员本人或其主要近亲属的投资组合带来增值。

非执业会员应当采用合理措施识别可能产生的利益冲突，进而对职业道德基本原则产生不利影响的情形。这些措施应当可以识别下列事项：

1. 所涉各方之间相关利益和关系的性质；

2. 所涉及的职业活动及其对相关方的影响。

在实施职业活动时，活动、利益和关系的性质可能随时间而发生变化，非执业会员应当对可能导致利益冲突的变化保持警觉。

一般来说，非执业会员的职业活动与产生利益冲突的事项之间关系越直接，不利影响超出可接受水平的可能性越大。

五、信息的编制和列报

信息的编制和列报包括信息的记录、维护和批准。非执业会员编制和列报的信息通常用于协助利益相关方了解和评价工作单位的各方面现状并作出相关的决策。这些信息可能包括公开发布的信息，也可能包括仅供内部使用的财务和非财务信息。

非执业会员编制和列报信息，可能因自身利益、外在压力或其他原因对职业道德基本原则产生不利影响。

六、专业知识和技能

非执业会员应当遵循专业胜任能力和勤勉尽责原则，只有在经过专门培训并获得足够的技能和经验后，才能承担相应的重要工作。在不具备相关专业知识和技能的情况下从事相关工作，可能因自身利益对专业胜任能力和勤勉尽责原则产生不利影响。非执业会员不得夸大其专业知识水平或工作经验，以故意误导工作单位。

七、与财务报告和决策相关的经济利益、薪酬和激励

非执业会员不得操纵信息或利用涉密信息谋取个人利益或为他人谋取经济利益。

举例来说，当非执业会员及其近亲属存在下列情况时，可能因自身利益对客观公正、保密原则产生不利影响：

1. 有动机和机会通过操纵信息影响价格从而获益；
2. 在工作单位中拥有直接或间接经济利益，该经济利益的价值可能直接受非执业会员决策的影响；
3. 有资格获得与利润挂钩的奖金，该奖金的价值可能直接受非执业会员决策的影响；
4. 直接或间接持有工作单位的现在可行权或未来可行权的股票期权，该股票期权的价值可能受非执业会员所作决策的影响；
5. 参与工作单位的激励性薪酬方案，该方案以达到特定目标或实现股份价值最大化为目的。

不利影响存在与否及其严重程度主要取决于下列因素：

1. 经济利益对非执业会员及其近亲属个人而言的重要程度；
2. 工作单位是否制定了政策和程序，规定由独立于管理层的委员会决定高级管理人员的薪酬形式及其水平；
3. 是否存在内部政策，要求向治理层披露所有相关利益以及所有相关股票的行权或交易计划；
4. 是否存在专门用于处理产生经济利益的问题的内外部审计程序。

八、利益诱惑（包括礼品与款待）

非执业会员提供或接受利益诱惑，可能会因自身利益、密切关系或外在压力对职业道德基本原则产生不利影响，尤其可能对诚信、客观公正、良好职业行为原则产生不利影响。非执业会员应当运用职业道德概念框架识别、评价和应对此类不利影响。

非执业会员不得提供或接受，或者授意他人提供或接受任何意图不当影响接受方或其他人员行为的利益诱惑，无论这种利益诱惑是存在不当影响行为的意图，还是非执业会员认为理性且掌握充分信息的第三方很可能会视为存在不当影响行为的意图。

如果非执业会员知悉被提供的利益诱惑可能存在或被认为存在不当影响行为的意图，即使拒绝接受利益诱惑，仍可能对职业道德基本原则产生不利影响。

九、应对违反法律法规行为

非执业会员在实施职业活动的过程中，可能遇到、知悉或怀疑存在违反法律法规或涉嫌违反法律法规的行为。当非执业会员知悉或怀疑存在这种违反或涉嫌违反法律法规的行为时，可能因自身利益或外在压力对诚信和良好职业行为原则产生不利影响。非执业会员应当运用职业道德概念框架识别、评价和应对此类不利影响。

十、违反职业道德基本原则的压力

非执业会员可能面临使其违反职业道德基本原则的压力，例如，面临某种外在压力，使其在实施职业活动时违反职业道德基本原则。这种压力可能是明显的，也可能是隐含的。压力可能来自于工作单位内部同事或上级，外部人员或组织以及内外部的目标和预期。

第二十三章 审计业务对独立性的要求

保持独立性是注册会计师执行审计业务的前提。本章旨在讨论注册会计师执行审计业务时的独立性要求,以及注册会计师如何运用职业道德概念框架,以达到和保持独立性。

第一节 基本概念和要求

一、独立性

注册会计师在执行审计业务时应当保持独立性。独立性包括实质上的独立性和形式上的独立性。

1. 实质上的独立性。

实质上的独立性是一种内心状态,使得注册会计师在提出结论时不受损害职业判断的因素影响,诚信行事,遵循客观公正原则,保持职业怀疑。

2. 形式上的独立性。

形式上的独立性是一种外在表现,使得一个理性且掌握充分信息的第三方,在权衡所有相关事实和情况后,认为会计师事务所或审计项目团队成员没有损害诚信原则、客观公正原则或职业怀疑。

二、网络与网络事务所

(一) 网络与网络事务所的定义

网络是指由多个实体组成,旨在通过合作实现下列一个或多个目的的联合体:

1. 共享收益、分担成本;
2. 共享所有权、控制权或管理权;
3. 执行统一的质量管理政策和程序;
4. 执行同一经营战略;
5. 使用同一品牌;
6. 共享重要的专业资源。

网络事务所是指属于某一网络的会计师事务所或实体。除非本章另有说明,如果某一会计师事务所被视为网络事务所，应当与网络中其他会计师事务所的审计客户保持独立。有关对网络事务所独立性的要求，适用于所有符合网络事务所定义的实体，而无论该实体（如咨询公司）本身是否为会计师事务所。除非另有说明，本章所称会计师事务所包括网络事务所。

（二）网络的确定

会计师事务所与其他会计师事务所或实体构成联合体，旨在增强提供专业服务的能力。这些联合体是否形成网络取决于具体情况，而不取决于会计师事务所或实体是否在法律上各自独立。在判断一个联合体是否形成网络时，注册会计师应当考虑运用职业判断来确定该联合体是否形成网络，考虑理性且掌握充分信息的第三方，在权衡所有相关事实和情况后，是否很可能认为该联合体形成网络，并且这种判断应当在整个联合体内部得到一致运用。

1. 如果一个联合体旨在通过合作，在各实体之间共享收益或分担成本，应被视为网络。

2. 如果一个联合体旨在通过合作，在各实体之间共享所有权、控制权或管理权，应被视为网络。这种网络关系可能通过合同或其他方式实现。

3. 如果一个联合体旨在通过合作，在各实体之间共享统一的质量管理政策和程序，应被视为网络。统一的质量管理政策和程序，是由联合体统一设计、实施和监控的质量管理政策和程序。

4. 如果一个联合体旨在通过合作，在各实体之间共享同一经营战略，应被视为网络。共享同一经营战略，是指实体之间通过协议实现共同的战略目标。

如果一个实体与其他实体仅以联合方式应邀提供专业服务，虽然构成联合体，但不形成网络。

5. 如果一个联合体旨在通过合作，在各实体之间使用同一品牌，应被视为网络。同一品牌包括共同的名称和标志等。

6. 如果一个联合体旨在通过合作，在各实体之间共享重要的专业资源，应被视为网络。

三、公众利益实体

在评价对独立性产生不利影响的重要程度以及为消除不利影响或将其降低至可接受水平采取的必要防范措施时，注册会计师应当考虑实体涉及公众利益的程度。

公众利益实体包括上市实体和下列实体：

1. 法律法规界定的公众利益实体；

2. 法律法规规定按照上市实体审计独立性的要求接受审计的实体。

其中，上市实体是指其股权、股票或债券在认可的股票交易所挂牌交易或按照认可的股票交易所或其他类似机构的规则流通的实体。

四、关联实体

关联实体是指与客户存在下列任一关系的实体：

1. 能够对客户施加直接或间接控制的实体，并且客户对该实体重要；

2. 在客户内拥有直接经济利益的实体，并且该实体对客户具有重大影响，在客户内的利益对该实体重要；

3. 受到客户直接或间接控制的实体；

4. 客户（或受到客户直接或间接控制的实体）拥有其直接经济利益的实体，并且客户能够对该实体施加重大影响，在实体内的经济利益对客户（或受到客户直接或间接控制的实体）重要；

5. 与客户处于同一控制下的实体（即"姐妹实体"），并且该姐妹实体和客户对其控制方均重要。

五、与治理层的沟通

治理层，是指对实体的战略方向以及管理层履行的经营管理责任负有监督责任的个人或机构（例如，公司受托人）。治理层的责任包括对财务报告过程的监督。

注册会计师应当根据职业判断，定期就可能影响独立性的关系和其他事项与治理层沟通。上述沟通使治理层能够：

1. 考虑会计师事务所在识别和评价对独立性的不利影响时作出的判断是否正确；

2. 考虑会计师事务所为消除不利影响或将其降低至可接受的水平所采取的防范措施是否适当；

3. 确定是否有必要采取适当的措施。

对于因外在压力和密切关系产生的不利影响，这种沟通尤其有效。

六、保持独立性的期间

注册会计师应当在业务期间和财务报表涵盖的期间独立于审计客户。业务期间自审计项目组开始执行审计业务之日起，至出具审计报告之日止。如果审计业务具有连续性，业务期间结束日应以其中一方通知解除业务关系或出具最终审计报告两者时间孰晚为准。

七、合并与收购

如果由于合并或收购，某一实体成为审计客户的关联实体，会计师事务所应当识别和评价其与该关联实体以往和目前存在的利益或关系，并在考虑可能的防范措施后确定是否影响独立性，以及在合并或收购生效日后能否继续执行审计业务。

八、违反独立性规定时的应对措施

（一）基本要求

如果会计师事务所认为已发生违反职业道德守则有关独立性的规定（以下简称"违规"）的情况，应当采取下列措施：

1. 终止、暂停或消除引发违规的利益或关系，并处理违规后果。

2. 考虑是否存在适用于该违规行为的法律法规，如果存在，遵守该法律法规的规定，并考虑向相关监管机构报告该违规行为。

3. 按照会计师事务所的政策和程序，立即就该违规行为与下列人员沟通：

（1）项目合伙人；

(2) 负责独立性相关政策和程序的人员；

(3) 会计师事务所和网络中的其他相关人员；

(4) 根据职业道德守则的要求需要采取适当行动的人员。

4. 评价违规行为的严重程度及其对会计师事务所的客观公正和出具审计报告能力的影响。

5. 根据违规行为的严重程度，确定是否终止审计业务，或者是否能够采取适当行动以妥善处理违规后果。

在作出上述决策时，会计师事务所应当运用职业判断并考虑理性且掌握充分信息的第三方是否很可能得出会计师事务所的客观公正受到损害从而导致无法出具审计报告的结论。

上述违规行为的严重程度及其对会计师事务所客观公正和出具审计报告能力的影响主要取决于下列因素：

1. 违规的性质和持续时间；

2. 以前年度发生的、与当前审计业务有关的违规次数和性质；

3. 审计项目团队成员是否知悉造成违规的利益或关系；

4. 造成违规的人员是否为审计项目团队成员或需要遵守独立性要求的其他人员；

5. 如果违规涉及某一审计项目团队成员，该成员的职责；

6. 如果违规由提供专业服务所致，该服务对会计记录或被审计财务报表金额的影响（如适用）；

7. 由于违规导致的因自身利益、过度推介、密切关系或其他原因对独立性产生的不利影响。

会计师事务所应当根据违规的严重程度采取必要的措施。

（二）与治理层的沟通

如果会计师事务所确定能够采取措施妥善处理违规后果，应当与治理层沟通下列事项：

1. 违规的严重程度，包括其性质和持续时间；

2. 违规是如何发生以及如何识别出的；

3. 已采取或拟采取的措施，以及这些措施能够妥善处理违规后果并使会计师事务所能够出具审计报告的原因；

4. 会计师事务所根据职业判断认为客观公正并未受到损害及其理由；

5. 会计师事务所已采取或拟采取的、用于降低进一步违规风险或避免发生进一步违规行为的措施。

会计师事务所应当尽快开展上述沟通，除非对于非重大的违规行为治理层有其他沟通时间方面的要求。

如果治理层认为上述已采取或拟采取的措施不能够妥善处理违规后果，会计师事务所应当终止审计业务。

（三）相关记录要求

针对以上情况，会计师事务所应当记录下列事项：

1. 违规事项；

2. 采取的措施；

3. 作出的关键决策;
4. 与治理层沟通的所有事项;
5. 与职业团体或监管机构所进行的任何沟通。

如果会计师事务所继续执行该审计业务,还应当记录下列事项:
1. 根据会计师事务所的职业判断,客观公正原则并未受到损害;
2. 所采取的措施能够妥善处理违规后果,从而使会计师事务所能够出具审计报告及其理由。

本章第二节至第八节讨论可能对独立性产生不利影响的某些情形和关系,指导注册会计师在这些情形下如何具体运用独立性的相关职业道德概念框架。

九、工作记录

工作记录提供了证据,用以证明注册会计师在就遵循独立性要求方面形成结论时作出的判断。注册会计师应当记录遵守独立性要求的情况,包括记录形成的结论,以及为形成结论而讨论的主要内容。

第二节 经济利益

一、一般规定

经济利益是指因持有某一实体发行的股权、债券、基金、与其股价或债券价格挂钩的衍生金融产品和其他证券以及其他债务性的工具而拥有的利益,包括为取得这种利益享有的权利和承担的义务。经济利益包括直接经济利益和间接经济利益。

直接经济利益是指下列经济利益:(1)个人或实体直接拥有并控制的经济利益(包括授权他人管理的经济利益);(2)个人或实体通过集合投资工具、信托、实体或合伙组织,或第三方而实质拥有的经济利益,并且有能力控制这些投资工具,或影响其投资决策。一些常见的直接经济利益包括证券或其他参与权,诸如包括股票、债券、认沽权、认购权、期权、权证和卖空权等。

间接经济利益是指个人或实体通过集合投资工具、信托、实体或合伙组织,或第三方而实质拥有的经济利益,但没有能力控制这些投资工具,或影响其投资决策。

二、对独立性产生不利影响的情形和防范措施

(一) 在审计客户中拥有经济利益

除例外情况外,下列各方不得在审计客户中拥有直接经济利益或重大间接经济利益:
1. 会计师事务所、审计项目团队成员及其主要近亲属。
2. 与执行审计业务的项目合伙人同处一个分部的其他合伙人及其主要近亲属。
3. 为审计客户提供非审计服务的其他合伙人、管理人员及其主要近亲属。

（二）在控制审计客户的实体中拥有经济利益

当一个实体在审计客户中拥有控制性的权益，并且审计客户对该实体重要时，如果会计师事务所、审计项目团队成员或其主要近亲属在该实体中拥有直接经济利益或重大间接经济利益，将因自身利益产生非常严重的不利影响，导致没有防范措施能够将其降低至可接受的水平。会计师事务所、审计项目团队成员及其主要近亲属不得在该实体中拥有直接经济利益或重大间接经济利益。

（三）其他情况下的经济利益

1. 与审计客户的利益相关者同时在某一实体拥有经济利益。

会计师事务所、审计项目团队成员或其主要近亲属在某一实体拥有经济利益，并且知悉审计客户的董事、高级管理人员或具有控制权的所有者也在该实体拥有经济利益，可能因自身利益、密切关系或外在压力产生不利影响。不利影响存在与否及其严重程度主要取决于下列因素：

（1）该成员在审计项目团队中的角色；
（2）实体的所有权是由少数人持有还是多数人持有；
（3）经济利益是否使得投资者能够控制该实体，或对其施加重大影响；
（4）经济利益的重要程度。

注册会计师应当评价不利影响的严重程度，并在必要时采取防范措施消除不利影响或将其降低至可接受的水平。

举例来说，防范措施可能包括：

（1）将拥有该经济利益的审计项目团队成员调离审计项目团队，可能能够消除不利影响；
（2）由审计项目团队以外的注册会计师复核该成员已执行的工作，可能能够将不利影响降低至可接受的水平。

2. 对审计项目团队成员其他近亲属拥有经济利益的要求。

如果审计项目团队某一成员的其他近亲属在审计客户中拥有直接经济利益或重大间接经济利益，将因自身利益产生非常严重的不利影响。不利影响的严重程度主要取决于下列因素：

（1）审计项目团队成员与其他近亲属之间的关系；
（2）经济利益是直接的还是间接的；
（3）经济利益对其他近亲属的重要程度。

会计师事务所应当评价不利影响的严重程度，并在必要时采取防范措施消除不利影响或将其降低至可接受的水平。

举例来说，下列防范措施可能能够消除不利影响：

（1）其他近亲属尽快处置全部经济利益，或处置全部直接经济利益并处置足够数量的间接经济利益，以使剩余经济利益不再重大；
（2）将该成员调离审计项目团队。

由审计项目团队以外的适当复核人员复核该审计项目团队成员已执行的工作，可能能够将不利影响降低至可接受的水平。

3. 对其他人员拥有经济利益的要求。

如果审计项目团队成员知悉下列其他人员在审计客户中拥有经济利益，也可能因自身利益对独立性产生不利影响：

（1）除上述（一）中提及的人员外，会计师事务所合伙人、专业人员，两者的主要近亲属；

（2）与审计项目团队成员存在密切私人关系的人员。

4. 会计师事务所的退休金计划。

如果会计师事务所通过退休金计划，在审计客户中拥有直接经济利益或重大间接经济利益，可能因自身利益产生不利影响。注册会计师应当评价不利影响的严重程度，并在必要时采取防范措施消除不利影响或将其降低至可接受的水平。

第三节 贷款和担保以及商业关系、家庭和私人关系

一、贷款和担保

（一）从银行或类似金融机构等审计客户取得贷款或获得贷款担保

会计师事务所、审计项目团队成员或其主要近亲属不得从银行或类似金融机构等审计客户取得贷款，或获得贷款担保，除非该贷款或担保是按照正常的程序、条款和条件进行的。此类贷款的例子包括按揭贷款、银行透支、汽车贷款和信用卡等。

（二）从不属于银行或类似金融机构等审计客户取得贷款或由其提供担保

会计师事务所、审计项目团队成员或其主要近亲属从不属于银行或类似金融机构的审计客户取得贷款，或由此类审计客户提供贷款担保，将因自身利益产生非常严重的不利影响，导致没有防范措施能够将其降低至可接受的水平。会计师事务所、审计项目团队成员或其主要近亲属不得从不属于银行或类似金融机构的审计客户取得贷款，或由此类审计客户提供贷款担保。

（三）向审计客户提供贷款或为其提供担保

会计师事务所、审计项目团队成员或其主要近亲属向审计客户提供贷款或为其提供担保，将因自身利益产生非常严重的不利影响，导致没有防范措施能够将其降低至可接受的水平。会计师事务所、审计项目团队成员或其主要近亲属不得向审计客户提供贷款或担保。

（四）在审计客户开立存款或经纪账户

会计师事务所、审计项目团队成员或其主要近亲属不得在银行或类似金融机构等审计客户开立存款或经纪账户，除非该存款或经纪账户是按照正常的商业条件开立的。

二、商业关系

（一）一般规定

会计师事务所、审计项目团队成员或其主要近亲属与审计客户或其高级管理人员之

间，由于商务关系或共同的经济利益而存在密切的商业关系，可能因自身利益或外在压力对独立性产生不利影响。

举例来说，这些商业关系可能包括：

1. 与客户或其控股股东、董事、高级管理人员或其他为该客户执行高级管理活动的人员共同开办企业。

2. 按照协议，将会计师事务所的产品或服务与客户的产品或服务结合在一起，并以双方名义捆绑销售。例如，某会计师事务所通过与一家投资银行共同组成服务团队的形式，向潜在客户提供审计、公司财务顾问等一揽子专业服务。上述关系一般被视为商业关系。当该投资银行同时为该会计师事务所的审计客户时，会计师事务所不得介入此类商业关系。

3. 按照协议，会计师事务所销售或推广客户的产品或服务，或者客户销售或推广会计师事务所的产品或服务。

（二）与审计客户或其利益相关者一同在某股东人数有限的实体中拥有利益

如果审计客户或其董事、高级管理人员，或上述各方作为投资者的任何组合，在某股东人数有限的实体中拥有经济利益，会计师事务所、审计项目团队成员或其主要近亲属不得拥有会涉及该实体经济利益的商业关系，除非同时满足下列条件：

1. 这种商业关系对于会计师事务所、审计项目团队成员或其主要近亲属以及审计客户均不重要；

2. 该经济利益对上述投资者或投资组合并不重大；

3. 该经济利益不能使上述投资者或投资组合控制该实体。

（三）从审计客户购买商品或服务

会计师事务所、审计项目团队成员或其主要近亲属从审计客户购买商品或服务，如果按照正常的商业程序公平交易，通常不会对独立性产生不利影响。如果交易性质特殊或金额较大，可能因自身利益产生不利影响。会计师事务所应当评价不利影响的严重程度，并在必要时采取防范措施消除不利影响或将其降低至可接受的水平。

三、家庭和私人关系

如果审计项目团队成员与审计客户的董事、高级管理人员，或某类员工（取决于该员工在审计客户中担任的角色）存在家庭和私人关系，可能因自身利益、密切关系或外在压力对独立性产生不利影响。不利影响存在与否及其严重程度主要取决于该成员在审计项目团队中的角色、其家庭成员或相关人员在客户中的职位以及关系的密切程度等。

（一）审计项目团队成员的主要近亲属

1. 如果审计项目团队成员的主要近亲属是审计客户的董事、高级管理人员或担任能够对被审计财务报表或会计记录的编制施加重大影响的职位的员工（以下简称"特定员工"），或者在业务期间或财务报表涵盖的期间曾担任上述职务，将对独立性产生非常严重的不利影响，导致没有防范措施能够消除该不利影响或将其降低至可接受的水平。拥有此类关系的人员不得成为审计项目团队成员。

2. 如果审计项目团队成员的主要近亲属在审计客户中所处职位能够对客户的财务状况、经营成果和现金流量施加重大影响，将可能因自身利益、密切关系或外在压力对独立性产生不利影响。

不利影响存在与否及其严重程度主要取决于下列因素：

（1）主要近亲属在客户中的职位；

（2）该成员在审计项目团队中的角色。

会计师事务所应当评价不利影响的严重程度，并在必要时采取防范措施消除不利影响或将其降低至可接受的水平。

（二）审计项目团队成员的其他近亲属

如果审计项目团队成员的其他近亲属是审计客户的董事、高级管理人员或特定员工，将因自身利益、密切关系或外在压力对独立性产生不利影响。不利影响的严重程度主要取决于下列因素：

1. 审计项目团队成员与其他近亲属的关系；

2. 其他近亲属在客户中的职位；

3. 该成员在审计项目团队中的角色。

会计师事务所应当评价不利影响的严重程度，并在必要时采取防范措施消除不利影响或将其降低至可接受的水平。

（三）审计项目团队成员的其他密切关系

如果审计项目团队成员与审计客户的员工存在密切关系，并且该员工是审计客户的董事、高级管理人员或特定员工，即使该员工不是审计项目团队成员的近亲属，也将对独立性产生不利影响。拥有此类关系的审计项目团队成员应当按照会计师事务所的政策和程序进行咨询。不利影响的严重程度主要取决于下列因素：

1. 该员工与审计项目团队成员的关系；

2. 该员工在客户中的职位；

3. 该成员在审计项目团队中的角色。

会计师事务所应当评价不利影响的严重程度，并在必要时采取防范措施消除不利影响或将其降低至可接受的水平。

（四）审计项目团队成员以外人员的家庭和私人关系

会计师事务所中审计项目团队以外的合伙人或员工，与审计客户的董事、高级管理人员或特定员工之间存在家庭或私人关系，可能因自身利益、密切关系或外在压力产生不利影响。会计师事务所合伙人或员工在知悉此类关系后，应当按照会计师事务所的政策和程序进行咨询。不利影响存在与否及其严重程度主要取决于下列因素：

1. 该合伙人或员工与审计客户的董事、高级管理人员或特定员工之间的关系；

2. 该合伙人或员工与审计项目团队之间的相互影响；

3. 该合伙人或员工在会计师事务所中的角色；

4. 董事、高级管理人员或特定员工在审计客户中的职位。

会计师事务所应当评价不利影响的严重程度，并在必要时采取防范措施消除不利影响或将其降低至可接受的水平。

第四节　与审计客户发生人员交流

一、与审计客户发生雇佣关系

（一）一般规定

如果审计客户的董事、高级管理人员或特定员工，曾经是审计项目团队的成员或会计师事务所的合伙人，可能因密切关系或外在压力产生不利影响。

1. 审计项目团队前任成员或会计师事务所前任合伙人担任审计客户的重要职位且与事务所保持重要联系。

如果审计项目团队前任成员或会计师事务所前任合伙人加入审计客户，担任董事、高级管理人员或特定员工，会计师事务所应当确保上述人员与会计师事务所之间不再保持重要交往。如果会计师事务所与该类人员仍保持重要交往，除非同时满足下列条件，否则将产生非常严重的不利影响，导致没有防范措施能够消除不利影响或将其降低至可接受的水平：

（1）该人员无权从会计师事务所获取报酬或福利，除非报酬或福利是按照预先确定的固定金额支付的；

（2）应付该人员的金额（如有）对会计师事务所不重要；

（3）该人员未继续参与，并且在外界看来未参与会计师事务所的经营活动或职业活动。

即使同时满足上述条件，仍可能因密切关系或外在压力对独立性产生不利影响。

2. 会计师事务所前任合伙人加入的某一实体成为审计客户。

如果会计师事务所前任合伙人加入某一实体并担任董事、高级管理人员或特定员工，而该实体随后成为会计师事务所的审计客户，则可能因密切关系或外在压力对独立性产生不利影响。

不利影响存在与否及其严重程度主要取决于下列因素：

（1）该人员在审计客户中担任的职位；

（2）该人员将与审计项目团队交往的程度；

（3）该人员离开审计项目团队或会计师事务所合伙人职位的时间长短；

（4）该人员以前在审计项目团队、会计师事务所中的角色，例如，该人员是否负责与客户管理层和治理层保持定期联系。

会计师事务所应当评价不利影响的严重程度，并在必要时采取防范措施消除不利影响或将其降低至可接受的水平。

3. 审计项目团队某成员拟加入审计客户。

如果审计项目团队某一成员参与审计业务，当知道自己在未来某一时间将要或有可能加入审计客户时，将因自身利益产生不利影响。会计师事务所应当制定政策和程序，要求审计项目团队成员在与审计客户协商受雇于该客户时，向会计师事务所报告。在接到报告后，会计师事务所应当评价不利影响的严重程度，并在必要时采取防范措施消除不利影响或将其降低至可接受的水平。

（二）属于公众利益实体的审计客户

1. 关键审计合伙人加入审计客户担任重要职位。

关键审计合伙人是指项目合伙人、项目质量复核人员，以及审计项目组中负责对财务报表审计所涉及的重大事项作出关键决策或判断的其他审计合伙人。其他审计合伙人还可能包括负责审计重要子公司或分支机构的合伙人。

2. 前任高级合伙人加入审计客户担任重要职位。

如果会计师事务所前任高级合伙人（或管理合伙人，或同等职位的人员）加入属于公众利益实体的审计客户，担任董事、高级管理人员或特定员工，除非该高级合伙人不再担任该职位已超过 12 个月，否则独立性将被视为受到损害。

3. 因企业合并原因导致前任成员加入审计客户担任重要职位。

如果由于企业合并的原因，会计师事务所前任关键审计合伙人或前任高级合伙人担任属于公众利益实体的审计客户的董事、高级管理人员或特定员工，在同时满足下列条件时，不被视为独立性受到损害：

（1）当该人员接受该职务时，并未预料到会发生企业合并；

（2）该人员在会计师事务所中应得的报酬或福利都已全额支付，除非报酬或福利是按照预先确定的固定金额支付的，并且应付该人员的金额对会计师事务所不重要；

（3）该人员未继续参与，或在外界看来未参与会计师事务所的经营活动或职业活动；

（4）已就该人员在审计客户中的职位与治理层讨论。

二、临时借出员工

如果会计师事务所向审计客户借出员工，可能因自我评价、过度推介或密切关系产生不利影响。除非同时满足下列条件，否则会计师事务所不得向审计客户借出员工：

1. 仅在短期内向客户借出员工；

2. 借出的员工不参与注册会计师职业道德守则禁止提供的非鉴证服务；

3. 该员工不承担审计客户的管理层职责，且审计客户负责指导和监督该员工的活动。

会计师事务所应当评价借出员工产生不利影响的严重程度，并在必要时采取防范措施消除不利影响或将其降低至可接受的水平。

三、最近曾担任审计客户的董事、高级管理人员或特定员工

如果审计项目团队成员最近曾担任审计客户的董事、高级管理人员或特定员工，可能因自身利益、自我评价或密切关系产生不利影响。例如，如果审计项目团队成员在审计客户工作期间曾经编制会计记录，现又对据此形成的财务报表要素进行评价，则可能产生这些不利影响。

（一）在审计报告涵盖的期间

如果在审计报告涵盖的期间，审计项目团队成员曾担任审计客户的董事、高级管理人员或特定员工，将产生非常严重的不利影响，导致没有防范措施能够将其降低至可接受的水平。会计师事务所不得将此类人员分派到审计项目团队。

（二）在审计报告涵盖的期间之前

如果在审计报告涵盖的期间之前，审计项目团队成员曾担任审计客户的董事、高级管理人员或特定员工，可能因自身利益、自我评价或密切关系产生不利影响。例如，如果在当期需要评价此类人员以前就职于审计客户时作出的决策或工作，将产生这些不利影响。

四、兼任审计客户的董事或高级管理人员

如果会计师事务所的合伙人或员工兼任审计客户的董事或高级管理人员，将因自我评价和自身利益产生非常严重的不利影响，导致没有防范措施能够将其降低至可接受的水平。会计师事务所的合伙人或员工不得兼任审计客户的董事或高级管理人员。

第五节 与审计客户长期存在业务关系

一、一般规定

会计师事务所长期委派同一名合伙人或高级员工执行某一客户的审计业务，将因密切关系和自身利益对独立性产生不利影响。不利影响的严重程度主要取决于下列因素：

1. 该人员与客户之间关系的总体时间长度，包括该人员在之前的会计师事务所中与该客户之间已存在的关系（如适用）；
2. 该人员成为审计项目组成员的时间长短及其所承担的角色；
3. 更高层人员对该人员所实施的工作进行指导、复核和监督的程度；
4. 根据其资历，该人员能够影响审计结果的程度，例如，该人员可能作出关键决策或指导审计项目组其他成员的工作；
5. 该人员与客户高级管理层或治理层之间关系的密切程度；
6. 该人员与客户高级管理层或治理层之间互动的性质、频率和程度；
7. 审计客户会计和财务报告问题的性质和复杂程度，以及性质和复杂程度是否发生变化；
8. 审计客户高级管理层或治理层近期是否发生变动；
9. 审计客户的组织结构是否发生变动，从而影响会计师事务所人员与客户高级管理层或治理层之间互动的性质、频率和程度。

上述的两个或多个因素相组合可能提高或降低不利影响的严重程度。例如，会计师事务所人员与客户高级管理层之间由于交往时间长而形成的密切关系，可能会随着该客户管理层成员的离职而减弱，相应的由该密切关系产生的不利影响也会降低。

举例来说，防范措施可能包括：

1. 将与审计客户长期存在业务关系的人员轮换出审计项目团队，可能能够消除不利影响；

2. 变更与审计客户长期存在业务关系的人员在审计项目团队中担任的角色或其所实施任务的性质和范围，可能能够将不利影响降低至可接受的水平；

3. 由审计项目团队以外的适当复核人员复核与审计客户长期存在业务关系的人员所执行的工作，可能能够将不利影响降低至可接受的水平；

4. 定期对该业务实施独立的内部或外部质量复核，可能能够将不利影响降低至可接受的水平。

如果确定所产生的不利影响仅能通过将该人员轮换出审计项目团队予以应对，会计师事务所应当确定一个适当的期间，在该期间内该人员不得有下列行为：

1. 成为审计项目组成员；

2. 对该审计项目实施质量管理；

3. 对该审计项目的结果施加直接影响。

这一期间应当足够长，以确保因密切关系或自身利益产生的不利影响能够得以应对。

二、属于公众利益实体的审计客户

（一）与公众利益实体审计客户关键审计合伙人轮换相关的任职期

如果审计客户属于公众利益实体，会计师事务所任何人员担任下列一项或多项职务的累计时间不得超过五年：

1. 项目合伙人；

2. 项目质量复核人员；

3. 其他属于关键审计合伙人的职务。

任期结束后，该人员应当遵守有关冷却期的规定。

此外，在任期内，如果某人员继担任项目合伙人之后立即或短时间内担任项目质量复核人员，可能因自我评价对客观公正原则产生不利影响，该人员不得在二年内担任该审计业务的项目质量复核人员。

注册会计师担任上述职务的时间应当累计计算，除非该人员不再担任这些职务的期间达到最短时间要求，否则累计期间不得清零并重新计算。最短时间要求应当是一个连续的期间，至少等于该人员所适用的冷却期。该人员担任的职务不同，冷却期的长度也不同，具体来说，某人员适用的冷却期应当根据该人员不再担任相应职务前所担任的职务来确定。例如，如果某人员担任某个审计客户的项目合伙人三年，之后被调离该审计项目组二年，则该人员最多只能继续担任该审计业务的关键审计合伙人二年（即五年减去累计的三年）。在此之后，该人员必须遵守有关冷却期的规定。

（二）与公众利益实体审计客户关键审计合伙人轮换相关的冷却期

任期结束后，该人员应当遵守下列冷却期的规定：

1. 如果某人员担任项目合伙人或其他签字注册会计师累计达到五年，冷却期应当为连续五年；

2. 如果某人员担任项目质量复核人员累计达到五年，冷却期应当为连续三年；

3. 如果某人员担任其他关键审计合伙人累计达到五年，冷却期应当为连续二年。

如果某人员相继担任多项关键审计合伙人职责，冷却期应当按照以下规定：

1. 担任项目合伙人累计达到三年或以上，冷却期应当为连续五年；
2. 担任项目质量复核人员累计达到三年或以上，冷却期应为连续三年；
3. 担任项目合伙人和项目质量复核人员累计达到三年或以上，但累计担任项目合伙人未达到三年，冷却期应当为连续三年；
4. 担任多项关键审计合伙人职责，并且不符合上述各项情况，冷却期应当为连续二年。

在确定某人员担任关键审计合伙人的年限时，服务年限应当包括该人员在之前任职的会计师事务所工作时针对同一审计业务担任关键审计合伙人的年限（如适用）。

在冷却期内，关键审计合伙人不得有下列行为：

1. 成为审计项目组成员或为审计项目提供项目质量管理。
2. 就有关技术或行业特定问题、交易或事项向审计项目组或审计客户提供咨询（如果与审计项目组沟通仅限于该人员任职期间的最后一个年度所执行的工作或得出的结论，并且该工作和结论与审计业务仍然相关，则不违反本项规定）。
3. 负责领导或协调会计师事务所向审计客户提供的专业服务，或者监控会计师事务所与审计客户的关系。
4. 执行上述各项未提及的、涉及审计客户且导致该人员出现下列情况的职责或活动（包括提供非鉴证服务）：

（1）与审计客户高级管理层或治理层进行重大或频繁的互动；
（2）对审计业务的结果施加直接影响。

上述规定并非旨在禁止个人担任会计师事务所的领导层职务，如高级合伙人或管理合伙人。

第六节 为审计客户提供非鉴证服务

一、一般规定

会计师事务所可能向其审计客户提供与其技能和专长相符的非鉴证服务。向审计客户提供非鉴证服务，可能对多项职业道德基本原则产生不利影响。本节并未涵盖会计师事务所向审计客户提供的所有非鉴证服务。当遇到本节未列举的非鉴证服务时，注册会计师应当运用职业道德概念框架予以应对。

在接受委托向审计客户提供非鉴证服务之前，会计师事务所应当确定提供该服务是否将对独立性产生不利影响。在评价不利影响存在与否及其严重程度时，注册会计师通常需要考虑下列因素：

1. 非鉴证服务的性质、范围和目的；
2. 审计业务对该非鉴证服务结果的依赖程度；

3. 与提供该非鉴证服务相关的法律和监管环境；

4. 非鉴证服务的结果是否影响被审计财务报表中的相关事项，如果影响，影响的程度以及在确定这些事项的金额或会计处理方法时涉及的主观程度；

5. 客户管理层和员工在该非鉴证服务方面的专长水平；

6. 客户针对重大判断事项的参与程度；

7. 非鉴证服务对与客户会计记录、财务报表、财务报告内部控制相关的系统所产生影响的性质和程度（如有）；

8. 客户是否属于公众利益实体，如果客户属于公众利益实体，通常认为会产生更为严重的不利影响。

二、承担管理层职责

会计师事务所承担审计客户的管理层职责，将因自身利益、自我评价、密切关系、过度推介对独立性产生非常严重的不利影响，导致没有防范措施能够将其降低至可接受的水平。会计师事务所不得承担审计客户的管理层职责。审计客户的管理层职责涉及控制和领导该客户的各项工作，包括针对人力资源、财务资源、技术资源、有形或无形资源的取得、配置和控制作出重大决策。会计师事务所应当根据具体情况确定某项活动是否属于承担管理层职责。

三、会计和记账服务

会计师事务所向审计客户提供会计和记账服务，可能因自我评价对独立性产生不利影响。会计和记账服务主要包括编制会计记录和财务报表（包括财务报表附注）、记录交易、工资服务等服务。

（一）编制财务报表是管理层的职责

按照适用的财务报告编制基础编制财务报表是管理层的职责，这种职责包括但不限于：

1. 设计、执行和维护必要的内部控制，以使财务报表不存在舞弊或错误导致的重大错报；

2. 评估被审计单位的持续经营能力和运用持续经营假设是否适当，并披露与持续经营相关的事项（如适用）；

3. 确定会计政策并运用该政策确定会计处理方法，并作出恰当的会计估计；

4. 编制或更改会计分录，确定或批准交易的账户分类；

5. 编制或更改以电子形式或其他形式存在的、用以证明交易发生的相关凭证或数据。

（二）不对独立性产生不利影响的活动

1. 沟通审计相关的事项。

在审计过程中，会计师事务所与审计客户管理层可能就下列事项进行沟通：

（1）对会计准则或会计政策，以及财务报表披露要求的运用；

（2）财务报告内部控制的有效性，以及资产、负债计量方法的适当性；

（3）审计调整建议。

这些活动通常被视为审计过程的正常组成部分，只要审计客户负责就会计记录及财务报表的编制作出决策，通常不对独立性产生不利影响。

2. 提供会计咨询服务。

审计客户可能要求会计师事务所在下列方面提供技术支持或建议等会计咨询服务：

（1）解决账户调节问题；

（2）分析和收集监管机构要求提供的信息；

（3）为会计准则转换（如为了遵守集团会计政策从企业会计准则转换为国际财务报告准则）提供咨询服务；

（4）协助了解相关会计准则、原则和解释，分享领先的行业最佳实践。

如果会计师事务所不承担审计客户的管理层职责，通常不会对独立性产生不利影响。

3. 日常性或机械性的会计和记账服务。

日常性或机械性的会计和记账服务通常不需要很多职业判断。这类服务的例子包括：

（1）根据来源于客户的数据编制工资计算表或工资报告，供客户批准并支付；

（2）在客户已确定或批准账户分类的前提下，以原始凭证（如水电费单据）或原始数据为基础，记录易于确定其金额并且重复发生的交易；

（3）根据客户确定的折旧政策、预计使用寿命和净残值计算固定资产折旧；

（4）将客户已记录的交易过入总分类账；

（5）将客户批准的分录过入试算平衡表；

（6）根据客户批准的试算平衡表中的信息编制财务报表，根据客户批准的记录编制相关财务报表附注。

4. 向不属于公众利益实体的审计客户提供会计和记账服务。

除非同时满足下列条件，否则会计师事务所不得向不属于公众利益实体的审计客户提供会计和记账服务，包括编制被审计财务报表（包括财务报表附注）或构成财务报表基础的财务信息：

（1）该服务是日常性或机械性的；

（2）会计师事务所能够采取防范措施应对因提供此类服务产生的超出可接受水平的不利影响。

举例来说，防范措施可能包括：

（1）由审计项目团队以外的专业人员提供此类服务；

（2）由未参与提供此类服务的适当复核人员复核已执行的审计工作或所提供的此类服务。

5. 向公众利益实体的审计客户提供会计和记账服务。

在同时满足下列条件的情况下，会计师事务所可以向属于公众利益实体的审计客户的分支机构或关联实体提供会计和记账服务：

（1）该服务是日常性或机械性的；

（2）提供服务的人员不是审计项目团队成员；

（3）接受该服务的分支机构或关联实体从整体上对被审计财务报表不具有重要性，或者该服务所涉及的事项从整体上对该分支机构或关联实体的财务报表不具有重要性。

除上述情形外,会计师事务所不得向属于公众利益实体的审计客户提供会计和记账服务,包括编制被审计财务报表(包括财务报表附注)或构成财务报表基础的财务信息。

四、行政事务性服务

行政事务性服务包括协助客户执行正常经营过程中的日常性或机械性任务。此类服务通常不需要很多职业判断,且属于文书性质的工作。行政事务性服务的例子包括:
1. 文字处理服务;
2. 编制行政或法定表格供客户审批;
3. 按照客户的指示将该表格提交给各级监管机构;
4. 跟踪法定报备日期,并告知审计客户该日期。

向审计客户提供上述行政事务性服务通常不会对独立性产生不利影响。

五、评估服务

评估包括对未来发展趋势提出相关假设,运用适当的方法和技术,以确定资产、负债或企业整体的价值或价值区间。
1. 影响独立性的因素及防范措施。
2. 对独立性不产生不利影响的评估业务。
3. 对独立性产生不利影响的评估业务。

六、税务服务

(一)税务服务种类

税务服务通常包括下列种类:
1. 编制纳税申报表;
2. 为进行会计处理计算税额;
3. 税务筹划和其他税务咨询服务;
4. 与评估有关的税务服务;
5. 协助解决税务纠纷。

(二)决定不利影响严重程度的因素

会计师事务所向审计客户提供某些税务服务,可能因自我评价或过度推介产生不利影响。不利影响存在与否及其严重程度主要取决于下列因素:
1. 业务的具体特征;
2. 客户员工的税务专业水平;
3. 税务机关评价和管理有争议税务问题的方式,以及会计师事务所在该过程中的角色;
4. 税收法律法规的复杂程度,以及应用时需要进行判断的程度。

(三)编制纳税申报表的服务

编制纳税申报表的服务包括:
1. 编制信息,以协助客户履行纳税申报义务,例如,计算应向税务机关缴纳的税额

（通常采用标准化的表格）；

2. 对已发生交易的纳税申报处理方法提供建议；

3. 代表审计客户向税务机关提供所要求的附加信息和分析（例如，对所采用的方法提供解释和技术支持）。

由于纳税申报表须经税务机关审查或批准，如果管理层对纳税申报表承担责任，会计师事务所提供此类服务通常不对独立性产生不利影响。

（四）计算当期所得税或递延所得税负债（或资产）

1. 计算当期所得税或递延所得税负债（或资产）对独立性的影响。

基于进行会计处理的目的，为审计客户计算当期所得税或递延所得税负债（或资产），将因自我评价产生不利影响。不利影响的严重程度除上述提供税务服务所列因素外，还可能取决于该项计算是否可能对被审计财务报表产生重大影响。

2. 对不利影响的防范措施。

如果审计客户不属于公众利益实体，或者审计客户属于公众利益实体，但为其计算的当期所得税或递延所得税对被审计财务报表不重要。

举例来说，下列防范措施可能能够应对上述因自我评价产生的不利影响：

（1）由审计项目团队以外的专业人员提供此类服务；

（2）由不参与提供此类服务的适当复核人员复核所执行的审计工作或提供的此类服务。

在审计客户属于公众利益实体的情况下，会计师事务所不得计算当期所得税或递延所得税，以用于编制对被审计财务报表具有重大影响的会计分录。

（五）税务筹划或其他税务咨询服务

1. 税务筹划或其他税务咨询服务的种类。

2. 决定不利影响严重程度的因素。

3. 基于纳税申报或税务筹划目的的评估业务。

（六）协助解决税务纠纷

如果会计师事务所协助审计客户解决税务纠纷，一旦税务机关通知审计客户已经拒绝接受其对某项具体问题的主张，并且税务机关或审计客户已将该问题纳入正式的法律程序，则可能因过度推介或自我评价产生不利影响。除上述提供税务服务所列影响因素外，不利影响存在与否及其严重程度还可能取决于下列因素：

1. 管理层在解决税务纠纷时所起的作用；

2. 引起税务纠纷的事项是否与会计师事务所的建议相关；

3. 税务纠纷的结果是否对被审计财务报表产生重大影响；

4. 该事项是否具有明确的税收法律法规、其他先例或惯例为依据；

5. 解决税务问题的程序是否公开。

七、内部审计服务

（一）内部审计活动

内部审计的目标和工作范围因被审计单位的规模、组织结构、治理层和管理层需求的不同而存在很大差异。内部审计活动通常包括：

1. 监督内部控制，包括对控制进行复核，对其运行情况进行监控，并提供改进建议。
2. 通过下列方式检查财务信息和经营信息：
(1) 复核用以确认、计量、分类和列报财务信息和经营信息的方法；
(2) 对个别项目实施专项调查。专项调查包括对交易、账户余额和程序实施细节测试。
3. 评价被审计单位的经营活动，包括非财务活动的经济性、效率和效果。
4. 评价对法律法规、其他外部要求以及管理层政策、指令和其他内部规定的遵守情况。

（二）涉及承担管理层职责的内部审计服务

如果会计师事务所人员在为审计客户提供内部审计服务时承担管理层职责，将产生非常严重的不利影响，导致没有防范措施能够将其降低至可接受的水平。会计师事务所人员在向审计客户提供内部审计服务时不得承担管理层职责。

（三）允许提供内部审计服务的情况

为避免承担管理层职责，只有在同时满足下列条件时，会计师事务所才能为审计客户提供内部审计服务：

1. 审计客户委派合适的、具有胜任能力的员工（最好是高级管理人员），始终负责内部审计活动，并承担设计、执行、监督和维护内部控制的责任；
2. 客户治理层或管理层复核、评估并批准内部审计服务的工作范围、风险和频率；
3. 客户管理层评价内部审计服务的适当性，以及执行内部审计发现的事项；
4. 客户管理层评价并确定应当实施内部审计服务提出的建议，并对实施过程进行管理；
5. 客户管理层向治理层报告注册会计师在内部审计服务中发现的重大问题和提出的建议。

（四）内部审计服务对独立性的不利影响

如果在审计中利用内部审计人员的工作，按照《中国注册会计师审计准则第1411号——利用内部审计人员的工作》的要求，注册会计师应当执行相应的程序，以评价内部审计工作的适当性。如果会计师事务所向审计客户提供内部审计服务，并且在审计中利用该服务的结果，可能导致审计项目团队不能恰当评价内部审计工作，或不会运用与会计师事务所以外的人员执行内部审计工作时相同水平的职业怀疑，这可能因自我评价对独立性产生不利影响。不利影响存在与否及其严重程度主要取决于下列因素：

1. 相关财务报表金额的重要性；
2. 与这些财务报表金额相关的认定层次错报风险；
3. 审计客户对内部审计服务的依赖程度，以及审计项目团队对内部审计工作的依赖程度。

（五）不得向属于公众利益实体的审计客户提供内部审计服务

在审计客户属于公众利益实体的情况下，会计师事务所不得提供与下列方面有关的内部审计服务：

1. 财务报告内部控制的组成部分；

2. 财务会计系统；
3. 单独或累积起来对被审计财务报表具有重大影响的金额或披露。

八、信息技术系统服务

信息技术系统可用于积累原始数据，构成与财务报告相关的内部控制的组成部分，或生成影响会计记录或者财务报表的信息。信息技术系统也可能与审计客户的会计记录、财务报告内部控制及财务报表无关。会计师事务所提供信息技术系统服务是否因自我评价产生不利影响，取决于服务和信息技术系统的性质。

1. 不对独立性产生不利影响的信息技术系统服务。
2. 向审计客户提供信息技术系统服务。
3. 向属于公众利益实体的审计客户提供有关信息技术系统服务。

九、诉讼支持服务

诉讼支持服务可能包括下列活动：
1. 担任证人，包括专家证人；
2. 计算诉讼或其他法律纠纷涉及的估计损失或其他应收、应付的金额；
3. 协助管理和检索文件。

会计师事务所向审计客户提供诉讼支持服务，可能因自我评价或过度推介产生不利影响。不利影响存在与否及其严重程度主要取决于下列事项：
1. 提供服务所处的法律和监管环境，例如，法院是否会选择或委任专家证人；
2. 服务的性质和特征；
3. 服务的结果是否对会计师事务所将发表意见的财务报表产生重大影响。

十、法律服务

（一）法律服务的内容

法律服务主要包括为客户提供法律咨询、担任首席法律顾问、担任辩护人等服务。法律服务通常是指必须由符合下列条件之一的人员提供的服务：
1. 已取得执行法律业务所需要的专业资格；
2. 已通过执行法律业务所要求的培训。

（二）法律咨询服务

法律咨询服务可能包含多种类型，包括为审计客户提供与公司事务或商业有关的法律服务，例如：
1. 合同支持服务；
2. 为审计客户执行一项交易提供支持；
3. 合并与收购；
4. 向客户内部法律部门提供帮助；
5. 法律尽职调查及重组。

会计师事务所向审计客户提供法律咨询服务，可能因自我评价或过度推介对独立性产生不利影响。不利影响存在与否及其严重程度主要取决于下列因素：
1. 特定事项对审计客户财务报表的重要程度；
2. 法律事项的复杂程度以及提供该服务所需判断的程度。

（三）担任审计客户的首席法律顾问

首席法律顾问通常是一个高级管理职位，对公司法律事务承担广泛责任。会计师事务所的合伙人或员工担任审计客户首席法律顾问，将对独立性产生非常严重的不利影响，导致没有防范措施能够将其降低至可接受的水平。会计师事务所人员不得担任审计客户的首席法律顾问。

（四）担任审计客户的辩护人

在审计客户解决纠纷或进行法律诉讼时，如果会计师事务所人员担任辩护人，并且纠纷或法律诉讼所涉金额对被审计财务报表有重大影响，将产生非常严重的不利影响，导致没有防范措施能够将其降低至可接受的水平。会计师事务所不得为审计客户提供此类服务。

十一、招聘服务

招聘服务可能包括下列方面：
1. 制定岗位描述。
2. 制定识别和选择潜在候选人的流程。
3. 寻找或筛选候选人。
4. 通过下列方式筛选潜在的候选人：
（1）审核候选人的专业资格或胜任能力并确定其是否适合该职位；
（2）对职位候选人实施背景调查；
（3）面试、选择合适的候选人并就候选人的胜任能力提供建议。
5. 确定雇佣条款并协商如工资、工时及其他报酬等具体条件。

向审计客户提供招聘服务，可能因自身利益、密切关系或外在压力对独立性产生不利影响。

十二、公司财务服务

（一）公司财务服务内容

公司财务服务主要包括下列活动：
1. 协助审计客户制定公司战略；
2. 为审计客户并购识别可能的目标；
3. 对资产处置交易提供建议；
4. 协助实施融资交易；
5. 对合理安排资本结构提供建议；
6. 对直接影响被审计财务报表金额的资本结构或融资安排提供建议。

（二）公司财务服务的不利影响及防范措施

会计师事务所提供财务服务，可能因自我评价或过度推介对独立性产生不利影响。不利影响存在与否及其严重程度主要取决于下列因素：

1. 在确定如何恰当处理财务建议对财务报表产生的影响时，涉及的主观程度；

2. 财务建议的结果对在财务报表中记录的金额的直接影响程度，以及记录的金额对财务报表整体影响的重大程度；

3. 财务建议的有效性是否取决于某一特定会计处理或财务报表列报，并且根据适用的会计准则，对该会计处理或列报的适当性存有疑问。

（三）不得提供财务服务的情形

会计师事务所不得提供涉及推荐、交易或承销审计客户股票的公司财务服务。如果财务建议的有效性取决于某一特定会计处理或财务报表列报，并且同时存在下列情形，会计师事务所不得提供此类财务建议：

1. 根据相关财务报告编制基础，审计项目团队对相关会计处理或列报的适当性存有疑问；

2. 公司财务建议的结果将对被审计财务报表产生重大影响。

第七节 收 费

一、收费结构

（一）从某一审计客户收取的全部费用占会计师事务所收费总额比重很大

如果会计师事务所从某一审计客户收取的全部费用占其收费总额的比重很大，则对该客户的依赖及对可能失去该客户的担心将因自身利益或外在压力产生不利影响。不利影响的严重程度主要取决于下列因素：

1. 会计师事务所的业务类型及收入结构；

2. 会计师事务所成立时间的长短；

3. 该客户从性质和金额上对会计师事务所是否重要。

会计师事务所应当评价不利影响的严重程度，并在必要时采取防范措施消除不利影响或将其降低至可接受的水平。

（二）从某一审计客户收取的全部费用占某一合伙人或分部收费总额比重很大

如果从某一审计客户收取的全部费用占某一合伙人从所有客户收取的费用总额比重很大，或占会计师事务所某一分部收取的费用总额比重很大，也将因自身利益或外在压力产生不利影响。不利影响的严重程度主要取决于下列因素：

1. 该客户在性质上或金额上对该合伙人或分部是否重要；

2. 该合伙人或该分部合伙人的报酬对来源于该客户的收费的依赖程度。

会计师事务所应当评价不利影响的严重程度，并在必要时采取防范措施消除不利影响或将其降低至可接受的水平。

（三）从属于公众利益实体的某一审计客户收取的全部费用比重较大

如果会计师事务所连续两年从某一属于公众利益实体的审计客户及其关联实体收取

的全部费用,占其从所有客户收取的全部费用的比重超过15%,会计师事务所应当向审计客户治理层披露这一事实,并讨论选择下列何种防范措施,以将不利影响降低至可接受的水平:

1. 在对第二年度财务报表发表审计意见之前,由其他会计师事务所对该业务再次实施项目质量复核,或由其他专业机构实施相当于项目质量复核的复核(以下简称"发表审计意见前复核");

2. 在对第二年度财务报表发表审计意见之后、对第三年度财务报表发表审计意见之前,由其他会计师事务所对第二年度的审计工作再次实施项目质量复核,或由其他专业机构实施相当于项目质量复核的复核(以下简称"发表审计意见后复核")。

在上述收费比例明显超过15%的情况下,如果采用发表审计意见后复核无法将不利影响降低至可接受的水平,会计师事务所应当采用发表审计意见前复核。

如果两年后每年收费比例继续超过15%,则会计师事务所应当每年向治理层披露这一事实,并讨论选择采取上述哪种防范措施。在收费比例明显超过15%的情况下,如果采用发表审计意见后复核无法将不利影响降低至可接受的水平,会计师事务所应当采用发表审计意见前复核。

会计师事务所在计算收费占比时,应以向该审计客户提供所有服务收取的全部费用(即不仅仅是审计费)为分子,以向所有客户提供所有服务收取的全部费用为分母。

二、逾期收费

如果审计客户长期未支付应付的费用,尤其是相当部分的费用在出具下一年度审计报告前仍未支付,可能因自身利益产生不利影响。

会计师事务所通常要求审计客户在审计报告出具前付清上一年度的费用。如果在审计报告出具后审计客户仍未支付该费用,会计师事务所应当评价不利影响存在与否及其严重程度,并在必要时采取防范措施消除不利影响或将其降低至可接受的水平。

三、或有收费

或有收费是指收费与否或收费多少取决于交易的结果或所执行工作的结果。如果一项收费是由法院或政府有关部门规定的,则该项收费不被视为或有收费。

会计师事务所在提供审计服务时,以直接或间接形式取得或有收费,将因自身利益产生非常严重的不利影响,导致没有防范措施能够将其降低至可接受的水平。会计师事务所不得采用这种收费安排。

会计师事务所在向审计客户提供非鉴证服务时,如果非鉴证服务以直接或间接形式取得或有收费,也可能因自身利益产生不利影响。

如果出现下列情况之一,将因自身利益产生非常严重的不利影响,导致没有防范措施能够将其降低至可接受的水平,会计师事务所不得采用这种收费安排:

1. 非鉴证服务的或有收费由对财务报表发表审计意见的会计师事务所取得,并且对其影响重大或预期影响重大;

2. 网络事务所参与大部分审计工作,非鉴证服务的或有收费由该网络事务所取得,并且对其影响重大或预期影响重大；

3. 非鉴证服务的结果以及由此收取的费用金额，取决于与财务报表重大金额审计相关的未来或当期的判断。

第八节 影响独立性的其他事项

一、薪酬和业绩评价政策

如果某一审计项目团队成员的薪酬或业绩评价与其向审计客户推销的非鉴证服务挂钩，将因自身利益产生不利影响。不利影响的严重程度取决于下列因素：

1. 推销非鉴证服务的因素在该成员薪酬或业绩评价中的比重；
2. 该成员在审计项目团队中的角色；
3. 推销非鉴证服务的业绩是否影响该成员的晋升。

二、礼品和款待

会计师事务所或审计项目团队成员接受审计客户的礼品或款待，可能因自身利益、密切关系或外在压力对独立性产生不利影响。

如果会计师事务所或审计项目团队成员接受审计客户的礼品，将产生非常严重的不利影响，导致没有防范措施能够将其降低至可接受的水平。会计师事务所或审计项目团队成员不得接受礼品。

三、诉讼或诉讼威胁

如果会计师事务所或审计项目团队成员与审计客户发生诉讼或很可能发生诉讼，将因自身利益和外在压力产生不利影响。

会计师事务所和客户管理层由于诉讼或诉讼威胁而处于对立地位，将影响管理层提供信息的意愿，从而因自身利益和外在压力产生不利影响。不利影响的严重程度主要取决于下列因素：

1. 诉讼的重要性；
2. 诉讼是否与前期审计业务相关。

会计师事务所应当评价不利影响的严重程度，并在必要时采取防范措施消除不利影响或将其降低至可接受的水平。

税法篇

第一章 增值税法

增值税是以商品和劳务在流转过程中产生的增值额作为征税对象而征收的一种流转税。按照我国增值税法的规定，增值税是对在我国境内销售货物或者加工、修理修配劳务（以下简称劳务），销售服务、无形资产、不动产以及进口货物的单位和个人，就其销售货物、劳务、服务、无形资产、不动产（以下统称应税销售行为）的增值额和货物进口金额为计税依据而课征的一种流转税。

第一节 征税范围与纳税义务人

在中华人民共和国境内销售货物或者加工、修理修配劳务（以下简称劳务），销售服务、无形资产、不动产以及进口货物的单位和个人，为增值税的纳税人。纳税人应当依照《增值税暂行条例》《增值税暂行条例实施细则》《营改增通知》等规定缴纳增值税。

一、征税范围

增值税的征税范围包括在境内发生应税销售行为以及进口货物等。根据《增值税暂行条例》《增值税暂行条例实施细则》《营改增通知》等规定，我们将增值税的征税范围分为一般规定和特殊规定。

（一）征税范围的一般规定

现行增值税征税范围的一般规定包括应税销售行为和进口的货物。具体规定如下：

1. 销售或者进口的货物。
2. 销售劳务。
3. 销售服务。

服务包括交通运输服务、邮政服务、电信服务、建筑服务、金融服务、现代服务、生活服务。

4. 销售无形资产。
5. 销售不动产。
6. 缴纳增值税的经济行为需具备的条件。
7. 非经营活动的确认。

8. 境内销售服务、无形资产或者不动产的界定。

（二）征税范围的特殊规定

增值税的征税范围除了上述的一般规定以外，还对经济实务中某些特殊项目或行为是否属于增值税的征税范围，作出了具体界定。

1. 增值税征税范围的特殊项目界定。

（1）罚没物品征与不征增值税的处理。

（2）航空运输企业已售票但未提供航空运输服务取得的逾期票证收入，按照"航空运输服务"征收增值税。

（3）纳税人取得的财政补贴收入，与其销售货物、劳务、服务、无形资产、不动产的收入或者数量直接挂钩的，应按规定计算缴纳增值税。纳税人取得的其他情形的财政补贴收入，不属于增值税应税收入，不征收增值税。

（4）融资性售后回租业务中，承租方出售资产的行为不属于增值税的征税范围，不征收增值税。

（5）药品生产企业销售自产创新药的销售额，为向购买方收取的全部价款和价外费用，其提供给患者后续免费使用的相同创新药，不属于增值税视同销售范围。创新药是指经国家食品药品监督管理部门批准注册、获批前未曾在中国境内外上市销售，通过合成或者半合成方法制得的原料药及其制剂。

（6）根据国家指令无偿提供的铁路运输服务、航空运输服务，属于用于公益事业的服务，不征收增值税。

（7）存款利息不征收增值税。

（8）被保险人获得的保险赔付不征收增值税。

（9）房地产主管部门或者其指定机构、公积金管理中心、开发企业以及物业管理单位代收的住宅专项维修资金，不征收增值税。

（10）纳税人在资产重组过程中，通过合并、分立、出售、置换等方式，将全部或者部分实物资产以及与其相关联的债权、负债和劳动力一并转让给其他单位和个人，不属于增值税的征税范围。

2. 增值税征税范围的特殊行为界定。

（1）视同发生应税销售行为。

（2）混合销售。

二、纳税义务人和扣缴义务人

（一）纳税义务人

在中华人民共和国境内（以下简称境内）销售货物、劳务、服务、无形资产、不动产的单位和个人，为增值税纳税人。

（二）扣缴义务人

1. 境外单位或个人在境内销售应税劳务而在境内未设有经营机构的，其应纳税款以代理人为扣缴义务人；没有代理人的，以购买者为扣缴义务人。

2. 境外单位或者个人在境内发生应税行为，在境内未设有经营机构的，以购买方为增值税扣缴义务人。财政部和国家税务总局另有规定的除外。

扣缴义务人按照下列公式计算应扣缴税额：

应扣缴税额 = 接受方支付的价款 ÷ (1 + 税率) × 税率

第二节　一般纳税人和小规模纳税人的登记

一、一般纳税人的登记

（一）一般纳税人的登记条件

根据《增值税一般纳税人登记管理办法》的规定，增值税纳税人（以下简称纳税人），年应税销售额超过财政部、国家税务总局规定的小规模纳税人标准（以下简称规定标准）的，除按规定选择按照小规模纳税人纳税的以外，应当向主管税务机关办理一般纳税人登记。

年应税销售额是指纳税人在连续不超过 12 个月或 4 个季度的经营期内累计应征增值税销售额，包括纳税申报销售额、稽查查补销售额、纳税评估调整销售额。

销售服务、无形资产或者不动产（以下简称应税行为）有扣除项目的纳税人，其应税行为年应税销售额按未扣除之前的销售额计算。纳税人偶然发生的销售无形资产、转让不动产的销售额，不计入应税行为年应税销售额。

年应税销售额未超过规定标准的纳税人，会计核算健全，能够提供准确税务资料的，可以向主管税务机关办理一般纳税人登记。

会计核算健全是指能够按照国家统一的会计制度规定设置账簿，根据合法、有效凭证进行核算。

纳税人应当向其机构所在地主管税务机关办理一般纳税人登记手续。

纳税人登记为一般纳税人后，不得转为小规模纳税人，国家税务总局另有规定的除外。

（二）不得办理一般纳税人登记的情况

1. 根据政策规定，选择按照小规模纳税人纳税的（应当向主管税务机关提交书面说明）。

2. 年应税销售额超过规定标准的其他个人。

（三）办理一般纳税人登记的程序

1. 纳税人向主管税务机关填报《增值税一般纳税人登记表》，如实填写固定生产经营场所等信息，并提供税务登记证件。

2. 纳税人填报内容与税务登记信息一致的，主管税务机关当场登记。

3. 纳税人填报内容与税务登记信息不一致，或者不符合填列要求的，税务机关应当场告知纳税人需要补正的内容。

（四）登记的时限

纳税人应在年应税销售额超过规定标准的月份（或季度）的所属申报期结束后 15 日

内按照规定办理相关手续;未按规定时限办理的,主管税务机关应当在规定时限结束后5日内制作《税务事项通知书》,告知纳税人应当在5日内向主管税务机关办理相关手续;逾期仍不办理的,次月起按销售额依照增值税税率计算应纳税额,不得抵扣进项税额,直至纳税人办理相关手续为止。

纳税人自一般纳税人生效之日起,按照增值税一般计税方法计算应纳税额,并可以按照规定领用增值税专用发票,财政部、国家税务总局另有规定的除外。

生效之日是指纳税人办理登记的当月1日或者次月1日,由纳税人在办理登记手续时自行选择。

(五)综合保税区增值税一般纳税人资格管理

综合保税区增值税一般纳税人资格试点(以下简称一般纳税人资格试点)实行备案管理。符合下列条件的综合保税区,由所在地省级税务、财政部门和直属海关将一般纳税人资格试点实施方案(包括综合保税区名称、企业申请需求、政策实施准备条件等情况)向国家税务总局、财政部和海关总署备案后,可以开展一般纳税人资格试点。

二、小规模纳税人的登记

小规模纳税人是指年销售额在规定标准以下,并且会计核算不健全,不能按规定报送有关税务资料的增值税纳税人。

小规模纳税人的具体认定标准为年应征增值税销售额500万元及以下。

转登记纳税人按规定再次登记为一般纳税人后,不得再转登记为小规模纳税人。

第三节 税率与征收率

一、增值税税率及适用范围

增值税的税率分别为13%、9%、6%和零税率。

(一)13%税率适用范围

纳税人销售货物、有形动产租赁服务或者进口货物,除按规定适用9%税率的货物以外,适用13%的基本税率。

采取填埋、焚烧等方式进行专业化处理后产生货物,且货物归属委托方的,受托方属于提供"加工劳务",其收取的处理费用适用13%的税率。

(二)9%税率适用范围

纳税人销售交通运输、邮政、基础电信、建筑、不动产租赁服务,销售不动产,转让土地使用权,销售或者进口下列货物,税率为9%:

1. 粮食等农产品、食用植物油、食用盐。
2. 自来水、暖气、冷气、热水、煤气、石油液化气、天然气、二甲醚、沼气、居民用煤炭制品。

3. 图书、报纸、杂志、音像制品、电子出版物。
4. 饲料、化肥、农药、农机、农膜。
5. 国务院规定的其他货物。

（三）6%税率适用范围

纳税人销售增值电信服务、金融服务、现代服务（不动产租赁除外）、生活服务以及销售无形资产（转让土地使用权除外），税率为6%。下列情形也按6%的税率征收增值税：

1. 纳税人通过省级土地行政主管部门设立的交易平台转让补充耕地指标，按照"销售无形资产"缴纳增值税，税率为6%。

2. 纳税人受托对垃圾、污泥、污水、废气等废弃物进行专业化处理，采取填埋、焚烧等方式进行专业化处理后未产生货物的，受托方属于提供"现代服务"中的"专业技术服务"，其收取的处理费用适用6%的增值税税率。

3. 纳税人受托对垃圾、污泥、污水、废气等废弃物进行专业化处理，采取填埋、焚烧等方式进行专业化处理后产生货物，且货物归属受托方的，受托方属于提供"专业技术服务"，其收取的处理费用适用6%的增值税税率。受托方将产生的货物用于销售时，适用货物的增值税税率。

（四）零税率适用范围

纳税人出口货物，税率为零，国务院另有规定的除外。

二、增值税征收率

增值税征收率是指特定纳税人发生应税销售行为在某一生产流通环节应纳税额与销售额的比率。增值税征收率适用于两种情况：一是小规模纳税人；二是一般纳税人发生应税销售行为按规定可以选择简易计税方法计税的。

（一）征收率的一般规定

1. 纳税人发生按简易计税方法计税的情形，除按规定适用5%征收率的以外，其应税销售行为均适用3%的征收率。

2. 下列情况适用5%征收率：

（1）小规模纳税人销售自建或者取得的不动产。

（2）一般纳税人选择简易计税方法计税的不动产销售。

（3）房地产开发企业中的小规模纳税人，销售自行开发的房地产项目。

（4）其他个人销售其取得（不含自建）的不动产（不含其购买的住房）。

（5）一般纳税人选择简易计税方法计税的不动产经营租赁。

（6）小规模纳税人出租（经营租赁）其取得的不动产（不含个人出租住房）。

（7）其他个人出租（经营租赁）其取得的不动产（不含住房）。

（8）个人出租住房，应按照5%的征收率减按1.5%计算应纳税额。

（9）一般纳税人和小规模纳税人提供劳务派遣服务选择差额纳税的。

（10）一般纳税人2016年4月30日前签订的不动产融资租赁合同，或以2016年4月30日前取得的不动产提供的融资租赁服务，选择适用简易计税方法的。

（11）一般纳税人收取试点前开工的一级公路、二级公路、桥、闸通行费，选择适用简易计税方法的。

（12）一般纳税人提供人力资源外包服务，选择适用简易计税方法的。

（13）纳税人转让2016年4月30日前取得的土地使用权，选择适用简易计税方法的。

（14）房地产开发企业中的一般纳税人购入未完工的房地产老项目（2016年4月30日之前的建筑工程项目）继续开发后，以自己名义立项销售的不动产，属于房地产老项目，可以选择适用简易计税方法按照5%的征收率计算缴纳增值税。

（二）征收率的特殊规定

根据增值税法相关规定，适用3%征收率的某些一般纳税人和小规模纳税人可以减按2%计征增值税。

1. 一般纳税人销售自己使用过的属于《增值税暂行条例》第十条规定不得抵扣且未抵扣进项税额的固定资产，按照简易办法依照3%征收率减按2%征收增值税。

纳税人销售自己使用过的固定资产，适用简易办法依照3%征收率减按2%征收增值税政策的，可以放弃减税，按照简易办法依照3%征收率缴纳增值税，并可以开具增值税专用发票。

所称自己使用过的固定资产是指纳税人根据财务会计制度已经计提折旧的固定资产。

2. 小规模纳税人（除其他个人外，下同）销售自己使用过的固定资产，减按2%的征收率征收增值税。

3. 纳税人销售旧货，按照简易办法依照3%征收率减按2%征收增值税。

旧货是指进入二次流通的具有部分使用价值的货物（含旧汽车、旧摩托车和旧游艇），但不包括自己使用过的物品。

上述纳税人销售自己使用过的固定资产、物品和旧货适用按照简易办法依照3%征收率减按2%征收增值税的，按下列公式确定销售额和应纳税额：

销售额 = 含税销售额 ÷ (1 + 3%)

应纳税额 = 销售额 × 2%

三、兼营行为的税率选择

试点纳税人发生应税销售行为适用不同税率或者征收率的，应当分别核算适用不同税率或者征收率的销售额，未分别核算销售额的，按照以下方法适用税率或者征收率：

1. 兼有不同税率的应税销售行为，从高适用税率。
2. 兼有不同征收率的应税销售行为，从高适用征收率。
3. 兼有不同税率和征收率的应税销售行为，从高适用税率。
4. 纳税人销售活动板房、机器设备、钢结构件等自产货物的同时提供建筑、安装服务，不属于《营改增通知》规定的混合销售，应分别核算货物和建筑服务的销售额，分别适用不同的税率或征收率。

第四节 一般计税方法应纳税额的计算

增值税一般纳税人发生应税销售行为的应纳税额，除适用简易计税方法外的，均应该等于当期销项税额抵扣当期进项税额后的余额。其计算公式为：

当期应纳税额＝当期销项税额－当期进项税额

一、销项税额的计算

销项税额是指纳税人发生应税销售行为时，按照销售额与规定税率计算并向购买方收取的增值税税额。销项税额的计算公式为：

销项税额＝销售额×适用税率

销项税额的计算取决于销售额和适用税率两个因素。在适用税率既定的前提下，销项税额的大小主要取决于销售额的大小。本书将销售额的确认分为以下五种情况。

（一）一般销售方式下的销售额确认

销售额是指纳税人发生应税销售行为时收取的全部价款和价外费用。特别需要强调的是，尽管销项税额也是销售方向购买方收取的，但是由于增值税采用价外计税方式，用不含增值税（以下简称不含税）价作为计税依据，因而销售额中不包括向购买方收取的销项税额。

价外费用是指价外收取的各种性质的收费，但下列项目不包括在内：

1. 受托加工应征消费税的消费品所代收代缴的消费税。
2. 同时符合以下条件的代垫运输费用：
（1）承运部门的运输费用发票开具给购买方的。
（2）纳税人将该项发票转交给购买方的。
3. 同时符合以下条件代为收取的政府性基金或者行政事业性收费：
（1）由国务院或者财政部批准设立的政府性基金，由国务院或者省级人民政府及其财政、价格主管部门批准设立的行政事业性收费。
（2）收取时开具省级以上财政部门印制的财政票据。
（3）所收款项全额上缴财政。
4. 以委托方名义开具发票代委托方收取的款项。
5. 销售货物的同时代办保险等而向购买方收取的保险费，以及向购买方收取的代购买方缴纳的车辆购置税、车辆牌照费。

凡随同应税销售行为向购买方收取的价外费用，无论其会计制度如何核算，均应并入销售额计算应纳税额。应当注意，根据国家税务总局的规定：对增值税一般纳税人（包括纳税人自己或代其他部门）向购买方收取的价外费用和逾期包装物押金，应视为含增值税（以下简称含税）收入，在征税时应换算成不含税收入再并入销售额。

按照会计准则的规定，由于对价外收费一般都不在营业收入科目中核算，而在"其他应付款""营业外收入"等科目中核算。这样，企业在会计实务中时常出现对价外收费虽在相应科目中作会计核算，但却未核算其销项税额。有的企业则既不按会计核算要求进行收入核算，又不按规定核算销项税额，而是将发生的价外收费直接冲减有关费用科目。因此，应严格核查各项价外收费，进行正确的会计核算和税额核算。

对于一般纳税人发生的应税销售行为，采用销售额和销项税额合并定价（含增值税价格）方法的，按下列公式计算销售额：

销售额 = 含税销售额 ÷ (1 + 税率)

（二）特殊销售方式下的销售额确认

在销售活动中，为了达到促销目的，纳税人有多种销售方式选择。不同销售方式下，销售者取得的销售额会有所不同。增值税的法律法规对以下几种销售方式分别作出了规定。

1. 采取折扣方式销售。

（1）折扣销售不同于销售折扣。

（2）销售折扣又不同于销售折让。

（3）折扣销售仅限于应税销售行为价格的折扣，如果销货者将自产、委托加工和购买的应税销售行为用于实物折扣的，则该实物款额不能从应税销售行为的销售额中减除，且该实物应按《增值税暂行条例实施细则》和《营改增通知》"视同销售货物"中的"赠送他人"计算征收增值税。

2. 采取以旧换新方式销售。

采取以旧换新方式销售货物的，应按新货物的同期销售价格确定销售额，不得扣减旧货物的收购价格。

3. 采取还本销售方式销售。

采取还本销售方式销售货物，其销售额就是货物的销售价格，不得从销售额中减除还本支出。

4. 采取以物易物方式销售。

以物易物双方都应作购销处理，以各自发出的应税销售行为核算销售额并计算销项税额，以各自收到的货物、劳务、服务、无形资产、不动产按规定核算购进金额并计算进项税额。应注意，在以物易物活动中，应分别开具合法的票据，如收到的货物、劳务、服务、无形资产、不动产不能取得相应的增值税专用发票或其他合法票据的，不能抵扣进项税额。

5. 包装物押金的税务处理。

纳税人为销售货物而出租出借包装物收取的押金，单独记账核算的，时间在1年以内，又未过期的，不并入销售额征税，但对因逾期未收回包装物不再退还的押金，应按所包装货物的适用税率计算销项税额。

"逾期"是指按合同约定实际逾期或以1年为期限，对收取1年以上的押金，无论是否退还均并入销售额征税。当然，在将包装物押金并入销售额征税时，需要先将该押金换算为不含税价，再并入销售额征税。纳税人为销售货物出租出借包装物而收取的押金，无论包装物周转使用期限长短，超过1年（含1年）以上仍不退还的均并入销售额征税。

6. 直销企业的税务处理。

直销企业先将货物销售给直销员，直销员再将货物销售给消费者的，直销企业的销售额为其向直销员收取的全部价款和价外费用。直销员将货物销售给消费者时，应按照现行规定缴纳增值税。

7. 贷款服务的销售额。

贷款服务，以提供贷款服务取得的全部利息及利息性质的收入为销售额。

自2018年1月1日起，资管产品管理人运营资管产品提供的贷款服务以2018年1月

1日起产生的利息及利息性质的收入为销售额。

8. 直接收费金融服务的销售额。

直接收费金融服务以提供直接收费金融服务收取的手续费、佣金、酬金、管理费、服务费、经手费、开户费、过户费、结算费、转托管费等各类费用为销售额。

9. 发卡机构、清算机构和收单机构提供银行卡跨机构资金清算服务，按照以下规定执行：

（1）发卡机构以其向收单机构收取的发卡行服务费为销售额，并按照此销售额向清算机构开具增值税发票。

（2）清算机构以其向发卡机构、收单机构收取的网络服务费为销售额，并按照发卡机构支付的网络服务费向发卡机构开具增值税发票，按照收单机构支付的网络服务费向收单机构开具增值税发票。

清算机构从发卡机构取得的增值税发票上记载的发卡行服务费，一并计入清算机构的销售额，并由清算机构按照此销售额向收单机构开具增值税发票。

（3）收单机构以其向商户收取的收单服务费为销售额，并按照此销售额向商户开具增值税发票。

10. 拍卖行受托拍卖文物艺术品，委托方按规定享受免征增值税政策的，拍卖行可以自己名义就代为收取的货物价款向购买方开具增值税普通发票，对应的货物价款不计入拍卖行的增值税应税收入。

（三）按差额确定销售额

1. 金融商品转让的销售额。

金融商品转让，按照卖出价扣除买入价后的余额为销售额。

2. 经纪代理服务的销售额。

经纪代理服务以取得的全部价款和价外费用，扣除向委托方收取并代为支付的政府性基金或者行政事业性收费后的余额为销售额。向委托方收取的政府性基金或者行政事业性收费，不得开具增值税专用发票。

3. 融资租赁和融资性售后回租业务的销售额。

4. 航空运输企业的销售额，不包括代收的机场建设费和代售其他航空运输企业客票而代收转付的价款。

5. 一般纳税人提供客运场站服务，以其取得的全部价款和价外费用，扣除支付给承运方运费后的余额为销售额。

6. 纳税人提供旅游服务，可以选择以取得的全部价款和价外费用，扣除向旅游服务购买方收取并支付给其他单位或者个人的住宿费、餐饮费、交通费、签证费、门票费和支付给其他接团旅游企业的旅游费用后的余额为销售额。

7. 房地产开发企业中的一般纳税人销售其开发的房地产项目（选择简易计税方法的房地产老项目除外），以取得的全部价款和价外费用，扣除受让土地时向政府部门支付的土地价款后的余额为销售额。"向政府部门支付的土地价款"包括土地受让人向政府部门支付的征地和拆迁补偿费用、土地前期开发费用和土地出让收益等。

8. 银行业金融机构、金融资产管理公司中的一般纳税人处置抵债不动产，可选择以取得的全部价款和价外费用扣除取得该抵债不动产时的作价为销售额,适用9%税率计算缴纳增值税。

按照该规定从全部价款和价外费用中扣除抵债不动产的作价,应当取得人民法院、仲裁机构生效的法律文书。

选择该办法计算销售额的银行业金融机构、金融资产管理公司处置抵债不动产时,抵债不动产作价的部分不得向购买方开具增值税专用发票。

抵债不动产是指经人民法院判决裁定或仲裁机构仲裁的抵债不动产。其中,金融资产管理公司的抵债不动产,限于其承接银行业金融机构不良债权涉及的抵债不动产。银行业金融机构是指在中华人民共和国境内设立的商业银行、农村合作银行、农村信用社、村镇银行、农村资金互助社以及政策性银行。

9. 纳税人按照上述第2~8项的规定从全部价款和价外费用中扣除的价款,应当取得符合法律、行政法规和国家税务总局规定的有效凭证。否则,不得扣除。

(四)视同发生应税销售行为的销售额确定

纳税人发生应税销售行为的情形,价格明显偏低并无正当理由的,或者视同发生应税销售行为而无销售额的,由主管税务机关按照下列顺序核定销售额:

1. 按照纳税人最近时期发生同类应税销售行为的平均价格确定。
2. 按照其他纳税人最近时期发生同类应税销售行为的平均价格确定。
3. 按照组成计税价格确定。组成计税价格的公式为:

组成计税价格 = 成本 × (1 + 成本利润率)

成本利润率由国家税务总局确定。

二、进项税额的确认和计算

(一)准予从销项税额中抵扣的进项税额

根据《增值税暂行条例》和《营改增通知》,准予从销项税额中抵扣的进项税额,限于下列增值税扣税凭证上注明的增值税税额和按规定的扣除率计算的进项税额。

1. 从销售方取得的增值税专用发票(含《机动车销售统一发票》,下同)上注明的增值税税额。
2. 从海关取得的海关进口增值税专用缴款书上注明的增值税税额。
3. 自境外单位或者个人购进劳务、服务、无形资产或者境内的不动产,从税务机关或者扣缴义务人处取得的代扣代缴税款的完税凭证上注明的增值税税额。
4. 纳税人购进农产品,按规定抵扣进项税额。
5. 根据《农产品增值税进项税额核定扣除试点实施办法》的规定,自2012年7月1日起,以购进农产品为原料生产销售液体乳及乳制品、酒及酒精、植物油的增值税一般纳税人,纳入农产品增值税进项税额核定扣除试点范围,其购进农产品无论是否用于生产上述产品,增值税进项税额均按照《农产品增值税进项税额核定扣除试点实施办法》的规定抵扣。
6. 增值税一般纳税人在资产重组过程中,将全部资产、负债和劳动力一并转让给其他增值税一般纳税人,并按程序办理注销税务登记的,其在办理注销登记前尚未抵扣的进项税额可结转至新纳税人处继续抵扣。

7. 纳税人支付的道路、桥、闸通行费，按照规定抵扣进项税额。

8. 按照规定不得抵扣且未抵扣进项税额的固定资产、无形资产、不动产，发生用途改变，用于允许抵扣进项税额的应税项目，可在用途改变的次月按照下列公式计算可以抵扣的进项税额：

$$可以抵扣的进项税额 = \frac{固定资产、无形资产、不动产净值}{(1+适用税率)} \times 适用税率$$

9. 纳税人租入固定资产、不动产，既用于一般计税方法计税项目，又用于简易计税方法计税项目、免征增值税项目、集体福利或者个人消费的，其进项税额准予从销项税额中全额抵扣。

10. 提供保险服务的纳税人以实物赔付方式承担机动车辆保险责任的，自行向车辆修理劳务提供方购进的车辆修理劳务，其进项税额可以按规定从保险公司销项税额中抵扣。

纳税人提供的其他财产保险服务，比照上述规定执行。

11. 国内旅客运输服务进项税额的抵扣规定。

纳税人允许抵扣的国内旅客运输服务进项税额，是指纳税人于2019年4月1日及以后实际发生，并取得合法有效增值税扣税凭证注明的或依据其计算的增值税税额。以增值税专用发票或增值税电子普通发票为增值税扣税凭证的，为2019年4月1日及以后开具的增值税专用发票或增值税电子普通发票。

（二）不得从销项税额中抵扣的进项税额

按照增值税法律法规的规定，下列项目的进项税额不得从销项税额中抵扣：

1. 用于简易计税方法计税项目、免征增值税项目、集体福利或者个人消费的购进货物、劳务、服务、无形资产和不动产。

2. 非正常损失的购进货物，以及相关劳务和交通运输服务。

3. 非正常损失的在产品、产成品所耗用的购进货物（不包括固定资产）、劳务和交通运输服务。

4. 非正常损失的不动产，以及该不动产所耗用的购进货物、设计服务和建筑服务。

5. 非正常损失的不动产在建工程所耗用的购进货物、设计服务和建筑服务。纳税人新建、改建、扩建、修缮、装饰不动产，均属于不动产在建工程。

6. 购进的贷款服务、餐饮服务、居民日常服务和娱乐服务。

7. 纳税人接受贷款服务向贷款方支付的与该笔贷款直接相关的投融资顾问费、手续费、咨询费等费用，其进项税额不得从销项税额中抵扣。

8. 提供保险服务的纳税人以现金赔付方式承担机动车辆保险责任的，将应付给被保险人的赔偿金直接支付给车辆修理劳务提供方，不属于保险公司购进车辆修理劳务，其进项税额不得从保险公司销项税额中抵扣。

9. 适用一般计税方法的纳税人，兼营简易计税方法计税项目、免征增值税项目而无法划分不得抵扣的进项税额，按照下列公式计算不得抵扣的进项税额：

不得抵扣的进项税额 = 当期无法划分的全部进项税额 × （当期简易计税方法计税项目销售额 + 免征增值税项目销售额）÷ 当期全部销售额

10. 一般纳税人已抵扣进项税额的不动产，发生非正常损失，或者改变用途，专用于简易计税方法、免征增值税项目、集体福利或者个人消费的，按照下列公式计算不得抵扣的进项税额：

不得抵扣的进项税额＝已抵扣的进项税额×不动产净值率

不动产净值率＝（不动产净值÷不动产原值）×100%

11. 有下列情形之一的，应当按照销售额和增值税税率计算应纳税额，不得抵扣进项税额，也不得使用增值税专用发票：

（1）一般纳税人会计核算不健全，或者不能够提供准确税务资料的。

（2）应当办理一般纳税人资格登记而未办理的。

12. 财政部和国家税务总局规定的其他情形。

三、应纳税额的计算

（一）计算应纳税额的时间限定

纳税人必须严格把握当期进项税额从当期销项税额中抵扣这个要点。"当期"是指税务机关依照税法规定对纳税人确定的纳税期限。只有在纳税期限内实际发生的销项税额、进项税额，才是法定的当期销项税额或当期进项税额。

（二）扣减发生期进项税额的规定

当期购进的货物、劳务、服务、无形资产、不动产如果事先并未确定将用于不得抵扣进项税额项目，其进项税额会在当期销项税额中予以抵扣。但已抵扣进项税额的购进货物、劳务、服务、无形资产、不动产如果事后改变用途，用于不得抵扣进项税额项目，根据《增值税暂行条例》《增值税暂行条例实施细则》《营改增通知》的规定，应当将该项购进货物、劳务、服务、无形资产、不动产的进项税额从当期的进项税额中扣减；无法确定该项进项税额的，按当期实际成本计算应扣减的进项税额。

（三）计算应纳税额时销项税额不足抵扣进项税额的处理

计算应纳税额时进项税额不足抵扣，有两种处理方式：

1. 结转抵扣。
2. 退还留抵税额。

（四）销售折让、中止或者退回涉及销项税额和进项税额的税务处理

纳税人适用一般计税方法计税的，因销售折让、中止或者退回而退还给购买方的增值税额，应当从当期的销项税额中扣减；因销售折让、中止或者退回而收回的增值税额，应当从当期的进项税额中扣减。

（五）向供货方取得返还收入的增值税处理

对商业企业向供货方收取的与商品销售量、销售额挂钩（如以一定比例、金额、数量计算）的各种返还收入，均应按照平销返利行为的有关规定冲减当期增值税进项税金。应冲减进项税金的计算公式调整为：

当期应冲减进项税金＝当期取得的返还资金÷（1＋所购货物适用增值税税率）×所购货物适用增值税税率

(六) 一般纳税人注销时进项税额的处理

一般纳税人注销或被取消辅导期一般纳税人资格，转为小规模纳税人时，其存货不作进项税额转出处理，其留抵税额也不予以退税。

第五节　简易计税方法

一、应纳税额的计算

纳税人发生应税销售行为适用简易计税方法的，应该按照销售额和征收率计算应纳增值税税额，并且不得抵扣进项税额。其应纳税额的计算公式为：

应纳税额 = 销售额(不含增值税) × 征收率

二、含税销售额的换算

按简易计税方法计税的销售额不包括其应纳的增值税税额，纳税人采用销售额和应纳增值税税额合并定价方法的，按照下列公式计算销售额：

销售额 = 含税销售额 ÷ (1 + 征收率)

三、资管产品运营业务的增值税处理

(一) 计税方法

资管产品管理人（以下简称管理人）运营资管产品过程中发生的增值税应税行为（以下简称资管产品运营业务），暂适用简易计税方法，按照3%的征收率缴纳增值税。

(二) 管理人

管理人包括银行、信托公司、公募基金管理公司及其子公司、证券公司及其子公司、期货公司及其子公司、私募基金管理人、保险资产管理公司、专业保险资产管理机构、养老保险公司。

(三) 资管产品的范围

资管产品包括银行理财产品、资金信托（包括集合资金信托、单一资金信托）、财产权信托、公开募集证券投资基金、特定客户资产管理计划、集合资产管理计划、定向资产管理计划、私募投资基金、债权投资计划、股权投资计划、股债结合型投资计划、资产支持计划、组合类保险资产管理产品、养老保障管理产品。

管理人接受投资者委托或信托对受托资产提供的管理服务以及管理人发生的除上述（一）、（二）项规定的其他增值税应税行为（以下简称其他业务），按照现行规定缴纳增值税。

(四) 资管产品的其他增值税处理规定

1. 管理人应分别核算资管产品运营业务和其他业务的销售额和增值税应纳税额。未分别核算的，资管产品运营业务不得适用上述第（一）项规定。

2. 管理人可选择分别或汇总核算资管产品运营业务销售额和增值税应纳税额。

3. 管理人应按照规定的纳税期限，汇总申报缴纳资管产品运营业务和其他业务增值税。

4. 2017年7月1日（含）以后，资管产品运营过程中发生的增值税应税行为，以资管产品管理人为增值税纳税人，按照现行规定缴纳增值税。

对资管产品在2018年1月1日前运营过程中发生的增值税应税行为，未缴纳增值税的，不再缴纳；已缴纳增值税的，已纳税额从管理人以后月份的增值税应纳税额中抵减。

第六节 进口环节增值税的征收

一、进口环节增值税的征收范围及纳税人

（一）进口环节增值税征税范围

1. 申报进入中华人民共和国海关境内的货物，均应缴纳增值税。

2. 从其他国家或地区进口《跨境电子商务零售进口商品清单》范围内的以下商品适用于跨境电子商务零售进口增值税税收政策：

（1）所有通过与海关联网的电子商务交易平台交易，能够实现交易、支付、物流电子信息"三单"比对的跨境电子商务零售进口商品。

（2）未通过与海关联网的电子商务交易平台交易，但快递、邮政企业能够统一提供交易、支付、物流等电子信息，并承诺承担相应法律责任进境的跨境电子商务零售进口商品。

不属于跨境电子商务零售进口的个人物品以及无法提供交易、支付、物流等电子信息的跨境电子商务零售进口商品，按现行规定执行。

（二）进口环节增值税的纳税人

进口货物的收货人（承受人）或办理报关手续的单位和个人，为进口货物增值税的纳税义务人。也就是说，进口货物增值税纳税人的范围较宽，包括了国内一切从事进口业务的企业事业单位、机关团体和个人。

跨境电子商务零售进口商品按照货物征收关税和进口环节增值税、消费税，购买跨境电子商务零售进口商品的个人作为纳税义务人。电子商务企业、电子商务交易平台企业或物流企业可作为代收代缴义务人。

二、进口环节增值税适用税率

进口环节的增值税税率与本章第三节的内容相同。

但是对进口抗癌药品，自2018年5月1日起，减按3%征收进口环节增值税。对进口罕见病药品，自2019年3月1日起，减按3%征收进口环节增值税。

对跨境电子商务零售进口商品的单次交易限值为人民币5 000元，个人年度交易限值为人民币26 000元以内进口的跨境电子商务零售进口商品，关税税率暂设为0。

三、进口环节增值税应纳税额的计算

纳税人进口货物,按照组成计税价格和规定的税率计算应纳税额。我们在计算增值税销项税额时直接用销售额作为计税依据或计税价格就可以了,但在进口产品计算增值税时我们不能直接得到类似销售额这么一个计税依据,而需要通过计算获得,即要计算组成计税价格。组成计税价格是指在没有实际销售价格时,按照税法规定计算出作为计税依据的价格。进口货物计算增值税的组成计税价格和应纳税额的计算公式为:

组成计税价格 = 关税完税价格 + 关税 + 消费税

应纳税额 = 组成计税价格 × 税率

四、进口环节增值税的管理

进口货物的增值税除另有规定外由海关代征。个人携带或者邮寄进境自用物品的增值税,连同关税一并计征。具体办法由国务院关税税则委员会会同有关部门制定。

进口货物增值税纳税义务发生时间为报关进口的当天,其纳税地点应当由进口人或其代理人向报关地海关申报纳税,其纳税期限应当自海关填发海关进口增值税专用缴款书之日起15日内缴纳税款。

跨境电子商务零售进口商品自海关放行之日起30日内退货的,可申请退税,并相应调整个人年度交易总额。

跨境电子商务零售进口商品购买人(订购人)的身份信息应进行认证;未进行认证的,购买人(订购人)身份信息应与付款人一致。

进口货物增值税的征收管理,依据《税收征收管理法》《海关法》《进出口关税条例》《进出口税则》的有关规定执行。

第七节 出口和跨境业务增值税的退(免)税和征税

一、出口货物、劳务和跨境应税行为退(免)增值税基本政策

目前,我国的出口货物、劳务和跨境应税行为的增值税税收政策分为以下三种形式:

1. 出口免税并退税,即《关于出口货物劳务增值税和消费税政策的通知》(财税〔2012〕39号,以下简称《通知》)中所说的"适用增值税退(免)税政策的范围"。

2. 出口免税不退税,即《通知》中所说的"适用增值税免税政策的范围"。

3. 出口不免税也不退税,即《通知》中所说的"适用增值税征税政策的范围"。

二、出口货物、劳务和跨境应税行为增值税退(免)税政策

(一)适用增值税退(免)税政策的范围

1. 出口企业出口货物。

2. 出口企业或其他单位视同出口的货物。
3. 生产企业出口视同自产货物。
4. 出口企业对外提供加工修理修配劳务。
5. 融资租赁货物出口退税。

（二）增值税退（免）税基本方法

1. "免、抵、退"税办法。适用增值税一般计税方法的生产企业出口自产货物与视同自产货物、对外提供加工修理修配劳务，以及列名的74家生产企业出口非自产货物，免征增值税，相应的进项税额抵减应纳增值税税额（不包括适用增值税即征即退、先征后退政策的应纳增值税税额），未抵减完的部分予以退还。

2. "免、退"税办法。不具有生产能力的出口企业（以下称外贸企业）或其他单位出口货物、劳务，免征增值税，相应的进项税额予以退还。

（三）增值税出口退税率

除财政部和国家税务总局根据国务院决定而明确的增值税出口退税率（以下称退税率）外，出口货物、服务和无形资产的退税率为其适用税率。目前我国增值税出口退税率分为五档，即13%、10%、9%、6%和零税率。

（四）增值税退（免）税的计税依据

出口货物、劳务的增值税退（免）税的计税依据，按出口货物、劳务的出口发票（外销发票）、其他普通发票或购进出口货物、劳务的增值税专用发票、海关进口增值税专用缴款书确定。

（五）增值税"免、抵、退"税和"免、退"税的计算

1. 生产企业出口货物、劳务、服务和无形资产的增值税"免、抵、退"税，按下列公式计算。

（1）当期应纳税额的计算：

当期应纳税额＝当期销项税额－（当期进项税额－当期不得免征和抵扣税额）

当期不得免征和抵扣税额＝当期出口货物离岸价×外汇人民币折合率
　　　　　　　　　　　×（出口货物适用税率－出口货物退税率）
　　　　　　　　　　　－当期不得免征和抵扣税额抵减额

当期不得免征和抵扣税额抵减额＝当期免税购进原材料价格×（出口货物适用税率
　　　　　　　　　　　　　　　－出口货物退税率）

（2）当期"免、抵、退"税额的计算：

当期"免、抵、退"税额＝当期出口货物离岸价×外汇人民币折合率×出口货物退税率
　　　　　　　　　　－当期"免、抵、退"税额抵减额

当期"免、抵、退"税额抵减额＝当期免税购进原材料价格×出口货物退税率

（3）当期应退税额和免抵税额的计算：

①当期期末留抵税额≤当期"免、抵、退"税额，则：

当期应退税额＝当期期末留抵税额

当期免抵税额＝当期"免、抵、退"税额－当期应退税额

②当期期末留抵税额＞当期"免、抵、退"税额，则：

当期应退税额＝当期"免、抵、退"税额

当期免抵税额＝0

当期期末留抵税额为当期增值税纳税申报表中"期末留抵税额"。

（4）当期免税购进原材料价格包括当期国内购进的无进项税额且不计提进项税额的免税原材料的价格和当期进料加工保税进口料件的价格，其中当期进料加工保税进口料件的价格为进料加工出口货物耗用的保税进口料件金额，其计算公式为：

$$\text{进料加工出口货物耗用的保税进口料件金额} = \text{进料加工出口货物人民币离岸价} \times \text{进料加工计划分配率}$$

计划分配率＝计划进口总值÷计划出口总值×100%

（5）零税率应税行为增值税退（免）税的计算：

零税率应税行为增值税"免、抵、退"税，依下列公式计算：

①当期"免、抵、退"税额的计算：

$$\text{当期零税率应税行为"免、抵、退"税额} = \text{当期零税率应税行为"免、抵、退"税计税依据} \times \text{外汇人民币折合率} \times \text{零税率应税行为增值税退税率}$$

②当期应退税额和当期免抵税额的计算：

当期期末留抵税额≤当期"免、抵、退"税额时：

当期应退税额＝当期期末留抵税额

当期免抵税额＝当期"免、抵、退"税额－当期应退税额

当期期末留抵税额＞当期"免、抵、退"税额时：

当期应退税额＝当期"免、抵、退"税额

当期免抵税额＝0

"当期期末留抵税额"为当期增值税纳税申报表的"期末留抵税额"。

2. 外贸企业出口货物、劳务和应税行为增值税免退税，按下列公式计算：

（1）外贸企业出口委托加工修理修配货物以外的货物：

增值税应退税额＝增值税退（免）税计税依据×出口货物退税率

（2）外贸企业出口委托加工修理修配货物：

$$\text{出口委托加工修理修配货物的增值税应退税额} = \text{委托加工修理修配的增值税退（免）税计税依据} \times \text{出口货物退税率}$$

（3）外贸企业兼营的零税率应税行为增值税免退税的计算：

$$\text{外贸企业兼营的零税率应税服务应退税额} = \text{外贸企业兼营的零税率应税行为免退税计税依据} \times \text{零税率应税行为增值税退税率}$$

3. 融资租赁出口货物退税的计算。

融资租赁出租方将融资租赁出口货物租赁给境外承租方、将融资租赁海洋工程结构物租赁给海上石油天然气开采企业，向融资租赁出租方退还其购进租赁货物所含增值税。其计算公式为：

$$增值税应退税额 = \frac{购进融资租赁货物的增值税专用发票注明的}{金额或海关（进口增值税）专用缴款书} \times \frac{融资租赁货物适用的}{增值税退税率}$$
$$注明的完税价格$$

4. 退税率低于适用税率的，相应计算出的差额部分的税款计入出口货物劳务成本。

5. 出口企业既有适用增值税"免、抵、退"项目，也有增值税即征即退、先征后退项目的，增值税即征即退和先征后退项目不参与出口项目"免、抵、退"税计算。出口企业应分别核算增值税免抵退项目和增值税即征即退、先征后退项目，并分别申请享受增值税即征即退、先征后退和"免、抵、退"税政策。

用于增值税即征即退或者先征后退项目的进项税额无法划分的，按照下列公式计算：

$$\begin{matrix}无法划分进项税额中\\用于增值税即征即退或者\\先征后退项目的部分\end{matrix} = \begin{matrix}当月无法\\划分的全部\\进项税额\end{matrix} \times \begin{matrix}当月增值税即征\\即退或者先征后退\\项目销售额\end{matrix} \div \begin{matrix}当月全部销售额、\\营业额合计\end{matrix}$$

6. 实行"免、抵、退"税办法的零税率应税行为提供者如同时有货物、劳务（劳务指对外加工修理修配劳务，下同）出口且未分别计算的，可一并计算"免、抵、退"税额。税务机关在审批时，按照出口货物、劳务、零税率应税行为"免、抵、退"税额比例划分出口货物劳务、零税率应税行为的退税额和免抵税额。

三、出口货物、劳务和跨境应税行为增值税免税政策

（一）适用增值税免税政策的范围

适用增值税免税政策的出口货物、劳务和应税行为是指：

1. 出口企业或其他单位出口规定的货物，具体是指：

（1）增值税小规模纳税人出口的货物。

（2）避孕药品和用具，古旧图书。

（3）软件产品。其具体范围是指海关税则号前四位为"9803"的货物。动漫软件出口免征增值税。

（4）含黄金、铂金成分的货物，钻石及其饰品。

（5）国家计划内出口的卷烟。

（6）非出口企业委托出口的货物。

（7）非列名生产企业出口的非视同自产货物。

（8）农业生产者自产农产品［农产品的具体范围按照《农业产品征税范围注释》（财税〔1995〕52号）的规定执行］。

（9）油画、花生果仁、黑大豆等财政部和国家税务总局规定的出口免税的货物。

（10）外贸企业取得普通发票、废旧物资收购凭证、农产品收购发票、政府非税收入票据的货物。

（11）来料加工复出口的货物。

（12）特殊区域内的企业出口的特殊区域内的货物。

（13）以人民币现金作为结算方式的边境地区出口企业从所在省（自治区）的边境口

岸出口到接壤国家的一般贸易和边境小额贸易出口货物。

（14）以旅游购物贸易方式报关出口的货物。

2. 出口企业或其他单位视同出口的下列货物和劳务：

（1）国家批准设立的免税店销售的免税货物〔包括进口免税货物和已实现退（免）税的货物〕。

（2）特殊区域内的企业为境外的单位或个人提供加工修理修配劳务。

（3）同一特殊区域、不同特殊区域内的企业之间销售特殊区域内的货物。

3. 出口企业或其他单位未按规定申报或未补齐增值税退（免）税凭证的出口货物和劳务。具体是指：

（1）未在国家税务总局规定的期限内申报增值税退（免）税的出口货物和劳务。

（2）未在规定期限内申报开具《代理出口货物证明》的出口货物和劳务。

（3）已申报增值税退（免）税，却未在国家税务总局规定的期限内向税务机关补齐增值税退（免）税凭证的出口货物和劳务。

对于适用增值税免税政策的出口货物和劳务，出口企业或其他单位可以依照现行增值税有关规定放弃免税，并依照《通知》第七条（适用增值税征税政策的出口货物和劳务）的规定缴纳增值税。

4. 境内的单位和个人销售的下列跨境应税行为免征增值税，但财政部和国家税务总局规定适用增值税零税率的除外：

（1）工程项目在境外的建筑服务。工程总承包方和工程分包方为施工地点在境外的工程项目提供的建筑服务，均属于工程项目在境外的建筑服务。

（2）工程项目在境外的工程监理服务。

（3）工程、矿产资源在境外的工程勘察勘探服务。

（4）会议展览地点在境外的会议展览服务。

（5）存储地点在境外的仓储服务。

（6）标的物在境外使用的有形动产租赁服务。

（7）在境外提供的广播影视节目（作品）的播映服务。在境外提供的广播影视节目（作品）播映服务，是指在境外的影院、剧院、录像厅及其他场所播映广播影视节目（作品）。通过境内的电台、电视台、卫星通信、互联网、有线电视等无线或者有线装置向境外播映广播影视节目（作品），不属于在境外提供的广播影视节目（作品）播映服务。

（8）在境外提供的文化体育服务、教育医疗服务、旅游服务。在境外提供的文化体育服务和教育医疗服务，是指纳税人在境外现场提供的文化体育服务和教育医疗服务。为参加在境外举办的科技活动、文化活动、文化演出、文化比赛、体育比赛、体育表演、体育活动而提供的组织安排服务，属于在境外提供的文化体育服务。通过境内的电台、电视台、卫星通信、互联网、有线电视等媒体向境外单位或个人提供的文化体育服务或教育医疗服务，不属于在境外提供的文化体育服务、教育医疗服务。

（9）为出口货物提供的邮政服务、收派服务、保险服务。

（10）向境外单位提供的完全在境外消费的电信服务。

纳税人向境外单位或者个人提供的电信服务，通过境外电信单位结算费用的，服务接受方为境外电信单位，属于完全在境外消费的电信服务。

（11）向境外单位销售的完全在境外消费的知识产权服务。服务实际接受方为境内单位或者个人的知识产权服务，不属于完全在境外消费的知识产权服务。

（12）向境外单位销售的完全在境外消费的物流辅助服务（仓储服务、收派服务除外）。

（13）向境外单位销售的完全在境外消费的鉴证咨询服务。

（14）向境外单位销售的完全在境外消费的专业技术服务。

（15）向境外单位销售的完全在境外消费的商务辅助服务。

（16）向境外单位销售的广告投放地在境外的广告服务。广告投放地在境外的广告服务，是指为在境外发布的广告提供的广告服务。

（17）向境外单位销售的完全在境外消费的无形资产（技术除外）。

（18）为境外单位之间的货币资金融通及其他金融业务提供的直接收费金融服务，且该服务与境内的货物、无形资产和不动产无关。

（19）国际运输服务。

5. 对跨境电子商务综合试验区（以下简称综试区）电子商务出口企业出口未取得有效进货凭证的货物，同时符合下列条件的，试行增值税、消费税免税政策：

（1）电子商务出口企业在综试区注册，并在注册地跨境电子商务线上综合服务平台登记出口日期、货物名称、计量单位、数量、单价、金额。

（2）出口货物通过综试区所在地海关办理电子商务出口申报手续。

（3）出口货物不属于财政部和国家税务总局根据国务院决定明确取消出口退（免）税的货物。

6. 市场经营户自营或委托市场采购贸易经营者以市场采购贸易方式出口的货物免征增值税。

（二）进项税额的处理和计算

1. 适用增值税免税政策的出口货物和劳务，其进项税额不得抵扣和退税，应当转入成本。

2. 出口卷烟不得抵扣的进项税额，按下列公式计算：

$$\text{不得抵扣的进项税额} = \frac{\text{出口卷烟含消费税金额}}{\text{消费税金额}} \div \left(\frac{\text{出口卷烟}}{\text{含消费税金额}} + \frac{\text{内销卷烟}}{\text{销售额}} \right) \times \text{当期全部进项税额}$$

（1）当生产企业销售的出口卷烟在国内有同类产品销售价格时：

出口卷烟含消费税金额 = 出口销售数量 × 销售价格

（2）当生产企业销售的出口卷烟在国内没有同类产品销售价格时：

$$\text{出口卷烟含税金额} = \frac{\text{出口销售额} + \text{出口销售数量} \times \text{消费税定额税率}}{1 - \text{消费税比例税率}}$$

3. 除出口卷烟外，适用增值税免税政策的其他出口货物、劳务和应税行为的计算，按照增值税免税政策的统一规定执行。其中，如果涉及销售额，除来料加工复出口货物为其加工费收入外，其他均为出口离岸价或销售额。

4. 纳税人发生跨境应税行为时，纳税人以承运人身份与托运人签订运输服务合同，收取运费并承担承运人责任,然后委托实际承运人完成全部或部分运输服务时,自行采购并交给实际承运人使用的成品油和支付的道路、桥、闸通行费,同时符合下列条件的,其进项税额准予从销项税额中抵扣:

(1) 成品油和道路、桥、闸通行费,应用于纳税人委托实际承运人完成的运输服务。
(2) 取得的增值税扣税凭证符合现行规定。

四、出口货物、劳务和跨境应税行为增值税征税政策

(一) 适用增值税征税政策的范围

适用增值税征税政策的出口货物、劳务和跨境应税行为,是指:

1. 出口企业出口或视同出口财政部和国家税务总局根据国务院决定明确取消出口退(免)税的货物(不包括来料加工复出口货物、中标机电产品、列名原材料、输入特殊区域的水电气、海洋工程结构物)。

2. 出口企业或其他单位销售给特殊区域内的生活消费用品和交通运输工具。

3. 出口企业或其他单位因骗取出口退税被税务机关停止办理增值税退(免)税期间出口的货物。

4. 出口企业或其他单位提供虚假备案单证的货物。

5. 出口企业或其他单位增值税退(免)税凭证有伪造或内容不实的货物。

6. 出口企业或其他单位未在国家税务总局规定期限内申报免税核销以及经主管税务机关审核不予免税核销的出口卷烟。

7. 出口企业或其他单位具有以下情形之一的出口货物和劳务:

(1) 将空白的出口货物报关单、出口收汇核销单等退(免)税凭证交由除签有委托合同的货代公司、报关行,或由境外进口方指定的货代公司(提供合同约定或者其他相关证明)以外的其他单位或个人使用的。

(2) 以自营名义出口,其出口业务实质上是由本企业及其投资的企业以外的单位或个人借该出口企业名义操作完成的。

(3) 以自营名义出口,其出口的同一批货物既签订购货合同,又签订代理出口合同(或协议)的。

(4) 出口货物在海关验放后,自己或委托货代承运人对该笔货物的海运提单或其他运输单据等上的品名、规格等进行修改,造成出口货物报关单与海运提单或其他运输单据有关内容不符的。

(5) 以自营名义出口,但不承担出口货物的质量、收款或退税风险之一的,即出口货物发生质量问题不承担购买方的索赔责任(合同中有约定质量责任承担者除外);不承担未按期收款导致不能核销的责任(合同中有约定收款责任承担者除外);不承担因申报出口退(免)税的资料、单证等出现问题造成不退税责任的。

(6) 未实质参与出口经营活动、接受并从事由中间人介绍的其他出口业务,但仍以自营名义出口的。

8. 不适应跨境应税行为适用增值税零税率和免税政策规定的出口服务和无形资产。

(二)应纳增值税的计算

适用增值税征税政策的出口货物、劳务和跨境应税行为,其应纳增值税按下列办法计算:

1. 一般纳税人出口货物、劳务和跨境应税行为。

$$销项税额 = (出口货物、劳务和跨境应税行为离岸价 - 出口货物耗用的进料加工保税进口料件金额) \div (1 + 适用税率) \times 适用税率$$

(1) 出口货物、劳务和跨境应税行为若已按征退税率之差计算不得免征和抵扣税额并已经转入成本的,相应的税额应转回进项税额。

$$出口货物耗用的进料加工保税进口料件金额 = 主营业务成本 \times \frac{投入的保税进口料件金额}{生产成本}$$

(2) 出口企业应分别核算内销货物、劳务、跨境应税行为和增值税征税的出口货物的生产成本、主营业务成本。未分别核算的,其相应的生产成本、主营业务成本由主管税务机关核定。

进料加工手册海关核销后,出口企业应对出口货物耗用的保税进口料件金额进行清算。清算公式为:

$$\frac{清算耗用的保税}{进口料件总额} = \frac{实际保税}{进口料件总额} - \frac{退(免)税出口货物}{耗用的保税进口料件总额} - \frac{进料加工副产品耗用}{的保税进口料件总额}$$

2. 小规模纳税人出口货物、劳务和跨境应税行为。

$$应纳税额 = 出口货物、劳务和跨境应税行为离岸价 \div (1 + 征收率) \times 征收率$$

五、外国驻华使(领)馆及其馆员在华购买货物和服务的增值税退税管理

(一)适用范围

外国驻华使(领)馆及其馆员(以下称享受退税的单位和人员)在中华人民共和国境内购买货物和服务属于增值税退税适用范围。

(二)下列情形不适用增值税退税政策

1. 购买非合理自用范围内的生活办公类货物和服务。
2. 购买货物单张发票销售金额(含税价格)不足800元人民币(自来水、电、燃气、暖气、汽油、柴油除外),购买服务单张发票销售金额(含税价格)不足300元人民币。
3. 使(领)馆馆员个人购买货物和服务,除车辆和房租外,每人每年申报退税销售金额(含税价格)超过18万元人民币的部分,不适用增值税退税政策。
4. 增值税免税货物和服务。

(三)退税的计算

申报退税的应退税额,为增值税发票上注明的税额。使(领)馆及其馆员购买电力、燃气、汽油、柴油,发票上未注明税额的,增值税应退税额按不含税销售额和相关产品增值税适用税率计算,计算公式为:

$$增值税应退税额 = 发票金额(含增值税) \div (1 + 增值税适用税率) \times 增值税适用税率$$

(四)退税管理

1. 申报退税期限。

享受退税的单位和人员,应按季度向外交部礼宾司报送退税凭证和资料申报退税,报送时间为每年的1月、4月、7月、10月;本年度购买的货物和服务(以发票开具日期

为准),最迟申报不得迟于次年1月。逾期报送的,外交部礼宾司不予受理。

2. 对享受退税的单位和人员申报的货物与服务是否属合理自用范围或者申报凭证真实性有疑问的,税务机关应暂缓办理退税,并通过外交部礼宾司对其进行问询。

3. 税务机关如发现享受退税的单位和人员申报的退税凭证虚假或所列内容与实际交易不符的,不予退税,并通过外交部礼宾司向其通报;情况严重的,外交部礼宾司将不再受理其申报。

4. 享受退税的单位和人员购买货物和服务办理退税后,如发生退货或转让所有权、使用权等情形,须经外交部礼宾司向北京市税务局办理补税手续。如转让需外交部礼宾司核准的货物,外交部礼宾司应在确认转让货物未办理退税或已办理补税手续后,办理核准转让手续。

六、境外旅客购物离境退税政策

(一) 退税物品

退税物品是指由境外旅客本人在退税商店购买且符合退税条件的个人物品,但不包括下列物品:

1. 《中华人民共和国禁止、限制进出境物品表》所列的禁止、限制出境物品。
2. 退税商店销售的适用增值税免税政策的物品。
3. 财政部、海关总署、国家税务总局规定的其他物品。

(二) 境外旅客申请退税应当同时符合的条件

1. 同一境外旅客同一日在同一退税商店购买的退税物品金额达到500元人民币。
2. 退税物品尚未启用或消费。
3. 离境日距退税物品购买日不超过90天。
4. 所购退税物品由境外旅客本人随身携带或随行托运出境。

(三) 退税物品的退税率

适用13%税率的境外旅客购物离境退税物品,退税率为11%;适用9%税率的境外旅客购物离境退税物品,退税率为8%。

退税率的执行时间,以退税物品增值税普通发票的开具日期为准。

(四) 应退增值税额的计算公式

应退增值税额=退税物品销售发票金额(含增值税)×退税率

(五) 退税币种和方式

退税币种为人民币。退税方式包括现金退税和银行转账退税两种方式。

退税额未超过10 000元的,可自行选择退税方式。退税额超过10 000元的,以银行转账方式退税。

七、出口货物、劳务和跨境应税行为退(免)税管理

(一) 出口退(免)税企业分类管理

出口企业管理类别分为一类、二类、三类、四类。

(二) 申报

纳税人出口货物适用退(免)税规定的,应当向海关办理出口手续,凭出口报关单

等有关凭证，在规定的出口退（免）税申报期内按月向主管税务机关申报办理该项出口货物的退（免）税；境内单位和个人跨境销售服务和无形资产适用退（免）税规定的，应当按期向主管税务机关申报办理退（免）税。

（三）若干征、退（免）税规定

1. 出口企业或其他单位退（免）税备案之前的出口货物劳务，在办理退（免）税认定后，可按规定适用增值税退（免）税或免税政策。

2. 出口企业或其他单位出口货物劳务适用免税政策的，除特殊区域内企业出口的特殊区域内货物、出口企业或其他单位视同出口的免征增值税的货物劳务外，如果未按规定申报免税，应视同内销货物和加工修理修配劳务征收增值税。

3. 开展进料加工业务的出口企业若发生未经海关批准将海关保税进口料件作价销售给其他企业加工的，应按规定征收增值税。

4. 卷烟出口企业经主管税务机关批准按国家批准的免税出口卷烟计划购进的卷烟免征增值税。

5. 发生增值税不应退税或免税但已实际退税或免税的，出口企业和其他单位应当补缴已退或已免税款。

6. 国家批准的免税品经营企业销售给免税店的进口免税货物免征增值税。

7. 融资租赁出租方应当按照主管税务机关的要求办理退税认定和申报增值税退税。

8. 符合条件的生产企业已签订出口合同的交通运输工具和机器设备的退税。

第八节 增值税发票的使用及管理

增值税纳税人发生应税销售行为，应使用增值税发票管理新系统（以下简称新系统）分别开具增值税专用发票、增值税普通发票、增值税电子普通发票、机动车销售统一发票。

一、增值税专用发票

（一）增值税专用发票的联次

增值税专用发票由基本联次或者基本联次附加其他联次构成，基本联次分为三联：发票联、抵扣联和记账联。发票联，作为购买方核算采购成本和增值税进项税额的记账凭证；抵扣联，作为购买方报送主管税务机关认证和留存备查的凭证；记账联，作为销售方核算销售收入和增值税销项税额的记账凭证。其他联次用途，由一般纳税人自行确定。

（二）增值税专用发票的开具

1. 一般纳税人发生应税销售行为可汇总开具增值税专用发票。汇总开具增值税专用发票的，同时使用防伪税控系统开具《销售货物或者提供应税劳务清单》，并加盖财务专用章或者发票专用章。

2. 保险机构作为车船税扣缴义务人，在代收车船税并开具增值税发票时，应在增值税发票备注栏中注明代收车船税税款信息。具体包括：保险单号、税款所属期（详细至月）、代收车船税金额、滞纳金金额、金额合计等。该增值税发票可作为纳税人缴纳车船税及滞纳金的会计核算原始凭证。

除上述规定外，"营改增"的相关文件还结合实际情况对增值税专用发票的开具作出了如下规定：

1. 自2016年5月1日起，纳入新系统推行范围的试点纳税人及新办增值税纳税人，应使用新系统根据《商品和服务税收分类与编码》选择相应的编码开具增值税发票。

2. 按照现行政策规定适用差额征税办法缴纳增值税，且不得全额开具增值税发票的（财政部、国家税务总局另有规定的除外），纳税人自行开具或者税务机关代开增值税发票时，通过新系统中差额征税开票功能，录入含税销售额（或含税评估额）和扣除额，系统自动计算税额和不含税金额，备注栏自动打印"差额征税"字样，发票开具不应与其他应税行为混开。

3. 提供建筑服务，纳税人自行开具或者税务机关代开增值税发票时，应在发票的备注栏注明建筑服务发生地县（市、区）名称及项目名称。

4. 销售不动产，纳税人自行开具或者税务机关代开增值税发票时，应在发票"货物或应税劳务、服务名称"栏填写不动产名称及房屋产权证书号码（无房屋产权证书的可不填写），"单位"栏填写面积单位，备注栏注明不动产的详细地址。

5. 出租不动产，纳税人自行开具或者税务机关代开增值税发票时，应在备注栏注明不动产的详细地址。

6. 个人出租住房适用优惠政策减按1.5%征收，纳税人自行开具或者税务机关代开增值税发票时，通过新系统中征收率减按1.5%征收开票功能，录入含税销售额，系统自动计算税额和不含税金额，发票开具不应与其他应税行为混开。

7. 税务机关代开增值税发票时，"销售方开户行及账号"栏填写税收完税凭证字轨号码或系统税票号码（免税代开增值税普通发票可不填写）。

8. 税务机关为跨县（市、区）提供不动产经营租赁服务、建筑服务的小规模纳税人（不包括其他个人），代开增值税发票时，在发票备注栏中自动打印"YD"字样。

（三）增值税专用发票的领购

一般纳税人凭《发票领购簿》、IC卡和经办人身份证明领购增值税专用发票。一般纳税人有下列情形之一的，不得领购开具增值税专用发票：

1. 会计核算不健全，不能向税务机关准确提供增值税销项税额、进项税额、应纳税额数据及其他有关增值税税务资料的。

上述其他有关增值税税务资料的内容，由省、自治区、直辖市和计划单列市税务局确定。

2. 有《税收征收管理法》规定的税收违法行为，拒不接受税务机关处理的。

3. 有下列行为之一，经税务机关责令限期改正而仍未改正的：

（1）虚开增值税专用发票。

（2）私自印制增值税专用发票。

（3）向税务机关以外的单位和个人买取增值税专用发票。

（4）借用他人增值税专用发票。

（5）未按要求开具发票的。

(6) 未按规定保管专用发票和专用设备。有下列情形之一的,为未按规定保管增值税专用发票和专用设备:

①未设专人保管增值税专用发票和专用设备。

②未按税务机关要求存放增值税专用发票和专用设备。

③未将认证相符的增值税专用发票抵扣联、《认证结果通知书》和《认证结果清单》装订成册。

④未经税务机关查验,擅自销毁增值税专用发票基本联次。

(7) 未按规定申请办理防伪税控系统变更发行。

(8) 未按规定接受税务机关检查。

(四) 增值税专用发票的开具范围

1. 一般纳税人发生应税销售行为,应向购买方开具增值税专用发票。

2. 商业企业一般纳税人零售的烟、酒、食品、服装、鞋帽(不包括劳保专用部分)、化妆品等消费品不得开具增值税专用发票。

3. 增值税小规模纳税人需要开具增值税专用发票的,可向主管税务机关申请代开。

4. 销售免税货物不得开具增值税专用发票,法律、法规及国家税务总局另有规定的除外。

5. 纳税人发生应税销售行为,应当向索取增值税专用发票的购买方开具增值税专用发票,并在增值税专用发票上分别注明销售额和销项税额。

6. 增值税小规模纳税人(其他个人除外)发生增值税应税行为,需要开具增值税专用发票的,可以自愿使用增值税发票管理系统自行开具。选择自行开具增值税专用发票的小规模纳税人,税务机关不再为其代开增值税专用发票。增值税小规模纳税人应当就开具增值税专用发票的销售额计算增值税应纳税额,并在规定的纳税申报期内向主管税务机关申报缴纳。

7. 小规模纳税人月销售额超过10万元的,使用增值税发票管理系统开具增值税普通发票、机动车销售统一发票、增值税电子普通发票。

(五) 开具增值税专用发票后发生退货或开票有误的处理

1. 增值税一般纳税人开具增值税专用发票后,发生销货退回、开票有误、应税服务中止等情形但不符合发票作废条件,或者因销货部分退回及发生销售折让,需要开具红字增值税专用发票的,按规定方法处理。

2. 税务机关为小规模纳税人代开增值税专用发票,需要开具红字增值税专用发票的,按照一般纳税人开具红字增值税专用发票的方法处理。

3. 纳税人需要开具红字增值税普通发票的,可以在所对应的蓝字发票金额范围内开具多份红字发票。红字机动车销售统一发票需与原蓝字机动车销售统一发票一一对应。

(六) 增值税专用发票不得抵扣进项税额的规定

有下列情形之一的,不得作为增值税进项税额的抵扣凭证。

经认证,有下列情形之一的,不得作为增值税进项税额的抵扣凭证,税务机关退还原件,购买方可要求销售方重新开具增值税专用发票。

(1) 无法认证,是指增值税专用发票所列密文或者明文不能辨认,无法产生认证结果。

(2) 纳税人识别号认证不符,是指增值税专用发票所列购买方纳税人识别号有误。

(3) 增值税专用发票代码、号码认证不符,是指增值税专用发票所列密文解译后与明文的代码或者号码不一致。

(七) 税务机关代开增值税专用发票的管理

1. 代开增值税专用发票是指主管税务机关为所管辖范围内的增值税纳税人(指已办理税务登记的小规模纳税人,包括个体经营者以及国家税务总局确定的其他可予代开增值税专用发票的纳税人)代开增值税专用发票,其他单位和个人不得代开。

2. 代开增值税专用发票统一使用增值税防伪税控代开票系统开具。非防伪税控代开票系统开具的代开增值税专用发票不得作为增值税进项税额抵扣凭证。

3. 增值税纳税人缴纳税款后,凭《申报单》和税收完税凭证及税务登记副本,到代开增值税专用发票岗位收取代开增值税专用发票。

二、增值税普通发票

增值税普通发票,是将除商业零售以外的增值税一般纳税人纳入增值税防伪税控系统开具和管理,也就是说一般纳税人可以使用同一套增值税防伪税控系统开具增值税专用发票、增值税普通发票等,俗称"一机多票"。

三、增值税电子普通发票

1. 增值税电子普通发票的开票方和受票方需要纸质发票的,可以自行打印增值税电子普通发票的版式文件,其法律效力、基本用途、基本使用规定等与税务机关监制的增值税普通发票相同。

2. 增值税电子普通发票的发票代码为12位,编码规则:第1位为0,第2~5位代表省、自治区、直辖市和计划单列市,第6~7位代表年度,第8~10位代表批次,第11~12位代表票种(11代表增值税电子普通发票)。发票号码为8位,按年度、分批次编制。

四、机动车销售统一发票

(一) 机动车销售统一发票联次

《机动车销售统一发票》为电脑六联式发票。即第一联发票联(购货单位付款凭证),第二联抵扣联(购货单位扣税凭证),第三联报税联(车购税征收单位留存),第四联注册登记联(车辆登记单位留存),第五联记账联(销货单位记账凭证),第六联存根联(销货单位留存)。第一联印色为棕色,第二联印色为绿色,第三联印色为紫色,第四联印色为蓝色,第五联印色为红色,第六联印色为黑色。发票代码、发票号码印色为黑色,当购货单位不是增值税一般纳税人时,第二联抵扣联由销货单位留存。

(二) 机动车销售统一发票适用范围

凡从事机动车零售业务的单位和个人,从2006年8月1日起,在销售机动车(不包括销售旧机动车)收取款项时,必须开具税务机关统一印制的新版《机动车销售统一发票》,并在发票联加盖财务专用章或发票专用章,抵扣联和报税联不得加盖印章。

(三) 增值税税额的计算公式

增值税税额 = 价税合计 - 不含税价

不含税价 = 价税合计 ÷ (1 + 增值税税率或征收率)

第二章 消费税法

我国现行消费税的特点：（1）征收范围具有选择性。我国消费税在征收范围上根据产业政策与消费政策仅选择部分消费品征税，而不是对所有消费品都征收消费税。（2）一般情况下，征税环节具有单一性。主要在生产销售和进口环节上征收。（3）平均税率水平比较高且税负差异大。消费税的平均税率水平比较高，并且不同征税项目的税负差异较大。如小汽车按排气量大小划分，最低税率1%，最高税率40%。（4）计税方法具有灵活性。既采用对消费品规定单位税额，以消费品的数量实行从量定额的计税方法，也采用对消费品制定比例税率，以消费品的价格实行从价定率的计税方法。对卷烟、白酒还采用了从量征收与从价征收相结合的复合计税方式。

第一节 纳税义务人与税目、税率

一、纳税义务人

在中华人民共和国境内生产、委托加工和进口《消费税暂行条例》规定的消费品的单位和个人，以及国务院确定的销售《消费税暂行条例》规定的消费品的其他单位和个人，为消费税的纳税人，应当依照《消费税暂行条例》等法律规范缴纳消费税。

二、税目

消费税的征收范围比较狭窄，同时也会根据经济发展、环境保护等国家大政方针进行修订，依据《消费税暂行条例》及相关法规规定，目前消费税税目包括烟、酒、化妆品等15种商品，部分税目还进一步划分了若干子目。

1. 烟。

凡是以烟叶为原料加工生产的产品，不论使用何种辅料，均属于本税目的征收范围。包括卷烟（进口卷烟、白包卷烟、手工卷烟和未经国务院批准纳入计划的企业及个人生产的卷烟）、雪茄烟和烟丝。

2. 酒。

酒是酒精度在1度以上的各种酒类饮料，包括白酒、黄酒、啤酒和其他酒。

3. 高档化妆品。

自 2016 年 10 月 1 日起，本税目调整为包括高档美容、修饰类化妆品、高档护肤类化妆品和成套化妆品。

4. 贵重首饰及珠宝玉石。

贵重首饰及珠宝玉石包括以金、银、白金、宝石、珍珠、钻石、翡翠、珊瑚、玛瑙等高贵稀有物质以及其他金属、人造宝石等制作的各种纯金银首饰及镶嵌首饰和经采掘、打磨、加工的各种珠宝玉石。对出国人员免税商店销售的金银首饰征收消费税。

5. 鞭炮、焰火。

鞭炮、焰火包括各种鞭炮、焰火。体育上用的发令纸、鞭炮药引线，不按本税目征收。

6. 成品油。

成品油包括汽油、柴油、石脑油、溶剂油、航空煤油、润滑油、燃料油7个子目。航空煤油暂缓征收。

7. 小汽车。

8. 摩托车。

摩托车包括轻便摩托车和摩托车两种。9. 高尔夫球及球具。

10. 高档手表。

11. 游艇。

12. 木制一次性筷子。

13. 实木地板。

14. 电池。

15. 涂料。

三、税率

消费税采用比例税率和定额税率两种形式，以适应不同应税消费品的实际情况。

第二节 计税依据

根据《消费税暂行条例》的规定，消费税应纳税额的计算分为从价计征、从量计征和从价从量复合计征三种方法。

一、从价计征

在从价定率计算方法下，应纳税额等于应税消费品的销售额乘以适用税率，应纳税额的多少取决于应税消费品的销售额和适用税率两个因素。

（一）销售额的确定

销售额为纳税人销售应税消费品向购买方收取的全部价款和价外费用。

（二）含增值税销售额的换算

应税消费品在缴纳消费税的同时，与一般货物一样，还应缴纳增值税。按照《消费税暂行条例实施细则》的规定，应税消费品的销售额，不包括应向购货方收取的增值税税款。如果纳税人应税消费品的销售额中未扣除增值税税款或者因不得开具增值税专用发票而发生价款和增值税税款合并收取的，在计算消费税时，应将含增值税的销售额换算为不含增值税税款的销售额。其换算公式为：

应税消费品的销售额＝含增值税的销售额÷（1＋增值税税率或征收率）

二、从量计征

在从量定额计算方法下，应纳税额等于应税消费品的销售数量乘以单位税额，应纳税额的多少取决于应税消费品的销售数量和单位税额两个因素。

（一）销售数量的确定

销售数量是指纳税人生产、加工和进口应税消费品的数量。具体规定为：

1. 销售应税消费品的，为应税消费品的销售数量。
2. 自产自用应税消费品的，为应税消费品的移送使用数量。
3. 委托加工应税消费品的，为纳税人收回的应税消费品数量。
4. 进口的应税消费品，为海关核定的应税消费品进口征税数量。

（二）计量单位的换算标准

《消费税暂行条例》规定，黄酒、啤酒是以吨为税额单位；汽油、柴油是以升为税额单位的。

三、从价从量复合计征

现行消费税的征税范围中，只有卷烟、白酒采用复合计征方法。应纳税额等于应税销售数量乘以定额税率再加上应税销售额乘以比例税率。

生产销售卷烟、白酒从量定额计税依据为实际销售数量。进口、委托加工、自产自用卷烟、白酒从量定额计税依据分别为海关核定的进口征税数量、委托方收回数量、移送使用数量。

第三节 应纳税额的计算

一、生产销售环节应纳消费税的计算

纳税人在生产销售环节应缴纳的消费税，包括直接对外销售应税消费品应缴纳的消费税和自产自用应税消费品应缴纳的消费税。

直接对外销售应税消费品涉及三种计算方法：

1. 从价定率计算。

在从价定率计算方法下，应纳消费税额等于销售额乘以适用税率。基本计算公式为：

应纳税额 = 应税消费品的销售额 × 比例税率

2. 从量定额计算。

在从量定额计算方法下，应纳税额等于应税消费品的销售数量乘以单位税额。基本计算公式为：

应纳税额 = 应税消费品的销售数量 × 定额税率

3. 从价定率和从量定额复合计算。

现行消费税的征税范围中，只有卷烟、白酒采用复合计算方法。基本计算公式为：

应纳税额 = 应税消费品的销售数量 × 定额税率 + 应税消费品的销售额 × 比例税率

二、委托加工环节应税消费品应纳税额的计算

（一）委托加工应税消费品的确定

委托加工的应税消费品是指由委托方提供原料和主要材料，受托方只收取加工费和代垫部分辅助材料加工的应税消费品。对于由受托方提供原材料生产的应税消费品，或者受托方先将原材料卖给委托方，然后再接受加工的应税消费品，以及由受托方以委托方名义购进原材料生产的应税消费品，不论纳税人在财务上是否作销售处理，都不得作为委托加工应税消费品，而应当按照销售自制应税消费品缴纳消费税。

（二）代收代缴税款的规定

对于确实属于委托方提供原料和主要材料，受托方只收取加工费和代垫部分辅助材料加工的应税消费品，税法规定，由受托方在向委托方交货时代收代缴消费税。这样，受托方就是法定的代收代缴义务人。如果受托方对委托加工的应税消费品没有代收代缴或少代收代缴消费税，应按照《税收征收管理法》的规定，承担代收代缴的法律责任。因此，受托方必须严格履行代收代缴义务，正确计算和按时代缴税款。为了加强对受托方代收代缴税款的管理，委托个人（含个体工商户）加工的应税消费品，由委托方收回后缴纳消费税。

（三）组成计税价格及应纳税额的计算

委托加工的应税消费品，按照受托方的同类消费品的销售价格计算纳税，同类消费品的销售价格是指受托方（即代收代缴义务人）当月销售的同类消费品的销售价格，如果当月同类消费品各期销售价格高低不同，应按销售数量加权平均计算。但销售的应税消费品有下列情况之一的，不得列入加权平均计算：

1. 销售价格明显偏低又无正当理由的。
2. 无销售价格的。

如果当月无销售或者当月未完结，应按照同类消费品上月或最近月份的销售价格计算纳税。没有同类消费品销售价格的，按照组成计税价格计算纳税。

实行从价定率办法计算纳税的组成计税价格，其计算公式为：

组成计税价格 = （材料成本 + 加工费）÷ （1 - 比例税率）

实行复合计税办法计算纳税的组成计税价格，其计算公式为：

组成计税价格 = （材料成本 + 加工费 + 委托加工数量 × 定额税率）÷ （1 - 比例税率）

三、进口环节应纳消费税的计算

进口的应税消费品，于报关进口时缴纳消费税；进口的应税消费品的消费税由海关代征；进口的应税消费品，由进口人或者其代理人向报关地海关申报纳税；纳税人进口应税消费品，应当自海关填发海关进口消费税专用缴款书之日起15日内缴纳税款。

纳税人进口应税消费品，按照组成计税价格和规定的税率计算应纳税额。计算方法如下：

1. 从价定率计征应纳税额的计算。

实行从价定率办法计算纳税的组成计税价格，其计算公式为：

组成计税价格 =（关税完税价格 + 关税）÷（1 - 消费税比例税率）

应纳税额 = 组成计税价格 × 消费税比例税率

2. 实行从量定额计征应纳税额的计算。

应纳税额的计算公式为：

应纳税额 = 应税消费品数量 × 消费税定额税率

3. 实行从价定率和从量定额复合计税办法应纳税额的计算。

应纳税额的计算公式为：

组成计税价格 =（关税完税价格 + 关税 + 进口数量 × 消费税定额税率）
　　　　　　　÷（1 - 消费税比例税率）

应纳税额 = 组成计税价格 × 消费税税率 + 应税消费品进口数量 × 消费税定额税率

进口环节消费税除国务院另有规定的，一律不得给予减税、免税。

四、已纳消费税扣除的计算

为了避免重复征税，现行消费税规定，将外购应税消费品和委托加工收回的应税消费品继续生产应税消费品销售的，可以将外购应税消费品和委托加工收回应税消费品已缴纳的消费税给予扣除。

（一）外购应税消费品已纳税款的扣除

1. 外购应税消费品连续生产应税消费品。

由于某些应税消费品是用外购已缴纳消费税的应税消费品连续生产出来的，在对这些连续生产出来的应税消费品计算征税时，税法规定应按当期生产领用数量计算准予扣除外购的应税消费品已纳的消费税税款。

2. 外购应税消费品后销售。

对自己不生产应税消费品，而只是购进后再销售应税消费品的工业企业，其销售的高档化妆品、鞭炮、焰火和珠宝玉石，凡不能构成最终消费品直接进入消费品市场，而需进一步生产加工、包装、贴标的或者组合的珠宝玉石、化妆品、酒、鞭炮、焰火等，应当征收消费税，同时允许扣除上述外购应税消费品的已纳税款。

（二）委托加工收回的应税消费品已纳税款的扣除

委托加工的应税消费品因为已由受托方代收代缴消费税，因此，委托方收回货物后用于连续生产应税消费品的，其已纳税款准予按照规定从连续生产的应税消费品应纳消费税税额中抵扣。

五、特殊商品及环节应纳消费税的计算

（一）电子烟生产、批发等环节消费税的计算

1. 纳税义务人：在中华人民共和国境内生产（进口）、批发电子烟的单位和个人为消费税纳税人。

2. 适用税率：电子烟实行从价定率的办法计算纳税，生产（进口）环节的税率为36%，批发环节的税率为11%。

3. 计税价格：纳税人生产、批发电子烟的，按照生产、批发电子烟的销售额计算纳税；电子烟生产环节纳税人采用代销方式销售电子烟的，按照经销商（代理商）销售给电子烟批发企业的销售额计算纳税；纳税人进口电子烟的，按照组成计税价格计算纳税。

4. 电子烟生产环节纳税人从事电子烟代加工业务销售额的核算：电子烟生产环节纳税人从事电子烟代加工业务的，应当分开核算持有商标电子烟的销售额和代加工电子烟的销售额，未分开核算的，一并缴纳消费税。

5. 纳税人出口电子烟，适用出口退（免）税政策；将电子烟增列至边民互市进口商品不予免税清单并照章征税。

除上述规定外，个人携带或者寄递进境电子烟的消费税征收，按照国务院有关规定执行。

（二）卷烟批发环节应纳消费税的计算

为了适当增加财政收入，完善烟产品消费税制度，自2009年5月1日起，在卷烟批发环节加征一道从价税。自2015年5月10日起，卷烟批发环节税率又有调整。

1. 纳税义务人：在中华人民共和国境内从事卷烟批发业务的单位和个人。

纳税人销售给纳税人以外的单位和个人的卷烟于销售时纳税。纳税人之间销售的卷烟不缴纳消费税。

2. 征收范围：纳税人批发销售的所有牌号、规格的卷烟。

3. 适用税率：从价税税率11%，从量税税率0.005元/支。

4. 计税依据：纳税人批发卷烟的销售额（不含增值税）、销售数量。

5. 纳税义务发生时间：纳税人收讫销售款或者取得索取销售款凭据的当天。

6. 纳税地点：卷烟批发企业的机构所在地，总机构与分支机构不在同一地区的，由总机构申报纳税。

7. 卷烟消费税在生产和批发两个环节征收后，批发企业在计算纳税时不得扣除已含的生产环节的消费税税款。

（三）超豪华小汽车零售环节应纳消费税的计算

为了引导合理消费，促进节能减排，自2016年12月1日起，在生产（进口）环节按现行税率征收消费税的基础上，超豪华小汽车在零售环节加征一道消费税。

1. 征税范围：每辆零售价格130万元（不含增值税）及以上的乘用车和中轻型商用客车，即乘用车和中轻型商用客车子税目中的超豪华小汽车。

2. 纳税人：将超豪华小汽车销售给消费者的单位和个人为超豪华小汽车零售环节纳税人。

3. 税率：税率为10%。

4. 应纳税额的计算：

应纳税额＝零售环节销售额（不含增值税）×零售环节税率

国内汽车生产企业直接销售给消费者的超豪华小汽车，消费税税率按照生产环节税率和零售环节税率加总计算。其消费税应纳税额计算公式为：

应纳税额＝销售额（不含增值税）×（生产环节税率＋零售环节税率）

六、消费税出口退税的计算

对纳税人出口应税消费品，免征消费税；国务院另有规定的除外。

（一）出口免税并退税

有出口经营权的外贸企业购进应税消费品直接出口，以及外贸企业受其他外贸企业委托代理出口应税消费品。外贸企业只有受其他外贸企业委托，代理出口应税消费品才可办理退税，外贸企业受其他企业（主要是非生产性的商贸企业）委托，代理出口应税消费品是不予退（免）税的。

属于从价定率计征消费税的，为已征且未在内销应税消费品应纳税额中抵扣的购进出口货物金额；属于从量定额计征消费税的，为已征且未在内销应税消费品应纳税额中抵扣的购进出口货物数量；属于复合计征消费税的，按从价定率和从量定额的计税依据分别确定。

消费税应退税额＝从价定率计征消费税的退税计税依据×比例税率
　　　　　　　　＋从量定额计征消费税的退税计税依据×定额税率

出口货物的消费税应退税额的计税依据，按购进出口货物的消费税专用缴款书和海关进口消费税专用缴款书确定。

（二）出口免税但不退税

有出口经营权的生产性企业自营出口或生产企业委托外贸企业代理出口自产的应税消费品，依据其实际出口数量免征消费税，不予办理退还消费税。免征消费税是指对生产性企业按其实际出口数量免征生产环节的消费税。不予办理退还消费税，因已免征生产环节的消费税，该应税消费品出口时，已不含有消费税，所以无须再办理退还消费税。

（三）出口不免税也不退税

除生产企业、外贸企业外的其他企业，具体是指一般商贸企业，这类企业委托外贸企业代理出口应税消费品一律不予退（免）税。

第三章 企业所得税法

企业所得税是对我国境内的企业和其他取得收入的组织的生产经营所得和其他所得征收的一种税。企业所得税的作用主要有：（1）促进企业改善经营管理活动，提升企业的盈利能力。（2）调节产业结构，促进经济发展。（3）为国家建设筹集财政资金。

第一节 纳税义务人、征税对象与税率

一、纳税义务人

企业所得税的纳税义务人，是指在中华人民共和国境内的企业和其他取得收入的组织。《企业所得税法》第一条规定，除个人独资企业、合伙企业不适用《企业所得税法》外，凡在我国境内，企业和其他取得收入的组织（以下统称企业）为企业所得税的纳税人，依照《企业所得税法》规定缴纳企业所得税。

企业所得税的纳税人分为居民企业和非居民企业。

（一）居民企业

居民企业，是指依法在中国境内成立，或者依照外国（地区）法律成立但实际管理机构在中国境内的企业。这里的企业包括国有企业、集体企业、私营企业、联营企业、股份制企业、外商投资企业、外国企业以及有生产、经营所得和其他所得的其他组织。

（二）非居民企业

非居民企业，是指依照外国（地区）法律成立且实际管理机构不在中国境内，但在中国境内设立机构、场所的，或者在中国境内未设立机构、场所，但有来源于中国境内所得的企业。

二、征税对象

（一）居民企业的征税对象

居民企业应就来源于中国境内、境外的所得作为征税对象。所得包括销售货物所得，提供劳务所得，转让财产所得，股息、红利等权益性投资所得，利息所得，租金所得，特许权使用费所得，接受捐赠所得和其他所得。

（二）非居民企业的征税对象

非居民企业在中国境内设立机构、场所的，应当就其所设机构、场所取得的来源于中国境内的所得，以及发生在中国境外但与其所设机构、场所有实际联系的所得，缴纳企业所得税。非居民企业在中国境内未设立机构、场所的，或者虽设立机构、场所但取得的所得与其所设机构、场所没有实际联系的，应当就其来源于中国境内的所得缴纳企业所得税。

（三）所得来源的确定

1. 销售货物所得，按照交易活动发生地确定。
2. 提供劳务所得，按照劳务发生地确定。
3. 转让财产所得。（1）不动产转让所得按照不动产所在地确定。（2）动产转让所得按照转让动产的企业或者机构、场所所在地确定。（3）权益性投资资产转让所得按照被投资企业所在地确定。
4. 股息、红利等权益性投资所得，按照分配所得的企业所在地确定。
5. 利息所得、租金所得、特许权使用费所得，按照负担、支付所得的企业或者机构、场所所在地确定，或者按照负担、支付所得的个人的住所地确定。
6. 其他所得，由国务院财政、税务主管部门确定。

三、税率

企业所得税实行比例税率。比例税率简便易行，透明度高，不会因征税而改变企业间收入分配比例，有利于促进效率的提高。现行规定是：

1. 基本税率为25%，适用于居民企业和在中国境内设有机构、场所且所得与机构、场所有关联的非居民企业。现行企业所得税基本税率设定为25%，既考虑了我国财政承受能力，又考虑了企业负担水平。
2. 低税率为20%，适用于在中国境内未设立机构、场所的，或者虽设立机构、场所但取得的所得与其所设机构、场所没有实际联系的非居民企业，但实际征税时适用10%的税率。

第二节 应纳税所得额

应纳税所得额是企业所得税的计税依据，按照《企业所得税法》的规定，应纳税所得额为企业每一个纳税年度的收入总额，减除不征税收入、免税收入、各项扣除以及允许弥补的以前年度亏损后的余额。其基本公式为：

应纳税所得额 = 收入总额 – 不征税收入 – 免税收入 – 各项扣除 – 允许弥补的以前年度亏损

一、收入总额

企业的收入总额包括以货币形式和非货币形式从各种来源取得的收入，具体有：销售货物收入，提供劳务收入，转让财产收入，股息、红利等权益性投资收益，利息收入，租金收入，特许权使用费收入，接受捐赠收入，其他收入。

（一）一般收入的确认

1. 销售货物收入，是指企业销售商品、产品、原材料、包装物、低值易耗品以及其他存货取得的收入。

2. 提供劳务收入，是指企业从事建筑安装、修理修配、交通运输、仓储租赁、金融保险、邮电通信、咨询经纪、文化体育、科学研究、技术服务、教育培训、餐饮住宿、中介代理、卫生保健、社区服务、旅游、娱乐、加工以及其他劳务服务活动取得的收入。

3. 转让财产收入，是指企业转让固定资产、生物资产、无形资产、股权、债权等财产取得的收入。

企业转让股权收入，应于转让协议生效且完成股权变更手续时，确认收入的实现。

4. 股息、红利等权益性投资收益，是指企业因权益性投资从被投资方取得的收入。股息、红利等权益性投资收益，除国务院财政、税务主管部门另有规定外，按照被投资方作出利润分配决定的日期确认收入的实现。

5. 利息收入，是指企业将资金提供他人使用但不构成权益性投资，或者因他人占用本企业资金取得的收入，包括存款利息、贷款利息、债券利息、欠款利息等收入。利息收入，按照合同约定的债务人应付利息的日期确认收入的实现。

6. 租金收入，是指企业提供固定资产、包装物或者其他有形资产的使用权取得的收入。租金收入按照合同约定的承租人应付租金的日期确认收入的实现。

7. 特许权使用费收入，是指企业提供专利权、非专利技术、商标权、著作权以及其他特许权的使用权取得的收入。特许权使用费收入，按照合同约定的特许权使用人应付特许权使用费的日期确认收入的实现。

8. 接受捐赠收入，是指企业接受的来自其他企业、组织或者个人无偿给予的货币性资产、非货币性资产。接受捐赠收入，按照实际收到捐赠资产的日期确认收入的实现。

9. 其他收入，是指企业取得的除以上收入外的其他收入，包括企业资产溢余收入、逾期未退包装物押金收入、确实无法偿付的应付款项、已作坏账损失处理后又收回的应收款项、债务重组收入、补贴收入、违约金收入、汇兑收益等。

（二）特殊收入的确认

1. 以分期收款方式销售货物的，按照合同约定的收款日期确认收入的实现。

2. 企业受托加工制造大型机械设备、船舶、飞机，以及从事建筑、安装、装配工程业务或者提供其他劳务等，持续时间超过12个月的，按照纳税年度内完工进度或者完成的工作量确认收入的实现。

3. 采取产品分成方式取得收入的，按照企业分得产品的日期确认收入的实现，其收入额按照产品的公允价值确定。

4. 企业发生非货币性资产交换，以及将货物、财产、劳务用于捐赠、偿债、赞助、集资、广告、样品、职工福利或者利润分配等用途的，应当视同销售货物、转让财产或者提供劳务，但国务院财政、税务主管部门另有规定的除外。

5. 对企业投资者持有2019～2023年发行的铁路债券取得的利息收入，减半征收企业所得税。铁路债券是指以中国铁路总公司为发行和偿还主体的债券,包括中国铁路建设债券、中期票据、短期融资券等债务融资工具。

6. 永续债企业所得税处理。自2019年1月1日起,企业发行的永续债,可以适用股息、红利企业所得税政策,即投资方取得的永续债利息收入属于股息、红利性质,按照现行企业所得税政策相关规定进行处理。

(三) 处置资产收入的确认

1. 企业发生下列情形的处置资产,除将资产转移至境外以外,由于资产所有权属在形式和实质上均不发生改变,可作为内部处置资产,不视同销售确认收入,相关资产的计税基础延续计算。

(1) 将资产用于生产、制造、加工另一产品。
(2) 改变资产形状、结构或性能。
(3) 改变资产用途(如自建商品房转为自用或经营)。
(4) 将资产在总机构及其分支机构之间转移。
(5) 上述两种或两种以上情形的混合。
(6) 其他不改变资产所有权属的用途。

2. 企业将资产移送他人的下列情形,因资产所有权属已发生改变而不属于内部处置资产,应按规定视同销售确定收入。

(1) 用于市场推广或销售。
(2) 用于交际应酬。
(3) 用于职工奖励或福利。
(4) 用于股息分配。
(5) 用于对外捐赠。
(6) 其他改变资产所有权属的用途。

3. 企业发生上述第2项规定情形时,除另有规定外,应按照被移送资产的公允价值确定销售收入。

(四) 非货币性资产投资企业所得税处理

非货币性资产,是指现金、银行存款、应收账款、应收票据以及准备持有至到期的债券投资等货币性资产以外的资产。

1. 居民企业(以下简称企业)以非货币性资产对外投资确认的非货币性资产转让所得,可在不超过5年期限内,分期均匀计入相应年度的应纳税所得额,按规定计算缴纳企业所得税。

2. 企业以非货币性资产对外投资,应对非货币性资产进行评估并按评估后的公允价值扣除计税基础后的余额,计算确认非货币性资产转让所得。

企业以非货币性资产对外投资,应于投资协议生效并办理股权登记手续时,确认非货币性资产转让收入的实现。

3. 企业以非货币性资产对外投资而取得被投资企业的股权,应以非货币性资产的原计税成本为计税基础,加上每年确认的非货币性资产转让所得,逐年进行调整。

被投资企业取得非货币性资产的计税基础,应按非货币性资产的公允价值确定。

4. 企业在对外投资5年内转让上述股权或投资收回的，应停止执行递延纳税政策，并就递延期内尚未确认的非货币性资产转让所得，在转让股权或投资收回当年的企业所得税年度汇算清缴时，一次性计算缴纳企业所得税；企业在计算股权转让所得时，可按有关规定将股权的计税基础一次调整到位。

企业在对外投资5年内注销的，应停止执行递延纳税政策，并就递延期内尚未确认的非货币性资产转让所得，在注销当年的企业所得税年度汇算清缴时，一次性计算缴纳企业所得税。

5. 此处所称非货币性资产投资，限于以非货币性资产出资设立新的居民企业，或将非货币性资产注入现存的居民企业。

6. 企业发生非货币性资产投资，符合《财政部 国家税务总局关于企业重组业务企业所得税处理若干问题的通知》（财税〔2009〕59号）等规定的特殊性税务处理条件的，也可选择按特殊性税务处理规定执行。

（五）相关收入实现的确认

除《企业所得税法》及其《实施条例》关于前述收入的规定外，企业销售收入的确认，必须遵循权责发生制原则和实质重于形式原则。

1. 企业销售商品同时满足下列条件的，应确认收入的实现：

（1）商品销售合同已经签订，企业已将与商品所有权相关的主要风险和报酬转移给购货方。

（2）企业对已售出的商品既没有保留通常与所有权相联系的继续管理权，也没有实施有效控制。

（3）收入的金额能够可靠地计量。

（4）已发生或将发生的销售方的成本能够可靠地核算。

2. 符合第1项收入确认条件，采取下列商品销售方式的，应按以下规定确认收入实现时间：

（1）销售商品采用托收承付方式的，在办妥托收手续时确认收入。

（2）销售商品采取预收款方式的，在发出商品时确认收入。

（3）销售商品需要安装和检验的，在购买方接受商品以及安装和检验完毕时确认收入。如果安装程序比较简单，可在发出商品时确认收入。

（4）销售商品采用支付手续费方式委托代销的，在收到代销清单时确认收入。

3. 采用售后回购方式销售商品的，销售的商品按售价确认收入，回购的商品作为购进商品处理。有证据表明不符合销售收入确认条件的，如以销售商品方式进行融资，收到的款项应确认为负债，回购价格大于原售价的，差额应在回购期间确认为利息费用。

4. 销售商品以旧换新的，销售的商品应当按照销售商品收入确认条件确认收入，回收的商品作为购进商品处理。

5. 企业为促进商品销售而在商品价格上给予的价格扣除属于商业折扣，商品销售涉及商业折扣的，应当按照扣除商业折扣后的金额确定销售商品收入金额。

6. 企业在各个纳税期末，提供劳务交易的结果能够可靠估计的，应采用完工进度（完工百分比）法确认提供劳务收入。

7. 企业以买一赠一等方式组合销售本企业商品的，不属于捐赠，应将总的销售金额按各项商品的公允价值的比例来分摊确认各项的销售收入。

8. 企业取得财产（包括各类资产、股权、债权等）转让收入、债务重组收入、接受捐赠收入、无法偿付的应付款收入等，不论是以货币形式还是非货币形式体现，除另有规定外，均应一次性计入确认收入的年度计算缴纳企业所得税。

9. 企业取得政府财政资金的收入时间确认。

企业按照市场价格销售货物、提供劳务服务等，凡由政府财政部门根据企业销售货物、提供劳务服务的数量、金额的一定比例给予全部或部分资金支付的，应当按照权责发生制原则确认收入。

除上述情形外，企业取得的各种政府财政支付，如财政补贴、补助、补偿、退税等，应当按照实际取得收入的时间确认收入。

二、不征税收入和免税收入

（一）不征税收入

1. 财政拨款，是指各级人民政府对纳入预算管理的事业单位、社会团体等组织拨付的财政资金，但国务院和国务院财政、税务主管部门另有规定的除外。

2. 依法收取并纳入财政管理的行政事业性收费、政府性基金。行政事业性收费是指依照法律法规等有关规定，按照国务院规定程序批准，在实施社会公共管理，以及在向公民、法人或者其他组织提供特定公共服务过程中，向特定对象收取并纳入财政管理的费用。政府性基金，是指企业依照法律、行政法规等有关规定，代政府收取的具有专项用途的财政资金。

3. 国务院规定的其他不征税收入，是指企业取得的，由国务院财政、税务主管部门规定专项用途并经国务院批准的财政性资金。

（二）免税收入

1. 国债利息收入。为鼓励企业积极购买国债，支援国家建设，税法规定，企业因购买国债所得的利息收入，免征企业所得税。

2. 符合条件的居民企业之间的股息、红利等权益性收益，是指居民企业直接投资于其他居民企业取得的投资收益。

3. 在中国境内设立机构、场所的非居民企业从居民企业取得与该机构、场所有实际联系的股息、红利等权益性投资收益。该收益不包括连续持有居民企业公开发行并上市流通的股票不足12个月取得的投资收益。

4. 符合条件的非营利组织的收入。

三、税前扣除原则和范围

（一）扣除项目的原则

1. 权责发生制原则。
2. 配比原则。
3. 相关性原则。

4. 确定性原则。
5. 合理性原则。

（二）扣除项目的范围

《企业所得税法》规定，企业实际发生的与取得收入有关的、合理的支出，包括成本、费用、税金、损失和其他支出，准予在计算应纳税所得额时扣除。在实际中，计算应纳税所得额时还应注意三个方面的内容：第一，企业发生的支出应当区分收益性支出和资本性支出。收益性支出在发生当期直接扣除；资本性支出应当分期扣除或者计入有关资产成本，不得在发生当期直接扣除。第二，企业的不征税收入用于支出所形成的费用或者财产，不得扣除或者计算对应的折旧、摊销扣除。第三，除《企业所得税法》及其《实施条例》另有规定外，企业实际发生的成本、费用、税金、损失和其他支出，不得重复扣除。

四、不得扣除的项目

在计算应纳税所得额时，下列支出不得扣除：

1. 向投资者支付的股息、红利等权益性投资收益款项。
2. 企业所得税税款。
3. 税收滞纳金，是指纳税人违反税收法规，被税务机关处以的滞纳金。
4. 罚金、罚款和被没收财物的损失，是指纳税人违反国家有关法律、法规规定，被有关部门处以的罚款，以及被司法机关处以的罚金和被没收财物。
5. 超过规定标准的捐赠支出。
6. 赞助支出，是指企业发生的与生产经营活动无关的各种非广告性质支出。
7. 未经核定的准备金支出，是指不符合国务院财政、税务主管部门规定的各项资产减值准备、风险准备等准备金支出。
8. 企业之间支付的管理费、企业内营业机构之间支付的租金和特许权使用费，以及非银行企业内营业机构之间支付的利息。
9. 与取得收入无关的其他支出。

五、亏损弥补

1. 亏损，是指企业将每一纳税年度的收入总额减除不征税收入、免税收入和各项扣除后小于零的数额。税法规定，企业某一纳税年度发生的亏损可以用下一年度的所得弥补，下一年度的所得不足以弥补的，可以逐年延续弥补，但最长不得超过5年。而且，企业在汇总计算缴纳企业所得税时，其境外营业机构的亏损不得抵减境内营业机构的盈利。

2. 自2018年1月1日起，当年具备高新技术企业或科技型中小企业资格（以下统称资格）的企业，其具备资格年度之前5个年度发生的尚未弥补完的亏损，准予结转以后年度弥补，最长结转年限由5年延长至10年。

3. 企业筹办期间不计算为亏损年度，企业自开始生产经营的年度，为开始计算企业损益的年度。企业从事生产经营之前进行筹办活动期间发生的筹办费用支出，不得计算为当期的亏损，企业可以在开始经营之日的当年一次性扣除，也可以按照税法有关长期待摊费用的处理规定处理，但一经选定，不得改变。

4. 对于税务机关对企业以前年度纳税情况进行检查时调增的应纳税所得额，凡企业以前年度发生亏损且该亏损属于《企业所得税法》规定允许弥补的，应允许以调增的应纳税所得额弥补该亏损。弥补该亏损后仍有余额的，按照《企业所得税法》规定计算缴纳企业所得税。对检查调增的应纳税所得额应根据其情节，依照《税收征收管理法》有关规定进行处理或处罚。

上述规定自 2010 年 12 月 1 日开始执行，以前年度（含 2008 年度之前）没有处理的事项，按本规定执行。

5. 对企业发现以前年度实际发生的、按照税法规定应在企业所得税税前扣除而未扣除或者少扣除的支出，企业作出专项申报及说明后，准予追补至该项目发生年度计算扣除，但追补确认期限不得超过 5 年。

第三节　资产的税务处理

一、固定资产的税务处理

固定资产，是指企业为生产产品、提供劳务、出租或者经营管理而持有的、使用时间超过 12 个月的非货币性资产，包括房屋、建筑物、机器、机械、运输工具以及其他与生产经营活动有关的设备、器具、工具等。

（一）固定资产计税基础

1. 外购的固定资产，以购买价款和支付的相关税费以及直接归属于使该资产达到预定用途发生的其他支出为计税基础。

2. 自行建造的固定资产，以竣工结算前发生的支出为计税基础。

3. 融资租入的固定资产，以租赁合同约定的付款总额和承租人在签订租赁合同过程中发生的相关费用为计税基础，租赁合同未约定付款总额的，以该资产的公允价值和承租人在签订租赁合同过程中发生的相关费用为计税基础。

4. 盘盈的固定资产，以同类固定资产的重置完全价值为计税基础。

5. 通过捐赠、投资、非货币性资产交换、债务重组等方式取得的固定资产，以该资产的公允价值和支付的相关税费为计税基础。

6. 改建的固定资产，除已足额提取折旧的固定资产和租入的固定资产以外的其他固定资产，以改建过程中发生的改建支出增加计税基础。

（二）固定资产折旧的范围

在计算应纳税所得额时，企业按照规定计算的固定资产折旧，准予扣除。下列固定资产不得计算折旧扣除：

1. 房屋、建筑物以外未投入使用的固定资产。

2. 以经营租赁方式租入的固定资产。

3. 以融资租赁方式租出的固定资产。
4. 已足额提取折旧仍继续使用的固定资产。
5. 与经营活动无关的固定资产。
6. 单独估价作为固定资产入账的土地。
7. 其他不得计算折旧扣除的固定资产。

(三) 固定资产折旧的计提方法

1. 企业应当自固定资产投入使用月份的次月起计算折旧；停止使用的固定资产，应当自停止使用月份的次月起停止计算折旧。
2. 企业应当根据固定资产的性质和使用情况，合理确定固定资产的预计净残值。固定资产的预计净残值一经确定，不得变更。
3. 固定资产按照直线法计算的折旧，准予扣除。

(四) 固定资产折旧的计提年限

除国务院财政、税务主管部门另有规定外，固定资产计算折旧的最低年限如下：
1. 房屋、建筑物，为20年。
2. 飞机、火车、轮船、机器、机械和其他生产设备，为10年。
3. 与生产经营活动有关的器具、工具、家具等，为5年。
4. 飞机、火车、轮船以外的运输工具，为4年。
5. 电子设备，为3年。

从事开采石油、天然气等矿产资源的企业，在开始进行商业性生产前发生的费用和有关固定资产的折耗、折旧方法，由国务院财政、税务主管部门另行规定。

(五) 固定资产折旧的处理

1. 企业固定资产会计折旧年限如果短于税法规定的最低折旧年限，其按会计折旧年限计提的折旧高于按税法规定的最低折旧年限计提的折旧部分，应调增当期应纳税所得额；企业固定资产会计折旧年限已期满且会计折旧已提足，但税法规定的最低折旧年限尚未到期且税收折旧尚未足额扣除，其未足额扣除的部分准予在剩余的税收折旧年限继续按规定扣除。
2. 企业固定资产会计折旧年限如果长于税法规定的最低折旧年限，其折旧应按会计折旧年限计算扣除，税法另有规定的除外。
3. 企业按会计规定提取的固定资产减值准备，不得税前扣除，其折旧仍按税法确定的固定资产计税基础计算扣除。
4. 企业按税法规定实行加速折旧的，其按加速折旧办法计算的折旧额可全额在税前扣除。
5. 石油天然气开采企业在计提油气资产折耗（折旧）时，由于会计与税法规定的计算方法不同导致的折耗（折旧）差异，应按税法规定进行纳税调整。

(六) 固定资产改扩建的税务处理

自2011年7月1日起，企业对房屋、建筑物等固定资产在未足额提取折旧前进行改扩建的，如属于推倒重置的，该资产原值减除提取折旧后的净值，应并入重置后的固定资产计税成本，并在该固定资产投入使用后的次月起，按照税法规定的折旧年限，一并计提折旧；如属于提升功能、增加面积的，该固定资产的改扩建支出，应并入该固定资产计税基础，并从改扩建完工投入使用后的次月起，重新按税法规定的该固定资产折旧年限计提折旧，如该改扩建后的固定资产尚可使用的年限低于税法规定的最低年限的，可以按尚可使用的年限计提折旧。

（七）企业所得税核定征收改为查账征收后有关资产的税务处理

1. 企业能够提供资产购置发票的，以发票载明金额为计税基础；不能提供资产购置发票的，可以凭购置资产的合同（协议）、资金支付证明、会计核算资料等记载金额，作为计税基础。

2. 企业核定征税期间投入使用的资产，改为查账征税后，按照税法规定的折旧、摊销年限，扣除该资产投入使用年限后，就剩余年限继续计提折旧、摊销额并在税前扣除。

（八）文物、艺术品资产的税务处理

企业购买的文物、艺术品用于收藏、展示、保值增值的，作为投资资产进行税务处理。文物、艺术品资产在持有期间，计提的折旧、摊销费用，不得税前扣除。

二、生物资产的税务处理

生物资产，是指有生命的动物和植物。生物资产分为消耗性生物资产、生产性生物资产和公益性生物资产。消耗性生物资产，是指为出售而持有的或在将来收获为农产品的生物资产，包括生长中的农田作物、蔬菜、用材林以及存栏待售的牲畜等。生产性生物资产，是指为产出农产品、提供劳务或出租等目的而持有的生物资产，包括经济林、薪炭林、产畜和役畜等。公益性生物资产，是指以防护、环境保护为主要目的的生物资产，包括防风固沙林、水土保持林和水源涵养林等。

（一）生物资产的计税基础

生产性生物资产按照以下方法确定计税基础：

1. 外购的生产性生物资产，以购买价款和支付的相关税费为计税基础。

2. 通过捐赠、投资、非货币性资产交换、债务重组等方式取得的生产性生物资产，以该资产的公允价值和支付的相关税费为计税基础。

（二）生物资产的折旧方法和折旧年限

生产性生物资产按照直线法计算的折旧，准予扣除。企业应当自生产性生物资产投入使用月份的次月起计算折旧；停止使用的生产性生物资产，应当自停止使用月份的次月起停止计算折旧。

企业应当根据生产性生物资产的性质和使用情况，合理确定生产性生物资产的预计净残值。生产性生物资产的预计净残值一经确定，不得变更。

生产性生物资产计算折旧的最低年限如下：

1. 林木类生产性生物资产，为 10 年。

2. 畜类生产性生物资产，为 3 年。

三、无形资产的税务处理

无形资产，是指企业长期使用，但没有实物形态的资产，包括专利权、商标权、著作权、土地使用权、非专利技术、商誉等。

（一）无形资产的计税基础

无形资产按照以下方法确定计税基础：

1. 外购的无形资产，以购买价款和支付的相关税费以及直接归属于使该资产达到预定用途发生的其他支出为计税基础。

2. 自行开发的无形资产，以开发过程中该资产符合资本化条件后至达到预定用途前发生的支出为计税基础。

3. 通过捐赠、投资、非货币性资产交换、债务重组等方式取得的无形资产，以该资产的公允价值和支付的相关税费为计税基础。

（二）无形资产摊销的范围

在计算应纳税所得额时，企业按照规定计算的无形资产摊销费用，准予扣除。

下列无形资产不得计算摊销费用扣除：

1. 自行开发的支出已在计算应纳税所得额时扣除的无形资产。
2. 自创商誉。
3. 与经营活动无关的无形资产。
4. 其他不得计算摊销费用扣除的无形资产。

（三）无形资产的摊销方法及年限

无形资产的摊销，采取直线法计算。无形资产的摊销年限不得低于10年。作为投资或者受让的无形资产，有关法律规定或者合同约定了使用年限的，可以按照规定或者约定的使用年限分期摊销。外购商誉的支出，在企业整体转让或者清算时，准予扣除。

四、长期待摊费用的税务处理

长期待摊费用，是指企业发生的应在1个年度以上或几个年度进行摊销的费用。在计算应纳税所得额时，企业发生的下列支出作为长期待摊费用，按照规定摊销的，准予扣除。

1. 已足额提取折旧的固定资产的改建支出。
2. 租入固定资产的改建支出。
3. 固定资产的大修理支出。
4. 其他应当作为长期待摊费用的支出。

《企业所得税法》所指固定资产的大修理支出，是指同时符合下列条件的支出：

（1）修理支出达到取得固定资产时的计税基础50%以上。

（2）修理后固定资产的使用年限延长2年以上。

其他应当作为长期待摊费用的支出，自支出发生月份的次月起，分期摊销，摊销年限不得低于3年。

五、存货的税务处理

存货，是指企业持有以备出售的产品或者商品、处在生产过程中的在产品、在生产或者提供劳务过程中耗用的材料和物料等。

（一）存货的计税基础

存货按照以下方法确定成本：

1. 通过支付现金方式取得的存货，以购买价款和支付的相关税费为成本。

2. 通过支付现金以外的方式取得的存货，以该存货的公允价值和支付的相关税费为成本。

3. 生产性生物资产收获的农产品，以产出或者采收过程中发生的材料费、人工费和分摊的间接费用等必要支出为成本。

（二）存货的成本计算方法

企业使用或者销售的存货的成本计算方法，可以在先进先出法、加权平均法、个别计价法中选用一种。计价方法一经选用，不得随意变更。

企业转让以上资产，在计算企业应纳税所得额时，资产的净值允许扣除。其中，资产的净值是指有关资产、财产的计税基础减除已经按照规定扣除的折旧、折耗、摊销、准备金等后的余额。

除国务院财政、税务主管部门另有规定外，企业在重组过程中，应当在交易发生时确认有关资产的转让所得或者损失，相关资产应当按照交易价格重新确定计税基础。

六、投资资产的税务处理

投资资产，是指企业对外进行权益性投资和债权性投资而形成的资产。

（一）投资资产的成本

投资资产按以下方法确定投资成本：

1. 通过支付现金方式取得的投资资产，以购买价款为成本。

2. 通过支付现金以外的方式取得的投资资产，以该资产的公允价值和支付的相关税费为成本。

（二）投资资产成本的扣除方法

企业对外投资期间，投资资产的成本在计算应纳税所得额时不得扣除，企业在转让或者处置投资资产时，投资资产的成本准予扣除。

（三）投资企业撤回或减少投资的税务处理

1. 自2011年7月1日起，投资企业从被投资企业撤回或减少投资，其取得的资产中，相当于初始出资的部分，应确认为投资收回；相当于被投资企业累计未分配利润和累计盈余公积按减少实收资本比例计算的部分，应确认为股息所得；其余部分确认为投资资产转让所得。

2. 被投资企业发生的经营亏损，由被投资企业按规定结转弥补。投资企业不得调整减低其投资成本，也不得将其确认为投资损失。

七、税法规定与会计规定差异的处理

税法规定与会计规定差异的处理，是指在计算应纳税所得额时，企业会计规定与税法规定不一致的，应当依照税法规定予以调整。即企业在平时进行会计核算时，可以按会计制度的有关规定进行账务处理，但在申报纳税时，对税法规定和会计制度规定有差异的，要按税法的规定进行纳税调整。

对企业依据财务会计制度规定，并实际在财务会计处理上已确认的支出，凡没有超过《企业所得税法》和有关税收法规规定的税前扣除范围和标准的，可按企业实际会计处理确认的支出，在企业所得税税前扣除，计算其应纳税所得额。

第四节 资产损失的所得税处理

一、资产损失的定义

资产损失，是指企业在生产经营活动中实际发生的、与取得应税收入有关的资产损失，包括现金损失，存款损失，坏账损失，贷款损失，股权投资损失，固定资产和存货的盘亏、毁损、报废、被盗损失，自然灾害等不可抗力因素造成的损失以及其他损失。

二、资产损失扣除政策

企业资产损失税前扣除政策如下：

1. 企业清查出的现金短缺减除责任人赔偿后的余额，作为现金损失在计算应纳税所得额时扣除。

2. 企业将货币性资金存入法定具有吸收存款职能的机构，因该机构依法破产、清算，或者政府责令停业、关闭等原因，确实不能收回的部分，作为存款损失在计算应纳税所得额时扣除。

3. 企业除贷款类债权外的应收、预付账款符合下列条件之一的，减除可收回金额后确认的无法收回的应收、预付款项，可以作为坏账损失在计算应纳税所得额时扣除：

（1）债务人依法宣告破产、关闭、解散、被撤销，或者被依法注销、吊销营业执照，其清算财产不足清偿的。

（2）债务人死亡，或者依法被宣告失踪、死亡，其财产或者遗产不足清偿的。

（3）债务人逾期3年以上未清偿，且有确凿证据证明已无力清偿债务的。

（4）与债务人达成债务重组协议或法院批准破产重整计划后，无法追偿的。

（5）因自然灾害、战争等不可抗力导致无法收回的。

（6）国务院财政、税务主管部门规定的其他条件。

4. 企业经采取所有可能的措施和实施必要的程序之后，符合下列条件之一的贷款类债权，可以作为贷款损失在计算应纳税所得额时扣除：

（1）借款人和担保人依法宣告破产、关闭、解散、被撤销，并终止法人资格，或者已完全停止经营活动，被依法注销、吊销营业执照，对借款人和担保人进行追偿后，未能收回的债权。

（2）借款人死亡，或者依法被宣告失踪、死亡，依法对其财产或者遗产进行清偿，并对担保人进行追偿后，未能收回的债权。

(3) 借款人遭受重大自然灾害或者意外事故，损失巨大且不能获得保险补偿，或者以保险赔偿后，确实无力偿还部分或者全部债务，对借款人财产进行清偿和对担保人进行追偿后，未能收回的债权。

(4) 借款人触犯刑律，依法受到制裁，其财产不足归还所借债务，又无其他债务承担者，经追偿后确实无法收回的债权。

(5) 由于借款人和担保人不能偿还到期债务，企业诉诸法律，经法院对借款人和担保人强制执行，借款人和担保人均无财产可执行，法院裁定执行程序终结或终止（中止）后，仍无法收回的债权。

(6) 由于借款人和担保人不能偿还到期债务，企业诉诸法律后，经法院调解或经债权人会议通过，与借款人和担保人达成和解协议或重整协议，在借款人和担保人履行完还款义务后，无法追偿的剩余债权。

(7) 由于上述第（1）~（6）项原因借款人不能偿还到期债务，企业依法取得抵债资产，抵债金额小于贷款本息的差额，经追偿后仍无法收回的债权。

(8) 开立信用证、办理承兑汇票、开具保函等发生垫款时，凡开证申请人和保证人由于上述第（1）~（7）项原因，无法偿还垫款，金融企业经追偿后仍无法收回的垫款。

(9) 银行卡持卡人和担保人由于上述第（1）~（7）项原因，未能还清透支款项，金融企业经追偿后仍无法收回的透支款项。

(10) 助学贷款逾期后，在金融企业确定的有效追索期限内，依法处置助学贷款抵押物（质押物），并向担保人追索连带责任后，仍无法收回的贷款。

(11) 经国务院专案批准核销的贷款类债权。

(12) 国务院财政、税务主管部门规定的其他条件。

5. 企业的股权投资符合下列条件之一的，减除可收回金额后确认的无法收回的股权投资，可以作为股权投资损失在计算应纳税所得额时扣除：

(1) 被投资方依法宣告破产、关闭、解散、被撤销，或者被依法注销、吊销营业执照的。

(2) 被投资方财务状况严重恶化，累计发生巨额亏损，已连续停止经营3年以上，且无重新恢复经营改组计划的。

(3) 对被投资方不具有控制权，投资期限届满或者投资期限已超过10年，且被投资单位因连续3年经营亏损导致资不抵债的。

(4) 被投资方财务状况严重恶化，累计发生巨额亏损，已完成清算或清算期超过3年以上的。

(5) 国务院财政、税务主管部门规定的其他条件。

6. 对企业盘亏的固定资产或存货，以该固定资产的账面净值或存货的成本减除责任人赔偿后的余额，作为固定资产或存货盘亏损失在计算应纳税所得额时扣除。

7. 对企业毁损、报废的固定资产或存货，以该固定资产的账面净值或存货的成本减除残值、保险赔款和责任人赔偿后的余额，作为固定资产或存货毁损、报废损失在计算应纳税所得额时扣除。

8. 对企业被盗的固定资产或存货，以该固定资产的账面净值或存货的成本减除保险赔款和责任人赔偿后的余额，作为固定资产或存货被盗损失在计算应纳税所得额时扣除。

9. 企业因存货盘亏、毁损、报废、被盗等原因不得从增值税销项税额中抵扣的进项税额，可以与存货损失一起在计算应纳税所得额时扣除。

10. 企业在计算应纳税所得额时已经扣除的资产损失，在以后纳税年度全部或者部分收回时，其收回部分应当作为收入计入收回当期的应纳税所得额。

11. 企业境内、境外营业机构发生的资产损失应分开核算，对境外营业机构由于发生资产损失而产生的亏损，不得在计算境内应纳税所得额时扣除。

12. 企业对其扣除的各项资产损失，应当提供能够证明资产损失确属已实际发生的合法证据，包括具有法律效力的外部证据、具有法定资质的中介机构的经济鉴证证明、具有法定资质的专业机构的技术鉴定证明等。

三、资产损失税前扣除管理

自2011年1月1日起，企业资产损失税前扣除管理的基本原则是：

1. 准予在企业所得税税前扣除的资产损失，是指企业在实际处置、转让上述资产过程中发生的合理损失（以下简称实际资产损失），以及企业虽未实际处置、转让上述资产，但符合相关文件规定条件计算确认的损失（以下简称法定资产损失）。

2. 企业实际资产损失，应当在其实际发生且会计上已作损失处理的年度申报扣除。企业向税务机关申报扣除资产损失，仅需填报企业所得税年度纳税申报表《资产损失税前扣除及纳税调整明细表》，不再报送资产损失相关资料，相关资料由企业留存备查。

3. 企业发生的资产损失，应按规定的程序和要求向主管税务机关申报后方能在税前扣除。未经申报的损失，不得在税前扣除。

4. 企业以前年度发生的资产损失未能在当年税前扣除的，可以按照上述文件的规定，向税务机关说明并进行专项申报扣除。其中，属于实际资产损失的，准予追补至该项损失发生年度扣除，其追补确认期限一般不得超过5年，但因计划经济体制转轨过程中遗留的资产损失、企业重组上市过程中因权属不清出现争议而未能及时扣除的资产损失、因承担国家政策性任务而形成的资产损失以及因政策定性不明确而形成的资产损失等特殊原因形成的资产损失，其追补确认期限经国家税务总局批准后可适当延长。属于法定资产损失的，应在申报年度扣除。

第五节 企业重组的所得税处理

一、企业重组的认定

企业重组，是指企业在日常经营活动以外发生的法律结构或经济结构重大改变的交易，包括企业法律形式改变、债务重组、股权收购、资产收购、合并、分立等。

二、企业重组的一般性税务处理方法

1. 企业由法人转变为个人独资企业、合伙企业等非法人组织，或将登记注册地转移至中华人民共和国境外（包括港、澳、台地区），应视同企业进行清算、分配，股东重新投资成立新企业。企业的全部资产以及股东投资的计税基础均应以公允价值为基础确定。

2. 企业债务重组，相关交易的处理。

（1）以非货币资产清偿债务，应当分解为转让相关非货币性资产、按非货币性资产公允价值清偿债务两项业务，确认相关资产的所得或损失。

（2）发生债权转股权的，应当分解为债务清偿和股权投资两项业务，确认有关债务清偿所得或损失。

（3）债务人应当按照支付的债务清偿额低于债务计税基础的差额，确认债务重组所得；债权人应当按照收到的债务清偿额低于债权计税基础的差额，确认债务重组损失。

（4）债务人的相关所得税纳税事项原则上保持不变。

3. 企业股权收购、资产收购重组交易，相关交易的处理。

（1）被收购方应确认股权、资产转让所得或损失。

（2）收购方取得的股权或资产的计税基础应以公允价值为基础确定。

（3）被收购企业的相关所得税事项原则上保持不变。

4. 企业合并，当事各方的税务处理。

（1）合并企业应按公允价值确定接受被合并企业各项资产和负债的计税基础。

（2）被合并企业及其股东都应按清算进行所得税处理。

（3）被合并企业的亏损不得在合并企业结转弥补。

5. 企业分立，当事各方的税务处理。

（1）被分立企业对分立出去的资产应按公允价值确认资产转让所得或损失。

（2）分立企业应按公允价值确认接受资产的计税基础。

（3）被分立企业继续存在时，其股东取得的对价应视同被分立企业分配进行处理。

（4）被分立企业不再继续存在时，被分立企业及其股东都应按清算进行所得税处理。

（5）企业分立相关企业的亏损不得相互结转弥补。

三、企业重组的特殊性税务处理方法

（一）适用特殊性税务处理的条件

企业重组同时符合下列条件的，适用特殊性税务处理规定：

1. 具有合理的商业目的，且不以减少、免除或者推迟缴纳税款为主要目的。
2. 被收购、合并或分立部分的资产或股权比例符合下述第（二）项规定的比例。
3. 企业重组后的连续12个月内不改变重组资产原来的实质性经营活动。
4. 重组交易对价中涉及的股权支付金额符合下述第（二）项规定的比例。
5. 企业重组中取得股权支付的原主要股东，在重组后连续12个月内，不得转让所取得的股权。

（二）企业重组符合上述特殊性税务处理条件的，交易各方对其交易中的股权支付部分的税务处理

1. 企业债务重组确认的应纳税所得额占该企业当年应纳税所得额50%以上，可以在5个纳税年度的期间内，均匀计入各年度的应纳税所得额。

企业发生债权转股权业务，对债务清偿和股权投资两项业务暂不确认有关债务清偿所得或损失，股权投资的计税基础以原债权的计税基础确定。企业的其他相关所得税事项保持不变。

2. 股权收购，收购企业购买的股权不低于被收购企业全部股权的50%，且收购企业在该股权收购发生时的股权支付金额不低于其交易支付总额的85%，可以选择按以下规定处理：

（1）被收购企业的股东取得收购企业股权的计税基础，以被收购股权的原有计税基础确定。

（2）收购企业取得被收购企业股权的计税基础，以被收购股权的原有计税基础确定。

（3）收购企业、被收购企业的原有各项资产和负债的计税基础和其他相关所得税事项保持不变。

3. 资产收购，受让企业收购的资产不低于转让企业全部资产的50%，且受让企业在该资产收购发生时的股权支付金额不低于其交易支付总额的85%，可以选择按以下规定处理：

（1）转让企业取得受让企业股权的计税基础，以被转让资产的原有计税基础确定。

（2）受让企业取得转让企业资产的计税基础，以被转让资产的原有计税基础确定。

4. 企业合并，企业股东在该企业合并发生时取得的股权支付金额不低于其交易支付总额的85%，以及同一控制下且不需要支付对价的企业合并，可以选择按以下规定处理：

（1）合并企业接受被合并企业资产和负债的计税基础，以被合并企业的原有计税基础确定。

（2）被合并企业合并前的相关所得税事项由合并企业承继。

（3）可由合并企业弥补的被合并企业亏损的限额为被合并企业的净资产公允价值乘以截至合并业务发生当年年末国家发行的最长期限的国债利率。

（4）被合并企业股东取得合并企业股权的计税基础，以其原持有的被合并企业股权的计税基础确定。

5. 企业分立，被分立企业所有股东按原持股比例取得分立企业的股权，分立企业和被分立企业均不改变原来的实质经营活动，且被分立企业股东在该企业分立发生时取得的股权支付金额不低于其交易支付总额的85%，可以选择按以下规定处理：

（1）分立企业接受被分立企业资产和负债的计税基础，以被分立企业的原有计税基础确定。

（2）被分立企业已分立出去资产相应的所得税事项由分立企业承继。

（3）被分立企业未超过法定弥补期限的亏损额可按分立资产占全部资产的比例进行分配，由分立企业继续弥补。

（4）被分立企业的股东取得分立企业的股权（以下简称新股），如需部分或全部放弃原持有的被分立企业的股权（以下简称旧股），新股的计税基础应以放弃旧股的计税基础

确定。如不需放弃旧股,则其取得新股的计税基础可从以下两种方法中选择确定:

①直接将新股的计税基础确定为零。

②以被分立企业分立出去的净资产占被分立企业全部净资产的比例先调减原持有的旧股的计税基础,再将调减的计税基础平均分配到新股上。

6. 重组交易各方按上述第1~5项规定对交易中的股权支付暂不确认有关资产的转让所得或损失的,其非股权支付仍应在交易当期确认相应的资产转让所得或损失,并调整相应资产的计税基础。

$$\text{非股权支付对应的资产转让所得或损失} = \left(\text{被转让资产的公允价值} - \text{被转让资产的计税基础}\right) \times \frac{\text{非股权支付金额}}{\text{被转让资产的公允价值}}$$

7. 对100%直接控制的居民企业之间,以及受同一或相同多家居民企业100%直接控制的居民企业之间按账面净值划转股权或资产,凡具有合理商业目的、不以减少、免除或者推迟缴纳税款为主要目的,股权或资产划转后连续12个月内不改变被划转股权或资产原来的实质性经营活动,且划出方企业和划入方企业均未在会计上确认损益的,可以选择按以下规定进行特殊性税务处理:

(1) 划出方企业和划入方企业均不确认所得。

(2) 划入方企业取得被划转股权或资产的计税基础,以被划转股权或资产的原账面净值确定。

(3) 划入方企业取得的被划转资产,应按其原账面净值计算折旧扣除。

(三) 特殊性税务处理附加条件

企业发生涉及中国境内与境外之间(包括港、澳、台地区)的股权和资产收购交易,除应符合上述第(一)项规定的条件外,还应同时符合下列条件,才可选择适用特殊性税务处理的规定。

1. 非居民企业向其100%直接控股的另一非居民企业转让其拥有的居民企业股权,没有因此造成以后该项股权转让所得预提税负变化,且转让方非居民企业向主管税务机关书面承诺在3年(含3年)内不转让其拥有的受让方非居民企业的股权。

2. 非居民企业向与其具有100%直接控股关系的居民企业转让其拥有的另一居民企业股权。

3. 居民企业以其拥有的资产或股权向其100%直接控股的非居民企业进行投资。

4. 财政部、国家税务总局核准的其他情形。

(四) 企业分立、合并的税收优惠政策适用

在企业吸收合并中,合并后的存续企业性质及适用税收优惠的条件未发生改变的,可以继续享受合并前该企业剩余期限的税收优惠,其优惠金额按存续企业合并前一年的应纳税所得额(亏损计为零)计算。

在企业存续分立中,分立后的存续企业性质及适用税收优惠的条件未发生改变的,可以继续享受分立前该企业剩余期限的税收优惠,其优惠金额按该企业分立前一年的应纳税所得额(亏损计为零)乘以分立后存续企业资产占分立前该企业全部资产的比例计算。

(五) 企业重组前后12个月内资产、股权交易的税务处理

企业在重组发生前后连续12个月内分步对其资产、股权进行交易,应根据实质重于形式原则将上述交易作为一项企业重组交易进行处理。

（六）企业重组特殊性税务处理的备案

企业发生符合上述规定的特殊性重组条件并选择特殊性税务处理的，当事各方应在该重组业务完成当年企业所得税年度申报时，向主管税务机关提交书面备案资料，证明其符合各类特殊性重组规定的条件。企业未按规定书面备案的，一律不得按特殊重组业务进行税务处理。

第六节　应纳税额的计算

一、居民企业应纳税额的计算

居民企业应缴纳所得税额等于应纳税所得额乘以适用税率，减除依照税法关于税收优惠的规定减免和抵免的税额后的余额，基本计算公式为：

应纳税额 = 应纳税所得额 × 适用税率 - 减免税额 - 抵免税额

根据计算公式可以看出，应纳税额的多少，主要取决于应纳税所得额和适用税率两个因素。在实际过程中，应纳税所得额的计算一般有两种方法。

（一）直接计算法

在直接计算法下，企业每一纳税年度的收入总额减除不征税收入、免税收入、各项扣除以及允许弥补的以前年度亏损后的余额为应纳税所得额。计算公式为：

应纳税所得额 = 收入总额 - 不征税收入 - 免税收入 - 各项扣除金额
　　　　　　　- 允许弥补的以前年度亏损

（二）间接计算法

在间接计算法下，会计利润总额加上或减去按照税法规定调整的项目金额后，即为应纳税所得额。计算公式为：

应纳税所得额 = 会计利润总额 ± 纳税调整项目金额

纳税调整项目金额包括两方面的内容：一是税法规定范围与会计规定不一致的应予以调整的金额；二是税法规定扣除标准与会计规定不一致的应予以调整的金额。

二、居民企业核定征收应纳税额的计算

（一）核定征收企业所得税的范围

核定征收办法适用于居民企业纳税人，纳税人具有下列情形之一的，税务机关可核定征收企业所得税：

1. 依照法律、行政法规的规定可以不设置账簿的。
2. 依照法律、行政法规的规定应当设置但未设置账簿的。
3. 擅自销毁账簿或者拒不提供纳税资料的。
4. 虽设置账簿，但账目混乱或者成本资料、收入凭证、费用凭证残缺不全，难以

查账的。

5. 发生纳税义务，未按照规定的期限办理纳税申报，经税务机关责令限期申报，逾期仍不申报的。

6. 申报的计税依据明显偏低，又无正当理由的。

特殊行业、特殊类型的纳税人和一定规模以上的纳税人不适用核定征收办法。上述特定纳税人由国家税务总局另行明确。

根据《国家税务总局关于企业所得税核定征收有关问题的公告》（国家税务总局公告2012年第27号）规定，自2012年1月1日起，专门从事股权（股票）投资业务的企业，不得核定征收企业所得税。

对依法按照核定应税所得率方式核定征收企业所得税的企业，取得的转让股权（股票）收入等转让财产收入，应全额计入应税收入额，按照主营项目（业务）确定适用的应税所得率计算征税；若主营项目（业务）发生变化，应在当年汇算清缴时，按照变化后的主营项目（业务）重新确定适用的应税所得率计算征税。

（二）核定征收的办法

税务机关应根据纳税人具体情况，对核定征收企业所得税的纳税人，核定应税所得率或者核定应纳所得税额。

1. 具有下列情形之一的，核定其应税所得率：
（1）能正确核算（查实）收入总额，但不能正确核算（查实）成本费用总额的。
（2）能正确核算（查实）成本费用总额，但不能正确核算（查实）收入总额的。
（3）通过合理方法，能计算和推定纳税人收入总额或成本费用总额的。

纳税人不属于以上情形的，核定其应纳所得税额。

2. 税务机关采用下列方法核定征收企业所得税：
（1）参照当地同类行业或者类似行业中经营规模和收入水平相近的纳税人的税负水平核定。
（2）按照应税收入额或成本费用支出额定率核定。
（3）按照耗用的原材料、燃料、动力等推算或测算核定。
（4）按照其他合理方法核定。

采用前款所列一种方法不足以正确核定应纳所得额或应纳税额的，可以同时采用两种以上的方法核定。采用两种以上方法测算的应纳税额不一致时，可按测算的应纳税额从高核定。

采用应税所得率方式核定征收企业所得税的，应纳所得税额计算公式为：

应纳所得税额 = 应纳税所得额 × 适用税率

应纳税所得额 = 应税收入额 × 应税所得率

或：应纳税所得额 = 成本（费用）支出额 ÷（1 - 应税所得率）× 应税所得率

实行应税所得率方式核定征收企业所得税的纳税人，经营多业的，无论其经营项目是否单独核算，均由税务机关根据其主营项目确定适用的应税所得率。

主营项目应为纳税人所有经营项目中，收入总额或者成本（费用）支出额或者耗用原材料、燃料、动力数量所占比重最大的项目。

三、非居民企业应纳税额的计算

对于在中国境内未设立机构、场所的，或者虽设立机构、场所但取得的所得与其所设机构、场所没有实际联系的非居民企业的所得，按照下列方法计算应纳税所得额：

1. 股息、红利等权益性投资收益和利息、租金、特许权使用费所得，以收入全额为应纳税所得额。

营业税改征增值税试点中的非居民企业，应以不含增值税的收入全额作为应纳税所得额。

2. 转让财产所得，以收入全额减除财产净值后的余额为应纳税所得额。
3. 其他所得，参照第1、2项规定的方法计算应纳税所得额。
4. 扣缴企业所得税应纳税额的计算。

扣缴企业所得税应纳税额 = 应纳税所得额 × 实际征收率

四、非居民企业所得税核定征收办法

非居民企业因会计账簿不健全，资料残缺难以查账，或者其他原因不能准确计算并据实申报其应纳税所得额的，税务机关有权采取以下方法核定其应纳税所得额。

1. 按收入总额核定应纳税所得额：适用于能够正确核算收入或通过合理方法推定收入总额，但不能正确核算成本费用的非居民企业。其计算公式为：

应纳税所得额 = 收入总额 × 经税务机关核定的利润率

2. 按成本费用核定应纳税所得额：适用于能够正确核算成本费用，但不能正确核算收入总额的非居民企业。其计算公式为：

应纳税所得额 = 成本费用总额 ÷ (1 - 经税务机关核定的利润率)
× 经税务机关核定的利润率

3. 按经费支出换算收入核定应纳税所得额：适用于能够正确核算经费支出总额，但不能正确核算收入总额和成本费用的非居民企业。其计算公式为：

应纳税所得额 = 经费支出总额 ÷ (1 - 经税务机关核定的利润率)
× 经税务机关核定的利润率

4. 税务机关可按照以下标准确定非居民企业的利润率：
（1）从事承包工程作业、设计和咨询劳务的，利润率为15%~30%。
（2）从事管理服务的，利润率为30%~50%。
（3）从事其他劳务或劳务以外经营活动的，利润率不低于15%。

税务机关有根据认为非居民企业的实际利润率明显高于上述标准的，可以按照比上述标准更高的利润率核定其应纳税所得额。

5. 非居民企业与中国居民企业签订机器设备或货物销售合同，同时提供设备安装、装配、技术培训、指导、监督服务等劳务，其销售货物合同中未列明提供上述劳务服务收费金额，或者计价不合理的，主管税务机关可以根据实际情况，参照相同或相近业务的计价标准核定劳务收入。无参照标准的，以不低于销售货物合同总价款的10%为原则，确定非居民企业的劳务收入。

第四章 个人所得税法

第一节 纳税义务人与征税范围

一、纳税义务人

个人所得税的纳税义务人，包括中国公民、个体工商业户、个人独资企业、合伙企业投资者、在中国有所得的外籍人员（包括无国籍人员，下同）和香港、澳门、台湾同胞。上述纳税义务人依据住所和居住时间两个标准，区分为居民个人和非居民个人，分别承担不同的纳税义务。

（一）**居民个人**

居民个人承担无限纳税义务。其所取得的应纳税所得，无论是来源于中国境内还是中国境外，都要在中国缴纳个人所得税。居民个人是指在中国境内有住所，或者无住所而一个纳税年度在中国境内居住累计满183天的个人。

在中国境内有住所的个人，是指因户籍、家庭、经济利益关系，而在中国境内习惯性居住的个人。这里所说的习惯性居住，是判定纳税义务人属于居民个人还是非居民个人的一个重要依据。它是指个人因学习、工作、探亲等原因消除之后，没有理由在其他地方继续居留时，所要回到的地方，而不是指实际居住地或在某一个特定时期内的居住地。一个纳税人如果后来因学习、工作、探亲、旅游等原因在中国境外居住，但是在这些原因消除之后，必须回到中国境内居住的，则中国为该纳税人的习惯性居住地。尽管该纳税人在一个纳税年度内，甚至连续几个纳税年度，都未在中国境内居住过1天，但他仍然是中国的居民个人，应就其来自全球的应纳税所得，向中国缴纳个人所得税。

（二）**非居民个人**

非居民个人，是指不符合居民个人判定标准（条件）的纳税义务人。非居民个人承担有限纳税义务，即仅就其来源于中国境内的所得，向中国缴纳个人所得税。《个人所得税法》规定，非居民个人是"在中国境内无住所又不居住，或者无住所而一个纳税年度内在境内居住累计不满183天的个人"。也就是说，非居民个人，是指习惯性居住地不在中国境内，而且不在中国居住；或者在一个纳税年度内，在中国境内居住累计不满183天的个人。在现实生活中,习惯性居住地不在中国境内的个人,只有外籍人员、华侨或香港、澳门和台湾同胞。因此,非居民个人,实际上只能是在一个纳税年度中,没有在中国境内居住,或者在中国境内居住天数累计不满183天的外籍人员、华侨或香港、澳门、台湾同胞。

二、征税范围

居民个人取得下列第(一)~(四)项所得(以下称综合所得),按纳税年度合并计算个人所得税;非居民个人取得下列第(一)~(四)项所得,按月或者按次分项计算个人所得税。纳税人取得下列第(五)~(九)项所得,分别计算个人所得税。

(一)工资、薪金所得

工资、薪金所得,是指个人因任职或者受雇而取得的工资、薪金、奖金、年终加薪、劳动分红、津贴、补贴以及与任职或者受雇有关的其他所得。

(二)劳务报酬所得

劳务报酬所得,是指个人独立从事各种非雇用的各种劳务所取得的所得。内容如下:

(三)稿酬所得

稿酬所得,是指个人因其作品以图书、报刊形式出版、发表而取得的所得。将稿酬所得独立划归一个征税项目,而对不以图书、报刊形式出版、发表的翻译、审稿、书画所得归为劳务报酬所得,主要是考虑了出版、发表作品的特殊性。第一,它是一种依靠较高智力创作的精神产品;第二,它具有普遍性;第三,它与社会主义精神文明和物质文明密切相关;第四,它的报酬相对偏低。因此,稿酬所得应当与一般劳务报酬相区别,并给予适当优惠照顾。

(四)特许权使用费所得

特许权使用费所得,是指个人提供专利权、商标权、著作权、非专利技术以及其他特许权的使用权取得的所得。提供著作权的使用权取得的所得,不包括稿酬所得。

(五)经营所得

(六)利息、股息、红利所得

利息、股息、红利所得,是指个人拥有债权、股权而取得的利息、股息、红利所得。利息,是指个人拥有债权而取得的利息,包括存款利息、贷款利息和各种债券的利息。按税法规定,个人取得的利息所得,除国债和国家发行的金融债券利息外,应当依法缴纳个人所得税。股息、红利,是指个人拥有股权取得的股息、红利。按照一定的比率派发的每股息金称为股息;根据公司、企业应分配的超过股息部分的利润,按股份分配的称为红利。股息、红利所得,除另有规定外,都应当缴纳个人所得税。

(七)财产租赁所得

财产租赁所得,是指个人出租不动产、机器设备、车船以及其他财产取得的所得。

个人取得的财产转租收入,属于"财产租赁所得"的征税范围,由财产转租人缴纳个人所得税。

(八)财产转让所得

财产转让所得,是指个人转让有价证券、股权、合伙企业中的财产份额、不动产、机器设备、车船以及其他财产取得的所得。

(九) 偶然所得

偶然所得，是指个人得奖、中奖、中彩以及其他偶然性质的所得。得奖是指参加各种有奖竞赛活动，取得名次得到的奖金；中奖、中彩是指参加各种有奖活动，如有奖销售、有奖储蓄或者购买彩票，经过规定程序，抽中、摇中号码而取得的奖金。偶然所得应缴纳的个人所得税税款，一律由发奖单位或机构代扣代缴。

个人取得的所得，难以界定应纳税所得项目的，由国务院税务主管部门确定。

三、所得来源地的确定

除国务院财政、税务主管部门另有规定外，下列所得，不论支付地点是否在中国境内，均为来源于中国境内的所得：

1. 因任职、受雇、履约等而在中国境内提供劳务取得的所得。
2. 将财产出租给承租人在中国境内使用而取得的所得。
3. 转让中国境内的不动产等财产或者在中国境内转让其他财产取得的所得。
4. 许可各种特许权在中国境内使用而取得的所得。
5. 从中国境内企业、事业单位、其他组织以及居民个人取得的利息、股息、红利所得。

第二节 税率、应纳税所得额的确定与应纳税额的计算

一、税率

(一) 综合所得适用税率

综合所得适用七级超额累进税率，税率为3%~45%。

居民个人每一纳税年度内取得的综合所得包括：工资、薪金所得，劳务报酬所得，稿酬所得和特许权使用费所得。

(二) 经营所得适用税率

经营所得适用五级超额累进税率，税率为5%~35%。

(三) 其他所得适用税率

利息、股息、红利所得，财产租赁所得，财产转让所得和偶然所得适用比例税率，税率为20%。

二、应纳税所得额的规定

由于个人所得税的应税项目不同，并且取得某项所得所需费用也不相同，因此，计算个人应纳税所得额，需按不同应税项目分项计算。以某项应税项目的收入额减去税法规定的该项目费用减除标准后的余额，为该应税项目应纳税所得额。两个以上的个人共

同取得同一项目收入的,应当对每个人取得的收入分别按照《个人所得税法》的规定计算纳税。

(一) 每次收入的确定

《个人所得税法》对纳税义务人的征税方法有三种:一是按年计征,如经营所得,居民个人取得的综合所得;二是按月计征,如非居民个人取得的工资、薪金所得;三是按次计征,如利息、股息、红利所得,财产租赁所得,偶然所得,非居民个人取得的劳务报酬所得,稿酬所得,特许权使用费所得6项所得。在按次征收的情况下,由于扣除费用依据每次应纳税所得额的大小,分别规定了定额和定率两种标准。因此,无论是从正确贯彻税法的立法精神、维护纳税义务人的合法权益方面来看,还是从避免税收漏洞、防止税款流失、保证国家税收收入方面来看,如何准确划分"次",都是十分重要的。

(二) 应纳税所得额和费用减除标准

1. 居民个人取得综合所得,以每年收入额减除费用60 000元以及专项扣除、专项附加扣除和依法确定的其他扣除后的余额,为应纳税所得额。

2. 非居民个人的工资、薪金所得,以每月收入额减除费用5 000元后的余额为应纳税所得额;劳务报酬所得、稿酬所得、特许权使用费所得,以每次收入额为应纳税所得额。

3. 经营所得,以每一纳税年度的收入总额减除成本、费用以及损失后的余额,为应纳税所得额。

4. 财产租赁所得,每次收入不超过4 000元的,减除费用800元;4 000元以上的,减除20%的费用,其余额为应纳税所得额。

5. 财产转让所得,以转让财产的收入额减除财产原值和合理费用后的余额,为应纳税所得额。

6. 利息、股息、红利所得和偶然所得,以每次收入额为应纳税所得额。

7. 专项附加扣除标准。

(三) 应纳税所得额的其他规定

1. 劳务报酬所得、稿酬所得、特许权使用费所得以收入减除20%的费用后的余额为收入额。稿酬所得的收入额减按70%计算。个人兼有不同的劳务报酬所得,应当分别减除费用,计算缴纳个人所得税。

2. 个人将其所得对教育、扶贫、济困等公益慈善事业进行捐赠,捐赠额未超过纳税人申报的应纳税所得额30%的部分,可以从其应纳税所得额中扣除;国务院规定对公益慈善事业捐赠实行全额税前扣除的,从其规定。

3. 个人所得的形式,包括现金、实物、有价证券和其他形式的经济利益;所得为实物的,应当按照取得的凭证上所注明的价格计算应纳税所得额,无凭证的实物或者凭证上所注明的价格明显偏低的,参照市场价格核定应纳税所得额;所得为有价证券的,根据票面价格和市场价格核定应纳税所得额;所得为其他形式的经济利益的,参照市场价格核定应纳税所得额。

4. 居民个人从中国境外取得的所得,可以从其应纳税额中抵免已在境外缴纳的个人所得税税额,但抵免额不得超过该纳税人境外所得依照税法规定计算的应纳税额。

5. 个人的外币收入折合成人民币的换算方法。

6. 对个人从事技术转让、提供劳务等过程中所支付的中介费,如能提供有效、合法凭证的,允许从其所得中扣除。

三、应纳税额的计算

(一) 居民个人综合所得应纳税额的计算

应纳税额 = 全年应纳税所得额 × 适用税率 – 速算扣除数
 = (全年收入额 – 60 000元 – 专项扣除 – 享受的专项附加扣除 – 享受的其他扣除) × 适用税率 – 速算扣除数

(二) 全员全额扣缴申报纳税 (预缴税款)

税法规定,扣缴义务人向个人支付应税款项时,应当依照《个人所得税法》规定预扣或者代扣税款,按时缴库,并专项记载备查。

(三) 非居民个人取得工资、薪金所得,劳务报酬所得,稿酬所得和特许权使用费所得应纳税额的计算

1. 首先需要明确的是,同居民个人取得的劳务报酬所得、稿酬所得和特许权使用费所得一样,非居民个人取得的这些项目的所得同样适用劳务报酬所得、稿酬所得、特许权使用费所得以收入减除20%的费用后的余额为收入额、稿酬所得的收入额减按70%计算的规定。

非居民个人的工资、薪金所得,以每月收入额减除费用5 000元后的余额为应纳税所得额;劳务报酬所得、稿酬所得、特许权使用费所得,以每次收入额为应纳税所得额。

2. 非居民个人取得工资、薪金所得,劳务报酬所得,稿酬所得和特许权使用费所得,有扣缴义务人的,由扣缴义务人按月或者按次代扣代缴税款,不办理汇算清缴。

(四) 经营所得应纳税额的计算

经营所得应纳税额的计算公式为:

应纳税额 = 全年应纳税所得额 × 适用税率 – 速算扣除数

或:应纳税额 = (全年收入总额 – 成本、费用以及损失) × 适用税率 – 速算扣除数

第三节 境外所得的税额扣除

一、税法规定的抵免原则

居民个人从中国境外取得的所得,可以从其应纳税额中抵免已在境外缴纳的个人所得税税额,但抵免额不得超过该纳税人境外所得依照税法规定计算的应纳税额。

二、境外来源所得

下列所得,为来源于中国境外的所得:
1. 因任职、受雇、履约等在中国境外提供劳务取得的所得。

2. 中国境外企业以及其他组织支付且负担的稿酬所得。

3. 许可各种特许权在中国境外使用而取得的所得。

4. 在中国境外从事生产、经营活动而取得的与生产、经营活动相关的所得。

5. 从中国境外企业、其他组织以及非居民个人取得的利息、股息、红利所得。

6. 将财产出租给承租人在中国境外使用而取得的所得。

7. 转让中国境外的不动产、转让对中国境外企业以及其他组织投资形成的股票、股权以及其他权益性资产（以下称权益性资产）或者在中国境外转让其他财产取得的所得。但转让对中国境外企业以及其他组织投资形成的权益性资产，该权益性资产被转让前3年（连续36个公历月份）内的任一时间，被投资企业或其他组织的资产公允价值50%以上直接或间接来自位于中国境内的不动产的，取得的所得为来源于中国境内的所得。

8. 中国境外企业、其他组织以及非居民个人支付且负担的偶然所得。

9. 财政部、国家税务总局另有规定的，按照相关规定执行。

三、居民个人应分项计算当期境外所得应纳税额

1. 居民个人来源于中国境外的综合所得，应当与境内综合所得合并计算应纳税额。

2. 居民个人来源于中国境外的经营所得，应当与境内经营所得合并计算应纳税额。居民个人来源于境外的经营所得，按照《个人所得税法》及其《实施条例》的有关规定计算的亏损，不得抵减其境内或他国（地区）的应纳税所得额，但可以用来源于同一国家（地区）以后年度的经营所得按中国税法规定弥补。

3. 居民个人来源于中国境外的利息、股息、红利所得，财产租赁所得，财产转让所得和偶然所得（以下称其他分类所得），不与境内所得合并，应当分别单独计算应纳税额。

四、居民个人应区分来源国计算境外所得抵免限额

居民个人在一个纳税年度内来源于中国境外的所得，应区分来源国即依照所得来源国家（地区）税收法律规定在中国境外已缴纳的所得税税额允许在抵免限额内从其该纳税年度应纳税额中抵免。

五、居民个人可抵免的境外所得税税额的确定

可抵免的境外所得税税额，是指居民个人取得境外所得，依照该所得来源国（地区）税收法律应当缴纳且实际已经缴纳的所得税性质的税额。

下列情形的境外所得税额不能抵免：

1. 按照境外所得税法律属于错缴或错征的境外所得税税额。

2. 按照与我国政府签订的避免双重征税协定以及内地与香港、澳门签订的避免双重征税安排（以下统称税收协定）规定不应征收的境外所得税税额。

3. 因少缴或迟缴境外所得税而追加的利息、滞纳金或罚款。

4. 境外所得税纳税人或者其利害关系人从境外征税主体得到实际返还或补偿的境外所得税税款。

5. 按照我国《个人所得税法》及其《实施条例》规定，已经免税的境外所得负担的境外所得税税款。

六、居民个人境外所得享受协定待遇的规定

居民个人从与我国签订税收协定的国家（地区）取得的所得，按照该国（地区）税收法律享受免税或减税待遇，且该免税或减税的数额按照税收协定饶让条款规定应视同已缴税额在中国的应纳税额中抵免的，该免税或减税数额可作为居民个人实际缴纳的境外所得税税额按规定申报税收抵免。

七、居民个人境外所得限额抵免规定

居民个人一个纳税年度内来源于一国（地区）的所得实际已经缴纳的所得税税额，低于依照税法规定计算出的来源于该国（地区）该纳税年度所得的抵免限额的，应以实际缴纳税额作为抵免额进行抵免；超过来源于该国（地区）该纳税年度所得的抵免限额的，应在限额内进行抵免，超过部分可以在以后5个纳税年度内结转抵免。

八、居民个人境外所得纳税申报时间

居民个人从中国境外取得所得的，应当在取得所得的次年3月1日至6月30日内申报纳税。

九、居民个人境外所得纳税申报地点

居民个人取得境外所得，应当向中国境内任职、受雇单位所在地主管税务机关办理纳税申报；在中国境内没有任职、受雇单位的，向户籍所在地或中国境内经常居住地主管税务机关办理纳税申报；户籍所在地与中国境内经常居住地不一致的，选择其中一地主管税务机关办理纳税申报；在中国境内没有户籍的，向中国境内经常居住地主管税务机关办理纳税申报。

十、居民个人境外所得纳税年度判定规则

居民个人取得境外所得的境外纳税年度与公历年度不一致的，取得境外所得的境外纳税年度最后一日所在的公历年度，为境外所得对应的我国纳税年度。

十一、居民个人境外所得凭纳税凭证享受抵免

居民个人申报境外所得税收抵免时，除另有规定外，应当提供境外征税主体出具的税款所属年度的完税证明、税收缴款书或者纳税记录等纳税凭证，未提供符合要求的纳税凭证，不予抵免。

居民个人已申报境外所得、未进行税收抵免，在以后纳税年度取得纳税凭证并申报境外所得税收抵免的，可以追溯至该境外所得所属纳税年度进行抵免，但追溯年度不得超过5年。自取得该项境外所得的5个年度内，境外征税主体出具的税款所属纳税年度纳税凭证载明的实际缴纳税额发生变化的，按实际缴纳税额重新计算并办理补退税，不加

收税收滞纳金，不退还利息。

纳税人确实无法提供纳税凭证的，可同时凭境外所得纳税申报表（或者境外征税主体确认的缴税通知书）以及对应的银行缴款凭证办理境外所得抵免事宜。

十二、居民个人被派往境外工作，取得所得的税款预扣预缴规定

居民个人被境内企业、单位、其他组织（以下称派出单位）派往境外工作，取得的工资、薪金所得或者劳务报酬所得，由派出单位或者其他境内单位支付或负担的，派出单位或者其他境内单位应按照《个人所得税法》及其《实施条例》规定预扣预缴税款。

居民个人被派出单位派往境外工作，取得的工资、薪金所得或者劳务报酬所得，由境外单位支付或负担的，如果境外单位为境外任职、受雇的中方机构（以下称中方机构）的，可以由境外任职、受雇的中方机构预扣税款，并委托派出单位向主管税务机关申报纳税。中方机构未预扣税款的或者境外单位不是中方机构的，派出单位应当于次年2月28日前向其主管税务机关报送外派人员情况，包括：外派人员的姓名、身份证件类型及身份证件号码、职务、派往国家和地区、境外工作单位名称和地址、派遣期限、境内外收入及缴税情况等。

中方机构包括中国境内企业、事业单位、其他经济组织以及国家机关所属的境外分支机构、子公司、使（领）馆、代表处等。

十三、居民个人境外所得为外币时的折算规定

居民个人取得来源于境外的所得或者实际已经在境外缴纳的所得税税额为人民币以外货币的，应按照本章"应纳税所得额的其他规定"中的具体规定进行折合计算。

十四、居民个人境外所得纳税义务法律责任

纳税人和扣缴义务人未按税法规定申报缴纳、扣缴境外所得个人所得税以及报送资料的，按照《中华人民共和国税收征收管理法》（以下简称《税收征收管理法》）和《个人所得税法》及其《实施条例》等有关规定处理，并按规定纳入个人纳税信用管理。

第五章 关税法

关税法,是指国家制定的调整关税征收与缴纳权利义务关系的法律规范。

第一节 征税对象与纳税义务人

一、征税对象

关税的征税对象是准许进出境的货物和物品。货物是指贸易性商品;物品是指入境旅客随身携带的行李物品、个人邮递物品、各种运输工具上的服务人员携带进口的自用物品、馈赠物品以及其他方式进境的个人物品。

二、纳税义务人

进口货物的收货人、出口货物的发货人、进出境物品的所有人,是关税的纳税义务人。进出口货物的收、发货人是依法取得对外贸易经营权,并进口或者出口货物的法人或者其他社会团体。进出境物品的所有人包括该物品的所有人和推定为所有人的人。一般情况下,对于携带进境的物品,推定其携带人为所有人;对分离运输的行李,推定相应的进出境旅客为所有人;对以邮递方式进境的物品,推定其收件人为所有人;以邮递或其他运输方式出境的物品,推定其寄件人或托运人为所有人。

第二节 进出口税则

一、进出口税则概况

进出口税则是一国政府根据国家关税政策和经济政策,通过一定的立法程序制定公布实施的进出口货物和物品应税的关税税率表。进出口税则以税率表为主体,通常还包括实施税则的法令、使用税则的有关说明和附录等。《海关进出口税则》是我国海关凭以征收关税的法律依据，也是我国关税政策的具体体现。我国现行税则包括《进出口关税条例》《税率适用说明》《海关进口税则》《海关出口税则》，以及《进口商品从量税、复合税、滑准税税目税率表》《进口商品关税配额税目税率表》《进口商品税则暂定税率表》《出口商品税则暂定税率表》《非全税目信息技术产品税率表》等附录。

二、税则归类

税则归类，就是按照税则的规定，将每项具体进出口商品按其特性在税则中找出其最适合的某一个税号，即"对号入座"，以便确定其适用的税率，计算关税税负。税则归类错误会导致关税的多征或少征，影响关税作用的发挥。因此，税则归类关系到关税政策的正确贯彻。

三、关税税率

（一）进口关税税率

1. 进口货物税率形式。
（1）最惠国税率。
（2）协定税率。
（3）特惠税率。
（4）普通税率。
（5）暂定税率。
（6）配额税率。
2. 进口货物税率适用规则。
3. 进境物品税率。

（二）出口关税税率

我国出口税则为一栏税率，即出口税率。国家仅对少数资源性产品及易于竞相杀价、盲目进口、需要规范出口秩序的半制成品征收出口关税。根据《关于执行2020年进口暂定税率等调整方案的公告》（海关总署公告2019年第227号）的规定，自2020年1月1日起，我国继续对铬铁等107项出口商品征收出口关税，适用出口税率或出口暂定税率，征收商品范围和税率维持不变。

（三）税率的适用

1. 进出口货物，应当适用海关接受该货物申报进口或者出口之日实施的税率。
2. 进口货物到达前，经海关核准先行申报的，应当适用装载该货物的运输工具申报进境之日实施的税率。
3. 进口转关运输货物，应当适用指运地海关接受该货物申报进口之日实施的税率；货物运抵指运地前，经海关核准先行申报的，应当适用装载该货物的运输工具抵达指运地之日实施的税率。
4. 出口转关运输货物，应当适用启运地海关接受该货物申报出口之日实施的税率。
5. 经海关批准，实行集中申报的进出口货物，应当适用每次货物进出口时海关接受该货物申报之日实施的税率。

6. 因超过规定期限未申报而由海关依法变卖的进口货物，其税款计征应当适用装载该货物的运输工具申报进境之日实施的税率。

7. 因纳税义务人违反规定需要追征税款的进出口货物，应当适用违反规定的行为发生之日实施的税率；行为发生之日不能确定的，适用海关发现该行为之日实施的税率。

8. 已申报进境并放行的保税货物、减免税货物、租赁货物或者已申报进出境并放行的暂时进出境货物，有下列情形之一需缴纳税款的，应当适用海关接受纳税义务人再次填写报关单申报办理纳税及有关手续之日实施的税率：

（1）保税货物经批准不复运出境的。
（2）保税仓储货物转入国内市场销售的。
（3）减免税货物经批准转让或者移作他用的。
（4）可暂不缴纳税款的暂时进出境货物，不复运出境或者进境的。
（5）租赁进口货物，分期缴纳税款的。

9. 补征和退还进出口货物关税，应当按照前述规定确定适用的税率。

第三节　关税完税价格与应纳税额的计算

一、一般进口货物的完税价格

根据《海关法》规定，进口货物的完税价格包括货物的货价、货物运抵我国境内输入地点起卸前的运输及其相关费用、保险费。进口货物完税价格的确定方法大致可以划分为两类：一类是以进口货物的成交价格为基础进行调整，从而确定进口货物完税价格的估价方法（以下称成交价格估价方法）；另一类则是在进口货物的成交价格不符合规定条件或者成交价格不能确定的情况下，海关用以审查确定进口货物完税价格的估价方法（以下称进口货物海关估价方法）。

（一）成交价格估价方法

1. 成交价格应符合的条件。

（1）对买方处置或者使用进口货物不予限制，但是法律、行政法规规定实施的限制、对货物销售地域的限制和对货物价格无实质性影响的限制除外。

（2）进口货物的价格不得受到使该货物成交价格无法确定的条件或者因素的影响。有下列情形之一的，应当视为进口货物的价格受到了使该货物成交价格无法确定的条件或者因素的影响：进口货物的价格是以买方向卖方购买一定数量的其他货物为条件而确定的；进口货物的价格是以买方向卖方销售其他货物为条件而确定的；其他经海关审查，认定货物的价格受到使该货物成交价格无法确定的条件或者因素影响的。

（3）卖方不得直接或者间接获得因买方销售、处置或者使用进口货物而产生的任何收益，或者虽然有收益但是能够按照《完税价格办法》的规定作出调整。

（4）买卖双方之间没有特殊关系，或者虽然有特殊关系但是按照规定未对成交价格产生影响。

2. 应计入完税价格的调整项目。

3. 不计入完税价格的调整项目。

4. 进口货物完税价格中的运输及相关费用、保险费的确定。

（二）进口货物海关估价方法

1. 相同货物成交价格估价方法，是指海关以与进口货物同时或者大约同时向中华人民共和国境内销售的相同货物的成交价格为基础，审查确定进口货物的完税价格的估价方法。

2. 类似货物成交价格估价方法，是指海关以与进口货物同时或者大约同时向中华人民共和国境内销售的类似货物的成交价格为基础，审查确定进口货物的完税价格的估价方法。

3. 倒扣价格估价方法，是指海关以进口货物、相同或者类似进口货物在境内的销售价格为基础，扣除境内发生的有关费用后，审查确定进口货物完税价格的估价方法。

4. 计算价格估价方法，是指海关以下列各项的总和为基础，审查确定进口货物完税价格的估价方法。

5. 合理估价方法，是指当海关使用上述任何一种估价方法都无法确定海关估价时，遵循客观、公平、统一的原则，以客观量化的数据资料为基础审查确定进口货物完税价格的估价方法，习惯上也叫作"最后一招"。

二、特殊进口货物的完税价格

（一）运往境外修理的货物

运往境外修理的机械器具、运输工具或其他货物，出境时已向海关报明，并在海关规定期限内复运进境的，应当以境外修理费和物料费为基础审查确定完税价格。

（二）运往境外加工的货物

运往境外加工的货物，出境时已向海关报明，并在海关规定期限内复运进境的，应当以境外加工费、料件费、复运进境的运输及相关费用、保险费为基础审查确定完税价格。

（三）暂时进境的货物

经海关批准暂时进境的货物，应当按照一般进口货物完税价格确定的有关规定，审查确定完税价格。

（四）租赁方式进口的货物

租赁方式进口的货物中，以租金方式对外支付的租赁货物，在租赁期间以海关审定的租金作为完税价格，利息应当予以计入；留购的租赁货物，以海关审定的留购价格作为完税价格；承租人申请一次性缴纳税款的，可以选择按照"进口货物海关估价方法"的相关内容确定完税价格，或者按照海关审查确定的租金总额作为完税价格。

（五）留购的进口货样

对于境内留购的进口货样、展览品和广告陈列品，以海关审定的留购价格作为完税价格。

(六) 予以补税的减免税货物

特定地区、特定企业或者具有特定用途的特定减免税进口货物，应当接受海关监管。其监管年限依次为：船舶、飞机 8 年；机动车辆 6 年；其他货物 3 年。监管年限自货物进口放行之日起计算。

由海关监管使用的减免税进口货物，在监管年限内转让或移作他用需要补税的，应当以海关审定的该货物原进口时的价格，扣除折旧部分价值作为完税价格。其计算公式为：

完税价格 = 海关审定的该货物原进口时的价格 × [1 − 申请补税时实际已使用的时间（月）÷（监管年限 × 12）]

(七) 不存在成交价格的进口货物

易货贸易、寄售、捐赠、赠送等不存在成交价格的进口货物，由海关与纳税人进行价格磋商后，按照"进口货物海关估价方法"的规定，估定完税价格。

(八) 进口软件介质

进口载有专供数据处理设备用软件的介质，具有下列情形之一的，应当以介质本身的价值或者成本为基础审查确定完税价格：(1) 介质本身的价值或者成本与所载软件的价值分列；(2) 介质本身的价值或者成本与所载软件的价值虽未分列，但是纳税义务人能够提供介质本身的价值或者成本的证明文件，或者能提供所载软件价值的证明文件。

含有美术、摄影、声音、图像、影视、游戏、电子出版物的介质不适用上述规定。

三、出口货物的完税价格

(一) 以成交价格为基础的完税价格

出口货物的完税价格，由海关以该货物的成交价格为基础审查确定，并且应当包括货物运至我国境内输出地点装载前的运输及其相关费用、保险费。

(二) 出口货物海关估价方法

出口货物的成交价格不能确定时，海关经了解有关情况，并且与纳税义务人进行价格磋商后，依次以下列价格审查确定该货物的完税价格：

1. 同时或者大约同时向同一国家或者地区出口的相同货物的成交价格。
2. 同时或者大约同时向同一国家或者地区出口的类似货物的成交价格。
3. 根据境内生产相同或者类似货物的成本、利润和一般费用（包括直接费用和间接费用）、境内发生的运输及其相关费用、保险费计算所得的价格。
4. 按照合理方法估定的价格。

四、应纳税额的计算

(一) 从价税应纳税额的计算

从价税是一种最常用的关税计税标准。它是以货物的价格或者价值为征税标准，以应征税额占货物价格或者价值的百分比为税率，价格越高，税额越高。货物进口时，以此税率和海关审定的实际进口货物完税价格相乘计算应征税额。目前，我国海关计征关税标准主要是从价税。计算公式为：

关税税额 = 应税进(出)口货物数量 × 单位完税价格 × 税率

（二）从量税应纳税额的计算

从量税是以货物的数量、重量、体积、容量等计量单位为计税标准，以每计量单位货物的应征税额为税率。我国目前对原油、啤酒和胶卷等进口商品征收从量税。计算公式为：

关税税额 = 应税进(出)口货物数量 × 单位货物税额

（三）复合税应纳税额的计算

复合税又称混合税，即订立从价、从量两种税率，随着完税价格和进口数量的变化而变化，征收时两种税率合并计征。它是对某种进口货物混合使用从价税和从量税的一种关税计征标准。我国目前仅对录像机、放像机、摄像机、数字照相机和摄录一体机等进口商品征收复合税。计算公式为：

关税税额 = 应税进(出)口货物数量 × 单位货物税额 + 应税进(出)口货物数量
× 单位完税价格 × 税率

（四）滑准税应纳税额的计算

滑准税是根据货物的不同价格适用不同税率的一类特殊的从价关税。它是一种关税税率随进口货物价格由高至低而由低至高设置计征关税的方法。简单地讲，就是进口货物的价格越高，其进口关税税率越低，进口商品的价格越低，其进口关税税率越高。滑准税的特点是可保持实行滑准税商品的国内市场价格的相对稳定，而不受国际市场价格波动的影响。计算公式为：

关税税额 = 应税进(出)口货物数量 × 单位完税价格 × 滑准税税率

现行税则《进（出）口商品从量税、复合税、滑准税税目税率表》后注明了滑准税税率的计算公式，该公式是一个与应税进（出）口货物完税价格相关的取整函数。

五、跨境电子商务零售进口税收政策

（一）适用范围

跨境电子商务零售进口税收政策适用于从其他国家或地区进口的、《跨境电子商务零售进口商品清单》范围内的以下商品：

1. 所有通过与海关联网的电子商务交易平台交易，能够实现交易、支付、物流电子信息"三单"比对的跨境电子商务零售进口商品。

2. 未通过与海关联网的电子商务交易平台交易，但快递、邮政企业能够统一提供交易、支付、物流等电子信息，并承诺承担相应法律责任进境的跨境电子商务零售进口商品。

（二）计征限额

跨境电子商务零售进口商品的单次交易限值为人民币 5 000 元，个人年度交易限值为人民币 26 000 元。在限值以内进口的跨境电子商务零售进口商品，关税税率暂设为 0%；进口环节增值税、消费税取消免征税额，暂按法定应纳税额的 70% 征收。完税价格超过 5 000 元单次交易限值但低于 26 000 元年度交易限值，且订单下仅一件商品时，可以自跨境电商零售渠道进口，按照货物税率全额征收关税和进口环节增值税、消费税，交易额

计入年度交易总额,但年度交易总额超过年度交易限值的,应按一般贸易管理。

(三) 计征规定

跨境电子商务零售进口商品自海关放行之日起30日内退货的,可申请退税,并相应调整个人年度交易总额。

跨境电子商务零售进口商品购买人(订购人)的身份信息应进行认证;未进行认证的,购买人(订购人)身份信息应与付款人一致。

《跨境电子商务零售进口商品清单》由财政部商有关部门另行公布。

第四节　减　免　规　定

一、法定减免税

下列进出口货物、物品予以减免关税:

1. 关税税额在人民币50元以下的一票货物,可免征关税。
2. 无商业价值的广告品和货样,可免征关税。
3. 外国政府、国际组织无偿赠送的物资,可免征关税。
4. 进出境运输工具装载的途中必需的燃料、物料和饮食用品,可予免税。
5. 在海关放行前损失的货物,可免征关税。
6. 在海关放行前遭受损坏的货物,可以根据海关认定的受损程度减征关税。
7. 我国缔结或者参加的国际条约规定减征、免征关税的货物、物品,按照规定予以减免关税。
8. 法律规定减征、免征关税的其他货物、物品。

二、特定减免税

特定减免税也称政策性减免税。在法定减免税之外,国家按照国际通行规则和我国实际情况,制定发布的有关进出口货物减免关税的政策,称为特定或政策性减免税。特定减免税货物一般有地区、企业和用途的限制,海关需要进行后续管理,也需要进行减免税统计。

三、暂时免税

暂时进境或者暂时出境的下列货物,在进境或者出境时纳税义务人向海关缴纳相当于应纳税款的保证金或者提供其他担保的,可以暂不缴纳关税,并应当自进境或者出境之日起6个月内复运出境或者复运进境;需要延长复运出境或者复运进境期限的,纳税义务人应当根据海关总署的规定向海关办理延期手续。

1. 在展览会、交易会、会议及类似活动中展示或者使用的货物。
2. 文化、体育交流活动中使用的表演、比赛用品。

3. 进行新闻报道或者摄制电影、电视节目使用的仪器、设备及用品。
4. 开展科研、教学、医疗活动使用的仪器、设备及用品。
5. 在上述第 1 项至第 4 项所列活动中使用的交通工具及特种车辆。
6. 货样。
7. 供安装、调试、检测设备时使用的仪器、工具。
8. 盛装货物的容器。
9. 其他用于非商业目的的货物。

四、临时减免税

临时减免税是指以上法定和特定减免税以外的其他减免税,即由国务院根据《海关法》对某个单位、某类商品、某个项目或某批进出口货物的特殊情况,给予特别照顾,一案一批,专文下达的减免税。一般有单位、品种、期限、金额或数量等限制,不能比照执行。

第六章　资源税法和环境保护税法

第一节　资源税法

一、纳税义务人

资源税的纳税义务人是指在中华人民共和国领域及管辖的其他海域开发应税资源的单位和个人。应税资源的具体范围，由《资源税法》所附《资源税税目税率表》确定。

二、税目与税率

（一）税目

资源税税目包括五大类，在5个税目下面又设有若干个子目。《资源税法》所列的税目有164个，涵盖了所有已经发现的矿种和盐。

1. 能源矿产。
（1）原油，是指开采的天然原油，不包括人造石油。
（2）天然气、页岩气、天然气水合物。
（3）煤，包括原煤和以未税原煤加工的洗选煤。
（4）煤成（层）气。
（5）铀、钍。
（6）油页岩、油砂、天然沥青、石煤。
（7）地热。
2. 金属矿产。
（1）黑色金属。
（2）有色金属。
3. 非金属矿产。
（1）矿物类。
（2）岩石类。
（3）宝玉石类。

4. 水气矿产。

（1）二氧化碳气、硫化氢气、氦气、氡气。

（2）矿泉水。

5. 盐。

（1）钠盐、钾盐、镁盐、锂盐。

（2）天然卤水。

（3）海盐。

（二）税率

资源税法按原矿、选矿分别设定税率。对原油、天然气、中重稀土、钨、钼等战略资源实行固定税率，由税法直接确定。其他应税资源实行幅度税率，其具体适用税率由省、自治区、直辖市人民政府统筹考虑该应税资源的品位、开采条件以及对生态环境的影响等情况，在规定的税率幅度内提出，报同级人民代表大会常务委员会决定，并报全国人民代表大会常务委员会和国务院备案。

纳税人开采或者生产不同税目应税产品的，应当分别核算不同税目应税产品的销售额或者销售数量；未分别核算或者不能准确提供不同税目应税产品的销售额或者销售数量的，从高适用税率。

纳税人开采或者生产同一税目下适用不同税率应税产品的，应当分别核算不同税率应税产品的销售额或者销售数量；未分别核算或者不能准确提供不同税率应税产品的销售额或者销售数量的，从高适用税率。

三、计税依据

资源税的计税依据为应税产品的销售额或销售量，各税目的征税对象包括原矿、精矿等。资源税适用从价计征为主、从量计征为辅的征税方式。根据《资源税税目税率表》的规定，地热、石灰岩、其他粘土、砂石、矿泉水和天然卤水可采用从价计征或从量计征的方式，其他应税产品统一适用从价定率征收的方式。

（一）从价定率征收的计税依据

1. 销售额的基本规定。

资源税应税产品（以下简称应税产品）的销售额，按照纳税人销售应税产品向购买方收取的全部价款确定，不包括增值税税款。

计入销售额中的相关运杂费用，凡取得增值税发票或者其他合法有效凭据的，准予从销售额中扣除。相关运杂费用是指应税产品从坑口或者洗选（加工）地到车站、码头或者购买方指定地点的运输费用、建设基金以及随运销产生的装卸、仓储、港杂费用。

2. 特殊情形下销售额的确定。

（1）纳税人申报的应税产品销售额明显偏低且无正当理由的，或者有自用应税产品行为而无销售额的，主管税务机关可以按下列方法和顺序确定其应税产品销售额：

①按纳税人最近时期同类产品的平均销售价格确定。

②按其他纳税人最近时期同类产品的平均销售价格确定。

③按后续加工非应税产品销售价格，减去后续加工环节的成本利润后确定。

④按应税产品组成计税价格确定。

组成计税价格 = 成本 × (1 + 成本利润率) ÷ (1 - 资源税税率)

上述公式中的成本利润率由省、自治区、直辖市税务机关确定。

⑤按其他合理方法确定。

（2）外购应税产品购进金额、购进数量的扣减。

纳税人外购应税产品与自采应税产品混合销售或者混合加工为应税产品销售的，在计算应税产品销售额或者销售数量时，准予扣减外购应税产品的购进金额或者购进数量；当期不足扣减的，可结转下期扣减。纳税人应当准确核算外购应税产品的购进金额或者购进数量，未准确核算的，一并计算缴纳资源税。

纳税人核算并扣减当期外购应税产品购进金额、购进数量，应当依据外购应税产品的增值税发票、海关进口增值税专用缴款书或者其他合法有效凭据。

纳税人以外购原矿与自采原矿混合为原矿销售，或者以外购选矿产品与自产选矿产品混合为选矿产品销售的，在计算应税产品销售额或者销售数量时，直接扣减外购原矿或者外购选矿产品的购进金额或者购进数量。

（二）从量定额征收的计税依据

实行从量定额征收的，以应税产品的销售数量为计税依据。应税产品的销售数量，包括纳税人开采或者生产应税产品的实际销售数量和自用于应当缴纳资源税情形的应税产品数量。

四、应纳税额的计算

资源税的应纳税额，按照从价定率或者从量定额的办法，分别以应税产品的销售额乘以纳税人具体适用的比例税率或者以应税产品的销售数量乘以纳税人具体适用的定额税率计算。

（一）从价定率方式应纳税额的计算

实行从价定率方式征收资源税的，根据应税产品的销售额和规定的适用税率计算应纳税额，具体计算公式为：

应纳税额 = 销售额 × 适用税率

（二）从量定额方式应纳税额的计算

实行从量定额征收资源税的，根据应税产品的课税数量和规定的单位税额计算应纳税额，具体计算公式为：

应纳税额 = 课税数量 × 单位税额

五、减税、免税项目

（一）免征资源税

有下列情形之一的，免征资源税：

1. 开采原油以及油田范围内运输原油过程中用于加热的原油、天然气。
2. 煤炭开采企业因安全生产需要抽采的煤成（层）气。

（二）减征资源税

有下列情形之一的，减征资源税：

1. 从低丰度油气田开采的原油、天然气减征20%资源税。
2. 高含硫天然气、三次采油和从深水油气田开采的原油、天然气，减征30%资源税。
3. 稠油、高凝油减征40%资源税。
4. 从衰竭期矿山开采的矿产品，减征30%资源税。

（三）可由省、自治区、直辖市人民政府决定的减税或者免税

有下列情形之一的，省、自治区、直辖市人民政府可以决定减税或者免税：

1. 纳税人开采或者生产应税产品过程中，因意外事故或者自然灾害等原因遭受重大损失的。
2. 纳税人开采共伴生矿、低品位矿、尾矿。

上述两项的免征或者减征的具体办法，由省、自治区、直辖市人民政府提出，报同级人民代表大会常务委员会决定，并报全国人民代表大会常务委员会和国务院备案。

六、水资源税改革试点实施办法

（一）纳税义务人

除规定情形外，水资源税的纳税人为直接取用地表水、地下水的单位和个人，包括直接从江、河、湖泊（含水库）和地下取用水资源的单位和个人。

下列情形，不缴纳水资源税：

1. 农村集体经济组织及其成员从本集体经济组织的水塘、水库中取用水的。
2. 家庭生活和零星散养、圈养畜禽饮用等少量取用水的。
3. 水利工程管理单位为配置或者调度水资源取水的。
4. 为保障矿井等地下工程施工安全和生产安全必须进行临时应急取用（排）水的。
5. 为消除对公共安全或者公共利益的危害临时应急取水的。
6. 为农业抗旱和维护生态与环境必须临时应急取水的。

（二）税率

除中央直属和跨省（区、市）水力发电取用水外，由试点省（区、市）人民政府统筹考虑本地区水资源状况、经济社会发展水平和水资源节约保护要求，在《试点实施办法》所附《试点省份水资源税最低平均税额表》规定的最低平均税额基础上，分类确定具体适用税额。

（三）应纳税额的计算

水资源税实行从量计征。对一般取用水按照实际取用水量征税，对采矿和工程建设疏干排水按照排水量征税；对水力发电和火力发电贯流式（不含循环式）冷却取用水按照实际发电量征税。计算公式为：

一般取用水应纳税额 = 实际取用水量 × 适用税额

疏干排水应纳税额 = 实际取用水量 × 适用税额

疏干排水的实际取用水量按照排水量确定。疏干排水，是指在采矿和工程建设过程中破坏地下水层、发生地下涌水的活动。

水力发电和火力发电贯流式（不含循环式）
　　冷却取用水应纳税额 ＝实际发电量×适用税额

火力发电贯流式冷却取用水，是指火力发电企业从江河、湖泊（含水库）等水源取水，并对机组冷却后将水直接排入水源的取用水方式。火力发电循环式冷却取用水，是指火力发电企业从江河、湖泊（含水库）、地下等水源取水并引入自建冷却水塔，对机组冷却后返回冷却水塔循环利用的取用水方式。

（四）税收减免

下列情形，予以免征或者减征水资源税：

1. 规定限额内的农业生产取用水，免征水资源税。
2. 取用污水处理再生水，免征水资源税。
3. 除接入城镇公共供水管网以外，军队、武警部队通过其他方式取用水的，免征水资源税。
4. 抽水蓄能发电取用水，免征水资源税。
5. 采油排水经分离净化后在封闭管道回注的，免征水资源税。
6. 财政部、国家税务总局规定的其他免征或者减征水资源税情形。

第二节　环境保护税法

一、纳税义务人

环境保护税的纳税义务人是在中华人民共和国领域和中华人民共和国管辖的其他海域直接向环境排放应税污染物的企业事业单位和其他生产经营者。

有下列情形之一的，不属于直接向环境排放污染物，不缴纳相应污染物的环境保护税：

1. 企业事业单位和其他生产经营者向依法设立的污水集中处理、生活垃圾集中处理场所排放应税污染物的。
2. 企业事业单位和其他生产经营者在符合国家和地方环境保护标准的设施、场所贮存或者处置固体废物的。
3. 达到省级人民政府确定的规模标准并且有污染物排放口的畜禽养殖场，应当依法缴纳环境保护税，但依法对畜禽养殖废弃物进行综合利用和无害化处理的。

二、税目与税率

（一）税目

环境保护税税目包括大气污染物、水污染物、固体废物和噪声四大类。

（二）税率

环境保护税采用定额税率，其中，对应税大气污染物和水污染物规定了幅度定额税率,具体适用税额的确定和调整由省、自治区、直辖市人民政府统筹考虑本地区环境承载能力、污染物排放现状和经济社会生态发展目标要求,在规定的税额幅度内提出,报同级人民代表大会常务委员会决定,并报全国人民代表大会常务委员会和国务院备案。

三、计税依据

(一) 计税依据确定的基本方法

应税污染物的计税依据,按照下列方法确定:(1) 应税大气污染物按照污染物排放量折合的污染当量数确定;(2) 应税水污染物按照污染物排放量折合的污染当量数确定;(3) 应税固体废物按照固体废物的排放量确定;(4) 应税噪声按照超过国家规定标准的分贝数确定。

(二) 应税大气污染物、水污染物、固体废物的排放量和噪声分贝数的确定方法

应税大气污染物、水污染物、固体废物的排放量和噪声的分贝数,按照下列方法和顺序计算:

1. 纳税人安装使用符合国家规定和监测规范的污染物自动监测设备的,按照污染物自动监测数据计算。

2. 纳税人未安装使用污染物自动监测设备的,按照监测机构出具的符合国家有关规定和监测规范的监测数据计算。

3. 因排放污染物种类多等原因不具备监测条件的,按照国务院生态环境主管部门规定的排污系数、物料衡算方法计算。

4. 不能按照上述方法计算的,按照省、自治区、直辖市人民政府生态环境主管部门规定的抽样测算的方法核定计算。

四、应纳税额的计算

(一) 大气污染物应纳税额的计算

应税大气污染物应纳税额为污染当量数乘以具体适用税额。计算公式为:

大气污染物的应纳税额 = 污染当量数 × 适用税额

(二) 水污染物应纳税额的计算

应税水污染物的应纳税额为污染当量数乘以具体适用税额。

1. 适用监测数据法的水污染物应纳税额的计算。

适用监测数据法的水污染物(包括第一类水污染物和第二类水污染物)的应纳税额为污染当量数乘以具体适用税额。计算公式为:

水污染物的应纳税额 = 污染当量数 × 适用税额

2. 适用抽样测算法的水污染物应纳税额的计算。

适用抽样测算法的情形,纳税人按照《环境保护税法》所附《禽畜养殖业、小型企业和第三产业水污染物污染当量值》所规定的当量值计算污染当量数。

(1) 规模化禽畜养殖业排放的水污染物应纳税额。

禽畜养殖业的水污染物应纳税额为污染当量数乘以具体适用税额。其污染当量数以禽畜养殖数量除以污染当量值计算。

(2) 小型企业和第三产业排放的水污染物应纳税额。

小型企业和第三产业的水污染物应纳税额为污染当量数乘以具体适用税额。其污染当量数以污水排放量（吨）除以污染当量值（吨）计算。计算公式为：

应纳税额＝污水排放量（吨）÷污染当量值（吨）×适用税额

(3) 医院排放的水污染物应纳税额。

医院排放的水污染物应纳税额为污染当量数乘以具体适用税额。其污染当量数以病床数或者污水排放量除以相应的污染当量值计算。计算公式为：

应纳税额＝医院床位数÷污染当量值×适用税额

或：应纳税额＝污水排放量÷污染当量值×适用税额

（三）固体废物应纳税额的计算

固体废物的应纳税额为固体废物排放量乘以具体适用税额，其排放量为当期应税固体废物的产生量减去当期应税固体废物的贮存量、处置量、综合利用量的余额。计算公式为：

固体废物的应纳税额＝（当期固体废物的产生量－当期固体废物的综合利用量－当期固体废物的贮存量－当期固体废物的处置量）×适用税额

（四）噪声应纳税额的计算

应税噪声的应纳税额为超过国家规定标准的分贝数对应的具体适用税额。

五、税收减免

（一）暂免征税项目

下列情形，暂予免征环境保护税：

1. 农业生产（不包括规模化养殖）排放应税污染物的。
2. 机动车、铁路机车、非道路移动机械、船舶和航空器等流动污染源排放应税污染物的。
3. 依法设立的城乡污水集中处理、生活垃圾集中处理场所排放相应应税污染物，不超过国家和地方规定的排放标准的。
4. 纳税人综合利用的固体废物，符合国家和地方环境保护标准的。
5. 国务院批准免税的其他情形。

（二）减征税额项目

1. 纳税人排放应税大气污染物或者水污染物的浓度值低于国家和地方规定的污染物排放标准30%的，减按75%征收环境保护税。
2. 纳税人排放应税大气污染物或者水污染物的浓度值低于国家和地方规定的污染物排放标准50%的，减按50%征收环境保护税。

第七章　房产税法、城镇土地使用税法和土地增值税法

第一节　房产税法

一、纳税义务人与征税范围

（一）纳税义务人

房产税是以房屋为征税对象，按照房屋的计税余值或租金收入，向产权所有人征收的一种财产税。房产税以在征税范围内的房屋产权所有人为纳税人。

（二）征税范围

房产税的征税范围为城市、县城、建制镇和工矿区。具体规定如下：

1. 城市是指国务院批准设立的市。
2. 县城是指县人民政府所在地的地区。
3. 建制镇是指经省、自治区、直辖市人民政府批准设立的建制镇。
4. 工矿区是指工商业比较发达、人口比较集中、符合国务院规定的建制镇标准，但尚未设立建制镇的大中型工矿企业所在地。开征房产税的工矿区须经省、自治区、直辖市人民政府批准。

房产税的征税范围不包括农村，主要是因为农村的房屋，除农副业生产用房外，大部分是农民居住用房。对农村房屋不纳入房产税征税范围，有利于减轻农民负担，繁荣农村经济，促进农业发展和社会稳定。

二、税率、计税依据和应纳税额的计算

（一）税率

我国现行房产税采用的是比例税率。由于房产税的计税依据分为从价计征和从租计征两种形式，所以房产税的税率也有两种：一种是按房产原值一次减除10%~30%后的余值计征，税率为1.2%；另一种是按房产出租的租金收入计征，税率为12%。自2008

年3月1日起,对个人出租住房,不区分用途,均按4%的税率征收房产税。对企事业单位、社会团体以及其他组织向个人、专业化规模化住房租赁企业出租住房的,减按4%的税率征收房产税。

(二) 计税依据

房产税的计税依据是房产的计税余值或房产的租金收入。按照房产计税余值征税的,称为从价计征;按照房产租金收入计征的,称为从租计征。

1. 从价计征。

《房产税暂行条例》规定,从价计征房产税的计税余值,是指依照税法规定按房产原值一次减除10%~30%损耗价值以后的余值。各地扣除比例由当地省、自治区、直辖市人民政府确定。

2. 从租计征。

房产出租的,以房产租金收入为房产税的计税依据。

所谓房产的租金收入,是房屋产权所有人出租房产使用权所得的报酬,包括货币收入和实物收入。

如果是以劳务或者其他形式为报酬抵付房租收入的,应根据当地同类房产的租金水平,确定一个标准租金额从租计征。

对出租房产,租赁双方签订的租赁合同约定有免收租金期限的,免收租金期间由产权所有人按照房产原值缴纳房产税。

出租的地下建筑,按照出租地上房屋建筑的有关规定计算征收房产税。

(三) 应纳税额的计算

房产税的计税依据有两种,与之相适应的应纳税额计算也分为两种:一是从价计征的计算;二是从租计征的计算。

1. 从价计征的计算。

从价计征是按房产的原值减除一定比例后的余值计征,其计算公式为:

应纳税额 = 应税房产原值 × (1 − 扣除比例) × 1.2%

2. 从租计征的计算。

从租计征是按房产的租金收入计征,其计算公式为:

应纳税额 = 租金收入 × 12%(或4%)

三、税收优惠

房产税的税收优惠是根据国家政策需要和纳税人的负担能力制定的。由于房产税属地方税,因此给予地方一定的减免权限,有利于地方因地制宜地处理问题。

目前,房产税的税收优惠政策主要有:

1. 国家机关、人民团体、军队自用的房产免征房产税。
2. 由国家财政部门拨付事业经费的单位,如学校、医疗卫生单位、托儿所、幼儿园、敬老院、文化、体育、艺术等实行全额或差额预算管理的事业单位所有的,本身业务范围内使用的房产免征房产税。
3. 宗教寺庙、公园、名胜古迹自用的房产免征房产税。
4. 个人所有非营业用的房产免征房产税。

5. 对非营利性医疗机构、疾病控制机构和妇幼保健机构等卫生机构自用的房产，免征房产税。

6. 从2001年1月1日起，对按政府规定价格出租的公有住房和廉租住房，包括企业和自收自支事业单位向职工出租的单位自有住房，房管部门向居民出租的公有住房，落实私房政策中带户发还产权并以政府规定租金标准向居民出租的私有住房等，暂免征收房产税。

7. 为支持公共租赁住房（公租房）的建设和运营，对经营公租房的租金收入，免征房产税。公共租赁住房经营管理单位应单独核算公共租赁住房租金收入，未单独核算的，不得享受免征房产税优惠政策。

8. 企业办的各类学校、医院、托儿所、幼儿园自用的房产，免征房产税。

9. 经有关部门鉴定，对毁损不堪居住的房屋和危险房屋，在停止使用后，可免征房产税。

10. 自2004年7月1日起，纳税人因房屋大修导致连续停用半年以上的，在房屋大修期间免征房产税。

11. 凡是在基建工地为基建工地服务的各种工棚、材料棚、休息棚、办公室、食堂、茶炉房、汽车房等临时性房屋，无论是施工企业自行建造还是基建单位出资建造，交施工企业使用的，在施工期间，一律免征房产税。但是，如果在基建工程结束后，施工企业将这种临时性房屋交还或者低价转让给基建单位的，应当从基建单位接收的次月起，依照规定缴纳房产税。

12. 纳税单位与免税单位共同使用的房屋，按各自使用的部分分别征收或免征房产税。

13. 为推进国有经营性文化事业单位转企改制，对由财政部门拨付事业经费的文化事业单位转制为企业的，自转制注册之日起5年内对其自用房产免征房产税。2018年12月31日之前已完成转制的企业，自2019年1月1日起，对其自用房产可继续免征5年房产税。

14. 房地产开发企业建造的商品房，在出售前不征收房产税。但出售前房地产开发企业已使用或出租、出借的商品房，应按规定征收房产税。

15. 自2019年6月1日至2025年12月31日，为社区提供养老、托育、家政等服务的机构自用或其通过承租、无偿使用等方式取得并用于提供社区养老、托育、家政服务的房产免征房产税。

第二节 城镇土地使用税法

一、纳税义务人与征税范围

（一）纳税义务人

在城市、县城、建制镇、工矿区范围内使用土地的单位和个人，为城镇土地使用税的纳税人。

城镇土地使用税的纳税人通常包括以下几类：

1. 拥有土地使用权的单位和个人。
2. 拥有土地使用权的单位和个人不在土地所在地的，其土地的实际使用人和代管人为纳税人。
3. 土地使用权未确定或权属纠纷未解决的，其实际使用人为纳税人。
4. 土地使用权共有的，共有各方都是纳税人，由共有各方分别纳税。
5. 在城镇土地使用税征税范围内，承租集体所有建设用地的，由直接从集体经济组织承租土地的单位和个人，缴纳城镇土地使用税。

（二）征税范围

城镇土地使用税的征税范围，包括在城市、县城、建制镇和工矿区内的国家所有和集体所有的土地。

1. 城市是指经国务院批准设立的市。
2. 县城是指县人民政府所在地。
3. 建制镇是指经省、自治区、直辖市人民政府批准设立的建制镇。
4. 工矿区是指工商业比较发达，人口比较集中，符合国务院规定的建制镇标准，但尚未设立建制镇的大中型工矿企业所在地，工矿区须经省、自治区、直辖市人民政府批准。

二、税率、计税依据和应纳税额的计算

（一）税率

城镇土地使用税采用定额税率，即采用有幅度的差别税额，按大、中、小城市和县城、建制镇、工矿区分别规定每平方米城镇土地使用税年应纳税额。具体标准如下：

1. 大城市 1.5~30 元。
2. 中等城市 1.2~24 元。
3. 小城市 0.9~18 元。
4. 县城、建制镇、工矿区 0.6~12 元。

（二）计税依据

城镇土地使用税以纳税人实际占用的土地面积为计税依据，土地面积计量标准为每平方米。即税务机关根据纳税人实际占用的土地面积，按照规定的税额计算应纳税额，向纳税人征收城镇土地使用税。

纳税人实际占用的土地面积按下列办法确定：

1. 由省、自治区、直辖市人民政府确定的单位组织测定土地面积的，以测定的面积为准。
2. 尚未组织测定，但纳税人持有政府部门核发的土地使用证书的，以证书确认的土地面积为准。
3. 尚未核发土地使用证书的，应由纳税人申报土地面积，并据以纳税，待核发土地使用证书以后再作调整。
4. 对在城镇土地使用税征税范围内单独建造的地下建筑用地，按规定征收城镇土

使用税。其中，已取得地下土地使用权证的，按土地使用权证确认的土地面积计算应征税款；未取得地下土地使用权证或地下土地使用权证上未标明土地面积的，按地下建筑垂直投影面积计算应征税款。

对上述地下建筑用地暂按应征税款的50%征收城镇土地使用税。

（三）应纳税额的计算方法

城镇土地使用税的应纳税额可以通过纳税人实际占用的土地面积乘以该土地所在地段的适用税额求得。其计算公式为：

全年应纳税额＝实际占用应税土地面积(平方米)×适用税额

第三节 土地增值税法

一、纳税义务人和征税范围

（一）纳税义务人

土地增值税的纳税义务人为转让国有土地使用权、地上的建筑及其附着物（以下简称转让房地产）并取得收入的单位和个人。单位包括各类企业、事业单位、国家机关和社会团体及其他组织；个人包括个体经营者和其他个人。

（二）征税范围

1. 基本征税范围。

土地增值税是对转让国有土地使用权及其地上建筑物和附着物的行为征税，不包括国有土地使用权出让所取得的收入。

2. 特殊征税范围。

（1）房地产的继承，是指房产的原产权所有人、依照法律规定取得土地使用权的土地使用人死亡以后，由其继承人依法承受死者房产产权和土地使用权的民事法律行为。这种行为虽然发生了房地产的权属变更，但作为房产产权、土地使用权的原所有人（即被继承人）并没有因为权属变更而取得任何收入。因此，这种房地产的继承不属于土地增值税的征税范围。

（2）房地产的赠与，是指房产所有人、土地使用权所有人将自己所拥有的房地产无偿地交给他人的民事法律行为。

（3）房地产的出租。

（4）房地产的抵押。

（5）房地产的交换。

（6）合作建房。

（7）房地产的代建行为。

（8）房地产的重新评估。

二、税率

土地增值税实行四级超率累进税率:
1. 增值额未超过扣除项目金额50%的部分,税率为30%。
2. 增值额超过扣除项目金额50%、未超过扣除项目金额100%的部分,税率为40%。
3. 增值额超过扣除项目金额100%、未超过扣除项目金额200%的部分,税率为50%。
4. 增值额超过扣除项目金额200%的部分,税率为60%。

三、应税收入与扣除项目

(一) 应税收入

根据《土地增值税暂行条例》及《中华人民共和国土地增值税暂行条例实施细则》(以下简称《实施细则》)的规定,纳税人转让房地产取得的应税收入(不含增值税),应包括转让房地产的全部价款及有关的经济收益。从收入的形式来看,包括货币收入、实物收入和其他收入。

(二) 扣除项目

依据税法规定,在计算土地增值税的增值额时,准予从房地产转让收入额中减除下列相关项目金额:
1. 取得土地使用权所支付的金额。
2. 房地产开发成本。
3. 房地产开发费用。
4. 与转让房地产有关的税金。

与转让房地产有关的税金,是指在转让房地产时缴纳的城市维护建设税、印花税。因转让房地产缴纳的教育费附加,也可视同税金予以扣除。

5. 财政部确定的其他扣除项目。

对从事房地产开发的纳税人,允许按取得土地使用权所支付的金额和房地产开发成本之和,加计20%的扣除。需要特别指出的是,此条优惠只适用于从事房地产开发的纳税人,除此之外的其他纳税人不适用,其目的是抑制炒买炒卖房地产的投机行为,保护正常开发投资者的积极性。

6. 旧房及建筑物的评估价格。

四、应纳税额的计算

(一) 增值额的确定

确定增值额是计算土地增值税的基础,增值额为纳税人转让房地产所取得的收入减除规定的扣除项目金额后的余额。准确核算增值额,需要有准确的房地产转让收入额和扣除项目的金额。在实际房地产交易活动中,有些纳税人由于不能准确提供房地产转让价格或扣除项目金额,致使增值额不准确,直接影响应纳税额的计算和缴纳。

（二）应纳税额的计算方法

土地增值税按照纳税人转让房地产所取得的增值额和规定的税率计算征收。土地增值税的计算公式为：

应纳税额 = ∑（每级距的土地增值额 × 适用税率）

但在实际工作中，分步计算比较烦琐，一般可以采用速算扣除法计算。即计算土地增值税税额，可按增值额乘以适用的税率减去扣除项目金额乘以速算扣除系数的简便方法计算，具体方法如下：

应纳税额 = 土地增值额 × 适用税率 − 扣除项目金额 × 速算扣除系数

公式中，适用税率和速算扣除系数的确定取决于增值额与扣除项目金额的比率：

1. 增值额未超过扣除项目金额50%时，计算公式为：

土地增值税税额 = 增值额 × 30%

2. 增值额超过扣除项目金额50%，未超过100%时，计算公式为：

土地增值税税额 = 增值额 × 40% − 扣除项目金额 × 5%

3. 增值额超过扣除项目金额100%，未超过200%时，计算公式为：

土地增值税税额 = 增值额 × 50% − 扣除项目金额 × 15%

4. 增值额超过扣除项目金额200%时，计算公式为：

土地增值税税额 = 增值额 × 60% − 扣除项目金额 × 35%

五、房地产开发企业土地增值税清算

（一）土地增值税的清算单位

土地增值税以国家有关部门审批的房地产开发项目为单位进行清算，对于分期开发的项目，以分期项目为单位清算。

开发项目中同时包含普通住宅和非普通住宅的，应分别计算增值额。

（二）土地增值税的清算条件

1. 符合下列情形之一的，纳税人应进行土地增值税的清算：

（1）房地产开发项目全部竣工、完成销售的。

（2）整体转让未竣工决算房地产开发项目的。

（3）直接转让土地使用权的。

2. 符合下列情形之一的，主管税务机关可要求纳税人进行土地增值税清算：

（1）已竣工验收的房地产开发项目，已转让的房地产建筑面积占整个项目可售建筑面积的比例在85%以上，或该比例虽未超过85%，但剩余的可售建筑面积已经出租或自用的。

（2）取得销售（预售）许可证满3年仍未销售完毕的。

（3）纳税人申请注销税务登记但未办理土地增值税清算手续的。

（4）省税务机关规定的其他情况。

（三）土地增值税的清算时间

1. 凡符合应办理土地增值税清算条件的项目，纳税人应当在满足条件之日起90日内到主管税务机关办理清算手续。

2. 凡属税务机关要求纳税人进行土地增值税清算的项目，纳税人应当在接到主管税

务机关下发的清算通知之日起 90 日内，到主管税务机关办理清算手续。

（四）土地增值税清算应税收入的确认

1. 一般情形下销售房地产应税收入的确认。
2. 视同销售房地产应税收入的确认。
3. 房地产开发企业将开发的部分房地产转为企业自用或用于出租等商业用途时，如果产权未发生转移，不征收土地增值税，在税款清算时不列收入，不扣除相应的成本和费用。

第八章 国际税收

第一节 非居民企业税收管理

一、外国企业常驻代表机构

为了规范外国企业常驻代表机构税收管理,国家税务总局制定并印发了《外国企业常驻代表机构税收管理暂行办法》,对外国企业常驻代表机构的税务登记管理、账簿凭证管理、企业所得税和增值税的计算和申报等涉税事项进行了明确规范。

外国企业常驻代表机构,是指按照国务院有关规定,在工商行政管理部门登记或经有关部门批准,设立在中国境内的外国企业(包括港、澳、台企业)及其他组织的常驻代表机构(以下简称代表机构)。

二、承包工程作业和提供劳务

为了规范对非居民(包括非居民企业和非居民个人)在中国境内承包工程作业和提供劳务的税收征收管理,国家税务总局发布了《非居民承包工程作业和提供劳务税收管理暂行办法》。

非居民企业是指依照外国(地区)法律成立且实际管理机构不在中国境内,但在中国境内设立机构、场所的,或者在中国境内未设立机构、场所,但有来源于中国境内所得的企业。非居民个人是指在中国境内无住所又不居住或者无住所而在境内居住不满183天的个人。本节仅涉及非居民企业在境内承包工程作业和提供劳务的纳税事项管理。

所称承包工程作业是指在中国境内承包建筑、安装、装配、修缮、装饰、勘探及其他工程作业;提供劳务是指在中国境内从事加工、修理修配、交通运输、仓储租赁、咨询经纪、设计、文化体育、技术服务、教育培训、旅游、娱乐及其他劳务活动。

三、股息、利息、租金、特许权使用费和财产转让所得

我国现行税法规定,非居民企业在中国境内未设立机构、场所的,或者虽设立机构、场所但取得的所得与其所设机构、场所没有实际联系的,应当就其来源于中国境内的所

得缴纳企业所得税。对非居民企业取得的此类所得应缴纳的所得税，实行源泉扣缴，以支付人为扣缴义务人。税款由扣缴义务人在每次支付或者到期应支付时，从支付或者到期应支付的款项中扣缴。扣缴义务人未依法扣缴或者无法履行扣缴义务的，由纳税人在所得发生地缴纳。纳税人未依法缴纳的，税务机关可以从该纳税人在中国境内其他收入项目的支付人应付的款项中，追缴该纳税人的应纳税款。扣缴义务人每次代扣的税款，应当自代扣之日起7日内缴入国库，并向所在地的税务机关报送《中华人民共和国扣缴企业所得税报告表》。

四、中国境内机构和个人对外付汇的税收管理

1. 对外付汇需要进行税务备案的情形。
2. 对外付汇无须进行税务备案的情形。

第二节 境外所得税收管理

一、适用范围

（一）纳税人境外所得的范围

具体而言，可以适用境外（包括港、澳、台地区，下同）所得税收抵免的纳税人包括两类：

1. 居民企业（包括按境外法律设立但实际管理机构在中国，被判定为中国税收居民的企业）可以就其取得的境外所得直接缴纳和间接负担的境外企业所得税性质的税额进行抵免。

2. 非居民企业（外国企业）在中国境内设立的机构（场所）可以就其取得的发生在境外，但与该机构（场所）有实际联系的所得直接缴纳的境外企业所得税性质的税额进行抵免。

（二）抵免办法

境外税额抵免分为直接抵免和间接抵免。

二、境外所得税额抵免计算的基本项目

企业应按照税法的有关规定准确计算下列当期与抵免境外所得税有关的项目后，确定当期实际可抵免分国（地区）别的境外所得税税额和抵免限额：

1. 境内所得的应纳税所得额（以下称境内应纳税所得额）和分国（地区）别的境外所得的应纳税所得额（以下称境外应纳税所得额）。
2. 分国（地区）别的可抵免境外所得税税额。
3. 分国（地区）别的境外所得税的抵免限额。

三、境外应纳税所得额的计算

1. 居民企业在境外投资设立不具有独立纳税地位的分支机构，其来源于境外的所得，以境外收入总额扣除与取得境外收入有关的各项合理支出后的余额为应纳税所得额。各项收入、支出按税法的有关规定确定。

2. 居民企业应就其来源于境外的股息、红利等权益性投资收益，以及利息、租金、特许权使用费、转让财产等收入，扣除按照《企业所得税法》及其《实施条例》等规定计算的与取得该项收入有关的各项合理支出后的余额为应纳税所得额。来源于境外的股息、红利等权益性投资收益，应按被投资方作出利润分配决定的日期确认收入实现；来源于境外的利息、租金、特许权使用费、转让财产等收入，应按有关合同约定应付交易对价款的日期确认收入实现。

3. 非居民企业在境内设立机构、场所的，应就其发生在境外但与境内所设机构、场所有实际联系的各项应税所得，比照上述第 2 项的规定计算相应的应纳税所得额。

4. 在计算境外应纳税所得额时，企业为取得境内、境外所得而在境内、境外发生的共同支出，与取得境外应税所得有关的、合理的部分，应在境内、境外［分国别（地区），下同］应税所得之间，按照合理比例进行分摊后扣除。

5. 在汇总计算境外应纳税所得额时，企业在境外同一国家（地区）设立不具有独立纳税地位的分支机构，按照《企业所得税法》及其《实施条例》的有关规定计算的亏损，不得抵减其境内或他国（地区）的应纳税所得额，但可以用同一国家（地区）其他项目或以后年度的所得按规定弥补。

四、可予抵免境外所得税税额的确认

可抵免境外所得税税额，是指企业来源于中国境外的所得依照中国境外税收法律以及相关规定应当缴纳并已实际缴纳的企业所得税性质的税款。

五、境外所得间接负担税额的计算

居民企业在用上述境外所得间接负担的税额进行税收抵免时，其取得的境外投资收益实际间接负担的税额，是指根据直接或者间接持股方式合计持股 20% 以上（含 20%，下同）的规定层级的外国企业股份，由此应分得的股息、红利等权益性投资收益中，从最低一层外国企业起逐层计算的属于由上一层企业负担的税额。

六、适用间接抵免的外国企业持股比例的计算

除另有规定外，由居民企业直接或者间接持有 20% 以上股份的外国企业，限于符合以下持股方式的三层外国企业：

第一层：单一居民企业直接持有 20% 以上股份的外国企业。

第二层：单一第一层外国企业直接持有 20% 以上股份，且由单一居民企业直接持有或通过一个或多个符合本项规定持股条件的外国企业间接持有总和达到 20% 以上股份的外国企业。

第三层：单一第二层外国企业直接持有20%以上股份，且由单一居民企业直接持有或通过一个或多个符合本项规定持股条件的外国企业间接持有总和达到20%以上股份的外国企业。

七、税收饶让抵免的应纳税额的确定

居民企业从与我国政府订立税收协定（或安排）的国家（地区）取得的所得，按照该国（地区）税收法律享受了免税或减税待遇，且该免税或减税的数额按照税收协定规定应视同已缴税额在中国的应纳税额中抵免的，该免税或减税数额可作为企业实际缴纳的境外所得税额用于办理税收抵免。

八、抵免限额的计算

企业应按照《企业所得税法》及其《实施条例》和本节的有关规定分国（地区）别计算境外税额的抵免限额。

某国（地区）所得税抵免限额=中国境内、境外所得依照《企业所得税法》及其《实施条例》的规定计算的应纳税总额×来源于某国（地区）的应纳税所得额÷中国境内、境外应纳税所得总额

九、实际抵免境外税额的计算

在计算实际应抵免的境外已缴纳和间接负担的所得税税额时，企业在境外一国（地区）当年缴纳和间接负担的符合规定的所得税税额低于所计算的该国（地区）抵免限额的，应以该项税额作为境外所得税抵免额从企业应纳税总额中据实抵免；超过抵免限额的，当年应以抵免限额作为境外所得税抵免额进行抵免，超过抵免限额的余额允许从次年起在连续5个纳税年度内，用每年度抵免限额抵免当年应抵税额后的余额进行抵补。

企业在境外一国（地区）当年缴纳和间接负担的符合规定的企业所得税税额的具体抵免方法，即企业每年应分国（地区）别在抵免限额内据实抵免境外所得税额，超过抵免限额的部分可在以后连续5个纳税年度延续抵免；企业当年境外一国（地区）可抵免税额中既有属于当年已直接缴纳或间接负担的境外所得税额，又有以前年度结转的未逾期可抵免税额时，应首先抵免当年已直接缴纳或间接负担的境外所得税额，抵免限额有余额的，可再抵免以前年度结转的未逾期可抵免税额，仍抵免不足的，继续向以后年度结转。

十、简易办法计算抵免

采用简易办法须遵循"分国不分项"原则。适用简易办法计算抵免的有如下两种情况：

1.企业从境外取得营业利润所得以及符合境外税额间接抵免条件的股息所得，虽有所得来源国（地区）政府机关核发的具有纳税性质的凭证或证明，但因客观原因无法真实、准确地确认应当缴纳并已经实际缴纳的境外所得税额的，除就该所得直接缴纳及间接负担的税额在所得来源国（地区）的实际有效税率低于12.5%的外，可按境外应纳

税所得额的12.5%作为抵免限额，企业按该国（地区）税务机关或政府机关核发的具有纳税性质凭证或证明的金额，其不超过抵免限额的部分，准予抵免；超过的部分不得抵免。

2. 企业从境外取得营业利润所得以及符合境外税额间接抵免条件的股息所得，凡就该所得缴纳及间接负担的税额在所得来源国（地区）的法定税率且其实际有效税率明显高于我国的，可直接以按本规定计算的境外应纳税所得额和《企业所得税法》规定的税率计算的抵免限额作为可抵免的已在境外实际缴纳的企业所得税税额。"实际有效税率"是指实际缴纳或负担的企业所得税税额与应纳税所得额的比率。

十一、境外分支机构与我国对应纳税年度的确定

1. 企业在境外投资设立不具有独立纳税地位的分支机构，其计算生产、经营所得的纳税年度与我国规定的纳税年度不一致的，与我国纳税年度当年度相对应的境外纳税年度，应为在我国有关纳税年度中任何一日结束的境外纳税年度。

2. 企业取得除第1项规定以外的境外所得实际缴纳或间接负担的境外所得税，应在该项境外所得实现日所在的我国对应纳税年度的应纳税额中计算抵免。

十二、境外所得税抵免时应纳所得税额的计算

企业抵免境外所得税额后实际应纳所得税额的计算公式为：

企业实际应纳所得税额 = 企业境内外所得应纳税总额 − 企业所得税减免、抵免优惠税额 − 境外所得税抵免额

第三节 国际反避税

一、税基侵蚀和利润转移项目

税基侵蚀和利润转移项目是由二十国集团（以下简称G20）领导人背书，并委托经济合作与发展组织（以下简称OECD）推进的国际税改项目，是G20框架下各国携手打击国际逃避税，共同建立有利于全球经济增长的国际税收规则体系和行政合作机制的重要举措。

2013年6月，OECD发布《税基侵蚀和利润转移行动计划》（以下简称BEPS行动计划），并于当年9月在俄罗斯G20圣彼得堡峰会上得到各国领导人背书。2015年10月，OECD发布了BEPS行动计划全部15项产出成果，包括13份最终报告和1份解释性声明。15项行动计划成果的顺利完成，标志着BEPS行动计划步入成果转化、具体实施的新阶段。

（一）税基侵蚀和利润转移行动计划

BEPS行动计划包括5大类共15项行动，分别于2014年9月、2015年9月和2015年

年底前分阶段完成，并提交当年的 G20 财长和央行行长会议审议，然后，由当年的 G20 领导人峰会背书。

（二）税基侵蚀和利润转移项目成果

2014 年 6 月 26 日，OECD 通过了 15 项行动计划中的 7 项产出成果和一份针对这些成果的解释性声明，并于 2014 年 9 月 16 日对外发布。2015 年 10 月 5 日，OECD 在整合 2014 年 9 月发布的 BEPS 项目首批 7 项产出成果的基础上，发布了 BEPS 项目全部 15 项产出成果。这些成果对重塑现有国际税收规则体系，完善各国税制意义重大。对促进我国税制改革，建立与我国对外开放和税收现代化相适应的国际税收制度与征管体系同样意义重大。

（三）税基侵蚀和利润转移项目的影响

税基侵蚀与利润转移项目不仅是通过政策调整，使征税行为与经济活动和价值创造保持一致，从而增加税收收入，更是为了在国际共识的基础上，创建应对 BEPS 问题的一整套国际税收规则，为纳税人增加确定性和可预见性，并达到保护税基的目的。此项工作的重点是消除双重不征税。然而，在此过程中所创立的新规则不应导致双重征税，加重遵从负担或阻滞合法的跨境交易。

BEPS 行动计划的最终成果在 G20 峰会上由各国领导人背书，虽然在法律层面并不形成硬性约束，但政治层面的承诺以及其他国家在行动计划框架下开展的税制改革，都将不可避免地对我国税收制度和税收管理产生影响。不论行动计划的最终结果如何，我国都将面临接受新规则和履行义务的压力。

二、一般反避税

按照《企业所得税法》的规定，税务机关有权对企业实施其他不具有合理商业目的的安排而减少其应纳税收入或所得额进行审核评估和调查调整。

（一）一般反避税

为规范一般反避税管理，根据《企业所得税法》及其《实施条例》、《税收征收管理法》及《中华人民共和国税收征收管理法实施细则》（以下简称《税收征收管理法实施细则》）的有关规定，国家税务总局制定了《一般反避税管理办法（试行）》（以下简称《办法》）。

（二）间接转让财产

为进一步规范和加强非居民企业间接转让中国居民企业股权等财产的企业所得税管理，国家税务总局出台了《关于非居民企业间接转让财产企业所得税若干问题的公告》（以下简称《公告》，《公告》的制定和出台是一般反避税规则在间接转让中国应税财产交易方面的具体应用，也是维护国家税收主权和权益的重要工具。

三、特别纳税调整

（一）转让定价

转让定价也称划拨定价，即交易各方之间确定的交易价格，它通常是指关联企业之间内部转让交易所确定的价格，这种内部交易价格通常不同于一般市场价格。转让定价是现代企业特别是跨国公司进行国际避税所借用的重要工具,主要是利用各国税制差别来实现的。国际关联企业的转让定价往往受跨国企业集团利益的支配,不易受市场一般供求关系的约束,对商品和劳务内部交易往来采取与独立企业之间的正常交易价格不同的计价标准。它们往往通过从高税国向低税国或避税地以较低的内部转让定价销售商品和分配费用,或者从低税国或避税地向高税国以较高的内部转让定价销售商品和分配费用,使国际关联企业的整体税收负担减轻。

(二) 成本分摊协议

企业与其关联方签署成本分摊协议,共同开发、受让无形资产,或者共同提供、接受劳务,应符合法律规定。

(三) 受控外国企业

1. 受控外国企业是指由居民企业,或者由居民企业和居民个人(以下统称中国居民股东,包括中国居民企业股东和中国居民个人股东)控制的设立在实际税负低于25%的企业所得税税率水平50%的国家(地区),并非出于合理经营需要对利润不作分配或减少分配的外国企业。对于受控外国企业的上述利润中应归属于该居民企业股东的部分,应当视同分配计入该居民企业的当期收入。

2. 中国居民企业股东应在年度企业所得税纳税申报时提供对外投资信息,附送《对外投资情况表》。

3. 计入中国居民企业股东当期的视同受控外国企业股息分配的所得,应按以下公式计算:

$$中国居民企业股东当期所得 = 视同股息分配额 \times 实际持股天数 \div 受控外国企业纳税年度天数 \times 股东持股比例$$

中国居民股东多层间接持有股份的,股东持股比例按各层持股比例相乘计算。

4. 受控外国企业与中国居民企业股东纳税年度存在差异的,应将视同股息分配所得计入受控外国企业纳税年度终止日所属的中国居民企业股东的纳税年度。

5. 计入中国居民企业股东当期所得已在境外缴纳的企业所得税税款,可按照《企业所得税法》或税收协定的有关规定抵免。

6. 受控外国企业实际分配的利润在此前已根据《企业所得税法》的规定视同分配并征税的,不再计入中国居民企业股东的当期所得。

7. 中国居民企业股东能够提供资料证明其控制的外国企业满足以下条件之一的,可免将外国企业不作分配或减少分配的利润视同股息分配额,计入中国居民企业股东的当期所得:

(1) 设立在国家税务总局指定的非低税率国家(地区)。
(2) 主要取得积极经营活动所得。
(3) 年度利润总额低于500万元人民币。

(四) 资本弱化

1. 企业从其关联方接受的债权性投资与权益性投资的比例超过规定标准而发生的利

息支出，不得在计算应纳税所得额时扣除。

2. 不得在计算应纳税所得额时扣除的利息支出应按以下公式计算：

不得扣除的利息支出 ＝ 年度实际支付的全部关联方利息 $\times \left(1 - \dfrac{\text{标准比例}}{\text{关联债资比例}}\right)$

3. 关联债资比例的具体计算方法如下：

关联债资比例 ＝ 年度各月平均关联债权投资之和 ÷ 年度各月平均权益投资之和

其中：

各月平均关联债权投资 ＝ $\dfrac{\text{关联债权投资月初账面余额} + \text{月末账面余额}}{2}$

各月平均权益投资 ＝ $\dfrac{\text{权益投资月初账面余额} + \text{月末账面余额}}{2}$

权益投资为企业资产负债表所列示的所有者权益金额。如果所有者权益小于实收资本（股本）与资本公积之和，则权益投资为实收资本（股本）与资本公积之和；如果实收资本（股本）与资本公积之和小于实收资本（股本）金额，则权益投资为实收资本（股本）金额。

4. 不得在计算应纳税所得额时扣除的利息支出，不得结转到以后纳税年度，应按照实际支付给各关联方利息占关联方利息总额的比例，在各关联方之间进行分配。其中，分配给实际税负高于企业的境内关联方的利息准予扣除；直接或间接实际支付给境外关联方的利息应视同分配的股息，按照股息和利息分别适用的所得税税率差补征企业所得税，如已扣缴的所得税税款多于按股息计算应征所得税税款，多出的部分不予退税。

5. 企业关联债资比例超过标准比例需要说明符合独立交易原则的，应当准备资本弱化特殊事项文档。

6. 企业未按规定准备、保存和提供资本弱化特殊事项文档等同期资料证明关联债权投资金额、利率、期限、融资条件以及债资比例等符合独立交易原则的，其超过标准比例的关联方利息支出，不得在计算应纳税所得额时扣除。

7. 此处所称实际支付利息是指企业按照权责发生制原则计入相关成本、费用的利息。

（五）特别纳税调整程序

税务机关以风险管理为导向，构建和完善关联交易利润水平监控管理指标体系，加强对企业利润水平的监控，通过特别纳税调整监控管理和特别纳税调查调整，促进企业遵从税法。

第四节 转让定价税务管理

一、关联申报

实行查账征收的居民企业和在中国境内设立机构、场所并据实申报缴纳企业所得税

2024年注册会计师职业能力综合测试辅导教材

综合阶段教程

（下册）

财政部中财传媒　注册会计师考试研究组　组织编写

中国财经出版传媒集团
中国财政经济出版社
·北京·

图书在版编目（CIP）数据

综合阶段教程：全二册／财政部中财传媒，注册会计师考试研究组组织编写．--北京：中国财政经济出版社，2024.2

2024年注册会计师职业能力综合测试辅导教材

ISBN 978-7-5223-2848-5

Ⅰ.①综…　Ⅱ.①财…②注…　Ⅲ.①注册会计师-资格考试-教材　Ⅳ.①F233

中国国家版本馆 CIP 数据核字（2024）第 022986 号

责任编辑：汪娟娟　　　封面设计：卜建辰
责任印制：党　辉

综合阶段教程
ZONGHE JIEDUAN JIAOCHENG

中国财政经济出版社 出版

URL: http://www.cfeph.cn
E-mail: cfeph@cfeph.cn

（版权所有　翻印必究）

社址：北京市海淀区阜成路甲 28 号　邮政编码：100142
营销中心电话：010-88191522
天猫网店：中国财政经济出版社旗舰店
网址：https://zgczjjcbs.tmall.com
三河市宏图印务有限公司印刷　各地新华书店经销
成品尺寸：185mm×260mm　16 开　80 印张　1 816 000 字
2024 年 2 月第 1 版　2024 年 2 月河北第 1 次印刷
定价：172.00 元（全二册）
ISBN 978-7-5223-2848-5
（图书出现印装问题，本社负责调换，电话：010-88190548）
本社图书质量投诉电话：010-88190744
打击盗版举报热线：010-88191661　QQ：2242791300

目 录

（下 册）

财务成本管理篇

第一章　价值评估基础 ··· 629
　第一节　风险与报酬 ··· 629
　第二节　债券、股票价值评估 ··· 644
第二章　投资项目资本预算 ··· 650
　第一节　投资项目现金流量的估计 ·································· 650
　第二节　投资项目折现率的估计 ····································· 656
　第三节　投资项目的敏感分析 ·· 658
第三章　期权价值评估 ··· 661
　第一节　衍生工具概述 ··· 661
　第二节　期权的概念、类型和投资策略 ··························· 663
　第三节　金融期权价值评估 ··· 668
　第四节　实物期权价值评估 ··· 684
第四章　企业价值评估 ··· 695
　第一节　现金流量折现模型 ··· 695
　第二节　相对价值评估模型 ··· 701
第五章　长期筹资 ··· 706
　第一节　长期债务筹资 ··· 706
　第二节　普通股筹资 ·· 710
　第三节　混合筹资 ··· 713
　第四节　租赁筹资 ··· 719
第六章　股利分配、股票分割与股票回购 ···························· 727
　第一节　股利的种类、支付程序与分配方案 ···················· 727
　第二节　股票分割与股票回购 ·· 729

第七章　营运资本管理 ·· 732
　第一节　现金管理 ·· 732
　第二节　应收款项管理 ·· 737
　第三节　存货管理 ·· 741
　第四节　短期债务管理 ·· 747

第八章　标准成本法 ·· 753
　第一节　标准成本的制定 ·· 753
　第二节　标准成本的差异分析 ·· 757

第九章　作业成本法 ·· 761
　第一节　作业成本计算 ·· 761
　第二节　作业成本管理 ·· 763

第十章　全面预算 ·· 765
　第一节　全面预算概述 ·· 765
　第二节　全面预算的编制方法 ·· 766
　第三节　营业预算的编制 ·· 770
　第四节　财务预算的编制 ·· 775
　第五节　作业预算的编制 ·· 779

第十一章　责任会计 ·· 781
　第一节　企业组织结构与责任中心划分 ·· 782
　第二节　责任成本 ·· 784
　第三节　成本中心 ·· 786
　第四节　利润中心 ·· 788
　第五节　投资中心 ·· 791
　第六节　内部转移价格 ·· 794

第十二章　业绩评价 ·· 796
　第一节　财务业绩评价与非财务业绩评价 ·· 796
　第二节　关键绩效指标法 ·· 797
　第三节　经济增加值 ·· 798
　第四节　平衡计分卡 ·· 803
　第五节　绩效棱柱模型 ·· 807

公司战略与风险管理篇

第一章　战略与战略管理概述 ·· 811
　第一节　公司战略的基本概念 ·· 811
　第二节　公司战略管理 ·· 812

的非居民企业向税务机关报送年度企业所得税纳税申报表时，应当就其与关联方之间的业务往来进行关联申报。

二、同期资料管理

企业应当依据《企业所得税法实施条例》的规定，按纳税年度准备并按税务机关要求提供其关联交易的同期资料。同期资料包括主体文档、本地文档和特殊事项文档。

三、转让定价调整方法

税务机关实施转让定价调查时，应当进行可比性分析，可比性分析一般包括以下五个方面。税务机关可以根据案件情况选择具体分析内容：

一是交易资产或者劳务特性。
二是交易各方执行的功能、承担的风险和使用的资产。
三是合同条款。
四是经济环境。
五是经营策略。

四、转让定价调查及调整

税务机关分析评估被调查企业关联交易时，应当在分析评估交易各方功能风险的基础上，选择功能相对简单的一方作为被测试对象。税务机关在进行可比性分析时，优先使用公开信息，也可以使用非公开信息。

税务机关分析评估被调查企业关联交易是否符合独立交易原则时，可以根据实际情况选择算术平均法、加权平均法或者四分位法等统计方法，逐年分别或者多年度平均计算可比企业利润或者价格的平均值或者四分位区间。税务机关应当按照可比利润水平或者可比价格对被调查企业各年度关联交易进行逐年测试调整。税务机关采用四分位法分析评估企业利润水平时，企业实际利润水平低于可比企业利润率区间中位值的，原则上应当按照不低于中位值进行调整。

五、预约定价安排

预约定价安排是指企业就其未来年度关联交易的定价原则和计算方法，向税务机关提出申请，与税务机关按照独立交易原则协商、确认后达成的协议。按照参与的国家税务主管当局的数量，预约定价安排可以分为单边、双边和多边三种类型。

企业与一国税务机关签署的预约定价安排为单边预约定价安排。单边预约定价安排只能为企业提供一国内关联交易定价原则和方法的确定性，而不能有效规避企业境外关联方被其所在国家的税务机关进行转让定价调查调整的风险，因此，单边预约定价安排无法避免国际重复征税。企业与两个或两个以上国家税务主管当局签署的预约定价安排为双边或多边预约定价安排，双边或多边预约定价安排需要税务主管当局之间就企业跨境关联交易的定价原则和方法达成一致，可以有效避免国际重复征税，为企业转让定价问题提供确定性。

第二章 战略分析 ... 820
- 第一节 企业外部环境分析 ... 820
- 第二节 企业内部环境分析 ... 825
- 第三节 企业内外部环境综合分析 ... 831

第三章 战略选择 ... 833
- 第一节 总体战略 ... 833
- 第二节 业务单位战略 ... 840
- 第三节 职能战略 ... 851
- 第四节 国际化经营战略 ... 869

第四章 战略实施 ... 876
- 第一节 公司战略与组织结构 ... 876
- 第二节 公司战略与企业文化 ... 880
- 第三节 战略控制 ... 883
- 第四节 公司战略与数字化技术 ... 891

第五章 公司治理 ... 898
- 第一节 公司治理概述 ... 898
- 第二节 公司治理三大问题 ... 903
- 第三节 公司内部治理结构和外部治理机制 ... 908
- 第四节 公司治理原则 ... 914

第六章 风险与风险管理概述 ... 918
- 第一节 风险的概念及风险的要素 ... 918
- 第二节 风险管理的概念、特征、目标和职能 ... 919
- 第三节 风险管理理论的演进和风险管理实践的发展 ... 922

第七章 风险管理的流程、体系与方法 ... 930
- 第一节 风险管理的流程 ... 930
- 第二节 风险管理体系 ... 934
- 第三节 风险管理的技术与方法 ... 951

第八章 企业面对的主要风险与应对 ... 960
- 第一节 战略风险与应对 ... 960
- 第二节 市场风险与应对 ... 963
- 第三节 财务风险与应对 ... 965
- 第四节 运营风险与应对 ... 971
- 第五节 法律风险和合规风险与应对 ... 987

经济法篇

第一章 法律基本原理 ... 993
- 第一节 法律基本概念 ... 993

第二节	法律关系	995
第三节	习近平法治思想引领全面依法治国基本方略	997
第四节	市场经济的法律调整与经济法律制度	1001

第二章　基本民事法律制度 ······ 1005
- 第一节　民事法律行为制度 ······ 1005
- 第二节　代理制度 ······ 1008
- 第三节　诉讼时效制度 ······ 1010

第三章　物权法律制度 ······ 1014
- 第一节　物权法律制度概述 ······ 1014
- 第二节　物权变动 ······ 1016
- 第三节　所有权 ······ 1017
- 第四节　用益物权 ······ 1021
- 第五节　担保物权 ······ 1023

第四章　合同法律制度 ······ 1034
- 第一节　合同的基本理论 ······ 1034
- 第二节　合同的订立 ······ 1035
- 第三节　合同的效力 ······ 1037
- 第四节　合同的履行 ······ 1037
- 第五节　合同的保全 ······ 1039
- 第六节　合同的担保 ······ 1041
- 第七节　合同的变更和转让 ······ 1046
- 第八节　合同的权利义务终止 ······ 1048
- 第九节　违约责任 ······ 1052
- 第十节　几类主要的典型合同 ······ 1052

第五章　合伙企业法律制度 ······ 1066
- 第一节　合伙企业法律制度概述 ······ 1066
- 第二节　普通合伙企业 ······ 1067
- 第三节　有限合伙企业 ······ 1072
- 第四节　合伙企业的解散和清算 ······ 1076

第六章　公司法律制度 ······ 1079
- 第一节　公司法基本概念与制度 ······ 1079
- 第二节　股份有限公司 ······ 1086
- 第三节　有限责任公司 ······ 1096
- 第四节　国家出资公司组织机构的特别规定 ······ 1100
- 第五节　公司的财务、会计 ······ 1101
- 第六节　公司重大变更 ······ 1103
- 第七节　公司解散和清算 ······ 1107

第七章　证券法律制度 ... 1111
第一节　证券法律制度概述 ... 1111
第二节　股票的发行 ... 1117
第三节　公司债券的发行与交易 ... 1129
第四节　股票的公开交易 ... 1135
第五节　上市公司收购和重组 ... 1139
第六节　证券欺诈的法律责任 ... 1150

第八章　企业破产法律制度 ... 1158
第一节　破产法律制度概述 ... 1158
第二节　破产申请与受理 ... 1160
第三节　管理人制度 ... 1165
第四节　债务人财产 ... 1166
第五节　破产债权 ... 1170
第六节　债权人会议 ... 1171
第七节　重整程序 ... 1173
第八节　和解制度 ... 1175
第九节　破产清算程序 ... 1176
第十节　关联企业合并破产 ... 1178

第九章　票据与支付结算法律制度 ... 1180
第一节　支付结算概述 ... 1180
第二节　票据法律制度 ... 1182
第三节　非票据结算方式 ... 1204

第十章　企业国有资产法律制度 ... 1210
第一节　企业国有资产法律制度概述 ... 1210
第二节　企业国有资产产权登记制度 ... 1213
第三节　企业国有资产评估管理制度 ... 1215
第四节　企业国有资产交易管理制度 ... 1217

第十一章　反垄断法律制度 ... 1223
第一节　反垄断法律制度概述 ... 1223
第二节　垄断协议规制制度 ... 1228
第三节　滥用市场支配地位规制制度 ... 1232
第四节　经营者集中反垄断审查制度 ... 1234
第五节　滥用行政权力排除、限制竞争规制制度 ... 1238

第十二章　涉外经济法律制度 ... 1242
第一节　涉外投资法律制度 ... 1242
第二节　对外贸易法律制度 ... 1248
第三节　外汇管理法律制度 ... 1253

财务成本管理篇

第一章 价值评估基础

财务估值是财务管理的核心问题，几乎涉及每一项财务决策。财务估值是指对一项资产价值的评估。这里的"资产"可能是金融资产、实物资产，也可能是一个企业。这里的"价值"是指资产的内在价值。它不同于资产的账面价值、市场价值和清算价值。计算投资项目的净现值，也属于财务估值的范畴。

目前，财务估值的主流方法是现金流量折现法，即用适当的折现率计算的资产预期未来现金流量的现值，被称为经济价值或公平价值。该方法涉及几个基本原理和技术方法，即利率、时间价值、风险价值和现金流量。

第一节 风险与报酬

一、风险的含义

风险是一个非常重要的财务概念。任何决策都有风险，这使得风险观念在理财中具有普遍意义。风险最简单的定义是："风险是发生财务损失的可能性"。发生损失的可能性越大，风险越大。它可以用不同结果出现的概率来描述。结果可能是好的，也可能是坏的，坏结果出现的概率越大，就认为风险越大。这个定义非常接近日常生活中使用的普通概念，主要强调风险可能带来的损失，与危险的含义类似。

在对风险进行深入研究以后人们发现，风险不仅可以带来超出预期的损失，也可能带来超出预期的收益。于是，出现了一个更正式的定义："风险是预期结果的不确定性"。风险不仅包括负面效应的不确定性，还包括正面效应的不确定性。新的定义要求区分风险和危险。危险专指负面效应，是损失发生及其程度的不确定性。人们对于危险，需要识别、衡量、防范和控制，即对危险进行管理。保险活动就是针对危险的，是为同类危险聚集资金，对特定危险的后果提供经济保障的一种风险转移机制。风险的概念比危险广泛，包括了危险，危险只是风险的一部分。风险的另一部分即正面效应，可以称为"机会"。人们对于机会，需要识别、衡量、选择和获取。理财活动不仅要管理危险，还要识别、衡量、选择和获取增加企业价值的机会。风险的新概念，反映了人们对财务现象更深刻的认识，也就是危险与机会并存。

在投资组合理论出现之后，人们认识到投资多样化可以降低风险。当增加投资组合中资产的种类时，组合的风险将不断降低，而收益仍然是个别资产的加权平均值。当投资组合中的资产多样化到一定程度后，特殊风险可以被忽略，而只关心系统风险。系统风险是没有有效的方法可以消除的、影响所有资产的风险，它来自于整个经济系统，是影响公司经营的普遍因素。投资者必须承担系统风险并可以获得相应的投资回报。在充分组合的情况下，单个资产的风险对于决策是没有用的，投资者关注的只是投资组合的风险；特殊风险与决策是不相关的，与决策相关的只是系统风险。在投资组合理论出现以后，风险是指系统风险，既不是指单个资产的特殊风险，也不是指投资组合的全部风险。

在资本资产定价理论出现以后，单项资产的系统风险计量问题得到解决。如果投资者选择一项资产并把它加入已有的投资组合中，那么该资产的风险完全取决于它如何影响投资组合收益的波动性。因此，一项资产最佳的风险度量，是一项资产对投资组合风险的贡献程度。衡量该风险的指标被称为贝塔系数。

理解风险概念及其演进时，不要忘记财务管理创造"风险"这一专业概念的目的。不断精确定义风险概念是为了明确风险和收益之间的权衡关系，并在此基础上给风险定价。因此，风险概念的演进，实际上是逐步明确什么是与收益相关的风险，与收益相关的风险才是财务管理中所说的风险。

在使用风险概念时，不要混淆投资对象本身固有的风险和投资者需要承担的风险。投资对象是指一项资产，在资本市场理论中经常用"证券"一词代表任何投资对象。投资对象的风险具有客观性。例如，无论企业还是个人，投资于国库券其收益的不确定性较小，而投资于股票则收益的不确定性大得多。这种不确定性是客观存在的，不以投资者的意志为转移。因此，我们才可以用客观尺度来计量投资对象的风险。投资者是通过投资获取收益并承担风险的人，他可以是任何单位或个人。财务管理主要研究企业投资。一个企业可以投资于一项资产，也可以投资于多项资产。由于投资分散化可以降低风险，作为投资者的企业，承担的风险可能会小于企业单项资产的风险。一个股东可以投资于一个企业，也可以投资于多个企业。由于投资分散化可以降低风险，作为股东个人所承担的风险可能会小于他投资的各个企业的风险。投资者是否去冒风险及冒多大风险，是可以选择的，是主观决定的。在什么时间、投资于什么样的资产，各投资多少，风险是不一样的。

二、单项投资的风险与报酬

风险的衡量，一般应用概率和统计方法。

（一）概率

在经济活动中，某一事件在相同的条件下可能发生也可能不发生，这类事件称为随机事件。概率就是用来表示随机事件发生可能性大小的数值。通常，把必然发生的事件的概率定为1，把不可能发生的事件的概率定为0，而一般随机事件的概率是介于0与1之间的一个数。概率越大就表示该事件发生的可能性越大。

【例1-1】 ABC公司有两个投资机会，A投资机会是一个高科技项目，该领域竞争很激烈，如果经济发展迅速并且该项目搞得好，取得较大市场占有率，利润就会很大。

否则，利润会很小甚至亏本。B项目投资一个传统产品并且是必需品，销售前景可以准确预测出来。假设未来的经济情况只有三种：繁荣、正常、衰退，有关的概率分布和期望报酬率如表1-1所示。

表1-1　　　　　　　　　　　公司未来经济情况表

经济情况	发生概率	A项目期望报酬率	B项目期望报酬率
繁荣	0.3	90%	20%
正常	0.4	15%	15%
衰退	0.3	−60%	10%
合计	1		

在这里，概率表示每一种经济情况出现的可能性，同时也就是各种不同期望报酬率出现的可能性。例如，未来经济情况出现繁荣的可能性有0.3。假如这种情况真的出现，A项目可获得高达90%的报酬率，这也就是说，采纳A项目获利90%的可能性是0.3。当然，报酬率作为一种随机变量，受多种因素的影响。这里为了简化，假设其他因素都相同，只有经济情况一个因素影响报酬率。

（二）离散型分布和连续型分布

如果随机变量（如报酬率）只取有限个值，并且对应于这些值有确定的概率，则称随机变量是离散型分布。前面的［例1-1］就属于离散型分布，它有三个值，如图1-1所示。

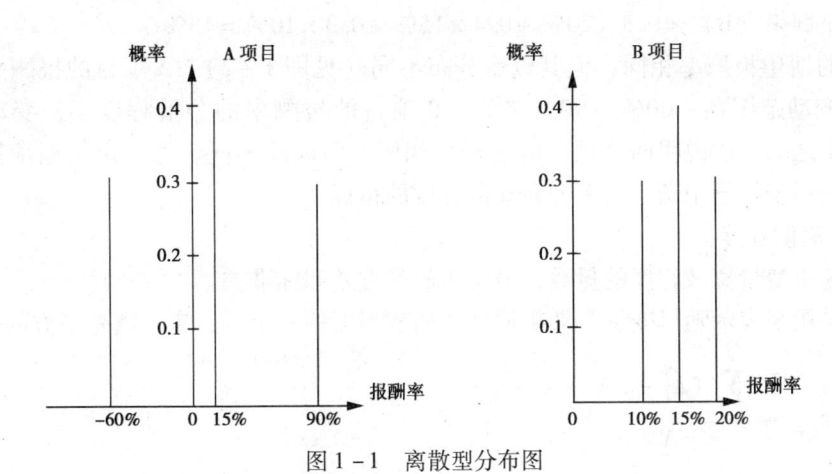

图1-1　离散型分布图

实际上，出现的经济情况远不止三种，有无数可能的情况会出现。如果对每种情况都赋予一个概率，并分别测定其报酬率，则可用连续型分布描述，如图1-2所示。

从图1-2可以看到，我们给出例子的报酬率呈正态分布，其主要特征是曲线为对称的钟形。实际上并非所有问题都按正态分布。但是，按照统计学的理论，不论总体分布是正态还是非正态，当样本很大时，其样本平均数都呈正态分布。一般说来，如果被研究的量受彼此独立的大量偶然因素的影响，并且每个因素在总的影响中只占很小部分，那么，这个总影响所引起的数量上的变化，就近似服从于正态分布。所以，正态分布在

图 1-2　连续型分布图

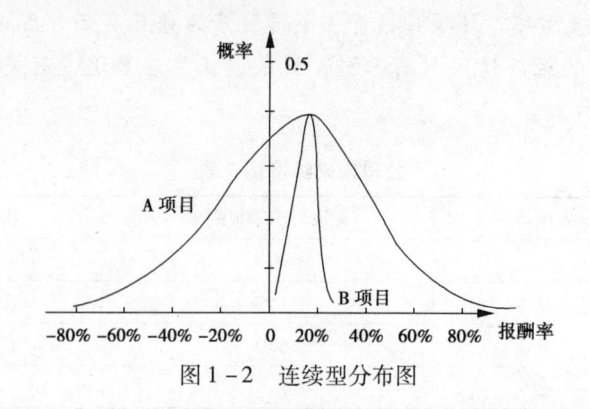

统计上被广泛使用。

（三）预期值

随机变量的各个取值，以相应的概率为权数的加权平均数，叫做随机变量的预期值（数学期望或均值），它反映随机变量取值的平均化。

$$预期值(\bar{K}) = \sum_{i=1}^{N} (P_i \cdot K_i)$$

其中：P_i 表示第 i 种结果出现的概率；K_i 表示第 i 种结果的报酬率；N 表示所有可能结果的数目。

据此计算：

期望报酬率（A） = 0.3 × 90% + 0.4 × 15% + 0.3 × (−60%) = 15%

期望报酬率（B） = 0.3 × 20% + 0.4 × 15% + 0.3 × 10% = 15%

两者的期望报酬率相同，但其概率分布不同（见图 1-2）。A 项目的报酬率的分散程度大，变动范围在 −60% ~ 90% 之间；B 项目的报酬率的分散程度小，变动范围在 10% ~ 20% 之间。这说明两个项目的报酬率相同，但风险不同。为了定量地衡量风险大小，还要使用统计学中衡量概率分布离散程度的指标。

（四）离散程度

表示随机变量离散程度的量数，最常用的是方差和标准差。

方差是用来表示随机变量与期望值之间离散程度的一个量，它是离差平方的平均数。

$$总体方差 = \frac{\sum_{i=1}^{n}(K_i - \bar{K})^2}{N}$$

$$样本方差 = \frac{\sum_{i=1}^{n}(K_i - \bar{K})^2}{n-1}$$

标准差是方差的平方根：

$$总体标准差 = \sqrt{\frac{\sum_{i=1}^{n}(K_i - \bar{K})^2}{N}}$$

$$\text{样本标准差} = \sqrt{\frac{\sum_{i=1}^{n}(K_i - \overline{K})^2}{n-1}}$$

总体，是指我们准备加以测量的一个满足指定条件的元素或个体的集合，也称母体。在实际工作中，为了了解研究对象的某些数学特性，往往只能从总体中抽出部分个体作为资料，用数理统计的方法加以分析。这种从总体中抽取部分个体的过程称为抽样，所抽得部分称为样本。通过对样本的测量，可以推测整体的特征。

为什么样本标准差的 n 个离差平方和不除以 n，而要除以 $(n-1)$ 呢？

n 表示样本容量（个数），$(n-1)$ 称为自由度。自由度反映分布或差异信息的个数。例如，当 $n=1$ 时，即 K_i 只有一个数值时，$K = \overline{K}$，$(K_1 - \overline{K}) = 0$，数据和均值没有差异，即表示差异的信息个数为 $1-1=0$；当 $n=2$ 时，$\overline{K}$ 是 K_1 和 K_2 的中值，则 $(K_1 - \overline{K})$ 和 $(K_2 - \overline{K})$ 的绝对值相等，只是符号相反。它们只提供一个信息，即两个数据与中值相差 $|K_1 - \overline{K}|$，这就是说差异的个数为 $2-1=1$。当 $n=3$ 时，也是如此。例如，K 分别为 1、2、6 时，均值为 3，误差分别为 -2、-1 和 3。实际上，得到的误差信息只有两个。因为比均值小的数据的误差绝对值与比均值大的数据的误差绝对值是相等的。如果知道了两个误差信息，就等于知道了第三个误差信息。例如，一个数据比均值小 2，一个数据比均值小 1，则另一个数据必定比均值大 3。当 n 为 4 或更多时，数据与均值的误差信息总会比样本容量少一个。因此，要用 $(n-1)$ 作为标准差的分母。$\sum_{i=1}^{n}(K_i - \overline{K})^2$ 只有 $(n-1)$ 个有用的信息，所以用 $(n-1)$ 作为分母才是真正的平均。

由于在财务管理实务中使用的样本量都很大，因此区分总体标准差和样本标准差没有什么实际意义。如果样本量比较小，则应当加以区分。

在已经知道每个变量值出现概率的情况下，标准差可以按下式计算：

$$\text{标准差}(\sigma) = \sqrt{\sum_{i=1}^{n}(K_i - \overline{K})^2 \times P_i}$$

标准差是以均值为中心计算出来的，因而有时直接比较标准差是不准确的，需要剔除均值大小的影响。为了解决这个问题，引入了变异系数（离散系数）的概念。变异系数是标准差与均值的比，它是从相对角度观察的差异和离散程度，在比较相关事物的差异程度时较之直接比较标准差要好些。

变异系数 = 标准差/均值

三、投资组合的风险与报酬

投资组合理论认为，若干种证券组成的投资组合，其收益是这些证券收益的加权平均数，但是其风险不是这些证券风险的加权平均数，投资组合能降低风险。

这里的"证券"是"资产"的代名词，它可以是任何产生现金流的东西，例如，一股股票、一项生产性实物资产、一条生产线或者是一个企业。

（一）证券组合的期望报酬率和标准差

1. 期望报酬率

两种或两种以上证券的组合，其期望报酬率可以直接表示为：

$$r_p = \sum_{j=1}^{m} r_j A_j$$

其中：r_j 表示第 j 种证券的期望报酬率；A_j 表示第 j 种证券在全部投资额中的比重；m 表示组合中的证券种类总数。

2. 标准差与相关性

证券组合的标准差，并不是单个证券标准差的简单加权平均。证券组合的风险不仅取决于组合内的各证券的风险，还取决于各个证券之间的关系。

实际上，各种证券之间不可能完全正相关，也不可能完全负相关，所以不同证券的投资组合可以降低风险，但又不能完全消除风险。一般而言，证券的种类越多，组合降低风险的效果越好。

（二）投资组合的风险计量

投资组合的风险不是各证券标准差的简单加权平均数，那么它如何计量呢？

投资组合报酬率概率分布的标准差是：

$$\sigma_p = \sqrt{\sum_{j=1}^{m} \sum_{k=1}^{m} A_j A_k \sigma_{jk}}$$

其中：m 表示组合内证券种类总数；A_j 表示第 j 种证券在投资总额中的比例；A_k 表示第 k 种证券在投资总额中的比例；σ_{jk} 表示第 j 种证券与第 k 种证券报酬率的协方差。

该公式的含义说明如下：

1. 协方差的计算

两种证券报酬率的协方差，用来衡量它们之间共同变动的程度：

$$\sigma_{jk} = r_{jk} \sigma_j \sigma_k$$

其中：r_{jk} 表示证券 j 和证券 k 报酬率之间的预期相关系数，σ_j 表示第 j 种证券的标准差，σ_k 表示第 k 种证券的标准差。

证券 j 和证券 k 报酬率概率分布的标准差的计算方法，前面讲述单项证券标准差时已经介绍过。

相关系数总是在 $-1 \sim +1$ 间取值。当相关系数为 1 时，表示一种证券报酬率的增长总是与另一种证券报酬率的增长成比例，反之亦然；当相关系数为 -1 时，表示一种证券报酬率的增长总是与另一种证券报酬率的减少成比例，反之亦然；当相关系数为 0 时，表示缺乏相关性，每种证券的报酬率相对于另外的证券的报酬率独立变动。一般而言，多数证券的报酬率趋于同向变动，因此两种证券之间的相关系数多为小于 1 的正值。

$$相关系数(r) = \frac{\sum_{i=1}^{n} \left[(x_i - \bar{x}) \times (y_i - \bar{y}) \right]}{\sqrt{\sum_{i=1}^{n} (x_i - \bar{x})^2} \times \sqrt{\sum_{i=1}^{n} (y_i - \bar{y})^2}}$$

2. 协方差矩阵

根号内双重的 $\sum$ 符号，表示对所有可能配成组合的协方差，分别乘以两种证券的投资比例，然后求其总和。

例如，当 m 为 3 时，所有可能的配对组合的协方差矩阵如下所示：

$\sigma_{1,1}$ $\sigma_{1,2}$ $\sigma_{1,3}$

$\sigma_{2,1}$ $\sigma_{2,2}$ $\sigma_{2,3}$

$\sigma_{3,1}$ $\sigma_{3,2}$ $\sigma_{3,3}$

左上角的组合（1,1）是 σ_1 与 σ_1 之积，即标准差的平方，称为方差，此时，$j = k$。从左上角到右下角，共有三种 $j = k$ 的组合，在这三种情况下，影响投资组合标准差的是三种证券的方差。当 $j = k$ 时，相关系数是1，并且 $\sigma_j \times \sigma_k$ 变为 σ_j^2。这就是说，对于矩阵对角线位置上的投资组合，其协方差就是各证券自身的方差。

组合 $\sigma_{1,2}$ 代表证券1和证券2报酬率之间的协方差，组合 $\sigma_{2,1}$ 代表证券2和证券1报酬率的协方差，它们的数值是相同的。这就是说需要计算两次证券1和证券2之间的协方差。对于其他不在对角线上的配对组合的协方差，我们同样计算了两次。

双重求和符号，就是把由各种可能配对组合构成的矩阵中的所有方差项和协方差项加起来。3种证券的组合，一共有9项，由3个方差项和6个协方差项（3个计算了两次的协方差项）组成。

3. 协方差比方差更重要

影响证券组合的标准差不仅取决于单个证券的标准差，而且也取决于证券之间的协方差。随着证券组合中证券个数的增加，协方差项比方差项越来越重要。这一结论可以通过考察上述矩阵得到证明。例如，在两种证券的组合中，沿着对角线有两个方差项 $\sigma_{1,1}$ 和 $\sigma_{2,2}$，以及两项协方差项 $\sigma_{1,2}$ 和 $\sigma_{2,1}$。对于三种证券的组合，沿着对角线有3个方差项 $\sigma_{1,1}$、$\sigma_{2,2}$、$\sigma_{3,3}$ 以及6项协方差项。在四种证券的组合中，沿着对角线有4项方差项和12项协方差。当组合中证券数量较多时，总方差主要取决于各证券间的协方差。例如，在含有20种证券的组合中，矩阵共有20个方差项和380个协方差项。当一个组合扩大到能够包含所有证券时，只有协方差是重要的，方差项将变得微不足道。因此，充分投资组合的风险，只受证券之间协方差项的影响，而与各证券本身的方差无关。

下面举例说明两种证券组合报酬率的期望值和标准差的计算过程。

【例1-2】 假设A证券的期望报酬率为10%，标准差是12%。B证券的期望报酬率为18%，标准差是20%。假设等比例投资于两种证券，即各占50%。

该组合的期望报酬率为：

$r_p = 10\% \times 0.5 + 18\% \times 0.5 = 14\%$

如果两种证券预期报酬率的相关系数等于1，则没有任何抵消作用，在等比例投资的情况下该组合的标准差等于两种证券各自标准差的简单算术平均数，即16%。

如果两种证券预期报酬率的相关系数是0.2，则组合的标准差会小于加权平均的标准差，其标准差是：

$\sigma_p = \sqrt{0.5 \times 0.5 \times 1 \times 0.12^2 + 2 \times 0.5 \times 0.5 \times 0.2 \times 0.12 \times 0.2 + 0.5 \times 0.5 \times 1 \times 0.2^2}$

$= \sqrt{0.0036 + 0.0024 + 0.01}$

$= 12.65\%$

从这个计算过程可以看出：只要两种证券预期报酬率的相关系数小于1，证券组合报酬率的标准差就小于各证券报酬率标准差的加权平均数。

(三) 两种证券组合的投资比例与有效集

在[例1-2]中,两种证券的投资比例是相等的。如投资比例变化了,投资组合的期望报酬率和标准差也会发生变化。对于这两种证券其他投资比例的组合,计算结果如表1-2所示。

表1-2　　　　　　　　　　　　不同投资比例的组合

组　合	对 A 的投资比例	对 B 的投资比例	组合的期望报酬率	组合的标准差
1	1	0	10%	12%
2	0.8	0.2	11.6%	11.11%
3	0.6	0.4	13.2%	11.78%
4	0.4	0.6	14.8%	13.79%
5	0.2	0.8	16.4%	16.65%
6	0	1	18%	20%

图1-3描绘出随着对两种证券投资比例的改变,期望报酬率与风险之间的关系。图中黑点与表1-2中的六种投资组合一一对应。连接这些黑点所形成的曲线称为机会集,它反映出风险与报酬之间的权衡关系。

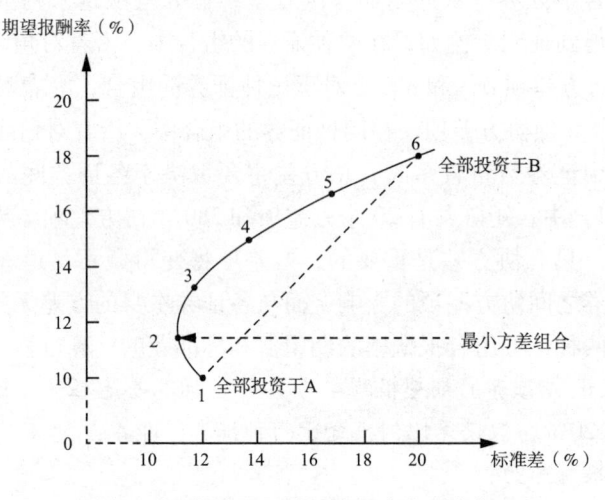

图1-3　投资于两种证券组合的机会集

该图有几项特征是非常重要的:

(1) 它揭示了分散化效应。比较曲线和以虚线绘制的直线的距离可以判断分散化效应的大小。该直线是由全部投资于 A 和全部投资于 B 所对应的两点连接而成。它是当两种证券完全正相关(无分散化效应)时的机会集曲线。曲线则代表相关系数为 0.2 时的机会集曲线。从曲线和直线间的距离,我们可以看出本例的风险分散效果是相当显著的。投资组合抵消风险的效应可以通过曲线 1~2 的弯曲看出来。从第 1 点出发,拿出一部分资金投资于标准差较大的 B 证券会比将全部资金投资于标准差小的 A 证券的组合标准差还要小。这种结果与人们的直觉相反,揭示了风险分散化的内在特征。一种证券的未预期变化往往会被另一种证券的反向未预期变化所抵消。尽管从总体上看,这两种证券是同向变化的，但抵消效应还是存在的，在图中表现为机会集曲线有一段1~2的弯曲。

（2）它表达了最小方差组合。即在持有证券的各种组合中标准差最小的组合。本例中，最小方差组合是80%的资金投资于A证券、20%的资金投资于B证券。离开此点，无论增加或减少投资于B证券的比例，都会导致标准差的小幅上升。必须注意的是，分散化投资并非必然导致机会集曲线向第1点组合左侧凸出，它取决于相关系数的大小。如果分散化投资未导致机会集曲线向第1点组合左侧凸出，则最小方差组合为第1点组合，即全部投资于A。

（3）它表达了投资的有效集合。在只有两种证券的情况下，投资者的所有投资机会只能出现在机会集曲线上，而不会出现在该曲线上方或下方。改变投资比例只会改变组合在机会集曲线上的位置。最小方差组合以下的组合（曲线1~2的部分）是无效的。没有人会打算持有期望报酬率比最小方差组合期望报酬率还低的投资组合，它们比最小方差组合不但风险大，而且报酬低。因此，机会集曲线1~2的弯曲部分是无效的，它们与最小方差组合相比不但标准差大（即风险大），而且报酬率也低。本例中，有效集是2~6之间的那段曲线，即从最小方差组合点到最高期望报酬率组合点的那段曲线。

（四）相关性对风险的影响

图1-3中，只列示了相关系数为0.2和1的机会集曲线，如果增加一条相关系数为0.5的机会集曲线，就成为图1-4。从图1-4中可以看到：（1）相关系数为0.5的机会集曲线与完全正相关的直线的距离缩小了，并且没有向点1左侧凸出的现象。（2）最小方差组合是100%投资于A证券。将任何比例的资金投资于B证券，所形成的投资组合的方差都会高于将全部资金投资于风险较低的A证券的方差。因此，新的有效边界就是整个机会集。（3）证券报酬率之间的相关系数越小，机会集曲线就越弯曲，风险分散化效应也就越强。证券报酬率之间的相关系数越大，风险分散化效应就越弱。完全正相关的投资组合，不具有风险分散化效应，其机会集是一条直线。

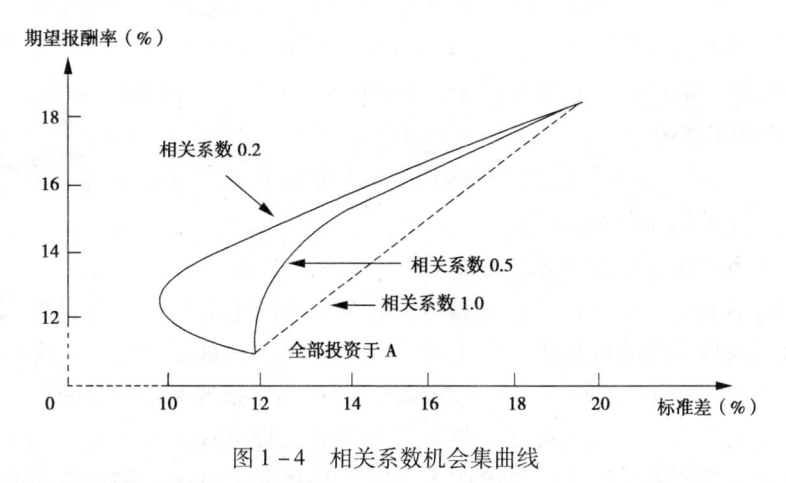

图1-4 相关系数机会集曲线

（五）多种证券组合的风险和报酬

对于两种以上证券构成的组合，以上原理同样适用。值得注意的是，多种证券组合的机会集不同于两种证券组合的机会集。两种证券的所有可能组合都落在一条曲线上，而两种以上证券的所有可能组合会落在一个平面中，如图1-5的阴影部分所示。这个机会集反映了投资者所有可能的投资组合，图中阴影部分中的每一点都与一种可能的投资组合相对应。随着可供投资的证券数量的增加，所有可能的投资组合数量将呈几何级数上升。

最小方差组合是图1-5最左端的点，它具有最小组合标准差。多种证券组合的机会集外缘有一段向后弯曲，这与两种证券组合中的现象类似：不同证券报酬率的波动相互抵消，产生风险分散化效应。

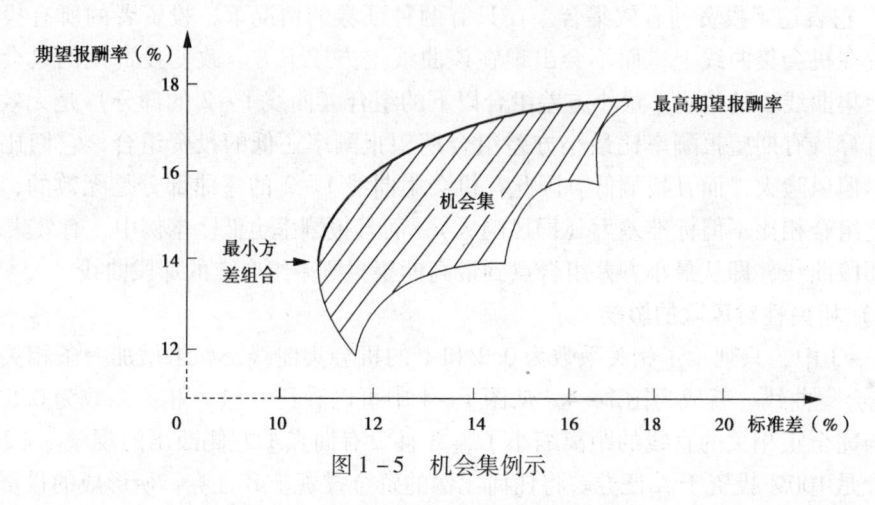

图1-5 机会集例示

在图1-5中以粗线描出的部分，称为有效集或有效边界，它位于机会集的顶部，从最小方差组合点起到最高期望报酬率点止。投资者应在有效集上寻找投资组合。在机会集内，有效集以外的投资组合与有效边界上的投资组合相比，有三种情况：相同的标准差和较低的期望报酬率；相同的期望报酬率和较高的标准差；较低的期望报酬率和较高的标准差。这些投资组合都是无效的。如果投资组合是无效的，可以通过改变投资比例转换到有效边界上的某个组合，以达到提高期望报酬率而不增加风险，或者降低风险而不降低期望报酬率的目的，或者得到一个既提高期望报酬率又降低风险的组合。

（六）资本市场线

如图1-6所示，从无风险资产的报酬率（Y轴的R_f）开始，做有效边界的切线，切点为M，该直线被称为资本市场线。

现将资本市场线的有关问题说明如下：

（1）假设存在无风险资产。投资者可以在资本市场上借到钱，将其纳入自己的投资总额；或者可以将多余的钱贷出。无论借入还是贷出，利息都是固定的无风险资产的报酬率。R_f代表无风险资产的报酬率，它的标准差为0，即报酬率是确定的。

（2）存在无风险资产的情况下，投资者可以通过贷出资金减少自己的风险，当然也会同时降低期望报酬率。最厌恶风险的人可以全部将资金贷出，例如购买政府债券并持有至到期。偏好风险的人可以借入资金（对无风险资产的负投资），增加购买风险资产的资本，以使期望报酬率增加。

总期望报酬率 = Q × 风险组合的期望报酬率 + $(1-Q)$ × 无风险报酬率

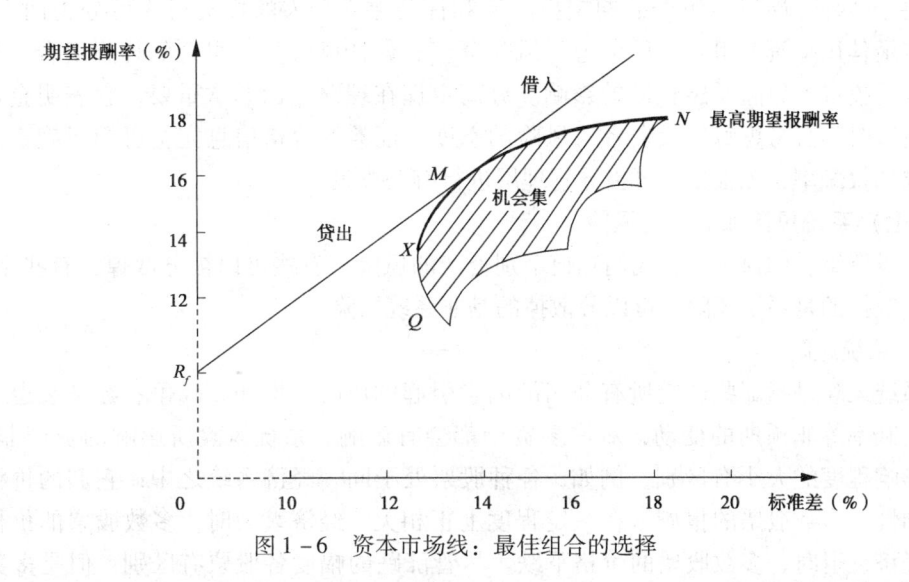

图 1-6 资本市场线：最佳组合的选择

其中：Q 表示投资者投资于风险组合 M 的资金占自有资本总额的比例；$1-Q$ 表示投资者投资于无风险资产的比例。

如果贷出资金，Q 将小于 1；如果是借入资金，Q 会大于 1。

总标准差 = Q × 风险组合的标准差

此时不用考虑无风险资产，因为无风险资产的标准差等于 0。如果贷出资金，Q 小于 1，承担的风险小于市场平均风险；如果借入资金，Q 大于 1，承担的风险大于市场平均风险。

(3) 切点 M 是市场均衡点，它代表唯一最有效的风险资产组合，它是所有证券以各自的总市场价值为权数的加权平均组合，我们将其定义为"市场组合"。虽然理智的投资者可能选择 XMN 线上的任何有效组合（它们在任何给定风险水平下收益最大），但是无风险资产的存在，使投资者可以同时持有无风险资产和市场组合（M），从而位于 MR_f 上的某点。MR_f 上的组合与 XMN 上的组合相比，风险小而报酬率与之相同，或者报酬高而风险与之相同，或者报酬高且风险小。

(4) 图 1-6 中的直线揭示出持有不同比例的无风险资产和市场组合情况下风险和期望报酬率的权衡关系。直线的截距表示无风险报酬率，它可以视为等待的报酬率。直线的斜率代表风险的市场价格，它告诉我们当标准差增长某一幅度时相应期望报酬率的增长幅度。直线上的任何一点都可以告诉我们投资于市场组合和无风险资产的比例。在 M 点的左侧，你将同时持有无风险资产和风险资产组合。在 M 点的右侧，你将仅持有市场组合 M，并且会借入资金以进一步投资于组合 M。

(5) 个人的效用偏好与最佳风险资产组合相独立（或称相分离）。投资者个人对风险的态度仅仅影响借入或贷出的资金量，而不影响最佳风险资产组合。其原因是当存在无风险资产并可按无风险报酬率自由借贷时，市场组合优于所有其他组合。对于不同风险偏好的投资者来说，只要能以无风险报酬率自由借贷，他们都会选择市场组合 M。这就是所谓的分离定理。它也可表述为最佳风险资产组合的确定独立于投资者的风险偏好。

它取决于各种可能风险组合的期望报酬率和标准差。个人的投资行为可分为两个阶段：先确定最佳风险资产组合，后考虑无风险资产和最佳风险资产组合的理想组合。只有第二阶段受投资者风险反感程度的影响。分离定理在理财方面非常重要，它表明企业管理层在决策时不必考虑每位投资者对风险的态度。证券的价格信息完全可用于确定投资者所要求的报酬率，该报酬率可指导管理层进行有关决策。

（七）系统风险和非系统风险

在投资组合的讨论中，我们知道个别资产的风险，有些可以被分散掉，有些则不能。无法分散掉的是系统风险，可以分散掉的是非系统风险。

1. 系统风险

系统风险是指那些影响所有公司的因素引起的风险。例如，战争、经济衰退、通货膨胀、利率等非预期的变动，对许多资产都会有影响。系统风险所影响的资产非常多，虽然影响程度的大小有区别。例如，各种股票处于同一经济系统之中，它们的价格变动有趋同性，多数股票的报酬率在一定程度上正相关。经济繁荣时，多数股票的价格都上涨；经济衰退时，多数股票的价格下跌。尽管涨跌的幅度各股票有区别，但是多数股票的变动方向是一致的。所以，不管投资多样化有多充分，也不可能消除全部风险，即使购买的是全部股票的市场组合。

由于系统风险是影响整个资本市场的风险，所以也称市场风险。由于系统风险没有有效的方法消除，所以也称不可分散风险。

2. 非系统风险

非系统风险，是指发生于个别公司的特有事件造成的风险。例如，一家公司的工人罢工、新产品开发失败、失去重要的销售合同、诉讼失败，或者宣告发现新矿藏、取得一个重要合同等。这类事件是非预期的、随机发生的，它只影响一个或少数公司，不会对整个市场产生太大影响。这种风险可以通过多样化投资来分散，即发生于一家公司的不利事件可以被其他公司的有利事件所抵消。

由于非系统风险是个别公司或个别资产所特有的，因此也称特殊风险或特有风险。由于非系统风险可以通过投资多样化分散掉，因此也称可分散风险。

由于非系统风险可以通过分散化消除，因此一个充分的投资组合几乎没有非系统风险。假设投资者都是理智的，都会选择充分投资组合，非系统风险将与资本市场无关，市场不会对它给予任何价格补偿。通过分散化消除的非系统风险，几乎没有任何值得市场承认的、必须花费的成本。

我们已经知道，资产的风险可以用标准差计量。这个标准差是指它的整体风险。现在我们把整体风险划分为系统风险和非系统风险，如图1-7所示。

承担风险会从市场上得到回报，回报大小仅仅取决于系统风险。这就是说，一项资产的必要报酬率高低取决于该资产的系统风险大小。

综上所述，需要掌握的主要内容是：证券组合的风险不仅与组合中每个证券报酬率的标准差有关，而且与各证券之间报酬率的协方差有关。对于一个含有两种证券的组合，投资机会集曲线描述了不同投资比例组合的风险和报酬之间的权衡关系。风险分散化效应有时使得机会集曲线向左凸出，并产生比最低风险证券标准差还低的最小方差组合。

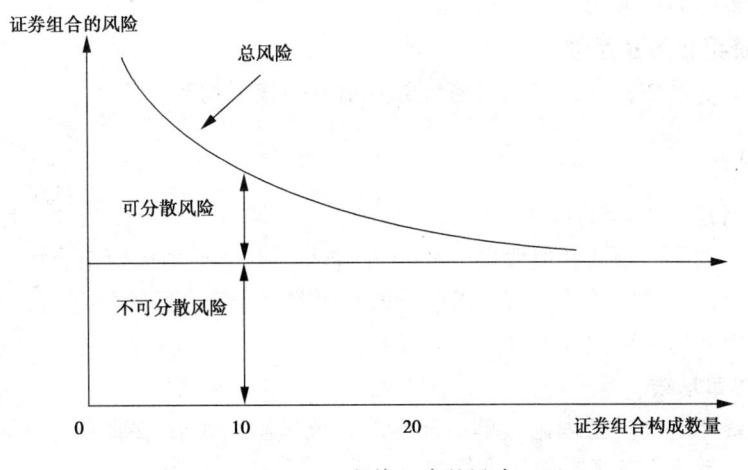

图 1-7 投资组合的风险

有效边界就是机会集曲线上从最小方差组合点到最高期望报酬率的那段曲线。持有多种彼此不完全正相关的证券可以降低风险。如果存在无风险证券，新的有效边界是经过无风险报酬率并和机会集相切的直线，该直线称为资本市场线，该切点被称为市场组合，其他各点为市场组合与无风险投资的有效搭配。资本市场线横坐标是标准差，纵坐标是报酬率。该直线反映两者的关系，即风险价格。

四、资本资产定价模型

资本资产定价模型的研究对象，是充分组合情况下风险与必要报酬率之间的均衡关系。资本资产定价模型可用于回答如下不容回避的问题：为了补偿某一特定程度的风险，投资者应该获得多大的报酬率？在前面的讨论中，我们将风险定义为期望报酬率的不确定性；然后根据投资理论将风险区分为系统风险和非系统风险，知道了在高度分散化的资本市场里只有系统风险，并且会得到相应的回报。现在将讨论如何衡量系统风险以及如何给风险定价。

（一）系统风险的度量

既然一项资产的必要报酬率取决于它的系统风险，那么度量系统风险就成了一个关键问题。

度量一项资产系统风险的指标是贝塔系数，用希腊字母 β 表示。其计算公式如下：

$$\beta_J = \frac{\text{cov}(K_J, K_M)}{\sigma_M^2} = \frac{r_{JM}\sigma_J\sigma_M}{\sigma_M^2} = r_{JM}\left(\frac{\sigma_J}{\sigma_M}\right)$$

其中：分子 $\text{cov}(K_J, K_M)$ 表示第 J 种证券的报酬率与市场组合报酬率之间的协方差。它等于该证券的标准差、市场组合的标准差及两者相关系数的乘积。

根据上式可以看出，一种股票的 β 值的大小取决于：（1）该股票与整个股票市场的相关性；（2）它自身的标准差；（3）整个市场的标准差。

β 系数的计算方法有两种：

一种是使用回归直线法。根据数理统计的线性回归原理，β 系数均可以通过同一时期内的资产报酬率和市场组合报酬率的历史数据，使用线性回归方程预测出来。β 系数就是该线性回归方程的回归系数。

（二）投资组合的 β 系数

投资组合的 β 系数 β_p 等于被组合各证券 β 值的加权平均数：

$$\beta_p = \sum_{i=1}^{n} X_i \beta_i$$

如果一个高 β 值股票（$\beta>1$）被加入到一个平均风险组合（β_p）中，则组合风险将会提高；反之，如果一个低 β 值股票（$\beta<1$）加入到一个平均风险组合中，则组合风险将会降低。所以，一种股票的 β 值可以度量该股票对整个组合风险的贡献，β 值可以作为这一股票风险程度的一个大致度量。

（三）证券市场线

按照资本资产定价模型理论，单一证券的系统风险可由 β 系数来度量，而且其风险与收益之间的关系可由证券市场线来描述。

证券市场线：$R_i = R_f + \beta (R_m - R_f)$

这个等式被称为资本资产定价模型。其中：R_i 表示第 i 个股票的必要报酬率；R_f 表示无风险报酬率（通常以国库券的报酬率作为无风险报酬率）；R_m 表示平均股票的必要报酬率（指 $\beta=1$ 的股票的必要报酬率，也是指包括所有股票的组合即市场组合的必要报酬率）。在均衡状态下，$(R_m - R_f)$ 表示投资者为补偿承担超过无风险报酬的平均风险而要求的额外收益，即平均风险价格（见图 1-8）。

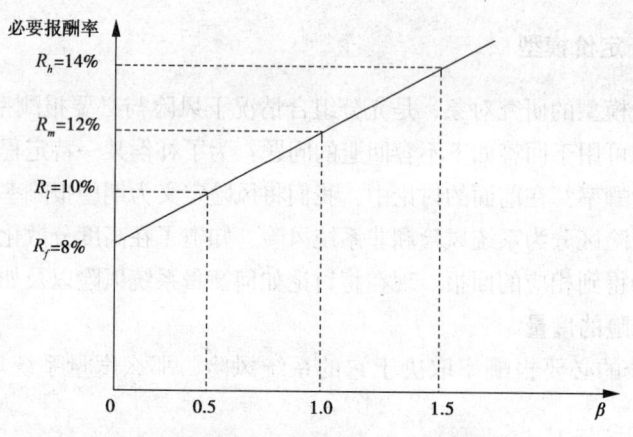

图 1-8 证券市场线：β 值与必要报酬率

证券市场线的主要含义如下：

（1）纵轴为必要报酬率，横轴则是以 β 值表示的风险。

（2）无风险证券的 $\beta=0$，故 R_f 成为证券市场线在纵轴的截距。

（3）证券市场线的斜率 $[\Delta Y/\Delta X = (R_m - R_f)/(1-0) = 12\% - 8\% = 4\%]$ 表示经济系统中风险厌恶感的程度。一般来说，投资者对风险的厌恶感越强，证券市场线的斜率越大，对风险资产所要求的风险补偿越大，风险资产的必要报酬率越高。

（4）在 β 值分别为 0.5、1 和 1.5 的情况下，必要报酬率由最低 $R_l=10\%$，到市场平均的 $R_m=12\%$，再到最高的 $R_h=14\%$。β 值越大，必要报酬率越高。

从证券市场线可以看出，投资者的必要报酬率不仅仅取决于市场风险，而且还取决于无风险报酬率（证券市场线的截距）和市场风险补偿程度（证券市场线的斜率）。由于这些因素始终处于变动之中，所以证券市场线也不会一成不变。预计通货膨胀提高时，无风险报酬率会随之提高，进而导致证券市场线的向上平移。风险厌恶感的加强，会提高证券市场线的斜率。

需要说明的是，图1-8的证券市场线与图1-6的资本市场线是两条完全不同的直线，它们之间有着明显的区别。资本市场线描述的是由风险资产和无风险资产构成的投资组合的有效边界。其中最优投资组合由两部分组成：一部分是无风险资产，另一部分则是风险资产组合有效集上的一个风险组合。资本市场线上的M点代表的就是这一风险组合；而资本市场线上的其他点，则表示由M点与无风险资产以不同比例所构成的投资组合。其测度风险的指标是整个资产组合的标准差，此直线只适用于有效组合。

而证券市场线描述的则是在市场均衡条件下单项资产或资产组合（不论它是否已经有效地分散风险）的必要报酬率与风险之间的关系。测度风险的指标是单项资产或资产组合对于整个市场组合方差的贡献程度，即β系数。

此外，需要提醒注意的是，必要报酬率也称最低要求报酬率，是指准确反映预期未来现金流量风险的报酬率，是等风险投资的机会成本；期望报酬率则是使净现值为0的报酬率。期望报酬率和必要报酬率的关系，决定了投资者的行为。以股票投资为例，当期望报酬率大于必要报酬率时，表明投资会有超额回报，投资者应购入股票；当期望报酬率等于必要报酬率时，表明投资获得与所承担风险相应的回报，投资者可选择采取或不采取行动；当期望报酬率小于必要报酬率时，表明投资无法获得应有回报，投资者应卖出股票。在完美的资本市场上，投资的期望报酬率等于必要报酬率。

（四）资本资产定价模型的假设

资本资产定价模型建立在如下基本假设之上：

（1）所有投资者均追求单期财富的期望效用最大化，并以各备选组合的期望收益和标准差为基础进行组合选择。

（2）所有投资者均可以无风险报酬率无限制地借入或贷出资金。

（3）所有投资者拥有同样预期，即对所有资产报酬的均值、方差和协方差等，投资者均有完全相同的主观估计。

（4）所有的资产均可被完全细分，拥有充分的流动性且没有交易成本。

（5）没有税金。

（6）所有投资者均为价格接受者。即任何一个投资者的买卖行为都不会对股票价格产生影响。

（7）所有资产的数量是给定的和固定不变的。

在以上假设的基础上，构建了具有奠基意义的资本资产定价模型。随后，每一个假设逐步被放开，并在新的基础上进行研究，这些研究成果都是对资本资产定价模型的突破与发展。多年来，资本资产定价模型经受住了大量经验上的证明，尤其是β概念。

自资本资产定价模型构建以来，各种理论争议和经验证明便不断涌现。尽管该模型存在许多问题和疑问，但是以其科学的简单性、逻辑的合理性赢得了人们的支持。各种实证研究验证了β概念的科学性及适用性。

第二节 债券、股票价值评估

一、债券价值评估

债券估值具有重要的实际意义。企业通过发行债券从资本市场上筹资，必须确定一个合理的价格。如果定价偏低，企业会为债券筹资付出过高成本而遭受损失；如果定价偏高，企业会因发行失败而遭受损失。对于已经发行在外的上市交易的债券，估值仍然有重要意义。债券的价值体现了债券投资者要求的报酬率。

（一）债券价值的评估方法

债券的价值是发行人按照合同规定从现在至债券到期日所支付的所有款项的现值。计算现值时使用的折现率，取决于当前等风险投资的市场利率。

1. 债券的估值模型

（1）债券估值的基本模型。

典型的债券是固定利率、每年计算并支付利息、到期归还本金的债券。按照这种模式，债券价值计算的基本模型是：

$$V_d = \frac{I_1}{(1+r_d)^1} + \frac{I_2}{(1+r_d)^2} + \cdots + \frac{I_n}{(1+r_d)^n} + \frac{M}{(1+r_d)^n}$$

其中：V_d 表示债券价值；I 表示每年利息；M 表示面值；r_d 表示年折现率，一般采用当前等风险投资的市场利率；n 表示到期前的年数。

（2）平息债券的估值。

平息债券是指利息在期间内平均支付的债券。支付的频率可能是一年一次、半年一次或每季度一次等。

平息债券价值的计算公式如下：

$$V_d = \sum_{t=1}^{mn} \frac{I/m}{\left[(1+r_d)^{\frac{1}{m}}\right]^t} + \frac{M}{\left[(1+r_d)^{\frac{1}{m}}\right]^{m \cdot n}} = \sum_{t=1}^{mn} \frac{I/m}{(1+r_d)^{\frac{t}{m}}} + \frac{M}{(1+r_d)^n}$$

其中：V_d 表示债券价值；I 表示每年利息；M 表示面值；m 表示年付息次数；n 表示到期前的年数；r_d 表示年折现率。

（3）纯贴现债券的估值。

纯贴现债券是指承诺在未来某一确定日期按面值支付的债券。这种债券在到期日前购买人不能得到任何现金支付，因此，也称为零息债券。

纯贴现债券的价值：

$$V_d = \frac{F}{(1+r_d)^n}$$

其中：V_d 表示债券价值；F 表示到期日支付额；r_d 表示年折现率；n 表示到期时间的年数。

到期一次还本付息债券，本质上也是一种纯贴现债券，只不过到期日不是按票面额支付而是按本利和作单笔支付。

（4）流通债券的估值。

流通债券是指已发行并在二级市场上流通的债券。它们不同于新发行债券，已经在市场上流通了一段时间，在估值时需要考虑估值日至下一次利息支付的时间因素。

流通债券的特点是：①到期时间小于债券发行在外的时间；②估值的时点不在发行日，可以是任何时点，会产生"非整数计息期"问题。而新发行债券，是在发行日估值的，到期时间等于发行在外时间。

流通债券的估值方法有多种，常用的有两种：①以现在（估值日）为折算时间点，历年现金流量按非整数计息期折现；②以最近一次付息时间（或最后一次付息时间）为折算时间点，计算历次现金流量现值，然后将其折算到现在时点。无论哪种方法，都需要计算非整数期的折现系数。

2. 债券价值的影响因素

通过上述模型可以看出，影响债券价值的因素除债券面值、票面利率和计息期以外，还有折现率和到期时间。

（1）债券价值与折现率。

债券价值与折现率有密切的关系。债券发行时定价的基本原则是：折现率等于债券票面利率时，债券价值等于其面值；如果折现率高于债券票面利率，债券的价值就低于面值；如果折现率低于债券票面利率，债的价值就高于面值。所有类型的债券价值都遵循这一原理。

应当注意，当一年内要复利几次时，报价利率应除以年内付息次数得出计息期利率，年折现率为有效年折现率，应计算出计息期折现率。

在发债时，票面利率一般是根据等风险投资的必要报酬率（即折现率）确定的。假设当时等风险债券的年折现率为10%，拟发行面值为1 000元、每年付息的债券，则票面利率应确定为10%。此时，折现率和票面利率相等，债券的公允价值为1 000元，可以按1 000元的价格发行。如果债券印制或公告后市场利率发生了变动，可以调节发行价，即溢价或折价发行，而无法修改票面利率。假设其他条件不变，如果拟发行债券为每半年付息，票面利率应如何确定呢？发行人不会以5%作为半年的票面利率，因为半年付息5%比一年付息10%的成本高。应该将4.8809%（即：$\sqrt{1+10\%}-1$）作为半年的票面利率，这样报价利率为2×4.8809%=9.7618%，同时指明半年付息。它与每年付息、报价利率为10%的债券有效年利率相同，在经济上是等效的。

由此可见，影响债券价值高低的因素不仅有票面利率，还有计息期。因此，票面利率和计息期必须同时报价，不能分割。反过来说，对于平价发行的半年付息债券来说，若票面利率（即报价利率）为10%，则它的定价依据是有效年利率10.25%，或者说计息期折现率5%。

（2）债券价值与到期时间。

债券的到期时间，是指估值日至债券到期日之间的时间间隔。随着时间的延续，债券的到期时间逐渐缩短，至到期日时该间隔为0。

对于连续付息债券，在折现率一直保持不变的情况下，不管它高于或低于票面利率，债券价值随到期时间的缩短逐渐向债券面值靠近，至到期日债券价值等于债券面值。当折现率高于票面利率时，债券会折价发行，随着时间向到期日靠近，债券价值逐渐提高，最终等于债券面值；当折现率等于票面利率时，债券会平价发行，债券价值一直等于票面价值;当折现率低于票面利率时,债券会溢价发行,随着时间向到期日靠近,债券价值逐渐下降,最终等于债券面值。

对于连续付息债券,在折现率不等于票面利率的情况下,当折现率一直保持至到期日不变时,随着到期时间的缩短,债券价值逐渐接近其票面价值。

如果折现率在债券发行后发生变动,债券价值也会因此而变动。随着到期时间的缩短,折现率变动对债券价值的影响越来越小。这就是说,债券价值对折现率特定变化的反应越来越不灵敏。

(二)债券的期望报酬率

债券的期望报酬率通常用到期收益率来衡量。到期收益率是指以特定价格购买债券并持有至到期日所能获得的报酬率。它是使未来现金流量现值等于债券购入价格的折现率。

计算到期收益率的方法是求解含有折现率的方程,即:

购进价格 = 每期利息 × 年金现值系数 + 面值 × 复利现值系数

$$P_0 = I \cdot (P/A, r_d, n) + M \cdot (P/F, r_d, n)$$

其中:P_0 表示债券价格;I 表示每期利息;M 表示面值;n 表示到期前的期数;r_d 表示计息期折现率。

二、普通股价值评估

股票是股份公司发给股东的所有权凭证,是股东借以取得股利的一种证券。股票持有者即为该公司的股东,对该公司财产有要求权。股票可以按不同的方法和标准分类:按股东享有的权利,可分为普通股和优先股;按票面是否标明持有者姓名,分为记名股票和不记名股票;按股票票面是否记明入股金额,分为有面值股票和无面值股票;按能否向股份公司赎回自己的财产,分为可赎回股票和不可赎回股票。

(一)普通股价值的评估方法

普通股是指股份公司依法发行的具有表决权和剩余索取权的一类股票。普通股价值评估方法很多,常用的有两种:现金流量折现模型、相对价值评估模型。本章重点介绍现金流量折现模型中的股利折现模型,其余模型参见本书后续章节的相关内容。

1. 股票估值的基本模型

股票带给持有者的现金流入包括两部分:股利收入和出售时的售价。股票的内在价值由一系列的股利和将来出售股票时售价的现值所构成。

如果股东永远持有股票,他只获得股利,是一个永续的现金流入。这个现金流入的现值就是股票的价值:

$$V_s = \frac{D_1}{(1+r_s)^1} + \frac{D_2}{(1+r_s)^2} + \cdots + \frac{D_\infty}{(1+r_s)^\infty} = \sum_{t=1}^{\infty} \frac{D_t}{(1+r_s)^t}$$

其中:V_s 表示普通股价值;D_t 表示第 t 年的股利;r_s 表示年折现率,一般采用资本成本率或投资的必要报酬率。

如果投资者不打算永久地持有该股票,而在一段时间后出售,他的未来现金流入是几次股利和出售时的股价。因此,买入时的价值 V_0(一年的股利现值加上一年后股价的现值)和一年后的价值 V_1(第二年股利在第二年年初的价值加上第二年年末股价在第二年年初的价值）为：

$$V_0 = \frac{D_1}{1+r_s} + \frac{V_1}{1+r_s} \tag{1}$$

$$V_1 = \frac{D_2}{1+r_s} + \frac{V_2}{1+r_s} \tag{2}$$

将式（2）代入式（1）：

$$V_0 = \frac{D_1}{1+r_s} + \left(\frac{D_2}{1+r_s} + \frac{V_2}{1+r_s}\right) \div (1+r_s) = \frac{D_1}{(1+r_s)^1} + \frac{D_2}{(1+r_s)^2} + \frac{V_2}{(1+r_s)^2}$$

如果不断继续上述代入过程，则可得出：

$$V_0 = \sum_{t=1}^{\infty} \frac{D_t}{(1+r_s)^t} \tag{3}$$

公式（3）是股票估值的基本模型。它在实际应用时，面临的主要问题是如何预计未来每年的股利，以及如何确定折现率。

股利的多少，取决于每股盈利和股利支付率两个因素。对其估计的方法可以用历史资料的统计分析，例如回归分析、时间序列的趋势分析等。股票评价的基本模型要求无限期地预计历年的股利（D_t），实际上不可能做到。因此，应用的模型都是各种简化办法，如每年股利相同或股利固定比率增长等。

折现率的主要作用是把所有未来不同时间点的现金流入折算为现在的价值。折现率应当是投资的必要报酬率。那么，投资的必要报酬率应当是多少呢？我们将在本节稍后再讨论这个问题。

2. 零增长股票的价值

假设未来股利不变，其支付过程是一个永续年金，则股票价值为：

$$V_0 = D \div r_s$$

3. 固定增长股票的价值

有些企业的股利是不断增长的。当公司进入可持续增长状态时，其增长率是固定的，则股票价值的估计方法如下：

假设 ABC 公司刚支付的上年每股股利为 D_0，股利年固定增长率为 g，则 t 年的股利应为：

$$D_t = D_0 \cdot (1+g)^t$$

若 $D_0 = 2$，$g = 10\%$，则第 5 年的每股股利为：

$$D_t = D_0 \cdot (1+g)^5 = 2 \times (1+10\%)^5 = 2 \times 1.6105 = 3.22 \text{（元）}$$

固定增长股票的股票价值计算公式如下：

$$V_0 = \sum_{t=1}^{\infty} \frac{D_0 \cdot (1+g)^t}{(1+r_s)^t}$$

当 g 为常数，且 $r_s > g$，$n \to \infty$ 时，上式可简化为：

$$V_0 = \frac{D_0 \cdot (1+g)}{r_s - g} = \frac{D_1}{r_s - g}$$

4. 非固定增长股票的价值

在现实生活中，有的公司股利是不固定的。例如，在一段时间里高速增长，在另一段时间里正常固定增长或固定不变。在这种情况下，就要分段计算，才能确定股票的价值。通常，如果将预测期分成两阶段的话，该模型被称为两阶段增长模型，第一阶段被称为详细预测期，第二阶段被称为后续期。

（二）普通股的期望报酬率

前面主要讨论如何估计普通股的价值，以判断某种股票被市场高估或低估。现在，假设股票有一个市场价格，可以据以计算出股票的期望报酬率。

根据股利固定增长模型，我们知道：

$$P_0 = D_1 / (r_s - g)$$

如果把公式移项整理，求 r_s，可以得到股票投资的期望报酬率：

$$r_s = D_1 / P_0 + g$$

这个公式告诉我们，股票的总报酬率可以分为两个部分：第一部分是 D_1/P_0，叫做股利收益率，它是根据预期现金股利除以当前股价计算出来的。第二部分是增长率 g，叫做股利增长率。由于该模型下股利的增长速度也就是股价的增长速度，因此，g 可以解释为股价增长率或资本利得收益率。g 的数值可以根据公司的可持续增长率估计。P_0 是股票市场形成的价格，只要能预计出下一期的股利，就可以估计出股东的期望报酬率。在有效市场中它就是与该股票风险相适应的必要报酬率。

三、混合筹资工具价值评估

（一）优先股的价值评估

1. 优先股价值的评估方法

优先股按照约定的票面股息率支付股利，其票面股息率可以是固定股息率或浮动股息率。公司章程中规定优先股采用固定股息率的，可以在优先股存续期内采取相同的固定股息率，或明确每年的固定股息率，各年度的股息率可以不同；公司章程中规定优先股采用浮动股息率的，应当明确优先股存续期内票面股息率的计算方法。

无论优先股采用固定股息率还是浮动股息率，优先股价值均可通过对未来优先股股利的折现进行估计，即采用股利的现金流量折现模型估值。其中，当优先股存续期内采用相同的固定股息率时，每期股息就形成了无限期定额支付的年金，即永续年金，优先股则相当于永久债券。其估值公式如下：

$$V_p = \frac{D_p}{r_p}$$

其中：V_p 表示优先股的价值；D_p 表示优先股每期股息；r_p 表示折现率，一般采用资本成本率或投资的必要报酬率。

2. 优先股的期望报酬率

优先股股息通常是固定的，优先股股东的期望报酬率估计如下：

$$r_p = \frac{D_p}{P_p}$$

其中：r_p 表示优先股期望报酬率；D_p 表示优先股每股年股息；P_p 表示优先股当前股价。

（二）永续债的价值评估

永续债的估值与优先股类似，公式如下：

$$V_{pd} = \frac{I}{r_{pd}}$$

其中：V_{pd} 表示永续债的价值；I 表示每年的利息；r_{pd} 表示年折现率，一般采用当前等风险投资的市场利率。

永续债的期望报酬率计算也与优先股类似，公式如下：

$$r_{pd} = \frac{I}{P_{pd}}$$

其中：r_{pd} 表示永续债期望报酬率；I 表示永续债每年的利息；P_{pd} 表示永续债当前价格。

第二章 投资项目资本预算

第一节 投资项目现金流量的估计

一、投资项目的现金流量构成

在估算投资项目现金流量时,因该项目而产生的税后增量现金流量是相关现金流量。一般来讲,项目现金流量可分为三部分:

(1) 项目建设期现金流量;
(2) 项目经营期现金流量;
(3) 项目寿命期末现金流量。

(一) 项目建设期现金流量

项目建设期现金流量主要涉及购买资产和使之正常运行所必须的直接现金流出,包括设备购置及安装支出、垫支营运资本等非费用性支出。另外,建设期现金流量还可能包括机会成本。

(二) 项目经营期现金流量

项目经营期现金流量主要包括新项目实施所带来的税后增量现金流入和流出。行政管理人员及辅助生产部门等费用,如果不受新项目实施的影响,可不计入;若有关,则必须计入项目经营期的现金流出。但项目以债务方式融资带来的利息支付和本金偿还以及以股权方式融资带来的现金股利支付等,均不包括在内,因为折现率中已经包含了该项目的筹资成本。

(三) 项目寿命期末现金流量

项目寿命期末现金流量主要是与项目终止有关的现金流量,如设备变现税后净现金流入、收回营运资本现金流入等。另外,可能还会涉及弃置义务等现金流出。

二、投资项目现金流量的估计方法

估计投资方案所需的净经营性长期资产总投资,以及该方案每年能产生的现金净流量,会涉及很多变量,并且需要企业有关部门的参与。诸如,销售部门负责预测售价和销量，涉及产品价格弹性、广告效果、竞争者动向等；产品开发和技术部门负责估计投资方案的净经营性长期资产总投资，涉及研制费用、设备购置、厂房建筑等；生产和成本部门负责估计制造成本，涉及原材料采购价格、生产工艺安排、产品成本等。财务人员的主要任务是：为销售、生产等部门的预测建立共同的基本假设条件，如物价水平、折现率、可供资源的限制条件等；协调参与预测工作的各部门人员，使之能相互衔接与配合；防止预测者因个人偏好或部门利益而高估或低估收入和成本。

在确定投资方案相关的现金流量时，应遵循的最基本的原则是：只有增量现金流量才是与项目相关的现金流量。所谓增量现金流量，是指接受或拒绝某个投资方案后，企业总现金流量因此发生的变动。只有那些由于采纳某个项目引起的现金支出增加额，才是该项目的现金流出；只有那些由于采纳某个项目引起的现金流入增加额，才是该项目的现金流入。

（一）投资项目现金流量的影响因素

为了正确计算投资方案的增量现金流量，需要正确判断哪些支出会引起企业总现金流量的变动，哪些支出不会引起企业总现金流量的变动。在进行这种判断时，要注意以下四个问题：

1. 区分相关成本和非相关成本。

相关成本是指与特定决策有关的、在分析评价时必须加以考虑的成本。例如，变动成本、边际成本、机会成本、重置成本、付现成本、可避免成本、可延缓成本、专属成本、差量成本等都属于相关成本。与之相反，与特定决策无关的、在分析评价时不必加以考虑的成本是非相关成本。例如，沉没成本、不可避免成本、不可延缓成本、共同成本等往往是非相关成本。

如果将非相关成本纳入投资方案的总成本，则一个有利的方案可能因此变得不利，一个较好的方案可能变为较差的方案，从而造成决策错误。

2. 不要忽视机会成本。

在投资方案的选择中，如果选择了一个投资方案，则必须放弃投资于其他途径的机会。其他投资机会可能取得的收益是实行本方案的一种代价，被称为这项投资方案的机会成本。

机会成本不是我们通常意义上的"成本"，它不是一种支出或费用，而是失去的收益。这种收益不是实际发生的，而是潜在的。机会成本总是针对具体方案的，离开被放弃的方案就无从计量确定。

3. 要考虑投资方案对公司其他项目的影响。

当我们采纳一个新的项目后，该项目可能对公司的其他项目造成有利或不利的影响。

例如，若新建车间生产的产品上市后，原有其他产品的销路可能减少，而且整个公司的销售额也许不增加甚至减少。因此，公司在进行投资分析时，不应将新车间的销售收入作为增量收入来处理，而应扣除其他项目因此减少的销售收入。当然，也可能发生相反的情况，新产品上市后将促进其他项目的销售增长。这要看新项目和原有项目是竞争关系还是互补关系。

当然，诸如此类的交互影响，事实上很难准确计量。但决策者在进行投资分析时仍要将其考虑在内。

4. 对营运资本的影响。

在一般情况下，当公司开办一个新业务并使销售额扩大后，对于存货和应收账款等经营性流动资产的需求也会增加，公司必须筹措新的资金以满足这种额外需求；另一方面，公司扩充的结果，应付账款与一些应付费用等经营性流动负债也会同时增加，从而降低公司营运资金的实际需要。所谓营运资本的需要，指增加的经营性流动资产与增加的经营性流动负债之间的差额。

当投资方案的寿命周期快要结束时，公司将与项目有关的存货出售，应收账款变为现金，应付账款和应付费用也随之偿付，营运资本恢复到原有水平。通常，在进行投资分析时，假定开始投资时筹措的营运资本在项目结束时收回。

（二）投资项目现金流量的估计举例

现以固定资产更新项目为例。固定资产更新是对技术上或经济上不宜继续使用的旧资产，用新的资产更换，或用先进的技术对原有设备进行局部改造。

固定资产更新决策主要研究两个问题：一个是决定是否更新，即继续使用旧资产还是更换新资产；另一个是决定选择什么样的资产来更新。实际上，这两个问题是结合在一起考虑的，如果市场上没有比现有设备更适用的设备，那么就继续使用旧设备。由于旧设备总可以通过修理继续使用，所以更新决策是继续使用旧设备与购置新设备的选择。

1. 更新决策的现金流量分析。

更新决策不同于一般的投资决策。一般说来，设备更换并不改变企业的生产能力，不增加企业的现金流入。更新决策的现金流量主要是现金流出。即使有少量的残值变现收入，也属于支出抵减，而非实质上的流入增加。由于只有现金流出，而没有现金流入，就给采用折现现金流量分析带来了困难。

【例2-1】 某企业有一旧设备，工程技术人员提出更新要求，有关数据如表2-1所示。

表2-1　　　　　　　　　　　新旧设备数据　　　　　　　　　　　单位：元

项目	旧设备	新设备
原值	2 200	2 400
预计使用年限	10	10
已经使用年限	4	0
最终残值	200	300
变现价值	600	2 400
年运行成本	700	400

假设该企业要求的必要报酬率为15%，继续使用与更新的现金流量如图2-1所示。

```
                继续使用旧设备  n=6        200
                 ↓   ↓   ↓   ↓   ↓   ↓   ↑
                600 700 700 700 700 700 700
                                                    300
     更换新设备  n=10                                ↑
     ↓    ↓   ↓   ↓   ↓   ↓   ↓   ↓   ↓   ↓   ↓
   2 400 400 400 400 400 400 400 400 400 400 400
```

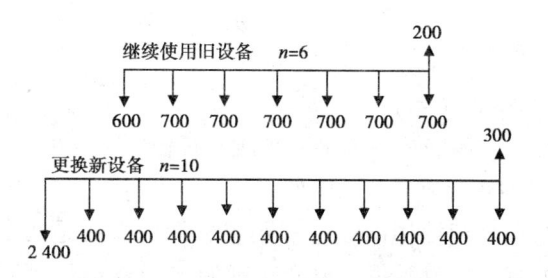

图 2-1 继续使用与更新设备的现金流量

由于没有适当的现金流入，无论哪个方案都不能计算其净现值和内含报酬率。通常，在收入相同时，我们认为成本较低的方案是好方案。那么，我们可否通过比较两个方案的总成本来判别方案的优劣呢？仍然不妥。因为旧设备尚可使用6年，而新设备可使用10年，两个方案取得的"产出"并不相同。因此，我们应当比较其1年的成本，即获得1年的生产能力所付出的代价，据以判断方案的优劣。

我们是否可以使用差额分析法，根据实际的现金流量进行分析呢？仍然有问题。两个方案投资相差1 800元（2 400 - 600），作为更新的现金流出；每年运行成本相差300元（700 - 400），是更新带来的成本节约额，视同现金流入。问题在于旧设备第6年报废，新设备第7～10年仍可使用，后4年无法确定成本节约额。因此，这种办法仍然不妥。除非新、旧设备未来使用年限相同（这种情况十分罕见），或者能确定继续使用旧设备时第7年选择何种设备（这也是相当困难的），根据实际现金流量进行分析会碰到困难。

因此，较好的分析方法是比较继续使用和更新的年成本，以较低者作为好方案。

2. 固定资产的平均年成本。

固定资产的平均年成本，是指该资产引起的现金流出的年平均值。如果不考虑货币的时间价值，它是未来使用年限内的现金流出总额与使用年限的比值。如果考虑货币的时间价值，它是未来使用年限内现金流出总现值与年金现值系数的比值，即平均每年的现金流出。

（1）不考虑货币的时间价值。

如［例2-1］资料，不考虑货币的时间价值时：

$$旧设备平均年成本 = \frac{600 + 700 \times 6 - 200}{6} = \frac{4\ 600}{6} = 767（元）$$

$$新设备平均年成本 = \frac{2\ 400 + 400 \times 10 - 300}{10} = \frac{6\ 100}{10} = 610（元）$$

（2）考虑货币的时间价值。

如果考虑货币的时间价值，则需计算现金流出的总现值，然后分摊给每一年。

$$旧设备平均年成本 = \frac{600 + 700 \times (P/A, 15\%, 6) - 200 \times (P/F, 15\%, 6)}{(P/A, 15\%, 6)}$$

$$= \frac{600 + 700 \times 3.784 - 200 \times 0.432}{3.784}$$

$$= 836（元）$$

$$新设备平均年成本 = \frac{2\ 400 + 400 \times (P/A, 15\%, 10) - 300 \times (P/F, 15\%, 10)}{(P/A, 15\%, 10)}$$

$$= \frac{2\,400 + 400 \times 5.019 - 300 \times 0.247}{5.019}$$

$= 863$（元）

通过上述计算可知，使用旧设备的平均年成本较低，不宜进行设备更新。

（3）使用平均年成本法时要注意的问题。

①平均年成本法是把继续使用旧设备和购置新设备看成是两个互斥的方案，而不是一个更换设备的特定方案。也就是说，要有正确的"局外观"，即从局外人角度来考察：一个方案是用600元购置旧设备，可使用6年；另一个方案是用2 400元购置新设备，可使用10年。在此基础上比较各自的平均年成本孰高孰低，并作出选择。由于两者的使用年限不同，前一个方案只有6年的现金流量数据，后一个方案持续10年，缺少后4年的差额现金流量数据。因此，对于更新决策来说，除非未来使用年限相同，否则，不能通过计算各年现金净流量差额的净现值和内含报酬率来解决问题。

②平均年成本法的假设前提是将来设备再更换时，可以按原来的平均年成本找到可代替的设备。例如，旧设备6年后报废时，仍可找到使用年成本为836元的可代替设备。如果有明显证据表明，6年后可替换设备平均年成本会高于当前更新设备的市场年成本（863元），则需要把6年后更新设备的成本纳入分析范围，合并计算当前使用旧设备及6年后更新设备的综合平均年成本，然后与当前更新设备的平均年成本进行比较。这就会成为多阶段决策问题。由于未来数据的估计有很大主观性，时间越长越靠不住，因此，平均年成本法通常以旧设备尚可使用年限（6年）为"比较期"，一般情况下不会有太大误差。如果以新设备可用年限（10年）为比较期，则要有旧设备报废时再购置新设备的可靠成本资料。另一种替代方法是预计当前拟更换新设备6年后的变现价值，计算其6年的平均年成本，与旧设备的平均年成本进行比较。不过，预计6年后尚可使用设备的变现价值也是很困难的，其实际意义并不大。

③固定资产的经济寿命。通过固定资产的平均年成本概念，我们很容易发现，固定资产的使用初期运行费比较低，以后随着设备逐渐陈旧，性能变差，维护费用、修理费用、能源消耗等运行成本会逐步增加。与此同时，固定资产的价值逐渐减少，资产占用的资金应计利息等持有成本也会逐步减少。随着时间的递延，平均年运行成本和平均年持有成本呈反方向变化，两者之和呈马鞍形，如图2－2所示，这样必然存在一个最经济的使用年限，即使固定资产的平均年成本最小的那一年限。

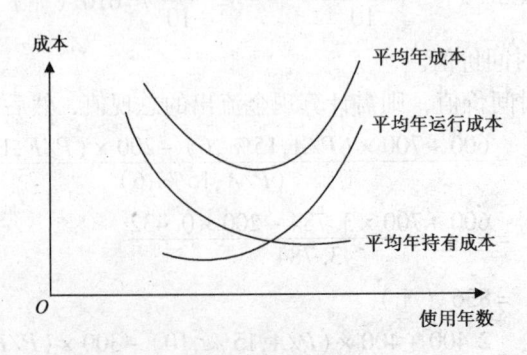

图2－2 固定资产的平均年成本

设：C——固定资产原值；

S_n——n 年后固定资产余值；

C_t——第 t 年运行成本；

n——预计使用年限；

i——投资必要报酬率；

UAC——固定资产平均年成本。

则：$UAC = \left[C - \dfrac{S_n}{(1+i)^n} + \sum\limits_{t=1}^{n} \dfrac{C_t}{(1+i)^t} \right] \div (P/A, i, n)$

3. 所得税和折旧[①]对现金流量的影响。

现在进一步讨论所得税对投资决策的影响。所得税是企业的一种现金流出，它取决于利润大小和税率高低，而利润大小受折旧方法的影响。因此，讨论所得税问题必然会涉及折旧问题。在前面部分未讨论所得税问题，在那种情况下，折旧与现金流量无关，自然也不可能讨论折旧问题。折旧对投资决策产生影响，实际是由所得税引起的。因此，这两个问题要放在一起讨论。

(1) 税后收入和税后费用。如果问一位企业家，他的工厂厂房租金是多少，他的答案比实际每个月付出的租金要少一些。因为租金是一项可以减免所得税的费用，所以应以税后的基础来观察。凡是可以减免税负的项目，实际支付额并不是真实的成本，而应将因此而减少的所得税考虑进去。扣除了所得税影响以后的费用净额，称为税后费用。

由于所得税的作用，企业营业收入的金额有一部分会流出企业，企业实际得到的现金流入是税后收入：

税后收入 = 收入金额 × (1 - 税率)

这里所说的"收入金额"是指根据税法规定需要纳税的营业收入，不包括项目结束时收回垫支营运资本等现金流入。

(2) 折旧的抵税作用。加大成本会减少利润，从而使所得税减少。如果不计提折旧，企业的所得税将会增加许多。折旧可以起到减少税负的作用，这种作用称之为"折旧抵税"。

(3) 税后现金流量。在加入所得税因素以后，现金流量的计算有三种方法。

第一种是直接法。根据现金流量的定义，所得税是一种现金支付，应当作为每年营业现金毛流量的一个减项。

营业现金毛流量 = 营业收入 - 付现营业费用 - 所得税　　　　　　　　　(公式1)

第二种是间接法。

营业现金毛流量 = 税后经营净利润 + 折旧　　　　　　　　　　　　　　(公式2)

上述两个公式的结果是一致的，推导如下：

营业现金毛流量 = 营业收入 - 付现营业费用 - 所得税

　　　　　　　= 营业收入 - (营业费用 - 折旧) - 所得税

　　　　　　　= 税前经营利润 + 折旧 - 所得税

　　　　　　　= 税后经营净利润 + 折旧

[①] 此处折旧是广义的折旧费用，包括固定资产的折旧费用和无形资产的摊销费用。下同。

第三种是根据所得税对收入、费用和折旧的影响计算。

营业现金毛流量 = 税后营业收入 − 税后付现营业费用 + 折旧抵税

$\qquad\qquad\quad$ = 营业收入 ×（1 − 税率）− 付现营业费用 ×（1 − 税率）+ 折旧 × 税率

（公式3）

公式3也可以由公式2推导出来：

营业现金毛流量 = 税后经营净利润 + 折旧

$\qquad\qquad\quad$ =（营业收入 − 营业费用）×（1 − 税率）+ 折旧

$\qquad\qquad\quad$ =（营业收入 − 付现营业费用 − 折旧）×（1 − 税率）+ 折旧

$\qquad\qquad\quad$ = 营业收入 ×（1 − 税率）− 付现营业费用 ×（1 − 税率）− 折旧 ×（1 − 税率）+ 折旧

$\qquad\qquad\quad$ = 营业收入 ×（1 − 税率）− 付现营业费用 ×（1 − 税率）− 折旧 + 折旧 × 税率 + 折旧

$\qquad\qquad\quad$ = 营业收入 ×（1 − 税率）− 付现营业费用 ×（1 − 税率）+ 折旧 × 税率

上述三个公式，最常用的是公式3，因为企业的所得税是根据企业利润总额计算的。在决定某个项目是否投资时，我们往往使用差额分析法确定现金流量，并不知道整个企业的税后经营净利润及与此有关的所得税，这就妨碍了公式1和公式2的使用。公式3并不需要知道企业的税后经营净利润是多少，使用起来比较方便。尤其是有关固定资产更新的决策，我们没有办法计量某项资产给企业带来的收入和利润，以至于无法使用前两个公式。

第二节　投资项目折现率的估计

任何投资项目都有风险或不确定性。针对投资项目的风险，可以通过调整折现率即资本成本进行衡量，再计算净现值。

一、使用企业当前加权平均资本成本作为投资项目的资本成本

使用企业当前的资本成本作为项目的资本成本，应具备两个条件：一是项目的经营风险与企业当前资产的平均经营风险相同；二是公司继续采用相同的资本结构为新项目筹资。

（一）项目经营风险与企业当前资产的平均经营风险相同

用当前的资本成本作为折现率，隐含了一个重要假设，即新项目是企业现有资产的复制品，它们的经营风险相同。这种情况是经常会出现的，例如，固定资产更新、现有生产规模的扩张等。

如果新项目与现有项目的经营风险有较大差别，必须小心从事。例如，北京首钢公司是从事传统行业的企业，其经营风险较小，最近进入了信息产业。在评价其信息产业项目时，使用公司目前的资本成本作折现率就不合适了。新项目的经营风险和现有资产

的平均经营风险有显著差别。

(二)继续采用相同的资本结构为新项目筹资

所谓企业的加权平均资本成本,通常是根据当前的数据计算的,包含了资本结构因素。

如果假设市场是完善的,资本结构不改变企业的平均资本成本,则平均资本成本反映了当前资产的平均风险。

如果承认资本市场是不完善的,筹资结构就会改变企业的平均资本成本。例如,当前的资本结构是债务为40%,而新项目所需资金全部用债务筹集,将使负债上升至70%。由于负债比重上升,股权现金流量的风险增加,他们要求的报酬率会迅速上升,引起企业平均资本成本上升;与此同时,扩大了成本较低的债务筹资,会引起企业平均资本成本下降。这两种因素共同的作用,使得企业平均资本成本发生变动。因此,继续使用当前的平均资本成本作为折现率就不合适了。

总之,在等经营风险假设或资本结构不变假设明显不能成立时,不能使用企业当前的平均资本成本作为新项目的资本成本。

二、运用可比公司法估计投资项目的资本成本

如果新项目的风险与现有资产的平均风险显著不同,就不能使用公司当前的加权平均资本成本,而应当估计项目的系统风险,并计算项目的资本成本即投资人对于项目要求的必要报酬率。

项目系统风险的估计,比企业系统风险的估计更为困难。股票市场提供了股价,为计算企业的 β 值提供了数据。项目没有充分的交易市场,没有可靠的市场数据时,解决问题的方法是使用可比公司法。

可比公司法是寻找一个经营业务与待评价项目类似的上市公司,以该上市公司的 β 值作为待评价项目的 β 值。

运用可比公司法,应该注意可比公司的资本结构已反映在其 β 值中。如果可比公司的资本结构与项目所在企业显著不同,那么在估计项目的 β 值时,应针对资本结构差异作出相应调整。

调整的基本步骤如下:

(一)卸载可比公司财务杠杆

根据可比公司股东收益波动性估计的 β 值,是含有财务杠杆的 $\beta_{权益}$。可比公司的资本结构与目标公司不同,要将资本结构因素排除,确定可比公司不含财务杠杆的 β 值,即 $\beta_{资产}$。该过程通常叫"卸载财务杠杆"。卸载使用的公式是:

$$\beta_{资产} = \beta_{权益} \div [1 + (1 - 税率) \times (负债/股东权益)]$$

$\beta_{资产}$ 是假设全部用权益资本融资的 β 值,此时没有财务风险。或者说,此时股东权益的风险与资产的风险相同,股东只承担经营风险即资产的风险。

(二)加载目标企业财务杠杆

根据目标企业的资本结构调整 β 值,该过程称"加载财务杠杆"。加载使用的公式是:

$$\beta_{权益} = \beta_{资产} \times [1 + (1-税率) \times (负债/股东权益)]$$

（三）根据得出的目标企业的 β 权益计算股东要求的报酬率

此时的 β 权益既包含了项目的经营风险，也包含了目标企业的财务风险，可据以计算股东权益成本：

股东要求的报酬率 = 股东权益成本 = 无风险利率 + $\beta_{权益}$ × 市场风险溢价

如果使用股东现金流量法计算净现值，它就是适宜的折现率。

（四）计算目标企业的加权平均成本

如果使用实体现金流量法计算净现值，还需要计算加权平均成本：

$$加权平均成本 = 负债成本 \times (1-税率) \times \frac{负债}{资本} + 股东权益成本 \times \frac{股东权益}{资本}$$

尽管可比公司不是一个完美的方法，但它在估算项目的系统风险时还是比较有效的。

第三节 投资项目的敏感分析

敏感分析是一项有广泛用途的分析技术。投资项目的敏感分析，通常是在假定其他变量不变的情况下，测定某一个变量发生特定变化时对净现值（或内含报酬率）的影响。敏感分析主要包括最大最小法和敏感程度法两种分析方法。

一、最大最小法

最大最小法的主要步骤是：

（1）预测每个变量的预期值。计算净现值时需要使用预期的原始投资、营业现金流入、营业现金流出等变量。这些变量都是最可能发生的数值，称为预期值。

（2）根据变量的预期值计算净现值，由此得出的净现值称为基准净现值。

（3）选择一个变量并假设其他变量不变，令净现值等于0，计算选定变量的临界值。如此往复，测试每个变量的临界值。

通过上述步骤，可以得出使项目净现值由正值变为0的各变量最大（或最小）值，可以帮助决策者认识项目的特有风险。

还可分析初始投资额、项目的寿命等的临界值，或者进一步分析营业现金流量的驱动因素，如销量最小值、单价最小值、单位变动成本最大值等，更全面地认识项目风险。

二、敏感程度法

敏感程度法的主要步骤如下：

（1）计算项目的基准净现值（方法与最大最小法相同）。

（2）选定一个变量，如每年税后营业现金流入，假设其发生一定幅度的变化，而其他因素不变，重新计算净现值。

（3）计算选定变量的敏感系数：

敏感系数 = 目标值变动百分比/选定变量变动百分比

它表示选定变量变化1%时导致目标值变动的百分数，可以反映目标值对于选定变量变化的敏感程度。

（4）根据上述分析结果，对项目的敏感性作出判断。

依照前例数据，先计算税后营业现金流入增减5%和增减10%（其他因素不变）的净现值，以及税后营业现金流入变动净现值的敏感系数（计算过程见表2-2）。然后按照同样方法，分别计算税后营业现金流出和初始投资变动对净现值的影响（见表2-3和表2-4）。

表2-2　　　　敏感程度法：每年税后营业现金流入变化　　　　单位：万元

项目	-10%	-5%	基准情况	+5%	+10%
每年税后营业现金流入	90	95	100	105	110
每年税后营业现金流出	69	69	69	69	69
每年折旧抵税（25%）	4.5	4.5	4.5	4.5	4.5
每年税后营业现金净流量	25.5	30.5	35.5	40.5	45.5
年金现值系数（10%，4年）	3.1699	3.1699	3.1699	3.1699	3.1699
每年税后营业现金净流量总现值	80.83	96.68	112.53	128.38	144.23
初始投资	90	90	90	90	90
净现值	-9.17	6.68	22.53	38.38	54.23
每年税后营业现金流入的敏感系数	[(54.23-22.53)/22.53]÷10% = 140.7%/10% = 14.07					

表2-3　　　　敏感程度法：每年税后营业现金流出变化　　　　单位：万元

项目	-10%	-5%	基准情况	+5%	+10%
每年税后营业现金流入	100	100	100	100	100
每年税后营业现金流出	62.1	65.55	69	72.45	75.9
每年折旧抵税（25%）	4.5	4.5	4.5	4.5	4.5
每年税后营业现金净流量	42.4	38.95	35.5	32.05	28.6
年金现值系数（10%，4年）	3.1699	3.1699	3.1699	3.1699	3.1699
每年税后营业现金净流量总现值	134.4	123.47	112.53	101.6	90.66
初始投资	90	90	90	90	90
净现值	44.4	33.47	22.53	11.6	0.66
每年税后营业现金流出的敏感系数	[(0.66-22.53)/22.53]÷10% = -97.07%÷10% = -9.71					

表2-4　　　　敏感程度法：初始投资变化　　　　单位：万元

项目	-10%	-5%	基准情况	+5%	+10%
每年税后营业现金流入	100	100	100	100	100
每年税后营业现金流出	69	69	69	69	69

续表

项目	-10%	-5%	基准情况	+5%	+10%
每年折旧抵税（25%）	4.05	4.275	4.5	4.725	4.95
每年税后营业现金净流量	35.05	35.275	35.5	35.725	35.95
年金现值系数（10%，4年）	3.1699	3.1699	3.1699	3.1699	3.1699
每年税后营业现金净流量总现值	111.1	111.82	112.53	113.24	113.96
初始投资	81	85.5	90	94.5	99
净现值	30.1	26.32	22.53	18.74	14.96
初始投资的敏感系数	[(14.96-22.53)/22.53]÷10% = -33.6%÷10% = -3.36				

上列表中分别计算了三个变量变化一定百分比对净现值的影响，向决策人展示了不同前景出现时的后果。这些信息可以帮助决策人认识项目的特有风险和应关注的重点。例如，税后营业现金流入降低10%就会使该项目失去投资价值，若这种可能性较大就应考虑放弃项目，或者重新设计项目加以避免，至少要有应对的预案。该变量是引发净现值变化的主要敏感因素，营业收入每减少1%，项目净现值就损失14.07%，或者说营业收入每增加1%，净现值就提高14.07%。若实施该项目，应予以重点关注。次要敏感因素是税后营业现金流出，相对不很敏感的因素是初始投资，但都具一定的影响。因此，从总体上看该项目风险较大。

敏感分析是一种最常用的风险分析方法，计算过程简单、易于理解，但也存在局限性，主要有：

（1）在进行敏感分析时，只允许一个变量发生变动，而假设其他变量保持不变，但在现实世界中这些变量通常是相互关联的，会一起发生变动，但是变动的幅度不同；

（2）每次测算一个变量变化对净现值的影响，可以提供一系列分析结果，但是没有给出每一个数值发生的可能性。

第三章 期权价值评估

第一节 衍生工具概述

衍生工具是从原生工具中派生的一种合同，其价值随原生工具价格的波动而波动。该原生工具也叫基础资产或标的资产，可以是金融资产或实物资产。

一、衍生工具种类

常见的衍生工具包括远期合约、期货合约、互换合约、期权合约等。

（一）远期合约

远期合约（forward contract）是一种最简单的衍生工具，是合约双方同意在未来日期按照事先约定的价格交换资产的合约，该合约会指明买卖的商品或金融工具的种类、价格及交割结算的日期。远期合约的条款是为买卖双方量身定制的，因合约双方的需要不同而不同。远期合约通常不在交易所内交易，而是场外交易（OTC）。如同即期交易一样，远期合约对交易双方都有约束，是必须履行的协议。

（二）期货合约

期货合约（futures contract）是指在约定的将来某个日期按约定的条件（包括价格、交割地点、交割方式）买入或卖出一定标准数量、质量某种资产的合约。期货合约是由期货交易所统一制定的标准化合约，是买卖双方同意在约定时间按约定价格接收、交付一定标准数量、质量的某种资产的协议。期货交易通常集中在期货交易所进行，但亦有部分期货合约可通过柜台交易进行。与远期合约一样，期货合约对交易双方都有约束，是必须履行的协议。

（三）互换合约

互换合约（swap contract），是指交易双方约定在未来某一期限相互交换各自持有的资产或现金流的交易形式。互换能满足交易者对非标准化交易的需求，运用面广，期限灵活，长短随意。互换的种类通常包括：利率互换、货币互换、商品互换、股权互换、信用互换、气候互换（碳互换）和期权互换等。其中，利率互换是指双方同意在未来的一定期限内根据同种货币的同样名义本金交换现金流，其中一方的现金流量根据浮动利率计算，而另一方的现金流量根据固定利率计算。货币互换是指将一种货币的本金和固定利息与另一货币的等价本金和固定利息进行交换。商品互换是指交易双方为了管理商品价格风险，同意交换与商品价格有关的现金流，包括固定价格及浮动价格的商品价格互换和商品价格与利率的互换。

（四）期权合约

期权合约（option contract）是在期货合约的基础上产生的一种衍生工具，它是在某一特定日期或该日期之前的任何时间以固定价格购买或者出售某种资产（包括股票、债券、货币、股票指数、商品期货等）的权利。与其他衍生工具不同，期权从其本质上讲，是将权利和义务分开进行定价，使得权利的受让人（即期权的买方）可在规定时间内对于是否进行交易行使其权利，而义务方（即期权的卖方）必须履行义务。期权的买方只有权利而无义务，风险是有限的（最大亏损值为权利金），而获利在理论上是无限的；期权的卖方则只有义务而无权利，收益是有限的（最大收益值为权利金），而风险在理论上是无限的。此外，期权的买方无须付出保证金，卖方则必须支付保证金以作为履行义务的财务担保。

二、衍生工具交易特点

与基础资产相比，衍生工具在交易方面具有很多特点。

第一，未来性。衍生工具是在现时对基础资产未来可能产生的结果进行交易，交易结果要在未来时刻才能确定。这就要求交易双方对利率、汇率、股价等各类基础资产价格的未来变动趋势作出判断，而判断准确与否直接决定了交易者的盈亏。

第二，灵活性。衍生工具的种类繁多，其设计和创造具有较高的灵活性，与基础资产相比更能适应各类市场参与者的需要。

第三，杠杆性。衍生工具可以使交易者用较少成本获取现货市场上用较多资金才能完成的结果，因此具有高杠杆性。

第四，风险性。衍生工具是在市场动荡不安的环境下，为实现交易保值和风险防范而进行的工具创新，但其内在的杠杆作用和交易复杂性也决定了衍生工具交易的高风险性。如果利用衍生工具交易进行投机，则有可能造成巨大损失。

第五，虚拟性。衍生工具的交易对象是对基础资产在未来特定条件下进行处置的权利和义务。衍生工具本身没有价值，它只是一种收益获取权的凭证，其交易独立于现实资本运动之外，具有虚拟性。

三、衍生工具交易目的

衍生工具可用于多种用途，包括套期保值、投机获利等。套期保值是指为冲抵风险而买卖相应的衍生工具的行为，与套期保值相反的便是投机行为。套期保值的目的是降低风险，投机的目的是承担额外的风险以盈利；套期保值的结果是降低了风险，投机的结果是增加了风险。

下面以期货为例，说明如何利用期货进行套期保值和投机获利。

（一）套期保值

期货的套期保值亦称为期货对冲，是指为配合现货市场上的交易，而在期货市场上做与现货市场商品相同或相近但交易部位相反的买卖行为,以便将现货市场价格波动的风险在期货市场上抵消。

期货的套期保值交易之所以有利于回避价格风险,其基本原理就在于某一特定商品的期货价格和现货价格受相同的经济因素影响和制约。

利用期货套期保值有两种方式:

第一,空头套期保值:如果某公司要在未来某时出售某种资产,可以通过持有该资产期货合约的空头来对冲风险。如果到期日资产价格下降,现货出售资产亏损,则期货的空头获利;如果到期日资产价格上升,现货出售资产获利,则期货的空头亏损。

第二,多头套期保值:如果要在未来某时买入某种资产,则可采用持有该资产期货合约的多头来对冲风险。如果到期日资产价格上升,现货购买资产亏损,则期货的多头获利;如果到期日资产价格下降,现货购买资产获利,则期货的多头亏损。

(二)投机获利

期货投机是指基于对市场价格走势的预期,为了盈利在期货市场上进行的买卖行为。由于远期市场价格的波动性,与套期保值相反,期货的投机会增加风险。

第二节 期权的概念、类型和投资策略

一、期权的概念

期权是一种合约,该合约赋予持有人在某一特定日期或该日之前的任何时间以固定价格购进或售出约定数量某种资产的权利。期权定义的要点如下:

(一)期权是一种权利

期权合约至少涉及购买人和出售人两方。获得期权的一方称为期权购买人,出售期权的一方称为期权出售人。交易完成后,购买人成为期权持有人。

期权赋予持有人做某件事的权利,但他不承担必须履行的义务,可以选择执行或者不执行该权利。持有人仅在执行期权有利时才会利用它,否则该期权将被放弃。在这种意义上说期权是一种"特权",因为持有人只享有权利而不承担相应的义务。

期权合约不同于远期合约和期货合约。在远期和期货合约中,双方的权利和义务是对等的,双方互相承担责任,各自具有要求对方履约的权利。当然,与此相适应,投资者签订远期或期货合约时不需要向对方支付任何费用,而投资者购买期权合约必须支付期权费,作为不承担义务的代价。

(二)期权的标的资产

期权的标的资产是指选择购买或出售的资产。它包括股票、政府债券、货币、股票指数、商品期货、房地产等。期权是这些标的物"衍生"的,因此,称为衍生工具。

值得注意的是,期权出售人不一定拥有标的资产。例如出售IBM公司股票期权的人,不一定是IBM公司本身,他也未必持有IBM的股票,期权是可以"卖空"的。期权购买

人也不一定真的想购买标的资产。因此，期权到期时双方不一定进行标的物的实物交割，而只需按价差补足价款即可。

一个公司的股票期权在市场上被交易，该期权的源生股票发行公司并不能影响期权市场，该公司并不从期权市场上筹集资金。期权持有人没有选举公司董事、决定公司重大事项的投票权，也不能获得该公司的股利。

（三）到期日

双方约定的期权到期的那一天称为到期日。在那一天之后，期权失效。

按照期权执行时间分为欧式期权和美式期权。如果该期权只能在到期日执行，称为欧式期权。如果该期权可以在到期日或到期日之前的任何时间执行，称为美式期权。

（四）期权的执行

依据期权合约购进或售出标的资产的行为称为执行。在期权合约中约定的、期权持有人据以购进或售出标的资产的固定价格，称为执行价格。

二、期权的类型

按照合约授予期权持有人权利的类别，期权分为看涨期权和看跌期权两大类。

首先是看涨期权。看涨期权是指期权赋予持有人在到期日或到期日之前，以固定价格购买标的资产的权利。其授予权利的特征是购买。因此，也可以称为择购期权、买入期权或买权。

看涨期权的执行净收入，被称为看涨期权到期日价值，它等于股票价格减去执行价格的价差。如果在到期日股票价格高于执行价格，看涨期权的到期日价值随标的资产价值上升而上升；如果在到期日股票价格低于执行价格，则看涨期权没有价值。期权到期日价值没有考虑当初购买期权的成本。期权的购买成本称为期权费（或权利金），是指看涨期权购买人为获得在对自己有利时执行期权的权利所必须支付的补偿费用。期权到期日价值减去期权费后的剩余，称为期权购买人的"损益"。

其次是看跌期权。看跌期权是指期权赋予持有人在到期日或到期日前，以固定价格出售标的资产的权利。其授予权利的特征是出售。因此，也可以称为择售期权、卖出期权或卖权。

看跌期权的执行净收入，被称为看跌期权到期日价值，它等于执行价格减去股票价格的价差。如果在到期日股票价格低于执行价格，看跌期权的到期日价值随标的资产价值下降而上升；如果在到期日股票价格高于执行价格，则看跌期权没有价值。看跌期权到期日价值没有考虑当初购买期权的成本。看跌期权的到期日价值减去期权费后的剩余，称为期权购买人的"损益"。

为了评估期权的价值，需要先知道期权的到期日价值。期权的到期日价值，是指到期时执行期权可以取得的净收入，它依赖于标的股票的到期日价格和执行价格。执行价格是已知的，而股票到期日的市场价格此前是未知的。但是，期权的到期日价值与股票的市场价格之间存在函数关系。这种函数关系，因期权的类别而异。

对于看涨期权和看跌期权，到期日价值的计算又分为买入和卖出两种。下面我们分别说明这四种情景下期权到期日价值和股价的关系。为简便起见，我们假设各种期权均持有至到期日，不提前执行，并且忽略交易成本。

（一）买入看涨期权

买入看涨期权形成的金融头寸，被称为"多头看涨头寸"。

可以概括表达式为：多头看涨期权到期日价值 = max（股票市价 - 执行价格，0）

该式表明：如果股票市价 > 执行价格，会执行期权，看涨期权价值等于"股票市价 - 执行价格"；如果股票市价 < 执行价格，不会执行期权，看涨期权价值为0。因此，看涨期权到期日价值为"股票市价 - 执行价格"和"0"之间较大的一个。

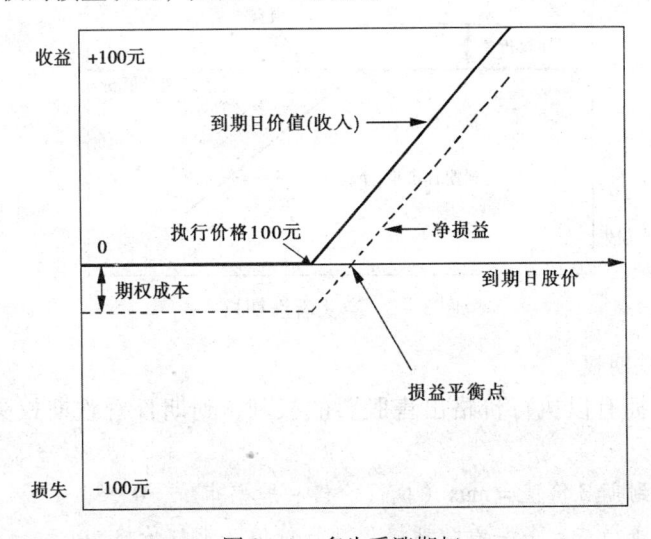

多头看涨期权净损益 = 多头看涨期权到期日价值 - 期权价格

多头看涨期权的损益状况，如图3-1所示。

图3-1 多头看涨期权

看涨期权损益的特点是：净损失有限（最大值为期权价格），而净收益却潜力巨大。那么，是不是投资期权一定比投资股票更好呢？不一定。例如，投资者有资金100元。投资方案一：以5元的价格购入前述ABC公司的20股看涨期权。投资方案二：购入ABC公司的股票1股。如果到期日股价为120元，购买期权的净损益 = 20×(120-100) - 20×5 = 300（元），报酬率 = 300÷100×100% = 300%；购买股票的净损益 = 120 - 100 = 20（元），报酬率 = 20÷100×100% = 20%。投资期权有巨大杠杆作用，因此对投机者有巨大的吸引力。如果股票的价格在此期间没有变化，购买期权的净收入为0，其净损失为100元；股票的净收入为100元，其净损失为0。股价无论下降得多么厉害，只要不降至0，股票投资者手里至少还有一股可以换一点钱的股票。期权投资者的风险要大得多，只要股价低于执行价格，无论低得多么微小，他们就什么也没有了，投入的期权成本全部损失了。

（二）卖出看涨期权

看涨期权的出售者收取期权费，成为或有负债的持有人，负债的金额不确定。他处于空头状态，持有看涨期权空头头寸。

空头看涨期权到期日价值 = - max（股票市价 - 执行价格，0）

空头看涨期权净损益＝空头看涨期权到期日价值＋期权价格

空头看涨期权的损益状况，如图3－2所示。对于看涨期权来说，空头和多头的价值不同。如果标的股票价格高于执行价格，多头的价值为正值，空头的价值为负值，金额的绝对值相同。如果标的股票价格低于执行价格，期权被放弃，双方的价值均为0。无论怎样，空头得到了期权费，而多头支付了期权费。

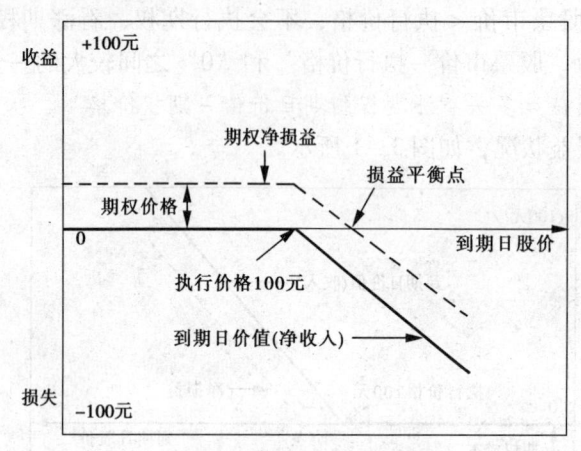

图3－2 空头看涨期权

（三）买入看跌期权

看跌期权买方拥有以执行价格出售股票的权利，到期日看跌期权买方损益可以表示为：

多头看跌期权到期日价值＝max（执行价格－股票市价，0）

多头看跌期权净损益＝多头看跌期权到期日价值－期权价格

看跌期权买方的损益状况，如图3－3所示。

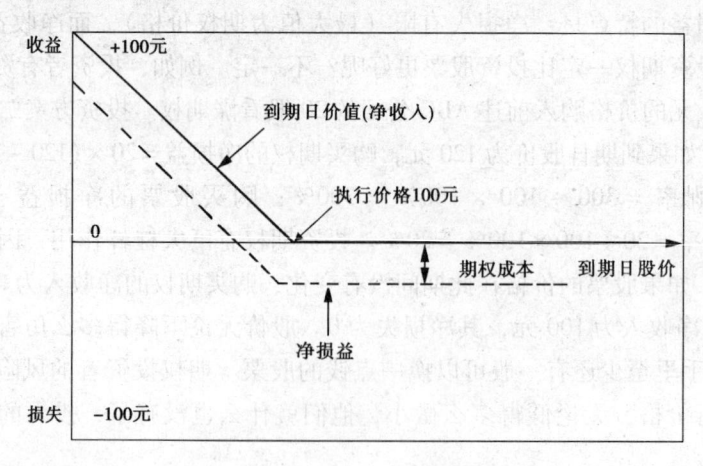

图3－3 多头看跌期权

（四）卖出看跌期权

看跌期权的出售者收取期权费，成为或有负债的持有人，负债的金额不确定。

到期日看跌期权卖方损益可以表示为：

空头看跌期权到期日价值 = -max（执行价格 - 股票市价，0）
空头看跌期权净损益 = 空头看跌期权到期日价值 + 期权价格
看跌期权卖方的损益状况如图3-4所示。

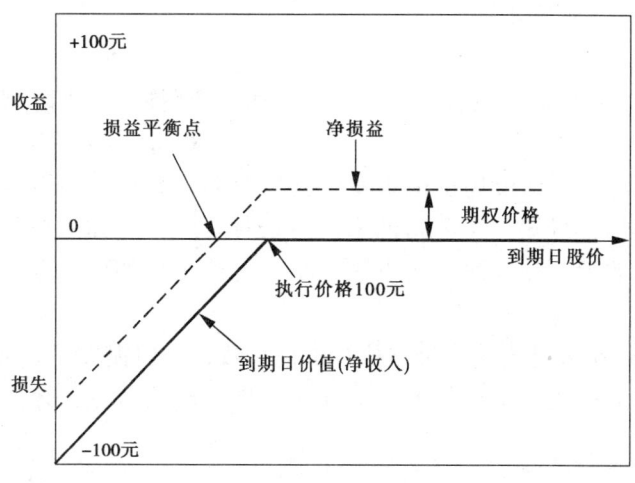

图3-4 空头看跌期权

总之，如果标的股票的价格上涨，对于买入看涨期权和卖出看跌期权的投资者有利；如果标的股票的价格下降，对于卖出看涨期权和买入看跌期权的投资者有利。

三、期权的投资策略

前面我们讨论了单一股票期权的损益状态。买入期权的特点是最小的净收入为0，不会发生进一步的损失。因此，具有构造不同损益的功能。从理论上讲，期权可以帮助我们建立任意形式的损益状态，用于控制投资风险。这里只介绍三种投资策略。

（一）保护性看跌期权

股票加多头看跌期权组合，是指购买1股股票，同时购入该股票的1股看跌期权。这种组合被称为保护性看跌期权。单独投资于股票风险很大，同时增加一股看跌期权，情况就会有变化，可以降低投资的风险。

（二）抛补性看涨期权

股票加空头看涨期权组合，是指购买1股股票，同时出售该股票的1股看涨期权。这种组合被称为抛补性看涨期权。抛出看涨期权所承担的到期出售股票的潜在义务，可以被组合中持有的股票抵补，不需要另外补进股票。

抛补性看涨期权组合缩小了未来的不确定性。如果到期日股价超过执行价格，则锁定了净收入和净损益，净收入最多是执行价格（100元），由于不需要补进股票也就锁定了净损益。相当于"出售"了超过执行价格部分的股票价值，换取了期权收入。如果到期日股价低于执行价格，净损失比单纯购买股票要小一些，减少的数额相当于期权价格。

抛补性看涨期权是机构投资者常用的投资策略。如果基金管理人计划在未来以100元的价格出售股票，以便套现分红，他现在就可以抛补看涨期权，赚取期权费。如果股价高于执行价格，他虽然失去了100元以上部分的额外收入，但是仍可以按计划取得100元现金。如果股价低于执行价格，还可以减少损失（相当于期权费收入）。因此，成为一个有吸引力的策略。

（三）对敲

对敲策略分为多头对敲和空头对敲。

1. 多头对敲

多头对敲是指同时买进一只股票的看涨期权和看跌期权，它们的执行价格、到期日都相同。

多头对敲策略对于预计市场价格将发生剧烈变动，但是不知道升高还是降低的投资者非常有用。例如，得知一家公司的未决诉讼将要宣判，如果该公司胜诉，预计股价将翻一番，如果败诉，预计股价将下跌一半。无论结果如何，多头对敲策略都会取得收益。

多头对敲的最坏结果是到期股价与执行价格一致，白白损失了看涨期权和看跌期权的购买成本。股价偏离执行价格的差额必须超过期权购买成本，才能给投资者带来净收益。

2. 空头对敲

空头对敲是指同时卖出一只股票的看涨期权和看跌期权，它们的执行价格、到期日都相同。

空头对敲策略对于预计市场价格将相对比较稳定的投资者非常有用。

空头对敲的最好结果是到期股价与执行价格一致，投资者白白赚取出售看涨期权和看跌期权的收入。空头对敲的股价偏离执行价格的差额必须小于期权出售收入，才能给投资者带来净收益。

第三节 金融期权价值评估

一、金融期权价值的影响因素

（一）期权的内在价值和时间溢价

期权价值由两部分构成：即内在价值和时间溢价。

1. 期权的内在价值

期权的内在价值，是指期权立即执行产生的经济价值。内在价值的大小，取决于期权标的资产的现行市价与期权执行价格的高低。内在价值不同于到期日价值，期权的到期日价值取决于到期日标的股票市价与执行价格的高低。如果现在已经到期，则内在价值与到期日价值相同。

对于看涨期权来说，现行资产价格高于执行价格时，立即执行期权能够给持有人带来净收入，其内在价值为现行价格与执行价格的差额（$S_0 - X$）。如果资产的现行市价等于或低于执行价格时，立即执行不会给持有人带来净收入，持有人也不会去执行期权，此时看涨期权的内在价值为 0。例如，看涨期权的执行价格为 100 元，现行价格为 120 元，其内在价值为 20 元（120 - 100）。如果现行价格变为 80 元，则内在价值为 0。

对于看跌期权来说，现行资产价格低于执行价格时，其内在价值为执行价格减去现行价格（$X - S_0$）。如果资产的现行市价等于或高于执行价格，看跌期权的内在价值等于 0。例如，看跌期权的执行价格为 100 元，现行价格为 80 元，其内在价值为 20 元（100 - 80）。如果现行价格变为 120 元，则内在价值为 0。

由于标的资产的价格是随时间变化的，所以内在价值也是变化的。当执行期权能给持有人带来正回报时，称该期权为"实值期权"，或者说它处于"实值状态"（溢价状态）；当执行期权将给持有人带来负回报时，称该期权为"虚值期权"，或者说它处于"虚值状态"（折价状态）；当资产的现行市价等于执行价格时，称期权为"平价期权"，或者说它处于"平价状态"。

对于看涨期权来说，标的资产现行市价高于执行价格时，该期权处于实值状态；当资产的现行市价低于执行价格时，该期权处于虚值状态。对于看跌期权来说，资产现行市价低于执行价格时，该期权处于"实值状态"；当资产的现行市价高于执行价格时，该期权处于"虚值状态"。

期权处于虚值状态或平价状态时不会被执行，只有处于实值状态才有可能被执行，但也不一定会被执行。

2. 期权的时间溢价

期权的时间溢价是指期权价值超过内在价值的部分。

时间溢价 = 期权价值 - 内在价值

期权的时间溢价是一种等待的价值。期权买方愿意支付超出内在价值的溢价，是寄希望于标的股票价格的变化可以增加期权的价值。很显然，对于美式期权在其他条件不变的情况下，离到期时间越远，股价波动的可能性越大，期权的时间溢价也就越大。如果已经到期，期权的价值（价格）就只剩下内在价值（时间溢价为 0），因为已经不能再等待了。

期权处于虚值状态，仍然可以按正的价格售出，尽管其内在价值为 0，但它还有时间溢价。在未来的一段时间里，如果价格上涨进入实值状态，投资者可以获得净收入；如果价格进一步下跌，也不会造成更多的损失，选择权为其提供了下跌保护。

时间溢价有时也称为期权的时间价值，但它和货币的时间价值是不同的概念。时间溢价是时间带来的波动的价值，是未来存在不确定性而产生的价值，不确定性越强，期权时间价值越大。而货币的时间价值是时间延续的价值，时间延续得越长，货币时间价值越大。

（二）影响期权价值的主要因素

期权价值是指期权的现值，不同于期权的到期日价值。影响期权价值的因素主要有股票市价、执行价格、到期期限、股价波动率、无风险利率和预期红利。

1. 股票市价

如果看涨期权在将来某一时间执行，其收入为股票价格与执行价格的差额。如果其他因素不变，随着股票市价的上升，看涨期权的价值也增加。

看跌期权与看涨期权相反，看跌期权在未来某一时间执行，其收入是执行价格与股票价格的差额。如果其他因素不变，当股票市价上升时，看跌期权的价值下降。

2. 执行价格

执行价格对期权价格的影响与股票市价相反。看涨期权的执行价格越高，其价值越小。看跌期权的执行价格越高，其价值越大。

3. 到期期限

对于美式期权来说，较长的到期时间能增加看涨期权的价值。到期日离现在越远，发生不可预知事件的可能性越大，股价变动的范围也越大。此外，随着时间的延长，执行价格的现值会减少，从而有利于看涨期权的持有人，能够增加期权的价值。

对于欧式期权来说，较长的时间不一定能增加期权价值。虽然较长的时间可以降低执行价格的现值，但并不增加执行的机会。到期日价格的降低，有可能超过时间价值的差额。例如，两个欧式看涨期权，一个是1个月后到期，另一个是3个月后到期，预计标的公司两个月后将发放大量现金股利，股票价格会大幅下降，则有可能使时间长的期权价值低于时间短的期权价值。

4. 股价波动率

股价波动率，是指股票价格变动的不确定性，通常用标准差衡量。股票价格的波动率越大，股价上升或下降的机会越大。对于股票持有者来说，两种变动趋势可以相互抵消，期望股价是其均值。

对于看涨期权持有者来说，股价上升对其有利，股价下降对其不利，最大损失以期权费为限，两者不会抵消。因此，股价波动率增加会使看涨期权价值增加。对于看跌期权持有者来说，股价下降对其有利，股价上升对其不利，最大损失以期权费为限，两者不会抵消。因此，股价波动率增加会使看跌期权价值增加。

在期权估值过程中，股价的波动性是最重要的因素。如果一种股票的价格波动性很小，其期权也值不了多少钱。

5. 无风险利率

利率对于期权价格的影响是比较复杂的。一种简单而不全面的解释是：假设股票价格不变，高利率会导致执行价格的现值降低，从而增加看涨期权的价值。还有一种理解的办法是：投资于股票需要占用投资者一定的资金，投资于同样数量的该股票的看涨期权需要较少的资金。在高利率的情况下，购买股票并持有到期的成本越大，购买期权的吸引力越大。因此，无风险利率越高，看涨期权的价格越高。对于看跌期权来说，情况正好相反。

6. 预期红利

在除息日后，红利的发放引起股票价格降低，看涨期权价格降低。与此相反，股票价格的下降会引起看跌期权价格上升。因此，看跌期权价值与预期红利大小呈正向变动，而看涨期权价值与预期红利大小呈反向变动。

以上变量对于期权价格的影响如表3-1所示。

表 3-1　　　　　一个变量增加（其他变量不变）对期权价格的影响

变　量	欧式看涨期权	欧式看跌期权	美式看涨期权	美式看跌期权
股票价格	+	-	+	-
执行价格	-	+	-	+
剩余期限	不一定	不一定	+	+
股价波动率	+	+	+	+
无风险利率	+	-	+	-
预期红利	-	+	-	+

这些变量之间的关系如图 3-5 所示。

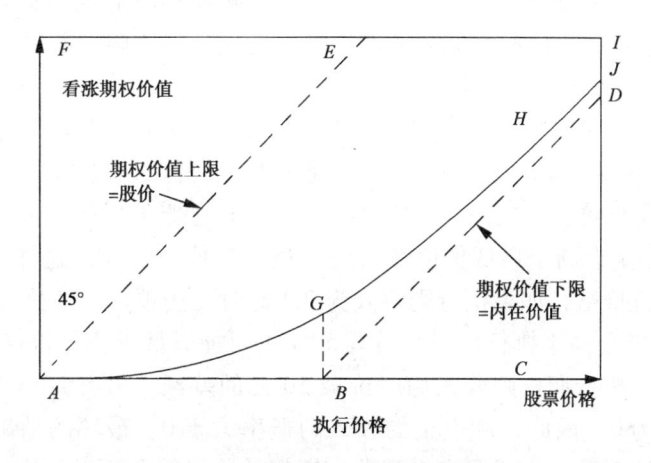

图 3-5　影响期权价值的因素

在图 3-5 中，横坐标为股票价格，纵坐标为看涨期权（以下简称期权）价值；曲线 AGH 表示股票价格上升时期权价格也随之上升的关系，称为期权价值线；由点划线 AB、BD 和 AE 围成的区域表示期权价值的可能范围，左侧点划线 AE 表示期权价值上限，右侧的点划线 BD 表示期权价值下限，下部的点划线 AB 表示股价低于执行价格时期权内在价值为 0；左右两侧的点划线平行。

有关的含义说明如下：

（1）A 点为原点，表示股票价格为 0 时，期权的价值也为 0。为什么此时期权价值为 0？股票价格为 0，表明它未来没有任何现金流量，也就是将来没有任何价值。股票将来没有价值，期权到期时肯定不会被执行，即期权到期时将一文不值，所以期权的现值也为 0。

（2）线段 AB 和 BD 组成期权的最低价值线。线段 AB 表示执行日股票价格低于执行价格（50 元），看涨期权不会执行，期权内在价值为 0。线段 BD 表示执行日股票价格高于执行价格，看涨期权的内在价值等于股票价格与执行价格的差额。

在执行日之前，期权价值永远不会低于最低价值线。

为什么？例如，投资者有 1 股股票，今天的股价 90 元，若该股票的看涨期权价格定为 39 元（执行价格为 50 元），小于立即执行的收入（40 元），投资者就可以卖出股票得到90元,用39元购买期权,然后执行期权花50元把股票买回来,投资者就可以净赚1元。这种套利活动,会使期权的需求上涨,回升到右侧的点划线 BD 的 D 点上方(例如 J 点)。

(3)左侧的点划线 AE 是期权价值上限。在执行日,股票的最终收入总要高于期权的最终收入。例如,假设看涨期权的价格等于股价,甲用40元购入1股股票,乙用40元购入该股票的1股看涨期权(执行价格50元);如果到期日股票价格高于执行价格(假设股价为60元),乙会借入50元执行期权,并将得到的股票出售,还掉借款后手里剩10元钱;甲出售股票,手中有60元(高于乙)。如果到期日股票价格为49元,乙会放弃期权,手中一无所有;甲出售股票,手中有49元(高于乙)。这就是说,期权价格如果等于股票价格,无论未来股价高低(只要它不为0),购买股票总比购买期权有利。在这种情况下,投资者必定抛出期权,购入股票,迫使期权价格下降。所以,看涨期权的价值上限是股价。

(4)曲线 AGJ 是期权价值线。期权价值线从 A 点出发后,呈一弯曲线向上,逐渐与 BD 趋于平行。该线反映股价和期权价值的关系,期权价值随股票价格上涨而上涨。

除原点外,期权价值线(AGJ)必定会在最低价值线(ABD)的上方。只要股价大于0,期权价值必定会高于最低价值线对应的最小价值。为什么这样说呢?观察 G 点:今天股价等于执行价格,如果执行则收入为0。此时无法预计未来执行日的股价,可以假设有50%的可能会高于执行价格,另有50%的可能会低于执行价格。那么,有50%的可能股价上涨,执行期权则收入为股价减50元的差额;另有50%的可能股价下降,放弃期权则收入为0。因此,产生正的收入的概率大于0,最坏的结果是收入为0,期权肯定有价值。这就是说,只要尚未到期,期权的价格就会高于其价值下限。

(5)股价足够高时,期权价值线与最低价值线的上升部分逐步接近。

股价越高,期权被执行的可能性越大。股价高到一定程度,执行期权几乎是可以肯定的,或者说,股价再下降到执行价格之下的可能性已微乎其微。此时,期权持有人已经知道他的期权将被执行,可以认为他已经持有股票,唯一的差别是尚未支付执行所需的款项。该款项的支付,可以推迟到执行期权之时。在这种情况下,期权执行几乎是肯定的,而且股票价值升高,期权的价值也会等值同步增加。

二、金融期权价值的评估方法

从20世纪50年代开始,现金流量折现法成为资产估值的主流方法,任何资产的价值都可以用其预期未来现金流量的现值来估值。现金流量折现法估值的基本步骤是:首先,预测资产的期望现金流量;其次,估计投资的必要报酬率;最后,用必要报酬率折现现金流量。人们曾力图使用现金流量折现法解决期权估值问题,但是一直没有成功。问题在于期权的必要报酬率非常不稳定。期权的风险依赖于标的资产的市场价格,而市场价格是随机变动的,期权投资的必要报酬率也处于不断变动之中。既然找不到一个适当的折现率,现金流量折现法也就无法使用。因此,必须开发新的模型,才能解决期权定价问题。

1973年,布莱克-斯科尔斯期权定价模型被提出,人们终于找到了实用的期权定价方法。此后，期权市场和整个衍生金融工具交易飞速发展。由于对期权定价问题研究的杰出贡献，斯科尔斯和默顿获得1997年诺贝尔经济学奖。

如果没有足够的数学背景知识，要全面了解期权定价模型是非常困难的。出于本教材的目的，不打算全面介绍期权估值模型，而主要通过举例的方法介绍期权估值的基本原理和主要模型的使用方法。

（一）期权估值原理

1. 复制原理

复制原理的基本思想是：构造一个股票和借款的适当组合，使得无论股价如何变动，投资组合的损益都与期权相同，那么，创建该投资组合的成本就是期权的价值。

下面我们通过一个假设的简单举例，说明复制原理。

【例3-1】 假设ABC公司的股票现在的市价为50元。有1股以该股票为标的资产的看涨期权，执行价格为52.08元，到期时间是6个月。6个月以后股价有两种可能：上升33.33%，或者下降25%，无风险利率为每年4%。拟建立一个投资组合，包括购进适量的股票以及借入必要的款项，使得该组合6个月后的价值与购进该看涨期权相等。

可以通过下列过程来确定该投资组合：

（1）确定6个月后可能的股票价格。假设股票当前价格为S_0，未来变化有两种可能：上升后股价S_u和下降后股价S_d。为便于用当前价格表示未来价格，设：$S_u = u \times S_0$，u称为股价上行乘数；$S_d = d \times S_0$，d为股价下行乘数。用二叉树图形表示的股价分布如图3-6所示，图的左侧是一般表达式，右侧是将[例3-1]的数据代入的结果。其中，$S_0 = 50$元，$u = 1.3333$，$d = 0.75$。

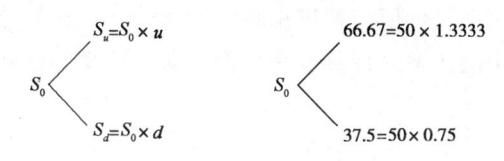

图3-6 股票价格分布

（2）确定看涨期权的到期日价值。由于执行价格$X = 52.08$元，到期日看涨期权的价值如图3-7所示。左边是一般表达式，右边是代入本例数据后的结果。

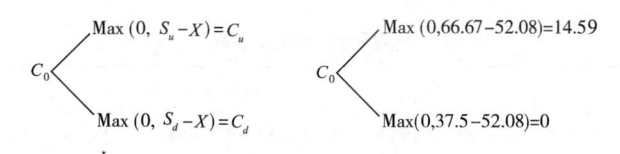

图3-7 看涨期权到期日价值分布

（3）建立对冲组合。上面我们已经知道了期权的到期日价值有两种可能：股价上行时为14.59元，股价下行时为0元。已知借款的利率为2%（半年）。我们要复制一个股票与借款的投资组合，使之到期日的价值与看涨期权相同。

该投资组合为：购买0.5股的股票，同时，以2%的利率借入18.38元。这个组合的收入同样也依赖于期末股票的价格,如表3-2所示。

表3-2　　　　　　　　　　　投资组合的收入　　　　　　　　　　　　单位:元

股票到期日价格	66.67	37.5
组合中股票到期日收入	66.67×0.5=33.34	37.5×0.5=18.75
组合中借款本利和偿还	18.38×1.02=18.75	18.75
到期日收入合计	14.59	0

该组合的到期日净收入分布与购入看涨期权一样。因此,看涨期权的价值应当与建立投资组合的成本一样。

组合投资成本 = 购买股票支出 - 借款 = 50×0.5 - 18.38 = 6.62(元)

因此,该看涨期权的价格应当是6.62元(见图3-8)。

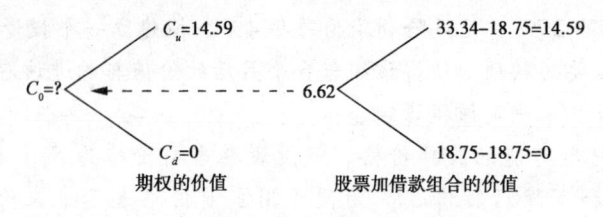

图3-8　投资组合价值分布

2. 套期保值原理

在看了[例3-1]之后,可能会产生一个疑问:如何确定复制组合的股票数量和借款数量,使投资组合的到期日价值与期权相同。

这个比率称为套期保值比率(或称套头比率、对冲比率、德尔塔系数),我们用H来表示。

$$套期保值比率\ H = \frac{C_u - C_d}{S_u - S_d} = \frac{C_u - C_d}{S_0 \times (u - d)}$$

该公式可以通过以下方法证明:

既然[例3-1]中的两个方案在经济上是等效的,那么,购入0.5股股票,同时,卖空1股看涨期权,就应该能够实现完全的套期保值。可以通过表3-3加以验证。

表3-3　　　　　　　　　　　股票和卖出看涨期权　　　　　　　　　　　单位:元

交易策略	当前(0时刻)	到期日 S_u = 66.67	到期日 S_d = 37.5
购入0.5股股票	$-H \times S_0 = -0.5 \times 50 = -25$	$H \times S_u = 0.5 \times 66.67 = 33.34$	$H \times S_d = 0.5 \times 37.5 = 18.75$
抛出1股看涨期权	$+C_0$	$-C_u = -14.59$	$-C_d = 0$
合计净现金流量	$+C_0 - 25$	18.75	18.75

无论到期日的股票价格是多少,该投资组合得到的净现金流量都是一样的。只要股票和期权的比例配置适当,就可以使风险完全对冲,锁定组合的现金流量。可见,股票和期权的比例取决于它们的风险是否可以实现完全对冲。

根据到期日股价上行时的现金净流量等于股价下行时的现金净流量可知：

$H \times S_u - C_u = H \times S_d - C_d$

$H = (C_u - C_d) \div (S_u - S_d)$

套期保值比率 $H = \dfrac{C_u - C_d}{S_u - S_d} = \dfrac{C_u - C_d}{S_0 \times (u - d)}$

将上例数据代入：

$H = \dfrac{14.59 - 0}{50 \times (1.3333 - 0.75)} = 0.5$

借款数额 =（到期日下行股价×套期保值比率－股价下行时期权到期日价值）÷(1+r)

= (37.5×0.5－0)÷1.02

= 18.38（元）

由于看涨期权在股价下跌时不会被执行，因此组合的现金流量仅为股票的收入，在归还借款后组合的最终现金流量为0。

3. 风险中性原理

从上面的例子可以看出，运用财务杠杆投资股票来复制期权是很麻烦的。[例3-1]是一个再简单不过的期权，如果是复杂期权或涉及多个期间，复制就成为令人苦恼的工作。好在有一个替代办法，不需要每一步计算都复制投资组合，它被称为风险中性原理。

所谓风险中性原理，是指假设投资者对待风险的态度是中性的，所有证券的预期报酬率都应当是无风险利率。风险中性的投资者不需要额外的收益补偿其承担的风险。在风险中性的世界里，将期望值用无风险利率折现，可以获得现金流量的现值。

在这种情况下，期望报酬率应符合下列公式：

期望报酬率 = 上行概率 × 上行时报酬率 + 下行概率 × 下行时报酬率

假设股票不派发红利，股票价格的上升百分比就是股票投资的报酬率，因此：

期望报酬率 = 上行概率 × 股价上升百分比 + 下行概率 × 股价下降百分比

根据这个原理，在期权定价时只要先求出期权执行日的期望值，然后用无风险利率折现，就可以求出期权的现值。

续［例3-1］中的数据：

期望报酬率 = 2% = 上行概率×33.33% + 下行概率×(-25%)

2% = 上行概率×33.33% + (1 - 上行概率)×(-25%)

上行概率 = 0.4629

下行概率 = 1 - 0.4629 = 0.5371

期权6个月后的期望价值 = 0.4629×14.59 + 0.5371×0 = 6.75（元）

期权的现值 = 6.75÷1.02 = 6.62（元）

期权定价以套利理论为基础。如果期权的价格高于6.62元，就会有人购入0.5股股票，卖出1股看涨期权，同时借入18.38元，肯定可以盈利。如果期权价格低于6.62元，就会有人卖空0.5股股票，买入1股看涨期权，同时借出18.38元，也肯定可以盈利。因此，只要期权定价不是6.62元，市场上就会出现一台"造钱机器"。套利活动会促使期权只能定价为6.62元。

（二）二叉树期权定价模型

1. 单期二叉树定价模型

（1）二叉树模型的假设。

二叉树期权定价模型建立在以下假设基础之上：①市场投资没有交易成本；②投资者都是价格的接受者；③允许完全使用卖空所得款项；④允许以无风险利率借入或贷出款项；⑤未来股票的价格将是两种可能值中的一个。

（2）单期二叉树公式的推导。

二叉树模型的推导始于建立一个投资组合：①一定数量的股票多头头寸；②该股票的看涨期权的空头头寸。股票的数量要使头寸足以抵御资产价格在到期日的波动风险，即该组合能实现完全套期保值，产生无风险利率，即应用上文期权估值的套期保值原理。

设：

S_0——股票现行价格；

u——股价上行乘数；

d——股价下行乘数；

r——无风险利率；

C_0——看涨期权现行价格；

C_u——股价上行时期权的到期日价值；

C_d——股价下行时期权的到期日价值；

X——看涨期权执行价格；

H——套期保值比率。

推导过程如下：

初始投资 = 股票投资 - 期权收入 = $HS_0 - C_0$

投资到期日终值 = $(HS_0 - C_0) \times (1 + r)$

由于无论价格上升还是下降，该投资组合的收入（价值）都一样，因此可以采用价格上升后的收入，即股票出售收入减去期权买方执行期权的支出。

在股票不派发红利的情况下，投资组合到期日价值 = $uHS_0 - C_u$

令到期日投资终值等于投资组合到期日价值：

$(1 + r)(HS_0 - C_0) = uHS_0 - C_u$

化简：

$C_0 = HS_0 - \dfrac{uHS_0 - C_u}{1 + r}$

由于套期保值比率H为：

$H = \dfrac{C_u - C_d}{(u - d)S_0}$

将其代入上述化简后的等式,并再次化简得:

$$C_0 = \left(\frac{1+r-d}{u-d}\right) \times \frac{C_u}{1+r} + \left(\frac{u-1-r}{u-d}\right) \times \frac{C_d}{1+r}$$

根据公式直接计算[例3–10]的期权价格如下:

$$C_0 = \frac{1+2\%-0.75}{1.3333-0.75} \times \frac{14.59}{1+2\%} + \frac{1.3333-1-2\%}{1.3333-0.75} \times \frac{0}{1+2\%}$$

$$= \frac{0.27}{0.5833} \times \frac{14.59}{1.02}$$

$$= 6.62（元）$$

可以利用[例3–1]的数据回顾一下公式的推导思路:最初,投资于0.5股股票,需要投资25元;收取6.62元的期权价格,尚需借入18.38元资金。半年后如果股价涨到66.67元,投资者0.5股股票收入33.33元;借款本息为18.75元（18.38×1.02),看涨期权持有人会执行期权,期权出售人补足价差14.59元（66.67–52.08),投资者的净损益为0。半年后如果股价跌到37.5元,投资者0.5股股票收入18.75元;支付借款本息18.75元,看涨期权持有人不会执行期权,期权出售人没有损失,投资者的净损益为0。因此,该看涨期权的公平价值就是6.62元。

2. 两期二叉树模型

单期的定价模型假设未来股价只有两个可能,对于时间很短的期权来说是可以接受的。若到期时间很长,如[例3–1]的半年时间,就与事实相去甚远。改善的办法是把到期时间分割成两部分,每期3个月,这样就可以增加股价的选择。还可以进一步分割,如果每天为一期,情况就好多了。如果每个期间无限小,股价就成了连续分布,布莱克–斯科尔斯模型就诞生了。

简单地说,由单期模型向两期模型的扩展,不过是单期模型的重复应用,任何一次应用均可使用上文的三种原理中的任何一个。

【例3–2】 继续采用[例3–1]中的数据,把6个月的时间分为两期,每期3个月。变动以后的数据如下：ABC公司的股票现在的市价为50元,看涨期权的执行价格为52.08元,每期股价有两种可能：上升22.56%或下降18.4%；无风险利率为每3个月1%。

为了直观地显示有关数量的关系,仍然使用二叉树图示。两期二叉树的一般形式如图3–9所示。将[例3–2]中的数据填入后如图3–10所示。

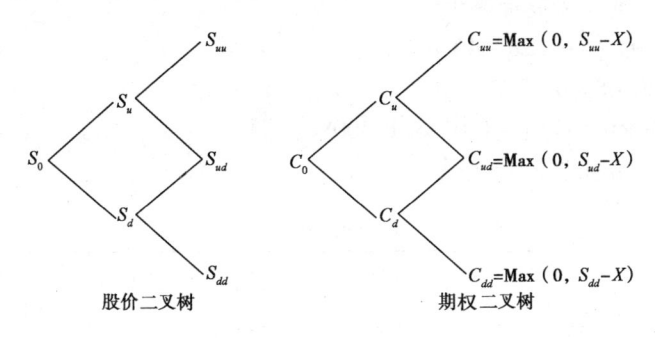

图3–9 两期二叉树模型

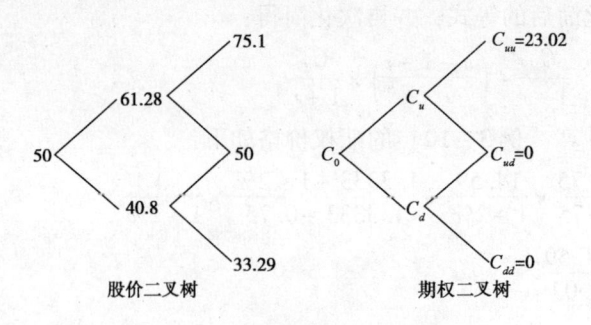

```
                75.1                        C_{uu}=23.02
           61.28 ⟨                    C_u ⟨
      50 ⟨      50              C_0 ⟨      C_{ud}=0
           40.8 ⟨                    C_d ⟨
                33.29                       C_{dd}=0
        股价二叉树                        期权二叉树
```

图 3-10 两期二叉树模型（数据）

解决问题的办法是：先利用单期定价模型，根据 C_{uu} 和 C_{ud} 计算 C_u 的价值，利用 C_{ud} 和 C_{dd} 计算 C_d 的价值；然后，再次利用单期定价模型，根据 C_u 和 C_d 计算 C_0 的价值。从后向前推进。

下面，分别以应用期权估值的复制原理和风险中性原理为例，解决两期二叉树模型下的期权估值问题。

（1）应用复制原理：

①计算 C_u、C_d 的价值：

$H = (23.02 - 0) \div (75.1 - 50) = 0.9171$

借款 $= (50 \times 0.9171) \div 1.01 = 45.4$（元）

组合收入的计算如表 3-4 所示。

表 3-4	投资组合的收入	单位：元
股票价格	6 个月后股价 = 75.1	6 个月后股价 = 50
组合中股票到期日收入	75.1×0.9171 = 68.87	50×0.9171 = 45.86
组合中借款本利和偿还	-45.86	-45.86
组合的收入合计	23.01	0

3 个月后股票上行的价格是 61.28 元。

$C_u =$ 投资成本 = 购买股票支出 - 借款 = $61.28 \times 0.9171 - 45.4 = 10.8$（元）

由于 C_{ud} 和 C_{dd} 的值均为 0，所以 C_d 的值也为 0。

②计算 C_0 的价值：

$H =$ 期权价值变化 ÷ 股价变化

$= (10.8 - 0) \div (61.28 - 40.8)$

$= 10.8 \div 20.48 = 0.5273$

借款 $= (40.8 \times 0.5273) \div 1.01 = 21.3008$（元）

组合收入的计算如表 3-5 所示。

表 3-5	投资组合的收入	单位：元
股票价格	3 个月后股价 = 61.28	3 个月后股价 = 40.8
组合中股票到期日收入	61.28×0.5273 = 32.31	40.8×0.5273 = 21.51
组合中借款本利和偿还	21.3×1.01 = 21.51	21.51
收入合计	10.8	0

C_0 = 投资成本 = 购买股票支出 − 借款 = $50 \times 0.5273 - 21.3008 = 5.06$（元）

（2）应用风险中性原理：

①计算 C_u、C_d 的价值：

期望报酬率 = 1% = 上行概率 × 22.56% + 下行概率 ×（−18.4%）

1% = 上行概率 × 22.56% +（1 − 上行概率）×（−18.4%）

上行概率 = 0.4736

期权价值 6 个月后的期望值 = $0.4736 \times 23.02 + (1 - 0.4736) \times 0 = 10.9$（元）

$C_u = 10.9 \div 1.01 = 10.8$（元）

由于 C_{ud} 和 C_{dd} 的值均为 0，所以 C_d 的值也为 0。

②计算 C_0 的价值：

$C_0 = 0.4736 \times 10.8 \div 1.01 = 5.06$（元）

综上，两期二叉树模型的公式推导过程如下：

设：

C_{uu} = 标的资产两个时期都上升的期权价值

C_{dd} = 标的资产两个时期都下降的期权价值

C_{ud} = 标的资产一个时期上升、另一个时期下降的期权价值

其他参数使用的字母与单期定价模型相同。

利用单期定价模型，计算 C_u 和 C_d：

$$C_u = \left(\frac{1+r-d}{u-d}\right)\frac{C_{uu}}{1+r} + \left(\frac{u-1-r}{u-d}\right)\frac{C_{ud}}{1+r}$$

$$C_d = \left(\frac{1+r-d}{u-d}\right)\frac{C_{ud}}{1+r} + \left(\frac{u-1-r}{u-d}\right)\frac{C_{dd}}{1+r}$$

计算出 C_u 和 C_d 后，再根据单期定价模型计算出 C_0。

根据公式计算［例 3 − 2］中的期权价值如下：

$$C_u = \frac{1+1\%-0.816}{1.2256-0.816} \times \frac{23.02}{1+1\%} + \frac{1.2256-1-1\%}{1.2256-0.816} \times \frac{0}{1+1\%}$$

$$= 0.4736 \times 22.7921$$

$$= 10.8\text{（元）}$$

$C_d = 0$

$C_0 = 0.4736 \times \dfrac{10.8}{1+1\%} = 5.06$（元）

3. 多期二叉树模型

如果继续增加分割的期数，就可以使期权价值更接近实际。从原理上看，与两期模型一样，从后向前逐级推进，只不过多了一个层次。期数增加以后带来的主要问题是股价上升与下降的百分比如何确定问题。期数增加以后，要调整价格变化的升降幅度，以保证年报酬率的标准差不变。把年报酬率标准差和升降百分比联系起来的公式是：

$u = 1 + $ 上升百分比 $= e^{\sigma\sqrt{t}}$

$d = 1 - $ 下降百分比 $= 1 \div u$

其中：e 表示自然常数，约等于 2.7183；σ 表示标的资产连续复利报酬率的标准差；

t 表示以年表示的时段长度。

[例 3-1] 采用的标准差 $\sigma = 0.4068$。

$$u = e^{0.4068 \times \sqrt{0.5}} = e^{0.2877} = 1.3333$$

该数值可以利用函数计算器直接求得，或者使用 Excel 的 EXP 函数功能，输入 0.2877，就可以得到以 e 为底、指数为 0.2877 的值为 1.3333。

$$d = 1 \div 1.3333 = 0.75$$

如果间隔期为 1/4 年，$u = 1.2256$ 即上升 22.56%，$d = 0.816$ 即下降 18.4%，这正是我们在[例 3-2]中采用的数据；如果间隔期为 1/6 年，$u = 1.1807$ 即上升 18.07%，$d = 0.847$ 即下降 15.3%；如果间隔期为 1/52 年，$u = 1.058$ 即上升 5.8%，$d = 0.945$ 即下降 5.5%；如果间隔期为 1/365 年，$u = 1.0215$ 即上升 2.15%，$d = 0.979$ 即下降 2.1%。

二叉树方法是一种近似的方法。不同的期数划分，可以得到不同的近似值。期数越多，计算结果与布莱克-斯科尔斯定价模型的计算结果差额越小。

（三）布莱克-斯科尔斯期权定价模型

布莱克-斯科尔斯期权定价模型（简称 BS 模型）是理财学中最复杂的公式之一，其证明和推导过程涉及复杂的数学问题，但使用起来并不困难。该公式有非常重要的意义，它对理财学具有广泛的影响，是近代理财学不可缺少的内容。该模型具有实用性，被期权交易者广泛使用，实际的期权价格与模型计算得到的价格非常接近。

1. 布莱克-斯科尔斯模型的假设

（1）在期权寿命期内，期权标的股票不发放股利，也不做其他分配；

（2）股票或期权的买卖没有交易成本；

（3）短期的无风险利率是已知的，并且在期权寿命期内保持不变；

（4）任何证券购买者都能以短期的无风险利率借得任何数量的资金；

（5）允许卖空，卖空者将立即得到所卖空股票当天价格的资金；

（6）看涨期权只能在到期日执行；

（7）所有证券交易都是连续发生的，股票价格随机游走。

2. 布莱克-斯科尔斯模型

布莱克-斯科尔斯模型的公式如下：

$$C_o = S_o[N(d_1)] - Xe^{-r_c t}[N(d_2)]$$

或 $= S_0[N(d_1)] - PV(X)[N(d_2)]$

其中：

$$d_1 = \frac{\ln(S_0 \div X) + [r_c + (\sigma^2 \div 2)]t}{\sigma\sqrt{t}}$$

或 $= \dfrac{\ln[S_0/PV(X)]}{\sigma\sqrt{t}} + \dfrac{\sigma\sqrt{t}}{2}$

$$d_2 = d_1 - \sigma\sqrt{t}$$

其中：C_0 表示看涨期权的当前价值；S_0 表示标的股票的当前价格；$N(d)$ 表示标准正态分布中离差小于 d 的概率；X 表示期权的执行价格；e 表示自然对数的底数，约等于 2.7183；r_c 表示连续复利的年度无风险利率；t 表示期权到期日前的时间（年）；$\ln(S_0 \div X)$ 表

示 $S_0 \div X$ 的自然对数;σ^2 表示连续复利的以年计的股票报酬率的方差。

如果直观(不准确)地解释,它的第一项是最终股票价格的期望现值,第二项是期权执行价格的期望现值,两者之差是期权的价值。

公式的第一项是当前股价和概率 $N(d_1)$ 的乘积。股价越高,第一项的数值越大,期权 C_0 价值越大。公式的第二项是执行价格的现值 Xe^{-rt} 和概率 $N(d_2)$ 的乘积。Xe^{-rt} 是按连续复利计算的执行价格 X 的现值,也可以写成 $PV(X)$。执行价格越高,第二项的数值越大,期权的价值 C_0 越小。

概率 $N(d_1)$ 和 $N(d_2)$ 可以大致看成看涨期权到期时处于实值状态的风险调整概率。当前股价和 $N(d_1)$ 的乘积是股价的期望现值,执行价格的现值与 $N(d_2)$ 的乘积是执行价格的期望现值。

在股价上升时,d_1 和 d_2 都会上升,$N(d_1)$ 和 $N(d_2)$ 也都会上升,股票价格越是高出执行价格,期权越有可能被执行。简而言之,$N(d_1)$ 和 $N(d_2)$ 接近 1 时,期权肯定被执行,此时期权价值等于 $S_0 - Xe^{-rt}$。前一项是期权持有者拥有的对当前价格为 S_0 的要求权,后一项是期权持有者的期权执行价格的现值。反过来看,假定 $N(d_1)$ 和 $N(d_2)$ 接近 0 时,意味着期权几乎肯定不被执行,看涨期权的价值 C_0 接近 0。如果 $N(d_1)$ 和 $N(d_2)$ 等于 0~1 之间的数值,看涨期权的价值是其潜在收入的现值。

通过该模型可以看出,决定期权价值的因素有五个:股票价格、股价波动率、利率、执行价格和期权到期日前的时间。它们对于期权价值的影响,可以通过敏感分析表来观察(见表3-6)。

表3-6　　　　　　　　　　期权价值的敏感分析

项 目	基 准	股票价格提高	股价波动率增大	利率提高	执行价格提高	到期期限延长
股票价格(S)	50	60	50	50	50	50
股价波动率,年(s)	0.4068	0.4068	0.4882	0.4068	0.4068	0.4068
连续复利率,年(r)	3.9221%	3.9221%	3.9221%	4.7065%	3.9221%	3.9221%
执行价格(X)	52.08	52.08	52.08	52.08	62.5	52.08
期权到期日前的时间,年(t)	0.5	0.5	0.5	0.5	0.5	0.6
d_1	0.0703	0.7041	0.1113	0.0839	-0.5637	0.1029
d_2	-0.2173	0.4165	-0.2339	-0.2037	-0.8514	-0.2122
$N(d_1)$	0.528	0.7593	0.5443	0.5334	0.2865	0.541
$N(d_2)$	0.4139	0.6615	0.4075	0.4193	0.1973	0.416
期权价值(C)	5.26	11.78	6.4	5.34	2.23	5.89
期权价值增长率		123.92%	21.73%	1.58%	-57.55%	11.95%

(1)股票价格:如果当前股票价格提高20%,由50元提高到60元,则期权价值由5.26元提高到11.78元,提高123.92%。可见,期权价值的增长率大于股价增长率。

(2)股价波动率:如果标准差提高20%,则期权价值提高21.73%。可见,标的股票的风险越大,期权的价值越大。

（3）利率：如果利率提高20%，则期权价值提高1.58%。可见，虽然利率的提高有助于期权价值的提高，但是期权价值对于无风险利率的变动并不敏感。

（4）执行价格：如果执行价格提高20%，则期权价值降低57.55%。可见，期权价值的变化率大于执行价格的变化率。值得注意的是，此时期权价值的下降额3.03元（5.26-2.23）小于执行价格的上升额10.42元（62.5-52.08）。

（5）期权到期日前的时间：如果期权到期日前的时间由0.5年延长到0.6年，则期权价值由5.26元提高到5.89元。

3. 模型参数的估计

布莱克-斯科尔斯模型有5个参数。其中，现行股票价格和执行价格容易取得。至到期日的剩余年限计算，一般按自然日（1年365天或为简便用360天）计算，易于确定。但无风险利率和股票报酬率的标准差，难以估计。

（1）无风险利率的估计。

无风险利率应当用无违约风险的固定证券收益来估计，例如政府债券的利率。政府债券的到期时间不等，其利率也不同。应选择与期权到期日相同的政府债券利率，例如期权还有3个月到期，就应选择3个月到期的政府债券利率。如果没有相同时间的，应选择时间最接近的政府债券利率。

这里所说的政府债券利率是指其市场利率，而不是票面利率。政府债券的市场利率是根据市场价格计算的到期报酬率。再有，模型中的无风险利率是指按连续复利计算的利率，而不是常见的年复利。由于布莱克-斯科尔斯模型假设套期保值率是连续变化的，因此，利率要使用连续复利。连续复利假定利息是连续支付的，利息支付的频率比每秒1次还要频繁。

如果用F表示终值，P表示现值，r_c表示连续复利率，t表示时间（年），则：

$$F = P \times e^{r_c t}$$

$$r_c = \frac{\ln\left(\frac{F}{P}\right)}{t}$$

其中：ln表示求自然对数。

自然对数的值，很容易在具有函数功能的计算器上计算求得，或者利用"自然对数表"（见本书附表五）查找，也可以利用Excel的LN函数功能求得。$e^{r_c t}$为连续复利的终值系数，可利用"连续复利终值系数表"（见本书附表六）查找。

严格说来，期权估值中使用的利率都应当是连续复利，包括二叉树模型和BS模型。即使在资本预算中，使用的折现率也应当是连续复利率，因为全年收入和支出总是陆续发生的，只有连续复利率才能准确完成终值和现值的折算。在使用计算机运算时，采用连续复利通常没有什么困难，但是手工计算则比较麻烦。为了简便，手工计算时往往使用分期复利作为连续复利的近似替代。由于期权价值对于利率的变化并不敏感，因此这种简化通常是可以接受的。

使用分期复利时也有两种选择：①按有效年利率折算。例如，有效年利率为4%，则等价的半年利率为$\sqrt{(1+4\%)} - 1 = 1.98\%$。②按报价利率折算。例如，报价利率为4%，

则半年利率为 $4\% \div 2 = 2\%$。

(2) 报酬率标准差的估计。

股票报酬率的标准差可以使用历史报酬率来估计。计算连续复利标准差的公式与年复利相同：

$$\sigma = \sqrt{\frac{1}{n-1}\sum_{t=1}^{n}(R_t - \bar{R})^2}$$

其中：R_t 指报酬率的连续复利值。

连续复利的报酬率公式与分期复利报酬率不同：

分期复利的股票报酬率：

$$R_t = \frac{P_t - P_{t-1} + D_t}{P_{t-1}}$$

连续复利的股票报酬率：

$$R_t = \ln\left(\frac{P_t + D_t}{P_{t-1}}\right)$$

其中：R_t 表示股票在 t 时期的报酬率；P_t 表示 t 期的价格；P_{t-1} 表示 $t-1$ 期的价格；D_t 表示 t 期的股利。

在期权估值中，严格说来应当使用连续复利报酬率的标准差。有时为了简化，也可以使用分期复利报酬率的标准差作为替代。

4. 看跌期权估值

前面的讨论主要针对看涨期权，那么，如何对看跌期权估值呢？

在套利驱动的均衡状态下，看涨期权价格、看跌期权价格和股票价格之间存在一定的依存关系。对于欧式期权，假定看涨期权和看跌期权有相同的执行价格和到期日，则下述等式成立：

看涨期权价格 C — 看跌期权价格 P = 标的资产价格 S — 执行价格现值 $PV(X)$

这种关系被称为看涨期权—看跌期权平价定理（关系）。利用该定理，已知等式中的 4 个数据中的 3 个，就可以求出另外 1 个。

$C = S + P - PV(X)$

$P = -S + C + PV(X)$

$S = C - P + PV(X)$

$PV(X) = S - C + P$

该公式的有效性，可以通过表 3-7 验证。

表 3-7　　　　　　　　　看涨和看跌期权的平价关系

交易策略	现金流量		
	购买日	到期日	
		$S_t \geq X$	$S_t < X$
购入 1 股看涨期权	$-C_0$	$S_t - X$	0
卖空 1 股股票	$+S_0$	$-S_t$	$-S_t$

续表

交易策略	现金流量		
	购买日	到期日	
		$S_t \geq X$	$S_t < X$
借出 $X/(1+r)^t$	$-X/(1+r)^t$	X	X
抛出 1 股看跌期权	$+P_0$	0	$-(X-S_t)$
净现金流量合计	$-C_0+S_0-X/(1+r)^t+P_0$	0	0

5. 派发股利的期权定价

布莱克－斯科尔斯期权定价模型假设在期权寿命期内买方期权标的股票不发放股利，那么在标的股票派发股利的情况下应如何对期权估值呢？

股利的现值是股票价值的一部分，但是只有股东可以享有该收益，期权持有人不能享有。因此，在期权估值时要从股价中扣除期权到期日前所派发的全部股利的现值。也就是说，把所有到期日前预期发放的未来股利视同已经发放，将这些股利的现值从现行股票价格中扣除。此时，模型建立在调整后的股票价格而不是实际价格基础上。

考虑派发股利的期权定价公式如下：

$C_0 = S_0 e^{-\delta t} N(d_1) - X e^{-r_c t} N(d_2)$

其中：$d_1 = \dfrac{ln(S_0/X) + (r_c - \delta + \sigma^2/2)t}{\sigma\sqrt{t}}$；

$d_2 = d_1 - \sigma\sqrt{t}$；

δ 表示标的股票的年股利报酬率（假设股利连续支付，而不是离散分期支付）。

如果标的股票的年股利报酬率 δ 为 0，则与前面介绍的布莱克－斯科尔斯模型相同。

6. 美式期权估值

布莱克－斯科尔斯期权定价模型假设看涨期权只能在到期日执行，即模型仅适用于欧式期权，那么，美式期权如何估值呢？

美式期权在到期前的任意时间都可以执行，除享有欧式期权的全部权利之外，还有提前执行的优势。因此，美式期权的价值应当至少等于相应欧式期权的价值，在某种情况下比欧式期权的价值更大。

第四节　实物期权价值评估

实物资产投资与金融资产投资不同。大多数投资者一旦购买了证券，只能被动地等待而无法影响它所产生的现金流；投资于实物资产则不同，投资者可以通过管理行动影响它所产生的现金流。也就是说，实物资产投资在执行过程中可能会出现许多新变化和新机会，给投资者带来经营灵活性。这些经营灵活性嵌入在投资项目中，通常可以增加项目投资者的选择权，对于项目价值评估或资本预算具有革命性的影响。由于这些选择权是以实物资产为标的资产,是未来可以采取某种行动的权利而非义务,因此被称为实物期权(real option)。

在应用现金流量折现法评估项目价值时,我们通常假设公司会按既定的方案执行,不会在执行过程中进行重要的修改。实际上,管理者会随时关注各种变化,如果事态表明未来前景比当初设想得更好,管理者会加大投资力度,反之则会设法减少损失。只要未来是不确定的,管理者就会利用拥有的实物期权增加价值,而不是被动地接受既定方案。完全忽视项目本身的实物期权,是传统现金流量折现法的局限性。事实上,折现现金流量往往不能提供一个项目价值的全部信息,仅仅依靠现金流量折现法有时会导致错误的资本预算决策。如果考虑实物期权的价值,那么净现值为负值的项目也有可能被接受,而不是被断然拒绝。

实物期权隐含在投资项目中,一个重要的问题是将其识别出来。并不是所有项目都含有值得重视的期权,有的项目期权价值很小,有的项目期权价值很大。这要看项目不确定性的大小,不确定性越大,则期权价值越大。本节主要讨论三种常见的实物期权:扩张期权、延迟期权和放弃期权。

实物期权估价使用的模型主要是 BS 模型和二叉树模型。通常 BS 模型是首选模型,它的优点是使用简单并且计算精确。它的应用条件是实物期权的情景符合 BS 模型的假设条件,或者说该实物期权与典型的股票期权相似。二叉树模型是一种替代模型。它虽然没有 BS 模型精确,但是比较灵活,在特定情景下优于 BS 模型。二叉树模型可以根据特定项目模拟现金流的情景,使之适用于各种复杂情况。例如,处理到期日前支付股利的期权、可以提前执行的美式期权、停业之后又重新开业的多阶段期权、事实上不存在最后到期日的期权等复杂情况。二叉树模型可以扩展为三叉树、四叉树模型等,以适应项目存在的多种选择。通常,在 BS 模型束手无策的复杂情况下,二叉树模型往往能解决问题。

一、扩张期权

公司的扩张期权包括许多种具体类型:例如,采矿公司投资于采矿权以获得开发或者不开发的选择权,尽管目前它还不值得开采,但是,产品价格升高后它却可以大量盈利;房屋开发商要投资于土地,经常是建立土地的储备,以后根据市场状况决定新项目的规模;医药公司要控制药品专利,不一定马上投产,而是根据市场需求推出新药。再如,制造业小规模推出新产品,抢先占领市场,以后视市场的反应再决定扩充规模。如果它们今天不投资,就会失去未来扩张的选择权。

【例3-3】 A 公司是一个颇具实力的智能终端设备制造商。公司管理层估计智能穿戴设备可能有巨大发展,计划引进新型生产技术。

考虑到市场的成长需要一定时间,该项目分两期进行。第一期项目的规模较小,目的是迅速占领市场并减少风险,大约需要投资 1 000 万元;20×1 年建成并投产,预期税后营业现金流量如表 3-8 所示。第二期 20×4 年建成并投产,生产能力为第一期的 2 倍,需要投资 2 000 万元,预期税后营业现金流量如表 3-9 所示。由于该项目风险较大,投资的必要报酬率按 20% 计算,该项目第一期的净现值为 -39.87 万元,第二期的净现值为

−118.09万元。

表3-8　　　　　　　　　　　　智能穿戴设备项目第一期计划　　　　　　　　　　　单位：万元

项　目	20×0年末	20×1年末	20×2年末	20×3年末	20×4年末	20×5年末
税后营业现金流量		200	300	400	400	400
折现率（20%）		0.8333	0.6944	0.5787	0.4823	0.4019
各年营业现金流量现值		166.67	208.33	231.48	192.90	160.75
营业现金流量现值合计	960.13					
投资	1 000.00					
净现值	−39.87					

表3-9　　　　　　　　　　　　智能穿戴设备项目第二期计划　　　　　　　　　　　单位：万元

项　目	20×0年末	20×3年末	20×4年末	20×5年末	20×6年末	20×7年末	20×8年末
税后营业现金流量			800	800	800	800	800
折现率（20%）			0.8333	0.6944	0.5787	0.4823	0.401
各年营业现金流量现值			666.67	555.56	462.96	385.80	321.50
营业现金流量现值合计	1 384.54	2 392.49					
投资（按10%折现）	1 502.63	2 000.00					
净现值	−118.09						

这两个方案采用传统的现金流量折现法分析（即不考虑期权），均没有达到公司投资必要报酬率。计算净现值时，使用的税后营业现金流量是期望值，实际现金流量可能比期望值高或者低。公司可以在第一期项目投产后，根据市场的发展状况再决定是否上马第二期项目。因此，应当考虑扩张期权的影响。

计算扩张期权价值的有关数据如下：

（1）假设第二期项目的决策必须在20×3年底前决定，即这是一项到期时间为3年的期权。

（2）第二期项目的投资额为2 000万元，折算到零时点使用10%作折现率，是因为它是确定的现金流量，在20×1~20×3年中并未投入风险项目。该投资额折现到20×0年底为1 502.63万元。它是期权执行价格的现值。

（3）预计未来营业现金流量折现到20×3年底为2 392.49万元，折现到20×0年底为1 384.54万元。这是期权标的资产的当前价格。

（4）如果营业现金流量现值合计超过投资，就选择执行（实施第二期项目计划）；如果投资超过营业现金流量现值合计，就选择放弃。因此，这是一个看涨期权问题。

（5）智能终端行业风险很大，未来现金流量不确定，可比公司的股票价格标准差为35%，可以作为项目现金流量的标准差。

（6）无风险报酬率为10%。扩张期权与典型的股票期权类似，可以使用BS模型，其计算结果如下：

$$d_1 = \frac{\ln[S_0/PV(X)]}{\sigma\sqrt{t}} + \frac{\sigma\sqrt{t}}{2}$$

$$= \frac{\ln(1\,384.54 \div 1\,502.63)}{0.35 \times \sqrt{3}} + \frac{0.35 \times \sqrt{3}}{2}$$

$$= \frac{\ln 0.9214}{0.6062} + \frac{0.6062}{2}$$

$$= \frac{-0.0818}{0.6062} + 0.3031$$

$$= -0.1349 + 0.3031$$

$$= 0.1682$$

$$d_2 = d_1 - \sigma \times \sqrt{3}$$

$$= 0.1682 - 0.6062$$

$$= -0.438$$

根据内插法，求得：

$N(d_1) = 0.5667$

$N(d_2) = 0.3307$

$C = S_0 N(d_1) - PV(X)N(d_2)$

$= 1\,384.54 \times 0.5667 - 1\,502.63 \times 0.3307$

$= 784.62 - 496.91$

$= 287.71$（万元）

第一期项目不考虑期权的价值是 -39.87 万元，它可以视为取得第二期开发选择权的成本。投资第一期项目使得公司有了是否开发第二期项目的扩张期权，该扩张期权的价值是 287.71 万元。考虑期权的第一期项目净现值为 247.84 万元（287.71 - 39.87），因此，投资第一期项目是有利的。

二、延迟期权

从时间选择来看，任何投资项目都具有期权的性质。

如果一个项目在时间上不能延迟，只能立即投资或者永远放弃，那么，它就是马上到期的看涨期权。项目的投资成本是期权执行价格，项目的未来营业现金流量的现值是期权标的资产的现行价格。如果该现值大于投资成本，项目的净现值就是看涨期权的收益。如果该现值小于投资成本，看涨期权不被执行，公司放弃该项投资。

如果一个项目在时间上可以延迟，那么，它就是未到期的看涨期权。项目具有正的净现值，并不意味着立即开始（执行）总是最佳的，也许等一等更好。对于前景不明朗的项目，大多值得观望，看一看未来是更好还是更差，再决定是否投资。

【例3-4】B公司拟投产一个新产品，预计投资需要1 050万元，每年营业现金流量为100万元（税后、可持续），项目的资本成本为10%（无风险报酬率为5%，风险溢价为5%）。

项目价值=永续现金流量÷折现率=100÷10%=1 000（万元）

项目的预期净现值=不含期权的项目净现值=项目价值-投资成本=1 000-1 050=-50（万元）

每年的现金流量100万元是期望值，并不是确定的现金流量。假设一年后可以判断出市场对产品的需求：如果新产品受顾客欢迎，预计每年营业现金流量为120万元；如果不受欢迎，预计每年营业现金流量为80万元。由于未来营业现金流量具有不确定性，应当考虑期权的影响。

延迟期权大多使用二叉树模型。虽然例题假设一年后可以判断需求情况，实际上也可能需要继续等待。具有时间选择灵活性的项目，本身并没有特定的期权执行时间，并不符合典型股票期权的特征。

利用二叉树方法进行分析的主要步骤如下：

(1) 构造现金流量和项目价值二叉树。

项目价值=永续现金流量÷折现率

上行项目价值=120÷10%=1 200（万元）

下行项目价值=80÷10%=800（万元）

(2) 构造净现值二叉树。

上行净现值=1 200-1 050=150（万元）

下行净现值=800-1 050=-250（万元）

(3) 根据风险中性原理计算上行概率。

报酬率=（本年现金流量+期末项目价值）÷期初项目价值-1

上行报酬率=（120+1 200）÷1 000-1=32%

下行报酬率=（80+800）÷1 000-1=-12%

无风险报酬率=上行概率×上行报酬率+下行概率×下行报酬率

5%=上行概率×32%+（1-上行概率）×（-12%）

上行概率=0.3864

下行概率=1-0.3864=0.6136

(4) 计算含有期权的项目净现值。

含有期权的项目净现值（延迟投资时点）=0.3864×150+0.6136×0=57.96（万元）

含有期权的项目净现值（现在时点）=57.96÷1.05=55.2（万元）

期权的价值=55.2-（-50）=105.2（万元）

以上计算结果，用二叉树表示如表3-10所示。

表3-10　　　　　投资成本为1 050万元的期权价值　　　　　单位：万元

项　　目	第0年	第1年	注　　释
不含期权的项目净现值	-50		
现金流量二叉树	100	120	$P=0.5$
		80	$P=0.5$

续表

项　目	第0年	第1年	注　释
项目资本成本	10%	10%	
项目价值二叉树	1 000	1 200	
		800	
项目投资成本	1 050	1 050	
项目净现值二叉树	−50	150	
		−250	
上行报酬率		0.32	(120+1 200)/1 000−1=32%
下行报酬率		−0.12	(80+800)/1 000−1=−12%
无风险报酬率		5%	
上行概率		0.3864	[5%−(−12%)]/[32%−(−12%)]=0.3864
下行概率		0.6136	1−0.3864=0.6136
含有期权的项目净现值	55.2	150	(0.3864×150)/1.05=55.2
		0	负值，放弃
净差额（期权价值）	105.2		55.2−(−50)=105.2

（5）判断是否应延迟投资。

如果立即投资该项目，其净现值为负值，不是有吸引力的项目；如果等待，考虑期权后的项目净现值为正值，是个有价值的投资项目，因此应当等待。此时的净现值的增加是由于考虑期权引起的，实际上就是该期权的价值。

等待不一定总是有利，延迟期权的价值受投资成本、未来现金流量的不确定性、资本成本和无风险报酬率等多种因素的影响。

假设其他因素不变，如果投资成本降低，则项目的预期净现值增加，含有期权的项目净现值也增加，但是后者增加较慢，并使两者的净差额（期权价值）逐渐缩小。

就本例题而言，两者的增量之比为：上行概率/(1+无风险报酬率)=0.3864/1.05=0.3680。

该项目的投资成本由1 050万元降低为883.56万元时，预期净现值由−50万元增加到116.44万元，增加166.44万元。

含有期权的项目净现值从55.2万元增加到116.44万元（表3−11），只增加61.24万元。

两者增量的差额为105.2万元，即期权价值完全消失。在这种情况下，期权价值为零，等待已经没有意义。因此，如果投资成本低于883.56万元，立即执行项目更有利。

表 3-11　　　　　　　投资成本为 883.56 万元的期权价值　　　　　　　单位：万元

项　目	第 0 年	第 1 年
不含期权的项目净现值	116.44	
现金流量二叉树	100	120
		80
项目资本成本	10%	10%
项目价值二叉树	1 000	1 200
		800
项目投资成本	883.56	883.56
项目净现值二叉树	116.44	316.44
		−83.56
上行报酬率		0.32
下行报酬率		−0.12
无风险报酬率		5%
上行概率		0.3864
下行概率		0.6136
含有期权的项目净现值	116.44	316.44
		0
净差额（期权价值）	0.00	

计算投资成本临界值的方法如下：

项目的预期净现值 = 不含期权的项目净现值 = 项目价值 − 投资成本 = 1 000 − 投资成本

含有期权的项目净现值 = [上行概率 × (上行项目价值 − 投资成本) + 下行概率 × (下行项目价值 − 投资成本)] / (1 + 无风险报酬率)

投资成本大于或等于下行项目价值时放弃项目，则：

含有期权的项目净现值 = 上行概率 × (上行项目价值 − 投资成本)/(1 + 无风险报酬率)
　　　　　　　　　　 = [0.3864 × (1 200 − 投资成本)] /1.05

令项目的预期净现值与含有期权的项目净现值相等，则：

1 000 − 投资成本 = [0.3864 × (1 200 − 投资成本)] /1.05

投资成本 = 883.56 万元

三、放弃期权

在评估项目时，我们通常选定一个项目的寿命周期，并假设项目会进行到寿命周期结束。这种假设不一定符合实际。如果项目执行一段时间后，实际产生的现金流量远低于预期，投资者就会考虑提前放弃该项目，而不会坚持到底。另外，经济寿命周期也很难预计。项目开始时，往往不知道何时结束。有的项目，一开始就不顺利，产品不受市场欢迎，一两年就被迫放弃了。有的项目，越来越受市场欢迎，产品不断升级换代，或者扩大成为一系列产品，几十年长盛不衰。

一个项目，只要继续经营价值大于资产的清算价值，它就会继续下去。反之，如果清算价值大于继续经营价值，就应当终止。这里的清算价值，不仅指残值的变现收入，也包括有关资产的重组和价值的重新发掘。

在评估项目时，就应当事先考虑中间放弃的可能性和它的价值。这样，可以获得项目更全面的信息，减少决策错误。放弃期权是一项看跌期权，其标的资产价值是项目的继续经营价值，而执行价格是项目的清算价值。

一个项目何时应当放弃，在项目启动时并不明确。缺少明确到期期限的实物期权，不便于使用 BS 模型。虽然在项目分析时可以假设一个项目有效期，但是实际上多数项目在启动时并不确知其寿命。有的项目投产后很快碰壁，只有一两年的现金流量；有的项目很成功，不断改进的产品使该项目可以持续几十年。在评估放弃期权时，需要预测很长时间的现金流量，逐一观察历年放弃或不放弃的项目价值，才能知道放弃期权的价值。

【例3-5】 C公司拟开发一个玉石矿，预计需要投资1 200万元；矿山的产量每年约29吨，假设该矿藏只有5年的开采量；该种玉石的价格目前为每吨10万元，预计每年上涨11%，但是很不稳定，其标准差为35%，因此，销售收入应当采用含有风险的必要报酬率10%作为折现率。

营业的固定成本每年100万元。为简便起见，忽略其他成本和税收问题。由于固定成本比较稳定，可以使用无风险报酬率5%作为折现率。

1~5年后矿山的残值分别为530万元、500万元、400万元、300万元和200万元。

放弃期权的分析程序如下：

（1）计算项目的净现值。

实物期权分析的第一步是计算标的资产的价值，也就是不含期权的项目净现值。用现金流量折现法计算的净现值为 -19 万元（表3-12）。

表3-12 项目的净现值 单位：万元

项 目	第0年	第1年	第2年	第3年	第4年	第5年
收入增长率		11%	11%	11%	11%	11%
预期收入		322	357	397	440	489
含风险的折现率（i=10%）		0.9091	0.8264	0.7513	0.683	0.6209
各年收入现值		293	295	298	301	303
收入现值合计	1 490					
残值						200
残值的现值（i=10%）	124					
固定成本		-100	-100	-100	-100	-100
无风险报酬率（i=5%）		0.9524	0.9070	0.8638	0.8227	0.7835
各年固定成本现值		-95	-91	-86	-82	-78

续表

项 目	第0年	第1年	第2年	第3年	第4年	第5年
固定成本现值合计	-433					
投资	-1 200					
净现值	-19					

如果不考虑期权，项目净现值为负值，是个不可取的项目。

(2) 构造二叉树。

①确定上行乘数和下行乘数。由于玉石价格的标准差为35%，所以：

$u = e^{\sigma\sqrt{t}} = e^{0.35 \times \sqrt{1}} = 1.419068$

$d = 1 \div u = 1 \div 1.419068 = 0.704688$

②构造销售收入二叉树。按照计划产量和当前价格计算，销售收入为：

销售收入 $= 29 \times 10 = 290$（万元）

不过，目前还没有开发，明年才可能有销售收入：

第1年的上行收入 $= 290 \times 1.419068 = 411.53$（万元）

第1年的下行收入 $= 290 \times 0.704688 = 204.36$（万元）

以下各年的二叉树以此类推，如表3-13所示。

表3-13　　　　　　　　　　放弃期权的二叉树　　　　　　　　　　单位：万元

项 目	第0年	第1年	第2年	第3年	第4年	第5年
销售收入	290.00	411.53	583.99	828.72	1 176.01	1 668.83
		204.36	290.00	411.53	583.99	828.72
			144.01	204.36	290.00	411.53
				101.48	144.01	204.36
					71.51	101.48
						50.39
固定成本	100	100	100	100	100	100
营业现金流量 =销售收入-固定成本		190.00	311.53	483.99	728.72	1 076.01	1 568.83
		104.36	190.00	311.53	483.99	728.72
			44.01	104.36	190.00	311.53
				1.48	44.01	104.36
					-28.49	1.48
						-49.61
期望报酬率（r）	5%					
上行报酬率（u-1）	41.9068%					
下行报酬率（d-1）	-29.5312%					
上行概率	0.483373					

续表

项 目	第0年	第1年	第2年	第3年	第4年	第5年
下行概率	0.516627					
未修正项目价值=[p×(后期上行营业现金流量+后期上行期末价值)+(后期下行营业现金流量+后期下行期末价值)×(1−p)]/(1+r),从后向前倒推	1 173.76	1 456.06	1 652.41	1 652.90	1 271.25	200.0
		627.38	770.44	818.52	679.23	200.0
			332.47	404.18	385.24	200.0
				198.43	239.25	200.0
					166.75	200.0
						200.0
固定资产余值（清算价值）		530	500	400	300	200
修正项目价值（清算价值大于经营价值时，用清算价值取代经营价值，并重新从后向前倒推）	1 221	1 463.30	1 652.41	1 652.90	1 271.25	200.00
		716.58	785.15	818.52	679.23	200.00
			500.00	434.08	385.24	200.00
				400.00	300.00	200.00
					300.00	200.00
						200.00

③构造营业现金流量二叉树。由于固定成本为每年100万元，销售收入二叉树各节点减去100万元，可以得出营业现金流量二叉树。

④确定上行概率和下行概率。

期望收益率=上行百分比×上行概率+(−下行百分比)×(1−上行概率)

5%=(1.419068−1)×上行概率+(0.704688−1)×(1−上行概率)

上行概率=0.483373

下行概率=1−上行概率=1−0.483373=0.516627

⑤确定未修正项目价值。首先，确定第5年各节点未修正项目价值。由于项目在第5年年末终止，无论哪一条路径，最终的清算价值均为200万元。然后，确定第4年年末的项目价值，顺序为先上后下。最上边的节点价值取决于第5年的上行现金流量和下行现金流量。它们又都包括第5年的营业现金流量和第5年年末的残值。

第4年年末项目价值=[p×(第5年上行营业现金流量+第5年期末价值)+(1−p)×(第5年下行营业现金流量+第5年期末价值)]÷(1+r)

=[0.483373×(1 568.83+200)+0.516627×(728.72+200)]÷(1+5%)

=1 271.25（万元）

其他各节点以此类推。

⑥确定修正项目价值。各个路径第5年的期末价值均为200万元，不必修正，填入"修正项目价值"二叉树相应节点。

第4年各节点由上而下进行，检查项目价值是否低于同期清算价值（300万元）。该年第4个节点数额为239.25万元,低于清算价值300万元,清算比继续经营更有利,因此该项目应放弃,将清算价值填入"修正项目价值"二叉树相应节点。此时相应的销售收入为144.01万元。需要修正的还有第4年最下方的节点166.75万元,用清算价值300万元取代;第3年最下方的节点198.43万元,用清算价值400万元取代;第2年最下方的节点332.47万元,用清算价值500万元取代。

完成以上4个节点的修正后,重新计算各节点的项目价值。计算的顺序仍然是从后向前,从上到下,依次进行,并将结果填入相应的位置。最后,得出0时点的项目价值为1 221万元。

(3) 确定最佳放弃策略。

由于项目考虑期权的现值为1 221万元,投资为1 200万元,所以:

含有期权的项目净现值 = 1 221 – 1 200 = 21(万元)

不含期权的项目净现值 = – 19万元

期权的价值 = 含有期权的项目净现值 – 不含期权的项目净现值 = 21 – (– 19)

= 40(万元)

因此,公司应当进行该项目。但是,如果价格下行使得销售收入低于144.01万元时(即清算价值大于继续经营价值)应放弃该项目,进行清算。

那么,公司是否应当立即投资该项目呢?不一定。还需进行延迟期权的分析才知道。

第四章 企业价值评估

第一节 现金流量折现模型

现金流量折现模型是企业价值评估使用最广泛、理论上最健全的模型,主导着当前实务和教材。它的基本思想是增量现金流量原则和时间价值原则,也就是任何资产的价值是其产生的未来现金流量按照含有风险的折现率计算的现值。

企业也是资产,具有资产的一般特征。但是,它又与实物资产有区别,是一种特殊的资产。企业价值评估与项目价值评估既有类似之处,也有明显区别。

从某种意义上来说,企业也是一个大项目,是一个由若干投资项目组成的复合项目,或者说是一个项目组合。因此,企业价值评估与投资项目评价有许多类似之处:(1)无论是企业还是项目,都可以给投资主体带来现金流量,现金流越大则经济价值越大;(2)它们的现金流都具有不确定性,其价值计量都要使用风险概念;(3)它们的现金流都是陆续产生的,其价值计量都要使用现值概念。因此,我们可以使用前面介绍过的现金流量折现法对企业价值进行评估。净现值不过是项目产生的企业价值增量,它们在理论上是完全一致的。

企业价值评估与投资项目评价也有许多明显区别:(1)投资项目的寿命是有限的,而企业的寿命是无限的,因此,要处理无限期现金流折现问题;(2)典型的项目投资有稳定的或下降的现金流,而企业通常将收益再投资并产生增长的现金流,它们的现金流分布有不同特征;(3)项目产生的现金流属于投资人,而企业产生的现金流仅在决策层决定分配它们时才流向所有者,如果决策层决定向较差的项目投资而不愿意支付股利,则少数股东除了将股票出售外别无选择。这些差别,也正是企业价值评估比项目评价更困难的地方,或者说是现金流量折现模型用于企业价值评估需要解决的问题。

一、现金流量折现模型的参数和种类

(一)现金流量折现模型的参数

任何资产都可以使用现金流量折现模型来估价:

$$价值 = \sum_{t=1}^{n} \frac{现金流量_t}{(1+资本成本)^t}$$

该模型有三个参数：现金流量、资本成本和时间序列（n）。

模型中的"现金流量$_t$"，是指各期的预期现金流量。对于投资者来说，企业现金流量有三种：股利现金流量、股权现金流量和实体现金流量。

模型中的"资本成本"，是计算现值使用的折现率。折现率是现金流量风险的函数，风险越大则折现率越大。折现率和现金流量要相互匹配。股权现金流量只能用股权资本成本来折现，实体现金流量只能用企业的加权平均资本成本来折现。

模型中的时间序列"n"，是指产生现金流量的时间，通常用"年"数来表示。从理论上来说，现金流量的持续年数应当等于资源的寿命。企业的寿命是不确定的，通常采用持续经营假设，即假设企业将无限期地持续下去。预测无限期的现金流量数据是很困难的，时间越长，远期的预测越不可靠。为了避免预测无限期的现金流量，大部分估值将预测的时间分为两个阶段。第一阶段是有限的、明确的预测期，称为"详细预测期"，简称"预测期"，在此期间需要对每年的现金流量进行详细预测，并根据现金流量模型计算其预测期价值；第二阶段是预测期以后的无限时期，称为"后续期"或"永续期"，在此期间假设企业进入稳定状态，有一个稳定的增长率，可以用简便方法直接估计后续期价值。后续期价值也被称为"永续价值"或"残值"。这样，企业价值被分为两部分：

企业价值＝预测期价值＋后续期价值

其中，后续期价值＝[现金流量$_{m+1}$÷(资本成本－增长率)]×($P/F, i, m$)，m 表示预测期。

（二）现金流量折现模型的种类

依据现金流量的不同种类，企业估值的现金流量折现模型也可分为股利现金流量折现模型（简称股利现金流量模型）、股权现金流量折现模型（简称股权现金流量模型）和实体现金流量折现模型（简称实体现金流量模型）三种。

1. 股利现金流量模型。

股利现金流量模型的基本形式是：

$$股权价值 = \sum_{t=1}^{\infty} \frac{股利现金流量_t}{(1+股权资本成本)^t}$$

股利现金流量是企业分配给股权投资人的现金流量。

2. 股权现金流量模型。

股权现金流量模型的基本形式是：

$$股权价值 = \sum_{t=1}^{\infty} \frac{股权现金流量_t}{(1+股权资本成本)^t}$$

股权现金流量是一定期间企业可以提供给股权投资人的现金流量，它等于企业实体现金流量扣除对债权人支付后剩余的部分，也可以称为"**股权自由现金流量**"，简称"**股权现金流量**"。

股权现金流量＝实体现金流量－债务现金流量

有多少股权现金流量会作为股利分配给股东，取决于企业的筹资和股利分配政策。

如果把股权现金流量全部作为股利分配,则上述两个模型相同。

3. 实体现金流量模型。

实体现金流量模型的基本形式是:

$$实体价值 = \sum_{t=1}^{\infty} \frac{实体自由现金流量_t}{(1+加权平均资本成本)^t}$$

股权价值 = 实体价值 − 净负债价值

$$净债务价值 = \sum_{t=1}^{\infty} \frac{偿还债务现金流量_t}{(1+等风险债务成本)^t}$$

实体现金流量是企业全部现金流入扣除成本费用和必要的投资后的剩余部分,它是企业一定期间可以提供给所有投资人(包括股权投资人和债权投资人)的税后现金流量。

在相同的假设情况下,三种模型的评估结果是相同的。由于股利分配政策有较大变动,股利现金流量很难预计,所以,股利现金流量模型在实务中很少被使用。如果假设企业不保留多余的现金,而将股权现金全部作为股利发放,则股权现金流量等于股利现金流量,股权现金流量模型可以取代股利现金流量模型,避免了对股利政策进行估计的麻烦。因此,大多数的企业估值使用股权现金流量模型或实体现金流量模型。

二、现金流量折现模型参数的估计

现金流量折现模型的参数是相互影响的,需要整体考虑,不可以完全孤立地看待和处理。资本成本的估计在前面的章节已经介绍过,这里主要说明现金流量的估计和预测期的确定。

未来现金流量的数据需要通过财务预测取得。财务预测可以分为单项预测和全面预测。单项预测的主要缺点是容易忽视财务数据之间的联系,不利于发现预测假设的不合理之处。全面预测是指编制成套的预计财务报表,通过预计财务报表获取需要的预测数据。由于计算机的普遍应用,人们越来越多地使用全面预测。

(一) 预测销售收入

预测销售收入是全面预测的起点,大部分财务数据与销售收入有内在联系。

销售收入取决于销售数量和销售价格两个因素,但是财务报表不披露这两项数据,企业外部的报表使用人无法得到价格和销量的历史数据,也就无法分别预计各种产品的价格和销量。他们只能直接对销售收入的增长率进行预测,然后根据基期销售收入和预计增长率计算预测期的销售收入。销售增长率的预测以历史增长率为基础,根据未来的变化进行修正。在修正时,要考虑宏观经济、行业状况和企业的经营战略。如果预计未来在这三个方面不会发生明显变化,则可以按上年增长率进行预测。如果预计未来有较大变化,则需要根据其主要影响因素调整销售增长率。

【例 4 − 1】 A 公司目前正处在高速增长的时期,20×0 年的销售增长了 12%。预计 20×1 年可以维持 12% 的增长率,20×2 年增长率开始逐步下降,每年下降 2 个百分点,20×5 年下降 1 个百分点,即增长率为 5%。自 20×5 年起,公司进入稳定增长状态,永续增长率为 5%,如表 4 − 1 所示。

表 4-1　　　　　　　　　　　A 公司的销售预测

项目	基期	20×1 年	20×2 年	20×3 年	20×4 年	20×5 年	20×6 年	…
销售增长率	12%	12%	10%	8%	6%	5%	5%	5%

（二）确定预测期间

预测的时间范围涉及预测基期、详细预测期和后续期。

1. 预测基期。

基期是指作为预测基础的时期，它通常是预测工作的上一个年度。基期的各项数据被称为基数，它们是预测的起点。基期数据不仅包括各项财务数据的金额，还包括它们的增长率以及反映各项财务数据之间联系的财务比率。

确定基期数据的方法有两种：一种是以上年实际数据作为基期数据；另一种是以修正后的上年数据作为基期数据。如果通过历史财务报表分析认为，上年财务数据具有可持续性，则以上年实际数据作为基期数据。如果通过历史财务报表分析认为，上年的数据不具有可持续性，就应适当进行调整，使之适合未来的情况。

2. 详细预测期和后续期的划分。

实务中的详细预测期通常为 5~7 年，如果有疑问还应当延长，但很少超过 10 年。企业增长的不稳定时期有多长，预测期就应当有多长。这种做法与竞争均衡理论有关。

竞争均衡理论认为，一个企业不可能永远以高于宏观经济增长的速度发展下去。如果是这样，它迟早会超过宏观经济总规模。这里的"宏观经济"是指该企业所处的宏观经济系统，如果一个企业的业务范围仅限于国内市场，宏观经济增长率是指国内的预期经济增长率；如果一个企业的业务范围是世界性的，宏观经济增长率则是指世界的经济增长速度。竞争均衡理论还认为，一个企业通常不可能在竞争的市场中长期取得超额收益，其净投资资本报酬率会逐渐恢复到正常水平。净投资资本报酬率是指税后经营净利润与净投资资本（净负债加股东权益）的比率，它反映企业净投资资本的盈利能力。如果一个行业的净投资资本报酬率较高，就会吸引更多的投资并使竞争加剧，导致成本上升或价格下降，使得净投资资本报酬率降低到社会平均水平。如果一个行业的净投资资本报酬率较低，就会有一些竞争者退出该行业，减少产品或服务的供应量，导致价格上升或成本下降，使得净投资资本报酬率上升到社会平均水平。一个企业具有较高的净投资资本报酬率，往往会比其他企业更快地扩展投资，增加净投资资本总量。如果新增投资与原有投资的盈利水平相匹配，则能维持净投资资本报酬率。但是，通常企业很难做到这一点，竞争使盈利的增长跟不上投资的增长，因而净投资资本报酬率最终会下降。实践表明，只有很少的企业具有长时间的可持续竞争优势，它们都具有某种特殊的因素，可以防止竞争者进入。绝大多数企业都会在几年内恢复到正常的报酬率水平。

竞争均衡理论得到了实证研究的有力支持。各企业的销售收入的增长率往往趋于恢复到正常水平。拥有高于或低于正常水平的企业，通常在 3~10 年中恢复到正常水平。

（三）估计详细预测期现金流量

续［例 4-1］，A 公司基期营业收入 1 000 万元，其他相关信息预测如表 4-2 所示。相应地，A 公司的预计现金流量如表 4-3 所示。

表 4-2　　　　　　　　　　　A 公司的相关财务比率预测

项　目	比率
销售成本/营业收入	70%
销售和管理费用/营业收入	5%
净经营资产/营业收入	80%
净负债/营业收入	40%
债务利息率	6%
所得税税率	25%

表 4-3　　　　　　　　　　　A 公司的预计现金流量　　　　　　　　　　　单位：万元

项目	基期	20×1年	20×2年	20×3年	20×4年	20×5年
一、营业收入	1 000	1 120	1 232	1 330.56	1 410.39	1 480.91
减：营业成本		784	862.4	931.39	987.28	1 036.64
销售和管理费用		56	61.6	66.53	70.52	74.05
二、税前经营利润		280	308	332.64	352.6	370.23
减：经营利润所得税		70	77	83.16	88.15	92.56
三、税后经营净利润		210	231	249.48	264.45	277.67
减：净经营资产增加		96	89.6	78.85	63.87	56.42
四、实体现金流量		114	141.4	170.63	200.58	221.26
减：税后利息费用		20.16	22.18	23.95	25.39	26.66
加：净负债增加		48	44.8	39.42	31.93	28.21
五、股权现金流量		141.84	164.02	186.1	207.12	222.81

以 20×1 年为例，营业收入 = 1 000 × (1 + 12%) = 1 120（万元）

营业成本 = 1 120 × 70% = 784（万元）

销售和管理费用 = 1 120 × 5% = 56（万元）

税前经营利润 = 1 120 - 784 - 56 = 280（万元）

经营利润所得税 = 280 × 25% = 70（万元）

税后经营净利润 = 280 - 70 = 210（万元）

净经营资产增加 = 1 000 × 12% × 80% = 96（万元）

实体现金流量 = 210 - 96 = 114（万元）

税后利息费用 = 1 120 × 40% × 6% × (1 - 25%) = 20.16（万元）

净负债增加 = 1 000 × 12% × 40% = 48（万元）

股权现金流量 = 114 - 20.16 + 48 = 141.84（万元）

（四）估计后续期现金流量增长率

后续期价值的估计方法有许多种，包括永续增长模型、剩余收益模型、价值驱动因素模型、价格乘数模型、延长预测期法、账面价值法、清算价值法和重置成本法等。这里只讨论永续增长模型。

永续增长模型如下：

后续期价值 = [现金流量$_n$ ÷ (资本成本 – 现金流量增长率)] × (P/F, i, n – 1)

现金流量的预计在前面已经讨论过，这里说明现金流量增长率估计。

在稳定状态下，实体现金流量、股权现金流量和营业收入的增长率相同，因此，可以根据销售增长率估计现金流量增长率。

为什么这三个增长率会相同呢？因为在"稳定状态下"，经营效率和财务政策不变，即净经营资产净利率、资本结构和股利分配政策不变，财务报表将按照稳定的增长率在扩大的规模上被复制。影响实体现金流量和股权现金流量的各因素都与销售额同步增长，因此，现金流量增长率与销售增长率相同。

那么，销售增长率如何估计呢？

根据竞争均衡理论，后续期的销售增长率大体上等于宏观经济的名义增长率。如果不考虑通货膨胀因素，宏观经济的增长率大多在2%~6%之间。

极少数企业凭借其特殊的竞争优势，可以在较长时间内超过宏观经济增长率。判定一个企业是否具有特殊的、可持续的优势，应当掌握具有说服力的证据，并且被长期的历史所验证。即使是具有特殊优势的企业，后续期销售增长率超过宏观经济的幅度也不会超过2%。绝大多数可以持续生存的企业，其销售增长率可以按宏观经济增长率估计。

三、现金流量折现模型的应用

（一）股权现金流量模型

根据现金流量分布的特征，股权现金流量模型分为两种类型：永续增长模型和两阶段增长模型。

1. 永续增长模型。

永续增长模型假设企业未来长期稳定、可持续地增长。在永续增长的情况下，企业价值是下期现金流量的函数。

永续增长模型的一般表达式如下：

$$股权价值 = \frac{下期股权现金流量}{股权资本成本 - 永续增长率}$$

永续增长模型的特例是永续增长率等于0，即零增长模型。

$$股权价值 = \frac{下期股权现金流量}{股权资本成本}$$

永续增长模型的使用条件：企业必须处于永续状态。所谓永续状态是指企业有永续的增长率和净投资资本报酬率。使用永续增长模型，企业价值对增长率的估计值很敏感，当增长率接近折现率时，股票价值趋于无限大。因此，对于增长率和股权成本的预测质量要求很高。

2. 两阶段增长模型。

两阶段增长模型的一般表达式：

股权价值 = 详细预测期价值 + 后续期价值 = 详细预测期股权现金流量现值 + 后续期股权现金流量现值

假设详细预测期为 n，则：

$$股权价值 = \sum_{t=1}^{n} \frac{股权现金流量_t}{(1+股权资本成本)^t} + \frac{股权现金流量_{n+1}/(股权资本成本-永续增长率)}{(1+股权资本成本)^n}$$

两阶段增长模型的适用条件：增长呈现两个阶段的企业；通常第二个阶段具有永续增长的特征。

（二）实体现金流量模型

在实务中，大多使用实体现金流量模型。主要原因是股权成本受资本结构的影响较大，估计起来比较复杂。债务增加时，风险上升，股权成本会上升，而上升的幅度不容易测定。加权平均资本成本受资本结构的影响较小，比较容易估计。债务成本较低，增加债务比重使加权平均资本成本下降。与此同时，债务增加使风险增加，股权成本上升，使得加权平均资本成本上升。在无税和交易成本的情况下，两者可以完全抵消，这就是资本结构无关论。在有税和交易成本的情况下，债务成本的下降也会大部分被股权成本的上升所抵消，平均资本成本对资本结构变化不敏感，估计起来比较容易。

实体现金流量模型，如同股权现金流量模型一样，也可以分为两种：

1. 永续增长模型。

$$实体价值 = \frac{下期实体现金流量}{加权平均资本成本-永续增长率}$$

2. 两阶段增长模型。

实体价值 = 详细预测期价值 + 后续期价值
= 详细预测期实体现金流量现值 + 后续期实体现金流量现值

假设详细预测期为 n，则：

$$实体价值 = \sum_{t=1}^{n} \frac{实体现金流量_t}{(1+加权平均资本成本)^t} + \frac{实体现金流量_{n+1}/(加权平均资本成本-永续增长率)}{(1+加权平均资本成本)^n}$$

第二节 相对价值评估模型

现金流量折现模型在概念上很健全，但是在应用时会碰到较多的技术问题。有一种相对容易的估值方法，就是相对价值法，也称价格乘数法或可比交易价值法等。

这种方法是利用类似企业的市场定价来估计目标企业价值的一种方法。它的假设前提是存在一个支配企业市场价值的主要变量（如净利）。市场价值与该变量的比值，各企业是类似的、可以比较的。

其基本做法是：首先，寻找一个影响企业价值的关键变量（如净利）；其次，确定一组可以比较的类似企业，计算可比企业的市价/关键变量的平均值（如平均市盈率）；最后，根据目标企业的关键变量（如净利）乘以得到的平均值（如平均市盈率），计算目标企业的评估价值。

相对价值法，是将目标企业与可比企业对比，用可比企业的价值衡量目标企业的价值。如果可比企业的价值被高估了，则目标企业的价值也会被高估。实际上，所得结论是相对于可比企业来说的，以可比企业价值为基准，是一种相对价值，而非目标企业的内在价值。

现金流量折现模型的假设是明确显示的，而相对价值法的假设是隐含在比率内部的。因此，它看起来简单，实际应用时并不简单。

相对价值模型分为两大类，一类是以股票市价为基础的模型，包括每股市价/每股收益、每股市价/每股净资产、每股市价/每股销售收入等模型。另一类是以企业实体价值为基础的模型，包括实体价值/息税折旧摊销前利润、实体价值/税后经营净利润、实体价值/实体现金流量、实体价值/投资资本、实体价值/销售收入等模型。我们这里只讨论三种最常用的股票市价模型。

一、市盈率模型

（一）基本模型

市盈率是指普通股每股市价与每股收益的比率。

$$市盈率 = \frac{每股市价}{每股收益}$$

运用市盈率估值的模型如下：

目标企业每股价值 = 可比企业市盈率 × 目标企业每股收益

该模型假设每股市价是每股收益的一定倍数。每股收益越大，则每股价值越大。同类企业有类似的市盈率，所以目标企业的每股价值可以用每股收益乘以可比企业市盈率计算。

（二）模型原理

为什么市盈率可以作为计算股价的乘数呢？影响市盈率高低的基本因素有哪些？

根据股利折现模型，处于稳定状态企业的每股价值为：

$$每股价值\ P_0 = \frac{每股股利_1}{股权成本 - 增长率}$$

两边同时除以每股收益$_0$：

$$\frac{P_0}{每股收益_0} = \frac{每股股利_1/每股收益_0}{股权成本 - 增长率}$$

$$= \frac{[每股收益_0 \times (1+增长率) \times 股利支付率]/每股收益_0}{股权成本 - 增长率}$$

$$= \frac{股利支付率 \times (1+增长率)}{股权成本 - 增长率}$$

＝本期市盈率

上述根据当前市价和同期净收益计算的市盈率，称为本期市盈率，简称市盈率。

这个公式表明，市盈率的驱动因素是企业的增长潜力、股利支付率和风险（股权成本的高低与其风险有关）。这三个因素类似的企业，才会具有类似的市盈率。可比企业实际上应当是这三个比率类似的企业，同业企业不一定都具有这种类似性。

如果把公式两边同除的当前"每股收益$_0$"，换为预期下期"每股收益$_1$"，其结果称为"内在市盈率"或"预期市盈率"：

$$\frac{P_0}{每股收益_1} = \frac{每股股利_1 / 每股收益_1}{股权成本 - 增长率}$$

$$内在市盈率 = \frac{股利支付率}{股权成本 - 增长率}$$

在影响市盈率的三个因素中，关键是增长潜力。所谓"增长潜力"类似，不仅指具有相同的增长率，还包括增长模式的类似性，例如，同为永续增长，还是同为由高增长转为永续低增长。

上述内在市盈率模型是根据永续增长模型推导的。如果企业符合两阶段模型的条件，也可以通过类似的方法推导出两阶段情况下的内在市盈率模型。它比永续增长的内在市盈率模型形式复杂，但是仍然由这三个因素驱动。

（三）模型的优缺点及适用性

市盈率模型的优点：首先，计算市盈率的数据容易取得，并且计算简单；其次，市盈率把价格和收益联系起来，直观地反映投入和产出的关系；最后，市盈率涵盖了风险、增长率、股利支付率的影响，具有很高的综合性。

市盈率模型的局限性：如果收益是0或负值，市盈率就失去了意义。因此，市盈率模型最适合连续盈利的企业。

值得注意的是：在估值时目标企业本期净利必须要乘以可比企业本期市盈率，目标企业预期净利必须要乘以可比企业预期市盈率，两者必须匹配。这一原则不仅适用于市盈率，也适用于市净率和市销率；不仅适用于未修正的价格乘数，也适用于后面所讲的各种修正的价格乘数。

二、市净率模型

（一）基本模型

市净率是指每股市价与每股净资产的比率。

市净率＝每股市价÷每股净资产

这种方法假设股权价值是净资产的函数，类似企业有相同的市净率，净资产越大则股权价值越大。因此，股权价值是净资产的一定倍数，目标企业的每股价值可以用每股净资产乘以市净率计算。

目标企业每股价值＝可比企业市净率×目标企业每股净资产

（二）模型原理

如果把股利折现模型的两边同时除以同期每股净资产，就可以得到市净率：

$$\frac{P_0}{每股净资产_0} = \frac{每股股利_0 \times (1+增长率)/每股净资产_0}{股权成本-增长率}$$

$$= \frac{\dfrac{每股股利_0}{每股收益_0} \times \dfrac{每股收益_0}{每股净资产_0} \times (1+增长率)}{股权成本-增长率}$$

$$= \frac{股利支付率 \times 权益净利率 \times (1+增长率)}{股权成本-增长率}$$

$$= 本期市净率$$

该公式表明，驱动市净率的因素有权益净利率、股利支付率、增长潜力和风险。其中权益净利率是关键因素。这四个比率类似的企业，会有类似的市净率。不同企业市净率的差别，也是由于这四个比率不同引起的。

如果把公式中的"每股净资产$_0$"换成预期下期的"每股净资产$_1$"，则可以得出内在市净率，或称预期市净率。

$$\frac{P_0}{每股净资产_1} = \frac{每股股利_0 \times (1+增长率)/每股净资产_1}{股权成本-增长率}$$

$$= \frac{\dfrac{每股股利_0}{每股收益_1} \times \dfrac{每股收益_1}{每股净资产_1} \times (1+增长率)}{股权成本-增长率}$$

$$= \frac{股利支付率 \times 权益净利率}{股权成本-增长率}$$

$$= 内在市净率$$

（三）模型的优缺点及适用性

市净率估值模型的优点：首先，净利为负值的企业不能用市盈率进行估值，而市净率极少为负值，可用于大多数企业。其次，净资产账面价值的数据容易取得，并且容易理解。再次，净资产账面价值比净利稳定，也不像利润那样经常被人为操纵。最后，如果会计标准合理并且各企业会计政策一致，净资产的变化可以反映企业价值的变化。

市净率的局限性：首先，账面价值受会计政策选择的影响，如果各企业执行不同的会计标准或会计政策，市净率会失去可比性。其次，固定资产很少的服务性企业和高科技企业，净资产与企业价值的关系不大，其市净率比较没有什么实际意义。最后，少数企业的净资产是0或负值，市净率没有意义，无法用于比较。

因此，这种方法主要适用于拥有大量资产、净资产为正值的企业。

三、市销率模型

（一）基本模型

市销率是指每股市价与每股营业收入的比率。

市销率 = 每股市价 ÷ 每股营业收入

这种方法是假设影响每股价值的关键变量是营业收入，每股价值是每股营业收入的函数，每股营业收入越大则每股价值越大。既然每股价值是每股营业收入的一定倍数，那么目标企业的每股价值可以用每股营业收入乘以可比企业市销率估计。

目标企业每股价值 = 可比企业市销率 × 目标企业每股营业收入

（二）模型原理

如果将股利折现模型的两边同时除以每股营业收入，则可以得出市销率：

$$\frac{P_0}{每股收入_0} = \frac{每股股利_0 \times (1+增长率)/每股收入_0}{股权成本-增长率}$$

$$= \frac{\frac{每股股利_0}{每股收益_0} \times \frac{每股收益_0}{每股收入_0} \times (1+增长率)}{股权成本-增长率}$$

$$= \frac{股利支付率 \times 营业净利率 \times (1+增长率)}{股权成本-增长率}$$

$$= 本期市销率$$

根据上述公式可以看出，市销率的驱动因素是营业净利率、股利支付率、增长潜力和风险。其中，营业净利率是关键因素。这四个比率类似的企业，会有类似的市销率。

如果把公式中的"每股收入$_0$"换成预期下期的"每股收入$_1$"，则可以得出内在市销率的计算公式：

$$\frac{P_0}{每股收入_1} = \frac{每股股利_0 \times (1+增长率)/每股收入_1}{股权成本-增长率}$$

$$= \frac{\frac{每股股利_0}{每股收益_1} \times \frac{每股收益_1}{每股收入_1} \times (1+增长率)}{股权成本-增长率}$$

$$= \frac{股利支付率 \times 营业净利率}{股权成本-增长率}$$

$$= 内在市销率$$

（三）模型的优缺点及适用性

市销率估值模型的优点：首先，它不会出现负值，对于亏损企业和资不抵债的企业，也可以计算出一个有意义的市销率。其次，它比较稳定、可靠，不容易被操纵。最后，市销率对价格政策和企业战略变化敏感，可以反映这种变化的后果。

市销率估值模型的局限性：不能反映成本的变化，而成本是影响企业现金流量和价值的重要因素之一。

因此，这种方法主要适用于销售成本率较低的服务类企业，或者销售成本率趋同的传统行业的企业。

第五章 长期筹资

第一节 长期债务筹资

一、长期债务筹资的特点

债务筹资是指通过负债筹集资金。负债是企业一项重要的资金来源,几乎没有一家企业是只靠自有资本,而不运用负债就能满足资金需要的。债务筹资是与普通股筹资性质不同的筹资方式。与后者相比,债务筹资的特点表现为:筹集的资金具有使用上的时间性,需到期偿还;不论企业经营好坏,需固定支付债务利息,从而形成企业固定的负担;其资本成本一般比普通股筹资成本低,且不会分散投资者对企业的控制权。

长期负债是指期限超过1年的负债。长期负债的优点是:可以解决企业长期资金的不足,如满足发展长期性固定资产的需要;由于长期负债的归还期长,债务人可对债务的归还作长期安排,还债压力或风险相对较小。缺点是:长期负债筹资一般成本较高,即长期负债的利率一般会高于短期负债利率;负债的限制较多,即债权人经常会向债务人提出一些限制性的条件以保证其能够及时、足额偿还债务本金和支付利息,从而形成对债务人的种种约束。

目前在我国,长期债务筹资主要有长期借款和长期债券两种方式。

二、长期借款筹资

长期借款是指企业向银行或其他非银行金融机构借入的使用期超过1年的借款,主要用于购建固定资产和满足长期流动资金占用的需要。

(一) 长期借款的种类

长期借款的种类很多,各企业可根据自身的情况和各种借款条件选用。我国目前各金融机构的长期借款主要有:

(1) 按照用途,分为固定资产投资借款、更新改造借款、科技开发和新产品试制借款等。

(2) 按照提供贷款的机构,分为政策性银行贷款、商业银行贷款等。此外,企业还可从信托投资公司取得实物或货币形式的信托投资贷款，从财务公司取得各种中长期贷款等。

（3）按照有无担保，分为信用贷款和抵押贷款。信用贷款指不需企业提供抵押品，仅凭其信用或担保人信誉而发放的贷款。抵押贷款是指要求企业以抵押品作为担保的贷款。长期贷款的抵押品常常是房屋、建筑物、机器设备、股票、债券等。

（二）长期借款的成本

长期借款的利息率通常高于短期借款，但信誉好或抵押品流动性强的借款企业，仍然可以争取到较低的长期借款利率。长期借款利率有固定利率和浮动利率两种。浮动利率通常有最高、最低限，并在借款合同中明确约定。对于借款企业来讲，若预测市场利率将上升，应与银行签订固定利率合同；反之，则应签订浮动利率合同。

除了利息之外，银行还会向借款企业收取其他费用，如实行周转信贷协定所收取的承诺费、要求借款企业在本银行中保持补偿余额所形成的间接费用。这些费用会提高长期借款的成本。

（三）长期借款的偿还方式

长期借款的偿还方式不一，包括：定期支付利息、到期一次性偿还本金的方式；如同短期借款那样的定期等额偿还方式；平时逐期偿还小额本金和利息、期末偿还剩余的大额部分的方式。

（四）长期借款筹资的优点和缺点

与其他长期负债筹资相比，长期借款筹资的优缺点主要有：

1. 长期借款筹资的优点。

（1）筹资速度快。发行各种证券筹集长期资金所需时间一般较长，做好证券发行的准备以及发行证券都需要一定时间。而向金融机构借款与发行证券相比，一般借款所需时间较短，可以迅速地获取资金。

（2）借款弹性好。企业与金融机构可以直接接触，可通过直接商谈来确定借款的时间、数量、利息、偿付方式等条件。在借款期间，如果企业情况发生了变化，也可与金融机构进行协商，修改借款合同。借款到期后，如有正当理由，还可延期归还。

2. 长期借款筹资的缺点。

（1）财务风险较大。企业举借长期借款，必须定期还本付息。在经营不利的情况下，可能会产生不能偿付的风险，甚至会导致破产。

（2）限制条款较多。企业与金融机构签订的借款合同中，一般都较多的限制条款，这些条款可能会限制企业的经营活动。

三、长期债券筹资

债券是发行人依照法定程序发行，约定在一定期限内还本付息的有价证券。债券的发行人是债务人，投资于债券的人是债权人。这里所说的债券，指的是期限超过1年的公司债券，其发行目的通常是为建设大型项目筹集大笔长期资金。

（一）债券发行价格

债券的发行价格是债券发行时使用的价格，亦即投资者购买债券时所支付的价格。

公司债券的发行价格通常有三种：平价、溢价和折价。

平价指以债券的票面金额为发行价格；溢价指以高出债券票面金额的价格为发行价格；折价指以低于债券票面金额的价格为发行价格。债券发行价格的形成受诸多因素的影响，其中最主要的是票面利率与市场利率的一致程度。债券的票面金额、票面利率在债券发行前即已参照市场利率和发行公司的具体情况确定下来，一并载明于债券之上。但在发行债券时已确定的票面利率不一定与当时的市场利率一致。为了协调债券购销双方在债券利息上的利益，就要调整发行价格：当票面利率高于市场利率时，以溢价发行债券；当票面利率低于市场利率时，以折价发行债券；当票面利率与市场利率一致时，以平价发行债券。

以分期付息、到期还本的债券为例，债券发行价格的计算公式为：

$$债券发行价格 = \sum_{t=1}^{n} \frac{票面金额 \times 票面利率}{(1 + 市场利率)^t} + \frac{票面金额}{(1 + 市场利率)^n}$$

其中：n 表示债券期限；t 表示付息期数。

上述债券发行价格的计算公式的基本原理是将债券的全部现金流按照债券发行时的市场利率进行贴现并求和。债券的全部现金流包括债券持续期间内各期的利息现金流与债券到期支付的面值现金流。

（二）债券偿还

1. 债券的偿还时间。

债券偿还时间按其实际发生与规定的到期日之间的关系，分为到期偿还、提前偿还与滞后偿还三类。

（1）到期偿还。到期偿还又包括分批偿还和一次偿还两种。如果一个企业在发行同一种债券的当时就为不同编号或不同发行对象的债券规定了不同的到期日，这种债券就是分批偿还债券。因为各批债券的到期日不同，它们各自的发行价格和票面利率也可能不相同，从而导致发行费较高。但由于这种债券便于投资人挑选最合适的到期日，因而便于发行。另外一种就是最为常见的到期一次偿还的债券。

（2）提前偿还。提前偿还又称提前赎回或收回，是指在债券尚未到期之前就予以偿还。只有在企业发行债券的契约中明确规定了有关允许提前偿还的条款，企业才可以进行此项操作。提前偿还所支付的价格通常要高于债券的面值，并随接近到期日而逐渐下降。具有提前偿还条款的债券可使企业融资有较大的弹性。当企业资金有结余时，可提前赎回债券；当预测利率下降时，也可提前赎回债券，而后以较低的利率来发行新债券。

（3）滞后偿还。债券在到期日之后偿还叫滞后偿还。这种偿还条款一般在发行时便订立，主要是给予持有人以延长持有债券的选择权。滞后偿还有转期和转换两种形式。转期指将较早到期的债券换成到期日较晚的债券，实际上是将债务的期限延长。常用的办法有两种：一是直接以新债券兑换旧债券；二是用发行新债券得到的资金来赎回旧债券。转换通常指股份有限公司发行的债券可以按一定的条件转换成发行公司的股票。

2. 债券的偿还形式。

债券的偿还形式是指在偿还债券时使用什么样的支付手段。可使用的支付手段包括现金、新发行的本公司债券（以下简称新债券）、本公司的普通股股票（以下简称普通股）和本公司持有的其他公司发行的有价证券（以下简称有价证券）。

（1）用现金偿还债券。由于现金是债券持有人最愿意接受的支付手段，因此这一形式最为常见。为了确保在债券到期时有足额的现金偿还债券，有时企业需要建立偿债基金。如果发行债券合同的条款中明确规定用偿债基金偿还债券，企业就必须每年都提取偿债基金，且不得挪作他用，以保护债券持有者的利益。

（2）以新债券换旧债券。也被称为"债券的调换"。企业之所以要进行债券的调换，一般有以下几个原因：①原有债券的契约中订有较多的限制条款，不利于企业的发展；②把多次发行、尚未彻底偿清的债券进行合并，以减少管理费；③有的债券到期，但企业现金不足。

（3）用普通股偿还债券。如果企业发行的是可转换债券，那么可通过转换变成普通股来偿还债券。

3. 债券的付息。

债券的付息主要表现在利息率的确定、付息频率和付息方式三个方面。

（1）利息率的确定。利息率的确定有固定利率和浮动利率两种形式。浮动利率一般指由发行人选择一个基准利率，按基准利率水平在一定的时间间隔中对债务的利率进行调整。

（2）付息频率。付息频率越高，资金流发生的次数越多，对投资人的吸引力越大。债券付息频率主要有按年付息、按半年付息、按季付息、按月付息和一次性付息（利随本清，贴现发行）五种。

（3）付息方式。付息方式有两种：一种是采取现金、支票或汇款的方式；另一种是采用息票债券的方式。付息方式多随付息频率而定，在一次付息的情况下，或用现金或用支票；如果是贴现发行，发行人以现金折扣的形式出售债券，并不发生实际的付息行为；在分次的情况下，记名债券的利息以支票或汇款的形式支付，不记名债券则按息票付息。

（三）债券筹资的优点和缺点

1. 债券筹资的优点。

（1）筹资规模较大。债券属于直接融资，发行对象分布广泛，市场容量相对较大，且不受金融中介机构自身资产规模及风险管理的约束，可以筹集的资金数量也较多。

（2）具有长期性和稳定性。债券的期限可以比较长，且债券的投资者一般不能在债券到期之前向企业索取本金，因而债券筹资方式具有长期性和稳定性的特点。金融机构对较长期限借款的比例往往会有一定的限制。

（3）有利于资源优化配置。由于债券是公开发行的，是否购买债券取决于市场上众多投资者自己的判断，并且投资者可以方便地交易并转让所持有的债券，有助于加速市场竞争，优化社会资金的资源配置效率。

2. 债券筹资的缺点。

（1）发行成本高。企业公开发行公司债券的程序复杂，需要聘请保荐人、会计师、律师、资产评估机构以及资信评级机构等中介，发行的成本较高。

（2）信息披露成本高。发行债券需要公开披露募集说明书及其引用的审计报告、资产评估报告、资信评级报告等多种文件。债券上市后也需要披露定期报告和临时报告，信息披露成本较高。同时也对保守企业的经营、财务等信息及其他商业机密不利。

(3) 限制条件多。发行债券的契约书中的限制条款通常比优先股及短期债务更为严格，可能会影响企业的正常发展和以后的筹资能力。

第二节 普通股筹资

一、普通股筹资的特点

普通股是最基本的一种股票形式，是相对于优先股的一种股票种类。它是指股份公司依法发行的具有表决权和剩余索取权的一类股票。普通股具有股票的最一般特征，通常每一份股权包含对公司财产享有的平等权利。

(一) 普通股筹资的优点

与其他筹资方式相比，普通股筹资具有如下优点：

(1) 没有固定利息负担。公司有盈余，并认为适合分配股利，就可以分给股东；公司盈余较少，或虽有盈余但资金短缺或有更有利的投资机会，就可少分配或不分配股利。

(2) 没有固定到期日。利用普通股筹集的是永久性的资金，除非公司清算才需偿还。它对保证企业最低的资金需求有重要意义。

(3) 财务风险小。由于普通股没有固定到期日，不用支付固定的利息，因此财务风险小。

(4) 能增加公司信誉。股本与留存收益是公司债务所面临风险的缓冲地带。较多的自有资金，可为债权人提供较大的保障，因而，普通股筹资既可以提高公司的信用价值，同时也为使用更多的债务资金提供了强有力的支持。

(5) 筹资限制较少。利用优先股或债券筹资，通常有许多限制，这些限制往往会影响公司经营的灵活性，而利用普通股筹资则没有这种限制。

另外，由于普通股预期收益较高并可在一定程度上抵消通货膨胀的影响（通常在通货膨胀期间，不动产升值时普通股也随之升值），因此普通股筹资更容易吸收资金。

(二) 普通股筹资的缺点

与其他筹资方式相比，普通股筹资也有一些缺点：

(1) 普通股资本成本较高。首先，从投资者角度讲，投资于普通股风险较高，因此要求较高的投资报酬率。其次，对筹资公司而言，普通股股利来自净利润，不像债券利息那样作为费用从税前支付，因而不具有抵税作用。此外，普通股的发行费用一般也高于其他证券。

(2) 以普通股筹资会增加新股东，这可能会分散公司的控制权，削弱原有股东对公司的控制。

(3) 如果公司股票上市，需要履行严格的信息披露制度，接受公众的监督，会带来较大的信息披露成本，也增加了公司保护商业秘密的难度。

(4) 股票上市会增加公司被收购的风险。公司股票上市后，其经营状况会受到社会的广泛关注，一旦公司经营或财务出现问题，可能面临被收购的风险。

二、股权再融资

股权再融资，是指上市公司在首次公开发行以后，再次发行股票以进行股权融资的行为。

股权再融资包括向原股东配股和增发新股融资。配股是指向原普通股股东按其持股比例、以低于市价的某一特定价格配售一定数量新发行股票的融资行为。增发新股是指上市公司为了筹集权益资本而再次发行股票的融资行为，包括面向不特定对象的公开增发和面向特定对象的非公开增发（即定向增发）。其中，配股和公开增发属于公开发行，非公开增发属于非公开发行。

（一）配股

按照惯例，公司配股时新股的认购权按照原有股权比例在原股东之间分配。配股赋予企业现有股东配股权，使得现有股东拥有合法的优先购买新发股票的权利。

1. 配股权。

配股权是指当股份公司为增加公司股本而决定发行新股时，原普通股股东享有的按其持股数量、以低于市价的某一特定价格优先认购一定数量新发行股票的权利。配股权是普通股股东的优惠权，实际上是一种短期的看涨期权。配股权在某一股权登记日前颁发，在此之前购买的股东享有配股权，即此时股票的市场价格中含有配股权的价值。

配股的目的有：（1）不改变原控股股东对公司的控制权和享有的各种权利；（2）发行新股将导致短期内每股收益稀释，通过折价配售的方式可以给原股东一定的补偿；（3）鼓励原股东认购新股，以增加发行量。配股权与公司公开发行的、期限很长的认股权证不同，我们将在本章第三节混合筹资中讨论附认股权证的相关问题。

2. 配股条件

除满足前述公开发行的基本条件外，我国《上市公司证券发行注册管理办法》规定，上市公司配股的，拟配售股份数量不超过本次配售前股本总额的50%，并应当采用代销方式发行。控股股东应当在股东大会召开前公开承诺认配股份的数量。控股股东不履行认配股份的承诺，或者代销期限届满，原股东认购股票的数量未达到拟配售数量70%的，上市公司应当按照发行价并加算银行同期存款利息返还已经认购的股东。

3. 配股价格。

配股一般采取网上定价发行的方式。配股价格由主承销商和发行人协商确定。

4. 配股除权价格。

通常配股股权登记日后要对股票进行除权处理。除权后股票的理论除权基准价格为：

$$配股除权参考价 = \frac{配股前股票市值 + 配股价格 \times 配股数量}{配股前股数 + 配股数量}$$

$$= \frac{配股前每股价格 + 配股价格 \times 股份变动比例}{1 + 股份变动比例}$$

当所有股东都参与配股时，股份变动比例（即实际配售比例）等于拟配售比例。

除权参考价只是作为计算除权日股价涨跌幅度的基准，提供的只是一个参考价格。

如果除权后股票交易市价高于该除权参考价，这种情形使得参与配股的股东财富较配股前有所增加，一般称之为填权；股价低于除权参考价则会减少参与配股股东的财富，一般称之为贴权。

5. 每股股票配股权价值。

一般来说，原股东可以以低于配股前股票市价的价格购买所配发的股票，即配股权的执行价格低于当前股票价格，此时配股权是实值期权，因此配股权具有价值。利用配股除权参考价，可以估计每股股票配股权价值。每股股票配股权价值为：

$$每股股票配股权价值 = \frac{配股除权参考价 - 配股价格}{购买一股新配股所需的原股数}$$

（二）增发新股

公开增发与首次公开发行一样，没有特定的发行对象，股票市场上的投资者均可以认购。而非公开增发，有特定的发行对象，主要是机构投资者、大股东及关联方等。机构投资者大体可以划分为财务投资者和战略投资者。其中，财务投资者通常是以获利为目的、通过短期持有上市公司股票适时套现、实现获利的法人，他们一般不参与公司的重大战略决策。战略投资者通常是与发行人具有合作关系或合作意向和潜力并愿意按照发行人配售要求与发行人签署战略投资配售协议的法人，他们与发行公司业务联系紧密且欲长期持有发行公司股票。上市公司通过非公开增发引入战略投资者，不仅可以获得战略投资者的资金，还有助于引入其管理理念与经验，改善公司治理。大股东及关联方是指上市公司的控股股东或关联方。一般来说，采取非公开增发的形式向控股股东认购资产，有助于上市公司与控股股东进行股份与资产置换，进行股权和业务的整合，同时也进一步增加了控股股东对上市公司的所有权。

1. 公开增发。

除满足前述公开发行的基本条件外，我国《上市公司证券发行注册管理办法》规定：（1）交易所主板上市公司增发的，应当最近3个会计年度盈利；最近3个会计年度加权平均净资产收益率平均不低于6%；净利润以扣除非经常性损益前后孰低者为计算依据。（2）发行价格应当不低于公告招股意向书前20个交易日或者前1个交易日公司股票均价。

2. 非公开增发。

如前所述，非公开发行股票的发行价格不低于定价基准日前20个交易日公司股票均价的80%。此处，定价基准日前20个交易日股票交易均价的计算公式为：

$$定价基准日前20个交易日股票交易均价 = \frac{定价基准日前20个交易日股票交易总额}{定价基准日前20个交易日股票交易总量}$$

请注意，并非每天收盘价加起来除以20。

对于以通过非公开发行进行重大资产重组或者引进长期战略投资为目的的，可以在董事会、股东大会阶段事先确定发行价格；对于以筹集现金为目的的，应在取得发行核准批文后采取竞价方式定价。

非公开增发新股的认购方式不限于现金，还包括股权、债权、无形资产、固定资产等非现金资产。通过非现金资产认购的非公开增发，往往是以重大资产重组或者引进长期战略投资为目的。因此非公开增发除了能为上市公司带来资金外，往往还能带来具有盈利能力的资产，提升公司治理水平，优化上下游业务等。但需要注意的是，使用非现金资产认购股份有可能会滋生通过资产定价不公允等手段侵害中小股东利益的现象。

（三）股权再融资的影响

股权再融资对企业产生的影响主要包括：

1. 对公司资本结构的影响。

通常，权益资本成本高于债务资本成本，采用股权再融资会降低资产负债率，并可能会使资本成本增大；但如果股权再融资有助于企业目标资本结构的实现，增强企业的财务稳健性，降低债务的违约风险，就会在一定程度上降低企业的加权平均资本成本，增加企业的整体价值。

2. 对企业财务状况的影响。

在企业运营及盈利状况不变的情况下，采用股权再融资筹集资金会降低企业的财务杠杆水平，并降低净资产报酬率。但企业如果能将股权再融资筹集的资金投资于具有良好发展前景的项目，获得正的投资活动净现值，或者能够改善企业的资本结构，降低资本成本，就有利于增加企业的价值。

3. 对控制权的影响。

就配股而言，由于全体股东具有相同的认购权利，控股股东只要不放弃认购的权利，就不会削弱控制权。公开增发会引入新的股东，股东的控制权受到增发认购数量的影响。非公开增发相对复杂，若对财务投资者和战略投资者增发，则会降低控股股东的控股比例，但财务投资者和战略投资者大多与控股股东有良好的合作关系，一般不会对控股股东的控制权形成威胁；若面向控股股东的增发是为了收购其优质资产或实现集团整体上市，则会提高控股股东的控股比例，增强控股股东对上市公司的控制权。

第三节 混合筹资

一、优先股筹资

（一）上市公司发行优先股的一般条件

（1）最近3个会计年度实现的年均可分配利润应当不少于优先股1年的股息。

（2）最近3年现金分红情况应当符合公司章程及中国证监会的有关监管规定。

（3）报告期不存在重大会计违规事项。公开发行优先股，最近3年财务报表被注册会计师出具的审计报告应当为标准审计报告或带强调事项段的无保留意见的审计报告；非公开发行优先股，最近1年财务报表被注册会计师出具的审计报告为非标准审计报告的，所涉及事项对公司无重大不利影响或者在发行前重大不利影响已经消除。

（4）已发行的优先股不得超过公司普通股股份总数的50%，且筹资金额不得超过发行前净资产的50%，已回购、转换的优先股不纳入计算。

(二) 上市公司公开发行优先股的特别规定

(1) 上市公司公开发行优先股，应当符合以下情形之一：

①其普通股为上证50指数成分股；

②以公开发行优先股作为支付手段收购或吸收合并其他上市公司；

③以减少注册资本为目的回购普通股的，可以公开发行优先股作为支付手段，或者在回购方案实施完毕后，可公开发行不超过回购减资总额的优先股。

中国证监会核准公开发行优先股后不再符合第①项情形的，上市公司仍可实施本次发行。

(2) 最近3个会计年度应当连续盈利。扣除非经常性损益后的净利润与扣除前的净利润相比，以孰低者作为计算依据。

(3) 上市公司公开发行优先股应当在公司章程中规定以下事项：

①采取固定股息率；

②在有可分配税后利润的情况下必须向优先股股东分配股息；

③未向优先股股东足额派发股息的差额部分应当累积到下一会计年度；

④优先股股东按照约定的股息率分配股息后，不再同普通股股东一起参加剩余利润分配。

商业银行发行优先股补充资本的，可就第②项和第③项事项另行约定。

(4) 上市公司公开发行优先股的，可以向原股东优先配售。

(5) 最近36个月内因违反工商、税收、土地、环保、海关法律、行政法规或规章，受到行政处罚且情节严重的，不得公开发行优先股。

(6) 公司及其控股股东或实际控制人最近12个月内应当不存在违反向投资者作出的公开承诺的行为。

(三) 其他规定

(1) 优先股每股票面金额为100元。

优先股发行价格和票面股息率应当公允、合理，不得损害股东或其他利益相关方的合法利益，发行价格不得低于优先股票面金额。

公开发行优先股的价格或票面股息率以市场询价或证监会认可的其他公开方式确定。非公开发行优先股的票面股息率不得高于最近两个会计年度的年均加权平均净资产收益率。

(2) 上市公司不得发行可转换为普通股的优先股。但商业银行可根据商业银行资本监管规定，非公开发行触发事件发生时强制转换为普通股的优先股，并遵守有关规定。

(3) 上市公司非公开发行优先股仅向规定的合格投资者发行，每次发行对象不得超过200人，且相同条款优先股的发行对象累计不得超过200人。

发行对象为境外战略投资者的，还应当符合国务院相关部门的规定。

(四) 交易转让及登记结算

(1) 优先股发行后可以申请上市交易或转让，不设限售期。

公开发行的优先股可以在证券交易所上市交易。上市公司非公开发行的优先股可以在证券交易所转让，非上市公众公司非公开发行的优先股可以在全国中小企业股份转让系统转让，转让范围仅限合格投资者。交易或转让的具体办法由证券交易所或全国中小企业股份转让系统另行制定。

(2) 优先股交易或转让环节的投资者适当性标准应当与发行环节保持一致；非公开发行的相同条款优先股经交易或转让后，投资者不得超过200人。

(3) 中国证券登记结算公司为优先股提供登记、存管、清算、交收等服务。

（五）优先股的筹资成本

从投资者来看，优先股投资的风险比债券大。当企业面临破产时，优先股的求偿权低于债权人。在公司财务困难的时候，债务利息会被优先支付，优先股股利则其次。因此，同一公司的优先股股东要求的必要报酬率比债权人的高。同时，优先股投资的风险比普通股低。当企业面临破产时，优先股股东的求偿权优先于普通股股东。在公司分配利润时，优先股股息通常固定且优先支付，普通股股利只能最后支付。因此，同一公司的优先股股东要求的必要报酬率比普通股股东的低。

（六）优先股筹资的优缺点

1. 优先股筹资优点。

(1) 与债券相比，不支付股利不会导致公司破产；没有到期期限，不需要偿还本金。

(2) 与普通股相比，发行优先股一般不会稀释股东控制权。

2. 优先股筹资缺点。

(1) 优先股股利不可以税前扣除，是优先股筹资的税收劣势；投资者购买优先股所获股利免税，是优先股筹资的税收优势。如果两者可以抵消，则使优先股股息率与债券利率趋于一致。

(2) 优先股的股利支付虽然没有法律约束，但是经济上的约束使公司倾向于按时支付其股利。因此，优先股的股利通常被视为固定成本，与负债筹资的利息没有什么差别，会增加公司的财务风险并进而增加普通股的成本。

与优先股类似，永续债作为具有一定权益属性的债务工具，也是一种混合筹资工具。虽然永续债具有一定的权益属性，但是其投资者并不能像普通股股东一样参与企业决策和股利分配。永续债持有者除公司破产等原因外，一般不能要求公司偿还本金，而只能定期获取利息。如果发行方出现破产重组等情形，从债务偿还顺序来看，大部分永续债偿还顺序在一般债券之后普通股之前。

二、附认股权证债券筹资

（一）认股权证的特征

认股权证是公司向股东发放的一种凭证，授权其持有者在一个特定期间以特定价格购买特定数量的公司股票。

1. 认股权证与股票看涨期权的共同点。

(1) 均以股票为标的资产，其价值随股票价格变动；

(2) 均在到期前可以选择执行或不执行，具有选择权；

(3) 均有一个固定的执行价格。

2. 认股权证与股票看涨期权的区别。

(1) 股票看涨期权执行时，其股票来自二级市场，而当认股权执行时，股票是新发股票。认股权证的执行会引起股份数的增加，从而稀释每股收益和股价。股票看涨期权不存在稀释问题。标准化的期权合约，在行权时只是与发行方结清价差，根本不涉及股票交易。

（2）股票看涨期权时间短，通常只有几个月。认股权证期限长，可以长达10年，甚至更长。

（3）布莱克－斯科尔斯模型假设没有股利支付，股票看涨期权可以适用。认股权证不能假设有效期限内不分红，5~10年不分红很不现实，不能用布莱克－斯科尔斯模型定价。

3. 发行认股权证的用途。

（1）在公司发行新股时，为避免原有股东每股收益和股权被稀释，给原有股东配发一定数量的认股权证，使其可以按优惠价格认购新股，或直接出售认股权证，以弥补新股发行的稀释损失。这是认股权证最初的功能。

（2）作为奖励发给本公司的管理人员。所谓"奖励期权"，其实是奖励认股权证，它与期权并不完全相同。有时，认股权证还作为奖励发给投资银行机构。

（3）作为筹资工具，认股权证与公司债券同时发行，用来吸引投资者购买票面利率低于市场要求的长期债券。

我们这里主要讨论筹资问题，因此重点是认股权证与债券的捆绑发行。

（二）附认股权证债券的筹资成本

附认股权证债券，是指公司债券附认股权证，持有人依法享有在一定期间内按约定价格（执行价格）认购公司股票的权利，是债券加上认股权证的产品组合。通常，附认股权证债券可分为"分离型"与"非分离型"，和"现金汇入型"与"抵缴型"。其中，"分离型"指认股权证与公司债券可以分开，单独在流通市场上自由买卖；"非分离型"指认股权证无法与公司债券分开，两者存续期限一致，同时流通转让，自发行至交易均合二为一，不得分开转让。非分离型附认股权证公司债券近似于可转债。"现金汇入型"指当持有人行使认股权利时，必须再拿出现金来认购股票；"抵缴型"则指公司债票面金额本身可按一定比例直接转股，如现行可转换公司债的方式。把"分离型""非分离型"与"现金汇入型""抵缴型"进行组合，可以得到不同的产品类型。

（三）附认股权证债券筹资的优点和缺点

附认股权证债券筹资的主要优点是，发行附认股权证债券可以起到一次发行、二次融资的作用，而且可以有效降低融资成本。该债券的发行人主要是高速增长的小公司，这些公司有较高的风险，直接发行债券需要较高的票面利率。发行附认股权证债券，是以潜在的股权稀释为代价换取较低的利息。

附认股权证债券筹资的主要缺点是灵活性较差。相对于可转换债券，发行人一直都有偿还本息的义务，因无赎回和强制转股条款，从而在市场利率大幅降低时，发行人需要承担一定的机会成本。附认股权证债券的发行者，主要目的是发行债券而不是股票，是为了发债而附带期权。认股权证的执行价格，一般比发行时的股价高出20%~30%。如果将来公司发展良好，股票价格会大大超过执行价格，原有股东也会蒙受较大损失。此外，附认股权证债券的承销费用通常高于债务融资。

三、可转换债券筹资

（一）可转换债券的主要条款

可转换债券，是一种特殊的债券，它在一定期间内依据约定的条件可以转换成普通股。

可转换债券通常有以下主要条款：

1. 可转换性。

可转换债券，可以转换为特定公司的普通股。这种转换，在资产负债表上只是负债转换为普通股，并不增加额外的资本。认股权证与之不同，认股权会带来新的资本。这种转换是一种期权，证券持有人可以选择转换，也可选择不转换而继续持有债券。

2. 转换价格。

可转换债券发行之时，明确了以怎样的价格转换为普通股，这一规定的价格就是可转换债券的转换价格（也称转股价格），即转换发生时投资者为取得普通股每股所支付的实际价格。转换价格通常比发行时的股价高出20%~30%。

3. 转换比率。

转换比率是债权人将一份债券转换成普通股可获得的普通股股数。可转换债券的面值、转换价格、转换比率之间存在下列关系：

转换比率 = 债券面值 ÷ 转换价格

4. 转换期。

转换期是指可转换债券转换为股份的起始日至结束日的期间。可转换债券的转换期可以与债券的期限相同，也可以短于债券的期限。例如，某种可转换债券规定只能从其发行一定时间之后（如发行若干年之后）才能够行使转换权，这种转换期称为递延转换期，短于其债券期限。还有的可转换债券规定只能在一定时间内（如发行日后的若干年之内）行使转换权，超过这一段时间转换权失效，因此转换期也会短于债券的期限，这种转换期称为有限转换期。超过转换期后的可转换债券，不再具有转换权，自动成为不可转换债券（或普通债券）。

我国《上市公司证券发行管理办法》规定，自发行结束之日起6个月后方可转换为公司股票，转股期限由公司根据可转换公司债券的存续期限及公司财务状况决定。

5. 赎回条款。

赎回条款是可转换债券的发行企业可以在债券到期日之前提前赎回债券的规定。赎回条款包括下列内容：

（1）不可赎回期。不可赎回期是可转换债券从发行时开始，不能被赎回的那段期间。例如，规定自发行日起两年之内不能由发行公司赎回，债券的前两年就是不可赎回期。设立不可赎回期的目的，在于保护债券持有人的利益，防止发行企业通过滥用赎回权，促使债券持有人尽早转换债券。不过，并不是每种可转换债券都设有不可赎回条款。

（2）赎回期。赎回期是可转换债券的发行公司可以赎回债券的期间。赎回期安排在不可赎回期之后，不可赎回期结束之后，即进入可转换债券的赎回期。

（3）赎回价格。赎回价格是事前规定的发行公司赎回债券的出价。赎回价格一般高于可转换债券的面值，两者之差为赎回溢价。赎回溢价随债券到期日的临近而减少。

（4）赎回条件。赎回条件是对可转换债券发行公司赎回债券的情况要求，即需要在什么样的情况下才能赎回债券。赎回条件分为无条件赎回和有条件赎回。无条件赎回是在赎回期内发行公司可随时按照赎回价格赎回债券。有条件赎回是对赎回债券有一些条件限制，只有在满足了这些条件之后才能由发行公司赎回债券。

发行公司在赎回债券之前，要向债券持有人发出通知，要求他们在将债券转换为普通股与卖给发行公司（即发行公司赎回）之间作出选择。一般而言，债券持有人会将债券转换为普通股。可见，设置赎回条款是为了促使债券持有人转换股份，因此又被称为加速条款，同时也能使发行公司避免市场利率下降后，继续向债券持有人按较高的债券票面利率支付利息所蒙受的损失。

6. 回售条款。

回售条款是在可转换债券发行公司的股票价格达到某种恶劣程度时，债券持有人有权按照约定的价格将可转换债券卖给发行公司的有关规定。回售条款也具体包括回售时间、回售价格等内容。设置回售条款是为了保护债券投资人的利益，使他们能够避免遭受过大的投资损失，从而降低投资风险。合理的回售条款，可以使投资者具有安全感，因而有利于吸引投资者。

7. 强制性转换条款。

强制性转换条款是在某些条件具备之后，债券持有人必须将可转换债券转换为股票，无权要求偿还债券本金的规定。设置强制性转换条款，是为了保证可转换债券顺利地转换成股票，实现发行公司扩大权益筹资的目的。

（二）可转换债券的筹资成本

可转换债券的持有者，同时拥有1份债券和1份股票的看涨期权。它与拥有普通债券和认股权证的投资组合基本相同，不同的只是为了执行看涨期权必须放弃债券。因此，可以先把可转换债券作为普通债券分析，然后再当作看涨期权处理，就可以完成其估值。纯债券价值是不含看涨期权的普通债券的价值，转换价值是债券转换成的股票价值。这两者决定了可转换债券的价格。

（三）可转换债券筹资的优点和缺点

1. 可转换债券筹资的优点。

（1）与普通债券相比，可转换债券使得公司能够以较低的利率取得资金。债权人同意接受较低利率的原因是有机会分享公司未来发展带来的收益。可转换债券的票面利率低于同一条件下的普通债券的利率，降低了公司前期的筹资成本。与此同时，它向投资人提供了转为股权投资的选择权，使之有机会转为普通股并分享公司更多的收益。值得注意的是，可转换债券转换成普通股后，其原有的低息优势将不复存在，公司要承担普通股的筹资成本。

（2）与普通股相比，可转换债券使得公司取得了以高于当前股价出售普通股的可能性。有些公司本来是想要发行股票而不是债务，但是认为当前其股票价格太低，为筹集同样的资金需要发行更多的股票。为避免直接发行新股而遭受损失，才通过发行可转换债券变相发行普通股。因此，在发行新股时机不理想时，可以先发行可转换债券，然后通过转换实现较高价格的股权筹资。这样做不至于因为直接发行新股而进一步降低公司股票市价；而且因为转换期较长，即使在将来转换股票时，对公司股价的影响也较温和，从而有利于稳定公司股价。

2. 可转换债券筹资的缺点。

（1）股价上涨风险。虽然可转换债券的转换价格高于其发行时的股票价格，但如果转换时股票价格大幅上涨，公司只能以较低的固定转换价格换出股票，会降低公司的股权筹资额。

（2）股价低迷风险。发行可转换债券后，如果股价没有达到转股所需要的水平，可转换债券持有者没有如期转换普通股，则公司只能继续承担债务。在订有回售条款的情况下，公司短期内集中偿还债务的压力会更明显。尤其是有些公司发行可转换债券的目的是筹集权益资本，股价低迷使其原定目的无法实现。

（3）筹资成本高于普通债券。尽管可转换债券的票面利率比普通债券低，但是加入转股成本之后的总筹资成本比普通债券要高。

（四）可转换债券和附认股权证债券的区别

（1）可转换债券在转换时只是报表项目之间的变化，没有增加新的资本；附认股权证债券在认购股份时给公司带来新的权益资本。

（2）灵活性不同。可转换债券允许发行者规定可赎回条款、强制转换条款等，种类较多，而附认股权证债券的灵活性较差。

（3）适用情况不同。发行附认股权证债券的公司，比发行可转换债券的公司规模小、风险更高，往往是新的公司启动新的产品。对这类公司，潜在的投资者缺乏信息，很难判断风险的大小，也就很难设定合适的利率。为了吸引投资者，他们有两种选择，一个是设定很高的利率，承担高成本；另一个选择是采用期权与债权捆绑，向投资者提供潜在的升值可能性，适度抵消遭受损失的风险。附认股权证债券的发行者，主要目的是发行债券而不是股票，是为了发债而附带期权，只是因为当前利率要求高，希望通过捆绑期权吸引投资者以降低利率。可转换债券的发行者，主要目的是发行股票而不是债券，只是因为当前股价偏低，希望通过将来转股以实现较高的股票发行价。

（4）两者的发行费用不同。可转换债券的承销费用与普通债券类似，而附认股权证债券的承销费用介于债务融资和普通股融资之间。

第四节 租赁筹资

一、租赁的概念及原因

租赁，是指在一定的期间内，出租人将资产使用权让与承租人以获取对价的合同。

（一）租赁的概念

租赁涉及的主要概念如下：

1. 租赁的当事人。

租赁合约的当事人至少包括出租人和承租人两方，出租人是租赁资产的所有者，承租人是租赁资产的使用者。

按照当事人之间的关系，租赁可以划分为三种类型：

（1）直接租赁。该种租赁是指出租人（租赁企业或生产厂商）直接向承租人提供租赁资产的租赁形式。直接租赁只涉及出租人和承租人两方。

(2) 杠杆租赁。该种租赁是有贷款者参与的一种租赁形式。在这种形式下,出租人引入资产时只支付引入所需款项(如购买资产的货款)的一部分(通常为资产价值的20%~40%),其余款项则以引入的资产或出租权等为抵押,向另外的贷款者借入;资产出租后,出租人以收取的租金向贷款者还贷。这样,出租人利用自己的少量资金就推动了大额的租赁业务,故称为杠杆租赁。对承租人(企业)来说,杠杆租赁和直接租赁没有什么区别,都是向出租人租入资产;而对出租人而言,其身份则有了变化,既是资产的出租者,同时又是款项的借入者。因此杠杆租赁是一种涉及三方关系人的租赁形式。

(3) 售后租回。该种租赁是指承租人先将某资产卖给出租人,再将该资产租回的一种租赁形式。在这种形式下,承租人一方面通过出售资产获得了现金;另一方面又通过租赁满足了对资产的需要,而租赁费却可以分期支付。

2. 租赁资产。

租赁合约涉及的资产称为租赁资产。早期租赁涉及的资产主要是土地和建筑物,20世纪50年代以后各种资产都进入了租赁领域,大到一个工厂,小到一部电话。企业生产经营中使用的资产,既可以通过购买取得其所有权,也可以通过租赁取得其使用权,它们都可以达到使用资产的目的。

3. 租赁期。

租赁期是指租赁开始日至终止日的时间。根据租赁期的长短分为短期租赁和长期租赁,短期租赁的时间明显少于租赁资产的经济寿命,而长期租赁的时间接近租赁资产的经济寿命。

4. 租赁费用。

租赁的基本特征是承租人向出租人承诺提供一系列的现金支付。租赁费用的报价形式和支付形式双方可以灵活安排,是协商一致的产物,没有统一的标准。

租赁费用的经济内容包括出租人的全部出租成本和利润。出租成本包括租赁资产的购置成本、营业成本以及相关的利息。如果出租人收取的租赁费用超过其成本,剩余部分则成为利润。

租赁费用的报价形式有三种:

(1) 合同分别约定租赁费、利息和手续费。

(2) 合同分别约定租赁费和手续费。

(3) 合同只约定一项综合租赁费,没有分项的价格。

租赁费的支付形式也存在多样性。典型的租赁费支付形式是预付年金,即分期(年、半年、季度、月或日等)的期初等额系列付款。经过协商,也可以在每期期末支付租赁费,或者各期的支付额不等。利息支付可以各期等额支付,也可以根据各期期初负债余额计算并支付。手续费可以在租赁开始日一次支付,也可以分期等额支付。通常,租赁合约规定每月或每半年支付一笔等额的租赁费,第一笔租赁费大多在签约时就要支付,也有在每期期末支付的情况。有时候,根据承租人的要求也可以适当调整每期的支付额,例如,设备使用的第一年需要进行复杂的调试,则可能在租赁的第一年安排较低的租赁费,甚至约定免租期。

根据全部租赁费是否超过资产的成本,租赁分为不完全补偿租赁和完全补偿租赁。

不完全补偿租赁，是指租赁费不足以补偿租赁资产的全部成本的租赁。完全补偿租赁，是指租赁费超过资产全部成本的租赁。

5. 租赁的撤销。

根据租赁是否可以随时解除分为可以撤销租赁和不可撤销租赁。可以撤销租赁是指合同中注明承租人可以随时解除的租赁。通常，提前终止合同，承租人要支付一定的赔偿额。不可撤销租赁是指在合同到期前不可以单方面解除的租赁。如果经出租人同意或者承租人支付一笔足够大的额外款项从而得到对方认可，不可撤销租赁也可以提前终止。

6. 租赁资产的维修。

根据出租人是否负责租赁资产的维护（维修、保险和财产税等）分为毛租赁和净租赁。毛租赁是指由出租人负责资产维护的租赁。净租赁是指由承租人负责资产维修的租赁。租赁资产的维修，也可以单独签订一个维修合同，与租赁合同分开处理。

（二）租赁的原因

租赁存在的主要原因有以下三方面：

1. 节税。

如果承租方的有效税率高于出租方，通过租赁可以节税。即资产的使用者如处于较高税率级别，在购买方式下它从折旧中获得的抵税利益较少；在租赁方式下可获得较多的抵税利益。在竞争性的市场上，承租方和出租方分享税率差别引起的减税，会使资产使用者倾向于采用租赁方式。

如果资本市场的效率较高，等风险投资机会的筹资成本相差无几，租赁公司在这方面并不比承租人占有多少优势。如果不能取得税收的好处，大部分长期租赁在经济上都难以成立。如果双方的实际税率相等，承租人可以直接在资本市场上筹集借款，没有必要转手租赁公司筹资，增加无用的交易成本。

节税是长期租赁存在的重要原因。如果没有所得税制度，长期租赁可能无法存在。在一定程度上说，租赁是所得税制度的产物。所得税制度对于融资租赁的促进，主要表现在允许一部分融资租赁的租赁费税前扣除。所得税制度的调整，往往会促进或抑制某些租赁业务的发展。

2. 降低交易成本。

租赁公司可以大批量购置某种资产，从而获得价格优惠。对于租赁资产的维修，租赁公司可能更内行或者更有效率。对于旧资产的处置，租赁公司更有经验。交易成本的差别是短期租赁存在的主要原因。我国的资本市场存在某些缺陷，利率市场化不充分。租赁公司由于信用、规模和其他原因，融资成本往往比承租人低。这也是租赁存在的原因之一。尤其是中小企业融资成本比较高或者不能迅速借到款项，会倾向于采用租赁融资。

3. 减少不确定性。

租赁的风险主要与租赁期满时租赁资产的余值有关。承租人不拥有租赁资产的所有权，不承担与此有关的风险。资产使用者如果自行购置，他就必须承担该项风险。

一般认为，不同公司对于风险的偏好有差别。规模较小或新成立的公司，公司的总风险较大，希望尽可能降低风险，较倾向于租赁。蓝筹公司有能力承担资产余值风险，更偏好自行购置。

二、租赁的会计处理和税务处理

(一) 租赁的会计处理

2018 年 12 月 7 日,财政部修订发布了《企业会计准则第 21 号——租赁》(以下简称新租赁准则)。按照新租赁准则,承租人会计处理不再区分经营租赁和融资租赁,而是采用单一的会计处理模型,也就是说,除采用简化处理的短期租赁和低价值资产租赁外,对所有租赁均确认使用权资产和租赁负债,参照固定资产准则对使用权资产计提折旧,采用固定的周期性利率确认每期利息费用。

出租人租赁仍分为融资租赁和经营租赁两大类,并分别采用不同的会计处理方法。一项租赁属于融资租赁还是经营租赁取决于交易的实质,而不是合同的形式。如果一项租赁实质上转移了与租赁资产所有权有关的几乎全部风险和报酬,出租人应当将该项租赁分类为融资租赁。出租人应当将除融资租赁以外的其他租赁分类为经营租赁。

由于本章阐述的是长期筹资,故下文仅从承租人角度探讨租赁问题。

1. 采用简化处理的短期租赁和低价值资产租赁。

短期租赁,是指在租赁期开始日,租赁期不超过 12 个月的租赁。包含购买选择权的租赁不属于短期租赁。

低价值资产租赁,是指单项租赁资产为全新资产时价值较低的租赁。承租人在判断是否是低价值资产租赁时,应基于租赁资产的全新状态下的价值进行评估,不应考虑资产已被使用的年限。低价值资产同时还应满足以下条件,即承租人能够从单独使用该低价值资产或将其与承租人易于获得的其他资源一起使用中获利,且该项资产与其他租赁资产没有高度依赖或高度关联关系。低价值资产租赁的标准应该是一个绝对金额,即仅与资产全新状态下的绝对价值有关,不受承租人规模、性质等影响,也不考虑该资产对于承租人或相关租赁交易的重要性。

对于短期租赁和低价值资产租赁,承租人可以选择不确认使用权资产和租赁负债。作出该选择的,承租人应当将短期租赁和低价值资产租赁的租赁付款额,在租赁期内各个期间按照直线法或其他系统合理的方法计入相关资产成本或当期损益。

2. 其他租赁。

对除采用简化处理的短期租赁和低价值资产租赁外的租赁,在租赁期开始日,承租人应当对租赁确认使用权资产和租赁负债。

租赁负债应当按照租赁期开始日尚未支付的租赁付款额的现值进行初始计量。在计算租赁付款额的现值时,承租人应当采用租赁内含利率作为折现率;无法确定租赁内含利率的,应当采用承租人增量借款利率作为折现率。

租赁内含利率,是指使出租人的租赁收款额的现值与未担保余值的现值之和等于租赁资产公允价值与出租人的初始直接费用之和的利率。其中,未担保余值,是指租赁资产余值中,出租人无法保证能够实现或仅由与出租人有关的一方予以担保的部分。初始直接费用,是指为达成租赁所发生的增量成本。增量成本是指若企业不取得该租赁,则不会发生的成本,如佣金、印花税等。无论是否实际取得租赁都会发生的支出,不属于初始直接费用,例如为评估是否签订租赁而发生的差旅费、法律费用等,此类费用应当在发生时计入当期损益。

承租人增量借款利率，是指承租人在类似经济环境下为获得与使用权资产价值接近的资产，在类似期间以类似抵押条件借入资金须支付的利率。

使用权资产，是指承租人可在租赁期内使用租赁资产的权利。在租赁期开始日，承租人应当按照成本对使用权资产进行初始计量。该成本包括下列四项：（1）租赁负债的初始计量金额；（2）在租赁期开始日或之前支付的租赁付款额，存在租赁激励的，应扣除已享受的租赁激励相关金额；（3）承租人发生的初始直接费用；（4）承租人为拆卸及移除租赁资产、复原租赁资产所在场地或将租赁资产恢复至租赁条款约定状态预计将发生的成本。

承租人应当按照固定的周期性利率计算租赁负债在租赁期内各期间的利息费用，并计入当期损益或相关资产成本。周期性利率，是指承租人对租赁负债进行初始计量时所采用的折现率，或者因租赁付款额发生变动或因租赁变更而需按照修订后的折现率对租赁负债进行重新计量时，承租人所采用的修订后的折现率。承租人应当参照固定资产折旧，自租赁期开始日起对使用权资产计提折旧。

（二）租赁的税务处理

新租赁准则将原租赁准则下承租人的经营租赁和融资租赁会计处理方式进行了统一，即要求承租人对所有租赁（选择简化处理的短期租赁和低价值资产租赁除外）确认使用权资产和租赁负债，并分别确认折旧和利息费用。这种处理充分考虑了分期支付租金的货币时间价值。而税法通常不考虑货币时间价值，仅按照实际支付款项作为计税基础。

我国的所得税法没有关于租赁分类的条款，但规定，"在计算应纳税所得额时，企业财务、会计处理办法与税收法律、行政法规的规定不一致的，应当依照税收法律、行政法规的规定计算"。这一规定被理解为：税法没有规定租赁的分类标准，可以采用会计准则对租赁的分类和确认标准；税收法规规定了租赁资产的计税基础和扣除时间，并且与会计准则不一致，应遵循税收法规。

我国的所得税法实施条例规定，"以融资租赁方式租入固定资产发生的租赁费支出，按照规定构成融资租入固定资产价值的部分应当提取折旧费用，分期扣除。""融资租入的固定资产，以租赁合同约定的付款总额和承租人在签订租赁合同过程中发生的相关费用为计税基础，租赁合同未约定付款总额的，以该资产的公允价值和承租人在签订租赁合同过程中发生的相关费用为计税基础"。此外还规定，企业在生产经营活动中发生的利息支出（包括非金融企业向金融企业借款的利息支出），准予扣除，其中，金融企业包括从事租赁等业务的专业和综合性非银行金融机构。

财务管理主要关注估值。由于税法的相关规定将影响税后现金流量，故财务管理将采用税法的角度而不是会计的角度看待租赁问题。

三、租赁的决策分析

租赁的经济、法律关系十分复杂。世界各国对租赁的理解不尽相同，同一国家的合同法、税法和会计准则等对于租赁的规定也存在某些差别。实务中租赁合同种类繁多，分析模型专业且复杂。基于本教材的目的，不对这些复杂问题展开讨论，只简单介绍租赁分析的基本原理。

财务管理主要从承租人的融资角度研究租赁（出租人是从投资角度研究租赁），将租赁视为一种融资方式。如果租赁融资比其他融资方式更有利，则应优先考虑租赁融资。

1. 租赁分析的主要程序。

租赁分析的主要程序如下：

（1）分析是否应该取得一项资产。这是租赁分析的前置程序。承租人在决定是否租赁一项资产之前，先要判断该项资产是否值得投资。这一决策通过常规的资本预算程序完成。通常，确信投资于该资产有正的净现值之后才会考虑如何筹资问题。

（2）分析公司是否有足够的现金用于该项资产投资。通常，运行良好的公司没有足够的多余现金用于固定资产投资，需要为新的项目筹资。

（3）分析可供选择的筹资途径。筹资的途径包括借款和发行新股等。租赁是可供选择的筹资途径之一。租赁和借款对于资本结构的影响类似，1元的租赁等于1元的借款。如果公司拟通过借款筹资，就应分析借款和租赁哪个更有利。

（4）利用租赁分析模型计算租赁净现值。根据财务的基本原理，为获得同一资产的两个方案，现金流出的现值较小的方案是好方案。如果租赁方式取得资产的现金流出的总现值小于借款筹资，则租赁有利于增加股东财富。因此，租赁分析的基本模型如下：

租赁净现值 = 租赁的现金流量总现值 − 借款购买的现金流量总现值

应用该模型的主要问题是预计现金流量和估计折现率。预计现金流量包括：①预计借款筹资购置资产的现金流；②与可供选择的出租人讨论租赁方案；③判断租赁的税务性质；④预计租赁方案的现金流。估计折现率是个有争议的复杂问题，实务中大多采用简单的解决办法，即采用有担保债券的利率作为折现率，它比无风险利率稍微高一点。

（5）根据租赁净现值以及其他非计量因素，决定是否选择租赁。

2. 租赁分析的折现率。

计算租赁净现值使用什么折现率，是个争论已久的问题。从原则上说，折现率应当体现现金流量的风险，租赁涉及的各种现金流风险并不同，应当使用不同的折现率。

（1）租赁费的折现率。租赁费定期支付，类似债券的还本付息，折现率应采用类似债务的利率。租赁资产的法定所有权属于出租人，如果承租人不能按时支付租赁费，出租人可以收回租赁资产，所以承租人必然尽力按时支付租赁费，租赁费现金流的不确定性很低。租赁资产就是租赁融资的担保物，租赁费现金流和有担保借款在经济上是等价的。因此，租赁费现金流的折现率应采用有担保债券的利率，它比无风险利率稍高一些。

（2）折旧抵税额的折现率。使用折旧额乘以所得税税率计算折旧抵税额，隐含了一个假设，就是全部折旧抵税额均有足够的应税所得用于抵税，并且公司适用的税率将来不会变化。实际上经营总有不确定性，有些公司的盈利水平很低，没有足够的应税所得用于折旧抵税，适用税率也可能有变化。因此，折旧抵税额的风险比租金大一些，折现率也应高一些。

（3）期末资产余值的折现率。通常认为，持有资产的经营风险大于借款的风险，因此期末资产余值的折现率要比借款利率高。多数人认为，资产余值应使用项目的必要报酬率即加权平均资本成本作为折现率。

对每一种现金流使用不同的折现率，会提高分析的合理性，也会增加其复杂性。除非租赁涉及的金额巨大，在实务中的惯例是采用简单的办法，就是统一使用有担保债券的利率作为折现率。与此同时，对于折旧抵税额和期末资产余值进行比较谨慎的估计，即根据风险大小适当调整预计现金流量。

3. 租赁决策对投资决策的影响。

在前面的租赁分析中，我们把资产的投资决策和筹资决策分开考虑，并假设该项投资本身有正的净现值。这种做法通常是可行的，但有时并不全面。

有时一个投资项目按常规筹资有负的净现值，如果租赁的价值较大，抵补常规分析负的净现值后还有剩余，则采用租赁筹资可能使该项目具有投资价值。经过租赁净现值调整的项目净现值，称为"调整净现值"。

项目的调整净现值＝项目的常规净现值＋租赁净现值

四、售后租回

售后租回是一种特殊形式的租赁业务，是指卖主（即承租人）将一项自制或外购的资产出售后，又将该项资产从买主（即出租人）租回。在售后租回方式下，卖主同时是承租人，买主同时是出租人。通过售后租回交易，资产的原所有者（即承租人）在保留对资产使用权的前提下，将固定资产转化为资金，在出售时可取得资产全部价款的现金，而租金则分期支付；而资产的新所有者（即出租人）通过售后租回交易，找到了一个风险小、回报有保障的投资机会。

（一）售后租回的会计处理

当企业（卖方兼承租人）将资产转让给其他企业（买方兼出租人）并从买方兼出租人租回该项资产时，如果承租人在资产转移给出租人之前已经取得对标的资产的控制，则该交易属于售后租回交易；如果承租人未能在资产转移给出租人之前取得对标的资产的控制，那么即便承租人在资产转移给出租人之前先获得标的资产的法定所有权，该交易也不属于售后租回交易。

1. 售后租回交易中的资产转让属于销售。

卖方兼承租人应当按原资产账面价值中与租回获得的使用权有关的部分，计量售后租回所形成的使用权资产，并仅就转让至买方兼出租人的权利确认相关利得或损失。买方兼出租人对资产购买和资产出租进行会计处理。

如果销售对价的公允价值与资产的公允价值不同，或者出租人未按市场价格收取租金，企业应当进行以下调整：

（1）销售对价低于市场价格的款项作为预付租金进行会计处理；

（2）销售对价高于市场价格的款项作为买方兼出租人向卖方兼承租人提供的额外融资进行会计处理。

同时，承租人按照公允价值调整相关销售利得或损失，出租人按市场价格调整租金收入。

在进行上述调整时，企业应当按以下二者中较易确定者进行：

（1）销售对价的公允价值与资产的公允价值的差异；

（2）合同付款额的现值与按市场租金计算的付款额的现值的差异。

2. 售后租回交易中的资产转让不属于销售。

卖方兼承租人不终止确认所转让的资产，而应当将收到的现金作为金融负债。买方兼出租人不确认被转让资产，而应当将支付的现金作为金融资产。

（二）售后租回的税务处理

按照《国家税务总局关于融资性售后回租业务中承租方出售资产行为有关税收问题的公告》（国家税务总局公告 2010 年第 13 号），融资性售后回租业务是指承租方以融资为目的将资产出售给经批准从事融资租赁业务的企业后，又将该项资产从该融资租赁企业租回的行为。融资性售后回租业务中承租方出售资产时，资产所有权以及与资产所有权有关的全部报酬和风险并未完全转移。融资性售后回租业务中，承租人出售资产的行为，不确认为销售收入，对融资性租赁的资产，仍按承租人出售前原账面价值作为计税基础计提折旧。租赁期间，承租人支付的属于融资利息的部分，作为企业财务费用在税前扣除。

如前所述，财务管理从估值角度出发，关注的是税后现金流量，故将采用税法的角度而不是会计的角度看待售后租回。其中，税收法律、法规有规定的按税收法律、法规，未规定的按财务、会计处理办法。

第六章 股利分配、股票分割与股票回购

第一节 股利的种类、支付程序与分配方案

一、股利的种类

股利支付方式有多种，主要方式有以下两种：

第一，现金股利。现金股利是以现金支付的股利，它是股利支付的主要方式。公司支付现金股利除了要有累计盈余（特殊情况下可用弥补亏损后的盈余公积金支付）外，还要有足够的现金，因此，公司在支付现金股利前需筹备充足的现金。

第二，股票股利。股票股利是公司以增发的股票作为股利的支付方式。

在我国上市公司的股利分配实践中，股利支付方式是现金股利、股票股利或者是两种方式兼有的组合分配方式。部分上市公司在实施现金股利和股票股利的利润分配方案时，有时也会同时实施从资本公积转增股本的方案。

此外，公司还可以使用财产和负债支付方式支付股利。财产股利是以现金以外的资产支付的股利，主要是以公司所拥有的其他企业的有价证券，如债券、股票，作为股利支付给股东。负债股利是公司以负债支付的股利，通常以公司的应付票据支付给股东，在不得已的情况下也有发行公司债券抵付股利的。财产股利和负债股利实际上是现金股利的替代。这两种股利方式目前在我国公司实务中很少使用，但并非法律所禁止。

二、股利支付程序

（一）决策程序

上市公司股利分配的基本程序是：由公司董事会根据公司盈利水平和股利政策，制定股利分配方案，提交股东大会审议，通过后方能生效。在经过上述决策程序之后，公司方可对外发布股利分配公告、具体实施分配方案。我国股利分配决策权属于股东大会。我国上市公司的现金分红一般是按年度进行，也可以进行中期现金分红。

（二）分配信息披露

根据有关规定，股份有限公司利润分配方案、公积金转增股本方案须经股东大会批

准，董事会应当在股东大会召开后两个月内完成股利派发或股份转增事项。在此期间，董事会必须对外发布股利分配公告，以确定分配的具体程序与时间安排。

股利分配公告一般在股权登记前3个工作日发布。如果公司股东较少，股票交易又不活跃，公告日可以与股利支付日在同一天。公告内容包括：

（1）利润分配方案。

（2）股利分配对象，为股权登记日当日登记在册的全体股东。

（3）股利发放方法。我国上市公司的股利分配程序应当按登记的证券交易所的具体规定进行。

此外，为提高上市公司现金分红的透明度，《关于修改上市公司现金分红若干规定的决定》要求上市公司在年度报告、半年度报告中分别披露利润分配预案，在报告期实施的利润分配方案执行情况的基础上，还要求在年度报告、半年度报告以及季度报告中分别披露现金分红政策在本报告期的执行情况。同时，要求上市公司以列表方式明确披露前三年现金分红的数额与净利润的比率。如果本报告期内盈利但公司年度报告中未提出现金利润分配预案，应详细说明未分红的原因、未用于分红的资金留存公司的用途。

（三）分配程序

以深圳证券交易所的规定为例：对于流通股份，其现金股利由上市公司于股权登记日前划入深交所账户，再由深交所于登记日后第3个工作日划入各托管证券经营机构账户，托管证券经营机构于登记日后第5个工作日划入股东资金账户。红股则于股权登记日后第3个工作日直接划入股东的证券账户，并自即日起开始上市交易。

三、股利分配方案

我国《证券法》规定，上市公司应当在章程中明确分配现金股利的具体安排和决策程序，依法保障股东的资产收益权。上市公司当年税后利润，在弥补亏损及提取法定公积金后有盈余的，应当按照公司章程的规定分配现金股利。

企业的股利分配方案一般包括以下几个方面：

（1）股利支付形式。决定是以现金股利、股票股利还是其他某种形式支付股利。

（2）股利支付率。股利支付率是指股利与净利润的比率。按年度计算的股利支付率非常不可靠。由于累计的以前年度盈余也可以用于股利分配，有时股利支付率甚至会大于100%。作为一种财务政策，股利支付率应当是若干年度的平均值。

（3）股利政策的类型。决定采取固定股利政策，还是稳定增长股利政策，或是剩余股利政策等。

（4）股利支付程序。确定股利宣告日、股权登记日、除息日和股利支付日等具体事宜。

股票股利是公司以发放的股票作为股利的支付方式，不涉及公司的现金流。股票股利并不直接增加股东的财富，不导致公司资产的流出或负债的增加，同时也并不因此而增加公司的财产，但会引起所有者权益各项目的结构发生变化。发放股票股利以后，由于普通股股数增加会引起每股收益和每股市价（假设市盈率不变）的下降。但由于股东所持股份的比例不变，每位股东所持有股票的市场价值总额仍保持不变。

发放股票股利对每股收益和每股市价的影响，可以通过对每股收益、每股市价的调整直接算出：

$$发放股票股利后的每股收益 = \frac{E_0}{1+D_s}$$

其中：E_0 表示发放股票股利前的每股收益；D_s 表示股票股利发放率。

$$发放股票股利后的每股除权参考价 = \frac{M}{1+D_s}$$

其中：M 表示股利分配权转移日的每股市价；D_s 表示股票股利发放率。

转增股本则是将资本公积转为股本，对企业而言属于所有者权益内项目之间的调整，对股东而言可以按照其所持有股份的比例获得相应的转增股份。从股东持有的股份数量上看，公司发放股票股利与从资本公积转增股本都会使股东具有相同的股份增持效果，但并未增加股东持有股份的价值。

我国上市公司在实施利润分配方案时，可以是单独实施发放现金股利或股票股利的分配方案，也可以是现金股利与股票股利组合方案，或者同时伴随着从资本公积转增股本的方案。由于股票股利与转增都会增加股数，但每个股东持有股份的比例并未改变，结果导致每股价值被稀释，从而使股票交易价格下降。

在除息日，上市公司发放现金股利、股票股利以及资本公积转增资本后，

$$股票的除权参考价 = \frac{股权登记日收盘价 - 每股现金股利}{1 + 送股率 + 转增率}$$

第二节 股票分割与股票回购

一、股票分割

股票分割是指将面额较高的股票交换成面额较低的股票的行为。例如，将原来的一股股票交换成两股股票。股票分割不属于某种股利方式，但其所产生的效果与发放股票股利近似，故而在此一并介绍。

股票分割时，流通在外的股数增加，每股面额下降。如果盈利总额和市盈率不变，则每股收益和每股市价下降，但公司价值不变，股东权益总额以及股东权益内部各项目相互间的比例也不会改变。这与发放股票股利时的情况既有相同之处，又有不同之处。

从实践效果看，由于股票分割与股票股利非常接近，所以一般要根据证券管理部门的具体规定对两者加以区分。例如，有的国家证券交易机构规定，发放 25% 以上的股票股利即属于股票分割。

对于公司来讲，实行股票分割的主要目的在于通过增加股票股数降低每股市价，从而吸引更多的投资者。此外，股票分割往往是成长中公司的行为，所以宣布股票分割后

容易给人一种"公司正处于发展之中"的印象，这种利好信息会在短时间内提高股价。从纯粹经济的角度看，股票分割和股票股利没有什么区别。

尽管股票分割与发放股票股利都能达到降低公司股价的目的，但一般来说，只有在公司股价暴涨且预期难以下降时，才采用股票分割的办法降低股价；而在公司股价上涨幅度不大时，往往通过发放股票股利将股价维持在理想的范围之内。

相反，若公司认为自己股票的价格过低，为了提高股价，会采取反分割（也称股票合并）的措施。反分割是股票分割的相反行为，即将数股面额较低的股票合并为一股面额较高的股票。

二、股票回购

股票回购是指公司出资购回自身发行在外的股票。

（一）股票回购的意义

股票回购时，公司以多余现金购回股东所持有的股份，这相当于公司回馈给股东现金股利。所以，可以将股票回购看作是一种现金股利的替代方式，然而股票回购却有着与发放现金股利不同的意义。

（1）一方面，对股东而言，股票回购后股东得到的资本利得需缴纳资本利得税，发放现金股利后股东则需缴纳股利收益税。在资本利得税率低于股利收益税率的情况下，股东将得到纳税上的好处。但另一方面，上述分析是建立在各种假设之上的，如假设股票以每股64元的价格回购、7 500 000元的净利润不受回购影响、回购后市盈率亦为8等。实际上这些因素是很可能因股票回购而发生变化的，其结果是否对股东有利难以预料。也就是说，股票回购对股东利益具有不确定的影响。

（2）对公司而言，股票回购有利于增加公司价值：

第一，公司进行股票回购的目的之一是向市场传递股价被低估的信号。股票回购具有与股票发行相反的作用。股票发行被认为是公司股票被高估的信号，如果公司管理层认为公司目前的股价被低估，通过股票回购，向市场传递了积极信息。股票回购的市场反应通常是提升了股价。

第二，当公司可支配的现金流明显超过投资项目所需的现金流时，可以用自由现金流进行股票回购，有助于提高每股收益。股票回购减少了公司自由现金流，起到了降低管理层代理成本的作用。管理层通过股票回购试图使投资者相信公司的股票具有投资吸引力，公司没有把股东的钱浪费在收益不好的投资中。

第三，避免股利波动带来的负面影响。当公司剩余现金流是暂时的或者是不稳定的，没有把握能够长期维持高股利政策时，可以在维持一个相对稳定的股利的基础上，通过股票回购回馈股东。

第四，发挥财务杠杆的作用。如果公司认为资本结构中权益资本的比例较高，可以通过股票回购提高负债率，改变公司的资本结构，并有助于降低加权平均资本成本。虽然发放现金股利也可以减少股东权益，增加财务杠杆，但两者在收益相同情形下的每股收益不同。特别是如果是通过发行债券融资回购本公司的股票，可以快速提高负债率。

第五，通过股票回购，可以减少外部流通股的数量，提高股票价格，在一定程度上降低公司被收购的风险。

第六，调节所有权结构。公司拥有回购的股票（库藏股），可以用来交换被收购或被兼并公司的股票，也可用来满足认股权证持有人认购公司股票或可转换债券持有人转换公司普通股的需要，还可以在执行管理层与员工股票期权时使用，避免发行新股而稀释收益。

我国《公司法》规定，公司只有在以下四种情形下才能回购本公司的股份：一是减少公司注册资本；二是与持有本公司股份的其他公司合并；三是将股份奖励给本公司职工；四是股东因对股东大会作出的合并、分立决议持异议，要求公司收购其股份。

公司因第一种情况收购本公司股份的，应当在收购之日起 10 日内注销；属于第二、第四种情况的，应当在 6 个月内转让或者注销。公司因奖励职工回购股份的，不得超过本公司已发行股份总额的 5%；用于回购的资金应当从公司的税后利润中支出；所收购的股份应当在 1 年内转让给职工。可见，我国法规并不允许公司拥有西方实务中常见的库藏股。

（二）股票回购的方式

股票回购的方式按照不同的分类标准主要有以下几种。

（1）按照股票回购的地点不同，可以分为场内公开收购和场外协议收购两种。场内公开收购是指公司把自己等同于任何潜在的投资者，委托证券公司代自己按照公司股票当前市场价格回购。场外协议收购是指公司与某一类或某几类投资者直接见面，通过协商来回购股票的一种方式。协商的内容包括价格与数量的确定，以及执行时间等。很显然，这一种方式的缺点就在于透明度比较低。

（2）按照股票回购的对象不同，可以分为在资本市场上进行随机回购、向全体股东招标回购，向个别股东协商回购。在资本市场上随机收购的方式最为普遍，但往往受到监管机构的严格监控。在向全体股东招标回购的方式下，回购价格通常高于当时的股票价格，具体的回购工作一般要委托金融中介机构进行，成本费用较高。向个别股东协商回购由于不是面向全体股东，所以必须保持回购价格的公正合理性，以免损害其他股东的利益。

（3）按照筹资方式不同，可分为举债回购、现金回购和混合回购。举债回购是指企业通过银行等金融机构借款的办法来回购本公司的股份。其目的无非是防御其他公司的恶意兼并与收购。现金回购是指企业利用剩余资金来回购本公司的股票。如果企业既动用剩余资金，又向银行等金融机构举债来回购本公司股票，称之为混合回购。

（4）按照回购价格的确定方式不同，可以分为固定价格要约回购和荷兰式拍卖回购。固定价格要约回购是指企业在特定时间发出的以某一高出股票当前市场价格的价格水平，回购既定数量股票的回购报价。为了在短时间内回购数量相对较多的股票，公司可以宣布固定价格回购要约。它的优点是赋予所有股东向公司出售其所持有股票的均等机会，而且通常情况下公司享有在回购数量不足时取消回购计划或延长要约有效期的权利。荷兰式拍卖回购首次出现于 1981 年 Todd 造船公司的股票回购。此种方式的股票回购在回购价格确定方面给予公司更大的灵活性。在荷兰式拍卖的股票回购中，首先公司指定回购价格的范围（通常较宽）和计划回购的股票数量（可以上下限的形式表示）；而后股东进行投标，说明愿意以某一特定价格水平（股东在公司指定的回购价格范围内任选）出售股票的数量；公司汇总所有股东提交的价格和数量，确定此次股票回购的"价格—数量曲线"，并根据实际回购数量确定最终的回购价格。

第七章 营运资本管理

第一节 现金管理

现金是可以立即投入流动的交换媒介。它的首要特点是普遍的可接受性，即可以有效地立即用来购买商品、货物、劳务或偿还债务。因此，现金是企业中流动性最强的资产。属于现金内容的项目，包括企业的库存现金、各种形式的银行存款和银行本票、银行汇票。

有价证券是企业现金的一种转换形式。有价证券变现能力强，可以随时兑换成现金。企业有多余现金时，常将现金兑换成有价证券；现金流出量大于流入量，需要补充现金时，再出让有价证券换回现金。在这种情况下，有价证券就成了现金的替代品。

一、现金管理的目标及方法

（一）现金管理的目标

企业置存现金的原因，主要是满足交易性需要、预防性需要和投机性需要。

交易性需要是指置存现金以用于日常业务的支付。企业经常得到收入，也经常发生支出，两者不可能同步同量。收入多于支出，形成现金置存；收入少于支出，需要借入现金。企业必须维持适当的现金余额，才能使业务活动正常地进行下去。

预防性需要是指置存现金以防发生意外支付。企业有时会出现意想不到的开支，现金流量的不确定性越大，预防性现金的数额也就应越大；反之，企业现金流量的可预测性强，预防性现金数额则可小些。此外，预防性现金数额还与企业的借款能力有关，如果企业能够很容易地随时借到短期资金，也可以减少预防性现金的数额；若非如此，则应扩大预防性现金数额。

投机性需要是指置存现金用于不寻常的购买机会，比如遇有廉价原材料或其他资产供应的机会，便可用手头现金大量购入；再如在适当时机购入价格有利的股票和其他有价证券，等等。当然，除了金融和投资公司外，一般来讲，其他企业专为投机性需要而特殊置存现金的不多，遇到不寻常的购买机会也常设法临时筹集资金。但拥有相当数额的现金，确实为突然的大批采购提供了方便。

企业缺乏必要的现金，将不能应付业务开支，使企业蒙受损失。企业由此而造成的损失，称之为短缺现金成本。短缺现金成本不考虑企业其他资产的变现能力，仅就不能以充足的现金支付购买费用而言，内容上大致包括：丧失购买机会（甚至会因缺乏现金不能及时购买原材料，而使生产中断造成停工损失）、造成信用损失和得不到折扣好处。其中失去信用而造成的损失难以准确计量，但其影响往往很大，甚至导致供货方拒绝或拖延供货，债权人要求清算等。但是，如果企业置存过量的现金，又会因这些资金不能投入周转无法取得盈利而遭受另一些损失。此外，在市场正常的情况下，一般说来，流动性强的资产，其收益性较低，这意味着企业应尽可能少地置存现金，即使不将其投入本企业的经营周转，也应尽可能多地投资于能产生高收益的其他资产，避免资金闲置或用于低收益资产而带来的损失。这样，企业便面临现金不足和现金过量两方面的威胁。企业现金管理的目标，就是要在资产的流动性和盈利能力之间作出抉择，以获取最大的长期利润。

（二）现金管理的方法

为了提高现金使用效率，可采用如下现金管理方法：

1. 力争现金流量同步。

如果企业能尽量使它的现金流入与现金流出发生的时间趋于一致，就可以使其所持有的交易性现金余额降到最低水平。这就是所谓的现金流量同步。

2. 使用现金浮游量。

从企业开出支票，收票人收到支票并存入银行，至银行将款项划出企业账户，中间需要一段时间。现金在这段时间的占用称为现金浮游量。在这段时间里，尽管企业已开出了支票，却仍可动用在活期存款账户上的这笔资金。不过，在使用现金浮游量时，一定要控制好使用的时间，否则会发生银行存款的透支。

3. 加速收款。

这主要指缩短应收账款的时间。发生应收账款会增加企业资金的占用，但它又是必要的，因为它可以扩大销售规模，增加销售收入。问题在于如何既利用应收账款吸引顾客，又缩短收款时间。要在这两者之间找到适当的平衡点，并需实施妥善的收账策略。

4. 推迟应付账款的支付。

推迟应付账款的支付，是指企业在不影响自己信誉的前提下，尽可能地推迟应付款的支付期，充分运用供货方所提供的信用优惠。如遇企业急需现金，甚至可以放弃供货方的折扣优惠，在信用期的最后一天支付款项。当然，这要权衡折扣优惠与急需现金之间的利弊得失而定。

二、最佳现金持有量分析

现金的管理除了做好日常收支，加速现金流转速度外，还需控制好现金持有规模，即确定适当的现金持有量。下面是两种确定最佳现金持有量的方法。

（一）存货模式

与企业持有现金相关的成本，主要有两种：

1. 机会成本

现金作为企业的一项资金占用，是有代价的，这种代价就是它的机会成本。现金资产的流动性极佳，但盈利性极差。持有现金则不能将其投入生产经营活动，失去因此而获得的收益。现金的机会成本随现金持有量的增加而上升，随现金持有量的减少而下降。

2. 交易成本

企业如果持有现金很少，就需要通过出售有价证券换回现金，为此付出交易成本（如支付经纪费用）等代价。现金的交易成本与现金转换次数（或每次的转换量）有关。假定现金每次的交易成本是固定的，在企业一定时期现金使用量确定的前提下，每次以有价证券转换回现金的金额越大，企业平时持有的现金量便越高，转换的次数便越少，现金的交易成本就越低；反之，每次转换回现金的金额越低，企业平时持有的现金量便越低，转换的次数会越多，现金的交易成本就越高，现金交易成本与持有量成反比。

在现金成本构成图上，可以将现金的交易成本与现金的机会成本合并为同一条曲线，反映与现金持有量相关的总成本（见图7-1）。

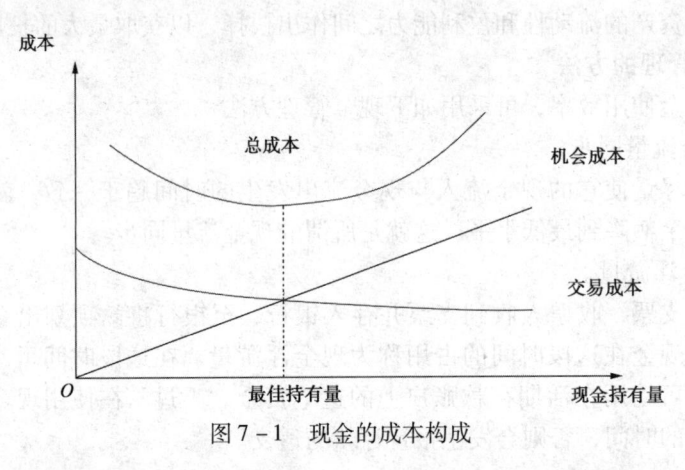

图7-1 现金的成本构成

在图7-1中，现金的机会成本和交易成本是两条随现金持有量呈不同方向发展的曲线，两条曲线交叉点相应的现金持有量，即是总成本最低的现金持有量。以下通过举例，说明现金持有量存货模式的应用。

某企业的现金使用量是均衡的，每周的现金净流出量为100 000元。若该企业第0周开始时持有现金300 000元，那么这些现金够企业支用3周，在第3周结束时现金持有量将降为0，其3周内的平均现金持有量则为150 000元（300 000÷2）。第4周开始时，企业需将300 000元的有价证券转换为现金以备支用；待第6周结束时，现金持有量再次降为0，这3周内的现金平均余额仍为150 000元。如此循环，企业一段时期内的现金持有状况可用图7-2表示。

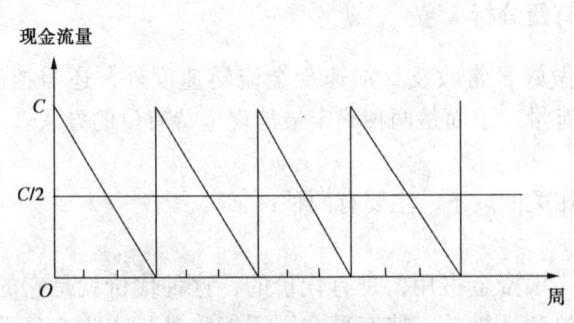

图7-2 一段时期内的现金持有状况

在图 7-2 中，每 3 周为一个现金使用的循环期，以 C 代表各循环期之初的现金持有量，以 C/2 代表各循环期内的现金平均持有量。

如果企业将 C 定得较高些，比如定为 600 000 元，每周的现金净流出量仍为 100 000 元，这些现金将够支用 6 周，企业可以在 6 周后再出售有价证券补充现金，这能够减少现金的交易成本；但 6 周内的现金平均余额将增加为 300 000 元（600 000÷2），这又会增加现金的机会成本。

如果企业将 C 定得较低些，比如定为 200 000 元，每周的现金净流出量还是 100 000 元，那么这些现金只够支用 2 周，企业必须频繁地每 2 周就出售有价证券，这必然增加现金的交易成本；不过 2 周循环期内的现金平均余额可降为 100 000 元（200 000÷2），这降低了现金的机会成本。

于是，企业需要合理地确定 C，以使现金的相关总成本最低。解决这一问题先要明确三点：

（1）一定期间内的现金需求量，用 T 表示。

（2）每次出售有价证券以补充现金所需的交易成本，用 F 表示；一定时期内出售有价证券的总交易成本为：

交易成本 = $(T/C) \times F$

（3）持有现金的机会成本率，用 K 表示；一定时期内持有现金的总机会成本为：

机会成本 = $(C/2) \times K$

在以上的举例中，企业一年的现金需求量为 100 000×52 = 5 200 000（元）。该企业有几种确定 C 的方案，每种方案对应的机会成本和交易成本如表 7-1、表 7-2 所示。

表 7-1　　　　　　　　　　　现金持有的机会成本　　　　　　　　　　单位：元

初始现金持有量 C	平均现金持有量 C/2	机会成本 (K=0.1)(C/2)×K
600 000	300 000	30 000
400 000	200 000	20 000
300 000	150 000	15 000
200 000	100 000	10 000
100 000	50 000	5 000

表 7-2　　　　　　　　　　　现金持有的交易成本　　　　　　　　　　单位：元

现金总需求 T	初始现金持有量 C	交易成本 (F=1 000)(T/C)×F
5 200 000	600 000	8 667
5 200 000	400 000	13 000
5 200 000	300 000	17 333
5 200 000	200 000	26 000
5 200 000	100 000	52 000

计算出了各种方案的机会成本和交易成本，将它们相加，就可以得到各种方案的总成本：

总成本 = 机会成本 + 交易成本 = $(C/2) \times K + (T/C) \times F$

该企业各种初始现金持有量方案的总成本如表 7-3 所示。

表 7 – 3　　　　　　　　　　　　现金持有的总成本　　　　　　　　　　　　　单位：元

初始现金持有量	机会成本	交易成本	总成本
600 000	30 000	8 667	38 667
400 000	20 000	13 000	33 000
300 000	15 000	17 333	32 333
200 000	10 000	26 000	36 000
100 000	5 000	52 000	57 000

表 7 – 3 显示，当企业的初始现金持有量为 300 000 元时，现金总成本最低。以上结论是通过对各种初始现金持有量方案的逐次成本计算得出的。此外，也可以利用公式求出成本最低的现金持有量，这一现金持有量被称为最佳现金持有量，以 C^* 表示。

从图 7 – 2 中已知，最佳现金持有量 C^* 是机会成本线与交易成本线交叉点所对应的现金持有量，因此 C^* 应当满足：

机会成本 = 交易成本，即：

$(C^*/2) \times K = (T/C^*) \times F$

整理后，可得出：

$C^{*2} = (2T \times F)/K$

等式两边分别取算术平方根，有：

$C^* = \sqrt{(2T \times F)/K}$

本例中，$T = 5\ 200\ 000$ 元，$F = 1\ 000$ 元，$K = 0.1$，利用上述公式即可计算出最佳现金持有量为：

$C^* = \sqrt{(2 \times 5\ 200\ 000 \times 1\ 000) \div 0.1} = 322\ 490$（元）

为了验证这一结果的正确性，可以计算出比 322 490 元略高和略低的几种现金持有量的成本，比较它们的高低，如表 7 – 4 所示。

表 7 – 4　　　　　　　　　　　　现金持有的总成本　　　　　　　　　　　　　单位：元

初始现金持有量	机会成本	交易成本	总成本
335 000	16 750	15 522	32 272
330 000	16 500	15 758	32 258
322 490	16 125	16 125	32 250
310 000	15 500	16 774	32 274
305 000	15 250	17 049	32 299

表 7 – 4 说明，不论初始现金持有量高于还是低于 322 490 元，总成本都会升高，所以 322 490 元是最佳的现金持有量。

现金持有量的存货模式是一种简单、直观的确定最佳现金持有量的方法；但它也有缺点，主要是假定现金的流出量稳定不变，实际上这种情况很少出现。相比而言，那些适用于现金流量不确定的控制最佳现金持有量的方法，就显得更具普遍应用性。

（二）随机模式

随机模式是在现金需求量难以预知的情况下进行现金持有量控制的方法。对企业来讲，现金需求量往往波动大且难以预知，但企业可以根据历史经验和现实需要，测算出一个现金持有量的控制范围，即制定出现金持有量的上限和下限，将现金量控制在上下限之内。当现金量达到控制上限时，用现金购入有价证券，使现金持有量下降；当现金量降到控制下限时，则抛售有价证券换回现金，使现金持有量回升。若现金量在控制的上下限之内，便不必进行现金与有价证券的转换，保持它们各自的现有存量。这种对现金持有量的控制，如图7-3所示。

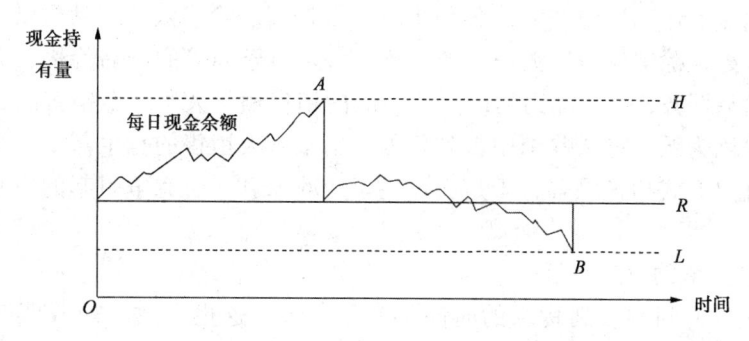

图7-3 现金持有量的随机模式

在图7-3中，虚线 H 为现金存量的上限，虚线 L 为现金存量的下限，实线 R 为现金返回线。从图7-3中可以看到，企业的现金存量（表现为现金每日余额）是随机波动的，当其达到 A 点时，即达到了现金控制的上限，企业应用现金购买有价证券，使现金持有量回落到现金返回线（R 线）的水平；当现金存量降至 B 点时，即达到了现金控制的下限，企业则应转让有价证券换回现金，使其存量回升至现金返回线的水平。现金存量在上下限之间的波动属于控制范围内的变化，是合理的，不予理会。以上关系中的上限 H、现金返回线 R 可按下列公式计算：

$$R = \sqrt[3]{\frac{3b\delta^2}{4i}} + L$$

$$H = 3R - 2L$$

其中：b 表示每次有价证券的固定转换成本；i 表示有价证券的日利息率；δ 表示预期每日现金余额波动的标准差（可根据历史资料测算）。

而下限 L 的确定，则要受到企业每日的最低现金需要、管理人员的风险承受倾向等因素的影响。

第二节 应收款项管理

这里所说的应收款项是指因对外销售产品、材料、供应劳务及其他原因，应向购货单位或接受劳务的单位及其他单位收取的款项，包括应收账款、其他应收款、应收票据等。下文以应收账款为例，讲述应收款项管理。

一、应收账款的产生原因及管理方法

(一) 应收账款的产生原因

发生应收账款的原因,主要有以下两种:

1. 商业竞争。

这是发生应收账款的主要原因。在社会主义市场经济的条件下,存在着激烈的商业竞争。竞争机制的作用迫使企业以各种手段扩大销售。除了依靠产品质量、价格、售后服务、广告等外,赊销也是扩大销售的手段之一。对于同等的产品价格、类似的质量水平、一样的售后服务,实行赊销的产品或商品的销售额将大于现金销售的产品或商品的销售额。这是因为顾客将从赊销中得到好处。出于扩大销售的竞争需要,企业不得不以赊销或其他优惠方式招揽顾客,于是就产生了应收账款。由竞争引起的应收账款,是一种商业信用。

2. 销售和收款的时间差距。

商品成交的时间和收到货款的时间经常不一致,这也导致了应收账款。当然,现实生活中现金销售是很普遍的,特别是零售企业更常见。不过就一般批发和大量生产企业来讲,发货的时间和收到货款的时间往往不同。这是因为货款结算需要时间的缘故。结算手段越是落后,结算所需时间就越长,销售企业只能承认这种现实并承担由此引起的资金垫支。由于销售和收款的时间差而造成的应收账款,不属于商业信用,也不是应收账款的主要内容,不再对它进行深入讨论,而只论述属于商业信用的应收账款的管理。

应收账款是企业的一项资金投放,是为了扩大销售和盈利而进行的投资。而投资肯定要发生成本(包括承担风险),这就需要在应收账款信用政策所增加的盈利和这种政策的成本之间作出权衡。只有当应收账款所增加的盈利超过所增加的成本时,才应当实施应收账款赊销。

(二) 应收账款的管理方法

应收账款发生后,企业应采取各种措施,尽量争取按期收回款项,否则会因拖欠时间过长而发生坏账,使企业蒙受损失。这些措施包括对应收账款回收情况的监督、对坏账损失的事先准备和制定适当的收账政策。

1. 应收账款回收情况的监督。

企业已发生的应收账款时间有长有短,有的尚未超过收款期,有的则超过了收款期。一般来讲,拖欠时间越长,款项收回的可能性越小,形成坏账的可能性越大。对此,企业应实施严密的监督,随时掌握回收情况。实施对应收账款回收情况的监督,可以通过编制账龄分析表进行。

账龄分析表是一张能显示应收账款在外天数(账龄)长短的报告,利用账龄分析表,企业可以了解到以下情况:

(1) 有多少欠款尚在信用期内。表7-7显示,有价值80 000元的应收账款处在信用期内,占全部应收账款的40%。这些款项未到偿付期,欠款是正常的;但到期后能否收回,还要待时再定,故及时的监督仍是必要的。

（2）有多少欠款超过了信用期，超过时间长短的款项各占多少，有多少欠款会因拖欠时间太久而可能成为坏账。对不同拖欠时间的欠款，企业应采取不同的收账方法，制定出经济、可行的收账政策；对可能发生的坏账损失，则应提前做好准备，充分估计这一因素对损益的影响。

2. 收账政策的制定。

企业对各种不同过期账款的催收方式，包括准备为此付出的代价，就是它的收账政策。比如，对过期较短的顾客，不过多地打扰，以免将来失去这一市场；对过期稍长的顾客，可措辞婉转地写信催款；对过期较长的顾客，频繁地信件催款并电话催询；对过期很长的顾客，可在催款时措辞严厉，必要时提请有关部门仲裁或提起诉讼，等等。

催收账款要发生费用，某些催款方式的费用还会很高（如诉讼费）。一般说来，收账的花费越大，收账措施越有力，可收回的账款应越多，坏账损失也就越小。因此制定收账政策，又要在收账费用和所减少坏账损失之间作出权衡。制定有效、得当的收账政策很大程度上靠有关人员的经验；从财务管理的角度讲，也有一些数量化的方法可以参照。根据收账政策的优劣在于应收账款总成本最小化的道理，可以通过比较各收账方案成本的大小对其加以选择。

二、信用政策分析

应收账款赊销的效果好坏，依赖于企业的信用政策。信用政策包括：信用期间、信用标准和现金折扣政策。

（一）信用期间

信用期间是企业允许顾客从购货到付款之间的时间，或者说是企业给予顾客的付款期间。例如，若某企业允许顾客在购货后的50天内付款，则信用期为50天。信用期过短，不足以吸引顾客，在竞争中会使销售额下降；信用期过长，对销售额增加固然有利，但只顾及销售增长而盲目放宽信用期，所得的收益有时会被增长的费用抵消，甚至造成利润减少。因此，企业必须慎重研究，确定出恰当的信用期。

信用期的确定，主要是分析改变现行信用期对收入和成本的影响。延长信用期，会使销售额增加，产生有利影响；与此同时，应收账款、收账费用和坏账损失增加，会产生不利影响。当前者大于后者时，可以延长信用期，否则不宜延长。如果缩短信用期，情况与此相反。

【例7-1】 某公司现在采用30天按发票金额付款的信用政策，拟将信用期放宽至60天，仍按发票金额付款，即不给折扣。假设等风险投资的必要报酬率为15%，其他有关的数据如表7-5所示。

表7-5　　　　　　　　某公司信用期放宽的有关资料表

信用期项目	30天	60天
销售量（件）	100 000	120 000
销售额（元）（单价5元）	500 000	600 000

续表

信用期项目	30 天	60 天
变动成本（每件4元）	400 000	480 000
固定成本（元）	50 000	50 000
息税前利润：（元）	50 000	70 000
可能发生的收账费用（元）	3 000	4 000
可能发生的坏账损失（元）	5 000	9 000

在分析时，先计算放宽信用期得到的收益，然后计算增加的成本，最后根据两者比较的结果作出判断。

（1）收益的增加：

收益的增加＝销售量的增加×单位边际贡献

$\qquad$ ＝（120 000－100 000）×（5－4）＝20 000（元）

（2）应收账款占用资金的应计利息增加：

应收账款应计利息＝应收账款占用资金×资本成本

应收账款占用资金＝应收账款平均余额×变动成本率

应收账款平均余额＝日销售额×平均收现期

30 天信用期应计利息＝$\dfrac{500\,000}{360}\times 30\times \dfrac{400\,000}{500\,000}\times 15\%$＝5 000（元）

60 天信用期应计利息＝$\dfrac{600\,000}{360}\times 60\times \dfrac{480\,000}{600\,000}\times 15\%$＝12 000（元）

应计利息增加＝12 000－5 000＝7 000（元）

（3）收账费用和坏账损失增加：

收账费用增加＝4 000－3 000＝1 000（元）

坏账损失增加＝9 000－5 000＝4 000（元）

（4）改变信用期的税前损益增加：

收益增加－成本费用增加＝20 000－（7 000＋1 000＋4 000）＝8 000（元）

由于税前损益的增加大于0，故应采用60天的信用期。

上述信用期分析的方法是比较简略的，可以满足一般制定信用政策的需要。如有必要，也可以进行更细致的分析，如进一步考虑销货增加引起存货增加而多占用的资金，等等。

（二）信用标准

信用标准，是指顾客获得企业的交易信用所应具备的条件。如果顾客达不到信用标准，便不能享受企业的信用或只能享受较低的信用优惠。

企业在设定某一顾客的信用标准时，往往先要评估其赖账的可能性。这可以通过"5C"系统来进行。所谓"5C"系统，是评估顾客信用品质的五个方面，即：品质（character）、能力（capacity）、资本（capital）、抵押（collateral）和条件（conditions）。

（1）品质。品质指顾客的信誉，即履行偿债义务的可能性。企业必须设法了解顾客过去的付款记录，看其是否有按期如数付款的一贯做法，及与其他供货企业的关系是否良好。这一点经常被视为评价顾客信用的首要因素。

（2）能力。能力指顾客的偿债能力，即其流动资产的数量和质量以及与流动负债的比例。顾客的流动资产越多，其转换为现金以支付款项的能力越强。同时，还应注意顾客流动资产的质量，看是否有存货过多、过时或质量下降，影响其变现能力和支付能力的情况。

（3）资本。资本指顾客的财务实力和财务状况。

（4）抵押。抵押指顾客拒付款项或无力支付款项时能被用作抵押的资产。这对于不知底细或信用状况有争议的顾客尤为重要。一旦收不到这些顾客的款项，便以抵押品抵补。如果这些顾客提供足够的抵押，就可以考虑向他们提供相应的信用。

（5）条件。条件指可能影响顾客付款能力的经济环境。比如，万一出现经济不景气，会对顾客的付款产生什么影响，顾客会如何做等，这需要了解顾客在过去困难时期的付款历史。

（三）现金折扣政策

现金折扣是企业对顾客在商品价格上所做的扣减。向顾客提供这种价格上的优惠，主要目的在于吸引顾客为享受优惠而提前付款，缩短企业的平均收款期。另外，现金折扣也能招揽一些视折扣为减价出售的顾客前来购货，借此扩大销售量。折扣的表示常采用如 5/10、3/20、n/30 这样一些符号形式。这三种符号的含义为：5/10 表示 10 天内付款，可享受 5% 的现金折扣，即只需支付原价的 95%，如原价为 10 000 元，只支付 9 500 元；3/20 表示 20 天内付款，可享受 3% 的现金折扣，即只需支付原价的 97%，若原价为 10 000 元，只支付 9 700 元；n/30 表示付款的最后期限为 30 天，此时付款无优惠。

企业采用什么程度的现金折扣，要与信用期间结合起来考虑。比如，要求顾客最迟不超过 30 天付款，若希望顾客 20 天、10 天付款，能给予多大折扣？或者给予 5%、3% 的折扣，能吸引顾客在多少天内付款？不论是信用期间还是现金折扣，都可能给企业带来收益，但也会增加成本。现金折扣带给企业的好处前面已讲过，它使企业增加的成本，则指的是现金折扣损失。当企业给予顾客某种现金折扣时，应当考虑折扣所能带来的收益与成本孰高孰低，权衡利弊，抉择决断。

因为现金折扣是与信用期间结合使用的，所以确定折扣程度的方法与程序实际上与前述确定信用期间的方法与程序一致，只不过要把所提供的延期付款时间和折扣综合起来，看各方案的延期与折扣能取得多大的收益增量，再计算各方案带来的成本变化，最终确定最佳方案。

第三节 存货管理

一、存货管理的目标

就工业企业而言，存货是指企业在日常活动中持有以备出售的产成品或商品、处于生产过程中的在产品、在生产过程或提供劳务过程中耗用的材料或物料等，包括原材料、燃料、低值易耗品、在产品、半成品、产成品、协作件、外购商品等。

如果工业企业能在生产投料时随时购入所需的原材料，或者商业企业能在销售时随时购入该项商品，就不需要存货。但实际上，企业总有储存存货的需要，并因此占用或多或少的资金。这种存货的需要出自以下原因：

第一，保证生产或销售的经营需要。实际上，企业很少能做到随时购入生产或销售所需的各种物资，即使是市场供应量充足的物资也如此。这不仅因为不时会出现某种材料的市场断档，还因为企业距供货点较远而需要必要的途中运输及可能出现运输故障。一旦生产或销售所需物资短缺，生产经营将被迫停顿，造成损失。为了避免或减少出现停工待料、停业待货等事故，企业需要储存存货。

第二，出自价格的考虑。零购物资的价格往往较高，而整批购买在价格上常有优惠。但是，过多的存货要占用较多的资金，并且会增加包括仓储费、保险费、维护费、管理人员工资在内的各项开支。存货占用资金是有成本的，占用过多会使利息支出增加并导致利润的损失；各项开支的增加更直接使成本上升。进行存货管理，就要尽力在各种存货成本与存货效益之间作出权衡，达到两者的最佳结合。这也就是存货管理的目标。

二、储备存货的成本

与储备存货有关的成本，包括以下三种：

（一）取得成本

取得成本指为取得某种存货而支出的成本，通常用 TC_a 来表示。其又分为订货成本和购置成本。

1. 订货成本。

订货成本指取得订单的成本，如办公费、差旅费、邮资、电报电话费等支出。订货成本中有一部分与订货次数无关，如常设采购机构的基本开支等，称为订货的固定成本，用 F_1 表示；另一部分与订货次数有关，如差旅费、邮资等，称为订货的变动成本，每次订货的变动成本用 K 表示；订货次数等于存货年需求量 D 与每次进货量 Q 之商。订货成本的计算公式为：

$$订货成本 = F_1 + \frac{D}{Q}K$$

2. 购置成本。

购置成本指存货本身的价值，经常用数量与单价的乘积来确定。年需求量用 D 表示，单价用 U 表示，于是购置成本为 DU。

订货成本加上购置成本，就等于存货的取得成本。其公式可表述为：

取得成本 = 订货成本 + 购置成本 = 订货固定成本 + 订货变动成本 + 购置成本

$$TC_a = F_1 + \frac{D}{Q}K + DU$$

（二）储存成本

储存成本指为保持存货而发生的成本，包括存货占用资金所应计的利息（若企业用现有现金购买存货，便失去了现金存放银行或投资于证券本应取得的利息，是为"放弃利息"；若企业借款购买存货，便要支付利息费用，是为"付出利息"）、仓库费用、保险费用、存货破损和变质损失，等等，通常用 TC_c 来表示。

储存成本也分为固定成本和变动成本。固定储存成本与存货数量的多少无关，如仓库折旧、仓库职工的固定月工资等，通常用 F_2 来表示。变动储存成本与存货的数量有关，如存货占用资金的应计利息、存货的破损和变质损失、存货的保险费用等，单位变动储存成本用 K_c 来表示。用公式表述的储存成本为：

储存成本 = 储存固定成本 + 储存变动成本

$$TC_c = F_2 + K_c \frac{Q}{2} \quad (\frac{Q}{2} \text{表示存货的平均储存量})$$

（三）缺货成本

缺货成本指由于存货供应中断而造成的损失，包括材料供应中断造成的停工损失、产成品库存缺货造成的拖欠发货损失和丧失销售机会的损失（还应包括需要主观估计的商誉损失）；如果生产企业以紧急采购代用材料解决库存材料中断之急，那么缺货成本表现为紧急额外购入成本（紧急额外购入的开支会大于正常采购的开支）。缺货成本用 TC_s 表示。

如果以 TC 来表示储备存货的总成本，它的计算公式表述为：

$$TC = TC_a + TC_c + TC_s = F_1 + \frac{D}{Q}K + DU + F_2 + K_c\frac{Q}{2} + TC_s$$

企业存货的最优化，即是使上式 TC 值最小。

三、存货经济批量分析

存货的决策涉及四项内容：决定进货项目、选择供应单位、决定进货时间和决定进货批量。决定进货项目和选择供应单位是销售部门、采购部门和生产部门的职责。财务部门要做的是决定进货时间和决定进货批量（分别用 T 和 Q 表示）。按照存货管理的目的，需要通过合理的进货批量和进货时间，使存货的总成本最低，这个批量叫作经济订货量或经济批量。有了经济订货量，可以很容易地找出最适宜的进货时间。

与存货总成本有关的变量（即影响总成本的因素）很多，为了解决比较复杂的问题，有必要简化或舍弃一些变量，先研究解决简单的问题，然后再扩展到复杂的问题。这需要设立一些假设，在此基础上建立经济订货量的基本模型。

（一）经济订货量的基本模型

构建经济订货量基本模型需要的假设条件有：

（1）企业能够及时补充存货，即需要订货时便可立即取得存货。

（2）货物能集中到货，而不是陆续入库。

（3）不允许缺货，即无缺货成本，TC_s 为 0，这是因为良好的存货管理本来就不应该出现缺货成本。

（4）货物的年需求量稳定，并且能够预测，即 D 为已知常量。

（5）存货单价不变，即 U 为已知常量。

（6）企业现金充足，不会因现金短缺而影响进货。

(7) 所需存货市场供应充足,不会因买不到需要的存货而影响其他方面。

在上列假设条件下,存货总成本的公式可以写成:

$$TC = F_1 + \frac{D}{Q}K + DU + F_2 + K_c\frac{Q}{2}$$

当 F_1、K、D、U、F_2、K_c 为常数量时,TC 的大小取决于 Q。为了求出 TC 的最小值,对其进行求导演算,可得出下列公式:

$$Q^* = \sqrt{\frac{2KD}{K_c}}$$

其中:K 表示一次订货变动成本;D 表示存货年需求量;K_c 表示单位储存变动成本。

这一公式称为经济订货量基本模型,求出的每次订货批量,可使 TC 达到最小值。

这个基本模型还可以演变为其他形式:

每年最佳订货次数公式:

$$N^* = \frac{D}{Q^*} = \frac{D}{\sqrt{\frac{2KD}{K_c}}} = \sqrt{\frac{DK_c}{2K}}$$

与批量有关的存货总成本公式:

$$TC(Q^*) = \frac{KD}{\sqrt{\frac{2KD}{K_c}}} + \frac{\sqrt{\frac{2KD}{K_c}}}{2} \times K_c = \sqrt{2KDK_c}$$

最佳订货周期公式:

$$t^* = \frac{1}{N^*} = \frac{1}{\sqrt{\frac{DK_c}{2K}}}$$

经济订货量占用资金:

$$I^* = \frac{Q^*}{2} \cdot U = \frac{\sqrt{\frac{2KD}{K_c}}}{2} \cdot U = \sqrt{\frac{KD}{2K_c}} \cdot U$$

【例 7-2】 某企业每年耗用某种材料 3 600 千克,该材料单位成本为 10 元,单位存储成本为 2 元,一次订货成本为 25 元。则:

$$Q^* = \sqrt{\frac{2KD}{K_c}} = \sqrt{\frac{2 \times 25 \times 3\ 600}{2}} = 300(千克)$$

$$N^* = \frac{D}{Q^*} = \frac{3\ 600}{300} = 12\ (次)$$

$$TC(Q^*) = \sqrt{2KDK_c} = \sqrt{2 \times 25 \times 3\ 600 \times 2} = 600(元)$$

$$t^* = \frac{1}{N^*} = 1/12(年) = 1(月)$$

$$I^* = \frac{Q^*}{2} \cdot U = \frac{300}{2} \times 10 = 1\ 500(元)$$

经济订货量也可以用图解法求得：先计算出一系列不同批量的各有关成本，然后在坐标图上描出由各有关成本构成的订货成本线、储存成本线和总成本线，总成本线的最低点（或者是订货成本线和储存成本线的交接点）相应的批量，即经济订货量。

不同批量下的有关成本指标如表7-6所示。

表7-6　　　　　　　　　　不同批量下的有关成本指标

订货批量（千克）	100	200	300	400	500	600
平均存量（千克）	50	100	150	200	250	300
储存变动成本（元）	100	200	300	400	500	600
订货次数（次）	36	18	12	9	7.2	6
订货变动成本（元）	900	450	300	225	180	150
与批量相关总成本（元）	1 000	650	600	625	680	750

不同批量的有关成本变动情况如图7-4所示。从以上成本指标的计算和图形中可以很清楚地看出，当订货批量为300千克时总成本最低，小于或大于这一批量都是不合算的。

（二）经济订货量基本模型的扩展

经济订货量的基本模型是在前述各假设条件下建立的，但现实生活中能够满足这些假设条件的情况十分罕见。为使模型更接近于实际情况，具有较高的可用性，需逐一放宽假设，同时改进模型。

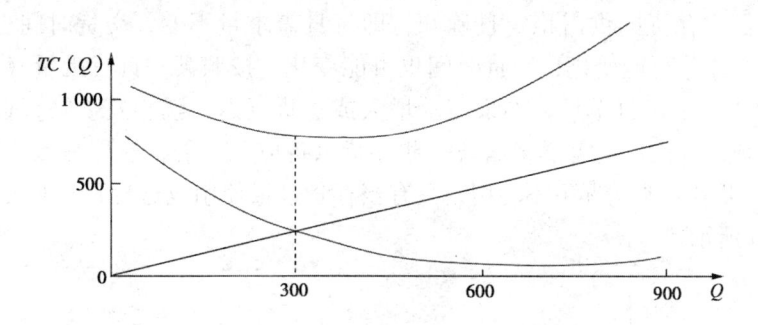

图7-4　不同批量的成本变动情况

1. 订货提前期。

一般情况下，企业的存货不能做到随用随时补充，因此不能等存货用光再去订货，而需要在没有用完时提前订货。在提前订货的情况下，企业再次发出订货单时，尚有存货的库存量，称为再订货点，用R来表示。在不存在保险储备的情况下，它的数量等于平均交货时间（L）和每日平均需求量（d）的乘积：

$$R = L \cdot d$$

续[例7-2]资料，企业订货日期至到货日期的时间为10天，每日存货需求量为10千克，那么：

$$R = L \cdot d = 10 \times 10 = 100（千克）$$

即企业在尚存 100 千克存货时，就应当再次订货，等到下批订货到达时（再次发出订货单 10 天后），原有库存刚好用完。此时，有关存货的每次订货批量、订货次数、订货间隔时间等并无变化，与瞬时补充相同。订货提前期的情形如图 7-5 所示。这就是说，订货提前期对经济订货量并无影响，可仍以原来瞬时补充情况下的 300 千克为订货批量，只不过在达到再订货点（库存 100 千克）时即发出订货单罢了。

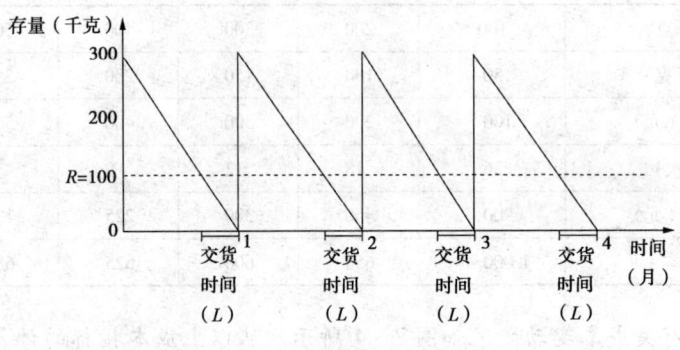

图 7-5 订货提前期

2. 存货陆续供应和使用。

在建立基本模型时，是假设存货一次全部入库，故存货增加时存量变化为一条垂直的直线。事实上，各批存货可能陆续入库，使存量陆续增加。尤其是产成品入库和在产品转移，几乎总是陆续供应和陆续耗用的。在这种情况下，需要对基本模型做一些修改。

3. 保险储备。

以前讨论假定存货的供需稳定且确知，即每日需求量不变，交货时间也固定不变。实际上，每日需求量可能变化，交货时间也可能变化。按照某一订货批量（如经济订货批量）和再订货点发出订单后，如果需求增大或送货延迟，就会发生缺货或供货中断。为防止由此造成的损失，就需要多储备一些存货以备应急之需，这称为保险储备（安全存量）。这些存货在正常情况下不动用，只有当存货过量使用或送货延迟时才动用。保险储备如图 7-6 所示。

图 7-6 存货的保险储备

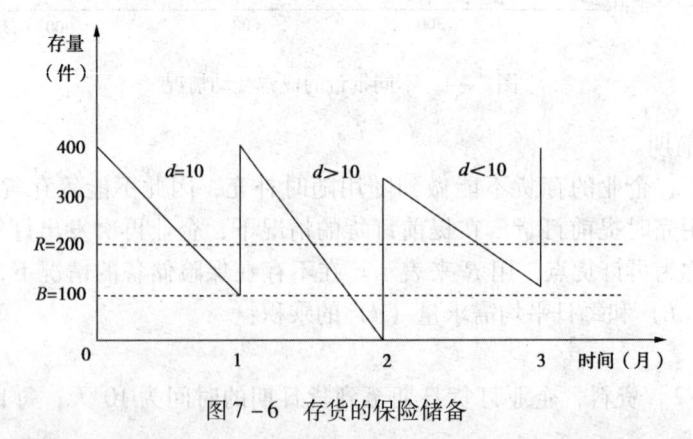

图 7-6 中，年需求量（D）为 3 600 件，已计算出经济订货量为 300 件，每年订货

12次。又知全年平均日需求量（d）为10件，平均交货时间（L）为10天。为防止需求变化引起缺货损失，设保险储备量（B）为100件，再订货点R由此而相应提高为：

R = 平均交货时间 × 平均日需求 + 保险储备 = $L \cdot d + B$ = 10 × 10 + 100 = 200（件）

在第一个订货周期里，$d=10$，不需要动用保险储备；在第二个订货周期内，$d>10$，需求量大于供货量，需要动用保险储备；在第三个订货周期内，$d<10$，不仅不需动用保险储备，正常储备亦未用完，下次存货即已送到。

建立保险储备，固然可以使企业避免缺货或供应中断造成的损失，但存货平均储备量加大却会使储备成本升高。研究保险储备的目的，就是要找出合理的保险储备量，使缺货或供应中断损失和储备成本之和最小。方法上可先计算出各不同保险储备量的总成本，然后再对总成本进行比较，选定其中最低的。

如果设与此有关的总成本为$TC(S、B)$，缺货成本为C_S，保险储备成本为C_B，则：

$TC(S、B) = C_S + C_B$

设单位缺货成本为K_U，一次订货缺货量为S，年订货次数为N，保险储备量为B，单位储存变动成本为K_C，则：

$C_S = K_U \cdot S \cdot N$

$C_B = B \cdot K_C$

$TC(S、B) = K_U \cdot S \cdot N + B \cdot K_C$

现实中，缺货量S具有概率性，其概率可根据历史经验估计得出；保险储备量B可选择而定。

第四节 短期债务管理

一、短期债务筹资的特点

短期债务筹资所筹资金的可使用时间较短，一般不超过1年。短期债务筹资具有如下一些特点：

（1）筹资速度快，容易取得。长期负债的债权人为了保护自身利益，往往要对债务人进行全面的财务调查，因而筹资所需时间一般较长且不易取得。短期负债在较短时间内即可归还，故债权人顾虑较少，容易取得。

（2）筹资富有弹性。举借长期负债，债权人或有关方面经常会向债务人提出很多限定性条件或管理规定；而短期负债的限制则相对宽松些，使筹资企业的资金使用较为灵活、富有弹性。

（3）筹资成本较低。一般地讲，短期负债的利率低于长期负债，短期负债筹资的成本也就较低。

（4）筹资风险高。短期负债需在短期内偿还，因而要求筹资企业在短期内拿出足够的资金偿还债务，若企业届时资金安排不当，就会陷入财务危机。此外，短期负债利率的波动比较大,一时高于长期负债的利率水平也是可能的。

二、商业信用筹资

商业信用是指在商品交易中由于延期付款或预收货款所形成的企业间的借贷关系。商业信用产生于商品交换之中,是所谓的"自发性筹资"。虽然按照惯例,经常把它归入经营性流动负债,但严格说来它是企业主动选择的一种筹资行为,并非完全不可控的自发行为。商业信用运用广泛,在短期负债筹资中占有相当大的比重。

商业信用筹资的优越性:首先是容易取得,对于多数企业来说,商业信用是一种持续性的信贷形式,且无须办理正式筹资手续;其次,如果没有现金折扣或使用不带息票据,商业信用筹资不负担成本。商业信用筹资的缺陷是:如果有现金折扣,放弃现金折扣时所付出的成本较高。

商业信用的具体形式有应付账款、应付票据、预收账款等。

(一) 应付账款

应付账款是企业购买货物暂未付款而欠对方的账项,即卖方允许买方在购货后一定时期内支付货款的一种形式。卖方利用这种方式促销,而对买方来说,延期付款则等于向卖方借用资金购进商品,可以满足短期的资金需要。

与应收账款相对应,应付账款也有付款期、折扣等信用条件。应付账款可以分为:免费信用,即买方企业在规定的折扣期内享受折扣而获得的信用;有代价信用,即买方企业放弃折扣付出代价而获得的信用;展期信用,即买方企业超过规定的信用期推迟付款而强制获得的信用。

1. 应付账款的成本。

倘若买方企业购买货物后在卖方规定的折扣期内付款,便可以享受免费信用,这种情况下企业没有因为享受信用而付出代价。

【例 7 - 3】 某企业按 2/10、n/30 的条件购入货物 10 万元。如果该企业在 10 天内付款,便享受了 10 天的免费信用期,并获得折扣 0.2 万元 (10×2%),免费信用额为 9.8 万元 (10 - 0.2)。

倘若买方企业放弃折扣,在 10 天后 (不超过 30 天) 付款,该企业便要承受因放弃折扣而造成的隐含利息成本。一般而言,放弃现金折扣的成本[①]可由下式求得:

$$放弃现金折扣成本 = \frac{折扣百分比}{1-折扣百分比} \times \frac{360}{信用期-折扣期}$$

运用上式,该企业放弃折扣所负担的成本为:

$$\frac{2\%}{1-2\%} \times \frac{360}{30-10} = 36.7\%$$

公式表明,放弃现金折扣的成本与折扣百分比的大小、折扣期的长短同方向变化,与信用期的长短反方向变化。可见,如果买方企业放弃折扣而获得信用,其代价是较高

---

① 此处放弃现金折扣的成本是按单利计算的。

的。然而，企业在放弃折扣的情况下，推迟付款的时间越长，其成本便会越小。比如，如果企业延至50天付款，则其成本为：

$$\frac{2\%}{1-2\%} \times \frac{360}{50-10} = 18.4\%$$

2. 利用现金折扣的决策。

在附有信用条件的情况下，因为获得不同信用要负担不同的代价，买方企业便要在利用哪种信用之间作出决策。一般说来：

如果能以低于放弃折扣的隐含利息成本（实质是一种机会成本）的利率借入资金，便应在现金折扣期内用借入的资金支付货款，享受现金折扣。比如，[例7-3]同期的银行短期借款年利率为12%，则买方企业应利用更便宜的银行借款在折扣期内偿还应付账款；反之，企业应放弃折扣。

如果在折扣期内将应付账款用于短期投资，所得的投资报酬率高于放弃折扣的隐含利息成本，则应放弃折扣而去追求更高的收益。当然，假使企业放弃折扣优惠，也应将付款日推迟至信用期内的最后一天（如[例7-3]中的第30天），以降低放弃折扣的成本。

如果企业因缺乏资金而欲展延付款期（如[例7-3]中将付款日推迟到第50天），则需在放弃折扣成本降低带来的好处与展延付款带来的损失之间进行权衡。展延付款期带来的损失主要是指因企业信誉恶化而丧失供应商乃至其他贷款人的信用，或日后招致苛刻的信用条件。

如果面对两家以上提供不同信用条件的卖方，应通过衡量放弃折扣成本的大小，选择信用成本最小（或所获利益最大）的一家。比如，[例7-3]中另有一家供应商提出1/20、n/30的信用条件，其放弃折扣的成本为：

$$\frac{1\%}{1-1\%} \times \frac{360}{30-20} = 36.4\%$$

与[例7-3]中2/10、n/30信用条件的情况相比，后者的成本较低。

（二）应付票据

应付票据是企业进行延期付款商品交易时开具的反映债权债务关系的票据。根据承兑人的不同，应付票据分为商业承兑汇票和银行承兑汇票两种。支付期最长不超过6个月。应付票据可以带息，也可以不带息。应付票据的利率一般比银行借款的利率低，且不用保持相应的补偿余额和支付协议费，所以应付票据的筹资成本低于银行借款成本。但是，应付票据到期必须归还，如若延期便要交付罚金，因而风险较大。

（三）预收账款

预收账款是卖方企业在交付货物之前向买方预先收取部分或全部货款的信用形式。对于卖方来讲，预收账款相当于向买方借用资金后用货物抵偿。预收账款一般用于生产周期长、资金需要量大的货物销售。

此外，企业往往还存在一些在非商品交易中产生但亦为自发性筹资的应付费用，如应付职工薪酬、应交税费、其他应付款等。应付费用使企业受益在前、费用支付在后，相当于享用了收款方的借款，一定程度上缓解了企业的资金需要。应付费用的期限具有强制性，不能由企业自由斟酌使用，但通常不需花费代价。

三、短期借款筹资

短期借款是指企业向银行和其他非银行金融机构借入的期限在1年以内的借款。在短期负债筹资中，短期借款的重要性仅次于商业信用。短期借款可以随企业的需要安排，便于灵活使用，且取得亦较简便。但其突出的缺点是短期内要归还，特别是在带有诸多附加条件的情况下更使风险加剧。

（一）短期借款的种类

我国目前的短期借款按照目的和用途分为若干种，主要有生产周转借款、临时借款、结算借款等。按照国际通行做法，短期借款还可依偿还方式的不同，分为一次性偿还借款和分期偿还借款；依利息支付方法的不同，分为收款法借款、贴现法借款和加息法借款；依有无担保，分为抵押借款和信用借款等。

企业在申请借款时，应根据各种借款的条件和需要加以选择。

（二）短期借款的取得

企业举借短期借款，首先必须提出申请，经审查同意后借贷双方签订借款合同，注明借款的用途、金额、利率、期限、还款方式、违约责任等；然后企业根据借款合同办理借款手续；借款手续完毕，企业便可取得借款。

（三）短期借款的信用条件

按照国际通行做法，银行发放短期借款往往带有一些信用条件，主要有：

1. 信贷限额。

信贷限额是银行对借款人规定的无担保贷款的最高额。信贷限额的有效期限通常为1年，但根据情况也可延期1年。一般来讲，企业在批准的信贷限额内，可随时使用银行借款。但是，银行并不承担必须提供全部信贷限额的义务。如果企业信誉恶化，即使银行曾同意过按信贷限额提供贷款，企业也可能得不到借款。这时，银行不会承担法律责任。

2. 周转信贷协定。

周转信贷协定是银行具有法律义务的、承诺提供不超过某一最高限额的贷款协定。在协定的有效期内，只要企业的借款总额未超过最高限额，银行必须满足企业任何时候提出的借款要求。企业享用周转信贷协定，通常要就贷款限额的未使用部分付给银行一笔承诺费。

例如，某周转信贷额为1 000万元，承诺费率为0.5%，借款企业年度内使用了600万元，余额400万元，借款企业该年度就要向银行支付承诺费2万元（400×0.5%）。这是银行向企业提供此项贷款的一种附加条件。

周转信贷协定的有效期通常超过1年，但实际上贷款每几个月发放一次，所以这种信贷具有短期和长期借款的双重特点。

3. 补偿性余额。

补偿性余额是银行要求借款企业在银行中保持按贷款限额或实际借用额一定百分比（一般为10%~20%）的最低存款余额。从银行的角度讲，补偿性余额可降低贷款风险，补偿遭受的贷款损失。对于借款企业来讲，补偿性余额则提高了借款的有效年利率。

例如，某企业按年利率8%向银行借款10万元，银行要求维持贷款限额15%的补偿性余额，那么，企业实际可用的借款只有 8.5 万元，该项借款的有效年利率则为：

$$有效年利率 = \frac{10 \times 8\%}{8.5} = 9.4\%$$

4. 借款抵押。

银行向财务风险较大的企业或对其信誉不甚有把握的企业发放贷款，有时需要有抵押品担保，以减少自己蒙受损失的风险。短期借款的抵押品经常是借款企业的应收账款、存货、股票、债券等。银行接受抵押品后，将根据抵押品的面值决定贷款金额，一般为抵押品面值的 30%～90%。这一比例的高低，取决于抵押品的变现能力和银行的风险偏好。抵押借款的成本通常高于非抵押借款，这是因为银行主要向信誉好的客户提供非抵押贷款，而将抵押贷款看成是一种风险投资，故而收取较高的利率；同时银行管理抵押贷款要比管理非抵押贷款困难，为此往往另外收取手续费。

企业向贷款人提供抵押品，会限制其财产的使用和将来的借款能力。

5. 偿还条件。

贷款的偿还有到期一次偿还和在贷款期内定期（每月、季）等额偿还两种方式。一般来讲，企业不希望采用后一种偿还方式，因为这会提高借款的有效年利率；而银行不希望采用前一种偿还方式，因为这会加重企业的财务负担，增加企业的拒付风险，同时会降低实际贷款利率。

6. 其他承诺。

银行有时还要求企业为取得贷款而作出其他承诺，如及时提供财务报表、保持适当的财务水平（如特定的流动比率），等等。如企业违背所作出的承诺，银行可要求企业立即偿还全部贷款。

（四）短期借款利率及支付方法

短期借款的利率多种多样，利息支付方法也不一，银行将根据借款企业的情况选用。

1. 借款利率。

借款利率分为以下三种：

（1）优惠利率。优惠利率是银行向财力雄厚、经营状况好的企业贷款时采用的利率，为贷款利率的最低限。

（2）浮动优惠利率。浮动优惠利率是一种随其他短期利率的变动而浮动的优惠利率，即随市场条件的变化而随时调整变化的优惠利率。

（3）非优惠利率。非优惠利率是银行贷款给一般企业时收取的高于优惠利率的利率。这种利率经常在优惠利率的基础上加一定的百分比。比如，银行按高于优惠利率 1% 的利率向某企业贷款，若当时的最优利率为 8%，向该企业贷款收取的利率即为 9%；若当时的最优利率为 7.5%，向该企业贷款收取的利率即为 8.5%。非优惠利率与优惠利率之间差距的大小，由借款企业的信誉、与银行的往来关系及当时的信贷状况所决定。

2. 借款利息的支付方法。

一般来讲，借款企业可以用三种方法支付银行贷款利息。

（1）收款法。收款法是在借款到期时向银行支付利息的方法。银行向工商企业发放的贷款大都采用这种方法收息。

（2）贴现法。贴现法是银行向企业发放贷款时，先从本金中扣除利息部分，而到期时借款企业则要偿还贷款全部本金的一种计息方法。采用这种方法，企业可利用的贷款额只有本金减去利息部分后的差额，因此贷款的有效年利率高于报价利率。

例如，某企业从银行取得借款 10 000 元，期限 1 年，年利率（即报价利率）为 8%，利息额 800 元（10 000×8%）；按照贴现法付息，企业实际可利用的贷款为 9 200 元（10 000－800），该项贷款的有效年利率为：

$$有效年利率 = \frac{800}{10\ 000 - 800} = 8.7\%$$

（3）加息法。加息法是银行发放分期等额偿还贷款时采用的利息收取方法。在分期等额偿还贷款的情况下，银行要将根据报价利率计算的利息加到贷款本金上，计算出贷款的本息和，要求企业在贷款期内分期偿还本息之和的金额。由于贷款分期均衡偿还，借款企业实际上只大约平均使用了贷款本金的半数，却支付全额利息。这样，企业所负担的有效年利率便高于报价利率大约 1 倍。

例如，某企业借入（名义）年利率为 12% 的贷款 20 000 元，分 12 个月等额偿还本息。该项借款的有效年利率约为：

$$有效年利率 = \frac{20\ 000 \times 12\%}{20\ 000 \div 2} \times 100\% = 24\%$$

第八章 标准成本法

第一节 标准成本的制定

标准成本法是为了克服实际成本计算系统的缺陷（尤其是不能提供有助于成本控制的确切信息的缺陷），而研究出来的一种会计信息系统和成本控制系统。

实施标准成本法一般有以下几个步骤：（1）制定单位产品标准成本；（2）根据实际产量和成本标准计算产品的标准成本；（3）汇总计算实际成本；（4）计算标准成本与实际成本的差异；（5）分析成本差异发生的原因（如果将标准成本纳入账簿体系，还要进行标准成本及其成本差异的账务处理）；（6）向成本负责人提供成本控制报告。

制定标准成本，通常首先确定直接材料和直接人工的标准成本；其次确定制造费用的标准成本；最后汇总确定单位产品的标准成本。

制定一个成本项目的标准成本，一般需要分别确定其用量标准和价格标准，两者相乘后得出单位产品该成本项目的标准成本。

用量标准包括单位产品材料消耗量、单位产品直接人工工时等，主要由生产技术部门主持制定，同时吸收执行标准的部门及职工参加。

价格标准包括标准的原材料单价、小时工资率、小时制造费用分配率等，由会计部门和有关其他部门共同研究确定。采购部门是材料价格的责任部门，劳资部门对小时工资率负有责任，各生产车间对小时制造费用率承担责任，在制定有关价格标准时要与有关部门协商。

无论是价格标准还是用量标准，都可以是理想状态下的或正常状态下的标准，据此得出理想的标准成本或正常的标准成本。下面介绍正常标准成本的制定。

一、直接材料标准成本

直接材料的标准消耗量，一般采用统计方法、工业工程法或其他技术分析方法确定。它是现有技术条件生产单位产品所需的材料数量，包括必不可少的消耗以及各种难以避免的损失。

直接材料的价格标准，是预计下一年度实际需要支付的进料单位成本，包括发票价格、运费、检验和正常损耗等成本,是取得材料的完全成本。

下面列举 A 产品所用甲、乙两种直接材料标准成本的实例,如表 8-1 所示。

表 8-1　　　　　　　　　　A 产品直接材料标准成本

标　　准	甲材料	乙材料
价格标准:		
发票单价(元)	1	4
装卸检验费(元)	0.07	0.28
每千克标准价格(元)	1.07	4.28
用量标准:		
图纸用量(千克)	3	2
允许损耗量(千克)	0.3	—
单产标准用量(千克)	3.3	2
成本标准:		
甲材料(3.3×1.07)(元)	3.53	
乙材料(2×4.28)(元)		8.56
单位产品直接材料标准成本(元)	12.09	

二、直接人工标准成本

直接人工的用量标准是单位产品的标准工时。确定单位产品所需的直接生产工人工时,需要按产品的加工工序分别进行,然后加以汇总。标准工时是指在现有生产技术条件下,生产单位产品所需要的时间,包括直接加工操作必不可少的时间、必要的间歇和停工(如工间休息、设备调整准备时间)、不可避免的废品耗用工时等。标准工时应以作业研究和时间研究为基础,参考有关统计资料来确定。

直接人工的价格标准是指标准工资率。它可能是预定的工资率,也可能是正常的工资率。如果采用计件工资制,标准工资率是预定的每件产品支付的工资除以标准工时,或者是预定的小时工资;如果采用月工资制,需要根据月工资总额和可用工时总量来计算标准工资率,如表 8-2 所示。

表 8-2　　　　　　　　　　A 产品直接人工标准成本

小时工资率	第一车间	第二车间
基本生产工人人数(人)	20	50
每人每月工时(25.5 天×8 小时)(小时)	204	204
出勤率	98%	98%
每人平均可用工时(小时)	200	200
每月总工时(小时)	4 000	10 000
每月工资总额(元)	3 600	12 600
每小时工资(元)	0.9	1.26
单位产品工时:		
理想作业时间(小时)	1.5	0.8

续表

小时工资率	第一车间	第二车间
调整设备时间（小时）	0.3	—
工间休息（小时）	0.1	0.1
其他（小时）	0.1	0.1
工序标准工时合计（小时）	2	1
工序直接人工标准成本（元）	1.8	1.26
单位产品直接人工标准成本（元）	3.06	

三、制造费用标准成本

制造费用的标准成本是按部门分别编制，然后将同一产品涉及的各部门单位制造费用标准加以汇总，得出整个产品制造费用标准成本。

按照变动成本法的原理，制造费用有变动制造费用和固定制造费用之分，因此，各部门的制造费用标准成本分为变动制造费用标准成本和固定制造费用标准成本两部分。

（一）变动制造费用标准成本

变动制造费用的用量标准通常采用单位产品直接人工工时标准，它在制定直接人工标准成本时已经确定。有的企业采用机器工时或其他用量标准。作为用量标准的计量单位，应尽可能与变动制造费用保持较好的线性相关关系。

变动制造费用的价格标准是单位工时变动制造费用的标准分配率，它根据变动制造费用预算和直接人工总工时计算求得，如表8-3所示。

表8-3　　　　　　　　A产品变动制造费用标准成本　　　　　　　单位：元

项目	第一车间	第二车间
变动制造费用预算：		
运输	800	2 100
电力	400	2 400
消耗材料	1 400	1 800
间接人工	2 000	3 900
燃料	400	1 400
其他	200	400
合计	5 200	12 000
生产量标准（人工工时）	4 000	10 000
变动制造费用标准分配率	1.3	1.2
直接人工用量标准（人工工时）	2	1
车间变动制造费用标准成本	2.6	1.2
单位产品变动制造费用标准成本	3.8	

在表8-3中：

$$变动制造费用标准分配率 = \frac{变动制造费用预算总数}{直接人工标准总工时}$$

确定用量标准和价格标准之后，两者相乘即可得出变动制造费用标准成本：

变动制造费用标准成本＝单位产品直接人工标准工时×变动制造费用标准分配率

各车间变动制造费用标准成本确定之后，可汇总出单位产品的变动制造费用标准成本。

（二）固定制造费用标准成本

如果企业采用变动成本计算，固定制造费用不计入产品成本，因此单位产品的标准成本中不包括固定制造费用的标准成本。在这种情况下，不需要制定固定制造费用的标准成本，固定制造费用的控制则通过预算管理来进行。如果采用完全成本计算，固定制造费用要计入产品成本，还需要确定其标准成本。

固定制造费用的用量标准与变动制造费用的用量标准相同，包括直接人工工时、机器工时、其他用量标准等，并且两者要保持一致，以便进行差异分析。这个标准的数量在制定直接人工用量标准时已经确定。

固定制造费用的价格标准是单位工时的标准分配率，它根据固定制造费用预算和直接人工标准总工时计算求得，如表8-4所示。

表8-4　　　　　　A产品固定制造费用标准成本　　　　　　单位：元

项目	第一车间	第二车间
固定制造费用：		
折旧费	200	2 350
管理人员工资	700	1 800
间接人工	500	1 200
保险费	300	400
其他	300	250
合计	2 000	6 000
生产量标准（人工工时）	4 000	10 000
固定制造费用标准分配率	0.5	0.6
直接人工用量标准（人工工时）	2	1
车间固定制造费用标准成本	1	0.6
单位产品固定制造费用标准成本	1.6	

在表8-4中：

$$固定制造费用标准分配率 = \frac{固定制造费用预算总额}{直接人工标准总工时}$$

确定了用量标准和价格标准之后，两者相乘，即可得出固定制造费用的标准成本：

固定制造费用标准成本＝单位产品直接人工标准工时×固定制造费用标准分配率

各车间固定制造费用的标准成本确定之后，可汇总出单位产品的固定制造费用标准成本。

将以上例示确定的直接材料、直接人工和制造费用的标准成本按产品加以汇总，即可确定有关产品完整的标准成本。通常，企业编制"标准成本卡"，反映产成品标准成本的具体构成。在每种产品生产之前，它的标准成本卡要送达有关部门及职工（如各生产车间负责人、会计部门、仓库保管员等），作为领料、派工和支出其他费用的依据。

第二节 标准成本的差异分析

标准成本是一种目标成本，由于各种原因，产品的实际成本与目标成本往往不一致。实际成本与标准成本之间的差额，称为标准成本差异，或简称成本差异。成本差异是反映实际成本脱离预定目标程度的信息。为控制乃至消除这种偏差，需要对产生的成本差异进行分析，找出原因和可能对策，以便采取措施加以纠正。

一、变动成本差异的分析

直接材料、直接人工和变动制造费用都属于变动成本，其成本差异分析的基本方法相同。由于它们实际成本的高低取决于实际用量和实际价格，标准成本的高低取决于标准用量和标准价格，所以其成本差异可以归结为价格脱离标准造成的价格差异与用量脱离标准造成的数量差异两类。计算公式列示如下：

成本差异 = 实际成本 − 标准成本
 = 实际数量×实际价格 − 标准数量×标准价格
 = 实际数量×实际价格 − 实际数量×标准价格 + 实际数量×标准价格
  − 标准数量×标准价格
 = 实际数量×（实际价格 − 标准价格）+（实际数量 − 标准数量）×标准价格
 = 价格差异 + 数量差异

上列有关变量之间的关系如图8−1所示。

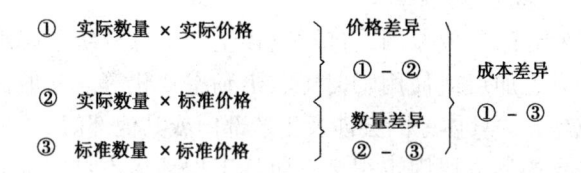

```
① 实际数量 × 实际价格  ┐ 价格差异
                          ├ ①−②  ┐ 成本差异
② 实际数量 × 标准价格  ┘          ├ ①−③
                          ┐ 数量差异 ┘
③ 标准数量 × 标准价格  ┘ ②−③
```

图8−1 成本差异变量关系图

（一）直接材料差异分析

直接材料实际成本与标准成本之间的差额，是直接材料成本差异。一般有两个基本原因导致差异的形成：一是价格脱离标准形成的差异；二是用量脱离标准形成的差异。前者按实际用量计算，称为价格差异（价差）；后者按标准价格计算，称为数量差异（量差）。价格差异与数量差异之和，等于直接材料成本的总差异。计算公式列示如下：

直接材料成本差异 = 实际成本 − 标准成本
直接材料价格差异 = 实际数量×（实际价格 − 标准价格）
直接材料数量差异 =（实际数量 − 标准数量）×标准价格

直接材料成本差异的计算结果，如是正数则是超支，属于不利差异，通常用 U 表示；

如是负数则是节约，属于有利差异，通常用 F 表示（直接人工成本差异、变动制造费用差异与此同理）。

材料价格差异是在材料采购过程中形成的，不应由耗用材料的生产部门负责，而应由材料的采购部门负责并说明原因。采购部门未能按标准价格进货的原因有许多，例如，供应厂家调整售价、本企业未批量进货、未能及时订货造成的紧急订货、采购时舍近求远使运费和途耗增加、使用不必要的快速运输方式、违反合同被罚款、承接紧急订货造成额外采购等。对此需要进行具体分析和调查，才能明确最终原因和责任归属。

材料数量差异是在材料耗用过程中形成的，反映生产部门的成本控制业绩。材料数量差异形成的具体原因也有许多，例如，工人操作疏忽造成废品或废料增加、操作技术改进而节省材料、新工人上岗造成用料增多、机器或工具不适造成用料增加等。有时用料量增多并非生产部门的责任，可能是由于购入材料质量低劣、规格不符使用量超过标准；也可能是由于工艺变更、检验过严使数量差异加大。对此，需要进行具体的调查研究才能明确责任归属。

（二）直接人工差异分析

直接人工成本差异，是指直接人工实际成本与标准成本之间的差额。它亦可区分为"价差"和"量差"两部分。价差是指直接人工实际工资率脱离标准工资率，其差额按实际工时计算确定的金额，又称为直接人工工资率差异。量差是指直接人工实际工时脱离标准工时，其差额按标准工资率计算确定的金额，又称直接人工效率差异（人工效率通常直接体现为时间的节约）。计算公式列示如下：

直接人工成本差异 = 实际直接人工成本 − 标准直接人工成本

直接人工工资率差异 = 实际工时 ×（实际工资率 − 标准工资率）

直接人工效率差异 =（实际工时 − 标准工时）× 标准工资率

直接人工工资率差异与直接人工效率差异之和，应当等于直接人工成本总差异，并可据此验算差异分析计算的正确性。

直接人工工资率差异的形成原因，包括直接生产工人升级或降级使用、奖励制度未产生实效、工资率调整、加班或使用临时工、出勤率变化等。一般而言，这主要由人力资源部门管控，形成差异的具体原因会涉及生产部门或其他部门。

直接人工效率差异的形成原因也很多，包括工作环境不良、工人经验不足、劳动情绪不佳、新工人上岗太多、机器或工具选用不当、设备故障较多、生产计划安排不当、产量规模太少而无法发挥经济批量优势等。这主要属于是生产部门的责任，但也不是绝对的，例如，材料质量不高也会影响生产效率。

（三）变动制造费用差异分析

变动制造费用的差异，是指实际变动制造费用与标准变动制造费用之间的差额。它也可以分解为"价差"和"量差"两部分。价差是指变动制造费用的实际小时分配率脱离标准，按实际工时计算的金额，反映耗费水平的高低，故称为"耗费差异"。量差是指实际工时脱离标准工时，按标准的小时费用率计算确定的金额，反映工作效率变化引起的费用节约或超支，故称为"效率差异"。计算公式列示如下：

变动制造费用成本差异 = 实际变动制造费用 − 标准变动制造费用

$$变动制造费用耗费差异 = 实际工时 \times (变动制造费用实际分配率 - 变动制造费用标准分配率)$$

$$变动制造费用效率差异 = (实际工时 - 标准工时) \times 变动制造费用标准分配率$$

变动制造费用的耗费差异，是实际支出与按实际工时和标准费率计算的预算数之间的差额。由于后者承认实际工时是在必要的前提下计算出来的弹性预算数，因此该项差异反映耗费水平即每小时业务量支出的变动制造费用脱离了标准。耗费差异是部门经理的责任，他们有责任将变动制造费用控制在弹性预算限额之内。

变动制造费用效率差异，是由于实际工时脱离了标准工时，多用工时导致的费用增加，因此其形成原因与人工效率差异相似。

二、固定制造费用差异分析

固定制造费用的差异分析与各项变动成本差异分析不同，其分析方法有"二因素分析法"和"三因素分析法"两种。

（一）二因素分析法

二因素分析法，是将固定制造费用差异分为耗费差异和生产能力利用差异（可简称为能力差异）。

耗费差异是指固定制造费用的实际金额与固定制造费用预算金额之间的差额。固定费用与变动费用不同，不因业务量而变，故差异分析有别于变动费用。在考核时不考虑业务量的变动，以原来的预算数作为标准，实际数超过预算数即视为耗费过多。其计算公式为：

$$固定制造费用耗费差异 = 固定制造费用实际数 - 固定制造费用预算数$$

能力差异是指固定制造费用预算与固定制造费用标准成本的差额，或者说是生产能力与实际业务量的标准工时的差额用标准分配率计算的金额。它反映实际产量标准工时未能达到生产能力而造成的损失。其计算公式如下：

$$\begin{aligned}固定制造费用能力差异 &= 固定制造费用预算数 - 固定制造费用标准成本 \\ &= 固定制造费用标准分配率 \times 生产能力 - 固定制造费用标准 \\ & \quad 分配率 \times 实际产量标准工时 \\ &= (生产能力 - 实际产量标准工时) \times 固定制造费用标准分配率\end{aligned}$$

【例 8-1】 本月实际产量 400 件，发生固定制造成本 1 424 元，实际工时为 890 小时；企业生产能力为 500 件即 1 000 小时；每件产品固定制造费用标准成本为 3 元/件，即每件产品标准工时为 2 小时，标准分配率为 1.5 元/小时。

固定制造费用耗费差异 = 1 424 - 1 000 × 1.5 = -76（元）（F）

固定制造费用能力差异 = 1 000 × 1.5 - 400 × 2 × 1.5 = 1 500 - 1 200 = 300（元）（U）

固定制造费用成本差异 = 实际固定制造费用 - 标准固定制造费用
$$= 1\,424 - 400 \times 3 = 224（元）（U）$$

验算：固定制造费用成本差异 = 耗费差异 + 能力差异 = -76 + 300 = 224（元）（U）

（二）三因素分析法

三因素分析法，是将固定制造费用成本差异分为耗费差异、效率差异和闲置能力差异三部分。耗费差异的计算与二因素分析法相同。不同的是要将二因素分析法中的"能力差异"进一步分为两部分：一部分是实际工时未达到生产能力而形成的闲置能力差异；另一部分是实际工时脱离标准工时而形成的效率差异。因为固定制造费用一般与形成企业生产能力的机械设备和厂房相联系。比如一台机器，它每月设计可运行 1 000 小时，这是它的生产能力，但实际一个月运转了 800 小时，那它就闲置了 200 小时/月，这就会产生闲置能力差异。实际产量标准工时是根据实际产量和每件产品在这些机器上加工的单位标准工时计算的工时，但实际加工有实际工时，这两者之间的差，体现了效率，由此产生的差异称为效率差异。其计算公式如下：

$$\begin{aligned}\text{固定制造费用闲置能力差异} &= \text{固定制造费用预算} - \text{实际工时} \times \text{固定制造费用标准分配率}\\ &= (\text{生产能力} - \text{实际工时}) \times \text{固定制造费用标准分配率}\end{aligned}$$

$$\begin{aligned}\text{固定制造费用效率差异} &= \text{实际工时} \times \text{固定制造费用标准分配率} - \text{实际产量标准工时} \times \text{固定制造费用标准分配率}\\ &= (\text{实际工时} - \text{实际产量标准工时}) \times \text{固定制造费用标准分配率}\end{aligned}$$

沿用 [例 8-1] 资料计算差异如下：

固定制造费用闲置能力差异 = (1 000 - 890) × 1.5 = 110 × 1.5 = 165（元）（U）

固定制造费用效率差异 = (890 - 400 × 2) × 1.5 = 90 × 1.5 = 135（元）（U）

三因素分析法的闲置能力差异（165 元）与效率差异（135 元）之和为 300 元，与二因素分析法中的"能力差异"金额相同。

第九章　作业成本法

第一节　作业成本计算

一、作业的认定

建立作业成本系统从作业认定开始，即确认每一项作业完成的工作以及执行该作业耗用的资源成本。作业的认定需要对每项消耗资源的作业进行定义，识别每项作业在生产活动中的作用、与其他作业的区别，以及每项作业与耗用资源的联系。

作业认定有两种形式：一种是根据企业总的生产流程，自上而下进行分解；另一种形式是通过与员工和经理进行交谈，自下而上地确定他们所做的工作，并逐一认定各项作业。例如，根据生产流程分析和工厂的布局可知，由于原材料仓库与生产车间之间有 0.5 千米的距离，必然存在材料搬运作业，这项作业就是将生产用的原材料从仓库运送到生产车间。通过另一种形式，即与从事相关作业的员工或经理交谈，也可以识别和认定该项作业，比如与进行搬运作业的员工进行交谈，询问"你是做什么的？"也很容易得出生产过程中有这样一项搬运作业，它的主要作用是把原材料从仓库运往车间。在实务中，自上而下和自下而上这两种方式往往需要结合起来运用。经过这样的程序，就可以把生产过程中的全部作业一一识别出来，并加以认定。为了对认定的作业进一步分析和归类，在作业认定后，需按顺序列出作业清单。

二、作业成本库的设计

作业认定后，接下来的工作是设计作业成本库。作业成本库是一项作业或具有共同成本动因的多项作业的集合，并以该作业动因作为唯一的分配标准将作业库的成本分配给产品或服务。作业成本库按作业成本动因可分为如下四类：

1. 单位级作业成本库。

单位级作业是指每一单位产品至少要执行一次的作业。例如，机器加工、组装。这些作业对每个产品都必须执行。这类作业的成本包括直接材料、直接人工工时、机器成本和直接能源消耗等。

单位级作业成本是直接成本,可以追溯到每个单位产品上,即直接计入成本对象的成本计算单。

2. 批次级作业成本库。

批次级作业是指同时服务于每批产品或许多产品的作业。例如生产前机器调试、成批产品转移至下一工序的运输、成批采购和检验等。它们的成本取决于批次,而不是每批中单位产品的数量。

批次级作业成本需要单独进行归集,计算每一批的成本,然后分配给不同批次(如某订单),最后根据产品的数量在单个产品之间进行分配。

3. 品种级(产品级)作业成本库。

品种级作业是指服务于某种型号或样式产品的作业。例如,产品设计、产品生产工艺规程制定、工艺改造、产品更新等。这些作业的成本依赖于产品的品种数或规格型号数,而不是产品数量或生产批次。产品比品种更综合,一种产品可能包括多种规格型号的品种,但产品级作业与品种级作业具有相似特征。

品种级作业成本仅仅因为某个特定的产品品种存在而发生,随产品品种数而变化,不随产量、批次数而变化。例如,维护某一产品的工程师的数量取决于产品的复杂程度,而生产的复杂程度是产品零件数量的函数,因此可以按零件数量为基础分配品种级成本至每一种产品,然后再分配给不同的批次(如某订单),最后根据产品的数量在单个产品之间进行分配。

4. 生产维持级作业成本库。

生产维持级作业,是指服务于整个工厂的作业,例如,工厂保安、维修、行政管理、保险、财产税等。它们是为了维护生产能力而进行的作业,不依赖于产品的数量、批次和种类。

无法追溯到单位产品,并且和产品批次、产品品种无明显关系的成本,都属于生产维持级成本。这些成本首先被分配到不同产品品种,然后再分配到成本对象(如某订单),最后分配给单位产品。这种分配顺序不是唯一选择,也可以直接依据直接人工或机器工时分配给成本对象。这是一种不准确的成本分摊。

三、资源成本分配到作业

资源成本借助于资源成本动因分配到各项作业。资源成本动因和作业成本之间一定要存在因果关系。

四、作业成本分配到成本对象

在确定了作业成本之后,根据作业成本动因计算单位作业成本(即作业成本分配率),再根据作业量计算成本对象应负担的作业成本。

单位作业成本=本期作业成本库归集的总成本÷作业量

作业量的计量单位即作业成本动因有三类:即业务动因、持续动因和强度动因。

(一)业务动因

业务动因通常以执行的次数作为作业动因,并假定执行每次作业的成本(包括耗用的时间和单位时间耗用的资源）相等，如前面我们所说的检验完工产品质量作业的次数就属于业务动因的范畴。以业务动因为分配基础，分配不同产品应负担的作业成本，其计算公式如下：

分配率＝归集期内作业成本总成本÷归集期内总作业次数

某产品应分配的作业成本＝分配率×该产品耗用的作业次数

（二）持续动因

持续动因是指执行一项作业所需的时间标准。当在不同产品所需作业量差异较大的情况下，例如，如果检验不同产品所耗用的时间长短差别较大，则不宜采用业务动因作为分配成本的基础，而应改用持续动因作为分配的基础，否则，会直接影响作业成本分配的准确性。持续动因的假设前提是，执行作业的单位时间内耗用的资源是相等的。以持续动因为分配基础，分配不同产品应负担的作业成本，其计算公式如下：

分配率＝归集期内作业总成本÷归集期内总作业时间

某产品应分配的作业成本＝分配率×该产品耗用的作业时间

（三）强度动因

强度动因是在某些特殊情况下，将作业执行中实际耗用的全部资源单独归集，并将该项单独归集的作业成本直接计入某一特定的产品。强度动因一般适用于某一特殊订单或某种新产品试制等，用产品订单或工作单记录每次执行作业时耗用的所有资源及其成本，订单或工作单记录的全部作业成本也就是应计入该订单产品的成本。

在上述三类作业动因中，业务动因的精确度最差，但其执行成本最低；强度动因的精确度最高，但其执行成本最昂贵；而持续动因的精确度和成本则居中。作业成本驱动产品成本，是作业成本法最主要的创新，但也是作业成本法最耗费时间和精力之处。

如同传统成本计算法一样，作业成本分配时可以采用实际分配率或者预算（计划）分配率。采用预算分配率时，发生的成本差异可以直接结转本期营业成本，也可以计算作业成本差异率并据以分配给有关产品。

第二节　作业成本管理

将产品或服务的成本准确计算出来是成本管理的先决条件，但不是目的，成本管理的根本目的是把成本管控住，努力降低成本，增强企业的竞争优势，为企业创造价值。作业成本管理就是利用作业成本法提供的准确成本信息改善企业成本控制，帮助作出正确的战略决策，其目标是为顾客创造价值，为企业增加利润。作业成本管理关注作业管理，通过识别哪些作业是增值作业，哪些作业是非增值作业，消除、转化或降低不增值作业，提高增值作业效率，降低成本，增加价值，创建企业的竞争优势。

一、增值作业与非增值作业的划分

增值作业与非增值作业是站在顾客角度划分的。最终增加顾客价值的作业是增值作业；否则就是非增值作业。在一个企业中，区别增值作业和非增值作业的标准就是看这个作业的发生是否有利于增加顾客的价值，或者说增加顾客的效用。作业管理的核心就是识别出不增加顾客价值的作业，从而找到进行改进的地方。一般而言，在一个制造企业中，非增值作业有：等待作业、材料或者在产品堆积作业、产品或者在产品在企业内部迂回运送作业、废品清理作业、次品处理作业、返工作业、无效率重复某工序作业、由于订单信息不准确造成没有准确送达需要再次送达的无效率作业等。

二、基于作业进行成本管理

作业成本管理是应用作业成本计算提供的信息，从成本的角度，在管理中努力提高增加顾客价值的作业效率，消除或遏制不增加顾客价值的作业，实现企业生产流程和生产经营效率效果的持续改善，增加企业价值。作业成本管理主要从成本方面来优化企业的作业链和价值链，是作业管理的中介，是作业管理的核心方面。不增加顾客价值的作业是非增值作业，由非增值作业引发的成本是非增值作业成本。作业成本管理就是要努力找到非增值作业成本并努力消除它、转化它或将之降到最低。作业成本管理一般包括确认和分析作业、作业链—价值链分析、成本动因分析、业绩评价以及报告非增值作业成本四个步骤。作业分析又包括辨别不必要或非增值的作业；对重点增值作业进行分析；将作业与先进水平比较；分析作业之间的联系等。

第十章 全面预算

第一节 全面预算概述

全面预算是通过企业内外部环境的分析,在预测与决策基础上,调配相应的资源,对企业未来一定时期的经营和财务等作出一系列具体计划。预算以战略规划目标为导向,它既是决策的具体化,又是控制经营和财务活动的依据。预算是计划的数字化、表格化、明细化的表达。全面预算体现了预算的全员、全过程、全部门的特征。

一、全面预算的体系

全面预算是由资本预算、经营预算和财务预算等类别的一系列预算构成的体系,各项具体预算之间相互联系、关系复杂。

企业应根据长期市场预测和生产能力,编制长期销售预算,以此为基础,确定本年度的销售预算,并根据企业销售增长和新业务对资产的需求确定资本预算。销售预算是年度预算的编制起点,根据"以销定产"的原则确定生产预算,同时确定所需要的销售费用。生产预算的编制,除了考虑计划销售量外,还要考虑期初存货和期末存货。根据生产预算来确定直接材料、直接人工和制造费用预算。产品成本预算和现金预算是有关预算的汇总。利润表预算和资产负债表预算是全部预算的综合。

全面预算按其涉及的预算期分为长期预算和短期预算。长期预算包括长期销售预算和资本预算,有时还包括长期资本筹措预算和研究与开发预算。短期预算是指年度预算,或者时间更短的季度或月度预算,如直接材料预算、现金预算等。通常,长期和短期的划分以1年为界限,有时把2~3年期的预算称为中期预算。

全面预算按其涉及的内容分为专门预算和综合预算。专门预算是指反映企业某一方面经济活动的预算,如直接材料预算、制造费用预算。综合预算是指资产负债表预算和利润表预算,它反映企业的总体状况,是各种专门预算的综合。

全面预算按其涉及的业务活动领域分为投资预算(如资本预算)、营业预算和财务预算。营业预算又称经营预算,是关于采购、生产、销售业务的预算,包括销售预算、生产预算、成本预算等。财务预算是关于利润、现金和财务状况的预算,包括利润表预算、现金预算和资产负债表预算等。

本章主要讨论营业预算和财务预算。

二、全面预算的编制程序

全面预算的编制,涉及企业经营管理的各个部门,只有执行人参与预算的编制,才能使预算成为他们自愿努力完成的目标,而不是外界强加于他们的枷锁。

全面预算的编制程序如下:

(1) 企业决策机构根据长期规划,利用本量利分析等工具,提出企业一定时期的总目标,并下达规划指标;

(2) 最基层成本控制人员自行草编预算,使预算能较为可靠、较为符合实际;

(3) 各部门汇总部门预算,并初步协调本部门预算,编制出销售、生产、财务等预算;

(4) 预算委员会审查、平衡各预算,汇总出公司的总预算;

(5) 经过总经理批准,审议机构通过或者驳回修改预算;

(6) 主要预算指标报告给董事会或上级主管单位,讨论通过或者驳回修改;

(7) 批准后的预算下达给各部门执行。

第二节 全面预算的编制方法

企业全面预算的构成内容比较复杂,编制预算需要采用适当的方法。常用的预算方法主要包括增量预算法与零基预算法、固定预算法与弹性预算法、定期预算法与滚动预算法,这些方法广泛应用于营业预算的编制。

一、增量预算法与零基预算法

按出发点的特征不同,营业预算的编制方法可分为增量预算法和零基预算法两大类。

(一) 增量预算法

增量预算法又称调整预算法,是指以历史期实际经济活动及其预算为基础,结合预算期经济活动及相关影响因素的变动情况,通过调整历史期经济活动项目及金额形成预算的预算编制方法。

增量预算法的前提条件是:(1) 现有的业务活动是企业所必需的;(2) 原有的各项业务都是合理的。

增量预算法的缺点是当预算期的情况发生变化时,预算数额会受到基期不合理因素的干扰,可能导致预算的不准确,不利于调动各部门达成预算目标的积极性。

(二) 零基预算法

零基预算法,是指企业不以历史期经济活动及其预算为基础,以0为起点,从实际需要出发分析预算期经济活动的合理性,经综合平衡,形成预算的预算编制方法,采用零基预算法在编制费用预算时,不考虑以往期间的费用项目和费用数额,主要根据预算期的需要和可能分析费用项目和费用数额的合理性，综合平衡编制费用预算。运用零基预算法编制费用预算的具体步骤是：

（1）根据企业预算期利润目标、销售目标和生产指标等，分析预算期各项费用项目，并预测费用水平；

（2）拟订预算期各项费用的预算方案，权衡轻重缓急，划分费用支出的等级并排列先后顺序；

（3）根据企业预算期预算费用控制总额目标，按照费用支出等级及顺序，分解落实相应的费用控制目标，编制相应的费用预算。

应用零基预算法编制费用预算的优点是不受前期费用项目和费用水平的制约，能够调动各部门降低费用的积极性，但其缺点是编制工作量大。

零基预算法适用于企业各项预算的编制，特别是不经常发生的预算项目或预算编制基础变化较大的预算项目。

二、固定预算法与弹性预算法

按业务量基础的数量特征的不同，营业预算的编制方法可分为固定预算法和弹性预算法两大类。

（一）固定预算法

固定预算法又称静态预算法，是指在编制预算时，只根据预算期内正常、可实现的某一固定的业务量（如生产量、销售量等）水平作为唯一基础来编制预算的方法。固定预算方法存在适应性差和可比性差的缺点，一般适用于经营业务稳定，生产产品产销量稳定，能准确预测产品需求及产品成本的企业，也可用于编制固定费用预算。

（二）弹性预算法

弹性预算法又称动态预算法，是在成本性态分析的基础上，依据业务量、成本和利润之间的联动关系，按照预算期内相关的业务量（如生产量、销售量、工时等）水平计算其相应预算项目所消耗资源的预算编制方法。

理论上，该方法适用于编制全面预算中所有与业务量有关的预算，但实务中主要用于编制成本费用预算和利润预算，尤其是成本费用预算。

编制弹性预算，要选用一个最能代表生产经营活动水平的业务量计量单位。例如，以手工操作为主的车间，就应选用人工工时；制造单一产品或零件的部门，可以选用实物数量；修理部门可以选用直接修理工时等。

弹性预算法所采用的业务量范围，视企业或部门的业务量变化情况而定，务必使实际业务量不至于超出相关的业务量范围。一般来说，可定在正常生产能力的70%~110%之间，或以历史上最高业务量和最低业务量为其上下限。弹性预算法编制预算的准确性，在很大程度上取决于成本性态分析的可靠性。

与按特定业务量水平编制的固定预算相比，弹性预算有两个显著特点：（1）弹性预算是按一系列业务量水平编制的，从而扩大了预算的适用范围；（2）弹性预算是按成本性态分类列示的，在预算执行中可以计算一定实际业务量的预算成本，以便于预算执行的评价和考核。

运用弹性预算法编制预算的基本步骤是：
（1）选择业务量的计量单位；
（2）确定适用的业务量范围；
（3）逐项研究并确定各项成本和业务量之间的数量关系，即成本性态（习性）；
（4）计算各项预算成本，并用一定的方式来表达。

弹性预算法又分为公式法和列表法两种具体方法：

1. 公式法。

公式法是运用总成本性态模型，测算预算期的成本费用数额，并编制成本费用预算的方法。根据成本性态，成本与业务量之间的数量关系可用公式表示为：

$$y = a + bx$$

其中，y 表示某项成本预算总额，a 表示该项成本中的固定成本预算总额，b 表示该项成本中的单位变动成本预算额，x 表示预计业务量。

公式法的优点是便于计算任何业务量的预算成本。但是，阶梯成本和曲线成本只能用数学方法修正为直线，才能应用公式法。必要时，还需在"备注"中说明适用不同业务量范围的固定费用和单位变动费用。

2. 列表法。

列表法是在预计的业务量范围内将业务量分为若干个水平，然后按不同的业务量水平编制预算。

应用列表法编制预算，首先要在确定的业务量范围内，划分出若干个不同水平，然后分别计算各项预算值，汇总列入一个预算表格。

【例 10－1】 A 企业采用列表法编制的 20×6 年 6 月制造费用预算如表 10－1 所示。

表 10－1　　　　　　　　制造费用预算（列表法）

项目	预算				
业务量（直接人工工时）（小时）	420	480	540	600	660
占正常生产能力百分比	70	80	90	100	110
变动成本：					
运输费用（$b=0.2$）（元）	84	96	108	120	132
电力费用（$b=1$）（元）	420	480	540	600	660
材料费用（$b=0.1$）（元）	42	48	54	60	66
合计	546	624	702	780	858
混合成本：					
修理费用（元）	442	493	544	595	746
油料费用（元）	192	204	216	228	240
合计	634	697	760	823	986
固定成本：					
折旧费用（元）	300	300	300	300	300
人工费用（元）	100	100	100	100	100
合计	400	400	400	400	400
总计	1 580	1 721	1 862	2 003	2 244

就表 10-1 提供的资料来说，如若仅按 600 小时直接人工工时来编制，就成为固定预算，其总额为 2 003 元。这种预算只有在实际业务量接近 600 小时的情况下，才能发挥作用。如果实际业务量与作为预算基础的 600 小时相差很多，而仍用 2 003 元去控制和评价成本，显然是不合适的。在表 10-1 中，分别列示了 5 种业务量水平的成本预算数据。根据企业情况，也可以按更多的业务量水平来列示。这样，无论实际业务量达到何种水平，都有适用的一套成本数据来发挥控制作用。

如果固定预算法是按 600 小时编制的，成本总额为 2 003 元。在实际业务量为 500 小时的情况下，不能用 2 003 元去评价实际成本的高低，也不能按业务量变动的比例调整后的预算成本 1 669 元（2 003×500/600）去考核实际成本，因为并不是所有的成本都一定同业务量呈正比例关系。

如果采用弹性预算法，就可以根据各项成本同业务量的不同关系，采用不同方法确定"实际业务量的预算成本"，去评价和考核实际成本。例如，实际业务量为 500 小时，运输费用等各项变动成本可用实际工时数乘以单位业务量变动成本来计算，即变动总成本 650 元（500×0.2+500×1+500×0.1）。固定总成本不随业务量变动，仍为 400 元。混合成本可用内插法逐项计算：500 小时处在 480 小时和 540 小时两个水平之间，修理费用应该在 493~544 元之间，设实际业务的预算修理费用为 x 元，则：

$$\frac{500-480}{540-480} = \frac{x-493}{544-493}$$

$x = 510$ 元

油料费用在 480 小时和 540 小时分别为 204 元和 216 元，500 小时应为 208 元。可见：
500 小时预算成本 = (0.2+1+0.1)×500+510+208+400 = 1 768（元）

这样计算出来的预算成本比较符合成本的变动规律。可以用来评价和考核实际成本，比较确切并容易为被考核人所接受。

列表法的优点是：不管实际业务量多少，不必经过计算即可找到与业务量相近的预算成本；混合成本中的阶梯成本和曲线成本，可按总成本性态模型计算填列，不必用数学方法修正为近似的直线成本。但是，运用列表法编制预算，在评价和考核实际成本时，往往需要使用插补法来计算"实际业务量的预算成本"，比较麻烦。

三、定期预算法与滚动预算法

按预算期的时间特征不同，营业预算的编制方法可分为定期预算法和滚动预算法两类。

（一）定期预算法

定期预算法是以固定不变的会计期间（如年度、季度、月份）作为预算期间编制预算的方法。采用定期预算法编制预算，保证预算期间与会计期间在时期上配比，便于依据会计报告的数据与预算的比较，考核和评价预算的执行结果。但不利于前后各个期间的预算衔接，不能适应连续不断的业务活动过程的预算管理。

（二）滚动预算法

滚动预算法又称连续预算法或永续预算法，是在上期预算完成情况的基础上，调整和编制下期预算，并将预算期间逐期连续向后滚动推移，使预算期间保持一定的时期跨度。滚动预算法体现了持续改善的思想。

采用滚动预算法编制预算，按照滚动的时间单位不同可分为逐月滚动、逐季滚动和混合滚动。

1. 逐月滚动方式。

逐月滚动方式是指在预算编制过程中，以月份为预算的编制和滚动单位，每个月调整一次预算的方法。

如在 20×1 年 1 月至 12 月的预算执行过程中，需要在 1 月末根据当月预算的执行情况，修订 2 月至 12 月的预算，同时补充下一年 20×2 年 1 月的预算；到 2 月末可根据当月预算的执行情况，修订 3 月至 20×2 年 1 月的预算，同时补充 20×2 年 2 月的预算；以此类推。

按照逐月滚动方式编制的预算比较精确，但工作量较大。

2. 逐季滚动方式。

逐季滚动方式是指在预算编制过程中，以季度为预算的编制和滚动单位，每个季度调整一次预算的方法。

逐季滚动编制的预算比逐月滚动的工作量小，但精确度较差。

3. 混合滚动方式。

混合滚动方式是指在预算编制过程中，同时以月份和季度作为预算的编制和滚动单位的方法。这种预算方法的理论依据是：人们对未来的了解程度具有对近期的预计把握较大，对远期的预计把握较小的特征。

运用滚动预算法编制预算，使预算期间依时间顺序向后滚动，能够保持预算的持续性，有利于结合企业近期目标和长期目标考虑未来业务活动；使预算随时间的推进不断加以调整和修订，能使预算与实际情况更相适应，有利于充分发挥预算的指导和控制作用。

第三节 营业预算的编制

营业预算是企业日常营业活动的预算，企业的营业活动涉及供产销等各个环节及其业务。营业预算包括销售预算、生产预算、直接材料预算、直接人工预算、制造费用预算、产品成本预算、销售费用和管理费用预算等。

一、销售预算

销售预算是整个预算的编制起点，其他预算的编制都以销售预算为基础。表 10-2 是 M 公司的销售预算。

表 10-2　　　　　　　　　　　　　　销售预算　　　　　　　　　　　　　　单位：元

项　目	第一季度	第二季度	第三季度	第四季度	全年
预计销售量（件）	100	150	200	180	630
预计单位售价	200	200	200	200	200
销售收入	20 000	30 000	40 000	36 000	126 000
预计现金收入					
上年应收账款	6 200				6 200
第一季度（销货 20 000）	12 000	8 000			20 000
第二季度（销货 30 000）		18 000	12 000		30 000
第三季度（销货 40 000）			24 000	16 000	40 000
第四季度（销货 36 000）				21 600	21 600
现金收入合计	18 200	26 000	36 000	37 600	117 800

销售预算的主要内容是销售数量、销售单价和销售收入。销售数量是根据市场预测或销货合同并结合企业生产能力确定的。销售单价是通过定价决策确定的。销售收入是两者的乘积，在销售预算中计算得出。

销售预算通常要分品种、分月份、分季度、分销售区域、分推销员来编制。上例是一个简例，仅划分了季度销售。

销售预算中通常还包括预计现金收入的计算，其目的是为编制现金预算提供必要的资料。第一季度的现金收入包括两部分，即上年应收账款在本年第一季度收到的货款，以及本季度销售中可能收到的货款部分。本例中，假设每季度销售收入中，本季度收到现金 60%，另外的 40% 现金要到下季度才能收到。

二、生产预算

生产预算是在销售预算的基础上编制的，其主要内容有销售量、期初和期末产成品存货、生产量。表 10-3 是 M 公司的生产预算。

表 10-3　　　　　　　　　　　　　　生产预算　　　　　　　　　　　　　　单位：件

项　目	第一季度	第二季度	第三季度	第四季度	全年
预计销售量	100	150	200	180	630
加：预计期末产成品存货	15	20	18	20	20
合计	115	170	218	200	650
减：预计期初产成品存货	10	15	20	18	10
预计生产量	105	155	198	182	640

通常，企业的生产和销售往往不能做到"同步同量"，因此需要设置一定的产成品存货，以保证能在发生意外需求时按时供货，并可均衡生产，节省赶工的额外支出。期末产成品存货数量通常按下期销售量的一定百分比确定，本例按 10% 安排期末产成品存货。

年初产成品存货是编制预算时预计的,年末产成品存货根据长期销售趋势来确定。本例假设年初有产成品存货 10 件,年末留存 20 件。产成品存货预算也可单独编制。

生产预算的"预计销售量"来自销售预算,其他数据在表 10-3 中计算得出:

预计期末产成品存货 = 下季度销售量 × 10%

预计期初产成品存货 = 上季度期末产成品存货

预计生产量 = (预计销售量 + 预计期末产成品存货) − 预计期初产成品存货

生产预算在实际编制时是比较复杂的,产量受到生产能力的限制,产成品存货数量受到仓库容量的限制,只能在此范围内来安排产成品存货数量和各期生产量。此外,有的季度可能销量很大,可以用赶工方法增产,为此要多付加班费。如果提前在淡季生产,会因增加产成品存货而多付资金利息。因此,要权衡两者得失,选择成本最低的决策方案编制生产预算。

三、直接材料预算

直接材料预算,是以生产预算为基础编制的,同时要考虑材料存货水平。

表 10-4 是 M 公司的直接材料预算。其主要内容有直接材料的单位产品用量、生产需用量、期初和期末存量等。"预计生产量"的数据来自生产预算,"单位产品材料用量"的数据来自标准成本资料或消耗定额资料,"预计生产需用量"是上述两项的乘积。年初和年末的预计材料存货量,是根据当前情况和长期销售预测估计的。各季度"预计期末材料存量"根据下季度生产需用量的一定百分比确定,本例按 20% 计算。各季度"预计期初材料存量"是上季度的预计期末存货。本例假设年初原材料 300 千克,年末留存 400 千克。预计各季度"材料采购量"根据下式计算确定:

预计材料采购量 = (预计生产需用量 + 预计期末材料存量) − 预计期初材料存量

表 10-4　　　　　　　　　　　　直接材料预算

项　目	第一季度	第二季度	第三季度	第四季度	全年
预计生产量(件)	105	155	198	182	640
单位产品材料用量(千克/件)	10	10	10	10	10
预计生产需用量(千克)	1 050	1 550	1 980	1 820	6 400
加:预计期末材料存量(千克)	310	396	364	400	400
合计	1 360	1 946	2 344	2 220	6 800
减:预计期初材料存量(千克)	300	310	396	364	300
预计材料采购量(千克)	1 060	1 636	1 948	1 856	6 500
单价(元/千克)	5	5	5	5	5
预计采购金额(元)	5 300	8 180	9 740	9 280	32 500
预计现金支出					
上年应付账款	2 350				2 350

续表

项　目	第一季度	第二季度	第三季度	第四季度	全年
第一季度（采购 5 300 元）	2 650	2 650			5 300
第二季度（采购 8 180 元）		4 090	4 090		8 180
第三季度（采购 9 740 元）			4 870	4 870	9 740
第四季度（采购 9 280 元）				4 640	4 640
合计	5 000	6 740	8 960	9 510	30 210

为了便于以后编制现金预算，通常要预计材料采购各季度的现金支出。每个季度的现金支出包括偿还上期应付账款和本期应支付的采购货款。本例假设材料采购的货款有50%在本季度内付清，另外50%在下季度付清。这个百分比是根据经验确定的。如果材料品种很多，需要单独编制材料存货预算。

四、直接人工预算

直接人工预算也是以生产预算为基础编制的。其主要内容有预计产量、单位产品工时、人工总工时、每小时人工成本和人工总成本。"预计产量"的数据来自生产预算。单位产品人工工时和每小时人工成本的数据，按照标准成本法确定。人工总工时和人工总成本是在直接人工预算中计算出来的。M 公司的直接人工预算如表 10－5 所示。由于工资都需要使用现金支付，所以，不需另外预计现金支出，可直接汇入现金预算。

表 10－5　　　　　　　　　　　　直接人工预算

项　目	第一季度	第二季度	第三季度	第四季度	全年
预计产量（件）	105	155	198	182	640
单位产品工时（小时/件）	10	10	10	10	10
人工总工时（小时）	1 050	1 550	1 980	1 820	6 400
每小时人工成本（元/小时）	2	2	2	2	2
人工总成本（元）	2 100	3 100	3 960	3 640	12 800

五、制造费用预算

制造费用预算通常分为变动制造费用和固定制造费用两部分进行预算。变动制造费用以生产预算为基础来编制。如果有完善的标准成本资料，用单位产品的标准成本与产量相乘，即可得到相应的预算金额。如果没有标准成本资料，就需要逐项预计计划产量需要的各项制造费用。固定制造费用，需要逐项进行预计，通常与本期产量无关，按每季度实际需要的支付额预计，然后求出全年数。表 10－6 是 M 公司的制造费用预算。

表 10－6　　　　　　　　　　　　制造费用预算　　　　　　　　　　　　单位：元

项　目	第一季度	第二季度	第三季度	第四季度	全年
变动制造费用：					
间接人工（1 元/件）	105	155	198	182	640

续表

项　目	第一季度	第二季度	第三季度	第四季度	全年
间接材料（1元/件）	105	155	198	182	640
修理费（2元/件）	210	310	396	364	1 280
水电费（1元/件）	105	155	198	182	640
小计	525	775	990	910	3 200
固定制造费用：					
修理费	1 000	1 140	900	900	3 940
折旧	1 000	1 000	1 000	1 000	4 000
管理人员工资	200	200	200	200	800
保险费	75	85	110	190	460
财产税	100	100	100	100	400
小计	2 375	2 525	2 310	2 390	9 600
合计	2 900	3 300	3 300	3 300	12 800
减：折旧	1 000	1 000	1 000	1 000	4 000
现金支出的费用	1 900	2 300	2 300	2 300	8 800

为了便于以后编制产品成本预算，需要计算小时费用率。

变动制造费用分配率 $=\dfrac{3\,200}{6\,400}=0.5$（元/小时）

固定制造费用分配率 $=\dfrac{9\,600}{6\,400}=1.5$（元/小时）

为了便于以后编制现金预算，需要预计现金支出。制造费用中，除折旧费外都须支付现金，所以，根据每个季度制造费用数额扣除折旧费后，即可得出"现金支出的费用"。

六、产品成本预算

产品成本预算，是销售预算、生产预算、直接材料预算、直接人工预算、制造费用预算的汇总。其主要内容是产品的单位成本和总成本。单位产品成本的有关数据，来自前述三个预算。生产量、期末存货量来自生产预算，销售量来自销售预算。生产成本、存货成本和销货成本等数据，根据单位成本和有关数据计算得出。表10-7是M公司的产品成本预算。

表10-7　　　　　　　　　　产品成本预算

项目	单位成本			生产成本（640件）	期末存货（20件）	销货成本（630件）
	元/每千克或每小时	投入量	成本（元）			
直接材料	5	10千克	50	32 000	1 000	31 500
直接人工	2	10小时	20	12 800	400	12 600
变动制造费用	0.5	10小时	5	3 200	100	3 150
固定制造费用	1.5	10小时	15	9 600	300	9 450
合计			90	57 600	1 800	56 700

＊假设期初存货10件，单位成本也为90元。

七、销售费用和管理费用预算

销售费用预算，是指为了实现销售预算所需安排的费用预算。它以销售预算为基础，分析销售收入、销售利润和销售费用的关系，力求实现销售费用的最有效使用。在安排销售费用时，要利用本量利分析方法，费用的支出应能获取更多的收益。在草拟销售费用预算时，要对过去的销售费用进行分析，考察过去销售费用支出的必要性和效果。销售费用预算应和销售预算相配合，应有按品种、按地区、按用途的具体预算数额。

表 10-8 是 M 公司的销售费用和管理费用预算。

表 10-8　　　　　　　　　销售费用和管理费用预算　　　　　　　　　单位：元

项　目	金　额
销售费用：	
销售人员工资	2 000
广告费	5 500
包装、运输费	3 000
保管费	2 700
管理费用：	
管理人员薪金	4 000
福利费	800
保险费	600
办公费	1 400
合计	20 000
每季度支付现金（20 000÷4）	5 000

管理费用是企业管理业务所必需的费用。随着企业规模的扩大，企业管理职能日益重要，其费用也相应增加。在编制管理费用预算时，要分析企业的业务成绩和一般经济状况，务必做到费用合理化。管理费用多属于固定成本，所以，一般是以过去的实际开支为基础，按预算期的可预见变化予以调整。管理费用预算必须充分考察每种费用是否必要，以便提高费用的合理性和有效性。

管理会计中，并不单独考虑财务费用预算，与本量利分析中的"利润"是税前经营利润（或以息税前利润代替），保持了逻辑上的一致。

第四节　财务预算的编制

财务预算是企业的综合性预算，包括现金预算、利润表预算和资产负债表预算。

一、现金预算

现金预算由四部分组成：可供使用现金、现金支出、现金多余或不足、现金的筹措和运用,如表10-9所示。

表10-9 现金预算 单位:元

项 目	第一季度	第二季度	第三季度	第四季度	全年
期初现金余额	8 000	8 200	6 060	6 290	8 000
加:销货现金收入(表10-2)	18 200	26 000	36 000	37 600	117 800
可供使用现金	26 200	34 200	42 060	43 890	125 800
减:各项支出					
直接材料(表10-4)	5 000	6 740	8 960	9 510	30 210
直接人工(表10-5)	2 100	3 100	3 960	3 640	12 800
制造费用(表10-6)	1 900	2 300	2 300	2 300	8 800
销售及管理费用(表10-8)	5 000	5 000	5 000	5 000	20 000
所得税费用	4 000	4 000	4 000	4 000	16 000
购买设备		10 000			10 000
股利		8 000		8 000	16 000
支出合计	18 000	39 140	24 220	32 450	113 810
现金多余或不足	8 200	(4 940)	17 840	11 440	11 990
向银行借款		11 000			11 000
还银行借款			11 000		11 000
短期借款利息(年利率10%)			550		550
长期借款利息(年利率12%)				1 080	1 080
期末现金余额	8 200	6 060	6 290	10 360	10 360

"可供使用现金"部分包括期初现金余额和预算期现金收入,销货取得的现金收入是其主要来源。期初的"现金余额"是在编制预算时预计的,"销货现金收入"的数据来自销售预算,"可供使用现金"是期初余额与本期现金收入之和。

"现金支出"部分包括预算期的各项现金支出。"直接材料""直接人工""制造费用""销售及管理费用"的数据分别来自前述有关预算。此外,还包括所得税费用、购置设备(资本预算)、股利分配等现金支出,有关的数据分别来自另行编制的专门预算。

"现金多余或不足"部分列示可供使用现金与现金支出合计的差额。差额大于最低现金余额,说明现金有多余,可用于偿还过去向银行取得的借款,或者用于短期投资。差额小于最低现金余额,说明现金不足,要向银行取得新的借款。本例中,该企业需要保留的最低现金余额为6 000元,不足此数时需要向银行借款。假设银行借款的金额要求是1 000元的整数倍,那么,第二季度借款额为:

借款额 = 最低现金余额 + 现金不足额
   = 6 000 + 4 940
   = 10 940
   ≈ 11 000(元)

第三季度现金多余，可用于偿还借款。一般按"期初借入，期末归还，利随本清"来预计借款利息，故本例借款期为6个月，假设年利率为10%，则应计利息为550元：

$$借款利息 = 11\,000 \times 10\% \times \frac{6}{12}$$
$$= 550（元）$$

此外，还应将长期借款利息纳入预算。本例中，长期借款余额为9 000元，年利率为12%，预计在第四季度支付借款利息1 080元，超出最低现金余额要求的部分，可投资于有价证券。

还款后，仍须保持最低现金余额，否则，只能部分归还借款本金。

现金预算的编制，以各项营业预算和资本预算为基础，它反映各预算期的收入款项和支出款项，并作对比说明。其目的在于现金不足时筹措现金，现金多余时及时处理现金余额（偿还债务、支付利息或投资证券），并且提供现金收支的控制限额，发挥现金管理的作用。

二、利润表预算

利润表预算和资产负债表预算是财务管理的重要工具。财务报表预算的作用与实际的财务报表不同。所有企业都要编报实际的年度财务报表，这是有关法规的强制性规定，其主要目的是向报表信息外部使用者提供财务信息。当然，这并不表明常规财务报表对企业经理人员没有价值。财务报表预算主要为企业财务管理和绩效管理服务，是控制企业成本费用、调配现金、实现利润目标的重要手段。

表10-10是M公司的利润表预算，它是根据上述各有关预算编制的。

表10-10　　　　　　　　　　利润表预算　　　　　　　　　　单位：元

项　目	金　额
销售收入（表10-2）	126 000
销货成本（表10-7）	56 700
毛利	69 300
销售费用和管理费用（表10-8）	20 000
借款利息（表10-9）	1 630
利润总额	47 670
所得税费用（表10-9）	16 000
净利润	31 670

其中，"销售收入"项目的数据，取自销售收入预算；"销售成本"项目的数据，取自产品成本预算；"毛利"项目的数据是前两项的差额；"销售费用和管理费用"项目的数据，取自销售费用和管理费用预算；"借款利息"项目的数据，取自现金预算。

另外，"所得税费用"项目是在利润预测时估计的，并已列入现金预算。它通常不是根据"利润总额"和所得税税率计算出来的，因为有诸多纳税调整的事项存在。此外，从预算编制程序上看，如果根据"利润总额"和企业所得税税率重新计算所得税，就需要修改"现金预算",引起借款计划修订,进而改变"借款利息",最终又要修改"利润总额",从而陷入数据的循环修改。

利润表预算与财务会计的利润表的内容、格式相同,只不过数据是面向预算期的。它是在汇总销售收入、销货成本、销售及管理费用、营业外收支、资本支出等预算的基础上加以编制的。通过编制利润表预算,可以了解企业预期的盈利水平。如果预算利润与最初编制方针中的目标利润有较大的不一致,就需要调整部门预算,设法达到目标,或者经企业领导同意后修改目标利润。

三、资产负债表预算

资产负债表预算反映预算期末的财务状况。该预算是利用本期期初会计的资产负债表,根据有关营业和财务等预算的有关数据加以调整编制的。

表10-11是M公司的资产负债表预算。大部分项目的数据来源已注明在表中。普通股、长期借款两项指标本年度没有变化。年末"未分配利润"是这样计算的:

期末未分配利润 = 期初未分配利润 + 本期利润 - 本期股利
= 16 250 + 31 670 - 16 000
= 31 920(元)

"应收账款"是根据表10-2中的第四季度销售额和本期收现率计算的。

表10-11　　　　　　　　　资产负债表预算　　　　　　　　　单位:元

资产			负债和股东权益		
项目	年初	年末	项目	年初	年末
现金(取自表10-9)	8 000	10 360	应付账款(取自表10-4)	2 350	4 640
应收账款(取自表10-2)	6 200	14 400	长期借款	9 000	9 000
直接材料(取自表10-4)	1 500	2 000	普通股	20 000	20 000
产成品(取自表10-7)	900	1 800	未分配利润	16 250	31 920
固定资产	31 000	37 000			
资产总额	47 600	65 560	负债和股东权益总额	47 600	65 560

期末应收账款 = 本期销售额 × (1 - 本期收现率)
= 36 000 × (1 - 60%)
= 14 400(元)

"应付账款"是根据表10-5中的第四季度采购金额和付现率计算的。

期末应付账款 = 本期采购金额 × (1 - 本期付现率)
= 9 280 × (1 - 50%)
= 4 640(元)

编制资产负债表预算的目的,在于判断预算反映的财务状况的稳定性和流动性。如果通过资产负债表预算的分析,发现某些财务比率不佳,必要时可修改有关预算,以改善企业未来的财务状况。

第五节 作业预算的编制

一、作业预算的应用

企业编制作业预算一般按照确定作业需求量、确定资源费用需求量、平衡资源费用需求量与供给量、编制预算、审核最终预算等程序进行。

（一）确定作业需求量

企业应根据预测期销售量或销售收入预测各产品（或服务）的产出量（或服务量）、批次数、品种类别数以及每类设施能力投入量，进而分别按单位级作业、批别级作业、品种级作业、客户级作业、设施级作业等的作业消耗率计算各类作业的需求量。

1. 单位级作业：该类作业的需求量一般与产品（或服务）的数量成正比例变动，计算公式如下：

$$单位级作业需求量 = \sum 各产品（或服务）预测的产出量（或服务量） \times 该产品（或服务）作业消耗率$$

2. 批次级作业：该类作业的需求量一般与产品（或服务）的批次数成正比例变动，计算公式如下：

$$批次级作业需求量 = \sum 各产品（或服务）预测的批次数 \times 该批次作业消耗率$$

3. 品种级作业：该类作业的需求量一般与品种类别的数量成正比例变动，计算公式如下：

$$品种级作业需求量 = \sum 各产品（或服务）预测的品种类别数 \times 该品种类别作业消耗率$$

4. 设施维持级作业：该类作业的需求量一般与每类设施能力投入量成正比例变动，计算公式如下：

$$设施级作业需求量 = \sum 各产品（或服务）预测的每类设施能力投入量 \times 该类设施作业消耗率$$

上述作业消耗率，是指单位产品（或服务）、批次、品种类别、设施等消耗的作业数量。

（二）确定资源费用需求量

企业应依据作业消耗资源的因果关系确定作业对资源费用的需求量。计算公式如下：

$$资源费用需求量 = \sum 各类作业需求量 \times 资源消耗率$$

资源消耗率，是指单位作业消耗的资源费用数量。

（三）平衡资源费用需求量与供给量

资源费用供给量，是指企业目前经营期间所拥有并能投入作业的资源费用数量。企业应检查资源费用需求量与供给量是否平衡，如果没有达到基本平衡，需要通过增加或减少资源费用供给量或降低资源消耗率等方式，使两者的差额处于可接受的区间内。

（四）编制预算

企业一般以作业中心为对象，按照作业类别编制资源费用预算。计算公式如下：

$$资源费用预算 = \sum 各类资源需求量 \times 该资源费用预算价格$$

资源费用的预算价格一般来源于企业建立的资源费用价格库。企业应收集、积累多个历史期间的资源费用成本价、行业标杆价、预期市场价等，建立企业的资源费用价格库。

（五）审核最终预算

作业预算初步编制完成后，企业应组织相关人员进行预算评审。预算评审小组一般应由企业预算管理部门、运营与生产管理部门、作业及流程管理部门、技术定额管理部门等组成。评审小组应从业绩要求、作业效率要求、资源效益要求等多个方面对作业预算进行评审，评审通过后上报企业预算管理决策机构进行审批。

企业应按照作业中心和作业进度进行作业预算控制，通过把预算执行的过程控制精细化到作业管理层次，把控制重点放在作业活动驱动的资源上，实现生产经营全过程的预算控制。企业作业预算分析主要包括资源动因分析和作业动因分析。资源动因分析主要揭示作业消耗资源的必要性和合理性，发现减少资源浪费、降低资源消耗成本的机会，提高资源利用效率；作业动因分析主要揭示作业的有效性和增值性，减少无效作业和不增值作业，不断地进行作业改进和流程优化，提高作业产出效果。

二、作业预算的优点和缺点

作业预算的主要优点：一是基于作业需求量配置资源，避免资源配置的盲目性；二是通过总体作业优化实现最低的资源费用耗费，创造最大的产出成果；三是作业预算可以促进员工对业务和预算的支持，有利于预算的执行。

作业预算的主要缺点：预算的建立过程复杂，需要详细地估算生产和销售对作业和资源费用的需求量，并测定作业消耗率和资源消耗率，数据收集成本较高。

第十一章 责任会计

  作为现代管理会计的一个重要分支，责任会计是指为适应企业内部经济责任制的要求，对企业内部各责任中心的经济业务进行规划与控制，以实现业绩考核与评价的一种内部会计控制制度。企业组织结构与其责任会计系统存在密切的关系，理想的责任会计系统应反映并支撑企业组织结构。

  业绩包括企业业绩、部门业绩和个人业绩三个层面。业绩的三个层面之间是决定与制约的关系：个人业绩水平决定着部门的业绩水平，部门的业绩水平又决定着企业的业绩水平；反过来，企业业绩水平制约着部门的业绩水平，部门的业绩水平也制约着个人的业绩水平。与此相对应，业绩评价层次也可分为企业层面、部门层面和个人层面，本章通过责任会计介绍部门层面的业绩评价及其报告，下一章介绍企业层面的业绩评价。

  公司实行分权管理体制，必须建立和健全有效的业绩评价和考核制度。公司整体的业绩目标，需要落实到内部各部门和经营单位，成为内部单位业绩评价的依据。根据内部单位职责范围和权限大小，可以将其分为成本中心、收入中心、利润中心和投资中心等责任中心。由于收入中心比较简单，实务中也不多见，本章主要介绍成本中心、利润中心和投资中心。

  责任中心的业绩评价和考核应该通过编制业绩报告来完成。业绩报告也称责任报告、绩效报告，它是反映责任预算实际执行情况、揭示责任预算与实际结果之间差异的内部管理会计报告。它着重于对责任中心管理者的业绩进行评价，其本质是要得到一个结论：与预期的目标相比较，责任中心管理者干得怎样。

  业绩报告的主要目的在于将责任中心的实际业绩与其在特定环境下本应取得的业绩进行比较，因此实际业绩与预期业绩之间差异的原因应得到分析，并且应尽可能予以量化。业绩报告中应当传递出三种信息：

（1）关于实际业绩的信息；

（2）关于预期业绩的信息；

（3）关于实际业绩与预期业绩之间差异的信息。

  这也意味着合格的业绩报告的三个主要特征：报告应当与个人责任相联系、实际业绩应当与最佳标准相比较、重要信息应当予以突出显示。

第一节 企业组织结构与责任中心划分

一、企业的集权与分权

集权和分权是企业经营管理权限的分配方式。集权是把企业经营管理权较多集中在企业上层的一种组织形式,分权是把企业的经营管理权适当地分散在企业中下层的一种组织形式。

集权和分权虽然可以看作两种不同的组织结构形式,但实际上是上级与下级在权力分配上的比重和协调问题。采取分权的企业有一些决策也是交给上级主管作出的,特别是面对一些不经常发生的和关于企业整体发展的问题时。采取集权的企业也并不表示不让下级参与决策制定。实际上,在集权下,下级在某些事务上也拥有一定的灵活性。

集权的主要优点是便于提高决策效率,对市场作出迅速反应,容易实现目标的一致性,可以避免重复和资源浪费;缺点是容易形成对高层管理者的个人崇拜,形成独裁,导致将来企业高管更替困难,影响企业长远发展。分权的优点是可以让高层管理者将主要精力集中于重要事务,权力下放,可以充分发挥下属的积极性和主动性,增加下属的工作满足感,便于发现和培养人才,下属拥有一定的决策权,可以减少不必要的上下沟通,并可以对下属权限内的事情迅速作出反应;缺点是可能产生与企业整体目标不一致的委托—代理问题。

二、科层组织结构

科层组织结构中,存在两类管理机构,一类是直线指挥机构,如总部、分部、车间、工段和班组等;一类是参谋职能机构,如研究开发部、人力资源部、财务部、营销部及售后服务部等。与此相对应,存在两类管理人员,一类是直线人员,如总经理、分部经理、车间主任、工段长和班组长等;一类是参谋人员,如人力资源部部长、财务部部长、营销部部长等。前者是主体,后者是辅助,企业生产经营的决策权力主要集中在最高层的直线领导手中。

在这类组织结构中,企业的生产经营活动主要由直线人员统一领导和指挥,他们有权在自己的职责范围内向下级发布命令和指示,并负全面的领导责任。职能部门则设置在直线领导之下,分别从事专业管理,是各级直线领导的参谋部。职能部门所拟定的计划、方案以及有关指示等,均应由直线领导批准后下达执行,职能部门对下级领导者和下属职能部门无权直接下达命令或进行指挥,只能起到提供建议、咨询以及进行业务指导的作用。

科层组织结构的优点是,各个职能部门目标明确,部门主管容易控制和规划。此外,同类专业的员工一起共事,易于相互学习,提高技能。此外,内部资源较为集中,由同一部门员工分享，可减少不必要的重复和浪费。但是，这种结构的缺点是，部门之间的工作协调常会出现困难，导致不同部门各自为政，甚至争夺公司内部资源。因此，整个企业对外在环境的反应会比较迟钝。而且员工较长时间在一个部门工作，往往眼光会变得狭隘，只看到本部门的目标和利益，缺乏整体意识和创新精神。

三、事业部制组织结构

事业部制是一种分权的组织结构。在这种组织结构中，它把分权管理与独立核算结合在一起，在总公司统一领导下，按照产品、地区或者市场（客户）来划分经营单位（即事业部）。各个事业部实行相对独立的经营和核算，具有从生产到销售的全部职能。它是在总公司控制下的利润中心，总公司以各事业部为单位制定利润预算。同时，各个事业部又是产品责任单位和市场责任单位，有自己的产品和独立的市场。事业部制的管理原则可以概括为三个：集中决策、分散经营、协调控制。

事业部可以按照产品、地区或者客户等内容划分。按照产品划分事业部是最为常见的形式。例如，广东美的集团股份有限公司就按照产品划分为家用空调、厨房电器、洗衣机、冰箱、中央空调、生活电器、热水器、环境电器、部品九大事业部，其中部品事业部主要包括压缩机和微型电机两大产品。国外通用汽车公司、福特汽车公司、日本松下电器公司等，也都是按照产品类别来划分事业部的。银行等一般按照客户来划分事业部。而按照地区来划分事业部则是在产品销售区域很广、工厂很分散的情况下采取的一种组织形式。

事业部制的主要特点是：（1）在总公司之下，企业按照产品类别、地区类别或者顾客类别设置生产经营事业部；（2）每个事业部设置各自的执行总经理，每位执行总经理都有权进行采购、生产和销售，对其事业部的生产经营，包括收入、成本和利润的实现负全部责任；（3）总公司在重大问题上集中决策，各个事业部独立经营、独立核算、自负盈亏，是一个利润中心；（4）各个事业部的盈亏直接影响总公司的盈亏，总公司的利润是各个事业部利润之和，总公司对各个事业部下达利润指标，各个事业部必须保证实现总公司下达的利润指标。

四、网络组织结构

20 世纪 90 年代以来，以减少企业管理层次、强化分权管理为主要内容的组织形式变革更为强烈。英国电讯公司的管理层次由 12 层减为 6 层，在 1992 年和 1993 年两年中，该公司解雇了 900 名高级管理人员和 5 000 名中级管理人员；1994 年 2 月，该公司又宣布裁减 35 名年薪在 5 万~10 万英镑的高级主管。管理学家们预测，21 世纪就业机会消失最多的岗位是中层管理人员的职位，这实质上是组织扁平化趋势的必然结果。

与事业部制相比，这种组织结构单元和单元之间的关系类似于一个网络，所以这种新企业组织形式被称为扁平化网络组织（N 形组织）。从总体上看，它是一个由众多独立的创新经营单位组成的彼此有紧密联系的网络，其主要特点是：

（1）分散性。它不是几个或几十个大的战略经营单位的结合，而是由为数众多的小规模经营单位构成的企业联合体，这些经营单位具有很大的独立性。这种模式减少了基层单位对企业或总公司在技术、财务和人力等方面的依赖，基层单位的权力和责任大大增强，充分调动和发挥了基层员工的主动性、积极性和创造性。这一特征使管理会计信息不仅为少数高层管理者服务，而且也为更广泛的基层管理者服务，为整个企业集团服务。

（2）创新性。这种组织形式的发展所导致的基层企业权力和责任的增大，需要促进基层经理对本单位的经营绩效负责。最高管理层的权力主要集中在驱动创新过程，创新活动已由过去少数高层管理人员推动转变为企业基层人员的重要职责。现代管理会计为企业的创新提供必要的信息支持。

（3）高效性。在这种组织形式下，行政管理和辅助职能部门被精简。基层企业可以自主地根据具体的市场情况组织生产经营活动，快速对市场作出反应。这一特征要求管理会计更加注重实用性，并在实践中不断学习和修正。

（4）协作性。在这种组织形式下，独立的小规模经营单位的资源是有限的，在生产经营中必须大量依赖与其他单位的广泛合作。这种基层经营单位之间主动的广泛合作，为知识、技能等资源在企业内的转移和企业能力的整合提供了重要渠道。管理会计信息开始"由内而外"，协调和服务于企业集团的整体利益。

第二节 责任成本

一、责任成本的定义

责任成本是以具体的责任单位（部门、单位或个人）为对象，以其承担的责任为范围所归集的成本，也就是特定责任中心的全部可控成本。

可控成本是指在特定时期内、特定责任中心能够直接控制其发生的成本。所谓可控成本通常应同时符合以下三个条件：（1）成本中心有办法知道将发生什么性质的耗费；（2）成本中心有办法计量它的耗费；（3）成本中心有办法控制并调节它的耗费。凡不符合上述三个条件的，即为不可控成本。可控成本总是针对特定责任中心来说的。一项成本，对某个责任中心来说是可控的，对另外的责任中心来说则是不可控的。例如，耗用材料的进货成本，采购部门可以控制，使用材料的生产单位则不能控制。有些成本，对于下级单位来说是不可控的，而对于上级单位来说则是可控的。例如，车间主任不能控制自己的工资（尽管它通常要计入车间成本），而他的上级则可以控制。

区分可控成本和不可控成本，还要考虑成本发生的时间范围。一般来说，在消耗或支付的当期成本是可控的，一旦消耗或支付了就不再可控。有些成本是以前决策的结果，如折旧费、租赁费等，在添置设备和签订租约时曾经是可控的，而使用设备或执行契约时已无法控制。

从整个公司的空间范围和很长的时间范围来观察，所有成本都是人的某种决策或行为的结果，都是可控的。但是，对于特定的人或时间来说，有些是可控的，有些则是不可控的。

二、责任成本与其他成本的区别与联系

（一）责任成本与直接成本

直接成本和间接成本的划分依据，是成本的可追溯性。可直接追溯到个别产品或部门的成本是直接成本；由几个产品或部门共同引起的成本是间接成本。对生产的基层单位来说，大多数直接材料和直接人工是可控制的，但也有部分是不可控的。例如，工长的工资可能是直接成本，但工长无法改变自己的工资，对他来说该成本是不可控的。最基层单位无法控制大多数的间接成本，但有一部分是可控的。例如，机物料的消耗可能是间接计入产品的，但机器操作工却可以控制它。

（二）责任成本与变动成本、制造成本

变动成本和固定成本的划分依据，是成本依产量的变动性，即成本的性态。随产量正比例变动的成本，称为变动成本。在一定范围内不随产量变动而基本上保持不变的成本，称为固定成本。对生产单位来说，大多数变动成本是可控的，但也有部分不可控。例如，按产量和实际成本分摊的工艺装备费是变动成本，但使用工艺装备的生产车间未必能控制其成本的多少，因为产量是上级的指令，其实际成本是由制造工艺装备的辅助车间控制的。固定成本和不可控成本也不能等同，与产量无关的广告费、科研开发费、教育培训费等酌量性固定成本都是可控的。

责任成本、变动成本和制造成本各自计算方法的主要区别有：第一，成本计算的目的不同：计算产品的制造成本是为了确定产品存货成本和销货成本；计算产品的变动成本是为了经营决策；计算责任成本是为了评价成本控制业绩。第二，成本对象不同：变动成本计算和制造成本计算以产品为成本对象；责任成本计算以责任中心为成本对象。第三，成本的范围不同：产品制造成本计算的范围是全部制造成本，包括直接材料、直接人工和全部制造费用；产品变动成本计算的范围包括直接材料、直接人工、变动制造费用；责任成本计算的范围是各责任中心的可控成本。第四，共同费用在成本对象间分摊的原则不同：制造成本计算按受益原则归集和分摊费用，谁受益谁承担，要分摊全部的制造费用；变动成本计算只分摊变动制造费用，不分摊固定制造费用；责任成本计算按可控原则把成本归属于不同责任中心，谁能控制谁负责，不仅可控的变动间接费用要分配给责任中心，而且可控的固定间接费用也要分配给责任中心。责任成本法是介于完全成本法和变动成本法之间的一种成本方法，有人称之为"局部吸收成本法"或"变动成本和吸收成本法结合的成本方法"。

（三）责任成本与标准成本、目标成本

标准成本和目标成本主要强调事先的成本计算，而责任成本重点是事后的计算、评价和考核，是责任会计的重要内容之一。标准成本在制定时是分产品进行的，事后对差异进行分析时才判别责任归属。目标成本管理要求在事先规定目标时就考虑责任归属，

并按责任归属收集和处理实际数据。不管使用目标成本还是标准成本作为控制依据,事后的评价与考核都要求核算责任成本。

三、责任成本的判别与分摊

计算责任成本的关键是判别每一项成本费用支出的责任归属。

(一)判别成本费用支出责任归属的原则

通常,可以按以下原则确定责任中心的可控成本:

(1)假如某责任中心通过自己的行动能有效地影响一项成本的数额,那么该中心就要对这项成本负责。

(2)假如某责任中心有权决定是否使用某种资产或劳务,它就应对这些资产或劳务的成本负责。

(3)某管理人员虽然不直接决定某项成本,但是上级要求他参与有关事项,从而对该项成本的支出施加了重要影响,则他对该成本也要承担责任。

(二)制造费用的归属和分摊方法

将发生的直接材料和人工费用归属于不同的责任中心通常比较容易,而制造费用的归属则比较困难。为此,需要仔细研究各项消耗和责任中心的因果关系,采用不同的分配方法。一般是依次按下述五个步骤来处理:

(1)直接计入责任中心。将可以直接判别责任归属的费用项目,直接列入应负责的成本中心。例如,机物料消耗、低值易耗品的领用等,在发生时可判别耗用的成本中心,不需要采用其他标准进行分配。

(2)按责任基础分配。对不能直接归属于个别责任中心的费用,优先采用责任基础分配。有些费用虽然不能直接归属于特定成本中心,但它们的数额受成本中心的控制,能找到合理依据来分配,如动力费、维修费等。如果成本中心能自己控制使用量,可以根据其使用量来分配。分配时要使用固定的内部结算价格,以防止供应部门的责任向使用部门转嫁。

(3)按受益基础分配。有些费用不是专门属于某个责任中心的,也不宜用责任基础分配,但与各中心的受益多少有关,可按受益基础分配,如按装机功率分配电费等。

(4)归入某一个特定的责任中心。有些费用既不能用责任基础分配,也不能用受益基础分配,则考虑有无可能将其归属于一个特定的责任中心。例如,车间的运输费用和试验检验费用,难以分配到生产班组,不如建立专门的成本中心,由其控制此项成本,不向各班组分配。

(5)不能归属于任何责任中心的固定成本,不进行分摊。例如,车间厂房的折旧是以前决策的结果,短期内无法改变,可暂时不加控制,作为不可控费用。

第三节 成本中心

一、成本中心的划分和类型

成本中心是指只对其成本或费用承担经济责任并负责控制和报告成本或费用的责任

中心。

成本中心往往是没有收入的。例如，一个生产车间，它的产成品或半成品并不由自己出售，没有销售职能，没有货币收入。有的成本中心可能有少量收入，但不成为主要的考核内容。例如，生产车间可能会取得少量外协加工收入，但这不是它的主要职能，不是考核车间的主要内容。一个成本中心可以由若干个更小的成本中心所组成。又如，一个分厂是成本中心，它由几个车间所组成，而每个车间还可以划分为若干个工段，这些工段是更小的成本中心。任何发生成本的责任领域，都可以确定为成本中心，大的成本中心可能是一个分公司，小的成本中心可能是一台卡车和两个司机组成的单位。成本中心的职责，是用一定的成本去完成规定的具体任务。

成本中心有两种类型：标准成本中心和费用中心。

（1）标准成本中心。标准成本中心必须是所生产的产品稳定而明确，并且已经知道单位产品所需要的投入量的责任中心。通常，标准成本中心的典型代表是制造业工厂、车间、工段、班组等。在生产制造活动中，每个产品都可以有明确的原材料、人工和制造费用的数量标准和价格标准。实际上，任何一种重复性的活动都可以建立标准成本中心，只要这种活动能够计量产出的实际数量，并且能够说明投入与产出之间可望达到的函数关系。因此，各种行业都可能建立标准成本中心。银行业根据经手支票的多少，医院根据接受检查或放射治疗人数的多少，快餐业根据售出的盒饭多少，都可建立标准成本中心。

（2）费用中心。对于那些产出不能用财务指标来衡量，或者投入和产出之间没有密切关系的部门或单位，适于划分为费用中心。这些部门或单位包括财务、会计、人事、劳资、计划等行政管理部门，研究开发部门，销售部门等。这些部门有的产出难以度量，有的投入量与产出量之间没有密切的联系。对于费用中心，唯一可以准确计量的是实际费用，无法通过投入和产出的比较来评价其效果和效率，从而限制无效费用的支出，因此，有人称之为"无限制的费用中心"。

二、成本中心的考核指标

一般而言，标准成本中心的考核指标，是既定产品质量和数量条件下可控的标准成本。标准成本中心不需要作出定价决策、产量决策或产品结构决策，这些决策由上级管理部门作出，或授权给销售部门。标准成本中心的设备和技术决策，通常由职能管理部门作出，而不是由成本中心的管理人员自己决定。因此，标准成本中心不对生产能力的利用程度负责，而只对既定产量的投入量承担责任。

值得强调的是，如果标准成本中心的产品没有达到规定的质量，或没有按计划生产，则会对其他单位产生不利的影响。因此，标准成本中心必须按规定的质量、时间标准和计划产量来进行生产。这个要求是"硬性"的，很少有伸缩余地。完不成上述要求，成本中心要受到批评甚至惩罚。过高的产量、提前产出造成积压、超产以后销售不出去、同样会给公司带来损失，也应视为未按计划进行生产。

确定费用中心的考核指标是一件困难的工作。由于缺少度量其产出的标准，并且投入和产出之间的关系不密切，运用传统的财务技术来评估这些中心的业绩非常困难。费用中心的业绩涉及预算、工作质量和服务水平。工作质量和服务水平的量化很困难，并且与费用支出关系密切。这正是费用中心与标准成本中心的主要差别。标准成本中心的产品质量和数量有良好的量化方法，如果能以低于预算水平的实际成本生产出相同的产品，则说明该中心业绩良好。而对于费用中心则不然，一个费用中心的支出没有超过预算，可能该中心的工作质量和服务水平低于计划的要求。

通常，使用可控费用预算来评价费用中心的控制业绩。由于很难依据一个费用中心的工作质量和服务水平来确定预算数额，一种解决办法是考察同行业类似职能的支出水平。例如，有的公司根据销售收入的一定百分比来制定研究开发费用预算。尽管很难解释为什么研究开发费用与销售额具有某种因果关系，但是百分比法还是使人们能够在同行业之间进行比较。另外一个解决办法是零基预算法，即详尽分析支出的必要性及其取得的效果，确定预算标准。还有许多公司依据历史经验来编制费用预算。这种方法虽然简单，但缺点也十分明显。管理人员为在将来获得较多的预算，倾向于把能花的钱全部花掉。越是勤俭度日的管理人员，将越容易面临严峻的预算压力。预算的有利差异只能说明比过去少花了钱，既不表明达到了应有的节约程度，也不说明成本控制取得了应有的效果。因此，依据历史实际费用数额来编制预算并不是个好办法。从根本上说，决定费用中心预算水平有赖于了解情况的专业人员的判断。上级主管人员应信任费用中心的经理，并与他们密切配合，通过协商确定适当的预算水平。在考核预算完成情况时，要利用有经验的专业人员对该费用中心的工作质量和服务水平作出有根据的判断，才能对费用中心的控制业绩作出客观评价。

三、成本中心的业绩报告

成本中心的业绩考核指标通常为该成本中心的所有可控成本，即责任成本。成本中心的业绩报告，通常是按成本中心可控成本的各明细项目列示其预算数、实际数和成本差异数的三栏式表格。由于各成本中心是逐级设置的，所以其业绩报告也应自下而上，从最基层的成本中心逐级向上汇编，直至最高层次的成本中心。每一级的业绩报告，除最基层只有本身的可控成本外，都应包括本身的可控成本和下属部门转来的责任成本。

成本中心的各级经理，就其权责范围编制业绩报告并对其成本差异负责。级别越低的成本中心，从事的经营活动越具体，其业绩报告涉及的成本项目分类也越详细。根据成本中心绩效报告，责任中心的各级经理可以针对成本差异，寻找原因对症下药，以便对成本费用实施有效的管理控制，从而提高业绩水平。

第四节 利润中心

一、利润中心的划分和类型

成本中心的决策权力是有限的。标准成本中心的管理人员可以决定投入，但产品的品种和数量往往要由其他人员来决定。费用中心为本公司提供服务或进行某一方面的管理。收入中心负责分配和销售产品，但不控制产品的生产。当某个责任中心被同时赋予生产和销售职能时，该中心的自主权就会显著地增加，管理人员能够决定生产什么、如何生产、产品质量的水平、价格的高低、销售的办法以及生产资源如何在不同产品之间进行分配等。这种责任中心出现在大型分散式经营的组织中，小公司很难或不必采用分散式组织结构，如果大公司采用集权式管理组织结构，也不会使下级具有如此广泛的决策权。这种具有几乎全部经营决策权的责任中心，可以被确定为利润中心。

利润中心是指对利润负责的责任中心。由于利润等于收入减去成本或费用，所以利润中心是对收入、成本和费用都要承担责任的责任中心。

利润中心有两种类型：一种是自然的利润中心，它直接向公司外部出售产品，在市场上进行购销业务。例如，某些公司采用事业部制，每个事业部均有销售、生产、采购的职能，有很大的独立性，这些事业部就是自然的利润中心。另一种是人为的利润中心，它主要在公司内部按照内部转移价格出售产品。例如，大型钢铁公司分成采矿、炼铁、炼钢、轧钢等几个部门，这些生产部门的产品主要在公司内部转移，它们只有少量对外销售，或者由专门的销售机构完成全部对外销售，这些生产部门可视为利润中心，并称为人为的利润中心。再如，公司内部的辅助部门，包括修理、供电、供水、供气等部门，可以按固定的价格向生产部门收费，它们也可以确定为人为的利润中心。

通常，利润中心被看成是一个可以用利润衡量其一定时期业绩的组织单位。但是，并不是可以计量利润的组织单位都是真正意义上的利润中心。利润中心组织的真正目的是激励下级制定有利于整个公司的决策并努力工作。仅仅规定一个组织单位的产品价格并把投入的成本归集到该单位，并不能使该组织单位具有自主权或独立性。从根本目的上来看，利润中心是指管理人员有权对其供货的来源和市场的选择进行决策的单位。一般来说，利润中心要向顾客销售其大部分产品，并且可以自由地选择大多数材料、商品和服务等项目的来源。根据这一定义，尽管某些公司也采用利润指标来计算各生产部门的经营成果，但这些部门不一定就是利润中心。把不具有广泛权力的生产或销售部门定为利润中心，并用利润指标去评价它们的业绩，往往会引起内部冲突或次优化，对加强管理反而是有害的。

二、利润中心的考核指标

对利润中心进行考核的指标主要是利润。诚然，任何一个单独的业绩衡量指标都不能够反映出某个组织单位的所有经济效果，利润指标也是如此。因此，尽管利润指标具有综合性，利润计算具有强制性和较好的规范化程度，但仍然需要一些非货币的衡量方法作为补充，包括生产率、市场地位、产品质量、职工态度、社会责任、短期目标和长期目标的平衡等。

在计量一个利润中心的利润时，需要解决两个问题：第一，选择一个利润指标，分配成本到该中心；第二，为在利润中心之间转移的产品或劳务规定价格。这里先讨论第一个问题，后一个问题将单独讨论。

利润并不是一个十分具体的概念,在这个名词前边加上不同的定语,可以得出不同的具体利润指标。在评价利润中心业绩时,至少有三种选择:部门边际贡献、部门可控边际贡献、部门税前经营利润。具体计算公式如下:

部门边际贡献 = 部门销售收入 - 部门变动成本总额

部门可控边际贡献 = 部门边际贡献 - 部门可控固定成本

部门税前经营利润 = 部门可控边际贡献 - 部门不可控固定成本

【例11-1】 某公司一个生产部门的有关数据如表11-1所示。

表11-1　　　　　　　某公司某部门有关数据表　　　　　　　单位:元

项　目	成本费用	收　益
部门销售收入		15 000
部门变动销货成本	8 000	
部门变动费用	2 000	
(1) 部门边际贡献		5 000
部门可控固定成本	800	
(2) 部门可控边际贡献		4 200
部门不可控固定成本	1 200	
(3) 部门税前经营利润		3 000

以边际贡献[①]5 000元作为业绩评价依据不够全面。部门经理至少可以控制某些固定成本,并且在固定成本和变动成本的划分上有一定选择余地。以边际贡献为评价依据,可能导致部门经理尽可能多地支出固定成本以减少变动成本支出,尽管这样做并不能降低总成本。因此,业绩评价时至少应包括可控制的固定成本。

可控边际贡献4 200元体现了可控原则,作为业绩评价依据可能是最佳选择,因其反映了部门经理在其权限和控制范围内有效使用资源的能力。部门经理可控制收入以及变动成本和部分固定成本,因而可以对可控边际贡献承担责任。这一衡量标准的主要问题是可控固定成本和不可控固定成本的区分比较困难。例如,折旧费用、保险费用等,如果部门经理有权处置与此相关的资产,那么,它们就是可控的;反之,则是不可控的。又如,职工的工资水平通常是由公司集中决定的,如果部门经理有权决定本部门聘用多少职工,那么,工资费用是其可控成本;如果部门经理既不能决定工资水平,又不能决定职工人数,则工资费用是不可控成本。

以税前经营利润3 000元作为业绩评价依据,适合评价该部门对公司利润的贡献,而不适合于对部门经理的评价。如果要决定该部门的取舍,税前经营利润是有重要意义的信息。如果要评价部门经理的业绩,因为有一部分固定成本是过去最高管理层投资决策的结果,现在的部门经理已很难改变,故税前经营利润超出了经理人员的控制范围。

有的公司将总部的管理费用分配给各部门。公司总部的管理费用是部门经理无法控

---

① 为使表述简洁,本部分相关术语在正文讨论时省略"部门"二字。下同。

制的成本，由于分配公司管理费用而引起部门利润的不利变化，不能由部门经理负责。不仅如此，分配给各部门的管理费用的计算方法常常是任意的，部门本身的活动和分配来的管理费用高低并无因果关系。普遍采用的销售百分比、资产百分比等分配标准，会使其他部门分配基数的变化影响本部门分配管理费用的数额。许多公司把所有的总部管理费用分配给下属部门，意在提醒部门经理注意各部门提供的营业利润必须抵补总部的管理费用，否则公司作为一个整体就不会盈利。其实，通过给每个部门建立一个期望能达到的可控边际贡献标准，可以更好地达到上述目的。这样，部门经理可集中精力增加收入并降低可控成本，而不必在分析那些他们不可控的分配来的管理费用上花费精力。

三、利润中心的业绩报告

利润中心的考核指标通常为该利润中心的部门边际贡献、部门可控边际贡献和部门税前经营利润。利润中心的业绩报告，分别列出其销售收入、变动成本、边际贡献、可控固定成本、可控边际贡献、不可控固定成本、税前经营利润的预算数和实际数；并通过实际与预算的对比，分别计算差异，据此进行差异的调查、分析产生差异的原因。利润中心的业绩报告也是自下而上逐级汇编的，直至整个企业的税前经营利润。

第五节 投资中心

一、投资中心的划分

投资中心是指某些分散经营的单位或部门，其经理所拥有的自主权不仅包括制定价格、确定产品和生产方法等经营决策权，而且还包括投资规模和投资类型等长期投资决策权。投资中心的经理不仅能控制除公司分摊管理费用外的全部成本和收入，而且能控制占用的资产，因此，对于投资中心不仅要衡量其利润，而且还要衡量其资产的投资报酬率。

二、投资中心的考核指标

由于所得税是根据整个企业的收益确定的，与部门的业绩评价没有直接关系，因此通常使用税前经营利润（或以息税前利润代替）和税前投资报酬率。

投资中心业绩的考核指标通常有以下两种：

1. 投资报酬率

这是最常见的考核投资中心业绩的指标。这里所说的投资报酬率是部门税前经营利润除以该部门所拥有的平均净经营资产。

部门投资报酬率=部门税前经营利润÷部门平均净经营资产

【例11-2】 某公司有A和B两个部门，有关数据如表11-2所示。

表11-2　　　　　　　　　某公司A、B部门相关数据　　　　　　　　　单位：元

项　目	A部门	B部门
部门税前经营利润	108 000	90 000
所得税（税率25%）	27 000	22 500
部门税后经营净利润	81 000	67 500
部门平均经营资产	900 000	600 000
部门平均经营负债	50 000	40 000
部门平均净经营资产（部门平均净投资资本）	850 000	560 000

A部门投资报酬率 = 108 000 ÷ 850 000 = 12.71%

B部门投资报酬率 = 90 000 ÷ 560 000 = 16.07%

用部门投资报酬率来评价投资中心业绩有许多优点：它是根据现有的责任会计资料计算的，比较客观，可用于部门之间以及不同行业之间的比较。部门投资报酬率可以分解为投资周转率和部门经营利润率两者的乘积，并可进一步分解为资产的明细项目和收支的明细项目，从而对整个部门的经营状况作出评价。

部门投资报酬率指标的不足也十分明显：部门经理会产生"次优化"行为。具体来讲，部门会放弃高于公司要求的报酬率而低于目前部门投资报酬率的机会，或者减少现有的投资报酬率较低但高于公司要求的报酬率的某些资产，使部门的业绩获得较好评价，但却损害了公司整体利益。

假设 [例11-2] 中，公司要求的税前投资报酬率为11%。B部门经理面临一个税前投资报酬率为13%的投资机会，投资额为100 000元，每年部门税前经营利润13 000元。尽管对整个公司来说，由于投资报酬率高于公司要求的报酬率，应当利用这个投资机会，但却使该部门的投资报酬率由过去的16.07%下降到15.61%。

$$投资报酬率 = \frac{90\,000 + 13\,000}{560\,000 + 100\,000} \times 100\% = 15.61\%$$

同样道理，当情况与此相反，假设该B部门现有一项资产价值50 000元，每年税前获利6 500元，税前投资报酬率为13%，超过了公司要求的报酬率，B部门经理却愿意放弃该项资产，以提高部门的投资报酬率：

$$投资报酬率 = \frac{90\,000 - 6\,500}{560\,000 - 50\,000} \times 100\% = 16.37\%$$

当使用投资报酬率作为业绩评价标准时，部门经理可以通过加大分子或减少分母来提高这个比率。实际上，减少分母更容易实现。这样做，会失去可以扩大股东财富的机会。从引导部门经理采取与公司总体利益一致的决策来看，投资报酬率并不是一个很好的指标。

2. 剩余收益

作为业绩评价指标，它的主要优点是与增加股东财富的目标一致。为了克服由于使

用比率来衡量部门业绩带来的次优化问题，许多公司采用绝对数指标来实现利润与投资之间的联系，这就是剩余收益。

部门剩余收益 = 部门税前经营利润 - 部门平均净经营资产应计报酬
            = 部门税前经营利润 - 部门平均净经营资产 × 要求的税前投资报酬率

剩余收益的主要优点是可以使业绩评价与公司的目标协调一致，引导部门经理采纳高于公司要求的税前投资报酬率的决策。

续［例 11 - 2］，假设 A 部门要求的税前投资报酬率为 10%，B 部门的风险较大，要求的税前投资报酬率为 12%。

A 部门剩余收益 = 108 000 - 850 000 × 10% = 23 000（元）

B 部门剩余收益 = 90 000 - 560 000 × 12% = 22 800（元）

B 部门经理如果采纳前面提到的投资机会（税前投资报酬率为 13%，投资额 100 000 元，每年税前获利 13 000 元），可以增加部门剩余收益：

采纳投资方案后剩余收益 = (90 000 + 13 000) - (560 000 + 100 000) × 12% = 23 800（元）

B 部门经理如果采纳前面提到的减少一项现有资产的方案（价值 50 000 元，每年税前获利 6 500 元，税前投资报酬率为 13%），会减少部门剩余收益：

采纳减资方案后剩余收益 = (90 000 - 6 500) - (560 000 - 50 000) × 12% = 22 300（元）

因此，B 部门经理会采纳投资方案而放弃减资方案，与公司总目标一致。

采用剩余收益指标还有一个好处，就是允许使用不同的风险调整资本成本（即要求的投资报酬率）。从现代财务理论来看，不同的投资有不同的风险，要求按风险程度调整其资本成本。因此，不同行业部门的资本成本不同，甚至同一部门的资产也属于不同的风险类型。例如，现金、短期应收款和长期资本投资的风险有很大区别，要求有不同的资本成本。在使用剩余收益指标时，可以对不同部门或者不同资产规定不同的资本成本百分数，使剩余收益这个指标更加灵活。

剩余收益指标的不足在于不便于不同规模的公司和部门的业绩比较。剩余收益指标是一个绝对数指标，不便于不同规模的公司和部门的比较，由此使其有用性下降。较大规模的公司即使运行效率较低，也能比规模较小的公司获得较大的剩余收益。规模大的部门容易获得较大的剩余收益，而它们的投资报酬率并不一定很高。另一个不足在于它依赖于会计数据的质量。剩余收益的计算要使用会计数据，包括净利润、投资的账面价值等。如果会计信息的质量低劣，也会导致低质量的剩余收益和业绩评价。

现对三大责任中心的特征进行归纳总结，如表 11 - 3 所示。

表 11 - 3　　　　　　　　　　三大责任中心特征对比表

项　目	应用范围	权　利	考核范围	考核指标
成本中心	最广	可控成本的控制权	可控的成本、费用	标准成本中心：既定产品质量和数量条件下的可控标准成本 费用中心：可控费用预算

续表

项目	应用范围	权利	考核范围	考核指标
利润中心	较窄	有权对其供货的来源和市场的选择进行决策（经营决策权）	成本（费用）、收入、利润	部门边际贡献 部门可控边际贡献 部门税前经营利润
投资中心	最小	经营决策权、投资决策权	成本（费用）、收入、利润、投资效果（率）	部门投资报酬率 部门剩余收益

三、投资中心的业绩报告

投资中心的主要考核指标是投资报酬率和剩余收益，补充的指标是现金回收率和剩余现金流量。投资中心不仅需要对收入、成本和利润负责，而且还要对所占用的全部资产（包括固定资产和营运资金）的经营效益承担责任。投资中心的业绩评价指标除了收入、成本和利润指标外，主要还包括投资报酬率、剩余收益等指标。因此，对于投资中心而言，它的业绩报告通常包含上述评价指标。

第六节 内部转移价格

企业内部各个责任中心在生产经营活动中即相互联系又相互独立地开展各自的经营活动，各责任中心之间经常相互提供中间产品或劳务。为了正确、客观地评价各个责任中心的经营业绩，明确经营责任，使各责任中心的业绩评价与考核建立在客观可比的基础上，从而调动各责任中心的积极性，企业应当为各个责任中心之间交换的中间产品或服务制定具有经济依据的内部转移价格。

一、内部转移价格的原则

内部转移价格，是指企业内部分公司、分厂、车间、分部等责任中心之间相互提供产品（或服务）、资金等内部交易时所采用的计价标准。

分散经营的组织单位之间相互提供产品或劳务时，需要制定一个内部转移价格。转移价格对于提供产品或劳务的生产部门来说表示收入，对于使用这些产品或劳务的购买部门来说则表示成本。因此，转移价格会影响到这两个部门的获利水平，使得部门经理非常关心转移价格的制定，并经常引起争论。

制定转移价格的目的有两个：一是防止成本转移带来的部门间责任转嫁，使每个人为的利润中心都能作为单独的组织单位进行业绩评价；二是作为一种价格机制引导下级部门采取明智的决策。生产部门据此确定提供产品的数量，购买部门据此确定所需要的产品数量。但是，这两个目的往往有矛盾。能够满足评价部门业绩的转移价格，可能引导部门经理采取并非对公司最优的决策；而能够正确引导部门经理的转移价格，可能使某个部门获利水平很高而另一个部门亏损。我们很难找到理想的转移价格来兼顾业绩评价和价格制定决策，而只能根据公司的具体情况选择基本满意的解决办法。

二、内部转移价格的类型

管理者关注制定转移价格，因为对其部门的业绩评价有影响。在实际应用中，可以考虑的转移价格有以下几种：

1. 市场型内部转移价格

市场型内部转移价格，是指以市场价格为基础、由成本和毛利构成的内部转移价格，一般适用于利润中心。

责任中心提供的产品（或服务）经常外销且外销比例较大的，或提供的产品（或服务）有外部活跃市场可靠报价的，可以外销价格或活跃市场报价作为内部转移价格。

责任中心一般不对外销售且外部市场没有可靠报价的产品（或服务），或企业管理层和有关各方认为不需要频繁变动价格的，可参照外部市场或预测价格制定模拟市场价作为内部转移价格。

责任中心没有外部市场但企业出于管理需要设置为模拟（人为）利润中心的，可在生产成本基础上加一定比例毛利作为内部转移价格。

2. 成本型内部转移价格

成本型内部转移价格是指以企业制造产品的完全成本或变动成本等相对稳定的成本数据为基础制定的内部转移价格，一般适用于成本中心。

3. 协商型内部转移价格

协商型内部转移价格是指企业内部供求双方通过协商机制制定的内部转移价格，主要适用于分权程度较高的企业。协商价格的取值范围通常较宽，一般不高于市场价，不低于单位变动成本。

三、内部转移价格的国际视角

当跨国公司涉及跨境转让产品和服务时，转移价格的目标将主要在于降低税收和外汇兑换风险、提升公司竞争力和改善与外国政府的关系。虽然激励管理者和授予部门自主权等目标也是重要的，但在国际公司涉及跨国转让时这些目标将变得次要。公司会主要关注其转移价格是否减少税收支出和加强外国子公司竞争力等。

第十二章 业绩评价

第一节 财务业绩评价与非财务业绩评价

一、财务业绩评价的优点与缺点

财务业绩评价是根据财务信息来评价管理者业绩的方法，常见的财务评价指标包括净利润、资产报酬率、经济增加值（EVA）等。在责任会计中，各类责任中心的业绩评价指标所采用的基本上都是财务业绩评价指标。作为一种传统的评价方法，财务业绩一方面可以反映企业的综合经营成果，同时也容易从会计系统中获得相应的数据，操作简便，易于理解，因此被广泛使用。但财务业绩评价也有其不足之处。首先，财务业绩体现的是企业当期的财务成果，反映的是企业的短期业绩，无法反映管理者在企业的长期业绩改善方面所作的努力。其次，财务业绩是一种结果导向，即只注重最终的财务结果，而对达成该结果的改善过程则欠考虑。最后，财务业绩对通过财务会计程序产生的会计数据进行考核，而会计数据则是根据公认的会计原则产生的，受到稳健性原则有偏估计的影响，因此可能无法公允地反映管理层的真正业绩。

二、非财务业绩评价的优点与缺点

非财务业绩评价，是指根据非财务信息指标来评价管理者业绩的方法。比如与顾客相关的指标：市场份额、关键客户订货量、顾客满意度、顾客忠诚度等。与企业内部营运相关的指标：及时送货率、存货周转率、产品或服务质量（缺陷率）、周转时间等。反映员工学习与成长的指标：员工满意度、员工建议次数、员工拥有并熟练使用电脑比率、员工第二专长人数、员工流动率等。非财务业绩评价的优点是可以避免财务业绩评价只侧重过去、比较短视的不足；非财务业绩评价更体现长远业绩，更体现外部对企业的整体评价。非财务业绩评价的缺点是一些关键的非财务业绩指标往往比较主观，数据的收集比较困难，评价指标数据的可靠性难以保证。

第二节 关键绩效指标法

关键绩效指标（key performance indicator，KPI）法是被各类企业广泛应用的一种绩效管理方法。财政部财会〔2017〕24号文印发的《管理会计应用指引第601号——关键绩效指标法》，对关键绩效指标法的含义、应用和优缺点进行了阐述。

一、关键绩效指标法的含义

关键绩效指标法，是指基于企业战略目标，通过建立关键绩效指标体系，将价值创造活动与战略规划目标有效联系，并据此进行绩效管理的方法。关键绩效指标，是对企业绩效产生关键影响力的指标，是通过对企业战略目标、关键成果领域的绩效特征分析，识别和提炼出的最能有效驱动企业价值创造的指标。关键绩效指标法可以单独使用，也可以与经济增加值法、平衡计分卡等其他方法结合使用。关键绩效指标法的应用对象可以是企业，也可以是企业所属的单位（部门）和员工。

二、关键绩效指标法的应用

企业应用关键绩效指标法，一般包括如下程序：制定以关键绩效指标为核心的绩效计划、制定激励计划、执行绩效计划与激励计划、实施绩效评价与激励、编制绩效评价报告与激励管理报告等。其中，与其他业绩评价方法的关键不同是制定和实施以关键绩效指标为核心的绩效计划。

制定绩效计划包括构建关键绩效指标体系、分配指标权重、确定绩效目标值等。

（一）构建关键绩效指标体系

对于一个企业，可以分三个层次来制定关键绩效指标体系。

第一，企业级关键绩效指标。企业应根据战略目标，结合价值创造模式，综合考虑企业内外部经营环境等因素，设定企业级关键绩效指标。

第二，所属单位（部门）级关键绩效指标。根据企业级关键绩效指标，结合所属单位（部门）关键业务流程，按照上下结合、分级编制、逐级分解的程序，在沟通反馈的基础上，设定所属单位（部门）级关键绩效指标。

第三，岗位（员工）级关键绩效指标。根据所属单位（部门）级关键绩效指标，结合员工岗位职责和关键工作价值贡献，设定岗位（员工）级关键绩效指标。

企业的关键绩效指标一般可分为结果类和动因类两类指标。结果类指标是反映企业绩效的价值指标，主要包括投资报酬率、权益净利率、经济增加值、息税前利润、自由现金流量等综合指标；动因类指标是反映企业价值关键驱动因素的指标，主要包括资本性支出、单位生产成本、产量、销量、客户满意度、员工满意度等。

关键绩效指标应含义明确、可度量、与战略目标高度相关。指标的数量不宜过多，每一层级关键绩效指标一般不超过10个。

（二）设定关键绩效指标权重

关键绩效指标的权重分配应以企业战略目标为导向，反映被评价对象对企业价值贡献或支持的程度，以及各指标之间的重要性水平。单项关键绩效指标权重一般设定在5%~30%之间，对特别重要的指标可适当提高权重。对特别关键、影响企业整体价值的指标可设立"一票否决"制度，即如果某项关键绩效指标未完成，无论其他指标是否完成，均视为未完成绩效目标。

（三）设定关键绩效指标目标值

企业确定关键绩效指标目标值，一般参考如下标准：一是参考国家有关部门或权威机构发布的行业标准或参考竞争对手标准，比如国务院国资委考核分配局编制并每年更新出版的《企业绩效评价标准值》；二是参照企业内部标准，包括企业战略目标、年度生产经营计划目标、年度预算目标、历年指标水平等；三是如果不能按照前面两种方法确定的，可以根据企业历史经验值确定。

三、关键绩效指标法的优点和缺点

关键绩效指标法的主要优点：一是使企业业绩评价与企业战略目标密切相关，有利于企业战略目标的实现；二是通过识别价值创造模式把握关键价值驱动因素，能够更有效地实现企业价值增值目标；三是评价指标数量相对较少，易于理解和使用，实施成本相对较低，有利于推广实施。

关键绩效指标法的主要缺点是：关键绩效指标的选取需要透彻理解企业价值创造模式和战略目标，有效识别企业核心业务流程和关键价值驱动因素，指标体系设计不当将导致错误的价值导向和管理缺失。

第三节 经济增加值

剩余收益概念出现以后，陆续衍生出各种不同版本的用于业绩评价的指标，其中最引人注目的是经济增加值。经济增加值（economic value added，EVA）是美国思腾思特（Stern Stewart）管理咨询公司开发并于20世纪90年代中后期推广的一种价值评价指标。国务院国有资产监督管理委员会从2010年开始对中央企业负责人实行经济增加值考核并不断完善，2019年3月1日发布了第40号令，要求于2019年4月1日开始施行《中央企业负责人经营业绩考核办法》。财政部于2017年9月29日发布了《管理会计应用指引第602号——经济增加值法》（以下简称《应用指引》）。

一、经济增加值的概念

经济增加值（EVA）指从税后净营业利润扣除全部投入资本的成本后的剩余收益。经济增加值及其改善值是全面评价经营者有效使用资本和为企业创造价值的重要指标。经济增加值为正，表明经营者在为企业创造价值；经济增加值为负，表明经营者在损毁企业价值。

经济增加值＝调整后税后净营业利润－调整后平均资本占用×加权平均资本成本

其中：税后净营业利润衡量的是企业的经营盈利情况；平均资本占用反映的是企业持续投入的各种债务资本和股权资本；加权平均资本成本反映的是企业各种资本的平均资本成本率。

经济增加值与剩余收益有两点不同：一是在计算经济增加值时，需要对财务会计数据进行一系列调整，包括税后净营业利润和资本占用。二是需要根据资本市场的机会成本计算资本成本，以实现经济增加值与资本市场的衔接；而剩余收益根据投资要求的报酬率计算，该投资报酬率可以根据管理的要求作出不同选择，带有一定主观性。

尽管经济增加值的定义很简单，但它的实际计算却较为复杂。为了计算经济增加值，需要解决经营利润、资本成本和所使用资本数额的计量问题。不同的解决办法，形成了不同的经济增加值。

（一）基本的经济增加值

基本的经济增加值是根据未经调整的经营利润和总资产计算的经济增加值。

基本的经济增加值＝税后净营业利润－报表平均总资产×加权平均资本成本

基本的经济增加值的计算很容易。但是，由于"经营利润"和"总资产"是按照会计准则计算的，它们歪曲了公司的真实业绩。不过，对于会计利润来说是个进步，因为它承认了股权资金的成本。

（二）披露的经济增加值

披露的经济增加值是利用公开会计数据进行调整计算出来的。这种调整是根据公布的财务报表及其附注中的数据进行的。据说它可以解释公司市场价值变动的50%。

典型的调整包括：（1）对于研究与开发费用，会计作为费用立即将其从利润中扣除，经济增加值要求将其作为投资并在一个合理的期限内摊销。（2）对于战略性投资，会计将投资的利息（或部分利息）计入当期财务费用，经济增加值要求将其在一个专门账户中资本化并在开始生产时逐步摊销。（3）对于为建立品牌、进入新市场或扩大市场份额发生的费用，会计作为费用立即从利润中扣除，经济增加值要求把争取客户的营销费用资本化并在适当的期限内摊销。（4）对于折旧费用，会计大多使用直线折旧法处理，经济增加值要求对某些大量使用长期设备的公司，按照更接近经济现实的"沉淀资金折旧法"处理。这是一种类似租赁资产的费用分摊方法，在前几年折旧较少，而后几年由于技术老化和物理损耗同时发挥作用需提取较多折旧。

经济增加值和剩余收益都与投资报酬率相联系。剩余收益业绩评价旨在设定部门投资的最低报酬率，防止部门利益伤害整体利益；而经济增加值旨在使经理人员赚取超过资本成本的报酬，促进股东财富最大化。

经济增加值与剩余收益有区别。部门剩余收益通常使用部门税前经营利润和要求的税前投资报酬率计算，而部门经济增加值使用部门税后净营业利润和税后加权平均资本成本计算。当税金是重要因素时,经济增加值比剩余收益可以更好地反映部门盈利能力。如果税金与部门业绩无关时,经济增加值与剩余收益的效果相同,只是计算更复杂。由于经济增加值与公司的实际资本成本相联系,因此是基于资本市场的计算方法,资本市场上权益成本和债务成本变动时,公司要随之调整加权平均资本成本。计算剩余收益使用的部门要求的报酬率,主要考虑管理要求以及部门个别风险的高低。

二、简化的经济增加值的计算

下面简要介绍国资委关于经济增加值计算的相关规定。

(一) 经济增加值的定义及计算公式

经济增加值是指经核定的企业税后净营业利润减去资本成本后的余额。

经济增加值 = 税后净营业利润 − 资本成本 = 税后净营业利润 − 调整后资本 × 平均资本成本率

税后净营业利润 = 净利润 + (利息支出 + 研究开发费用调整项) × (1 − 25%)

调整后资本 = 平均所有者权益 + 平均带息负债 − 平均在建工程

$$平均资本成本率 = 债权资本成本率 \times \frac{平均带息负债}{平均带息负债 + 平均所有者权益} \times (1 - 25\%) + 股权资本成本率 \times \frac{平均所有者权益}{平均带息负债 + 平均所有者权益}$$

(二) 会计调整项目说明

(1) 研究开发费用调整项是指企业财务报表中"期间费用"项下的"研发费用"和当期确认为无形资产的开发支出。

(2) 对于承担关键核心技术攻关任务而影响当期损益的研发投入,可以按照100%的比例,在计算税后净营业利润时予以加回。

(3) 对于勘探投入费用较大的企业,经国资委认定后,可将其成本费用情况表中的"勘探费用"视同研究开发费用调整项予以加回。

(4) 在建工程是指企业财务报表中的符合主业规定的"在建工程"。

(5) 对从事银行、保险和证券业务且纳入合并报表的企业,将负债中金融企业专用科目从资本占用中予以扣除。基金、融资租赁等金融业务纳入国资委核定主业范围的企业,可约定将相关带息负债从资本占用中予以扣除。

(6) 利息支出是指企业财务报表中"财务费用"项下的"利息支出"。带息负债是指企业带息负债情况表中带息负债合计。

(7) 企业经营业务主要在国(境)外的,25%的企业所得税税率可予以调整。

(三) 差异化资本成本率的确定

(1) 对主业处于充分竞争行业和领域的商业类企业,股权资本成本率原则上定为6.5%,对主业处于关系国家安全、国民经济命脉的重要行业和关键领域、主要承担重大专项任务的商业类企业,股权资本成本率原则上定为5.5%,对公益类企业股权资本成本率原则上定为4.5%。对军工、电力、农业等资产通用性较差的企业,股权资本成本率下浮0.5个百分点。

(2) 债权资本成本率 = 利息支出总额/平均带息负债

利息支出总额是指带息负债情况表中"利息支出总额",包括费用化利息和资本化利息。

(3) 资产负债率高于上年且在65%（含）至70%的科研技术企业、70%（含）至75%的工业企业或75%（含）至80%的非工业企业,平均资本成本率上浮0.2个百分点;资产负债率高于上年且在70%（含）以上的科研技术企业、75%（含）以上的工业企业或80%（含）以上的非工业企业,平均资本成本率上浮0.5个百分点。

（四）其他重大调整事项

发生下列情形之一,对企业经济增加值考核产生重大影响的,国资委酌情予以调整:

(1) 重大政策变化。
(2) 严重自然灾害等不可抗力因素。
(3) 企业重组、上市及会计准则调整等不可比因素。
(4) 国资委认可的企业结构调整等其他事项。

【例12-1】甲公司是一家中央电力企业,采用经济增加值业绩考核办法进行业绩计量和评价,有关资料如下:

(1) 2020年甲公司的净利润为40亿元;费用化利息支出为12亿元,资本化利息支出为16亿元;研发费用为20亿元,当期无确认为无形资产的开发支出。

(2) 2020年甲公司的年末无息负债为200亿元,年初无息负债为150亿元;年末带息负债为800亿元,年初带息负债为600亿元;年末所有者权益为900亿元,年初所有者权益为700亿元;年末在建工程为180亿元,年初在建工程为220亿元。

根据上述资料:计算甲公司2020年的经济增加值。

(1) 计算税后净营业利润。

税后净营业利润 = 净利润 + (利息支出 + 研究开发费用调整项) × (1 - 25%)

研究开发费用调整项 = 研发费用 + 当期确认为无形资产的开发支出 = 20 + 0 = 20（亿元）

税后净营业利润 = 40 + (12 + 20) × (1 - 25%) = 64（亿元）

(2) 计算调整后资本。

调整后资本 = 平均所有者权益 + 平均带息负债 - 平均在建工程

平均所有者权益 = (900 + 700)/2 = 800（亿元）

平均带息负债 = (800 + 600)/2 = 700（亿元）

平均在建工程 = (180 + 220)/2 = 200（亿元）

调整后资本 = 800 + 700 - 200 = 1 300（亿元）

(3) 计算平均资本成本率。

平均资本成本率 = 债权资本成本率 × $\frac{平均带息负债}{平均带息负债 + 平均所有者权益}$ × (1 - 25%) + 股权资本成本率 × $\frac{平均所有者权益}{平均带息负债 + 平均所有者权益}$

债权资本成本率 = 利息支出总额/平均带息负债

利息支出总额 = 费用化利息支出 + 资本化利息支出 = 12 + 16 = 28（亿元）

债权资本成本率 = 28/700 = 4%

因甲公司作为电力企业，其主业处于关系国家安全、国民经济命脉的重要行业和关键领域，且电力行业资产通用性较差。

股权资本成本率 = 5.5% − 0.5% = 5%

平均资本成本率 = $4\% \times \dfrac{700}{700+800} \times (1-25\%) + 5\% \times \dfrac{800}{700+800}$ = 4.07%

年末资产负债率 = (200 + 800)/(200 + 800 + 900) = 1 000/1 900 = 52.63%

年初资产负债率 = (150 + 600)/(150 + 600 + 700) = 750/1 450 = 51.72%

资产负债率虽然高于上年但低于65%，故不属于需要调整的情况。

（4）计算经济增加值。

经济增加值 = 税后净营业利润 − 资本成本

　　　　　 = 税后净营业利润 − 调整后资本 × 平均资本成本率

经济增加值 = 64 − 1 300 × 4.07% = 64 − 52.91 = 11.09（亿元）

三、经济增加值评价的优点和缺点

（一）经济增加值评价的优点

经济增加值考虑了所有资本的成本，更真实地反映了企业的价值创造能力；实现了企业利益、经营者利益和员工利益的统一，激励经营者和所有员工为企业创造更多价值；能有效遏制企业盲目扩张规模以追求利润总量和增长率的倾向，引导企业注重价值创造。

经济增加值不仅仅是一种业绩评价指标，它还是一种全面财务管理和薪酬激励框架。经济增加值的吸引力主要在于它把资本预算、业绩评价和激励报酬结合起来了。过去，人们使用净现值和内部报酬率评价资本预算，用权益资本报酬率或每股收益评价公司业绩，用另外的一些效益指标作为发放奖金的依据。以经济增加值为依据的管理，其经营目标是经济增加值，资本预算的决策基础是以适当折现率折现的经济增加值，衡量生产经营效益的指标是经济增加值，奖金根据适当的目标单位经济增加值来确定。这种管理变得简单、直接、统一与和谐。经济增加值是一个独特的薪金激励制度的关键变量。它第一次真正把管理者的利益和股东利益统一起来，使管理者像股东那样思维和行动。经济增加值是一种治理公司的内部控制制度。在这种控制制度下，所有员工可以协同工作，积极地追求最好的业绩。

在经济增加值的框架下，公司可以向投资人宣传他们的目标和成就，投资人也可以用经济增加值选择最有前景的公司。经济增加值还是股票分析家手中的一个强有力的工具。

（二）经济增加值评价的缺点

首先，EVA 仅对企业当期或未来 1~3 年价值创造情况进行衡量和预判，无法衡量企业长远发展战略的价值创造情况；其次，EVA 计算主要基于财务指标，无法对企业的营运效率与效果进行综合评价；再次，不同行业、不同发展阶段、不同规模等的企业，其会计调整项和加权平均资本成本各不相同，计算比较复杂，影响指标的可比性。

此外，由于经济增加值是绝对数指标，不便于比较不同规模公司的业绩。

经济增加值也有与投资报酬率一样误导使用人的缺点，例如处于成长阶段的公司经济增加值较少，而处于衰退阶段的公司经济增加值可能较高。

在计算经济增加值时，对于净收益应做哪些调整以及资本成本的确定等，尚存在许多争议。这些争议不利于建立一个统一的规范。而缺乏统一性的业绩评价指标，只能在一个公司的历史分析以及内部评价中使用。

第四节 平衡计分卡

平衡计分卡，是指基于企业战略，从财务、客户、内部业务流程、学习与成长四个维度，将战略目标逐层分解转化为具体的、相互平衡的绩效指标体系，并据此进行绩效管理的方法。平衡计分卡打破了传统的只注重财务指标的业绩评价模式，认为传统的财务指标属于滞后性指标，对于指导和评价企业如何通过投资于客户、供应商、雇员、生产程序、技术和创新等来创造未来的价值是不够的。因而需要在传统财务指标的基础上，增加用于评估企业未来投资价值好坏的具有前瞻性的先行指标。另外，《财富》杂志指出，事实上只有不到10%的企业战略被有效地执行，真正的问题不是战略不好，而是执行能力不够，至少70%的原因归诸战略执行的失败，而非战略本身的错误。战略执行失败的原因是由沟通障碍、管理障碍、资源障碍和人员障碍造成的。为了进行有效的业绩评价和战略实施，平衡计分卡应运而生，它是由哈佛商学院教授卡普兰（Robert S. Kaplan）和诺顿（David P. Norton）倡导和提出的，目前形成了平衡计分卡、战略核心组织和战略地图三大成果。

一、平衡计分卡框架

平衡计分卡通过将财务指标与非财务指标相结合，将企业的业绩评价同企业发展战略联系起来，设计出了一套能使企业高管迅速且全面了解企业经营状况的指标体系，用来表达企业发展战略所必须达到的目标，把任务和决策转化成目标和指标。平衡计分卡的目标和指标来源于企业的愿景和战略，这些目标和指标从四个维度来考察企业的业绩，即财务、顾客、内部业务流程、学习与成长，这四个维度组成了平衡计分卡的框架。

（一）财务维度

目标是解决"股东如何看待我们？"这一类问题。表明企业的努力是否最终对企业的经济收益产生了积极的作用。众所周知，现代企业财务管理目标是企业价值最大化，而对企业价值目标的计量离不开相关财务指标。财务维度指标通常包括投资报酬率、权益净利率、经济增加值、息税前利润、自由现金流量、资产负债率、总资产周转率等。

（二）顾客维度

这一维度回答"顾客如何看待我们"的问题。顾客是企业之本，是现代企业的利润来源。顾客感受理应成为企业关注的焦点，应当从时间、质量、服务效率以及成本等方面了解市场份额、顾客需求和顾客满意程度。常用的顾客维度指标有市场份额、客户满意度、客户获得率、客户保持率、客户获利率、战略客户数量等。

(三) 内部业务流程维度

着眼于企业的核心竞争力,解决"我们的优势是什么"的问题。企业要想按时向顾客交货,满足现在和未来顾客的需要,必须以合理流畅的内部业务流程为前提。因此,企业应当明确自身的核心竞争力,遴选出那些对顾客满意度有最大影响的业务流程,并把它们转化成具体的测评指标。反映内部业务流程维度的常用指标有交货及时率、生产负荷率、产品合格率等。

(四) 学习与成长维度

其目标是解决"我们是否能继续提高并创造价值"的问题。只有持续不断地开发新产品,为客户创造更多价值并提高经营效率,企业才能打入新市场,才能赢得顾客的满意,从而增加股东价值。企业的学习与成长来自于员工、信息系统和企业程序等。根据经营环境和利润增长点的差异,企业可以确定不同的产品创新、过程创新和生产水平提高指标,如新产品开发周期、员工满意度、员工保持率、员工生产率、培训计划完成率、人力资本准备度、信息资本准备度、组织资本准备度等。

传统的业绩评价系统仅仅将指标提供给管理者,无论财务的还是非财务的,很少看到彼此间的关联以及对企业最终目标的影响。但是,平衡计分卡则不同,它的各个组成部分是以一种集成的方式来设计的,公司现在的努力与未来的前景之间存在着一种"因果"关系,在企业目标与业绩指标之间存在着一条"因果关系链"。从平衡计分卡中,管理者能够看到并分析影响企业整体目标的各种关键因素,而不单单是短期的财务结果。它有助于管理者对整个业务活动的发展过程始终保持关注,并确保现在的实际经营业绩与公司的长期战略保持一致。

根据这四个不同的角度,平衡计分卡中的"平衡"包括外部评价指标(如股东和客户对企业的评价)和内部评价指标(如内部经营过程、新技术学习等)的平衡;成果评价指标(如利润、市场占有率等)和导致成果出现的驱动因素评价指标(如新产品投资开发等)的平衡;财务评价指标(如利润等)和非财务评价指标(如员工忠诚度、客户满意程度等)的平衡;短期评价指标(如利润指标等)和长期评价指标(如员工培训成本、研发费用等)的平衡。

二、平衡计分卡与企业战略管理

战略管理是企业管理的高级阶段,立足于企业的长远发展,根据外部环境及自身特点,围绕战略目标,采取独特的竞争战略,以求取得竞争优势。平衡计分卡则是突破了传统业绩评价系统的局限性,在战略高度评价企业的经营业绩,把一整套财务与非财务指标同企业的战略联系在一起,是进行战略管理的基础。建立平衡计分卡,明确企业的愿景目标,就能协助管理人员建立一个得到大家广泛认同的愿景和战略,并将这些愿景和战略转化为一系列相互联系的衡量指标,确保企业各个层面了解长期战略,驱使各级部门采取有利于实现愿景和战略的行动,将部门、个人目标同长期战略相联系。

(一) 平衡计分卡和战略管理的关系

一方面,战略规划中所制定的目标是平衡计分卡考核的一个基准;另一方面,平衡计分卡又是一个有效的战略执行系统,它通过引入四个程序(说明愿景、沟通与联系、业务规划、反馈与学习），使得管理者能够把长期行为与短期行为联系在一起，具体的程序包括：

（1）阐释并诠释愿景与战略。所谓愿景，可以简单理解为企业所要达到的远期目标。有效地说明愿景，可以使其成为企业所有成员的共同理想和目标，从而有助于管理人员就企业的使命和战略达成共识。

（2）沟通与联系。它使得管理人员在企业中对战略上下沟通，并将它与部门及个人目标联系起来。

（3）计划与制定目标值。它使企业能够实现业务计划和财务计划一体化。

（4）战略反馈与学习。它使得企业以一个组织的形式获得战略型学习与改进的能力。

（二）平衡计分卡的要求

为了使平衡计分卡同企业战略更好地结合，必须做到以下几点：

（1）平衡计分卡的四个方面互为因果，最终目的是实现企业战略。一个有效的平衡计分卡，绝对不仅仅是业绩衡量指标的结合，更应该是各个指标互相联系、互相补充。围绕企业战略所建立的因果关系链，应当贯穿于平衡计分卡的四个方面。

（2）平衡计分卡中不能只有具体的业绩衡量指标，还应包括这些具体衡量指标的驱动因素。否则无法说明怎样行动才能实现这些目标，也不能及时显示战略是否顺利实施。一套出色的平衡计分卡应该是把企业的战略结果同驱动因素结合起来。

（3）平衡计分卡应该最终和财务指标联系起来，因为企业的最终目标是实现良好的经济利润。平衡计分卡必须强调经营成果，这关系到企业未来的生存与发展。

三、战略地图架构

组织的战略主要说明如何设法为股东、顾客创造价值。如果组织的无形资产代表了价值创造的重要资源，那么，战略地图就是为战略如何连接无形资产与价值创造提供一个架构。

（一）财务维度：长短期对立力量的战略平衡

战略地图之所以保留了财务层面，是因为它们是企业的最终目标。财务绩效的衡量结果，代表了企业战略贯彻实施对公司营运数字改善的贡献高低。财务方面的目标通常都与获利能力的衡量相关。公司财务绩效的改善，主要是收入的增长与生产力的提升两种基本途径。

（二）顾客维度：战略是基于差异化的价值主张

企业采取追求收入增长的战略，必须在顾客层面中选定价值主张。此价值主张说明了企业如何针对其目标顾客群创造出具有差异化而又可持续长久的价值。

基本上，所有的组织都希望能就常见的顾客衡量指标（如顾客满意度等）加以改进，但仅仅满足和维系顾客还称不上是战略。战略应该要标明特定的顾客群，作为企业成长和获利的标的。例如，美国的西南航空公司就是采用低价战略，满足并维系对价格非常敏感的顾客群。在公司确实了解目标顾客群的身份特性之后，就可根据所提出的价值主张来确定目标与衡量项目。价值主张界定了公司打算针对目标顾客群所提供的产品、价格、服务以及形象的独特组合。因此，价值主张应能达到宣扬公司竞争优势或产品与服务差异的目的。

（三）内部业务流程维度：价值是由内部业务流程创造的

内部流程完成了组织战略的两个重要部分：针对顾客的价值主张加以生产与交货；为财务层面中的生产力要件进行流程改善与成本降低的作业，内部业务流程由营运管理流程、顾客管理流程、创新管理流程和法规与社会流程四个流程组成。

（四）学习与成长维度：无形资产的战略性整合

战略地图的学习与成长层面，主要说明组织的无形资产及它们在战略中扮演的角色。无形资产可以归纳为人力资本、信息资本和组织资本三类。

四、平衡计分卡与传统业绩评价系统的区别

（1）从"制定目标——执行目标——实际业绩与目标值差异的计算与分析——采取纠正措施"的目标管理系统来看，传统的业绩考核注重对员工执行过程的控制，平衡计分卡则强调目标制订的环节。平衡计分卡方法认为，目标制订的前提应当是员工有能力为达成目标而采取必要的行动方案，因此设定业绩评价指标的目的不在于控制员工的行为，而在于使员工能够理解企业的战略使命并为之付出努力。

（2）传统的业绩评价与企业的战略执行脱节。平衡计分卡把企业战略和业绩管理系统联系起来，是企业战略执行的基础架构。

（3）平衡计分卡在财务、客户、内部业务流程以及学习与成长四个方面建立公司的战略目标。用来表达企业在生产能力竞争和技术革新竞争环境中所必须达到的、多样的、相互联系的目标。

（4）平衡计分卡帮助公司及时考评战略执行的情况，根据需要（每月或每季度）适时调整战略、目标和考核指标。

（5）平衡计分卡能够帮助公司有效地建立跨部门团队合作，促进内部管理过程的顺利进行。

五、平衡计分卡的优点和缺点

（一）平衡计分卡的优点

（1）战略目标逐层分解并转化为评价对象的绩效指标和行动方案，使整个组织行动协调一致；

（2）从财务、客户、内部业务流程、学习与成长四个维度确定绩效指标，使绩效评价更为全面、完整；

（3）将学习与成长作为一个维度，注重员工的发展要求和组织资本、信息资本等无形资产的开发利用，有利于增强企业可持续发展的动力。

（二）平衡计分卡的缺点

（1）专业技术要求高，工作量比较大，操作难度也较大，需要持续的沟通和反馈，实施比较复杂，实施成本高；

（2）各指标权重在不同层级及各层级不同指标之间的分配比较困难，且部分非财务指标的量化工作难以落实；

（3）系统性强，涉及面广，需要专业人员的指导、企业全员的参与和长期持续的修

正完善，对信息系统、管理能力的要求较高。

第五节 绩效棱柱模型

一、绩效棱柱模型的含义

绩效棱柱模型，是指从企业利益相关者角度出发，以利益相关者满意为出发点，以利益相关者贡献为落脚点，以企业战略、业务流程、组织能力为手段，用棱柱的五个构面构建三维绩效评价体系，并据此进行绩效管理的方法。利益相关者，是指有能力影响企业或者被企业所影响的人或者组织，通常包括股东、债权人、员工、客户、供应商、监管机构等。

二、绩效棱柱模型的优点和缺点

（一）绩效棱柱模型的优点

坚持主要利益相关者价值取向，使主要利益相关者与企业紧密联系，有利于实现企业与主要利益相关者的共赢，为企业可持续发展创造良好的内外部环境。

（二）绩效棱柱模型的缺点

涉及多个主要利益相关者，对每个主要利益相关者都要从五个构面建立指标体系，指标选取复杂，部分指标较难量化，对企业信息系统和管理水平有较高要求，实施难度大、门槛高。

公司战略与风险管理篇

第一章 战略与战略管理概述

第一节 公司战略的基本概念

一、公司战略的定义

"战略"一词主要源于军事，指军事家们对战争全局的规划和指挥，或指导重大军事活动的方针、政策与方法。随着生产力水平的不断提高和社会实践内涵的不断丰富，"战略"一词逐渐被人们广泛地运用于军事以外的其他领域，从而给"战略"一词增添了许多新的含义。1962年，美国学者钱德勒（Chandler A. D.）在其《战略与结构》一书中，将战略定义为"确定企业基本长期目标、选择行动途径和为实现这些目标进行资源分配"。这标志着"战略"一词被正式引入企业经营管理领域，由此形成了公司战略的概念。此后至今，许多学者和企业高层管理者曾经分别赋予公司战略不同的含义。对企业战略含义的多种表述可分为传统概念和现代概念两大类。

二、公司的使命与目标

对于波特关于公司战略定义所提出的公司"终点"的概念，有的公司用"使命"或者"目的"，也有的公司用"使命"与"目标"加以层次上的区别。在这里，我们将企业生存、发展、获利等根本性目的作为公司使命的一部分，而将公司目标作为使命的具体化。

（一）公司的使命

1. 公司目的。

公司目的是企业组织的根本性质和存在理由的直接体现。

2. 公司宗旨。

公司宗旨旨在阐述公司长期的战略意向，其具体内容主要说明公司目前和未来所从事的经营业务范围。

3. 经营哲学。

经营哲学是公司为其经营活动方式所确立的价值观、基本信念和行为准则，是企业文化的高度概括。

（二）公司的目标

公司目标是公司使命的具体化。德鲁克对公司目标作了恰如其分的概括："各项目标必须从'我们的企业是什么，它将会是什么，它应该是什么'引导出来。它们不是一种抽象的概念，而是行动的承诺，借以实现企业的使命；它们也是一种用以衡量工作成绩的标准。换句话说，目标是企业的基本战略。"

三、公司战略的层次

一般将公司战略分为三个层次：总体战略（corporate strategy）、业务单位战略和职能战略（operational strategy）。

（一）总体战略

总体战略又称公司层战略。在大中型企业中，特别是经营多项业务的企业中，总体战略是企业最高层次的战略。它需要根据企业的目标，选择企业可以竞争的经营领域，合理配置企业经营所必需的资源，使各项经营业务相互支持、相互协调。

公司层战略常常涉及整个企业的财务结构和组织结构方面的问题。

（二）业务单位战略

公司的二级战略常常被称作业务单位战略或竞争战略。业务单位战略涉及各业务单位的主管以及辅助人员。这些经理人员的主要任务是将公司战略所包括的企业目标、发展方向和措施具体化，形成本业务单位具体的竞争与经营战略。业务单位战略要针对不断变化的外部环境，在各自的经营领域中有效竞争。为了保证企业的竞争优势，各经营单位要有效地控制资源的分配和使用。

（三）职能战略

职能战略又称职能层战略，主要涉及企业内各职能部门，如营销、财务、生产、研发（R&D）、人力资源、信息技术等，如何更好地配置企业内部资源，为各级战略服务，并提高组织效率。

第二节 公司战略管理

一、战略管理的内涵

战略管理是一种区别于传统职能管理的管理方式。这种管理方式的基本内容是：企业战略指导着企业一切活动，企业战略管理的重点是制定和实施企业战略，制定和实施企业战略的关键是对企业的外部环境和内部条件进行分析，并在此基础上确定企业的使命和战略目标，使它们之间形成并保持动态平衡。因此，企业战略管理的含义可以界定为：企业战略管理是为实现企业的使命和战略目标，科学地分析企业的内外部环境与条件，制定战略决策，评估、选择并实施战略方案，控制战略绩效的动态管理过程。

二、战略管理的特征

由传统职能管理走向现代战略管理是企业管理的一次重大飞跃。与传统的职能管理相比，战略管理具有以下特征。

（一）战略管理是企业的综合性管理

战略管理为企业的发展指明基本方向和前进道路，是各项管理活动的精髓。战略管理的对象不仅包括研究开发、生产、人力资源、财务、市场营销等具体职能，还包括统领各项职能战略的竞争战略和公司层战略。战略管理是一项涉及企业所有管理部门、业务单位及所有相关因素的管理活动。

（二）战略管理是企业的高层次管理

战略管理的核心是对企业现在及未来的整体经营活动进行规划和管理，它是一种关系到企业长远生存发展的管理。战略管理追求的不仅是眼前财富的积累，更是企业长期健康稳定的发展和长久的竞争力。与企业的日常管理和职能管理不同，战略管理必须由企业的高层领导来推动和实施。

（三）战略管理是企业的一种动态性管理

战略管理的目的是依据企业内部条件和外部因素制定并实施战略决策和战略方案，以实现战略目标。而企业的内外部条件和因素总是不断变化的，战略管理必须及时了解、研究和应对变化的情况，对战略进行必要的修正，确保战略目标的实现。因此，企业战略管理活动应具有动态性，即适应企业内外部各种条件和因素的变化进行适当调整或变更。

三、战略管理过程

战略管理包含三个关键要素：战略分析——了解组织所处的环境和相对竞争地位；战略选择——战略制定、评估和选择；战略实施——采取措施使战略发挥作用。

（一）战略分析

战略分析的主要目的是评价影响企业目前和今后发展的关键因素，并确定在战略选择步骤中的具体影响因素。

1. 外部环境分析。

外部环境分析可以从企业所面对的宏观环境、产业环境和竞争环境几个方面展开。外部环境分析要了解企业所处的环境正在发生哪些变化，这些变化给企业将带来哪些机会和威胁。

2. 内部环境分析。

内部环境分析可以从资源与能力、价值链和业务组合等几个方面展开。内部环境分析要了解企业自身所处的相对地位，企业具有哪些资源以及战略能力。

（二）战略选择

战略分析阶段明确了"企业目前处于什么位置"，战略选择阶段所要回答的问题是"企业向何处发展"。企业在战略选择阶段要考虑可选择的战略类型和战略选择过程两个方面。

1. 可选择的战略类型。

（1）总体战略。总体战略包括发展战略、稳定战略、收缩战略三种基本类型。

(2) 业务单位战略。业务单位战略包括基本竞争战略、中小企业的竞争战略、蓝海战略三类战略。

(3) 职能战略。职能战略主要包括市场营销战略、生产运营战略、研究与开发战略、采购战略、人力资源战略、财务战略等多个职能部门的战略。

2. 战略选择过程。

约翰逊和施乐斯（Johnson G. & Scholes K.）在1989年提出了战略选择过程的三个组成部分。

(1) 制定战略选择方案。在制定战略过程中，可供选择的方案越多越好。根据不同层次管理人员介入战略分析和战略选择工作的程度，可以将战略形成的方法分为三种：

①自上而下的方法。

②自下而上的方法。

③上下结合的方法。

(2) 评估战略备选方案。评估战略备选方案通常使用三个标准：

①适宜性标准。

②可接受性标准。

③可行性标准。

(3) 选择战略。选择战略即作出最终的战略决策，确定准备实施的战略。如果用多个指标对多个战略方案的评价产生不一致的结果，最终的战略选择可以考虑以下几种方法：

①根据企业目标选择战略。

②提交上级管理部门审批。

③聘请外部专家进行战略选择工作。

(三) 战略实施

战略实施就是将战略转化为行动并取得成果的过程。在这一过程中，要依据企业选择的战略类型，切实做好以下工作：

(1) 调整和完善企业的组织结构，使之适合公司战略的定位。

(2) 推进企业文化的建设，使企业文化成为实现公司战略目标的驱动力和重要支撑，以及调动企业员工积极性促进战略实施的保证。

(3) 运用财务和非财务手段、方法，监督战略实施进程，及时发现和纠正偏差，确保战略实施达到预定的目标，或者对战略作出适当修改，以利于企业绩效的持续提升。

(4) 采用先进技术尤其是数字化技术，构建新型企业组织，转变经营模式，支持企业数字化转型和数字化战略的实施。

(5) 协调好企业战略、组织结构、文化建设和技术创新与变革诸方面的关系。

四、战略创新管理

(一) 什么是战略创新

关于"创新"的概念在管理学界存在许多争论，这些争论主要集中在语义方面，当创新被看作一个单独的事件时尤其如此。然而，当我们把创新视为一个过程时，分歧就会少得多。

关于"战略创新"，本书采用如下定义：企业战略创新是指企业为了获得持续的竞争优势，根据所处的内外部环境中已经发生或预测会发生的变化，按照环境、战略、组织三者之间的动态协调性原则，并结合企业组织各要素同步支持性变化，对新的战略创意进行搜索、选择、实施、获取的系统性过程。

（二）创新的重要性

1. 创新是企业适应不断变化的外部环境、确保自身生存发展至关重要的能力。
2. 创新是企业获得持续竞争优势最主要的来源。
3. 持续不断的创新是维持企业竞争优势的根本保障。

（三）战略创新的类型

1. 产品创新。

产品创新（product innovation）是指组织提供的产品和服务的变化。向市场推出一款新设计的轿车，为容易发生事故的婴儿提供新的保险种类，提供安装新的家庭娱乐系统服务等，都是产品创新的例子。

2. 流程创新。

流程创新（process innovation）是指产品和服务的生产和交付方式的变化。生产汽车及家庭娱乐系统的制造方法的变化，保险业务办公手续和任务排序的变化，都是流程创新的例子。

3. 定位创新。

定位创新（position innovation）是指通过重新定位用户对既有产品和服务的感知来实现的创新。例如，英国一个历史悠久的产品名为"Lucozade"，早在1927年作为葡萄糖饮品用来帮助儿童发育和病人康复。后来，品牌所有者摒弃了它与疾病的关联，转而瞄向日渐增长的健康市场，将它作为一款提高运动效能的饮品重新推出，这是定位创新一个很好的例子。

4. 范式创新。

范式创新（paradigm innovation）是指影响组织业务的思维模式和实践规范的变化。例如，一家传统建筑公司，立足于发展绿色产业的全新视角，向一家从事低碳建筑的设计、材料开发和建造的公司转型。

（四）探索战略创新的不同方面

1. 创新的新颖程度——渐进性还是突破性。

大量企业创新的实践表明，从渐进性创新到突破性创新是一个量变到质变的过程，企业在经历了多次渐进性创新后，往往会实现更高层次的突破性创新。

2. 创新的基础产品和产品家族。
3. 创新的层面——在组件层面还是架构层面。

认识创新机会的重要视角还有创新的层面。组件层面的创新是指只涉及单一技术的产品、服务的局部创新；架构层面的创新则是指涉及多种技术的产品、服务的整体性、系统性创新。有些创新发生在组件层面，有些创新则发生在架构层面，其中架构层面的创新是创新的主流。一般情况下，组件层面的创新需要其他相关组件创新的配合才能达到预期目的；而架构层面的创新包含绝大多数组件甚至所有组件的创新。

4. 时机——创新生命周期。

创新的机会随着时间的推移而改变。在新的行业，围绕着新产品和服务的概念进行创新大有作为。而更为成熟的行业趋向于关注流程创新和定位创新，寻找成本更低、更快捷地销售产品和服务的方法，或者找到并占有新的细分市场。

（五）战略创新的情境

1. 建立创新型组织。

创新型组织包括以下七个方面的组成要素。

（1）共同使命、领导力和创新的意愿。

（2）合适的组织结构。

（3）关键个体。

（4）全员参与创新。

（5）有效的团队合作。

建立高效的团队是一项重大的战略任务，它们不是偶然形成的，需要付出额外的努力来有效地解决一些潜在的价值观和信仰冲突。支持高效团队合作的关键因素包括：

①得到明确定义的任务和目标；

②有效的团队领导；

③团队角色和个人行为风格的良好平衡；

④小组内部有效的冲突解决机制；

⑤与外部组织的持续联络。

（6）创造性的氛围。

①信任和开放性。

②挑战和参与。

③组织松弛度。

④冲突和争论。

⑤风险承担。

⑥自由。

（7）跨越边界。

2. 制定创新的战略。

蒂德和贝赞特提出如下关于公司战略与创新之间关系的核心观点：

（1）企业特定的知识，包括探索知识的能力，是企业在竞争中取得成功的本质特征。

（2）公司战略的本质特征应该是一种创新战略，其目的就是积累企业特定的知识。

（3）一种创新战略必须能够应对外部复杂的千变万化的环境。

（4）内部结构和过程必须与可能的冲突性需求保持平衡：

①在技术领域、业务职能和产品部门中识别并开发专业知识；

②通过对技术领域、业务职能和产品部门进行整合来探索专门知识。

本书后面各章将以"战略分析—战略选择—战略实施"的逻辑对于上述核心观点展

开全面的阐述，从中能够领会"公司战略的本质特征应该是一种创新战略"的实际内涵。

（六）创新管理的主要过程

1. 搜索阶段——如何找到创新的机会。

2. 选择阶段——要做什么以及为什么。

3. 实施阶段——如何实现创新。

4. 获取阶段——如何获得利益。

（七）创新管理流程模型

1. 阶段—门模型。

2. 3M创新漏斗模型。

3. 集成产品开发（IPD）流程。

五、战略管理中的权力与利益相关者

有关利益相关者的定义很多，本书采用如下定义：利益相关者是对企业产生影响的，或者受企业行为影响的任何团体和个人。利益相关者理论认为企业各类利益相关者的利益期望、利益冲突、利益均衡以及相对权力是问题的关键。

（一）企业主要的利益相关者

企业主要的利益相关者可分为内部利益相关者和外部利益相关者。

1. 内部利益相关者及其利益期望。

企业内部利益相关者主要有：

（1）向企业投资的利益相关者。

（2）经理阶层。

（3）企业员工。

2. 外部利益相关者及其利益期望。

企业外部利益相关者主要有以下四个：

（1）政府。

（2）购买者和供应者。

（3）债权人。

（4）社会公众。

（二）企业利益相关者的利益矛盾与均衡

企业的发展是企业各种利益实现的根本条件，是企业利益相关者的共同利益所在。但是，由于利益相关者的利益期望不同，他们对企业发展的方向和路径也就有不同的要求，因而会产生利益的矛盾和冲突。这些矛盾和均衡冲突主要表现在以下几方面。

1. 投资者与经理人员的矛盾与均衡。

关于投资者与经理人员利益的矛盾与冲突，管理学界已有不少论述。以下的三个模型具有一定的代表性。

（1）鲍莫尔（Baumol W. J.）"销售最大化"模型。

（2）马里斯（Marris R. L.）的增长模型。

（3）威廉姆森（Williamson O. E.）的管理权限模型。

2. 企业员工与企业（股东或经理）之间的利益矛盾与均衡。

列昂惕夫（Leontief W.）模型描述了员工与企业之间的利益矛盾与均衡：员工的代表工会决定工资，企业决定就业水平。员工追求工资收入最大化和工作稳定（反映在企业就业水平高）；而企业为追求利润最大化就要选择最佳就业水平，在工资水平的约束下实现企业利润最大化。员工与企业讨价还价的博弈结果将在某一点实现均衡，均衡点偏向于哪一方的利益，取决于双方讨价还价实力的大小。

3. 企业利益与社会效益的矛盾与均衡。

这里我们用"社会效益"代表所有企业外部利益相关者的共同利益。企业外部利益相关者对企业的共同期望是企业应承担一系列社会责任。这些社会责任包括三个方面：

（1）保证企业利益相关者的基本利益要求。

（2）保护自然环境。

（3）赞助和支持社会公益事业。

（三）权力与战略过程

由于权力（power）和与其相关的术语被广泛地运用于学术界和商业界，因而它们的含义很多且很容易混淆。在这里我们采用一个简单明了的概念：将权力定义为个人或利益相关者能够采取（或者说服其他有关方面采取）某些行动的能力。权力不同于职权（authority），它们主要有以下四点区别：第一，权力的影响力在各个方面；而职权沿着企业的管理层次方向自上而下。第二，受制权力的人不一定能够接受这种权力；而职权一般能够被下属接受。第三，权力来自各个方面；而职权包含在企业指定的职位或功能之内。第四，权力很难识别和标榜；而职权在企业的组织结构图上很容易确定。还应该将权力与政治区别开来。政治是权力的运用，它是由具体的战略和策略组成的。

1. 企业利益相关者的权力来源。

（1）对资源的控制与交换的权力。

（2）在管理层次中的地位。

（3）个人的素质和影响。

（4）参与或影响企业的战略决策与实施过程。

（5）利益相关者集中或联合的程度。

2. 在战略决策与实施过程中的权力运用。

权力本身是战略管理过程中的重要基础，制定战略和有效地实施战略需要权力和影响力。战略家应该是一个有效的政治家。下面介绍的是五种一般的政治性策略，代表了企业各方利益相关者在企业战略决策与实施过程中权力的应用。

（1）对抗。对抗是坚定行为和不合作行为的组合。企业利益相关者运用这种模式处理矛盾与冲突，目的在于使对方彻底就范，根本不考虑对方的要求，并坚信自己有能力实现所追求的目标。

（2）和解。和解是不坚定行为与合作行为的组合。一方利益相关者面对利益矛盾与冲突时，设法满足对方的要求，目的在于保持或改进现存的关系。和解模式通常表现为默认和让步。

（3）协作。协作是坚定行为与合作行为的组合。在对待利益矛盾与冲突时，既考虑自己利益的满足，也考虑对方的利益，力图寻求相互利益的最佳结合点，并借助于这种合作，使双方的利益都得到满足。

（4）折中。折中是中等程度的坚定性和中等程度的合作性行为的组合。通过各方利益相关者之间的讨价还价，相互作出让步，达成双方都能接受的协议。折中模式既可以采取积极的方式，也可以采取消极的方式。前者是指对冲突的另一方作出承诺，给予一定的补偿，以求得对方的让步；后者则以威胁、惩罚等要挟对方作出让步。多数场合，则是双管齐下。

（5）规避。规避模式是不坚定行为与不合作行为的组合。以时机选择的早晚来区分，这种模式可分为两种情况：一种是当预期将要发生矛盾与冲突时，通过调整来躲避冲突；另一种情况是当矛盾与冲突实际发生时主动或被动撤出。

第二章 战略分析

第一节 企业外部环境分析

一、宏观环境分析

一般来说,宏观环境因素可以概括为以下四类:

(1) 政治和法律因素(political and legal factors);

(2) 经济因素(economical factors);

(3) 社会和文化因素(social and cultural factors);

(4) 技术因素(technological factors)。

(一)政治和法律环境

具体来讲,政治环境分析一般包括以下四个方面:

(1) 企业所在国家和地区的政局稳定状况。

(2) 政府行为对企业的影响。

(3) 执政党所持的态度和推行的基本政策(例如,外交政策、人口政策、税收政策、进出口限制等),以及这些政策的连续性和稳定性。政府要制定各种政策,并采取多种措施来推行政策。

(4) 各政治利益集团对企业活动产生的影响。

2. 法律环境分析。

法律是政府管理企业的一种手段。一些政治因素对企业行为有直接的影响,但一般来说,政府主要是通过制定法律法规来间接影响企业的活动。这些法律法规的存在有以下四大目的:

(1) 保护企业,反对不正当竞争。

(2) 保护消费者,这包括许多涵盖商品包装、商标、食品卫生、广告及其他方面的消费者保护法规。

(3) 保护员工,这包括涉及员工招聘的法律和对工作条件进行控制的健康与安全方面的法规。

（4）保护公众权益免受不合理企业行为的损害。

（二）经济环境

经济环境，是指构成企业生存和发展的社会经济状况及国家的经济政策，包括社会经济结构、经济发展水平与状况、经济体制、宏观经济政策和其他经济条件等要素。与政治法律环境相比，经济环境对企业生产经营的影响更直接、更具体。

1. 社会经济结构。
2. 经济发展水平与状况。
3. 经济体制。
4. 宏观经济政策。
5. 其他经济条件。

（三）社会和文化环境

社会和文化环境因素的范围甚广，主要包括人口因素、社会流动性、消费心理、生活方式变化、文化传统和价值观等。

（四）技术环境

技术环境对战略所产生的影响包括：

（1）技术进步使企业能对市场及客户进行更有效的分析。

（2）新技术的出现使社会对本行业产品和服务的需求增加，从而使企业可以扩大经营范围或开辟新的市场。

（3）技术进步可创造竞争优势。

（4）技术进步可导致现有产品被淘汰，或大大缩短产品的生命周期。

（5）新技术的发展使企业可更多关注环境保护、企业的社会责任及可持续成长等问题。

二、产业环境分析

（一）产品生命周期

波特总结了常见的关于产业在其生命周期中如何变化以及它如何影响战略的预测。

1. 导入期。

导入期的产品用户很少，只有高收入用户会尝试新的产品。产品虽然设计新颖，但质量有待提高，尤其是可靠性。由于产品刚刚出现，前途未卜，产品类型、特点、性能和目标市场等方面尚在不断发展变化当中。

2. 成长期。

成长期的标志是产品销量节节攀升，产品的客户群已经扩大。此时消费者会接受参差不齐的质量，并对质量的要求不高。各厂家的产品在技术和性能方面有较大差异。广告费用较高，但是每单位销售收入分担的广告费在下降。生产能力不足，需要向大批量生产转换，并建立大宗分销渠道。由于市场扩大，竞争者涌入，企业之间开始争夺人才和资源，会出现兼并等意外事件，引起市场动荡。由于需求大于供应，此时产品价格最高，单位产品净利润也最高。

3. 成熟期。

成熟期开始的标志是竞争者之间出现挑衅性的价格竞争。成熟期虽然市场巨大，但是已经基本饱和。新的客户减少，主要靠老客户的重复购买支撑。产品逐步标准化，差异不明显，技术和质量改进缓慢。生产稳定，局部生产能力过剩。产品价格开始下降，毛利率和净利润率均下降，利润空间适中。

4. 衰退期。

衰退期产品的客户对性价比要求很高。各企业的产品差别小，因此价格差异也会缩小。为降低成本，产品质量可能会出现问题。产能严重过剩，只有大批量生产并有自己销售渠道的企业才具有竞争力。有些竞争者先于产品退出市场。产品的价格、毛利都很低。只有到后期，多数企业退出后，价格才有望上扬。

（二）产业五种竞争力

1. 五种竞争力分析。

（1）潜在进入者的进入威胁。

进入障碍是指那些允许现有企业赚取正的经济利润，却使产业的新进入者无利可图的因素。

①结构性障碍。波特指出存在七种主要障碍：规模经济、产品差异、资金需求、转换成本、分销渠道、其他优势及政府政策。如果按照贝恩（Bain J.）的分类，这七种主要障碍又可归纳为三种主要进入障碍：规模经济、现有企业对关键资源的控制以及现有企业的市场优势。

②行为性障碍（或战略性障碍）。行为性障碍是指现有企业对进入者实施报复手段所形成的进入障碍。报复手段主要有限制进入定价和进入对方领域两类：

（2）替代品的替代威胁。研究替代品的替代威胁，首先需要澄清"产品替代"的两种概念。

产品替代有两类，一类是直接产品替代，另一类是间接产品替代。

①直接产品替代。即某一种产品直接取代另一种产品。如苹果计算机取代微软计算机。前面所引用的波特关于产业的定义中的替代品，是指直接替代品。

②间接产品替代。即由能起到相同作用的产品非直接地取代另外一些产品。如人工合成纤维取代天然布料。波特在这里所提及的对某一产业而言的替代品的威胁，是指间接替代品。

（3）供应者、购买者讨价还价的能力。五种竞争力模型的水平方向是对产业价值链（value chain）的描述。它反映的是产品（或服务）从获取原材料开始到最终产品的分配和销售的过程。企业战略分析的一个中心问题就是如何组织纵向链条。产业价值链，描述了厂商之间为生产最终交易的产品或服务，所经过的价值增值的活动过程。因此，产业价值链上的每一个环节，都具有双重身份：对其上游单位来说，它是购买者；对其下游单位来说，它是供应者。购买者和供应者讨价还价的主要内容围绕价值增值的两个方面——功能与成本。讨价还价的双方都力求在交易中使自己获得更多的价值增值。因此，对购买者来说，希望购买到的产品物美而价廉；而对供应者来说，则希望提供的产品质次而价高。购买者和供应者讨价还价的能力大小，取决于它们各自以下几个方面的实力。

①买方（或卖方）的集中程度或业务量的大小。

②产品差异化程度与资产专用性程度。
③纵向一体化程度。
④信息掌握的程度。

（4）产业内现有企业的竞争。产业内现有企业的竞争是指一个产业内的企业为市场占有率而进行的竞争。产业内现有企业的竞争是通常意义上的竞争，这种竞争通常是以价格竞争、广告战、产品引进以及增加对消费者的服务等方式表现出来。

产业内现有企业的竞争在下面几种情况下可能是很激烈的：
①产业内有众多的或势均力敌的竞争对手。
②产业发展缓慢。
③顾客认为所有的商品都是同质的。
④产业中存在过剩的生产能力。
⑤产业进入障碍低且退出障碍高。

2. 对付五种竞争力的战略。

五种竞争力分析表明了产业中的所有公司都必须面对产业利润的威胁力量。公司必须寻求几种战略来对抗这些竞争力量。

3. 五种竞争力模型的局限性。

波特的五种竞争力模型在分析企业所面临的外部环境时是有效的，但它也存在着局限性，具体包括：

（1）该分析模型基本上是静态的。

（2）该模型能够确定行业的盈利能力，但是对于非营利机构，有关获利能力的假设可能是错误的。

（3）该模型基于这样的假设：即一旦进行了这种分析，企业就可以制定企业战略来处理分析结果，但这只是一种理想的方式。

（4）该模型假设战略制定者可以了解整个行业（包括所有潜在的进入者和替代产品）的信息，但这一假设在现实中并不一定存在。对于任何企业来讲，在制定战略时掌握整个行业信息的可能性不大。

（5）该模型低估了企业与供应商、客户或分销商、合资企业之间可能建立长期合作关系以减轻相互之间威胁的可能性。在现实的商业世界中，同行之间、企业与上下游企业之间不一定完全是你死我活的关系。强强联手，或强弱联手，有时可以创造更大的价值。

（6）该模型对产业竞争力的构成要素考虑不够全面。哈佛商学院教授亚非（Yoffie D.）在波特教授研究的基础上，根据企业全球化经营的特点，提出了第六个要素，即互动互补作用力。

（三）成功关键因素分析

成功关键因素（KSF）是指公司在特定市场获得盈利必须拥有的技能和资产。成功关键因素所涉及的是每一个产业成员所必须擅长的东西，或者说公司要取得竞争和财务成功所必须集中精力搞好的一些因素。

成功关键因素是企业取得产业成功的前提条件。下面三个问题是确认产业的成功关键因素必须考虑的：

（1）顾客在各个竞争品牌之间进行选择的基础是什么？

(2) 产业中的一个卖方厂商要取得竞争成功需要什么样的资源和竞争能力？
(3) 产业中的一个卖方厂商获取持久的竞争优势必须采取什么样的措施？

三、竞争环境分析

作为产业环境分析的补充，竞争环境分析的重点集中在与企业直接竞争的每一个企业。竞争环境分析又包括两个方面：一是从个别企业视角去观察分析竞争对手的实力；二是从产业竞争结构视角观察分析企业所面对的竞争格局。

（一）竞争对手分析

对竞争对手的分析有四个方面的主要内容，即竞争对手的未来目标、假设、现行战略和能力。

1. 竞争对手的未来目标。

分析竞争对手未来竞争战略的目标，可以考虑以下因素：
(1) 竞争对手的财务目标。
(2) 竞争对手对于风险的态度。
(3) 竞争对手的价值观。
(4) 竞争对手的组织结构。
(5) 竞争对手的会计系统、控制与激励系统。
(6) 竞争对手领导阶层的情况，包括人员构成和对未来发展方向表现出一致性的程度。
(7) 对竞争对手行为的各种政府或社会限制，如反托拉斯法案等。

2. 竞争对手的假设。

竞争对手的假设分为两类：一类是竞争对手对自己的假设，例如，它可能把自己看成社会上知名的公司、产业领袖、低成本生产者、具有最优秀的销售队伍等；另一类是竞争对手对产业及产业中其他企业的假设，例如，它可能认为产业正处在成长期，其他企业都以争取扩大市场份额为战略目标。

3. 竞争对手的现行战略。

对竞争对手现行战略的分析，目的在于揭示竞争对手正在做什么、能够做什么和想要做什么。对竞争对手现行战略分析的重点在于，其战略选择的类型和战略实施的效果如何，其竞争地位是否会发生变化及发生怎样的变化，竞争对手改变其战略的可能性及这种改变对本企业的影响。

4. 竞争对手的能力。
(1) 核心能力。
(2) 成长能力。
(3) 快速反应能力。
(4) 适应变化的能力。
(5) 持久力。

（二）产业内的战略群组

竞争环境分析的另一个重要方面是要确定产业内所有主要竞争对手的战略诸方面的特征。波特用"战略群组"的划分来研究这些特征。一个战略群组是指某一个产业中在某一战略方面采用相同或相似战略，或具有相同战略特征的各公司组成的集团。如果产业中所有的公司基本认同了相同的战略，则该产业中就只有一个战略群组；就另一极端而言，每一个公司也可能成为一个不同的战略群组。一般来说，在一个产业中仅有几个群组，它们采用特征完全不同的战略。

1. 战略群组的特征。
（1）产品（或服务）差异化（多样化）的程度；
（2）各地区交叉的程度；
（3）细分市场的数目；
（4）所使用的分销渠道；
（5）品牌的数量；
（6）营销的力度（如广告覆盖面、销售人员的数目等）；
（7）纵向一体化程度；
（8）产品的服务质量；
（9）技术领先程度（是技术领先者还是技术追随者）；
（10）研究开发能力（生产过程或产品的革新程度）；
（11）成本定位（如为降低成本而作的投资大小等）；
（12）能力的利用率；
（13）价格水平；
（14）装备水平；
（15）所有者结构（独立公司或者母公司的关系）；
（16）与政府、金融界等外部利益相关者的关系；
（17）组织的规模。

2. 战略群组分析。

战略群组分析有助于企业了解相对于其他企业而言本企业的战略地位以及公司战略的变化可能引起的对竞争的影响。

（1）有助于很好地了解战略群组间的竞争状况，主动地发现近处和远处的竞争者，也可以很好地了解某一群组与其他群组间的不同。

（2）有助于了解各战略群组之间的"移动障碍"。

（3）有助于了解战略群组内企业竞争的主要着眼点。

（4）利用战略群组图还可以预测市场变化或发现战略机会。

第二节 企业内部环境分析

一、资源与能力分析

（一）企业资源分析

1. 企业资源的主要类型。

企业资源主要分为三种：有形资源、无形资源和人力资源。

（1）有形资源。

（2）无形资源。

（3）人力资源。

2. 决定企业竞争优势的企业资源判断标准。

在分析一个企业拥有的资源时，必须知道哪些资源是有价值的，可以使企业获得竞争优势。其主要的判断标准如下：

（1）资源的稀缺性。

（2）资源的不可模仿性。

（3）资源的不可替代性。

（4）资源的持久性。

（二）企业能力分析

企业能力，是指企业配置资源，发挥其生产和竞争作用的能力。企业能力来源于企业有形资源、无形资源和人力资源的整合，是企业各种资源有机组合的结果。

1. 研发能力。

随着市场需求的不断变化和科学技术的持续进步，研发能力已成为保持企业竞争活力的关键因素。企业的研发活动能够加快产品的更新换代，不断提高产品质量，降低产品成本，更好地满足消费者的需求。企业的研发能力主要从研发计划、研发组织、研发过程和研发效果几个方面进行衡量。

2. 生产管理能力。

生产，是指将投入（原材料、资本、劳动等）转化为产品或服务并为消费者创造效用的活动，生产活动是企业最基本的活动。生产管理能力主要涉及五个方面，即生产过程、生产能力、库存管理、人力资源管理和质量管理。

3. 营销能力。

企业的营销能力，是指企业引导消费以占领市场、获取利润的产品竞争能力、销售活动能力和市场决策能力。

4. 财务能力。

企业的财务能力主要涉及两个方面：一是筹集资金的能力；二是使用和管理资金的能力。筹集资金的能力可以用资产负债率、流动比率和已获利息倍数等指标来衡量；使用和管理资金的能力可以用投资报酬率、销售利润率和资产周转率等指标来衡量。

5. 组织管理能力。

（三）企业的核心能力

核心能力的概念打破了以往企业的管理人员把企业看成各项业务组合的思维模式，认识到企业是一种能力的组合，它可以使企业获得稳定、持续的竞争优势和超额利润。

1. 核心能力的概念。

核心能力又称核心竞争力，是指企业在具有重要竞争意义的经营活动中能够持续比其竞争对手做得更好的能力。

2. 核心能力的特征。

核心能力一般具有如下特征：

（1）价值性。核心能力具有战略价值，能够帮助企业在创造价值的活动中做得比竞争对手更优秀，包括向顾客提供超出期望的利益，以及为企业创造长期竞争优势和超过行业平均利润水平的利润。

（2）独特性。核心能力是企业所独有的，同行竞争者不会拥有相同的核心能力。核心能力往往是在企业创始人或企业的成长过程中逐渐形成的，是企业的资源和能力长期积累、优化的结果。核心能力难以通过市场交易获取，也难以通过复制或模仿获得。

（3）可延展性。核心能力是整个企业业务的基础，既能够不断衍生出新的核心产品和最终产品，也可以溢出、渗透、辐射、扩散到企业经营的其他相关产业，从而使企业在原有业务领域保持竞争优势的同时，在其他相关业务领域获得持续竞争优势。

（4）不可替代性。企业除核心能力之外，一般还拥有其他各种能力，其中有些能力也会给企业带来竞争优势，如通过成功地组织营销活动在一定时期内提高了企业或产品的声誉，但是，这种声誉由于不是源于企业的核心能力，因而虽能给企业带来一定的价值或效益，但难以具有持续性。企业的核心能力是其他能力不可替代的。

（5）动态性。企业的核心能力不是静止不变的。随着时间和环境的变化，企业的核心能力也会发生变化和调整。引起企业核心能力变化的主要因素有技术进步、消费者需求的变化、竞争对手的行动和企业自身资源及其配置的改变等。例如，数字化、智能化技术的出现和发展，导致许多企业原有的核心能力失去其价值性。企业只有适应内外环境的变化培育、打造新的核心能力以取代原有的核心能力，才有可能取得持久的竞争优势。

（6）整合性。核心能力是企业将多个领域的多种优势资源融合在一起，从而产生协同作用的结果。例如，企业在客户服务方面的核心能力，往往是通过不同业务部门、不同职能领域的人员或团队密切协作而形成的；企业在技术创新方面核心能力的形成，一般是以企业战略、研发、营销、人力资源等职能发挥出合力为前提的。

3. 核心能力的识别与评价。

（1）识别与评价的方法。

①企业的自我评价。

②产业内部比较。

③基准分析。

④成本驱动力和作业成本法。

⑤收集竞争对手的信息。

（2）基准分析概述。

①基准对象。

②基准类型。

（3）竞争对手分析。与竞争对手进行比较所得出的企业竞争优势能为企业带来有用的战略信息。本章第一节关于竞争对手的未来目标、假设、现行战略和潜在能力的分析都是企业自身核心能力识别和评价不可或缺的步骤和内容。

4. 企业核心能力与成功关键因素。

企业核心能力和成功关键因素的共同之处在于它们都是公司盈利能力的指示器。虽然它们在概念上的区别是清楚的，但在特定的环境中区分它们并不容易。例如，一个成功关键因素可能是某产业所有企业要成功都必须具备的，但它也可能是特定公司所具备的独特能力。

（四）产业资源配置分析框架——钻石模型

钻石模型四要素是：

（1）生产要素。包括人力资源、天然资源、知识资源、资本资源、基础设施。

（2）需求条件。主要是本国市场的需求。

（3）相关与支持性产业。这些产业和相关上游产业是否有国际竞争力。

（4）企业战略、企业结构和同业竞争。

1. 生产要素。

波特将生产要素划分为初级生产要素和高级生产要素，初级生产要素是指天然资源、气候、地理位置、非技术工人、资金等，高级生产要素则是指现代通讯、信息、交通等基础设施，以及受过高等教育的人力、研究机构等。波特认为，初级生产要素重要性越来越低，因为对它的需求在减少，跨国公司可以通过全球的市场网络来取得（当然初级生产要素对农业和以天然产品为主的产业还是非常重要的）。高级生产要素对获得竞争优势具有不容置疑的重要性。高级生产要素需要在人力和资本上大量和持续地投资，而作为培养高级生产要素的研究所和教育机构，本身就需要高级的人才。高级生产要素很难从外部获得，必须自己投资创造。

从另一个角度，生产要素被分为一般生产要素和专业生产要素。高级专业人才、专业研究机构以及专用的软、硬件设施等被归入专业生产要素。越是精致的产业越需要专业生产要素，而拥有专业生产要素的企业也会产生更加精致的竞争优势。

2. 需求条件。

国内需求市场是产业发展的动力。国内市场与国际市场的不同之处在于企业可以及时发现国内市场的客户需求，这是国外竞争对手所不及的。因此，波特认为全球性的竞争并没有减少国内市场的重要性。

3. 相关与支持性产业。

对形成国家竞争优势而言，相关和支持性产业与优势产业是一种休戚与共的关系。

4. 企业战略、企业结构和同业竞争。

波特认为，企业的战略取向是影响国家竞争力的重要因素。

二、价值链分析

价值链最初是为了在企业复杂的制造程序中分清各步骤的"利润率"而采用的一种会计分析方法，其目的在于确定在哪一步可以削减成本或提高产品的功能特性。波特认为，应该将会计分析中确定每一步骤新增价值与对组织竞争优势的分析结合起来，了解企业资源的使用与控制状况必须从发现这些独立的创造价值的活动开始。

价值链日益成为分析公司资源与能力的理论框架。价值链分析把企业活动进行分解，通过考虑这些单个活动本身及其相互关系来确定企业的竞争优势。

（一）价值链的两类活动

1. 基本活动。

基本活动，又称主体活动，是指生产经营的实质性活动，一般可以分为内部后勤、生产经营、外部后勤、市场销售和服务五种活动。这些活动与商品实体的加工流转直接有关，是企业的基本增值活动。每一种活动又可以根据具体的产业和企业的战略再进一步细分成若干项活动。

2. 支持活动。

支持活动，又称辅助活动，是指用以支持基本活动且内部之间又相互支持的活动，包括采购管理、技术开发、人力资源管理和企业基础设施。

（二）价值链确定

为了在一个特定产业进行竞争并判定企业竞争优势，有必要确定企业的价值链。即从价值链分析入手，将各种不同的价值活动在一个特定的企业中得到确认。价值链中的每一项活动都能进一步分解为一些相互分离的活动。

（三）企业资源能力的价值链分析

企业资源能力的价值链分析要明确以下几点：

1. 确认那些支持企业竞争优势的关键性活动。

虽然价值链的每项活动，包括基本活动和支持活动，都是企业成功所必经的环节，但是，这些活动对企业竞争优势的影响是不同的。在关键活动的基础上建立和强化这种优势很可能使企业获得成功。

支持企业竞争优势的关键性活动事实上就是企业的独特能力的一部分。

2. 明确价值链内各种活动之间的联系。

价值链中基本活动之间、基本活动与支持活动之间以及支持活动之间存在各种联系，选择或构筑最佳的联系方式对于提高价值创造和战略能力是十分重要的。例如，在基本活动之间，保持高水平的存货会使生产安排变得容易，并且可以对顾客的需求作出快速反应，但会增加经营成本，因此，应该评估一下增加存货可能带来的利和弊。又如，传统的库存管理与准时生产（JIT）反映了基本活动与支持活动之间不同的联系方式，前者要求库存部门按照既定的订货费用、准备结束费用、存货费用、保险量等因素以决定最佳库存量，后者则将这些因素都作为变量，因而将优化库存的过程变为优化整个生产管理的过程。这两种管理方式显然反映的是企业基础设施（企业整体的控制系统）与企业基本生产经营活动之间不同的联系方式。

3. 明确价值系统内各项价值活动之间的联系。

价值活动的联系不仅存在于企业价值链内部，而且存在于企业与企业的价值链之间。

三、业务组合分析

价值链分析有助于对企业的能力进行考察，这种能力来源于独立的产品、服务或业务单位。但是，对于多元化经营的公司来说，还需要将企业的资源和能力作为一个整体来考虑。因此，公司战略能力分析的另一个重要部分就是对公司业务组合进行分析，保证业务组合的优化是公司战略管理的主要责任。波士顿矩阵和通用矩阵是公司业务组合分析的主要方法。

(一) 波士顿矩阵

波士顿矩阵（BCG Matrix），又称市场增长率—相对市场份额矩阵、波士顿咨询集团法、四象限分析法、产品系列结构管理法等，是由美国著名的管理学家、波士顿咨询公司创始人布鲁斯·亨德森（Bruce Henderson）于1970年首创的一种用来分析和规划企业产品组合的方法。这种方法的核心在于，解决如何使企业的产品品种及其结构适合市场需求的变化，并如何将企业有限的资源有效地分配到合理的产品结构中去，以保证企业收益，是企业在激烈竞争中能否取胜的关键。

波士顿矩阵认为一般决定产品结构的基本因素有两个：即市场引力与企业实力。市场引力包括市场增长率、目标市场容量、竞争对手强弱及利润高低等。其中，最主要的是反映市场引力的综合指标——市场增长率，它是决定企业产品结构是否合理的外在因素。企业实力包括企业市场占有率以及技术、设备、资金利用能力等。其中，市场占有率是决定企业产品结构的内在要素，它直接显示出企业的竞争实力。

充分了解了四种业务的特点后还需进一步明确各项业务单位在公司中的不同地位，从而进一步明确其战略。通常有四种战略分别适用于不同的业务：

（1）发展。以提高相对市场占有率为目标，增加资金投入，甚至不惜放弃短期收益。如：想尽快成为"明星"的问题业务，就应以此为战略。

（2）保持。维持投资现状，目标是保持该项业务现有的市场占有率。对于较大的"现金牛"业务可以此为战略，以使它们产生更多的收益。

（3）收割。为控制成本、减少亏损和增加现金流而减少投资。对处境不佳的"现金牛"业务、没有发展前途的"问题"业务和"瘦狗"业务，应视具体情况采取这种策略。

（4）放弃。目标在于清理和撤销某些业务，减轻负担，以便将有限的资源用于效益较高的业务。这种战略适用于无利可图的"瘦狗"业务和"问题"业务。

波士顿矩阵有以下几方面重要的贡献：

（1）波士顿矩阵是最早的组合分析方法之一，被广泛运用于产业环境与企业内部条件的综合分析、多样化的组合分析、大企业发展的理论依据等方面。

（2）波士顿矩阵将企业不同的经营业务综合在一个矩阵中，具有简单明了的效果。

（3）该矩阵指出了每个业务经营单位在竞争中的地位、作用和任务，从而使企业能够有选择地和集中运用有限的资金。每个业务经营单位也可以从矩阵中了解自己在总公司中的位置和可能的战略发展方向。

（4）利用波士顿矩阵可以帮助企业推断竞争对手对相关业务的总体安排。其前提是竞争对手也使用波士顿矩阵的分析方法。

企业把波士顿矩阵作为分析工具时，应该注意到它的局限性。

（1）在实践中，企业要确定各业务的市场增长率和相对市场占有率是比较困难的。

（2）波士顿矩阵过于简单。

（3）波士顿矩阵暗含了一个假设：企业的市场份额与投资回报是呈正相关的。但在有些情况下这种假设是不成立或不全面的。一些市场占有率小的企业如果实施创新、差异化和市场细分等战略，仍能获得很高的利润。

（4）波士顿矩阵的另一个条件是，资金是企业的主要资源。但在许多企业内，要进行规划和均衡的重要资源不是现金而是时间和人员的创造力。

（5）波士顿矩阵在实际运用中有很多困难。

（二）通用矩阵

通用矩阵，又称行业吸引力矩阵，是美国通用电气公司设计的一种业务组合分析方法。

1. 基本原理。

通用矩阵改进了波士顿矩阵过于简化的不足。首先，在两个坐标轴上都增加了中间等级；其次，其纵轴用多个指标反映产业吸引力，横轴用多个指标反映企业竞争地位。这样，通用矩阵不仅适用于波士顿矩阵所能适用的范围，而且九个区域的划分，更好地说明了企业中处于不同竞争环境和不同地位的各类业务的状态。

2. 通用矩阵的局限。

（1）用综合指标来测算产业吸引力和企业的竞争地位，这些指标在一个产业或一个企业的表现可能会有不一致，评价结果也会由于指标权数分配的不准确而存在偏差。

（2）划分较细，这对于业务类型较多的多元化大公司来说必要性不大，且需要更多数据，方法比较繁杂，不易操作。

第三节 企业内外部环境综合分析

一、基本原理

企业内外部环境综合分析是一种综合考虑企业内部环境和外部环境的各种因素，进行系统评价，从而选择最佳战略的方法，这种方法也称为 SWOT 分析法，S 是指企业内部的优势（strengths），W 是指企业内部的劣势（weakness），O 是指企业外部环境中的机会（opportunities），T 是指企业外部环境中的威胁（threats）。

企业内部的优势和劣势是相对于竞争对手而言的，一般表现在企业的资金、技术设备、员工素质、产品、市场、管理技能等方面。判断企业内部的优势和劣势一般有两项标准：一是单项的优势和劣势。例如，企业资金雄厚，则在资金上占优势；市场占有率低，则在市场上处于劣势。二是综合的优势和劣势。为了评估企业的综合优势和劣势，应选定一些重要因素，加以评价打分，然后根据其重要程度按加权平均法加以确定。

二、SWOT 分析的应用

SWOT 分析根据企业的目标列出对企业生产经营活动及发展有着重大影响的内部及外部因素，并且根据所确定的标准对这些因素进行评价，从中判定出企业的优势与劣势、机会和威胁。

　　SWOT 分析的目的是使企业考虑：为了更好地对新出现的产业和竞争环境作出反应，必须对企业的资源采取哪些调整行动；是否存在需要弥补的资源缺口；企业需要从哪些方面加强其资源；要建立企业未来的资源必须采取哪些行动；在分配公司资源时，哪些机会应该最先考虑。

第三章 战略选择

第一节 总体战略

总体战略也称公司层战略,是企业最高层次的战略。它需要根据企业的目标,选择企业可以竞争的经营领域,合理配置企业经营所必需的资源,使各项经营业务相互支持、相互协调。公司层战略常常涉及整个企业的财务结构和组织结构方面的问题。

一、总体战略的主要类型

企业总体战略可分为三大类:发展战略、稳定战略和收缩战略。

(一) 发展战略

企业发展战略强调充分利用外部环境的机会,充分发掘企业内部的优势资源,以求得企业在现有的基础上向更高一级的方向发展。

发展战略主要包括三种基本类型:一体化战略、密集型战略和多元化战略。

(二) 稳定战略

稳定战略又称维持战略,是指限于经营环境和内部条件,企业在战略期所期望达到的经营状况基本保持在战略起点的范围和水平上的战略。

采用稳定战略的企业不需要改变自己的宗旨和目标,而只需要集中资源用于原有的经营范围和产品,以增加其竞争优势。

稳定战略适用于对战略期环境的预测变化不大,而在前期经营相当成功的企业。采用这种战略的风险比较小,因为企业可以充分利用原有生产经营领域中的各种资源;避免开发新产品和新市场所必需的巨大资金投入和开发风险;避免资源重新配置和组合的成本;防止由于发展过快、过急造成的失衡状态。

但是,采用稳定战略也有一定的风险。一旦企业外部环境发生较大变动,企业战略目标、外部环境、企业实力三者之间就会失去平衡,使企业陷入困境。稳定战略还容易使企业减弱风险意识,甚至会形成惧怕风险、回避风险的企业文化,降低企业对风险的敏感性和适应性。

（三）收缩战略

收缩战略，也称为撤退战略，是指企业从目前的经营领域和基础上收缩，在一定时期内缩小原有经营范围和规模的一种战略。

1. 采用收缩战略的原因。

企业采用收缩战略的原因有多种，大致可分为主动和被动两大类。

（1）主动原因。一些企业选择收缩战略是为了满足企业战略重组的需要。本书第二章所介绍的波士顿矩阵就是企业战略重组的依据。为了谋求更好的发展机会和较高的投资收益，将有限的资源配置到利用率、回报率更高的产品生产上，企业往往主动采用收缩战略，调整业务组合，通过减少、压缩或停止某些产品的生产，筹措资金用于更为有利可图、更具发展潜力的产品生产。

（2）被动原因。企业选择收缩战略的被动原因有两种：其一是外部环境原因，如宏观经济形势、产业周期、技术、政策、社会价值观或时尚等方面发生重大变化，以及市场达到饱和、竞争行为加剧或改变等，导致企业赖以生存的外部环境恶化甚至出现危机。在这些情况下，企业为了防止外部环境中的不利因素对自身经营活动造成重大甚至致命冲击，最大限度地减少损失，度过危机以求生存和发展，就只能采取收缩战略。其二是内部环境原因，即由于内部经营机制不顺、决策失误、管理不善等原因，企业或企业某项业务经营陷入困境，失去竞争优势，因而不得不采用收缩战略。

2. 采用收缩战略的方式。

（1）紧缩与集中战略。紧缩与集中战略往往着眼于短期效益，主要涉及采取补救措施阻止利润下滑。具体做法有：

①机制变革，包括：调整管理层领导机构；制定新的政策和建立新的管理控制系统；改善激励机制与约束机制。

②财政和财务战略，如建立有效的财务控制系统，严格控制现金流量；与关键的债权人协商，重新签订偿还协议，甚至把需要偿付的利息和本金转换成其他财务证券，如把贷款转换成普通股或可转换优先股等。

③削减成本战略，如削减人工成本、材料成本、管理费用；削减资产，如内部放弃或改租、售后回租等；缩小分部和职能部门的规模。

（2）转向战略。转向战略涉及企业经营方向或经营策略的改变。具体做法有：

①重新定位或调整现有的产品和服务。

②调整营销策略，包括在价格、促销、渠道等环节推出新的举措。

（3）放弃战略。放弃战略是将企业的一个或若干个部门出售、转让或停止经营。这个部门可以是一个经营单位（如子公司、事业部）、一项业务、一条流水线等。与前面两种战略相比，这是比较彻底的撤退方式。采用放弃战略的主要方式有：

①特许经营，指企业将其拥有的名称、商标、企业标志、专有技术、管理经验等经营资源特许给被特许企业使用，收取一次性付清的特许经营费用。被特许企业按照合同严格遵守相关规定，在统一的经营模式下开展经营活动。

②分包，指企业作为分包方，通过招标方式让其他企业即承包方生产、经营本企业的某种产品或业务，并要求承包方按约定的时间、价格和数量向分包方提供产品或服务。

这样，分包方在合同期限内将不宜自己从事的产品生产或业务转移给承包方，但仍保留原有的权利。

③卖断，指母公司将其所属的业务单位卖给另一家企业，从而与该业务单位断绝一切关系，实现产权的彻底转移。

④管理层杠杆收购，指企业管理层将收购目标即本企业的资产作为债务抵押进行融资，买断本企业股权，从而达到控制、重组企业并获得产权收益的目的。

⑤拆产为股/分拆，指母公司通过将其在子公司中所拥有的股份，按比例分配给母公司的股东，以多元持股的形式形成子公司的所有权，使子公司成为战略性的法人实体。这样，就在法律上和组织上将子公司的经营从母公司的经营中分拆出去。这一新设立的分拆公司如果公开发行新股并上市就称为分拆上市。

3. 采用收缩战略的困难。

采用收缩战略对企业主管来说，是一项非常困难的决策。困难主要来自以下两个方面。

（1）对企业或业务状况的判断。收缩战略效果如何，取决于对公司或业务状况判断的准确程度。而这是一项难度很大的工作。汤普森（Thompson，J. L.）于1989年提出了一个详尽的清单，这一清单对于增强判断企业或其业务状况的能力会有一定帮助。

①企业产品所处的生命周期以及今后的盈利情况和发展趋势。

②企业或者产品的当前市场状况，以及重新获取竞争优势的机会。

③腾下来的资源应如何运用。

④寻找一个愿出合理价格的买主。

⑤放弃一部分获利的业务或者一些经营活动，转而投资其他可能获利较大的业务是否值得。

⑥关闭一家企业或者一家工厂，是否比在微利下仍然维持运转合算，特别是退出的障碍是否较大，而且成本高昂。

⑦准备放弃的那部分业务在整个公司中所起的作用和协同优势。

⑧用其他产品和服务来满足现有顾客需求的机会。

⑨企业降低分散经营的程度所带来的有形和无形的效益。

⑩寻找合适的买主。是否公开寻找买主，如何审查买主，买主是否会因购入企业的业务而对企业余下的业务构成竞争威胁。

（2）退出障碍。波特在《竞争战略》一书中阐述了几种主要的退出障碍：

①固定资产的专用性程度。当资产涉及具体业务或地点的专用性程度较高时，其转移及转换成本就较高，从而难以退出现有产业。

②退出成本。退出成本包括劳工协议、重新安置的成本、备件维修能力等。如果这些成本过高，会加大退出障碍。

③内部战略联系。这是指企业内某经营单位与企业其他业务单位在市场形象、市场营销能力、利用金融市场及设施共享等方面的内部相互联系。这些联系使公司认为保留该业务单位具有战略重要性。

④感情障碍。企业在制定退出战略时，会引发一些管理人员和职工的抵触情绪，因

为企业的退出往往使这些人员的利益受损,如裁员和减薪。

⑤政府与社会约束。政府考虑到失业问题和对地区经济的影响,有时会出面反对或劝阻企业退出的决策。

二、发展战略的主要途径

前面阐述的公司总体战略的三种类型——发展战略、稳定战略、收缩战略,可以采用不同的实现途径。以下我们重点阐述发展战略可选择的途径。

(一) 发展战略可选择的途径

发展战略一般可以采用三种途径,即外部发展(并购)、内部发展(新建)与战略联盟。

1. 外部发展(并购)。
2. 内部发展(新建)。
3. 战略联盟。

(二) 并购战略

1. 并购的类型。

企业并购有许多具体形式,这些形式可以从不同的角度加以分类。

(1) 按并购双方所处的产业分类。按并购方与被并购方所处的产业相同与否,可以分为横向并购、纵向并购和多元化并购三种。

①横向并购,是指并购方与被并购方处于同一产业。横向并购可以消除重复设施,提供系列产品或服务,实现优势互补,扩大市场份额。例如,一家外资饮料企业,收购了中国一家大型饮料企业,这属于一个横向并购的案例。

②纵向并购,是指在经营对象上有密切联系,但处于不同产销阶段的企业之间的并购。按照产品实体流动的方向,纵向并购可分为前向并购与后向并购。前向并购是指沿着产品实体流动方向所发生的并购,如产品原料生产企业并购加工企业或销售商或最终客户,或加工企业并购销售企业等;后向并购是指沿着产品实体流动的反向所发生的并购,如加工企业并购原料供应商,或销售企业并购原料供应企业或加工企业等。例如,一家汽车制造商并购一家出租汽车公司,这是一个纵向并购的例子。

③多元化并购,是指处于不同产业、在经营上也无密切联系的企业之间的并购。例如,一家生产家用电器的企业收购一家旅行社,这属于多元化并购。

(2) 按被并购方的态度分类。按被并购方对并购所持态度不同,可分为友善并购和敌意并购。

①友善并购,通常是指并购方与被并购方通过友好协商确定并购条件,在双方意见基本一致的情况下实现产权转让的一类并购。此种并购一般先由并购方选择被并购方,并主动与对方的管理当局接洽,商讨并购事宜。经过双方充分磋商签订并购协议,履行必要的手续后完成并购。在某些时候,也有被并购方主动请求并购方接管本企业的情形。

②敌意并购,又叫恶意并购,通常是指当友好协商遭到拒绝后,并购方不顾被并购方的意愿采取强制手段,强行收购对方企业的一类并购。敌意并购也可能采取不与被并

购方进行任何接触，而在股票市场上收购被并购方股票，从而实现对被并购方控股或兼并的形式。由于种种原因，并购往往不能通过友好协商达成协议，被并购方从自身的利益出发，拒不接受并购方的并购条件，并可能采取一切抵制并购的措施加以反抗。在这种情形下，"敌意并购"就有可能发生。

（3）按并购方的身份分类。按照并购方的不同身份，可以分为产业资本并购和金融资本并购。

①产业资本并购，一般由非金融企业进行，即非金融企业作为并购方，通过一定程序和渠道取得目标企业全部或部分资产所有权的并购行为。并购的具体过程是从证券市场上取得目标企业的股权证券，或者向目标企业直接投资，以分享目标企业的产业利润。因此，产业资本并购往往表现出针锋相对、寸利必争的态势，谈判时间长，条件苛刻。

②金融资本并购，一般由投资银行或非银行金融机构（如金融投资企业、私募基金、风险投资基金等）进行。金融资本并购有两种形式：第一种是金融资本直接与目标企业谈判，以一定的条件购买目标企业的所有权，或当目标企业增资扩股时，以一定的价格购买其股权；第二种是由金融资本在证券市场上收购目标企业的股票从而达到控股的目的。金融资本与产业资本不同，它是一种寄生性资本，既无先进技术，也无须直接管理收购的企业。金融资本一般并不以谋求产业利润为首要目的，而是靠购入然后售出企业的所有权来获得投资利润。因此，金融资本并购具有较大的风险性。

（4）按收购资金来源分类。按收购资金来源渠道的不同，可分为杠杆收购和非杠杆收购。无论以何种形式实现企业收购，收购方总要为取得目标企业的部分或全部所有权而支出一定数量的资金。一般情况下，收购方在实施收购时，如果其70%及以上的资金来源是对外负债，即是在银行贷款或金融市场借贷的支持下完成的，就称为杠杆收购。相应地，如果收购方的主体资金来源是自有资金，则称为非杠杆收购。

2. 并购的动机。

（1）避开进入壁垒，迅速进入，争取市场机会。

（2）获得协同效应。

（3）克服企业负外部性，减少竞争，增强对市场的控制力。

3. 并购失败的原因。

并购的失败率是很高的，在企业并购的实践中，许多企业并没有达到预期的目标，甚至遭到了失败。造成并购失败的主要原因有以下几种：

（1）决策不当。

（2）并购后不能很好地进行企业整合。

（3）支付过高的并购费用。

（4）跨国并购面临政治风险。

①加强对东道国的政治风险的评估，完善动态监测和预警系统。

②采取灵活的国际投资策略，构筑风险控制的坚实基础。

③实行企业当地化策略，减少与东道国之间的矛盾和摩擦。

（三）内部发展（新建）战略

内部发展也称内生增长，是企业在不收购其他企业的情况下利用自身的规模、利润、活动等内部资源来实现扩张。对于许多企业来说，特别是对那些需要以高科技设计或制造产品的企业来说，内部发展已经成为主要的战略发展方式。

1. 企业采取内部发展战略的动因。

（1）开发新产品的过程使企业能深刻地了解市场及产品。

（2）不存在合适的收购对象。

（3）保持统一的管理风格和企业文化。

（4）为管理者提供职业发展机会。

（5）代价较低，因为获得资产时无须为商誉支付额外的金额。

（6）并购通常会产生隐藏的或无法预测的损失，而内部发展不太可能产生这种情况。

（7）这可能是唯一合理的、实现真正技术创新的方法。

（8）可以有计划地进行，容易从企业资源获得财务支持，并且成本可以按时间分摊。

（9）风险较低。在收购中，购买者可能还需承担被并购者以前所做的决策产生的后果。例如，由于医疗及安全方面的违规而欠下员工的债务。

（10）内部发展的成本增速较慢。尽管内部开发新活动的最终成本可能高于并购其他企业，但是成本的分摊可能会对企业更有利且比较符合实际，特别是对那些没有资金进行大额投资的小企业或公共服务类型的组织来说，这是它们选择内部发展的一个主要理由。

2. 内部发展的缺点。

（1）与购买市场中现有的企业相比，在市场上增加了竞争者，这可能会激化某一市场内的竞争。

（2）企业不能接触到其他企业的知识及系统。

（3）从一开始就缺乏规模经济或经验曲线效应。

（4）当市场发展得非常快时，内部发展会显得过于缓慢。

（5）进入新市场可能要面对非常高的障碍。

3. 内部发展战略的应用条件。

（1）产业处于不均衡状况，结构性障碍还没有完全建立起来。

（2）产业内现有企业的行为性障碍容易被制约。

（3）企业有能力克服结构性与行为性障碍，或者企业克服障碍的代价小于企业进入后的收益。

（四）企业战略联盟

1. 企业战略联盟的基本特征。

（1）从经济组织形式来看，战略联盟是介于企业与市场之间的一种"中间组织"。科斯（Coase）和威廉姆森（Williamson）从交易费用理论出发，认为企业组织的存在是对市场交易费用的节约，企业和市场是两种可以相互替代的资源配置组织。战略联盟属于"中间组织"，联盟内交易既是非企业的，因为交易的组织不完全依赖于某一企业的治理结构；也是非市场的，因为交易的进行也不完全依赖于市场价格机制。战略联盟的形成模糊了企业和市场之间的界限。

（2）从企业关系来看，组建战略联盟的企业各方是在资源共享、优势相长、相互信任、相互独立的基础上通过事先达成协议而结成的一种平等的合作伙伴关系。这既不同于组织内部的行政隶属关系，也不同于组织与组织之间的市场交易关系。联盟企业之间的协作关系主要表现为：

①相互往来的平等性。
②合作关系的长期性。
③整体利益的互补性。
④组织形式的开放性。

（3）从企业行为来看，联盟是一种战略性的合作行为。

2. 企业战略联盟形成的动因。

根据近年来企业战略联盟的实践和发展，可把促使战略联盟形成的主要动因归结为以下六个方面：

（1）促进技术创新。
（2）避免经营风险。
（3）避免或减少竞争。
（4）实现资源互补。
（5）开拓新的市场。
（6）降低协调成本。

3. 企业战略联盟的主要类型。

企业战略联盟的类型多种多样，根据不同的标准可以对战略联盟进行不同的分类。从股权参与和契约联结的方式角度来看，可以把企业战略联盟归纳为以下三种重要类型。

（1）合资企业（joint ventures）。
（2）相互持股投资（equity investments）。
（3）功能性协议（functional agreement）。

4. 战略联盟的管控。

虽然战略联盟能够兼顾并购战略与新建战略的优点，但是相对并购战略，战略联盟企业之间的关系比较松散，如果管控不到位，可能会导致并购战略与新建战略各自的缺点在联盟中表现出来。因此，怎样订立联盟以及管理联盟，是战略联盟能否实现预期目标的关键。

（1）订立协议。
①严格界定联盟的目标。
②周密设计联盟结构。
③准确评估投入的资产。
④规定违约责任和解散条款。

（2）建立合作信任的联盟关系。

5. 企业战略联盟的新发展——网络合作联盟。

对于新成员企业的具体评估与判断标准包括：

①对相关业务领域的理解、优势和潜力。
②与现有联盟成员企业的业务内容的重叠度。
③与现有联盟成员企业战略的相容性。
④与现有联盟成员企业的合作历史。

(3) 网络合作联盟的类型。外部环境特别是行业环境的差异会导致不同的网络合作联盟类型。

(4) 网络合作联盟的优势与风险。网络合作联盟可以通过开放和吸纳新成员企业不断形成更大的网络合作联盟,从而让越来越多的成员企业共同实现联盟目标。一个公司进入多个联盟可以分享更多的资源,分享更多联盟成员提供的互补优势,从而大大增加了获得额外竞争优势的可能性。资源与能力的共享进一步推动了企业能力的开发以及产品与服务的创新,这对企业在全球竞争背景下获得并不断提升战略竞争力尤其重要。

企业之间产生集聚效应时,会进一步提升网络合作联盟的效率,同时,网络合作联盟中的企业通过共享资源与能力能够推动创新的产生。此外,网络合作联盟改变了原来只有物理集聚才能实现的资源与能力的共享,大大提高了额外获得资源与能力的可能性。

但是,网络合作联盟也存在一定的风险。

第二节 业务单位战略

业务单位战略也称竞争战略。业务单位战略涉及各业务单位的主管以及辅助人员。这些经理人员的主要任务是将公司战略所包括的企业目标、发展方向和措施具体化,形成本业务单位具体的竞争与经营战略。

一、基本竞争战略

波特在《竞争战略》一书中把竞争战略描述为:采取进攻性或防守性行动,在产业中建立起进退有据的地位,成功地对付五种竞争力,从而为公司赢得超常的投资收益。为了达到这一目的,各个公司可以采用的方法是不同的,对每个具体公司来说,其最佳战略是最终反映公司所处的内外部环境的独特产物。但是,从最广泛的意义上,波特归纳总结了三种具有内部一致性的基本战略,即成本领先战略(cost leadership strategy)、差异化战略(differentiation strategy)和集中化战略(focus strategy)。

(一)成本领先战略
1. 采用成本领先战略的优势。
企业采用成本领先战略可以使企业有效地应对产业中的五种竞争力量,以其低成本优势,获得高于行业平均水平的利润。
(1) 形成进入障碍。
(2) 增强讨价还价能力。
(3) 降低替代品的威胁。

（4）保持领先的竞争地位。
2. 成本领先战略的实施条件。
（1）市场情况。从市场情况考察，成本领先战略主要适用于以下情况：
①产品具有较高的价格弹性，市场中存在大量的价格敏感用户；
②产业中所有企业的产品都是标准化的产品，产品难以实现差异化；
③购买者不太关注品牌；
④价格竞争是市场竞争的主要手段；
⑤消费者的转换成本较低。
（2）资源和能力。实现成本领先战略的资源和能力包括：
①在规模经济显著的产业中装备相应的生产设施来实现规模经济。
②降低各种要素成本。
③提高生产率。
④改进产品工艺设计。
⑤提高生产能力利用程度。
⑥选择适宜的交易组织形式。
⑦资源集中配置。
3. 采取成本领先战略的风险。
（1）技术的变化可能使过去用于降低成本的投资（如扩大规模、工艺革新等）与积累的经验一笔勾销。
（2）产业的新加入者或追随者通过模仿或者使用具有更高技术水平的设施，达到同样的甚至更低的产品成本。
（3）市场需求从注重价格转向注重产品的品牌形象，使得企业原有的优势变为劣势。企业在采用成本领先战略时，应注意这些风险，及早采取防范措施。

（二）差异化战略
差异化战略是指企业向顾客提供的产品和服务在产业范围内独具特色，这种特色可以给产品带来额外的加价，如果一个企业的产品或服务的溢出价格超过因其独特性所增加的成本，那么，拥有这种差异化的企业将获得竞争优势。
1. 采用差异化战略的优势。
企业采用差异化战略，可以很好地防御产业中的五种竞争力量，获得超过水平的利润。
（1）形成进入障碍。
（2）降低顾客对价格的敏感程度。
（3）增强讨价还价能力。
（4）抵御替代品威胁。
2. 差异化战略的实施条件。
（1）市场情况。
①产品能够充分地实现差异化，且为顾客所认可；
②顾客的需求是多样化的；
③企业所在产业技术变革较快，创新成为竞争的焦点。

(2) 资源和能力。

实施差异化战略应具备的资源和能力包括：

①具有强大的研发能力和产品设计能力；

②具有很强的市场营销能力；

③有能够确保激励员工创造性的激励体制、管理体制和良好的创造性文化；

④具有从总体上提高某项经营业务的质量、树立产品形象、保持先进技术和建立完善分销渠道的能力。

3. 采取差异化战略的风险。

(1) 企业形成产品差别化的成本过高。

(2) 市场需求发生变化。

(3) 竞争对手的模仿和进攻使已建立的差异缩小甚至转向。

（三）集中化战略

集中化战略是指针对某一特定购买群体、产品细分市场或区域市场，采用成本领先或产品差异化来获取竞争优势的战略。集中化战略一般是中小企业采用的战略，可分为两类：集中成本领先战略和集中差异化战略。

1. 采用集中化战略的优势。

2. 集中化战略的实施条件。

(1) 购买者群体之间在需求上存在着差异。

(2) 目标市场在市场容量、成长速度、获利能力、竞争强度等方面具有相对的吸引力。

(3) 在目标市场上，没有其他竞争对手采用类似的战略。

(4) 企业资源和能力有限，难以在整个产业实现成本领先或差异化，只能选定个别细分市场。

3. 采取集中化战略的风险。

企业在实施集中化战略时，可能会面临以下风险：

(1) 狭小的目标市场导致高成本。

(2) 购买者群体之间需求差异变小。

(3) 竞争对手的进入与竞争。

（四）基本战略的综合分析——"战略钟"

基本竞争战略的概念非常重要，这是因为它给管理人员提供了思考竞争战略和取得竞争优势的方法。然而，当试图用这些概念解决企业实际战略选择时会遇到很多问题。企业遇到的实际情况比较复杂，并不能简单地归纳为应该采取哪一种基本战略。而且，即使是成本领先或差异化也只是相对的概念，在它们之中也有多个层次。克利夫·鲍曼（Cliff Bowman）将这些问题收入到一个体系内，并称这一体系为"战略钟"。

1. 成本领先战略。

成本领先战略包括途径1和途径2。可以大致分为两个层次：一是低价低值战略（途径1）；二是低价战略（途径2）。途径1看似没有吸引力，但有很多公司按这一途径经营得很成功。这时企业关注的是对价格非常敏感的细分市场，在这些细分市场中，虽然顾客认识到产品或服务的质量很低，但他们买不起或不愿买更好质量的商品。低价低值战略是一种很有生命力的战略，尤其在面对收入水平较低的消费群体的企业，很适合采用这种战略。途径1可以看成是一种集中成本领先战略。途径2则是企业寻求成本领先战略时常用的典型途径，即在降低价格的同时，努力保持产品或服务的质量不变。

2. 差异化战略。

差异化战略包括途径4和途径5，也可大致分为两个层次：一是高值战略（途径4）；二是高价高值战略（途径5）。途径4也是企业广泛使用的战略，即以相同或略高于竞争者的价格向顾客提供高于竞争对手的顾客认可价值。途径5则是以特别高的价格为顾客提供更高的认可价值。一些高档购物中心、宾馆、饭店等，就是实施这种战略。这种战略在面对高收入消费者群体时很有效，因为产品或服务的价格本身也是消费者经济实力的象征。途径5可以看成是一种集中差异化战略。

3. 混合战略。

混合战略指途径3。在某些情况下，企业可以在为顾客提供更高的认可价值的同时，获得成本优势。这与波特原来的设想有所不同。在波特与英国最大的百货超市连锁店Sainsbury公司的总经理戴维·塞恩斯伯里（David Sainsbury）讨论基本战略问题时，塞恩斯伯里认为，只关心价格或只关心质量的消费者都只是非常小的一部分，大多数人既关心价格也关心质量。所以应该在成本领先战略与差异化战略之间，探讨这样一种战略，即注重于价格和质量的中间范围。一些经济学家还指出，一个公司的优势很少完全建立在成本或差异上。可以找到不少以比竞争者更低的成本，提供比竞争者更多的消费者认可的价值的例子。

从理论角度看，以下三个因素会导致一个企业同时获得两种优势：

（1）提供高质量产品的公司会增加市场份额，而这又会因规模经济而降低平均成本。其结果是，公司可同时在该产业取得高质量和低成本的定位。

（2）生产高质量产品的经验累积和降低成本的速度比生产低质量产品快。其原因与下面的事实有关，当生产高质量产品时，工人必须更留心产品的生产，这又会因经验曲线而降低平均成本。

（3）注重提高生产效率可以在高质量产品的生产过程中降低成本，例如，全面质量管理（TQM）运动的全部推动力就是使公司改善生产过程以提高产品质量，同时降低平均成本。

4. 失败的战略。

途径6、途径7、途径8一般情况下可能是导致企业失败的战略。途径6提高价格，但不为顾客提供更高的认可价值。途径7是比途径6更危险的延伸，降低产品或服务的顾客认可价值，同时却在提高相应的价格。除非企业处于垄断地位，否则不可能维持这样的战略。途径8是在保持价格不变的同时降低顾客认可的价值，这同样是一种危险的战略，虽然它具有一定的隐蔽性，在短期内不被那些消费层次较低的顾客所察觉，但是这种战略是不能持久的，因为有竞争对手提供的优质产品作为参照，顾客终究会辨别出产品的优劣。

二、中小企业竞争战略

（一）零散产业中的竞争战略

零散产业是一种重要的结构环境，在这种产业中，产业集中度很低，没有任何企业占有显著的市场份额，也没有任何一个企业能对整个产业的发展产生重大的影响。在一般情况下，零散产业由很多中小型企业构成。零散产业存在于经济活动的许多领域中，如一些传统服务业——快餐业、洗衣业、照相业等都属于这种产业。

1. 造成产业零散的原因。

研究产业零散的原因是分析零散产业战略的重要内容。产业零散的原因主要来源于产业本身的基础经济特性。

（1）进入障碍低或存在退出障碍。

（2）市场需求多样导致高度产品差异化。

（3）不存在规模经济或难以达到经济规模。

2. 零散产业的战略选择。

零散产业中有很多企业，每个企业的资源和能力条件会有很大差异，因此零散产业的战略选择可以从多个角度考虑。如果从三种基本竞争战略的角度出发，零散产业的战略选择可分为以下三类：

（1）克服零散——获得成本优势。

①连锁经营或特许经营。

②技术创新以创造规模经济。

③尽早发现产业趋势。

（2）增加附加价值——提高产品差异化程度。许多零散产业的产品或服务是一般性的商品，所以就产品或服务本身来说提高差异化程度潜力已经不大。在这种情况下，一种有效的战略是增加商品的附加价值。

（3）专门化——目标集聚。零散产业需求多样化的特点，为企业实施重点集中战略提供了基础条件。在零散产业中可以考虑以下三种专门化战略：

①产品类型或产品细分的专门化。

②顾客类型专门化。

③地理区域专门化。

3. 谨防潜在的战略陷阱。

零散产业独特的环境结构造成了一些特殊的战略陷阱。某些常见的陷阱应引起足够的警惕。

（二）新兴产业中的竞争战略

新兴产业是指新形成的或重新形成的产业。其形成的原因是技术创新、消费者新需求的出现，或其他经济和社会变化将某个产品或服务提高到一种潜在可行的商业机会的水平。例如，电信、计算机、家用电器等产业是创新技术的产物；搬家公司、送餐公司、礼仪公司等则是新需求的产物；典当行曾是我国的老产业，随着改革开放的发展它又成为我国的一个新兴产业。

从战略制定的观点看，新兴产业的基本特征是没有游戏规则。缺乏游戏规则既是风险又是机会的来源。

1. 新兴产业内部结构的共同特征。

新兴产业在内部结构上彼此差异很大，但是仍有一些共同的结构特征。

（1）技术的不确定性。
（2）战略的不确定性。
（3）成本的迅速变化。
（4）萌芽企业和另立门户。
（5）首次购买者。
2. 新兴产业发展障碍与机遇。

新兴产业在不同程度上面临产业发展的障碍。从产业的五种竞争力角度分析，这些障碍主要表现在新兴产业的供应者、购买者与被替代品三个方面，其根源还在于产业本身的结构特征。

新兴产业常见的发展障碍有：
（1）专有技术选择、获取与应用的困难。
（2）原材料、零部件、资金与其他供给的不足。
（3）顾客的困惑与等待观望。
（4）被替代产品的反应。
（5）缺少承担风险的胆略与能力。
3. 新兴产业的战略选择。

在新兴产业中，发展风险与机遇共存，而风险与机遇都来源于产业的不确定性。所以新兴产业中的战略制定过程必须处理好这一不确定性。
（1）塑造产业结构。
（2）正确对待产业发展的外在性。
（3）注意产业机会与障碍的转变，在产业发展变化中占据主动地位。
（4）选择适当的进入时机与领域。
①企业的形象和声望对顾客至关重要，企业可因为是先驱者而发展和提高声望。
②产业中的学习曲线很重要，经验很难模仿，早期进入企业可以较早地开始这一学习过程。
③顾客忠诚非常重要，那些首先对顾客销售的企业将获得较高的收益。
④早期与原材料供应、分销渠道建立的合作关系对产业发展至关重要。
而在下列情况下，早期进入将是非常危险的：
①产业发展成熟后，早期进入的企业面临过高的转换成本。
②为了塑造产业结构，需付出开辟市场的高昂代价，其中包括顾客教育、法规批准、技术开拓等。
③技术变化使早期投资过时，并使晚期进入的企业因拥有最新技术和工艺而获益。

三、蓝海战略

（一）蓝海战略的内涵

尽管"蓝海"是个新名词，它却不是一个新事物。无论过去还是现在，它都是商业生活的一部分。历史表明，产业在不断被开创和扩展，产业的条件和边界也不是一成不变的，企业个体可以重塑这些条件和边界。企业不必在给定的市场空间内残酷竞争。

然而当前主导性的战略思考仍然是基于竞争的红海战略。原因之一是企业战略受军事战略的影响颇深。一旦企业把目光集中于红海，就等于接受了战争中的限制因素——有限的阵地以及必须击败敌人才能获取胜利的概念，忽略了商业世界的独特力量——避开竞争，创造新的市场空间。

蓝海的开拓者则并不将竞争作为自己的标杆，而是遵循另一套完全不同的战略逻辑，即"价值创新"（value innovation）。这是蓝海战略的基石。之所以称为价值创新，原因在于它并非着眼于竞争，而是力图使客户和企业的价值都出现飞跃，由此开辟一个全新的、非竞争性的市场空间。

价值创新不仅仅是"创新"，而是涵盖整个公司行为体系的战略问题。价值创新要求企业引导整个体系同时以实现客户价值和企业自身价值飞跃为目标。如果不能将这两个目标相结合，创新必然会游离于战略核心之外。表3-1归纳了红海战略和蓝海战略的关键性差异。

表3-1　　　　　　　　　　　红海战略和蓝海战略比较

红海战略	蓝海战略
在已经存在的市场内竞争	拓展非竞争性市场空间
参与竞争	规避竞争
争夺现有需求	创造并攫取新需求
遵循价值与成本互替定律	打破价值与成本互替定律
根据差异化或低成本的战略选择，把企业行为整合为一个体系	同时追求差异化和低成本，把企业行为整合为一个体系

（二）蓝海战略制定的原则

蓝海战略是一种崭新的战略思维，其制定和实施的方法也完全不同于典型的战略规划。典型的战略规划以冗长的产业现状和竞争态势的描述为基础，进而开始有关如何增加市场份额、夺取新的细分市场或缩减成本的讨论，其后再提出目标和提案的纲要。这样的规划过程通常要准备一大套文件，而数据资料则是来源于企业不同部门的大杂烩。在这一过程中，经理们把思索战略规划的大部分时间都花在填空和摆弄数据上，而不是在思索中打破成规，对如何冲破现有竞争有一个清楚的全局性认识，因而只能导致一些战术性的红海行动，很少能启迪蓝海战略的开创。

蓝海战略开拓了一套条理清晰的绘制和讨论战略布局的过程，以将企业战略推向蓝海。

表3-2列举了指导蓝海战略成功制定与执行的原则，以及遵循这些原则可以降低的风险。

表3-2　　　　　　　　　　　蓝海战略的六项原则

战略制定原则	各原则降低的风险因素
重建市场边界	搜寻的风险
注重全局而非数字	规划的风险

续表

战略制定原则	各原则降低的风险因素
超越现有需求	规模的风险
遵循合理的战略顺序	商业模式风险
战略执行原则	各原则降低的风险因素
克服关键组织障碍	组织的风险
将战略执行建成战略的一部分	管理的风险

1. 战略制定原则。
（1）重建市场边界。
（2）注重全局而非数字。
（3）超越现有需求。
（4）遵循合理的战略顺序。
2. 战略执行原则。
（1）克服关键组织障碍。
（2）将战略执行建成战略的一部分。

（三）重建市场边界的基本法则

蓝海战略的第一条原则，就是重新构筑市场的边界，从而打破现有竞争局面，开创蓝海。这一原则解决了许多公司经常会碰到的搜寻风险。其难点在于如何成功地从一大堆机会中准确地挑选出具有蓝海特征的市场机会。

蓝海战略总结了六种重建市场边界的基本法则，被称为六条路径框架。

1. 路径一：审视他择产业。

他择品的概念要比替代品更广。形式不同但功能或者核心效用相同的产品或服务，属于替代品（substitutes）。他择品（alternatives）则还包括了功能和形式都不同而目的相同的产品或服务。如电影院和咖啡厅，咖啡厅在外形上与电影院大不相同，其功能也与后者迥然有异，它为人们提供品味咖啡的乐趣，这与电影院所提供的视觉娱乐完全不同。虽然如此，人们走进咖啡厅与走进电影院却可以是为了同样的目的：出门休闲散心。这二者不互为替代品，却互为他择品。

2. 路径二：跨越战略群组。

本书第二章阐述战略群组分析的第四个角度，就是"利用战略群组图还可以预测市场变化或发现战略机会"，这是重建市场边界的又一路径。

3. 路径三：重新界定产业的买方群体。

在一个产业中的企业通常都会集中于某一类购买群体。举例来说，医药行业主要将目光放在有影响力的群体即医生身上；办公用品行业主要关注采购者，即企业的采购部门；而服装行业主要直接向使用者销售产品。

挑战产业有关目标买方群体的常识成规，就可以引领我们发现新的蓝海。

4. 路径四：放眼互补性产品或服务。

产品或服务很少会被单独使用。很多情况下，它们的价值会受到其他产品或服务的影响。但是，在大多数情况下，企业生产的产品或提供的服务局限于产业范围内。事实上，在互补产品或服务背后常常隐藏着巨大的价值。

5. 路径五：重设客户的功能性或情感性诉求。

一些产业主要通过价格和功能来竞争，关注的是给客户带来的效用，客户的诉求是功能性的；其他一些产业主要以客户感觉为竞争手段，客户的诉求是情感性的。当企业关注挑战产业中已经存在的功能或情感诉求时，常常会发现新的市场机会。

以下两个案例体现了功能与情感的转换。

6. 路径六：跨越时间，参与塑造外部潮流。

随着时间的推移，很多产业都会受到外部趋势变化的影响，例如，互联网迅速崛起和全球环保运动的兴起。如果企业能够正确预测到这些趋势，就可能会找到蓝海市场机会。

综上所述，蓝海战略代表着战略管理领域的范式性的转变，即从给定结构下的定位选择向改变市场结构本身的转变。由于蓝海的开创是基于价值的创新，而不是技术的突破，是基于对现有市场现实的重新排序和构建，而不是对未来市场的猜想和预测，企业就能够以系统的、可复制的方式去寻求它；"蓝海"既可以出现在现有产业疆域之外，也可以萌生在产业现有的"红海"之中。

事实上，蓝海战略绝非局限于业务单位战略（或竞争战略）的范畴，它着重于企业产业和市场边界的重建，因而更多地涉及公司层战略的范畴。

四、商业模式

（一）商业模式的内涵

现代管理学之父彼得·德鲁克说过"企业的竞争不是产品和服务的竞争，而是商业模式的竞争"。关于商业模式的内涵，理论界基本认同商业模式是一种超越产品和服务的价值创造方式，包含为顾客提供产品或服务的"Who""What""When""Why""Where""How"和"How much"等元素。商业模式就是为了实现客户价值最大化，把能使企业运行的内外各要素整合起来，形成完整的、高效率的、具有独特核心竞争力的运行系统，并通过提供产品和服务使系统持续达成赢利目标的整体解决方案。

（二）商业模式画布

商业模式具备四个板块，分别是客户、供给、基础设施和财务，而这四个板块又被细分为九个要素。其中，客户板块包括客户细分、客户关系、渠道通路等要素；供给板块包括价值主张要素；基础设施板块包括核心资源、关键业务、重要合作等要素；财务板块包括成本结构和收入来源两个要素。

1. 价值主张。

价值主张是企业形成商业模式的第一步。价值主张是指通过针对某个群体的需求定制一套新的元素组合来为该群体创造价值，这种价值可以是数量上的，如价格、服务响应速度等；也可以是质量上的，如设计、客户体验等。价值主张常见的因素有：需求创新；性能改进；定制产品或服务；提供保姆式服务；改进设计；提升品牌/地位；优化定价；改进便利性/实用性。价值主张需要明确产品/服务是为谁创造价值，即客户细分。

锚定目标客户群体后，需要以一定的方式将价值传递给客户，即要打通渠道通路。为了实现可持续性的价值传递，还需要建立客户关系，进行有效反馈与交流。同时需要与非客户的合作伙伴进行重要合作，以获取新的资源及渠道通路。

2. 客户细分。

客户细分是指企业对想要接触和服务的客户或市场所进行的划分。客户细分可以分为五种类型：①大众市场。价值主张、渠道通路和客户关系全都聚集于一个大范围的客户群组，客户具有大致相同的需求和问题。②利基市场。价值主张、渠道通路和客户关系都针对某一小群客户的共同需求定制。③区隔化市场。客户需求略有不同，价值主张、渠道通路和客户关系也略有不同。④多元化市场。以完全不同的价值主张、渠道通路和客户关系迎合需求完全不同的客户群体。⑤多边平台或多边市场。价值主张、渠道通路和客户关系服务于两个或更多的相互依存的客户群体。

3. 渠道通路。

渠道通路是指企业将能够带来价值的产品或服务传递给目标客户的途径。企业可以选择通过自有渠道、合作伙伴渠道或两者混合来接触客户，其中自有渠道包括自建销售队伍和在线销售；合作伙伴渠道包括合作伙伴店铺和批发商。不论采取什么样的渠道组合，都需要完成五个阶段的工作：①扩大知名度。扩大公司的产品和服务的知名度。②客户评价。帮助客户评价自身的价值主张。③完成购买。让客户便捷地购买到公司的产品和服务。④传递价值主张。高效率地向客户传递公司的价值主张。⑤售后服务。提供客户满意的售后服务。

4. 客户关系。

客户关系是指为了进行信息的反馈交流，企业与客户间所建立的联系。客户关系大致可以分为六种：①个人助理，即人与人之间的互动，可以通过呼叫中心、电子邮件或其他销售方式进行。②自助服务，即为客户提供自助服务所需要的全部条件。③专用个人助理，即为单一客户安排专门的客户代表，通常是向高净值个人客户提供服务。④自动化服务，即整合了更加精细的自动化过程，用于帮助客户实现自助服务。⑤社区，即利用用户社区与客户或潜在客户建立更为深入的联系，如建立在线社区。⑥共同创作，即与客户共同创造价值，鼓励客户参与创新产品的设计和制作。

5. 重要合作。

重要合作指企业选择其他组织作为合作伙伴，建立合作关系网络。合作类型可以分为四种：①非竞争者之间的战略联盟关系。②竞争者之间的战略合作关系。③为开发新业务而构建的合资关系。④为确保获得供应品而与供应商建立的合作关系。

6. 成本结构。

根据商业模式画布理论，成本结构是指商业模式运转引发的所有成本。成本结构可以分为两种类型：①成本驱动型，指创造和维持最经济的成本结构，如采用低价的价值主张、最大程度地采用自动化和外包。②价值驱动型，指专注于创造价值的成本结构。增值型的价值主张和高度个性化服务通常以价值驱动型成本结构为特征。

7. 收入来源。

收入来源是企业从客户获取的收入，通常包括七种类型：①资产销售，即销售实体产品的所有权。②使用收费,即通过提供特定的服务收费。③订阅收费,即通过销售重复使用的服务收费。④租赁收费,即通过暂时性排他使用权的授权收费。⑤授权收费,即通过知识产权授权使用收费。⑥经济收费,即通过提供中介服务收取佣金。⑦广告收费,即通过提供广告宣传服务获得收入。

8. 关键业务。

关键业务涉及业务流程安排和资源配置,是企业确保商业模式运行最核心的活动。关键业务可以分为以下三种类型:①制造产品,即与设计、制造及发送产品有关的活动。制造产品是企业商业模式的核心。②平台/网络,即与平台管理、服务提供和平台推广相关的活动。网络服务、交易平台、软件甚至品牌都可看成平台。③问题解决,即为客户提供新的解决方案。

9. 核心资源。

核心资源是企业实现商业模式所必须的资源及能力,可以分为四种类型:①实体资产,包括生产设施、不动产、系统、销售网点和分销网络等。②知识资产,包括品牌、专有知识、专利和版权、合作关系和客户数据库等。③人力资源。在知识密集产业和创意产业中人力资源至关重要。④金融资产,即金融资源或财务担保。

(三) 商业模式创新

(1) 价值主张是对客户价值即客户真实需求的深入描述,包括两部分内容,即目标客户、产品和服务的内容。

(2) 价值创造是指企业创造客户价值的方式。

(3) 价值获取是指企业生产、供应满足目标客户需要的产品或服务的一系列业务活动以及支撑业务活动的核心资源与合作伙伴。

(4) 价值实现是指企业通过正确的机制在有吸引力的价值定位上产生利润,主要涉及企业成本结构与收入来源。

(四) 商业模式创新类型

1. 平台商业模式。

(1) 价值主张方面,平台商业模式将精准对接细分用户、满足用户多元化价值需求作为价值体系的起点。

(2) 价值创造方面,平台商业模式致力于构建价值共创网络,平台提供者、用户、参与方等主体明确各自在价值共创网络中的定位,并在此基础上展开协作。

(3) 价值获取方面,平台商业模式通过构建良好的平台伙伴关系和设置严谨的隔绝机制来应对来自平台内部和外部的竞争威胁。

(4) 价值实现方面,平台商业模式运用社会化思维分解价值链和节约成本,使得平台提供者与其他各方主体实现共赢。

2. 长尾商业模式。

安德森指出了长尾商业模式不可或缺的六个条件:

(1) 在任何市场中,利基产品都远远多于热门产品。而且,随着生产技术变得越来越廉价,越来越普及,利基产品所占比例仍以指数级速度提高。

(2) 数字传播、强大的搜索技术和宽带的渗透力组合成了一种力量,使得获得这些利基产品的成本显著下降。

（3）从自动推荐到产品排名，一系列的工具和技术都能有效帮助消费者找到适合他们特殊需求和兴趣的利基产品，从而真正改变需求。

（4）有空前丰富的品种和用来作出选择的过滤器，热门产品的流行度相对下降，利基产品的流行度则相对上升。

（5）虽然没有一个利基产品能够实现庞大的销量，但是由于利基产品数不胜数，它们聚合起来，将共同形成一个可与大热门市场相抗衡的大市场。

（6）平台成为核心资源。

长尾商业模式的关键业务包括：开发、维护小众产品的获取与生产；提供平台管理服务以及平台升级。价值主张是提供宽范围的非热销品，这些产品可以与热销品共存。企业的重要合作伙伴是小众产品提供者，包括专业人员和用户。用户创造的产品在小众产品中占有重要地位。客户细分主要聚焦于小众客户和小众市场内容的提供者。收入来源包括：从大规模品类的销售中获取收入；从多种多样的小众产品销售和服务中取得各种收入，如广告费、产品销售收入或者订阅费等。长尾商业模式通常依赖互联网维护客户关系，同时将互联网作为渠道通路。成本主要发生于平台管理，包括平台开发和维护。

3. 免费商业模式。

（1）免费商业模式的内涵和逻辑。互联网时代下市场双方格局发生了重大变化，开始强调市场双边的合作而不是竞争。企业在一种产品或服务上没有盈利甚至亏本，可以通过另外一种渠道补贴回来。免费模式的实施就是由市场中"一边"补贴"另一边"完成的。这两边可以是不同的对象、不同的产品、不同的时间节点，也可以是不同的地点。免费商业模式的实质是单方免费，多方收费，免费是为了给商家带来人气、声誉和销量，最终目的是扩张地盘，赚取利润。

（2）免费商业模式的盈利模式。克里斯·安德森将免费商业模式的盈利模式概括为四种：

①增值服务收费模式。

②广告模式，又称三方市场模式。

③交叉补贴模式，也称基本品免费、互补品收费模式。

④非货币市场模式。

第三节 职能战略

职能战略，又称职能层战略，主要涉及企业内各职能部门，如营销、财务、生产、研发、人力资源、信息技术等，确保更好地配置企业内部资源，为各级战略服务，提高组织效率。

下面，按照波特价值链的几个主要活动——市场营销、研究与开发、生产运营、采购、人力资源、财务管理等阐述职能战略的主要内容。

一、市场营销战略

市场营销战略是企业市场营销部门根据公司总体战略与业务单位战略，在综合考虑外部市场机会及内部资源状况等因素的基础上，确定目标市场，选择相应的市场营销策略组合，并予以有效实施和控制的过程。市场营销战略的制定是一个相互作用的过程，是一个创造和反复的过程。

在现代市场营销理论中，市场营销战略的核心是 STP 营销，即市场细分（market segmenting）、目标市场选择（market targeting）和市场定位（market positioning）。企业在目标市场上的经营特色和竞争地位，是通过市场营销组合的特点体现的。

（一）市场细分

市场细分也称市场细分化，是指根据整体市场上用户的差异性，以影响用户需要和欲望的某些因素为依据，将一个整体市场划分为两个或两个以上的用户群体，每一个需求特点相类似的用户群体就构成一个细分市场（或子市场）。各个不同的细分市场，即用户群体之间存在明显的需求差异。

1. 消费者市场细分的依据。

消费者市场的细分依据有很多，可以将它们单独使用或同时利用多种变量对市场进行细分。消费者市场的主要细分变量可以归纳为地理因素、人口因素、心理因素和行为因素。

（1）地理因素。

（2）人口因素。

（3）心理因素。

（4）行为因素。

2. 产业市场细分的依据。

产业市场的购买者是工商服务企业，其购买目的是为了再生产、再销售，或为消费者提供服务，同时企业也谋取一份利润。产业市场的细分变量有些与消费者市场细分变量相同，如地理因素、追求的利益、进入市场的程度、对品牌的忠诚度等。但产业市场也有自己的特殊性，采用最多的细分变量可以归纳为用户的行业类别、用户规模、用户地理位置和用户购买行为等因素。

（1）用户的行业类别。

（2）用户规模。

（3）用户的地理位置。

（4）用户购买行为。

（二）目标市场选择

1. 无差异性营销策略。

无差异性营销策略，是指企业在市场细分之后，只考虑各个细分市场的共性，而不考虑细分市场的差异性，因此把整个市场作为自己的目标市场，用一种产品、一种营销组合，吸引并服务于尽可能多的消费者。采用无差异性营销策略的主要情形是企业经过市场调研之后，认为顾客对某些产品的需求大致相同或存在较少差异，比如食盐，因此可以采用无差异性营销策略。

无差异性营销策略的优点主要有：产品品种、规格、款式单一，有利于标准化及大规模生产和销售，发挥规模经济的优势，有利于降低生产、存货、运输、研发的成本；无差异的营销组合有利于节省大量的市场调查以及广告宣传、渠道维护等方面的费用，从而以低成本赢得市场竞争优势。无差异性营销策略的主要缺点有：单一产品难以满足所有消费者的需要；当同一行业中有几家公司都实行无差异性营销策略时，竞争会异常激烈，不利于企业利润的增加；应变能力较差，一旦市场需求发生变化，特别是在产品生命周期进入成熟阶段后，企业难以及时调整生产结构和营销组合，会面临很大的经营风险。

2. 差异性营销策略。

差异性营销策略指企业选择两个或两个以上，直至所有的细分市场作为目标市场，并根据不同细分市场的特点，分别设计、生产不同的产品，制定和实施不同的营销组合，满足各个细分市场的需求。例如，服装生产企业针对不同性别、不同年龄、不同收入水平和不同生活格调的顾客群，推出不同面料、款式和品牌的服装，并采用不同的广告主题、定价方法和渠道来销售这些服装，以分别满足各个不同顾客群的需要。

差异性营销策略的主要优点有：面向广阔的市场，可以满足不同消费者的不同需要，有利于扩大销售量；有利于阻止竞争对手进入，增强企业竞争力；小批量、多品种，生产机动灵活，富有回旋余地，在一定程度上分散或减少了经营风险；企业的不同产品品类如果同时在几个细分市场上占有优势，就会提高顾客对企业的信任感和忠诚度，进而提高重复购买率。差异性营销策略的主要缺点有：产品品种、价格、销售渠道、促销手段的多样化，给企业经营管理增加了难度，同时使生产成本、研发成本、存货成本、销售费用、市场调研费用相应增加。

3. 集中性营销策略。

集中性营销策略是指企业集中全部资源，以一个或少数几个性质相似的细分市场作为目标市场，试图在较少的细分市场上占据较大的市场份额。实行集中性营销策略的企业，一般是资源较少的中小企业，或是初次进入新市场的大企业。

集中性营销策略的主要优点有：企业对一个或少数几个特定细分市场容易取得比较深入的了解，采取更为有效的营销组合，从而在特定市场取得优势地位；在特定市场上竞争优势的确立，有利于提高产品和企业知名度以及顾客的忠诚度；企业集中运用有限的资源，实行专业化的生产和销售，有利于节省营销费用，提高投资收益率。集中性营销策略的缺点是对单一、窄小的目标市场依赖性大，一旦目标市场情况发生变化，如顾客消费偏好改变或出现了强有力的竞争对手，企业经营就会面临极大的风险。

（三）市场定位

市场定位就是根据竞争对手产品在市场上所处的位置，针对消费者对产品的需求状况，结合企业现有条件，确定本企业及其产品在目标市场上的位置，塑造本企业产品与众不同的个性或形象，进而通过特定的营销模式让消费者接受产品。

市场定位一般有以下五种策略：

1. 避强定位。
2. 迎头定位。

3. 并存定位。
4. 取代定位。
5. 重新定位。
6. 领先定位。

（四）设计营销组合

营销组合是指企业综合运用产品、价格、分销和促销等要素，制定并实施有效的策略，以实现营销战略目标的过程。

1. 产品策略。

产品策略包括产品组合策略、品牌策略、新产品开发策略。

2. 价格策略。

价格是市场营销组合十分敏感又难以控制的因素，它直接关系到市场对产品的接受程度，影响市场需求和企业利润的多少，涉及生产者、经销商和消费者等各方面的利益。价格策略是市场营销组合策略中极其重要的组成部分。

（1）基本定价方法。

①成本导向定价法。

②需求导向定价法。

③竞争导向定价法。

（2）主要定价策略。

①心理定价策略。

②产品组合定价策略。

③折扣与折让定价策略，即在原定价格的基础上给予顾客一定比例的价格减让策略，包括现金折扣、数量折扣、功能折扣、季节折扣和预购折扣和折让等。

④差别定价策略。

（3）新产品定价策略。

①渗透定价策略。

②撇脂定价策略。

③温和定价策略。

④免费定价策略。

3. 分销策略。

分销策略是确定产品和服务从生产者向消费者转移的最佳方式。其中，分销渠道结构、基于成员关系的渠道系统的选择以及分销渠道的管理构成分销策略的主要内容。

（1）分销渠道结构。分销渠道结构主要涉及三个方面的内容：渠道的长度、渠道的宽度和渠道的广度。

①渠道的长度。

②渠道的宽度。

③渠道的广度。

（2）基于成员关系的渠道系统。根据渠道成员之间的关系，渠道系统可分为以下三种类型。

①松散型渠道系统。

②垂直渠道系统。

③水平渠道系统。

（3）分销渠道的管理。企业对整个分销渠道的管理主要包括渠道成员的选择、激励、控制以及渠道冲突的管理。

①渠道成员的选择。

②渠道成员的激励。

③渠道成员的控制。

④渠道冲突的管理。

4. 促销策略。

企业为了赢得潜在客户的注意、激发客户的购买欲望和购买行为，须通过多种促销方式实施促销策略。企业对各种促销方式进行合理选择和恰当搭配，称为促销组合。

（1）促销组合构成要素。

①广告促销。

②公关营销。

③营业推广。

④人员推销。

（2）促销组合策略的类型。促销组合策略主要有三种类型：推式策略、拉式策略和推拉结合策略。

①推式策略。

②拉式策略。

③推拉结合策略。

二、研究与开发战略

研究与开发（以下简称研发）战略是指企业制定的用于指导和推动研发活动的长期规划和决策。它是企业在不断变化的环境中提升竞争力、实现可持续发展的重要手段。

（一）研发的层次

企业研发一般包括三个层次。

1. 基础性研究。

2. 应用型研究。

3. 开发型研究。

（二）研发的类型

一般来说，企业研发可分为四种类型。

1. 产品研发。

2. 技术研发。

3. 工艺研发。

4. 流程研究。

（三）研发的流程

企业研发通常是一个包含多个阶段的复杂流程。如产品研发一般须经过如下阶段：

1. 调研阶段。
2. 产品设计阶段。
3. 开发和测试阶段。
4. 产品制造和发布阶段。
5. 维护和升级阶段。

（四）研发的动力来源

企业研发的动力通常来自多个源头，这些源头可以相互影响和交织。以下是企业研发的主要动力来源。

1. 市场需求。
2. 技术进步。
3. 市场竞争。
4. 法规政策。
5. 创新文化。
6. 社会责任。

（五）研发的模式

企业研发一般有四种模式：自主研发、合作研发、委托研发和开放研发。

1. 自主研发。
2. 合作研发。
3. 委托研发。
4. 开放研发。

（六）研发的战略作用

本书前面所阐述的几个主要战略模型都显示了研发的战略作用：

1. 基本竞争战略。

技术创新和产品创新是产品差异化的来源。流程创新和工艺创新使企业能够采用成本领先战略或差异化战略。

2. 价值链。

研发被纳入价值链的支持性活动。通过提供低成本的产品或改进的差异化产品可以优化价值链。

3. 安索夫矩阵。

研发支持安索夫矩阵的四个战略象限。可以通过产品成本的降低和产品的改进、创新来实现市场渗透战略和市场开发战略，产品开发战略和产品多元化战略需要更显著的产品创新。

4. 产品生命周期。

产品研发会加速现有产品的衰退，并且催生新一代产品以替代现有产品。

（七）研发定位

企业研发战略至少存在四种定位。

1. 成为向市场推出新技术产品的企业。
2. 成为成功产品的创新模仿者。
3. 成为成功产品的低成本生产者。
4. 成为成功产品低成本生产者的模仿者。

三、生产运营战略

生产运营战略是企业根据目标市场和产品特点构造其生产运营系统是所遵循的指导思想，以及在这种指导思想下的一系列决策规划、内容和程序。

生产运营战略与企业内流程的设计、实施和控制相关，它主导着将投入（材料、人工、其他资源、信息和客户）转化为产出（产品和服务）的整个过程。

（一）生产运营战略所涉及的主要因素和阶段

从生产运营战略的横向考察，所有生产运营流程都涉及转化过程，但是转化过程在四个方面或因素上有所不同，它们分别是批量、种类、需求变动以及可见性。上述每个因素都会影响企业的生产运营方式和管理。

（1）批量。

（2）种类。

（3）需求变动。

（4）可见性。

从生产运营战略的纵向考察，又涉及生产运营战略的几个主要阶段：

（1）确定生产运营目标；

（2）将业务战略或营销战略转化为生产运营战略，即确定工作得以具体完成的方式；

（3）通过与竞争者的绩效相比较来评估企业当前的运营绩效；

（4）以缺口分析为基础来制定战略；

（5）执行战略，并通过对环境变化作出反应来不断地检查、改善和改良战略。

（二）生产运营战略的内容

企业生产运营战略包括以下几个方面的内容。

1. 产品（服务）的选择。

企业进行生产运营，首先要确定的是企业将以何种产品（服务）来满足市场需求，实现企业发展，这就是产品（服务）选择战略所涉及的内容。企业向市场提供什么产品（服务），需要先对各种设想进行充分论证，然后才能进行科学决策，此时通常要考虑以下因素。

（1）市场条件，主要分析拟选择产品（服务）行业所处的生命周期阶段，市场供需的总体状况及发展趋势、企业开拓市场资源的能力、企业在目标市场的地位和竞争能力预期等。

（2）企业内部的生产运营条件，主要分析企业的技术、设备水平，新产品的技术、工艺可行性、所需原材料和外购件的供应状况等。

（3）财务条件，主要分析产品开发和生产所需的投资、预期收益和风险程度等财务衡量指标，此外还要结合产品所处的生命周期来判断产品对企业的贡献前景。

（4）企业各部门工作目标的差异性。由于企业内部各部门的职能划分不同，在共同的企业总体战略目标之下，各部门工作目标的差异性也是客观存在的，这种差异必然会对产品选择产生影响，增加工作难度。例如，生产部门追求高效、低耗地完成生产，倾向于选择生产成熟的、单一的产品；营销部门追求产品组合的宽度和深度，以适应消费者多样化的需求，倾向于新产品的不断推出；财务部门则更青睐销售利润高的产品。从不同部门的角度考虑，这些分歧都是为了企业的发展。此时需要企业在进行产品选择时要综合考虑、全面协调。

2. 自制或外购选择。

一般而言，对于产品工艺复杂、零部件繁多的生产企业，那些非关键、不涉及核心技术的零部件，如果外购价格合理，市场供应稳定，企业会考虑外购或以外包的方式来实现供应。

3. 生产与运营方式选择。

企业在作出自制或外购的决策之后，就要从战略的高度对企业的生产方式作出选择。正确的生产与运营方式选择，可以帮助企业动态地适应快速变化的市场需求、日益激烈的市场竞争和日新月异的科技发展，使企业能适应甚至引导生产与运营方式的变革。可供企业选择的生产与运营方式有许多种。这里仅介绍两种典型的生产方式。

（1）大批量、低成本。

（2）多品种、小批量。

4. 供应链与配送网络选择。

按照产品库存的位置和交付方式的不同，可以构成六种模式的配送网络。

（1）制造商存货加直送。在这种模式中，产品绕过零售商直接从制造商发送到最终顾客。直送模式的好处是能够将库存集中在制造商那里，以较低的库存水平提供高水平的产品可获性。对于高价值、低需求量、需求不可预测的商品，直送模式的效益最大。但是直送模式下运输成本较高，响应顾客需求的时间较长。

（2）制造商存货、直送加在途并货。与纯粹的直送模式不同之处是将来自不同地点的订单组合起来，使顾客只需接收一次交付。

（3）分销商存货加承运人交付。不是制造商存货，而是由分销商或零售商存放在中间仓库里，并使用包裹承运人将产品从中间仓库运送到最终顾客。

（4）分销商存货加到户交付。到户交付是指分销商或零售商将产品交付到顾客家门而不通过承运人。

（5）制造商或分销商存货加顾客自提。存货存放在制造商或分销商的仓库，顾客通过在线或电话下订单，然后到指定的提货点领取他们的商品。

（6）零售商存货加顾客自提。它是最传统的方式，库存存放在零售店，顾客走进零售店购货，或者通过在线或电话下订单，然后到零售店提货。

（三）生产运营战略的竞争重点

生产运营战略强调生产运营系统是企业的竞争之本，只有具备了生产运营系统的竞争优势才能赢得产品的优势，才会有企业的优势。在多数行业中，影响竞争力的因素主要是TQCF，即交货期、质量、成本、制造柔性，也是生产运营系统的中心任务。

1. 交货期（time）。

交货期指比竞争对手更快捷地响应顾客的需求，体现在新产品的推出、交货期等方面。对交货期的要求可表现在两个方面：快速交货和按约交货。快速交货是指向市场快速提供企业产品的能力，这对于企业争取订单意义重大；按约交货是指按照合同的约定按时交货的能力，这对于顾客满意度有重要影响。影响交货能力的因素也很多，如采购与供应、制造柔性和工艺与设备管理等。

2. 质量（quality）。

质量是指产品的质量和可靠性，主要依靠顾客的满意度来体现。这里所讲的质量是指全面的质量，既包括产品本身的质量，也包括生产过程的质量。也就是说，企业一方面要以满足顾客需求为目标，建立适当的产品质量标准，设计市场消费者所期望的质量水平的产品；另一方面生产过程质量应以产品质量零缺陷为目标，以保证产品的可靠性，提高顾客的满意度。此外，良好的物质采购与供应控制、包装运输和使用的便利性以及售后服务等对质量也有很大影响。

3. 成本（cost）。

成本包括生产成本、制造成本、流通成本和使用成本等。降低成本对于提高企业产品的竞争能力、增强生产运作对市场应变能力和抵御市场风险的能力具有十分重要的意义。企业降低成本、提高效益的措施很多，诸如优化产品设计与流程设计、降低单位产品的材料及能源消耗、降低设备故障率、提高质量、缩短生产运作周期、提高产能利用率和减少库存等。

4. 制造柔性（flexibility）。

制造柔性是指企业面临市场机遇时在组织和生产方面体现出来的快速而又低成本地适应市场需求，反映了企业生产运作系统对外部环境作出反应的能力。随着市场需求的日益个性化、多元化趋势，多品种、小批量生产成为与此需求特征相匹配的方式，因此，增强制造柔性已成为企业形成竞争优势的主要因素。关键柔性主要包括产品产量柔性、新产品开发及投产柔性和产品组合柔性等，由此又涉及生产运作系统的设备柔性、人员柔性和能力柔性等，甚至对供应商也会提出在这方面相应的要求。

对TQCF理解时需要注意的是，企业要想在TQCF四个竞争要素方面同时优于竞争对手而形成竞争优势是不太容易的。企业应从具体情况出发，集中主要资源形成自己的竞争优势。特别是当TQCF发生冲突时，就产生了多目标平衡问题，需要对此进行认真分析、动态协调。

（四）生产流程计划与产能计划

产能计划的类型包括领先策略、滞后策略和匹配策略。

（1）领先策略是指根据对需求增长的预期增加产能。领先策略是一种进攻性策略，其目标是将客户从企业的竞争者手中吸引过来。这种策略的潜在劣势在于其通常会产生过量的产能，生产能力不能被充分利用而导致企业成本上升。

（2）滞后策略是指仅当企业因需求增长而满负荷生产或超额生产后才增加产能。该策略是一种相对保守的策略，它能降低生产能力过剩的风险，也可能导致潜在客户流失。

（3）匹配策略是指少量地增加产能来应对市场需求的变化。这是一种比较稳健的策略。

一般来说，共有三种平衡产能与需求的方法：
（1）资源订单式生产。
（2）订单生产式生产。
（3）库存生产式生产。

四、采购战略

（一）货源策略

货源策略可分为三类：

1. 少数或单一货源的策略。

少数或单一货源策略的优点有：①使企业与供应商建立较为稳固的关系；②有利于企业信息的保密；③使企业增加进货的数量，从而产生规模经济并使企业享受价格优惠；④随着与供应商关系的加深，企业可能获得高质量的供应品。但该策略也存在一些缺点，例如，若无其他供应商，则单一供应商的议价能力就会增强；企业容易遭受供应中断的风险。针对该货源策略的缺点，有的企业规定向同一供应商购货的数量不得超过一定的百分比，例如40%，这样即使该供应商发生意外导致供货中断，企业仍有60%的货物来源，不致于生产立即停顿。

2. 多货源少批量策略。

多货源少批量策略的优点有：①企业可以与较多的供应商建立和保持联系，以保证稳定的供应；②有利于与多个供应商合作从而获得更多的知识和技术；③供应商之间的竞争使企业的议价能力增强。这种策略的主要缺点有：①企业与供应商的联系不够稳固，相互信任程度较低；②不利于产生规模经济；企业不能享受大批量购买的价格优惠；③不利于企业获得质量和性能不断提高改进的供应品。为了减少该货源策略造成的不利影响，企业在与供应商签订采购合同时，应争取把对供应品的质量要求以及不同购货数量的价格折扣率列入合同条款。

3. 平衡货源策略。

企业采用何种货源策略，取决于下列因素：

（1）市场上供应商的数量。如果供应商的数量较多，企业对货源策略的选择余地就较大；否则，企业就只能采用少数或单一货源的策略。

（2）供应商的规模实力、经营状况、信誉、产品或服务价格、交易条件等。

（3）企业对供应品的价格、质量、数量、交货期、相关服务等的要求或态度。企业只能在满足其要求的前提下确定货源策略。

（4）企业与供应商的议价能力对比。如果供应商的议价能力强于企业，企业可采用多货源少批量策略有效减弱供应商的议价能力。相反，如果企业的议价能力强于供应商，则能够采用少数或单一货源策略。

（二）交易策略

1. 市场交易策略。

市场交易策略是指企业通过与供应商签订买卖合同在市场上取得所需供应品的策略。这种策略的适用条件是：

（1）供应品的技术含量较低或生产技术相对成熟；
（2）供应品在企业产品的生产和销售中不具有重要性；
（3）企业不需要供应商提供售后服务；
（4）供应商所处的市场较为成熟；
（5）供应商数量较多；
（6）竞争比较激烈。

2. 短期合作策略。

短期合作策略是指企业为了应对一定的市场需求而对供应商采取短期合作的策略，在市场需求满足或消失后，合作就宣告结束。采用该策略的条件有：

（1）企业的产品往往面临急剧变化的市场机会和变化很灵活的客户需求；
（2）供应品的供给具有较高的适应性；
（3）有的供应品有较高的技术含量，对企业产品的设计、生产、销售都有重要影响。

3. 功能性联盟策略。

功能性联盟策略是指企业与供应商通过订立协议结成联盟的策略。采用这种策略的条件有：

（1）供应品在企业产品的生产经营中起着重要作用；
（2）企业对供应品的需求量比较大；
（3）供应品的生产技术成熟，可替代性较高；
（4）供应商拥有较强的生产能力和实现规模经济的能力。

4. 创新性联盟策略。

（三）采购模式

采购模式是企业进行采购活动的具体方式。随着社会经济、技术以及管理理念和管理实践的发展，先后产生过多种采购模式。

1. 传统采购模式。

传统采购模式具有如下特点：

（1）企业与供应商之间的信息沟通不够充分、有效，甚至双方有时为了各自在谈判中占据有利地位，有意隐瞒一些信息；
（2）企业和供应商之间只是简单的供需关系，缺少其他方面的合作；
（3）以补充库存为目的，缺少对生产需求及市场变化的考虑，因而经常造成库存积压或供不应求，影响企业生产经营正常进行；
（4）管理简单、粗放，采购成本居高不下。

2. MRP（Material Requirement Planning）采购模式。

这种采购模式的特点有：

（1）生产计划和采购计划十分精细，从产品到原材料、零部件，从需求数量到需求时间，从生产进度到进货顺序，都无一遗漏地作出明确规定；

（2）采购计划的计算、编制非常复杂，尤其在产品种类繁多、产品结构复杂的情况下，对各种所需原材料和零部件及其进货时间的计算量是十分巨大的，因而需要借助计算机技术进行。

3. JIT（Just In Time）采购模式。

JIT采购模式的特点有：

（1）供应商数量少甚至是单一供应商；

（2）企业与供应商建立长期稳定的合作关系；

（3）采购批量小，送货频率高；

（4）企业与供应商都关心对方产品的改进和创新，并主动协调、配合，信息共享快速可靠。

4. VMI（Vendor Managed Inventory）采购模式。

这种采购模式的特点有：

（1）企业与供应商建立了的长期稳定的深层次合作关系；

（2）打破了以往各自为政的采购和库存管理模式，供应商通过共享企业实时生产消耗、库存变化、消耗趋势等方面的信息，及时制定并实施正确有效的补货策略，不仅以最低的成本满足了企业对各类物品的需要，而且尽最大可能地减少了自身由于独立预测企业需求的不确定性造成的各种浪费，极大地节约了供货成本；

（3）企业与供应商之间按照利益共享、风险共担的原则，协商确定对相关管理费用和意外损失的分担比例以及对库存改善带来的新增利润的分成比例，从而为双方的合作奠定了坚实的基础。

5. 数字化采购模式。

数字化采购模式的主要特点是：

（1）企业和供应商以数字化平台为基础建立了自动识别、彼此认知、直接交易、高度契合的新型合作关系；

（2）自动化技术淘汰了以往大量的人工操作，创新、优化了采购流程甚至企业全部业务流程；

（3）采购管理的科学性、便捷性、精细性、准确性空前提高，"降本增效"极为显著；适应新技术发展趋势，推广前景十分广阔。

五、人力资源战略

（一）人力资源规划

1. 人力资源规划内容。

2. 人力资源规划步骤。

（1）调查、收集和整理涉及企业战略决策和经营环境的各种信息。

（2）根据企业或部门实际确定其人力资源规划的期限、范围和性质。建立企业人力资源信息系统，为相关预测工作准备精确而翔实的资料。

（3）在分析人力资源供给和需求影响因素的基础上，采用以定量为主结合定性分析的各种科学预测方法对企业未来人力资源供求进行预测。

（4）制订人力资源供求平衡的总计划和各项业务计划。

3. 人力资源供需平衡策略。

（1）针对供给和需求总量平衡但结构不匹配情况应当采取的措施：①进行人员内部的重新配置，包括晋升、调动、降职等，来弥补那些空缺的职位，满足这部分的人力资源需求；②对现有人员进行有针对性的专门培训，使他们能够从事空缺职位的工作；③进行人员的置换，清理企业不需要的人员，补充企业需要的人员，以调整人员的结构。

（2）针对供给大于需求情况应当采取的措施：①扩大经营规模，或者开拓新的增长点，以增加对人力资源的需求；②永久性地裁员或者辞退员工，但会给社会带来不安定需求因素，往往会受到政府的限制；③鼓励员工提前退休，给那些接近退休年龄的员工以优惠的政策，让他们提前离开企业；④冻结招聘，就是停止从外部招聘人员，通过自然减员来减少供给；⑤缩短员工的工作时间、实行工作分享或者降低员工的工资等方式也可以减少供给；⑥对富余的员工进行培训，这相当于进行人员的储备，为未来的发展做好准备。

（3）针对供给小于需求情况应当采取的措施：①从外部雇用人员，包括返聘退休人员；②采取多种方法提高现有员工的工作效率，如改进生产技术、增加工资、进行技能培训、调整工作方式等；③延长工作时间，让员工加班加点；④降低员工的离职率，减少员工的流失，同时进行内部的调配，增加内部的流动来提高某些职位的供给；⑤将企业的某些业务进行外包，减少对人力资源的需求。

（二）人力资源获取

1. 招募的渠道和方法。

企业的招募渠道有两个：外部招募和内部招募。这两种渠道相辅相成，共同为企业获取人员提供支持与保障。

（1）内部招募的来源与方法。内部招募的来源有三个：一是下级职位上的人员，主要通过晋升的方式来填补空缺职位；二是同级职位上的人员，填补空缺职位的方式主要是工作调换或工作轮换；三是上级职位上的人员，主要通过降职的方式来填补空缺职位。内部招募的方法主要有两种：一是工作公告法；二是档案记录法。

（2）外部招募的来源与方法。外部招募的来源主要有学校、竞争者和其他公司、失业者、老年群体、退伍军人和自由职业者等。外部招募的方法主要有：广告招募、外出招募、借助职业中介结构招募和推荐招募等。

（3）内部招募与外部招募的对比。

2. 甄选与录用。

员工甄选是指通过运用一定的工具和手段来对已经招募到的求职者进行鉴别和考察，区分他们的人格特点与知识技能水平，预测他们的未来工作绩效，从而最终挑选出企业所需要的、恰当的职位空缺填补者。员工甄选工具一般包括面试、评价中心、心理测试、工作样本和知识测试等。

3. 与企业竞争战略匹配的人力资源获取策略。

（三）人力资源培训与开发

1. 培训与开发流程。

（1）培训需求分析。培训需求分析既是确定培训目标、设计培训规划的前提，也是进行培训评估的基础，因而成为培训活动的首要环节。

（2）培训计划设计。培训计划包括：①培训目标，如提高员工自我意识、更新知识、提高技能，使员工增加对组织的认同感和责任感，提高工作效率等；②培训的内容和培训对象；③培训讲师；④培训地点和设施；⑤培训的方式方法和费用。

（3）培训实施。培训实施可供选择的方法：①在岗培训方法，包括学徒培训、导师制、工作实践体验等；②脱产培训方法，包括授课法、讨论法、案例分析法、角色扮演法、移动学习、拓展训练、行动学习法等。

（4）培训效果评估。按照唐纳德·帕特里克（Donald Kirkpatrick）的四层次评估模型，将评估的标准分为四个层次：

第一层次为反应层。

第二层次为学习层。

第三层次为行为层。

第四层次为结果层。

对于培训评估的标准，还可以从两个大的方面衡量：一是培训的效果，可以将培训的结果和培训的目标进行比较从而得出结论。二是培训的效率，即培训是否以最有效的方式实现预期的目标，在同样的培训效果下，费用最低、时间最短的培训是最有效率的。

2. 培训与开发类型。

按照不同的标准，可以将培训与开发划分成不同的类型。

（1）按照培训对象的不同，可以将培训与开发划分成新员工培训和在职员工培训两大类。

（2）按照培训形式的不同，可以将培训与开发划分为在岗培训和脱产培训两大类。

（3）按照培训性质的不同，可以将培训与开发划分为传授性培训和改变性培训两大类。

（4）按照培训内容的不同，可以将培训与开发划分为知识性培训、技能性培训和态度性培训三大类。

3. 与竞争战略相匹配的人力资源开发与培训。

（四）人力资源绩效评估

绩效是指员工在工作过程中所表现出来的与组织目标相关的并且能够被评价的工作结果与行为。绩效管理就是对绩效评估的过程。完整意义上的绩效管理是由绩效计划、绩效监控、绩效考核和绩效反馈这四个部分组成的一个系统。

1. 绩效计划。

在实践中，企业普遍使用的绩效计划工具主要有关键绩效指标法（KPI）、平衡计分卡（BSC）、目标管理法、360度评估法等。这里简单说明关键绩效指标法、目标管理法和360度评估法，平衡计分卡法的内容参见本书第四章第三节中的相关陈述。

（1）关键绩效指标法。关键绩效指标是用于评估和管理被评估者绩效的可量化的或可行为化的标准体系，是对组织战略目标有增值作用的指标，它将个体绩效与组织战略目标紧密连接起来。

运用关键绩效指标法对绩效进行管理，可以保证对组织有贡献的行为受到关注和鼓励。

（2）目标管理法。目标管理法不仅是一种评估体系和过程，而且是一种管理实践哲学，是一种管理者和下属一起进行计划、组织、控制、交流和讨论的方法。通过参与设置目标或者主管安排任务，下属在履行工作过程中被提供给一种追随进程和一个努力目标。

（3）360度评估法。360度评估法又称"360度考核法"或"全方位考核法"，是指由员工自己、上级、直接部属、同事和顾客等从各个角度来评估人员绩效的方法。评估内容可包括沟通技巧、人际关系、领导能力、行政能力等。通过这种评估，被评估者不仅可以从自己、上级、直接部属、同事和顾客处获得多种角度的反馈，也可以从这些不同的反馈清楚地知道自己的长处、不足与发展需求。

2. 绩效监控。

绩效监控是指在整个绩效期间内，通过上级与员工之间持续的沟通来预防或解决员工实现绩效时可能发生的各种问题的过程。一般来说，管理人员与员工的持续沟通可以通过正式的沟通和非正式的沟通来完成。正式的沟通有：书面报告（如工作日志、周报、月报、季报、年报等）、会议、正式面谈等。非正式的沟通方式多种多样，常用的非正式沟通方式有：走动式管理、开放式办公室、休息时间的沟通、非正式的会议等。与正式的沟通相比，非正式的沟通更容易让员工开放地表达自己的想法，沟通的氛围也更加宽松。

3. 绩效考核。

绩效考核是指确定一定的考核主体，借助一定的考核方法，对员工的工作绩效作出评价。主要有以下几方面的工作：考核对象的确定、考核内容的确定、考核主体的确定、考核方法的选择。考核对象一般包括组织、部门和员工三个层面；考核内容由工作能力、工作态度和工作业绩组成；考核主体一般包括五类成员：上级、同事、下级、员工本人和客户；考核方法大致可以分为三类：比较法、量表法和描述法。

4. 绩效反馈。

绩效反馈是指绩效周期结束时在上级和员工之间进行绩效考核面谈，由上级将考核结果告知员工，指出员工在工作中存在的不足并和员工一起制订绩效改进的计划。

5. 绩效管理与企业基本竞争战略的匹配。

实施成本领先战略的企业，主张通过较低成本击败对手或者成为行业领先，绩效评估强调结果导向，以控制成本为目的，评估范围狭窄，评估的信息来源单一，上级作为考核的主要考官。

（五）人力资源薪酬激励

薪酬管理是指在组织经营战略和发展规划指导下，综合考虑内外部各种因素的影响，确定薪酬体系、薪酬水平、薪酬结构、薪酬构成，明确员工所应得的薪酬，并进行薪酬调整和薪酬控制的过程。

六、财务战略

（一）财务战略的概念

财务战略是主要涉及财务性质的战略，属于财务管理的范畴。财务战略主要考虑资金的使用和管理的战略问题，并以此与其他性质的战略相区别。财务战略主要考虑财务领域全局的、长期的发展方向问题，并以此与传统的财务管理相区别。

（二）财务战略的确立

财务战略的确立是指在追求实现企业财务目标的过程中，高层财务管理人员对筹资来源、资本结构、股利分配等方面作出决定以满足企业发展需要的过程。

1. 融资渠道与方式。

（1）融资方式。一般来说，企业有四种不同的融资方式：内部融资、股权融资、债权融资和资产销售融资。

①内部融资。企业可以选择使用内部留存利润来进行再投资。

②股权融资。

③债权融资。

④资产销售融资。

（2）企业融资能力的限制。在理解了企业的几种主要融资方式后，管理层还需要了解限制企业融资能力的两个主要方面：一是企业进行债务融资面临的困境；二是企业进行股利支付面临的困境。

①债务融资面临的困境。债务融资要求企业按照合同进行利息支付，利率一般是固定的，并且利息的支付还有两个方面的要求：一是利息支付一定优先于股利支付；二是无论企业的盈利状况如何，企业都必须支付利息。因此，如果企业负担不起利息时，就将进入技术破产。这意味着，企业盈利波动的风险由股东承担，而不是由债权人承担。高风险通常与高回报相联系，股东会比债权人要求更高的回报率。按照这个逻辑，企业应该更偏好于选择债权融资。尽管相对于股权融资而言，债权融资的融资成本较低，但是企业不会无限制地举债，因为巨额的债务会加大企业利润的波动，表现为留存利润和红利支付的波动。而企业通常会提前对未来的留存利润进行战略规划，如果留存利润的波动较大企业就不能很好地预期，这样就会影响到企业的战略决策。因此，举债后企业红利支付水平的波动比没有举债时更大。举债越多，红利支付水平波动越大。因此，即便是在企业加速发展时期，企业也会有限地举债。总的来说，企业会权衡债权融资的利弊作出最优的融资决策。

②股利支付面临的困境。企业在作出股利支付决策时同样也会遇到两难的境地。如果企业给股东分配较多的股利，那么企业留存的利润就较少，进行内部融资的空间相应缩小。从理论上讲，股利支付水平与留存利润之间应该是比较稳定的关系。然而，实际上企业经常会选择平稳增长的股利支付政策，这样会增强股东对企业的信心，从而起到稳定股价的作用。而且，留存利润也是属于股东的，只是暂时没有分配给股东而是要留存企业以继续为股东增值。但是较稳定的股利政策也有其不足之处，与前述债权融资的思路类似，如果股利支付是稳定的，那么利润的波动就完全反映在留存利润上，不稳定的留存利润不利于企业作出精准的战略决策。同样，企业也会权衡利弊作出最优的股利支付决策。

2. 融资成本。

为了评价上述各种不同的融资方式，需要考察它们给企业带来的融资成本。下面将分别讨论股权融资与债权融资的资本成本，其中重点内容是估计股权融资成本。估计和计算融资成本有以下四种情况：

（1）用资本资产定价模型（CAPM）估计权益资本成本。
（2）用无风险利率估计权益资本成本。
（3）长期债务资本成本。
（4）加权平均资本成本。

3. 最优资本结构。

分析资本成本的最终目的是为企业作出最优的资本结构决策提供帮助。具体来讲，资本结构是权益资本与债务资本的比例。每个企业都有自身的情况，因此资本结构决策不可能像数学公式那样可以按照统一的模式得出。借款会增加债务固定成本而给企业带来财务风险，价格、产品需求以及成本来源的变动都将对使用负债的企业带来更多的影响。由于企业的财务杠杆增加，企业的整体风险也会增加。

4. 股利分配策略。

（1）决定股利分配的因素。盈余分配和留存政策也是财务战略的重要组成部分。保留的盈余是企业一项重要的融资来源，财务经理应当考虑保留盈余和发放股利的比例。大幅的股利波动可能降低投资者的信心，因此企业通常会通过调整盈余的变化来平衡股利支付。企业发放的股利可能被投资者看作是一种信号。在决定向股东支付多少股利时，考虑的重要因素之一就是为了满足融资需要而留存的盈余数量。留存盈余和发放股利的决策通常会受到以下因素的影响：

①留存供未来使用的利润的需要。它直接关系到企业的资产或未来业务的扩张程度。

②分配利润的法定要求。这是指基于经济利润的分配可能反过来影响资本的分配，股利的发放也将限制留存的盈余。

③债务契约中的股利约束。

④企业的财务杠杆。如果企业需要额外的融资，应当在权益融资和债务融资之间进行平衡。

⑤企业的流动性水平。因为支付现金会导致流动性资产的枯竭。相应地，未来的现金流需要根据未来支付股利的需要来进行计划。

⑥即将偿还债务的需要。未来需要偿还的债务越多，企业需要保留的现金就越多。

⑦股利对股东和整体金融市场的信号作用。股东经常把企业发放的股利看作未来成功的信号。稳定、持续的股利会被看作积极的信号，所有者和投资者通常将亏损期间的股利支付看作暂时亏损的信号。这一点得到了实证结果的支持，实证研究发现，企业的现金股利支付似乎比剩余股利理论中的股利支付更为稳定。企业平衡各个期间的股利，很可能是因为财务经理认为股利支付在资本市场中具有信号作用。

（2）实务中的股利政策。

①固定股利政策。

②固定股利支付率政策。

③零股利政策。

④剩余股利政策。

（三）财务战略的选择

1. 基于产品生命周期的财务战略选择。

本书第二章阐述了产品生命周期的概念。产品的生命周期理论假设产品都要经过导入期、成长期、成熟期和衰退期四个阶段。

(1) 产品生命周期不同阶段的财务战略。

①处于产品生命周期导入期的企业财务战略。产品生命周期的导入期是企业经营风险最高的阶段。新产品是否有销路，是否被既定客户接受，是否会受到发展和成本的制约，市场能否扩大到足够的规模……即使所有这些方面都没有问题，企业能否获得足够的市场份额来树立其在行业中的地位等，以上这些都是风险。经营风险高意味着这一时期的财务风险可能较低，因此权益融资是最合适的。

②处于产品生命周期成长期的企业财务战略。一旦新产品或服务成功进入市场，销售数量就开始快速增长。这不仅代表了产品整体业务风险的降低，而且表明需要调整企业的战略。竞争策略重点强调营销活动，以确保产品销售增长令人满意以及企业增加市场份额和扩大销售量。这些表明企业风险尽管比产品导入期时降低了，但仍然很高。因此要控制资金来源的财务风险，需要继续使用权益融资。然而，最初的风险投资家渴望实现资本收益以使他们能启动新的商业投资，这意味着需要识别新的权益投资者来替代原有的风险投资者并提供高速增长阶段所需的资金。最具吸引力的资金来源通常来自公开发行的股票。

③处于产品生命周期成熟期的企业财务战略。当产品进入成熟期，产业销售额很大而且相对稳定，利润也比较合理，企业的风险再次降低。在这一阶段的企业风险在于能否维持这种稳定成熟的阶段，以及企业能否保持自身在产品成长期已经获得的市场份额。此时公司的战略重点转移到提高效率、保持市场份额上来。

④处于产品生命周期衰退期的企业财务战略。当产品进入衰退期，产品市场出现萎缩，利润空间越来越小，企业开始最大限度地转让、变卖专用设备、厂房，或另外开发新产品、新市场。此时，经营活动和投资活动都产生巨额的现金流入，而融资活动的净现金流出也达到了历史高位。企业面临的风险比先前的成熟阶段更低了，主要风险是在该产业中企业还能够生存多久。

(2) 财务风险与经营风险的搭配。经营风险的大小是由特定的经营战略决定的，财务风险的大小是由资本结构决定的，它们共同决定了企业的总风险。

①高经营风险与高财务风险搭配。

②高经营风险与低财务风险搭配。

③低经营风险与高财务风险搭配。

④低经营风险与低财务风险搭配。

2. 基于创造价值或增长率的财务战略选择。

(1) 影响价值创造的主要因素。

①企业的市场增加值。企业市场增加值（MVA）是计量企业价值创造的有效指标。即某一时点，企业资本（包括所有者权益和债务）的市场价值与企业投资资本之间的差额。这个差额是企业活动创造的。

企业市场增加额 = 企业资本市场价值 - 企业投资资本

②影响企业市场增加值的因素。在利率不变的情况下，企业市场增加值最大化与股东财富最大化具有同等意义，因此，管理人员应努力增加企业的市场增加值。

综上所述，影响企业市场增加值的因素有以下三个：

第一，投资资本回报率。反映企业的盈利能力，由投资活动和运营活动决定。投资资本回报率是公式的分子，提高盈利能力有助于增加市场增加值。

第二，资本成本。通过加权平均资本成本来计量，反映权益投资人和债权人的期望报酬率，由股东和债权人的期望以及资本结构决定。资本成本同时出现在公式的分子（减项）和分母（加项）中，资本成本增加会减少市场增加值。

第三，增长率。用预期增长率计量，由外部环境和企业的竞争能力决定。

③销售增长率、筹资需求与价值创造。在资产的周转率、销售净利率、资本结构、股利支付率不变并且不增发和回购股份的情况下，出现现金短缺、现金剩余和现金平衡现象时，销售增长率、筹资需求与价值创造三者关系如下：

第一，现金短缺。销售增长率超过可持续增长率时企业会出现现金短缺。

第二，现金剩余。销售增长率低于可持续增长率时企业会出现现金剩余。

第三，现金平衡。销售增长率等于可持续增长率时企业的现金保持平衡。

（2）价值创造和增长率矩阵。根据以上分析，我们可以通过一个矩阵，把价值创造或价值减损（投资资本回报率－资本成本）和现金余缺（销售增长率－可持续增长率）联系起来。

第四节　国际化经营战略

一、企业国际化经营动因

1. 寻求市场。
2. 寻求效率。
3. 寻求资源。
4. 寻求现成资产。

二、国际化经营的主要方式

企业国际化经营的方式一般有出口贸易、对外直接投资、非股权形式等几种。

（一）出口贸易

商品与服务出口贸易是企业国际化经营相对比较简单、比较普遍的方式。企业国际化经营选择出口贸易方式要研究以下问题：

1. 目标市场选择。

目标市场选择涉及两个层面：一是目标市场的区域路径；二是选择目标客户。

（1）目标市场的区域路径。目前存在着两种选择目标市场区域路径的方式。

①传统方式，又称连续方式。一般情况而言，高新技术产品在发达国家出口的国别路径是先到经济技术发展水平相类似的发达国家，然后再到发展中国家；发展中国家则

是先到环境类似的发展中国家，最后再逐步走向发达国家。但发展中国家的农产品、矿产品等初级产品和劳动密集型的低端产品主要流向是发达国家。

②新型方式，又称不连续方式。经济全球化背景下，许多产业中的全球分工体系已经形成，全球同步使用新产品。此时不论是发达国家还是发展中国家，该产业中的高新技术产品出口的国别路径都是先到发达国家（特别是美国）以占领世界最大市场，然后再走向发展中国家。

（2）选择目标客户。目标客户选择的基础是市场细分。各国之间的细分市场通常在数量、大小和特点上存在差别。在美国、中国，市场可按地域进行细分，而日本却几乎不存在地域差异。人口众多的国家（如中国和印度）可能会比人口稀少的国家（如加拿大）细分出更多的市场，这是因为人口众多的国家中每个细分市场都对应足够的需求量，使做市场细分的努力能够得到回报。通常，不同国家之间细分市场的比例并不相同。对于消费品，人口年龄分布、收入水平和增长以及收入分配的差异都会影响细分市场的规模及其相对重要性。

2. 选择分销渠道与出口营销。

连接某国生产者与他国消费者的分销渠道有以下四个十分重要的特征：

（1）一般来说，国际分销渠道比国内分销渠道更复杂，涉及更多的中间环节。典型的国内分销渠道为：生产者—批发商—零售商；而国际销售的分销渠道则可能为：生产者—出口代理商—进口代理商—大型批发商—小型批发商—零售商。

（2）国际分销渠道的成本通常比国内分销渠道的成本高。因此，通过国际分销渠道到达消费者手中的产品价格比较高，其中的主要成本来自建立分销机构、进入新的市场及国际分销渠道运作的费用。

（3）出口商有时必须通过与国内市场不同的分销渠道向海外市场进行销售。例如，在国内市场上，企业的经营范围或与顾客密切联系的重要性也许要求它建立自己的分销系统，并利用这一系统与最终消费者保持联系。然而在海外市场上，在出口量一定的情况下，这样一个系统可能过于昂贵，因而是不可行的。海外市场上当地公司的营销技巧可能比产品本身更重要。

（4）国际分销渠道通常为公司提供海外市场信息，包括产品在市场上的销售情况及其原因。在这种情况下，公司可选择对分销和销售系统做前向整合，并由本公司人员深入海外市场，或者可选择与国外的分销商发展密切的合作关系，进行充分的信息交流。

3. 出口贸易定价。

针对海外市场一般有四种定价策略。

（1）定价偏高，以期获得大于国内市场的收益。

（2）制定海外市场与国内市场收益水平接近的价格。

（3）在短期内定价较低，即使收益偏低甚至亏损也在所不惜。

（4）只要在抵消变动成本之后还能增加利润，就按能把超过国内市场需求量的产品销售出去的价格定价。

（二）对外直接投资

对外直接投资方式可以分为全资子公司与合资经营两种形式。

1. 全资子公司（或独资经营）。

全资子公司即由母公司拥有子公司全部股权和经营权，这意味着企业在国外市场上单独控制着一个企业的生产和营销。全资子公司可以使企业拥有百分之百的控制权，全部利润归自己所有。

采用全资子公司的形式主要有两个优点：

（1）管理者可以完全控制子公司在目标市场上的日常经营活动，并确保有价值的技术、工艺和其他无形资产都保留在子公司。

（2）可以避免合资经营各方在利益、目标等方面的冲突问题，从而使国外子公司的经营战略与企业的总体战略融为一体。

采用全资子公司的形式也有两个重要的缺陷：

（1）这种方式可能得耗费大量资金，公司必须在内部集资或在金融市场上融资以获得资金。然而，对于中、小企业来说，要获得足够的资金往往非常困难。一般来说，只有大型企业才有能力建立国际全资子公司。

（2）由于没有东道国企业的合作与参与，全资子公司难以得到当地的政策与各种经营资源的支持，规避政治风险的能力也明显小于合资经营企业。

2. 合资经营。

合资经营是指投资国和东道国的双方企业依据协议按一定比例的股份出资，共同组成一家具有法人地位、在经济上独立核算、在业务上独立经营的企业。

（1）加强现有业务。

（2）将现有产品打入国外市场。

（3）将国外产品引入国内市场。

（4）经营一种新业务。

（三）非股权形式

现在国际化经营已不再仅仅涉及对外直接投资和贸易这两种方式，非股权形式日益成为企业国际化经营的又一重要方式。非股权形式包括合约制造、服务外包、订单农业、特许经营、许可经营、管理合约及其他类型的合约关系，跨国企业通过这些关系协调其在全球价值链的活动并影响东道国公司的管理，而并不拥有其股份。

非股权形式往往被看作对外直接投资与贸易两种方式的中间道路，如图 3-1 所示。

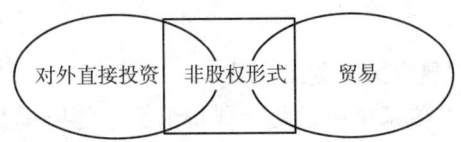

图 3-1 对外直接投资与贸易之间的中间道路——非股权形式

企业国际化经营首要的核心竞争力是在全球价值链中协调各项活动的能力。

三、全球价值链中的企业国际化经营

近几十年，全球价值链（global value chain，GVC）的兴起极大地改变了全球商品和服务生产的组织形式，对企业国际化经营产生了深远影响。通信成本下降、技术进步以及政治经济自由化这三者的共同作用加速了生产过程的分离与国际生产网络的扩张，使全球价值链成为经济全球化最显著的特点。当今全球贸易总额中大约60%来自中间商品和服务贸易。

（一）全球价值链的理论与概念

全球价值链的理论起源于波特在《竞争优势》一书中所提出的"价值链"概念。经济学家们延展了波特价值链的概念建立了全球价值链理论，并从多个不同角度进行了研究。

1. 产品内国际分工。
2. 全球生产网络。
3. 全球价值链。

（二）企业国际化经营与全球价值链构建

1. 全球价值链中企业的角色定位。
（1）领先企业。
（2）一级供应商。
（3）其他层级供应商。
（4）合同制造商。
2. 全球价值链的分工模式。

全球价值链分工可以通过企业国际化经营的三种基本方式来实现。一是通过领先企业进行海外直接投资将部分生产环节转移到海外子公司或分支机构，海外子公司或分支机构与国内剩余的生产环节共同构成全球价值链分工形态；二是领先企业通过正常的国际贸易市场机制获取其生产环节所需的商品和服务；三是领先企业通过非股权方式与分布在不同国家（地区）的供应商进行合作。非股权方式具有多种类型，采用的协调机制也不尽相同，相关研究归纳出领先企业与非股权供应商之间存在三种分工模式——俘获型、模块型和关联型。综合前面两种类型，全球价值链的分工模式可以分为以下五种类型。

（1）科层型价值链。
（2）市场型价值链。
（3）俘获型价值链。
（4）模块型价值链。
（5）关联型价值链。

（三）全球价值链与发展中国家企业升级

大量研究表明，发展中国家企业参与全球价值链，能够提高生产效率，并进入或扩展至全球价值链的高附加值阶段。汉弗莱和施米茨（Humphrey & Schmitz，2002）将此现象称为"企业升级"。

1. 企业升级的类型。

汉弗莱和施米茨提出了企业升级从易到难的4种类型——工艺升级、产品升级、功能升级和价值链升级。

（1）工艺升级，即通过对生产技术的改进和生产组织管理效率的提升而实现的升级。

例如，为满足农业生产的更高标准，许多领先企业鼓励发展中国家供应商采用良好农业规范（GAP），在田间管理、收割期后、存储运输等环节实现工艺升级，并提供培训和技术援助。

（2）产品升级，即通过改进产品设计（甚至开发突破性的产品）提高产品的竞争力而实现的升级。例如，在旅游业价值链中，企业提供更高品质的酒店或增加诸如生态旅游和医疗旅游等高档次产品实现产品升级。

（3）功能升级，即通过占领价值链更高附加值的环节而实现升级。例如，企业从初始设备制造商到初始设计制造商的提升就是典型的功能升级。

（4）价值链升级，即通过进入技术壁垒或资本壁垒更高的价值链或获取价值链中更高的地位，以提升盈利能力和竞争力而实现的升级。例如，汽车零部件供应商进入整车制造产业、企业从初始设备制造商到初始设计制造商再到自有品牌制造商（original brand manufacturer，OBM）等都属于价值链升级。

一般认为，企业升级遵循从工艺升级到产品升级、再到功能升级、最后到价值链升级的循序渐进的发展进程。

2. 全球价值链分工模式与企业升级。

影响发展中国家企业升级的发展进程有多种因素。相关研究从参与领先企业主导的全球价值链分工模式角度考察，发现不同的分工模式对于四种升级类型有着不同的影响。

（1）在科层型价值链中，跟随企业由于能够快捷地通过内部技术扩展和知识转移获得领先企业的现成资产，其工艺升级和产品升级很快能够发生。但是在领先企业的严格管控下，其后的功能升级和价值链升级则较难发生。

（2）在俘获型价值链中，被"俘获"的企业能够通过旨在提高效率与部分产品改进的知识共享实现工艺升级和产品升级。但是在领先企业的高度监管和控制下，被"锁定"在价值链的特定生产环节，其后的功能升级和价值链升级很难发生。

（3）在关联型价值链中，领先企业选择可以与自身建立长期供应关系的供应商。在这种相对稳定的分工关系中，跟随企业的工艺升级和产品升级可以在领先企业的协助下在短时间内完成。但由于供应商只需具备领先企业所需的特定环节的生产能力，领先企业对于供应商功能升级和价值链升级的行为没有支持的动力，甚至会因影响到自身的利益而加以控制与干预。因此供应商的功能升级和价值链升级也相对不易。

（4）模块型供应商需要通过自主研发构建与领先企业的供求关系，因此，早期难以获得领先企业的现成资产，工艺升级与产品升级较为缓慢。但模块型供应商一旦形成了与领先企业的供给关系后，一方面可以通过对领先企业的产品供应获取对方的技术溢出，另一方面可以基于自主核心能力发展功能升级和价值链升级，最终成为新的价值链中的领先者。

（5）与模块型供应商相类似，市场型供应商需要通过自主研发实现工艺升级和产品升级，早期难以获得领先企业的现成资产，在一个充分竞争的市场环境下，工艺升级与产品升级较为缓慢。但是市场型供应商一旦形成了与领先企业的供给关系后，也能够将领先企业的技术外溢与自身的自主核心能力相结合，实现功能升级和价值链升级。

发展中国家企业的最终目标是占据价值链高端位置或者建立自主价值链。企业应依据自身能力与产业发展的不同阶段,选择适宜的分工模式参与全球价值链,并注重在分工合作中,努力汲取领先企业的现成资产,同时加强自主创新,培育核心竞争力,最终实现从工艺升级到价值链升级的跨越。

四、国际化经营的战略类型

(一) 国际战略

国际战略是指企业将其具有价值的产品与技能转移到国外的市场,以创造价值的举措。大部分企业采用国际战略,转移其在母国所开发出的具有竞争优势的产品到海外市场,从而创造价值。在这种情况下,企业多把产品开发的职能留在母国,而在东道国建立制造和营销职能。在大多数的国际化企业中,企业总部一般严格地控制产品与市场战略的决策权。例如,美国 PG 公司过去在美国以外的主要市场上都有工厂。这些工厂只生产由美国母公司开发出来的差异化产品,而且根据母公司提供的信息从事市场营销。

企业的特殊竞争力如果在国外市场上拥有竞争优势,而且在该市场上降低成本的压力较小时,企业采取国际战略是非常合理的。但是,如果当地市场要求能够根据当地的情况提供产品与服务,企业采取这种战略就不合适了。同时,由于企业在国外各个生产基地都有厂房设备,形成重复建设,加大了经营成本,这对企业也是不利的。

(二) 多国本土化战略

为了满足所在国的市场需求,企业可以采用多国本土化战略。这种战略与国际战略不同的是它根据不同国家的不同市场,提供更能满足当地市场需要的产品和服务。相同的是,这种战略也是将自己国家所开发出的产品和技能转移到国外市场,而且在重要的国家市场上从事生产经营活动。这种战略的成本结构较高,无法获得经验曲线效益和区位效益。

在当地市场强烈要求根据当地需求提供产品和服务并降低成本时,企业应采取多国本土化战略。但是,由于这种战略生产设施重复建设并且成本结构高,不适合成本压力大的产业。同时,过于本土化,会使得在每一个国家的子公司过于独立,企业最终会指挥不动自己的子公司,难以将自己的产品和服务向这些子公司转移。

(三) 全球化战略

全球化战略是向全世界的市场推销标准化的产品和服务,并在较有利的国家集中进行生产经营活动,由此形成经验曲线和规模经济效益,以获得高额利润。企业采取这种战略主要是为了实施成本领先战略。与定制化以满足顾客差异化需求不同,实施"全球化战略"的跨国公司是通过提供标准化的产品来促使不同国家的习俗和偏好趋同。

在成本压力大且当地特殊要求小的情况下,企业采取全球化战略是合理的。但是,在要求提供当地特色的产品的市场上,这种战略是不合适的。

(四) 跨国战略

跨国战略是在全球激烈竞争的情况下,形成以经验为基础的成本效益和区位效益,转移企业的核心竞争力,同时注意满足当地市场的需要。为了避免外部市场的竞争压力,母公司与子公司、子公司与子公司的关系是双向的,不仅母公司向子公司提供产品与技术,子公司也可以向母公司和其他子公司提供产品与技术。

跨国战略目前被认为是跨国企业最佳的战略选择。这种战略充分考虑到东道国的需求，同时也要保证跨国企业核心目标和技能的实现。"跨国战略"主要通过三个决策实现资产、资源和能力的结合：哪些资源和能力应集中在母国运营；哪些资源可以在母国国外集中运营；哪些资源应在某区域上分散使用。跨国战略试图兼顾全球效率、国别反应和世界性学习效果这三种战略需要。

在实践中地区适应性和全球化效率需要的平衡点难以确定，最优平衡是主观的和经常变动的。由于有效执行的困难，跨国战略往往被看成一种理想化而非现实的形式。然而，随着具有个性化、智能化、连接性、生态化特征的数字化技术的迅猛发展，跨国战略成为跨国企业可能的现实选择。

五、新兴市场的企业战略

新兴市场是指一些市场发展潜力巨大的发展中国家。这类国家对世界经济的发展具有较大的推动作用，在全球经济中占有越来越重要的地位。全球化竞争中，新兴市场国家日益成为众多发达国家跨国企业的目标市场。对于新兴市场的消费者来说，众多跨国企业的进入是一个福音，因为他们可以有更多的选择。然而，对于已经习惯于在被保护的市场中占据主导地位的本土企业来说，各方面都更加强大的外国竞争对手的大规模进入无疑形成了巨大的市场压力。在这里我们着重阐述在全球化竞争中，新兴市场中本土企业的战略选择。

第四章 战略实施

第一节 公司战略与组织结构

一、组织结构的构成要素

组织结构是组织为实现共同目标而进行的各种分工和协调的系统。它可以平衡企业组织内专业化与整合两个方面的要求，运用集权和分权的手段对企业生产经营活动进行组织和控制。不同产业、不同生产规模的企业结构是不同的。因此，组织结构的基本构成要素是分工与整合。

（一）分工

分工是指企业为创造价值而对其人员和资源进行的分配。一般来讲，企业组织内部不同职能或事业部的数目越多越专业化，企业的分工程度就越高。

企业的组织分工包括两个方面：

1. 纵向分工。

企业高层管理人员必须在如何分配组织的决策权上作出选择，以便很好地控制企业创造价值的活动。

2. 横向分工。

企业高层管理人员必须在如何分配人员、职能部门以及事业部方面作出选择，以便增加企业创造价值的能力。

（二）整合

整合是指企业为实现预期的目标而用来协调人员与职能的手段。为了实现企业目标，企业必须建立组织结构，协调不同职能与事业部的生产经营活动，以便有效地执行企业的战略。

二、纵横向分工结构

（一）纵向分工结构

1. 纵向分工结构的基本类型。

纵向分工是指企业高层管理人员为了有效地贯彻执行企业的战略，选择适当的管理层次和控制幅度,并确定连接企业各层次管理人员、工作以及各项职能的关系。

纵向分工基本有两种形式:一是高长型组织结构;二是扁平型组织结构(见图4-1)。

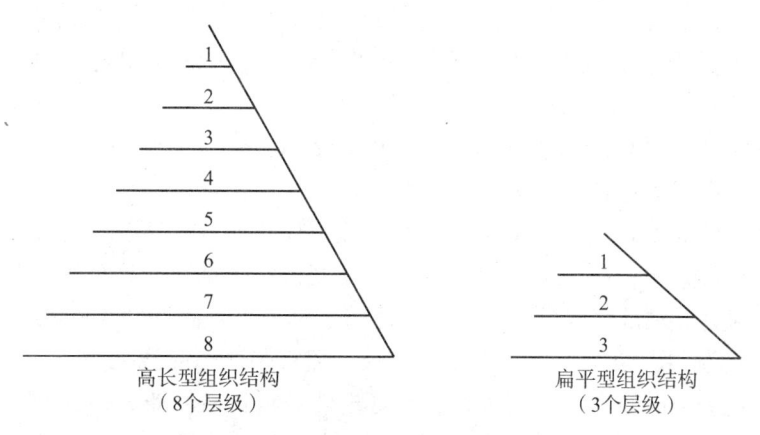

图4-1 高长型与扁平型组织结构

(1)高长型组织结构。高长型组织结构是指具有一定规模的企业的内部有很多管理层次。

(2)扁平型组织结构。扁平型组织结构是指具有一定规模的企业的内部管理层次较少。

2. 纵向分工结构组织内部的管理问题。

(1)集权与分权。在企业组织中,集权与分权各有不同的适用条件,应根据企业的具体情况而定。

(2)中层管理人员人数。

(3)信息传递。企业内部信息传递是企业组织管理中的一个重要环节。企业内部管理层次越多,信息在传递的过程中就越容易发生不同程度的扭曲,不可能完整地到达信息传递的目的地,管理费用也会相应增加。因此,企业在选择高长型结构时,应比较慎重。

(4)协调与激励。企业的管理层次过多,会妨碍内部员工与职能部门间的沟通,增加管理费用。

(二)横向分工结构

1. 横向分工结构的基本类型。

从横向分工结构看,企业组织结构有8种基本类型:创业型组织结构、职能制组织结构、事业部制组织结构、M型组织结构(多部门结构)、战略业务单位组织结构(SBU)、矩阵制组织结构、H型结构(控股企业/控股集团组织结构)和国际化经营企业的组织结构。

(1)创业型组织结构。创业型组织结构是多数小型企业的标准组织结构模式。采用这种结构时,企业的所有者或管理者对若干下属实施直接控制,并由其下属执行一系列工作任务。企业的战略计划(若有)由中心人员完成,该中心人员还负责所有重要的经营决策。这一结构类型的弹性较小并缺乏专业分工,其成功主要依赖于该中心人员的个人能力。

这种简单结构通常应用于小型企业。从一定意义上说，简单结构几乎等同于缺乏结构，至少是缺少正式意义上的组织结构。在这种结构中，几乎没有工作描述，并且每个人都参与正在进行的任务。然而，随着企业的发展，所有管理职能都由一个人承担就变得相当困难，因此为了促进企业的发展，应将该结构朝着职能制或其他组织结构进行调整。

（2）职能制组织结构。职能制组织结构被大多数人认为是组织结构的典型模式。这一模式表明结构向规范化和专门化又迈进了一步。

随着企业经营规模和范围的不断扩张，企业需要将职权和责任分派给专门单元的管理者。这样，中心人物——首席执行官的职责就变得更加细化，这反映了协调职能单元的需要，并更多地关注战略问题。这是一个适用于单一业务企业的职能制组织结构。

（3）事业部制组织结构。当企业逐步成长，拥有多个产品线之后，或者当市场迅速扩张，要求企业跨地区经营时，企业的协调管理就变得比较困难，总经理对于经营活动的指挥就会出现顾此失彼的情况，于是事业部制组织结构就应运而生。事业部制组织结构就是按照产品、服务、市场或地区将企业人员划归不同的事业部，企业总部负责计划、协调和安排资源，事业部则承担运营和自身的战略规划责任，即制定战略不再只是高层管理者和领导者的任务，业务层和职能层的管理者都在其各自的层级参与战略制定。

（4）M型组织结构。通过产品线的增加，企业会不断扩张。随着企业规模的扩大，上述事业部制组织结构就会演变为更复杂的M型组织结构。在M型组织结构中，原来的事业部一般由拥有更大经营权的公司所代替；每个公司比以前的事业部负责更多的产品线；有的公司下设若干事业部分别管理不同的产品生产线。

（5）战略业务单位组织结构（SBU）。企业的成长最终需要将相关产品线归类为事业部，然后再将这些事业部归类为战略业务单位，这样，事业部制组织结构或M型组织结构就表现为战略业务单位组织结构。战略业务单位组织结构与M型组织结构没有本质区别，所不同的是在对所辖各个生产线进行集中管理和统一协调方面，战略业务单位比M型组织结构中的公司负有更多的职责。

（6）矩阵制组织结构。矩阵制组织结构是为了处理非常复杂项目中的控制问题而设计的。这种结构在职能和产品或项目之间起到了联系的作用。

（7）H型结构（控股企业/控股集团组织结构）。当企业不断发展时，可能会实施多元化的战略，业务领域涉及多个方面，甚至上升到全球化竞争层面上，这时企业就会成立控股企业，其下属子企业具有独立的法人资格。

（8）国际化经营企业的组织结构。前面阐述了七种企业组织结构的基本类型，国际化经营企业的组织结构也包括在这七种类型之中，只不过是范围扩展至国际市场甚至全球市场。

2. 横向分工结构的基本协调机制。

协调机制就是建立在企业的分工与协调之上的制度。企业组织的协调机制基本上有以下六种类型：

（1）相互适应，自行调整。这是一种自我控制方式。组织成员直接通过非正式的、平等的沟通达到协调，相互之间不存在指挥与被指挥的关系，也没有来自外部的干预。

（2）直接指挥，直接控制。这是指组织的所有活动都按照一个人的决策和指令行事。

（3）工作过程标准化。这是指组织通过预先制定的工作标准，来协调生产经营活动。

（4）工作成果标准化。这是指组织通过预先制定的工作成果标准，实现组织中各种活动的协调。

（5）技艺（知识）标准化。这是指组织对其成员所应有的技艺、知识加以标准化。

（6）共同价值观。这是指组织内全体成员要对组织的战略、目标、宗旨、方针有共同的认识和共同的价值观念，充分了解组织的处境和自己的工作在全局中的地位和作用，互相信任、彼此团结，具有使命感，使组织内的协调和控制达到高度完美的状态。

三、与公司战略相适应的组织结构

（一）组织结构与战略的关系

1. 战略前导性与组织结构滞后性。

战略与组织结构的关系基本上是受产业经济发展制约的。在不同的发展阶段中，企业应有不同的战略，企业的组织结构也相应作出了反应。企业最先对经济发展作出反应的是战略，而不是组织结构，即在反应的过程中存在着战略的前导性和组织结构的滞后性现象。

（1）战略前导性。这是指企业战略的变化快于组织结构的变化。

（2）组织结构滞后性。这是指企业组织结构的变化常常慢于战略的变化速度，特别是在经济快速发展时期更是如此。

2. 企业发展阶段与组织结构。

钱德勒有关组织结构跟随战略的理论是从对企业发展阶段与组织结构的关系的研究入手的。企业发展到一定阶段，其规模、产品和市场都发生了变化。这时，企业会采用合适的战略，并要求组织结构作出相应的反应。从第三章第一节中阐述的发展战略的各种类型中，可以看到企业发展阶段及组织结构的变化。

（1）市场渗透战略。企业处于创立不久的初步发展阶段，往往着重发展单一产品，试图通过更强的营销手段来获得更大的市场份额。这时，企业只需采用简单结构即创业型组织结构。

（2）市场开发战略。企业发展后，需要将产品或服务扩展到其他地区中去。为了实现产品和服务的标准化、专业化，企业要求建立职能制组织结构。

（3）纵向一体化战略。企业进一步发展后，拥有了多个产品线，销售市场迅速扩张，需要增强管理协调能力；同时，为了提高竞争力，需要拥有一部分原材料的生产能力或销售产品的渠道。在这种情况下，企业适宜采用事业部制组织结构。

（4）多元化经营战略。企业高度发展并进入成熟期，为了避免投资或经营风险，需要开发与企业原有产品不相关的新产品系列。这时企业应根据经营规模、业务结构和市场范围，分别采用更为复杂的组织结构，如战略业务单位组织结构、矩阵制组织结构或H型组织结构。

（二）组织的战略类型

战略的一个重要特性就是适应性。它强调企业组织要运用已有的资源和可能占有的资源去适应组织外部环境和内部条件的变化。这种适应是一种复杂的动态调整过程，要求企业在加强内部管理的同时，不断推出适应环境的有效组织结构。在选择的过程中，企业可以考虑以下四种类型：

1. 防御型组织。

防御型组织主要是追求一种稳定的环境，试图通过解决开创性问题来达到自己的稳定性。从防御型组织的角度来看，所谓开创性问题就是要创造一个稳定的经营领域，占领一部分产品市场，即生产有限的一组产品，占领整个潜在市场的一小部分。在这个有限的市场中，防御型组织常采用竞争性定价或高质量产品等经济活动来阻止竞争对手进入它们的领域，保持自己的稳定。

2. 开拓型组织。

开拓型组织与防御型组织不同，它追求一种更为动态的环境，将其能力表现在探索和发现新产品和市场的机会上。在开拓型组织里，开创性问题是为了寻求和开发产品与市场机会。这就要求开拓型组织在寻求新机会的过程中必须具有一种从整体上把握环境变化的能力。

3. 分析型组织。

从以上论述中可以看出，防御型组织与开拓型组织分别处于一个战略调整序列的两个极端。分析型组织处于中间，可以说是开拓型组织与防御型组织的结合体。这种组织总是对各种战略进行理智地选择，试图以最小的风险、最大的机会获得利润。

4. 反应型组织。

上述三种类型的组织尽管各自的形式不同，但在适应外部环境上都具有主动灵活的特点。从两个极端来看，防御型组织在其现有的经营范围内，不断追求更高的效率，而开拓型组织则不断探索环境的变化，寻求新的机会。随着时间的推移，这些组织对外部环境的反应会形成稳定一致的模式。

第二节 公司战略与企业文化

一、企业文化的概念

企业文化是企业成员共有的哲学、意识形态、价值观、信仰、假定、期望态度和道德规范；另一种定义则是基于文化的经济学含义，考虑到企业所遵循的价值观、信念和准则这些构成文化基础的东西都很难被观察和测量，因而采用一个更易操作的观点，即企业文化代表了企业内部的行为指南，它们不能由契约明确下来，但却制约和规范着企业的管理者和员工。

二、企业文化的类型

尽管在企业文化的定义和范围上存在着很大的分歧，且没有两个企业的文化是完全相同的，但是查尔斯·汉迪（Charles Handy）在1976年提出的关于企业文化的分类至今仍具有相当重要的参考价值。他将文化类型从理论上分为四类：即权力（power）导向型、角色（role）导向型、任务（task）导向型和人员（people）导向型。

（一）权力导向型

这类企业中的掌权人试图对下属保持绝对控制，企业组织结构往往是传统框架。

（二）角色导向型

角色导向型企业应尽可能追求理性和秩序。

（三）任务导向型

在任务导向型文化中，管理者关心的是不断成功地解决问题，对不同职能和活动的评估完全依据它们对企业目标作出的贡献。

（四）人员导向型

这类文化完全不同于上述三种类型。在这种情况下，企业存在的目的主要是为其成员的需要服务，企业是其员工的下属，企业的生存也依赖于员工。

三、文化与绩效

企业管理者们对文化与战略关系的研究最注重的是组织文化是否会影响组织的绩效。但是，要揭示两者的直接关系并非易事。文化可能与高绩效相联系，但它又不一定是高绩效的必然原因。下面，我们从三个方面讨论文化与绩效的关系：企业文化为企业创造价值的途径；文化、惯性和不良绩效；企业文化成为维持竞争优势源泉的条件。

（一）企业文化为企业创造价值的途径

企业文化可以通过以下三个途径为企业创造价值。

1. 文化简化了信息处理。

企业文化中的价值观、行为准则和相应的符号，可以使员工的活动集中于特定的有范围的安排之中。

2. 文化补充了正式控制。

文化作为集体价值观和行为准则的集合体，在组织中能对员工行动发挥一种控制功能，这种控制是基于员工对企业文化的认同，而不是基于企业对员工的激励和监督。认同企业文化的员工会自觉调整自己的目标和行为，使之符合企业的目标和行为。员工出于文化认同的主动自我控制，在许多情况下比正式制度对员工的控制更有效。

3. 文化促进了合作并减少讨价还价成本。

在企业内部，由于各利益相关者讨价还价的权力之争，也会导致市场竞争中可能出现个体理性与集体理性的矛盾。企业文化通过"相互强化"的道德规范，会减轻企业内权力运用的危害效应，这就使得在市场上奉行利己主义的个人，在企业内部可能出现多方受益的合作行为。

（二）文化、惯性和不良绩效

同时，也必须看到，文化也可能损害企业的绩效。文化和绩效之间存在明显消极联系的例子几乎与存在积极联系的例子一样普遍。事实上，有时同一个企业可以提供相反的例子。

（三）企业文化成为维持竞争优势源泉的条件

杰伊·巴尼（Barney J. B.）给出了企业文化可以成为维持竞争优势的一个源泉的条件：首先，文化必须为企业创造价值，前面我们已经详细阐述了文化为企业创造价值的三种途径。其次，作为维持竞争优势的一个源泉，企业文化必须是企业所特有的。如果一个企业的文化和市场上大多数的企业是相同的，它往往反映的是国家或地区文化或一系列行业规范的影响，那么它不可能导致相对竞争优势。最后，企业文化必须是很难被模仿的。如果成功的企业文化体现了企业的历史积累，这种复杂性就会让其他企业很难效仿，也使得其他企业的管理者很难从本质上修改他们企业的文化以显著提高绩效。相反，如果企业文化很容易被模仿，那么一旦该企业成功，其他企业都会模仿它，这将使企业文化带给企业的优势很快消失。

四、战略稳定性与文化适应性

考察战略与文化的关系，除了文化与绩效的关系外，还有一个重要的内容是分析企业战略的稳定性与文化的适应性。战略的稳定性反映企业在实施一个新的战略时，企业的结构、技能、共同价值、生产作业程序等各种组织要素所发生的变化程度；文化的适应性反映企业所发生的变化与企业目前的文化相一致的程度。

（一）以企业使命为基础

在第一象限中，企业实施一个新的战略时，组织要素会发生很大变化。这些变化大多与企业目前的文化具有潜在的一致性。这种企业多是那些以往效益好的企业，能够根据自己的实力，寻找可以利用的重大机会，或者试图改变自己的主要产品和市场，以适应新的要求。这种企业由于具有企业固有文化的大力支持，实行新战略没有大的困难，一般处于非常有前途的地位。

（二）加强协同作用

在第二象限中，企业实施一个新的战略时，组织要素发生的变化不大，又多与企业目前的文化相一致。这类情况往往发生在企业采用稳定战略（或维持不变战略）时，处在这种地位的企业应考虑两个主要问题：一是利用目前的有利条件，巩固和加强企业文化；二是利用文化相对稳定的这一时机，根据企业文化的需求，解决企业生产经营中的问题。

（三）根据文化进行管理

在第三象限中，企业实施一个新战略时，组织要素变化不大，但该战略与企业组织目前的文化不大一致。例如，当企业准备对一项业务采取新的经营方式时，虽然这种方式不会引起组织要素的重大变化，但是，某些利益相关者基于对自身利益的考虑，可能会反对实施新的经营方式。此时，企业需要研究这种变化是否会给企业带来成功的机会。如果实施新的战略有利于企业的成功和发展，那么企业可以在不影响总体文化一致性的前提下，对新的经营方式实行不同的文化管理。

（四）重新制定战略或进行文化管理

在第四象限中，企业在处理战略与文化的关系时，遇到了极大的挑战。企业在实施一个新战略时，组织要素会发生重大的变化，又多与企业现有的文化很不一致，或受到现有文化的抵制。对于企业来讲，这是个两难的问题。

第三节 战略控制

一、战略失效与战略控制的概念

（一）战略失效

战略失效是指企业战略实施的结果偏离了预定的战略目标或战略管理的理想状态。导致战略失效的原因主要有：企业内部缺乏沟通，企业战略未能成为全体员工的共同行动目标，企业成员之间缺乏协作共事的愿望；战略实施过程中各种信息的传递和反馈受阻；战略实施所需的资源条件与现实的资源条件之间出现较大缺口；用人不当，主管人员、作业人员不称职或玩忽职守；公司管理者决策错误，使战略目标本身存在严重缺陷或错误；企业外部环境出现较大变化，现有战略一时难以适应。

战略失效可分为早期失效、晚期失效和偶然失效三种类型。早期失效是指在战略实施初期，由于新战略还没有被全体员工理解和接受，或者战略实施者对新的环境、工作还不适应，导致战略失效。晚期失效是指当战略实施一段时间之后，之前对战略环境的预测与现实之间的差距随着时间的推移变得越来越大，战略所依赖的基础越来越糟，从而造成战略失效。偶然失效是在战略实施过程中，因为一些意想不到的偶然因素导致的战略失效。

（二）战略控制

战略控制是指企业在战略实施过程中，检测环境变化，检查业务进展，评估经营绩效，把检查和评估结果与既定的战略目标相比较，发现战略实施出现的偏差，分析产生偏差的原因，采取有效措施及时纠正偏差，使战略实施结果符合预期战略目标。如果没有达到预期目标，战略控制的意向应当是调整企业战略或更好地实施该战略，以提高企业的应变能力和实现战略目标的能力。在战略控制过程中，对企业经营绩效的评估是关键环节，它既是发现战略实施出现偏差的前提，又是采取纠正偏差的有效措施的依据。

二、战略控制过程

战略控制过程包括以下四个重要步骤。

（一）设定战略控制的目标

设定战略控制的目标是指依据企业战略目标，结合企业内部资源以及外部环境的重大变化，合理设定的企业战略控制标准或指标。

（二）选择战略控制的方法

战略控制方法是指从企业战略控制的实际需要出发，用来收集和处理企业经营的相关信息，对内部和外部环境进行监测，检查业务进展情况，衡量和评价企业整体及各个部门的长期和短期业绩，制定调整或纠正偏差措施等的方式、工具和标准。选择合理、有效的战略控制方法是战略控制过程中十分重要的一步，直接影响甚至决定战略控制目标的实现与否。

（三）实施战略控制措施

实施战略控制措施是指企业决策者通过一定的组织、程序和机制，运用一种或多种战略控制方法，对企业整体以及各个经营领域的状况和业绩进行科学衡量和合理评价，将衡量和评价结果与企业的战略控制目标进行比较，找出它们之间的差距，结合企业内外环境的变化分析和识别差距产生的原因，制定和实施弥补差距对策或应对变化的措施。

（四）反馈战略控制效果

反馈战略控制效果是指将实施战略控制措施的效果或结果及时反馈给企业决策者、部门经理和一般员工，以推动战略控制的持续改进和战略目标的实现。

三、战略控制方法

战略控制的主要方法有预算、企业业绩衡量、ESG绩效衡量、平衡计分卡的企业业绩衡量、统计分析与专题报告。

（一）预算

1. 预算的概念和作用。

预算，也称财务计划，即围绕企业战略目标，对一定时期（通常为一年）内企业资金的取得和投放、各项收入和支出、经营成果及其分配等资金运动作出的具体安排。科学、规范的预算在战略控制中发挥多种作用，主要包括：

（1）为企业的长期战略实施提供一个覆盖企业各层次、各方面，内容详细的短期财务目标，促进、引导企业战略目标的最终实现。

（2）通过检查预算执行情况、查找预算与实际支出以及预期效果或绩效之间产生差距的原因，促使企业管理层、职能机构、业务部门，甚至每个经理或负责人及时发现战略实施中出现的问题和偏差，并采取必要的解决对策和纠正措施。

（3）促进企业各级员工围绕任务完成情况、工作计划与设想等进行交流和沟通。

（4）协调企业各个职能机构、业务部门的活动，确保它们向着共同目标一起努力。

（5）根据兼顾必要性和可行性的原则合理分配资金，确保预算目标和战略目标的实现。

（6）促进企业内部合理授权、提高效率。预算应当作为对相关经理人员支配和使用费用的授权，只要是在预算中列明的费用项目，经理人员就无须在费用发生之前再次申请获得批准。

（7）为企业员工的绩效评估提供了一种有效手段。

（8）激励员工提高业绩。预算提供了一个可以让员工了解其工作完成质量的系统，有利于激发员工关注个人绩效的兴趣和提升绩效的积极性，也为管理层提高企业未来整体绩效提供了重要手段和动力。

2. 预算的类型。

预算通常有增量预算和零基预算两种类型。

（1）增量预算（incremental budgeting）。这种预算是指在以前期间的预算或者实际业绩的基础上，通过增加相应的内容编制新的预算。增量预算的假设条件是：企业现有的业务活动是合理、必须的，不需要进行调整；企业现有的各项业务活动的开支水平是合理的，在预算期不予改变；以企业现有的业务活动和各项业务活动的开支水平，确定预算期各项活动的预算数额。

增量预算的优点包括：

①预算编制工作量较少，相对容易操作。

②预算变动较小且循序渐进，为各个部门的经营活动提供了一个相对稳定的基础。

③有利于避免因资金分配规则改变而使各部门之间产生冲突。

④比较容易对预算进行协调。

增量预算的缺点包括：

①没有考虑经营条件和经营情况的变化。

②容易使企业管理层和部门经理产生维持现状的保守观念，不利于企业创新。

③与部门和员工的业绩没有联系，没有提供降低成本的动力。

④鼓励各部门用光预算以保证下一年的预算不减少。

⑤随着业务活动及其开支水平的变化而失去合理性、可行性。

（2）零基预算（zero based budgeting）。这种预算是指在新的预算期，不受以往预算安排的影响，不考虑过去的预算项目和收支水平，以零为基点编制预算。采用零基预算必须从实际出发，逐项审查新预算期内各项业务的内容及其开支标准，重新分析、判断各个部门的需求和费用，根据企业财力，在综合平衡的基础上编制预算。

零基预算的优点包括：

①有利于根据实际需要合理分配资金。

②有利于调动各个部门和员工参与预算编制的积极性。

③增强员工的成本效益意识。

④鼓励企业管理层和部门经理根据环境变化进行创新。

⑤增加预算的科学性和透明度，提高预算管理水平。

零基预算的缺点在于：

①预算编制比较复杂，工作量大，费用较高。

②如果过度强调眼前预算项目的需要，容易导致追求短期利益而忽视长期利益。

③预算规则和业务项目开支标准的改变可能引起部门之间的矛盾和冲突。

（二）企业业绩衡量

企业业绩包括两类：一类是战略性业绩，即与企业战略地位和战略目标相关的绩效，比如市场竞争力、行业地位、企业成长性、企业声誉、重大创新等。这类业绩具有整体性和长期性。另一类是经营性业绩，即与企业日常经营活动相关的业绩，如月度或年度的销售额、净利润额、资产回报率、质量合格率等。这类业绩与企业局部或短期的经营活动相关。与以上两类业绩对应,企业业绩衡量包括战略性业绩衡量和经营性业绩衡量。无论哪一类业绩衡量,都须使用财务指标和非财务指标对其进行定性和定量衡量,并且将衡量结果与本企业的历史业绩以及同期同类企业的业绩进行比较,对发现的差距和差距产生的原因作出分析。下面是企业通常使用的业绩衡量指标。

1. 财务衡量指标。

(1) 盈利能力和回报率指标。

①毛利率与净利润率。利润通常由成本和收益两部分组成,因此企业的盈利水平与成本和收益两个方面直接相关。反映企业盈利能力和盈利水平的指标主要有毛利率与净利润率。毛利率与净利润率的计算公式如下:

毛利率 = [(营业收入 - 销售成本) ÷ 营业收入] × 100%

净利润率 = [(营业收入 - 销售成本 - 期间费用) ÷ 营业收入] × 100%

与上一年的情况进行比较,毛利率的变化反映销售收入和销售成本之间差距的变化。企业通过综合考察产品销售价格、销售数量、销售成本等各方面的变化以及企业的业务范围(如是零售业还是制造业),可以衡量企业盈利能力的变化。

②已动用资本报酬率(ROCE)。已动用资本报酬率又称作投资回报率(ROI)或净资产回报率(RONA),是衡量企业投资效益和盈利能力的重要指标,其计算公式如下:

已动用资本报酬率(ROCE) = (息税前利润 ÷ 当期平均已动用资本) × 100%

(2) 股东投资指标。

①每股盈余、每股股利和市净率。每股盈余或每股股利是显示企业为股东带来收益的主要指标。没有令人满意的每股盈余或每股股利将导致股东抛售他们手中的股票。市净率是衡量、评估股票投资价值的指标,假设其他条件相同,则市净率与股票的投资价值成反方向变化。每股盈余、每股股利和市净率的计算公式是:

每股盈余 = 净利润 ÷ 股票数量

每股股利 = 股利 ÷ 股票数量

市净率 = 每股市价 ÷ 每股净资产

②股息率。股息率是衡量企业投资价值的重要指标之一。假设其他条件相同,则股息率低表示企业将较多的利润进行再投资,股息率高则表明企业将较多的利润用于股东分红。股息率通常高于利息率。股东既希望股票价格上升,又希望得到的股息超过投资者从固定收益证券中得到的回报。股息率的计算公式是:

股息率 = 每股股利 ÷ 每股市价 × 100%

③市盈率。市盈率是用于评估股价水平是否合理的指标之一。投资者常常用市盈率来衡量、判断同一行业内不同价格的股票是否被高估或者低估。一般情况下,如果投资收益和股利走低,股票的市值即价格也将下降。但是,如果企业发展和股利增长的前景很好,那么即使当前投资收益和股利不高,股票市值也会高企,从而拉高市盈率。市盈率还受到利率变动的影响,利率的提高会降低股票的吸引力,从而导致市盈率下降。市盈率的计算公式是:

市盈率 = 每股市价 ÷ 每股盈余 × 100%

（3）流动性指标。流动性指标是衡量企业避免拖欠债务和偿还短期债务能力的指标。一般情况下，作为流动性指标的各种比率越高，企业避免拖欠债务和偿还短期债务的能力越强。流动性指标主要包括：

流动比率＝流动资产÷流动负债×100%

速动比率＝（流动资产－存货）÷流动负债×100%

存货周转期＝存货×365÷销售成本

应收账款周转期＝应收账款借方余额×365÷销售收入

应付账款周转期＝应付账款贷方余额×365÷购买成本

（4）综合负债和资金杠杆指标。企业资金来源于股东权益和负债，它们之间的比率称为负债率。负债率体现企业的整体负债水平和资金杠杆水平。负债率越高，企业的整体负债水平越高，资金杠杆率往往也越高。此外，企业经营活动产生的现金净流量是企业偿还债务的财务保障，现金净流量与企业债务总额之间的比率称为现金流量比率，该比率反映企业偿还全部债务的能力，这个比率越高，企业偿还全部债务的能力越强。负债率和现金流量比率的计算公式如下：

负债率＝有息负债÷股东权益×100%

现金流量比率＝经营现金净流量÷（流动负债＋非流动负债）×100%

上述衡量企业业绩常用的财务指标都表现为某种比率。使用比率来衡量、评价企业业绩的主要原因有：

（1）通过比较不同时期的比率可以很容易地发现它们的变动。

（2）相对于实物数量或货币的绝对数值，比率对企业业绩的衡量更为适合。例如，分析、评价企业产品的市场竞争力时，使用市场占有率比使用产品销售量或销售额更为合理、准确。

（3）比率适合用作业绩目标。如投资报酬率、销售利润率、资产周转率等作为业绩目标，既简明又易于理解。

（4）比率提供了总结企业业绩和经营成果的工具、方法，并可在同类企业之间进行比较。

但是，用比率来评价企业业绩有以下局限性：

（1）信息获取存在困难。尤其在和同类企业进行比较时，识别哪些企业属于同类企业，以及如何获得这些企业的相关信息，都不是容易做到的。

（2）信息的使用存在局限性。比如，企业在比较当期业绩与历史业绩时，如果外部环境中的通货膨胀或突发事件造成该企业的股价大涨或大跌，或者发生潜在变动，那么这种比较就可能存在局限性。

（3）比率在各个行业的理想标准不同，而且理想标准会随着时间推移发生改变，这为不同行业或同一行业中不同企业的业绩比较带来困难。

（4）比率有时不能准确反映真实情况。例如，某企业的流动性比率较高，有可能反映该企业的经营业绩较好、偿债能力较强，也有可能是由于营运资本管理较差导致的较多的存货和应收账款造成的。只有透过比率表象做进一步深入考察分析，才能判明真相。

(5) 比率有时体现的是被扭曲的结果。例如，缺乏对商标中无形资产的评估、确认，或者没有估计、计量存货和交易的机会成本等，都可能导致比率不能正确反映企业经营结果和业绩。

(6) 可能鼓励短期行为。如果过度追求月度、季度及年度的业绩目标，就有可能偏离企业长期战略发展的需要。

(7) 忽略其他战略要素。比率控制不能激励企业高管层关注财务因素之外的影响企业成败的重要战略要素，如创新和顾客服务。

(8) 激励、控制的人员范围有限。对于那些对财务结果无任何责任的人员，无法起到激励和控制作用。

2. 非财务衡量指标。

非财务衡量指标是基于非财务信息的业绩衡量指标。表 4-1 列出了一些非财务衡量指标。

表 4-1 非财务指标

评价的领域	业绩计量
服务	诉讼数量；客户等待时间
人力资源	员工周转率；旷工时间；每个员工的培训时间
市场营销	销量增长；市场份额；客户数量
生产	工艺、流程先进性；质量标准
研发	技术专利数量和等级；设计创新能力
物流	设备利用能力；服务水平
广告	属性等级；成本水平
管理信息	及时性；准确度

使用非财务指标衡量、评价企业业绩的主要原因有：

(1) 能够反映和监控非财务方面的经营业绩。

(2) 通常比使用财务衡量指标提供企业业绩信息更为及时。

(3) 容易被非财务管理人员理解并使用。

(4) 有利于激励企业高管关注财务因素之外的因素甚至决定企业成败的战略因素。

(5) 一些衡量企业长期业绩的非财务指标有利于避免短期行为。

(6) 往往需要同时采用定性和定量方法进行分析和衡量，因此能够更好地反映企业业绩的真实情况。

(7) 激励、控制的人员范围较广，覆盖了对财务结果无任何责任的人员。

采用非财务指标衡量、评价企业业绩有如下局限性：

(1) 不能使用统一的比率标准，因此不易发现业绩变化或进行业绩比较。

(2) 指标通常产生于各个经营部门并被它们分别使用，不能作为所有部门的共同业绩目标即企业整体性业绩目标。

(3) 难以避免外部环境中某些因素的变化，造成不能客观、真实地衡量和反映企业业绩。

(三) ESG 绩效衡量

ESG 是环境（environmental）、社会（social）和治理（governance）的英文单词首字母缩写，是一种关注环境变化影响、社会效益和公司治理绩效综合表现的发展理念，也是企业可持续发展的核心内容和评价标准。

(四) 平衡计分卡的企业业绩衡量

1. 平衡计分卡的内涵。

卡普兰（Kaplan）和诺顿（Norton）于20世纪90年代后提出的平衡计分卡是一种从财务、顾客、内部流程、创新与学习四个角度，将组织的战略转化为可操作的衡量指标和目标值，从而保证组织战略得到有效的实施和控制的一种绩效管理体系。

（1）财务指标。财务指标能够显示企业战略及其实施对提高企业盈利能力和股东价值作出的贡献，常用的财务指标有营业收入、销售增长率、利润增长率、资产回报率、股东回报率、现金流量、经济增加值等。前面在"企业业绩衡量"中阐述的"财务衡量指标"，都可作为平衡计分卡财务指标内容的选取对象。

（2）顾客指标。顾客指标用来衡量和反映企业在满足顾客需求、提高顾客价值方面的业绩。顾客指标的设定和选择取决于企业对目标市场的价值定位。常用的顾客指标有顾客满意度、顾客投诉率、投诉解决率、准时交货率、市场份额、客户保留率、新客户开发率、客户收益率等。

（3）内部流程指标。内部流程指标用于衡量和确认企业在哪些业务流程上表现优异，需要加强或改进哪些业务流程才能保证战略落地。常用的内部流程指标有数字化信息系统覆盖率、计划准确率、设备利用率、订单准时交付率、采购成本和周期、项目进度及完成率、废物减排及利用率、安全事故率、接待客户的时间和次数、对客户诉求的反应时间以及员工建议采纳率和员工收入等。内部流程指标的内容多数是驱动性或动因性指标，其改善和提升能够直接导致企业在财务、客户等业务领域的改进并产生积极成果。

（4）创新与学习指标。平衡计分卡的前三类指标展示了企业的实际能力及其与企业实现业绩增长和成功实施战略所必需的能力之间的差距。弥补这个差距的关键是通过提高员工素质和能力以及改善企业组织文化推进企业创新。创新与学习指标衡量和体现企业在人力资源管理以及建设创新型、学习型组织和文化方面的业绩，常用的指标有研发费用占销售额的比例、新产品销售额占总销售额的比例、专利等级和数量、数字化技术采用率、员工流动率、员工培训费用及次数、员工满意度等。创新与学习指标对驱动企业经营活动达到平衡计分卡其他三类指标的要求，使财务、客户、流程等方面得到持续改善并成为企业战略和企业长远成长的坚固支撑，起着重大作用。

2. 平衡计分卡的特点。

与企业传统的业绩衡量体系和方法比较，平衡计分卡具有如下特点：

（1）用全面体现企业战略目标的四个方面的指标内容代替了单一的财务指标内容，为企业战略实施提供了强有力的支持。

（2）平衡计分卡四个角度指标所包含的内容体现了五个方面的平衡：财务指标和非财务指标的平衡；企业的长期目标（如创新与学习指标的内容）和短期目标（如财务指

标的内容）的平衡；结果性指标（如财务指标的内容）与动因性指标（如内部流程指标、创新与学习指标的内容）之间的平衡；企业内部利益相关者（员工）与外部利益相关者（股东、客户）的平衡；领先指标即预期性指标与滞后指标即结果性指标之间的平衡。这些平衡有效避免了企业业绩衡量和考核中的片面性、表面性和间断性，使企业业绩衡量和考核科学化、系统化、长期化，成为企业战略控制可靠、有效的工具。

(3) 平衡计分卡四个指标的内容之间紧密联系、相互支持、彼此加强。例如，财务指标的内容既为其他指标内容的选择和设定确立了量化目标和标准，又作为其他指标内容完成的结果对企业业绩起着综合评价作用。有的目标内容之间相互交叉，如销售增长率既可作为一项财务指标，也可纳入客户指标；数字化信息系统覆盖率可同时列入内部流程指标和创新与学习指标等。

(4) 每个企业的平衡计分卡都具有独特性。企业应根据自身战略及其实施情况、产品和服务的性质、企业规模和成长阶段、生产技术和组织形式、员工构成和文化特色以及所处行业的竞争格局和行业成功关键因素等，合理选择和确定平衡计分卡四个角度指标的具体内容。

3. 平衡计分卡的作用。

(1) 为企业战略管理提供强有力的支持。平衡计分卡的相关指标内容都源于企业战略，都与企业战略目标息息相关，企业战略的实施可以通过对平衡计分卡的全面、正确运用来完成。

(2) 提高企业整体管理效率和效果。平衡计分卡所包含的四项指标内容，都是企业成功经营和未来发展的关键性要素。平衡计分卡将这些分散在不同经营领域的要素有机地结合在一起，形成一份提供给管理者的简明而客观的管理诊断报告，使管理者只需用较少的时间就能清楚、全面地了解企业战略以及财务、客户、流程、创新与学习等领域的管理状况，及时采取有效措施解决相关问题，从而提高企业整体管理的效率和效果。

(3) 促进部门合作，完善协调机制。平衡计分卡通过对企业经营各种关键性要素的组合，使管理者清晰地看出各个职能和业务部门在企业整个经营、业务体系中的相互关联和不同作用，使他们认识到各个领域的活动目标一致、相互配合的重要性和必要性，从而制定符合企业实际，能够统筹并协调各个经营领域的活动，促进不同部门之间合作的制度和实施方案。

(4) 完善激励机制，提高员工参与度。平衡计分卡体现目标管理，以清晰、合理的业绩目标和实现目标所需要的驱动措施、激励机制，引导和鼓励员工主动完成目标。同时，平衡计分卡各个角度的指标与相关经营领域的活动密不可分，具有较强的专业性和实践性，为在各领域从事各种专业活动的广大员工积极参与相关指标的合理制定并监督实施，提供了必要性和可行性。

(5) 促进企业立足实际、着眼未来，实现长期可持续发展。前述平衡计分卡的特点之一是体现企业经营长期目标和短期目标之间的平衡性，因此，它有助于管理者既避免采取不顾企业长远发展的短期行为，又防止走入忽视当前实际和客观条件盲目冒进的误区，从而推动企业健康成长和发展。

（五）统计分析与专题报告

1. 统计分析报告。

统计分析报告是统计分析结果的一种表现形式。统计分析结果是运用统计资料和统计分析方法所揭示的有关事物的本质和规律性。

2. 专题报告。

专题报告是企业管理人员指定专人对特定问题进行深入、细致的调查研究，形成包括现状与问题、对策与建议等内容的研究报告，如"关于房地产开发战略的研究""关于企业形象战略的研究""关于企业市场竞争力的调查报告"等，以供决策者参考。

第四节　公司战略与数字化技术

数字化技术（digital technology）就是通过利用电子计算机软硬件、周边设备、协议、网络和通信技术，实现信息离散化表述、定量、感知、传递、存储、处理、控制、联网的集成技术。在企业数字化管理过程中，管理者以数字化技术为手段，以企业发展战略为方向，针对企业的产业资源、人力资源、技术资源、市场资源设置及运作现状，以计算机网络技术为基础，以管理应用软件开发为核心，建立企业的管理信息系统。

一、数字化技术

（一）数字化技术发展历程

信息化、数字化、智能化联系紧密，相互衔接，推动产业升级。数字化是信息化的高阶阶段，是信息化的广泛深入运用，是从收集、分析数据到预测数据、经营数据的延伸，而智能化是信息化、数字化的最终目标，也是发展的必然趋势。当前，全球信息通信技术正进入技术架构大迁徙时代，企业数字化转型正在经历从基于传统信息技术（IT）架构的信息化管理，迈向基于云架构的智能化运营。

1. 信息化。

信息化（informatization）通常指现代信息技术应用，特别是促成应用对象或领域（比如企业或社会）发生转变的过程。

2. 数字化。

数字化是指将信息从纸质或非数字形式转化为数字形式的过程，也可用来描述把数字技术或工具引入各种活动、产品或服务的过程。

3. 智能化。

智能化是在产品、工具和工作系统中协同应用人类智能和人工智能，以提高其功效的过程。

（二）数字化技术应用领域

1. 大数据。

（1）大量性，是指大数据的数量巨大。在大数据时代，个人电脑、手机、平板电脑等网络工具的使用和高度发达的网络技术的普及,使数据资料的来源范围不断拓展,数据的计量单位从 PB 到 EB 再到 ZB,数据量增长发生了质的飞跃。

(2)多样性,是指数据类型繁多。大数据不仅包括传统的以文本资料为主的结构化数据,还包括信息化时代所有的文本、图片、音频、视频等半结构化数据和非结构化数据,且以半结构化和非结构化数据为主。

(3)高速性,是指大数据处理时效性高。大数据产生速度快,有价值信息存在时间短、时效性强,在海量的数据面前,处理数据的效率关乎数据是否有使用价值,因此,迅速有效地提取大量复杂数据中的有价值信息显得非常重要。

(4)价值性,是指大数据价值巨大,但价值密度低。大数据中存在反映人们生产、生活、商业等各方面极具价值的信息,但由于大数据规模巨大,数据时时刻刻都在更新变化,这些有价值的信息很可能转瞬即逝。因此,如何通过强大的机器算法迅速高效地完成数据的价值"提纯",成为大数据时代亟须解决的难题。

2. 人工智能。

人工智能是一门新兴的边缘学科,是自然科学和社会科学的交叉学科,它吸取了自然科学和社会科学的最新成果,以智能为核心,形成了具有自身研究特点的新的体系。人工智能的研究涉及广泛的领域,包括知识表示、搜索技术、机器学习、求解数据和知识不确定问题的各种方法等。

3. 移动互联网。

移动互联网是个人计算机(PC)互联网发展的必然产物,它将移动通信和互联网二者结合起来,成为一体。它是互联网的技术、平台、商业模式和应用与移动通信技术结合并实践的活动的总称。

4. 云计算。

云计算(cloud computing)是分布式计算的一种,是指通过网络"云"将巨大的数据计算处理程序分解成无数个小程序,然后通过多部服务器组成的系统处理和分析这些小程序得到结果并返回给用户。

5. 物联网。

物联网(Internet of Things,IoT)是新一代信息技术的重要组成部分,意指"物物相连的互联网",是在互联网基础上延伸和扩展的网络。它将各种信息传感设备与互联网结合起来形成一个巨大的网络,实现在任何时间、任何地点,人、机、物的互联互通。

物联网应用中的以下三项关键技术融合了信息化、数字化和智能化的内容:

(1)传感器技术:传感器把模拟信号转换成计算机能够处理的数字信号;

(2)射频识别(RFID)技术:这是把无线射频技术和嵌入式技术融合为一体的综合技术,主要应用于自动识别、物品物流管理;

(3)嵌入式系统技术:这是综合了计算机软硬件、传感器技术、集成电路技术、电子应用技术的复杂技术。如果把物联网比作人体,传感器相当于人的眼睛、鼻子、皮肤等感官,网络就是传递信息的神经系统,嵌入式系统就相当于人的大脑,在接收到信息后要进行分类处理。

6. 区块链。

区块链就是由一个又一个保存了一定的信息，按照它们各自产生的时间顺序连接而成的链条，它是分布式数据存储、点对点传输、共识机制、加密算法等计算机技术的新型应用模式。

二、数字化技术对公司战略的影响

（一）数字化技术对组织结构的影响

数字经济背景下，构建于互联网和信息技术基础之上的智能化和数字化为现代企业提供了全新的生存、生产、经营、竞争和创新方式。数字化转型的本质是依托数字技术对企业进行智能化、数字化改造，并借助大数据的海量性和流动性，通过不断化解企业面临的不确定性，提升企业的生产效率。

（二）数字化技术对经营模式的影响

目前，数字信息资源服务大体存在两种经营模式，即国家或部门投入的公益性经营模式和产业化经营模式（又称企业化经营模式）。产业化经营模式的主体包括数据库生产商、信息内容服务商和出版商，其投资主体主要是专业机构或企业。具体而言，数字化技术对企业经营模式的影响主要体现在以下几个方面：

1. 互联网思维的影响。

企业思维经历了由工业化思维向互联网思维的转型过程。工业化思维以大规模生产、大规模销售和大规模传播为主要标志。在这种思维模式下，企业也会根据市场反馈进行调整，但周期缓慢。处于工业化思维的传统企业，最大的困境是由于信息不足而导致的信息不对称，并由此产生了与之相适应的商业模式。

2. 多元化经营的影响。

多元化经营已经是经营者的共识。在数字技术的促进下，随着"互联网+流通"的快速发展，实体零售企业加快线上线下O2O全渠道布局，通过线上线下融合对全渠道范围零售要素（店铺、产品、服务、渠道、技术、营业模式、业态）进行重新整合，从而推动实体零售业态多元化发展。从营业模式上看，O2O模式下的实体零售运用现代信息技术，充分整合线上线下全渠道资源和价值链上下游合作伙伴，打破了线下店铺传统经营模式的时空限制，促进跨界经营融合。O2O模式下线上线下加速融合使实体零售通过商品结构和服务的调整，不断扩充商品经营品类，陆续推出无人商店、"餐厅+生鲜超市"等多种零售新业态，并融入了更多娱乐和休闲元素。

3. 消费者参与的影响。

数字化时代，网络空间得到极大的拓展和延伸，互联网将现实世界和虚拟世界紧密连接起来，为消费者参与企业商业模式创新提供了广泛的渠道。借助大数据平台，消费者可以实现将历史数据和实时数据高度融合匹配，充分发挥主观能动性，为企业商业模式创新贡献个性化智慧。

（三）数字化技术对产品和服务的影响

随着产品技术趋向同质和服务经济兴起，产品制造为企业创造价值的空间不断受到侵蚀，而服务开发不仅能够有效解决客户问题，而且有助于企业优势制造业向价值链高端环节攀升。服务化逐渐成为企业赢得订单、获取竞争优势的重要手段，但当企业服务化出现产品与服务匹配错位、制造业务与服务业务互斥、服务化尺度把握不足时，企业容易陷入"服务悖论"困境，造成其服务化进程受阻。数字化技术的涌现能够有效缓解上述问题，尤其是当制造企业向客户提供"软件＋产品＋服务"的数字化集成解决方案时，将极大地推动制造企业服务化进程。具体而言，数字化技术对产品和服务的影响主要体现在以下四个方面：

1. 个性化。

数字化时代，消费者的需求发生了显著变化，个性化成为消费者需求的重要特征。消费者诉求已经由传统的价格、质量、实用等功能性诉求转向服务、社交、分享、沟通、参与等体验性诉求。

2. 智能化。

在以数字化为标志的新时代，产品的一个重要特征是智能化。

3. 连接性。

数字化环境下产品的另一重要特征是不断增强的连接性。

4. 生态化。

在数字化转型的新时期，产品的生态属性更被消费者所关注。

（四）数字化技术对业务流程的影响

传统的企业管理模式下的业务流程，非增值的环节比较多，信息传递较为缓慢，流程中各环节的关系混乱，特别是一个完整的业务流程被不同的职能部门分割开来，降低了流程的效率和效益。因此，企业只有对其流程进行改造与创新，才能在新的环境中得以生存与发展。

三、数字化战略

（一）数字化战略的定义

数字化并不是对企业以往的信息化建设推倒重来，而是整合优化以往的企业信息化系统，在此基础上提升管理和运营水平，同时用新的技术手段提升企业的技术能力，以支撑企业适应数字化转型变化带来的新要求。数字化战略是指全面评估企业数字资产，制订持续改进计划并积极服务于企业业务增长目标的战略举措。

（二）数字化战略转型的主要方面

1. 技术变革。

5G、工业互联网等新一代信息技术的发展促使企业对基础条件如网络、通信设备和原有系统等进行重构与变革，为企业的创新行为提供技术资源的支撑，加速企业产品与服务的创新，探索新的市场机遇。

（1）数字化基础设施建设。数字化基础设施建设是企业进行数字化转型的基石。选取主干网与互联网接口带宽、主干网网络覆盖率和数据安全措施应用率作为数字化基础设施的主要评价指标。

（2）数字化研发。数字化研发是企业转型升级的主要动力，选取新产品产值率、R&D投入强度和员工人均专利数作为评价企业数字化研发的主要指标。新产品产值率指一定报告期内新产品产值与企业总产值的比重，是反映企业研究成果快速转化为新产品和适应市场变化能力的重要指标。

（3）数字化投入。数字化投入为推动企业数字化转型提供支持，选取数字化投入占比、数字化设备投入占比、数字化运维投入占比和数据安全投入占比作为数字化投入的评价指标。

2. 组织变革。

消费需求日益个性化，迫使企业利用数字化技术变革组织结构，以增强对市场的反应速度，同时也需要员工之间加强直接沟通与信息获取，提高数字化技能与管理能力，进而拉动企业对数字化应用人才的需求。

（1）组织架构。

（2）数字化人才。

3. 管理变革。

企业通过数字化转型打通生产与管理全流程的数据链，促进业务流程变革、生产变革和财务变革，提高产品质量和生产效率。

（1）业务数字化管理。业务数字化管理是企业数字化转型的重点之一，选取电子商务采购比率、数字化仓储物流设备占比、订单准时交付率以及数据可视化率作为业务管理的评价指标。

（2）生产数字化管理。数字化生产是企业数字化转型的关键，选取作业自动化编制及优化排程比例、与过程控制系统（PCS）或生产执行系统（MES）直接相连的数字化设备占比、数字化检测设备占比和在线设备管理与运维比例作为衡量企业数字化生产能力的指标。

（3）财务数字化管理。财务数字化管理为企业数字化转型提供保障，企业可以选取企业资源规划（ERP）系统覆盖率、资金周转率和库存资金占有率来反映企业财务数字化管理指标。ERP系统可以打通企业生产与管理全流程数据，为企业的经营决策提供数据支持。

（4）营销数字化管理。很多行业发展的历史路径依赖性决定了目前产品的销售导向性，比如营销长期依靠营销人员的人海战术和销售费用的大规模投放，一直走的是依靠人力规模扩大带动业务增长的发展方式。

四、数字化战略转型的困难和任务

（一）公司数字化战略转型面临的困难

1. 网络安全与个人信息保护问题。

网络对公司数字化转型起着重要作用但也存在安全问题：数据在云化以后，数据集中化程度不高，造成数据安全性得不到保障，数据非法访问风险加剧；传统的应用服务器是独立的，但上了云系统以后，应用服务器的安全边界越来越小，甚至还会出现很多漏洞，虚拟机和虚拟机保护机制不完善；公司希望扩大数字应用范围，但安全匹配落后；公司希望运行速度更快，这也是云计算的明显优势，但授权也会呈现静态变化，从而导致匹配难度加大。

2. 数据容量问题。

在传统的管理模式下,无论数据储备还是数据整合分析的工作量在企业经营管理中所占比重并不大,甚至不需要使用信息技术即可进行统计、处理,也无须担心数据的储存问题,更不需要先进的储存设备。公司数字化转型中数据飞速剧增,传统的普通计算机已经无法容纳海量的数据。与此同时,对后台运行、终端处理技术也提出了更高的要求。

3. "数据孤岛"问题。

开发时间与部门的差异,导致异构以及多个软硬件平台的信息系统同时运行,但这些系统数据相互独立、隔离,无法实现数据共享,由此产生了"数据孤岛"。随着数字化进入全新的发展阶段,公司对外部信息包括产业链上下游企业信息的需求呈现不断上升的趋势,需要对这些数据资源进行整合,实现行业信息共享。

4. 核心数字技术问题。

公司数字化转型面临成本较高、核心数字技术供给不足等问题,也缺乏有能力承担集战略咨询、架构设计、数据运营等关键任务于一体,且能够实施"总包"的第三方服务商。目前市场上的方案多是通用型解决方案,无法满足企业与行业的个性化、一体化需求。更为重要的是,对于很多中小企业而言,市场上的软件、大数据、云计算等各类业务服务商良莠不齐,缺乏行业标准,选择难度较大。

5. 技术伦理与道德问题。

数据世界在某种程度上来说是一个由数据形成的超级链接的新维度,其创造力和生产力空前,但某些在技术上可以实现的产物,在数字化世界中是受道德约束的,即技术上"能做"不代表现实中"可行"。数字化道德应受法律规定、数字技术与道德规范共同约束。数字化道德的实施要注重伦理规范和道德判断的编码化,须从一个工程师的思维、一个软件的思维转变到人文主义的思维。

(二) 公司数字化战略转型的主要任务

1. 构建数字化组织设计,转变经营管理模式。

(1) 制定数字化转型战略。由企业领导层亲自负责,制定企业级的数字化转型战略,做好数字化转型的顶层设计,对企业数字化转型进行全面、系统、整体的规划布局,明确企业数字化转型的战略定位、战略目标,确定数字化战略的具体内容,指明数字化转型战略的实施步骤和实施路径。

(2) 建立数字化企业架构。推动企业传统架构向新一代数字化企业架构转变,重构企业业务架构、数据架构和技术架构,建立以混合云为基础,以企业数字化云平台为载体,实现业务自由扩展、应用高效支撑、服务灵活部署、数据融合应用的新一代企业架构。

(3) 推动数字化组织变革。建立数字化组织变革领导小组,调整组织架构,建立适应数字化转型的组织体系,构建起以业务为核心、灵活机动、分布式、扁平化、网状化的组织体系,形成适应数字经济条件的新的组织体系。

2. 加强核心技术攻关,夯实技术基础。

建立公司数字化技术管理体系,对互联网、移动互联网、大数据、人工智能、区块链、云计算等各类技术进行统筹管理,融合企业内外技术团队的能力,建立一个开放式的技术开发应用生态，推动各项技术在企业数字化转型中的实时响应、有力支撑、高效应用。增加企业牵头的科研项目数量，并在技术专利方面有所突破。

3. 打破"数据孤岛"，打造企业数字化生态体系。

围绕实现数据、技术、流程、组织四要素和有关活动的统筹协调、协同创新管理和动态优化，建立适宜的标准规范和治理机制，打破"数据孤岛"。建立企业数字化生态体系和企业级数字生态服务平台，以开放共享的理念，连接企业客户和上下游合作伙伴、第三方服务商等各类主体，形成以企业价值创造为核心的全面开放、协同共生、共建共享的企业级数字化生态共同体。

4. 加快企业数字文化建设。

建立企业数字化转型的文化氛围，让数字化转型深入人心，成为企业的主流文化。用数字化转型推动企业各个部门、各个小组、全体员工学习数字化转型相关内容，了解数字化转型给企业、部门、小组、个人带来的价值，形成自上而下、自下而上双向驱动的数字化转型文化。

5. 利用新兴技术，提升公司网络安全水平。

每个企业都需要某种形式的网络保护系统，否则就有可能成为网络攻击的牺牲品。通常，公司会使用网络安全程序来控制谁可以查看和使用公司数据，员工需要 ID 和密码组合才能进入公司网络。在云计算、虚拟化和移动计算技术的应用下，利用支持架构和技术控制来进行安全监控，提供可用于增强服务质量和性能指标的数据。企业和 IT 专业人员都应明确意识到网络安全必须与时俱进。

6. 重视数字伦理，提升数字素养。

数字伦理是在数字技术和数字信息的开发、利用和管理等方面应该遵循的要求和准则。企业数字化战略转型不仅是纯粹数字技术的运用，还将涉及在数字技术应用中所产生的企业与社会之间的行为规范。一方面，企业要重视数字伦理，即要重视在数字化转型过程中，数字技术应用所带来的安全问题、隐私保护、数字信息产权等，避免数字技术滥用、用户隐私侵犯、算法歧视与陷阱等数字伦理问题，把握合适的伦理尺度、价值准则与道德规范，为社会创造积极正向价值。另一方面，企业要提高数字素养，合理有效利用数字技术并发挥数字技术的积极作用，强化企业数据思维，提高数据挖掘能力，促进数据价值创造，推动企业数字化战略转型与企业数字素养的相互促进。

第五章 公司治理

第一节 公司治理概述

一、企业的起源与演进

（一）业主制企业

业主制企业（the sole proprietorship）发源于工业革命时期，是由传统家庭作坊演变而来的手工工厂组织，也是由自然人个人投资成立和经营控制的组织，是生产技术水平提高和市场规模扩大对专业化分工合作生产提出要求的必然产物。业主制企业不具有法人资格，对企业的负债承担无限责任，即当企业资不抵债的时候，业主需要拿出个人财产偿还企业债务。

业主制企业的优点有：

（1）企业内部组织形式简单，经营管理的制约因素少，经营管理灵活，法律登记手续简单，容易创立和解散。

（2）企业的资产所有权、控制权、经营权、收益权均归业主所有，业主享有完全自主权，便于发挥其个人能动性、生产力及创造力。

（3）业主自负盈亏，对企业负债承担无限责任，个人资产与企业资产不存在绝对的界限，当企业出现资不抵债时，业主要用其全部资产来抵偿，因此业主会更加关注预算和成本控制以降低经营风险。

业主制企业的缺点有：

（1）所有者只有一人，企业资产规模小，资金筹集困难，企业容易因资金受限而难以扩大生产规模。

（2）企业所有权、收益权、控制权、经营权高度统一归业主所有，使企业存续受制于业主的经营意愿、生命期、继承者能力等因素。

（3）企业经营者也只是所有者一人，当企业发展到一定规模后，限制在个人内的人力资本就很可能会影响到组织决策的质量。

（4）因业主承担无限责任所带来的风险较大，企业为规避风险而缺乏创新动力，不利于新产业发展。

因此，随着企业规模的不断扩大，业主制企业逐渐被合伙制企业所取代。

（二）合伙制企业

与业主制企业相比，合伙制企业的优点有：

（1）扩大了资金来源，有助于企业扩大规模、发展生产，部分缓解了业主制资金不足的问题。

（2）合伙制企业虽然拥有多个产权主体，但其产权结构完整统一，更有利于整合发挥合伙人的资源优势，促进人力、技术、土地、资金等资源共享，部分缓解了业主制人力资本不足的问题。

（3）合伙人共同经营企业、共担风险，在企业经营管理上可以实现优势互补、集思广益，在一定程度上分散了经营压力。

合伙制企业的缺点有：

（1）合伙人对企业债务承担无限责任，风险较大。

（2）合伙人之间缺乏有效制约机制，监督履责困难，可能产生"搭便车"行为。单个合伙人没有全部承担他的行动引起的成本或收益，在无限责任下，这种外部性导致了很大的连带风险。

（3）在经营管理决策中合伙人之间产生的分歧带来很多的组织协调成本，降低了决策效率。

（4）合伙人的退伙会影响企业的生存和寿命。

受到上述局限，合伙制企业不断向公司制企业演变。

（三）公司制企业

公司制企业（the corporation）是企业制度与经济、社会和技术发展适应变迁的结果，是现代经济生活中主要的企业存在形式。它使企业的创办者和企业家在资本的供给上摆脱了对个人财富、银行和金融机构的依赖。在最简单的公司制企业中，公司由三类不同的利益主体即股东、公司管理者、雇员组成。与传统的企业或古典企业相比，公司制企业具有以下三个重要特点。

1. 有限责任制。

有限责任制是指公司应当以其全部财产承担清偿债务的责任。公司的股东以其认缴的出资额或认购的股份数为限对公司承担责任，具体而言，有两层含义：一是公司以其全部法人财产对其债务承担有限责任；二是当公司破产清算时，股东仅以其出资额为限，对其公司承担有限责任。有限责任可以：降低股东风险，激励投资行为；促进资本流动，股东自由转让股份转移投资风险的行为也推动了现代证券市场的发展。此外，相较于无限责任制下，投资者为了避免承担与自身投资收益不成比例的巨额债务风险而须付出高昂监督成本的局限，有限责任制可转移、多样化、分散化的投资风险极大地降低了大部分中小股东的监督成本，实现了减少交易费用、降低管理成本的目标。

2. 股东财产所有权与企业控制权分离。

有限责任制将股东的风险上限确定后，股东不仅降低了相互监督的必要性，也降低了直接参与经营管理活动的积极性。随着技术发展、市场竞争加剧和企业规模不断扩大，企业的经营管理越来越复杂，对管理者的技能、知识和经验要求越来越高，企业的经营管理也成为一项专业要求很高的活动。这些都为公司从外部引入职业经理人提供了机会。

3. 规模增长和永续生命。

在现代公司制度中，企业以独立法人的形态存在，克服了传统合伙制退伙、散伙致使公司消灭的潜在风险。业主制、合伙制企业经营权和所有权相结合，受所有者个人因素影响较大，更为关注短期利益，不利于企业规模的扩大和长期存续发展。公司制企业初始即实现了产权与经营权的分离，所有者与法人财产权的分离，使企业实现永续运行，理论上可以多达几千万的股东数量极大提升了公司筹集资金的能力，公司规模可以迅速增长，在很多领域能够实现规模经济，迅速提升运行效率和降低成本，在市场竞争中取得核心竞争力。

二、公司治理问题的产生

随着公司制企业的不断发展，现代企业呈现出股权结构分散化、所有权与经营权分离等典型特征，由此产生了治理问题，使公司治理成为现代企业所应关注的核心问题。

股权结构的分散化是现代企业的第一个特征。公司的股权结构，经历了由少数人持股到社会公众持股再到机构投资者持股的历史演进过程。在公司制企业发展早期，公司只有少数的个人股东，股权结构相对集中。随着公司规模的扩大及证券市场的发展和成熟，公司的股权结构逐步分散化。尽管机构投资者也经历着快速的发展，但这些机构的投资策略较为分散，大量的公司股票还是分散到了社会公众手中。高度分散化的公司股权结构，对经济运行产生了重要的影响。一方面，明确、清晰的财产权利关系为资本市场的有效运转奠定了牢固的制度基础。不管公司是以个人持股为主，还是以机构持股为主，公司的终极所有权或所有者始终是清晰可见的，所有者均有明确的产权份额以及追求相应权益的权利和承担一定风险的责任。另一方面，高度分散化的个人产权制度是现代公司赖以生存和资本市场得以维持与发展的润滑剂。因为高度分散化的股权结构意味着作为公司所有权的供给者和需求者都很多，股票的买卖者数量越多，股票的交易就越活跃，股票的转让就越容易，规模发展就越快，公司通过资本市场投融资就越便捷。但是，公司股权分散化也对公司经营造成了不利影响。首先，股权分散化的最直接影响是公司的股东们无法在集体行动上达成一致，从而提高了治理成本；其次，对公司的经营者的监督弱化，特别是大量存在的小股东，他们不仅缺乏参与公司决策和对公司高层管理人员进行监督的积极性，而且也不具备这种能力；最后，分散的股权结构使得股东和公司其他利益相关者处于被机会主义行为损害、掠夺的风险之下。

三、公司治理的概念

（一）公司治理的定义

从公司治理的实践及这一问题的产生和发展来看，可以从狭义、广义两个方面来理解公司治理的定义。狭义的公司治理是指所有者（主要是股东）对经营者的一种监督与制衡机制，即通过一种制度安排，合理地配置所有者和经营者之间的权力和责任关系。它是借助股东会、董事会、监事会、经理层所构成的公司治理结构来实现的内部治理，其目标是保证股东利益的最大化，防止经营者对所有者利益的背离。

广义的公司治理不局限于股东对经营者的制衡，还涉及广泛的利益相关者，包括股东、雇员、债权人、供应商和政府等与公司有利害关系的集体或个人。公司治理是通过一套包括正式或非正式的、内部或外部的制度或机制来协调公司与所有利益相关者之间的利益关系，以保证公司决策的科学性与公正性，从而最终维护各方面的利益。因为在广义上，公司已不仅是股东的公司，还是一个利益共同体，公司的治理机制也不仅限于以治理结构为基础的内部治理，还是利益相关者通过一系列的内部、外部机制来实施的共同治理，治理的目标不仅是股东利益的最大化，还是所有利益相关者的利益最大化。

（二）公司治理的概念理解

为了更好地把握公司治理的内涵，可以从以下三个方面进一步思考和理解公司治理问题。

1. 公司治理结构与治理机制。

依据公司内外部环境差异，公司治理可以被划分为治理结构和治理机制两个维度。治理结构主要侧重于公司的内部治理，包括股东会、董事会、监事会、高级管理团队及公司员工间权责利相互监督制衡的制度体系。显然，在现代市场经济环境下，仅靠公司内部的治理结构很难解决公司治理的所有问题。因此，还需要超越公司内部治理结构的外部治理机制监控公司的经营决策。

2. 从权力制衡到科学决策。

公司治理的实质就是委托代理关系下利益相关方的权、责、利配置问题。市场信息不对称、合约不完备及代理成本的存在，使得在利益不一致的委托人和代理人之间可能产生逆向选择和道德风险等代理问题。

3. 公司治理能力。

前面介绍了公司治理结构与治理机制对公司治理的重要性，这并不证明只要建立健全了公司治理结构与治理机制就能取得良好的治理效果。在实践中，拥有相同或类似的治理结构和治理机制的企业，绩效却存在着差异。

四、公司治理理论

（一）委托代理理论

委托代理理论是制度经济学契约理论的主要内容之一，主要研究的委托代理关系是指一个或多个行为主体（股东等）根据一种明示或隐含的契约，指定、雇用另一些行为主体（经理等）为其服务，同时授予后者一定的决策权利，并根据后者提供的服务数量和质量对其支付相应的报酬。授权者就是委托人，被授权者就是代理人。

（二）资源依赖理论

资源依赖理论认为组织需要通过获取环境中的资源来维持生存，没有组织可以完全实现资源自给，企业经营所需的资源大多需要在环境中进行交换获得。组织对环境及其中资源的依赖，也是资源依赖学派解释组织内权力分配问题的起点。资源依赖理论强调组织权力，把组织视为一个政治行动者，认为组织的策略无不与组织试图获取资源、控制其他组织的权力行为相关。资源依赖理论也考虑了组织内部的因素，认为组织对某些资源的需要程度、该资源的稀缺程度、该资源能在多大程度上被利用并产生绩效以及组织获取该项资源的能力，都会影响组织内部的权力分配格局。因此，那些能帮助组织获得稀缺性资源的利益相关者往往能在组织中获得更多的话语权，即资源的依赖状况决定组织内部的权力分配状况。

（三）利益相关者理论

1984年，弗里曼出版了《战略管理：利益相关者管理的分析方法》一书，明确提出了利益相关者管理理论。利益相关者管理理论是指企业的经营管理者为综合平衡各个利益相关者的利益要求而进行的管理活动。与传统的股东至上主义相比较，该理论认为任何一个公司的发展都离不开各利益相关者的投入或参与，企业追求的是利益相关者的整体利益，而不仅仅是某些主体的利益。

利益相关者理论的要点主要体现在以下几个方面：

（1）在现代企业中，所有权是一个复杂的概念，讨论公司治理以所有权为起点"是彻底错误的，是高水平的误导"，股东并不是唯一的所有者，他们只能拥有企业的一部分。传统理论把作为所有者的一切权利和责任赋予股东，并非出于社会科学的规律，而仅仅是一种法律和社会惯例而已。

（2）并不是只有股东承担剩余风险，职工、债权人、供应商都可能是剩余风险的承担者，所有利益相关者的投入都可能是相关专用性资产，这部分资产一旦改作他用，其价值就会降低。因此，投入企业的这部分资产是处于风险状态的，为激励专用性资产进入企业，需要给予其一定的剩余收益，应该设计一定的契约安排和治理制度来分配给所有的利益相关者一定的企业控制权，即所有的利益相关者都应该参与公司治理。

（3）该理论还从对企业发展的贡献上说明了重视非股东的其他利益相关者的必要性。在现代经济生活中，绝大多数资本所有者只是小股东，只不过是市场上的寻利者，大多只会"用脚投票"，而放弃"用手投票"权，对企业承担的责任日益减少。真正为企业的生存和发展操心的，是与企业利害关系更为密切的经理人员和广大职工。公司治理结构不能仅仅局限于调节股东与经理之间的关系，董事会等决策机构中除了股东代表以外还应有其他利益相关者的代表。

（4）该理论还从产权角度论证了其"新所有权观"的合理性。出资者投资形成的资产、企业经营过程中的财产增值和无形资产共同组成企业的法人财产，法人财产是相对独立的。

五、公司治理与战略管理

公司治理作为现代企业制度的核心，通过合理的利益与风险的分配以及有效的监督机制、激励机制和权力制衡机制，能够在很大程度上解决由于契约的不完整性而产生的委托代理问题，从而为企业进行有效的战略管理提供了制度基础和根本保障。

（一）公司治理直接影响战略管理主体行使战略管理权限和职能

战略管理主体是指参与企业战略管理过程的所有组织、机构和人员，包括董事会、高层管理者、事业部经理、职能部门管理者及相关人员等。

（二）公司治理影响企业战略目标

战略目标是企业各利益主体进行利益博弈与平衡的结果，而公司治理结构与治理机制直接决定了企业各利益主体在利益博弈中的地位，制约着他们对自身利益的追求和对企业战略目标的选择。

（三）公司治理模式对战略实施过程有重大影响

公司治理作为一种权力制衡和监督机制，对战略实施过程起着监督、控制作用。企业如果选择内部治理模式，这种监督、控制责任就由董事会履行。企业如果选择外部治理模式，对战略实施的监督、控制则通过外部市场实现。如果公司治理失效，市场上的投资者就会通过"用脚投票"的方式抛售企业股票，董事会或相关高级管理层会因此受到相应的惩罚。

第二节　公司治理三大问题

公司治理的问题主要包括代理型公司治理问题和剥夺型公司治理问题。代理型公司治理问题面对的是股东与经理之间的关系，即传统意义上的委托代理关系，而剥夺型公司治理问题则涉及股东与股东间的利益关系。

一、经理人对于股东的"内部人控制"问题

按照委托代理理论，现代企业可以看作一系列委托代理合约的结合，在这一合约中，所有者与经营者之间虽然具有委托代理关系，但是由于存在着目标利益的不一致与信息的不对称问题，企业的外部成员（如股东、债权人、主管部门等）无法实施有效的监督，从而使企业的内部成员（如厂长、经理或工人）能够直接参与企业的战略决策，并掌握大部分企业实际控制权，他们在企业战略决策中追求自身利益，甚至与内部各方面联手谋取各自的利益，从而架空所有者的有效控制，并以此来侵蚀作为外部人（股东）的合法权益，这就是所谓的"内部人控制"现象。

（一）"内部人控制"的成因

内部人控制问题的形成，实际上是在所有权和经营权分离的公司制度下，委托代理关系所带来的必然结果。虽然从某种意义上讲，所有者与经营者利益一致、目标相同，企业经营好坏与两者息息相关，但两者实际上并非相同的利益主体，所有者目标较为单一，追求企业利益最大化，而代理人的目标更为多元化，既追求个人收入，也追求权力、地位与在职消费等。当两者之间发生利益冲突时，经营者往往会利用控制企业的特殊地位和拥有公司大量信息的有利条件，设法弱化所有者的约束，放弃甚至侵害所有者的权益以实现自身利益的最大化。

另外，公司治理机制的不完善为内部人控制提供了有利条件。通过对股份制企业的运行状况进行研究分析可以发现许多企业的内部治理结构是扭曲的，在我国国有股份占主导地位的企业中表现得更为严重。股东会流于形式，企业并没有把股东会作为最高权力机构，董事会凌驾于股东会之上，甚至是董事长兼任总经理一揽大权，董事会、监事会成员由股东会选举产生的比例也不高，所以难以产生监督和制衡的作用。

（二）"内部人控制"问题的主要表现

经理人对股东负有忠诚、勤勉的义务，然而由于委托代理问题和缺乏足够的监督，经理人在经营管理中通常会违背忠诚和勤勉义务，从而导致内部人控制问题。

一般认为违背忠诚义务导致的内部人控制问题的主要表现有：过高的在职消费；盲目过度投资，经营行为短期化；侵占资产，转移资产；工资、奖金等收入增长过快，侵占利润；会计信息作假、财务作假；建设个人帝国。

一般认为违背勤勉义务导致的内部人控制问题的主要表现有：信息披露不完整、不及时；敷衍偷懒不作为；财务杠杆过度保守；经营过于稳健、缺乏创新等。

国有资产流失、会计信息失真是我国国企改革过程中的"内部人控制"的主要表现形式。

（三）治理"内部人控制"问题的基本对策

当前公司治理中存在的内部人控制问题虽然出现在企业内部，但根源却在企业外部的制度和机制，即外部职责的懈怠和治理功能的缺失。要解决内部人控制问题可以从以下几方面着手：

第一，完善公司治理体系，加大监督力度。在明确股东会、董事会、监事会和经理层职责的基础上，使其运作流程更加规范，信息更加透明、公开。这既有利于监管企业的日常经营活动，也能为建立更好的经理人激励机制提供条件。

第二，强化监事会的监督职能，形成企业内部权力制衡体系。吸纳具有良好专业素质的外部人员担任独立董事，以此削弱监事会对董事会的依附，从而加强对企业经理人员的监督。监督机构独立运作，与日常经营相互制约、相互扶持。从长远看，这有助于形成内部不同利益集团间的监督制衡机制。

第三，加强内部审计工作，充分发挥内部审计的监督职能，完善企业内部约束机制。

第四，完善和加强企业的外部监督体系，使利益相关者参与到企业的监管中，再结合经济、行政、法律等手段，构建对企业经营者的外部监督机制。

二、终极股东对于中小股东的"隧道挖掘"问题

在传统的公司治理理论中，一般都是将如何保障公司股东利益不被侵占作为关注的重点，相应的治理结构和治理机制也都是基于此种考虑进行设计的，但在如今的现实世界中，委托代理问题还体现为大股东与中小股东之间的利益冲突，具体表现为终极股东对中小股东的"隧道挖掘"的剥夺型公司治理问题。

（一）"隧道挖掘"问题的成因

许多企业都存在着一个或几个具有绝对影响力的大股东，第一大股东和其他大股东之间通常具有关联关系或形成控制联盟，对于那些在数量上占绝大多数的中小股东而言，他们实际上只拥有名义上的控制权，这与其所承担的实际风险并不对等。尤其是当资本市场缺乏对中小股东利益的保护机制时，对企业经营活动具有控制力的大股东的行为就更加不容易被约束，他们可能以牺牲众多的中小股东利益为代价，通过追求自利目标而非公司价值目标来实现自身利益最大化，从而导致终极股东的"隧道挖掘"问题。

（二）"隧道挖掘"问题的表现

剥夺型公司治理问题主要是控股股东剥夺其他中小股东利益的行为，即"隧道挖掘"

行为。剥夺是指终极股东利用控股股东身份侵犯企业资源，进而损害其他股东（以及其他利益相关者）利益的行为，其可以分为以下两种类型：

1. 滥用企业资源。

滥用企业资源是指并非以占有企业资源为目的，但也未按照企业整体目标为行动导向的行为。例如，终极股东是某家族或国有企业的时候，终极股东做的一些决策可能更多是从家族利益（如为了家族荣耀等目标而采取过度保守的经营策略）或政府社会性功能的角度出发（如为了保障社会就业而导致国有企业的冗员），从而偏离了股东财富最大化目标。终极股东滥用企业资源违背了其作为代理人的勤勉义务。

2. 占用企业资源。

占用公司资源是指终极股东通过各种方法将企业的利益输送至自身的行为。这违背了其作为代理人的忠实义务。

占用企业资源的利益输送行为，又可以分为直接占用资源、关联性交易和掠夺性财务活动三类。

（1）直接占用资源。直接占用资源是指终极股东将利益直接从企业输送给自己，在中国上市公司中这种行为一度盛行，表现为直接借款、利用控制的企业借款、代垫费用、代偿债务、代发工资、利用公司为终极股东违规担保、虚假出资。预付账款也是终极股东及其他关联方占用企业资金的途径之一，比"其他应收款""应收账款"更加隐秘。比如，大股东及其他关联方通过代销产品等经营性关系，加大对挂牌公司资金的占用。

此外，除了这些直接的利益输送之外，终极股东占用企业商标、品牌、专利等无形资产，以及抢占公司的商业机会等行为也属于直接的利益输送，即终极股东违规占用企业的资源，为其进行利益输送。

（2）关联性交易。关联性交易的利益输送又可以分为商品服务交易活动、资产租用和交易活动、费用分摊活动。这些活动本属于企业的正常经营管理业务，但如果这些活动都以非市场的价格进行交易，就容易成为终极股东进行隧道挖掘谋取私利的工具。

①商品服务交易活动。商品服务交易活动在企业经营中比较普遍，我国很多上市公司都是原国有企业剥离改制上市的，因为很多上市公司后面都有一个控股的母公司国有企业集团，上市公司和母公司之间的买卖购销非常紧密。终极股东经常以高于市场的价格向公司销售商品和提供服务，以低于市场价格向公司购买商品和服务，利用明显的低价或高价来转移利润，进行利益输送。

②资产租用和交易活动。资产租用和交易活动与商品服务交易活动很相似，仅仅是交易的标的物不同。租用和交易的资产有房屋、土地使用权，机器设备，商标和专利等无形资产。托管经营活动中的非市场交易，也属于这一类。

③费用分摊活动。在我国，上市公司后面经常有一个控股的母公司，双方在财务、人事、经营、管理等方面存在千丝万缕的联系，因此，上市公司和控股母公司常常要共同分担一系列费用，比如广告费用，离退员工费用，各类员工福利费用如医疗、住房、交通等费用，这些费用的分摊过程经常充满了随意性，且属于内部信息，控股的终极股东常常利用费用分摊活动从上市公司获取利益，进行"隧道挖掘"。另外，终极股东自己或者派人到公司担任董事、监事和高管等职位后，将相关的高额薪酬、奖金、在职消费

等费用分摊到公司,这样终极股东就变相地从公司进行了利益输送。

(3)掠夺性财务活动。掠夺性财务活动更为复杂和隐蔽,具有多种表现形式,具体可以分为掠夺性融资、内幕交易、掠夺性资本运作和超额股利等。

①掠夺性融资。在我国,上市公司是稀缺资源,有了上市公司这个平台,一些上市公司可以大量融资、圈钱。一些公司通过财务作假以骗取融资资格、虚假包装以及过度融资的行为,损害了外部中小投资者利益。另外,公司向终极股东低价定向增发股票也属于掠夺性融资行为。

②内幕交易。内幕交易是指内幕人员根据内幕消息买卖证券或者帮助他人,违反了证券市场"公开、公平、公正"的原则,内幕交易行为必然会损害证券市场的秩序,因此《证券法》明文规定禁止这种行为。终极股东经常利用信息优势,利用所知悉、尚未公开的可能影响证券市场价格的重大信息来进行内幕交易,谋取不当利益。

③掠夺性资本运作。掠夺性资本运作活动,有点类似于资产租用和交易活动,但是掠夺性资本运作的标的物是公司的股权,终极股东经常利用公司股权进行资本运作,实现相关公司的股权交易,经常是公司高价收购终极股东持有的其他公司股权,造成公司的利益流向终极股东,这属于典型的"隧道挖掘"行为。

(三)如何保护中小股东的权益

1. 累积投票制。

我国《公司法》第一百一十七条明确规定:"股东会选举董事、监事,可以依照公司章程的规定或者股东会的决议,实行累积投票制。本法所称累积投票制,是指股东会选举董事或者监事时,每一股份拥有与应选董事或者监事人数相同的表决权,股东拥有的表决权可以集中使用。"我国2018年颁布的《上市公司治理准则》第十七条规定:"董事、监事的选举,应当充分反映中小股东意见。股东大会在董事、监事选举中应当积极推行累积投票制。单一股东及其一致行动人拥有权益的股份比例在30%及以上的上市公司,应当采用累积投票制。采用累积投票制的上市公司应当在公司章程中规定实施细则。"

累积投票制,即当股东应用累积投票制度行使表决权时,每一股份代表的表决权数不是一个,而是与待选人数相同,并且股东可以将与持股数目相对应的表决票数以任何集中组合方式投向所选择的对象。累积投票制对应的是直接投票制。直接投票制是指将董事会席位逐一进行表决,根据投票多少决定人选,直接投票制体现的是一种由大股东控制公司的权利义务对等的理念。

2. 建立有效的股东民事赔偿制度。

为了加强对终极股东的权力滥用的监控,限制其"隧道挖掘"行为,我国也出台了相应的法律规定,例如我国《公司法》第二十一条规定:"公司股东应当遵守法律、行政法规和公司章程,依法行使股东权利,不得滥用股东权利损害公司或者其他股东的利益;不得滥用公司法人独立地位和股东有限责任损害公司债权人的利益。公司股东滥用股东权利给公司或者其他股东造成损失的,应当承担赔偿责任。"《公司法》第二十三条规定:"公司股东滥用公司法人独立地位和股东有限责任,逃避债务,严重损害公司债权人利益的,应当对公司债务承担连带责任。"

3. 建立表决权排除制度。

表决权排除制度也被称为表决权回避制度，是指当某一股东与股东会讨论的决议事项有特别的利害关系时，该股东或其代理人均不得就其持有的股份行使表决权的制度。建立表决权排除制度实际上是对利害关系和控股股东表决权的限制，因为有机会进行关联交易或者在关联交易中有利害关系的往往都是终极股东。有利害关系的终极股东不参与表决使得表决更能体现公司整体利益，从而保护了中小股东的权益。特别是在我国上市公司中，关联交易情况比较频繁，更加应该实施表决权排除制度。

4. 完善小股东的代理投票权。

股东可以委托代理人出席股东会会议，代理人应当向公司提交股东授权委托书，并在授权范围内行使表决权。代理投票制是指股东委托代理人参加股东会并代行投票权的法律制度。在委托投票制度中，代理人以被代理人的名义，按自己的意志行使表决权。我国《公司法》第一百一十八条规定："股东委托代理人出席股东会会议的，应当明确代理人代理的事项、权限和期限；代理人应当向公司提交股东授权委托书，并在授权范围内行使表决权。"

5. 建立股东退出机制。

当公司被终极股东控制，中小股东无法实现其诉求时，为了降低自己的投资风险和受终极股东剥夺的程度，中小股东就会选择退出。股东退出机制，包括以下两类方式：

（1）转股。转股是指股东将股份转让给他人从而退出公司。

（2）退股。退股是指在特定条件下股东要求公司以公平合理价格回购其股份从而退出公司，这种机制来源于异议股东股份回购请求权制度。

三、公司与其他利益相关者之间的关系问题

传统股东价值理论认为，公司归股东所有，公司的首要职责是为股东创造价值，所对应的治理模式也是以股东利益最大化为核心目标，过度关注投资者利益将会忽略债权人、员工、供应商、社区、顾客等与其也密切相关的利益群体。大量公司治理实践证明，现代社会任何一个企业的发展均离不开各种利益相关者的投入与参与。企业并不单纯是所有者的企业，而是所有利益相关者共同的企业。这些利益相关者都为企业的生存和发展注入了一定的专用型投资或者是分散了一定程度的经营风险，因此应当拥有企业的剩余控制权，企业的经营决策者必须要考虑他们的利益并给予相应的报酬或是补偿。只有当各利益相关者的利益得到合理的配置与满足时，才能建立更有利于企业长远可持续发展的外部环境，这有利于实现企业价值最大化和股东财富积累增加的目标。当前，在企业的治理模式中过度强调股东利益最大化，而缺乏必要机制维护各利益相关者权益的现象十分普遍。在利益相关者对企业经营和公司治理的影响越来越明显的背景下，企业经营必须重视将利益相关者融入企业的治理模式中，让外部与企业利益相关的主体共同参与公司治理。

第三节 公司内部治理结构和外部治理机制

一、公司内部治理结构

公司内部治理结构是指主要涵盖股东会、董事会、监事会、高级管理团队以及公司员工之间责权利相互制衡的制度体系。由于经理人员与股东利益不一致、合约不完备和信息不对称所产生的不确定性，使得委托代理问题不太可能通过合约来解决。这样，在公司内部就需要一个制度机制，来监督约束经理人员的行为。

（一）公司内部治理结构的模式

公司内部治理结构的模式简称公司治理模式，是指公司的决策、经营和监督机制，它是公司运作的基础和保障。公司治理模式主要有三种，分别是外部控制主导型治理模式、内部控制主导型治理模式和家族控制主导型治理模式。在这三种治理模式中，最高权力机构都是股东会，但其他权力机构或主体的设置、组成和职能有所不同。

（二）公司内部治理结构各方主体的权利和义务

1. 股东和股东会。

（1）股东及股东权利。股东是出资设立公司并对公司债务负责的自然人或各种类型的法人实体。股东可以分为普通股股东和优先股股东，普通股是代表一般权利的股份，优先股则是比普通股有一定优先权的股份。股东向公司投资，从而持有公司股票，凭借持有的股票享受法定的经济利益，承担相应的义务，并行使对公司及其组织机构享有的资产收益、参与重大决策和选择管理者等权利。依据我国《公司法》以及中国证监会发布的相关文件，股东主要享有以下具体权利：

①表决权。普通股股东通过亲自出席或者委托代理人出席股东会，对会议议决事项享有表示同意或者表示不同意的权利。表决权是普通股股东参与对公司重大经济行为的决策与监督、实施"用手投票"的途径和体现。优先股股东对公司日常经营管理的一般事项没有表决权；仅在股东会表决与优先股股东自身利益直接相关的特定事项时，例如，修改公司章程中与优先股相关的条款，优先股股东才有投票权。同时，为了保护优先股股东利益，如果公司在约定的时间内未按规定支付股息，优先股股东按约定恢复表决权；如果公司支付了所欠股息，已恢复的优先股表决权终止。

②选举权和被选举权。普通股股东有权通过股东会选举公司的董事或监事，也有权在符合法定任职资格的条件下，被选举为公司的董事或监事。如前所述，为了保护中小股东利益，《公司法》允许在股份有限公司中采用累积投票制。

③依法转让股权或股份的权利。法律禁止股东出资获得公司股权后从公司抽逃投入资产，但允许股东为了转移投资风险或者收回投资并获得相应的利益而转让其股权或股份。其中，上市公司的普通股股东可以在证券交易所进行转让，而非上市公司的股东只能在场外交易市场上转让。转让股权是普通股股东"用脚投票"的途径和体现。

④增资优先认股权。公司新增资本或增发新股时，在同等条件下，原有普通股股东有权按其持股比例优先于外部投资者认缴出资或者认购新股。这种权利使普通股股东在公司扩股时有机会保持自己对公司的控股比例不受伤害，即不稀释控制权。普通股股东也可以根据自己的意愿在公司内部转让或者放弃这一权利。

⑤股利分配和剩余财产分配请求权。在公司持续经营的条件下，作为公司的投资者，股东拥有投资收益权，这一权利主要体现为有权取得并保有公司分配的股利。优先股股东在股利分配上拥有优先于普通股股东的权利，即公司须在支付了优先股股利之后才能向普通股股东支付股利。公司中止后，向其债权人清偿债务之后还有剩余财产的，股东有权请求分配。优先股股东有权优先于普通股股东得到分配。

⑥查阅、建议和咨询权。股东作为公司资本的提供者和经营风险的最终承担者，有权知悉公司的人事、财务、经营、管理等方面的情况，通过一定程序和方式，查阅公司相关文件资料、会议记录、决议、账簿、报告等，同时负有保密义务并承担相应责任。根据《公司法》的有关规定，有限责任公司的股东有权查阅、复制公司章程、股东名册、股东会会议记录、董事会会议决议、监事会会议决议和财务会计报告，并可以要求查阅公司会计账簿、会计凭证；股份有限公司的股东有权查阅、复制公司章程、股东名册、股东会会议记录、董事会会议决议、监事会会议决议、财务会计报告，对公司的经营提出建议或者质询。连续一百八十日以上单独或者合计持有公司3%以上股份的股东可以要求查阅公司的会计账簿、会计凭证。

⑦提议召开临时股东会和自行召集的权利。根据《公司法》的有关规定，有限责任公司代表1/10以上表决权的股东、1/3以上的董事或者监事会，可以提议召开临时股东会；股份有限公司单独或者合并持有公司1/10以上股份的股东有权请求召开临时股东会。

⑧临时提案权。根据《公司法》的有关规定，股份有限公司单独或者合计持有公司百分之一以上股份的股东，可以在股东会会议召开十日前提出临时提案并书面提交董事会。临时提案应当有明确议题和具体决议事项。董事会应当在收到提案后二日内通知其他股东，并将该临时提案提交股东会审议；但临时提案违反法律、行政法规或者公司章程的规定，或者不属于股东会职权范围的除外。公司不得提高提出临时提案股东的持股比例。公开发行股份的公司，应当以公告方式作出前两款规定的通知。

⑨申请法院解散公司的权利。根据《公司法》的有关规定，公司经营管理发生严重困难，继续存续会使股东利益遭受重大损失，通过其他途径不能解决的，持有公司10%以上股东表决权的股东，可以请求人民法院解散公司。

（2）股东会。股东会由全体股东组成，是公司的权力机构。股东会依法行使下列职权。

①选举和更换董事、监事，决定有关董事、监事的报酬事项；
②审议批准董事会的报告；
③审议批准监事会的报告；
④审议批准公司的利润分配方案和弥补亏损方案；
⑤对公司增加或者减少注册资本作出决议；
⑥对发行公司债券作出决议；

⑦对公司合并、分立、解散、清算或者变更公司形式作出决议;
⑧修改公司章程;
⑨公司章程规定的其他职权。

股份有限公司的股东会分为年会与临时会议,年会应当每年召开一次。上市公司的年度股东会应当于上一会计年度结束后的6个月内举行。有下列情形之一的,应当在2个月内召开临时股东会:一是董事人数不足《公司法》规定人数或者公司章程所定人数的2/3时;二是公司未弥补的亏损达股本总额的1/3时;三是单独或者合伙持有公司股份10%以上的股东请求时;四是董事会认为必要时;五是监事会提议召开时;六是公司章程规定的其他情形。

有限责任公司的股东会分为定期会议和临时会议。定期会议是指依据法律和公司章程的规定,在一定时间内必须召开的股东会议,一般在每一个会计年度结束之后召开,每年召开一次。临时会议是指由1/10以上表决权的股东、1/3以上的董事或者监事会的提议,在定期会议之外召开的股东会议。

2. 董事会。

(1) 董事会的概念和董事会的组成。董事会是由股东会选举产生的董事组成、代表公司并行使经营决策权的常设机关。董事会成员为三人以上,其成员中可以有公司职工代表。职工人数三百人以上的有限责任公司,除依法设监事会并有公司职工代表的外,其董事会成员中应当有公司职工代表。董事会中的职工代表由公司职工通过职工代表大会、职工大会或者其他形式民主选举产生。股东人数较少或者规模较小的有限责任公司,可以设一名执行董事,不设立董事会,执行董事的职权与董事会相当。

(2) 董事的分类、任期与解任。董事是依法代表股东对内管理公司事务,对外代表公司进行经济活动的人员。按照其与公司的关系,董事分为内部董事和外部董事。内部董事也称执行董事,主要指同时担任本公司其他管理职务的董事,如总经理、常务副总经理等。外部董事是指不在本公司担任除董事以外的其他职务的董事,如其他上市公司的总裁、公司咨询顾问和大学教授等。

(3) 董事会职权。董事会对股东会负责,行使下列职权:
①召集股东会会议,并向股东会报告工作;
②执行股东会的决议;
③决定公司的经营计划和投资方案;
④制订公司的利润分配方案和弥补亏损方案;
⑤制订公司增加或者减少注册资本以及发行公司债券的方案;
⑥制订公司合并、分立、解散或者变更公司形式的方案;
⑦决定公司内部管理机构的设置;
⑧决定聘任或者解聘公司经理及其报酬事项,并根据经理的提名决定聘任或者解聘公司副经理、财务负责人及其报酬事项;
⑨制定公司的基本管理制度;
⑩公司章程规定或者股东会授予的其他职权。

(4) 董事会机构设置。董事会设董事长一人,可以设副董事长。股份有限公司董事长和副董事长由董事会全体董事过半数选举产生。有限责任公司董事长和副董事长的产生办法由公司章程规定。董事长召集和主持董事会会议，检查董事会决议的实施情况。副董事长协助董事长工作，如果董事长不能或不履行职务，则由副董事长履行董事长职务。股份有限公司可以按照公司章程的规定在董事会中设置由董事组成的审计委员会，行使《公司法》规定的监事会的职权，不设监事会或者监事。审计委员会成员为三名以上，过半数成员不得在公司担任除董事以外的其他职务，且不得与公司存在任何可能影响其独立客观判断的关系。公司董事会成员中的职工代表可以成为审计委员会成员。审计委员会作出决议，应当经审计委员会成员的过半数通过。

3. 监事会。

（1）监事会的概念和监事会的组成。监事会是由依法产生的监事组成、对董事和经理的经营管理行为及公司财务进行监督的常设机构。它代表全体股东行使对公司经营管理进行监督的职能。

监事会的成员不得少于3人。股东人数较少或者规模较小的有限责任公司，可以不设监事会，设一名监事，行使《公司法》规定的监事会的职权；经全体股东一致同意，也可以不设监事。监事会应当包括股东代表和适当比例的公司职工代表，其中职工代表的比例不得低于1/3，具体比例由公司章程规定。监事会中的职工代表由公司职工通过职工代表大会、职工大会或者其他形式的民主选举产生。董事、高级管理人员不得兼任监事。上市公司的监事应具有法律、会计等方面的专业知识或工作经验。监事会设主席一人，股份有限公司监事会可以设副主席。监事会主席和副主席由全体监事过半数选举产生。

（2）监事任期和监事会职权。监事的任期每届为3年，任期届满可以连选连任。监事任期届满未及时改选，或者由于监事在任期内辞职导致监事会成员低于法定人数，在改选出的监事就任前，原监事仍应当依照法律、行政法规和公司章程的规定，履行监事职务。

监事会行使下列职权：

①检查公司财务；

②对董事、高级管理人员执行公司职务的行为进行监督，对违反纪律、行政法规、公司章程或者股东会决议的董事、高级管理人员提出罢免的建议；

③当董事、高级管理人员的行为损害公司的利益时，要求董事、高级管理人员予以纠正；

④提议召开临时股东会会议，在董事会不履行法律规定的召集和主持股东会会议职责时召集和主持股东会会议；

⑤向股东会会议提出提案；

⑥依照《公司法》第一百八十九条的规定，对董事、高级管理人员提起诉讼；

⑦公司章程规定的其他职权。

监事可以列席董事会会议，并对董事会决议事项提出质询或者建议。

4. 经理管理机关。

（1）经理管理机关的概念。经理管理机关是指由董事会聘任的、负责公司日常经营活动的常设业务执行机关，即公司的经理。依据《公司法》相关规定，在有限责任公司中，经理不是必设机构而是选设机构。

(2) 经理的职权。公司董事会可以决定由董事会成员兼任经理。经理对董事会负责，行使下列职权：

①主持公司的生产经营管理工作，组织实施董事会决议；

②组织实施公司年度经营计划和投资方案；

③拟订公司内部管理机构设置方案；

④拟订公司的基本管理制度；

⑤制定公司的具体规章；

⑥提请聘任或者解聘公司副经理、财务负责人；

⑦决定聘任或者解聘除应由董事会决定聘任或者解聘以外的负责管理人员；

⑧董事会授予的其他职权。

公司应当定期向股东披露董事、监事、高级管理人员从公司获得报酬的情况。公司不得直接或通过子公司向董事、监事、高级管理人员提供借款。上市公司总经理及高层管理人员（副总经理、财务主管和董事会秘书）必须在上市公司领薪，不得由控股股东代发薪水。

5. 国有企业各级党委（党组）。

加强公司党建工作是全面从严治党的必然要求，把加强党的领导和完善公司治理统一起来是中国特色公司治理的重要内容。我国《公司法》第十八条规定："在公司中，根据中国共产党章程的规定，设立中国共产党的组织，开展党的活动。公司应当为党组织的活动提供必要条件"。《公司法》第一百七十条规定："国家出资公司中中国共产党的组织，按照中国共产党章程的规定发挥领导作用，研究讨论公司重大经营管理事项，支持公司的组织机构依法行使职权"。

(1) 国有企业各级党委（党组）的设置。国有企业党员人数100人以上的，设立党的基层委员会（以下简称党委）。党员人数不足100人、确因工作需要的，经上级党组织批准，也可以设立党委。党员人数50人以上、100人以下的，设立党的总支部委员会（以下简称党总支）。党员人数不足50人、确因工作需要的，经上级党组织批准，也可以设立党总支。正式党员3人以上的，成立党支部。正式党员7人以上的党支部，设立支部委员会。

经党中央批准，中管企业一般设立党组，中管金融企业设立党组性质党委。

(2) 国有企业党委组成和任期。国有企业党委一般由5至9人组成，最多不超过11人，其中书记1人、副书记1至2人。设立常务委员会的，党委常务委员会委员一般5至7人，最多不超过9人，党委委员一般15至21人。国有企业党委一般由5至9人组成，最多不超过11人，其中书记1人、副书记1至2人。国有企业党委由党员大会或者党员代表大会选举产生，每届任期一般为5年。党总支和支部委员会由党员大会选举产生，每届任期一般为3年。任期届满应当按期进行换届选举。

(3) 国有企业党委（党组）在公司治理中的作用。国有企业党委（党组）应当发挥领导作用，把方向、管大局、保落实，重大经营管理事项必须经党委（党组）研究讨论后，再由董事会或者经理层作出决定。研究讨论的事项主要包括：

①贯彻党中央决策部署和落实国家发展战略的重大举措；
②企业发展战略、中长期发展规划、重要改革方案；
③企业资产重组、产权转让、资本运作和大额投资中的原则性，方向性问题；
④企业组织架构设置和调整、重要规章制度的制定和修改；
⑤涉及企业安全生产、维护稳定、职工权益、社会责任等方面的重大事项；
⑥其他应当由党委（党组）研究讨论的重要事项。

二、公司外部治理机制

公司的董事会、监事会、高级管理团队等对有效公司治理负有主体责任，但从科学决策的角度看，仍需要外部的制约和监督，以规范公司的组织和行为、保护利益相关者的合法权益、维护社会经济秩序，进而推动和促进提升公司治理效率。这些促进形成有效公司治理的外部监控和约束构成了公司外部治理机制，主要有市场机制（包括产品市场、资本市场、经理人市场）、外部监督机制（一般包括行政监管、司法监督、中介机构执业监督、舆论监督）等。

（一）市场机制

1. 产品市场。

产品市场的竞争对经理人员的约束主要来自两个方面：一方面，在充分竞争的市场上，只有最有效率的企业才能生存，作为企业的经理人员自然也就面临更大的压力。企业的经理人员如果不努力的话，企业就可能破产，经理人员自己也可能失业。在生存压力下，经理人员就可能付出更大的努力，而且产品市场的竞争越激烈，经理人员的这种压力就越大。也就是说，市场竞争越激烈，经理人员败德行为的空间就越小。另一方面，产品市场的竞争可以提供有关经理人员行为的更有价值的信息。如果企业所在行业没有竞争，全行业只有一家企业，企业的股东就很难评判经理人员工作的好坏。但是，如果同时有几家企业在同一行业内竞争，并且影响不同企业收益和成本的因素是相同的，那么企业的股东就可以通过把自己的企业与其他企业进行比较而获得经理人员工作好坏的更准确的信息。有了产品市场上的比较，股东就可以把经理人员的报酬与同行业其他企业经理人员的业绩相联系，也就可以为经理人员提供更强的激励。

2. 资本市场。

资本市场也称为控制权市场。资本市场对经理人员行为的约束是通过接管和兼并方式进行的，也就是通过资本市场上对企业控制权的争夺的方式进行的。简单地说，就是当企业现有经理人员经营不努力时，企业的业绩就可能下降，企业的股票价格就会下跌，股票的价值也会小于可能的最大价值。这时，就会有人通过资本市场上的收购，取得这家企业的控制权，经营无方的管理者将被替代，以期待改进管理后实现增值。

即使收购不成功，在位管理者也会因面临被替代的威胁而主动改变经营行为。此时，即使没有其他的激励措施，经理人员也可能付出更多的努力，从而有可能使其行为与股东利益和企业价值最大化目标更趋一致。因此，收购和重组的威胁被认为是控制经理人员行为最有效的方法之一。

3. 经理人市场。

存在于企业所有者和管理者之间的委托代理问题会因为管理者对自己的职业生涯的关注而得到缓解。而管理者对自己职业生涯的关注主要来源于经理人市场。经理人市场之所以对经理人员的行为有约束作用,是因为在竞争的市场上声誉是决定个人价值的重要因素。经理人员如果不努力,其业绩表现就会不佳,声誉就会下降。同时,经理人员也必须关心自己的名声,因为只有信誉好了,在未来才会有人愿意聘请他,他才能获得更高的报酬。

(二) 外部监督机制

1. 行政监督。
2. 司法监督。
3. 中介机构执业监督。
4. 舆论监督。

第四节 公司治理原则

一、确保有效的公司治理框架的基础

公司治理框架应提高市场的透明度和公平性,促进资源的高效配置,符合法治原则,并为有效的监督和执行提供支持。

(1) 建立公司治理框架时,应当考虑其对整体经济运行和市场完整性的影响,其对市场参与者创新的激励,以及其对透明、运作良好市场的促进作用。

(2) 影响公司治理实践的那些法律的和监管的要求应符合法治原则,并且是透明和可执行的。

(3) 明确划分管理机构的责任,以便更好地为公众利益服务。

(4) 证券交易所的监管应为有效的公司治理提供支持。

(5) 应保证监督、监管和执行部门有适当的权力、正直的操守和充足的资源,以专业、客观的态度履行职责,作出及时、透明、解释充分的裁定。

(6) 应增强跨境合作,利用双边及多边安排促进信息交换。

二、股东权利公平待遇和关键所有权功能

公司治理框架应该保护和促进股东权利的行使。

(1) 股东的基本权利包括:①可靠的所有权登记办法;②委托他人管理股份或向他人转让股份;③及时、定期地获得公司的实质性信息;④参加股东会和参与投票表决;⑤选举和罢免董事会成员;⑥分享公司利润。

(2) 股东有权批准或参与涉及公司重大变化的决策并为此获得充分信息,这些重大变化包括:①修改公司规章或其他类似的公司治理文件;②授权增发股份;③重大交易,

包括转让全部或大部分资产而造成公司被出售的结果。

（3）股东应有机会参加股东会并行使投票权，有权了解包括投票程序在内的股东会的有关规则。

①股东应当充分、及时收到关于股东会召开的日期、地点、议程等信息，也包括关于会议将要作出决定的事项的全部信息。

②股东会的流程与程序应虑及全体股东的公平待遇。公司程序不应使投票过于困难或成本过高。

③在合理的范围内，股东应当有机会对董事会提出问题，包括与年度审计报告相关的问题，应当有机会增加股东会议程中的议题并提出议案。

④应当创造便利条件，使股东能有效参与关键的公司治理决策，如提名和选举董事会成员。股东应能够对董事会成员和关键经理人员的薪酬通过包括股东会投票等渠道发表意见。董事会成员和雇员的薪酬方案中的股权部分应得到股东的批准。

⑤股东可以亲自或由代理人投票，两者都赋予投票结果以同等效力。

⑥应消除跨国投票障碍。

（4）应为包括机构投资者在内的所有股东行使权利创造有利条件，从而使包括机构投资者在内的股东能就《OECD公司治理原则》中所界定的股东基本权利有关的事宜相互进行协商。

（5）同类同系列的股东应享有同待遇。对于使特定股东获得与其股票所有权不成比例的某种支配力或控制权的资本结构和安排，应当予以披露。

①同类别的任何股份系列，均具有相同的权利。所有的股份都应该具有同样的权利。所有的投资者在购股之前都应该获得有关各类各系列股份所享有的权利的信息。投票权上的任何改变都应该由受到不利影响的股份类别持有者同意。

②资本结构和控制安排的披露应当必不可少。

（6）关联交易的批准和执行，应确保对利益冲突进行适当管理，并保护公司和股东利益。

①关联交易中内在的利益冲突应当予以处理。

②董事会成员和关键高管应当按照规定向董事会披露是否在任何直接影响公司交易或事务中有直接、间接或代表第三方的实质性利益。

（7）少数股东应受到保护，使其不受控股股东直接或间接滥用权力，或他人为控股股东的利益而滥用权力的侵害，并应当享有有效的补救手段。

（8）应允许公司控制权市场以有效和透明的方式运行。

①有关资本市场中公司控制权收购、较大比例公司资产的出售，以及类似于合并的特类交易的规则和程序，都应清楚详细并予以披露，以使投资者理解自己的权利和追索权。交易应在价格透明和公平条件下进行，以使各类股东的权利都受到保护。

②反收购工具不应当成为管理层和董事会规避问责的借口。

三、机构投资者、证券交易所和其他中介机构

公司治理框架应当在投资链条的每一环节中都提供健全的激励因素，并规定证券交

易所的运行应当有利于促进良好公司治理实践。

（1）作为受托人时，机构投资者应当披露与其投资有关的公司治理及投票政策，包括决定使用投票权的相关程序。

（2）存管人或代理人应按照股份受益人的指示进行投票。

（3）作为受托人时，机构投资者应当披露如何管理可能会影响所投项目之关键所有权行使的重大利益冲突。

（4）公司治理框架应当要求委托投票代理顾问、分析师、经销商、评级机构，以及为投资人决策提供分析或建议的其他人员，披露可能会有损其分析或建议公正性的利益冲突，并将相应冲突控制在最低限度。

（5）内幕交易和市场操纵应当予以禁止，适用的规则应当予以执行。

（6）对于在注册地以外司法管辖区上市的公司，应当明确披露其适用的公司治理法律法规。在交叉上市的情况下，关于如何承认第一上市所适用的上市规则、相关的标准和流程，应当透明，并明文规定。

（7）证券交易所应当发挥公平高效的价格发现功能，以利于改善公司治理效果。

四、利益相关者在公司治理中的作用

（1）经法律或共同协议而确立的利益相关者的权利应得到尊重。

（2）在利益相关者的权利受法律保护的情形下，当其权利受到侵害时应能够获得有效的赔偿。

（3）应允许开发那些有利于业绩提升的员工参与机制。

（4）如果利益相关者参加了公司治理程序，他们有权及时、定期获取与他们的权利有关的充分、可靠的信息。

（5）利益相关者（包括个人雇员及其代表团体）应有权向公司董事会以及当地主管政府机构自由地就公司的非法或不道德的做法进行交流，并不得因行使该权利而妨碍其他权利的行使。

（6）公司治理框架应以有成效、有效率的破产制度框架和有效的债权人权利执行机制作为补充。

五、信息披露和透明度

（1）应当披露的重大信息至少包括：①公司的财务和业绩状况；②公司经营目标和非财务信息；③公司主要的股票所有权及相关的投票权；④董事会成员和关键高管的薪酬政策，董事会成员的其他信息，包括他们的任职资格、选择过程、就任其他公司董事职务情况、是否被董事会认定为独立董事等；⑤关联方交易；⑥可预期的重大风险因素；⑦与雇员和其他利益相关者有关的重要问题；⑧公司的治理结构和政策，尤其是其执行所依据的任何公司治理规则或政策及程序的内容。

（2）应根据会计、财务和非财务披露的高质量标准，准备并披露信息。

（3）公司每年应聘请独立、尽职、有执业资格的审计人员出具年度审计报告，由外部人员为董事会和股东对财务报表的编制和呈报的方式提供客观的依据。

（4）外部审计人员向股东负责，对公司负有在审计中发挥应有的职业审慎的义务。

（5）信息传播的途径应确保信息使用人能够平等、及时、低成本地获取有关信息。

六、董事会的义务

公司治理结构应确保董事会对公司的战略指导和对管理层的有效监督，确保董事会对公司和股东的问责制。

（1）董事会成员应在充分知情的基础上，诚实、尽职、谨慎地开展工作，最大程度地维护公司和股东的利益。

（2）当董事会的决策可能对不同股东团体造成不同的影响时，董事会应做到公平对待所有股东。

（3）董事会应具备高度的道德准则，并考虑利益相关者的利益。

（4）董事会应履行以下主要职责：①审查和指导公司的战略、重要行动计划、风险管理政策和流程、年度预算和商业计划；设定公司的业绩目标；监督战略实施和绩效；监督重大的资本支出、并购和出售等行为。②对公司治理的有效性进行监督并根据实际需要加以调整。③选举关键管理人员，确定其薪酬，监督他们的行为和业绩，在必要的时候更换新的人员并对他们职务的交接进行监督。④促使关键管理人员和董事的薪酬与公司和股东的长期利益相一致。⑤确保董事会成员的提名和选举过程的正规性和透明度。⑥对管理层、董事会成员和股东之间的潜在的利益冲突进行监督和管理，包括滥用公司资产和不当关联方交易。⑦确保包括独立审计在内的公司会计和财务报告系统诚实可靠；确保公司具备恰当的控制系统，特别是风险管理、财务和运营控制系统，以及合规系统。⑧监督信息披露和沟通流程。

（5）董事会应能够对公司事务作出客观独立的判断。

（6）为了更好地履行其职责，董事会成员应能够及时、准确地获取有关的信息。

（7）如果在董事会中设置员工代表是一项强制规定，董事会应当制定促进员工代表知情权和培训权的机制，以便员工代表有效地行使权利，最大程度地促进董事会有效性、知情权和独立性。

第六章 风险与风险管理概述

第一节 风险的概念及风险的要素

一、风险的概念

基于上述讨论，风险至少包括以下四个方面的内涵：

（1）企业风险与企业战略和绩效相关。风险是影响企业实现战略目标的各种因素和事项，企业经营中战略目标不同，企业面临的风险也就不同。

（2）风险是一系列可能发生的结果，而不能简单地理解为最有可能的结果。由于风险的可能结果不是单一的，而是一系列的，所以理解和评估风险时，"范围"这个概念对应了众多的不确定性。

（3）风险既具有客观性，又具有主观性。风险是事件本身的不确定性，是在一定具体情况下的风险，可以由人的主观判断来选择不同的风险。

（4）风险往往与机遇并存。基于风险事件的不确定性，风险的结果可以是正面的，也可以是负面的。大多数人只关注风险不利的一面，如风险带来的竞争失败、经营中断、法律诉讼、商业欺诈、无益开支、资产损失、决策失误等，因而害怕风险，但风险不一定是坏事，在许多情况下，风险孕育着机遇，有风险是机遇存在的基础，即创造价值的机遇，因此必须学会把握风险可能带来的机遇。

二、风险的要素

为了更深入地理解风险，有必要考察风险的要素，即风险因素、风险事件（事故）、风险后果。

（一）风险因素

风险因素是指促使某一风险事件发生，或增加其发生的可能性的原因或条件。它是风险事件发生的潜在原因，是造成风险后果的内在或间接原因。例如，易燃易爆材料的存储、工作人员的疏忽、消防设备的失效是导致建筑物火灾的重要因素；酒后驾车、汽车刹车系统失灵可能造成车祸等。

风险因素根据其性质，可以分为有形风险因素和无形风险因素。

有形风险因素是指直接影响事物物理功能的物质风险因素，也称为实质性风险因素，如水源或空气污染是损害人们健康的有形风险因素；汽车刹车系统失灵是引起车祸的有形风险因素。

无形风险因素是指影响物质损失的可能性和程度的非物质因素，它可以进一步分为道德风险因素和心理风险因素。

（二）风险事件（事故）

风险事件是指造成损失的偶发事故。风险一般只是一种潜在的危险，它只有通过风险事件的发生才能导致损失，即风险事件的发生使潜在的危险转化为现实的损失。

（三）风险后果

根据现代风险管理理论，风险后果是指对目标产生的影响。后果可能是确定的或不确定的，可能对目标产生正面或负面、直接或间接的影响。

第二节　风险管理的概念、特征、目标和职能

一、风险管理的概念

风险管理（Risk Management）是指在一个风险确定的环境中把风险降至最低程度的管理过程；是具体的组织（风险管理单位）通过识别风险、分析风险、评价风险和进行风险决策管理等方式，对风险进行有效控制与妥善处理，把风险可能造成的不良影响降至最低的管理过程；是选择最有效的方式，主动地、有目的地、有计划地应对风险，通过战略制定和实施抓住机遇来保持和创造价值，通过最小成本获得最大可能的收益及安全保证的一种管理方案。也就是说，风险管理的过程就是控制潜在风险、降低组织成本、维护组织利益的过程。因此，风险管理的本质就是通过有效的技术手段去控制风险事件所带来的不利影响，从而将组织可能蒙受的损失降到最低，并致力于为组织保持和创造更大的价值。

风险管理具有管理学上的计划、组织、协调、指挥、反馈、控制等功能和职能，其独特内涵主要体现为以下几个方面。

（一）风险管理的决策主体是风险管理单位

风险管理的决策主体是风险管理单位，既可以是个人、家庭和企业，也可以是政府、事业单位、社会团体等，还可以是国际组织等。不论风险管理单位的所有制性质、组织结构有何不同，风险管理所依据的管理理念、管理技术和管理方法等都是相同的，都是寻求以最小的成本来获得最佳的应对风险方案。

（二）风险管理的核心是降低损失并致力于创造价值

风险管理的核心是在风险事件发生前防患于未然，预见将来可能发生的损失，或者在风险事件发生后，采取一些减少损失、保持和创造价值的方法。从风险管理流程看，

风险管理的每个环节都是为了降低损失。风险识别是为了减少风险事故的发生；风险分析和风险评价是为了预测风险事件可能造成的损失，预先做好减少损失的安排；风险应对是为了降低已经发生的风险事故所造成的损失，并抓住机遇来保持和创造价值。

（三）风险管理的对象可以是纯粹风险，也可以是投机风险

传统的风险管理理论认为，风险管理的对象是纯粹风险，而不包括投机风险，即投机风险不在风险管理的范畴之内。纯粹风险是指只有损失机会而无获利可能的风险。纯粹风险的发生，对当事人而言必有损失。投机风险是指那些既存在损失可能性，又存在获利可能性的风险。

（四）风险管理过程是决策和控制的过程

风险识别、风险分析和风险评价是为了认识、评价风险管理单位的风险状况，解决风险管理中的各种问题，最终作出风险管理决策。

二、风险管理的特征

作为企业战略管理的重要组成部分，风险管理具有如下特征。

（一）客观性

风险不以人的意志为转移，是独立于人的主观意识之外的客观存在，人们只能在一定的时间和空间内改变风险存在和发生的条件，降低风险发生的频率和损失程度。但是，从总体上说，风险是不可能彻底消除的。

（二）战略性

尽管风险管理渗透到企业各项活动中，存在于企业管理者对企业的日常管理当中，但它主要运用于企业战略管理层面，站在战略层面管理企业层面风险，降低风险损失的期望值，这是风险管理的价值所在。

（三）可行性

对风险进行管理的可行性主要源于风险成本间的替代性。风险损失成本与风险管理成本之间在一定程度上存在替代关系，即在成本有效的情况下，风险管理成本越大，风险损失成本可能越低；风险管理成本越小，风险损失成本可能越高。

（四）系统性

全面风险管理必须拥有一套系统的、规范的方法，建立健全全面风险管理体系，包括风险管理的组织职能体系、风险管理策略、风险理财措施、内部控制系统和风险管理信息系统，从而为实现风险管理的总体目标提供合理的保证。风险管理的系统性体现在：

1. 全面性。
2. 广泛性。
3. 全员性。

（五）专业性

企业较强的风险管理能力，意味着企业可以作出更明智的决策、实现更好的目标、创造更大的价值，这就要求风险管理的专业人才实施专业化管理，从而有助于形成企业可持续发展的核心竞争力。

（六）二重性

企业全面风险管理的商业使命在于：①损失最小化管理；②不确定性管理；③绩效最优化管理。当风险损失不能避免时，尽量减少损失至最小化；风险损失可能发生可能不发生时，设法降低风险发生的可能；风险预示着机会时，化风险为增进企业价值的机会。全面风险管理既要管理纯粹的风险，也要管理投机风险。

三、风险管理的目标

（一）基本目标

风险管理的基本目标是企业与组织及成员的生存和发展，即企业和组织在面临风险和意外事故的情形下能够维持生存和发展。风险管理目标的制定首先要确保企业遵守有关法律法规和规章，使企业和组织能够在面临损失的情况下得到持续发展。

（二）直接目标

1. 保证组织的各项活动恢复正常运转。

风险事故的出现会给企业带来程度不同的损失和危害，实施风险管理应该有助于企业迅速恢复正常运转。

2. 尽快实现企业持续稳定的收益。

一方面，可以通过经济补偿使生产经营得以及时恢复，尽最大可能保证企业经营的稳定性；另一方面，可以使企业尽快恢复到风险事件前的水平，并促使其尽快实现持续增长的计划。

（三）核心目标

确保风险管理与总体战略目标相匹配。通过全面系统的风险管理，确保将风险控制在与总体战略目标相适应且可承受的范围内，实现企业价值最大化。影响企业总体战略目标和价值创造的不确定因素有很多，对这些不确定因素进行充分的评估，做好风险的防范与控制，对保障企业战略目标与价值创造的实现有重要意义。

（四）支撑目标

加强企业文化建设。主要通过强化风险管理意识、构建风险管理组织、完善风险管理制度和风险管理流程等活动，使风险管理融入企业文化，促进企业建立与现代经济社会发展相适应的企业文化价值体系，以保障企业的可持续发展。

四、风险管理的职能

（一）计划职能

风险管理的计划职能是指通过对企业风险的识别、分析、评价和选择风险应对的手段，设计管理方案，并制订风险应对的实施计划。风险应对预算的编制则是在风险处理手段选定后，计算合理的、必要的风险应对费用，并编制风险应对费用预算方案。

（二）组织职能

风险管理的组织职能是根据风险管理计划，对风险管理单位的活动及其生产要素进行的分派和组合。风险管理的组织职能意味着创造为达到风险管理目标和实现风险应对计划所必需的人、财、物的结合。

（三）指导职能

风险管理的指导职能是对风险应对计划进行解释、判断，传达计划方案，交流信息和指挥活动，也就是组织该机构的成员去实现风险管理计划。

（四）控制职能

风险管理的控制职能是指对风险应对计划执行情况的检查、监督、分析和评价，也就是根据事先设计的标准，对计划的执行情况进行测定、评价和分析，对计划与实际不符之处予以纠正。控制职能的范围包括：风险的识别是否准确全面、风险的估测是否有误、风险应对技术的选择是否奏效、风险应对技术的组合是否最佳、控制风险的技术能否防止或减少风险的发生、制定的预算能否保障计划内的风险事故发生后得到及时补偿等。

第三节 风险管理理论的演进和风险管理实践的发展

一、风险管理理论的演进

（一）传统风险管理思想（20世纪30年代前）

风险管理意识自人类社会产生即已形成。风险管理思想萌芽于20世纪初期。

根据传统风险管理思想，风险管理的对象主要是不利风险，目的是减少不利风险对企业经营和可持续发展的影响，风险管理的主要策略是风险回避和风险转移，保险是最主要的风险管理工具。

（二）现代风险管理理论（20世纪30年代初～20世纪90年代末）

在企业的风险管理理论演进过程中，内部控制理论在20世纪30年代初开始崭露头角，成为现代风险管理的代表性理论，对企业风险管理的发展起到里程碑式的作用。

内部控制结构概念的提出是内部控制理论的一次重大发展，它的主要贡献体现在三个方面：

第一，首次将控制环境纳入内部控制的范畴，使之成为内部控制的一个组成部分。

第二，强调了人在内部控制中的主导作用，尤其是董事会、管理层及其他员工对内部控制的态度和行为，是内部控制体系得以有效建立和运行的基础和保障。

第三，强调会计控制和管理控制的相互联系，把会计控制和管理控制作为统一的要素来表述。

20世纪90年代，内部控制理论的发展进入一个新的阶段。1992年9月，美国COSO发布了《COSO框架》，进一步明确了内部控制的定义："内部控制是由主体的董事会、管理层和其他员工实施的，旨在为经营的效率和有效性、财务报告的可靠性、遵循适用的法律法规等目标的实现提供合理保证的过程。"这个定义揭示了内部控制的一些基本内涵：

第一，内部控制是一个过程，它是实现目标的手段，而非目标本身。

第二，内部控制是由人来实施的，涉及组织各个层级人员的活动。

第三，内部控制可以为主体目标的实现提供合理的保证，但不能提供绝对的保证。

第四，内部控制目标包括经营目标、财务报告目标和合规目标等多个彼此独立又相互交叉的目标，因此，内部控制不只限于会计控制或管理控制。

COSO框架还明确了内部控制的内容包括控制环境、风险评估、控制活动、信息与沟通和监督五个相互关联的要素。这五个要素与内部控制的目标之间存在直接的关系，每个要素都贯穿并服务于所有内部控制目标。此外，五个要素之间相互补充、彼此支撑，共同构成一个健全、有效的内部控制系统，其中，控制环境是实施内部控制的基础，风险评估是内部控制的重要前提，控制活动是内部控制的具体措施，信息与沟通和监督是内部控制的必要条件，监督是内部控制的保证手段。

（三）当代风险管理理论（20世纪90年代末至今）

1. 北美非寿险精算师协会（Casualty Actuarial Society，CAS）。

CAS确立了适用于各种类型的组织、行业和部门的风险管理标准，并随之成为世界各国和众多企业广为接受的标准规范。

2001年，CAS在一份报告中，明确提出了全面风险管理的概念，并对基于系统观点的风险管理思想进行了较为深入的研究。CAS将全面风险管理定义为对各种来源的风险进行评价、控制、研发、融资、监测的过程，任何行业的企业都可以通过这一过程提升短期或长期利益相关者的价值。

2. 巴塞尔银行监管委员会推出《巴塞尔新资本协议》。

2004年6月26日，巴塞尔银行监管委员会正式发布了《巴塞尔新资本协议》（新巴塞尔协议或巴塞尔协议Ⅱ）。与1988年的《巴塞尔资本协议》相比，其主要改进和更新是：

第一，首次提出全面风险管理的理念，而不再只关注信用风险。新资本协议将银行面临的风险分为信用风险、市场风险和其他风险（包括利率风险、操作风险、法律和声誉风险），几乎囊括了银行所面临的一切风险。

第二，提出银行风险监管的三大支柱，即资本充足率、监管当局的监督检查和市场纪律，而不再只限于监管资本充足率。

第三，提出了提高监管资本的风险敏感度、激励商业银行不断提高风险管理水平两大监管目标。

第四，明确了监管资本、经济资本和财会资本的概念，允许商业银行主动进行资本套利。

第五，提出主动控制风险原则。

第六，提出对风险进行量化管理。在信用风险方面，提出了标准法和内部评级法。在操作风险方面，提出了基本指标法、标准法、标准法的替代法、高级法等。

3. 美国COSO发布的《企业风险管理——整合框架》。

在内部控制整体框架理论的基础上，经过十余年的发展和完善，如何将内部控制整体框架的建设与企业的风险管理相结合，成为理论界关注的焦点。为适应这一需求，美国COSO在普遍征集对内部控制整体框架修改意见的前提下，结合美国《萨班斯—奥克斯利法案》在报告方面的要求和企业主动风险控制的要求，在2004年发布了《企业风险管理——整合框架》，该框架指出："全面风险管理是一个过程，它由一个主体的董事会、管理层和其他人员实施，应用于战略制定并贯穿于企业之中，旨在识别可能影响主体的潜在事项、管理风险，以使其在该主体的风险容量之内，并为主体目标的实现提供合理保证。"由此可见，该框架拓展了内部控制的内涵，正式提出了全面风险管理的基本概念和框架体系。

4. 美国 COSO 发布的《企业风险管理——整合战略和绩效》。

ERM（2004）在数十年的实践中暴露出一些问题，如对风险管理和内部控制的划分界限不够清晰。此外，在 ERM（2004）发布后的十几年里，市场、经济环境都发生了巨大变化，新型风险层出不穷。在此背景下，美国 COSO 在 2014 年首次启动了对风险管理框架的修订工作，并于 2017 年 9 月发布了《企业风险管理——与战略和绩效的整合》，该框架与 ERM（2004）相比，主要发展与变化有：

第一，首次采用"要素+原则"的框架结构，其中包含五大要素和二十项原则。

第二，凝炼、简化了风险管理的含义，指出风险管理是组织在创造、保持和实现价值的过程中，结合战略制定和执行，赖以进行管理风险的文化、能力和实践。

第三，强调了风险与价值之间的关系，指出企业风险管理不再侧重于将风险降低到可接受的水平，而是侧重于创造、保持和实现价值。

第四，重新定位了企业风险管理，强调将风险管理融入企业的所有业务流程，从战略目标的设定到经营目标的形成，再到执行过程中绩效的完成，始终贯彻风险管理的原则与要求。

第五，加强了企业风险管理与绩效的联系，探讨了企业风险管理工作如何识别、评估影响绩效的各种风险。

第六，明确将风险管理纳入企业决策过程，尤其是战略目标的选择、经营目标和绩效目标的设定以及资源分配计划的制订等。

总之，ERM（2017）以崭新的视角、思路与框架，首次提出或强调了企业风险管理与企业战略、价值、绩效以及企业所有业务流程的关联性、统一性、相容性，实现了风险管理思想和理论的又一次飞跃。

二、风险管理实践的发展

（一）传统风险管理实践阶段

1. 萌芽阶段。

企业风险管理实践是伴随工业革命的开始而萌生的。工业革命的爆发和工业文明的产生与发展，促进了生产力的高度发展，促进了社会财富的急剧增加。但是，与之相伴的是巨大的财产损失和人员伤亡事故的增加。这不仅影响到企业的经营和发展，也影响到员工的生命安全。1906 年，美国钢铁公司董事长 B. H. 凯里从公司多次发生的事故中吸取教训，提出了"安全第一"的经营理念，并将公司原来"质量第一、产量第二"的经营方针改为"安全第一、质量第二、产量第三"。这一改变震动了美国实业界，并且促进了众多实践成果的产生，例如 1912 年芝加哥行政管理部门出台了有关企业安全管理的法律草案。

2. 形成阶段。

1929 年，美国发生的经济危机导致工厂倒闭、工人失业和社会财富遭受巨大损失，人们开始思考如何采取有效的措施来减少或者消除风险事故给人类带来的种种灾难性后果，采取科学的方法控制和处理风险。1931年，美国管理协会明确了对企业风险进行管理的重要意义，并设立保险部门作为美国管理协会的独立机构。1932年，企业风险管理人员共同组成了纽约投保人协会（Insurance Buyers of New York），彼此交换风险管理的信息，研究风险管理的技术和方法。1938年以后，美国企业对风险管理开始采用科学的方法，并逐步积累了丰富的经验，风险管理开始成为企业的一种管理活动。同时，一些重大损失事件使许多公司高层决策者认识到风险管理的重要性，因而在企业中设立风险管理岗位，指定专人即"全职风险管理人"，负责管理风险。

3. 发展阶段。

1948年，美国钢铁工人工会与厂方就养老金和团体人身保险等问题进行谈判，由于厂方不接受工会提出的条件，钢铁工人罢工长达半年。1953年8月12日，美国通用汽车公司在密歇根州的一家汽车变速箱工厂因火灾而损失惨重。通用汽车公司的巨灾事件是这一阶段与风险管理直接相关的事件。1956年，《哈佛经济评论》发表了拉塞尔·格拉尔（R. B. Gallagher）的论文《风险管理——成本控制的新时期》，风险管理作为一种管理职能和管理活动开始得到推广。1962年，美国管理协会出版了关于风险管理的专著《风险管理之崛起》，进一步推动了风险管理实践的发展。

20世纪六七十年代，美国一些主要大学的工商管理学院都开设了风险管理课程，将风险管理的教育和培训贯穿于经济管理课程之中。从这些学院的毕业的学生进入企业管理部门后，将风险管理的理论知识运用于管理的各个领域，极大地促进了风险管理实践的发展。20世纪70年代初期，风险管理理念开始传入亚洲、欧洲、拉丁美洲，风险管理实务在许多国家、地区的企业中得到重视并广泛开展。

（二）现代风险管理实践阶段

20世纪70年代中后期，基于美国"水门事件"的调查结果，立法者和监管团体开始对风险管理问题予以高度重视，美国国会于1977年通过了《反海外贿赂法案》（Foreign Corrupt Practices Act，FCPA），明确规定企业管理层需要加强内部会计控制，禁止向外国政府官员行贿。该法案从法律层面推动了风险管理实践深入发展。

1978年，美国注册会计师协会下属的柯恩委员会（Cohen Commission）提出报告，建议公司管理层在披露财务报表时，提交一份关于内控系统的报告，同时建议外部独立审计师对管理者内控报告提出审计报告。1980年后，内部控制审计的职业标准逐渐成型，并得到了监管者和立法者的认可。

20世纪80年代初，美国、英国、法国、德国、日本等国家先后建立起全国性和地区性的风险管理协会。1983年，在美国召开的风险和保险管理协会年会上，世界各国专家学者云集纽约，共同讨论并通过了《101条风险管理准则》，这是风险管理进入现代风险管理实践阶段的一项重要成果和体现。

1985年，美国注册会计师协会、美国会计学会（American Accounting Association，AAA）、财务经理人协会（Financial Executive Institute，FEI）、国际内部审计师协会（Institute of Internal Auditors，IIA）和全美会计师协会（National Association of Accountants，NAA）等职业团体联合创建了反舞弊财务报告全国委员会（National on Fraudulent Financial Reporting，NFFR，又称"Treadway 委员会"），旨在探讨财务报告中舞弊产生的原因，并寻找解决之道。两年后，在该委员会的提议下，又成立了 COSO。此后，该委员会通过制定和发布企业风险管理框架指引，有力地推进了风险管理实践的发展。

（三）当代风险管理实践阶段

1. 风险管理标准化实施阶段。

20 世纪末，风险管理的标准化引起了国际社会的广泛关注，许多国家试图通过规范化、标准化的风险管理手段加强风险管理的绩效。澳大利亚、英国、加拿大、奥地利等国家在一般性风险管理标准、风险管理技术等领域及医疗器械、航天系统、软件、项目管理等许多领域都制定了相应的风险管理标准，并形成了一定的风险管理标准体系，如英国的特恩布尔指南和美国的 COSO 框架。

国际标准化组织（International Organization for Standardization，ISO）于 1998 年成立了 ISO/TMB（The Technical Management Board，技术管理局）风险管理术语工作组，历时四年制定了《ISO/IEC Guide 73：风险管理术语在标准中的使用指南》（IEC 即 International Electrotechnical Commission，国际电工委员会），并在 2009 年推出新版本的《ISO Guide 73：风险管理术语》，旨在促进风险管理术语的规范使用，为风险管理行为的实施提供指导，促进 ISO 和 IEC 的成员在风险管理上的相互交流和沟通理解。2009 年，ISO 相继推出《ISO 31000：风险管理实施原则与指南》《ISO 31010：风险管理——风险评估技术》，前者为不同规模、类型的组织实施风险管理提供最高层次的规范性文件，为现存的风险管理标准提供支撑；后者提供了风险评估时的技术选择指南。

前述 COSO 于 2004 年发布的《企业风险管理——整合框架》和于 2017 年发布的《企业风险管理——与战略和绩效的整合》，作为企业建立风险管理体系框架的两个重要指引，也确立了适用于各种类型的组织、行业和部门的风险管理标准，并随之成为世界各国和众多企业广为接受的标准规范。

2015 年 1 月，美国 COSO 发布《网络时代的内部控制》白皮书，报告认为随着高科技信息技术催生的组织运营环境和模式的变革，组织必须管理无法规避的网络风险，并建议以安全的、警惕的、灵活的态度管理网络风险，有针对性地采取防控措施，以增强企业信心。企业可以参照信息安全和网络风险管理的相关法规和国际标准，建立控制活动，评价其充分性，以合理保证企业信息的安全性和可恢复性。相关国际标准主要有 ISO 27000 系列标准（信息安全管理系列国际标准）和信息及相关技术的控制目标（Controlled Objectives for Information and Related Technology，COBIT）。

ISO 27000 系列标准包括 ISO 27000（原理与术语）、ISO 27001（信息安全管理体系——要求）、ISO 27002（信息技术—安全技术—信息安全管理实践规范）、ISO 27003（信息安全管理体系——实施指南）、ISO 27004（信息安全管理体系——指标与测量）、ISO 27005（信息安全管理体系——风险管理）、ISO 27006（信息安全管理体系——认证机构的认可要求）和 ISO 27007（信息技术—安全技术—信息安全管理体系审核员指南）。

COBIT 是美国信息系统审计和控制联合会制定的信息系统审计和评价标准，从数据、应用系统、技术、设备、人员等方面构建了信息系统审计和评价的架构。COBIT 指出，信息系统的控制目标包括有效性、高效性、机密性、完整性、可用性、合规性和信息可靠性。COBIT 能够促进企业战略与信息技术战略之间的互动，形成持续改进的良性循环机制，为企业的信息技术审计提供了具有一定参考价值的解决方案。

2. 全面风险管理实施阶段。

CAS 于 2001 年在一份报告中明确提出了全面风险管理的概念，并对基于系统观点的风险管理进行了较为深入的研究；美国 COSO 于 2004 年发布的《企业风险管理——整合框架》和于 2017 年发布的《企业风险管理——与战略和绩效的整合》，对全面风险管理的框架和内容做了详细规定，引领企业全面风险管理的实施。

2006 年 6 月，我国国务院国有资产监督管理委员会印发《中央企业全面风险管理指引》（国资发改革〔2006〕108 号），要求中央企业根据自身实际情况开展全面风险管理工作。《中央企业全面风险管理指引》是我国第一个权威性的风险管理框架，标志着我国的风险管理理论和实践进入一个新的历史阶段，对于中央企业建立健全风险管理长效机制，防止国有资产流失，促进企业持续、健康、稳定发展，保护投资者利益，都具有积极的意义。

2008 年 5 月，我国财政部会同证监会、审计署、原银监会、原保监会制定并印发了《企业内部控制基本规范》（以下简称《基本规范》），自 2009 年 7 月 1 日起在上市公司范围内施行，并鼓励非上市的大中型企业执行。2010 年 4 月 26 日，财政部、证监会、审计署、原银监会及原保监会联合发布了《企业内部控制配套指引》（以下简称《配套指引》），其中包括《企业内部控制应用指引》（以下简称《应用指引》）、《企业内部控制评价指引》（以下简称《评价指引》）和《企业内部控制审计指引》（以下简称《审计指引》）。《基本规范》《应用指引》《评价指引》和《审计指引》四个类别构成一个相辅相成的整体，标志着适应我国企业实际情况、融合国际先进经验的中国企业内部控制规范体系基本形成。

为推动行业企业有效实施企业内部控制规范体系，进一步提高行业企业经营管理水平和风险防范能力，财政部于 2013 年和 2014 年分别印发了《石油石化行业内部控制操作指南》（财会〔2013〕31 号）和《电力行业内部控制操作指南》（财会〔2014〕31 号）。内部控制操作指南属于参考性文件，并非强制性要求，目的是指导不同规模、不同产业链中的行业企业开展企业内部控制体系的建立、实施、评价与改进工作。行业企业应根据内外部环境、发展阶段、业务规模等因素，建立符合企业实际的内控操作手册。相关行业可以根据本行业特点参考执行上述指南。

《基本规范》及其《配套指引》对我国大中型企业，特别是上市公司和中央企业加强内部控制建设发挥了重要的推动作用。然而，我国小企业数量众多，且类型多样、差别显著，小企业按照企业内部控制规范体系的有关要求，开展内部控制建设存在适用性不强、实施成本高等问题。2017 年 6 月 29 日，为引导和推动小企业加强内部控制建设，提升经营管理水平和风险防范能力，促进小企业健康可持续发展，根据《中华人民共和国会计法》《中华人民共和国公司法》等法律法规及《企业内部控制基本规范》，财政部制定了《小企业内部控制规范（试行）》（财会〔2017〕21 号）。《小企业内部控制规范（试行）》主要定位于符合工业和信息化部等四部委印发的《中小企业划型标准规定》（工信部联企业〔2011〕300 号）的非上市小企业，是广大非上市小企业开展内部控制建设的指南和参考性标准，由小企业自愿选择采用。

此外，国务院国资委下发了一系列针对中央企业的内部控制规范性文件，旨在防范化解中央企业重大风险，充分发挥内部控制对企业的强根固本作用。2012年5月7日，国务院国资委和财政部联合发布了《关于加快构建中央企业内部控制体系有关事项的通知》（国资发评价〔2012〕68号），要求中央企业扎实开展管理提升活动，确保2013年全面完成集团内部控制体系的建设与实施工作，夯实基础管理工作。具体内控建设要求包括：（1）建立规范的公司治理结构和议事规则，明确各类治理主体的权利运行机制。（2）全面梳理各类各项业务流程，查找经营管理风险点，评估风险影响程度，编制分类风险与缺陷清单，明确关键控制节点和控制要求，实施业务流程再造，编制内部控制管理手册，促进业务处理规范化和标准化。（3）加强重点流程与特殊业务的内部控制。（4）结合内部控制目标，梳理完善管理制度体系，并根据业务发展要求和外部经营环境变化，持续检验和评估管理制度的有效性，建立动态调整与改进机制，防止出现制度缺失和流程缺陷。（5）推进内部控制体系建设同信息化建设的融合对接。确保内控有效执行的措施包括：（1）落实内部控制执行责任制，将内部控制建设与执行效果纳入绩效考核体系，同时建立主要负责人承诺制，明确企业主要负责人对内部控制有效执行负总责，带头执行内部控制。（2）逐级进行责任分解。（3）建立重大风险信息沟通与报告路径、责任与处理机制，确保内部控制重大风险信息顺畅沟通和及时应对。（4）加强内部控制日常监督检查，建立专职机构或牵头部门具体实施，内部控制与监督评价（审计）相分离。

2019年10月19日，国务院国资委印发《关于加强中央企业内部控制体系建设与监督工作的实施意见》（国资发监督规〔2019〕101号），要求以风险管理为导向，以合规管理监督为重点，严格落实各项规章制度，将风险管理和合规管理要求嵌入业务流程，加强信息化管控、加大企业监督评价力度、加强出资人监督，实现"强内控、防风险、促合规"的目标，明确"强监管、严问责"，切实全面提升内控体系的有效性。

同年12月31日，国务院国资委印发《关于做好2020年中央企业内部控制体系建设与监督工作有关事项的通知》（国资发监督规〔2019〕44号），该文件对中央企业在组织领导、制度建设、风险防控、信息化管控、监督检查、工作报告方面提出了原则性要求。2020年10月29日，国务院国资委印发《关于做好2021年中央企业内部控制体系建设与监督工作有关事项的通知》（国资厅监督〔2020〕307号），进一步拓宽了中央企业内控体系建设的范围，新增强调强化境外管控，加强境外企业内控体系建设，提高国际化经营抗风险能力的相关内容，对中央企业的内控体系建设提出更高层次要求。

2022年1月7日，国务院国资委印发《关于做好2022年中央企业内部控制体系建设与监督工作有关事项的通知》（国资厅监督〔2021〕299号）（以下简称《通知》），充分总结过去两年内控体系建设短板经验，对中央企业的内控体系机制、风险管理评估和监测预警、内控制度标准化建设、内控执行专项整治、境外管控、信息化管控、监督检查评价等方面的要求更高、更细致。《通知》要求，对新兴业务、高风险业务以及风险事件频发的领域每半年至少要自评价一次，集团要制订年度监督评价方案，加强对子企业内控有效性的监督评价，在2022年底前完成第一轮集团监督评价"三年全覆盖"，对于集团监督评价"零缺陷"的企业，国务院国资委将纳入内控体系有效性评价重点抽查范围。

2023年3月，国务院国资委印发《关于做好2023年中央企业内部控制体系建设与监督工作有关事项的通知》（国资厅监督〔2023〕8号）（以下简称《通知》）。《通知》要求：（1）进一步完善党的领导融入公司治理的运行机制，加强党委（党组）对内控管理工作的全面领导，对企业内控与风险管理工作，以及存在的重大内控缺陷和风险隐患等情况，要定期向党委（党组）报告并抄送企业纪检监察机构。（2）落实董事会对内控体系的监管责任，明确审计与风险管理等专门委员会推进内控体系建设与监督工作的职责，董事会要定期听取和审议内控职能部门工作情况报告。（3）充分发挥内控职能部门统筹推动、组织协调、监督落实的作用，有效开展完善制度、强化执行、监督评价、整改落实等内控管理工作，切实提升内控体系规范化、法治化、专业化水平。

第七章 风险管理的流程、体系与方法

第一节 风险管理的流程

《中央企业全面风险管理指引》借鉴了有关国家企业风险管理的法律法规、大型跨国公司在风险管理方面的通行做法，以及国内有关内控机制建设方面的规定，将风险管理基本流程分为以下几项主要工作：①收集风险管理初始信息；②进行风险评估；③制定风险管理策略；④提出和实施风险管理解决方案；⑤风险管理的监督与改进。

一、收集风险管理初始信息

企业收集初始信息要根据所分析的风险类型具体展开，包括但不限于以下方面：

（一）分析战略风险

企业应广泛收集国内外企业战略风险失控导致企业蒙受损失的案例，本企业制定和实施发展战略的依据、效果，并收集与本企业相关的诸如国内外宏观环境、产业环境、竞争环境以及企业内部环境等方面的重要信息。

（二）分析市场风险

企业应广泛收集国内外企业因忽视市场风险、缺乏应对措施导致企业蒙受损失的案例，并收集与本企业相关的市场供给、需求、价格、竞争以及影响企业经营效益的经济政策等方面的重要信息。

（三）分析财务风险

企业应广泛收集国内外企业财务风险失控导致危机的案例，并收集全面反映本企业财务战略选择和财务管理状况及效果的指标、数据。

（四）分析运营风险

企业应广泛收集国内外企业因轻视或忽视运营风险、应对措施不力导致企业蒙受损失甚至经营失败的案例，并收集本企业生产运营、市场营销、研发、组织人员、信息系统、风险管理等方面的重要信息，以及企业外部可能给本企业带来运营风险的社会、自然等方面的重要信息。

（五）分析法律合规风险

企业应广泛收集国内外企业忽视法律法规风险、缺乏应对措施导致企业蒙受损失的案例，并收集国内外可能给本企业带来法律风险的政治、法律法规、政策等方面的重要信息，以及企业内部存在的可能导致法律风险的因素。

企业还要对收集的初始信息进行必要的筛选、提炼、对比、分类、组合，以便进行风险评估。

二、进行风险评估

企业完成了风险管理初始信息收集之后，要对收集的风险管理初始信息和企业各项业务管理及重要业务流程进行风险评估。

风险评估包括风险辨识、风险分析、风险评价等三个步骤。

风险辨识是指查找企业各业务单元、各项重要经营活动及重要业务流程中有无风险，有哪些风险。风险分析是对辨识出的风险及其特征进行明确的定义描述，分析和描述风险发生可能性的高低、风险发生的条件。风险评价是评估风险对企业实现目标的影响程度、风险的价值等。

三、制定风险管理策略

企业完成风险评估后，需要制定风险管理策略。风险管理策略，是指企业根据自身条件和外部环境，围绕企业发展战略，确定风险偏好、风险承受度、风险管理有效性标准，选择风险承担、风险规避、风险转移、风险转换、风险对冲、风险补偿、风险控制等适合的风险管理策略工具，并确定风险管理所需人力、财力等资源配置原则的总体策略。这些风险管理策略的具体内容在本章第二节展开。

企业在制定风险管理策略时，要根据风险的不同类型选择适宜的风险管理策略工具。例如，一般认为，对战略、财务、运营、政治、法律风险等，可采取风险承担、风险规避、风险转换、风险控制等工具。对能够通过保险、期货等金融手段进行管理的风险，可以采用风险转移、风险对冲、风险补偿等工具。

四、提出和实施风险管理解决方案

（一）风险管理解决方案的两种类型

1. 外部解决方案。

外部解决方案一般指方案制订的外包。企业经营活动外包是利用产业链专业分工提高运营效率的必要措施。企业许多风险管理工作可以外包出去，如外包给投资银行、信用评级公司、保险公司、律师事务所、会计师事务所、风险管理咨询公司等专业机构，这样可以降低企业的风险，提高效率。外包可以使企业规避一些风险，但同时可能带来另一些风险，应当加以控制。

企业制订风险管理外部解决方案，应注重成本与收益的平衡、外包工作的质量、自身商业秘密的保护以及防止对方案制订的外包产生依赖性风险等，并制定相应的预防和控制措施。

2. 内部解决方案。

内部解决方案是后面要阐述的风险管理体系的运转。在具体实施中，一般是以下几种系统的综合应用：组织职能体系；风险管理策略；运用金融工具实施风险管理策略；内部控制系统，包括政策、制度、程序；信息系统，包括报告体系。

企业制订风险管理内部解决方案，应满足合规的要求，坚持经营战略与风险管理策略一致、风险控制与运营效率及效果相平衡的原则，针对重大风险所涉及的各管理及业务流程，制定涵盖各个环节的全流程控制措施；对其他风险所涉及的业务流程，要把关键环节作为控制点，采取相应的控制措施。

内部控制（以下简称内控）是企业通过有关流程设计和实施的一系列政策、制度、程序和措施，控制影响流程目标的各种风险的过程。内控是全面风险管理的重要组成部分，是全面风险管理的基础和必要举措。一般说来，内控系统针对的风险是可控纯粹风险，其控制对象是企业中的个人，其控制目的是规范员工的行为，其控制范围是企业的业务和管理流程。

企业制定内控措施，一般至少包括以下内容：

（1）建立内控岗位授权制度。对内控所涉及的各岗位明确规定授权的对象、条件、范围和额度等，任何组织和个人不得超越授权作出风险性决定。

（2）建立内控报告制度。内控报告制度是内控信息与沟通要素的具体体现，该制度明确规定报告人与接受报告人，以及报告的时间、内容、频率、传递路线、负责处理报告的部门和人员等。

（3）建立内控批准制度。内控批准制度是授权制度的表现，该制度对内控所涉及的重要事项，明确规定批准的程序、条件、范围和额度、必备文件以及有权批准的部门和人员及其相应责任。

（4）建立内控责任制度。内控责任制度应与内控岗位授权制度相配套，该制度按照权利、义务和责任相统一的原则，明确规定各有关部门和业务单位、岗位、人员应负的责任和奖惩制度。

（5）建立内控审计检查制度。该制度结合内控的有关要求、方法、标准与流程，明确规定审计检查的对象、内容、方式和负责审计检查的部门等。内控审计检查制度是内控系统中的重要组成部分，是内控系统执行风险管理基本流程中监控改进步骤的重要环节，是保证内控有效且不断加强的关键。应当坚持内控审计部门与内控执行部门的相对独立。

（6）建立内控考核评价制度。具备条件的企业应把各业务单位风险管理执行情况与绩效薪酬挂钩。内控的绩效考核与评价是落实内部控制奖惩制度的基础，有条件时，要量化内控的绩效。

（7）建立重大风险预警制度。重大风险预警制度是对引起风险事件发生的关键成因指标进行管理的方法，该制度依靠对关键成因的监测，对重大风险发生的可能性进行持续不断的监控，及时发布预警信息，制定应急预案，并根据情况变化调整控制措施。具体步骤详见下文对关键风险指标管理的陈述。

（8）建立健全企业法律顾问制度。企业要充分考虑到法律风险的环境特性和复合特性，即法律风险管理的专业性，大力加强企业法律风险防范机制建设，有条件的企业可以设置总法律顾问，形成由企业决策层主导、企业总法律顾问牵头、企业法律顾问提供业务保障、全体员工共同参与的法律风险责任体系，完善企业重大法律纠纷案件的备案管理制度。

（9）建立重要岗位权力制衡制度，明确规定不相容职责的分离。涉及重大决策制定、重大事件应对、重大风险管理、重要信息披露等责任的岗位应视为重要岗位。对内控所涉及的重要岗位可设置一岗双人、双职、双责，相互制约；明确该岗位的上级部门或人员对其应采取的监督措施和应负的监督责任；将该岗位作为内部审计的重点。

（二）关键风险指标管理

关键风险指标管理是对引起风险事件发生的关键成因指标进行管理的方法。关键风险指标管理可以管理单项风险的多个关键成因，也可以管理影响企业主要目标的多个主要风险的成因。

1. 关键风险指标管理的步骤。

关键风险指标管理过程一般分为以下六步：

（1）分析风险成因，从中找出关键成因。使用关键风险指标管理法，首先要对风险的关键成因分析准确，且易量化、易统计、易跟踪监测。

（2）将关键成因量化，确定其度量，分析确定导致风险事件发生（或极有可能发生）时该成因的具体数值。

（3）以具体数值为基础，以发出风险预警信息为目的，加上或减去一定数值后形成新的数值，该数值即为关键风险指标。

（4）建立风险预警系统。当关键成因数值达到关键风险指标时，发出风险预警信息。

（5）制定出现风险预警信息时应采取的风险控制措施。

（6）跟踪监测关键成因的变化，一旦出现预警，即实施风险控制措施。

2. 关键风险指标分解。

企业目标的实现要靠企业各个职能部门和业务单位共同努力，同样，企业的关键风险指标也要分解到企业的各个职能部门和业务单位。

对于关键风险指标的分解要注意职能部门和业务单位之间的协调，关键是从企业整体出发并把风险控制在一定范围内。对一个具体单位而言，不可采用"最小化"的说法。

（三）落实风险管理解决方案

（1）高度重视风险管理，充分认识风险管理是企业时刻不可放松的工作，是企业价值创造的根本源泉。

（2）风险管理是企业全员的分内工作，没有风险的岗位是不创造价值的岗位，没有理由存在。

（3）将风险管理解决方案落实到各级各类组织，明确分工和责任。

（4）对风险管理解决方案的实施进行持续监控改进，并把实施情况与绩效考核联系起来，以确保工作的效果。

五、风险管理的监督与改进

风险管理基本流程的最后一个步骤是风险管理的监督与改进。企业应以重大风险、重大事件和重大决策、重要管理及业务流程为监督重点,对风险管理初始信息、风险评估、风险管理策略及风险管理解决方案的实施情况进行监督,并依据监督发现的问题及面临的新的风险因素改进风险管理措施。

(一) 风险管理监督方法

企业可采用压力测试、返回测试、穿行测试以及风险控制自我评估(Risk and Control Self Assessment, RCSA)等方法对风险管理的有效性进行检验,根据情况变化和存在的缺陷及时加以改进。

其中,压力测试是指在极端情景下,分析评估风险管理模型或内控流程的有效性、发现问题、制定改进措施的方法,目的是防止出现重大损失事件。

返回测试是指将历史数据输入风险管理模型或内控流程中,把结果与预测值进行对比,以检验风险管理有效性的方法。

穿行测试是指在正常运行条件下,将初始数据输入内控流程,穿越全流程和所有关键环节,把运行结果与设计要求进行对比,以发现内控流程缺陷的方法。

风险控制自我评估是公司为更好地实现风险管理的目标,定期或不定期地评价自己及子公司的风险管理系统、风险管理的有效性及风险管理实施的效率效果。

(二) 风险管理监督与改进的职责分工

第一,企业各有关部门和业务单位应定期对风险管理工作进行自查和检验,及时发现缺陷并改进,其检查、检验报告应及时报送企业风险管理职能部门。

第二,企业风险管理职能部门应定期对各部门和业务单位风险管理工作的实施情况和有效性进行检查和检验,要根据在制定风险管理策略时提出的有效性标准对风险管理策略进行评估,对跨部门和业务单位的风险管理解决方案进行评价,提出调整或改进建议,出具评价和建议报告,及时报送企业总经理或其委托分管风险管理工作的高级管理人员。

第三,企业内部审计部门应每年至少一次对包括风险管理职能部门在内的各有关部门和业务单位能否按照有关规定开展风险管理工作及其工作效果进行监督评价,监督评价报告应直接报送董事会或董事会下设的风险管理委员会和审计委员会。此项工作也可结合年度审计、任期审计或专项审计工作一并开展。

第二节 风险管理体系

企业风险管理体系包括五大系统:(1) 风险管理的组织职能体系;(2) 风险管理策略;(3) 运用金融工具实施风险管理策略;(4) 内部控制系统;(5) 风险管理信息系统。

一、风险管理的组织职能体系

风险管理的组织职能体系一般主要包括规范的公司法人治理结构、风险管理委员会、风险管理职能部门、审计委员会、企业其他职能部门及各业务单位。具备条件的企业可建立风险管理三道防线，即各有关职能部门和业务单位为第一道防线；风险管理职能部门和董事会下设的风险管理委员会为第二道防线；内部审计部门和董事会下设的审计委员会为第三道防线。

（一）规范的公司法人治理结构

本书第五章详细阐述公司治理结构的概念。企业应建立健全规范的公司法人治理结构，股东会、董事会、监事会、经理层依法履行职责，形成高效运转、有效制衡的监督约束机制。同时，还应建立外部董事、独立董事制度，以保证董事会能够在重大决策、重大风险管理等方面作出独立于经理层的判断和选择。

董事会就全面风险管理工作的有效性对股东会负责。董事会在全面风险管理方面主要履行以下职责：

（1）审议并向股东会提交企业全面风险管理年度工作报告；

（2）确定企业风险管理总体目标、风险偏好、风险承受度，批准风险管理策略和重大风险管理解决方案；

（3）了解和掌握企业面临的各项重大风险及其风险管理现状，作出有效控制风险的决策；

（4）批准重大决策、重大风险、重大事件和重要业务流程的判断标准或判断机制；

（5）批准重大决策的风险评估报告；

（6）批准内部审计部门提交的风险管理监督评价审计报告；

（7）批准风险管理组织机构设置及其职责方案；

（8）批准风险管理措施，纠正和处理任何组织或个人超越风险管理制度作出的风险性决定的行为；

（9）督导企业风险管理文化的培育；

（10）批准或决定全面风险管理的其他重大事项。

对于国有企业，其重大经营管理事项必须经党委（党组）研究讨论后，再由董事会或者经理层作出决策，防范国有企业重大经营风险。国有企业党委（党组）研究讨论的主要事项见第五章第三节中的相关内容。

（二）风险管理委员会

具备条件的企业，董事会可下设风险管理委员会。该委员会的召集人应由不兼任总经理的董事长担任；董事长兼任总经理的，召集人应由外部董事或独立董事担任。该委员会成员中需有熟悉企业重要管理及业务流程的董事，以及具备风险管理监管知识或经验、具有一定法律知识的董事。

风险管理委员会对董事会负责，主要履行以下职责：

（1）提交全面风险管理年度报告；

（2）审议风险管理策略和重大风险管理解决方案；

（3）审议重大决策、重大风险、重大事件和重要业务流程的判断标准或判断机制，以及重大决策的风险评估报告；

（4）审议内部审计部门提交的风险管理监督评价审计综合报告；

（5）审议风险管理组织机构设置及其职责方案；

（6）办理董事会授权的有关全面风险管理的其他事项。

企业总经理对全面风险管理工作的有效性向董事会负责。总经理或总经理委托的高级管理人员负责主持全面风险管理的日常工作，负责组织拟订企业风险管理组织机构设置及其职责方案。

（三）风险管理职能部门

企业应设立专职部门或确定相关职能部门履行全面风险管理的职责。该部门对总经理或其委托的高级管理人员负责，主要履行以下职责：

（1）研究提出全面风险管理工作报告；

（2）研究提出跨职能部门的重大决策、重大风险、重大事件和重要业务流程的判断标准或判断机制；

（3）研究提出跨职能部门的重大决策风险评估报告；

（4）研究提出风险管理策略和跨职能部门的重大风险管理解决方案，并负责该方案的组织实施和对该风险的日常监控；

（5）负责对全面风险管理有效性的评估，研究提出全面风险管理的改进方案；

（6）负责组织建立风险管理信息系统；

（7）负责组织协调全面风险管理日常工作；

（8）负责指导、监督有关职能部门，各业务单位以及全资、控股子企业开展全面风险管理工作；

（9）办理风险管理的其他有关工作。

（四）审计委员会

企业应在董事会下设立审计委员会，企业内部审计部门对审计委员会负责。内部审计部门在风险管理方面，主要负责研究提出全面风险管理监督评价体系，制定监督评价相关制度，开展监督与评价，出具监督评价审计报告。

1. 审计委员会履行职责的方式。

董事会应决定委派给审计委员会的责任。审计委员会的任务因企业的规模、复杂性及风险状况而有所不同。

审计委员会应定期与外聘及内部审计师会面，讨论与审计相关的事宜，但无须管理层出席。审计委员会成员之间的不同意见如无法内部调解，应提请董事会解决。

此外，审计委员会应每年对其权限及其有效性进行复核，并就必要的人员变更向董事会报告。为了很好地完成这项工作，行政管理层必须向审计委员会提供恰当的信息。管理层对审计委员会有告知义务，并应主动提供信息，而不应等待审计委员会索取。

2. 审计委员会与合规。

审计委员会的主要活动之一是核查对外报告合规的情况。审计委员会一般有责任确保企业履行对外报告合规的义务。审计委员会应结合企业财务报表的编制情况，对重大的财务报告事项和判断进行复核。管理层的责任是编制财务报表，审计人员的责任是编制审计计划和执行审计。

审计委员会应倾听审计人员关于审计问题的看法。如果对拟采用的财务报告的任何方面不满意，审计委员会应告知董事会。审计委员会还应对财务报表后所附的与财务有关的信息（比如，运营和财务复核信息及公司治理部分关于审计和风险管理的陈述）进行复核。

3. 审计委员会与内部审计。

确保充分且有效的内部控制是审计委员会的义务，其中包括负责监督内部审计部门的工作。审计委员会应监察和评估内部审计职能在企业整体风险管理系统中的角色和有效性，并确保内部审计部门能直接与董事长或董事会主席接触。审计委员会复核及评估年度内部审计工作计划，听取内部审计部门的定期工作报告，复核和监察管理层对内部审计的调查结果的反映。审计委员会还应确保内部审计部门提出的合理建议得到执行。审计委员会有助于保持内部审计部门对压力或干涉的独立性。审计委员会及内部审计师需要确保内部审计部门的有效运作，并在四个主要方面对内部审计进行复核，即组织中的地位、职能范围、技术才能和专业应尽义务。

（五）其他职能部门及各业务单位

企业其他职能部门及各业务单位在全面风险管理工作中，应接受风险管理职能部门和内部审计部门的组织、协调、指导和监督，主要履行以下职责：

（1）执行风险管理基本流程；

（2）研究提出本职能部门或业务单位重大决策、重大风险、重大事件和重要业务流程的判断标准或判断机制；

（3）研究提出本职能部门或业务单位的重大决策风险评估报告；

（4）做好本职能部门或业务单位建立风险管理信息系统的工作；

（5）做好培育风险管理文化的有关工作；

（6）建立健全本职能部门或业务单位的风险管理内部控制子系统；

（7）办理风险管理其他有关工作。

（六）下属公司

企业应通过法定程序，指导和监督其全资、控股子企业建立与企业相适应或符合全资、控股子企业自身特点并能有效发挥作用的风险管理组织职能体系。

二、风险管理策略

（一）风险管理策略总体定位与作用

风险管理策略的总体定位：

（1）风险管理策略在企业战略管理过程中起着承上启下的作用，制定与企业战略保持一致的风险管理策略降低了企业战略实施失误的可能性；

（2）风险管理策略是根据企业战略制定的全面风险管理的总体策略；

（3）风险管理策略在整个风险管理体系中起着统领全局的作用。企业根据确定的风险管理策略，优化组织职能体系、完善内部控制系统与风险管理信息系统。

风险管理策略的总体定位决定了风险管理策略的作用：

（1）为企业的总体战略服务，保证企业经营目标的实现；

（2）连接企业的整体经营战略和运营活动；

（3）指导企业的一切风险管理活动。

（二）风险管理策略的组成部分

（1）风险偏好和风险承受度。明确企业要承担什么风险，承担多少风险。

（2）全面风险管理的有效性标准。明确怎样衡量风险管理工作成效。

（3）风险管理策略工具的选择。明确怎样管理重大风险。

（4）风险管理的资源配置。明确如何安排人力、财力、物资、外部资源等风险管理资源。

（三）确定风险偏好和风险承受度

1. 风险偏好和风险承受度的概念。

风险偏好和风险承受度是风险管理概念的重要组成部分。

风险偏好是企业在追求其战略和业务目标时愿意接受的风险类型和数量。分析风险偏好要回答的问题是企业希望承担什么风险。风险偏好是一个企业运营风格的体现，受到企业利益相关各方价值取向和利益追求方式的影响和调节。

2. 确定风险偏好和风险承受度须考虑的因素。

企业在确定企业整体风险偏好和风险承受度时要考虑以下因素：

（1）风险个体：对每一个风险都可以确定风险偏好和风险承受度。

（2）相互关系：既要考虑同一个风险在各个业务单位或子公司之间的分配，又要考虑不同风险之间的关系。

（3）整体形状：一个企业的整体风险偏好和风险承受度是基于针对每一个风险的风险偏好和风险承受度。

（4）行业因素：同一风险在不同行业的风险偏好和风险承受度不同。

（四）风险度量

1. 关键在于风险的量化。

风险承受度的表述需要对风险进行量化。风险偏好可以只定性，但风险承受度一定要定量。

2. 风险度量方法。

常用的风险度量方法包括：最大可能损失；概率值（损失发生的概率或可能性）；期望值（统计期望值，效用期望值）；波动性（方差或均方差）；在险值（又称 VaR）、直观方法以及其他类似的度量方法。

（1）最大可能损失。最大可能损失是指风险事件发生后可能造成的最大损失。用最大可能损失来定义风险承受度是最差情形的思考逻辑。企业一般在无法判断或无须判断发生概率的时候，可将最大可能损失作为风险的度量方法。

（2）概率值。概率值是指风险事件发生的概率或造成损失的概率。在可能的结果只有好坏、对错、是否、输赢、生死等简单情况下，常常使用概率值。在实践中，统计意义上的频率和主观判断的概率都可以采用，但是要分清不同的场合。有时人们的主观判断会由于心理上的原因造成失误。同时，在许多场合使用频率作为概率值是没有意义的，特别是在缺少数据或者一次性决策的场合。

（3）期望值。期望值通常是指数学期望，即概率加权平均值。所有事件中，先将每一事件发生的概率乘以该事件的影响得出乘积，然后将这些乘积相加。常用的期望值有统计期望值和效用期望值。

（4）波动性。波动性反映数据的离散程度，也就是该变量离其期望值的距离。一般用方差或均方差（标准差）来描述波动性。方差是各个数据与其期望值的离差平方和的平均数；方差的算术平方根称为该变量的标准差，也称均方差。

（5）在险值。在险值是指在正常的市场条件下，在给定的时间段和给定的置信区间内，预期可能发生的最大损失。

（6）直观方法。直观方法指不依赖于概率统计结果的度量方法，即人们直观判断的方法，如专家意见法。当统计数据不足或需要度量的结果包括人们的偏好时，可以使用直观方法。

3. 选择适当的风险度量模型。

对不同种类的风险要使用不同的度量模型。外部风险的度量模型应包括市场指标、景气指数等。内部运营风险的度量模型则应包括各种质量指标、执行效果、安全指数等。战略风险的度量模型比较困难，一般可以考虑财务表现、市场对标、创新能力系数等。

4. 风险量化的困难。

（1）方法误差：企业情况很复杂，致使采用的风险度量不能准确反映企业的实际情况；

（2）数据：很多情况下，企业的有关风险数据不足，质量不好；

（3）信息系统：企业的信息传递不够理想，导致需要的信息未能及时到达；

（4）整合管理：数据不能与现实的管理连接。

（五）确立风险管理有效性标准

风险管理有效性标准是企业衡量风险管理是否有效的标准。风险管理有效性标准的作用是帮助企业了解：

（1）企业现在的风险是否在风险承受度之内，即风险是否优化；

（2）企业风险的变化是否符合要求，即风险的变化是否优化。

由此可知，风险管理有效性标准可以基于企业风险承受度的度量来确定。

确立风险管理有效性标准的原则如下：

（1）风险管理有效性标准要针对企业的重大风险，能够反映企业重大风险管理的现状；

（2）风险管理有效性标准应当在企业的风险评估中应用，并根据风险的变化随时调整；

（3）风险管理有效性标准应当用于衡量全面风险管理体系的运行效果。

（六）选择风险管理策略工具

风险管理策略工具共有 7 种：风险承担、风险规避、风险转移、风险转换、风险对冲、风险补偿和风险控制。

1. 风险承担。

风险承担亦称风险保留、风险自留，是指企业对所面临的风险采取接受的态度，从而承担风险带来的后果。

2. 风险规避。

风险规避是指企业回避、停止或退出蕴含某一风险的商业活动或商业环境，避免成为风险的所有人。

3. 风险转移。

风险转移是指企业通过合同或非合同的方式将风险全部或部分转移到第三方，企业对转移后的风险不再拥有所有权。转移风险不会降低风险可能的严重程度，只是从一方转移到另一方。

4. 风险转换。

风险转换指企业通过战略调整等手段将企业面临的风险转换成另一个风险。风险转换的手段包括战略调整和使用衍生产品等。

5. 风险对冲。

风险对冲是指采取各种手段，引入多个风险因素或承担多个风险，使得这些风险能够互相冲抵，也就是使这些风险的影响互相抵消。

6. 风险补偿。

风险补偿是指企业对风险可能造成的损失采取适当的措施进行补偿。风险补偿表现为企业主动承担风险，并采取措施以补偿可能的损失。

风险补偿的形式有财务补偿、人力补偿、物资补偿等。

7. 风险控制。

风险控制是指通过控制风险事件发生的动因、环境、条件等，来达到减轻风险事件发生时的损失或降低风险事件发生概率的目的。

（七）风险管理的资源配置

风险管理的资源包括人才、组织、政策、设备、物资、信息、经验、知识、技术、信息系统、资金等。

由于全面风险管理覆盖面广，资源的使用一般是多方面的、综合性的。企业应当统筹兼顾，将资源优先用于需要管理的重大风险。

（八）确定风险管理的优先顺序

1. 风险管理的优先顺序。

风险管理的优先顺序决定企业优先管理哪些风险，对哪些风险管理优先配置资源。

风险管理的优先顺序体现了企业的风险偏好。因此，要找到一种普适性的方法来确定风险管理的优先顺序是很困难的。一个很重要的原则是风险与收益相平衡的原则，在风险评估结果的基础上，全面考虑风险与收益。

要特别重视对企业有影响的重大风险，要首先解决"颠覆性"风险问题，保证企业持续发展。

2. 确定风险管理的优先顺序须考虑的因素。

根据风险与收益相平衡原则，确定风险管理的优先顺序可以考虑以下几个因素：

（1）风险事件发生的可能性和影响；

（2）风险管理的难度；

（3）风险的价值或风险管理可能带来的收益；

(4) 合规的需要；

(5) 对企业各种资源的需求；

(6) 利益相关者的要求。

（九）风险管理策略检查

企业应定期总结和分析已制定的风险管理策略的有效性和合理性，结合实际不断地修订和完善。其中，应重点检查依据风险偏好、风险承受度和风险控制预警线实施的结果是否有效，并提出定性或定量的有效性标准。

三、运用金融工具实施风险管理策略

（一）运用金融工具实施风险管理策略的必要性

风险管理体系中的一个重要组成部分是运用金融工具实施风险管理策略。例如：

(1) 企业为了转移自然灾害可能造成的损失而购买巨灾保险；

(2) 企业在对外贸易中产生了大量的外币远期支付或应收账款，为了对冲汇率变化可能造成的损失，使用外币套期保值；

(3) 企业为了应对原材料价格波动的风险，在金融市场上运用期货进行套期保值；

(4) 企业为了应对可能的突发事件造成的资本需求，与银行签订应急资本合同。

（二）运用金融工具实施风险管理策略的特点

(1) 需要判断风险的定价。企业不仅需要判断风险事件的可能性和损失的分布，而且需要量化风险本身的价值。

(2) 应用范围一般不包括声誉等难以衡量价值的风险，也难以消除战略失误造成的损失。

(3) 技术性强。许多金融工具本身具有比较复杂的风险特性，使用不当容易造成重大损失。

(4) 创造价值。企业可能通过使用金融工具来承担额外的风险，改善企业的财务状况，创造价值。例如，一家矿产公司在市场上通过期货的方式出卖产品，增加收入的稳定性，提高回报率。

（三）运用金融工具实施风险管理策略的原则和要求

1. 与企业整体风险管理策略一致。

2. 与企业所面对风险的性质相匹配。

3. 选择金融工具的要求。

4. 成本与收益的平衡。

（四）运用金融工具实施风险管理策略的主要措施

运用金融工具实施风险管理策略的主要措施分为两类：损失事件管理与套期保值。

损失事件管理是指对可能给企业造成重大损失的风险事件进行事前、事后管理的方法。损失的内容包括企业的资金、声誉、技术、品牌、人才等。损失事件管理包括：

1. 损失融资。

2. 风险资本。

3. 应急资本。

4. 保险。
5. 专业自保。

四、内部控制系统

内部控制系统是指围绕风险管理策略目标，针对企业战略、规划、产品研发、投融资、市场运营、财务、内部审计、法律事务、人力资源、采购、加工制造、销售、物流、质量、安全生产、环境保护等各项重要业务及其管理，通过执行风险管理基本流程，制定并执行的规章制度、程序和措施。

（一）美国 COSO 关于内部控制的框架

本书第六章第三节对美国 COSO 于 1992 年 9 月提出的《企业内部控制——整合框架》的基本内容进行了阐述，该框架提出了内部控制的三项目标和五大要素。

内部控制的三项目标包括：取得经营的效率和有效性；确保财务报告的可靠性；遵循适用的法律法规。

内部控制的五大要素包括：①控制环境。控制环境包括员工的正直、道德价值观和能力，管理当局的理念和经营风格，管理当局确立权威性和责任、组织和开发员工的方法等。②风险评估。风险评估是指为了实现组织目标而对相关风险进行的辨别与分析。③控制活动。控制活动是指为了确保实现管理当局的目标而采取的政策和程序，包括审批、授权、验证、确认、经营业绩的复核、资产的安全性等。④信息与沟通。信息与沟通是指为了保证员工履行职责而必须识别、获取的信息及其沟通。⑤监控。监控是指对内部控制实施质量的评价，主要包括经营过程中的持续监控，即日常管理和监督、员工履行职责的行动等。

（二）我国内部控制规范体系

1.《企业内部控制基本规范》。

本书第六章第三节已述，2008 年 5 月 22 日，财政部会同证监会、审计署、原银监会、原保监会制定并印发《企业内部控制基本规范》（以下简称《基本规范》）。《基本规范》规定了内部控制的目标、要素、原则和总体要求，是内部控制的总体框架，在内部控制体系中起统领作用。

《基本规范》要求企业建立内部控制体系时应符合以下目标：合理保证企业经营管理合法合规、资产安全、财务报告及相关信息真实完整；提高经营效率和效果；促进企业实现发展战略。相较于美国 COSO《内部控制框架》的三项目标，《基本规范》增加了资产安全目标，同时要求内部控制体系不仅合理保证财务报告的真实完整，还应合理保证相关非财务信息的真实完整。

《基本规范》借鉴了美国 COSO《内部控制框架》，并结合中国国情，要求企业所建立与实施的内部控制应当包括五个要素：（1）内部环境；（2）风险评估；（3）控制活动；（4）信息与沟通；（5）内部监督。

2.《企业内部控制应用指引》。

《企业内部控制应用指引》（以下简称《应用指引》）是对企业按照内部控制原则和内部控制"五要素"建立健全本企业内部控制所提供的指引，在整个内部控制规范体系中占据主体地位。

《应用指引》针对组织架构、发展战略、人力资源、社会责任、企业文化、资金活动、采购业务、资产管理、销售业务、研究与开发、工程项目、担保业务、业务外包、财务报告、全面预算、合同管理、内部信息传递、信息系统共18项企业主要业务的内控领域，提出了建议性的应用指引，为企业以及外部审核人建立与评价内控体系提供了参照性标准。

3.《企业内部控制评价指引》和《企业内部控制审计指引》。

《企业内部控制评价指引》和《企业内部控制审计指引》（以下简称《评价指引》和《审计指引》）是对企业按照内部控制原则和内部控制"五要素"建立健全本企业"事后控制"的指引，是对企业贯彻《基本规范》和《应用指引》的效果进行评价与检验的指引。

《评价指引》为企业对内部控制的有效性进行全面评价、形成评价结论、出具评价报告提供指引。《评价指引》明确内部控制评价应围绕内部环境、风险评估、控制活动、信息与沟通、内部监督等要素；企业应当确定评价的具体内容及对内部控制设计与运行情况进行全面评价。同时，该指引对内部控制评价的内容、程序、缺陷的认定、评价报告、工作底稿要求、评估基准日等作出了规定。

《审计指引》为会计师事务所对特定基准日与财务报告相关内部控制设计与执行有效性进行审计提供指引。它明确注册会计师应对财务报告内部控制的有效性发表审计意见，并对内部控制审计过程中注意到的非财务报告内部控制的重大缺陷予以披露。同时，为审计计划工作、审计实施、如何评价控制缺陷、审计期后事项、审计报告内容和方法以及审计工作底稿作出了规定。

（三）内部控制的要素

1. 控制（内部）环境。

（1）美国COSO《内部控制框架》关于控制环境要素的要求与原则。美国COSO《内部控制框架》关于控制环境要素的要求为：控制环境决定了企业的基调，直接影响企业员工的控制意识。控制环境提供了内部控制的基本规则和构架，是其他四要素的基础。控制环境包括员工的诚信度、职业道德和才能；管理哲学和经营风格；权责分配方法、人事政策；董事会的经营重点和目标等。

根据2013年修订发布的美国COSO《内部控制框架》，控制环境要素应当坚持以下原则：

①企业对诚信和道德价值观作出承诺。

②董事会独立于管理层，对内部控制的制定及其绩效施以监控。

③管理层在董事会的监控下，建立目标实现过程中所涉及的组织架构、报告路径以及适当的权利和责任。

④企业致力于吸引、发展和留任优秀人才，以配合企业目标达成。

⑤企业根据其目标，使员工各自担负起内部控制的相关责任。

（2）我国《基本规范》关于内部环境要素的要求。内部环境是企业实施内部控制的基础，一般包括治理结构、机构设置及权责分配、内部审计、人力资源政策、企业文化等。具体要求如下：

①企业应当根据国家有关法律法规和企业章程，建立规范的公司治理结构和议事规则，明确决策、执行、监督等方面的职责权限，形成科学有效的职责分工和制衡机制。

②董事会负责内部控制的建立健全和有效实施。监事会对董事会建立与实施内部控制进行监督。经理层负责组织领导企业内部控制的日常运行。企业应当成立专门机构或者指定适当的机构具体负责组织协调内部控制的建立实施及日常工作。

③企业应当在董事会下设立审计委员会。审计委员会负责审查企业内部控制，监督内部控制的有效实施和内部控制自我评价情况，协调内部控制审计及其他相关事宜等。审计委员会负责人应当具备相应的独立性、良好的职业操守和专业胜任能力。

④企业应当结合业务特点和内部控制要求设置内部机构，明确职责权限，将权利与责任落实到各责任单位。企业应当通过编制内部管理手册，使全体员工掌握内部机构设置、岗位职责、业务流程等情况，明确权责分配，正确行使职权。

⑤企业应当加强内部审计工作，保证内部审计机构设置、人员配备和工作的独立性。内部审计机构应当结合内部审计监督，对内部控制的有效性进行监督检查。内部审计机构对监督检查中发现的内部控制缺陷，应当按照企业内部审计工作程序进行报告；对监督检查中发现的内部控制重大缺陷，有权直接向董事会及其审计委员会、监事会报告。

⑥企业应当制定和实施有利于企业可持续发展的人力资源政策。人力资源政策应当包括下列内容：员工的聘用、培训、辞退与辞职；员工的薪酬、考核、晋升与奖惩；关键岗位员工的强制休假制度和定期岗位轮换制度；掌握国家秘密或重要商业秘密的员工离岗的限制性规定；有关人力资源管理的其他政策。

⑦企业应当将职业道德修养和专业胜任能力作为选拔和聘用员工的重要标准，切实加强员工培训和继续教育，不断提升员工素质。

⑧企业应当加强文化建设，培育积极向上的价值观和社会责任感，倡导诚实守信、爱岗敬业、开拓创新和团队协作精神，树立现代管理理念，强化风险意识。董事、监事、经理及其他高级管理人员应当在企业文化建设中发挥主导作用。企业员工应当遵守员工行为守则，认真履行岗位职责。

⑨企业应当加强法制教育，增强董事、监事、经理及其他高级管理人员和员工的法制观念，严格依法决策、依法办事、依法监督，建立健全法律顾问制度和重大法律纠纷案件备案制度。

2. 风险评估。

(1) 美国COSO《内部控制框架》关于风险评估要素的要求与原则。美国COSO《内部控制框架》关于风险评估要素的要求为：每个企业都面临诸多来自内部和外部的有待评估的风险。风险评估的前提是使经营目标在不同层次上相互衔接，保持一致。风险评估指识别、分析相关风险以实现既定目标，从而形成风险管理的基础。由于经济、产业、法规和经营环境的不断变化，需要确立一套机制来识别和应对由这些变化带来的风险。

根据2013年修订发布的美国COSO《内部控制框架》，风险评估要素应当坚持以下原则：

①企业制定足够清晰的目标，以便识别和评估有关目标所涉及的风险。

②企业从整个企业的角度来识别实现目标所涉及的风险，分析风险，并据此决定应如何管理这些风险。

③企业在评估影响目标实现的风险时，考虑潜在的舞弊行为。

④企业识别并评估可能会对内部控制系统产生重大影响的变更。

（2）我国《基本规范》关于风险评估要素的要求。风险评估是指企业及时识别、系统分析经营活动中与实现内部控制目标相关的风险，合理确定风险应对策略。具体要求如下：

①企业应当根据设定的控制目标，全面系统持续地收集相关信息，结合实际情况，及时进行风险评估。

②企业开展风险评估，应当准确识别与实现控制目标相关的内部风险和外部风险，确定相应的风险承受度。风险承受度是企业能够承担的风险限度，包括整体风险承受能力和业务层面的可接受风险水平。

③企业识别内部风险，应当关注下列因素：董事、监事、经理及其他高级管理人员的职业操守，员工专业胜任能力等人力资源因素；组织机构、经营方式、资产管理、业务流程等管理因素；研究开发、技术投入、信息技术运用等自主创新因素；财务状况、经营成果、现金流量等财务因素；营运安全、员工健康、环境保护等安全环保因素；其他有关内部风险因素。

④企业识别外部风险，应当关注下列因素：经济形势、产业政策、融资环境、市场竞争、资源供给等经济因素；法律法规、监管要求等法律因素；安全稳定、文化传统、社会信用、教育水平、消费者行为等社会因素；技术进步、工艺改进等科学技术因素；自然灾害、环境状况等自然环境因素；其他有关外部风险因素。

⑤企业应当采用定性与定量相结合的方法，按照风险发生的可能性及其影响程度等，对识别的风险进行分析和排序，确定关注重点和优先控制的风险。企业进行风险分析，应当充分吸收专业人员，组成风险分析团队，按照严格规范的程序开展工作，确保风险分析结果的准确性。

⑥企业应当根据风险分析的结果，结合风险承受度，权衡风险与收益，确定风险应对策略。企业应当合理分析并准确掌握董事、经理及其他高级管理人员和关键岗位员工的风险偏好，采取适当的控制措施，避免因个人风险偏好给企业经营带来重大损失。

⑦企业应当综合运用风险规避、风险降低、风险分担和风险承受等风险应对策略，实现对风险的有效控制。

⑧企业应当结合不同发展阶段和业务拓展情况，持续收集与风险变化相关的信息，进行风险识别和风险分析，及时调整风险应对策略。

3. 控制活动。

（1）美国COSO《内部控制框架》关于控制活动要素的要求与原则。美国COSO《内部控制框架》关于控制活动要素的要求为：控制活动指那些有助于管理层决策顺利实施的政策和程序。控制行为有助于确保实施必要的措施以管理风险，实现经营目标。控制行为体现在整个企业的不同层次和不同部门中，它们包括诸如批准、授权、查证、核对、复核经营业绩、资产保护和职责分工等活动。

根据2013年修订发布的美国COSO《内部控制框架》，控制活动要素应当坚持以下原则：

①企业选择并制定有助于将目标实现风险降低至可接受水平的控制活动。

②企业为用以支持目标实现的技术选择并制定一般控制政策。

③企业通过政策和程序来部署控制活动：政策用来确定所期望的目标；程序则将政策付诸行动。

（2）我国《基本规范》关于控制活动要素的要求。控制活动是企业根据风险评估结果，采用相应的控制措施，将风险控制在可承受度之内。具体要求如下：

①企业应当结合风险评估结果，通过手工控制与自动控制、预防性控制与发现性控制相结合的方法，运用相应的控制措施，将风险控制在可承受度之内。控制措施一般包括：不相容职务分离控制、授权审批控制、会计系统控制、财产保护控制、预算控制、运营分析控制和绩效考评控制等。此外，常用的控制方法还有：内部报告控制、复核控制、人员素质控制等。

②不相容职务分离控制。所谓不相容职务，是指那些如果由一个人担任既可能发生错误和舞弊行为，又可能掩盖其错误和舞弊行为的职务。不相容职务一般包括：授权批准与业务经办、业务经办与会计记录、会计记录与财产保管、业务经办与稽核检查、授权批准与监督检查等。对于不相容的职务如果不实行相互分离的措施，就容易发生舞弊等行为。不相容职务分离的核心是"内部牵制"，要求企业首先应全面系统地分析、梳理业务流程中所涉及的不相容职务，其次要明确规定各个机构和岗位的职责权限，使不相容岗位和职务之间能够相互监督、相互制约，形成有效的制衡机制。

③授权审批控制。授权审批是指单位在办理各项经济业务时，必须经过规定程序的授权批准。授权审批形式通常有常规授权和特别授权之分。常规授权是指单位在日常经营管理活动中按照既定的职责和程序进行的授权，用以规范经济业务的权力、条件和有关责任者，其时效性一般较长。特别授权是指单位对办理例外的、非常规性交易事件的权力、条件和责任的应急性授权。

授权审批控制要求企业根据常规授权和特别授权的规定，明确各岗位办理业务和事项的权限范围、审批程序和相应责任。企业应当编制常规授权的权限指引，规范特别授权的范围、权限、程序和责任，严格控制特别授权。企业各级管理人员应当在授权范围内行使职权和承担责任。企业对于重大的业务和事项，应当实行集体决策审批或者联签制度，任何个人不得单独进行决策或者擅自改变集体决策。

④会计系统控制。会计系统控制主要是通过对会计主体所发生的各项能用货币计量的经济业务进行记录、归集、分类、编报等而进行的控制。其内容主要包括：

a. 依法设置会计机构，配备会计人员。从事会计工作的人员，必须具备从事会计工作必要的专业能力，会计机构负责人应当具备会计师以上专业技术职务资格或从事会计工作3年以上经历。大中型企业应当设置总会计师或者财务总监，设置总会计师或者财务总监的单位，不得设置与其职权重叠的副职。

b. 建立会计工作的岗位责任制，对会计人员进行科学合理的分工，使之相互监督和制约。

c. 按照规定取得和填制原始凭证。
d. 设计良好的凭证格式。
e. 对凭证进行连续编号。
f. 明确会计凭证、会计账簿和财务会计报告的处理程序,保证会计资料真实完整。
g. 明确凭证的装订和保管手续责任。
h. 合理设置账户,登记会计账簿,进行复式记账。
i. 按照《会计法》和国家统一的会计准则制度的要求编制、报送、保管财务报告。

⑤财产保护控制。财产保护控制要求企业建立财产日常管理制度和定期清查制度,采取财产记录、实物保管、定期盘点、账实核对等措施,确保财产安全。企业应当严格限制未经授权的人员接触和处置财产。财产保护控制主要包括:

a. 财产记录和实物保管。关键是要妥善保管涉及资产的各种文件资料,避免记录受损、被盗、被毁。对重要的文件资料,应当留有备份,以便在遭受意外损失或毁坏时重新恢复,这在计算机处理条件下尤为重要。

b. 定期盘点和账实核对。它是指定期对实物资产进行盘点,并将盘点结果与会计记录进行比较。盘点结果与会计记录如不一致,说明可能在资产管理上出现错误、浪费、损失或其他不正常现象,应当分析原因、查明责任、完善管理制度。

c. 限制接近。它是指严格限制未经授权的人员对资产的直接接触,只有经过授权批准的人员才能接触该资产。限制接近包括限制对资产本身的接触和通过文件批准方式对资产使用或分配的间接接触。一般情况下,对货币资金、有价证券、存货等变现能力强的资产必须限制无关人员的直接接触。

⑥预算控制。预算控制要求企业实施全面预算管理制度,明确各责任单位在预算管理中的职责权限,规范预算的编制、审定、下达和执行程序,强化预算约束。

预算控制的内容涵盖了单位经营活动的全过程,单位通过预算的编制和检查预算的执行情况,可以比较、分析内部各单位未完成预算的原因,并对未完成预算的不良后果采取改进措施,确保各项预算的严格执行。在实际工作中,预算编制不论采用自上而下还是自下而上的方法,其决策权都应落实在内部管理的最高层,由这一权威层次进行决策、指挥和协调。预算确定后由各预算单位组织实施,并辅之以对等的权、责、利关系,由内部审计部门等负责监督预算的执行。预算控制的主要环节有:

a. 确定预算的项目、标准和程序;
b. 编制和审定预算;
c. 预算指标的下达和责任人的落实;
d. 预算执行的授权;
e. 预算执行过程的监控;
f. 预算差异的分析和调整;
g. 预算业绩的考核和奖惩。

⑦运营分析控制。运营分析控制要求企业建立运营情况分析制度,经理层应当综合运用生产、购销、投资、筹资、财务等方面的信息,通过因素分析、对比分析、趋势分析等方法,定期开展运营情况分析,发现存在的问题,及时查明原因并加以改进。

⑧绩效考评控制。绩效考评控制要求企业建立和实施绩效考评制度，科学设置考核指标体系，对企业内部各责任单位和全体员工的业绩进行定期考核和客观评价，将考评结果作为确定员工薪酬以及职务晋升、评优、降级、调岗、辞退等的依据。

⑨企业应当根据内部控制目标，结合风险应对策略，综合运用控制措施，对各种业务和事项实施有效控制。

⑩企业应当建立重大风险预警机制和突发事件应急处理机制，明确风险预警标准，对可能发生的重大风险或突发事件，制定应急预案、明确责任人员、规范处置程序，确保突发事件得到及时妥善处理。

4. 信息与沟通。

(1) 美国COSO《内部控制框架》关于信息与沟通要素的要求与原则。美国COSO《内部控制框架》关于信息与沟通要素的要求为：公允的信息必须被确认、捕获并以一定形式及时传递，以便员工履行职责。信息系统产出涵盖经营、财务和遵循性信息的报告，以助于经营和控制企业。信息系统不仅处理内部产生的信息，还包括与企业经营决策和对外报告相关的外部事件、行为和条件等。有效的沟通从广义上说是信息的自上而下、横向以及自下而上的传递。所有员工必须从管理层得到清楚的信息，认真履行控制职责。员工必须理解自身在整个内控系统中的位置，理解个人行为与其他员工工作的相关性。员工必须有向上传递重要信息的途径。同时，与外部诸如客户、供应商、管理当局和股东之间也需要有效的沟通。

根据2013年修订发布的美国COSO《内部控制框架》，信息与沟通要素应当坚持以下原则：

①企业选择、制定并实行持续及/或单独的评估，以判定内部控制各要素是否存在且发挥效用。

②企业及时评估内部控制缺陷，并将有关缺陷及时通报给负责整改措施的相关方，包括高级管理层和董事会（如适当）。企业选择并制定有助于将目标实现风险降低至可接受水平的控制活动。

(2) 我国《基本规范》关于信息与沟通要素的要求。信息与沟通是指企业及时、准确地收集、传递与内部控制相关的信息，确保信息在企业内部、企业与外部之间进行有效沟通。具体要求如下：

①企业应当建立信息与沟通制度，明确内部控制相关信息的收集、处理和传递程序，确保信息及时沟通，促进内部控制有效运行。

②企业应当对收集的各种内部信息和外部信息进行合理筛选、核对、整合，提高信息的有用性。企业可以通过财务会计资料、经营管理资料、调研报告、专项信息、内部刊物、办公网络等渠道，获取内部信息。企业可以通过行业协会组织、社会中介机构、业务往来单位、市场调查、来信来访、网络媒体以及有关监管部门等渠道，获取外部信息。

③企业应当将内部控制相关信息在企业内部各管理级次、责任单位、业务环节之间，以及企业与外部投资者、债权人、客户、供应商、中介机构和监管部门等有关方面之间进行沟通和反馈。信息沟通过程中发现的问题，应当及时报告并加以解决。重要信息应

当及时传递给董事会、监事会和经理层。

④企业应当利用信息技术促进信息的集成与共享，充分发挥信息技术在信息与沟通中的作用。企业应当加强对信息系统的开发与维护、访问与变更、数据输入与输出、文件储存与保管、网络安全等方面的控制，保证信息系统安全稳定运行。

⑤企业应当建立反舞弊机制，坚持惩防并举、重在预防的原则，明确反舞弊工作的重点领域、关键环节和有关机构在反舞弊工作中的职责权限，规范舞弊案件的举报、调查、处理、报告和补救程序。企业至少应当将下列情形作为反舞弊工作的重点：未经授权或者采取其他不法方式侵占、挪用企业资产，牟取不当利益；在财务会计报告和信息披露等方面存在虚假记载、误导性陈述或者重大遗漏等；董事、监事、经理及其他高级管理人员滥用职权；相关机构或人员串通舞弊。

⑥企业应当建立举报投诉制度和举报人保护制度，设置举报专线，明确举报投诉处理程序、办理时限和办结要求，确保举报、投诉成为企业有效掌握信息的重要途径。举报投诉制度和举报人保护制度应当及时传达至全体员工。

5. 监控（即内部监督）。

（1）美国 COSO《内部控制框架》关于监控要素的要求。美国 COSO《内部控制框架》关于监控要素的要求为：内部控制系统需要被监控，即对该系统有效性进行评估的全过程。可以通过持续性的监控行为、独立评估或两者的结合来实现对内控系统的监控。持续性的监控行为发生在企业的日常经营过程中，包括企业的日常管理和监控行为、员工履行各自职责的行为。独立评估活动的广度和频度有赖于风险预估和日常监控程序的有效性。内部控制的缺陷应该自下而上进行汇报，性质严重的应上报最高管理层和董事会。

（2）我国《基本规范》及配套指引关于内部监督要素的要求。内部监督是指企业对内部控制建立与实施情况进行监督检查，评价内部控制的有效性，发现内部控制缺陷，及时加以改进。具体要求如下：

①企业应当根据本规范及其配套办法，制定内部控制监督制度，明确内部审计机构（或经授权的其他监督机构）和其他内部机构在内部监督中的职责权限，规范内部监督的程序、方法和要求。内部监督分为日常监督和专项监督。日常监督是指企业对建立与实施内部控制的情况进行常规、持续的监督检查；专项监督是指在企业发展战略、组织结构、经营活动、业务流程、关键岗位员工等发生较大调整或变化的情况下，对内部控制的某一或者某些方面进行有针对性的监督检查。专项监督的范围和频率应当根据风险评估结果以及日常监督的有效性等予以确定。

②企业应当制定内部控制缺陷认定标准，对监督过程中发现的内部控制缺陷，应当分析缺陷的性质和产生的原因，提出整改方案，采取适当的形式及时向董事会、监事会或者经理层报告。内部控制缺陷包括设计缺陷和运行缺陷。企业应当跟踪内部控制缺陷整改情况，并就内部监督中发现的重大缺陷，追究相关责任单位或者责任人的责任。

③企业应当结合内部监督情况，定期对内部控制的有效性进行自我评价，出具内部控制自我评价报告。

企业围绕内部环境、风险评估、控制活动、信息与沟通、内部监督等要素，确定内部控制评价的具体内容，对内部控制设计与运行情况进行评价。内部控制自我评价的方式、范围、程序和频率，由企业根据经营业务调整、经营环境变化、业务发展状况、实际风险水平等自行确定。国家有关法律法规另有规定的，从其规定。

内部控制评价程序一般包括：制定评价工作方案、组成评价工作组、实施现场测试、认定控制缺陷、汇总评价结果、编报评价报告等环节。

企业可以授权内部审计部门或专门机构（以下简称内部控制评价部门）负责内部控制评价的具体组织实施工作。内部控制评价工作组应当对被评价单位进行现场测试，综合运用个别访谈、调查问卷、专题讨论、穿行测试、实地查验、抽样和比较分析等方法，充分收集被评价单位内部控制设计和运行是否有效的证据，按照评价的具体内容，如实填写评价工作底稿，研究分析内部控制缺陷。

a. 个别访谈法。个别访谈法是指企业根据检查评价需要，对被检查单位员工进行单独访谈，以获取有关信息。通过找有关人员谈话，可以调查了解内部控制制度，还可以针对可疑账项或异常情况等向有关人员提出询问。

b. 调查问卷法。调查问卷法是指企业设置问卷调查表，分别对不同层次的员工进行问卷调查，根据调查结果对相关项目作出评价。

c. 专题讨论会法。专题讨论会法是指通过召集与业务流程相关的管理人员就业务流程的特定项目或具体问题进行讨论及评估的一种方法。

d. 穿行测试和重新执行法。穿行测试见本章第一节中的相关内容。重新执行是指通过对某一控制活动全过程的重新执行来评估控制执行情况的方法。

e. 抽样法。抽样法是指企业针对具体的内部控制业务流程，按照业务发生频率及固有风险的高低，从确定的抽样总体中抽取一定比例的业务样本，对业务样本的符合性进行判断，进而对业务流程控制运行的有效性作出评价。

f. 比较分析法。比较分析法是指通过分析、比较数据间的关系、趋势或比率来取得评价证据的方法。

内部控制评价工作组应当根据现场测试获取的证据，对内部控制缺陷进行初步认定，并按其影响程度分为重大缺陷、重要缺陷和一般缺陷。重大缺陷应当由董事会予以最终认定。企业对于认定的重大缺陷，应当及时采取应对策略，切实将风险控制在可承受范围之内，并追究有关部门或相关人员的责任。

④企业应当以书面或者其他适当的形式，妥善保存内部控制建立与实施过程中的相关记录或者资料，确保内部控制建立与实施过程的可验证性。

五、风险管理信息系统

企业的管理信息系统在风险管理中发挥着至关重要的作用。

企业应将信息技术应用于风险管理的各项工作，建立涵盖风险管理基本流程和内部控制系统各环节的风险管理信息系统，包括信息的采集、存储、加工、分析、测试、传递、报告、披露等。

（1）信息采集方面，企业应采取措施确保向风险管理信息系统输入的业务数据和风险量化值的一致性、准确性、及时性、可用性和完整性。对输入信息系统的数据，未经批准，不得更改。

（2）信息存储方面，企业应建立良好的数据架构，解决好数据标准化和存储技术问题。

（3）信息加工、分析和测试方面，风险基础信息经风险管理信息系统加工和提炼，成为可进行分析的风险管理信息。风险管理信息系统应能够进行对各种风险的计量和定量分析、定量测试；能够实时反映风险矩阵和排序频谱、重大风险和重要业务流程的监控状态。

（4）信息传递方面，风险管理信息系统应实现信息在各职能部门、业务单位之间的集成与共享，既能满足单项业务风险管理的要求，也能满足企业整体和跨职能部门、业务单位的风险管理综合要求。企业应建立贯穿于整个风险管理基本流程，连接各上下级、各部门和业务单位的风险管理信息传递渠道，确保信息沟通的及时、准确、完整。信息沟通及时性是指企业须保证把重要相关信息在应该被传递的时间传递到相关部门和岗位，准确性是指企业须保证把重要风险管理信息不被修饰或改变地传递到相关部门和岗位，完整性是指企业须保证把应该传递的信息不打任何折扣地传递到相关部门和岗位。

（5）信息报告和披露方面，风险管理信息系统能够对超过风险预警上限的重大风险实施信息报警；能够满足风险管理内部信息报告制度和企业对外信息披露管理制度的要求。

此外，企业应确保风险管理信息系统的稳定运行和安全，并根据实际需要不断进行改进、完善或更新。

已建立或基本建立管理信息系统的企业，应补充、调整、更新已有的管理流程和管理程序，建立完善的风险管理信息系统；尚未建立管理信息系统的企业，应将风险管理与企业各项管理业务流程及管理软件统一规划、统一设计、统一实施、同步运行。

第三节 风险管理的技术与方法

风险管理的技术与方法很多，既有定性分析，也有定量分析，这取决于不同风险识别技术和方法的特点。风险定性分析，往往带有较强的主观性，需要凭借分析者的经验和直觉，或者是以行业标准和惯例为风险各要素的大小或高低程度定性分级。虽然看起来比较容易，但实际上要求分析者具备较高的经验和能力，否则会因操作者经验和直觉的偏差而使分析结果失准。定量分析是对构成风险的各个要素和潜在损失的水平赋予数值或货币金额，当度量风险的所有要素都被赋值，风险分析和评估过程及结果就得以量化。定量分析比较客观，但对数据的要求较高，同时还须借助数学工具和计算机程序，其操作难度较大。

一、头脑风暴法

头脑风暴法又称智力激励法、BS法、自由思考法，是指刺激并鼓励一群知识渊博、知悉风险情况的人员畅所欲言，开展集体讨论的方法。

（一）适用范围

适用于在风险识别阶段充分发挥专家意见，对风险进行定性分析。

（二）实施步骤

（1）会前准备：确定参与人、主持人和要讨论识别的风险主题。

（2）风险主题展开探讨：由主持人公布会议主题并介绍与风险主题相关的情况；突破思维惯性，大胆进行联想；主持人控制好时间，力争在有限的时间内获得尽可能多的创意性设想。

（3）风险主题探讨意见分类与整理。

（三）主要优点和局限性

1. 主要优点。

（1）激发了专家想象力，有助于发现新的风险和全新的解决方案。

（2）主要的利益相关者参与其中，有助于进行全面沟通。

（3）速度较快并易于开展。

2. 局限性。

（1）参与者可能缺乏必要的技术或知识，无法提出有效的建议。

（2）头脑风暴法的实施过程和参与者提出的意见容易分散，较难保证全面性（例如，一切潜在风险均被识别出来）。

（3）集体讨论时可能出现特殊情况，导致某些有重要观点的人保持沉默而其他人成为讨论的主角。

二、德尔菲法

德尔菲法又称专家意见法，是在一组专家中取得可靠共识的程序，其基本特征是专家单独、匿名表达各自的观点，同时随着过程的进展，他们有机会了解其他专家的观点。德尔菲法采用背对背的通信方式征询专家小组成员的意见，专家之间不得互相讨论，不发生横向联系，只能与调查人员发生关系。通过反复填写问卷，收集各方意见，达成专家之间的共识。

（一）适用范围

适用于在风险识别阶段专家取得一致性意见的基础上，对风险进行定性分析。

（二）实施步骤

（1）确定专家并组成专家小组。专家人数可根据风险预测课题的大小和相关问题涉及面的宽窄而定，一般不超过20人。

（2）向所有专家提出所要预测的问题及有关要求，并附上有关这个问题的所有背景材料，同时请专家提出还需要什么材料，然后由专家做书面答复。

（3）各个专家根据他们所收到的材料，提出自己的预测意见，并说明自己是怎样利用这些材料并提出预测值的。

（4）将各位专家第一次提出的判断意见汇总，列成图表，进行对比，再分发给各位专家，让专家比较自己同他人的不同意见，修改自己的意见和判断，也可以把各位专家的意见加以整理，或请身份更高的其他专家加以评论，然后把这些意见分送给各位专家，请他们参考后修改自己的意见。

(5) 将所有专家的修改意见收集起来并汇总，再次分发给各位专家，请他们做第二次修改。逐轮收集意见并为专家反馈信息是德尔菲法的主要环节。收集意见和反馈信息一般要经过三四轮。在向专家进行反馈的时候，只给出各种意见，不说明发表这些意见的专家的姓名。这一过程重复进行，直到每一个专家不再改变自己的意见为止。

(6) 对专家的意见进行综合处理。

以上六个步骤并非一定都完成，如果在第（4）步专家意见就达成一致，则不需要进行第（5）步、第（6）步。

（三）主要优点和局限性

1. 主要优点。

(1) 由于观点是匿名的，因而专家更有可能表达出那些不受欢迎的观点。

(2) 所有观点都有相同的权重，避免重要人物的观点占主导地位。

(3) 专家不必聚集在某个地方，实施比较方便。

(4) 专家最终形成的意见具有广泛的代表性。

2. 局限性。

(1) 权威人士的意见难免影响他人的意见。

(2) 有些专家可能碍于情面，不愿意发表与其他人不同的意见。

(3) 有的专家可能出于自尊心而不愿意修改自己原来的意见。

(4) 过程比较复杂，花费时间较长，这是德尔菲法的主要缺点。

三、失效模式、影响和危害度分析法

失效模式、影响和危害度分析法可用来分析、审查系统的潜在故障（或称失效）模式。失效模式、影响和危害度分析法按规则记录系统中所有可能存在的影响因素，分析每种因素对系统的工作及状态的影响，将每种影响因素按其影响的程度及发生概率排序，从而发现系统中潜在的薄弱环节，提出预防改进措施，以消除或减少风险发生的可能性，保证系统的可靠性。

（一）适用范围

该方法适用于对失效模式、影响及危害进行定性或定量分析，还可以对其他风险识别方法提供数据支持。广泛应用于产品的设计与开发、生产和使用等阶段的风险管理，旨在发现缺陷和薄弱环节，为提高产品或服务质量和可靠性水平提供改进依据。

（二）实施步骤

(1) 失效模式分析。将系统分成组件或步骤，确认各部分出现明显故障的方式，即失效模式，分析造成这些失效模式的具体机制以及故障可能产生的影响。

(2) 失效影响分析。根据故障后果的严重性，对识别出的各个失效模式进行分类并确定风险等级。风险等级一般可以通过故障后果的严重程度与故障发生概率的组合获得，并予以定性、半定量或定量表达。

(3) 失效危害度分析。识别风险优先级（the risk priority number），这是一种半定量的危害度测量方法，它将故障后果、可能性和发现故障的难度（如果故障很难发现，则认为其优先级较高）进行等级赋值（通常在 1~10 之间），然后相乘获得危害度。

(4) 列出一份失效模式、失效机制及其对系统影响的清单，该清单包含系统失效的可能性、失效模式导致的风险程度等结果，如果结果是定量的，同时故障率的资料可靠，FMECA 可以输出定量结果。

（三）主要优点和局限性

1. 主要优点。
（1）广泛适用于人力、设备和系统以及硬件、软件和程序失效模式的分析；
（2）识别组件失效模式及其原因和对系统的影响，同时用可读性较强的形式表达出来；
（3）能够在设计初期发现问题，因而避免了开支较大的设备改造；
（4）识别单个失效模式以适合系统安全的需要。

2. 局限性。
（1）只能识别单个失效模式，无法同时识别多个失效模式；
（2）除非能够充分控制并集中精力，否则采用此法较耗时且开支较大。

四、流程图分析法

流程图分析法是对流程的每一阶段、每一环节逐一进行调查分析，从中发现潜在风险，找出导致风险发生的因素，分析风险产生后可能造成的损失以及对整个组织可能造成的不利影响。

（一）适用范围

适用于对企业生产或经营中的风险及其成因进行定性分析。

（二）实施步骤

（1）根据企业实际绘制业务流程图。
（2）识别流程图上各业务节点的风险因素，并予以重点关注。
（3）针对风险及其产生的原因，提出监控和预防的方法。

（三）主要优点和局限性

1. 主要优点。
流程图分析法是识别风险最常用的方法之一。它清晰明了，易于操作，且组织规模越大，流程越复杂，流程图分析法就越能体现出优越性。

2. 局限性。
该方法的使用效果依赖于专业人员的水平。

五、马尔科夫分析法

马尔科夫分析方法主要围绕"状态"这个概念展开。如果系统未来的状态仅取决于其现在的状况，那么就可以使用马尔科夫分析法。这种方法通常用于对那些存在多种状态（包括各种降级使用状态）的可维修复杂系统进行分析。

（一）适用范围

适用于对复杂系统中的不确定性事件及其状态改变进行定量分析。

（二）实施步骤

（1）调查不确定性事件的各种状态及其变化情况。

（2）建立数学模型。

（3）求解模型，得到风险事件各个状态发生的可能性。

（三）主要优点和局限性

1. 主要优点。

能够计算出具有维修能力和多重降级状态的系统的概率。

2. 局限性。

（1）无论是故障还是维修，都假设状态变化的概率是固定的。

（2）所有事项在统计上都具有独立性，因此未来的状态独立于一切过去的状态，除非两个状态紧密相接。

（3）需要了解状态变化的各种概率。

（4）有关矩阵运算的知识比较复杂，非专业人士很难看懂。

六、风险评估系图法

评估风险影响常见的定性方法之一是制作风险评估系图，又称风险矩阵、风险坐标图。通过风险评估系图可以识别某一风险是否会对企业产生重大影响，并将此结论与风险发生的可能性联系起来，为确定企业风险的优先次序提供框架。设定风险等级的方法应与组织的风险偏好相一致。

（一）适用范围

适用于对风险进行初步的定性分析。

（二）实施步骤

（1）根据企业实际情况绘制风险评估系图，如图7-1所示。

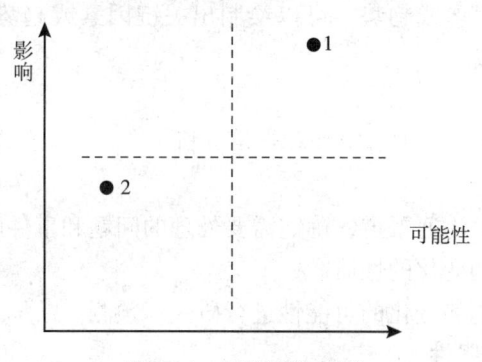

图7-1　风险评估系图

（2）分析每种风险的重大程度及影响。与影响较小且发生可能性较低的风险（在图中的点2）相比，具有重大影响且发生可能性较高的风险（在图7-1中的点1）应该更加关注。

（三）主要优点和局限性

1. 主要优点。

作为一种简单的定性方法，为企业确定各项风险重要性等级提供了可视化的工具，直观明了。

2. 局限性。

（1）需要对风险重要性等级标准、风险发生可能性、后果严重程度等作出主观判断，可能影响使用的准确性。

（2）所确定的风险重要性等级是通过相互比较确定的，因而无法将列示的个别风险重要性等级通过数学运算得到总体风险的重要性等级。

（3）如需要进一步探求风险原因，则采用该方法过于简单，缺乏经验证明和数据支持。

七、情景分析法

情景分析法可用来预计威胁和机遇可能发生的方式。在周期较短及数据充分的情况下，可以从现有情景中推断出未来可能出现的情景。对于周期较长或数据不充分的情况，情景分析法的有效性更依赖于合乎情理的想象力。在识别和分析那些反映诸如最佳情景、最差情景及期望情景的多种情景时，可用来识别在特定环境下可能发生的事件及其后果，以及每种情景出现的可能性。如果积极后果和消极后果的分布存在比较大的差异，则情景分析法就能发挥很大作用。

运用情景分析法需要分析的变化可能包括：外部情况的变化（例如技术变化）；不久将要作出的各种决定，而这些决定可能会产生各种不同的后果；利益相关者的需求以及这些需求可能变化的方式；宏观环境的变化（如监管及人口统计等）。有些变化是必然的，有些变化是不确定的。有时，某种变化可能归因于另一个风险带来的结果。例如，气候变化的风险造成与食物链有关的消费需求发生变化，而后者会引起生产结构的改变。局部和宏观因素或其变动趋势可以按重要性和不确定性进行列举并排序。应特别关注那些最重要、最不确定的因素或趋势。可以绘制出关键因素或趋势的图形，以显示那些情景可能产生和存在的区域。

（一）适用范围

适用于对企业面临的风险进行定性和定量分析。

（二）实施步骤

（1）建立团队和相关沟通渠道，确定需要处理的问题和事件的背景。

（2）确定可能出现的变化的性质。

（3）对主要因素、趋势变化的可能性进行研究、预测。

（三）主要优点和局限性

1. 主要优点。

对于未来变化不大的情况能够给出比较精确的模拟结果。

2. 局限性。

（1）在存在较大不确定性的情况下，模拟有些情景可能不够现实。

（2）对数据的有效性以及分析师和决策者开发现实情境的能力有很高的要求。

（3）将情景分析法作为一种决策工具，所用情景可能缺乏充分的基础，数据可能具有随机性。

八、敏感性分析法

（一）适用范围

适用于对项目不确定性对结果产生的影响进行定量分析。

（二）实施步骤

（1）选定不确定因素，并设定这些因素的变动范围；

（2）确定分析指标；

（3）进行敏感性分析；

（4）绘制龙卷风图；

（5）确定变化的临界点。

（三）主要优点和局限性

1. 主要优点。

（1）为决策提供有价值的参考信息。

（2）清晰地为风险分析指明方向。

（3）帮助企业制定紧急预案。

2. 局限性。

（1）所需要的数据经常缺乏，无法提供可靠的参数变化。

（2）分析时借助公式计算，没有考虑各种不确定因素在未来发生变动的概率，因此其分析结果可能和实际相反。

九、事件树分析法

（一）适用范围

适用于具有多种环节的故障发生以后，对各种可能后果进行定性和定量分析。

（二）实施步骤

（1）挑选初始事件。初始事件可能是粉尘爆炸或停电这样的事项。

（2）顺序列出那些旨在缓解事件结果的现有功能或系统，用一条线来表示每个功能或系统成功（用"是"表示）或失败（用"否"表示）。

（3）在每条线上标注一定的失效概率，同时通过专家判断来估算这种条件概率。这样，初始事件的不同途径就得以建模。

注意，事件树的可能性是一种有条件的可能性，例如，启动洒水功能的可能性并不是正常状况下的可能性，而是爆炸引起火灾状况下的可能性。事件树的各条路径代表了该路径内各种事项发生的可能性。由于各种事项都是独立的，因而结果的概率用单个条件概率与初始事件发生频率的乘积来表示。

（三）主要优点和局限性

1. 主要优点。

（1）ETA 以清晰的图形显示了经过分析的初始事件之后的潜在情景，以及缓解系统或功能成败产生的影响。

（2）它能说明时机、依赖性以及很烦琐的多米诺效应。

(3) 它生动地体现事件的顺序。

2. 局限性。

(1) 为了将 ETA 作为综合评估的组成部分，一切潜在的初始事件都要进行识别，这可能需要使用其他分析方法（如危害及可操作研究法），但总有可能错过一些重要的初始事件。

(2) 事件树只分析了某个系统的成功及故障状况，很难将延迟成功或恢复事项纳入其中。

(3) 任何路径都取决于路径上以前分支点处发生的事项。因此，要分析各可能路径上的众多从属因素。然而，人们可能会忽视某些从属因素，如常见组件、应用系统以及操作员等。如果不认真处理这些从属因素，就会导致风险评估过于乐观。

十、决策树法

决策树法（Decision Tree）是在不确定的情况下，以序列方式表示决策选择和结果的一种方法。类似于事件树法，决策树法始于初始事项或最初决策，之后对可能发生的事件及可能作出的决策的各种路径和结果进行建模。决策树法用于项目风险管理，有助于在不确定的情况下选择最佳的行动步骤。

（一）适用范围

适用于对不确定性投资方案期望收益的定量分析。

（二）实施步骤

如图 7-2 所示，决策树中的方块代表决策节点，从它引出的分支叫方案分支。每条分支代表一个方案，分支数就是可能的方案数。圆圈代表方案的节点，从它引出的是概率分支，每条概率分支上标明了状态及其发生的概率。概率分支数反映了该方案面对的可能状态数。根据右端的损益值和概率分支的概率，计算出期望值的大小，确定方案的期望结果，然后根据不同方案的期望结果作出选择。计算完毕后，开始对决策树进行剪枝，在每个决策结点删除了最高期望值以外的其他所有分支，最后步步推进到第一个决策结点，这时就找到了处理问题的最佳方案。方案的舍弃称作修枝，被舍弃的方案用"≠"的记号表示。最后的决策点留下一条树枝，此为最优方案。

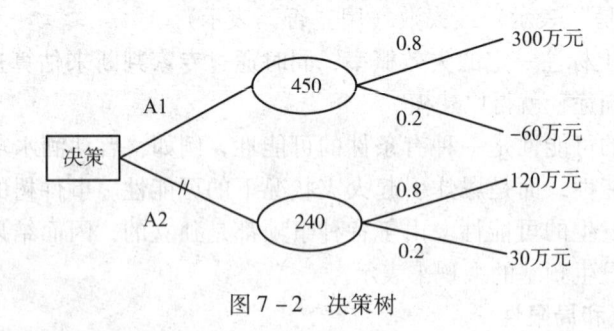

图 7-2 决策树

（三）主要优点和局限性

1. 主要优点。

(1) 对于决策问题的细节提供了一种清楚的图解说明；

（2）能够计算到达一种情形的最优路径。

2. 局限性。

（1）大的决策树可能过于复杂，不容易与其他人交流；

（2）为了能够用树形图表示，可能有过于简化环境的倾向。

十一、统计推论法

统计推论是进行项目风险评估和分析的一种十分有效的方法，是根据过去和现在的发展趋势推断未来的一类方法的总称，它可分为前推、后推和旁推三种类型。

前推是应用最为广泛的类型，是指根据历史的经验和数据，向前推断出未来事件发生的概率及其后果，在时间序列上表现为由后向前推算。如果历史数据具有明显的周期性，就可据此直接对风险作出周期性的评估和分析，如公司根据销售数据推断未来的销售风险等；如果从历史记录中看不出明显的周期性，就可用一曲线或分布函数来拟合这些数据再进行统计推论。函数有线性函数、指数函数、幂函数、双曲线函数、抛物线函数、生长曲线、包络曲线等，此外还得注意历史数据的不完整性和主观性。

后推法是在手头没有历史数据时所采用的一种方法，是把未知的想象的事件及后果与已知事件与后果联系起来，把未来风险事件归结到有数据可查的造成这一风险事件的初始事件上，从而对风险作出评估和分析，在时间序列上表现为由前向后推算。由于很多项目的一次性和不可重复性，对这些项目的风险评估和分析时常用后推法。

旁推法就是利用类似项目的数据进行统计推论，利用某一项目的历史记录对新的类似项目可能遇到的风险进行评估和分析，如依据其他国家产业的发展趋势，推测公司所处行业未来的市场风险等，当然这需要充分考虑新环境的各种变化。这三种方法在项目风险评估和分析中都得到了广泛采用。

（一）适用范围

适合于各种风险分析预测。

（二）实施步骤

（1）收集并整理与风险相关的历史数据。

（2）选择合适的评估指标并给出数学模型。

（3）根据数学模型和历史数据预测未来风险发生的可能性和损失大小。

（三）主要优点和局限性

1. 主要优点。

（1）在数据充足可靠的情况下简单易行；

（2）应用领域广泛。

2. 局限性。

（1）由于历史事件的前提和环境已发生了变化，不一定适用于今天或未来；

（2）没有考虑事件的因果关系，使外推结果可能产生较大偏差。为了修正这些偏差，有时必须在历史数据的处理中加入专家或集体的经验修正。

第八章　企业面对的主要风险与应对

第一节　战略风险与应对

一、战略风险的含义及其影响因素

战略风险是指企业在运用各类资源与能力追求发展的过程中,因自身要素与外部复杂环境匹配失衡而引发企业在实现战略目标中产生的各种阻碍或者机遇。

理解战略风险的含义需要把握两个要点:

第一,战略风险基于未发生的各种不确定性事件,已经发生的确定性事件不属于企业战略风险的考虑范围。

第二,虽然影响企业战略的因素很多,但并不是每个可能性事件都构成战略风险,只有当某个事件的偶然发生影响到战略目标实现时,它才成为战略风险。

战略风险的影响因素既来源于企业外部,即企业的战略环境,也来源于企业内部,即企业的战略资源、战略能力、战略定位和领导者的领导力等,下面分别予以阐述。

(一) 企业的战略环境

企业战略环境是指企业外部对企业战略产生重大影响的一些因素,如政治法律环境、经济环境、社会环境、技术环境、行业状况、竞争对手战略等。

(二) 企业的战略资源

企业战略资源是对企业战略管理具有重大、直接影响的资源,包括有形资源、无形资源和人力资源等。

(三) 企业的战略能力

企业的战略能力是指企业通过配置战略资源达成战略目标的能力。企业战略能力包括研发能力、生产管理能力、营销能力、财务能力和组织管理能力等。

(四) 企业的战略定位

企业的战略定位对战略风险的产生有重大作用。战略定位的内容主要包括战略目标、企业使命、战略类型和战略实施途径的选择。战略定位应与企业战略环境相适应,同时与企业自身战略资源和战略能力相匹配。

（五）企业领导者的领导力

企业领导者是企业战略选择和实施的决策者、组织者与推动者，其决策及管理风格、学识水平、认知能力、阅历经验、风险偏好、知识结构都会影响他们对战略管理过程的领导力，从而从根本上决定企业战略的得失成败。

二、战略风险的主要表现与应对

战略风险主要表现为在战略制定、战略实施、战略调整和战略复盘整改过程中所发生的风险。

（一）战略制定风险与应对

1. 在战略制定过程中，战略风险主要表现在缺乏明确且符合企业发展实际的战略目标，可能导致企业脱离实际盲目发展，难以形成竞争优势，丧失发展机遇和动力。

2. 企业应对战略制定风险的管控措施。

（1）制定战略前，企业战略归口管理部门通过内外部信息渠道广泛收集有关国家政治法律、宏观经济、国内外行业动态、市场发展趋势和竞争对手动态等信息，深入了解、系统剖析企业自身的战略资源与战略能力状况，分析、评估企业内外环境中的重要因素对企业战略造成的影响，明确企业面临的机遇、威胁、优势及劣势，并提交至决策层审阅，为企业制定战略规划提供参考意见及决策支持。

（2）制定战略时，企业应组织专业人员开展研究工作，专业人员主要包括企业内部战略归口管理部门的主要人员、企业内部有丰富战略制定与实施经验的人员、纳入企业战略专家库的人员、企业外部专业战略咨询机构的人员等。经深入分析和反复讨论，形成清晰、全面的战略规划报告，其中包括对企业长期生存与发展具有前瞻性、指导性、全局性的战略定位和相应的实施方案，报决策机构批准。

（二）战略实施风险与应对

1. 企业在战略实施过程中，战略风险主要表现在缺乏战略实施人员、战略实施组织不力等方面。

战略实施人员主要指将企业战略落地的人员。这些人员不一定是战略管理方面的专业人员，而是在投资、筹资、市场拓展或其他经营活动方面具有较强专业性的人员。战略实施人员方面的风险主要表现在：没有或缺少战略实施人员的参与，将导致战略实施与经营系统脱节，从而使任何良好的战略都得不到正确、有效的贯彻执行甚至失败。

战略实施组织包括信息、组织、激励和资源支持等要素。战略实施组织方面的风险主要表现在：

（1）战略信息缺乏真实性、准确性和完整性；战略信息传递不通畅，甚至受阻。

（2）组织结构与战略不匹配，可能导致战略无法落实到企业经营的各项业务中。

（3）缺乏充分的激励和充足的资源支持，可能导致战略推进速度缓慢，战略实施效率低下。

2. 企业应对战略实施风险的管控措施。

（1）企业应对战略实施人员方面的风险可采取如下管控措施：

①企业应该配置恰当的战略实施人员来推进和实现战略落地，战略实施人员必须具

备相关的知识以及能力；企业应制定和实行相应的培养战略实施人才、防止战略实施人才流失的政策。

②战略实施人员应参与企业战略制定、战略实施、战略调整和战略复盘整改的全过程，把握战略风险，进行事前控制、事中控制和事后控制。

(2) 企业应对战略实施组织方面的风险可采取如下管控措施：

①改进、完善信息收集、传递系统与机制，保证企业掌握的战略信息真实、准确、完整，并在企业各层级、各单位之间顺畅传递。

②建立、完善与企业战略相匹配的组织结构。相关内容参见第四章第一节中对"与公司战略相适应的组织结构"的阐述。

③战略分解。公司应将战略规划中战略定位的相关内容通过经营计划层层分解落实到各级经营管理活动中，同时开展广泛的宣导工作，把战略及其分解落实情况传递到各个管理层和全体员工。

④加强战略激励和资源支持。在战略实施过程中，企业应该明确各层级、各单位人员的战略实施责任，制定并实行相应的激励措施，提供足够的支持战略实施的资源，以提高战略实施的效率和效果。

(三) 战略调整风险与应对

1. 企业在战略实施过程中，如发现现有战略与企业战略环境或自身战略资源、能力不相适应，造成实施效果与战略目标之间出现较大偏差，应及时进行战略调整。战略调整通常发生在以下几种情况中：

(1) 战略过于激进或过于保守。

(2) 战略方向失准、失误。

(3) 战略部署失当。

(4) 管理层或决策层轮换。

2. 企业应对战略调整风险的管控措施。

(1) 基于企业战略调整的实际需要，决策层会同战略归口管理部门、战略实施人员在深入研究和谨慎论证的基础上，确定战略调整目标，制定战略调整方案，并经过必要的审批流程传达给相关部门和人员。

(2) 决策层组织相关部门和人员，通过一定的程序和机制，采用恰当的措施，落实战略方案，推进并实现战略调整或战略转型。

(四) 战略复盘整改风险与应对

1. 战略复盘整改是对企业内外部环境变化作出洞察、分析和判断，对战略实施和战略调整的过程和结果进行回顾和总结，进而采取必要的战略整改行动的过程。企业如未及时开展战略复盘和整改行动，可能导致企业不能利用机遇、回避威胁，经营陷入困境，甚至破产。

2. 企业应对战略复盘整改风险的管控措施。

(1) 企业应经常组织战略实施人员、相关专业人员开展战略复盘，对企业战略环境进行严密监测，及时觉察各种重大变化及其苗头的出现，对当前局面及未来趋势进行判断和预测，同时采用多种科学方法，从不同角度对战略实施和战略调整的效果进行检查评估，分析战略成功或失败的原因。

（2）针对在战略复盘中发现的问题及产生问题的原因，企业应及时组织相关部门制定战略整改方案，采取有效措施落实该方案的内容，并对落实的结果和效果进行检查、评估和反馈。

第二节 市场风险与应对

一、市场风险的含义及其影响因素

市场风险是指企业所面对的外部市场的复杂性和变动性所带来的与经营相关的风险。分析市场风险的来源应主要考虑以下因素：

（1）产品或服务的价格及供需变化带来的风险；
（2）能源、原材料、配件等物资供应的充足性、稳定性和价格变化带来的风险；
（3）主要客户、主要供应商的信用风险；
（4）利率、汇率、股票价格指数的变化带来的风险；
（5）潜在进入者、竞争者、替代品的竞争带来的风险。

二、市场风险的主要表现与应对

企业市场风险主要包括两类：市场趋势风险和分销风险。

（一）市场趋势风险与应对

1. 市场趋势是指对一个或几个有确定意义的市场影响因素所做的持续反应。企业市场趋势风险主要表现在：

（1）企业未开展对整体市场、竞争对手的分析以及对不同层次客户需求的调研，未制定有效的市场竞争策略，可能导致企业失去现有市场份额，影响其市场竞争力。

（2）企业未能把握监管当局的政策导向及宏观环境、市场环境的变化，可能导致企业产品、服务的推广及销售受到影响。

（3）企业未能预测并适应消费者偏好的变化，从而未能及时调整产品和服务结构，可能导致企业失去核心市场地位。

2. 企业应对市场趋势风险的管控措施。

（1）企业应定期开展整体市场趋势、竞争对手分析，运用大数据深入挖掘、掌握各类客户的需求，及时更新市场竞争策略，保持自身经营特色并维护品牌形象，提高企业在市场上的竞争力。

（2）企业应当主动识别、管理和应对国家和地方的政策法规中对企业不利的因素，积极与国家和当地政府相关部门建立良好的沟通，及时获知政策导向并采取相应措施。

（3）企业应及时预测市场未来走势并制定应急方案，在企业核心产品的销量呈下滑趋势时，后续产品应能够及时补位，避免市场占有率下降。

（二）分销风险与应对

1. 分销是指商品从制造商向消费者流动的全过程。分销风险是指出现不利的环境因素而导致制造商的市场活动受损甚至失败。企业分销风险主要表现在：

（1）外部市场的改变使现有营销活动丧失吸引力，可能导致企业失去部分或全部市场份额。

（2）企业未制定完善的品牌战略，未有效细分品牌，未制定有效的品牌管理措施，可能导致企业丧失知名度。

（3）企业未能准确把握政府对企业产品定价的要求，可能导致企业违反政府关于最高零售价、流通差价率、期间费用率控制的要求。

（4）企业对核心产品过分依赖，或者企业的产品过于单一，可能导致企业不能通过增加品种提高产品附加值，也不能积极应对市场波动。

（5）企业未能建立分销商评级及监管机制，分销商表现不佳，可能导致企业声誉受到影响。

（6）企业未能在目标市场实现既定的销售任务，可能导致企业战略目标及经营目标难以落实。

（7）企业未能建立规范的客户管理体系和客户服务流程，未能有效维护与目标客户的关系，可能导致企业形象受损。

2. 企业应对分销风险的管控措施。

（1）企业应根据市场变化制定或及时调整产品营销策略，统筹营销活动，通过有效的产品推广活动及技术手段在市场竞争中巩固、提高市场份额和产品优势。

（2）企业应制定和实施完善的品牌战略，有效传达产品的品牌价值，维护、提高品牌在目标人群中的知名度。

（3）企业应遵守、执行政府颁布的价格法规和价格政策，加强对商品定价的科学管理，规范产品及服务定价流程，制定价格保密措施，降低价格不合理或价格信息外泄的风险。

（4）企业应定期分析产品结构，合理确定产品种类和品种数量，加强产品开发，对产品生命周期进行有效管理，并根据市场情况及时调整产品结构。

（5）企业应制定并实施有效的渠道管理政策，建立、完善对分销商的评级、监管机制，防范窜货行为，防止出现经销商的不良行为影响企业品牌、声誉和产品销售的现象。

（6）企业应制定并完善销售管理流程，合理制订销售计划，定期检查销售计划执行情况，合理安排销售人员的销售任务并制定相应的激励措施，提高销售人员的积极性。

（7）企业应建立完善的客户管理体系、规范的客户服务流程及标准，在保证企业利益的同时满足客户要求，建立、维护与目标客户的有效沟通和良好关系。

第三节 财务风险与应对

一、财务风险的含义及其影响因素

财务风险是指企业在生产经营过程中,由于宏观经济、监管政策等外部环境或企业战略目标、管控模式、企业文化等内部因素,导致企业财务相关管理活动不规范或财务成果(收入、利润等)和财务状况(资产、负债、所有者权益)偏离预期目标的不确定性。

企业经营管理与财务相关的业务领域主要包含全面预算管理、筹资管理、资金营运管理、投资管理、财务报告、担保管理,因此分析财务风险的来源应主要考虑以下因素:

(1) 因预算编制、执行或考核存在偏差而导致的风险;
(2) 因筹资决策不当、筹集资金运用不合理可能引发的风险;
(3) 因资金调度不合理、管控不严而导致的风险;
(4) 因企业投资决策不当、缺乏投资实施管控而导致的风险;
(5) 因财务报告编制、分析、披露不准确、不完整可能引发的风险;
(6) 因企业担保决策失误、监控不当而导致的风险。

二、财务风险的主要表现与应对

(一) 全面预算管理风险与应对

1. 全面预算是指企业对一定期间的经营活动、投资活动、财务活动等作出的预算安排,其具有规划、控制、引导企业经济活动有序进行,以最经济有效的方式实现预定目标的功能,可以实现企业内各部门之间的协调,也是业绩考核的重要依据。企业全面预算管理存在的风险主要表现在:

(1) 不编制预算或预算不健全,可能导致企业经营缺乏约束或盲目经营。
(2) 预算目标不合理、编制不科学,可能导致企业资源浪费或发展战略难以实现。
(3) 预算缺乏刚性、执行不力、考核不严,可能导致预算管理流于形式。

2. 企业应对全面预算管理风险的管控措施。

(1) 关于预算编制与下达。企业应该明确各部门、各下属单位的预算编制责任,确保企业经营、投资、财务等各项经济活动的各个环节都纳入预算编制范围,形成由经营预算、投资预算、筹资预算、财务预算等一系列预算组成的相互衔接和勾稽的综合预算体系。企业应当根据发展战略和年度生产经营计划,综合考虑预算期内经济政策、市场环境等因素,按照上下结合、分级编制、逐级汇总的程序,选择或综合运用固定预算、弹性预算、滚动预算等方法编制年度全面预算,并按照相关法律法规及企业章程的规定报经审议批准。批准后,应当以文件形式下达执行。

(2) 关于预算指标分解和责任落实。企业全面预算批准下达后,各预算执行单位应当认真组织实施,按照定量化、全局性、可控性原则,将预算指标层层分解,从横向和纵向落实到各部门、各环节和各岗位，明确预算执行责任。同时，将年度预算细分为季度、月度预算，通过实施分期预算控制，实现年度预算目标。

（3）关于预算执行。企业应当加强资金收付业务的预算控制，及时组织资金收入，严格控制资金支付，调节资金收付平衡，防范支付风险。对于超预算或预算外的资金支付，应当实行严格的审批制度。企业应建立预算执行实时监控制度，及时发现和纠正预算执行中的偏差，确保各项业务运营均应符合预算要求。对于工程项目、对外投融资等重大预算项目，企业应当密切跟踪其实施进度和完成情况，实行严格监控。企业应建立健全预算执行情况内部反馈和报告制度，及时报告、反馈预算执行进度、执行差异及其对预算目标的影响，促进企业全面预算目标的实现。

（4）关于预算分析与调整。企业应当建立预算执行情况分析制度，充分收集有关财务、业务、市场、技术、政策、法律等方面的信息资料，从定性和定量两个层次分析预算执行情况，在定期的预算执行会议中通报，并及时研究预算执行中存在的问题，提出改进措施，落实改进责任。原则上，企业批准下达的预算应当保持稳定，不得随意调整。但是，当市场环境、国家政策或不可抗力等客观因素导致预算执行发生重大差异确需调整预算的，应由企业预算执行部门逐级向预算管理部门提出书面申请，详细说明预算调整理由、调整建议方案、调整前后预算指标的比较、调整后预算指标可能对企业预算总目标的影响等内容，根据规定程序经审批下达后，予以严格执行。

（5）关于预算考核。企业应当建立完善的预算执行考核制度，定期组织预算执行情况考核。在考核周期方面，一般与年度预算细分周期相一致，即一般按照月度、季度实施考评，预算年度结束后再进行年度总考核。在考核主体和考核对象界定方面，须做到上级预算责任单位对下级预算责任单位实施考核，预算执行单位的直接上级对其进行考核（间接上级不能隔级考核间接下级），预算执行与预算考核相互分离。在考核指标体系设计方面，采用定量与定性相结合的方式，以各责任中心承担的预算指标为主，增加一些全局性的预算指标和与其关系密切的相关责任中心的预算指标，且考核指标须具备可控性、可达到性和明晰性。在考核执行方面，坚持公开、公平、公正的原则，考核过程及结果应有完整的记录，且奖惩措施要公平合理并得到及时落实。

（二）筹资管理风险与应对

1. 筹资活动是企业资金活动的起点，也是企业整个经营活动的基础。通过筹资活动，企业取得投资和日常生产经营活动所需的资金，从而使企业投资、生产经营活动能够顺利进行。企业筹资管理存在的风险主要表现在：

（1）筹资决策不当，引发资本结构不合理或无效融资，可能导致企业筹资成本过高或债务危机。

（2）未按审批的筹资方案执行筹资活动，擅自改变资金用途，未及时偿还债务或进行股利分配，可能导致公司面临经济纠纷或诉讼。

2. 企业应对筹资管理风险的管控措施。

（1）关于筹资方案可行性论证。企业应当根据筹资目标和规划，结合年度全面预算，拟订筹资方案，明确筹资金额、筹资形式、利率、筹资期限、资金用途等内容，并组织相关专家对筹资方案进行论证，包括战略评估、经济性评估、风险评估等。重大筹资方案应当形成可行性研究报告，全面反映风险评估情况。

（2）关于筹资方案审批。企业应当对筹资方案进行严格审批，重点关注筹资用途的可行性和相应的偿债能力。对于重大筹资方案，应当按照规定的权限和程序实行集体决策或者联签制度。筹资方案发生重大变更的，应当重新进行可行性研究并履行相应审批程序。

（3）关于筹资方案实施。企业应当根据批准的筹资方案，严格按照规定权限和程序筹集资金。仔细审核筹资合同、协议等法律文件，确保其载明筹资数额、期限、利率、违约责任等内容，防止因合同条款的疏漏而给企业带来潜在的不利影响。企业应当严格按照筹资方案确定的用途使用资金，由于市场环境变化等确须改变资金用途的，应当履行相应的审批程序。同时，企业应当加强债务偿还和股利支付环节的管理，按照筹资方案或合同约定的本金、利率、期限、汇率及币种，准确计算应付利息，与债权人核对无误后按期支付；对于以股票方式筹资的，应当选择合理的股利分配政策，且股利分配方案应当经过股东（大）会批准，并按规定履行披露义务。

（4）关于筹资会计系统控制。企业应健全筹资业务的记录、凭证和账簿，按照国家统一会计准则制度，正确核算和监督资金筹集、本息偿还、股利支付等相关业务，妥善保管筹资合同或协议、收款凭证、入库凭证等资料，定期与资金提供方进行账务核对，确保筹资活动符合筹资方案的要求。

（三）资金营运管理风险与应对

1. 企业资金营运活动是一种价值运动，为保证资金价值运动的安全、完整、有效，企业资金营运活动应按照设计严密的流程进行控制。企业资金营运活动存在的风险主要表现在：

（1）资金调度不合理、营运不畅，可能导致企业陷入财务困境或资金冗余。

（2）资金活动管控不严，可能导致资金被挪用、侵占、抽逃或遭受欺诈。

2. 企业应对资金营运管理风险的管控措施。

企业应对资金营运管理风险，应重点关注资金收付、现金管理、银行账户管理、票据与印章管理、费用报销等方面的管控措施。

（1）关于资金收付。企业应当以业务发生为基础，严格规范资金的收支条件、程序和审批权限，确保资金收付有依据。企业在生产经营及其他业务活动中取得的资金收入应当及时入账，不得账外设账，严禁收款不入账、设立"小金库"。企业办理资金支付业务，应当明确支出款项的用途、金额、预算、限额、支付方式等内容，并附原始单据或相关证明，履行严格的授权审批程序后，方可安排资金支出。严格规定出纳人员根据资金收付凭证登记日记账，会计人员根据相关凭证登记有关明细分类账，主管会计登记总分类账，健全并严格执行稽核、盘点制度，确保账证相符、账账相符、账表相符、账实相符。

（2）关于现金管理。企业应当建立健全现金管理制度，规定库存现金缴存机制，现金开支范围及限额，规定现金业务的授权批准方式、权限、程序、责任和相关控制措施。确保现金交易事项都经适当授权审批，且被准确、完整地记录在适当的会计期间。企业应定期执行库存现金盘点，如发现盘盈、盘亏情况，应及时调查原因，进行账务处理。

（3）关于银行账户管理。企业应明确银行账户开立、变更和撤销的流程，确保相关操作在完成适当的授权审批后才可执行。企业应定期开展银行对账，编制银行存款余额调节表，确保相关收付款交易均被真实、准确、完整地记录在适当的会计期间。同时，企业应定期开展银行账户清理，及时关闭闲置账户。

（4）关于票据与印章管理。企业应当严格贯彻不相容职务分离的原则，严禁将办理资金支付业务的相关印章和票据集中一人保管，印章要与空白票据分管，财务专用章要与企业法人章分管。明确各类票据购买、保管、领用、背书转让、注销等环节的职责权限和处理程序，并专设登记簿进行记录，防止空白票据的遗失和被盗用。确认企业票据的开立、使用和印章使用等经过适当的授权审批，确保企业资金安全。

（5）关于费用报销。企业应当建立、健全费用报销管理制度，明确报销申请审批流程，确保所有费用报销事项经过适当的审批，费用报销金额准确、合理，费用报销原始凭证真实、完整、有效。同时，费用报销业务应及时反映在会计记录中，以保障财务报告的准确、完整。

（四）投资管理风险与应对

1. 企业投资活动是筹资活动的延续，也是筹资的重要目的之一。投资活动作为企业的一种盈利活动，对于企业资金的运作、筹资成本补偿和企业利润创造，具有举足轻重的意义。企业投资管理存在的风险主要表现在：

（1）投资决策失误，引发盲目扩张或丧失发展机遇，可能导致资金链断裂或资金使用效益低下。

（2）未按审批的投资方案执行投资活动，未对投资项目开展有效的后续跟踪和监控，或对投资项目处置不当，可能影响企业投资收益。

2. 企业应对投资管理风险的管控措施。

企业应对投资管理风险，应重点关注投资方案可行性论证、投资方案决策、投资方案实施、投资处置与投资会计系统控制等方面的管控措施。

（1）关于投资方案可行性论证。企业应根据自身发展战略和规划，结合企业资金状况以及筹资可能性，制定投资项目规划，科学确定投资项目，拟定投资方案。企业应当加强对投资方案的可行性研究，重点对投资目标、规模、方式、资金来源、风险与收益等作出客观评价。

（2）关于投资方案决策。企业应当按照规定的权限和程序对投资项目进行决策审批，其中，对于股权类投资项目，重点审查投资方案是否合理可行，投资项目是否符合国家产业政策及相关法律法规的规定，是否符合企业整体战略目标和规划，尽调工作是否充分、尽调发现的问题及风险是否可控、投资目标能否达成等；对于期货、债券等金融资产类投资，重点审查是否符合企业资产流动性要求，风险等级是否符合企业风险承受能力，是否具有相应的资金能力，投入资金能否按时收回，预期收益能否实现等。重大投资项目，应当按照规定的权限和程序实行集体决策或者联签制度。投资方案发生重大变更的，应当重新履行相应审批程序。

（3）关于投资方案实施。企业应该根据审批通过的投资方案，按照规定的权限和程序开展投资合同或协议的审批、签订，并制订切实可行的具体投资计划，报有关部门审批。根据投资计划进度，严格分期、按进度适时投放资金，严格控制资金流量和时间。对于股权类投资，企业应当指定专门机构或人员对投资项目进行跟踪管理，及时收集被投资方经审计的财务报告等相关资料，定期组织投资效益分析，关注被投资方的财务状况、经营成果、现金流量以及投资合同履行情况，若发现异常情况，应当及时报告并妥善处理。企业应根据实际需要适时选择部分已完成的重要投资项目开展后评价，总结投资经验，完善企业投资决策机制，提高投资管理水平。

（4）关于投资处置。企业应该加强投资收回和处置环节的控制，对投资收回、转让、核销等决策和审批程序作出明确规定。重视投资到期本金的回收。转让投资时应由相关机构或人员合理确定转让价格，报授权批准部门批准，必要时可委托具有相应资质的专门机构进行评估。对于到期无法收回需要进行核销的投资，应当取得不能收回投资的法律文书和相关证明文件。

（5）关于投资会计系统控制。企业应当按照会计准则的规定，准确地对投资进行会计处理。根据对被投资方的影响程度，合理确定投资业务适用的会计政策，建立投资管理台账，详细记录投资对象、金额、持股比例、期限、收益等事项，妥善保管投资合同或协议、出资证明等资料。对于被投资方出现财务状况恶化、当期市价大幅下跌等情形的，企业财会机构应当根据国家统一的会计准则和制度规定，合理计提减值准备，确认减值损失。

（五）财务报告风险与应对

1. 财务报告是反映企业某一特定日期财务状况和某一会计期间经营成果、现金流量的文件，是企业投资者、债权人作出科学投资、信贷决策的重要依据。企业财务报告存在的风险主要表现在：

（1）编制财务报告违反会计法律法规和国家统一的会计制度，可能导致企业承担法律责任和声誉受损。

（2）提供虚假财务报告，误导财务报告使用者，造成决策失误，干扰市场秩序。

（3）不能有效利用财务报告，难以及时发现企业经营管理中存在的问题，可能导致企业财务和经营风险失控。

2. 企业应对财务报告风险的管控措施。

企业应对财务报告风险，应重点关注财务报告编制、财务报告对外提供、财务报告分析利用等方面的管控措施。

（1）关于财务报告编制。企业应当重点关注会计政策和会计估计，对财务报告产生重大影响的交易和事项的处理，应当按照规定的权限和程序进行审批；按照国家统一的会计制度规定，根据登记完整、核对无误的会计账簿记录和其他有关资料编制财务报告，做到内容完整、数字真实、计算准确，不得漏报或者随意进行取舍。企业集团应当编制合并财务报表，明确合并财务报表的合并范围和合并方法，如实反映企业集团的财务状况、经营成果和现金流量。

（2）关于财务报告对外提供。企业应当依照法律法规和国家统一的会计制度的规定，及时对外提供财务报告。企业财务报告编制完成后，应当装订成册，加盖公章，由企业负责人、总会计师或分管会计工作的负责人、财会部门负责人签名并盖章。财务报告须经注册会计师审计的，注册会计师及其所在的事务所出具的审计报告，应当随同财务报告一并提供。企业对外提供的财务报告应当及时整理归档，并按有关规定妥善保存。

（3）关于财务报告分析利用。企业应当重视财务报告分析工作，充分利用财务报告反映的综合信息，全面分析企业的经营管理状况和存在的问题，不断提高经营管理水平。企业应当分析企业资产分布、负债水平和所有者权益结构，企业各项收入、费用的构成及其增减变动情况，企业经营活动、投资活动、筹资活动现金流量的运转情况。财务分析报告结果应当及时传递给企业内部有关管理层级，充分发挥财务报告在企业生产经营管理中的重要作用。

（六）担保风险与应对

1. 担保是指企业作为担保人按照公平、自愿、互利的原则与债权人约定，当债务人不履行债务时，依照法律规定和合同协议承担相应法律责任的行为。企业担保管理存在的风险主要表现在：

（1）对担保申请人的资信状况调查不深入，审批不严或越权审批，可能导致企业担保决策失误或遭受欺诈。

（2）对被担保人出现财务困难或经营陷入困境等状况监控不力，应对措施不当，可能导致企业承担法律责任。

（3）担保过程中存在舞弊行为，可能导致经办审批等相关人员涉案或企业利益受损。

2. 企业应对担保风险的管控措施。

企业应对担保业务风险，应重点关注担保调查评估、担保授权审批、担保合同签订、担保日常监控和担保会计控制等方面的管控措施。

（1）关于担保调查评估。企业应委派具备胜任能力的专业人员对担保申请人进行全面、客观的调查和评估，重点关注担保业务是否满足国家法律法规和企业担保政策要求、担保申请人资信情况、担保申请人用于担保和第三方担保的资产状况及其权利归属、担保项目经营前景和盈利能力预测等，并形成书面评估报告，全面反映调查评估情况，为后续担保决策提供依据。

（2）关于担保授权审批。企业应当建立和完善担保授权审批制度，明确授权批准的方式、权限、程序、责任和相关控制措施，在授权范围内进行审批，不得超越权限审批。重大担保业务，应当经董事会或类似权力机构批准。对于被担保人要求变更担保事项的，企业应当重新履行调查评估与审批程序。

（3）关于担保合同签订。企业应当严格按照经审核批准的担保业务订立担保合同，合同条款中应明确被担保人的权利、义务、违约责任等相关内容，并要求被担保人定期提供财务报告与有关资料，及时通报担保事项的实施情况。担保申请人同时向多方申请担保的，企业应当在担保合同中明确约定本企业的担保份额和相应的责任。

（4）关于担保日常监控。企业应当对被担保人的经营情况和财务状况进行跟踪和监督，了解担保项目的执行、资金的使用、贷款的归还、财务运行及风险等情况，促进担保合同有效履行，并及时报告被担保人经营困难、债务沉重，或者存在违反担保合同的其他异常情况，以便于及时采取有针对性的应对措施。

（5）关于担保会计控制。企业应当建立担保事项台账，详细记录担保对象、金额、期限、用于抵押和质押的物品或权利以及其他有关事项,并严格按照国家统一的会计制度进行担保会计处理。若发现被担保人出现财务状况恶化、资不抵债、破产清算等情形,企业应当合理确认预计负债和损失。

第四节 运营风险与应对

一、运营风险的含义及其影响因素

运营风险是指企业在运营过程中,由于内外部环境的复杂性和变动性以及主体对环境的认知能力和适应能力的有限性,导致运营失败或使运营活动达不到预期目标的可能性及损失。

分析企业运营风险的来源应主要考虑以下因素:
(1) 企业产品结构、新产品研发可能引发的风险;
(2) 企业新市场开发、市场营销策略(包括产品或服务定价与销售渠道、市场营销环境状况等)可能引发的风险;
(3) 企业组织效能,管理现状,企业文化及高、中层管理人员和重要业务专业人员的知识结构,专业经验等可能引发的风险;
(4) 质量、安全、环保、信息安全等管理中发生失误导致的风险;
(5) 因企业内、外部人员的道德缺失和不当行为导致的风险;
(6) 因业务控制系统失灵导致的风险;
(7) 给企业造成损失的自然灾害等风险;
(8) 对企业现有业务流程和信息系统操作运行情况的监管、运行评价及持续改进的能力不足可能引发的风险。

二、运营风险的主要表现与应对

(一) 组织架构风险与应对

1. 组织架构的建设和完善是企业运营管理的首要基础之一,为促进企业建立现代化管理制度,有效防范和化解舞弊风险,强化企业内部控制提供重要支撑。企业组织架构管理存在的风险主要表现在:
(1) 治理结构形同虚设,缺乏科学决策、良性运行机制和执行力,可能导致企业经营失败,难以实现发展战略。
(2) 组织机构设置不科学,权责分配不合理,可能导致机构重叠、职能交叉或缺失、推诿扯皮、运行效率低下等问题。

2. 企业应对组织架构风险的管控措施。
(1) 关于组织架构设计。企业应当依法合规,严格按照国家有关法律法规、股东(大)会决议和企业章程,结合企业具体实际情况,明确股东(大)会、董事会、监事会、经理层和企业内部各层级机构设置、岗位设置、职责权限、任职条件、人员编制、工作程序和相关制度要求，避免职能交叉、缺失或权责过于集中，确保决策、执行和监督相互分离，形成权责分明、协调运转、有效制衡的组织机构。企业在岗位权限设置和分工安排环节，要坚持不相容职务分离原则，确保可行性研究与决策审批、决策审批与执行、执行与监督检查等不相容职务分离。

（2）关于组织架构运行。企业应当基于组织架构的设计规范，对企业现有治理结构和内部机构设置进行全面梳理，确保治理结构、内部机构设置和运行机制等符合现代企业制度要求。企业梳理治理结构时，应重点关注董事、监事、经理及其他高级管理人员的任职资格和履职情况，以及董事会、监事会和经理层的运行效果。企业梳理内部机构设置，应重点关注内部机构设置的合理性和运行的高效性等。对治理结构与内部机构设置和运行中存在的问题，企业应及时采取有效措施予以解决。企业的重大事项决策、重大项目安排、重要人事任免及大额资金使用等，须按照规定的权限和程序实行集体决策审批或者联签制度。

（3）关于组织架构优化调整。企业应当定期对组织架构设计与运行的效率和效果进行全面评估，对于发现的组织架构设计与运行存在的缺陷，应及时进行优化调整。企业组织架构调整需充分听取董事、监事、高级管理人员和其他员工的意见，按照规定的权限和程序进行决策审批。

（二）人力资源风险与应对

1. 人力资源是企业活力的源泉，也是市场竞争中重要的战略资源。建立良好的人力资源管理制度，既能提升企业核心竞争力，又是实现企业发展战略的根本动力。企业人力资源管理存在的风险主要表现在：

（1）人力资源缺乏或过剩、结构不合理、开发机制不健全，可能导致企业发展战略难以实现。

（2）人力资源激励约束制度不合理、关键岗位人员管理不完善，可能导致人才流失、经营效率低下或关键技术、商业秘密和国家机密泄露。

（3）人力资源退出机制不当，可能导致法律诉讼或企业声誉受损。

2. 企业应对人力资源风险的管控措施。

（1）关于人力资源规划与选聘。企业可根据人力资源总体规划，结合生产经营实际需要，制订年度人力资源需求计划，并按照计划、制度和程序，组织人力资源选聘活动。企业应遵循公开、公平、公正的原则，通过公开招聘、竞争上岗等多种方式选聘优秀人才，并依法签订劳动合同，建立劳动用工关系。涉及关键技术、知识产权、商业秘密或国家机密的岗位，企业应与员工签订保密协议，明确保密义务。通过建立选聘人员试用期和岗前培训制度，对试用期人员进行严格考察，以使选聘人员全面了解岗位职责，掌握岗位基本技能，适应工作要求。

（2）关于人力资源开发。企业应建立员工长效培训机制，紧紧围绕企业战略需求和业务现状，积极开展科学、系统的员工培训，对员工的职业生涯规划进行跟踪和指导，加强后备人才队伍建设。企业应实行关键岗位员工定期轮岗制度，以全面提升员工素质，推动全体员工的职业技能持续提升，进而提高企业的管理效能。

(3) 关于人力资源激励与约束。企业应遵循可持续性、公平性、多样性的原则，构建人力资源的激励约束机制，建立科学合理的绩效管理体系，促进薪酬激励与员工贡献相协调，确保员工队伍的积极性与持续优化。企业应当从公司章程、合同制定、员工偏好等方面，建立人力资源的约束机制，最大限度地调动员工积极性和主动性。

(4) 关于人力资源退出。企业应按照相关法律法规，并结合实际情况，建立健全员工退出（辞职、解除劳动合同、退休等）机制，明确退出的条件和程序，确保员工退出机制有效运行。企业可依据绩效考核结果、裁员政策等，对未达到要求的员工，视情况采取降职、转岗、转岗培训、解雇等不同程度的措施。企业应当与退出员工依法约定保守关键技术、商业秘密、国家机密和竞业限制的期限，确保知识产权、商业秘密和国家机密的安全；关键岗位人员离职前，须根据有关法律法规的要求进行工作交接或离任审计。

（三）社会责任风险与应对

1. 履行社会责任既是企业提升发展质量的重要标志，也是打造和提升企业形象进而提升企业社会认同度的重要举措。企业社会责任管理存在的风险主要表现在：

(1) 安全生产措施不到位，责任不落实，可能导致企业发生安全事故。

(2) 产品质量低劣，侵害消费者利益，可能导致企业巨额赔偿、形象受损，甚至破产。

(3) 环境保护投入不足，资源耗费大，造成环境污染或资源枯竭，可能导致企业巨额赔偿，缺乏发展后劲，甚至停业。

(4) 促进就业和员工权益保护不够，可能导致员工积极性受挫，影响企业发展和社会稳定。

2. 企业应对社会责任风险的管控措施。

(1) 关于安全生产管理。企业应根据国家有关安全生产的规定，结合实际情况，建立严格的安全生产管理体系、操作规程和应急预案，强化安全生产责任追究制度，确保安全生产责任有效落实。企业应建立健全检查监督机制，设立安全管理部门和安全监督机构，负责企业安全生产的日常监督管理工作，确保各项安全措施落实到位。企业日常需加强对生产设备的经常性维护，及时排除安全隐患，采用多种形式增强员工安全意识，对特殊岗位实行资格认证制度，将安全生产风险关口前移，降低安全生产风险发生的可能性。若发生生产安全事故，企业应及时启动应急预案，按照"排除故障，减轻损失，追究责任"的工作环节进行妥善处理。当企业发生重大生产安全事故时，应按照国家有关规定及时报告，严禁迟报、谎报和瞒报。

(2) 关于产品质量管理。企业应根据国家和行业对产品质量的要求，规范生产流程，建立严格的产品质量控制和检验制度，以提高产品质量和服务水平，对社会和公众负责。企业对售后服务应加强管理，妥善处理消费者提出的投诉和建议，对发现的存在严重质量缺陷的产品，应及时召回或采取有效措施，切实保护消费者权益。

(3) 关于环境保护与资源节约管理。企业须按照国家有关环境保护与资源节约的规定，结合企业实际，建立环境保护与资源节约制度，认真落实节能减排责任，积极开发和使用节能产品，发展循环经济，降低污染物排放，提高资源综合利用效率。企业应对生态和资源保护工作加大人力、物力、财力的投入和技术支持，降低能耗和污染物排放水平。企业应关注国家对产业结构调整的要求，加快高新技术开发和传统产业改造，切实转变发展方式，实现低投入、低消耗、低排放和高效率。企业应通过建立环境保护和资源节约的监控制度，定期开展监督检查，对于发现的问题，及时采取措施。当发生紧急、重大环境污染事件时，企业须启动应急机制，及时报告和处理。

（4）关于员工权益保护。企业应依据国家法律规定，确保员工享有劳动权利和履行劳动义务，通过保持工作岗位的稳定性，积极促进就业增长，切实履行社会责任。企业应与员工签订并履行劳动合同，及时办理员工社会保险，遵循按劳分配、同工同酬的原则，建立科学的员工薪酬制度和增长机制，按时向员工发放薪酬，足额缴纳社会保险费，保障员工依法享受社会保险待遇，维护社会公平。企业需按照有关规定做好员工的职业健康管理工作，预防、控制和消除职业危害。企业应遵守法定的劳动时间和休息休假制度，加强职工代表大会和工会组织建设，切实保障员工合法权益。企业应尊重员工人格，维护员工尊严，杜绝性别、民族、宗教、年龄等各种歧视，保障员工身心健康。

（四）企业文化风险与应对

1. 企业文化作为企业运营与发展的重要环节之一，为企业提供精神支柱，激发员工潜力，提升企业经营管理的效率和效果。企业文化管理存在的风险主要表现在：

（1）缺乏积极向上的企业文化，可能导致员工丧失对企业的信心和认同感，企业缺乏凝聚力和竞争力。

（2）缺乏开拓创新、团队协作和风险意识，可能导致企业发展目标难以实现，影响可持续发展。

（3）缺乏诚实守信的经营理念，可能导致舞弊事件的发生，造成企业损失，影响企业信誉。

（4）忽视企业间的文化差异和理念冲突，可能导致并购重组失败。

2. 企业应对企业文化风险的管控措施。

（1）关于企业文化建设。企业应根据发展战略和实际情况，培育具有自身特色的企业文化，树立企业品牌，形成整体团队的向心力，促进企业长远发展。企业应确定文化建设的目标和内容，形成企业文化规范，作为员工行为守则的重要组成部分。企业管理层应积极发挥示范作用，带动影响整个团队，促进文化建设在内部各层级的有效沟通。企业应加强企业文化的宣传贯彻和对员工的文化教育和熏陶，增强员工的责任感和使命感，全面提升员工的文化修养和内在素质，共同营造积极向上的企业文化环境。对于并购企业，企业需重视并购重组后的文化建设，平等对待被并购方的员工，促进并购双方的文化融合。

（2）关于企业文化评估。企业应建立文化评估制度，明确评估的内容、程序和方法，落实评估责任，确保企业文化建设效果落到实处。企业文化评估工作，应重点关注企业治理机构在企业文化建设中的责任履行情况、全体员工对企业核心价值观的认同感、企业经营管理行为与企业文化的一致性、企业品牌的社会影响力、参与企业并购重组各方文化的融合度，以及员工对企业未来发展的信心。企业可充分利用企业文化的评估结果，针对评估过程中发现的问题，研究影响企业文化建设的不利因素，分析深层次的原因，及时采取措施加以改进。

（五）采购业务风险与应对

1. 采购业务是企业生产经营的起点，既包含采购物资流转和服务交付的管理，又与资金往来密切关联。企业采购业务管理存在的风险主要表现在：

（1）采购计划安排不合理，市场变化趋势预测不准确，造成库存短缺或积压，可能导致企业生产停滞或资源浪费。

（2）供应商选择不当，采购方式不合理，招投标或定价机制不科学，授权审批不规范，可能导致采购物资质次价高，出现舞弊或遭受欺诈。

（3）采购验收不规范，付款审核不严，可能导致采购物资和资金的损失或信用受损。

2. 企业应对采购业务风险的管控措施。

（1）关于采购需求和计划管理。企业应规范采购需求计划和采购计划的编制流程。在制订年度生产经营计划过程中，企业应根据外部市场环境和发展目标的实际需要科学安排采购，将采购计划纳入采购预算管理。采购部门应严格审核需求部门提出的需求计划，进行归类汇总、平衡现有库存后，统筹安排采购计划。企业应通过建立采购申请制度，确定归口管理部门，明确相关部门或人员的职责权限，规范请购和审批流程。具有请购权的部门，须严格按照预算执行进度办理请购手续，并根据市场变化提出合理采购申请。采购管理部门审核采购申请时，需重点关注申请单内容是否符合生产经营需要、采购计划及其是否在采购预算范围内，切实提高采购效率，降低采购成本。

（2）关于采购供应商管理。企业应制定供应商评估和准入管理制度，通过对供应商的资信审查，确定合格供应商清单，与选定的供应商签订质量保证协议。企业应建立供应商管理制度，对供应商的服务质量、报价、交货的及时性、供货条件及其资信、经营状况等进行管理和持续性综合评价。根据评价结果对供应商进行合理选择和动态调整，对于有失信行为的供应商，应及时从供应商清单中移除。

（3）关于采购过程管理。采购过程管理包括采购方式、价格、合同或框架协议的签订及履行过程、验收等各环节的管理。

（4）关于采购付款管理。企业应建立采购付款制度，规范采购付款申请、审批、资金支付、会计记录等流程。企业对采购预算、合同、相关单据凭证等内容审核无误后，按照合同规定，及时办理采购付款。企业需重视采购付款的过程控制和跟踪管理，对采购发票的真实性、合法性和有效性进行严格审查；发现异常情况，企业应立即终止付款流程，避免出现资金损失；企业应按照合同规定，选择合理的付款方式，防范付款方式不当带来的法律风险，保证资金安全。企业需定期对大额或长期的预付款项进行追踪核查，对有问题的预付款项，应当及时采取措施。企业应对购买、验收、付款业务对应的会计系统加强控制，详细记录供应商情况、请购申请、入库凭证、商业票据、款项支付等。企业应通过函证等方式，定期与供应商核对往来款项，确保会计记录、采购记录与仓储记录一致。

（5）关于采购业务后评估。企业应建立采购业务后评估制度，定期对物资采购供应情况进行分析评估，及时发现采购业务的薄弱环节，优化采购流程，将采购业务管理的关键指标纳入绩效考核，促进采购效能的全面提高。

（六）资产管理风险与应对

1. 资产是企业从事经营活动并实现发展战略的物质基础，资产管理贯穿于企业生产经营的全过程，通过对存货、固定资产和无形资产的科学管控，可以提高资产效能，节约现金流，实现利润增长。企业资产管理存在的风险主要表现在：

（1）存货积压或短缺，可能导致流动资金占用过量、存货价值贬损或生产中断。

（2）固定资产更新改造不够、使用效能低下、维护不当、产能过剩等，可能导致企业缺乏竞争力、资产价值贬损、安全事故频发或资源浪费。

（3）无形资产缺乏核心技术、权属不清、技术落后、存在重大技术安全隐患等，可能导致企业法律纠纷、缺乏可持续发展能力。

2. 企业应对资产管理风险的管控措施。

（1）关于存货管理。企业应当采用先进的存货管理技术和方法，规范存货管理流程，明确存货管理岗位职责权限，确定存货取得、验收入库、原料加工、仓储保管、领用发出、盘点处置等环节的管理要求，充分利用信息系统，强化管理会计、出入库等相关记录，确保存货管理风险得到全过程的有效控制。

①存货取得方面，在采购预算和采购执行环节，企业应根据存货周转和库存情况合理安排，确保存货处于最佳库存状态。

②存货验收入库方面，企业应规范存货验收程序和方法，根据不同类型的存货，有侧重点的对入库存货的数量、质量、技术规格、来源等进行查验，验收无误方可入库。

③存货保管方面，企业应当建立存货保管制度，定期对存货保管的重点环节、重要领域进行审查，如存货流动的手续是否齐全、储存的物理环境是否符合要求、特殊代管物品是否单独保管记录、重要存货是否参保等，最大程度地降低存货发生意外损失的风险。

④存货领用发出方面，企业需针对存货的发出和领用环节，制定严格的审批流程，对于大批存货、贵重商品或危险品，还应实行特别授权。仓储部门需按照审批的出库通知执行发货程序，详细记录存货入库、出库及库存情况，确保账实相符。

⑤存货盘点处置方面，企业需结合实际情况，确定盘点周期、流程，定期盘点和不定期抽查相结合，并在每年底对库存物品进行全面的盘点清查，形成书面报告，对于盘盈、盘亏、毁损、闲置和待报废的存货，应当查明原因，分清责任，落实责任追究，按照规定进行处置。

（2）关于固定资产管理。企业应当建立固定资产管理体系，按照固定资产的使用情况和用途进行分类，从固定资产的日常管理、折旧、维修保养、抵押管理、盘点清查等方面进行严格规范，不断提升固定资产的使用效能，积极促进固定资产处于良好运行状态。

①固定资产日常管理方面，企业可充分利用信息系统，制定固定资产目录，通过资产编号关联至对应的固定资产卡片，详细记录各项固定资产的来源、验收、使用地点、责任单位和责任人、运转、维修、改造、折旧、盘点等相关内容，实现对固定资产的精细化管理。为确保固定资产的安全，企业可建立严格的固定资产投保制度，按照规定程序执行对投保流程的审批，办理相关投保手续。

②固定资产维修保养方面，企业应当重视固定资产的日常维护保养，制订合理的维护保养与检修计划；对于关键设备的运行情况进行严格监控，规范操作流程。企业应定期对固定资产技术先进性进行评估，结合盈利能力和发展需要，加强固定资产技术改造、升级，延长固定资产使用寿命，优化生产效率。

③固定资产抵押与处置方面，企业需每年定期对固定资产进行全面盘点清查，重点关注固定资产的抵押、处置等关键环节，规范固定资产的处置流程、抵押程序和审批权限，防范资产流失。对清查中发现的问题，应当查明原因，追究责任，妥善处理。

（3）关于无形资产管理。企业应当制定无形资产管理办法，对品牌、商标、专利、专有技术、土地使用权等无形资产进行分类管理，企业应落实无形资产管理责任制，明确各类无形资产的权属关系，及时办理产权登记手续，加强对无形资产的权益保护。当无形资产权属关系发生变动时，企业应当按照规定及时办理权证转移手续。为确保企业核心技术的先进性，企业应当定期评估专利技术等无形资产，及时淘汰落后技术，不断提升自主创新能力，持续推动核心技术提升。企业应加强品牌建设，为客户提供高质量产品和优质服务，提升品牌价值，维护企业商誉和社会认可度。

（七）销售业务风险与应对

1. 销售业务在企业经营管理过程中具有重要地位，销售的稳定增长是企业持续经营的保证，销售业务本身具有复杂性，在各个环节都可能出现外部欺诈和内部舞弊风险。企业销售业务存在的风险主要表现在：

（1）销售政策和策略不当，市场预测不准确，销售渠道管理不当等，可能导致销售不畅、库存积压、经营难以为继。

（2）客户信用管理不到位，结算方式选择不当，账款回收不力等，可能导致销售款项不能收回或遭受欺诈。

（3）销售过程存在舞弊行为，可能导致企业利益受损。

2. 企业应对销售业务风险的管控措施。

（1）关于销售策略制定。企业应全面梳理销售业务流程，完善销售管理的相关制度，确定适当的销售政策和策略。企业可通过收集国家政策和行业信息，研究和预测竞争格局和发展态势，结合企业发展战略和产能情况，设定销售目标，制订销售计划，合理确定定价机制和销售方式。基于市场供需状况和盈利测算等多因素影响，企业对销售策略应适时调整，并需执行相应的审批程序。

（2）关于客户开发与信用管理。企业需加强维护现有客户，开发潜在目标客户，进行充分的市场调查以确定目标市场，灵活运用营销方式，不断提高市场占有率。企业需建立健全客户信用档案管理，设置客户信用台账，对客户信用进行分级分类管理。企业对新开发的客户应严格执行信用审核和授信管理要求，并持续跟踪和监督客户信用情况，动态更新客户信用档案，关注重要客户资信变动情况，及时采取有效措施，以防范客户信用风险。

（3）关于销售过程管理。企业应基于对销售目标、利润目标、成本测算、市场状况等的综合考虑，确定产品基准定价，并定期评估其合理性和竞争性，定价和调价均须在规定的权限范围内执行相应的审批程序。企业与客户就商务和技术要求等进行谈判后拟订销售合同，应关注客户信用状况，明确销售定价、结算方式、权利和义务等相关条款。按照相应审批要求对销售合同进行严格审核后方可正式签订，以避免发生疏漏和欺诈。在销售、发货、收款等环节，企业需建立销售台账记录，明确职责和审批权限，按照规定的权限和程序办理销售业务，定期检查分析销售过程中的薄弱环节，采取有效的控制措施，以确保销售目标的实现。

（4）关于销售回款管理。企业应制定并完善应收款项管理制度，把回款目标的完成情况纳入绩效考核，实行奖惩制度。销售部门负责应收款项的催收，催收记录（包括往来函电）应妥善保存；财会部门负责办理资金结算并监督款项回收。企业对商业票据应加强管控，明确商业票据的受理范围，严格审查商业票据的真实性和合法性，防止票据欺诈。企业需完善对销售、发货和收款的相关会计系统的控制，确保会计记录、销售记录与仓储记录核对一致。

（5）关于客户服务管理。企业应制定和完善客户服务管理制度，设立专人或部门进行客户服务，跟踪服务质量。企业可安排客户回访，定期或不定期开展客户满意度调查；建立客户投诉管理，记录客户投诉的问题并开展调查分析，提出解决措施；加强销售退回控制，完善研发、生产、质检和销售部门间的沟通协调，不断提升产品质量和服务水平。

（八）研究与开发风险及应对

1. 研究与开发是企业核心竞争力的本源，是促进企业自主创新和加快转变发展方式的强大推动力。企业研发管理存在的风险主要表现在：

（1）研究项目未经科学论证或论证不充分，可能导致创新不足或资源浪费。

（2）研发人员配备不合理或研发过程管理不善，可能导致研发成本过高、舞弊或研发失败。

（3）研发成果转化应用不足、保护措施不力，可能导致企业利益受损。

2. 企业应对研究与开发风险的管控措施。

（1）关于研发项目立项审核与实施。

①研发计划制订方面，根据企业发展战略和科技发展规划，企业应结合市场开拓和技术进步要求，科学制订研发计划。

②项目立项申请与审核方面，企业须根据研发计划和实际需要，提出项目立项申请，开展可行性研究，对项目资源、经费、技术等进行客观评估论证，编制可行性研究报告。企业可组织内外部专家或专业机构进行评估论证，出具评估意见。研发项目应按照规定的权限和程序进行审批，重大研发项目应当报董事会或类似权力机构集体审议决策。在研发项目立项阶段，应制订开题计划和报告，以保证项目符合企业需求，同时可明确研发成果应用转化目标，并将其纳入考核指标，积极推动研发项目创新，避免资源浪费。

（2）关于研发项目过程管理。

①研发项目日常管理方面，企业应加强对研发过程的管理，建立研发项目管理制度和技术标准，建立信息反馈和重大事项报告制度，合理配备专业人员，严格落实岗位责任制，跟踪检查研发项目的进展情况，评审各阶段研发成果，及时纠偏，有效规避研发

失败风险。

②委托或合作研发管理方面，企业研发项目委托外单位承担的，需对其资质等进行严格审核，签订委托研发合同，约定研发成果的产权归属、研发进度和质量标准等相关内容。企业与其他单位合作进行研发的，需对合作单位进行尽职调查，签订书面的合作研发合同，明确双方投资、分工、权利义务、研发成果产权归属等。企业应加强对委托或合作研发单位的管理监督，严格控制项目进度和费用等。

③研发项目变更管理方面，根据项目进展情况、技术发展最新趋势和市场需求等的变化，当发生项目的变更调整、延期、终止等情况时，企业应按照项目管理要求进行相应审批。

④研发项目验收管理方面，企业应制定并执行项目验收制度，聘请独立的具有专业胜任能力的人员或机构进行测试和评审，重点关注项目研发目标、技术指标和技术标准等的完成情况，并对经费执行情况进行客观评价，形成验收报告。

（3）关于研发成果转化管理。企业对于通过验收的研发成果，可委托相关机构进行审查，确认是否申请专利，并及时办理有关专利申请手续，或作为非专利技术、商业秘密等进行管理。企业应加强对研发成果的转化，形成科研、生产、市场一体化的自主创新机制。企业应建立研发成果保护制度，加强对项目研发单位及人员的保密管理，做好研发项目文件资料的保密工作。

（4）关于研发项目评价与监督。企业应建立研发后评估机制，加强对立项与研究、开发及成果保护等全过程的评估和监督检查，认真总结研发管理经验，分析存在的薄弱环节，完善相关制度和办法，不断提升研发管理水平。

（九）工程项目管理风险与应对

1. 工程项目投入资源多、占用资金量大、建设周期长、涉及环节多，在促进企业发展过程中起到关键作用，尤其是重大工程项目一般体现了企业发展战略和中长期发展规划。企业工程项目管理存在的风险主要表现在：

（1）立项缺乏可行性研究或者可行性研究流于形式，决策不当，盲目上马，可能导致难以实现预期效益或项目失败。

（2）项目招标"暗箱"操作，存在商业贿赂，可能导致中标人实质上难以承担工程项目、中标价格失实及相关人员涉案。

（3）工程造价信息不对称，技术方案不落实，预算脱离实际，可能导致项目投资失控。

（4）工程物资质次价高，工程监理不到位，项目资金不落实，可能导致工程质量低劣，进度延迟或中断。

（5）对工程建设进度缺乏有效监控或监管不严，可能导致工程项目进度严重落后于项目计划。

（6）工程款结算管理要求不明确，未按项目进度目标拨付工程进度款，工程付款相关凭证审核不严，可能导致工程建设资金使用管理混乱。

（7）竣工验收不规范，最终把关不严，可能导致工程交付使用后存在重大隐患。

2. 企业应对工程项目管理风险的管控措施。

(1) 关于工程项目立项管理。企业应当指定专门机构归口管理工程项目，根据发展战略和年度投资计划，提出项目建议书，开展可行性研究，编制可行性研究报告。企业可以委托具有相应资质的专业机构开展可行性研究，并按照有关要求形成可行性研究报告。企业应当组织规划、工程、技术、财会、法律等部门的专家对项目建议书和可行性研究报告进行充分论证和评审，出具评审意见，作为项目决策的重要依据。企业可以委托具有相应资质的专业机构对可行性研究报告进行评审，出具评审意见。从事项目可行性研究的专业机构不得再从事可行性研究报告的评审。企业应当按照规定的权限和程序对工程项目进行决策，决策过程应有完整的书面记录。重大工程项目的立项，应当报经董事会或类似权力机构集体审议批准。工程项目决策失误应当实行责任追究制度。企业应当在工程项目立项后、正式施工前，依法取得建设用地、城市规划、环境保护、安全、施工等方面的许可。

(2) 关于工程设计与造价管理。

①工程设计方面，企业应选择具有相应资质和经验的设计单位，并签订工程设计合同，细化设计单位的权利和义务。设计单位应与企业进行有效的技术和经验交流，以保证初步设计的质量。企业应建立并执行严格的初步设计审查和批准制度，采用先进的设计管理实务技术，进行多方案比选。企业需建立施工图设计和交底管理制度，施工图设计深度及图纸交付进度应当符合项目要求，防止因设计深度不足、设计缺陷，造成施工组织、工期、工程质量、投资等失控及运行成本过高等问题。企业需建立设计变更管理制度，因设计过失造成变更的，应当实行责任追究制度。

②工程造价方面，企业应当加强工程造价管理，明确初步设计概算和施工图预算的编制方法，按照规定的权限和程序进行审批，以确保概预算科学合理。企业可以委托具备相应资质的中介机构开展工程造价咨询工作。企业可以组织工程、技术、财会等相关部门的专业人员或委托具有相应资质的中介机构对编制的概预算进行审核。工程项目概预算按照规定的权限和程序审批通过后方可执行。

(3) 关于工程项目招标管理。企业应当依照国家招投标法的规定，遵循公开、公正、平等竞争的原则，建立健全工程项目招投标管理制度。对于须划分标段组织招标的，企业应科学分析和评估，不得违背工程施工组织设计和招标设计计划将应由一个承包单位完成的工程肢解为若干部分发包给几个承包单位。企业应科学编制招标公告，合理确定投标人资格要求，严格按照招标公告或资格预审文件中确定的投标人资格条件进行审查，履行标书签收、登记和保管手续。企业需依法组织工程项目招标的开标、评标和定标，并接受有关部门的监督。企业应当依法组建评标委员会，评标委员会对所提出的评审意见承担责任。评标委员会应当按照招标文件确定的标准和方法，对投标文件进行评审和比较，择优选择中标候选人。企业须按照规定的权限和程序从中标候选人中确定中标人，并及时向中标人发出中标通知书，在规定的期限内与中标人订立书面合同，明确双方的权利、义务和违约责任。企业应建立合同履行情况台账，记录实际履约情况并进行督促。

(4) 关于工程建设管理。企业应当加强对工程建设过程的监控，加强质量、进度、安全和物资采购控制，严格执行工程预算，落实责任，确保工程项目达到设计要求。

①工程物资采购方面，按照合同约定，企业自行采购工程物资的，应按照采购制度要求组织工程物资采购、验收和付款；由承包单位采购工程物资的，企业应加强监督，确保工程物资采购符合设计标准和合同要求。

②工程监理方面，企业应实行严格的工程监理，委托经招标确定的监理单位进行监理，明确相关程序、要求和责任。工程监理单位应当依照国家法律法规及相关技术标准、设计文件和工程承包合同，对承包单位在施工质量、工期、进度、安全和资金使用等方面实施监督。工程监理人员一旦发现工程施工不符合设计要求、施工技术标准和合同约定，应当要求承包单位立即改正；发现工程设计不符合建筑工程质量标准或合同约定的质量要求，应当报告企业要求设计单位改正。未经工程监理人员签字，工程物资不得在工程上使用或者安装，不得进行下一道工序施工，不得拨付工程价款，不得进行竣工验收。

③工程变更方面，企业需建立工程变更管理制度，严格控制工程变更，确需变更的，应当按照规定的权限和程序进行审批。重大的项目变更应当按照项目决策和概预算控制的有关程序和要求重新履行审批手续。因工程变更等原因造成价款支付方式及金额发生变动的，变更文件要齐备，企业要对工程变更价款的支付进行严格审核，依法需报有关政府部门审批的，企业必须取得相应的批复文件，承包商应在规定期限内全面落实变更设计和施工。

④工程付款方面，企业需建立完善工程价款结算制度，财会部门与承包单位需及时沟通，准确掌握工程进度，根据合同约定，按照规定的审批权限和程序办理工程价款结算。

（5）关于工程项目验收管理。企业须建立健全竣工验收管理制度，明确竣工验收的条件、标准、程序和责任等。

①竣工决算与审计方面，企业收到承包单位的工程竣工报告后，应及时编制竣工决算，开展竣工决算审计，组织设计、施工、监理等有关单位进行竣工验收。企业需加强竣工决算审计，未实施竣工决算审计的工程项目，不得办理竣工验收手续。

②竣工验收方面，企业应及时组织工程项目竣工验收，交付竣工验收的工程项目，应当符合国家规定的质量标准，有完整的工程技术经济资料，并满足国家规定的其他竣工条件。验收合格的工程项目，应当编制交付使用财产清单，及时办理交付使用手续。工程竣工后，企业应对完工后剩余的物资进行清理核实，并妥善处理。企业需按照国家有关档案管理的规定，及时收集、整理工程建设各环节的文件资料，建立完整的工程项目档案，需报政府有关部门备案的，应及时备案。

（6）关于工程项目后评估。企业应当建立完工项目后评估制度，对工程项目预期目标的实现情况和项目投资效益等进行综合分析和评价，总结经验教训，以提升将来项目决策和投资决策的水平。严格落实工程项目决策和执行环节的责任追究制度，评估结果可作为绩效考核和责任追究的依据。

（十）业务外包风险与应对

1. 业务外包是企业生产经营过程中经常采取的经营策略，既能助力企业专注自身核心业务，又能重新配置企业各种资源，提高企业的资源利用率。企业业务外包存在的风险主要表现在：

（1）外包范围和价格确定不合理，承包方选择不当，可能导致企业遭受损失。

（2）业务外包监控不严、服务质量低劣，可能导致企业难以发挥业务外包的优势。

（3）业务外包存在商业贿赂等舞弊行为，可能导致企业相关人员涉案及企业遭受经济损失和品牌受损。

2. 企业应对业务外包风险的管控措施。

（1）关于业务外包实施方案制定。企业应当根据年度生产经营计划和业务外包管理制度，结合确定的业务外包范围，制定实施方案，按照规定的权限和程序进行审批，避免核心业务外包。根据业务外包对企业生产经营的影响程度，对外包业务实施分类管理，突出管控重点；对于重大业务外包，总会计师或企业分管会计工作的负责人应参与决策，并将重大业务外包方案提交董事会或类似权力机构审批。

（2）关于承包方选择。企业应当按照批准的业务外包实施方案选择承包方，充分调查承包方的合法性、专业资质、技术及经验水平是否符合企业对业务外包的要求，综合考虑企业内外部因素，对业务外包的人工成本、管理成本、业务收入等进行测算分析，合理确定外包价格，严格控制业务外包成本。企业还可适当引入竞争机制，遵循公开、公平、公正的原则，按照规定程序和权限，择优选择承包方，确保承包方选择的过程透明，结果真实有效。明确承包方后，企业应及时与承包方签订业务外包合同，约定业务外包的内容和范围、双方权利与义务、服务和质量标准、保密事项、费用结算标准和违约责任等。

（3）关于业务外包实施过程管理。

①业务外包日常管理方面，企业应当严格按照业务外包管理制度、工作流程和相关要求，制定业务外包实施过程的管控措施，确保承包方履行合同时有章可循。同时，企业应建立重大业务外包意外情况的应急机制，以保证生产经营活动持续运行。

②承包方沟通协调方面，企业需确保承包方充分了解企业的业务实际、工作流程和质量要求，加强与承包方的沟通与协调机制，以便及时发现和解决业务外包过程中存在的问题。

③承包方履约能力评估方面，在承包方提供服务或制造产品的过程中，企业需密切关注重大业务外包承包方的履约能力，对承包方的履约能力进行持续评估，无法按照合同约定履行义务的，应及时终止合同，必要时需按合同进行索赔，并追究责任。

（4）关于业务外包验收与结算管理。企业应根据合同约定和验收标准，组织相关部门或人员对承包方交付的产品或服务的质量进行审查和全面测试，确保产品或服务符合要求，并出具验收证明。若发现异常情况，需及时查明原因，并与承包方协商采取适当的补救措施及执行索赔。企业须根据国家统一的会计制度，加强对业务外包的核算与监督管理，建立完善的外包成本会计核算方法，依据验收证明及合同约定的结算条件和方式，做好费用结算工作。

（十一）合同管理风险与应对

1. 合同是规范、约束市场主体交易行为，维护市场秩序的有效工具。合同管理工作既能帮助企业维护自身合法权益，又能提升企业的品牌和形象，实现可持续性发展。企业合同管理存在的风险主要表现在：

（1）未订立合同、未经授权对外订立合同、合同对方主体资格未达要求、合同内容存在重大疏漏和欺诈，可能导致企业合法权益受到侵害。

（2）合同未全面履行或监控不当，可能导致企业诉讼失败、经济利益受损。

（3）合同纠纷处理不当，可能损害企业利益、信誉和形象。

2. 企业应对合同管理风险的管控措施。

（1）关于合同相对方调查与谈判。

①合同相对方调查方面，合同订立前，企业应当通过审查相对方的身份证件、法人登记证书、资质证明、经审计的财务报告等，充分了解合同相对方的情况，确保对方当事人具备履约能力。

②合同谈判方面，初步确定拟签约对象后，企业合同承办部门需在授权范围内制定谈判策略并进行合同谈判。对于影响重大、跨多业务领域或法律关系复杂的合同，可以组织法律、技术、财会等专业人员共同参与谈判，必要时也可聘请外部专家参与。为了避免合同舞弊，谈判过程中的重要事项和参与谈判人员的主要意见，应当予以记录并妥善保存。

（2）关于合同订立。

①合同起草方面，企业应根据协商谈判结果，拟定合同文本，明确双方的权利义务和违约责任，确保条款内容准确、严谨、完整。合同文本一般由业务承办部门起草；对于重大合同或法律关系复杂的特殊合同，由法律部门参与起草。有国家或行业合同示范文本的，可以优先选用，并需认真审查涉及权利义务的条款，结合实际情况适当修改。

②合同订立过程管理方面，企业应根据实际情况，指定合同归口管理部门，对合同实施统一规范管理。合同文本须报经国家有关主管部门审查或备案的，应当履行相应程序。企业还需重视合同信息的保密管理，未经批准，不得泄露合同订立过程中涉及的商业秘密或国家机密。

（3）关于合同审核。合同拟订完成后，企业应从合同文本的合法性、经济性、可行性和严密性等方面进行严格审核，重点关注合同的主体、内容和形式是否合法，合同的内容是否符合企业的经济利益，对方当事人是否具有履约能力，合同权利和义务、违约责任和争议解决条款是否明确等。对于影响重大、跨多业务领域或法律关系复杂的合同文本，企业可以组织内部相关业务部门进行会审，认真记录、研究、分析业务部门提出的审核意见，根据实际情况，对合同条款进行修改。

（4）关于合同签署。对于审核通过的合同，企业应当按照合同的类型与规定的程序与对方当事人签署合同。正式对外订立的合同，应由企业法定代表人或其授权代理人签署并加盖有关印章；授权签署的合同，需同时签署授权委托书。企业应根据经济业务性质和管理层级设置等，建立合同分级管理制度。属于上级单位管理权限的合同，除有特殊情况，下级单位一般无权签署；如果下级单位确需签署涉及上级管理权限的合同，应提出申请，并履行相关审批程序。企业还需加强对合同专用章的保管，在合同经编号、审批、签署后，方可加盖合同专用章。

（5）关于合同履行。企业应与合同对方共同遵循诚实守信原则，根据合同的性质、目的等履行相关义务。企业需加强对合同履行环节的管控，重视对合同履行情况及效果的检查、分析和验收，发现违约行为，及时采取措施。企业可根据需要及时补充、更新、解除合同，例如，对于合同没有约定或者约定不明确的内容，可以协议补充；无法达成一致的，可按照国家有关法律法规、合同条款或者交易习惯确定。对于违背公平、条款有误、有欺诈行为，或因政策调整、市场变化等客观因素，可能导致企业利益受损的情况，应按照规定程序办理合同变更或解除，由合同对方造成企业损失的，应提出索赔要求。企业还需根据国家法律法规的规定，按照权限和程序在规定时效内协商解决与合同对方产生的合同纠纷。经协商一致的，双方应当签订书面协议；合同纠纷经协商无法解决的，应当根据合同约定选择仲裁或诉讼方式解决。对于内部授权处理的合同纠纷，应当签署授权委托书，未经授权批准，相关人员不得作出任何实质性答复或承诺。

（6）关于合同结算。合同结算是合同执行中的重要环节，起到了对合同签订的审查以及对执行的监督作用。企业财务部门应当在严格审核合同条款后，按照合同规定进行付款。对于未有效履约合同条款或应签订书面合同而未签的，财务部门应拒绝办理结算业务，并及时向有关负责人报告。

（7）关于合同登记。企业应建立合同登记管理制度，合同的签署、履行、补充、变更、解除、结算等均须进行合同登记，因此，企业应充分利用信息系统，通过定期对合同的统计、分类和归档，详细登记合同的订立、履行和变更等信息，实现对合同的全流程闭环管理。企业应制定合同文本统一分类和连续编号的管理要求，明确合同借阅和归还的职责权限和审批程序等。

（8）关于合同管理后评估。企业需建立合同管理评估制度，每年定期对合同履行的总体情况和重大合同履行的具体情况进行分析评价。对于发现的执行缺陷，应及时采取有效措施予以改进。对于合同订立、履行等过程中出现的违法违规行为，企业应当追究相关人员或机构的责任。

（十二）内部信息传递风险与应对

1. 内部信息传递是企业内部各管理层之间通过内部报告形式传递生产经营管理信息的过程，定向传递有效信息，对贯彻落实企业发展战略、识别企业生产经营活动的内外部风险具有重要作用。企业内部信息传递存在的风险主要表现在：

（1）内部报告系统缺失、功能不健全、内容不完整，可能影响生产经营的信息无法及时传递和有序运行。

（2）内部信息传递不通畅、不及时，可能导致决策失误、相关政策措施难以落实。

（3）内部信息传递中泄露商业秘密，可能削弱企业核心竞争力。

2. 企业应对内部信息传递风险的管控措施。

（1）关于内部报告指标体系建立。企业应认真研究发展战略、风险控制要求和绩效考核标准，结合各管理层级的定位、特点和实际需求，建立科学规范、级次分明的内部报告指标体系。内部报告指标体系还需与全面预算管理相结合，将预算控制的全过程和结果及时向企业管理层报告，以有效控制预算执行，根据环境和业务的变化情况，调整决策部署，不断修订完善内部报告指标体系。

（2）关于内部报告编制。企业内部报告编制单位应充分考虑报告使用者的需求，确保编制内容简洁明了、通俗易懂，便于企业各管理层和全体员工掌握相关信息。企业还需完善内、外部信息的收集和传递机制，掌握关于市场、竞争、政策及环境的变化情况，结合各管理层级的特点和需求，按照标准对信息进行分类汇总；确认信息来源，对信息的真实性、合理性、时效性进行审核和鉴别。企业需要建立内部报告审核制度，明确审核权限和标准，确保内部报告信息质量符合要求。

（3）关于内部报告传递流程。企业应制定严密的内部报告传递流程，充分利用信息技术，强化内部报告信息集成和共享，将内部报告纳入企业统一信息平台，构建科学的内部报告网络体系。企业应根据信息的重要性，确定不同的流转环节，规范内部报告传递流程，并在各管理层级指定专人负责内部报告传递工作，及时上报重要信息，必要时可直接报告高级管理人员。企业还可通过采取奖励措施等方式，拓宽内部报告渠道，广泛收集高质量、合理化的建议。

（4）关于内部报告使用。企业各级管理人员在预算控制、生产经营管理决策和业绩考核时，应充分利用内部报告提供的信息。基于内部报告信息，对企业生产经营活动中的内外部风险进行有效评估，涉及突出问题和重大风险的，需及时启动应急预案。企业应明确内部报告的保密内容、保密程度及传递范围，从内部信息传递的时间、空间、流程等方面采取严格的保密措施，防止商业秘密通过企业内部报告被泄露。企业应建立内部报告保管制度，按照制度要求妥善保管内部报告。

（5）关于内部报告评价工作。企业应建立内部报告评价制度，定期对内部报告的及时性及内部信息传递的全面性、完整性、安全性、有效性进行评价，评估内部报告在企业生产经营活动中所起到的作用。发现内部报告管理存在缺陷的，企业需及时进行整改完善，确保内部报告提供的信息及时、有效。

（6）关于内部报告反舞弊管理。企业需建立反舞弊机制，对员工进行道德准则培训，设立员工信箱、投诉热线等，鼓励员工及企业利益相关方举报和投诉企业内部的违法违规、舞弊等行为。完善举报人保护制度，明确举报责任主体、举报程序等。企业还需建立反舞弊情况通报制度，定期就反舞弊的情况进行通报，反思评价现有的控制缺陷，确保反舞弊机制持续优化。

（十三）信息系统风险与应对

1. 信息系统是企业内部控制信息数据集成、转化和提升的信息化管理平台，可减少人为操纵因素，保障信息沟通的安全性和有效性，促进企业全面提升现代化管理水平。企业信息系统存在的风险主要表现在：

（1）信息系统缺乏规划或规划不合理，可能造成信息孤岛或重复建设，导致企业经营管理效率低下。

（2）系统开发不符合内部控制要求，授权管理不当，可能导致无法利用信息技术实施有效控制，甚至出现系统性风险。

（3）系统运行维护和安全措施不到位，可能导致信息泄露或毁损，系统无法正常运行。

2. 企业应对信息系统风险的管控措施。

（1）关于信息系统规划。企业应根据发展战略和业务需要进行信息系统建设，制定信息系统整体规划和中长期发展计划。信息系统规划要与企业组织架构、业务范围、技术能力等相匹配，各业务部门充分沟通，避免相互脱节。基于信息系统整体建设规划提出的项目建设方案，应明确建设目标、人员配备、职责分工、经费保障和进度安排等相关内容，并按照规定的权限和程序审批后实施。企业信息系统归口管理部门应当组织内部各单位提出建设需求和关键控制点，规范开发流程，明确系统设计、编程、安装调试、验收、上线等全过程的管理要求，严格按照建设方案、开发流程和相关要求组织开发工作。

(2) 关于信息系统开发实施。企业应基于对开发需求的分析，编制系统需求说明书，建立设计评审制度，严格控制设计变更流程，按规范执行相应的审批程序。企业开发信息系统，可采取自行开发、外购调试、业务外包等方式，应当将生产经营管理流程、关键控制点和处理规则嵌入系统程序，实现手工环境下难以实现的控制功能。企业在系统开发过程中，应执行统一的编程规范，使用版本控制。企业应按照不同业务的控制要求，通过信息系统中的权限管理功能控制用户的操作权限，避免将不相容职责的处理权限授予同一用户。针对不同的数据输入方式，企业需考虑对输入系统数据的检查和校验功能。预留必要的后台操作通道，对于必需的后台操作，企业应建立规范的流程制度，记录保留操作日志，确保操作的可审计性。对于异常的或者违背内部控制要求的交易和数据，企业应设计由系统自动报告并建立跟踪处理机制。企业信息系统归口管理部门需加强对信息系统开发全过程的跟踪管理，组织开发单位与内部相关单位的日常沟通协调，督促开发单位按照建设方案、计划进度和质量要求完成编程工作，对配备的硬件设备和系统软件进行检查验收，组织系统上线运行等。企业应组织独立于开发单位的专业机构对开发完成的信息系统进行验收测试，确保在功能、性能、控制要求和安全性等方面符合系统建设需求。企业需制定科学的上线计划和新旧系统转换方案，培训业务操作和系统管理人员，设计应急预案，确保新旧系统顺利切换和平稳衔接。系统上线涉及数据迁移的，还应制订详细的数据迁移计划，并对迁移结果进行测试。

(3) 关于信息系统的运行与维护。信息系统的运行与维护主要包含三方面内容：日常运行与维护、变更和安全管理控制。

①信息系统日常运行与维护方面，企业应制定信息系统工作程序、信息管理制度以及各模块子系统的具体操作规范等，及时跟踪、发现和解决系统运行中存在的问题，确保信息系统按照规定的程序、制度和操作规范持续稳定运行。企业要指定专人负责系统运行的日常维护，做好系统运行记录，对异常情况和突发事件要及时响应上报。

②信息系统变更控制方面，企业需建立信息系统变更管理流程，对系统变更申请严格审核，严格控制紧急变更，审核通过后方可进行系统变更，对变更的系统功能需进行测试。信息系统操作人员不得擅自进行系统软件的删除、修改等操作；不得擅自升级、改变系统软件版本；不得擅自改变软件系统环境配置。

③信息系统安全管理控制方面，安全管理控制主要包括资产安全控制、信息安全、访问安全控制等。

(4) 关于信息系统评估。企业应建立健全信息系统风险评估制度，定期开展信息系统风险评估工作，及时发现系统安全问题，并采取有效措施进行整改。按照国家有关法律法规和电子档案管理的相关规定，妥善保管相关信息档案。

第五节 法律风险和合规风险与应对

一、法律风险和合规风险的含义及其影响因素

法律风险是指企业在经营过程中因自身经营行为的不规范或者外部法律环境发生重大变化而造成不利法律后果的可能性。

合规风险是指企业因违反法律或监管要求而受到制裁、遭受金融损失以及因未能遵守所有适用法律、法规、行为准则或相关标准而给企业信誉带来损失的可能性。

法律风险侧重于民事责任的承担，合规风险则侧重于行政责任和道德责任的承担。

分析企业的法律风险和合规风险的来源，应主要考虑以下因素：

（1）国内外与企业相关的政治、法律环境变化可能引发的风险；
（2）影响企业的新法律法规和政策颁布可能引发的风险；
（3）员工的道德操守不当可能引发的风险；
（4）企业签订重大协议和有关贸易合同的条款设计不当等可能引发的风险；
（5）企业发生重大法律纠纷案件所引发的风险；
（6）企业和竞争对手的知识产权可能引发的风险。

二、法律风险和合规风险的主要表现与应对

（一）法律责任风险与应对

1. 法律责任风险是指因个人或团体的疏忽或过失行为，造成他人的财产损失或人身伤亡，按照法律、契约应负法律责任或契约责任的风险。在企业经营管理中，是指在业务活动中发生违规行为，或因日常经营和业务活动违反法律规定，导致发生争议、法律纠纷而造成经济损失的风险。企业法律责任风险的主要表现包括：

（1）公司生产经营违反了相关法律法规或其他规定、流程手续、资质要求等，可能导致公司遭受法律制裁、监管处罚、重大财务损失和声誉损失。

（2）公司面临外部诉讼纠纷时，未能积极妥善应对，或由于应诉行为不当，可能导致企业承担潜在利益损失。

2. 企业应对法律责任风险的管控措施。

企业应对上述法律责任风险，可以重点关注违规行为、法律纠纷等方面的管控措施。

（1）公司管理层应根据企业的风险管理流程设计风险管理制度，建立法律合规问责和处罚制度，如规定违法违规当事人与所属上级领导应共同承担违法违规责任。完善监控机制，制定纠正和预防措施，持续改进法律合规管理体系的有效性。

（2）企业应配置专业的法务人员，建立法律管理相关的制度规范及符合企业核心利益的应对策略，各相关人员应严格执行制度规范。企业应当重视事后评估，透过案件处理，分析企业经营管理的现实和潜在风险，提出防范建议，提升企业法律纠纷案件管

的附加值，实现企业利益最大化。

（二）行为规范风险与应对

1. 行为规范是指社会群体或个人在参与社会活动中所遵循的规则、准则的总称。企业行为规范风险的主要表现包括：

（1）企业管理层未引导员工建立正确的价值观，员工或其他利益相关者的潜在不道德行为，可能导致企业声誉受到负面影响。

（2）公司管理层未识别出舞弊的高风险岗位并对其风险进行控制，可能导致公司面临直接的经济损失或对公司形象产生负面影响。

2. 企业应对行为规范风险的管控措施。

企业应对上述行为规范风险，可以重点关注道德行为、廉洁和舞弊行为等方面的管控措施。

（1）企业应当制定员工职业道德规范，并定期组织培训，要求员工确认知晓程度，关注潜在的利益冲突行为，并展开调查，以确保企业在法律规范下经营运作。

（2）企业应制定廉洁及反舞弊管理措施，有效防范管理层违规决策、挪用企业资金、贪污企业资产、收受贿赂等行为，防范员工或合作伙伴的潜在违法行为，避免给企业带来直接经济损失或对企业形象产生负面影响。

（三）监管风险及其应对

1. 监管风险是指由于法律或监管规定的变化，可能影响企业正常运营，或削弱其竞争能力、生存能力的风险。企业监管风险的主要表现包括：

（1）企业未能有效识别进口产品在出口海关、出口国可能遇到的监管要求，或者未能准确理解政府贸易规定、海关规定，可能导致企业的经济损失或交易失败。

（2）企业未能识别和防范反商业贿赂、反垄断、反不正当竞争等市场交易行为监管要求，可能导致企业面临潜在的合规风险。

（3）企业未能识别和防范由于违反国家和劳动保障机构制定的相关法规（包括个人所得税、薪酬、休假、反歧视等），可能导致企业面临人事合规带来的风险。

（4）对于上市公司，企业未能识别和防范证券监督管理要求，如证券交易所的股票交易规则及内控标准等，可能导致企业面临潜在的合规和法律风险。

（5）企业未能识别并遵守国家健康、安全和环保方面的法律与规范；未对员工提供适当的安全、环保意识培训；安全管理体系不健全，或相关管理制度无法有效执行；缺少突发事件报告体系，可能导致企业财产损失。

（6）企业未能按时向税务机关、工商机关等提交税务报告、年检报告等资料，受到监管机构的检查批评或处罚，可能导致企业信用及声誉受损。

（7）企业未能有效筛选或识别商业伙伴的不合规行为，可能导致企业遭受行政处罚，造成经济或声誉损失以及其他负面影响。

2. 企业应对监管风险的管控措施。

企业应对上述监管风险，应重点关注贸易、人事合规、有价证券、健康、安全与环保、财税合规等方面的管控措施。

（1）企业应关注政府贸易的监管要求，识别和防范违反政府贸易规定、海关规定、地缘政治规则和跨国交易带来的潜在合规风险，在交易前要收集大量的信息，明确交易过程中的不确定因素，对可能存在的风险做基本预判，并制定相应的应对方案。

（2）企业应关注反商业贿赂、反垄断、反不正当竞争等市场交易行为的监管要求，收集法律规定及各国际组织的规章条文，制定符合国内外标准的反商业贿赂、反垄断、反不正当竞争等制度体系，使企业内部工作人员能够根据制度及时了解并有效执行企业内部合规机制。

（3）企业应严格招聘程序，加强对劳动者入职审查，建立并执行合法合规的劳动合同管理制度、合理的工资结构，制定符合实际的绩效考核机制，规避人事合规风险给企业带来的纠纷。

（4）企业应关注证券监管机构的监管要求，建立完善的证券业务制度规范，对执业行为的合规性进行审查监督，强化岗位制约和监督，严格限定不同岗位人员的操作权限，降低因违规操作给企业带来风险的可能性。

（5）企业应严格遵守法律法规，建立完善的安全管理体系，对突发事件制定相关的应急预案；定期组织员工培训，加强员工的安全、环保意识，提升员工自身能力，使劳动生产在保证劳动者健康、企业财产不受损失、人民生命安全的前提下顺利进行。

（6）企业应时刻关注政府监管要求，严格按照要求报送税务报告、年检报告等。加强对财税风险的监控，评估预测财税风险，并指定相应的应对方案，防范企业因财税风险而受到监管处罚。

（7）企业应逐步建立商业伙伴的合规风险管控机制，重点关注与各类商业伙伴的合作义务以及责任相关的合规义务履行能力和履行情况，根据合作类型（如供应商、客户、投资伙伴和其他商业伙伴等类型）和合规风险等级，对商业伙伴开展动态风险评估和闭环管理。

经济法篇

第一章 法律基本原理

法是在对人类生活经验进行总结的基础上形成的，由国家制定或认可并普遍适用的，调整社会关系的规则。法通过对社会成员行为的规范和引导，实现立法者所追求的社会秩序与公平正义目标。在经济活动中形成的各种具体经济关系，是法律调整的重要对象。

根据我国《宪法》的规定，国家"实行依法治国，建设社会主义法治国家"。依法治国是对新中国历史经验进行深刻总结的结果，是发展社会主义市场经济的客观需要。全面推进依法治国，离不开党的领导。社会主义市场经济在本质上是法治经济。在平等保护市场主体的产权和其他合法权益、营造公平竞争环境、完善国有资产管理体制、创新和完善宏观调控等方面，法治都发挥着至关重要的保障作用。

第一节 法律基本概念

一、法的概念与特征

马克思主义经典作家批判继承了关于法概念的学说思想，从国家、阶级和物质条件等角度给出了法的科学定义，即，法是反映由一定物质生活条件所决定的统治阶级意志的，由国家制定或认可并得到国家强制力保证的，赋予社会关系参加者权利与义务的社会规范的总称。与其他类型的社会规范相比，法具有以下特征：

（1）法是由一定物质生活条件所决定的统治阶级意志的体现。
（2）法是由国家制定或认可的行为规范。
（3）法是由国家强制力保证实施的行为规范。
（4）法是调整人的行为和社会关系的行为规范。
（5）法是确定社会关系参加者的权利和义务的规范。

二、法律体系

根据全国人大常委会的有关文件规定，我国社会主义法律体系包含以下七个法律部门：

（1）宪法及宪法相关法。

(2) 刑法。
(3) 行政法。
(4) 民商法。
(5) 经济法。
(6) 社会法。
(7) 诉讼与非诉讼程序法。

三、法律渊源

法律渊源是指法律的存在或表现形式。我国主要承继成文法传统，法律渊源主要表现为制定法，不包括判例法。具体而言，我国的法律渊源主要有：

（一）宪法

宪法是由全国人民代表大会依特别程序制定的具有最高效力的根本大法。

（二）法律

法律是由全国人民代表大会及其常委会制定和修改的规范性法律文件的总称，在地位和效力上仅次于宪法，高于行政法规、地方性法规、规章。

（三）法规

法规包括行政法规和地方性法规。行政法规是作为国家最高行政机关的国务院在法定职权范围内为实施宪法和法律而制定的规范性法律文件。

地方性法规是有地方立法权的地方人民代表大会及其常委会就地方性事务以及根据本地区实际情况执行法律、行政法规的需要所制定的规范性法律文件的总称。

（四）规章

规章包括部门规章和地方政府规章。部门规章是国务院各部、委员会、中国人民银行、审计署和具有行政管理职能的直属机构以及法律规定的机构，就执行法律、国务院行政法规、决定、命令的事项在其职权范围内制定的规范性法律文件的总称。

地方政府规章是指有权制定规章的地方人民政府，依据法律、行政法规和本省、自治区、直辖市的地方性法规制定的规范性法律文件。

此外，需要注意的是，2023年《立法法》修正过程中，《全国人民代表大会关于修改〈中华人民共和国立法法〉的决定》中补充规定，"海南省儋州市比照适用《中华人民共和国立法法》有关赋予设区的市地方立法权的规定"。这意味着，海南省儋州市具有设区的市相应的地方性法规和地方政府规章立法权。

（五）司法解释

司法解释是最高人民法院、最高人民检察院在总结司法审判经验的基础上发布的指导性文件和法律解释的总称。

（六）国际条约和协定

国际条约和协定是指我国作为国际法主体同其他国家或地区缔结的双边、多边协议和其他具有条约、协定性质的文件。上述文件生效以后，对缔约国的国家机关、组织和公民就具有法律上的约束力，形成法律渊源。

四、法律规范

(一) 法律规范的概念与特征

法律规范是由国家制定或认可的,具体规定主体权利、义务及法律后果的行为准则。法律规范是法律构成的基本单位,具体体现法律的属性,实现法律的功能。法律规范具有如下特征:(1)法律规范具体规定权利、义务及法律后果;(2)法律规范规定主体的行为模式,具有可重复适用性和适用的普遍性;(3)法律规范的可操作性强,确定性程度高。

法律规范不同于规范性法律文件、国家的个别命令、法律条文。

(三) 法律规范的种类

按照不同标准可以将法律规范进行不同的分类,而在法的应用意义上,下面几种分类更为重要。

1. 授权性规范和义务性规范

这是根据法律规范为主体提供行为模式的方式进行的区分。

2. 强行性规范和任意性规范

这是根据法律规范是否允许当事人进行自主调整,及按照自己的意愿设定权利和义务的标准进行的区分。

3. 确定性规范和非确定性规范

这是根据法律规范内容的确定性程度进行的区分。

(四) 法律规范的逻辑结构

法律规范的逻辑结构是指法律规范的构成要素及要素间在逻辑上的相互关系。通常认为,一个完整的法律规范由假定(或称条件)、模式和后果三部分构成。

第二节 法律关系

一、法律关系的概念和特征

法律关系是根据法律规范产生、以主体间的权利与义务关系为内容表现的特殊的社会关系。与其他社会关系相比,法律关系具有以下特征:

(1)法律关系是以法律规范为前提的社会关系。
(2)法律关系是以权利义务为内容的社会关系。
(3)法律关系是以国家强制力为保障的社会关系。

二、法律关系的种类

按照不同的标准可以将法律关系分为不同种类。最常见的法律关系分类,是按照法律规范的性质将所形成的法律关系分为民事法律关系、刑事法律关系和行政法律关系等。此外,法律关系的常见分类还有:

（一）绝对法律关系和相对法律关系

根据法律关系的主体是单方确定还是双方确定，可以将法律关系分为绝对法律关系和相对法律关系。

（二）调整性法律关系和保护性法律关系

按照法律关系产生的依据是合法行为还是违法行为、是否适用法律制裁，可以将法律关系分为调整性法律关系和保护性法律关系。

三、法律关系的基本构成

一般认为，法律关系由主体、客体和内容三部分构成，此三者也被称为法律关系的三要素。

（一）法律关系的主体

法律关系的主体，即法律关系的参加者，是指参加法律关系，依法享有权利和承担义务的当事人。享有权利的一方称为权利人，承担义务的一方称为义务人。

1. 法律关系主体的种类

（1）自然人。

（2）法人和非法人组织。

（3）国家。

2. 法律关系主体的权利能力和行为能力

权利能力是指权利主体享有权利和承担义务的能力，它反映了权利主体取得权利和承担义务的资格。各种具体权利的产生必须以主体的权利能力为前提；同时，权利能力通常与国籍相联系，一个国家的所有公民都应具有权利能力。《民法典》第十四条宣告："自然人的民事权利能力一律平等。"

法律关系主体要自己参与法律活动，必须具备相应的行为能力。行为能力是指权利主体能够通过自己的行为取得权利和承担义务的能力。行为能力必须以权利能力为前提，无权利能力就谈不上行为能力。

（二）法律关系的客体

法律关系的客体，是指法律关系主体间权利义务所指向的对象。法律关系的客体通常包括以下几类：

（1）物。

（2）行为。

（3）人格利益。

（4）智力成果。

伴随经济社会快速发展，新型法律客体也不断衍生，如个人信息从传统隐私权中分离、数据作为一类客体也备受关注。上述新型客体有的已经为我国法律所确认，如《民法典》第一百二十七条加入了对数据、网络虚拟财产保护的原则规定；《数据安全法》第三条第一款规定，数据是指任何以电子或其他方式对信息的记录；《个人信息保护法》第四条第一款规定，个人信息是以电子或者其他方式记录的与已识别或可识别的自然人有关的各种信息，不包括匿名化处理后的信息；其中，匿名化是指个人信息经过处理无法识别特定自然人且不能复原的过程。

（三）法律关系的内容

法律关系的内容即法律关系主体享有的权利和承担的义务。

四、法律关系的变动原因——法律事实

与任何事物一样，法律关系也有产生、发展和消灭的过程。引起法律关系变化的原因，是法律事实。所谓法律事实，是指法律规范所规定的，能够引起法律后果即法律关系产生、变更或消灭的客观现象。法律事实根据其是否以权利主体的意志为转移可以分为行为和事件两类。

（一）行为

行为是指以权利主体的意志为转移、能够引起法律后果的法律事实。根据人的行为是否属于表意行为，可以分为两类：

（1）法律行为，即以行为人的意思表示为要素的行为。行为人作出意思表示应当具有相应的行为能力。

（2）事实行为，即与表达法律效果、特定精神内容无关的行为，如创作行为、侵权行为等。由于事实行为通常与表意无关，因此事实行为构成通常不受行为人行为能力的影响。

（二）事件

事件是指与当事人意志无关，但能够引起法律关系发生、变更和消灭的客观情况，常见的有：

（1）人的出生与死亡。

（2）自然灾害与意外事件。

（3）时间的经过。

第三节 习近平法治思想引领全面依法治国基本方略

一、全面依法治国新理念新思想新战略

依法治国，是指依照法律治理国家的原则和方法。法是治国重器，法治是国家治理体系和治理能力的重要依托。全面依法治国，是深刻总结我国社会主义法治建设成功经验和深刻教训作出的重大抉择。新中国成立之后，我国法治建设有过曲折探索的经历。改革开放后，1982年《宪法》强化人民民主，强调法制原则。1997年，党的十五大报告明确提出"依法治国，建设社会主义法治国家"的治国基本方略。1999年，"依法治国"写入宪法，获得了宪法确认。党的十八大以来，党中央将依法治国提升至"全面推进依法治国"的新高度，并作出一系列重大决策，提出一系列全面依法治国新理念新思想新战略；中国特色社会主义法治体系不断健全，法治中国建设迈出坚实步伐，法治固根本、稳预期、利长远的保障作用进一步发挥，党运用法治方式领导和治理国家的能力显著

增强。

党的十九大报告提出,"成立中央全面依法治国领导小组,加强对法治中国建设的统一领导"。2018年3月,中共中央印发《深化党和国家机构改革方案》,组建中央全面依法治国委员会,负责全面依法治国的顶层设计、总体布局、统筹协调、整体推进、督促落实,作为党中央决策议事协调机构。中央全面依法治国委员会的主要职责是,统筹协调全面依法治国工作,坚持依法治国、依法执政、依法行政共同推进,坚持法治国家、法治政府、法治社会一体建设,研究全面依法治国重大事项、重大问题,统筹推进科学立法、严格执法、公正司法、全民守法,协调推进中国特色社会主义法治体系和社会主义法治国家建设等。中央全面依法治国委员会办公室设在司法部。

贯彻落实全面依法治国各项工作必须以科学理论为指导。2020年11月召开的中央全面依法治国工作会议,首次明确习近平法治思想为全面依法治国的指导思想。2021年11月,党的十九届六中全会通过《中共中央关于党的百年奋斗重大成就和历史经验的决议》。在中国共产党成立百年之际总结党的百年奋斗重大成就和历史经验,《决议》指出:"党中央强调,法治兴则国家兴,法治衰则国家乱;全面依法治国是中国特色社会主义的本质要求和重要保障,是国家治理的一场深刻革命;坚持依法治国首先要坚持依宪治国,坚持依法执政首先要坚持依宪执政。必须坚持中国特色社会主义法治道路,贯彻中国特色社会主义法治理论,坚持依法治国、依法执政、依法行政共同推进,坚持法治国家、法治政府、法治社会一体建设,全面增强全社会尊法学法守法用法意识和能力。"

2022年10月,中国共产党第二十次全国代表大会胜利召开。党的二十大报告将"基本实现国家治理体系和治理能力现代化,全过程人民民主制度更加健全,基本建成法治国家、法治政府、法治社会"确定为到2035年我国发展的总体目标之一;并首次于第七部分专章论述"坚持全面依法治国,推进法治中国建设"。二十大报告强调,全面依法治国是国家治理的一场深刻革命,关系党执政兴国,关系人民幸福安康,关系党和国家长治久安。必须更好发挥法治固根本、稳预期、利长远的保障作用,在法治轨道上全面建设社会主义现代化国家。我们要坚持走中国特色社会主义法治道路,建设中国特色社会主义法治体系、建设社会主义法治国家,围绕保障和促进社会公平正义,坚持依法治国、依法执政、依法行政共同推进,坚持法治国家、法治政府、法治社会一体建设,全面推进科学立法、严格执法、公正司法、全民守法,全面推进国家各方面工作法治化。进而,报告从以下四方面提出重点要求:第一,完善以宪法为核心的中国特色社会主义法律体系;第二,扎实推进依法行政;第三,严格公正司法;第四,加快建设法治社会。

法治的价值在于固根本、稳预期、利长远。全面依法治国是坚持和发展中国特色社会主义的本质要求和重要保障,是实现国家治理体系和治理能力现代化的必然要求,是全面建设社会主义现代化国家、实现中华民族伟大复兴的中国梦的重要保证,是事关我们党执政兴国、人民幸福安康、实现党和国家长治久安的长远考虑,具有基础性、保障性作用。改革开放越深入越要强调法治。法治是最好的营商环境。坚持和完善法治,可以使各类市场主体的产权和合法权益受到平等保护;可以规范政府和市场的边界,尊重市场经济规律,通过市场化手段,在法治框架内调整各类市场主体的利益关系;可以强化企业合规意识,保障和服务高水平对外开放。

全面推进依法治国的总目标是建设中国特色社会主义法治体系、建设社会主义法治国家。这个总目标既明确了全面推进依法治国的性质和方向，又突出了全面推进依法治国的工作重点和总抓手，对全面推进依法治国具有纲举目张的意义。

二、习近平法治思想

习近平法治思想是马克思主义法治理论中国化的最新成果，是中国特色社会主义法治理论的重大创新发展，是习近平新时代中国特色社会主义思想的重要组成部分，是新时代全面依法治国必须长期坚持的指导思想。习近平法治思想高屋建瓴、视野宏阔、内涵丰富、论述深刻。其核心要义如下：

第一，坚持党对全面依法治国的领导。党的领导是推进全面依法治国的根本保证。

第二，坚持以人民为中心。全面依法治国最广泛、最深厚的基础是人民，必须坚持为了人民，依靠人民；必须把体现人民利益、反映人民愿望、维护人民权益、增进人民福祉落实到全面依法治国各领域全过程，保障和促进社会公平正义，努力让人民群众在每一项法律制度、每一个执法决定、每一宗司法案件中都感受到公平正义。推进全面依法治国，根本目的是依法保障人民权益。

第三，坚持中国特色社会主义法治道路。中国特色社会主义法治道路本质上是中国特色社会主义道路在法治领域的具体体现。

第四，坚持依宪治国、依宪执政。党领导人民制定宪法法律，领导人民实施宪法法律，领导健全保证宪法全面实施的体制机制，确立宪法宣誓制度。党自身要在宪法法律范围内活动。

第五，坚持在法治轨道上推进国家治理体系和治理能力现代化。法治是国家治理体系和治理能力的重要依托。

第六，坚持建设中国特色社会主义法治体系。中国特色社会主义法治体系是推进全面依法治国的总抓手。

第七，坚持依法治国、依法执政、依法行政共同推进，法治国家、法治政府、法治社会一体建设。

第八，坚持全面推进科学立法、严格执法、公正司法、全民守法。

第九，坚持统筹推进国内法治和涉外法治。

第十，坚持建设德才兼备的高素质法治工作队伍。

第十一，坚持抓住领导干部这个"关键少数"。各级领导干部要坚决贯彻党中央关于全面依法治国的重大决策部署，带头尊崇法治、敬畏法律、了解法律、掌握法律，不断提高运用法治思维和法治方式深化改革、推动发展、化解矛盾、维护稳定、应对风险的能力，做尊法、学法、守法、用法的模范。

三、全面推进依法治国的基本原则

为实现全面推进依法治国的总目标，应坚持以下基本原则：

第一，坚持中国共产党的领导。党的领导是中国特色社会主义最本质的特征，是社会主义法治最根本的保障。全面依法治国，要有利于加强和改善党的领导，有利于巩固党的执政地位、完成党的执政使命。必须坚持党领导立法、保证执法、支持司法、带头守法、把依法治国基本方略同依法执政基本方式统一起来。

第二，坚持人民主体地位。必须坚持法治建设为了人民、依靠人民、造福人民、保护人民，以保障人民根本权益为出发点和落脚点，保证人民依法享有广泛的权利和自由、承担应尽的义务，维护社会公平正义，促进共同富裕。

第三，坚持法律面前人人平等。平等是社会主义法律的基本属性。任何组织和个人都必须尊重宪法法律权威，都必须在宪法法律范围内活动，都必须依照宪法法律行使权力或权利、履行职责或义务，都不得有超越宪法法律的特权。必须维护国家法制统一、尊严、权威，切实保证宪法法律有效实施，绝不允许任何人以任何借口、任何形式以言代法、以权压法、徇私枉法。必须以规范和约束公权力为重点，加大监督力度，做到有权必有责、用权受监督、违法必追究，坚决纠正有法不依、执法不严、违法不究行为。

第四，坚持依法治国和以德治国相结合。国家和社会治理需要法律和道德共同发挥作用。必须坚持一手抓法治、一手抓德治，大力弘扬社会主义核心价值观，弘扬中华传统美德，培育社会公德、职业道德、家庭美德、个人品德，既重视发挥法律的规范作用，又重视发挥道德的教化作用，以法治体现道德理念、强化法律对道德建设的促进作用，以道德滋养法治精神、强化道德对法治文化的支撑作用，实现法律和道德相辅相成、法治和德治相得益彰。

第五，坚持从中国实际出发。必须从我国基本国情出发，同改革开放不断深化相适应，总结和运用党领导人民实行法治的成功经验，围绕社会主义法治建设重大理论和实践问题，推进法治理论创新，发展符合中国实际、具有中国特色、体现社会发展规律的社会主义法治理论，为依法治国提供理论指导和学理支撑。汲取中华法律文化精华，借鉴国外法治有益经验，但绝不照搬外国法治理念和模式。

四、建设中国特色社会主义法治体系

建设中国特色社会主义法治体系，是全面推进依法治国的总抓手，是国家治理体系的骨干工程。加快建设中国特色社会主义法治体系，就要加快形成完备的法律法规体系、高效的法治实施体系、严密的法治监督体系、有力的法治保障体系，形成完善的党内法规体系。

建设中国特色社会主义法治体系，首要的是完善以宪法为核心的中国特色社会主义法律体系，主要标准包括：第一，法的部门要齐全；第二，不同法律部门内部基本的、主要的法律规范要齐备；第三，不同法律部门之间、不同的法律规范之间、不同层级的法律规范之间，要做到逻辑严谨、结构合理、和谐统一。当前，中国特色社会主义法律体系已经形成，但仍需要紧紧围绕提高立法质量和立法效率，继续加强和改进立法工作，坚持科学立法、民主立法、依法立法，坚持立改废释并举，增强法律法规的及时性、系统性、针对性、有效性，提高法律法规的可执行性、可操作性。

法的生命力和权威在于实施。建设中国特色社会主义法治体系，还需要建立高效的法治实施体系。坚持依法治国、依法执政，首先是要坚持依宪治国、依宪执政，加强宪法实施。同时，需要坚持严格执法、公正司法、全民守法，切实维护法律尊严和权威，确保法律全面有效实施。

建设中国特色社会主义法治体系，要建立严密的法治监督体系。要以规范和约束公权力为重点，构建党统一指挥、全面覆盖、权威高效的监督体系，加大监督力度，把党内监督同国家机关监督、民主监督、司法监督、群众监督、舆论监督贯通，努力形成科学有效的权力运行制约和监督体系，增强监督合力和实效，做到有权必有责、用权受监督、有责要担当、失责必追究。

建设中国特色社会主义法治体系，必须健全法治保障体系，为全面依法治国提供有力的政治和组织保障。加强法治专门队伍和法律服务队伍建设，加强机构建设和经费保障；改革和完善不符合法治规律、不利于依法治国的体制机制；弘扬社会主义法治精神，增强全民法治观念，完善守法诚信褒奖机制和违法失信行为的惩戒机制。

建设中国特色社会主义法治体系，必须加强党内法规制度建设。要坚持依法治国和制度治党、依规治党的统筹推进、一体建设，完善党内法规制定机制体制，注重党内法规同国家法律的衔接和协调，构建以党章为根本、若干配套党内法规为支撑的党内法规制度体系，提高党内法规的执行能力和水平。

第四节 市场经济的法律调整与经济法律制度

一、市场经济条件下经济法律制度体系的基本理念与逻辑

现代市场经济条件下，民商法与经济法相互配合，形成调整经济关系、维护市场秩序的经济法律制度体系。市场运行的内在规律决定了经济法律制度体系中不同法律部门和制度之间的角色分工，进而形成对经济关系综合调整的制度逻辑。

民法包括人身法和财产法两个主要部分。民法首先确立经济活动参与者的主体地位，通过对其各项人身权利的保护，塑造独立法律主体，为经济活动参与者行为自由和责任承担奠定基础。民事财产法主要通过物权法、合同法、侵权责任法等法律制度，保护市场主体对财产的所有和利用；保障市场主体按照意思自治原则自主达成交易，并使合同得以履行；制裁侵害他人财产权和人身权的行为，维护主体的合法权益。

现代商法制度在中世纪商人习惯法基础上，逐渐演化为包括公司法、证券法、破产法、票据法、海商法、信托法、保险法等多个子部门的庞大体系。以商业交易为基础，公司企业法律制度在商业组织设立、内部管理、对外交易关系调整等方面起到重要作用；证券法、银行法则着重解决商业组织融资法律关系；破产法律制度解决商业组织市场退出事务处理中的法律关系。这些商事法律制度对维护市场主体经营活动及市场经济秩序发挥了重要作用。

市场发挥资源配置作用，仰赖于理性经济人、公平有序竞争和信息真实充分等基本条件。然而上述条件的达致并非市场所能，而是需要外在于市场的力量进行保护，由此政府介入市场进行调整实有必要。以法律方式介入市场进行管理和调控的经济法，一方

面，调整市场经营者之间的关系，如通过反垄断法禁止垄断等遏制竞争的行为，通过反不正当竞争法禁止恶性竞争行为；另一方面，调整经营者与消费者之间的关系，如通过对消费者权益保护法等法律制度，规制产品质量、广告、价格、计量等行为以保护消费者的合法权益。由此，市场规制法律制度应运而生。此外，经济发展周期性波动是客观规律，但也会对经济发展产生重大影响。为减弱经济波动对经济发展的影响，通过宏观调控法律制度，包括规划和产业法、财政法、税法、金融法、对外贸易法等法律制度，保障经济平稳运行、健康发展。由此，宏观调控法律制度应运而生。市场规制法和宏观调控法作为经济法之两翼，协调配合，致力于维护良好的市场运行秩序，为市场发挥资源配置功能起保障作用。

二、高质量发展与优化营商环境建设

党的二十大报告将"构建新发展格局和建设现代化经济体系取得重大进展"作为全面建设社会主义现代化国家开局起步关键时期的主要目标任务之一，强调"加快构建新发展格局，着力推动高质量发展"。报告明确"高质量发展是全面建设社会主义现代化国家的首要任务"，并在"构建高水平社会主义市场经济体制"部分提到要"优化营商环境"；在"推进高水平对外开放"部分强调"营造市场化、法治化、国际化一流营商环境"。

优化营商环境，对构建新发展格局、实现高质量发展具有重要意义，同时也是形成高水平开放格局、提升国际核心竞争力的需要。有鉴于注册会计师在各国高水平市场建设中的重要作用，本部分特从世界银行营商环境项目和我国《优化营商环境条例》主要内容两个方面，简要介绍优化营商环境建设的主要内容。

（一）世界银行营商环境项目

世界银行于2001年设立全球营商环境评估项目（Doing Business，以下简称DB项目），基于对全球130多个经济体的5个相关指标数据的搜集和分析，评估商业环境。自2004年起，世界银行每年公布一份全球营商环境报告。至2020年，DB项目发展成面向190个经济体，采用10大类指标进行评估和数据发布的报告，成为全球贸易、国际投资等方面的重要参考。DB项目选取的10项指标包括开办企业、办理施工许可、获得电力、产权登记、获得信贷、保护中小投资者、纳税、跨境贸易、合同执行以及破产办理。2014年后，DB项目对美国、中国、日本等人口超过1亿的11个国家，选择常住人口最多的两个城市作为样本进行评估。我国入选的样本城市分别为北京、上海。近年来，我国营商环境总体得分和全球排名快速上升，《营商环境报告2020》显示，我国营商环境排名跃居全球第31位，连续两年被评为全球营商环境改善幅度最大的10个经济体之一。

2021年9月，世界银行决定中止DB项目评估与数据发布，以便检视以往的评估方法和评估体系。经过一系列征求意见、磋商讨论，2023年5月世界银行发布更新后的评价项目（Business Ready，以下简称BR项目）的最终体系文件：《BR项目指南手册》（B-READY Manual and Guide）和《BR项目方法论手册》（Business Ready Methodology Handbook），并开启新一轮测评。尽管评估项目名称、评估方法和体系等都有变化，但考虑到"营商环境"一词已为普遍接受使用，且我国国务院于2019年公布《优化营商环境

条例》，因此本章继续沿用"营商环境"一词。

更新后的世界银行营商环境评价指标依然保持为10项，分别为市场准入、获取经营场所、公共设施连接、雇佣劳动、获取金融服务、国际贸易、税收、争端解决、市场竞争和企业破产。相较于之前BD项目的10项指标，新的BR项目指标变化包括：第一，增加雇佣劳动和市场竞争两项指标。考虑到劳动力是重要的生产要素，劳动法规对正式员工的权利保护作用以及对非正式工作人员的影响，BR项目一改BD评估中将劳动力市场监管指标作为观察指标的做法，进而将"雇佣劳动"作为评价指标之一。考虑到公平竞争对提升创新水平、刺激增长等方面的作用，一个充满竞争和活力的市场对一国经济增长是至关重要的；但现实中的市场竞争并不完美，因此需要关注竞争相关的法律与政策，这对优化营商环境尤为重要。第二，删除了保护中小投资者指标。因为该项指标侧重于检测上市公司和大型企业的制度实践，并不能代表普遍的企业操作；而营商环境评价并不针对特定的企业类群，因此保护中小投资者指标与BR项目测评目标有一定冲突。第三，将原BD项目中办理施工许可和产权登记两项合并为获取经营场所。第四，拓展原BD项目相应指标的内涵与外延。例如，将原BD项目中获得电力指标拓展为公共设施连接，因为企业经营所需的公共设施显然不仅限于电力，还包括供排水接入、互联网连接、公共设施供应质量、可靠性和可评估性等内容；将原BD项目中获得信贷指标拓展为获取金融服务，除商业贷款外，评估内容更广泛包括担保交易、电子支付和绿色融资的监督质量，信贷基础设置中信息的可获得性，实际获得金融服务的便利度等。

总体上，BR项目从衡量单个企业办事便利化程度，转向评估有利于私营企业发展的各类相关法律与政策；评估维度也从原有的监管框架和办理便利程度，拓展到评估监管框架的完备性、公共服务的可及性以及企业办事便利度三个层面；评估数据采集方式也从DB项目所采用的对专业机构的问卷调查，丰富为法律法规梳理、专业机构调查、企业感受度调查、政府数据核验等多种途径，并且注重规则与政策的实施效果。

基于世界银行营商环境评估体系和方法的更新，新一轮的测评将继续开展。不仅其测评结果对树立我国优良营商环境的国际形象具有重要意义，而且也可以参考相应指标检测国内各城市、地区的营商环境优化工作。当然，在具体参考过程中也需要考虑世界银行BR测评指标对我国具体情况的适应性。

（二）优化营商环境的国内实践

近年来，党和国家高度重视优化营商环境工作。2019年，国务院正式公布《优化营商环境条例》，此后又相继发布《关于开展营商环境创新试点工作的意见》《关于进一步优化营商环境降低市场主体制度性交易成本的意见》《关于进一步优化营商环境更好服务市场主体的实施意见》等。国务院各部委也发布相关文件，如国家税务总局、国家发展改革委等联合发布《关于推进纳税缴费便利化改革优化税收营商环境若干措施的通知》等。多个省、市也分别出台地方性法规，提倡优化营商环境，如《北京市优化营商环境条例》《广东省优化营商环境条例》等。最高人民法院也出台多个司法文件，为优化营商环境提供司法保障，如《最高人民法院印发〈关于为改善营商环境提供司法保障的若干意见〉的通知》《最高人民法院关于依法平等保护非公有制经济促进非公有制经济健康发展的意见》等。

根据《优化营商环境条例》，营商环境是指企业等市场主体在市场经济活动中所涉及的体制机制性因素和条件。优化营商环境应当秉持以下基本原则：第一，国家持续深化简政放权、放管结合、优化服务改革的原则，要求最大限度减少政府对市场资源的直接配置，最大限度减少政府对市场活动的直接干预，加强和规范事中事后监管，着力提升政务服务能力和水平，切实降低制度性交易成本，更大激发市场活力和社会创造力，增强发展动力。各级人民政府及其部门应当坚持政务公开透明，以公开为常态、不公开为例外，全面推进决策、执行、管理、服务、结果公开。第二，坚持市场化、法治化、国际化原则，以市场主体需求为导向，以深刻转变政府职能为核心，创新体制机制、强化协同联动、完善法治保障，对标国际先进水平，为各类市场主体投资兴业营造稳定、公平、透明、可预期的良好环境。第三，建立统一开放、竞争有序的现代市场体系原则，要依法促进各类生产要素自由流动，保障各类市场主体公平参与市场竞争。第四，平等对待各类市场主体原则。国家鼓励、支持、引导非公有制经济发展，激发非公有制经济活力和创造力。国家进一步扩大对外开放，积极促进外商投资，平等对待内资企业、外商投资企业等各类市场主体。

此外，《优化营商环境条例》要求国家建立和完善以市场主体和社会公众满意度为导向的营商环境评价体系，发挥营商环境评价对优化营商环境的引领和督促作用。开展营商环境评价，不得影响各地区、各部门正常工作，不得影响市场主体正常生产经营活动或者增加市场主体负担。任何单位不得利用营商环境评价谋取利益。

《优化营商环境条例》从市场主体保护、市场环境、政务服务、监管执法和法治保障等方面做了具体规定。

第二章 基本民事法律制度

第一节 民事法律行为制度

一、民事法律行为理论

(一) 民事法律行为的概念与特征

根据《民法典》第一百三十三条的规定，民事法律行为是民事主体通过意思表示设立、变更或终止民事法律关系的行为。民事法律行为是法律关系变动的原因之一，是民法最重要的法律事实。当事人可以通过民事法律行为自主设立、变更或终止某种法律关系，实现自己追求的法律效果，因此，民事法律行为真正体现了意思自治精神。民事法律行为具有以下特征：

(1) 以意思表示为要素。
(2) 以设立、变更或终止权利义务为目的。

(二) 民事法律行为的分类

民事法律行为可以从不同角度作不同的分类：

(1) 单方民事法律行为、双方民事法律行为和多方民事法律行为。
(2) 有偿民事法律行为和无偿民事法律行为。
(3) 负担行为与处分行为。
(4) 要式民事法律行为和不要式民事法律行为。
(5) 主民事法律行为和从民事法律行为。

二、意思表示

民事法律行为以意思表示为核心，因此，认识民事法律行为必须以意思表示为切入点。意思表示包括意思和表示两个方面。意思主要是指当事人欲使其内心意思发生法律上效力的效果意思。表示是指行为人将其内在的效果意思以一定方式表现于外部，为行为相对人所了解。

意思表示可以分为无相对人的意思表示和有相对人的意思表示。

意思表示可以明示或者默示。

意思表示可以撤回。

意思表示存在解释问题。

三、民事法律行为的效力

（一）民事法律行为的成立

民事法律行为要产生法律效力，首先应当符合民事法律行为的构成要素，即必须具有当事人、意思表示、标的三个要素。一些特别的民事法律行为，除了上述三个要素以外，还必须具备其他特殊事实要素，如实践性民事法律行为的成立还必须有标的物的交付。

（二）民事法律行为的生效

民事法律行为的生效，是指已经成立的民事法律行为因为符合法律规定的有效要件而取得法律认可的效力。

民事法律行为生效，应当具备一定的条件，即民事法律行为的有效要件。民事法律行为的有效要件包括实质要件和形式要件。

1. 民事法律行为有效的实质要件

（1）行为人具有相应的民事行为能力。

（2）行为人的意思表示真实。

（3）不违反法律、行政法规的强制性规定，不违背公序良俗。

2. 民事法律行为有效的形式要件

这是指意思表示的形式必须符合法律的规定。《民法典》第一百三十五条规定："民事法律行为可以采用书面形式、口头形式或者其他形式；法律、行政法规规定或者当事人约定采用特定形式的，应当采用特定形式。"如果行为人进行某项特定的民事法律行为时，未采用法律规定的特定形式，则不能产生法律效力。民事法律行为的形式主要有以下几种：（1）口头形式。（2）书面形式。（3）推定形式。（4）沉默形式。

（三）无效民事法律行为

1. 无效民事法律行为概述

无效民事法律行为是指因欠缺民事法律行为的有效条件，不发生当事人预期法律后果的民事法律行为。无效民事法律行为的特征是：（1）自始无效。（2）当然无效。（3）绝对无效。

2. 无效民事法律行为的种类

根据《民法典》，无效民事法律行为包括以下种类：

（1）无民事行为能力人独立实施的民事法律行为无效。

（2）以虚假意思表示实施的民事法律行为无效。

（3）恶意串通损害他人合法权益的民事法律行为无效。

（4）违反强制性规定或者公序良俗的民事法律行为无效。

（四）可撤销的民事法律行为

1. 可撤销的民事法律行为概述

可撤销的民事法律行为，是指依照法律规定，由于行为人的意思与表示不一致或者意思表示不自由，导致非真实的意思表示，可由当事人请求人民法院或者仲裁机构予以撤销的民事法律行为。

2. 可撤销民事法律行为的种类

（1）因重大误解而为的民事法律行为。

（2）受欺诈而为的民事法律行为。

（3）受胁迫而为的民事法律行为。

（4）显失公平的民事法律行为。

3. 撤销权

撤销权是权利人以其单方的意思表示撤销已经成立的民事法律行为的权利。

（五）效力待定的民事法律行为

效力待定的民事法律行为，是指民事法律行为成立时尚未生效，须经权利人追认才能生效的民事法律行为。追认的意思表示自到达相对人时生效。一旦追认，则民事法律行为自成立时起生效；如果权利人拒绝追认，则民事法律行为自成立时起无效。效力待定的民事法律行为主要有以下几种类型：

（1）限制民事行为能力人依法不能独立实施的民事法律行为。

（2）无权代理人实施的民事法律行为。

（六）民事法律行为被确认无效或被撤销的法律后果

可撤销民事法律行为在成立之时具有法律效力，对当事人有约束力。如果当事人行使撤销权，该民事法律行为因撤销而归于无效。一旦被撤销，其行为效果与无效民事法律行为的效果一样。民事法律行为存在部分无效情形，如果民事法律行为部分无效，不影响其他部分效力的，其他部分仍然有效。

根据法律规定，民事法律行为被确认为无效后和被撤销后，从行为开始时就没有法律效力。但是没有法律效力不等于没有法律后果产生。

四、民事法律行为的附条件和附期限

（一）附条件的民事法律行为

附条件的民事法律行为是指在民事法律行为中规定一定条件，并且把该条件的成就与否作为民事法律行为效力发生或者消灭根据的民事法律行为。并非所有的民事法律行为都可以附条件，根据相关法律规定，下列民事法律行为不得附条件：（1）条件与行为性质相违背的，如《民法典》第五百六十八条第二款规定，法定抵销不得附条件；（2）条件违背社会公共利益或社会公德的，如结婚、离婚等身份性民事法律行为，原则上不得附条件。

1. 条件的特征

民事法律行为所附条件，既可以是自然现象、事件，也可以是人的行为。但它应当具备下列特征：（1）必须是将来发生的事实。（2）必须是将来不确定的事实。（3）条件应当是双方当事人约定的。（4）条件必须合法。（5）条件是可能发生的事实。

2. 条件的分类

按照所附条件对民事法律行为产生的效力的不同，可以分为附延缓条件的民事法律行为和附解除条件的民事法律行为：
(1) 附延缓条件的民事法律行为。
(2) 附解除条件的民事法律行为。

3. 附条件民事法律行为的效力

附条件的民事法律行为一旦成立，则已经在当事人之间产生了法律关系，当事人各方均应受该法律关系的约束。

(二) 附期限的民事法律行为

附期限的民事法律行为，指当事人设定一定的期限，并将期限的到来作为效力发生或消灭前提的民事法律行为。根据期限对民事法律行为效力所起作用的不同，可以将其分为延缓期限和解除期限。附延缓期限的民事法律行为，指民事法律行为虽然已经成立，但是在所附期限到来之前不发生效力，待到期限届至时，才产生法律效力。因此延缓期限也称"始期"。附解除期限的民事法律行为，指民事法律行为在约定的期限到来时，该行为所确定的法律效力消灭。因此解除期限也称"终期"。

附条件的民事法律行为与附期限的民事法律行为的区别在于：附条件的民事法律行为是以未来不确定的事实作为民事法律行为效力产生或消灭的依据，所以该民事法律行为效力的产生或消灭具有不确定性；而附期限的民事法律行为是以一定期限的到来作为民事法律行为效力产生或消灭的依据，由于期限的到来是一个必然发生的事件，所以附期限的民事法律行为的效力的产生或消灭是确定的、可预知的。

第二节 代理制度

一、代理的基本理论

(一) 代理的概念及特征

代理是指代理人在代理权限内，以被代理人的名义与第三人实施民事法律行为，由此产生的法律后果直接由被代理人承担的一种法律制度。代理关系的主体包括代理人、被代理人（亦称本人）和第三人（亦称相对人）。代理关系包括三种关系：一是被代理人与代理人之间的代理权关系；二是代理人与第三人之间实施民事法律行为的关系；三是被代理人与第三人之间承受代理行为法律后果的关系。

代理制度使得自然人及组织可以在有限的时间、条件下，通过别人从事民事活动而获得法律效果，扩大了从事民事法律活动的范围和可能性；代理制度还弥补了无民事行为能力人、限制民事行为能力人无法独立从事民事活动的不足，使得他们可以通过代理制度参加民事活动，充分实现自己的经济利益。

代理具有以下几个法律特征：
(1) 代理行为是民事法律行为。
(2) 代理人以被代理人的名义为民事法律行为。

(3) 代理人是在代理权限内独立向第三人为意思表示。
(4) 代理人所为的民事法律行为的法律效果归属于被代理人。

(二) 代理与相关概念的区别

1. 代理与委托

委托又称委任，指依双方当事人的约定，由一方为他方处理事务的民事法律行为。委托与代理有如下区别：(1) 行使权利的名义不同。(2) 从事的事务不同。(3) 代理涉及三方当事人，即被代理人、代理人、第三人；委托则属于双方当事人之间的关系，即委托人和受托人。

2. 代理与行纪

行纪，指经纪人受他人委托以自己的名义从事商业活动的行为。行纪与代理的区别体现在：(1) 行纪是以行纪人自己的名义实施民事法律行为；代理是以被代理人的名义实施民事法律行为。(2) 行纪的法律效果先由行纪人承受，然后通过其他法律关系（如委托合同）转给委托人；代理的法律效果直接由被代理人承受。(3) 行纪必为有偿民事法律行为；代理既可为有偿，亦可为无偿。

3. 代理与传达

传达是将当事人的意思表示忠实地转述给对方当事人的行为。代理与传达之间的区别在于：(1) 传达的任务是忠实传递委托人的意思表示，传达人自己不进行意思表示。代理关系中代理人是独立向第三人进行意思表示，以代理人自己的意志决定意思表示的内容。(2) 代理人要与第三人为意思表示，故要求代理人具有相应的民事行为能力；传达人是忠实传递委托人的意思表示，不以具有民事行为能力为条件。(3) 身份行为必须由本人亲自实施，不可以代理；身份行为可以借助传达人传递意思表示。

(三) 代理的种类

根据《民法典》的规定，代理可分委托代理和法定代理两种。

二、委托代理

(一) 委托代理概述

委托代理是指基于被代理人授权的意思表示而发生的代理，又称意定代理。

(二) 委托代理中的代理权

1. 代理权概述

代理制度的核心内容是代理权。代理权是代理人以他人名义独立为意思表示，并使其效果归属于他人的一种法律资格。

2. 代理权的滥用

代理权是整个代理关系的基础，代理人之所以能代替被代理人实施民事法律行为，就在于代理人拥有代理权。违背代理权的设定宗旨和代理行为的基本准则，损害被代理人利益，行使代理权的行为构成滥用代理权。滥用代理权的行为包括自己代理、双方代理以及代理人和第三人恶意串通。自己代理和双方代理使得代理人不能最大限度维护被代理人的利益，违背代理制度"受人之托，忠人之事"的初衷。

3. 无权代理

所谓无权代理，就是没有代理权的代理。无权代理不是代理的一种形式，而是具备代理行为的表象但是欠缺代理权的行为。无权代理在法律上并非当然无效，应当根据具体情形具体分析。无权代理的发生原因在于代理人无代理权。无权代理的情形一般包括：①没有代理权的代理行为；②超越代理权的代理行为；③代理权终止后的代理行为。

代理权的存在是代理关系成立并有效的必要条件。行为人实施的行为未被追认的，善意相对人有权请求行为人履行债务或者就其受到的损害请求行为人赔偿，但是赔偿的范围不得超过被代理人追认时相对人所能获得的利益。相对人知道或者应当知道行为人无权代理的，相对人和行为人按照各自的过错承担责任。

无权代理并非当然无效，根据《民法典》第一百七十一条的规定，在无权代理情况下实施的民事法律行为效力待定。无权代理中当事人的权利义务主要体现为以下情况：

（1）无权代理经被代理人追认，即直接对被代理人发生法律效力，产生与有权代理相同的法律后果。

（2）相对人的保护。

4. 表见代理

表见代理，指无权代理人的代理行为客观上存在使相对人相信其有代理权的情况，且相对人主观上为善意，因而可以向被代理人主张代理的效力。表见代理属于广义的无权代理的一种。

要成立表见代理，应当具备如下构成要件：

（1）代理人无代理权。

（2）相对人主观上为善意且无过失。

（3）客观上有使相对人相信无权代理人具有代理权的情形，即存在代理权的外观。

（4）相对人基于这种客观情形而与无权代理人成立民事法律行为。

第三节　诉讼时效制度

一、诉讼时效基本理论

（一）诉讼时效的概念

诉讼时效是指请求权不行使达一定期间而失去国家强制力保护的制度。

诉讼时效具有以下特点：

（1）有债权人不行使权利的事实状态存在，而且该状态持续了一段期间。

（2）诉讼时效届满不消灭债权人实体权利，只是让债务人产生抗辩权。

（3）诉讼时效具有强制性。

（二）诉讼时效的适用对象

诉讼时效并非适用于所有的请求权，根据《民法典》第一百九十六条规定，下列请求权不适用诉讼时效的规定：请求停止侵害、排除妨碍、消除危险；不动产物权和登记的动产物权的权利人请求返还财产；请求支付抚养费、赡养费或者扶养费；依法不适用诉讼时效的其他请求权。另外，最高人民法院《关于审理民事案件适用诉讼时效制度若干问题的规定》第一条也规定了一些不适用诉讼时效的债权请求权：支付存款本金及利息请求权；兑付国债、金融债券以及向不特定对象发行的企业债券本息请求权；基于投资关系产生的缴付出资请求权。

与诉讼时效相近的一个概念是除斥期间。除斥期间是指法律规定某种权利预定存续的期间，债权人在此期间不行使权利，预定期间届满，便可发生该权利消灭的法律后果。

诉讼时效和除斥期间都是以一定的事实状态存在和一定期间的经过为条件而发生一定的法律后果，都属于法律事实中的事件。但两者有如下区别：（1）适用对象不同。（2）可以援用的主体不同。（3）法律效力不同。

二、诉讼时效的种类与起算

（一）诉讼时效的种类

诉讼时效的种类、期间都是法定的，不同的诉讼时效有不同的期间，不同的诉讼时效有不同的起算时间。根据《民法典》规定，诉讼时效有以下几种：

1. 普通诉讼时效

除了法律有特别规定，民事权利适用普通诉讼时效期间。根据《民法典》第一百八十八条规定，向人民法院请求保护民事权利的诉讼时效期间为3年。法律另有规定的，依照其规定。

2. 长期诉讼时效

长期诉讼时效，指时效期间比普通诉讼时效的3年要长，但不到20年的诉讼时效。

3. 最长诉讼时效

最长诉讼时效是指期间为20年的诉讼时效期间。

（二）诉讼时效期间的起算

诉讼时效期间自权利人知道或者应当知道权利受到损害以及义务人之日起计算。无民事行为能力人或者限制民事行为能力人的权利受到损害的，诉讼时效期间自其法定代理人知道或者应当知道权利受到损害以及义务人之日起计算。法律另有规定的，依照其规定。权利人要能够行使请求权，原则上应当符合几个条件：有请求权受侵害的事实；权利人知道或者应当知道请求权受到损害；权利人知道或者应当知道义务人。

根据我国的法律规定和司法实践，结合各类民事法律关系的不同特点，诉讼时效起算有不同的情况：

（1）附条件的或附期限的债的请求权，从条件成就或期限届满之日起算。

（2）定有履行期限的债的请求权，从清偿期届满之日起算。

（3）未约定履行期限的合同，依照《民法典》第五百一十条、第五百一十一条的规定，可以确定履行期限的，诉讼时效期间从履行期限届满之日起计算；不能确定履行期限的，诉讼时效期间从债权人要求债务人履行义务的宽限期届满之日起计算，但债务人在债权人第一次向其主张权利之时明确表示不履行义务的，诉讼时效期间从债务人明确表示不履行义务之日起计算。

（4）无民事行为能力人或者限制民事行为能力人对其法定代理人的请求权的诉讼时效期间，自该法定代理终止之日起计算。

（5）未成年人遭受性侵害的损害赔偿请求权的诉讼时效期间，自受害人年满18周岁之日起计算。

（6）请求他人不作为的债权请求权，应当自权利人知道义务人违反不作为义务时起算。

（7）国家赔偿的诉讼时效的起算，自赔偿请求人知道或者应当知道国家机关及其工作人员行使职权时的行为侵犯其人身权、财产权之日起计算，但被羁押等限制人身自由期间不计算在内。

三、诉讼时效的中止

（一）诉讼时效中止的概念

诉讼时效中止，指在诉讼时效进行中，因一定的法定事由的发生而使权利人无法行使请求权，暂时停止计算诉讼时效期间。《民法典》第一百九十四条规定，在诉讼时效期间的最后六个月内，因不可抗力或者其他障碍不能行使请求权的，诉讼时效中止。

（二）诉讼时效中止的事由

中止诉讼时效必须有法定事由的存在。根据《民法典》的规定，中止诉讼时效的事由包括：（1）不可抗力；（2）无民事行为能力人或者限制民事行为能力人没有法定代理人，或者法定代理人死亡、丧失民事行为能力、丧失代理权；（3）继承开始后未确定继承人或者遗产管理人；（4）权利人被义务人或者其他人控制；（5）其他导致权利人不能行使请求权的障碍。

（三）诉讼时效中止的时间

根据《民法典》第一百九十四条的规定，只有在诉讼时效的最后6个月内发生中止事由，才能中止诉讼时效的进行。如果在诉讼时效期间的最后6个月以前发生权利行使障碍，而到最后6个月时该障碍已经消除，则不能发生诉讼时效的中止；如果该障碍在最后6个月时尚未消除，则应从最后6个月开始时起中止时效期间，直至该障碍消除。

（四）诉讼时效中止的法律效力

在诉讼时效中止的情况下，在时效中止的原因消除后，诉讼时效始终剩下6个月。即自中止时效的原因消除之日起满6个月，诉讼时效期间届满。在民法规定的最长诉讼时效期间内，诉讼时效中止的持续时间没有限制。

四、诉讼时效的中断

（一）诉讼时效中断的概念

诉讼时效中断，指在诉讼时效进行中，因法定事由的发生致使已经进行的诉讼时效期间全部归于无效，诉讼时效期间重新计算。《民法典》第一百九十五条规定，有下列情形之一的，诉讼时效中断，从中断、有关程序终结时起，诉讼时效期间重新计算：（1）权利人向义务人、义务人的代理人、财产代管人或者遗产管理人等提出履行请求；

（2）义务人同意履行义务；（3）权利人提起诉讼或者申请仲裁；（4）与提起诉讼或者申请仲裁具有同等效力的其他情形。

（二）诉讼时效中断的法定事由

（1）权利人向义务人提出履行请求。

（2）义务人同意履行义务。

（3）提起诉讼或者申请仲裁。

除了上述三项诉讼时效中断的事由以外，下列情形也会发生诉讼时效中断的效果：（1）对于连带债权人、连带债务人中的一人发生诉讼时效中断效力的事由，应当认定对其他连带债权人、连带债务人也发生诉讼时效中断的效力。（2）债权人提起代位权诉讼的，应当认定对债权人的债权和债务人的债权均发生诉讼时效中断的效力。（3）债权转让的，应当认定诉讼时效从债权转让通知到达债务人之日起中断。债务承担情形下，构成原债务人对债务承认的，应当认定诉讼时效从债务承担意思表示到达债权人之日起中断。此外，还应注意债权转让与债务承担中诉讼时效中断要件的不同。债权转让只要转让通知到达债务人处即发生中断效力，债务承担则需要原债务人认可债务的存在方可发生中断效力。

（三）诉讼时效中断的法律效力

诉讼时效中断的法律效力为诉讼时效的重新起算，即已经经过的诉讼时效期间失去意义。诉讼时效的中断如果是一个时间点，则从该时间点重新起算诉讼时效。如果诉讼时效的中断是一个程序，则在相关程序终结时，诉讼时效重新起算。

第三章 物权法律制度

第一节 物权法律制度概述

一、物权法律制度概况

物权法律制度是调整因物的归属和利用而产生的民事关系的法律制度。财产制度的两根支柱分别是物权制度和债权制度,其中,物权制度属于财产的归属法范畴,债权制度则属于财产的流转法范畴。作为财产归属法,物权法律制度是财产制度的基础,亦是区隔不同经济制度的标志。

二、物的概念与种类

物是物权的客体。《民法典》第一百一十五条规定:"物包括不动产和动产。法律规定权利作为物权客体的,依照其规定。"

（一）物的概念

物权法上的物指的是有体物,是除人的身体之外,凡能为人力所支配,独立满足人类社会生活需要之物。物权法上的物具有如下特点:

(1) 有体性。
(2) 可支配性。
(3) 在人的身体之外。

（二）物的种类

(1) 流通物、限制流通物与禁止流通物。
(2) 动产与不动产。
(3) 可替代物与不可替代物。
(4) 消费（耗）物与非消费（耗）物。
(5) 可分物与不可分物。
(6) 主物与从物。
(7) 原物与孳息物。

三、物权的概念与种类

（一）物权的概念

根据《民法典》第一百一十四条第二款规定，物权是权利人依法对特定的物享有直接支配和排他的权利。与债权相比，物权具有以下特点：

（1）支配性。
（2）排他性。
（3）绝对性。

（二）物权的种类

（1）自物权和他物权。
（2）用益物权与担保物权。
（3）动产物权与不动产物权。
（4）独立物权与从物权。

四、物权法律制度的基本原则

物权法律制度的基本原则体现了物权与债权的基本区别。

（一）物权法定原则

1. 物权法定原则的含义

《民法典》第一百一十六条规定："物权的种类和内容，由法律规定。"此称物权法定原则。物权法定原则包括两方面的含义：一是种类法定，即不得创设民法或其他法律所不承认的物权；二是内容法定，即不得创设与物权法定内容相异的内容。

2. 物权法定原则的效力

第一，行为人违反种类法定原则，在法定物权种类之外创设物权，该物权创设行为无效。

第二，行为人设定与法定物权相异的内容，该设定行为无效。

（二）物权客体特定原则

物权客体特定原则亦称一物一权原则，基本含义是：物权只存在于确定的一物之上，物尚未存在固然不可能存在物权，物尚未确定也谈不上物权；相应地，一项行为亦只能处分一物。

一物一权原则与以下情形并不矛盾：

（1）多人共同对一物享有一项物权，因为多人只涉及多数物权人，而一物一权表现的是物权客体与权利本身的关系。

（2）在一物之上成立数个互不冲突的物权。如所有权与他物权的共容、用益物权与担保物权的共容等。

（三）物权公示原则

1. 公示的含义

物权以法定方式公之于外，称公示原则。公示方式依动产不动产而有不同，原则上，前者以交付占有为公示手段，后者则以登记为公示手段。

2. 公示的效力
（1）物权移转效力。
（2）物权推定效力。
（3）公信效力。

第二节 物权变动

一、物权变动的含义与形态

（一）物权变动的含义

物权变动是指物权的发生（取得、设定）、变更或消灭。

（二）物权变动的形态

物权变动包括物权取得、变更与消灭三种基本形态。

二、物权变动的原因

物权变动的原因可分为两大类，一是基于法律行为的物权变动，二是非基于法律行为的物权变动。

非基于法律行为的物权变动主要包括三类：
（1）基于事实行为。
（2）基于法律规定。
（3）基于公法行为。

三、物权行为

（一）物权行为的含义

财产上的法律行为有债权行为与物权行为之别。债权行为的效力在当事人之间确立债权债务关系，债务人为此负有法律上的义务。

（二）物权行为的特点

物权行为的特点可在与债权行为的比较中看出，二者主要有以下区别：

1. 法律效果

债权行为不会直接引起积极财产（物权）的减少，却会使得消极财产（义务）增加。物权行为则直接导致行为人积极财产的减少。

2. 处分权

物权行为使得物权发生变动，故出让人需要对标的物具有处分权。无处分权而转让他人物权（如所有权），称无权处分。无权处分行为处于效力待定状态，在得到真权利人追认或处分人取得处分权后变得有效，否则，该无权处分行为将归于无效。

债权行为则因其只是负担行为而不转让物权，故无处分权之要求。由此决定，出卖他人之物的买卖合同亦可有效,当出卖人无法履行合同时,买受人可根据有效的买卖合同主张违约救济。对此,《民法典》第五百九十七条第一款规定:"因出卖人未取得处分权致使标的物所有权不能转移的,买受人可以解除合同并请求出卖人承担违约责任。"

3. 兼容性

物权只能被转让一次,出让人在实施转让物权的物权行为后,即失去所转让的物权,故对于同一物不能实施两次有效的处分行为。但债权行为因其仅负担义务,而不涉及物权变动,故可反复作出,在同一标的物上成立的数个买卖合同均可有效。

四、物权变动的公示方式

依物权公示原则,基于法律行为的物权变动需要公示。公示乃是物权发生变动的法律标志。公示方式依动产或不动产物权变动而有不同。

(一) 动产物权变动的公示方式——交付

《民法典》第二百二十四条规定:"动产物权的设立和转让,自交付时发生效力,但是法律另有规定的除外。"交付有现实交付与交付替代两种形态。

(二) 不动产物权变动的公示方式——登记

《民法典》第二百零九条第一款规定:"不动产物权的设立、变更、转让和消灭,经依法登记,发生效力;未经登记,不发生效力,但是法律另有规定的除外。"

需要登记的不动产物权包括:(1)集体土地所有权;(2)房屋等建筑物、构筑物所有权;(3)森林、林木所有权;(4)耕地、林地、草地等土地承包经营权;(5)建设用地使用权;(6)宅基地使用权;(7)海域使用权;(8)地役权;(9)抵押权;(10)法律规定需要登记的其他不动产权利。值得注意的是,上述不动产物权均在登记之列,只不过登记效力各有不同,有的非经登记不得生效,有的非经登记不得对抗善意第三人。

第三节 所 有 权

一、所有权的概念

所有权是指在法律限制范围内,对物为全面支配的权利。

二、所有权的类型

(一) 所有权的法定分类

《民法典》第二编"物权"第五章的标题为"国家所有权和集体所有权、私人所有权",由此根据所有制划分三类所有权:

(1) 国家所有权。
(2) 集体所有权。
(3) 私人所有权。

（二）共有

1. 共有的形态

物可为单一主体独自享有所有权，亦可在不作质的分割的情况下由数个主体共享，前者称单一所有，后者则称共有。共有包括按份共有和共同共有。

按份共有与共同共有在处分权、相互之间的请求权以及处分原则（全体一致抑或多数决原则）等方面各有不同。

2. 共有形态的推定

共有人对共有的不动产或者动产没有约定为按份共有或者共同共有，或者约定不明确的，除共有人具有家庭关系等外，视为按份共有。

3. 共有的一般效力

（1）共有人的权利义务。共有人按照约定管理共有的不动产或者动产；没有约定或者约定不明确的，各共有人都有管理的权利和义务。

（2）共有物的分割方式。共有人可以协商确定分割方式。达不成协议，共有的不动产或者动产可以分割并且不会因分割减损价值的，应当对实物予以分割；难以分割或者因分割会减损价值的，应当对折价或者拍卖、变卖取得的价款予以分割。共有人分割所得的不动产或者动产有瑕疵的，其他共有人应当分担损失。

（3）对外债权债务。因共有的不动产或者动产产生的债权债务，在对外关系上，共有人享有连带债权、承担连带债务，但法律另有规定或者第三人知道共有人不具有连带债权债务关系的除外。

4. 按份共有

（1）按份共有的含义。按份共有是对同一个所有权作量上分割的共有形态，按份共有人对共有的不动产或者动产按照其份额享有所有权。

（2）按份共有的内部关系。按份共有的内部关系主要体现于共有物的管理、共有物的分割以及对外债权债务的内部效力三个方面。

（3）按份共有的外部关系。按份共有的外部关系涉及两方面，一是共有物的处分，二是份额处分。

（4）按份共有人的优先购买权。按份共有人向共有人之外的人转让其份额，其他按份共有人有权依同等条件优先购买该共有份额。关于优先购买权，需注意如下问题：

5. 共同共有

（1）共同共有的含义。《民法典》第二百九十九条规定："共同共有人对共有的不动产或者动产共同享有所有权。"所谓共同享有所有权，指的是共同共有人对共有财产享有共同的权利，承担共同的义务。

（2）共同共有的内部关系。有如按份共有，共同共有的内部关系也主要体现在共有物的管理、共有物的分割以及对外债权债务的内部效力三个方面。

（3）共同共有的外部关系。共同共有不分份额，故外部关系仅涉及处分共有物问题，而不涉及份额处分问题。既然全体共有人对共有物不分份额地享有共有权，即意味着各共有人之间地位平等。因此，原则上，物之处分须征得全体一致同意，共有人之间若是另有约定，则从其约定。

问题是，若共有人之一未征得其他共有人同意，擅将共有物所有权转让给第三人，该转让行为效力如何？一般情况下，此转让行为构成无权处分，依无权处分的基本规则，其有效性取决于其他共有人追认与否。只要有任何一位共有人拒绝追认，该无权处分行为即无效，受让人不能取得共有物的所有权；若所有其他共有人均表示追认，则无权处分转化为有权处分，转让行为有效，受让人取得共有物所有权。

6. 准共有

共有制度以所有权为原型建构，对于其他物权，亦存在数人共同享有的问题，此称准共有。《民法典》第三百一十条规定，两个以上组织、个人共同享有用益物权、担保物权的，参照共有的规则处理。

三、善意取得制度

（一）制度价值

我国民法顺应了上述潮流。《民法典》第三百一十一条第一款规定："无处分权人将不动产或者动产转让给受让人的，所有权人有权追回；除法律另有规定外，符合下列情形的，受让人取得该不动产或者动产的所有权：（1）受让人受让该不动产或者动产时是善意的；（2）以合理的价格转让；（3）转让的不动产或者动产依照法律规定应当登记的已经登记，不需要登记的已经交付给受让人。"根据前一分句，所有权人有权否认无权处分行为之效力，后一分句则通过善意取得制度排除了这一权利，换言之，若符合善意取得的要件，则所有权人不得否认无权处分行为之效力。

善意取得制度对于动产与不动产均可适用，但构成要件有所不同，以下分述之。

（二）动产善意取得

1. 构成要件

结合《民法典》第三百一十一条第一款与第三百一十二条，动产善意取得必须具备如下要件：

（1）依法律行为转让所有权。

（2）转让人无处分权。

（3）受让人为善意。

（4）以合理的价格转让。

（5）物已交付。

（6）转让人基于真权利人意思合法占有标的物。

（7）转让合同有效。

2. 法律效果

动产善意取得产生直接与间接两项法律效果：

（1）直接法律效果——所有权发生转移。

（2）间接法律效果——赔偿请求权。

（三）不动产善意取得

不动产善意取得的构成要件及法律效果与动产相似，以下仅就特别之处作一简单阐述。

1. 特别构成要件
（1）交付问题。
（2）善意问题。
2. 特别法律效果
善意取得不动产，不消除不动产上其他已登记之物权，此与动产不同。

（四）限制物权的善意取得

《民法典》第三百一十一条第三款规定，限制物权的善意取得，参照所有权善意取得之规定适用。

四、动产所有权的特殊取得方式

动产所有权有若干特殊的取得方式，包括先占、拾得遗失物、发现埋藏物及添附等。

（一）先占

所谓先占，就是以所有权人的意思占有无主动产。先占人基于先占行为取得无主动产的所有权。

（二）拾得遗失物

所谓拾得遗失物，是指发现他人遗失之物而实施占有。拾得行为不足以令拾得人取得遗失物的所有权，而负有归还权利人的义务。

（三）发现埋藏物

对于发现埋藏物并实施占有者，除法律另有规定外，参照拾得遗失物的有关规定适用。

（四）添附

1. 添附的含义

添附是附合、混合与加工的总称。原物经过添附而成新物，所有权仍为一个，因而需要确定添附之后物的所有权归属。

2. 附合

不同所有人的物密切结合，构成不可分割的一物，称附合。包括动产附合于不动产与动产附合于动产两种情形。

（1）动产附合于不动产。动产附合于不动产而成为不动产不可分割的重要成分者，不动产所有人取得附合之物所有权。如钢筋附合于房屋，房屋所有权人取得钢筋所有权。

（2）动产附合于动产。动产与他人之动产附合，非毁损不能分离，或分离须费过巨者，各动产所有人，按其动产附合时之价值，共有合成物；但附合之动产，有可视为主物者，该主物所有人，取得合成物之所有权。前者如各出木板成箱，箱的所有权由各木板所有权人共有；后者如油漆漆于他人之木板，木板是主物，故由原木板所有权人单独取得油漆之后的木板所有权。

3. 混合

所有权不属同一人的动产，相互混杂，难以识别或分离，称混合。关于混合，确定所有权时，准用动产附合之规则。

4. 加工

在他人之动产上进行改造或劳作，并生成新物的法律事实，称加工。通过对一项或数项材料加工或改造而形成新物之人，只要加工或改造的价值不明显低于材料价值，即取得新物所有权。新物所有权取得，材料之上的既存权利即消灭。

5. 失去权利之人的救济

因为添附而失去所有权之人，有权请求有过错之人或取得添附新物所有权之人赔偿损失。

第四节 用益物权

一、用益物权概述

以使用他人之物为目的的物权，称用益物权。用益物权人对他人所有的不动产或者动产，依法享有占有、使用和收益的权利。用益物权仅涉及物的使用价值，不包含处分权能。用益物权可使得需要使用某物之人能够以较低对价实现目的，而不必付出获得所有权的代价，亦可使得所有权人能够就其物获得收益，而不至于失去所有权。

《民法典》规定的用益物权包括土地承包经营权、建设用地使用权、宅基地使用权、居住权与地役权。

二、建设用地使用权

《民法典》所称的建设用地使用权在《城市房地产管理法》中被称为土地使用权，两概念均指国有建设用地使用权。

（一）建设用地使用权的取得

建设用地使用权有创设取得与移转取得两种方式，分别对应国有土地的一级市场与二级市场。其中，创设取得可采取有偿出让或无偿划拨等方式，移转取得则有转让、互换、出资、赠与或抵押等方式。

1. 创设取得

（1）无偿划拨。

（2）有偿出让。

2. 移转取得

（1）移转取得的方式。建设用地使用权转让、互换、出资、赠与或者抵押的，当事人应当采取书面形式订立相应的合同。使用期限由当事人约定，但不得超过建设用地使用权的剩余期限。

（2）让与禁止。下列房地产不得转让：①以出让方式取得土地使用权，但未符合《城市房地产管理法》第三十九条规定的条件的；②司法机关和行政机关依法裁定、决定查封或者以其他形式限制房地产权利的；③依法收回土地使用权的；④共有房地产，未经其他共有人书面同意的；⑤权属有争议的；⑥未依法登记领取权属证书的；⑦法律、行政法规规定禁止转让的其他情形。

3. 登记

设立建设用地使用权的，应当向登记机构申请建设用地使用权登记。建设用地使用权自登记时设立。建设用地使用权转让、互换、出资或者赠与的，应当向登记机构申请变更登记。建设用地使用权消灭的，出让人应当及时办理注销登记。

（二）建设用地使用权的期限

以无偿划拨方式取得的建设用地使用权，除法律、行政法规另有规定外，没有使用期限的限制。

以有偿出让方式取得的建设用地使用权，出让最高年限按下列用途确定：（1）居住用地 70 年；（2）工业用地 50 年；（3）教育、科技、文化、卫生、体育用地 50 年；（4）商业、旅游、娱乐用地 40 年；（5）综合或者其他用地 50 年。

土地使用者通过转让方式取得的土地使用权，其使用年限为土地使用权出让合同规定的使用年限减去原土地使用者已使用年限后的剩余年限。

（三）建设用地使用权的终止

建设用地使用权因土地使用权出让合同规定的使用年限届满、提前收回及土地灭失等原因而终止。

（四）集体土地的建设使用

1. 农田

建设占用土地，涉及农用地转为建设用地的，应当办理农用地转用审批手续。

2. 集体经营性建设用地

2019 年之前，集体土地原本在原则上不得用于建设使用，也不得出让转让。

经 2019 年修订后，《城市房地产管理法》第九条增加但书规定："城市规划区内的集体所有的土地，经依法征收转为国有土地后，该幅国有土地的使用权方可有偿出让，但法律另有规定的除外。"属于该"法律另有规定"的情形是集体经营性建设用地，规定在修订后的《土地管理法》第六十三条："（第一款）土地利用总体规划、城乡规划确定为工业、商业等经营性用途，并经依法登记的集体经营性建设用地，土地所有权人可以通过出让、出租等方式交由单位或者个人使用，并应当签订书面合同，载明土地界址、面积、动工期限、使用期限、土地用途、规划条件和双方其他权利义务。（第二款）前款规定的集体经营性建设用地出让、出租等，应当经本集体经济组织成员的村民会议 2/3 以上成员或者 2/3 以上村民代表的同意。（第三款）通过出让等方式取得的集体经营性建设用地使用权可以转让、互换、出资、赠与或者抵押，但法律、行政法规另有规定或者土地所有权人、土地使用权人签订的书面合同另有约定的除外。（第四款）集体经营性建设用地的出租，集体建设用地使用权的出让及其最高年限、转让、互换、出资、赠与、抵押等，参照同类用途的国有建设用地执行。具体办法由国务院制定。"相应地，《土地管理法》原第四十三条被删除。

第五节 担 保 物 权

一、担保物权概述

(一) 担保物权的概念与种类

以担保债权实现为目的的物权,为担保物权。担保物权人在债务人不履行到期债务或者发生当事人约定的实现担保物权的情形,依法享有就担保财产优先受偿的权利。担保物权的功能在于担保债务之履行,针对物的交换价值,因而,担保物权人虽对担保物享有处分权能,却不得使用或收益。

《民法典》物权编担保物权分编规定了抵押权、质权与留置权三种担保物权。

担保物权可分意定担保物权与法定担保物权两类。

(二) 担保物权的特性

(1) 从属性。
(2) 权利行使的附条件性。
(3) 优先受偿性。
(4) 不可分性。

(三) 担保物权与诉讼时效

主债权诉讼时效期间届满后,抵押权人主张行使抵押权的,人民法院不予支持;抵押人以主债权诉讼时效期间届满为由,主张不承担担保责任的,人民法院应予支持。主债权诉讼时效期间届满前,债权人仅对债务人提起诉讼,经人民法院判决或者调解后未在民事诉讼法规定的申请执行时效期间内对债务人申请强制执行,其向抵押人主张行使抵押权的,人民法院不予支持。

主债权诉讼时效期间届满后,财产被留置的债务人或者对留置财产享有所有权的第三人请求债权人返还留置财产的,人民法院不予支持;债务人或者第三人请求拍卖、变卖留置财产并以所得价款清偿债务的,人民法院应予支持。

主债权诉讼时效期间届满的法律后果,以登记作为公示方式的权利质权,参照适用抵押权的规定;动产质权、以交付权利凭证作为公示方式的权利质权,参照适用留置权的规定。

(四) 担保物权的消灭

有下列情形之一,担保物权消灭:(1) 主债权消灭;(2) 担保物权实现;(3) 债权人放弃担保物权;(4) 法律规定担保物权消灭的其他情形。

二、抵押权

(一) 抵押权的概念

所谓抵押权,是指为担保债务的履行,债务人或者第三人不转移财产的占有,将该财产抵押给债权人，债务人不履行到期债务或者发生当事人约定的实现抵押权的情形，债权人有权就该财产优先受偿。其中，债务人或者第三人为抵押人，债权人为抵押权人，提供担保的财产为抵押财产或称抵押物。

抵押权不移转抵押物的占有，不影响使用，债权人不必为保管抵押物付出成本，债权不能实现时能通过抵押权的行使确保债的安全。因此，抵押权堪称最理想的担保物权。

（二）抵押财产范围

1. 可抵押财产

《民法典》第三百九十五条第一款规定："债务人或者第三人有权处分的下列财产可以抵押：（1）建筑物和其他土地附着物；（2）建设用地使用权；（3）海域使用权；（4）生产设备、原材料、半成品、产品；（5）正在建造的建筑物、船舶、航空器；（6）交通运输工具；（7）法律、行政法规未禁止抵押的其他财产。"另依《农村土地承包法》第四十七条与第五十三条之规定，家庭承包方式取得的土地经营权，以及通过招标、拍卖、公开协商等方式承包农村土地并经依法登记取得权属证书的土地经营权，亦可抵押。

2. 动产浮动抵押

企业、个体工商户、农业生产经营者可以将现有的以及将有的生产设备、原材料、半成品、产品抵押，债务人不履行到期债务或者发生当事人约定的实现抵押权的情形，债权人有权就抵押财产确定时的动产优先受偿。由于设定此类抵押时抵押财产的范围尚未确定，而处于浮动之中，故称浮动抵押。

抵押权设定时抵押财产容许有所浮动，但抵押权之实现只能针对确定的财产，因此，动产的浮动抵押在实现之前，须经财产确定之步骤。依《民法典》第四百一十一条规定，浮动抵押的抵押财产自下列情形之一发生时确定：（1）债务履行期届满，债权未实现；（2）抵押人被宣告破产或者解散；（3）当事人约定的实现抵押权的情形；（4）严重影响债权实现的其他情形。

3. 房地一体原则

土地与建筑物虽然各自独立为权利客体，但毕竟相互紧密结合，不可分离，故在确定抵押财产时，实行房地一体原则，即，以建筑物抵押的，该建筑物占用范围内的建设用地使用权一并抵押；以建设用地使用权抵押的，该土地上的建筑物一并抵押，但土地上的新增建筑物不作为抵押财产。另外，乡镇、村企业的建设用地使用权不得单独抵押，以乡镇、村企业的厂房等建筑物抵押的，其占用范围内的建设用地使用权一并抵押。

4. 禁止抵押的财产

下列财产不得抵押：（1）土地所有权；（2）宅基地、自留地、自留山等集体所有的土地使用权，但法律规定可以抵押的除外；（3）学校、幼儿园、医院等以公益为目的的非营利法人的教育设施、医疗卫生设施和其他公益设施；（4）所有权、使用权不明或者有争议的财产；（5）依法被查封、扣押、监管的财产；（6）法律、行政法规规定不得抵押的其他财产。

（三）抵押权的设定

1. 抵押合同

设立抵押权，当事人应当采取书面形式订立抵押合同。

抵押合同一般包括以下条款：（1）被担保债权的种类和数额；（2）债务人履行债务的期限；（3）抵押财产的名称、数量等情况；（4）担保的范围。

2. 登记

抵押合同不以登记为生效要件，但抵押权本身却须登记。不动产抵押合同生效后未办理抵押登记手续，债权人有权请求抵押人办理抵押登记手续。不同的抵押财产，登记产生的效力有所不同，具体有登记生效与登记对抗两种情形。

3. 未登记的法律后果

抵押财产因不可归责于抵押人自身的原因灭失或者被征收等导致不能办理抵押登记，债权人请求抵押人在约定的担保范围内承担责任的，人民法院不予支持；但是抵押人已经获得保险金、赔偿金或者补偿金等，债权人请求抵押人在其所获金额范围内承担赔偿责任的，人民法院依法予以支持。

因抵押人转让抵押财产或者其他可归责于抵押人自身的原因导致不能办理抵押登记，债权人请求抵押人在约定的担保范围内承担责任的，人民法院依法予以支持，但是不得超过抵押权能够设立时抵押人应当承担的责任范围。

当事人申请办理抵押登记手续时，因登记机构的过错致使其不能办理抵押登记，当事人请求登记机构承担赔偿责任的，人民法院依法予以支持。

（四）抵押担保的范围

1. 所担保的债权范围

抵押权的担保范围包括主债权及其利息、违约金、损害赔偿金、保管担保财产和实现担保物权的费用。当事人另有约定的，按照约定。

2. 抵押物范围

原则上，抵押物的范围以双方当事人约定为准。唯以下特殊情况需要特别处理：

（1）抵押物登记记载的内容与抵押合同约定的内容不一致的，以登记记载的内容为准。

（2）当事人以所有权、使用权不明或者有争议的财产抵押，构成无权处分的，依《民法典》第三百一十一条关于善意取得的规定处理；当事人以依法被查封、扣押或监管的财产抵押，若查封、扣押或监管措施已解除，抵押权人有权行使抵押权，抵押人不得以抵押权设立时财产被查封、扣押或监管为由主张抵押合同无效。

（3）抵押权设立后，抵押财产被添附，添附物归第三人所有时，抵押权效力及于抵押财产的补偿金；添附物归抵押人所有时，抵押权效力及于添附物，但添附导致抵押财产价值增加的，抵押权效力不及于增加的价值部分；抵押人与第三人因添附成为添附物的共有人时，抵押权及于抵押人对共有物所享有的份额。

（4）从物产生于抵押权设立前，抵押权效力及于从物，但当事人另有约定的除外；从物产生于抵押权设立后，抵押权效力不及于从物，但在抵押权实现时可一并处分。

（5）当事人仅以建设用地使用权抵押，抵押权效力及于土地上已有的建筑物以及正在建造的建筑物已完成部分，不及于正在建造的建筑物的续建部分以及新增建筑物，后一种情况下，该建设用地使用权实现抵押权时，应将该土地上新增的建筑物与建设用地使用权一并处分，但新增建筑物所得的价款，抵押权人无权优先受偿；当事人以正在建造的建筑物抵押，抵押权的效力范围限于已办理抵押登记的部分，当事人按照担保合同的约定，主张抵押权的效力及于续建部分、新增建筑物以及规划中尚未建造的建筑物的，不予支持；抵押人将建设用地使用权、土地上的建筑物或者正在建造的建筑物分别抵押给不同债权人的，根据抵押登记的时间先后确定清偿顺序。

（6）以违法的建筑物抵押的，抵押合同无效，但在一审法庭辩论终结前已经办理合法手续的除外；当事人以建设用地使用权依法设立抵押，抵押人以土地上存在违法建筑物为由主张抵押合同无效的，不予支持。

（7）抵押人以划拨建设用地上的建筑物抵押，当事人以该建设用地使用权不能抵押或者未办理批准手续为由主张抵押合同无效或者不生效的，不予支持，抵押权依法实现时，拍卖、变卖建筑物所得价款，应当优先用于补缴建设用地使用权出让金；当事人以划拨方式取得的建设用地使用权抵押，抵押人以未办理批准手续为由主张抵押合同无效或者不生效的，不予支持，已经依法办理抵押登记的，抵押权人有权行使抵押权，抵押权实现所得价款，应当优先用于补缴建设用地使用权出让金。

3. 抵押物的物上代位

担保期间，担保财产毁损、灭失或者被征收等，担保物权人可以按照原抵押权顺位就获得的保险金、赔偿金或者补偿金等优先受偿。被担保债权的履行期未届满的，也可以提存该保险金、赔偿金或者补偿金等。

（五）抵押权人的优先受偿权

债务人不履行债务时，债权人有权依法以该财产折价或者以拍卖、变卖该财产的价款优先受偿。

（六）抵押物转让及其限制

抵押物的所有权人仍是抵押人，故除非当事人另有约定，否则抵押人有权转让抵押物所有权，抵押权的存续也不会因为抵押财产转让而受影响。但转让可能影响抵押权人利益，故须受一定限制。

（七）抵押权之保全

抵押人的行为足以使抵押财产价值减少的，抵押权人有权要求抵押人停止其行为。抵押财产价值减少的，抵押权人有权要求恢复抵押财产的价值，或者提供与减少的价值相应的担保。抵押人不恢复抵押财产的价值也不提供担保的，抵押权人有权要求债务人提前清偿债务。

（八）抵押权人的孳息收取权

债务人不履行到期债务或者发生当事人约定的实现抵押权的情形，致使抵押财产被人民法院依法扣押的，自扣押之日起抵押权人有权收取该抵押财产的天然孳息或者法定孳息，但抵押权人未通知应当清偿法定孳息的义务人的除外。抵押权人所收取的孳息应当先充抵收取孳息的费用。

（九）抵押与租赁

当同一物上既存在抵押权又存在租赁关系时，如同"买卖不破租赁"，我国物权法律制度亦确立了"抵押不破租赁"规则，准确地说，应是"在后抵押不破在先租赁"规则，即，抵押权设立前抵押财产已出租并转移占有的，原租赁关系不受该抵押权的影响，抵押权实现后，租赁合同在有效期内对抵押物的受让人继续有效。

（十）抵押权的实现

一般情况下，抵押财产折价或者拍卖、变卖后，直接以所得价款清偿债务，价款若超过债权数额，剩余部分归抵押人所有，若不足债权数额，债务人负继续清偿义务，只不过剩余债权不再享有优先受偿权。

以抵押物所得价款清偿债务时，须首先支付实现抵押权的费用，其次支付主债权的利息，最后支付主债权。

若同一抵押财产为数项债权设定抵押，情形将较为复杂，尤其是在抵押物拍卖或变卖金额不足以清偿全部抵押债权时，抵押权如何实现，更将直接影响抵押权人的利益。

（十一）抵押预告登记

当事人办理抵押预告登记后，预告登记权利人请求就抵押财产优先受偿，经审查存在尚未办理建筑物所有权首次登记、预告登记的财产与办理建筑物所有权首次登记时的财产不一致、抵押预告登记已经失效等情形，导致不具备办理抵押登记条件的，人民法院不予支持；经审查已经办理建筑物所有权首次登记，且不存在预告登记失效等情形的，人民法院应予支持，并应当认定抵押权自预告登记之日起设立。

当事人办理了抵押预告登记，抵押人破产，经审查抵押财产属于破产财产，预告登记权利人主张就抵押财产优先受偿的，人民法院应当在受理破产申请时抵押财产的价值范围内予以支持，但是在人民法院受理破产申请前一年内，债务人对没有财产担保的债务设立抵押预告登记的除外。

（十二）动产抵押的特殊规则

1. 动产抵押的生效与登记

以动产抵押的，抵押权自抵押合同生效时设立；未经登记，不得对抗善意第三人。

2. 动产抵押与正常经营活动

以动产抵押的，不得对抗正常经营活动中已经支付合理价款并取得抵押财产的买受人。这一规则原本只适用于动产浮动抵押，《民法典》施行后，扩及至一切动产抵押情形。

3. 动产抵押权人的超级优先权

《民法典》第四百一十六条规定，动产抵押担保的主债权是抵押物的价款，标的物交付后十日内办理抵押登记的，该抵押权人优先于抵押物买受人的其他担保物权人受偿，但是留置权人除外。抵押物的价款债权人就该抵押物所享有的抵押权优先于除留置权外的其他担保物权，该优先性甚至可回溯至办理抵押登记前十日，故称超级优先权。其规范意旨在于，通过保障价款债权人的受偿安全，为债务人融资型交易提供融资便利。

（十三）最高额抵押

1. 最高额抵押的概念

最高额抵押是指抵押人与抵押权人协议，在最高债权额限度内，以抵押物对一定期间内连续发生的债权作担保。为担保债务的履行，债务人或者第三人对一定期间内将要连续发生的债权提供担保财产的，债务人不履行到期债务或者发生当事人约定的实现抵押权的情形，抵押权人有权在最高债权额限度内就该担保财产优先受偿。

2. 最高额抵押权的从属性与不可分性

最高额抵押担保的债权确定前,债权可转让,但最高额抵押权不得转让,当事人另有约定的除外。

3. 债权之确定

浮动抵押是抵押权生效时抵押财产尚未确定,最高额抵押则是抵押权生效时所担保的债权额尚未确定,因而同样需要经过确定步骤。依《民法典》第四百二十三条之规定,有下列情形之一的,抵押权人的债权确定:(1) 约定的债权确定期间届满;(2) 没有约定债权确定期间或者约定不明确,抵押权人或者抵押人自最高额抵押权设立之日起满二年后请求确定债权;(3) 新的债权不可能发生;(4) 抵押权人知道或应当知道抵押财产被查封、扣押;(5) 债务人、抵押人被宣告破产或者解散;(6) 法律规定债权确定的其他情形。

最高额抵押担保的债权确定前,抵押权人与抵押人可以通过协议变更债权确定的期间、债权范围以及最高债权额,但变更的内容不得对其他抵押权人产生不利影响。

另外,最高额抵押权设立前已经存在的债权,经当事人同意,可以转入最高额抵押担保的债权范围。

(十四) 抵押权的消灭

抵押权主要有以下消灭事由:

(1) 债权消灭。

(2) 抵押权实现。

(3) 抵押物灭失。

(4) 混同。

三、质权

(一) 质权的概念

在广义上,质权包括动产质权与权利质权两类。不过,质权法律制度系以动产质权为原型而建立,权利质权亦被称为准质权。

(二) 质权的客体

质权不能存在于不动产。能够成为质权客体的,只能是动产或者权利。

1. 动产质权

除法律、行政法规禁止转让的动产外,原则上,所有动产均可出质。

2. 权利质权

债务人或者第三人有权处分的下列权利可以出质:(1) 汇票、本票、支票;(2) 债券、存款单;(3) 仓单、提单;(4) 可以转让的基金份额、股权;(5) 可以转让的注册商标专用权、专利权、著作权等知识产权中的财产权;(6) 现有的以及将有的应收账款;(7) 法律、行政法规规定可以出质的其他财产权利。

需要特别界定的是应收账款,它是指权利人因提供一定的货物、服务或设施而获得的要求义务人付款的权利,包括现有的和未来的金钱债权及其产生的收益,但不包括因票据或其他有价证券而产生的付款请求权。具体包括下列权利:(1) 销售产生的债权,包括销售货物，供应水、电、气、暖，知识产权的许可使用等；（2）出租产生的债权，包括出租动产或不动产；（3）提供服务产生的债权；（4）公路、桥梁、隧道、渡口等不动产收费权；（5）提供贷款或其他信用产生的债权。

（三）质权的设定

1. 质押合同

设立质权，当事人应当采取书面形式订立质押合同。质押合同一般包括以下条款：（1）被担保债权的种类和数额；（2）债务人履行债务的期限；（3）质押财产的名称、数量等情况；（4）担保的范围；（5）质押财产交付的时间、方式。

2. 交付或登记生效

（1）动产。质权自出质人交付质押财产时设立。金钱是作为支付手段的特殊动产，一般不能出质，但债务人或者第三人将其金钱以特户、封金、保证金等形式特定化后，移交债权人占有作为债权的担保，债务人不履行债务时，债权人亦可以该金钱优先受偿。

若当事人约定出质人代质权人占有质物，则质权不生效。

（2）证券权利。以汇票、本票、支票、债券、存款单、仓单、提单出质的，质权自权利凭证交付质权人时设立；没有权利凭证的，质权自有关部门办理出质登记时设立。

（3）基金份额与股权。以基金份额、股权出质的，质权自办理出质登记时设立。

（4）知识产权。以注册商标专用权、专利权、著作权等知识产权中的财产权出质的，质权自办理出质登记时设立。

（5）应收账款。以应收账款出质的，质权自办理出质登记时设立。中国人民银行征信中心是应收账款质押的登记机构。

（四）质权的效力

1. 质押担保的范围

（1）所担保的债权范围。质权的担保范围包括主债权及其利息、违约金、损害赔偿金、保管担保财产和实现质权的费用。当事人另有约定的，按照约定。

（2）出质物的范围。动产质权的效力及于质物的从物。但是，从物未随同质物移交质权人占有的，质权的效力不及于从物。另外，以依法可以转让的股份、股票出质的，质权的效力及于股份、股票的法定孳息。

（3）出质物的物上代位。担保期间，质押财产毁损、灭失或者被征收等，质权人可以就获得的保险金、赔偿金或者补偿金等优先受偿。被担保债权的履行期未届满的，也可以提存该保险金、赔偿金或者补偿金等。

2. 质权人的优先受偿权

债务人不履行到期债务或者发生当事人约定的实现质权的情形，质权人可以与出质人协议以质押财产折价，也可以就拍卖、变卖质押财产所得的价款优先受偿。

如同流押合同被禁止，流质合同亦被禁止，即，质权人在债务履行期届满前，与出质人约定债务人不履行到期债务时质押财产归债权人所有的，该约定无效，质权人只能就质押财产优先受偿。

3. 质权人的孳息收取权

质权人有权收取质押财产的孳息，但合同另有约定的除外。所收取的孳息应当先充抵收取孳息的费用。

4. 质权人的义务

（1）保管义务。

（2）返还义务。

5. 质权之保全

因不能归责于质权人的事由可能使质押财产毁损或者价值明显减少，足以危害质权人权利的，质权人有权要求出质人提供相应的担保；出质人不提供的，质权人可以拍卖、变卖质押财产，并与出质人通过协议将拍卖、变卖所得的价款提前清偿债务或者提存。

6. 质物处分限制

（1）对质权人的限制。质权人在质权存续期间，未经出质人同意，擅自使用、处分质押财产，给出质人造成损害的，应当承担赔偿责任。质权人在质权存续期间，未经出质人同意转质，造成质押财产毁损、灭失的，应当向出质人承担赔偿责任。

（2）对出质人的限制。基金份额、股权出质后，不得转让，但经出质人与质权人协商同意的除外。出质人转让基金份额、股权所得的价款，应当向质权人提前清偿债务或者提存。

知识产权中的财产权出质后，出质人不得转让或者许可他人使用，但经出质人与质权人协商同意的除外。出质人转让或者许可他人使用出质的知识产权中的财产权所得的价款，应当向质权人提前清偿债务或者提存。

应收账款出质后，不得转让，但经出质人与质权人协商同意的除外。出质人转让应收账款所得的价款，应当向质权人提前清偿债务或者提存。

（五）质权的实现

质押财产折价或者拍卖、变卖后，其价款超过债权数额的部分归出质人所有，不足部分由债务人清偿。

出质人可以请求质权人在债务履行期届满后及时行使质权；质权人不行使的，出质人可以请求人民法院拍卖、变卖质押财产。出质人请求质权人及时行使质权，因质权人怠于行使权利造成损害的，由质权人承担赔偿责任。

（六）最高额质权

出质人与质权人可以协议设立最高额质权。最高额质权除适应质权自身特点外，其他准用最高额抵押的规则。

（七）质权的消灭

诸如债权消灭、质物消灭、质权实现等均与抵押权大致相同，特别之处在于质权人丧失质押物的占有。一般情况下，因不可归责于质权人的事由而丧失对质物的占有，质权人可以向不当占有人请求停止侵害、恢复原状、返还质物，但若质权人丧失质物占有后不能主张返还，或者质权人将质物返还于出质人，则质权消灭。

另外，质权人可以放弃质权。债务人以自己的财产出质，质权人放弃该质权的，其他担保人在质权人丧失优先受偿权益的范围内免除担保责任，但其他担保人承诺仍然提供担保的除外。

四、留置权

(一) 留置权的概念与性质

1. 留置权的概念

债务人不履行到期债务，债权人可以留置已经合法占有的债务人或第三人的动产，并有权就该动产优先受偿。在此法律关系中，债权人为留置权人，占有的动产为留置财产。例如，甲为乙有偿保管某物，乙取回保管物时拒绝支付保管费，此时，甲即有权扣留该物不还，直至乙支付保管费，若乙一直拒绝支付，则甲有权将该物变卖，将所得价款扣除保管费后返还于乙。

2. 留置权的性质

留置权属于法定担保物权，不必有当事人之间的担保合同，只要具备法定要件，即可成立。不过，当事人可以特约排除留置权。

(二) 留置权的成立

依物权法律制度之规定，留置权之成立，需具备以下要件：

(1) 债权人合法占有债务人或第三人之动产。
(2) 债权已届清偿期。
(3) 动产之占有与债权属同一法律关系。

(三) 留置权的效力

1. 留置担保的范围

(1) 所担保债权的范围。留置担保的范围包括主债权及利息、违约金、损害赔偿金、留置物保管费用和实现留置权的费用。

(2) 留置物的范围。留置财产为可分物的，留置财产的价值应当相当于债务的金额。例如，甲为乙保管一批钢材，乙前来提取时拒付保管费，甲所留置的钢材价值应相当于保管费，而不得就所有钢材行使留置权。留置物为不可分物的，留置权人可以就其留置物的全部行使留置权。

2. 留置权人的优先受偿权

债务人逾期未履行债务的，留置权人可以与债务人协议以留置财产折价，也可以就拍卖、变卖留置财产所得的价款优先受偿。

3. 留置权人的孳息收取权

留置权人有权收取留置财产的孳息。所收取的孳息应当先充抵收取孳息的费用。

4. 留置权人的保管义务

留置权人负有妥善保管留置财产的义务；因保管不善致使留置财产毁损、灭失的，应当承担赔偿责任。

5. 留置权人的通知义务

债权人与债务人应当在合同中约定留置财产后的债务履行期限，没有约定或者约定不明确的，债权人留置债务人财产后，应当确定60日以上的期限，通知债务人在该期限内履行债务。

债权人未按上述期限通知债务人履行义务，而直接变价处分留置物的，应当对此造成的损失承担赔偿责任。但若债权人与债务人已在合同中约定宽限期的，债权人可以不经通知，直接行使留置权。

6. 抵押权、质权与留置权的效力等级

同一动产上已设立抵押权或者质权，该动产又被留置的，留置权人优先受偿；同一财产既设定抵押权又设定质权的，拍卖、变卖该财产所得价款按照登记、交付的时间先后确定清偿顺序。

（四）留置权的实现

债权人留置财产后，应与债务人约定留置财产后的债务履行期间；没有约定或者约定不明确的，留置权人应当给债务人60日以上履行债务的期间，但鲜活易腐等不易保管的动产除外。债务人逾期未履行的，留置权人可以与债务人协议以留置财产折价，也可以就拍卖、变卖留置财产所得的价款优先受偿。留置财产折价或者变卖的，应当参照市场价格。

留置财产折价或者拍卖、变卖后，其价款超过债权数额的部分归债务人所有，不足部分由债务人清偿。

为了从债务关系与留置关系中解脱，债务人可以请求留置权人在债务履行期届满后行使留置权；留置权人不行使的，债务人可以请求人民法院拍卖、变卖留置财产。

（五）留置权的消灭

留置权因下列原因消灭：（1）债权消灭；（2）债务人另行提供担保并被留置权人接受；（3）留置权人对留置财产丧失占有。

五、让与担保

（一）让与担保中所有权的效力

在实践中，当事人逐渐采取的一种非典型担保是让与担保。《民法典担保制度解释》《民法典合同编通则解释》均对此作出规定。

根据《民法典担保制度解释》第六十八条第一款，债务人或者第三人与债权人约定将财产形式上转移至债权人名下，债务人不履行到期债务，债权人有权对财产折价或者以拍卖、变卖该财产所得价款偿还债务的，人民法院应当认定该约定有效。当事人已经完成财产权利变动的公示，债务人不履行到期债务，债权人请求参照民法典关于担保物权的有关规定就该财产优先受偿的，人民法院应予支持。

该款中所谓的"将财产形式上转移"意味着，当事人所转移的所有权并非真正意义上的所有权，而是仅具有担保功能的所有权。形式上的受让人并不享有对财产的全面支配权，而只享有就该财产进行变价、优先受偿的权利。

（二）流质的禁止

根据《民法典担保制度解释》第六十八条第二款，债务人或者第三人与债权人约定将财产形式上转移至债权人名下，债务人不履行到期债务，财产归债权人所有的，人民法院应当认定该约定无效，但是不影响当事人有关提供担保的意思表示的效力。当事人已经完成财产权利变动的公示，债务人不履行到期债务，债权人请求对该财产享有所有权的，人民法院不予支持；债权人请求参照民法典关于担保物权的规定对财产折价或者以拍卖、变卖该财产所得的价款优先受偿的，人民法院应予支持；债务人履行债务后请求返还财产，或者请求对财产折价或者以拍卖、变卖所得的价款清偿债务的，人民法院应予支持。

在让与担保等非典型担保中，仍应适用流质（流押）禁止规定。换言之，在债务人不履行到期债务时，债权人不能直接获得真正的所有权，而只能对财产进行合理折价，或者以拍卖、变卖该财产所得的价款优先受偿。

由于流质（流押）禁止规定是强制性规定，当事人不得通过约定予以排除，也不得采取其他方式规避其适用。当事人在债务履行期限届满前签订的以物抵债协议，实际上是具有担保性质的合同，一般认定为让与担保。根据《民法典合同编通则解释》第二十八条第一款，当事人约定债务人到期没有清偿债务，债权人可以对抵债财产拍卖、变卖、折价以实现债权的，人民法院应当认定该约定有效。当事人约定债务人到期没有清偿债务，抵债财产归债权人所有的，人民法院应当认定该约定无效，但是不影响其他部分的效力；债权人请求对抵债财产拍卖、变卖、折价以实现债权的，人民法院应予支持。依据该条第二款，当事人订立前款规定的以物抵债协议后，债务人或者第三人未将财产权利转移至债权人名下，债权人主张优先受偿的，人民法院不予支持；债务人或者第三人已将财产权利转移至债权人名下的，依据《民法典担保制度解释》第六十八条的规定处理。

第四章 合同法律制度

第一节 合同的基本理论

一、合同与合同制度

（一）合同

《民法典》所称"合同",是指民事主体之间设立、变更、终止民事法律关系的协议。根据这个定义,合同是平等主体之间的民事法律关系,任何一方不论其所有制性质及行政地位,都不能将自己的意志强加给对方。

（二）合同法

合同法具有以下特征:(1) 合同制度属私法范畴。(2) 合同制度体现意思自治原则。(3) 合同制度规范财产交易。

（三）《民法典》合同编的适用范围

《民法典》合同编的适用范围较广。一方面,《民法典》合同编不仅调整因合同产生的债权债务关系,其部分规定还适用于非因合同产生的债权债务关系,如基于侵权行为产生的债权债务关系。另一方面,《民法典》合同编可以类推适用于有关身份关系的协议。

另外,在涉外合同中,能否适用《民法典》合同编的规定要根据具体情况分析。

二、合同的分类

根据不同的分类标准,可将合同分为不同的种类。合同的分类有助于正确理解法律、订立和履行合同,有助于正确地适用法律处理合同纠纷,还可对合同法律制度的完善起到促进作用。通常,在立法与合同制度理论上对合同作以下分类:

(1) 有名合同与无名合同。
(2) 单务合同与双务合同。
(3) 诺成合同与实践合同。

三、合同的相对性

合同的相对性主要体现在如下四个方面：
(1) 主体的相对性。
(2) 内容的相对性。
(3) 责任的相对性。
(4) 合同相对性的例外。

第二节 合同的订立

一、合同订立程序：要约与承诺

当事人订立合同的一般程序包括要约、承诺两个阶段。

（一）要约

要约是指希望和他人订立合同的意思表示。

1. 要约邀请

要约邀请是希望他人向自己发出要约的表示。

2. 要约的生效时间

根据《民法典》第一百三十七条，以对话方式作出的要约，相对人知道其内容时生效。

3. 要约的撤回与撤销

要约可以撤回。撤回要约的通知应当在要约到达受要约人之前或者与要约同时到达受要约人。撤回要约是在要约尚未生效的情形下发生的。如果要约已经生效，则非要约的撤回，而是要约的撤销。

要约也可以撤销。撤销要约的意思表示以对话方式作出的，该意思表示的内容应当在受要约人作出承诺之前为受要约人所知道；撤销要约的意思表示以非对话方式作出的，应当在受要约人作出承诺之前到达受要约人。但是，下列情形下的要约不得撤销：（1）要约人以确定承诺期限或者以其他形式明示要约不可撤销；（2）受要约人有理由认为要约是不可撤销的，并已经为履行合同作了合理准备工作。

4. 要约的失效

有下列情形之一的，要约失效：（1）要约被拒绝；（2）要约被依法撤销；（3）承诺期限届满，受要约人未作出承诺；（4）受要约人对要约的内容作出实质性变更。

（二）承诺

承诺是受要约人同意要约的意思表示。承诺应当由受要约人向要约人作出，并在要约确定的期限内到达要约人。

1. 承诺期限

要约确定的期限称为承诺期限。

2. 承诺的生效时间

承诺自通知到达要约人时生效。

3. 承诺的撤回

承诺人发出承诺后反悔的，可以撤回承诺，其条件是撤回承诺的通知应当在承诺通知到达要约人之前或者与承诺通知同时到达要约人，即在承诺生效前到达要约人。承诺生效，合同成立。因此，承诺不存在撤销的问题。

4. 承诺的迟延与迟到

受要约人超过承诺期限发出承诺，或者在承诺期限内发出承诺，按照通常情形不能及时到达要约人的，为迟延承诺，除要约人及时通知受要约人该承诺有效的以外，迟延的承诺为新要约。

5. 承诺的内容

承诺的内容应当与要约的内容一致，但在实践中，受要约人可能对要约的文字乃至内容作出某些修改，此时承诺是否具有法律效力需根据具体情况予以确认。

二、合同成立的时间与地点

《民法典》中包含很多关于合同成立的时间、地点的规定。在当事人未作特别约定时，应适用这些规定确定合同成立的时间、地点。

1. 合同成立的时间

由于合同订立方式的不同，合同成立的时间也有不同：（1）承诺生效时合同成立。这是大部分合同成立的时间标准。（2）当事人采用合同书形式订立合同的，自当事人均签名、盖章或者按指印时合同成立。如当事人未同时在合同书上签名、盖章或者按指印，则以当事人中最后一方签名、盖章或者按指印的时间为合同的成立时间。（3）当事人采用信件、数据电文等形式订立合同的，可以要求在合同成立之前签订确认书。签订确认书时合同成立。

2. 合同成立的地点

由于合同订立方式的不同，合同成立地点的确定标准也有不同：（1）承诺生效的地点为合同成立的地点。这是大部分合同成立的地点标准。（2）采用数据电文形式订立合同的，收件人的主营业地为合同成立的地点；没有主营业地的，其住所地为合同成立的地点。（3）当事人采用合同书形式订立合同的，最后签名、盖章或者按指印的地点为合同成立的地点。

三、格式条款

格式条款是指一方当事人为了订立合同重复使用而单方预先拟定，并在订立合同时不允许对方协商变更的条款。

四、免责条款

免责条款是指合同当事人在合同中规定的排除或限制一方当事人未来责任的条款。基于合同自由原则，对双方当事人自愿订立的免责条款，尤其是事后订立的免责条款，法律原则上不加干涉。但如事先约定的免责条款明显违反诚实信用原则及社会公共利益的，则法律规定其为无效。《民法典》规定，合同中的下列免责条款无效：（1）造成对方人身伤害的；（2）因故意或者重大过失造成对方财产损失的。

五、缔约过失责任

缔约过失责任，亦称缔约过错责任，是指当事人在订立合同过程中，因故意或者过失致使合同未成立、未生效、被撤销或无效，给他人造成损失而应承担的损害赔偿责任。

第三节 合同的效力

一、合同的生效

合同的生效，是指已依法成立的合同，发生相应的法律效力。

《民法典》根据合同类型的不同，分别规定了不同的合同生效时间：

（1）依法成立的合同，原则上自成立时生效。

（2）法律、行政法规规定应当办理批准等手续生效的，在依照其规定办理批准等手续后生效。

（3）法律、行政法规规定合同应当办理登记手续，但未规定登记后生效的，当事人未办理登记手续不影响合同的效力，但合同标的物所有权及其他物权不能转移。根据《民法典》物权编的规定，需要办理登记的抵押合同及商品房买卖合同均属于这类合同，即未登记不影响合同的生效，只影响物权的设立或者转移。

（4）当事人对合同的效力可以附条件或者附期限。附生效条件的合同，自条件成就时生效。附解除条件的合同，自条件成就时失效。当事人为自己的利益不正当地阻止条件成就的，视为条件已成就；不正当地促成条件成就的，视为条件不成就。附生效期限的合同，自期限届至时生效。附终止期限的合同，自期限届满时失效。

二、合同效力的层次

合同可以根据其效力层次分为有效合同、效力待定的合同、可撤销合同及无效合同。

第四节 合同的履行

一、合同的履行规则

（一）约定不明时合同内容的确定规则

合同生效后，合同的双方当事人应当正确、适当、全面地完成合同中规定的各项义务，当事人不得因姓名、名称的变更或者法定代表人、负责人、承办人的变动而不履行合同义务。在合同的履行中，当事人应当遵循诚实信用原则，根据合同的性质、目的和交易习惯履行通知、协助、保密等义务。

合同生效后，当事人就质量、价款或者报酬、履行地点等内容没有约定或者约定不明确的，可以协议补充；不能达成补充协议的，按照合同相关条款或者交易习惯确定。

（二）向第三人履行、由第三人履行与第三人代为履行

合同虽是特定主体之间的民事法律行为，但是合同作为一种交易关系，往往是连续交易关系中的一个环节，因此，在合同的履行中常常会涉及第三人，如当事人约定由债务人向第三人履行或由第三人向债权人履行。为保障涉及第三人的合同履行中各方当事人的正当权益，《民法典》规定了涉及第三人的履行规则。

向第三人履行的合同包括真正的利他合同和不真正的利他合同。真正的利他合同是指法律规定或者当事人约定第三人可以直接请求债务人向其履行债务，第三人未在合理期限内明确拒绝，债务人未向第三人履行债务或者履行债务不符合约定的，第三人可以请求债务人承担违约责任；债务人对债权人的抗辩，可以向第三人主张。不真正的利他合同是指当事人约定由债务人向第三人履行债务的，债务人未向第三人履行债务或者履行债务不符合约定，应当向债权人承担违约责任。

（三）中止履行、提前履行与部分履行

（1）中止履行。债权人分立、合并或者变更住所没有通知债务人，致使履行债务发生困难的，债务人可以中止履行或者将标的物提存。

（2）提前履行。债权人可以拒绝债务人提前履行债务，但提前履行不损害债权人利益的除外。债务人提前履行债务给债权人增加的费用，由债务人负担。需要注意的是，《民法典》第六百七十七条的规定把提前履行作为借款人的一项权利对待，因此，属于提前履行规则的例外。

（3）债权人可以拒绝债务人部分履行债务，但是部分履行不损害债权人利益的除外。债务人部分履行债务给债权人增加的费用，由债务人负担。

（四）电子合同的履行

通过互联网等信息网络订立的电子合同的标的为交付商品并采用快递物流方式交付的，收货人的签收时间为交付时间。电子合同的标的为提供服务的，生成的电子凭证或者实物凭证中载明的时间为提供服务时间；前述凭证没有载明时间或者载明时间与实际提供服务时间不一致的，以实际提供服务的时间为准。

电子合同的标的物为采用在线传输方式交付的，合同标的物进入对方当事人指定的特定系统且能够检索识别的时间为交付时间。

电子合同当事人对交付商品或者提供服务的方式、时间另有约定的，按照其约定。

二、按份之债和连带之债

在债权人或者债务人是复数时，会出现多数人之债的问题。按份之债、连带之债是多数人之债的两个类型。

根据《民法典》第五百一十七条的规定，债权人为二人以上，标的可分，按照份额

各自享有债权的,为按份债权;债务人为二人以上,标的可分,按照份额各自负担债务的,为按份债务。按份债权人或者按份债务人的份额难以确定的,视为份额相同。

根据《民法典》第五百一十八条的规定,债权人为二人以上,部分或者全部债权人均可以请求债务人履行债务的,为连带债权;债务人为二人以上,债权人可以请求部分或者全部债务人履行全部债务的,为连带债务。连带债权或者连带债务,由法律规定或者当事人约定。

三、双务合同履行中的抗辩权

双务合同中的双方当事人互为债权人和债务人,双方的履行给付具有牵连性,为了体现双方权利义务的对等及保护交易安全,《民法典》为双务合同的债务人规定了同时履行抗辩权、先履行抗辩权和不安抗辩权三种履行抗辩权,使得债务人可以在法律规定的情况下保留给付以对抗相对人的请求权。

四、情势变更

情势变更又称情事变更,是指合同履行过程中因不可归责于当事人的事由致使继续履行合同十分艰难,如果坚持让受不利影响的当事人按照约定继续履行,那便有悖诚实信用原则,故有必要调整合同内容或者解除合同。根据《民法典》第五百三十三条的规定,合同成立后,合同的基础条件发生了当事人在订立合同时无法预见的、不属于商业风险的重大变化,继续履行合同对于当事人一方明显不公平的,受不利影响的当事人可以与对方重新协商;在合理期限内协商不成的,当事人可以请求人民法院或者仲裁机构变更或者解除合同。人民法院或者仲裁机构应当结合案件的实际情况,根据公平原则变更或者解除合同。

第五节 合同的保全

一、债权人代位权

债权人代位权,是指债务人怠于行使其对第三人(次债务人)享有的到期债权或者与该债权有关的从权利,危及债权人债权实现时,债权人为保障自己的债权,可以自己的名义代位行使债务人对次债务人的债权的权利。

(一) 代位权行使的条件

结合《民法典》的规定,债权人提起代位权诉讼,应当符合下列条件:

(1) 债权人对债务人的债权合法。

(2) 债务人怠于行使其到期债权或者与该债权有关的从权利,影响债权人的到期债权实现的。

(3) 债务人的债权已到期。

（4）债务人的债权不是专属于债务人自身的债权。

（二）代位权诉讼中的主体及管辖

在代位权诉讼中，债权人是原告，次债务人是被告，债务人为诉讼上应当追加的第三人。

（三）代位权行使的法律效果

代位权的行使范围以债权人的到期债权为限。债权人行使代位权的必要费用，由债务人负担。相对人对债务人的抗辩，可以向债权人主张。

根据《民法典》第五百三十七条的规定，人民法院认定代位权成立的，由债务人的相对人向债权人履行义务，债权人接受履行后，债权人与债务人、债务人与相对人之间相应的权利义务终止。债务人对相对人的债权或者与该债权有关的从权利被采取保全、执行措施，或者债务人破产的，依照相关法律的规定处理。

债权人提起代位权诉讼后，债务人无正当理由减免相对人的债务或者延长相对人的履行期限，债务人及其相对人均不得以此对抗债权人。

二、债权人撤销权

（一）债权人撤销权的概念与性质

债权人撤销权，是指债务人实施了减少财产行为，危及债权人债权实现时，债权人为保障自己的债权请求人民法院撤销债务人处分行为的权利。此撤销权不同于前述可撤销民事法律行为中的撤销权。

（二）撤销权的成立要件

根据《民法典》的规定，债权人行使撤销权，应当具备以下条件：

（1）债权人须以自己的名义行使撤销权。
（2）债权人对债务人存在有效债权。
（3）债务人实施了减少财产的处分行为。
（4）债务人的处分行为有害于债权人债权的实现。

（三）撤销权行使的期限

撤销权的行使有期限限制，根据《民法典》第五百四十一条的规定，撤销权应当自债权人知道或者应当知道撤销事由之日起一年内行使。自债务人的行为发生之日起五年内没有行使撤销权的，该撤销权消灭。此处的"五年"期间为除斥期间，不适用诉讼时效中止、中断或者延长的规定。

（四）撤销权行使的法律效果

撤销权的行使范围以债权人的债权为限。一旦人民法院撤销债务人影响债权人的债权实现的行为，债务人的处分行为即归于无效。债务人的处分行为无效的法律后果则是双方返还，即受益人应当返还从债务人获得的财产。因此，撤销权行使的目的是恢复债务人的责任财产，债权人就撤销权行使的结果并无优先受偿权利。

（五）撤销权诉讼中的主体与管辖

撤销权的行使必须通过诉讼程序。在诉讼中，债权人为原告，债务人为被告，受益人或者受让人为诉讼上的第三人。撤销权诉讼由被告住所地人民法院管辖。依据《民法典》第五百四十条的规定，债权人行使撤销权的必要费用，包括合理的律师代理费、差旅费等费用，由债务人负担。

第六节 合同的担保

一、合同担保的基本理论

（一）担保方式

担保是指法律规定或者当事人约定的以保证合同履行、保障债权人利益实现为目的的法律措施。担保具有从属性与补充性特征。

合同的主要担保方式一般有五种，即：保证、抵押、质押、留置和定金。其中，保证、抵押、质押和定金，都是依据当事人的合同而设立，称为约定担保。留置则是直接依据法律的规定而设立，无须当事人之间特别约定，称为法定担保。保证是以保证人的财产和信用为担保的基础，属于人的担保。抵押、质押、留置，是以一定的财产为担保的基础，属于物的担保。定金是以一定的金钱为担保的基础，称为金钱担保。此外，所有权保留、融资租赁也可具有担保的功能。

（二）担保合同的无效

1. 担保无效的情形

担保合同必须合法方才有效。根据《民法典》和《民法典担保制度解释》的有关规定，担保合同无效的情形不仅包括违反法律、行政法规的强制性规定或者违背公序良俗的情形，还包括以下情形：以公益为目的的非营利性学校、幼儿园、医疗机构、养老机构等提供担保的，原则上担保合同无效。

2. 担保合同无效的法律责任

担保合同被确认无效时，债务人、担保人、债权人有过错的，应当根据其过错各自承担相应的民事责任，即承担《民法典》规定的缔约过失责任。根据《民法典担保制度解释》的规定，主合同有效而第三人提供的担保合同无效，人民法院应当区分不同情形确定担保人的赔偿责任：（1）债权人与担保人均有过错的，担保人承担的赔偿责任不应超过债务人不能清偿部分的1/2；（2）担保人有过错而债权人无过错的，担保人对债务人不能清偿的部分承担赔偿责任；（3）债权人有过错而担保人无过错的，担保人不承担赔偿责任。主合同无效导致第三人提供的担保合同无效，担保人无过错的，不承担赔偿责任；担保人有过错的，其承担的赔偿责任不应超过债务人不能清偿部分的1/3。

（三）公司对外担保

1. 法定代表人的越权担保

公司的法定代表人违反公司法关于公司对外担保决议程序的规定，超越权限代表公司与相对人订立担保合同，应当依照《民法典》第六十一条和第五百零四条等规定处理：相对人善意的，担保合同对公司发生效力；相对人有权请求公司承担担保责任。相对人非善意的，担保合同对公司不发生效力；相对人请求公司承担赔偿责任的，参照主合同有效而担保合同无效的情形处理。法定代表人超越权限提供担保造成公司损失，公司有权请求法定代表人承担赔偿责任。

2. 对外担保的决议

公司作出对外担保的有效决议是公司承担担保责任的前提条件。不过，根据《民法典担保制度解释》的有关规定，有下列情形之一的，公司不得以其未依照公司法关于公司对外担保的规定作出决议为由主张不承担担保责任：（1）金融机构开立保函或者担保公司提供担保；（2）公司为其全资子公司开展经营活动提供担保；（3）担保合同系由单独或者共同持有公司2/3以上对担保事项有表决权的股东签字同意。上述第二、三种情形不适用于上市公司对外提供担保。

3. 对上市公司公开披露信息的信赖

根据《民法典担保制度解释》的有关规定，相对人根据上市公司公开披露的关于担保事项已经董事会或者股东大会决议通过的信息，与上市公司订立担保合同，相对人主张担保合同对上市公司发生效力，并由上市公司承担担保责任的，人民法院应予支持。相对人未根据上市公司公开披露的关于担保事项已经董事会或者股东大会决议通过的信息，与上市公司订立担保合同，上市公司主张担保合同对其不发生效力，且不承担担保责任或者赔偿责任的，人民法院应予支持。

4. 公司分支机构的担保

（1）公司的分支机构未经公司股东（大）会或者董事会决议以自己的名义对外提供担保，相对人不得请求公司或者其分支机构承担担保责任，但是相对人不知道且不应当知道分支机构对外提供担保未经公司决议程序的除外。

（2）金融机构的分支机构在其营业执照记载的经营范围内开立保函，或者经有权从事担保业务的上级机构授权开立保函，金融机构或者其分支机构不得以违反公司法关于公司对外担保决议程序的规定为由主张不承担担保责任。

（3）担保公司的分支机构未经担保公司授权对外提供担保，担保公司或者其分支机构不承担担保责任，但是相对人不知道且不应当知道分支机构对外提供担保未经担保公司授权的除外。

（四）借新还旧场合的担保责任

根据《民法典担保制度解释》的有关规定，主合同当事人协议以新贷偿还旧贷，债权人请求旧贷的担保人承担担保责任的，人民法院不予支持；债权人请求新贷的担保人承担担保责任的，按照下列情形处理：新贷与旧贷的担保人相同的，人民法院应予支持；新贷与旧贷的担保人不同，或者旧贷无担保新贷有担保的，人民法院不予支持，但是债权人有证据证明新贷的担保人提供担保时对以新贷偿还旧贷的事实知道或者应当知道的除外。

主合同当事人协议以新贷偿还旧贷，旧贷的物的担保人在登记尚未注销的情形下同意继续为新贷提供担保，在订立新的贷款合同前又以该担保财产为其他债权人设立担保物权，其他债权人主张其担保物权顺位优先于新贷债权人的，人民法院不予支持。

二、保证

(一) 保证与保证合同

1. 保证的概念

保证是指第三人和债权人约定，当债务人不履行其到期债务或者发生当事人约定的情形时，该第三人按照约定履行债务或者承担责任的担保方式。"第三人"被称作保证人；"债权人"既是主债的债权人，也是保证合同中的债权人。保证是保证人与债权人之间的合同关系。保证的方式有两种，即一般保证和连带责任保证。

2. 保证合同

保证合同是《民法典》规定的一类典型合同。保证合同是指为保障债权的实现，保证人和债权人约定，当债务人不履行到期债务或者发生当事人约定的情形时，保证人履行债务或者承担责任的合同。

(二) 保证人

保证合同当事人为保证人和债权人。债权人可以是一切享有债权之人，自然人、法人抑或非法人组织，均无不可。自然人、法人或者非法人组织均可以为保证人，保证人也可以为两人以上。但法律对保证人仍有相应的限制，这些限制主要有：

(1) 主债务人不得同时为自身保证人。如果主债务人同时为保证人，意味着其责任财产未增加，保证的目的落空。

(2) 机关法人不得为保证人，但是经国务院批准为使用外国政府或者国际经济组织贷款进行转贷的除外。

(3) 以公益为目的的非营利性学校、幼儿园、医疗机构、养老机构等非营利法人、非法人组织原则上不得为保证人。

(三) 保证方式

(1) 一般保证和连带责任保证。

(2) 单独保证和共同保证。

(四) 保证责任

1. 保证责任的范围

根据《民法典》的有关规定，保证担保的责任范围包括主债权及其利息、违约金、损害赔偿金和实现债权的费用。保证合同对责任范围另有约定的，从约定。当事人对保证担保的范围没有约定或者约定不明确的，保证人应当对全部债务承担责任。

2. 主合同变更与保证责任承担

债权人和债务人未经保证人书面同意，协商变更主债权债务合同内容，减轻债务的，保证人仍对变更后的债务承担保证责任；加重债务的，保证人对加重的部分不承担保证责任。债权人和债务人变更主债权债务合同的履行期限，未经保证人书面同意的，保证期间不受影响。

债权人转让全部或者部分债权，未通知保证人的，该转让对保证人不发生效力。保证人与债权人约定禁止债权转让，债权人未经保证人书面同意转让债权的，保证人对受让人不再承担保证责任。

债权人未经保证人书面同意，允许债务人转移全部或者部分债务，保证人对未经其同意转移的债务不再承担保证责任，但是债权人和保证人另有约定的除外。

第三人加入债务的，保证人的保证责任不受影响。

3. 保证期间与保证的诉讼时效

保证期间是确定保证人承担保证责任的期间，是债权人向保证人行使追索权的期间。保证期间性质上属于除斥期间，不发生诉讼时效的中止、中断和延长。债权人没有在保证期间主张权利的，保证人免除保证责任。"主张权利"的方式在一般保证中表现为对债务人提起诉讼或者申请仲裁，在连带责任保证中表现为向保证人请求承担保证责任。

债权人与保证人可以约定保证期间，但是约定的保证期间早于主债务履行期限或者与主债务履行期限同时届满的，视为没有约定；保证合同约定保证人承担保证责任直至主债务本息还清时为止等类似内容的，视为约定不明；没有约定或者约定不明确的，保证期间为主债务履行期限届满之日起六个月。债权人与债务人对主债务履行期限没有约定或者约定不明确的，保证期间自债权人请求债务人履行债务的宽限期届满之日起计算。

一般保证的债权人在保证期间届满前对债务人提起诉讼或者申请仲裁的，从保证人拒绝承担保证责任的权利消灭之日起，开始计算保证债务的诉讼时效。连带责任保证的债权人在保证期间届满前请求保证人承担保证责任的，从债权人请求保证人承担保证责任之日起，开始计算保证债务的诉讼时效。

最高额保证合同对保证期间的计算方式、起算时间等没有约定或者约定不明，被担保债权的履行期限均已届满的，保证期间自债权确定之日起开始计算；被担保债权的履行期限尚未届满的，保证期间自最后到期债权的履行期限届满之日起开始计算。

债权人在保证期间内未依法行使权利的，保证责任消灭。保证责任消灭后，债权人书面通知保证人请求承担保证责任，保证人在通知书上签名、盖章或者按指印，债权人请求保证人继续承担保证责任的，人民法院不予支持，但是债权人有证据证明成立了新的保证合同的除外。

4. 保证人的抗辩权

由于保证人承担了对债务人的保证责任，所以保证人享有债务人的抗辩权。抗辩权是指债权人行使债权时，债务人根据法定事由对抗债权人行使请求权的权利。如债务人放弃对债务的抗辩权，保证人仍有权抗辩，因其保证责任并未免除。据此，不仅保证人有权参加债权人对债务人的诉讼，在债务人对债权人提起诉讼，债权人提起反诉时，保证人也可以作为第三人参加诉讼。

保证人知道或者应当知道主债权诉讼时效期间届满仍然提供保证或者承担保证责任，又以诉讼时效期间届满为由拒绝承担保证责任或者请求返还财产的，人民法院不予支持；保证人承担保证责任后向债务人追偿的，人民法院不予支持，但是债务人放弃诉讼时效抗辩的除外。

5. 共同担保下的保证责任

在同一债权上既有保证又有物的担保的，属于共同担保。《民法典》第三百九十二条规定，被担保的债权既有物的担保又有人的担保的，债务人不履行到期债务或者发生当事人约定的实现担保物权的情形，债权人应当按照约定实现债权；没有约定或者约定不明确，债务人自己提供物的担保的，债权人应当先就该物的担保实现债权；第三人提供物的担保的，债权人可以就物的担保实现债权，也可以请求保证人承担保证责任。提供担保的第三人承担担保责任后，有权向债务人追偿。

基于这条规定，物的担保和保证并存时，如果债务人不履行债务，则根据下列规则确定当事人的担保责任承担：（1）根据当事人的约定确定承担责任的顺序。（2）没有约定或者约定不明的，如果保证与债务人提供的物的担保并存，则债权人先就债务人的物的担保求偿。保证人在物的担保不足清偿时承担补充清偿责任。之所以先就债务人提供的物实现债权，是因为这样既可以避免法律关系的复杂化，又有助于节省司法成本。如果先由保证人承担责任，那保证人必然再向债务人追偿，其仍然可能要就债务人的物变价求偿，会造成较多资源浪费。在第三人的物保与债务人的物保并存时，也应同样处理，除非债务人提供的物不足以清偿全部债务。（3）没有约定或者约定不明的，如果保证与第三人提供的物的担保并存，则债权人既可以就物的担保实现债权，也可以请求保证人承担保证责任。根据这条规定，第三人提供物的担保的，保证与物的担保居于同一清偿顺序，债权人既可以请求保证人承担保证责任，也可以对担保物行使担保物权。（4）没有约定或者约定不明的，如果保证与第三人提供的物的担保并存，其中一人承担了担保责任，则只能向债务人追偿，不能向另外一个担保人追偿。

同一债务有两个以上保证人，保证人之间相互有追偿权，债权人未在保证期间内依法向部分保证人行使权利，导致其他保证人在承担保证责任后丧失追偿权，其他保证人主张在其不能追偿的范围内免除保证责任的，人民法院应予支持。

（五）保证人的追偿权

根据《民法典》的有关规定，保证人承担保证责任后，除当事人另有约定外，有权在其承担保证责任的范围内向债务人追偿，享有债权人对债务人的权利，但是不得损害债权人的利益。

（六）涉及保证人的诉讼问题

因保证合同纠纷提起的诉讼，债权人向保证人和被保证人一并主张权利的，人民法院应当将保证人和被保证人列为共同被告。保证合同约定为一般保证，债权人仅起诉保证人的，人民法院应当通知被保证人作为共同被告参加诉讼；债权人仅起诉被保证人的，可以只列被保证人为被告。

在民间借贷纠纷中，保证人为借款人提供连带责任保证，出借人仅起诉借款人的，人民法院可以不追加保证人为共同被告；出借人仅起诉保证人的，人民法院可以追加借款人为共同被告。保证人为借款人提供一般保证，出借人仅起诉保证人的，人民法院应当追加借款人为共同被告；出借人仅起诉借款人的，人民法院可以不追加保证人为共同被告。

三、定金

（一）定金的概念及种类

定金，系以确保合同的履行为目的，由当事人一方在合同订立前后，合同履行前预先交付于另一方的金钱或者其他代替物的法律制度。按照定金的目的和功能，可以把定金分为立约定金、成约定金、证约定金、违约定金、解约定金等。根据《民法典》的有关规定，我国关于定金的性质的规定属于任意性规定，当事人可以自主确定定金的性质。

（二）定金的生效与法律效力

《民法典》规定，定金合同自实际交付定金之时起成立。故定金合同是实践性合同。

定金的效力表现为以下几个方面：（1）定金一旦交付，定金所有权发生移转。（2）给付定金一方不履行约定的债务的，无权请求返还定金；收受定金的一方不履行约定的债务的，应当双倍返还定金。当事人一方不完全履行合同的，应当按照未履行部分所占合同约定内容的比例，适用定金罚则。（3）在迟延履行或者有其他违约行为时，并不能当然适用定金罚则。（4）当事人约定的定金数额不得超过主合同标的额的20%；超过20%的，超过部分无效。（5）因不可抗力致使主合同不能履行的，不适用定金罚则。（6）如果在同一合同中，当事人既约定违约金，又约定定金的，在一方违约时，当事人只能选择适用违约金条款或者定金条款，不能同时要求适用两个条款。（7）当事人约定以交付定金作为合同成立或者生效条件，应当交付定金的一方未交付定金，但是合同主要义务已经履行完毕并为对方所接受的，人民法院应当认定合同在对方接受履行时已经成立或者生效。（8）双方当事人均具有致使不能实现合同目的的违约行为，其中一方请求适用定金罚则的，人民法院不予支持。当事人一方仅有轻微违约，对方具有致使不能实现合同目的的违约行为，轻微违约方可以主张适用定金罚则。（9）当事人一方已经部分履行合同，对方接受并主张按照未履行部分所占比例适用定金罚则的，人民法院应予支持。对方主张按照合同整体适用定金罚则的，人民法院不予支持，但是部分未履行致使不能实现合同目的的除外。

第七节　合同的变更和转让

一、合同的变更

《民法典》所称合同的变更是指合同内容的变更，不包括合同主体的变更。合同主体的变更属于合同的转让。

二、债权转让

合同的转让，即合同主体的变更，指当事人将合同的权利和义务全部或者部分转让给第三人。合同的转让分为债权转让、债务承担及债权债务的概括移转。

（一）债权转让的条件

债权转让，是指债权人将债权全部或者部分转让给第三人的法律制度。其中债权人是转让人，第三人是受让人。《民法典》规定，债权人转让权利的，无须债务人同意，但应当通知债务人。未经通知，该转让对债务人不发生效力。债权人转让权利的通知不得撤销，但经受让人同意的除外。根据此条规定，债权转让不以债务人的同意为生效条件，但是要对债务人发生效力,则必须通知债务人。

(二) 禁止债权转让的情形

根据《民法典》的有关规定,下列情形的债权不得转让:(1) 根据债权性质不得转让。主要是指基于债务人特定身份、技能等而产生的债权,如出版合同中出版公司的债权、委托合同中委托人的债权等;(2) 按照当事人约定不得转让;(3) 依照法律规定不得转让。

(三) 债权转让的效力

对债权人而言,在全部转让的情形下,原债权人脱离债权债务关系,受让人取代债权人地位。在部分转让的情形下,原债权人就转让部分丧失债权。

对受让人而言,债权人转让权利的,受让人取得与债权有关的从权利,如抵押权,但该从权利专属于债权人自身的除外。受让人取得从权利不因该从权利未办理转移登记手续或者未转移占有而受到影响。

对债务人而言,债权人权利的转让,不得损害债务人的利益,不应影响债务人的权利:

(1) 债务人接到债权转让通知后,债务人对让与人的抗辩可以向受让人主张,如提出债权无效、诉讼时效已过等事由的抗辩。

(2) 有下列情形之一的,债务人可以向受让人主张抵销:债务人接到债权转让通知时,债务人对让与人享有债权,且债务人的债权先于转让的债权到期或者同时到期;债务人的债权与转让的债权是基于同一合同产生。

因债权转让增加的履行费用,由让与人负担。

(四) 债权的多重让与

让与人将同一债权转让给两个以上受让人,债务人以已经向最先通知的受让人履行为由主张其不再履行债务的,人民法院应予支持。债务人明知接受履行的受让人不是最先通知的受让人,最先通知的受让人请求债务人继续履行债务或者依据债权转让协议请求让与人承担违约责任的,人民法院应予支持;最先通知的受让人请求接受履行的受让人返还其接受的财产的,人民法院不予支持,但是接受履行的受让人明知该债权在其受让前已经转让给其他受让人的除外。

三、债务承担

《民法典》规定,债务人将合同义务的全部或者部分转移给第三人的,应当经债权人同意。债务人或者第三人可以催告债权人在合理期限内予以同意,债权人未作表示的,视为不同意。这是因为新债务人的资信情况和偿还能力须得到债权人的认可,以免债权人的利益受到不利影响。债务人转移义务的,新债务人可以主张原债务人对债权人的抗辩;原债务人对债权人享有债权的,新债务人不得向债权人主张抵销。新债务人应当承担与主债务有关的从债务,但该从债务专属于原债务人自身的除外。

债务承担除了《民法典》规定的免责的债务承担以外,还有并存的债务承担,即第三人以担保为目的加入债的关系,与原债务人共同承担同一债务。由于并存的债务承担并不使得原债务人脱离债的关系,因此原则上不以债权人的同意为必要。

四、债务加入

债务加入是指第三人加入到债权债务关系中来,债务人不退出债权债务关系,第三人和债务人成为共同债务人。根据《民法典》第五百五十二条的规定,第三人与债务人约定加入债务并通知债权人,或者第三人向债权人表示愿意加入债务,债权人未在合理期限内明确拒绝的,债权人可以请求第三人在其愿意承担的债务范围内和债务人承担连带债务。

五、债权债务的概括移转

合同权利义务的概括移转,是指合同一方当事人将自己在合同中的权利义务一并转让的法律制度。《民法典》规定,当事人一方经对方当事人同意,可以将自己在合同中的权利义务一并转让给第三人。概括移转有意定的概括移转和法定的概括移转两种情形。意定的概括移转基于转让合同的方式进行。而法定的概括移转往往是因为某一法定事实的发生而导致。最典型的就是合同当事人发生合并或分立时,就会有法定的概括移转的发生。合同的权利和义务一并转让的,适用债权转让、债务转移的有关规定。

第八节 合同的权利义务终止

一、合同终止的基本理论

合同的权利义务终止制度包括债的终止制度和合同解除制度。债的终止,即债权债务终止,指给付义务终局地消灭;合同的解除是指合同中原给付义务的效力终止,但在因违约而解除合同等场合中,债务人的损害赔偿义务仍然存在,故给付义务并未终局地消灭。

根据《民法典》的规定,债权债务终止的情形包括:(1)债务已经按照约定履行,即清偿;(2)债务相互抵销;(3)债务人依法将标的物提存;(4)债权人免除债务;(5)债权债务同归于一人,即混同;(6)法律规定或者当事人约定终止的其他情形。

合同解除包括意定解除和法定解除。合同的权利义务终止,不影响合同中结算条款、清理条款以及解决争议方法条款的效力。

二、清偿

清偿,又称履行,是指为了实现债权,债务人依照债之本旨圆满完成义务的行为和终局状态。它是债权债务消灭的最主要和最常见的原因。

债务人直接向债权人清偿债务,当然引起债权债务的消灭。债务人向债权人的代理人、破产企业的清算组织、收据持有人、行使代位权的债权人、债权人与债务人约定的受领清偿的第三人清偿债务的,债权债务也因此而消灭。

清偿一般应由债务人本人为之。债务人的代理人、第三人代为清偿的，也可以发生清偿的效力，但合同约定或依合同性质不能由第三人代为清偿的除外。第三人在代为清偿后，可代位行使债权人的权利。

债务人清偿债务应当按合同标的清偿，但经债权人同意并受领替代物清偿的，也能产生清偿效果。

债务人对同一债权人负担的数项债务种类相同，债务人的给付不足以清偿全部债务的，除当事人另有约定外，由债务人在清偿时指定其履行的债务。债务人未作指定的，应当优先履行已经到期的债务；数项债务均到期的，优先履行对债权人缺乏担保或者担保最少的债务；均无担保或者担保相等的，优先履行债务人负担较重的债务；负担相同的，按照债务到期的先后顺序履行；到期时间相同的，按照债务比例履行。

债务人在履行主债务外还应当支付利息和实现债权的有关费用，其给付不足以清偿全部债务的，除当事人另有约定外，应当按照下列顺序履行：（1）实现债权的有关费用；（2）利息；（3）主债务。

三、抵销

抵销是双方当事人互负债务时，一方通知对方以其债权充当债务的清偿或者双方协商以债权充当债务的清偿，使得双方的债务在对等额度内消灭的行为。抵销分为法定抵销与约定抵销。抵销具有简化交易程序、降低交易成本、提高交易安全的作用。

（一）法定抵销

《民法典》规定，当事人互负债务，该债务的标的物种类、品质相同的，任何一方可以将自己的债务与对方的到期债务抵销；但是，根据债务性质、按照当事人约定或者依照法律规定不得抵销的除外。

《民法典》规定的法定抵销须具备以下条件：

（1）须双方互负有债务，互享有债权。
（2）须双方债务的给付为同一种类。
（3）须对方的债务届清偿期。
（4）须双方的债务均为可抵销的债务。

（二）约定抵销

《民法典》规定，当事人互负债务，标的物种类、品质不相同的，经双方协商一致，也可以抵销。

四、提存

提存是指非因可归责于债务人的原因，导致债务人无法履行债务或者难以履行债务的情况下，债务人将标的物交由提存机关保存，以终止债权债务关系的行为。《民法典》规定的提存是以清偿为目的，所以是债消灭的原因。

（一）提存的原因

《民法典》规定，有下列情形之一，难以履行债务的，债务人可以将标的物提存：（1）债权人无正当理由拒绝受领；（2）债权人下落不明；（3）债权人死亡未确定继承人、遗产管理人，或者丧失民事行为能力未确定监护人；（4）法律规定的其他情形。

（二）提存的法律效果

标的物提存后，毁损、灭失的风险由债权人承担。提存期间，标的物的孳息归债权人所有。提存费用由债权人负担。标的物不适于提存或者提存费用过高的，债务人依法可以拍卖或者变卖标的物，提存所得的价款。

提存成立的，视为债务人在其提存范围内已经履行债务，但债务人还负有附随义务。标的物提存后，债务人应当及时通知债权人或者债权人的继承人、遗产管理人、监护人、财产代管人。

债权人可以随时领取提存物，但债权人对债务人负有到期债务的，在债权人未履行债务或者提供担保之前，提存部门根据债务人的要求应当拒绝其领取提存物。债权人领取提存物的权利，自提存之日起5年内不行使则消灭，提存物扣除提存费用后归国家所有。但是，债权人未履行对债务人的到期债务，或者债权人向提存部门书面表示放弃领取提存物权利的，债务人负担提存费用后有权取回提存物。此处规定的"5年"时效为不变期间，不适用诉讼时效中止、中断或者延长的规定。

五、免除与混同

债权人免除债务人部分或者全部债务的，债权债务部分或者全部终止，但是债务人在合理期限内拒绝的除外。

债权和债务同归于一人，即债权债务混同时，债权债务终止，但是损害第三人利益的除外。

六、解除

合同的解除，是指合同有效成立以后，没有履行或者没有完全履行之前，双方当事人通过协议或者一方行使解除权的方式，使得合同关系终止的法律制度。合同的解除，分为意定解除与法定解除两种情况。

（一）意定解除

意定解除，是指根据当事人事先约定的情况或经当事人协商一致而解除合同。

1. 约定解除权和附解除条件

约定解除权是一种单方解除，即双方在订立合同时，约定了合同当事人一方解除合同的事由。一旦该事由发生，解除权人就可以通过行使解除权而终止合同。法律规定或者当事人约定了解除权行使期限，期限届满当事人不行使的，解除权消灭。法律没有规定或者当事人没有约定解除权行使期限，经对方催告后在合理期限内不行使的，该权利消灭。

附解除条件是指双方在订立合同时，约定了合同解除的条件。一旦该条件成就，合同自动失效，不需要任何一方当事人行使权利或者作出意思表示。

2. 协议解除

协议解除是以一个新的合同解除旧的合同。合同订立后，经当事人协商一致，当然可以解除合同。

（二）法定解除

法定解除，是指根据法律规定而解除合同。根据《民法典》第五百六十三条的规定，在下列情形下，当事人可以单方面解除合同：

（1）因不可抗力致使不能实现合同目的。行使此项解除权，除了有不可抗力事件的发生以外，还必须要求是因不可抗力导致合同目的不能实现。合同目的不能实现的当事人可以行使解除权。

（2）在履行期限届满之前，当事人一方明确表示或者以自己的行为表明不履行主要债务。此项解除权的行使必须是不履行"主要"债务才行。不履行方的对方有权解除合同。

（3）当事人一方迟延履行主要债务，经催告后在合理期限内仍未履行。此项解除权的行使，必须符合两个条件：①迟延履行"主要"债务；②催告后在合理期限内仍未履行。

（4）当事人一方迟延履行债务或者有其他违约行为致使不能实现合同目的。迟延履行债务或者有其他违约行为并不必然导致解除权的产生。

（5）以持续履行的债务为内容的不定期合同，当事人可以随时解除合同，但是应当在合理期限之前通知对方。

（6）法律规定其他解除情形的。

（三）解除权的行使

法律规定或者当事人约定解除权行使期限，期限届满当事人不行使的，该权利消灭。法律没有规定或者当事人没有约定解除权行使期限，自解除权人知道或者应当知道解除事由之日起1年内不行使，或者经对方催告后在合理期限内不行使的，该权利消灭。此处的期限是解除权的存续期限，又称"除斥期间"。

当事人一方依法主张解除合同的，应当通知对方。合同自通知到达对方时解除；通知载明债务人在一定期限内不履行债务则合同自动解除，债务人在该期限内未履行债务的，合同自通知载明的期限届满时解除。对方对解除合同有异议的，任何一方当事人均可以请求人民法院或者仲裁机构确认解除行为的效力。

当事人一方未通知对方，直接以提起诉讼或者申请仲裁的方式依法主张解除合同，人民法院或者仲裁机构确认该主张的，合同自起诉状副本或者仲裁申请书副本送达对方时解除。

（四）合同解除的效果

合同解除后，尚未履行的，终止履行；已经履行的，根据履行情况和合同性质，当事人可以请求恢复原状或者采取其他补救措施，并有权请求赔偿损失。

合同因违约解除的，解除权人可以请求违约方承担违约责任，但是当事人另有约定的除外。

主合同解除后，担保人对债务人应当承担的民事责任仍应当承担担保责任，但是担保合同另有约定的除外。

第九节 违约责任

一、违约责任的基本理论

违约责任也称为违反合同的民事责任,是指合同当事人因违反合同义务所承担的责任。《民法典》规定,当事人一方不履行合同义务或者履行合同义务不符合约定的,应当承担继续履行、采取补救措施或者赔偿损失等违约责任。

《民法典》规定的违约损害赔偿责任采用严格责任。因此,只要合同当事人有违约行为存在,且给相对人造成损失,无论导致违约的原因是什么,除了法定或者约定的免责事由以外,均不得主张免责。

二、违约形态

根据合同当事人违反义务的性质、特点的不同,《民法典》将债务人的违约行为区分为预期违约和届期违约两种类型,每种类型又可以分为两类。此外,《民法典》还规定了债权人迟延。

(一)预期违约

预期违约是指在履行期限到来之前一方无正当理由而明确表示其在履行期到来后将不履行合同,或者其行为表明其在履行期到来以后将不履行合同。

(二)届期违约

在履行期限到来以后,当事人不履行或不完全履行合同义务的,将构成届期违约。届期违约可以分为不履行和不适当履行两类。此外,履行在质量、数量等方面不符合约定的,称为不完全履行或瑕疵履行;履行在时间上迟延的,称为迟延履行。

(三)债权人迟延

债权人迟延又称受领迟延,是指债权人对给付未受领或者未提供必要协助的事实。债权人陷入迟延的,产生对债权人不利的后果。

三、违约责任的承担方式

违约责任的承担方式主要有:继续履行、补救措施、损害赔偿三种方式。

第十节 几类主要的典型合同

一、买卖合同

买卖合同是出卖人转移标的物的所有权于买受人,买受人支付价款的合同。买卖合同是双务、有偿、诺成的合同，除法律有特别规定或者当事人有特别约定以外，买卖合同为非要式合同。买卖合同是最基本、最典型的有偿合同，故《民法典》规定，其他有偿合同，法律有规定的，依照其规定；没有规定的，参照适用买卖合同的有关规定。

（一）双方当事人的权利义务

买卖合同双方当事人的权利义务主要是围绕标的物的交付及价款的支付而发生，其中，出卖人的主要义务就是交付标的物并转移标的物的所有权，而买受人的主要义务就是支付价款。

1. 交付标的物

出卖人应当按照约定的期限交付标的物。当事人约定交付期限的，出卖人可以在该交付期限内的任何时间交付。当事人没有约定标的物的交付期限或者约定不明确的，依照法律规定执行。标的物在订立合同之前已为买受人占有的，合同生效的时间为交付时间。

2. 转移标的物的所有权

出卖人应当履行向买受人交付标的物或者交付提取标的物的单证，并转移标的物的所有权的义务。标的物不属于出卖人所有或者出卖人无权处分的，买卖合同的效力不受影响。出卖人未取得真正权利人事后同意或者事后未取得处分权，造成其不能履行转移所有权义务的，买受人可以解除合同并请求出卖人承担违约损害赔偿责任。法律、行政法规禁止或者限制转让的标的物，不得随意转让，应依照有关规定执行。

3. 标的物的风险负担

所谓风险，是指在买卖合同生效后，由于不可归责于双方当事人的事由导致标的物遭受毁损、灭失的情形。标的物的风险负担是指，在发生不可归责于双方当事人的原因导致标的物发生毁损、灭失时，应由谁负担由此导致的损失。可归责于一方当事人的事由导致标的物毁损、灭失的，不属于风险负担，应当按照违约责任或者侵权责任处理。

4. 标的物的检验

出卖人应当按照约定的质量要求交付标的物。出卖人提供有关标的物质量说明的，交付的标的物应当符合该说明的质量要求。

5. 价款支付

买受人应当按照约定的数额支付价款。对价款没有约定或者约定不明确，适用《民法典》的有关规定确定。

（1）买受人应当按照约定的地点支付价款。

（2）买受人应当按照约定的时间支付价款。

6. 买卖合同的特别解除规则

因标的物的主物不符合约定而解除合同的，解除合同的效力及于从物。标的物的从物因不符合约定被解除的，解除的效力不及于主物，即从物有瑕疵的，买受人仅可解除与从物有关的合同部分。

标的物为数物，其中一物不符合约定的，买受人可以就该物解除合同，但该物与他物分离使标的物的价值显受损害的，当事人可以就数物解除合同。

出卖人分批交付标的物的，出卖人对其中一批标的物不交付或者交付不符合约定，致使该批标的物不能实现合同目的的，买受人可以就该批标的物解除合同。

出卖人不交付其中一批标的物或者交付不符合约定，致使今后其他各批标的物的交付不能实现合同目的的，买受人可以就该批以及今后其他各批标的物解除合同。

买受人如果就其中一批标的物解除合同，该批标的物与其他各批标的物相互依存的，可以就已经交付和未交付的各批标的物解除合同。

（二）特种买卖合同

《民法典》对多种特种买卖合同作了专门规定。

1. 分期付款买卖合同

分期付款的买受人未支付到期价款的金额达到全部价款的1/5，经催告后在合理期限内仍未支付到期价款的，出卖人可以请求买受人一并支付到期与未到期的全部价款或者解除合同。出卖人解除合同的，双方应互相返还财产，出卖人可以向买受人请求支付该标的物的使用费。分期付款要求买受人将应付的总价款在一定期限内至少分三次向出卖人支付。

2. 凭样品买卖合同

凭样品买卖的当事人应当封存样品，并可以对样品质量予以说明。出卖人交付的标的物应当与样品及其说明的质量相同。凭样品买卖的买受人不知道样品有隐蔽瑕疵的，即使交付的标的物与样品相同，出卖人交付的标的物的质量仍然应当符合同种标的物的通常标准。

3. 试用买卖合同

试用买卖的当事人可以约定标的物的试用期限。对试用期限没有约定或者约定不明确，依照《民法典》的有关规定仍不能确定的，由出卖人确定。试用买卖的买受人在试用期内可以购买标的物，也可以拒绝购买。试用期限届满，买受人对是否购买标的物未作表示的，视为购买。此外，如买受人已支付部分或全部价款，或对标的物实施了出卖、出租、设立担保物权等非试用行为的，应视为同意购买。但买卖合同存在下列约定内容之一的，不属于试用买卖：（1）约定标的物经过试用或者检验符合一定要求时，买受人应当购买标的物；（2）约定第三人经试验对标的物认可时，买受人应当购买标的物；（3）约定买受人在一定期限内可以调换标的物；（4）约定买受人在一定期限内可以退还标的物。

4. 以招标投标方式订立的买卖合同

《民法典》规定，招标投标买卖的当事人的权利和义务以及招标投标程序等，依照有关法律、行政法规的规定。所谓招标投标，是指由招标人向数人或者公众发出招标通知或招标公告，在诸多投标中按照一定的标准，选择自己最满意的投标人并与之订立合同的方式。招标投标买卖是现代社会中一种重要的竞争买卖形式，尤其在大宗订货和政府采购中被广泛使用。我国有专门的《招标投标法》《政府采购法》予以规范。

5. 商品房买卖合同

商品房买卖合同是指房地产开发企业将尚未建成或已经竣工的房屋向社会销售并转移房屋所有权于买受人，买受人支付价款的买卖合同。商品房买卖合同包括期房买卖合同与现房买卖合同。

6. 互易合同

互易合同是当事人约定易货交易，转移标的物所有权的合同。此处的"货"应当是指金钱以外的商品，因此互易合同是指金钱以外相互交换标的物所有权的合同。在货币发明之前，人类商品交易的主要形态就是互易，但是随着货币的出现，互易被买卖所取代，但仍然没有完全消失。

二、赠与合同

（一）赠与合同概述

赠与合同是赠与人将自己的财产无偿给予受赠人，受赠人表示接受赠与的合同。赠与合同是单务、无偿、诺成合同。赠与的财产依法需要办理登记等手续的，应当办理有关手续。

赠与可以附义务。赠与附义务的，受赠人应当按照约定履行义务。

因赠与人故意或者重大过失致使赠与的财产毁损、灭失的，赠与人应当承担损害赔偿责任。赠与的财产有瑕疵的，赠与人不承担责任。附义务的赠与，赠与的财产有瑕疵的，赠与人在附义务的限度内承担与出卖人相同的责任。赠与人故意不告知瑕疵或者保证无瑕疵，造成受赠人损失的，应当承担损害赔偿责任。

赠与合同成立后，赠与人的经济状况显著恶化，严重影响其生产经营或者家庭生活的，可以不再履行赠与义务。

（二）赠与合同的撤销

赠与合同的撤销分为任意撤销和法定撤销。

任意撤销，是指赠与人基于赠与合同的无偿性及单务性特征，在赠与财产的权利转移之前可以撤销赠与。但经过公证的赠与合同或者依法不得撤销的具有救灾、扶贫、助残等公益、道德义务性质的赠与合同，不得撤销。对于这类赠与合同，如果赠与人不交付赠与的财产，受赠人可以请求交付。

法定撤销，是指当受赠人有忘恩行为时，无论赠与财产的权利是否转移，赠与是否经过公证或者具有救灾、扶贫、助残等公益、道德义务性质，赠与人或者赠与人的继承人、法定代理人都可以撤销赠与的情形。

1. 赠与人的法定撤销权

受赠人有下列情形之一的，赠与人可以行使撤销权：（1）严重侵害赠与人或者赠与人的近亲属的合法权益；（2）对赠与人有扶养义务而不履行；（3）不履行赠与合同约定的义务。

赠与人的撤销权，自知道或者应当知道撤销原因之日起1年内行使。

2. 赠与人的继承人、法定代理人的法定撤销权

因受赠人的违法行为致使赠与人死亡或者丧失民事行为能力的，赠与人的继承人或者法定代理人可以撤销赠与。赠与人的继承人或者法定代理人的撤销权，自知道或者应当知道撤销原因之日起6个月内行使。

如果是法定撤销情形，则撤销权人撤销赠与的，可以向受赠人请求返还赠与的财产。

三、借款合同

(一) 借款合同概述

借款合同是借款人向贷款人借款,到期返还借款并支付利息的合同。根据《民法典》第六百六十八条的规定,借款合同应当采用书面形式,但是自然人之间借款另有约定的除外。可见,借款合同原则上是要式合同。

(二) 双方当事人的权利义务

贷款人未按照约定的日期、数额提供借款,造成借款人损失的,应当赔偿损失。借款人未按照约定的日期、数额收取借款的,应当按照约定的日期、数额支付利息。

(三) 民间借贷合同

《民间借贷规定》等司法解释包括以下规则:

1. 民间借贷的范围

民间借贷是指自然人、法人、非法人组织之间及其相互之间进行资金融通的行为。经金融监管部门批准设立的从事贷款业务的金融机构及其分支机构,因发放贷款等相关金融业务引发的纠纷,不属于民间借贷纠纷。

2. 民间借贷案件的受理与管辖

民间借贷属于借款合同,但是当事人之间往往没有书面借款合同,因此借据、收据、欠条等债权凭证以及其他能够证明借贷法律关系存在的证据可以作为证明借贷关系的证据。如果当事人持有的借据、收据、欠条等债权凭证没有载明债权人,仍可以提起诉讼,但被告对原告的债权人资格提出有事实依据的抗辩,人民法院经审理认为原告不具有债权人资格的,裁定驳回起诉。在管辖问题上,如果借贷双方就合同履行地未约定或者约定不明确,事后未达成补充协议,按照合同有关条款或者交易习惯仍不能确定的,以接受货币一方所在地为合同履行地。人民法院在民间借贷纠纷案件中发现虽有关联但不是同一事实的涉嫌非法集资等犯罪的线索、材料的,不影响人民法院对民间借贷纠纷案件的审理,只是应当将涉嫌非法集资等犯罪的线索、材料移送公安或者检察机关。如果借款人涉嫌犯罪或者生效判决认定其有罪,出借人起诉请求担保人承担民事责任的,人民法院应予受理。

3. 民间借贷合同的效力

《民间借贷规定》等司法解释就民间借贷的效力作了特别规定:(1) 法人之间、非法人组织之间以及它们相互之间为生产、经营需要订立的民间借贷合同,原则上有效,除非存在如下情形之一:套取金融机构贷款转贷的;以向其他营利法人借贷、向本单位职工集资,或者以向公众非法吸收存款等方式取得的资金转贷的;未依法取得放贷资格的出借人,以营利为目的向社会不特定对象提供借款的;出借人事先知道或者应当知道借款人借款用于违法犯罪活动仍然提供借款的;违反法律、行政法规强制性规定的;违背公序良俗的。(2) 法人或者非法人组织在本单位内部通过借款形式向职工筹集资金,用于本单位生产、经营,且不存在《民法典》第一百四十四条、第一百四十六条、第一百五十三条、第一百五十四条以及《民间借贷规定》第十三条规定的情形,当事人主张民间借贷合同有效的,人民法院应予支持。(3) 借款人或者出借人的借贷行为涉嫌犯罪,或者已经生效的裁判认定构成犯罪，当事人提起民事诉讼的，民间借贷合同并不当然无效。人民法院应当依据《民法典》第一百四十四条、第一百四十六条、第一百五十三条、第一百五十四条以及《民间借贷规定》第十三条之规定，认定民间借贷合同的效力。担保人以借款人或者出借人的借贷行为涉嫌犯罪或者已经生效的裁判认定构成犯罪为由，主张不承担民事责任的，人民法院应当依据民间借贷合同与担保合同的效力、当事人的过错程度，依法确定担保人的民事责任。

4. 互联网借贷平台的法律责任

借贷双方通过网络贷款平台形成借贷关系，网络贷款平台的提供者仅提供媒介服务，不承担担保责任。网络贷款平台的提供者通过网页、广告或者其他媒介明示或者有其他证据证明其为借贷提供担保的，网络贷款平台的提供者应当承担担保责任。

5. 法定代表人在民间借贷合同中的责任

法人的法定代表人或者非法人组织的负责人以单位名义与出借人签订民间借贷合同，有证据证明所借款项系法定代表人或者负责人个人使用，出借人请求将法定代表人或者负责人列为共同被告或者第三人的，人民法院应予准许。法人的法定代表人或者非法人组织的负责人以个人名义与出借人订立民间借贷合同，所借款项用于单位生产经营，出借人请求单位与个人共同承担责任的，人民法院应予支持。

6. 民间借贷与买卖合同混合时的处理规则

当事人以订立买卖合同作为民间借贷合同的担保，借款到期后借款人不能还款，出借人请求履行买卖合同的，人民法院应当按照民间借贷法律关系审理。当事人根据法庭审理情况变更诉讼请求的，人民法院应当准许。按照民间借贷法律关系审理作出的判决生效后，借款人不履行生效判决确定的金钱债务，出借人可以申请拍卖买卖合同标的物，以偿还债务。就拍卖所得的价款与应偿还借款本息之间的差额，借款人或者出借人有权主张返还或者补偿。

7. 民间借贷的利息与利率

（1）关于利息的约定。借贷双方没有约定利息，出借人不得主张支付借期内利息。自然人之间借贷对利息约定不明，出借人主张支付利息的，人民法院不予支持。除自然人之间借贷的外，借贷双方对借贷利息约定不明，出借人主张利息的，人民法院应当结合民间借贷合同的内容，并根据当地或者当事人的交易方式、交易习惯、市场报价利率等因素确定利息。

（2）关于利率的约定。出借人请求借款人按照合同约定利率支付利息的，人民法院应予支持，但是双方约定的利率超过合同成立时一年期贷款市场报价利率四倍的除外。

（3）关于逾期利率。借贷双方对逾期利率有约定的，从其约定，但是以不超过合同成立时一年期贷款市场报价利率四倍为限。

（4）逾期利率与其他违约责任。出借人与借款人既约定了逾期利率，又约定了违约金或者其他费用，出借人可以选择主张逾期利息、违约金或者其他费用，也可以一并主张，但是总计超过合同成立时一年期贷款市场报价利率四倍的部分，人民法院不予支持。

(四) 自然人之间的借款合同

自然人之间的借款，是指双方当事人均为自然人的借款合同。自然人之间的借款合同为实践合同，自贷款人提供借款时成立。一般认为，具有下列情形之一的，可以认为满足了"出借人提供借款"的要件，合同成立：(1) 以现金支付的，自借款人收到借款时；(2) 以银行转账、网上电子汇款等形式支付的，自资金到达借款人账户时；(3) 以票据交付的，自借款人依法取得票据权利时；(4) 出借人将特定资金账户支配权授权给借款人的，自借款人取得对该账户实际支配权时；(5) 出借人以与借款人约定的其他方式提供借款并实际履行完成时。

四、租赁合同

(一) 租赁合同概述

租赁合同是出租人将租赁物交付承租人使用、收益，承租人支付租金的合同。租赁合同为有偿、双务、诺成合同。

租赁合同转让的是租赁物的使用权，故租赁物一般应为特定的非消耗物。正因为如此，合同的最长期限也应有所限制。《民法典》规定，租赁期限不得超过20年。超过20年的，超过部分无效。租赁期限届满，当事人可以续订租赁合同，但约定的租赁期限自续订之日起仍不得超过20年。

根据《民法典》的规定，不定期租赁主要有以下几种情况：(1) 租赁期限6个月以上的，合同应当采用书面形式。当事人未采用书面形式的，无法确定租赁期限的，视为不定期租赁。(2) 当事人对租赁期限没有约定或者约定不明确，依照《民法典》的有关规定仍不能确定的，视为不定期租赁。(3) 租赁期届满，承租人继续使用租赁物，出租人没有提出异议的，原租赁合同继续有效，但租赁期限为不定期。

对于不定期租赁，双方当事人均可以随时解除合同，但是应当在合理期限之前通知对方。

(二) 双方当事人的权利义务

出租人应当按照约定将租赁物交付承租人，并在租赁期间保持租赁物符合约定的用途。承租人应当按照约定的方法使用租赁物。对租赁物的使用方法没有约定或者约定不明确，依照《民法典》的有关规定仍不能确定的，应当按照租赁物的性质使用。

承租人按照约定的方法或者租赁物的性质使用租赁物，致使租赁物受到损耗的，不承担损害赔偿责任。承租人未按照约定的方法或者租赁物的性质使用租赁物，致使租赁物受到损失的，出租人可以解除合同并请求赔偿损失。

出租人应当履行租赁物的维修义务，但当事人另有约定的除外。承租人在租赁物需要维修时可以请求出租人在合理期限内维修。出租人未履行维修义务的，承租人可以自行维修，维修费用由出租人负担。因维修租赁物影响承租人使用的，应当相应减少租金或者延长租期。

承租人经出租人同意，可以对租赁物进行改善或者增设他物。承租人未经出租人同意，对租赁物进行改善或者增设他物的，出租人可以请求承租人恢复原状或者赔偿损失。

承租人经出租人同意，可以将租赁物转租给第三人。承租人转租的，承租人与出租人之间的租赁合同继续有效,第三人对租赁物造成损失的,承租人应当赔偿损失。承租人未经出租人同意转租的,出租人可以解除合同。

在租赁期间因占有、使用租赁物获得的收益,归承租人所有,但当事人另有约定的除外。

承租人应当按照约定的期限支付租金。对支付期限没有约定或者约定不明确,依照《民法典》的有关规定仍不能确定的,租赁期限不满1年的,应当在租赁期限届满时支付;租赁期限1年以上的,应当在每届满1年时支付,剩余期限不满1年的,应当在租赁期限届满时支付。

承租人无正当理由未支付或者迟延支付租金的,出租人可以请求承租人在合理期限内支付。承租人逾期不支付的,出租人可以解除合同。

因第三人主张权利,致使承租人不能对租赁物使用、收益的,承租人可以请求减少租金或者不支付租金。第三人主张权利的,承租人应当及时通知出租人。

租赁物在承租人按照租赁合同占有期限内发生所有权变动的,不影响租赁合同的效力。学理上称为"买卖不破租赁",但在掌握时要注意,所有的所有权让与均不破租赁,并非仅限于买卖。

(三) 次承租人的代为履行

承租人拖欠租金的,次承租人可以代承租人支付其欠付的租金和违约金,但是转租合同对出租人不具有法律约束力的除外。次承租人属于对该债务履行具有合法利益的第三人,出租人无正当理由不得拒绝受领,否则陷入债权人迟延,承租人也无权加以反对。原因是,次承租人代为履行后,其可以消灭出租人针对租赁合同的解除事由,有权继续占有、使用标的物,进而可以维持经营或继续居住。

次承租人代为支付的租金和违约金,可以充抵次承租人应当向承租人支付的租金;超出其应付的租金数额的,可以向承租人追偿。

(四) 租赁合同的解除与延期

因不可归责于承租人的事由,致使租赁物部分或者全部毁损、灭失的,承租人可以请求减少租金或者不支付租金;因租赁物部分或者全部毁损、灭失,致使不能实现合同目的的,承租人可以解除合同。

租赁物危及承租人的安全或者健康的,即使承租人订立合同时明知该租赁物质量不合格,承租人仍然可以随时解除合同。

租赁期限届满,承租人应当返还租赁物。返还的租赁物应当符合按照约定或者按照租赁物的性质使用后的状态。

(五) 房屋租赁合同

房屋租赁合同,是指以不动产——房屋为租赁标的物的租赁合同。作为一种特殊租赁合同,除了要遵守一般租赁合同的规定以外,还要注意以下问题:

1. 房屋租赁的无效与处理

房屋租赁合同存在下列情形时,合同无效:(1) 出租人就未取得建设工程规划许可证或者未按照建设工程规划许可证的规定建设的房屋,与承租人订立的租赁合同无效。但在一审法庭辩论终结前取得建设工程规划许可证或者经主管部门批准建设的,人民法院应当认定有效。(2) 出租人就未经批准或者未按照批准内容建设的临时建筑，与承租人订立的租赁合同无效。但在一审法庭辩论终结前经主管部门批准建设的，人民法院应当认定有效。(3) 租赁期限超过临时建筑的使用期限，超过部分无效。但在一审法庭辩论终结前经主管部门批准延长使用期限的，人民法院应当认定延长使用期限内的租赁期限有效。

房屋租赁合同无效，当事人请求参照合同约定的租金标准支付房屋占有使用费的，人民法院一般应予支持。但当事人以房屋租赁合同未按照法律、行政法规规定办理登记备案手续为由，请求确认合同无效的，人民法院不予支持。

2. 房屋租赁中承租人的优先权

出租人出卖租赁房屋的，应当在出卖之前的合理期限内通知承租人，承租人享有以同等条件优先购买的权利。这是房屋租赁合同中特别为承租人设计的优先购买权，这是"居者有其屋"的政治理想在法律上的反映。因此，只有房屋租赁规定了优先购买权，其他标的物租赁并不适用优先购买权。在理解承租人的优先购买权时，应注意以下几点：(1) 出租人委托拍卖人拍卖租赁房屋，应当在拍卖5日前通知承租人。承租人未参加拍卖的，人民法院应当认定承租人放弃优先购买权。(2) 出租人出卖租赁房屋未在合理期限内通知承租人或者存在其他侵害承租人优先购买权的情形，承租人可以请求出租人承担赔偿责任，但不得主张出租人与第三人签订的房屋买卖合同无效。(3) 具有下列情形之一的，承租人不得主张优先购买权：房屋共有人行使优先购买权的；出租人将房屋出卖给近亲属的；出租人履行通知义务后，承租人在15日内未明确表示购买的。

3. 房屋租赁中同住人的权利

承租人在房屋租赁期间死亡的，与其生前共同居住的人或者共同经营人可以按照原租赁合同租赁该房屋。

五、融资租赁合同

(一) 融资租赁合同概述

融资租赁合同是出租人根据承租人对出卖人、租赁物的选择，向出卖人购买租赁物，提供给承租人使用，承租人支付租金的合同。典型的融资租赁关系涉及三方当事人，即出租人、承租人和出卖人，内容涉及租赁和买卖两个方面。其中的承租人和出卖人可以是同一主体。即承租人将其自有物出卖给出租人，再通过融资租赁合同将租赁物从出租人处租回的，人民法院不应仅以承租人和出卖人系同一人为由认定不构成融资租赁法律关系。融资租赁合同应当采用书面形式。

(二) 双方当事人的权利义务

租赁物不符合租赁合同约定或者不符合使用目的的，出租人不承担责任，但承租人依赖出租人的技能确定租赁物或者出租人干预选择租赁物的除外。

出租人应当保证承租人对租赁物的占有和使用。承租人占有租赁物期间，租赁物造成第三人的人身伤害或者财产损害的，出租人不承担责任。

承租人应当妥善保管、使用租赁物，履行占有租赁物期间的维修义务。

承租人应当按照约定支付租金。承租人经催告后在合理期限内仍不支付租金的，出租人可以请求支付全部租金；也可以解除合同，收回租赁物。

出租人和承租人可以约定租赁期限届满租赁物的归属。对租赁物的归属没有约定或者约定不明确，依照《民法典》的有关规定仍不能确定的，租赁物的所有权归出租人。

当事人约定租赁期届满租赁物归承租人所有，承租人已经支付大部分租金，但无力支付剩余租金，出租人因此解除合同收回租赁物的，收回的租赁物的价值超过承租人欠付的租金以及其他费用的，承租人可以请求相应返还。

当事人约定租赁期限届满租赁物归出租人所有，因租赁物毁损、灭失或者附合、混合于他物致使承租人不能返还的，出租人有权请求承租人给予合理补偿。

当事人约定租赁期限届满，承租人仅需向出租人支付象征性价款的，视为约定的租金义务履行完毕后租赁物的所有权归承租人。

六、承揽合同

（一）承揽合同概述

承揽合同是承揽人按照定作人的要求完成工作，交付工作成果，定作人支付报酬的合同。承揽合同是双务、有偿、诺成的合同。承揽合同中的工作成果可以是有形的，也可以是无形的。承揽人可为多人，除当事人另有约定，共同承揽人对定作人承担连带责任。承揽包括加工、定作、修理、复制、测试、检验等工作。

（二）双方当事人的权利义务

承揽人应当以自己的设备、技术和劳力，完成主要工作，但当事人另有约定的除外。承揽人将其承揽的主要工作交由第三人完成的，应当就该第三人完成的工作成果向定作人负责；未经定作人同意的，定作人也可以解除合同。承揽人可以将其承揽的辅助工作交由第三人完成，并就该第三人完成的工作成果向定作人负责。

七、建设工程合同

（一）建设工程合同概述

1. 建设工程合同的概念及特点

建设工程合同是承包人进行工程建设，发包人支付价款的合同。

2. 建设工程合同的无效

建设工程施工合同具有下列情形之一的，属于无效合同：（1）承包人未取得建筑施工企业资质或者超越资质等级的；（2）没有资质的实际施工人借用有资质的建筑施工企业名义的；（3）建设工程必须进行招标而未招标或者中标无效的。

承包人超越资质等级许可的业务范围签订建设工程施工合同，在建设工程竣工前取得相应资质等级，不按照无效合同处理。

建设工程施工合同无效，一方当事人请求对方赔偿损失的，应当就对方过错、损失大小、过错与损失之间的因果关系承担举证责任。

3. 建设工程合同的分包

发包人可以与总承包人订立建设工程合同，也可以分别与勘察人、设计人、施工人订立勘察、设计、施工承包合同。发包人不得将应当由一个承包人完成的建设工程支解成若干部分发包给几个承包人。

总承包人或者勘察、设计、施工承包人经发包人同意，可以将自己承包的部分工作交由第三人完成。第三人就其完成的工作成果与总承包人或者勘察、设计、施工承包人向发包人承担连带责任。承包人不得将其承包的全部建设工程转包给第三人或者将其承包的全部建设工程支解以后以分包的名义分别转包给第三人。禁止承包人将工程分包给不具备相应资质条件的单位。禁止分包单位将其承包的工程再分包。建设工程主体结构的施工必须由承包人自行完成。

对具有劳务作业法定资质的承包人与总承包人、分包人签订的劳务分包合同，不得以转包建设工程违反法律规定为由确认其无效。

缺乏资质的单位或者个人借用有资质的建筑施工企业名义签订建设工程施工合同，发包人请求出借方与借用方对建设工程质量不合格等因出借资质造成的损失承担连带赔偿责任的，人民法院应予支持。

4. 承包人垫资

针对实践中时常出现的承包人为建设工程垫资的问题，司法解释规定，当事人对垫资和垫资利息有约定，承包人可以请求按照约定返还垫资及其利息，但是约定的利息计算标准高于垫资时的同类贷款利率或者同期贷款市场报价利率的部分除外。当事人对垫资没有约定的，按照工程欠款处理。当事人对垫资利息没有约定的，承包人无权请求支付利息。

5. 委托监理合同

建设工程监理，是指由发包人委托具有法定资格的工程监理人，依据法律、法规、建设工程合同及设计文件，代表发包人对承包人的工程建设情况进行监督的活动。建设工程实行监理的，发包人应当与监理人采用书面形式订立委托监理合同。发包人与监理人的权利和义务以及法律责任，应当依照《民法典》关于委托合同的规定以及其他有关法律、行政法规的规定执行。

（二）双方当事人的权利义务

发包人在不妨碍承包人正常作业的情况下，可以随时对作业进度、质量进行检查。隐蔽工程在隐蔽以前，承包人应当通知发包人检查。发包人没有及时检查的，承包人可以顺延工程日期，并有权要求赔偿停工、窝工等损失。

1. 当事人的解除权

承包人将建设工程转包、违法分包的，发包人可以解除合同。

发包人提供的主要建筑材料、建筑构配件和设备不符合强制性标准或者不履行协助义务，致使承包人无法施工，经催告后在合理期限内仍未履行相应义务的，承包人可以解除合同。

合同解除后，已经完成的建设工程质量合格的，发包人应当按照约定支付相应的工程价款；已经完成的建设工程质量不合格的，参照《民法典》第七百九十三条的规定处理。

2. 建设工程的竣工

建设工程竣工后，发包人应当根据施工图纸及说明书、国家颁发的施工验收规范和质量检验标准及时进行验收。验收合格的，发包人应当按照约定支付价款，并接收该建设工程。当事人约定，发包人收到竣工结算文件后，在约定期限内不予答复，视为认可竣工结算文件的，按照约定处理。承包人可以请求按照竣工结算文件结算工程价款。

当事人对建设工程实际竣工日期有争议的，按照以下情形分别处理：（1）建设工程经竣工验收合格的，以竣工验收合格之日为竣工日期；（2）承包人已经提交竣工验收报告，发包人拖延验收的，以承包人提交验收报告之日为竣工日期；（3）建设工程未经竣工验收，发包人擅自使用的，以转移占有建设工程之日为竣工日期。

建设工程竣工前，当事人对工程质量发生争议，工程质量经鉴定合格的，鉴定期间为顺延工期期间。

建设工程竣工经验收合格后，方可交付使用；未经验收或者验收不合格的，不得交付使用。建设工程未经竣工验收，发包人擅自使用后，不得以使用部分质量不符合约定为由主张权利；但是承包人应当在建设工程的合理使用寿命内对地基基础工程和主体结构质量承担民事责任。

3. 工程价款的结算

当事人对建设工程的计价标准或者计价方法有约定的，按照约定结算工程价款。当事人约定按照固定价结算工程价款，一方当事人不得请求对建设工程造价进行鉴定。

当事人对部分事实有争议的，仅对有争议的事实进行鉴定，但争议事实范围不能确定，或者双方当事人请求对全部事实鉴定的除外。

八、委托合同

委托合同是委托人和受托人约定，由受托人处理委托人事务的合同。委托分为特别委托与概括委托。委托人可以特别委托受托人处理一项或者数项事务，也可以概括委托受托人处理一切事务。

（一）**委托事务的处理**

受托人应当按照委托人的指示处理委托事务，原则上受托人应当亲自处理委托事务。经委托人同意，受托人可以转委托。转委托经同意的，委托人可以就委托事务直接指示转委托的第三人，受托人仅就第三人的选任及其对第三人的指示承担责任。转委托未经同意的，受托人应当对转委托的第三人的行为承担责任，但在紧急情况下受托人为维护委托人的利益需要转委托的除外。

受托人应当按照委托人的要求，报告委托事务的处理情况。委托合同终止时，受托人应当报告委托事务的结果。受托人处理委托事务取得的财产，应当转交给委托人。

（二）**隐名代理**

受托人以自己的名义，在委托人的授权范围内与第三人订立的合同，第三人在订立合同时知道受托人与委托人之间的代理关系的，该合同直接约束委托人和第三人，但有确切证据证明该合同只约束受托人和第三人的除外。

受托人以自己的名义与第三人订立合同时，第三人不知道受托人与委托人之间的代理关系的，受托人因第三人的原因对委托人不履行义务，受托人应当向委托人披露第三人，委托人因此可以行使受托人对第三人的权利，但第三人如果知道该委托人存在，就不会与受托人订立合同的除外。

受托人因委托人的原因对第三人不履行义务，受托人应当向第三人披露委托人，第三人因此可以选择受托人或者委托人作为相对人主张其权利，但第三人不得变更选定的相对人。

委托人行使受托人对第三人的权利的，第三人可以向委托人主张其对受托人的抗辩。第三人选定委托人作为其相对人的，委托人可以向第三人主张其对受托人的抗辩以及受托人对第三人的抗辩。

（三）委托合同的费用与报酬

委托人应当预付处理委托事务的费用。受托人为处理委托事务垫付必要费用的，委托人应当偿还该费用及其利息。受托人完成委托事务的，委托人应当向其支付报酬。因不可归责于受托人的事由，委托合同解除或者委托事务不能完成的，委托人应当向受托人支付相应的报酬。当事人另有约定的，按照其约定。

（四）委托合同项下的损害赔偿

有偿的委托合同，因受托人的过错给委托人造成损失的，委托人可以请求赔偿损失。无偿的委托合同，因受托人的故意或者重大过失给委托人造成损失的，委托人可以请求赔偿损失。受托人超越权限给委托人造成损失的，应当赔偿损失。

受托人处理委托事务时，因不可归责于自己的事由受到损失的，可以向委托人请求赔偿损失。委托人经受托人同意，可以在受托人之外委托第三人处理委托事务。因此给受托人造成损失的，受托人可以向委托人请求赔偿损失。

两个以上的受托人共同处理委托事务的，对委托人承担连带责任。

九、运输合同

（一）运输合同概述

运输合同是承运人将旅客或者货物从起运地点运输到约定地点，旅客、托运人或者收货人支付票款或者运输费用的合同。运输合同分为客运合同、货运合同和多式联运合同。运输合同一般为格式合同。运输合同的订立具有强制性，以保障旅客、托运人的利益和社会秩序。《民法典》规定，从事公共运输的承运人不得拒绝旅客、托运人通常、合理的运输要求而拒绝订立运输合同。

（二）客运合同

客运合同自承运人向旅客交付客票时成立，但当事人另有约定或者另有交易习惯的除外。

（三）货运合同

托运人办理货物运输，应当向承运人准确表明收货人的名称或者姓名或者凭指示的收货人，货物的名称、性质、重量、数量，收货地点等有关货物运输的必要情况。因托运人申报不实或者遗漏重要情况，造成承运人损失的，托运人应当承担损害赔偿责任。货物运输需要办理审批、检验等手续的，托运人应当将办理完有关手续的文件提交承运人。

十、行纪合同

行纪合同，是行纪人以自己的名义为委托人从事贸易活动，委托人支付报酬的合同。

（一）行纪合同的性质

从广义上讲，行纪合同属于委托合同的一种特殊类型。故《民法典》规定，该法对行纪合同没有规定的，参照适用有关委托合同的规定。行纪合同与委托合同的主要区别在于：（1）行纪人以自己的名义与第三人订立合同；而委托合同的受托人原则上是以委托人的名义订立合同。（2）行纪合同为有偿合同；而委托合同可以是有偿的，也可以是无偿的。（3）行纪人处理委托事务支出的费用，除当事人另有约定，应自行承担；而委托合同的受托人的费用由委托人承担。

（二）行纪合同当事人的权利义务

在行纪合同中，当事人双方的权利义务主要有：

（1）行纪人处理委托事务产生的费用，由行纪人负担。行纪人占有委托物的，应当妥善保管委托物。

（2）行纪人完成或者部分完成委托事务的，委托人应当向其支付相应的报酬。委托人逾期不支付报酬的，行纪人对委托物享有留置权，但当事人另有约定的除外。

（3）行纪人在行纪中低于委托人指定的价格卖出或者高于委托人指定的价格买入的，应当经委托人同意。未经委托人同意，行纪人补偿其差额的，该买卖对委托人发生效力。行纪人高于委托人指定的价格卖出或者低于委托人指定的价格买入的，可以按照约定增加报酬。没有约定或者约定不明确，依照《民法典》的有关规定仍不能确定的，该利益属于委托人。委托人对价格有特别指示的，行纪人不得违背该指示卖出或者买入。

（4）行纪人卖出或者买入具有市场定价的商品，除委托人有相反意思表示的以外，行纪人自己可以作为买受人或出卖人。此为行纪人的介入权。行纪人要行使介入权，必须要注意以下几点：①委托人委托的商品具有市场定价；②委托人没有相反的意思表示。③在可以行使介入权的情形，行纪人仍然可以要求委托人支付报酬。

（5）行纪人与第三人订立合同的，行纪人对该合同直接享有权利、承担义务。第三人不履行义务致使委托人受到损害的，行纪人应当承担损害赔偿责任，但行纪人与委托人另有约定的除外。

十一、技术合同

（一）技术合同概述

技术合同是当事人就技术开发、转让、咨询或者服务订立的确立相互之间权利和义务的合同。技术合同包括技术开发合同、技术转让合同、技术许可合同、技术咨询合同和技术服务合同五种。

（二）职务技术成果

职务技术成果是执行法人或者非法人组织的工作任务，或者主要是利用法人或者非法人组织的物质技术条件所完成的技术成果。

第五章 合伙企业法律制度

第一节 合伙企业法律制度概述

一、合伙企业的概念和特征

（一）合伙企业的概念

合伙是一种历史悠久的营业组织形式。它广泛存在于工商业的各个领域。在人们的一般认识中，合伙是两个以上的人为着共同的营业目的，通过自愿约定而形成的共同出资、共同经营、共享收益、共担风险的营业联合。合伙既可以仅表现为合伙人之间的合同关系，也可以经由合伙人依法定要求登记取得企业营业资格，形成组织性、主体性更为显著的合伙企业。在我国，合伙企业专指自然人、法人和其他组织依照《合伙企业法》在中国境内设立的普通合伙企业和有限合伙企业。

（二）合伙企业的特征

1. 合伙企业是合伙人共同出资、共同经营、共享收益、共担风险的自愿联合
2. 合伙企业的信用基础最终取决于普通合伙人的偿债能力
3. 合伙企业无法人资格，但具有许多类似法人的特点
4. 合伙企业的内部治理和利益分配高度灵活
5. 合伙企业并非企业所得税纳税人

二、合伙企业的类型

合伙企业分为普通合伙企业和有限合伙企业。普通合伙企业由普通合伙人组成，合伙人对合伙企业债务承担无限连带责任。普通合伙企业中还有一种特殊形态的合伙企业，即特殊的普通合伙企业，《合伙企业法》对其合伙人的责任分担方式有特别规定。有限合伙企业由普通合伙人和有限合伙人组成，普通合伙人对合伙企业债务承担无限连带责任，有限合伙人以其认缴的出资额为限对合伙企业债务承担责任。

三、合伙企业的登记与信息公示

根据《合伙企业法》和国务院《市场主体登记管理条例》的规定，合伙企业须依法

登记才能取得市场主体地位并以市场主体名义从事经营活动。为保护市场竞争秩序，法律还要求合伙企业对相关信息予以备案或公示。

四、合伙企业法及其适用范围

（一）合伙企业法的概念

合伙企业法有狭义和广义之分。狭义的合伙企业法，是指由国家最高立法机关依法制定的、规范合伙企业合伙关系的专门法律，即《合伙企业法》。该法于1997年2月23日由第八届全国人民代表大会常务委员会第二十四次会议通过，2006年8月27日第十届全国人民代表大会常务委员会第二十三次会议修订。广义的合伙企业法，是指国家立法机关或者其他有权机关依法制定的、调整合伙企业合伙关系的各种法律规范的总称。因此，除了《合伙企业法》外，国家有关法律、行政法规和规章中关于合伙企业的法律规范，都属于合伙企业法的范畴。

（二）合伙企业法的适用范围

根据《合伙企业法》及全国人民代表大会法律工作委员会关于《中华人民共和国合伙企业法（修订草案）》审议结果的报告，在理解和掌握我国《合伙企业法》的适用范围时，需要注意采取合伙制的非企业专业服务机构的合伙人承担责任形式的法律适用问题。《合伙企业法》规定，非企业专业服务机构依据有关法律采取合伙制的，其合伙人承担责任的形式可以适用《合伙企业法》关于特殊的普通合伙企业合伙人承担责任的规定。非企业专业服务机构，是指不采取企业（如公司制）形式成立的、以自己专业知识提供特定咨询等方面服务的组织，如律师事务所、会计师事务所等专业服务机构。

第二节 普通合伙企业

一、普通合伙企业的概念和特征

（一）普通合伙企业的概念

普通合伙企业，是指由普通合伙人组成，合伙人对合伙企业债务依照《合伙企业法》规定承担无限连带责任的一种合伙企业。

（二）普通合伙企业的特征

普通合伙企业具有以下特点：

（1）由普通合伙人组成。所谓普通合伙人，是指在合伙企业中对合伙企业的债务依法承担无限连带责任的自然人、法人和其他组织。为表述简洁，在本节以下内容中，"普通合伙人"直接称"合伙人"。

（2）除法律另有规定外，合伙人对合伙企业债务依法承担无限连带责任。

二、普通合伙企业的设立条件

根据《合伙企业法》的规定，设立普通合伙企业，应当具备下列条件：

（1）有两个以上合伙人。
（2）有书面合伙协议。
（3）有合伙人认缴或者实际缴付的出资。
（4）有合伙企业的名称和生产经营场所。
（5）法律、行政法规规定的其他条件。

三、合伙企业财产与合伙人份额转让

（一）合伙企业财产的构成

根据《合伙企业法》的规定，合伙人的出资、以合伙企业名义取得的收益和依法取得的其他财产，均为合伙企业的财产。

（二）合伙企业财产的性质

合伙企业的财产相对于合伙人的个人财产而言具有独立性。一方面，合伙企业的财产独立于合伙人。合伙人缴纳出资以后，一般说来，便丧失了对其作为出资部分的财产的所有权或者持有权、占有权。合伙企业的财产权主体是合伙企业，而不是单独的每一个合伙人。另一方面，合伙企业的财产作为一个完整的统一体而存在，合伙人对合伙企业财产权益的表现形式，仅是依照合伙协议所确定的财产收益份额或者比例。

（三）合伙人财产份额的转让

合伙人财产份额的转让，是指合伙企业的合伙人向他人转让其在合伙企业中的全部或者部分财产份额的行为。由于合伙人财产份额的转让将会影响到合伙企业以及各合伙人的切身利益，因此，《合伙企业法》对合伙人财产份额的转让作了以下限制性规定：

（1）除合伙协议另有约定外，合伙人向合伙人以外的人转让其在合伙企业中的全部或者部分财产份额时，须经其他合伙人一致同意。

（2）合伙人之间转让在合伙企业中的全部或者部分财产份额时，应当通知其他合伙人。

（3）合伙人向合伙人以外的人转让其在合伙企业中的财产份额的，在同等条件下，其他合伙人有优先购买权；但是，合伙协议另有约定的除外。

四、合伙事务执行与损益分配

（一）合伙事务执行的形式

根据《合伙企业法》的规定，合伙人执行合伙企业事务，可以有以下两种形式：
（1）全体合伙人共同执行合伙事务。
（2）委托一个或者数个合伙人执行合伙事务。

（二）合伙人在执行合伙事务中的权利和义务

1. 合伙人在执行合伙事务中的权利

根据《合伙企业法》的规定，合伙人在执行合伙事务中的权利主要包括以下内容：
（1）合伙人对执行合伙事务享有同等的权利。
（2）执行合伙事务的合伙人对外代表合伙企业。
（3）不执行合伙事务的合伙人的监督权。

（4）合伙人查阅合伙企业会计账簿等财务资料的权利。
（5）合伙人有提出异议的权利和撤销委托的权利。

2. 合伙人在执行合伙事务中的义务

根据《合伙企业法》的规定，合伙人在执行合伙事务中的义务主要包括以下内容：

（1）合伙事务执行人应当向不参加执行事务的合伙人报告企业的经营状况和财务状况。
（2）合伙人不得自营或者同他人合作经营与本合伙企业相竞争的业务。
（3）合伙人不得同本合伙企业进行交易。
（4）合伙人不得从事损害本合伙企业利益的活动。

（三）合伙事务执行的决议办法

《合伙企业法》规定，合伙人对合伙企业有关事项作出决议，按照合伙协议约定的表决办法办理。合伙协议未约定或者约定不明确的，实行合伙人一人一票并经全体合伙人过半数通过的表决办法。《合伙企业法》对合伙企业的表决办法另有规定的，从其规定。这一规定确定了合伙事务执行决议的三种办法：

（1）由合伙协议对决议办法作出约定。
（2）实行合伙人一人一票并经全体合伙人过半数通过的表决办法。
（3）依照《合伙企业法》的规定作出决议。

（四）合伙企业的损益分配

1. 合伙损益

合伙损益包括两方面的内容：一是合伙利润。二是合伙亏损。

2. 合伙损益分配原则

合伙损益分配包含合伙企业的利润分配与亏损分担两个方面，对合伙损益分配原则，《合伙企业法》作了原则规定，主要内容为：

（1）合伙企业的利润分配、亏损分担，按照合伙协议的约定办理；合伙协议未约定或者约定不明确的，由合伙人协商决定；协商不成的，由合伙人按照实缴出资比例分配、分担；无法确定出资比例的，由合伙人平均分配、分担。
（2）合伙协议不得约定将全部利润分配给部分合伙人或者由部分合伙人承担全部亏损。

（五）非合伙人参与经营管理

在合伙企业中，如果合伙人经营管理能力不足，那么企业就需要在合伙人之外聘任非合伙人担任经营管理人员，参与合伙企业的经营管理工作。《合伙企业法》规定，除合伙协议另有约定外，经全体合伙人一致同意，可以聘任合伙人以外的人担任合伙企业的经营管理人员。这项法律规定表明了以下三层含义：（1）合伙企业可以从合伙人之外聘任经营管理人员；（2）聘任非合伙人的经营管理人员，除合伙协议另有约定外，应当经全体合伙人一致同意；（3）被聘任的经营管理人员，仅是合伙企业的经营管理人员，不是合伙企业的合伙人，因而不具有合伙人的资格。

关于被聘任的经营管理人员的职责，《合伙企业法》作了明确规定，主要有：（1）被聘任的合伙企业的经营管理人员应当在合伙企业授权范围内履行职务；（2）被聘任的合伙企业的经营管理人员,超越合伙企业授权范围履行职务的,或者在履行职务过程中因故意或者重大过失给合伙企业造成损失的,依法承担赔偿责任。

五、合伙企业与第三人的关系

合伙企业与第三人的关系,是指有关合伙企业的对外关系,涉及合伙企业对外代表权的效力、合伙企业和合伙人的债务清偿等问题。

(一)合伙企业对外代表权的效力

1. 合伙企业与第三人的关系

所谓合伙企业与第三人的关系,是指合伙企业的外部关系,即合伙企业与合伙人以外的第三人的关系。该外部关系在一定条件下会与合伙人发生牵连,例如,当合伙企业财产无法清偿其债务时,合伙人就须对合伙企业债务承担无限连带责任。

2. 合伙事务执行中的对外代表权

可以取得合伙企业对外代表权的合伙人,主要有三种情况:一是由全体合伙人共同执行合伙企业事务的,全体合伙人都有权对外代表合伙企业,即全体合伙人都取得了合伙企业的对外代表权。二是由部分合伙人执行合伙企业事务的,只有受委托执行合伙企业事务的那一部分合伙人有权对外代表合伙企业,而不参加执行合伙企业事务的合伙人则不具有对外代表合伙企业的权利。三是由于特别授权在单项合伙事务上有执行权的合伙人,依照授权范围可以对外代表合伙企业。执行合伙企业事务的合伙人在取得对外代表权后,即可以以合伙企业的名义进行经营活动,在其授权的范围内作出法律行为。合伙人的这种代表行为,对全体合伙人发生法律效力,即其执行合伙事务所产生的收益归合伙企业,所产生的费用和亏损由合伙企业承担。

3. 合伙企业对外代表权的限制

合伙人执行合伙事务的权利和对外代表合伙企业的权利,都会受到一定的内部限制。如果这种内部限制对第三人发生效力,必须以第三人知道这一情况为条件,否则,该内部限制不对该第三人发生抗辩力。《合伙企业法》规定,合伙企业对合伙人执行合伙事务以及对外代表合伙企业权利的限制,不得对抗善意第三人。这里所谓的"限制",是指合伙企业对合伙人所享有的事务执行权与对外代表权权利能力的限制;这里所谓的"对抗",是指具有法律上的约束力、抗辩力,具体说就是,合伙企业内部制定的代表权限制对善意第三人没有法律上的约束力,在诉讼或仲裁中不足以构成针对善意第三人的请求权的有效抗辩;这里所谓的"善意第三人",是指不知道且没有理由知道合伙企业所作的内部限制,本着合法交易的目的,诚实地通过合伙企业的事务执行人,与合伙企业之间建立民事、商事法律关系的法人、非法人团体或自然人。如果第三人与合伙企业事务执行人恶意串通、损害合伙企业利益,则不属于善意的情形。

保护善意第三人的利益是为了维护经济往来的交易安全,这是一项被广泛认同的法律原则。例如,合伙企业内部规定,有对外代表权的合伙人甲在签订合同时,须经乙和丙两个执行事务的合伙人的同意,如果甲自作主张没有征求乙和丙的同意,与第三人丁签订了一份买卖合同,而丁不知道在合伙企业内部对甲所作的限制,在合同的履行中,也没有从中获得不正当的利益,这种情况下,第三人丁应当认定为善意第三人,丁所得到的利益应当予以保护，合伙企业不得以其内部所作的在行使权利方面的限制为由，否定善意第三人丁的正当权益，拒绝履行合伙企业应承担的责任。

（二）合伙企业和合伙人的债务清偿

1. 合伙企业的债务清偿与合伙人的关系

（1）合伙企业财产应当率先用于清偿合伙企业债务。

（2）合伙人的无限连带清偿责任。

（3）合伙人之间的债务分担和追偿。《合伙企业法》规定，合伙人由于承担无限连带责任，清偿数额超过规定的亏损分担比例的，有权向其他合伙人追偿。

2. 合伙人的债务清偿与合伙企业的关系

在合伙企业存续期间，可能发生个别合伙人因不能偿还其私人债务而被追索的情况。由于合伙人在合伙企业中拥有财产权益，合伙人的债权人可能向合伙企业提出各种清偿请求。为了保护合伙企业和其他合伙人的合法权益，同时也保护债权人的合法权益，《合伙企业法》作了如下规定：

（1）合伙人发生与合伙企业无关的债务，相关债权人不得以其债权抵销其对合伙企业的债务，也不得代位行使合伙人在合伙企业中的权利。

（2）合伙人的自有财产不足清偿其与合伙企业无关的债务的，该合伙人可以以其从合伙企业中分取的收益用于清偿；债权人也可以依法请求人民法院强制执行该合伙人在合伙企业中的财产份额用于清偿。

六、入伙和退伙

（一）入伙

入伙，是指在合伙企业存续期间，合伙人以外的人加入合伙，取得合伙人资格。

1. 入伙的条件和程序

《合伙企业法》规定，新合伙人入伙，除合伙协议另有约定外，应当经全体合伙人一致同意，并依法订立书面入伙协议。订立入伙协议时，原合伙人应当向新合伙人如实告知原合伙企业的经营状况和财务状况。

2. 新合伙人的权利和责任

一般来讲，入伙的新合伙人与原合伙人享有同等权利，承担同等责任。但是，如果原合伙人愿意以更优越的条件吸引新合伙人入伙，或者新合伙人愿意以较为不利的条件入伙，也可以在入伙协议中另行约定。关于新入伙人对入伙前合伙企业的债务承担问题，《合伙企业法》规定，新合伙人对入伙前合伙企业的债务承担无限连带责任。

（二）退伙

退伙，是指合伙人退出合伙企业，从而丧失合伙人资格。

1. 退伙的原因

合伙人退伙一般有两种原因：一是自愿退伙；二是强制退伙。

2. 退伙的效果

退伙的效果，是指退伙时退伙人在合伙企业中的财产份额和民事责任的归属变动。分为两类情况：一是财产继承；二是退伙结算。

七、特殊的普通合伙企业

（一）特殊的普通合伙企业的概念

特殊的普通合伙企业，通常是以专业知识和专门技能为客户提供有偿服务的专业服务机构，此种合伙企业的合伙人责任分担方式不同于一般的普通合伙企业。特殊的普通合伙企业名称中应当标明"特殊普通合伙"字样。

（二）特殊的普通合伙企业的责任形式

1. 责任承担

《合伙企业法》规定，一个合伙人或者数个合伙人在执业活动中因故意或者重大过失造成合伙企业债务的，应当承担无限责任或者无限连带责任，其他合伙人以其在合伙企业中的财产份额为限承担责任。合伙人在执业活动中非因故意或者重大过失造成的合伙企业债务以及合伙企业的其他债务，由全体合伙人承担无限连带责任。所谓重大过失，是指明知可能造成损失而轻率地作为或者不作为。根据这一法律规定，特殊的普通合伙企业的责任形式分为两类：

（1）有限责任与无限连带责任相结合。

（2）无限连带责任。

2. 责任追偿

《合伙企业法》规定，合伙人执业活动中因故意或者重大过失造成的合伙企业债务，以合伙企业财产对外承担责任后，该合伙人应当按照合伙协议的约定对给合伙企业造成的损失承担赔偿责任。

（三）特殊的普通合伙企业的执业风险防范

特殊的普通合伙企业应当建立执业风险基金、办理职业保险。

第三节 有限合伙企业

一、有限合伙企业概述

有限合伙企业，是指由有限合伙人和普通合伙人共同组成，普通合伙人对合伙企业债务承担无限连带责任，有限合伙人以其认缴的出资额为限对合伙企业债务承担责任的合伙企业。

有限合伙企业与普通合伙企业和有限责任公司相比较，具有以下显著特征：

（1）在企业的经营管理上：普通合伙企业的合伙人，一般均可参与合伙企业的经营管理。

（2）在投资者的风险承担上：普通合伙企业的合伙人对合伙债务承担无限连带责任。

（3）在投资者的收益分配上：有限合伙企业比有限责任公司和股份有限公司拥有更大的自由度。

（二）有限合伙企业的法律适用

有限合伙企业与普通合伙企业之间既有相同点，也有区别。在法律适用上，凡是《合伙企业法》中对有限合伙企业有特殊规定的，应当适用有关《合伙企业法》中对有限合伙企业的特殊规定。无特殊规定的，适用有关普通合伙企业及其合伙人的一般规定。

二、有限合伙企业设立的特殊规定

（一）有限合伙企业人数

《合伙企业法》规定，有限合伙企业由2个以上50个以下合伙人设立；但是，法律另有规定的除外。有限合伙企业至少应当有1个普通合伙人。按照规定，自然人、法人和其他组织可以依照法律规定设立有限合伙企业，但国有独资公司、国有企业、上市公司以及公益性的事业单位、社会团体不得成为有限合伙企业的普通合伙人。

（二）有限合伙企业名称

《合伙企业法》规定，有限合伙企业名称中应当标明"有限合伙"字样。按照企业名称登记管理的有关规定，企业名称中应当含有企业的组织形式。为便于社会公众以及交易相对人对有限合伙企业的了解，有限合伙企业名称中应当标明"有限合伙"的字样，而不能标明"普通合伙""特殊普通合伙""有限公司""有限责任公司"等字样。

（三）有限合伙企业协议

有限合伙企业协议是有限合伙企业生产经营的重要法律文件。有限合伙企业协议除符合普通合伙企业合伙协议的规定外，还应当载明下列事项：（1）普通合伙人和有限合伙人的姓名或者名称、住所；（2）执行事务合伙人应具备的条件和选择程序；（3）执行事务合伙人权限与违约处理办法；（4）执行事务合伙人的除名条件和更换程序；（5）有限合伙人入伙、退伙的条件、程序以及相关责任；（6）有限合伙人和普通合伙人相互转变程序。

（四）有限合伙人出资形式

《合伙企业法》规定，有限合伙人可以用货币、实物、知识产权、土地使用权或者其他财产权利作价出资。有限合伙人不得以劳务出资。劳务出资的实质是用未来劳动创造的收入来投资，通常该劳动是合伙企业所需要的特定专业或技术工作。劳务难以通过市场变现，法律上执行困难。以劳务出资比较适合执行合伙企业事务的普通合伙人。有限合伙人是不执行合伙企业事务的财务投资者，允许其用劳务出资也是不妥当的。

（五）有限合伙人出资义务

《合伙企业法》规定，有限合伙人应当按照合伙协议的约定按期足额缴纳出资；未按期足额缴纳的，应当承担补缴义务，并对其他合伙人承担违约责任。按期足额出资是有限合伙人必须履行的义务，因此，有限合伙人应当按照合伙协议的约定按期足额缴纳出资。合伙人未按照协议的约定履行缴纳出资义务的，首先应当承担补缴出资的义务，同时还应对其他合伙人承担违约责任。

（六）有限合伙企业登记事项

《合伙企业法》规定，有限合伙企业登记事项中应当载明有限合伙人的姓名或者名称及认缴的出资数额。

三、有限合伙企业事务执行和利益分配的特殊规定

有限合伙企业与普通合伙企业不同，由享有不同权利和义务的两类合伙人组成：普通合伙人执行合伙事务，承担无限连带责任；有限合伙人不执行合伙事务，仅承担有限责任。可见，有限合伙人只是一种不参与具体管理事务的财务投资者。

（一）有限合伙企业事务执行人

《合伙企业法》规定，有限合伙企业由普通合伙人执行合伙事务。执行事务合伙人可以要求在合伙协议中确定执行事务的报酬及报酬提取方式。如合伙协议约定数个普通合伙人执行合伙事务，这些普通合伙人均为合伙事务执行人。如合伙协议无约定，全体普通合伙人是合伙事务的共同执行人。合伙事务执行人除享有与一般合伙人相同的权利外，还有接受其他合伙人的监督和检查、谨慎执行合伙事务的义务，若因自己的过错造成合伙财产损失的，应向合伙企业或其他合伙人负赔偿责任。此外，由于执行事务合伙人较不执行事务合伙人对有限合伙企业要多付出劳动，因此，执行事务合伙人可以就执行事务的劳动付出，要求企业支付报酬。对于报酬的支付方式及其数额，应由合伙协议规定或全体合伙人讨论决定。

（二）禁止有限合伙人执行合伙事务

《合伙企业法》规定，有限合伙人不执行合伙事务，不得对外代表有限合伙企业。但是，对涉及有限合伙人根本权益的事项，有限合伙人有必要享有一定的参与权、监督权和救济权。根据《合伙企业法》的规定，有限合伙人的下列行为，不视为执行合伙事务：（1）参与决定普通合伙人入伙、退伙；（2）对企业的经营管理提出建议；（3）参与选择承办有限合伙企业审计业务的会计师事务所；（4）获取经审计的有限合伙企业财务会计报告；（5）对涉及自身利益的情况，查阅有限合伙企业财务会计账簿等财务资料；（6）在有限合伙企业中的利益受到侵害时，向有责任的合伙人主张权利或者提起诉讼；（7）执行事务合伙人怠于行使权利时，督促其行使权利或者为了本企业的利益以自己的名义提起诉讼；（8）依法为本企业提供担保。《合伙企业法》列举的上述事项被称为"安全港条款"，意指有限合伙人从事上述行为不视为执行合伙事务，不会引发承担与普通合伙人同样责任的后果。

与此相关，《合伙企业法》规定，第三人有理由相信有限合伙人为普通合伙人并与其交易的，该有限合伙人对该笔交易承担与普通合伙人同样的责任。有限合伙人未经授权以有限合伙企业名义与他人进行交易，给有限合伙企业或者其他合伙人造成损失的，该有限合伙人应当承担赔偿责任。

（三）有限合伙企业利润分配

《合伙企业法》规定，有限合伙企业不得将全部利润分配给部分合伙人；但是，合伙协议另有约定的除外。

（四）有限合伙人的特别权利

（1）有限合伙人可以同本企业进行交易。

（2）有限合伙人可以经营与本企业相竞争的业务。

四、有限合伙企业财产出质与转让的特殊规定

(一) 有限合伙人财产份额出质

《合伙企业法》规定，有限合伙人可以将其在有限合伙企业中的财产份额出质。但是合伙协议另有约定的除外。所谓有限合伙人将其在有限合伙企业中的财产份额出质，是指有限合伙人以其在合伙企业中的财产份额对外进行权利质押。有限合伙人在有限合伙企业中的财产份额，是有限合伙人的财产权益，在有限合伙企业存续期间，有限合伙人可以对该财产权利进行一定的处分。有限合伙人将其在有限合伙企业中的财产份额进行出质，产生的后果仅仅是有限合伙企业的有限合伙人存在变更的可能，这对有限合伙企业的财产基础并无根本的影响。因此，有限合伙人可以按照《民法典》相关法律规定进行财产份额的出质。但是，有限合伙企业合伙协议可以对有限合伙人的财产份额出质作出约定，如有特殊约定的，应按特殊约定进行。

(二) 有限合伙人财产份额转让

《合伙企业法》规定，有限合伙人可以按照合伙协议的约定向合伙人以外的人转让其在有限合伙企业中的财产份额，但应当提前30日通知其他合伙人。这是因为有限合伙人向合伙人以外的其他人转让其在有限合伙企业中的财产份额，并不影响有限合伙企业债权人的利益。但是，有限合伙人对外转让其在有限合伙企业中的财产份额应当依法进行：一是要按照合伙协议的约定进行转让；二是应当提前30日通知其他合伙人。有限合伙人对外转让其在有限合伙企业的财产份额时，有限合伙企业的其他合伙人有优先购买权。

五、有限合伙人债务清偿的特殊规定

《合伙企业法》规定，有限合伙人的自有财产不足清偿其与合伙企业无关的债务的，该合伙人可以以其从有限合伙企业中分取的收益用于清偿；债权人也可以依法请求人民法院强制执行该合伙人在有限合伙企业中的财产份额用于清偿。人民法院强制执行有限合伙人的财产份额时，应当通知全体合伙人。在同等条件下，其他合伙人有优先购买权。由此，有限合伙人清偿其债务时，首先应当以自有财产进行清偿，只有自有财产不足清偿时，有限合伙人才可以使用其在有限合伙企业中分取的收益进行清偿，也只有在有限合伙人的自有财产不足清偿其与合伙企业无关的债务时，人民法院才可以应债权人请求强制执行该合伙人在有限合伙企业中的财产份额用于清偿。人民法院强制执行有限合伙人的财产份额时，应当通知全体合伙人，且在同等条件下，其他合伙人有优先购买权。

六、有限合伙企业入伙和退伙的特殊规定

(一) 入伙

《合伙企业法》规定，新入伙的有限合伙人对入伙前有限合伙企业的债务，以其认缴的出资额为限承担责任。这里需要注意的是，在普通合伙企业中，新入伙的合伙人对入伙前合伙企业的债务承担连带责任，而在有限合伙企业中，新入伙的有限合伙人对入伙

前有限合伙企业的债务，以其认缴的出资额为限承担责任。

（二）退伙

1. 有限合伙人当然退伙

《合伙企业法》规定，有限合伙人出现下列情形之一时当然退伙：（1）作为合伙人的自然人死亡或者被依法宣告死亡；（2）作为合伙人的法人或者其他组织依法被吊销营业执照、责令关闭、撤销，或者被宣告破产；（3）法律规定或者合伙协议约定合伙人必须具有相关资格而丧失该资格；（4）合伙人在合伙企业中的全部财产份额被人民法院强制执行。

2. 有限合伙人丧失民事行为能力的处理

《合伙企业法》规定，作为有限合伙人的自然人在有限合伙企业存续期间丧失民事行为能力的，其他合伙人不得因此要求其退伙。这是因为有限合伙人对有限合伙企业只进行投资，而不负责事务执行。作为有限合伙人的自然人在有限合伙企业存续期间丧失民事行为能力，并不影响有限合伙企业的正常生产经营活动，其他合伙人不能要求该丧失民事行为能力的合伙人退伙。

3. 有限合伙人继承人的权利

《合伙企业法》规定，作为有限合伙人的自然人死亡、被依法宣告死亡或者作为有限合伙人的法人及其他组织终止时，其继承人或者权利承受人可以依法取得该有限合伙人在有限合伙企业中的资格。

4. 有限合伙人退伙后的责任承担

《合伙企业法》规定，有限合伙人退伙后，对基于其退伙前的原因发生的有限合伙企业债务，以其退伙时从有限合伙企业中取回的财产承担责任。

七、合伙人性质转变的特殊规定

《合伙企业法》规定，除合伙协议另有约定外，普通合伙人转变为有限合伙人，或者有限合伙人转变为普通合伙人，应当经全体合伙人一致同意。有限合伙人转变为普通合伙人的，对其作为有限合伙人期间有限合伙企业发生的债务承担无限连带责任。普通合伙人转变为有限合伙人的，对其作为普通合伙人期间合伙企业发生的债务承担无限连带责任。

第四节 合伙企业的解散和清算

一、合伙企业的解散

合伙企业的解散，是指各合伙人解除合伙协议，合伙企业终止活动。

根据《合伙企业法》的规定，合伙企业有下列情形之一的，应当解散：（1）合伙期限届满，合伙人决定不再经营；（2）合伙协议约定的解散事由出现；（3）全体合伙人决定解散；(4) 合伙人已不具备法定人数满 30 天；(5) 合伙协议约定的合伙目的已经实现或者无法实现；(6) 依法被吊销营业执照、责令关闭或者被撤销；(7) 法律、行政法规规定的其他原因。

二、合伙企业的清算

合伙企业解散的，应当进行清算。根据《合伙企业法》和《市场主体登记管理条例》，合伙企业清算应当遵守以下规定：

(一) 确定清算人或清算组

合伙企业解散，应当由清算人进行清算。清算人由全体合伙人担任；经全体合伙人过半数同意，可以自合伙企业解散事由出现后 15 日内指定一个或者数个合伙人，或者委托第三人担任清算人。自合伙企业解散事由出现之日起 15 日内未确定清算人的，合伙人或者其他利害关系人可以申请人民法院指定清算人。

(二) 清算人的职责

清算人在清算期间执行下列事务：(1) 清理合伙企业财产，分别编制资产负债表和财产清单；(2) 处理与清算有关的合伙企业未了结事务；(3) 清缴所欠税款；(4) 清理债权、债务；(5) 处理合伙企业清偿债务后的剩余财产；(6) 代表合伙企业参加诉讼或者仲裁活动。

(三) 通知和公告债权人

清算人自被确定之日起 10 日内将合伙企业解散事项通知债权人，将清算人成员、清算人的负责人名单通过国家企业信用信息公示系统公告，并于 60 日内在报纸上公告。清算人可以通过国家企业信用信息公示系统发布债权人公告。债权人应当自接到通知书之日起 30 日内，未接到通知书的自公告之日起 45 日内，向清算人申报债权。债权人申报债权，应当说明债权的有关事项，并提供证明材料。清算人应当对债权进行登记。清算期间，合伙企业存续，但不得开展与清算无关的经营活动。

(四) 财产清偿顺序

合伙企业财产在支付清算费用和职工工资、社会保险费用、法定补偿金以及缴纳所欠税款、清偿债务后的剩余财产，依照《合伙企业法》关于利润分配和亏损分担的规定进行分配。

合伙企业财产清偿问题主要包括以下三方面的内容：

(1) 合伙企业的财产首先用于支付合伙企业的清算费用。

(2) 合伙企业的财产支付合伙企业的清算费用后的清偿顺序。

(3) 分配剩余财产。

(五) 注销登记及公示

清算人应当自清算结束之日起 30 日内向登记机关申请注销登记。合伙企业申请注销登记前，应当依法办理分支机构注销登记。合伙企业未发生债权债务或者已将债权债务清偿完结，未发生或者已结清清偿费用、职工工资、社会保险费用、法定补偿金、应缴纳税款（滞纳金、罚款），并由全体投资人书面承诺对上述情况的真实性承担法律责任的，可以按照简易程序办理注销登记。合伙企业应当将承诺书及注销登记申请通过国家企业信用信息公示系统公示，公示期为20日。在公示期内无相关部门、债权人及其他利害关系人提出异议的，合伙企业可以于公示期届满之日起20日内向登记机关申请注销登记。合伙企业注销依法须经批准的，或者合伙企业被吊销营业执照、责令关闭、撤销，或者被列入经营异常名录的，不适用简易注销程序。人民法院裁定强制清算或者裁定宣告破产的，有关清算人、破产管理人可以持人民法院终结强制清算程序的裁定或者终结破产程序的裁定，直接向登记机关申请办理注销登记。

清算结束，清算人应当编制清算报告，经全体合伙人签名、盖章后，在15日内向企业登记机关报送清算报告，申请办理合伙企业注销登记。经企业登记机关注销登记，合伙企业终止。合伙企业注销后，原普通合伙人对合伙企业存续期间的债务仍应承担无限连带责任。

（六）合伙企业不能清偿到期债务的处理

合伙企业不能清偿到期债务的，债权人可以依法向人民法院提出破产清算申请，也可以要求普通合伙人清偿。合伙企业依法被宣告破产的，普通合伙人对合伙企业的债务仍应承担无限连带责任。

（七）清算人法律责任

（1）清算人未依照《合伙企业法》的规定向企业登记机关报送清算报告，或者报送清算报告隐瞒重要事实，或者有重大遗漏的，由企业登记机关责令改正。由此产生的费用和损失，由清算人承担和赔偿。

（2）清算人执行清算事务，牟取非法收入或者侵占合伙企业财产的，应当将该收入和侵占的财产退还合伙企业；给合伙企业或者其他合伙人造成损失的，依法承担赔偿责任。

（3）清算人违反《合伙企业法》的规定，隐匿、转移合伙企业财产，对资产负债表或者财产清单作虚假记载，或者在未清偿债务前分配财产，损害债权人利益的，依法承担赔偿责任。

第六章 公司法律制度

第一节 公司法基本概念与制度

一、公司的概念、特征和类型

（一）公司的概念和特征

根据我国《公司法》和《民法典》的规定，公司是指股东承担有限责任的营利性法人。其特征有如下三点：

1. 公司是法人
2. 公司是营利性法人
3. 公司股东通常承担有限责任

（二）公司的类型

我国《公司法》规定两种公司类型：有限责任公司和股份有限公司。

二、公司法人资格与股东有限责任

根据《公司法》的规定，公司是企业法人，有独立的法人财产，享有法人财产权。公司以其全部财产对其债务承担责任，股东仅以其认缴的出资额或认购的股份为限对公司承担责任。公司享有法人资格，股东享有有限责任，是现代公司法律制度的基石。但这两块基石并非不可撼动。如果公司法人独立地位或股东有限责任被滥用，或者被运用于损害他人的不正当的目的，那么，在个案审判中就应当否认特定公司的独立地位或者股东有限责任。

三、公司设立与登记制度

（一）概述

公司的法人资格和股东的有限责任并非人们可以自然享有。只有具备法定条件的人，履行一定的程序，满足一定形式，才能享有这些法律上的资格和权利。这个过程就叫作"设立公司"或"公司设立"。

设立行为是公司成立的前奏。设立公司，应当依法向公司登记机关申请设立登记。经发起人申请，公司获准登记、取得营业执照的，方告成立。成立意味着公司取得权利能力即法人资格。

公司设立过程中，发起人的活动主要是两个方面：一是形成公司资本，包括订立投资协议、认缴、实缴出资、对出资评估作价等；二是形成公司组织，包括制定章程、设定住所、设立组织机构、选举或任命组织机构成员等。

（二）前置许可

依照法律的规定，有些公司需要在工商登记前获得某种或者某些行政许可。这些行政许可被称为"前置许可"。

许可可以分为两类：

（1）公司设立许可。

（2）经营范围许可。

依许可是否有数量限制，营业许可又可以分为普通许可和特别许可。凡是对获得许可者有数量限制的，称为特别许可；无数量限制的称为普通许可。

（三）登记制度

公司登记是指法定的登记机关对公司特定法律事实予以记录。在我国，公司登记机关是县级以上地方人民政府市场监督管理部门。公司登记事项包括：（1）名称；（2）住所；（3）注册资本；（4）经营范围；（5）法定代表人的姓名；（6）有限责任公司股东、股份有限公司发起人的姓名或者名称。

关于公司登记的法律效力，《公司法》规定，"公司登记事项未经登记或者未经变更登记，不得对抗善意相对人"。可见，公司登记的效力并非设定权利，也不是单纯的公示效力，而是对公司的"善意相对人"（即不知情的相对人）产生法律上的对抗效力。例如，公司内部虽然通过了变更其法定代表人的决议，但该事项并未依法做变更登记，此时该公司原法定代表人代表公司与某不知情的相对人订立合同。事后，该公司不得以原法定代表人已被撤职因而无代表权为由，针对该合同的善意相对人，主张不履行其合同义务。

（四）公司设立行为法律后果的承担

当设立公司的股东为数人时，他们基于设立合同或者投资协议而形成人的组合，实施设立事务；设立时的股东为一人时，该股东就是设立事务的实施人。这个阶段的主要法律问题是，设立时的股东以设立中公司或者以自己名义为设立公司之目的而从事的民事活动，法律后果由谁承受。

设立时股东如果以设立中公司的名义，为设立公司实施各种民事活动，根据《公司法》的规定，此类民事活动的法律后果由公司承受。公司未成立的，法律后果由公司设立时的股东承受；设立时的股东为二人以上的，享有连带债权，承担连带债务。

设立时的股东如果以自己名义为设立公司之目的而从事民事活动，根据《公司法》的规定，此类民事活动产生的民事责任，第三人有选择权，可以请求公司承担，也可以请求公司设立时的股东承担。

公司设立过程中，股东可能因实施设立行为而对他人造成侵权。相关的侵权责任同样应当按照上述规则承担。在公司内部或者设立时的股东内部，有过错的股东应当对公司或无过错股东对外承担的民事责任负终局责任。《公司法》规定，设立时的股东因履行公司设立职责造成他人损害的，公司或者无过错的股东承担赔偿责任后，可以向有过错的股东追偿。

四、股东出资制度

股东出资是公司形成初始资本和持续获得权益投资的来源。根据《公司法》的规定，有限责任公司的注册资本为在公司登记机关登记的全体股东认缴的出资额；股份有限公司的注册资本为在公司登记机关登记的已发行股份的股本总额。

（一）出资的含义

在我国《公司法》中，"出资"既做名词用，又做动词用。作为名词的"出资"，是指股东投入公司交换股权的各种财产。名词含义的出资实际上是指出资财产或者出资额。作为动词的"出资"有两种含义：一是指认缴出资或者认购股份，即出资人之间或者出资人与公司之间就认缴出资或者认购股份达成了意思一致，出资人愿意向公司投入一定金额财产从而获得股东资格，其他出资人或者公司表示同意；二是指实缴出资，即出资人按照出资协议的约定或公司章程记载的认缴出资额或认购股份数，并依约定时间将出资财产的权属移转给公司。因此，出资额（或出资比例）进而又可分为认缴的出资额（或出资比例）和实缴的出资额（或出资比例）。

（二）出资的法律效果

1. 认缴出资或者认购股份的法律效果

有限责任公司的出资人认缴出资的法律效果是：（1）出资人对公司负担实缴出资的义务。出资人应当按期足额缴纳公司章程所规定的其所认缴的出资额，未履行或未全面履行实缴出资义务，须在一定条件下对公司债务承担补充清偿责任。公司清算（包括自愿清算、强制清算和破产清算）时，公司因股东未缴纳出资而享有的对股东之债权应列为清算财产。股东未缴纳的出资，是指股东已认缴而未实缴的出资，包括到期应缴而未缴和出资期限未至的出资。（2）出资人认足章程规定的出资后，始有资格向登记机关申请公司设立登记。（3）公司成立后，公司有义务向出资人签发出资证明书、设置股东名册，出资人正式成为股东，可依股东名册主张行使股东权利。但有些股东权利只能按照实缴出资比例行使，如盈余分配权、增资优先认缴权，除非全体股东另有约定。

设立股份有限公司，发起人和认股人认购股份后，应当一次性缴足股款。发起人完成出资、募资并验资之后，应按时召开成立大会，审议筹办情况、通过公司章程、选举产生董事会、监事会；随后，董事会应按时向公司登记机关申请设立登记。

2. 实缴出资的法律效果

实缴出资的法律效果是，原属股东的货币转归公司所有，原属股东的非货币财产的财产权移转至公司。

（三）出资方式

1. 出资方式

根据《公司法》的规定，股东可以用货币出资，也可以用实物、知识产权、土地使用权、股权、债权等可以用货币估价并可以依法转让的非货币财产作价出资；但是，法律、行政法规规定不得作为出资的财产除外。依《市场主体登记管理条例》的规定，不得作为出资的财产包括：劳务、信用、自然人姓名、商誉、特许经营权或者设定担保的财产。

2. 非货币财产的评估作价

《公司法》规定，对作为出资的非货币财产应当评估作价，核实财产，不得高估或者低估作价。法律、行政法规对评估作价有规定的，从其规定。

（四）出资期限

1. 一般期限

出资期限是指股东认缴出资之日至应当实缴出资之日的期间。它是股东和公司为灵活安排股东出资实缴时间所做规定的期限。《公司法》规定，有限责任公司全体股东认缴的出资额由股东按照公司章程的规定自公司成立之日起 5 年内缴足。法律、行政法规以及国务院决定对有限责任公司注册资本实缴、注册资本最低限额、股东出资期限另有规定的，从其规定。有限责任公司增加注册资本时，股东认缴新增资本的出资，依照本法设立有限责任公司缴纳出资的有关规定执行。5 年出资期限的规定是 2023 年修订《公司法》的新增规则，该法于 2024 年 7 月 1 日起施行。依新修订的《公司法》，股份有限公司实行出资实缴制，故在新法施行后成立的股份有限公司无出资期限问题。对于该法施行前已经设定长于 5 年出资期限的公司，《公司法》规定了新旧转换的基本原则，即"本法施行前已登记设立的公司，出资期限超过本法规定的期限的，除法律、行政法规或者国务院另有规定外，应当逐步调整至本法规定的期限以内；对于出资期限、出资额明显异常的，公司登记机关可以依法要求其及时调整。具体实施办法由国务院规定"。

2. 加速到期

出资期限使股东获得实缴出资的缓冲期，但公司有可能在股东出资期限届至前缺乏资金清偿债务。为更好地保护公司债权人利益，降低债权投资的风险，《公司法》规定，公司不能清偿到期债务的，公司或者已到期债权的债权人有权要求已认缴出资但未届出资期限的股东提前缴纳出资。需要注意的是，股东依上述规定提前向公司缴纳出资，并不是因为股东违反了出资义务。而且，股东是将出资缴纳至公司，而不是直接向公司债权人承担赔偿责任。股东提前缴资的适用条件是"公司不能清偿到期债务"。该条件是指公司未履行或未全面履行债务，无须达到《企业破产法》所规定的破产标准，也无须公司债权人对公司先行采取强制执行措施。

（五）出资义务的履行

股东是否履行出资义务包括两个层面的问题：第一，股东出资是否依照章程的规定按期缴纳；第二，实缴出资的财产形态、金额、价值等是否与股东认缴出资时的承诺一致。

股东是否全面履行缴纳出资的义务，主要看股东出资的财产权是否依照章程的规定依法转移至公司。股东以货币出资的，应当将货币足额存入公司银行账户；以非货币财产出资的，如动产、土地使用权、知识产权、股权、债权等，应当依法办理将财产权移转至公司的手续。

(六) 违反出资义务的责任

股东违反出资义务，包括未履行或未全面履行出资义务，可能表现为：股东未按章程规定缴纳出资（如迟延缴纳、实际价额不足等）；公司设立时股东以非货币财产出资，公司成立后发现其出资的实际价额低于章程所定价额；公司成立后，以非货币财产向公司增资的股东，其出资的实际价额低于章程所定价额等。抽逃出资也属于股东违反出资义务，只是抽逃出资行为的发生时间通常在公司成立之后。

股东违反出资义务，可能引发其对公司或者其他股东的民事责任，也可能导致其对公司债权人承担一定的民事责任。对违反出资义务的股东，公司有权限制其股东权利，甚至解除其股东资格。公司成立后，如果在增资过程中出现股东违反出资义务的情形，相关董事、监事、高级管理人员可能承担相应责任。

五、股东资格及隐名与显名股东

有限责任公司与股份有限公司均涉及股东何时取得股东资格、如何证明自己的股东资格以及因股权或股份代持等原因产生的实际出资人与名义股东问题。

（一）有限责任公司

在有限责任公司，股东向公司认缴出资后，就成为公司的股东，享有相应的权利。公司应当向股东签发出资证明书、将股东的名称在相关文件上登记记载等。这些事项实际上也是公司对股东的义务。当公司未尽上述义务时，股东有权提起诉讼要求公司履行该义务。

在商事实践中，由于各种原因公司相关文件中记名为股东的人（显名股东或名义股东）与真正投资人（隐名股东或实际出资人）相分离的情形并不鲜见，双方有时会就股权投资收益的归属发生争议。如果名义股东与实际出资人约定由名义股东出面行使股权，但由实际出资人享受投资权益，这属于双方间的自愿约定，如无其他违法情形，该约定应确认有效，实际出资人可依照合同约定向名义股东主张相关权益。

《公司法》规定，有限责任公司"记载于股东名册的股东，可以依股东名册主张行使股东权利"，是指显名股东（即记名人）依据股东名册的记名来向公司主张权利或向公司提出抗辩，该记名不是显名股东对抗实际出资人的依据。公司法司法解释规定："实际出资人与名义股东因投资权益的归属发生争议，实际出资人以其实际履行了出资义务为由向名义股东主张权利的，人民法院应予支持。名义股东以公司股东名册记载、公司登记机关登记为由否认实际出资人权利的，人民法院不予支持。"

在实际出资人与名义股东之间，实际出资人的投资权益应当依双方合同确定并依法保护。但如果实际出资人请求公司变更股东、签发出资证明书、记载于股东名册、记载于公司章程并办理公司登记机关登记等，此时实际出资人的要求就已经突破了前述双方合同的范围，实际出资人将从公司外部进入公司内部、成为公司的成员。此时，应当参照《公司法》关于有限责任公司股权转让的规定处理。

《公司法》规定股东姓名或名称未在公司登记机关登记的，不得对抗善意相对人。所以第三人凭借对公司登记内容的善意信赖，一般可以合理地推定登记的股东（即显名或名义股东）即真实股东，可以接受该名义股东对股权的处分，实际出资人不能主张处分行为无效。如果第三人明知该名义股东不是实际出资的股东，股权应归属于实际出资人，那么，该第三人就不属于《公司法》所称的"善意相对人"，公司有权主张该第三人与名义股东之间的股权转让不发生权属变动的法律效果。

（二）股份有限公司

在股份有限公司，依《公司法》的规定，公司发行的股票均应为记名股票，"股票是公司签发的证明股东所持股份的凭证"。传统上，股票通常采取纸面形式。目前，股票已不限于纸面形式，更多的以电子簿记形式存在。上市公司和非上市公众公司的股份，采取电子簿记形式，集中登记、存管于专门的证券登记结算机构。其他不同时期成立的非上市、非公众股份有限公司也几乎没有发行纸面股票的。这些公司有些将股份登记、存管于区域性的股权交易所、产权交易所等类似机构，有些自行造册、记录。它们的股东用以证明股份的凭证可能是股权证、发起人协议、增资扩股协议或者收款收据等。根据中国证监会《上市公司章程指引》，个人股东出席上市公司股东会会议时，应出示"股票账户卡"而非股票来证明自己的股东资格。中国证监会《证券登记结算管理办法》则明确规定："证券登记结算机构根据证券账户的记录，确认证券持有人持有证券的事实，办理证券持有人名册的登记。证券登记结算机构出具的证券登记记录是证券持有人持有证券的合法证明。"

六、股东权利和义务

（一）股东权利

1. 股东权利的概念

股东权利是股东基于股东资格而对公司及其组织机构享有的权利。

2. 股东权利的类型

股东权利可分为参与管理权和资产收益权。

3. 股东权利的内容

《公司法》概括规定，公司股东依法享有资产收益、参与重大决策和选择管理者等权利。有关股东权利的内容散见于《公司法》的相关条文之中，归纳起来主要有：

（1）表决权。
（2）选举权和被选举权。
（3）依法转让股权或股份的权利。
（4）知情权。
（5）建议和质询权。
（6）出资优先权。
（7）股利分配请求权。
（8）提议召开临时股东会和自行召集的权利。
（9）临时提案权。
（10）异议股东股份回购请求权。
（11）申请法院解散公司的权利。
（12）公司剩余财产分配请求权。

4. 股东的诉讼权利

(1) 股东代表诉讼。

《公司法》对股东代表诉讼作了如下规定：

①股东通过监事会或者董事会提起诉讼。

②股东直接提起诉讼。

(2) 股东直接诉讼。这是指股东对董事、高级管理人员损害股东利益行为提起的诉讼。

(二) 股东义务

第一，出资义务。

第二，善意行使股权的义务。

七、董事、监事、高级管理人员制度

(一) 概述

在公司组织结构下，股东如果不担任董事、监事或者高级管理人员，则通常不会直接参与公司经营管理。无论是股份有限公司还是有限责任公司，股东如果通过选举董事组成董事会，由董事会聘任经理来负责公司的日常经营管理活动，监事会负责监督，股东组成的股东会只对重大事项才有决策权，那么，这就产生了拥有公司所有权者未拥有直接的控制权，拥有控制权者未拥有相应的所有权，也即"所有与控制分离"问题。"所有与控制分离"造成了股东与管理者之间利益的不一致，而利益不一致难免导致利益冲突。

各国公司法都对公司的董事、监事和高级管理人员（合称公司管理者）施加了一定的法律义务，以确保公司管理者能够获得股东的信任。

(二) 公司董事、监事、高级管理人员的任职资格

公司董事、监事、高级管理人员是代表公司组织机构执行公司事务的人员，在公司中处于重要地位，并依法享有法律和公司章程规定的职权。为使这类人员具有胜任职务的能力与条件，《公司法》规定了他们应当具有相应的资格。

有下列情形之一的人员，不得担任公司的董事、监事、高级管理人员：(1) 无民事行为能力或者限制民事行为能力；(2) 因贪污、贿赂、侵占财产、挪用财产或者破坏社会主义市场经济秩序，被判处刑罚，或者因犯罪被剥夺政治权利，执行期满未逾5年，被宣告缓刑的，自缓刑考验期满之日起未逾2年；(3) 担任破产清算的公司、企业的董事或者厂长、经理，对该公司、企业的破产负有个人责任的，自该公司、企业破产清算完结之日起未逾3年；(4) 担任因违法被吊销营业执照、责令关闭的公司、企业的法定代表人，并负有个人责任的，自该公司、企业被吊销营业执照、责令关闭之日起未逾3年；(5) 个人因所负数额较大债务到期未清偿被人民法院列为失信被执行人。

(三) 公司董事、监事、高级管理人员的法定义务

依据《公司法》的规定，公司董事、监事、高级管理人员应当遵守法律、行政法规和公司章程，对公司负有忠实义务和勤勉义务。公司的控股股东、实际控制人不担任公司董事但实际执行公司事务的，对公司同样负有忠实义务和勤勉义务。

3. 损害赔偿责任

公司董事、监事、高级管理人员违反其忠实义务或者勤勉义务应承担相应的法律责任。《公司法》规定，公司董事、监事、高级管理人员执行公司职务时违反法律、行政法规或者公司章程的规定，给公司造成损失的，应当承担赔偿责任。这里的"违反法律、行政法规或者公司章程的规定"包括但不限于违反忠实义务或者勤勉义务的行为。

八、股东会和董事会决议制度

公司股东会、董事会、监事会以召开会议、作出决议的方式行使其职权。为适应通信技术的发展以及降低会议成本的需要，《公司法》规定，公司股东会、董事会、监事会召开会议和表决可以采用电子通信方式，公司章程另有规定的除外。

（一）决议的法律特征

决议由决议机构成员按一定程序作出的意思表示构成。决议可以是全体成员一致的意思表示，也可以是依特定表决规则形成的、反映部分成员（如过半数成员或者代表过半数表决权的成员）意志的意思表示。在决议机构由两个以上成员组成的情况下，"多数决"（即按照持较多表决权成员的意思形成决议，持较少表决权成员有义务服从决议）是通常接受的表决规则。

（二）决议的成立

决议是一种法律行为。在认定决议效力之前，须首先判断其是否成立。决议成立，意指公司机构依程序作出或通过决议。决议不成立，则是指当事人所主张的某一决议，事实上从未作出或者不满足程序要求而不构成通过。《公司法》规定，有下列情形之一的，公司股东会、董事会的决议不成立：（1）未召开股东会、董事会会议作出决议；（2）股东会、董事会会议未对决议事项进行表决；（3）出席会议的人数或者所持表决权数未达到本法或者公司章程规定的人数或者所持表决权数；（4）同意决议事项的人数或者所持表决权数未达到本法或者公司章程规定的人数或者所持表决权数。上述（1）和（2）两种情形属于决议事实上未作出，（3）和（4）两种情形属于不满足程序要求而不构成决议通过。根据公司法司法解释的规定，有资格提起决议不成立之诉的人包括公司股东、董事、监事等。

（三）决议无效与撤销

为了防止股东会或者董事会中的多数滥用权利损害少数股东的正当利益，《公司法》允许股东及其他利益相关人通过民事诉讼机制对违反法律、法规和公司章程的决议提起无效之诉或者撤销之诉。

《公司法》规定，公司股东会、董事会的决议内容违反法律、行政法规的无效。

决议撤销之诉的对象，即只能是两类决议：一是"会议召集程序、表决方式违反法律、行政法规或者公司章程"的决议；二是"内容违反公司章程"的决议。

第二节　股份有限公司

股份有限公司，是指全部资本分成等额股份，股东承担有限责任，公司以其全部资产对公司债务承担责任的公司。现代公司的典型形态就是股份有限公司。

一、股份有限公司的设立

（一）设立方式

《公司法》规定，股份有限公司可以采取发起设立或者募集设立方式设立。发起设立，是指由发起人认购设立公司时应发行的全部股份而设立公司。募集设立，是指由发起人认购设立公司时应发行股份的一部分，其余股份向特定对象募集或者向社会公开募集而设立公司。

（二）设立条件

根据《公司法》，设立股份有限公司，一般应当具备下列条件：（1）发起人符合法定要求；（2）发起人、认股人认购股份及缴纳股款符合法律规定；（3）股份发行、筹办事项符合法律规定；（4）制订公司章程，建立符合股份有限公司要求的组织机构等。

（三）设立程序

根据股份有限公司设立方式的不同，程序有所不同，公开募集设立还需要经过向社会公开招募股份等相关程序，其他程序与发起设立方式相同。

（1）签订发起人协议。
（2）报经有关部门批准。
（3）制定公司章程。
（4）认购股份、缴纳出资。
（5）召开成立大会。
（6）制作股东名册并置备于公司。
（7）设立登记。

二、股份有限公司的组织机构

公司组织机构是代表公司活动、行使相应职权的内部机构。公司组织机构是公司法规定的，具有强制性，也是公司得以设立的必要条件。股份有限公司的组织机构包括股东会、董事会、监事会及经理。

（一）股东会

1. 职权

股份有限公司股东会由全体股东组成。股东会是公司的权力机构，依《公司法》行使职权。《公司法》规定的股东会职权包括：（1）选举和更换董事、监事，决定有关董事、监事的报酬事项；（2）审议批准董事会的报告；（3）审议批准监事会的报告；（4）审议批准公司的利润分配方案和弥补亏损方案；（5）对公司增加或者减少注册资本作出决议；（6）对发行公司债券作出决议；（7）对公司合并、分立、解散、清算或者变更公司形式作出决议；（8）修改公司章程；（9）公司章程规定的其他职权。股东会可以授权董事会对发行公司债券作出决议。

只有一个股东的股份有限公司不设股东会。股东作出上列事项的决定时，应当采用书面形式，并由股东签名或者盖章后置备于公司。

2. 年会与临时会议

股东会会议分为年会和临时会议。股东会年会应当每年召开一次。上市公司的年度股东会应当于上一会计年度结束后的 6 个月内举行。

3. 会议召集

股东会会议由董事会召集，董事长主持；董事长不能或者不履行职务的，由副董事长主持；副董事长不能或者不履行职务的，由过半数的董事共同推举一名董事主持。董事会不能或者不履行召集股东会会议职责的，监事会应当及时召集和主持；监事会不召集和主持的，连续 90 日以上单独或者合计持有公司 10% 以上股份的股东可以自行召集和主持。单独或者合计持有公司 10% 以上股份的股东请求召开临时股东会会议的，董事会、监事会应当在收到请求之日起 10 日内作出是否召开临时股东会会议的决定，并书面答复股东。

召开股东会会议，应当将会议召开的时间、地点和审议的事项于会议召开 20 日前通知各股东；临时股东会会议应当于会议召开 15 日前通知各股东。单独或者合计持有公司 1% 以上股份的股东，可以在股东会会议召开 10 日前提出临时提案并书面提交董事会。临时提案应当有明确议题和具体决议事项。董事会应当在收到提案后 2 日内通知其他股东，并将该临时提案提交股东会审议；但临时提案违反法律、行政法规或者公司章程的规定，或者不属于股东会职权范围的除外。公司不得提高提出临时提案股东的持股比例。公开发行股份的公司，应当以公告方式作出以上通知。

上市公司应在保证股东会会议合法、有效的前提下，通过各种方式和途径，包括充分运用现代信息技术手段，扩大股东参与股东会会议的比例。股东会会议时间、地点的选择应有利于让尽可能多的股东参加会议。

4. 表决和决议

股东出席股东会会议，所持每一股份有一表决权，类别股股东除外。公司持有的本公司股份没有表决权。股东委托代理人出席股东会会议的，应当明确代理人代理的事项、权限和期限；代理人应当向公司提交股东授权委托书，并在授权范围内行使表决权。

股东会的决议事项分为普通事项与特别事项两类。股东会作出普通事项决议，应当经出席会议的股东所持表决权过半数通过。股东会作出特别事项决议，诸如：修改公司章程、增加或者减少注册资本的决议，以及公司合并、分立、解散或者变更公司形式的决议，应当经出席会议的股东所持表决权的 2/3 以上通过。需要注意的是，《公司法》未规定出席股东会会议的最低人数和持股比例要求，因此，只要满足了提前通知的程序要求，只要有一名股东出席，无论持有多少比例的股权，该股东会会议的召开都是有效的。

上市公司董事会、独立董事和符合有关条件的股东可向上市公司股东征集其在股东会上的投票权。投票权征集应采取无偿的方式进行，并应向被征集人充分披露信息。

5. 累积投票制

股东会选举董事、监事，可以按照公司章程的规定或者股东会的决议，实行累积投票制。累积投票制，是指股东会选举董事或者监事时，每一股份拥有与应选董事或者监事人数相同的表决权，股东拥有的表决权可以集中使用。累积投票制的实施有利于中小股东选举代表进入公司管理层，参与董事会的活动，保护其利益。

根据《上市公司治理准则》的规定，控股股东控股比例在30%以上的上市公司，应当采用累积投票制。采用累积投票制度的上市公司应在公司章程里规定该制度的实施细则。

其他股份有限公司也可以依据公司章程的规定或者股东会的决议，实行累积投票制。

6. 会议记录

股东会应当对所议事项的决定作成会议记录，主持人、出席会议的董事应当在会议记录上签名。会议记录应当与出席股东的签名册及代理出席的委托书一并保存。

上市公司召开股东会，还应当遵守中国证监会发布的相关规则。

（二）董事会

董事会由股东会选举产生的董事组成，代表公司并行使经营决策权。规模较小或者股东人数较少的股份有限公司，可以不设董事会，设一名董事，行使《公司法》规定的董事会的职权。该董事可以兼任公司经理。

1. 董事会的组成

股份有限公司董事会成员为3人以上，其成员中可以有公司职工代表。职工人数300人以上的股份有限公司，除依法设监事会并有公司职工代表的外，其董事会成员中应当有公司职工代表。董事会中的职工代表由公司职工通过职工代表大会、职工大会或者其他形式民主选举产生。上市公司应在其公司章程中规定规范、透明的董事选聘程序，保证董事选聘公开、公平、公正、独立。上市公司应和董事签订聘任合同，明确公司和董事之间的权利义务、董事的任期、董事违反法律法规和公司章程的责任以及公司因故提前解除合同的补偿等内容。

2. 董事的任期与解任

董事任期由公司章程规定，但每届任期不得超过3年。董事任期届满，连选可以连任。董事任期届满未及时改选，或者董事在任期内辞职导致董事会成员低于法定人数的，在改选出的董事就任前，原董事仍应当依照法律、行政法规和公司章程的规定，履行董事职务。董事辞任的，应当以书面形式通知公司，公司收到通知之日辞任生效，但在改选出的董事就任前，原董事应当继续履行职务。

股东会是董事的产生机构，有权在董事任期届满前解除其职务。《公司法》规定，股东会可以决议解任董事，决议作出之日解任生效。无正当理由，在任期届满前解任董事的，该董事可以要求公司予以赔偿。

3. 董事会职权

董事会行使下列职权：（1）召集股东会会议，并向股东会报告工作；（2）执行股东会的决议；（3）决定公司的经营计划和投资方案；（4）制订公司的利润分配方案和弥补亏损方案；（5）制订公司增加或者减少注册资本以及发行公司债券的方案；（6）制订公司合并、分立、解散或者变更公司形式的方案；（7）决定公司内部管理机构的设置；（8）决定聘任或者解聘公司经理及其报酬事项，并根据经理的提名决定聘任或者解聘公司副经理、财务负责人及其报酬事项；（9）制定公司的基本管理制度；（10）公司章程规定或者股东会授予的其他职权。公司章程对董事会职权的限制不得对抗善意相对人。

4. 董事会内部设置

董事会设董事长一人，可以设副董事长。董事长和副董事长由董事会以全体董事的过半数选举产生。董事长召集和主持董事会会议，检查董事会决议的实施情况。副董事长协助董事长工作，董事长不能或者不履行职务的，由副董事长履行职务；副董事长不能或者不履行职务的，由过半数的董事共同推举一名董事履行职务。

5. 董事会会议的召开

董事会每年度至少召开两次会议，每次会议应当于会议召开10日前通知全体董事和监事。代表1/10以上表决权的股东、1/3以上董事或者监事会，可以提议召开临时董事会会议。董事长应当自接到提议后10日内，召集和主持董事会会议。董事会召开临时会议，可以另定召集董事会的通知方式和通知时限。

董事会会议应有过半数董事出席方可举行。董事会作出决议应当经全体董事的过半数通过。董事会决议的表决，应当一人一票。董事会会议应由董事本人出席，董事因故不能出席，可以书面委托其他董事代为出席，委托书中应载明授权范围。

6. 会议记录及董事责任

董事会应当对会议所议事项的决定做成会议记录，出席会议的董事应当在会议记录上签名。董事应当对董事会的决议承担责任。董事会的决议违反法律、行政法规或者公司章程、股东会决议，给公司造成严重损失的，参与决议的董事对公司负赔偿责任。但经证明在表决时曾表明异议并记载于会议记录的，该董事可以免除责任。

（三）经营管理机关

经营管理机关是指由董事会聘任的，负责公司日常经营管理活动的公司常设业务执行机关，由公司的经理组成。

《公司法》规定，股份有限公司设经理，由董事会决定聘任或者解聘。经理对董事会负责，根据公司章程的规定或者董事会的授权行使职权。经理列席董事会会议。公司董事会可以决定由董事会成员兼任经理。根据《公司法》的规定，公司的经理、副经理、财务负责人，上市公司董事会秘书和公司章程规定的其他人员，均属高级管理人员。高级管理人员对公司负有与董事、监事一样的忠实义务和勤勉义务（参见本章第一节中的相关说明）。

为保证上市公司与控股股东在人员、资产、财务上严格分开，上市公司的总经理必须专职，总经理在集团等控股股东单位不得担任除董事以外的其他职务。

（四）监事会

监事会由监事组成，代表全体股东对公司经营管理进行监督，行使监督职能，是公司的监督机构。

1. 监事会的组成

监事会成员为3人以上。监事会成员应当包括股东代表和适当比例的公司职工代表，其中职工代表的比例不得低于1/3，具体比例由公司章程规定。监事会中的职工代表由公司职工通过职工代表大会、职工大会或者其他形式民主选举产生。

监事会设主席1人，可以设副主席。监事会主席和副主席由全体监事过半数选举产生。监事会主席召集和主持监事会会议；监事会主席不能或者不履行职务的，由监事会副主席召集和主持监事会会议；监事会副主席不能或者不履行职务的，由过半数的监事共同推举1名监事召集和主持监事会会议。董事、高级管理人员不得兼任监事。

2. 监事会职权和监事任期

监事会行使下列职权：(1) 检查公司财务；(2) 对董事、高级管理人员执行职务的行为进行监督，对违反法律、行政法规、公司章程或者股东会决议的董事、高级管理人员提出解任的建议；(3) 当董事、高级管理人员的行为损害公司的利益时，要求董事、高级管理人员予以纠正；(4) 提议召开临时股东会会议，在董事会不履行本法规定的召集和主持股东会会议职责时召集和主持股东会会议；(5) 向股东会会议提出提案；(6) 依照公司法相关规定，对违反法律、行政法规或者公司章程的规定、损害公司利益的董事、高级管理人员提起诉讼；(7) 公司章程规定的其他职权。

监事可以列席董事会会议，并对董事会决议事项提出质询或者建议。监事会可以要求董事、高级管理人员提交执行职务的报告。董事、高级管理人员应当如实向监事会提供有关情况和资料，不得妨碍监事会或者监事行使职权。监事会发现公司经营情况异常，可以进行调查；必要时，可以聘请会计师事务所等协助其工作，费用由公司承担。监事会行使职权所必需的费用，由公司承担。

监事的任期每届为3年。监事任期届满，连选可以连任。监事任期届满未及时改选，或者监事在任期内辞任导致监事会成员低于法定人数的，在改选出的监事就任前，原监事仍应当依照法律、行政法规和公司章程的规定，履行监事职务。

3. 监事会会议的召开

股份有限公司监事会每6个月至少召开一次会议。监事可以提议召开临时监事会会议。监事会的议事方式和表决程序，除法律有规定的外，由公司章程规定。监事会决议应当经全体监事的过半数通过。监事会决议的表决，应当一人一票。监事会应当对所议事项的决定作成会议记录，出席会议的监事应当在会议记录上签名。

（五）上市公司组织机构的特别规定

当股份有限公司公开发行股票，并且其股票在证券交易所上市交易时，这种公司即被称为上市公司。上市公司因为股份由社会公众持有，《公司法》对其组织机构有特别规定。根据《公司法》以及有关规定，上市公司组织机构与活动原则的特别规定主要有以下内容：

(1) 增加股东会特别决议事项。

(2) 上市公司设立独立董事。

(3) 上市公司在董事会中设置审计委员会的，董事会对下列事项作出决议前应当经审计委员会全体成员过半数通过：①聘用、解聘承办公司审计业务的会计师事务所；②聘任、解聘财务负责人；③披露财务会计报告；④国务院证券监督管理机构规定的其他事项。

(4) 上市公司设立董事会秘书，负责公司股东会和董事会会议的筹备、文件保管以及公司股东资料的管理，办理信息披露事务等事宜。董事会秘书是上市公司高级管理人员。

(5) 增设关联关系董事的表决权排除制度。

(6) 上市公司应当依法披露股东、实际控制人的信息，相关信息应当真实、准确、完整。禁止违反法律、行政法规的规定代持上市公司股票。

(7) 上市公司控股子公司不得取得该上市公司的股份。

三、上市公司独立董事制度

《公司法》要求上市公司设立独立董事。为规范上市公司行为，充分发挥独立董事在上市公司治理中的作用，促进上市公司独立董事尽责履职，中国证监会2022年1月发布《上市公司独立董事规则》。

（一）独立董事的概念和独立性要求

根据《上市公司独立董事规则》，独立董事是指不在上市公司担任除董事外的其他职务，并与其所受聘的上市公司及其主要股东不存在可能妨碍其进行独立客观判断的关系的董事。独立董事对上市公司及全体股东负有诚信义务和勤勉义务，应当认真履行职责，维护公司整体利益，尤其要关注中小股东的合法权益不受损害。上市公司董事会成员中应当至少包括1/3独立董事。上市公司董事会下设薪酬与考核、审计、提名等专门委员会的，独立董事应当在审计委员会、提名委员会、薪酬与考核委员会成员中占多数，并担任召集人。

独立性是独立董事这一职位的"灵魂"。其含义是：独立董事应当独立履行职责，不受上市公司主要股东、实际控制人或者其他与上市公司存在利害关系的单位或个人的影响。因此，下列人员不得担任独立董事：（1）在上市公司或者其附属企业任职的人员及其直系亲属、主要社会关系（直系亲属是指配偶、父母、子女等；主要社会关系是指兄弟姐妹、配偶的父母、子女的配偶、兄弟姐妹的配偶、配偶的兄弟姐妹等）；（2）直接或间接持有上市公司已发行股份1%以上或者是上市公司前十名股东中的自然人股东及其直系亲属；（3）在直接或间接持有上市公司已发行股份5%以上的股东单位或者在上市公司前五名股东单位任职的人员及其直系亲属；（4）最近1年内曾经具有前三项所列举情形的人员；（5）为上市公司或者其附属企业提供财务、法律、咨询等服务的人员；（6）法律、行政法规、部门规章等规定的其他人员；（7）公司章程规定的其他人员；（8）中国证监会认定的其他人员。

独立董事原则上最多在5家上市公司兼任独立董事，并应当确保有足够的时间和精力有效地履行独立董事的职责。

（二）独立董事的任职条件

独立董事应当具备与其行使职权相适应的任职条件，包括：（1）根据法律、行政法规及其他有关规定，具备担任上市公司董事的资格；（2）具有《上市公司独立董事规则》所要求的独立性；（3）具备上市公司运作的基本知识，熟悉相关法律、行政法规、规章及规则；（4）具有5年以上法律、经济或者其他履行独立董事职责所必需的工作经验；（5）法律法规、公司章程规定的其他条件。

上市公司应当在公司章程中明确，聘任适当人员担任独立董事，其中至少包括一名会计专业人士。

(三) 独立董事的提名和任免

上市公司董事会、监事会、单独或者合并持有上市公司已发行股份1%以上的股东可以提出独立董事候选人，并经股东会选举决定。独立董事的提名人在提名前应当征得被提名人的同意。提名人应当充分了解被提名人职业、学历、职称、详细的工作经历、全部兼职等情况，并对其担任独立董事的资格和独立性发表意见，被提名人应当就其本人与上市公司之间不存在任何影响其独立客观判断的关系发表公开声明。

(四) 独立董事的职权和职责

为了充分发挥独立董事的作用，独立董事除应当具有《公司法》和其他相关法律、法规赋予董事的职权外，上市公司还应当赋予独立董事以下特别职权：(1) 重大关联交易 (指上市公司拟与关联人达成的总额高于300万元或高于上市公司最近经审计净资产值的5%的关联交易) 应由独立董事事前认可；独立董事作出判断前，可以聘请中介机构出具独立财务顾问报告，作为其判断的依据；(2) 向董事会提议聘用或解聘会计师事务所；(3) 向董事会提请召开临时股东会；(4) 提议召开董事会；(5) 在股东会召开前公开向股东征集投票权；(6) 独立聘请外部审计机构和咨询机构，对公司的具体事项进行审计和咨询。

根据证监会的监管规章，独立董事行使上述第 (1) 项至第 (5) 项职权时，应当取得全体独立董事的1/2以上同意；行使上述第 (6) 项职权的，应当经全体独立董事同意。上述第 (1) 和 (2) 项事项应由1/2以上独立董事同意后，方可提交董事会讨论。如果独立董事的上列第 (1) 项至第 (6) 项提议未被采纳或上述职权不能正常行使，上市公司应将有关情况予以披露。

独立董事应当按时出席董事会会议，了解上市公司的生产经营和运作情况，主动调查、获取作出决策所需要的情况和资料。独立董事应当对以下事项向董事会或股东会发表独立意见：(1) 提名、任免董事；(2) 聘任或解聘高级管理人员；(3) 公司董事、高级管理人员的薪酬；(4) 上市公司的股东、实际控制人及其关联企业对上市公司现有或新发生的总额高于300万元或高于上市公司最近经审计净资产值的5%的借款或其他资金往来，以及公司是否采取有效措施回收欠款；(5) 独立董事认为可能损害中小股东权益的事项；(6) 法律、行政法规、中国证监会和公司章程规定的其他事项。就上列事项，独立董事应当发表以下几类意见之一：同意；保留意见及其理由；反对意见及其理由；无法发表意见及其障碍。如上列事项属于需要披露的事项，上市公司应当将独立董事的意见予以公告，独立董事出现意见分歧无法达成一致时，董事会应将各独立董事的意见分别披露。

最后，独立董事应当向公司股东会提交年度述职报告，对其履行职责的情况进行说明。

(五) 独立董事的履职保障

为了保证独立董事有效行使职权，上市公司应当为独立董事履行职责提供所必需的工作条件。上市公司董事会秘书应积极为独立董事履行职责提供协助，如介绍情况、提供材料等，定期通报公司运营情况，必要时可组织独立董事实地考察。独立董事发表的独立意见、提案及书面说明应当公告的，上市公司应及时协助办理公告事宜。

四、股份有限公司的股份及其发行、转让和回购

（一）股份

股份有限公司通过发行不同类型的股份，筹集股本（注册资本）、其他权益资本以及生产经营所需的资金。公司的所有者权益通过股份实现了单位化和标准化的划分。不同类别的股份意味着不同的股东权益。而拥有某类股份的数量又表示股东权益的大小。股份一方面便于公司和股东识别、计算每一股东的权益，从而降低了公司治理的成本；另一方面，也方便了公司资本的定价、计算和交易。因此，股份这一工具降低了公司融资和公众投资的成本。

（二）股份形式

《公司法》规定：公司的股份采取股票的形式。股票是公司签发的证明股东所持股份的凭证。公司发行的股票，应当为记名股票。股票采用纸面形式或者国务院证券监督管理机构规定的其他形式。

在我国，纸面形式目前已不再是股票的主要形式。我国上市公司和非上市公众公司的股份，现均采取电子簿记形式，集中登记、存管于专门的证券登记结算机构。其他不同时期成立的非上市、非公众股份有限公司也几乎没有发行纸面股票。这些公司，有些将股份以电子簿记形式登记、存管于区域性的股权交易所、产权交易所等类似机构，有些自行造册、记录。

（三）股份发行

股份有限公司设立时的股份发行，被称为设立发行，此后的股份发行，被称为新股发行，实际上相当于股份有限公司增资。

股份发行，事关投资者的投资权益、企业融资效率、金融市场活跃度乃至国家经济发展质量，应当遵循公平、公正的原则。公平、公正的股份发行，意味着所有投资者都应当享有同等的投资机会和交易机会，都有权及时、全面地获知相关信息，"同类别的每一股份应当具有同等权利"（包括各项股东权利），得到法律和监管规则的平等对待，任何受到欺诈或其他不法侵害的投资者都有权请求法律上的救济。同次发行的同类别股份，每股的发行条件和价格应当相同；认购人所认购的股份，每股应当支付相同价额。

公司发行新股，股东会应当对下列事项作出决议：（1）新股种类及数额；（2）新股发行价格；（3）新股发行的起止日期；（4）向原有股东发行新股的种类及数额；（5）发行无面额股的，新股发行所得股款计入注册资本的金额。公司发行新股，可以根据公司经营情况和财务状况，确定其作价方案。

（四）股份转让

1. 转让方式

股份以自由转让为原则，限制转让为例外。

关于转让方式，《公司法》规定，股东转让其股份，应当在依法设立的证券交易场所进行或者按照国务院规定的其他方式进行。

《公司法》规定，股票的转让，由股东以背书方式或者法律、行政法规规定的其他方式进行；转让后由公司将受让人的姓名或者名称及住所记载于股东名册。

记名的纸面形式（或其他实物券形式）股票的转让须采取背书的方式，即通过在股票实物券上记载受让人姓名或名称来完成权属移转。电子簿记形式的股票表现为计算机系统上的电子记账。股东转让电子簿记形式的股票，应当依照证券登记结算机构的规则，在计算机系统上的电子账户中变更相关记录。证券登记结算机构根据证券账户的记录，确认证券持有人持有证券的事实，办理证券持有人名册的登记。

2. 转让限制

股份有限公司的股份以自由转让为原则，以法律限制为例外。《公司法》规定：公司公开发行股份前已发行的股份，自公司股票在证券交易所上市交易之日起1年内不得转让。法律、行政法规或者国务院证券监督管理机构对上市公司的股东、实际控制人转让其所持有的本公司股份另有规定的，从其规定。

公司董事、监事、高级管理人员应当向公司申报所持有的本公司的股份及其变动情况，在就任时确定的任职期间每年转让的股份不得超过其所持有本公司股份总数的25%；所持本公司股份自公司股票上市交易之日起1年内不得转让。上述人员离职后半年内，不得转让其所持有的本公司股份。公司章程可以对公司董事、监事、高级管理人员转让其所持有的本公司股份作出其他限制性规定。要求董事、监事和高管披露持股情况以及限制其股份转让，主要目的是监督和防止董事、监事和高管进行有利益冲突的交易。

根据证券监管规定，上市公司董事、监事和高级管理人员在下列期间不得买卖本公司股份：（1）上市公司年度报告、半年度报告公告前30日内；（2）上市公司季度报告、业绩预告、业绩快报公告前10日内；（3）自可能对本公司证券及其衍生品种交易价格产生较大影响的重大事件发生之日或在决策过程中，至依法披露之日内；（4）证券交易所规定的其他期间。

股份在法律、行政法规规定的限制转让期限内出质的，质权人不得在限制转让期限内行使质权。

（五）股份回购

股份有限公司发行股份募集资金后，有某些情况下需要从股东手中回购自己的股份。公司回购自己股份的动因，有时是自愿的，例如，向股东支付现金报偿、实施对高管的股权激励计划、提振公司股价、调整资本结构、变更股权结构等；有时是非自愿的，例如，异议股东行使回购请求权、公司为应对敌意收购而实施反收购措施等。股份回购的依据，有时是法律规范或公司章程，有时则是公司与他人达成的协议，如"对赌协议"。

公司回购自己的股份，具有与利润分配类似的经济效果，对本公司股东和债权人均有重大影响。从股东角度看，参加回购有可能溢价变现投资，因此，回购对象的确定可能触动股东之间的利益分配，引发纷争。从公司债权人视角看，公司回购自己股份将导致公司资产流向（回流）股东，与公司分配利润或者分配剩余资产的效果类似，可能影响公司的债务清偿能力。因此，世界各主要经济体的公司法通常对股份回购采取与利润分配一致的限制性规则。

上市公司回购自己的股份，则是在向证券市场传递某种信号。经验研究发现，市场通常会对上市公司回购股份的信息作出乐观解读，公司股价一般会有一定幅度提升。因此，股份回购有可能成为上市公司管理层或控制者操纵股价的一种手段。

我国《公司法》对股份回购的立场是：原则上禁止公司回购自己的股份，只允许法定事由下的回购。不过，与传统资本维持模式立法不同的是，我国《公司法》并未对股份回购设置与利润分配一致的财务规则。

由于股份回购涉及不同公司参与者和市场主体的利益，同时还要顾及决策的便捷性，《公司法》区分不同回购事由对决议主体作出规定。公司因减少注册资本或者与持有本公司股份之其他公司合并而收购本公司股份的，应当经股东会决议；公司为实施员工持股或股权激励、转换债券或者维护公司价值及股东权益而收购股份，可以按照公司章程或者股东会的授权，经2/3以上董事出席的董事会会议决议。公司如果依法回购异议股东股份，则不必经股东会或者董事会作出决议。

公司回购回来的股份也须依法分别处理，个别事由下的回购还有数量上限。《公司法》规定，公司为减少注册资本而回购的股份，应当自收购之日起10日内注销；公司与持有本公司股份之其他公司合并、回购异议股东股份的，所持有的本公司股份应当在6个月内转让或者注销；公司为实施员工持股或股权激励、转换债券或者维护公司价值及股东权益而收购的本公司股份，合计不得超过本公司已发行股份总数的10%，并应当在3年内转让或者注销。

《公司法》还规定，上市公司收购本公司股份，应当依照《中华人民共和国证券法》的规定履行信息披露义务。上市公司为实施员工持股或股权激励、转换债券为股票或者维护公司价值及股东权益收购本公司股份的，应当通过公开的集中交易方式进行。最后，为防止公司通过质押变相违规收购本公司股份，《公司法》规定，公司不得接受本公司的股票作为质押权的标的。

第三节　有限责任公司

一、有限责任公司的设立

（一）设立条件

根据《公司法》的有关规定，设立有限责任公司，应当具备下列条件：（1）股东符合法定人数；（2）全体股东依法认缴出资；（3）制订公司章程，建立符合有限责任公司要求的组织机构等。

（二）设立程序

有限责任公司的设立程序与股份有限公司的设立登记部分说明的内容基本相同。这里仅就公司设立登记后的有关内容作一些补充说明。

1. 出资证明书

有限责任公司成立后，应当向股东签发出资证明书。出资证明书是确认股东出资的凭证，应当载明下列事项：（1）公司名称；（2）公司成立日期；（3）公司注册资本；（4）股东的姓名或者名称、认缴和实缴的出资额、出资方式和出资日期；（5）出资证明书的编号和核发日期。出资证明书由法定代表人签名，并由公司盖章。

2. 股东名册

有限责任公司应当置备股东名册。股东名册应为书面形式，记载下列事项：（1）股东的姓名或者名称及住所；（2）股东认缴和实缴的出资额、出资方式和出资日期；（3）出资证明书编号；（4）取得和丧失股东资格的日期。记载于股东名册的股东，可以依股东名册主张行使股东权利。

根据公司法司法解释的规定，当事人依法履行出资义务或者依法继受取得股权后，公司未依上述规定签发出资证明书、记载于股东名册并办理公司登记机关登记，当事人请求公司履行上述义务的，人民法院应予支持。

二、有限责任公司的组织机构

有限责任公司的组织机构包括股东会、董事会、监事会及经理。

（一）股东会

1. 股东会的职权

有限责任公司股东会由全体股东组成，股东会是公司的权力机构。根据《公司法》的规定，股东会行使下列职权：（1）选举和更换董事、监事，决定有关董事、监事的报酬事项；（2）审议批准董事会的报告；（3）审议批准监事会的报告；（4）审议批准公司的利润分配方案和弥补亏损方案；（5）对公司增加或者减少注册资本作出决议；（6）对发行公司债券作出决议；（7）对公司合并、分立、解散、清算或者变更公司形式作出决议；（8）修改公司章程；（9）公司章程规定的其他职权。股东会可以授权董事会对发行公司债券作出决议。

上述职权与股份有限公司的股东会职权一致，比较特殊的是：在有限责任公司中，对上述事项，股东以书面形式一致表示同意的，可以不召开股东会会议，直接作出决定，并由全体股东在决定文件上签名或者盖章。

只有一个股东的有限责任公司不设股东会。股东作出上列事项的决定时，应当采用书面形式，并由股东签名或者盖章后置备于公司。

2. 股东会会议

股东会会议分为定期会议和临时会议。

3. 股东会会议的召集

首次股东会会议由出资最多的股东召集和主持，依法行使职权。以后的股东会会议，由董事会召集，董事长主持；董事长不能或者不履行职务的，由副董事长主持；副董事长不能或者不履行职务的，由过半数的董事共同推举一名董事主持。董事会不能或者不履行召集股东会会议职责的，由监事会召集和主持；监事会不召集和主持的，代表1/10以上表决权的股东可以自行召集和主持。

4. 股东会决议

《公司法》规定，股东会会议由股东按照出资比例行使表决权，但公司章程另有规定的除外。股东会的议事方式和表决程序，除《公司法》有规定的之外，由公司章程规定。有限责任公司股东的表决权基于其"出资比例"计算。但"出资比例"究竟是指实缴出资的比例,还是认缴出资的比例,法无明文规定。因此,需要公司章程确定或者股东在表决前商定。但无论以实缴出资还是认缴出资计算表决权,有限责任公司股东会决议的表决结果计算均应以全体股东的表决权为基数,除非公司章程另有规定。这与股份有限公司有所不同,股份有限公司股东会决议的表决是以出席股东会的股东所持表决权为基数。

有限责任公司股东会决议可分为特别决议和普通决议。《公司法》规定,股东会会议作出修改公司章程、增加或者减少注册资本的决议以及公司合并、分立、解散或者变更公司形式的决议,必须经代表2/3以上表决权的股东通过。这类决议就属于特别决议。除特别决议外,其他决议为普通决议。股东会普通决议应当经代表过半数表决权的股东通过。

(二) 董事会

有限责任公司设董事会。规模较小或者股东人数较少的有限责任公司,可以不设董事会,设一名董事,行使《公司法》规定的董事会职权。该董事可以兼任公司经理。

(三) 经理

根据《公司法》的规定,经理并非有限责任公司的必设职位。有限责任公司如果设经理职位,则经理由董事会决定聘任或者解聘;经理对董事会负责,根据公司章程的规定或者董事会的授权行使职权。经理列席董事会会议。董事可以兼任经理。

(四) 监事会

有限责任公司设监事会。规模较小或者股东人数较少的有限责任公司,可以不设监事会,设1名监事,行使监事会职权;经全体股东一致同意,也可以不设监事。有限责任公司可以按照公司章程的规定在董事会中设置由董事组成的审计委员会,行使监事会职权,不设监事会或者监事。公司董事会成员中的职工代表可以成为审计委员会成员。

三、有限责任公司的股权移转

(一) 股权移转的概念和类型

股权移转,是指有限责任公司的股权基于一定的法律事实而发生权属变更。股权移转只是股东发生变化,公司的法人资格不发生变化,公司的财产不发生变化,公司以其财产对外承担的责任也不发生变化。

《公司法》对以下三种股权移转情形作了规定:基于股东法律行为的自愿转让、基于法院强制执行的强制移转以及基于自然人股东死亡而发生的股权继承。

从受让人是否为该公司原有股东的角度看,股权移转又可以分为对内移转和对外移转。对内移转,是指股东之间转让全部或者部分股权。对外移转,是指股东将自己的全部或部分股权转让给公司现有股东以外的人。对外移转将使现有股东以外的人加入公司,成为新的股东。

(二) 股权转让规则

与股份有限公司有所不同,有限责任公司通常股东人数不多,股东间存在一定信赖关系,股东群体具有封闭性。因此,有限责任公司股权发生对外转让时,原有股东通常希望对股权流向有一定的控制力。为此,《公司法》对于有限公司股东对外转让股权设置了一套限制规则；但同时又规定，"公司章程对股权转让另有规定的，从其规定"，为公司自主设置符合自身需求的股权转让规则预留了空间。对于股权的对内转让，《公司法》未设限制。

（1）有限责任公司的股东之间可以相互转让全部或者部分股权。《公司法》对此未设任何限制。

（2）股东向股东以外的人转让股权的，应当将股权转让的数量、价格、支付方式和期限等事项书面通知其他股东，其他股东在同等条件下有优先购买权。

（3）公司法司法解释规定，通过拍卖向股东以外的人转让有限责任公司股权，应当根据相关法律、司法解释进行，保障其他股东在知情的前提下享有《公司法》所规定的优先购买权。在依法设立的产权交易场所转让有限责任公司国有股权，可以参照产权交易场所的交易规则进行，亦须保障其他股东在知情的前提下享有《公司法》所规定的优先购买权。

（4）《公司法》规定"公司章程对股权转让另有规定的，从其规定"。但并非公司章程中对股权转让的任何规定都是合法有效的。

（三）股权强制执行的规则

人民法院依照法律规定的强制执行程序移转股东股权的，应当通知公司及全体股东，其他股东在同等条件下有优先购买权。其他股东自人民法院通知之日起满20日不行使优先购买权的，视为放弃优先购买权。

（四）股权继承规则

在公司章程没有另外规定的情况下，自然人股东死亡后，其合法继承人可以直接继承股东资格。公司法司法解释规定，有限责任公司的自然人股东因继承发生变化时，其他股东主张依据公司法规定行使优先购买权的，人民法院不予支持，但公司章程另有规定或者全体股东另有约定的除外。

（五）股权移转后的相关程序

股东转让股权的，应当书面通知公司，请求变更股东名册；需要办理变更登记的，并请求公司向公司登记机关办理变更登记。公司拒绝或者在合理期限内不予答复的，转让人、受让人可以依法向人民法院提起诉讼。股权转让的，受让人自记载于股东名册时起可以向公司主张行使股东权利。

股东依法转让股权后，公司应当及时注销原股东的出资证明书，向新股东签发出资证明书，并相应修改公司章程和股东名册中有关股东及其出资额的记载。对公司章程的该项修改不需再由股东会表决。

四、有限责任公司与股份有限公司的组织形态变更

有限责任公司和股份有限公司之间可以相互转化形态。有限责任公司可以变更为股份有限公司，但应当符合《公司法》规定的股份有限公司的设立条件。股份有限公司也可以变更为有限责任公司，也应当符合《公司法》规定的有限责任公司的设立条件。

公司形态变更主要是注册登记信息和公司组织机构方面的变化。

实践中，最常见的公司形态转化发生在有限责任公司变更为股份有限公司。

对于有限责任公司变更为股份有限公司，《公司法》规定，折合的股份有限公司实收股本总额不得高于原有限责任公司净资产额。对于变更程序则并无明确规定，一般认为应当适用股份有限公司设立程序。有限责任公司变更为股份有限公司的过程中，为增加注册资本公开发行股份时，应当依法办理。

第四节　国家出资公司组织机构的特别规定

2023年《公司法》在原公司法关于国有独资公司专节的基础上，设"国家出资公司的特别规定"专章。主要修订内容有三个方面：第一，将适用范围由国有独资有限责任公司，扩大到国有独资、国有控股的有限责任公司、股份有限公司。第二，明确国家出资公司由国有资产监督管理机构等根据授权代表本级政府履行出资人职责；履行出资人职责的机构就重要的国家出资公司的重大事项作出有关决定前，应当报本级政府批准；国家出资公司应当依法建立健全内部监督管理和风险控制制度。第三，落实党中央有关部署，加强国有独资公司董事会建设，要求国有独资公司董事会成员中外部董事应当超过半数；并在董事会中设置审计委员会等专门委员会，同时不再设监事会。

（一）国家出资公司的范围

《公司法》所称国家出资公司，是指国家出资的国有独资公司、国有资本控股公司，包括国家出资的有限责任公司、股份有限公司。本节所述内容是规范国家出资公司组织机构的特别规定，除此之外，适用本法其他规定。

（二）国家出资公司的履行出资人职责的机构

国家出资公司，由国务院或者地方人民政府分别代表国家依法履行出资人职责，享有出资人权益。国务院或者地方人民政府可以授权国有资产监督管理机构或者其他部门、机构代表本级人民政府对国家出资公司履行出资人职责。代表本级人民政府履行出资人职责的机构、部门，以下统称为履行出资人职责的机构。

（三）党在国家出资公司中的领导作用

国家出资公司中中国共产党的组织，按照中国共产党章程的规定发挥领导作用，研究讨论公司重大经营管理事项，支持公司的组织机构依法行使职权。

（四）国有独资公司的章程制定和组织机构

1. 公司章程

国有独资公司章程由履行出资人职责的机构制定。

2. 关于股东会

国有独资公司不设股东会，由履行出资人职责的机构行使股东会职权。履行出资人职责的机构可以授权公司董事会行使股东会的部分职权，但公司章程的制定和修改，公司的合并、分立、解散、申请破产，增加或者减少注册资本，分配利润，应当由履行出资人职责的机构决定。

3. 关于董事会和经理

国有独资公司的董事会依照《公司法》规定行使职权。国有独资公司的董事会成员中，应当过半数为外部董事，并应当有公司职工代表。履行出资人职责的机构负责委派董事会成员；但是，董事会成员中的职工代表由公司职工代表大会选举产生。董事会设董事长1人，可以设副董事长。董事长、副董事长由履行出资人职责的机构从董事会成员中指定。

国有独资公司的经理由董事会聘任或者解聘。经履行出资人职责的机构同意，董事会成员可以兼任经理。

国有独资公司的董事、高级管理人员，未经履行出资人职责的机构同意，不得在其他有限责任公司、股份有限公司或者其他经济组织兼职。

4. 关于监事会

国有独资公司在董事会中设置由董事组成的审计委员会行使本法规定的监事会职权的，不设监事会或者监事。

（五）国家出资公司的内部监管、风控合规管理

国家出资公司应当依法建立健全内部监督管理和风险控制制度，加强内部合规管理。

第五节 公司的财务、会计

一、公司财务会计概述

（一）公司财务会计的概念

公司财务会计是指以财务会计法规、会计准则为主要依据，以货币为主要表现形式，对公司的整个财务状况和经营活动进行确认、计量、核算和报告，为公司管理者和其他利害关系人定期提供公司财务信息的活动。

公司财务会计反映的财务信息包括公司的财务状况和经营活动，如资产负债表、利润表、现金流量表等。公司财务会计服务的对象是公司管理者和其他利害关系人。其他利害关系人是指公司股东、债权人、潜在投资者、潜在的交易方、政府财税机关等。公司财务会计需要向外部公开财务信息，这与公司的管理会计或者考核指标数据等不同。

（二）公司财务会计制度的意义

1. 有利于保护投资者和债权人的利益
2. 有利于吸收社会投资和获得交易机会
3. 有利于政府对企业的监督管理

二、公司财务会计报告

（一）公司财务会计报告的内容

根据《公司法》的规定，公司应当依法编制财务会计报告。公司应当在每一会计年

度终了时编制财务会计报告,并依法经会计师事务所审计。财务会计报告应当依照法律、行政法规和国务院财政部门的规定制作。公司财务会计报告主要包括以下内容:

(1) 资产负债表。

(2) 利润表。

(3) 现金流量表。

(4) 附注。

(二) 财务会计报告的编制、验证和公示

根据《公司法》的规定,公司财务会计报告应当由董事会负责编制,并对其真实性、完整性和准确性负责。公司除法定的会计账簿外,不得另立会计账簿。对公司资产,不得以任何个人名义开立账户存储。这是公司财务会计制度的基本要求,也是确保公司资产及公司法人地位独立性的必然要求。

公司应当依法聘用会计师事务所对财务会计报告审查验证。审计是否为公司编制财务报告后的必要程序,取决于法律、行政法规、监管规章、公司章程等是否对公司设定强制审计义务。如果法律、行政法规、监管规章等无强制审计规定,则公司可以自主决定是否对其财务报告进行审计。

公司财务会计报告审计工作的执行者是公司外部的注册会计师。注册会计师就财务报表出具的审计意见,旨在提高财务报表的"可信赖程度"。

财务会计报告是股东、投资者了解公司经营情况,评估投资价值,评价公司管理层表现的重要依据。公司应当依法报送和披露有关财务、会计资料。有限责任公司应当按照公司章程规定的期限将财务会计报告送交各股东。股份有限公司的财务会计报告应当在召开股东会年会的 20 日前置备于本公司,供股东查阅;公开发行股份的股份有限公司应当公告其财务会计报告。

三、利润分配与公积金规则

(一) 利润分配的财务规则

我国《公司法》的利润分配财务规则遵循传统资本维持模式的思路,通过将分配对象限定于"税后利润",并以提取盈余公积金和弥补亏损为分配利润的先决条件,试图在账面上维护并巩固公司实收资本或股本,从而使公司在账面上保有吸收经营损失的缓冲。

具体来说,《公司法》的利润分配规则有以下几个要点:

(1) 公司只能向股东分配"税后利润";

(2) 分配"当年税后利润"之前,公司必须提取税后利润的 10% 列入法定公积金,法定公积金累计额为公司注册资本的 50% 以上的,可以不再提取;

(3) 公司的法定公积金不足以弥补以前年度亏损的,在依照上述规定提取法定公积金之前,应当先用当年利润弥补亏损;

(4) 公司可以自愿从税后利润中提取"任意公积金",但须由股东会作出决议;

(5) "弥补亏损和提取公积金后所余税后利润",通常应按股东持股比例分配(具体来说,有限责任公司按照股东实缴的出资比例分配利润,全体股东约定不按照出资比例分配利润的除外;股份有限公司按照股东所持有的股份比例分配利润,公司章程另有规定的除外）。

股东会作出有效的利润分配决议后，公司和有资格分得该次利润的股东之间即形成以公司向股东给付股利为内容的债权债务关系。作为该债权债务关系中的债权人，合资格的股东有权要求公司依照有效的利润分配决议履行债务，也即向其支付股利。如果公司无正当理由拒绝履行或者迟延履行，股东有权依法请求法院强制执行，并要求公司就股东所受损失承担赔偿责任。为避免利润分配决议对实施分配的期限规定不明导致纷争，《公司法》规定，股东会作出分配利润的决议的，董事会应当在股东会决议作出之日起6个月内进行分配。

（二）违法利润分配的表现和法律责任

1. 违法利润分配的表现

实践中，常见的违法利润分配有以下表现：①公司无利润而实施"分配"。公司在没有可供分配利润（甚至存在亏损）的情况下，以分配股利的名义向股东支付资金（或者虽有利润，但支付给股东的金额多于可供分配的利润）。②公司有利润，未作分配决议就将公司收入以分红名义直接支付给股东。③公司有利润，履行了利润分配的决议程序（例如，股东会通过了分配利润决议），但未提取法定公积金就实施分配。④公司与股东之间订立不以"税后利润"为分配基础的定额股息或定额回报协议，公司履行该类协议的行为也可能被法院认定为违法分配。

2. 违法利润分配的法律责任

根据《公司法》的规定，违法分配利润将导致两种法律责任：①财产返还责任。②损害赔偿责任。

（三）公积金规则

1. 公积金的概念

《公司法》规定了三个公积金概念：一是"法定公积金"；二是"任意公积金"；三是"资本公积金"。前两种公积金都来源于公司盈余，确切地说，它们应分别称为"法定盈余公积金"和"任意盈余公积金"。

资本公积金是直接由资本原因形成的公积金，属于资本的储备。公司以超过股票票面金额的发行价格发行股份所得的溢价款、发行无面额股所得股款未计入注册资本的金额以及国务院财政部门规定列入资本公积金的其他项目，应当列为公司资本公积金。

2. 公积金的用途

公积金的用途是弥补公司的亏损、扩大公司生产经营或者转为增加公司注册资本。

第六节 公司重大变更

公司的重大变更包括以下情形：公司合并、分立、增加和减少注册资本。

一、公司合并

（一）公司合并的概念与方式

1. 公司合并的概念

公司合并是指两个以上的公司依照法定程序，不需要经过清算程序，直接合并为一个公司的行为。公司合并不同于公司并购。公司并购是一个更宽泛的概念，指各种涉及公司控制权转移和合并的企业横向或纵向整合行为，既包括公司合并，也包括资产收购、股权收购等方式。

2. 公司合并的方式

公司合并的方式有两种：一是吸收合并，即指一个公司吸收其他公司加入本公司，被吸收的公司解散；二是新设合并，即指两个以上公司合并设立一个新的公司，合并各方解散。

3. 与吸收合并类似的其他企业整合手段

就效果而言，合并不是唯一能够达成企业横向或纵向整合效果的手段。资产收购和股权收购（一般称之为并购），辅以其他手段，也可以达成与吸收合并类似的效果。

（二）公司合并的程序

从上面几种并购方式的比较来看，《公司法》规定的法定合并为合并交易提供了三大便利：消灭公司的债务转移不需要经过债权人的同意，直接由合并后的公司承继债务；消灭公司的人格在合并完成后可以直接消灭，不需要经过清算程序；这种公司结构性的重大变化，导致股东手中持有的股权发生变化，却不需要征求每一个股东的意见，因为合并是公司行为，只要股东会通过即可。

这三种便利都可能损害债权人和公司股东的利益，因此，《公司法》在规定这三大便利的同时，规定了严格的合并程序，只有遵守这种合并程序，才能享受这些便利。《公司法》规定法定合并必须满足的程序有：

（1）签订合并协议。

（2）编制资产负债表及财产清单。

（3）参与合并的公司各自作出合并决议。

（4）通知债权人。

（5）依法进行公司登记。

（三）公司合并各方的债权、债务的承接

公司合并首先导致公司法人资格的变化。吸收合并时，主并方存续，被并方解散且法人资格注销；新设合并时，参与合并的各方均解散并注销法人资格，新公司成立并取得法人资格。在上述过程中，解散、注销的公司并未依法实施清算。因此，参与合并的各公司的债权、债务须由存续公司承继。

（四）公司合并中的股东权保护

公司合并是参与合并各方公司的公司行为，由各公司通过股东会作出合并决议，参与合并公司的股东只能通过在本公司股东会决议时投票表达自己的意见，法定合并不需要获得每一个股东的同意。因此，《公司法》规定了合并和分立中的股东保护制度：

（1）特别多数决制度。
（2）异议股东股份收买请求权。

二、公司分立

（一）公司分立的方式与效果

公司分立是指一个公司依法分为两个以上的公司。公司分立的方式有两种：一是派生分立，又称存续式分立，即公司以其部分财产另设一个或数个新的公司，原公司存续；二是新设分立，即公司以其全部财产分别归入两个以上的新设公司，原公司解散。

（二）公司分立的程序

公司分立的程序与公司合并的程序基本一样，要签订分立协议，编制资产负债表及财产清单，作出分立决议，通知债权人，办理工商变更登记等。需要注意的是，公司分立程序中的通知债权人程序与公司合并程序略有不同。《公司法》规定，公司分立时，公司应当自作出分立决议之日起10日内通知债权人，并于30日内在报纸上或者国家企业信用信息公示系统公告，债权人并没有要求公司清偿债务或者提供相应担保的权利。

（三）公司分立中的债权人保护

公司分立程序中虽然也设置了债权人通知和公告程序，但并未给债权人提供请求公司清偿债务或者提供相应担保的权利，相比公司合并来说，债权人保护程度较弱，不过基本原则是一样的。《公司法》明确规定：公司分立前的债务由分立后的公司承担连带责任。但是，公司在分立前与债权人就债务清偿达成的书面协议另有约定的除外。换句话说，除非经过债权人同意，否则分立后的所有存续公司都对分立前的公司债务承担连带责任。

三、公司增资

公司增加注册资本，简称增资。新增资本无论由原股东还是原股东以外的人投入，都属于出资，适用公司设立时股东出资或认股的规范。

公司增资通常包含以下步骤：

（1）公司董事会制订和提出增资方案。

（2）公司就增资形成股东会决议，有限责任公司股东会的该项决议须经代表2/3以上表决权的股东通过，股份有限公司股东会的该项决议须经出席会议的股东所持表决权的2/3以上通过；决议应依章程规定，对原有股东是否享有及如何行使增资优先认缴权或者新股优先认购权作出相应安排（参见本章第一节的"股东权利与义务"部分）。

（3）公司通常与增资入股者订立"增资协议""新股认购协议"或类似协议。

（4）履行可能的批准程序，例如，涉及国有股权时，须经国有资产管理部门批准。

（5）修订公司章程，包括修订注册资本、股东名单、股东出资额等条款，该项修改章程的股东会决议，通常与第二步中的增资决议合并或同时作出。

（6）增资入股者依约缴纳其认缴的出资或认购的股份。

（7）办理相应的公司登记变更手续，包括变更注册资本、变更股东登记事项、提交修订后的公司章程或公司章程修正案。

四、公司减资

（一）减资的概念与方式

公司减少注册资本，简称减资，是指公司根据需要，依照法定条件和程序，减少公司的注册资本额。公司为避免资本闲置、向股东返还出资或者减免股东认而未缴的出资，可依法定程序减少注册资本。公司依照法律规定、公司章程（如章程规定特定条件下应回购职工股）、合同约定（如"对赌协议"中的股份回购条款）或者调解协议（如公司为避免法院强制解散而回购异议股东股份），回购股东的股份后，如果将之注销，则公司必须减少注册资本。当公司出现严重亏损时，也可以通过减资弥补亏损。

基于上述目的，公司可采取以下方式实施减资：

（1）返还出资或股款，即将股东已缴付的出资财产或股款部分或全部返还股东。

（2）减免出资或购股义务，即部分或全部免除股东已认缴或认购但未实缴的出资金额。

（3）缩减股权或股份。公司为弥补亏损而减资时，不向股东返还出资或股款，而是注销股东的一部分股权或股份。公司按照一定比例将已发行股份合并（如二股合为一股），也可达到缩减股份的目的。

减资过程涵盖减资决议、减资程序和减资行为（包括财产处分、会计处理、公司登记变更等）。三者之间存在密切的相关性：（1）减资决议的作出只要符合法律和公司章程规定即为有效决议。有效减资决议是公司启动减资程序的正当基础。（2）减资程序的主要内容是与债权人保护相关的各项措施和程序。（3）未履行债权人保护程序时，公司不得实施减资行为。公司实施减资行为的前提条件应当是：依法通知、公告，除补亏减资外，无人申报债权，或者已申报债权的债权人在规定时间未提出清偿债务或提供担保的请求，或其偿债或担保请求已得满足。如不满足减资行为的前提条件，公司不得以减资为由向股东转移资产，不得减免股东出资义务，也不得根据减资方案弥补亏损。

（二）普通减资的程序与债权人保护机制

1. 作出减资决议
2. 编制资产负债表及财产清单
3. 履行债权人保护程序
4. 变更公司登记

（三）补亏减资

根据《公司法》规定，公司弥补亏损的方法主要有三种：（1）通过当年利润弥补以前年度的亏损；（2）通过公积金弥补亏损；（3）通过减少注册资本弥补亏损。该三种补亏方式的适用是有顺序的。这种顺序体现了立法机关维持和巩固公司股本的倾向，即鼓励公司优先以利润弥补亏损，其次以从利润中逐年提取累积的法定（盈余）公积金和任意（盈余）公积金补亏，再次以股东出资为主形成的资本公积金补亏，最后的补亏手段是减少注册资本。

《公司法》规定，如果公司通过三种公积金仍然无法弥补全部亏损，公司还可以通过减资方式弥补亏损。公司以减资方式补亏的话，有两个限制：

其一,"不得向股东分配"。

其二,公司以减资方式弥补亏损时,"不得免除股东缴纳出资或者股款的义务"。

(四) 违法减资的法律后果

违法减资在公司内部和外部均有可能产生法律责任。"内部法律责任"是指发生违法减资时,股东及负有责任的董事、监事、高级管理人员应当对公司承担的法律责任。除此之外,公司违法减资还有可能损害公司债权人利益,触发公司、股东及负有责任的董事、监事、高级管理人员对公司的债权人承担一定法律责任。这类法律责任可称为违法减资的"外部法律责任"。

第七节 公司解散和清算

一、公司解散

(一) 公司解散的概念和特征

公司解散,是指公司发生章程规定或法定的除破产以外的事由而停止业务活动,并进入清算程序的过程。其特征为:

(1) 公司解散事由发生后,公司并未终止,仍然具有法人资格,可以自己的名义开展与清算相关的活动,直到清算完毕并注销后才消灭其主体资格。

(2) 除公司因合并或分立而解散,不必进行清算外,公司解散必须经过法定清算程序。

(3) 公司解散的目的是终止其法人资格。

(二) 公司解散事由

1. 解散事由及其公示

根据《公司法》的规定,公司解散的原因有以下五种情形:(1) 公司章程规定的营业期限届满或者公司章程规定的其他解散事由出现;(2) 股东会决议解散;(3) 因公司合并或者分立需要解散;(4) 依法被吊销营业执照、责令关闭或者被撤销;(5) 人民法院依法判决予以解散。

公司出现上述解散事由的,应当在10日内将解散事由通过国家企业信用信息公示系统予以公示。

2. 解散事由的消除

公司有上述第(1)项、第(2)项情形,且尚未向股东分配财产的,可以通过修改公司章程或者经股东会决议而存续。修改公司章程或者经股东会决议,有限责任公司须经持有2/3以上表决权的股东通过,股份有限公司须经出席股东会会议的股东所持表决权的2/3以上通过。

上述前三项解散事由都属于公司自愿解散,必须经过公司股东会决议。后两项则是公司外部原因,也可称之为强制解散。

（三）强制解散

公司被吊销营业执照、责令关闭或者撤销，多是因为公司行为违反了法律或者行政法规，是一种行政处罚措施，必须符合相关法律或者《行政处罚法》的规定。

人民法院依法强制解散公司，是一种解决公司僵局的措施。《公司法》规定：公司经营管理发生严重困难，继续存续会使股东利益受到重大损失，通过其他途径不能解决的，持有公司10%以上表决权的股东，可以请求人民法院解散公司。

当公司中分歧股东的持股势均力敌，没有任何一方拥有优势表决权，没有任何一方可以单独推动公司作出重要决策，这时就形成了公司僵局。陷入僵局的公司，经营管理困难，股东投资的期待也无法实现。当股东之间无法通过谈判达成和解和其他解决手段时，《公司法》赋予人民法院应股东请求强制解散公司的权力，以打破僵局。

1. 强制解散公司的条件

根据公司法司法解释的规定，有下列事由之一，公司继续存续会使股东利益受到重大损失，通过其他途径不能解决，提起解散公司诉讼，人民法院应予受理：（1）公司持续2年以上无法召开股东会，公司经营管理发生严重困难的；（2）股东表决时无法达到法定或者公司章程规定的比例，持续2年以上不能作出有效的股东会决议，公司经营管理发生严重困难的；（3）公司董事长期冲突，且无法通过股东会解决，公司经营管理发生严重困难的；（4）经营管理发生其他严重困难，公司继续存续会使股东利益受到重大损失的情形。

2. 强制解散之诉

依公司法司法解释的规定，股东不得以知情权、利润分配请求权等权益受到损害，或者公司亏损、财产不足以偿还全部债务，以及公司被吊销企业法人营业执照未进行清算等为由，提起解散公司诉讼。股东提起解散公司诉讼，同时又申请人民法院对公司进行清算的，人民法院对其提出的清算申请不予受理。人民法院可以告知原告，在人民法院判决解散公司后，依法自行组织清算或者另行申请人民法院对公司进行清算。

股东提起解散公司之诉应当以公司为被告。原告以其他股东为被告一并提起诉讼的，人民法院应当告知原告将其他股东变更为第三人；原告坚持不予变更的，人民法院应当驳回原告对其他股东的起诉。

原告提起解散公司之诉应当告知其他股东，或者由人民法院通知其参加诉讼。其他股东或者有关利害关系人申请以共同原告或者第三人身份参加诉讼的，人民法院应予准许。

人民法院审理解散公司诉讼案件，应当注重调解。根据公司法司法解释的规定，当事人协商一致以下列方式解决分歧，且不违反法律、行政法规的强制性规定的，人民法院应予支持：（1）公司回购部分股东股份；（2）其他股东受让部分股东股份；（3）他人受让部分股东股份；（4）公司减资；（5）公司分立；（6）其他能够解决分歧，恢复公司正常经营，避免公司解散的方式。当事人不能协商一致使公司存续的，人民法院应当及时判决。

经人民法院调解公司收购原告股份的，公司应当自调解书生效之日起6个月内将股份转让或者注销。股份转让或者注销之前，原告不得以公司收购其股份为由对抗公司债权人。

人民法院关于解散公司诉讼作出的判决，对公司全体股东具有法律约束力。

人民法院判决驳回解散公司诉讼请求后，提起该诉讼的股东或者其他股东又以同一事实和理由提起解散公司诉讼的，人民法院不予受理。

二、公司清算

（一）公司清算概述

公司清算，是指公司解散或被依法宣告破产后，依照一定的程序结束公司事务，收回债权，偿还债务，清理资产，并分配剩余财产，终止消灭公司的过程。公司被依法宣告破产的，依照有关企业破产的法律实施破产清算。关于企业破产法律制度的说明，详见本书有关章节。

公司解散后进入清算程序是为了公平地分配公司财产，保护股东和债权人的利益，同时也是为了保护职工利益。因此，公司出现解散事由时，应当依法启动清算。如果公司不自行清算，则由人民法院指定清算组，强制启动清算。

（二）清算义务人及其责任

清算义务人，是指有义务组织公司清算的人。《公司法》规定，董事是公司的清算义务人。当公司出现解散事由时（因公司合并或者分立需要解散的除外），清算义务人应当在解散事由出现之日起15日内成立清算组。清算义务人未及时履行清算义务，给公司或者债权人造成损失的，应当承担赔偿责任。

（三）强制启动清算

公司依照上述规定应当启动清算，逾期不成立清算组进行清算或者成立清算组后不清算的，利害关系人可以申请人民法院指定有关人员组成清算组进行清算。人民法院应当受理该申请，并及时组织清算组进行清算。根据公司法司法解释的规定，这里的"利害关系人"可以是公司的股东、债权人等。

公司因依法被吊销营业执照、责令关闭或者被撤销而解散的，作出吊销营业执照、责令关闭或者撤销决定的部门或者公司登记机关，可以申请人民法院指定有关人员组成清算组进行清算。

（四）公司在清算期间的行为限制

公司进入清算程序后，其行为受到以下限制：

（1）清算期间，公司不再从事新的经营活动，仅局限于清理公司已经发生但尚未了结的事务，包括清偿债务、实现债权以及处理公司内部事务等。

（2）清算期间，公司的代表机构为清算组。清算组负责处理未了事务，代表公司对外进行诉讼。在公司依法清算结束并办理注销登记前，有关公司的民事诉讼，仍应当以公司的名义进行。在清算组未成立前，由原公司法定代表人代表公司进行诉讼。成立清算组后，由清算组负责人代表公司参加诉讼。

（3）清算期间，公司财产在未按照法定程序清偿前，不得分配给股东。

（五）清算组及其组成

《公司法》规定，清算组由公司清算义务人董事组成，但是公司章程另有规定或者股东会决议另选他人的除外。

人民法院组织清算组进行清算时，清算组成员通常可以从下列人员或者机构中产生：(1)公司股东、董事、监事、高级管理人员；(2)依法设立的律师事务所、会计师事务所、破产清算事务所等社会中介机构；(3)依法设立的律师事务所、会计师事务所、破产清算事务所等社会中介机构中具备相关专业知识并取得执业资格的人员。人民法院指定的清算组成员有下列情形之一的，人民法院可以根据债权人、股东的申请，或者依职权更换清算组成员：（1）有违反法律或者行政法规的行为；（2）丧失执业能力或者民事行为能力；（3）有严重损害公司或者债权人利益的行为。

（六）清算组的职权和义务

根据《公司法》的规定，清算组在清算期间行使下列职权：（1）清理公司财产，分别编制资产负债表和财产清单；（2）通知、公告债权人；（3）处理与清算有关的公司未了结的业务；（4）清缴所欠税款以及清算过程中产生的税款；（5）清理债权、债务；（6）分配公司清偿债务后的剩余财产；（7）代表公司参与民事诉讼活动。

清算组在公司清算期间代表公司进行一系列民事活动，全权处理公司经济事务和民事诉讼活动。根据《公司法》规定，清算组成员履行清算职责，负有忠实义务和勤勉义务。清算组成员怠于履行清算职责，给公司造成损失的，应当承担赔偿责任；因故意或者重大过失给债权人造成损失的，应当承担赔偿责任。

（七）清算程序

（1）通知债权人并公告。
（2）债权申报和登记。
（3）清理公司财产，制订清算方案。
（4）清偿债务，分配剩余财产。
（5）财产不足偿债，申请破产清算。
（6）确认清算报告，申请注销登记。

三、注销登记

根据国务院《市场主体登记管理条例》，公司因解散、被宣告破产或者其他法定事由需要终止的，应当依法向登记机关申请注销登记。经登记机关注销登记，公司终止。公司注销依法须经批准的，应当经批准后向登记机关申请注销登记。人民法院裁定强制清算或者裁定宣告破产的，有关清算组、破产管理人可以持人民法院终结强制清算程序的裁定或者终结破产程序的裁定，直接向登记机关申请办理注销登记。

《公司法》规定了两种特别注销程序，分别是：
（1）简易注销程序。
（2）强制注销程序。

第七章　证券法律制度

第一节　证券法律制度概述

一、证券法律制度的基本原理

1993年4月22日，国务院颁布施行《股票发行与交易暂行条例》，这是新中国第一部关于证券市场的行政法规，启动了资本市场法治化进程。1998年12月29日，第九届全国人民代表大会常务委员会第六次会议通过了《中华人民共和国证券法》（以下简称《证券法》），自1999年7月1日起施行。2004年8月28日，根据第十届全国人民代表大会常务委员会第十一次会议《关于修改〈中华人民共和国证券法〉的决定》，对《证券法》作了个别条款的修正。2005年10月27日，第十届全国人民代表大会常务委员会第十八次会议对《证券法》作了大幅修订后重新颁布，自2006年1月1日起施行。此后，根据国务院简政放权的精神，《证券法》在2013年和2014年又进行了两次修改，主要是减少了行政审批的范围。2019年12月28日，第十三届全国人大常委会第十五次会议闭幕会上表决通过最新修订的《中华人民共和国证券法》，并自2020年3月1日起施行，此次修订在证券定义、注册制改革、投资者保护和违法惩戒方面都有所突破。《证券法》是证券市场的基本法。《证券法》以及其他法律中有关证券管理的规定、国务院和政府有关部门发布的有关证券方面的法规、规章以及规范性文件，构成了我国的证券法律体系。

（二）《证券法》的适用范围

《证券法》适用于法定的"证券"在证券市场上的公开发行和交易。

1. 适用于《证券法》的"证券"

《证券法》中的"证券"，目前主要可以分为股票、债券、可转换公司债券（以下简称可转债）以及存托凭证。

2. 证券公开发行

证券发行就是筹资者按照法定程序向投资者发行证券，筹资者取得要筹集的资金，而认购到证券的投资者取得证券及证券所代表权益的过程。证券发行实质上就是筹资者出售证券给投资者的过程，这一行为过程可能是公开的，也可能是非公开的。但由于公开发行涉及不特定公众投资者利益保护问题，因此法律对证券公开发行通常有较为严格的程序规定。根据《证券法》第九条第一款的规定，"公开发行证券，必须符合法律、行政法规规定的条件，并依法报经国务院证券监督管理机构或者国务院授权的部门注册。未经依法注册，任何单位和个人不得公开发行证券。证券发行注册制的具体范围、实施步骤，由国务院规定"。因此，证券公开发行必须遵循《证券法》所规定的程序和步骤。如果是非公开发行，例如，在此次股份募集之后股东人数少于200人的发行，则属于私募，主要由《公司法》、合同法律制度以及交易场所的自律规则（如有）规制。

证券公开发行，是指发行人通过公开出售证券向不特定投资者募集资金的行为。

3. 证券市场

只有在证券市场上的公开发行和公开交易行为适用《证券法》，但证券市场本身是一个广义且抽象的概念。根据不同的分类标准，会对证券市场有不同的理解。

（1）证券市场的分类。

①一级市场和二级市场。

②场内市场和场外市场。

③主板、二板、三板和其他市场。

（2）我国的多层次资本市场。

①上海、深圳证券交易所主板。

②上海证券交易所科创板和深圳证券交易所创业板。

③北京证券交易所。

④全国股转系统。

⑤区域性股权市场。

二、证券市场监管体制

对证券市场的监管包括政府统一监管和自律管理两部分。

（一）政府统一监管

政府统一监管，是指由政府证券监管机构依法对证券发行与交易实施统一监督管理。《证券法》第七条规定："国务院证券监督管理机构依法对全国证券市场实行集中统一监督管理。"国务院证券监督管理机构依法对证券市场实行监督管理，维护证券市场公开、公平、公正，防范系统性风险，维护投资者合法权益，促进证券市场健康发展。该"国务院证券监督管理机构"即指中国证监会。

（二）行业自律管理

目前，我国证券发行与交易活动中的自律管理，主要通过下列自律性机构来实施：

1. 中国证券业协会

中国证券业协会是1991年8月经中国人民银行批准，由中国证监会予以资格认定并经民政部核准登记的全国性自律管理组织，其会员是各类证券经营机构。会员大会是其最高权力机关，决定协会的重大事项。

2. 证券交易场所

证券交易场所包括证券交易所和国务院批准的其他全国性证券交易场所。证券交所和国务院批准的其他全国性证券交易场所为证券集中交易提供场所和设施，组织和监督证券交易，实行自律管理，依法登记，取得法人资格。证券交易所、国务院批准的其他全国性证券交易场所的设立、变更和解散由国务院决定。国务院批准的其他全国性证券交易场所的组织机构、管理办法等，由国务院规定。

三、强制信息披露制度

（一）强制信息披露的概念和分类

1. 强制信息披露的概念

信息披露也称信息公开，是指证券发行人及法律、行政法规和国务院证券监督管理机构规定的其他信息披露义务人（以下简称信息披露义务人），在证券发行、上市、交易过程中，按照法定或约定要求将应当向社会公开的财务、经营及其他有关影响证券投资者投资判断的信息向证券监督管理机构和证券交易所报告，并向社会公众公告的活动。

2. 信息披露的分类

（1）强制信息披露和自愿信息披露。

以披露的信息内容是否为法律强制规定必须公开的内容为标准，信息披露可以分为强制信息披露和自愿信息披露。

（2）客观信息的披露和主观信息的披露。

以信息披露的内容为标准，信息披露可以分为客观信息的披露和主观信息的披露。

（3）首次信息披露和持续信息披露。

以信息披露的发生阶段为标准，信息披露可以分为首次信息披露和持续信息披露。

（二）信息披露的原则和要求

《证券法》第七十八条规定："发行人及法律、行政法规和国务院证券监督管理机构规定的其他信息披露义务人，应当及时依法履行信息披露义务。信息披露义务人披露的信息，应当真实、准确、完整，简明清晰，通俗易懂，不得有虚假记载、误导性陈述或者重大遗漏。证券同时在境内境外公开发行、交易的，其信息披露义务人在境外披露的信息，应当在境内同时披露。"学理上通常以"真实、准确、完整"为披露内容的实质原则或要求，以"简明清晰，通俗易懂"为信息披露的形式要求。

另外，对于具体负责信息披露事务的上市公司董事、监事、高级管理人员来说，其在履行职责过程还应做到"及时、公平"。

（三）信息披露的内容

1. 首次信息披露

首次信息披露，主要指发行信息披露，尤指首次公开发行股票和公司债券的信息披露。首次信息披露的法定文件主要是招股说明书和债券募集说明书。上市公告书虽不属于发行信息披露文件，但作为公司上市"首次"披露的文件，也可将其界定为首次信息披露的范畴。

2. 持续信息披露

持续信息披露，是指证券上市后，信息披露义务人承担的持续披露义务。持续信息披露的形式主要是定期报告和临时报告。

（1）定期报告。定期报告是上市公司和公司债券上市交易的公司进行持续信息披露的主要形式之一，包括年度报告、中期报告。

（2）临时报告。临时报告，是指在定期报告之外因重大事件而应临时发布的报告。凡发生可能对上市公司证券及其衍生品种交易价格产生较大影响的重大事件，投资者尚未得知时，上市公司应当立即提出临时报告，披露事件内容，说明事件的起因、目前的状态和可能产生的影响。

（四）信息披露的事务管理

1. 上市公司信息披露的制度化管理

（1）制定信息披露事务管理制度。

（2）定期报告的编制、审议、披露程序和重大事件的报告、传递、审核、披露程序。

（3）关联关系的披露和关联交易的审议。

（4）信息披露的方式。

2. 上市公司及其他信息披露义务人在信息披露工作中的职责

（1）信息披露义务人应当及时依法履行信息披露义务，披露的信息应当真实、准确、完整，简明清晰、通俗易懂，不得有虚假记载、误导性陈述或者重大遗漏。

信息披露义务人披露的信息应当同时向所有投资者披露，不得提前向任何单位和个人泄露。但是，法律、行政法规另有规定的除外。

在内幕信息依法披露前，内幕信息的知情人和非法获取内幕信息的人不得公开或者泄露该信息，不得利用该信息进行内幕交易。任何单位和个人不得非法要求信息披露义务人提供依法需要披露但尚未披露的信息。

证券及其衍生品种同时在境内境外公开发行、交易的，其信息披露义务人在境外市场披露的信息，应当同时在境内市场披露。

（2）信息披露义务人应当将信息披露公告文稿和相关备查文件报送上市公司注册地证监局。

（3）信息披露义务人不得以新闻发布或者答记者问等任何形式代替应当履行的报告、公告义务，不得以定期报告形式代替应当履行的临时报告义务。

（4）上市公司应当在最先发生的以下任一时点，及时履行重大事件的信息披露义务：①董事会或者监事会就该重大事件形成决议时；②有关各方就该重大事件签署意向书或者协议时；③董事、监事或者高级管理人员知悉该重大事件发生时。这里说的及时是指自起算日起或者触及披露时点的两个交易日内。在上述规定的时点之前出现下列情形之一的，上市公司应当及时披露相关事项的现状、可能影响事件进展的风险因素：①该重大事件难以保密；②该重大事件已经泄露或者市场出现传闻；③公司证券及其衍生品种出现异常交易情况。

（5）上市公司参股公司发生可能对上市公司证券及其衍生品种交易价格产生较大影响的事件的，上市公司应当履行信息披露义务。

3. 上市公司董事、监事、高级管理人员在信息披露工作中的职责

《证券法》第八十二条规定，发行人的董事、高级管理人员应当对证券发行文件和定期报告签署书面确认意见。发行人的监事会应当对董事会编制的证券发行文件和定期报

告进行审核并提出书面审核意见。监事应当签署书面确认意见。发行人的董事、监事和高级管理人员应当保证发行人及时、公平地披露信息，所披露的信息真实、准确、完整。董事、监事和高级管理人员无法保证证券发行文件和定期报告内容的真实性、准确性、完整性或者有异议的，应当在书面确认意见中发表意见并陈述理由，发行人应当披露。发行人不予披露的，董事、监事和高级管理人员可以直接申请披露。

上市公司的董事、监事、高级管理人员应当勤勉尽责，关注信息披露文件的编制情况，保证定期报告、临时报告在规定期限内披露，配合上市公司及其他信息披露义务人履行信息披露义务。

上市公司董事长、经理、董事会秘书，应当对公司临时报告信息披露的真实性、准确性、完整性、及时性、公平性承担主要责任。

上市公司董事长、经理、财务负责人应当对公司财务会计报告的真实性、准确性、完整性、及时性、公平性承担主要责任。

4. 上市公司的股东、实际控制人在信息披露中的职责

（1）上市公司的股东、实际控制人发生以下事件时，应当主动告知上市公司董事会，并配合上市公司履行信息披露义务：①持有公司5%以上股份的股东或者实际控制人持有股份或者控制公司的情况发生较大变化，公司的实际控制人及其控制的其他企业从事与公司相同或者相似业务的情况发生较大变化；②法院裁决禁止控股股东转让其所持股份，任何一个股东所持公司5%以上股份被质押、冻结、司法拍卖、托管、设定信托或者被依法限制表决权等，或者出现被强制过户风险；③拟对上市公司进行重大资产或者业务重组的；④中国证监会规定的其他情形。

（2）应当披露的信息在依法披露前已经在媒体上传播或者公司证券及其衍生品种出现交易异常情况的，股东或者实际控制人应当及时、准确地向上市公司作出书面报告，并配合上市公司及时、准确地公告。

（3）上市公司的股东、实际控制人不得滥用其股东权利、支配地位，不得要求上市公司向其提供内幕信息。

（4）上市公司的控股股东、实际控制人和发行对象在上市公司非公开发行股票时，应当及时向上市公司提供相关信息，配合上市公司履行信息披露义务。

（5）通过接受委托或者信托等方式持有上市公司5%以上股份的股东或者实际控制人，应当及时将委托人情况告知上市公司，配合上市公司履行信息披露义务。

5. 证券服务机构在信息披露中的职责

（1）为信息披露义务人履行信息披露义务出具专项文件的证券公司、证券服务机构及其人员，应当勤勉尽责、诚实守信，按照法律、行政法规、中国证监会规定、行业规范、业务规则等发表专业意见，保证所出具文件的真实性、准确性和完整性。在为信息披露出具专项文件时，发现上市公司及其他信息披露义务人提供的材料有虚假记载、误导性陈述、重大遗漏或者其他重大违法行为的，应当要求其补充、纠正。信息披露义务人不予补充、纠正的，保荐人、证券服务机构应当及时向公司注册地证监局和证券交易所报告。

证券服务机构应当妥善保存客户委托文件、核查和验证资料、工作底稿以及与质量

控制、内部管理、业务经营有关的信息和资料。证券服务机构应当配合中国证监会的监督管理，在规定的期限内提供、报送或者披露相关资料、信息，保证其提供、报送或者披露的资料、信息真实、准确、完整，不得有虚假记载、误导性陈述或者重大遗漏。

（2）会计师事务所应当建立并保持有效的质量控制体系、独立性管理和投资者保护机制，秉承风险导向审计理念，遵守法律、行政法规、中国证监会的规定，严格执行注册会计师执业准则、职业道德守则及相关规定，完善鉴证程序，科学选用鉴证方法和技术，充分了解被鉴证单位及其环境，审慎关注重大错报风险，获取充分、适当的证据，合理发表鉴证结论。

（3）资产评估机构应当建立并保持有效的质量控制体系、独立性管理和投资者保护机制，恪守职业道德，遵守法律、行政法规、中国证监会的规定，严格执行评估准则或者其他评估规范，恰当选择评估方法，评估中提出的假设条件应当符合实际情况，对评估对象所涉及交易、收入、支出、投资等业务的合法性、未来预测的可靠性取得充分证据，充分考虑未来各种可能性发生的概率及其影响，形成合理的评估结论。

（五）信息披露义务人的法律责任

法律责任是指当事人违反法律、法规以及有关规定所规定的义务，造成一定的危害所应当承担的法律后果。违反信息披露义务的行为可以概括为应按规定披露而未披露和披露的信息存在虚假记载、误导性陈述或者重大遗漏两种情况。信息披露义务人存在这两种行为，就应当承担相应的法律责任。

具体关于虚假陈述法律责任的讨论，参见本章"第六节 证券欺诈的法律责任"中的相关内容。

四、投资者保护制度

（一）区分普通投资者和专业投资者

1. 普通投资者与专业投资者的区分标准

《证券法》第八十九条规定，"根据财产状况、金融资产状况、投资知识和经验、专业能力等因素，投资者可以分为普通投资者和专业投资者。专业投资者的标准由国务院证券监督管理机构规定。普通投资者和专业投资者在一定条件下可以互相转化。"

2. 证券公司的适当性义务

根据《证券法》第八十八条的规定，证券公司向投资者销售证券、提供服务时，应当按照规定充分了解投资者的基本情况、财产状况、金融资产状况、投资知识和经验、专业能力等相关信息；如实说明证券、服务的重要内容，充分揭示投资风险；销售、提供与投资者上述状况相匹配的证券、服务。投资者在购买证券或者接受服务时，应当按照证券公司明示的要求提供前款所列真实信息。拒绝提供或者未按照要求提供信息的，证券公司应当告知其后果，并按照规定拒绝向其销售证券、提供服务。证券公司违反第一款规定导致投资者损失的，应当承担相应的赔偿责任。

3. 对普通投资者的特殊保护

《证券法》第八十九条第二款规定："普通投资者与证券公司发生纠纷的，证券公司应当证明其行为符合法律、行政法规以及国务院证券监督管理机构的规定，不存在误导、欺诈等情形。证券公司不能证明的,应当承担相应的赔偿责任。"由于该款并未将适用情形限定在"诉讼纠纷",因此可以理解为无论是在诉讼纠纷还是非诉讼纠纷(例如,调解)的场合,证券公司都应承担证明"其行为符合法律、行政法规以及国务院证券监督管理机构的规定,不存在误导、欺诈等情形"的举证责任。

(二)投资者保护机构

我国的投资者保护机构主要在代理权征集、证券纠纷调解、证券支持诉讼、股东派生诉讼、代表人诉讼等方面履行相应投资者保护的职能。

(三)先行赔付

发行人因欺诈发行、虚假陈述或者其他重大违法行为给投资者造成损失的,发行人的控股股东、实际控制人、相关的证券公司可以委托投资者保护机构,就赔偿事宜与受到损失的投资者达成协议,予以先行赔付。先行赔付后,可以依法向发行人以及其他连带责任人追偿。

第二节 股票的发行

一、股票公开发行注册制

(一)注册机关

《证券法》第九条规定,"公开发行证券,必须符合法律、行政法规规定的条件,并依法报经国务院证券监督管理机构或者国务院授权的部门注册。未经依法注册,任何单位和个人不得公开发行证券。证券发行注册制的具体范围、实施步骤,由国务院规定"。《证券法》第二十一条规定,"国务院证券监督管理机构或者国务院授权的部门依照法定条件负责证券发行申请的注册。证券公开发行注册的具体办法由国务院规定。按照国务院的规定,证券交易所等可以审核公开发行证券申请,判断发行人是否符合发行条件、信息披露要求,督促发行人完善信息披露内容。依照前两款规定参与证券发行申请注册的人员,不得与发行申请人有利害关系,不得直接或者间接接受发行申请人的馈赠,不得持有所注册的发行申请的证券,不得私下与发行申请人进行接触"。我国证券公开发行的注册机关即中国证监会(或国务院授权的部门),公开发行申请文件的接收和审核主体则主要是证券交易所等。

目前我国多层次资本市场已全面适用注册制。

(二)撤销注册

撤销注册,是指当国务院证券监督管理机构或者国务院授权的部门作出证券发行注册决定之后,发现发行人不符合法定条件或者法定程序情形的,应当撤销发行注册。

二、股票发行的类型

发行股票是发行人以出售股票换得投资者出资的一种募资方式,投资者在出资后获得发行人公司的股票。股票的发行可以区分为公开发行与非公开发行两种方式，后者习惯上被称为私募。股票公开发行都需经过《证券法》规定的注册程序。

（一）非公开发行股票

非公开发行股票，是指非公众公司未采用公开方式且此次发行后股东人数不超过200人的发行。这种类型的发行即为私募发行，因不属于公开发行的范畴，不适用《证券法》第二章的规定、无须经过《证券法》规定的注册程序，只需根据《公司法》遵守组织内部治理规定、履行公司内部决议程序即可，发行人也不承担《证券法》规定的强制信息披露义务。投资者的保护完全依据投资者与发行人之间的协议安排、公司章程和《公司法》的规定来执行。

（二）公开发行股票

《证券法》第九条规定，"有下列情形之一的，为公开发行：（一）向不特定对象发行证券；（二）向特定对象发行证券累计超过200人，但依法实施员工持股计划的员工人数不计算在内；（三）法律、行政法规规定的其他发行行为。非公开发行证券，不得采用广告、公开劝诱和变相公开方式"。公开发行证券，必须依法注册；未经依法注册，任何单位和个人不得公开发行证券。而在确定是否属于公开发行时，公司股东累计人数是否超过200人是非常重要的界定标准。换言之，"200人"是判断是否履行注册程序的重要标准。

依据发行主体、发行方式和发行的目的不同，公开发行股票包括如下类型：
1. 股票未公开转让的公司向特定对象发行股票导致发行后股东超过200人的发行
2. 股票公开转让的公众公司的定向发行
3. 向不特定合格投资者的公开发行
4. 首次公开发行股票（并上市）
5. 上市公司发行新股

三、非上市公众公司及定向发行

非上市公众公司并非《公司法》规定的公司类型，而是基于《证券法》对公开发行的界定划分出来的新公司类型。中国证监会根据《非上市公众公司办法》，建立起对非上市公众公司的监管体系，并建立全国股转系统作为其股票发行和交易的市场。

（一）非上市公众公司的概念和类型

1. 非上市公众公司的概念

非上市公众公司，是指未在证券交易所上市、但具有"公众性"或"公开性"的公司。该"公众性"，可能源于公司曾进行过公开发行行为，也可能源于该公司的股票被公开转让过或公司已选择在非证券交易所的公开市场进行交易。根据《非上市公众公司办法》的规定，非上市公众公司是指有下列情形之一且其股票未在证券交易所上市交易的股份有限公司：（1）股票向特定对象发行或者转让导致股东累计超过200人；（2）股票公开转让。

2. 非上市公众公司的类型

（1）因股票向特定对象发行或者转让导致股东累计超过200人的非上市公众公司。

(2) 股票公开转让的非上市公众公司。

(二) 非上市公众公司的定向发行

根据《非上市公众公司办法》的规定，非上市公众公司的定向发行，包括股份有限公司向特定对象发行股票导致股东累计超过200人，以及公众公司向特定对象发行股票两种情形。如前所述，这两种情形其实是指股东人数未超200人的公司向特定对象发行导致此次发行后股东人数超过200人的发行，以及股东人数已超200人的公众公司向特定对象的发行。

(三) 非上市公众公司的信息披露

依据《非上市公众公司办法》，非上市公众公司应当履行强制信息披露义务。信息披露文件主要包括公开转让说明书、定向转让说明书、定向发行说明书、发行情况报告书、定期报告和临时报告等。

股票公开转让与定向发行的公众公司应当报送年度报告、中期报告，并予公告。年度报告中的财务会计报告应当经符合《证券法》规定的会计师事务所审计。

股票向特定对象转让导致股东累计超过200人的公众公司，应当报送年度报告，并予公告。年度报告中的财务会计报告应当经会计师事务所审计。

四、首次公开发行股票

(一) 首次公开发行股票的条件

首次公开发行是我国证券市场实践中最重要的一类发行行为。以发行目的为标准，首次公开发行理论上可以分为设立发行和新股发行。《证券法》针对设立发行和新股发行规定了不同的条件。

1. 募集设立发行的条件

针对为设立股份有限公司而公开发行股票的情形，《证券法》第十一条规定，应当符合《公司法》规定的条件和经国务院批准的国务院证券监督管理机构规定的其他条件，向国务院证券监督管理机构报送募股申请和相关法定文件。

2. 首次公开发行新股的条件

针对新股发行，《证券法》第十二条第一款规定，"公司首次公开发行新股，应当符合下列条件：（一）具备健全且运行良好的组织机构；（二）具有持续经营能力；（三）最近三年财务会计报告被出具无保留意见审计报告；（四）发行人及其控股股东、实际控制人最近三年不存在贪污、贿赂、侵占财产、挪用财产或者破坏社会主义市场经济秩序的刑事犯罪；（五）经国务院批准的国务院证券监督管理机构规定的其他条件。上市公司发行新股，应当符合经国务院批准的国务院证券监督管理机构规定的条件，具体管理办法由国务院证券监督管理机构规定。公开发行存托凭证的，应当符合首次公开发行新股的条件以及国务院证券监督管理机构规定的其他条件。"

针对以上发行条件，《首次公开发行股票注册管理办法》进行了更为细致的规定。

(二) 首次公开发行股票的程序

根据《首次公开发行股票注册管理办法》的规定，首次公开发行应履行注册程序。

(1) 董事会决议。

（2）股东大会决议。
（3）制作发行注册申请文件并向交易所申报。
（4）交易所审核。
（5）中国证监会履行注册程序。

（三）首次公开发行股票的定价与配售

由于首次公开发行的股票是第一次面向一级市场进行公开发售，并无先前市场价格支撑，因此在首次公开发行的程序中还有一个非常重要的定价与配售环节，即确定股票的发售价格、并将股票配售给投资者。

《证券法》第三十二条规定，"股票发行采取溢价发行的，其发行价格由发行人与承销的证券公司协商确定。"通常而言，股票的发行价格是由发行人与承销商协商而定。但证券某种意义上也是商品，尤其是在发行金额较大的情况下，需要考虑市场买方因素（投资者作为买方对作为商品的特定证券是否接受及其接受度），因此在证券公开发行实践中，通常还有向投资者"询价"的环节，而"询价"之后又涉及到将股票出售给询价对象、以及出售给未参与询价但同样想购买股票的其他投资者的问题，这就需要明确的询价和配售规则。根据《证券发行与承销管理办法》第五条，首次公开发行证券可以通过询价的方式确定证券发行价格，也可以通过发行人与主承销商自主协商直接定价等其他合法可行的方式确定发行价格。发行人和主承销商应当在招股意向书（或招股说明书）和发行公告中披露本次发行证券的定价方式。

因此，我国A股市场首次公开发行定价与配售的方式主要是两种：一种是发行人与主承销商自主协商直接定价；还有一种就是网下向投资者询价并进行网上配售。

1. 发行人与主承销商自主协商直接定价并网上发行

（1）可以直接定价发行的情形。

根据《证券发行与承销管理办法》第六条，发行人和主承销商可以通过直接定价的方式确定发行价格的法定情形为：首次公开发行证券发行数量2 000万股（份）以下且无老股转让计划。如果发行人尚未盈利的，则不得直接定价，而应当通过向网下投资者询价方式确定发行价格。通过直接定价方式确定的发行价格对应市盈率不得超过同行业上市公司二级市场平均市盈率；已经或者同时境外发行的，通过直接定价方式确定的发行价格还不得超过发行人境外市场价格。

（2）网上发行。

首次公开发行证券采用直接定价方式的，除有法定情形（保荐人的相关子公司或者保荐人所属证券公司的相关子公司参与发行人证券配售的话，其具体规则由证券交易所另行规定）外，应全部向网上投资者发行，不进行网下询价和配售。

所谓网上发行，是指证券发行的价格已确定，可直接通过证券交易所的交易系统向投资者进行发售。与"网上发行"相对的即是后文的"网下向投资者询价并配售"，后者是指因证券发行价格需要向投资者询价后再确定，因此先在交易系统之外向投资者询价，之后再向进行配售，是为网下（向投资者）询价发行。

2. 网下向投资者询价、配售并同步网上发行

直接定价网上发行仅适用于证券发行数量二千万股（份）以下且无老股转让计划的

情形，因此网下向投资者询价、配售并同步网上发行才是我国目前A股市场首次公开发行股票最主要的发行方式。

（1）确定询价对象。
（2）询价并确定发行价格或价格区间。
（3）选择配售对象并进行网下配售。
（4）同步网上发行和回拨机制。
（5）向战略投资者配售。

（四）首次公开发行股票时的老股转让

1. 老股转让的概念

根据《证券发行与承销管理办法》的规定，首次公开发行股票数量在2 000万股（份）以下且无老股转让计划的，才可以通过直接定价的方式确定发行价格。所谓"老股转让"，是指首次公开发行证券时公司股东（同时）向投资者公开发售其所持股份的行为。老股转让最主要的特点就是随同首次公开发行的定价机制来确定其股票转让价格，但老股转让的出售方是公司股东（而非公司），因此老股转让部分所得资金并不属于发行人的融资资金。

2. 老股转让的条件和信息披露

根据《证券发行与承销管理办法》的规定，首次公开发行证券时公司股东公开发售股份的，公司股东应当遵循平等自愿的原则协商确定首次公开发行时公司股东之间各自公开发售股份的数量。公司股东公开发售股份的发行价格应当与公司发行股份的价格相同。首次公开发行证券时公司股东公开发售的股份，公司股东已持有时间应当在36个月以上。公司股东公开发售股份的，股份发售后，公司的股权结构不得发生重大变化，实际控制人不得发生变更。

发行人和主承销商应当在招股意向书中披露预计老股转让的数量上限，老股转让股东名称及各自转让老股数量，并明确新股发行与老股转让数量的调整机制。网上申购前，已公告老股转让方案的，还应当披露老股转让和新股发行的确定数量，老股转让股东名称及各自转让老股数量，并提示投资者关注，发行人将不会获得老股转让部分所得资金。

（五）欺诈发行股票时的回购责任

1. 欺诈发行回购的概念

欺诈发行回购，是指在股票已发行并上市之后，发行人被发现在发行注册过程中存在欺诈（例如，发行人在招股说明书等证券发行文件中隐瞒重要事实或者编造重大虚假内容）的，中国证监会可以责令发行人回购股票，或者责令负有责任的控股股东、实际控制人买回股票。

2. 欺诈发行回购责任的法律性质

欺诈发行回购本质上属于一种行政法律责任，即中国证监会以责令回购决定书的方式要求责令发行人或负有责任的控股股东、实际控制人回购已欺诈发行并上市的股票，所以又称"责令回购"。根据《欺诈发行上市股票责令回购实施办法（试行）》的规定，责令回购决定书应当包括回购方案的制定期限、回购对象范围、回购股份数量、发行人和负有责任的控股股东、实际控制人各自需要承担的回购股份比例、回购价格或者价格确定方式等内容。

发行人或者负有责任的控股股东、实际控制人不服责令回购决定的，可以在法定期限内申请行政复议或者提起行政诉讼，但复议或者诉讼期间责令回购决定不停止执行。发行人或者负有责任的控股股东、实际控制人履行责令回购决定，主动消除或者减轻欺诈发行行为危害后果的，中国证监会依法对其从轻或者减轻行政处罚。

3. 回购股票的范围

根据《欺诈发行上市股票责令回购实施办法（试行）》的规定，发行人或者负有责任的控股股东、实际控制人按照中国证监会的决定回购欺诈发行的股票的，应当向自本次发行至欺诈发行揭露日或者更正日期间买入欺诈发行的股票，且在回购时仍然持有股票的投资者发出要约。但下列股票不得纳入回购范围：（1）对欺诈发行负有责任的发行人的董事、监事、高级管理人员、控股股东、实际控制人持有的股票；（2）对欺诈发行负有责任的证券公司因包销买入的股票；（3）投资者知悉或者应当知悉发行人在证券发行文件中隐瞒重要事实或者编造重大虚假内容后买入的股票。

4. 欺诈发行回购责任与民事责任的衔接

根据《欺诈发行上市股票责令回购实施办法（试行）》的规定，发行人或者负有责任的控股股东、实际控制人拒不按照责令回购决定制定股票回购方案的，投资者可以依据责令回购决定确定的回购对象范围、回购价格等向人民法院提起民事诉讼，要求履行回购义务。

投资者对发行人或者负有责任的控股股东、实际控制人制定的股票回购方案有争议，或者要求发行人及负有责任的控股股东、实际控制人按照股票回购方案履行回购义务的，可以依法向人民法院提起民事诉讼，并可以在取得生效判决、裁定后申请强制执行。

五、上市公司发行新股

上市公司发行新股，可以向不特定对象公开发行，也可以向特定对象发行。上市公司公开发行新股的，可以分为向原股东配售股份（即"配股"）和向不特定对象公开募集股份（即"增发"）。

（一）上市公司发行新股的条件

《证券法》第十二条第二款规定，"上市公司发行新股，应当符合经国务院批准的国务院证券监督管理机构规定的条件，具体管理办法由国务院证券监督管理机构规定。"《上市公司证券发行注册管理办法》即对上市公司发行新股的具体条件进行了明确。

1. 积极条件

根据《上市公司证券发行注册管理办法》，上市公司向不特定对象发行股票，应当符合下列规定：（1）具备健全且运行良好的组织机构；（2）现任董事、监事和高级管理人员符合法律、行政法规规定的任职要求；（3）具有完整的业务体系和直接面向市场独立经营的能力，不存在对持续经营有重大不利影响的情形；（4）会计基础工作规范，内部控制制度健全且有效执行，财务报表的编制和披露符合企业会计准则和相关信息披露规则的规定，在所有重大方面公允反映了上市公司的财务状况、经营成果和现金流量，最近三年财务会计报告被出具无保留意见审计报告；（5）除金融类企业外，最近一期末不存在金额较大的财务性投资;(6)交易所主板上市公司配股、增发的,应当最近三个会计年度盈利;增发还应当满足最近三个会计年度加权平均净资产收益率平均不低于6%;净利润以扣除非经常性损益前后孰低者为计算依据。

2. 消极条件

根据《上市公司证券发行注册管理办法》,上市公司存在下列情形之一的,不得向不特定对象发行股票:(1)擅自改变前次募集资金用途未作纠正,或者未经股东大会认可;(2)上市公司或者其现任董事、监事和高级管理人员最近三年受到中国证监会行政处罚,或者最近一年受到证券交易所公开谴责,或者因涉嫌犯罪正在被司法机关立案侦查或者涉嫌违法违规正在被中国证监会立案调查;(3)上市公司或者其控股股东、实际控制人最近一年存在未履行向投资者作出的公开承诺的情形;(4)上市公司或者其控股股东、实际控制人最近三年存在贪污、贿赂、侵占财产、挪用财产或者破坏社会主义市场经济秩序的刑事犯罪,或者存在严重损害上市公司利益、投资者合法权益、社会公共利益的重大违法行为。

上市公司存在下列情形之一的,不得向特定对象发行股票:(1)擅自改变前次募集资金用途未作纠正,或者未经股东大会认可;(2)最近一年财务报表的编制和披露在重大方面不符合企业会计准则或者相关信息披露规则的规定;最近一年财务会计报告被出具否定意见或者无法表示意见的审计报告;最近一年财务会计报告被出具保留意见的审计报告,且保留意见所涉及事项对上市公司的重大不利影响尚未消除。本次发行涉及重大资产重组的除外;(3)现任董事、监事和高级管理人员最近三年受到中国证监会行政处罚,或者最近一年受到证券交易所公开谴责;(4)上市公司或者其现任董事、监事和高级管理人员因涉嫌犯罪正在被司法机关立案侦查或者涉嫌违法违规正在被中国证监会立案调查;(5)控股股东、实际控制人最近三年存在严重损害上市公司利益或者投资者合法权益的重大违法行为;(6)最近三年存在严重损害投资者合法权益或者社会公共利益的重大违法行为。

3. 关于募集资金使用的特别要求

上市公司发行股票,募集资金使用应当符合下列规定:(1)符合国家产业政策和有关环境保护、土地管理等法律、行政法规规定;(2)除金融类企业外,本次募集资金使用不得为持有财务性投资,不得直接或者间接投资于以买卖有价证券为主要业务的公司;(3)募集资金项目实施后,不会与控股股东、实际控制人及其控制的其他企业新增构成重大不利影响的同业竞争、显失公平的关联交易,或者严重影响公司生产经营的独立性;(4)科创板上市公司发行股票募集的资金应当投资于科技创新领域的业务。

(二)上市公司发行新股的程序

(1)董事会决议。

(2)股东大会决议。

(3)制作注册申请文件并向交易所申报。

(4)交易所审核以及向特定对象发行股票时的简易程序。

(5)中国证监会履行注册程序。

(三) 对配股和增发的特别要求

1. 配股的承销方式

上市公司配股的，拟配售股份数量不超过本次配售前股本总额的 50%，并应当采用代销方式发行。控股股东应当在股东大会召开前公开承诺认配股份的数量。控股股东不履行认配股份的承诺，或者代销期限届满，原股东认购股票的数量未达到拟配售数量 70% 的，上市公司应当按照发行价并加算银行同期存款利息返还已经认购的股东。

上市公司配股的，应当向股权登记日登记在册的股东配售，且配售比例应当相同。

2. 增发的发行价格

上市公司增发的，发行价格应当不低于公告招股意向书前 20 个交易日或者前 1 个交易日公司股票均价。

(四) 对向特定对象发行的特别要求

1. 发行对象的数量

上市公司向特定对象发行证券，发行对象应当符合股东大会决议规定的条件，且每次发行对象不超过 35 名。发行对象为境外战略投资者的，应当遵守国家的相关规定。

2. 发行价格和定价基准日

上市公司向特定对象发行股票，发行价格应当不低于定价基准日前 20 个交易日公司股票均价的 80%。所谓"定价基准日"，是指计算发行底价的基准日。

根据《上市公司证券发行注册管理办法》的规定，对于不同的发行对象，适用不同的定价基准日。

3. 向特定对象发行的销售方式

根据《证券发行与销售管理办法》的规定，上市公司向特定对象发行证券可以采用自行销售的方式，并遵守中国证监会和证券交易所的相关规定。如果未采用自行销售方式的，应当采用代销方式。

4. 限售

向特定对象发行的股票，自发行结束之日起 6 个月内不得转让。发行对象属于前述"关联人"情形的，其认购的股票自发行结束之日起 18 个月内不得转让。

六、股票公开发行的承销和保荐

(一) 股票公开发行的承销

1. 股票承销的概念

股票承销是指证券公司依照承销协议包销或者代销发行人向社会公开发行股票，并因此收取承销费用的行为。《证券法》第二十六条规定，"发行人向不特定对象发行的证券，法律、行政法规规定应当由证券公司承销的，发行人应当同证券公司签订承销协议。证券承销业务采取代销或者包销方式。"除了上市公司向特定对象发行证券采用自行销售方式之外，我国的公开发行都是承销发行。

2. 股票承销的种类

(1) 代销。

(2) 包销。

3. 股票承销的规则

（1）承销团。《证券法》第三十条规定："向不特定对象发行证券聘请承销团承销的，承销团应当由主承销和参与承销的证券公司组成。"

（2）承销协议。根据《证券法》的规定，证券公司承销证券，应当同发行人签订代销或者包销协议。

（3）承销期限。根据《证券法》的规定，证券的代销、包销期限最长不得超过90日。

（4）备案。根据《证券法》的规定，公开发行股票，代销、包销期限届满，发行人应当在规定的期限内将股票发行情况报国务院证券监督管理机构备案。

（5）承销机构的勤勉尽责义务。根据《证券法》的规定，证券公司承销证券，应当对公开发行募集文件的真实性、准确性、完整性进行核查；发现有虚假记载、误导性陈述或者重大遗漏的，不得进行销售活动；已经销售的，必须立即停止销售活动，并采取纠正措施。

（二）股票公开发行的保荐

1. 保荐的概念

保荐，是指由具备法定资格的保荐人负责发行人的上市推荐和辅导工作，核实公司公开发行申请文件与上市文件中所载资料是否真实、准确、完整，协助发行人建立严格的信息披露制度和公司治理制度等，持续督导发行人证券上市后履行规范运作、信守承诺、信息披露等义务，并向投资者承担担保责任的一种法律制度。

2. 法定保荐情形

《证券法》第十条第一款规定："发行人申请公开发行股票、可转换为股票的公司债券，依法采取承销方式的，或者公开发行法律、行政法规规定实行保荐制度的其他证券的，应当聘请证券公司担任保荐人。"《证券发行上市保荐业务管理办法》对此予以细化，规定发行人申请从事下列发行事项，依法采取承销方式的，应当聘请具有保荐业务资格的证券公司履行保荐职责：（1）首次公开发行股票；（2）向不特定合格投资者公开发行股票并在北京证券交易所上市；（3）上市公司发行新股、可转换公司债券；（4）公开发行存托凭证；（5）中国证监会认定的其他情形。发行人申请公开发行法律、行政法规规定实行保荐制度的其他证券的，依照前款规定办理。

3. 保荐人

保荐人，即保荐机构。《证券法》第一百二十条第四款规定："除证券公司外，任何单位和个人不得从事证券承销、证券保荐、证券经纪和证券融资融券业务。"换言之，证券保荐属于证券公司的法定"垄断"经营业务之一。但是，并非所有的证券公司都可成为保荐人，只有经中国证监会核准，取得经营保荐业务许可证的证券公司才可经营保荐业务。未经中国证监会核准，任何机构不得从事保荐业务。

同次发行的证券，其发行保荐和上市保荐应当由同一保荐机构承担。保荐机构依法对发行人申请文件、证券发行募集文件进行核查，向中国证监会、证券交易所出具保荐意见。保荐机构应当保证所出具的文件真实、准确、完整。证券发行规模达到一定数量的，可以采用联合保荐，但参与联合保荐的保荐机构不得超过2家。

证券发行的主承销商可以由该保荐机构担任,也可以由其他具有保荐业务资格的证券公司与该保荐机构共同担任。

4. 保荐人的职责和义务

(1) 保荐人的职责。在我国证券市场上,保荐人与承销商的法定职责其实是相对独立的(尽管有的时候保荐人就是主承销商)。承销商主要负责承销工作,仍然承担发现发行价格以及稳定市场价格的职能(例如,行使超额配售选择权),而保荐人的法律职责主要体现为:①发行过程中的尽职推荐和审慎核查;②发行人上市后一段时期内的持续督导。

(2) 保荐人的义务。针对尽职推荐和持续督导的两大职责,保荐人应承担诚实守信、勤勉尽责、审慎核查等义务。

5. 保荐人的民事法律责任

保荐人的民事法律责任主要体现在两个方面:

(1) 撤销注册时与发行人连带承担的返还发行价款的民事责任。该责任规定在《证券法》第二十四条,适用过错推定的归责原则,即除非保荐人能够证明自己没有过错否则即应承担责任。

(2) 发生虚假陈述民事赔偿时与发行人连带承担的民事责任。该责任规定在《证券法》第八十五条,同样适用过错推定的归责原则。

七、优先股的发行与交易

优先股是指依据《公司法》,在一般规定的普通种类股份之外,另行规定的其他种类股份,其股份持有人优先于普通股股东分配公司利润和剩余财产,但参与公司决策管理等权利受到限制。关于优先股的特征,参见本书第六章公司法律制度第二节相关内容。

2013 年 11 月 30 日,国务院发布《关于开展优先股试点的指导意见》(以下简称《优先股试点意见》),宣布开展优先股试点。《优先股试点意见》对开展优先股试点的范围、条件、发行方式、信息披露和交易等进行了原则性规定,具体规则由《优先股试点管理办法》规定。

(一) 关于优先股的基本规定

1. 发行人和发行对象

目前我国优先股的发行人限于上市公司和非上市公众公司。上市公司可以发行优先股(既可向不特定对象公开发行,也可向特定对象发行),非上市公众公司可以向特定对象发行优先股。

上市公司不得发行可转换为普通股的优先股。但商业银行可根据商业银行资本监管规定,向特定对象发行触发事件发生时强制转换为普通股的优先股,并遵守有关规定。

非上市公众公司向特定对象发行优先股,仅向符合《优先股试点管理办法》规定的合格投资者发行,每次发行对象不得超过 200 人,且相同条款优先股的发行对象累计不得超过 200 人。发行对象为境外战略投资者的,还应当符合国务院相关部门的规定。

2. 票面金额和发行价格

优先股每股票面金额为 100 元。优先股发行价格和票面股息率应当公允、合理,不得损害股东或其他利益相关方的合法利益,发行价格不得低于优先股票面金额。向不特定对象发行优先股的价格或票面股息率以市场询价或中国证监会认可的其他公开方式确定。向特定对象发行优先股的票面股息率不得高于最近两个会计年度的年均加权平均净资产收益率。

3. 与持股数额相关的优先股计算

根据《优先股试点意见》,以下事项计算持股数额时,仅合并计算普通股和表决权恢复的优先股:(1)认定持有公司股份最多的前10名股东的名单和持股数额;(2)根据《证券法》第四十四条(短线交易的规定)、第五十一条(内幕信息知情人的规定)、第八十条(与股票有关的重大事件的规定)和第八十一条(与公司债券有关的重大事件的规定),认定持有公司5%以上股份的股东。换言之,表决权未恢复的优先股不计算在内。

(二)上市公司发行优先股的条件

1. 一般性的积极条件

根据《优先股试点管理办法》,上市公司发行优先股,应符合下列规定:

(1)公司治理方面的要求:①上市公司应当与控股股东或实际控制人的人员、资产、财务分开,机构、业务独立。②上市公司内部控制制度健全,能够有效保证公司运行效率、合法合规和财务报告的可靠性,内部控制的有效性应当不存在重大缺陷。

(2)财务、会计方面的要求:①上市公司发行优先股,最近三个会计年度实现的年均可分配利润应当不少于优先股一年的股息。②上市公司最近三年现金分红情况应当符合公司章程及中国证监会的有关监管规定。③上市公司报告期不存在重大会计违规事项。向不特定对象发行优先股,最近三年财务报表被注册会计师出具的审计报告应当为标准审计报告或带强调事项段的无保留意见的审计报告;向特定对象发行优先股,最近一年财务报表被注册会计师出具的审计报告为非标准审计报告的,所涉及事项对公司无重大不利影响或者在发行前重大不利影响已经消除。

(3)募集资金使用方面的要求:上市公司发行优先股募集资金应有明确用途,与公司业务范围、经营规模相匹配,募集资金用途符合国家产业政策和有关环境保护、土地管理等法律和行政法规的规定。除金融类企业外,本次募集资金使用项目不得为持有交易性金融资产和可供出售的金融资产、借予他人等财务性投资,不得直接或间接投资于以买卖有价证券为主要业务的公司。

(4)股份数量和筹资金额方面的要求:上市公司已发行的优先股不得超过公司普通股股份总数的50%,且筹资金额不得超过发行前净资产的50%,已回购、转换的优先股不纳入计算。

(5)发行条款方面的要求:上市公司同一次发行的优先股,条款应当相同。每次优先股发行完毕前,不得再次发行优先股。

2. 消极条件

上市公司存在下列情形之一的,不得发行优先股:(1)本次发行申请文件有虚假记载、误导性陈述或重大遗漏;(2)最近12个月内受到过中国证监会的行政处罚;(3)因涉嫌犯罪正被司法机关立案侦查或涉嫌违法违规正被中国证监会立案调查;(4)上市公司的权益被控股股东或实际控制人严重损害且尚未消除;(5)上市公司及其附属公司违规对外提供担保且尚未解除;(6)存在可能严重影响公司持续经营的担保、诉讼、仲裁、市场重大质疑或其他重大事项;(7)其董事和高级管理人员不符合法律、行政法规和规章规定的任职资格;(8)严重损害投资者合法权益和社会公共利益的其他情形。

另外,如果上市公司最近36个月内因违反工商、税收、土地、环保、海关法律、行政法规或规章,受到行政处罚且情节严重的,不得向不特定对象发行优先股。上市公司向不特定对象发行优先股的,还要求公司及其控股股东或实际控制人最近12个月内应当不存在违反向投资者作出的公开承诺的行为。

3. 对向不特定对象发行优先股的特殊要求

(1)法定条件。向不特定对象发行优先股,即公开发行优先股。上市公司向不特定对象发行优先股,除应符合以上一般性积极条件外,根据《优先股试点管理办法》,应当符合以下情形之一:①其普通股为上证50指数成份股;②以向不特定对象发行优先股作为支付手段收购或吸收合并其他上市公司;③以减少注册资本为目的回购普通股的,可以公开发行优先股作为支付手段,或者在回购方案实施完毕后,可公开发行不超过回购减资总额的优先股。中国证监会同意向不特定对象发行优先股注册后不再符合前述第①项情形的,上市公司仍可实施本次发行。

(2)对章程规定的特别要求。为了保护公众投资者,向不特定对象发行优先股的公司必须在公司章程中规定以下事项:①采取固定股息率;②在有可分配税后利润的情况下必须向优先股股东分配股息;③未向优先股股东足额派发股息的差额部分应当累积到下一会计年度;④优先股股东按照约定的股息率分配股息后,不再同普通股股东一起参加剩余利润分配。商业银行发行优先股补充资本的,可就前述第②项和第③项事项另行规定。

(3)其他特别规定:①上市公司最近三个会计年度应当连续盈利。扣除非经常性损益后的净利润与扣除前的净利润相比,以孰低者作为计算依据。②上市公司向不特定对象发行优先股的,可以向原股东优先配售。

(三)优先股的交易转让及登记结算

1. 优先股的交易转让

优先股发行后可以申请上市交易或转让,不设限售期。向不特定对象发行的优先股可以在证券交易所上市交易。上市公司向特定对象发行的优先股可以在证券交易所转让,非上市公众公司向特定对象发行的优先股可以在全国股转系统转让,转让范围仅限合格投资者。

优先股交易或转让环节的投资者适当性标准应当与发行环节一致;向特定对象发行的相同条款优先股经交易或转让后,投资者不得超过200人。

2. 优先股的登记结算

中国证券登记结算公司为优先股提供登记、存管、清算、交收等服务。

(四)信息披露

公司应当在发行文件中详尽说明优先股股东的权利义务,充分揭示风险。同时,应按规定真实、准确、完整、及时、公平地披露或者提供信息,不得有虚假记载、误导性陈述或重大遗漏。

公司应当按照中国证监会有关信息披露规则编制募集优先股说明书或其他信息披露文件,依法履行信息披露义务。

(五) 回购与并购重组

1. 优先股作为回购支付手段

上市公司可以向特定对象发行优先股作为支付手段,向公司特定股东回购普通股。上市公司回购普通股的价格应当公允、合理,不得损害股东或其他利益相关方的合法利益。

上市公司以减少注册资本为目的回购普通股向不特定对象发行优先股的,以及以向特定对象发行优先股为支付手段向公司特定股东回购普通股的,除应当符合优先股发行条件和程序,还应符合以下规定:(1) 上市公司回购普通股应当由董事会依法作出决议并提交股东大会批准;(2) 上市公司股东大会就回购普通股作出的决议,应当包括下列事项:回购普通股的价格区间,回购普通股的数量和比例,回购普通股的期限,决议的有效期,对董事会办理本次回购股份事宜的具体授权,其他相关事项。以发行优先股作为支付手段的,应当包括拟用于支付的优先股总金额以及支付比例;回购方案实施完毕之日起一年内向不特定对象发行优先股的,应当包括回购的资金总额以及资金来源;(3) 上市公司股东大会就回购普通股作出决议,必须经出席会议的普通股股东(含表决权恢复的优先股股东)所持表决权的2/3以上通过;(4) 上市公司应当在股东大会作出回购普通股决议后的次日公告该决议;(5) 依法通知债权人。

2. 优先股作为并购重组支付手段

上市公司可以按照《上市公司重大资产重组管理办法》规定的条件发行优先股购买资产,同时应当遵守《优先股试点管理办法》的相关规定,依法披露有关信息、履行相应程序。

上市公司发行优先股作为支付手段购买资产的,可以同时募集配套资金。

3. 公司收购中的优先股

上市公司收购要约适用于被收购公司的所有股东,但可以针对优先股股东和普通股股东提出不同的收购条件。

第三节 公司债券的发行与交易

一、公司债券的一般理论

公司可以通过发行公司债券筹集资金,这是债权融资的一种形式。公司债券,是指公司依照法定程序发行、约定在一定期限内还本付息的有价证券。它与股权融资方式相比,具有融资成本低、发行程序简单、不稀释公司股权(可转换公司债除外)等特点。但是这种融资形式在一定期限内需要还本付息,对公司现金流的要求较高,发行人存在一定的现金支付风险。

公司债券的种类可分为:

(1) 普通公司债券和可转债或附认股权公司债券。
(2) 公开发行的公司债券与非公开发行的公司债券。

二、公司债券的发行

(一) 公司债券发行的一般规定

1. 公司内部决议

发行公司债券，发行人应当依照《公司法》或者公司章程相关规定对以下事项作出决议：(1) 发行债券的金额；(2) 发行方式；(3) 债券期限；(4) 募集资金的用途；(5) 决议的有效期；(6) 其他按照法律法规及公司章程规定需要明确的事项。

发行公司债券，如果对增信机制、偿债保障措施作出安排的，也应当在决议事项中载明。

2. 发行人、发行方式和规则适用

公司债券可以公开发行，也可以非公开发行。

发行公司债券，可以附认股权、可转换成相关股票等条款。上市公司、股票公开转让的非上市公众公司股东可以发行附可交换成上市公司或非上市公众公司股票条款的公司债券。商业银行等金融机构可以按照有关规定发行公司债券补充资本。上市公司发行附认股权、可转换成股票条款的公司债券，应当符合上市公司证券发行管理的相关规定（即应符合《上市公司证券发行注册管理办法》的相关规定）。股票公开转让的非上市公众公司也可发行附认股权、可转换成股票条款的公司债券，具体规则由中国证监会另行规定。

3. 发行公司债券的承销

发行公司债券应当由具有证券承销业务资格的证券公司承销。取得证券承销业务资格的证券公司、中国证券金融股份有限公司非公开发行公司债券可以自行销售。

承销机构承销公司债券，应当依照《证券法》相关规定采用包销或者代销方式。

4. 公司债券募集资金用途

公开发行公司债券筹集的资金，必须按照公司债券募集说明书所列资金用途使用；改变资金用途，必须经债券持有人会议作出决议。非公开发行公司债券，募集资金应当用于约定的用途；改变资金用途，应当履行募集说明书约定的程序。

鼓励公开发行公司债券的募集资金投向符合国家宏观调控政策和产业政策的项目建设。公开发行公司债券筹集的资金，不得用于弥补亏损和非生产性支出。发行人应当指定专项账户，用于公司债券募集资金的接收、存储、划转。

(二) 公司债券的公开发行

1. 公开发行的条件

《证券法》第十五条规定了公开发行公司债券应当符合的法定条件，《公司债券发行与交易管理办法》对此进行了细化规定。

(1) 积极条件。

根据《公司债券发行与交易管理办法》的规定，公开发行公司债券，应当符合下列条件：①具备健全且运行良好的组织机构；②最近三年平均可分配利润足以支付公司债券一年的利息；③具有合理的资产负债结构和正常的现金流量；④国务院规定的其他条件。

除此之外，资信状况符合以下标准的公开发行公司债券，专业投资者和普通投资者都可以参与认购：①发行人最近三年无债务违约或者延迟支付本息的事实；②发行人最近三年平均可分配利润不少于债券一年利息的1.5倍；③发行人最近一期末净资产规模不少于250亿元；④发行人最近36个月内累计公开发行债券不少于3期，发行规模不少于100亿元；⑤中国证监会根据投资者保护的需要规定的其他条件。未达前述五个规定标准的公开发行公司债券，仅限于专业投资者参与认购。

（2）消极条件。

根据《公司债券发行与交易管理办法》的规定，有下列情形之一的，不得再次公开发行公司债券：①对已公开发行的公司债券或者其他债务有违约或者延迟支付本息的事实，仍处于继续状态；②违反《证券法》规定，改变公开发行公司债券所募资金的用途。

2. 公开发行的注册程序

（1）制作注册申请文件并向交易所申报。

（2）交易所审核。

（3）中国证监会履行注册程序。

（4）撤销注册。

3. 公开发行的定价

公司债券公开发行的价格或利率以询价或公开招标等市场化方式确定。发行人和主承销商应当协商确定公开发行的定价与配售方案并予公告，明确价格或利率确定原则、发行定价流程和配售规则等内容。

（三）公司债券的非公开发行

非公开发行的公司债券应当向专业投资者发行，不得采用广告、公开劝诱和变相公开方式，每次发行对象不得超过200人。

（四）信息披露

1. 债券募集说明书

公司债券上市交易的发行人应当按照中国证监会、证券交易所的规定及时披露债券募集说明书，并在债券存续期内披露中期报告和经符合《证券法》规定的会计师事务所审计的年度报告。非公开发行公司债券的发行人信息披露的时点、内容，应当按照募集说明书的约定及证券交易场所的规定履行。发行人及其控股股东、实际控制人、董事、监事、高级管理人员等作出公开承诺的，应当在募集说明书等文件中披露。

2. 公司债券募集资金使用情况的披露

公司债券募集资金的用途应当在债券募集说明书中披露。发行人应当在定期报告中披露公开发行公司债券募集资金的使用情况、募投项目进展情况（如涉及）。非公开发行公司债券的，应当在债券募集说明书中约定募集资金使用情况的披露事宜。

3. 定期报告与发行人董事、高级管理人员的义务

发行人的董事、高级管理人员应当对公司债券发行文件和定期报告签署书面确认意见。发行人的监事会应当对董事会编制的公司债券发行文件和定期报告进行审核并提出

书面审核意见。监事应当签署书面确认意见。发行人的董事、监事和高级管理人员应当保证发行人及时、公平地披露信息,所披露的信息真实、准确、完整。董事、监事和高级管理人员无法保证公司债券发行文件和定期报告内容的真实性、准确性、完整性或者有异议的,应当在书面确认意见中发表意见并陈述理由,发行人应当披露。发行人不予披露的,董事、监事和高级管理人员可以直接申请披露。

4. 重大事件临时报告

根据《证券法》第八十一条的规定,发生可能对上市交易公司债券的交易价格产生较大影响的重大事件,投资者尚未得知时,发行人应当立即将有关该重大事件的情况向中国证监会、证券交易场所报送临时报告,并予公告,说明事件的起因、目前的状态和可能产生的法律后果。

发行人的控股股东或者实际控制人对重大事件的发生、进展产生较大影响的,应当及时将其知悉的有关情况书面告知发行人,并配合发行人履行信息披露义务。

公开发行公司债券的发行人及其他信息披露义务人应当将披露的信息刊登在其证券交易场所的互联网网站和符合中国证监会规定条件的媒体,同时将其置备于公司住所、证券交易场所,供社会公众查阅。

(五)公司债券持有人的权益保护

为了有效地保护公司债券持有人的利益不受损害,《证券法》和《公司债券发行与交易管理办法》规定了相应的保护措施。

1. 信用评级

资信评级机构为公开发行公司债券进行信用评级,应当符合以下规定:(1)将评级信息告知发行人,并及时向市场公布首次评级报告、定期和不定期跟踪评级报告;(2)公司债券的期限为一年以上的,在债券有效存续期间,应当每年至少向市场公布一次定期跟踪评级报告;(3)应充分关注可能影响评级对象信用等级的所有重大因素,及时向市场公布信用等级调整及其他与评级相关的信息变动情况,并向证券交易场所报告。

2. 公司债券的受托管理

《证券法》第九十二条第二、三款规定:"公开发行公司债券的,发行人应当为债券持有人聘请债券受托管理人,并订立债券受托管理协议。受托管理人应当由本次发行的承销机构或者其他经国务院证券监督管理机构认可的机构担任,债券持有人会议可以决议变更债券受托管理人。债券受托管理人应当勤勉尽责,公正履行受托管理职责,不得损害债券持有人利益。债券发行人未能按期兑付债券本息的,债券受托管理人可以接受全部或者部分债券持有人的委托,以自己名义代表债券持有人提起、参加民事诉讼或者清算程序。"

3. 债券持有人会议

《证券法》第九十二条第一款规定:"公开发行公司债券的,应当设立债券持有人会议,并应当在募集说明书中说明债券持有人会议的召集程序、会议规则和其他重要事项。"

(1)债券持有人会议规则。

根据《公司债券发行与交易管理办法》的规定,发行公司债券,应当在债券募集说明书中约定债券持有人会议规则。债券持有人会议规则应当公平、合理。债券持有人会议规则应当明确债券持有人通过债券持有人会议行使权利的范围，债券持有人会议的召集、通知、决策机制和其他重要事项。

债券持有人会议按照《公司债券发行与交易管理办法》的规定及会议规则的程序要求所形成的决议对全体债券持有人有约束力，债券持有人会议规则另有约定的除外。

（2）应召集债券持有人会议的情形。

存在下列情形的，债券受托管理人应当按规定或约定召集债券持有人会议：①拟变更债券募集说明书的约定；②拟修改债券持有人会议规则；③拟变更债券受托管理人或受托管理协议的主要内容；④发行人不能按期支付本息；⑤发行人减资、合并等可能导致偿债能力发生重大不利变化，需要决定或者授权采取相应措施；⑥发行人分立、被托管、解散、申请破产或者依法进入破产程序；⑦保证人、担保物或者其他偿债保障措施发生重大变化；⑧发行人、单独或合计持有本期债券总额10%以上的债券持有人书面提议召开；⑨发行人管理层不能正常履行职责，导致发行人债务清偿能力面临严重不确定性；⑩发行人提出债务重组方案的；⑪发生其他对债券持有人权益有重大影响的事项。

在债券受托管理人应当召集而未召集债券持有人会议时，单独或合计持有本期债券总额10%以上的债券持有人有权自行召集债券持有人会议。

4. 公司债券的担保和违约处理

（1）公司债券的担保。

发行人可采取内外部增信机制、偿债保障措施，提高偿债能力，控制公司债券风险。内外部增信机制、偿债保障措施包括但不限于下列方式：①第三方担保；②商业保险；③资产抵押、质押担保；④限制发行人债务及对外担保规模；⑤限制发行人对外投资规模；⑥限制发行人向第三方出售或抵押主要资产；⑦设置债券回售条款。

公司债券增信机构可以成为中国证券业协会会员。

（2）公司债券的违约处理。

发行人应当在债券募集说明书中约定构成债券违约的情形、违约责任及其承担方式以及公司债券发生违约后的诉讼、仲裁或其他争议解决机制。

三、可转换公司债券的发行

（一）发行可转债的条件

1. 积极条件

根据《上市公司证券发行注册管理办法》的规定，上市公司发行可转债，应当符合下列规定：（1）具备健全且运行良好的组织机构；（2）最近三年平均可分配利润足以支付公司债券一年的利息；（3）具有合理的资产负债结构和正常的现金流量；（4）交易所主板上市公司向不特定对象发行可转债的，应当最近三个会计年度盈利，且最近三个会计年度加权平均净资产收益率平均不低于6%；净利润以扣除非经常性损益前后孰低者为计算依据。

除前述条件外，上市公司向不特定对象发行可转债，还应当遵守如下积极条件：（1）现任董事、监事和高级管理人员符合法律、行政法规规定的任职要求；（2）具有完整的业务体系和直接面向市场独立经营的能力，不存在对持续经营有重大不利影响的情形；（3）会计基础工作规范，内部控制制度健全且有效执行，财务报表的编制和披露符合企业会计准则和相关信息披露规则的规定，在所有重大方面公允反映了上市公司的财务状况、经营成果和现金流量，最近三年财务会计报告被出具无保留意见审计报告；（4）除金融类企业外，最近一期末不存在金额较大的财务性投资。

2. 消极条件

根据《上市公司证券发行注册管理办法》的规定，上市公司存在下列情形之一的，不得发行可转债：（1）对已公开发行的公司债券或者其他债务有违约或者延迟支付本息的事实，仍处于继续状态；（2）违反《证券法》规定，改变公开发行公司债券所募资金用途。

另外，上市公司如存在不得向不特定对象发行股票的消极情形的，亦不得向不特定对象发行可转债。上市公司如存在不得向特定对象发行股票的消极情形的，亦不得向特定对象发行可转债。但是，按照公司债券募集办法，上市公司通过收购本公司股份的方式进行公司债券转换的除外。

3. 关于公司债券募集资金使用的规定

上市公司发行可转债，对其募集资金使用的规定要求与上市公司发行股票募集资金使用的要求一致（参见本章第二节"五、上市公司发行新股"相关内容），且不得用于弥补亏损和非生产性支出。

（二）发行可转债的程序

公开发行可转债的程序与公开发行新股的程序相同，都应履行注册程序。但是，在股东大会决议时，除了需就发行证券的一般性事项进行决议外，还应就如下事项进行决议：债券利率；债券期限；赎回条款；回售条款；还本付息的期限和方式；转股期；转股价格的确定和修正。另外，股东大会的决议程序与公司发行新股时股东大会的决议程序要求也一致。

（三）可转债的利率和转股

1. 可转债的利率

可转债应当具有期限、面值、利率、评级、债券持有人权利、转股价格及调整原则、赎回及回售、转股价格向下修正等要素。（1）向不特定对象发行的可转债利率由上市公司与主承销商依法协商确定。（2）向特定对象发行的可转债应当采用竞价方式确定利率和发行对象。

2. 可转债的转股期限

可转债自发行结束之日起 6 个月后方可转换为公司股票，转股期限由公司根据可转债的存续期限及公司财务状况确定。债券持有人对转换股票或者不转换股票有选择权，转换股票的于转股的次日成为发行公司的股东。

3. 可转债的转股价格

转股价格，是指募集说明书事先约定的可转债转换为每股股份所支付的价格。根据《可转换公司债券管理办法》的规定：（1）向不特定对象发行可转债的转股价格应当不低于募集说明书公告日前 20 个交易日发行人股票交易均价和前 1 个交易日均价，且不得向上修正。(2) 向特定对象发行可转债的转股价格应当不低于认购邀请书发出前 20 个交易日发行人股票交易均价和前 1 个交易日均价，且不得向下修正。

(四) 发行可转债的募集说明书

公开发行可转债的信息披露的内容与公开发行新股的信息披露的内容基本相同，不同的是募集说明书中的特别内容。根据《可转换公司债券管理办法》的规定，募集说明书应当约定转股价格调整条款，可以约定赎回条款、回售条款。

四、公司债券的交易

(一) 普通公司债券的交易

1. 公开发行的公司债券

公开发行的公司债券，应当在证券交易场所交易。

2. 非公开发行的公司债券

非公开发行公司债券，可以申请在证券交易场所、证券公司柜台转让。

非公开发行的公司债券仅限于专业投资者范围内转让。转让后，持有同次发行债券的投资者合计不得超过 200 人。

(二) 可转债的交易

1. 向不特定对象发行的可转债的交易场所

与公开发行的公司债券的交易场所一样，向不特定对象发行的可转债应当在依法设立的证券交易所上市交易或者在国务院批准的其他全国性证券交易场所交易。

2. 向特定对象发行的可转债的交易方式限制

上市公司和股票公开转让的非上市公众公司向特定对象发行的可转债，在证券交易场所（证券交易所和全国股转系统）进行转让时，不得采用集中竞价、做市商等公开的集中交易方式。

第四节 股票的公开交易

一、股票上市与退市

(一) 股票上市条件

1. 《证券法》的原则性规则

公开发行的股票，通常首当其冲选择在证券交易所上市交易。证券交易所上市规则规定的上市条件，应当对发行人的经营年限、财务状况、最低公开发行比例和公司治理、诚信记录等提出要求。"

2. 上市规则中的规定

我国上海、深圳证券交易所分别对主板、科创板和创业板的股票上市进行了不同的规定。

《科创板股票上市规则》和《创业板股票上市规则》规定了与主板不同的上市条件，尤其是在市值及财务指标方面，既有明确的数量门槛标准，又更为多样化和包容化。在北京证券交易所上市，其上市条件适用《北京证券交易所股票上市规则（试行）》的规定。

（二）股票终止上市

1. 股票终止上市的概念

《证券法》第四十八条规定，"上市交易的证券，有证券交易所规定的终止上市情形的，由证券交易所按照业务规则终止其上市交易。证券交易所决定终止证券上市交易的，应当及时公告，并报国务院证券监督管理机构备案。"

2. 退市制度的法律意义和类别

（1）退市制度的法律意义。上市公司退市制度是资本市场重要的基础性制度。一方面，上市公司基于实现发展战略、维护合理估值、稳定控制权以及成本效益法则等方面的考虑，认为不再需要继续维持上市地位，或者继续维持上市地位不再有利于公司发展，可以主动向证券交易所申请其股票终止交易。另一方面，证券交易所为维护公开交易股票的总体质量与市场信心，保护投资者特别是中小投资者合法权益，依照规则要求交投不活跃、股权分布不合理、市值过低而不再适合公开交易的股票终止交易，特别是对于存在严重违法违规行为的公司，证券交易所可以依法强制其股票退出市场交易。

（2）退市制度的类别。目前，我国的退市制度主要包括主动退市和强制退市。实践中最常见的退市情形是强制退市。

3. 主动退市

（1）主动退市的概念。主动退市，是指基于上市公司意思自治或其他非强制情形下的终止上市。

（2）主动退市的情形。主动退市分为三种模式：一是上市公司基于公司内部决议主动向证券交易所提出退市申请；二是由上市公司、上市公司股东或者其他收购人通过向所有股东发出收购全部股份或者部分股份的要约，或者因为公司回购，导致公司股本总额、股权分布等发生变化不再具备上市条件；三是上市公司因新设或者吸收合并，不再具有独立主体资格并被注销，或者上市公司股东大会决议解散。

（3）主动退市的特殊性。相比强制退市，主动退市的特殊之处在于上市公司主要是基于自身原因而终止上市，非因不符合交易所的相关规定或条件而被交易所强制终止上市，因此对主动退市公司的后续处理也更为灵活、更尊重公司意愿。

4. 强制退市

（1）强制退市情形。根据《上交所股票上市规则》，强制退市又被分为重大违法类强制退市、交易类强制退市、财务类强制退市、规范类强制退市等情形。

（2）强制退市程序。强制退市程序中主要涉及到退市风险警示、交易所决定终止上市和退市整理期。

5. 退市后的去向和交易安排

（1）强制退市公司。

强制退市公司应进入全国股转系统交易。对于因欺诈发行强制退市的公司，交易所对其重新上市申请进行了较为严格的限制。

（2）主动退市公司。

主动退市公司可以选择在证券交易场所交易或转让其股票，或者依法作出其他安排，即可依自身意愿或情形选择其他证券交易所"转换上市"，也可选择进入全国股份转让系统进行交易，或是在股东意思自治的前提下作其他安排。主动退市公司也可以随时向交易所提出重新上市申请。

二、股票场内交易和结算

（一）场内交易的一般规则

投资者委托证券公司进行证券交易，应当通过证券公司申请在证券登记结算机构开立证券账户。证券登记结算机构应当按照规定为投资者开立证券账户。投资者申请开立账户，应当持有证明中华人民共和国公民、法人、合伙企业身份的合法证件。国家另有规定的除外。

进入实行会员制的证券交易所参与集中交易的，必须是证券交易所的会员。证券交易所不得允许非会员直接参与股票的集中交易。

证券公司应当妥善保存客户开户资料、委托记录、交易记录和与内部管理、业务经营有关的各项资料，任何人不得隐匿、伪造、篡改或者毁损。上述资料的保存期限不得少于20年。

按照依法制定的交易规则进行的交易，不得改变其交易结果，但《证券法》第一百一十一条第二款规定的情形除外。对交易中违规交易者应负的民事责任不得免除；在违规交易中所获利益，依照有关规定处理。

（二）场内交易的方式

《证券法》第三十八条规定："证券在证券交易所上市交易，应当采用公开的集中交易方式或者国务院证券监督管理机构批准的其他方式。"由此，证券交易可以区分为公开的集中交易与非集中交易，二者的区别主要是价格形成机制不同。集中交易主要表现为集中竞价或集中报价撮合，公开的集中交易以集中竞价交易和做市商交易为代表；非集中交易主要表现为协议转让，价格形成于非集中的、一对一的磋商。我国交易所场内的交易方式主要为集中竞价和大宗交易。不过，北京证券交易所目前主要采用的是做市商交易方式。

（三）证券结算

证券结算，包括清算和交收。清算，是指按照确定的规则计算证券和资金的应收应付数额的行为。清算结果确定了交易双方的履约责任。交收，是指根据确定的清算结果，通过转移证券和资金履行相关债权债务的行为；即卖方将其卖出的证券交付给买方，买方将其应付资金交付给卖方。

证券结算的原则有：

（1）二级结算。

（2）中央对手方和净额结算。

（3）货银对付和担保交收。

（四）股票中央存管和中央登记

1. 中央存管

中央存管，是指在证券交易所或者国务院批准的其他全国性证券交易场所交易的证券，都应当全部存管在证券登记结算机构。证券登记结算采取全国集中统一的运营方式。我国的证券登记结算机构即中国证券登记结算公司。

2. 中央登记

中央登记与中央存管一体两面。所谓"中央"，意在强调中央存管和登记机构的唯一性和权威性。因全国公开证券市场上的证券都统一存管在证券登记结算机构，因此证券登记结算机构既有便利也应及时通过初始登记、变更登记和退出登记来证明并确认所存管证券的权利归属和变动情况。换言之，公开公司的持有人名册皆由证券登记结算机构进行登记。

非公开市场的证券，其登记、结算可以委托证券登记结算机构或者其他依法从事证券登记、结算业务的机构办理。

证券登记结算机构应当妥善保存登记、存管和结算的原始凭证及有关文件和资料。其保存期限不得少于20年。

（五）停牌、复牌、停市

1. 停牌和复牌

停牌，是指由于发生法律规定的事件，上市公司的股票暂停交易。复牌，是指停牌的上市公司股票恢复交易。

2. 停市

《证券法》第一百一十一条规定："因不可抗力、意外事件、重大技术故障、重大人为差错等突发性事件而影响证券交易正常进行时，为维护证券交易正常秩序和市场公平，证券交易所可以按照业务规则采取技术性停牌、临时停市等处置措施，并应当及时向国务院证券监督管理机构报告并公告。

三、挂牌、转板和退板

（一）挂牌和退板

1. 挂牌

除了证券交易所，公开发行的证券还可在其他合法证券交易场所进行交易，例如，在全国股转系统挂牌交易。

2. 退板

退板，即在全国股转系统终止挂牌交易。全国股转系统的退板包括强制退板和申请退板两类情形。全国股转系统出具同意终止挂牌函（针对申请退板）或出具终止挂牌决定（针对强制退板），发布相关公告并通报公司注册地中国证监会派出机构。

（二）转板

广义的转板，既包括升板、降板，还包括不同证券交易所之间的转换上市。狭义的转板，通常指升板，理论上可能表现为在同一交易场所内由挂牌或上市条件较低的板块"升"至挂牌或上市条件较高的板块，也可能表现为从门槛较低的一交易场所转至门槛较高的另一交易场所。

我国的转板机制有：
（1）场外向场内转板。
（2）交易所之间转板。

第五节 上市公司收购和重组

一、上市公司收购概述

（一）上市公司收购和控制权的概念

1. 上市公司收购的概念

上市公司收购，是指收购人通过在证券交易所的证券交易持有一个上市公司的股份达到一定比例，或通过证券交易所交易活动以外的其他合法方式（例如通过协议、其他安排等）控制一个上市公司的股份达到一定程度，导致其获得或者可能获得对该公司实际控制权的行为。

2. 上市公司控制权的概念

上市公司收购人的目的在于获得或巩固对上市公司的控制权，因此对"上市公司控制权"概念的理解就非常重要。根据《上市公司收购管理办法》的规定，有下列情形之一的，为拥有上市公司控制权：（1）投资者为上市公司持股50%以上的控股股东；（2）投资者可以实际支配上市公司股份表决权超过30%；（3）投资者通过实际支配上市公司股份表决权能够决定公司董事会半数以上成员选任；（4）投资者依其可实际支配的上市公司股份表决权足以对公司股东大会的决议产生重大影响；（5）中国证监会认定的其他情形。收购人可以通过取得股份的方式成为一个上市公司的控股股东，可以通过投资关系、协议、其他安排的途径成为一个上市公司的实际控制人，也可以同时采取上述方式和途径取得上市公司控制权。

（二）上市公司收购人

上市公司收购人，是指意图通过取得股份的方式成为一个上市公司的控股股东，或者通过投资关系、协议、其他安排的途径成为一个上市公司的实际控制人的投资者及其一致行动人。简言之，收购人包括投资者及与其一致行动的他人。

（三）上市公司收购中有关当事人的义务

1. 收购人的义务
（1）信息披露义务。
（2）要约收购人的禁售义务和平等对待被收购公司所有股东的义务。
（3）锁定义务。

2. 被收购公司的控股股东或者实际控制人的义务
（1）控股股东或者实际控制人同样应履行持股权益变动披露义务。

（2）在协议收购中的义务。被收购公司的控股股东或者实际控制人不得滥用股东权利，损害被收购公司或者其他股东的合法权益的义务，这一点尤其体现在协议收购情形中。被收购公司控股股东向收购人协议转让其所持有的上市公司股份的，负有调查收购人意图、清偿其对公司的负债等具体义务。

3. 被收购公司的董事、监事、高级管理人员的义务

被收购公司的董事、监事、高级管理人员对公司负有忠实义务和勤勉义务，应当公平对待收购本公司的所有收购人。被收购公司董事会针对收购所作出的决策及采取的措施，应当有利于维护公司及其股东的利益，不得滥用职权对收购设置不适当的障碍，不得利用公司资源向收购人提供任何形式的财务资助，不得损害公司及其股东的合法权益。

（四）上市公司收购的支付方式

收购人可以采用现金、证券、现金与证券相结合等合法方式支付收购上市公司的价款。

二、持股权益变动披露

（一）持股权益变动披露的时点

1. 场内收购的权益变动披露

（1）场内收购权益变动披露的法律基础。

《证券法》第六十三条规定："通过证券交易所的证券交易，投资者持有或者通过协议、其他安排与他人共同持有一个上市公司已发行的有表决权股份达到5%时，应当在该事实发生之日起3日内，向国务院证券监督管理机构、证券交易所作出书面报告，通知该上市公司，并予公告；在上述期限内，不得再行买卖该上市公司的股票。但国务院证券监督管理机构规定的情形除外。

投资者持有或者通过协议、其他安排与他人共同持有一个上市公司已发行的有表决权股份达到5%后，其所持该上市公司已发行的有表决权股份比例每增加或者减少5%，应当依照前款规定进行报告和公告，在该事实发生之日起至公告后3日内，不得再行买卖该上市公司的股票，但国务院证券监督管理机构规定的情形除外。投资者持有或者通过协议、其他安排与他人共同持有一个上市公司已发行的有表决权股份达到5%后，其所持该上市公司已发行的有表决权股份比例每增加或者减少1%，应当在该事实发生的次日通知该上市公司，并予公告。违反第一款、第二款规定买入上市公司有表决权的股份的，在买入后的36个月内，对该超过规定比例部分的股份不得行使表决权。"

（2）场内收购权益变动披露的制度目的。

场内收购权益变动披露的主要制度目的在于预警：提醒市场注意，有大股东出现，这些人可能成为潜在的收购人，并且通过对该股东以后增减股份的持续披露来让市场监控其行为。同时，规定了违反权益披露超比例持股的法律后果，即超比例部分在买入后36个月内都不得行使表决权。

（3）场内收购权益变动披露的规则。

《上市公司收购管理办法》第十三条对《证券法》第六十三条规定的场内收购权益变动披露规则进行了细化。

①持股至5%的卡点披露规则：投资者及其一致行动人通过证券交易所的证券交易持有上市公司已发行有表决权股份比例达到5%时，应在达到5%比例之一事实发生之日起3日内进行权益披露并在该3日内停止买卖该上市公司的股票（即应"卡点"披露且停止买卖）。

②台阶规则：在达至5%的持股比例之后，前述投资者及其一致行动人通过证券交易所的交易每增加或减少5%的持股比例，都应在增加或减少了5%这一事实发生之日起3日内进行权益披露，并在增加或减少了5%这一事实发生之日起至公告后3日内停止买卖该上市公司的股票。这在传统证券法理论中被称为"台阶规则"，即以5%这一比例为一个"台阶"，每上一个"台阶"都要求场内收购人"卡点"履行相应权益披露和停止买卖的义务。要求收购人在权益披露后停止买卖，则是为了让市场有充分的时间吸收、消化收购人所披露的权益变动信息。

③持股至5%后每增、减1%的规则：在达至5%的持股比例之后，前述投资者及其一致行动人继续通过场内交易的方式持有该公司股份的比例每增加或者减少1%，收购人都应在该事实发生的次日通知该上市公司，并予公告。注意，此时仅要求收购人履行通知和公告的义务即可，并不需要停止买卖。

（4）违反场内收购权益变动披露规则的法律后果。

行为人如未遵循前述规则中的第①项"持股至5%的卡点披露规则"和第②项"台阶规则"而买入在上市公司中拥有权益的股份的，在买入后的36个月内，对该超过规定比例部分的股份不得行使表决权。

2. 协议收购的权益变动披露

（1）协议收购权益变动披露的特殊性。

如果收购人采取的是协议收购的方式，投资者无法单方面控制协议购买的股份数量，不能恰好在5%的时点上停下来进行报告和公告。因此，只用协议转让方式的收购或受让大额股份并不宜适用《证券法》第六十三条的规定。

（2）协议收购权益变动披露的规则。

根据《上市公司收购管理办法》第十四条的规定，协议转让时的权益披露规则如下：①通过协议转让方式，投资者及其一致行动人在一个上市公司中拥有权益的股份拟达到或者超过一个上市公司已发行股份的5%时，应当在该事实发生之日起3日内编制权益变动报告书，向中国证监会、证券交易所提交书面报告，通知该上市公司，并予公告。②前述投资者及其一致行动人拥有权益的股份达到一个上市公司已发行股份的5%后，其拥有权益的股份占该上市公司已发行股份的比例每增加或者减少达到或者超过5%的，应当依照前款规定履行报告、公告义务。③前述投资者及其一致行动人在作出报告、公告前，不得再行买卖该上市公司的股票。相关股份转让及过户登记手续按照《上市公司收购管理办法》第四章及证券交易所、证券登记结算机构的规定办理。

也就是说，在协议收购的情况下，如果收购协议中拟转让的股份达到或者超过5%，或者持股已达到或者超过5%的投资者之后再以协议转让的方式每增、减比例达到或者超过5%的，投资者在协议达成之日起3日内履行权益披露义务即可；同时，在作出报告、公告前，停止买卖（报告、公告后并无停止买卖的义务）。

《证券法》第六十三条要求"卡点披露"、逢5%的倍数比例即3日内不得买卖的根本原因在于：如果是场内交易收购，收购人一般可以控制收购节奏，且法律通过强制要求收购人控制收购节奏从而让市场可以相对"平缓"地对收购信息予以吸收；而协议收购的收购人通常无法控制拟受让股份的数量。

（3）协议收购和场内收购并用时的权益变动披露。

值得注意的是，除非收购人主动采用要约收购的方式，或因持股超过30%的比例而引发强制要约收购之前，场内收购和协议收购这两种收购方式并不互相排斥，收购人极可能混合使用场内收购和协议收购，因此在披露时点的确定上需要同时考虑《证券法》第六十三条和《上市公司收购管理办法》第十四条的适用。

3. 其他股份变动情形下的权益变动披露

投资者及其一致行动人通过行政划转或者变更、执行法院裁定、继承、赠与等方式导致拥有权益的股份变动达到或超过5%的，或投资者及其一致行动人已持股达到或超过5%以上但因此而增、减达到或超过5%的，同样应当履行权益变动披露义务。投资者及其一致行动人应按照《上市公司收购管理办法》第十四条的规定，在相关权益变动事实发生之日起3日内履行报告、公告义务，并参照该规定办理股份过户登记手续。

（二）持股权益变动披露的内容

根据《证券法》第六十四条的规定，权益变动披露所作的公告，应当包括下列内容：持股人的名称、住所；持有的股票的名称、数额；持股达到法定比例或者持股增减变化达到法定比例的日期、增持股份的资金来源；在上市公司中拥有有表决权的股份变动的时间及方式。依照投资者及其一致行动人的持股比例大小和是否为控股股东或实际控制人，《上市公司收购管理办法》将持股人的权益变动报告区分为简式权益变动报告书和详式权益变动报告书。换言之，投资者及其一致行动人履行《证券法》第六十三条和《上市公司收购管理办法》第十三条、第十四条规定的持股权益变动披露义务的具体方式就是编制简式权益变动报告书或详式权益变动报告书并予以公告。

三、要约收购制度

（一）要约收购的概念、特点和分类

1. 要约收购的概念和特点

（1）要约收购的概念。

对于何谓要约收购，《证券法》和《上市公司收购管理办法》都无界定。从理论上讲，要约收购是指收购人在证券交易所的集中竞价系统之外，公开、直接向被收购公司所有股东发出要购买其手中持有股票的一种收购方式。

（2）要约收购的特点。

①要约收购的价格形式上相对最为公平。

②要约收购排斥其他收购方式。

③要约收购是在证券交易所之外唯一被允许的公开收购方式。

2. 要约收购的分类

（1）全面要约和部分要约。根据要约的预定收购比例，要约收购分为全面要约和部分要约。全面要约，是指向被收购公司所有股东发出收购其所持有的全部股份的要约。部分要约，是指向被收购公司所有股东发出收购其所持有的部分股份的要约。

（2）自愿要约和强制要约。根据要约收购行为是否来自于法律强制规定，要约收购分为自愿要约和强制要约。

（二）要约收购的规则

我国《证券法》和《上市公司收购管理办法》规定的要约收购相关具体规则如下：

1. 编制要约收购报告书并作出提示性公告

根据《上市公司收购管理办法》规定，以要约方式收购上市公司股份的，收购人应当编制要约收购报告书，聘请财务顾问，通知被收购公司，同时对要约报告书摘要作出提示性公告。本次收购依法应当取得相关部门批准的，收购人应当在要约收购报告书摘要中作出特别提示，并在取得批准后公告要约收购报告书。

收购人自作出要约收购提示性公告起60日内，未公告要约收购报告书的，收购人应当在期满后次一个工作日通知被收购公司，并予公告；此后每30日应当公告一次，直至公告要约收购报告书。收购人在公告要约收购报告书之前可以自行取消收购计划，不过应当公告原因；自公告之日起12个月内，该收购人不得再次对同一上市公司进行收购。

2. 要约期限

收购要约约定的收购期限不得少于30日，并不得超过60日。但出现竞争要约的除外。在收购要约确定的承诺期内，收购人不得撤销其收购要约。

3. 变更要约

收购人需要变更收购要约的，必须及时公告，载明具体变更事项，并通知被收购公司，且不得存在下列情形：（1）降低收购价格；（2）减少预定收购股份数额；（3）缩短收购期限；（4）国务院证券监督管理机构规定的其他情形。

在收购要约期限届满前15日内，收购人不得变更收购要约，但出现竞争要约的除外。

4. 竞争要约

出现竞争要约时，发出初始要约的收购人变更收购要约距初始要约收购期限届满不足15日的，应当延长收购期限，延长后的要约期应当不少于15日，不得超过最后一个竞争要约的期满日，并按规定比例追加履约保证金；以证券支付收购价款的，应当追加相应数量的证券，交由证券登记结算机构保管。

发出竞争要约的收购人最迟不得晚于初始要约收购期限届满前15日发出要约收购的提示性公告，并应当根据规定履行报告、公告义务。

5. 要约价格和条件

（1）要约价格适用"底价规则"。"底价规则"，是指收购人对同一种类股票的要约价格，不得低于要约收购提示性公告日前6个月内收购人取得该种股票所支付的最高价格。要约价格低于提示性公告前30个交易日该种股票的每日加权平均价格的算术平均值的，收购人聘请的财务顾问应当就该种股票前6个月的交易情况进行分析，说明是否存在股价被操纵、要约价格是否合理等情况。

（2）收购要约提出的各项收购条件，应当适用于被收购公司的所有股东。上市公司发行不同种类股份的，收购人可以针对持有不同种类股份的股东提出不同的收购条件。

6. 要约收购的排他性

采取要约收购方式的，收购人作出公告后至收购期限届满前，不得卖出被收购公司的股票，也不得采取要约规定以外的形式和超出要约的条件买入被收购公司的股票。

7. 被收购公司董事会的义务

（1）公告董事会意见的义务。

（2）不得恶意处置公司资产的义务。

（3）在要约收购期间，被收购公司董事不得辞职。

8. 被收购公司股东的预受

（1）预受的概念。

预受，是指被收购公司股东同意接受要约的初步意思表示，在要约收购期限内不可撤回之前不构成承诺。

（2）预受的法律效力。

①未撤回预受前不得转让。

②在要约不可撤回期之前，预受股东可以撤回预受。

③对于预受股份，收购人应当依约购买。

9. 要约期满

（1）收购人购买预受股份并报告、公告。

（2）因收购而不符合公众性要求的被收购公司退市。根据《上市公司收购管理办法》的规定，收购期限届满，被收购公司股权分布不符合证券交易所规定的上市交易要求，该上市公司的股票由证券交易所依法终止上市交易。

（3）剩余股东的强制出售权。根据《上市公司收购管理办法》的规定，在收购行为完成前，其余仍持有被收购公司股票的股东，有权在收购报告书规定的合理期限内向收购人以收购要约的同等条件出售其股票，收购人应当收购。

（三）强制要约收购制度

1. 强制要约收购的概念

强制要约收购，是指法律规定在特定条件下收购人对被收购公司股份的买入或增持必须采用要约收购的方式，以保护被收购公司中小股东的一种制度。

2. 触发强制要约收购的持股比例

《证券法》第六十五条规定："通过证券交易所的证券交易，投资者持有或者通过协议、其他安排与他人共同持有一个上市公司已发行的有表决权股份达到30%时，继续进行收购的，应当依法向该上市公司所有股东发出收购上市公司全部或者部分股份的要约。"可见，我国触发强制要约的持股比例点为30%。

收购人通过场内收购或协议收购或其他方式在一个上市公司中拥有权益的股份达到或者超过该公司已发行股份的5%，但未超过30%的，仅需按规定履行权益预警披露义务即可。一旦收购人拥有权益的股份达到该公司已发行股份的30%时，继续进行收购的，就引发强制要约收购义务，应当依法向该上市公司的股东发出全面要约或者部分要约，除非符合《上市公司收购管理办法》规定的免除发出要约的情形。

3. 触发强制要约收购的情形

收购人无论是以交易所交易方式（场内收购），还是以协议收购的方式，或者通过间接收购，持有一个上市公司的股份达到该公司已发行股份的30%，之后如拟继续增持，就应采用要约的方式，除非符合《上市公司收购管理办法》所规定的免除发出要约的情形。但根据收购人前期所采收购方式的不同，后续触发的仅是要约收购义务抑或全面要约收购义务，还是有所区别的。

（1）在场内收购情形下：通过证券交易所的证券交易，收购人持有一个上市公司的股份达到该公司已发行股份的30%时，继续增持股份的，应当采取要约的方式进行，收购人可以发出全面要约或者部分要约。

（2）在间接收购的情形下：收购人虽不是上市公司的股东，但通过投资关系、协议、其他安排导致其拥有权益的股份超过该公司已发行股份的30%的，应当向该公司所有股东发出全面要约；收购人预计无法在事实发生之日起30日内发出全面要约的，应当在前述30日内促使其控制的股东将所持有的上市公司股份减持至30%或者30%以下，并自减持之日起2个工作日内予以公告；其后收购人或者其控制的股东拟继续增持的，应当采取要约方式；拟免除发出要约的，应当按照《上市公司收购管理办法》的规定办理。

（3）在协议收购的情形下：收购人拟通过协议方式收购一个上市公司的股份超过30%的，超过30%的部分，应当改以要约方式进行；但如果符合免除发出要约的规定，收购人可以免于以要约方式继续增持或免于发出要约。符合免除发出要约规定情形的，收购人可以履行其收购协议；不符合免除发出要约规定情形的，在履行其收购协议前，应当发出全面要约。

4. 免除发出要约

免除发出要约，是指对于触发强制要约收购义务的收购人，法律规定其在法定情形下可以免于以要约的方式（如可以协议受让的方式）继续增持被收购公司股份，或者免于向被收购公司的所有股东发出收购要约的制度。换言之，免除发出要约，是对强制要约收购义务的法定豁免。

根据《上市公司收购管理办法》规定，符合免除发出要约规定的，投资者及其一致行动人可以：第一，免于以要约收购方式增持股份；第二，存在主体资格、股份种类限制或者法律、行政法规、中国证监会规定的特殊情形的，免于向被收购公司的所有股东发出收购要约。对于不符合免除发出要约规定的，投资者及其一致行动人应当在30日内将其或者其控制的股东所持有的被收购公司股份减持到30%或者30%以下；拟以要约以外的方式继续增持股份的，应当发出全面要约。因此，免除发出要约主要包括免于以要约收购的方式增持股份和免于发出要约两种情形。

四、特殊类型收购

（一）协议收购

协议收购，是指由收购人和被收购公司的控股股东之间通过协议转让股权方式完成控制权转移的一种收购方式。

协议收购的过渡期，是指以协议方式进行上市公司收购的，自签订收购协议起至相关股份完成过户的这一段期间。根据《上市公司收购管理办法》的规定，在过渡期内，收购人不得通过控股股东提议改选上市公司董事会，确有充分理由改选董事会的，来自收购人的董事不得超过董事会成员的1/3；被收购公司不得为收购人及其关联方提供担保；被收购公司不得公开发行股份募集资金，不得进行重大购买、出售资产及重大投资行为或者与收购人及其关联方进行其他关联交易，但收购人为挽救陷入危机或者面临严重财务困难的上市公司的情形除外。

协议收购场合转让股份的控股股东主要有两项具体义务：（1）被收购公司控股股东向收购人协议转让其所持有的上市公司股份的，应当对收购人的主体资格、诚信情况及收购意图进行调查，并在其权益变动报告书中披露有关调查情况。（2）控股股东及其关联方未清偿其对公司的负债，未解除公司为其负债提供的担保，或者存在损害公司利益的其他情形的，被收购公司董事会应当对前述情形及时予以披露，并采取有效措施维护公司利益。

为了保证交易安全和协议各方的履约诚意，《上市公司收购管理办法》要求，协议收购的相关当事人应当向证券登记结算机构申请办理拟转让股份的临时保管手续，并可以将用于支付的现金存放于证券登记结算机构指定的银行。收购报告书公告后，相关当事人应当按照证券交易所和证券登记结算机构的业务规则，在证券交易所就本次股份转让予以确认后，凭全部转让款项存放于双方认可的银行账户的证明，向证券登记结算机构申请解除拟协议转让股票的临时保管，并办理过户登记手续。收购人未按规定履行报告、公告义务，或者未按规定提出申请的，证券交易所和证券登记结算机构不予办理股份转让和过户登记手续。收购人在收购报告书公告后30日内仍未完成相关股份过户手续的，应当立即作出公告，说明理由；在未完成相关股份过户期间，应当每隔30日公告相关股份过户办理进展情况。

管理层收购，通常是指上市公司董事、监事、高级管理人员、员工或者其所控制或者委托的法人或者其他组织，对本公司进行收购或者通过协议、其他安排等方式获取本公司控制权的行为。管理层收购具有如下特点：①收购人主体具有特定性。②对管理层收购有严格的公司治理和程序方面的要求。

（二）间接收购

1. 对间接收购的理解

除了直接购买上市公司的股权以获得对其的控制权之外，现实中还可能存在多种安排可以达到类似的效果，《证券法》将其表述为"通过协议、其他安排"。例如，收购人可能通过获得上市公司母公司的控制权，从而间接控制了上市公司。《上市公司收购管理办法》统一将这些其他安排称之为"间接收购"。《上市公司收购管理办法》没有对间接收购作出明确界定，但规定："收购人虽不是上市公司的股东，但通过投资关系、协议、其他安排导致其拥有权益的股份达到或者超过一个上市公司已发行股份的5%，未超过30%的"，应当按照规定进行权益变动预警披露。

2. 对间接收购的规制

（1）间接收购同样应遵循强制要约收购规则。

（2）间接收购同样应遵循收购信息披露规则。

（3）间接收购中上市公司实际控制人负有配合义务。

五、收购中的信息披露

在收购过程中，收购人需要披露大量的信息，以让被收购公司中小股东判断是否接受收购要约或者对公司未来的前景作出判断。由于中小股东可能并不参与上市公司的经营，对公司股票的价值也许并无准确的判断，因此，被收购公司的董事会也有一定的信息披露义务。

（一）要约收购报告书

要约收购报告书是收购人进行要约收购时的法定信息披露文件。当收购人主动采用要约收购方式，或者不符合免于发出要约规定须改以要约方式进行收购的，收购人应当编制要约收购报告书，聘请财务顾问，通知被收购公司，同时对要约收购报告书摘要作出提示性公告。

（二）上市公司收购报告书

上市公司收购报告书是当收购人触发了强制要约收购义务但符合免除发出要约情形时的法定信息披露文件。以协议方式收购上市公司股份超过30%，收购人拟依据《上市公司收购管理办法》第六十二条、第六十三条第一款第（一）项、第（二）项、第（十）项的规定免于发出要约的，应当在与上市公司股东达成收购协议之日起3日内编制上市公司收购报告书，通知被收购公司，并公告上市公司收购报告书摘要。收购人应当在收购报告书摘要公告后5日内，公告其收购报告书、财务顾问专业意见和律师出具的法律意见书；不符合《上市公司收购管理办法》规定的免于发出要约情形的，应当予以公告，并且或者在30日内减持至30%或者30%以下，或者以发出全面要约的方式增持。

（三）被收购公司董事会报告书

考虑到被收购公司董事会在目标公司中的地位，其是判断要约收购条件是否合适的最恰当人选，以及基于公司董事会对股东承担的信义责任，证券法制通常要求被收购公司董事会对要约条件进行分析，就股东是否接受要约提出建议。被收购公司董事会报告书即是此情境下被收购公司应予以公布的法定信息披露文件。

根据《上市公司收购管理办法》的规定，被收购公司董事会应当对收购人的主体资格、资信情况及收购意图进行调查，对要约条件进行分析，对股东是否接受要约提出建议，并聘请独立财务顾问提出专业意见。在收购人公告要约收购报告书后20日内，被收购公司董事会应当将被收购公司董事会报告书与独立财务顾问的专业意见报送中国证监会，同时抄报派出机构，抄送证券交易所，并予公告。

收购人对收购要约条件作出重大变更的，被收购公司董事会应当在3个工作日内提交董事会及独立财务顾问就要约条件的变更情况所出具的补充意见，并予以报告、公告。

六、上市公司重大资产重组

（一）重大资产重组的界定和类型

1. 重大资产重组的概念

上市公司重大资产重组，是指上市公司及其控股或者控制的公司在日常经营活动之外购买、出售资产或者通过其他方式进行资产交易达到规定的标准,导致上市公司的主营业务、资产、收入发生重大变化的资产交易行为。

2. 重大资产重组的类型

根据资产交易达到的不同标准,上市公司重大资产重组分为两类,一类是普通重大资产重组,另一类是特殊重大资产重组(或称"借壳上市")。

(二)重大资产重组的行为要求和条件

1. 重大资产重组的原则性要件

根据《上市公司重大资产重组管理办法》的规定,上市公司实施重大资产重组,应当就本次交易符合下列要求作出充分说明,并予以披露:(1)符合国家产业政策和有关环境保护、土地管理、反垄断、外商投资、对外投资等法律和行政法规的规定;(2)不会导致上市公司不符合股票上市条件;(3)重大资产重组所涉及的资产定价公允,不存在损害上市公司和股东合法权益的情形;(4)重大资产重组所涉及的资产权属清晰,资产过户或者转移不存在法律障碍,相关债权债务处理合法;(5)有利于上市公司增强持续经营能力,不存在可能导致上市公司重组后主要资产为现金或者无具体经营业务的情形;(6)有利于上市公司在业务、资产、财务、人员、机构等方面与实际控制人及其关联人保持独立,符合中国证监会关于上市公司独立性的相关规定;(7)有利于上市公司形成或者保持健全有效的法人治理结构。

2. 上市公司实施特殊重大资产重组的特别要求

以上是所有重大资产重组行为都必须遵守的要求。根据《上市公司重大资产重组管理办法》的规定,上市公司实施特殊重大资产重组,还应当符合下列要求:(1)符合《上市公司重大资产重组管理办法》第十一条、第四十三条规定的要求;(2)上市公司购买的资产对应的经营实体应当是股份有限公司或者有限责任公司,且符合《首次公开发行股票注册管理办法》规定的其他发行条件、相关板块定位,以及证券交易所规定的具体条件;(3)上市公司及其最近三年内的控股股东、实际控制人不存在因涉嫌犯罪正被司法机关立案侦查或涉嫌违法违规正被中国证监会立案调查的情形。但是,涉嫌犯罪或违法违规的行为已经终止满三年,交易方案能够消除该行为可能造成的不良后果,且不影响对相关行为人追究责任的除外;(4)上市公司及其控股股东、实际控制人最近十二个月内未受到证券交易所公开谴责,不存在其他重大失信行为;(5)本次重大资产重组不存在中国证监会认定的可能损害投资者合法权益,或者违背公开、公平、公正原则的其他情形。

上市公司实施特殊重大资产重组,涉及发行股份的,适用《证券法》和中国证监会的相关规定,应当报经中国证监会注册。

(三)发行股份购买资产的规定

1. 发行股份购买资产的要求

根据《上市公司重大资产重组管理办法》的规定,上市公司发行股份购买资产,应当符合下列规定:(1)充分说明并披露本次交易有利于提高上市公司资产质量、改善财务状况和增强持续盈利能力,有利于上市公司减少关联交易、避免同业竞争、增强独立性;(2)上市公司最近一年及一期财务会计报告被注册会计师出具无保留意见审计报告;

被出具保留意见、否定意见或者无法表示意见的审计报告的，须经注册会计师专项核查确认，该保留意见、否定意见或者无法表示意见所涉及事项的重大影响已经消除或者将通过本次交易予以消除；（3）上市公司及其现任董事、高级管理人员不存在因涉嫌犯罪正被司法机关立案侦查或涉嫌违法违规正被中国证监会立案调查的情形，但是，涉嫌犯罪或违法违规的行为已经终止满3年，交易方案有助于消除该行为可能造成的不良后果，且不影响对相关行为人追究责任的除外；（4）充分说明并披露上市公司发行股份所购买的资产为权属清晰的经营性资产，并能在约定期限内办理完毕权属转移手续；（5）中国证监会规定的其他条件。

上市公司为促进行业的整合、转型升级，在其控制权不发生变更的情况下，可以向控股股东、实际控制人或者其控制的关联人之外的特定对象发行股份购买资产。所购买资产与现有主营业务没有显著协同效应的，应当充分说明并披露本次交易后的经营发展战略和业务管理模式，以及业务转型升级可能面临的风险和应对措施。

特定对象以现金或者资产认购上市公司的股份后，上市公司用同一次发行所募集的资金向该特定对象购买资产的，视同上市公司发行股份购买资产。

2. 发行股份购买资产的发行价格

上市公司发行股份的价格不得低于市场参考价的80%。市场参考价为本次发行股份购买资产的董事会决议公告日前20个交易日、60个交易日或者120个交易日的公司股票交易均价之一。本次发行股份购买资产的董事会决议应当说明市场参考价的选择依据。

这里所称交易均价的计算公式为：

$$\text{董事会决议公告日前若干个交易日公司股票交易均价} = \frac{\text{决议公告日前若干个交易日公司股票交易总额}}{\text{决议公告日前若干个交易日公司股票交易总量}}$$

3. 对以资产认购而取得上市公司股份的特定对象的限售要求

特定对象以资产认购而取得的上市公司股份，自股份发行结束之日起12个月内不得转让；属于下列情形之一的，36个月内不得转让：（1）特定对象为上市公司控股股东、实际控制人或者其控制的关联人；（2）特定对象通过认购本次发行的股份取得上市公司的实际控制权；（3）特定对象取得本次发行的股份时，对其用于认购股份的资产持续拥有权益的时间不足12个月。

属于特殊重大资产重组（即"借壳上市"情形）的，上市公司原控股股东、原实际控制人及其控制的关联人，以及在交易过程中从该等主体直接或间接受让该上市公司股份的特定对象应当公开承诺，在本次交易完成后36个月内不转让其在该上市公司中拥有权益的股份；除收购人及其关联人以外的特定对象应当公开承诺，其以资产认购而取得的上市公司股份自股份发行结束之日起24个月内不得转让。

4. 发行股份购买资产涉及收购情形的处理

如果上市公司发行股份购买资产导致特定对象持有或者控制的股份达到法定比例的，也应当按照《上市公司收购管理办法》的规定履行相关信息披露义务或强制要约收购义务等。

上市公司向控股股东、实际控制人或者其控制的关联人发行股份购买资产，或者发行股份购买资产将导致上市公司实际控制权发生变更的,认购股份的特定对象应当在发行股份购买资产报告书中公开承诺:本次交易完成后6个月内如上市公司股票连续20个交易日的收盘价低于发行价,或者交易完成后6个月期末收盘价低于发行价的,其持有公司股票的锁定期自动延长至少6个月。

前述(以资产认购发行人股份的)控股股东、实际控制人或者其控制的关联人还应当在发行股份购买资产报告书中公开承诺:如本次交易因涉嫌所提供或披露的信息存在虚假记载、误导性陈述或者重大遗漏,被司法机关立案侦查或者被中国证监会立案调查的,在案件调查结论明确以前,不转让其在该上市公司拥有权益的股份。

(四)信息披露和公司决议

1. 重大资产重组的信息披露

重大资产重组涉及上市公司的重大变化,具有"重大性",属于《证券法》意义上的"重大事件",应当按照信息披露相关规则的规定及时予以披露。在履行法定披露程序之前,资产重组的各参与方都应当严格保密。

根据《上市公司重大资产重组管理办法》的规定,上市公司与交易对方就重大资产重组事宜进行初步磋商时,应当立即采取必要且充分的保密措施,制定严格有效的保密制度,限定相关敏感信息的知悉范围。上市公司及交易对方聘请证券服务机构的,应当立即与所聘请的证券服务机构签署保密协议。上市公司关于重大资产重组的董事会决议公告前,相关信息已在媒体上传播或者公司股票交易出现异常波动的,上市公司应当立即将有关计划、方案或者相关事项的现状以及相关进展情况和风险因素等予以公告,并按照有关信息披露规则办理其他相关事宜。

2. 公司决议

上市公司股东大会就重大资产重组事项作出决议,必须经出席会议的股东所持表决权的2/3以上通过。

上市公司重大资产重组事宜与本公司股东或者其关联人存在关联关系的,股东大会就重大资产重组事项进行表决时,关联股东应当回避表决。交易对方已经与上市公司控股股东就受让上市公司股权或者向上市公司推荐董事达成协议或者默契,可能导致上市公司的实际控制权发生变化的,上市公司控股股东及其关联人应当回避表决。

上市公司就重大资产重组事宜召开股东大会,应当以现场会议形式召开,并应当提供网络投票或者其他合法方式为股东参加股东大会提供便利。除上市公司的董事、监事、高级管理人员、单独或者合计持有上市公司5%以上股份的股东以外,其他股东的投票情况应当单独统计并予以披露。

第六节 证券欺诈的法律责任

为了保证证券市场信息的真实性以及投资者获得信息的机会平等,《证券法》特别规定了几类证券欺诈行为的法律责任。这些证券欺诈行为主要包括:虚假陈述、内幕交易和操纵市场等。

一、虚假陈述行为

（一）虚假陈述行为的概念和分类

1. 虚假陈述行为的概念和界定

（1）虚假陈述的概念。

虚假陈述，是指信息披露义务人违反证券法律规定，在证券发行或者交易过程中，对重大事件作出违背事实真相的虚假记载、误导性陈述，或者在披露信息时发生重大遗漏、不正当披露信息的行为。

（2）应承担行政法律责任的虚假陈述行为界定。

具体而言，《信息披露违法行为行政责任认定规则》中规定，应当认定构成未按照规定披露信息的信息披露违法行为包括：①信息披露义务人未按照法律、行政法规、规章和规范性文件，以及证券交易所业务规则规定的信息披露（包括报告）期限、方式等要求及时、公平披露信息。②信息披露义务人在信息披露文件中对所披露内容进行不真实记载，包括发生业务不入账、虚构业务入账、不按照相关规定进行会计核算和编制财务会计报告，以及其他在信息披露中记载的事实与真实情况不符的。③信息披露义务人在信息披露文件中或者通过其他信息发布渠道、载体，作出不完整、不准确陈述，致使或者可能致使投资者对其投资行为发生错误判断的。④信息披露义务人在信息披露文件中未按照法律、行政法规、规章和规范性文件以及证券交易所业务规则关于重大事件或者重要事项信息披露要求披露信息，遗漏重大事项的。

（3）应承担民事法律责任的虚假陈述行为界定。

《虚假陈述侵权民事赔偿规定》将虚假陈述主要分为虚假记载、误导性陈述、重大遗漏。

2. 虚假陈述的分类

（1）"硬信息"披露虚假陈述和"软信息"披露虚假陈述。

（2）诱多型虚假陈述和诱空型虚假陈述。

（3）积极信息披露义务人的虚假陈述和消极信息披露人的虚假陈述。

（4）其他分类。

根据虚假陈述发生场所的不同，分为信息披露义务人在证券交易场所（包括证券交易所和全国股转系统）发行、交易证券过程中实施的虚假陈述和在区域性股权市场中发生的虚假陈述。

（二）虚假陈述的行政法律责任

1. 两类主体的行政法律责任

虚假陈述的行政法律责任规定在《证券法》第十三章，针对不同的责任主体规定了不同责任承担形式，例如责令改正、警告和罚款等。《信息披露违法行为行政责任认定规则》进一步中区分了两类不同主体：

（1）一类是发行人或者上市公司的董事、监事和高级管理人员。这些人依据法律规定，负有保证信息披露真实、准确、完整、及时和公平义务，应当视情形认定其为直接负责的主管人员或者其他直接责任人员承担行政责任，但其能够证明已尽忠实、勤勉义务，没有过错的除外。

（2）另一类是董事、监事、高级管理人员之外的其他人员。对于这些人，如果确有证据证明其行为与信息披露违法行为具有直接因果关系，包括实际承担或者履行董事、监事或者高级管理人员的职责，组织、参与、实施了公司信息披露违法行为或者直接导致信息披露违法的，应当视情形认定其为直接负责的主管人员或者其他直接责任人员。

如有证据证明因信息披露义务人受控股股东、实际控制人指使，未按照规定披露信息，或者所披露的信息有虚假记载、误导性陈述或者重大遗漏的，在认定信息披露义务人责任的同时，应当认定信息披露义务人控股股东、实际控制人的信息披露违法责任。信息披露义务人的控股股东、实际控制人是法人的，其负责人应当认定为直接负责的主管人员。

控股股东、实际控制人直接授意、指挥从事信息披露违法行为，或者隐瞒应当披露信息、不告知应当披露信息的，应当认定控股股东、实际控制人指使从事信息披露违法行为。

2. 从轻或者减轻行政处罚的考虑情形

《信息披露违法行为行政责任认定规则》中明确规定了认定从轻或者减轻处罚的考虑情形：（1）未直接参与信息披露违法行为；（2）在信息披露违法行为被发现前，及时主动要求公司采取纠正措施或者向证券监管机构报告；（3）在获悉公司信息披露违法后，向公司有关主管人员或者公司上级主管提出质疑并采取了适当措施；（4）配合证券监管机构调查且有立功表现；（5）受他人胁迫参与信息披露违法行为；（6）其他需要考虑的情形。

3. 不予行政处罚的考虑情形

《信息披露违法行为行政责任认定规则》中明确规定了认定为不予行政处罚的考虑情形：（1）当事人对认定的信息披露违法事项提出具体异议记载于董事会、监事会、公司办公会会议记录等，并在上述会议中投反对票的；（2）当事人在信息披露违法事实所涉及期间，由于不可抗力、失去人身自由等无法正常履行职责的；（3）对公司信息披露违法行为不负有主要责任的人员在公司信息披露违法行为发生后及时向公司和证券交易所、证券监管机构报告的；（4）其他需要考虑的情形。

《信息披露违法行为行政责任认定规则》中明确规定，任何下列情形，不得单独作为不予处罚情形认定：（1）不直接从事经营管理；（2）能力不足、无相关职业背景；（3）任职时间短、不了解情况；（4）相信专业机构或者专业人员出具的意见和报告；（5）受到股东、实际控制人控制或者其他外部干预。

4. 从重处罚的情形

《信息披露违法行为行政责任认定规则》中明确规定，下列情形认定为应当从重处罚情形：（1）不配合证券监管机构监管，或者拒绝、阻碍证券监管机构及其工作人员执法，甚至以暴力、威胁及其他手段干扰执法；（2）在信息披露违法案件中变造、隐瞒、毁灭证据，或者提供伪证，妨碍调查；（3）两次以上违反信息披露规定并受到行政处罚或者证券交易所纪律处分；（4）在信息披露上有不良诚信记录并记入证券期货诚信档案；

(5) 证监会认定的其他情形。

（二）虚假陈述的刑事法律责任

《刑法》分别针对发行时虚假陈述行为和上市公司的虚假陈述行为，规定了两种不同的罪名，欺诈发行股票、债券罪和违规披露、不披露重要信息罪。

（三）虚假陈述的民事法律责任

虚假陈述行为导致发行人或者上市公司的信息披露虚假，投资者可能据此作出了错误的投资决策，造成了投资损失。追究虚假陈述的民事责任，不仅可实现对受害投资者的补偿，还是对虚假陈述行为人责任追究的一种方式，可以起到威慑违法行为的作用。域外研究中通常把请求权人通过民事诉讼对责任的追究视为是一种"私人检察官"制度。

1. 民事责任承担主体和责任承担形式

（1）责任承担主体。

《证券法》第八十五条和第一百六十三条规定了虚假陈述的民事责任。第八十五条针对的是信息披露义务人等主体，第一百六十三条针对的是证券服务机构。

《证券法》第八十五条规定："信息披露义务人未按照规定披露信息，或者公告的证券发行文件、定期报告、临时报告及其他信息披露资料存在虚假记载、误导性陈述或者重大遗漏，致使投资者在证券交易中遭受损失的，信息披露义务人应当承担赔偿责任；发行人的控股股东、实际控制人、董事、监事、高级管理人员和其他直接责任人员以及保荐人、承销的证券公司及其直接责任人员，应当与发行人承担连带赔偿责任，但是能够证明自己没有过错的除外。"

《证券法》第一百六十三条规定："证券服务机构为证券的发行、上市、交易等证券业务活动制作、出具审计报告及其他鉴证报告、资产评估报告、财务顾问报告、资信评级报告或者法律意见书等文件，应当勤勉尽责，对所制作、出具的文件内容的真实性、准确性、完整性进行核查和验证。其制作、出具的文件有虚假记载、误导性陈述或者重大遗漏，给他人造成损失的，应当与发行人、上市公司承担连带赔偿责任，但是能够证明自己没有过错的除外。"

根据以上两条规定，虚假陈述民事赔偿责任承担主体表现为：①信息披露义务人。②发行人的控股股东、实际控制人、董事、监事、高级管理人员和其他直接责任人员以及保荐人、承销的证券公司及其直接责任人员。③证券服务机构（例如会计师事务所、资产估计机构、财务顾问机构、资信评级机构、律师事务所等）。

（2）连带责任的责任形式。

发行人是首要的信息披露义务人，亦是虚假陈述民事责任的"默认"承担主体以及第一责任人，其他责任主体与发行人承担连带责任。根据《虚假陈述侵权民事赔偿规定》第二十三条第一款，承担连带责任的当事人之间的责任分担与追偿，按照《民法典》第一百七十八条的规定处理。

2. 民事责任构成要件

作为特殊的侵权责任，虚假陈述民事责任的构成要件包括：客观的侵权行为（即虚假陈述行为）；侵权人主观要件；侵权行为与投资者交易行为之间的交易因果关系（信赖），即因侵权人的虚假陈述行为，投资者才进行了相关证券的交易；客观的损害后果，即投资者有客观损失；损失因果关系或事实因果关系，即侵权行为与损害后果之间存在因果关系。

3. 虚假陈述民事诉讼的诉讼方式

虚假陈述民事诉讼的诉讼方式原本是虚假陈述民事责任追究的另一大难题。《证券法》第九十五条解决了这一难题。因此，目前我国虚假陈述民事诉讼的诉讼方式主要表现为三种：

（1）投资者的单独诉讼。

（2）普通代表人诉讼。

（3）特别代表人诉讼。

4. 虚假陈述民事诉讼的诉讼时效

根据《虚假陈述侵权民事赔偿规定》第二十二条，当事人主张以揭露日或更正日起算诉讼时效的，人民法院应当予以支持。揭露日与更正日不一致的，以在先的为准。对于虚假陈述责任人中的一人发生诉讼时效中断效力的事由，应当认定对其他连带责任人也发生诉讼时效中断的效力。

根据《虚假陈述侵权民事赔偿规定》第二十三条，在诉讼时效期间内，部分投资者向人民法院提起人数不确定的普通代表人诉讼的，人民法院应当认定该起诉行为对所有具有同类诉讼请求的权利人发生时效中断的效果。在普通代表人诉讼中，未向人民法院登记权利的投资者，其诉讼时效自权利登记期间届满后重新开始计算。向人民法院登记权利后申请撤回权利登记的投资者，其诉讼时效自撤回权利登记之次日重新开始计算。投资者保护机构依照《证券法》第九十五条第三款的规定作为代表人参加诉讼后，投资者声明退出诉讼的，其诉讼时效自声明退出之次日起重新开始计算。

二、内幕交易行为

（一）内幕交易的概念

内幕交易，是指证券交易内幕信息的知情人员和非法获取内幕信息的人利用内幕信息进行证券交易的行为。

（二）内幕信息

内幕信息，是指证券交易活动中，涉及发行人的经营、财务或者对该发行人证券的市场价格有重大影响的尚未公开的信息。

通常认为，内幕信息具有重大性、未公开性和价值性（或相关性）三个特征。

（三）内幕交易行为的认定

在内幕信息敏感期内，内幕信息的知情人员和非法获取内幕信息的人，不得买卖该公司的证券，或者泄露，或者建议他人买卖该证券，否则就构成了内幕交易。

1. 内幕信息知情人员

根据《证券法》第五十一条的规定，证券交易内幕信息的知情人包括：（1）发行人的董事、监事、高级管理人员。（2）持有公司5%以上股份的股东及其董事、监事、高级管理人员，公司的实际控制人及其董事、监事、高级管理人员。（3）发行人控股或者实际控制的公司及其董事、监事、高级管理人员。（4）由于所任公司职务或者因与公司业务往来可以获取公司有关内幕信息的人员。（5）上市公司收购人或者重大资产交易方及其控股股东、实际控制人、董事、监事和高级管理的人员。（6）因职务、工作可以获取内幕信息的证券交易场所、证券登记结算机构、证券公司、证券服务机构的有关人员。（7）因职责、工作可以获取内幕信息的证券监督管理机构工作人员。（8）因法定职责对证券的发行、交易或者对上市公司及其收购、重大资产交易进行管理可以获取内幕信息的有关主管部门、监管机构的工作人员。（9）可以获取内幕信息的其他人员。

2. 非法获取证券内幕信息的人员

根据《内幕交易案件若干问题解释》的规定，非法获取证券内幕信息的人员包括：（1）利用窃取、骗取、套取、窃听、利诱、刺探或者私下交易等手段获取内幕信息的；（2）内幕信息知情人员的近亲属或者其他与内幕信息知情人员关系密切的人员，在内幕信息敏感期内，从事或者明示、暗示他人从事，或者泄露内幕信息导致他人从事与该内幕信息有关的证券、期货交易，相关交易行为明显异常，且无正当理由或者正当信息来源的；（3）在内幕信息敏感期内，与内幕信息知情人员联络、接触，从事或者明示、暗示他人从事，或者泄露内幕信息导致他人从事与该内幕信息有关的证券、期货交易，相关交易行为明显异常，且无正当理由或者正当信息来源的。

3. 行为表现

内幕交易的客观行为表现为：

（1）自行买卖。

（2）建议买卖。

（3）泄露内幕信息并导致他人买卖。

4. 行政责任推定

如前所述，只要当事人属于上述内幕信息知情人员或者非法获取内幕信息的人员，又在内幕信息敏感期内买卖相关证券的，在行政查处中通常即可以推定其从事内幕交易行为。一般而言，只要监管机构提供的证据能够证明以下情形之一，就可推定内幕交易行为成立：（1）《证券法》第五十一条规定的证券交易内幕信息知情人，进行了与该内幕信息有关的证券交易活动；（2）《证券法》第五十一条规定的内幕信息知情人的配偶、父母、子女以及其他有密切关系的人，其证券交易活动与该内幕信息基本吻合；（3）因履行工作职责知悉上述内幕信息并进行了与该信息有关的证券交易活动；（4）非法获取内幕信息，并进行了与该内幕信息有关的证券交易活动；（5）内幕信息公开前与内幕信息知情人或知晓该内幕信息的人联络、接触，其证券交易活动与内幕信息高度吻合。

当然，当事人可以通过举证推翻上述推定。当事人可以对其在自内幕信息产生后至公开前这一段时期（内幕信息敏感期）内从事的相关证券交易活动作出合理说明，或者提供证据排除其存在利用内幕信息从事相关证券交易活动的可能。

5. 不构成"内幕交易罪"的情形

《内幕交易案件若干问题解释》明确规定，具有下列情形之一的，不属于刑法意义上的内幕交易行为：（1）持有或者通过协议、其他安排与他人共同持有上市公司5%以上股份的自然人、法人或者其他组织收购该上市公司股份的；（2）按照事先订立的书面合同、指令、计划从事相关证券、期货交易的；（3）依据已被他人披露的信息而交易的；（4）交易具有其他正当理由或者正当信息来源的。

(四) 短线交易

《证券法》第四十四条规定，"上市公司、股票在国务院批准的其他全国性证券交易场所交易的公司的董事、监事、高级管理人员、持有或者通过协议、其他安排与他人共同持有该公司股份5%以上的股东，将其持有的该公司的股票或者其他具有股权性质的证券在买入后6个月内卖出，或者在卖出后6个月内又买入，由此所得收益归该公司所有，公司董事会应当收回其所得收益。但是，证券公司因包销购入售后剩余股票而持有5%以上股份，以及有国务院证券监督管理机构规定的其他情形除外。

前款所称董事、监事、高级管理人员、自然人股东持有的股票或者其他具有股权性质的证券，包括其配偶、父母、子女持有的及利用他人账户持有的股票或者其他具有股权性质的证券。

公司董事会不按照第一款规定执行的，股东有权要求董事会在30日内执行。公司董事会未在上述期限内执行的，股东有权为了公司的利益以自己的名义直接向人民法院提起诉讼。公司董事会不按照第一款的规定执行的，负有责任的董事依法承担连带责任。"

(五) 利用未公开信息交易

1. 对利用未公开信息交易的规定

《证券法》第五十四条规定："禁止证券交易场所、证券公司、证券登记结算机构、证券服务机构和其他金融机构的从业人员、有关监管部门或者行业协会的工作人员，利用因职务便利获取的内幕信息以外的其他未公开的信息，违反规定，从事与该信息相关的证券交易活动，或者明示、暗示他人从事相关交易活动。"这即是所谓"老鼠仓"行为。

2. 利用未公开信息交易和内幕交易的区别

"老鼠仓"行为与内幕交易的区别在于：(1) 主体范围不同。"老鼠仓"行为主体特定，主要是证券交易场所、证券公司、证券登记结算机构、证券服务机构和其他金融机构的从业人员、有关监管部门或者行业协会的工作人员；而内幕交易主体虽然主要表现为"内部人"，但只要其处于"内幕信息知情人"的位置，或处于信息传递链中，其相关交易行为明显异常，且无正当理由或者正当信息来源的，都可能被推定为从事了内幕交易。(2) 所利用的信息不同。"老鼠仓"行为利用的是内幕信息以外的其他未公开的信息；而内幕交易利用的是"涉及发行人的经营、财务"的具有重大性且未公开的信息。

三、操纵市场行为

(一) 操纵市场行为的概念

操纵市场，是指行为人利用其资金、持股或信息等优势或者利用其他手段影响或者意图影响证券市场价格，扰乱证券市场秩序的行为。《证券法》禁止任何操纵证券市场的行为。

值得注意的是，《证券法》第四十五条规定了程序化交易，以区别非法的操纵市场，"通过计算机程序自动生成或者下达交易指令进行程序化交易的，应当符合国务院证券监督管理机构的规定，并向证券交易所报告，不得影响证券交易所系统安全或者正常交易秩序"。

(二) 操纵证券市场行为的具体类型

《证券法》第五十五条规定，禁止任何人以下列手段操纵证券市场，影响或者意图影响证券交易价格或者证券交易量：

（1）单独或者通过合谋，集中资金优势、持股优势或者利用信息优势联合或者连续买卖，操纵证券交易价格或者证券交易量。

（2）与他人串通，以事先约定的时间、价格和方式相互进行证券交易，影响证券交易价格或者证券交易量。

（3）在自己实际控制的账户之间进行证券交易，影响证券交易价格或者证券交易量。

（4）不以成交为目的，频繁或者大量申报并撤销申报。

（5）利用虚假或者不确定的重大信息，诱导投资者进行证券交易。

（6）对证券、发行人公开作出评价、预测或者投资建议，并进行反向证券交易。

（7）利用在其他相关市场的活动操纵证券市场。

（8）操纵证券市场的其他手段。

操纵证券市场行为给投资者造成损失的，行为人应当依法承担赔偿责任。

第八章 企业破产法律制度

第一节 破产法律制度概述

一、破产与破产法的概念与特征

（一）破产的概念与特征

破产是指对丧失清偿能力的债务人，经法院审理，强制清算其全部财产，公平、有序地清偿全体债权人的法律制度。破产的概念一般是指破产清算程序，但在谈及破产法律制度时，通常是从广义理解，不仅包括破产清算制度，而且包括以挽救债务人、避免其破产清算为主要目的的重整、和解等法律制度。

破产清算是破产法的基本制度，它与同样具有保障债权实现功能的民事执行制度相比，具有以下特征：

（1）破产程序中的债务人已丧失清偿能力，不能对债权人履行全部清偿义务，故须以破产方式解决对全体债权人的公平、有序清偿以及企业规范退出市场的问题。

（2）就债务清偿而言，破产清算是为全体债权人的利益而进行，属于债权的集体清偿程序。

（3）破产是对债务人财产等法律关系的全面清算，破产宣告后，破产人为企业法人的，清算完成后将终结其民事主体资格。

（二）破产法的概念与特征

破产法是规定在债务人丧失清偿能力时，法院强制对其全部财产进行清算分配，公平、有序清偿债权人，或通过债务人与债权人会议达成的和解协议清偿债务，或进行企业重整，避免债务人破产的法律规范的总称。破产法有广义和狭义之分。狭义的破产法特指破产法典，如我国于2006年8月27日通过的《企业破产法》；广义的破产法则还包括其他有关破产的法律、行政法规章、司法解释及散见于其他立法中的调整破产关系的法律规范，如《民法典》《商业银行法》《保险法》《公司法》《合伙企业法》《农民专业合作社法》等立法中有关破产的规定。现代意义上的破产法均由破产清算制度与挽救债务人的重整、和解等制度两方面的法律构成。

破产法具有以下特征：

（1）破产法是集实体与程序内容合一的综合性法律，主要调整债务人丧失清偿能力时对债务的公平、有序清偿即权利实现，以及对债务人的挽救更生问题，对当事人间的实体权利义务争议（如债务是否存在与数额多少等）则应在破产程序之外通过民事诉讼、仲裁等方式解决。破产法不具备解决民事权利义务争议、保障当事人诉讼权利的各项制度。

（2）破产法的基本制度主要源于民事债权和民事执行制度，并根据破产程序的特点对当事人实体与程序上的权利、义务予以必要的扩张或限制，同时遵循经济法的理念，兼顾对社会利益与实质公平的维护。

（3）破产法的社会涉及面甚广，不仅民法、民事诉讼法与之相关，企业法、公司法、劳动法、社会保障法乃至刑法、行政法等都与之有密切联系。破产法的顺利实施需要依靠相关法律及配套制度营造的社会环境保障，单靠一部破产法是难以广泛实施并充分发挥其应有之社会调整功能的。

（三）我国破产立法概况

1986年12月2日，第六届全国人大常委会第十八次会议通过了《中华人民共和国企业破产法（试行）》（以下简称旧破产法），仅适用于全民所有制企业。1991年4月9日，第七届全国人大第四次会议通过《中华人民共和国民事诉讼法》。其第二编第十九章规定"企业法人破产还债程序"，适用于非全民所有制的企业法人。至此，所有法人型企业均被纳入破产法的调整体系。2006年8月27日，第十届全国人大常委会第二十三次会议通过了《中华人民共和国企业破产法》（以下简称《企业破产法》），自2007年6月1日起施行，旧破产法同时废止。2007年10月28日第十届全国人大常委会第三十次会议《关于修改〈中华人民共和国民事诉讼法〉的决定》，删除原法第十九章"企业法人破产还债程序"，破产问题统一由《企业破产法》调整。

二、破产法的立法宗旨与调整作用

（一）破产法的立法宗旨

《企业破产法》第一条规定："为规范企业破产程序，公平清理债权债务，保护债权人和债务人的合法权益，维护社会主义市场经济秩序，制定本法。"《企业破产法》对立法宗旨与实施原则在强调破产法基本调整功能的基础上进行了以下革新：第一，明确破产法的特定社会调整目标，区分其直接社会调整作用与间接社会影响的关系；第二，区分破产法与劳动法、社会保障法等相关立法间不同的调整范围，将不属于破产法调整的破产企业职工的救济安置等社会问题交由其他立法调整；第三，排除政府的不当行政干预，避免因行政利益的影响而扭曲破产法的实施，同时强调地方政府应当通过府院协调机制为破产案件的审理提供充分的社会保障，解决失业职工安置等破产衍生问题，保障破产法的顺利实施。

（二）破产法的调整作用

2015年《中央经济工作会议公报》指出，"要依法为实施市场化破产程序创造条件"，破产法是保障市场经济正常运行的基础法律。破产法的直接调整作用，是通过其特有的调整手段保障债务关系在债务人丧失清偿能力时的最终公平、有序实现，通过重整与和解制度避免具有挽救希望与价值的债务人企业破产，维护债权人和债务人的合法权益，完善企业市场退出机制，维护社会利益与正常经济秩序。破产法通过对债务关系的调整还产生一系列的间接社会影响，有助于完善市场经济优胜劣汰的竞争机制；通过破产清算与重整等制度，清除僵尸企业，调整产业与产品结构，实现中央"去产能、去库存、去杠杆、降成本、补短板，提高供给体系质量和效率，提高投资有效性"的战略目标，优化社会资源的市场配置。

三、破产法的适用范围

（一）破产法的主体适用范围

根据《企业破产法》第二条规定，其主体适用范围是所有的企业法人。同时，该法第一百三十五条规定："其他法律规定企业法人以外的组织的清算，属于破产清算的，参照适用本法规定的程序"，适当扩大了破产法的实际适用范围。

（二）《企业破产法》的地域适用范围

我国《企业破产法》采取有限制的普及主义原则，其第五条规定："依照本法开始的破产程序，对债务人在中华人民共和国领域外的财产发生效力。对外国法院作出的发生法律效力的破产案件的判决、裁定，涉及债务人在中华人民共和国领域内的财产，申请或者请求人民法院承认和执行的，人民法院依照中华人民共和国缔结或者参加的国际条约，或者按照互惠原则进行审查，认为不违反中华人民共和国法律的基本原则，不损害国家主权、安全和社会公共利益，不损害中华人民共和国领域内债权人的合法权益的，裁定承认和执行。"

（三）《企业破产法》的适用时间

《企业破产法》第一百三十六条规定："本法自 2007 年 6 月 1 日起施行，《中华人民共和国企业破产法（试行）》同时废止。"

第二节　破产申请与受理

一、破产原因

（一）破产原因概述

破产原因，也称破产界限，指认定债务人丧失清偿能力，当事人得以提出破产申请，法院据以启动破产程序的法律事实。破产原因也是和解与重整程序开始的原因，但重整程序开始的原因更为宽松，债务人在尚未发生破产原因但有明显丧失清偿能力可能时，也可以依法申请重整。

（二）《企业破产法》及司法解释对破产原因的规定

根据《企业破产法》第二条的规定，企业法人的破产原因是不能清偿到期债务，并且资产不足以清偿全部债务或者明显缺乏清偿能力。2011年最高人民法院颁布了《破产法司法解释（一）》。其第一条规定："债务人不能清偿到期债务并且具有下列情形之一的，人民法院应当认定其具备破产原因：（一）资产不足以清偿全部债务；（二）明显缺乏清偿能力。相关当事人以对债务人的债务负有连带责任的人未丧失清偿能力为由，主张债务人不具备破产原因的，人民法院应不予支持。"

《破产法司法解释（一）》第二条规定："下列情形同时存在的，人民法院应当认定债务人不能清偿到期债务：（一）债权债务关系依法成立；（二）债务履行期限已经届满；（三）债务人未完全清偿债务。"

《破产法司法解释（一）》第三条规定了对资不抵债的认定，指出"债务人的资产负债表，或者审计报告、资产评估报告等显示其全部资产不足以偿付全部负债的，人民法院应当认定债务人资产不足以清偿全部债务，但有相反证据足以证明债务人资产能够偿付全部负债的除外"。

根据《企业破产法》第七条规定，只要债务人不能清偿到期债务，无须考虑资不抵债问题，债权人就可以向人民法院提出破产申请。《企业破产法》第二条规定的"明显缺乏清偿能力"，就是要起到推定债务人不能清偿到期债务、认定其发生破产原因的作用，并排除对资不抵债概念在认定破产原因时的不当适用。《破产法司法解释（一）》第四条规定："债务人账面资产虽大于负债，但存在下列情形之一的，人民法院应当认定其明显缺乏清偿能力"，并列举了五种情况。第一，因资金严重不足或者财产不能变现等原因，无法清偿债务。在司法实践中，有时虽然债务人账面资产（如土地使用权、厂房等）大于负债，但由于无法变现或变现即意味着失去经营条件不得不破产倒闭，导致长期对到期债务无法清偿，即使是有物权担保的债权人有时也难以说服法院采取必然导致债务人企业倒闭、职工失业的执行措施以实现权利，所以只有通过破产程序才能彻底解决债务清偿问题。第二，法定代表人下落不明且无其他人员负责管理财产，无法清偿债务。此种情况下债务人已经丧失民事行为能力，往往也已丧失了清偿能力，必须及时启动破产程序才能维护债权人的利益。第三，经人民法院强制执行，无法清偿债务。经采取强制执行措施仍不能清偿债务的债务人显然已经完全丧失清偿能力，甚至由于已经司法程序确认而无须再推定破产原因发生。因为任何债务的不能执行，都意味着债务人完全丧失清偿能力。所以依据本项规定，只要债务人的任何一个债权人经人民法院强制执行未能得到清偿，其每一个债权人均有权提出破产申请，并不要求申请人自己已经采取了强制执行措施。第四，长期亏损且经营扭亏困难，无法清偿债务。此项规定侧重于从债务人的持续经营能力角度考察其清偿能力。当债务人不能清偿债务，同时长期亏损且经营扭亏困难，失去持续经营能力时，虽然其账面资产大于负债，但未来只会持续性减少，进一步损害债权人利益，所以应认为其发生破产申请原因。第五，导致债务人丧失清偿能力的其他情形。

二、破产申请的提出

《企业破产法》将当事人提起破产清算、和解与重整这三个程序的申请统一规定于第二章之中，所以该章中的"申请和受理"规定是同时适用于清算、和解与重整三个程序的。

（一）提出破产申请的当事人

根据法律规定，债务人发生破产原因，可以向人民法院提出重整、和解或者破产清算申请。债务人不能清偿到期债务，债权人可以向人民法院提出对债务人进行重整或者破产清算的申请，但不能提出和解申请。

（二）破产案件的管辖

当事人的申请应向对破产案件有管辖权的人民法院提出。《企业破产法》规定，破产案件的地域管辖由债务人住所地人民法院管辖。债务人住所地指债务人的主要办事机构所在地。债务人主要办事机构所在地不明确、存在争议的，由其注册登记地人民法院管辖。

（三）当事人提出破产申请时的举证责任

当事人向人民法院提出破产申请，应当提交破产申请书和有关证据。

债权人提出破产申请时，应当提交债务人不能清偿到期债务的有关证据。

申请人申请债务人破产重整的，除提交《企业破产法》规定的上述材料外，还应当提交债务人具有重整可行性的报告。

三、破产申请的受理

（一）人民法院对破产申请的审查

人民法院收到破产申请后，应当依法进行审查，及时作出是否受理破产案件的裁定。

（二）人民法院对破产申请的受理

债权人提出破产申请的，人民法院应当自债务人提出异议期满之日起 10 日内裁定是否受理。除上述情形外，人民法院应当自收到破产申请之日起 15 日内裁定是否受理。有特殊情况需要延长受理案件期限的，经上一级人民法院批准，可以延长 15 日。

（三）破产申请的驳回

人民法院受理破产申请后至破产宣告前，经审查发现案件受理的时点债务人未发生破产原因的，可以裁定驳回申请。但是，破产案件受理后债务人发生破产原因的除外。此外，案件受理时债务人存在破产原因，后由于债务人财产的市场价值发生变化导致其在案件受理后资产超过负债，乃至破产原因消失的，不影响破产案件的受理效力与继续审理，人民法院不得裁定驳回申请，债务人如不愿意进行破产清算，可以通过申请和解、重整等方式清偿债务、结束破产程序。申请人对驳回申请裁定不服的，可以自裁定送达之日起 10 日内向上一级人民法院提起上诉。

《民商事审判会议纪要》第一百零八条第二款规定："人民法院裁定受理破产申请系对债务人具有破产原因的初步认可，破产申请受理后，申请人请求撤回破产申请的，人民法院不予准许。除非存在《企业破产法》第十二条第二款规定的情形，人民法院不得裁定驳回破产申请。"

（四）破产申请受理裁定的法律效力

人民法院裁定受理破产申请的，应当同时指定管理人，并在裁定受理破产申请之日起 25 日内通知已知债权人，并予以公告。

为保证破产程序顺利进行，自人民法院受理破产申请的裁定送达债务人之日起至破产程序终结之日，债务人的有关人员承担下列义务：（1）妥善保管其占有和管理的财产、印章和账簿、文书等资料；（2）根据人民法院、管理人的要求进行工作，并如实回答询问；（3）列席债权人会议并如实回答债权人的询问；（4）未经人民法院许可，不得离开住所地；（5）不得新任其他企业的董事、监事、高级管理人员。所谓债务人的有关人员指企业的法定代表人；经人民法院决定，可以包括企业的财务管理人员和其他经营管理人员。债务人的有关人员违反法律规定，擅自离开住所地的，人民法院可以予以训诫、拘留，可以依法并处罚款。

为保证对全体债权人的公平清偿，《企业破产法》第十六条规定："人民法院受理破产申请后，债务人对个别债权人的债务清偿无效。"但是，债务人以其财产向债权人提供物权担保的，其在担保物市场价值内向债权人所作的债务清偿，原则上不受上述规定限制，但法律或司法解释等另有规定的除外。

人民法院受理破产申请后，债务人的债务人或者财产持有人应当向管理人清偿债务或者交付财产，如其故意违反法律规定向债务人清偿债务或者交付财产，使债权人受到损失的，不免除其清偿债务或者交付财产的义务。

人民法院受理破产申请后，管理人对破产申请受理前成立而债务人和对方当事人均未履行完毕的合同有权决定解除或者继续履行，并通知对方当事人。管理人决定解除或者继续履行合同，一般应当重点考虑保障债权人的权益最大化，但也应兼顾公平原则。

《企业破产法》规定，人民法院受理破产申请后，有关债务人财产的保全措施应当解除，执行程序应当中止。

《保障管理人履职意见》第十八条还从管理人履职角度对解除保全措施问题作出规定，指出："人民法院裁定受理企业破产案件后，管理人持受理破产申请裁定书和指定管理人决定书，依法向有关部门、金融机构申请解除对破产企业财产的查封、扣押、冻结等保全措施的，相关部门和单位应当根据企业破产法规定予以支持配合。保全措施解除后，管理人应当及时通知原采取保全措施的相关部门和单位。管理人申请接管、处置海关监管货物的，应当先行办结海关手续，海关应当对管理人办理相关手续提供便利并予以指导。"

此外，司法解释还规定，人民法院在受理破产申请后，对于可能因有关利益相关人的行为或者其他原因，影响破产程序依法进行的，可以根据管理人的申请或者依职权，对债务人的全部或者部分财产采取保全措施。

最高人民法院在《破产法司法解释（二）》中对执行程序中止问题作出进一步规定，其第二十二条规定："破产申请受理前，债权人就债务人财产向人民法院提起本规定第二十一条第一款所列诉讼，人民法院已经作出生效民事判决书或者调解书但尚未执行完毕的，破产申请受理后，相关执行行为应当依据企业破产法第十九条的规定中止，债权人应当依法向管理人申报相关债权。"

破产申请受理后，有关债务人财产的执行程序未依法中止的，采取执行措施的相关单位应当依法予以纠正。依法执行回转的财产，人民法院应当认定为债务人财产。

为进一步落实破产法的此项规定，《民商事审判会议纪要》第一百零九条规定："要切实落实破产案件受理后相关保全措施应予解除、相关执行措施应当中止、债务人财产应当及时交付管理人等规定,充分运用信息化技术手段,通过信息共享与整合,维护债务人财产的完整性。相关人民法院拒不解除保全措施或者拒不中止执行的,破产受理人民法院可以请求该法院的上级人民法院依法予以纠正。对债务人财产采取保全措施或者执行措施的人民法院未依法及时解除保全措施、移交处置权,或者中止执行程序并移交有关财产的,上级人民法院应当依法予以纠正。相关人员违反上述规定造成严重后果的,破产受理人民法院可以向人民法院纪检监察部门移送其违法审判责任线索。人民法院审理企业破产案件时,有关债务人财产被其他具有强制执行权力的国家行政机关,包括税务机关、公安机关、海关等采取保全措施或者执行程序的,人民法院应当积极与上述机关进行协调和沟通,取得有关机关的配合,参照上述具体操作规程,解除有关保全措施,中止有关执行程序,以便保障破产程序顺利进行。"

根据《企业破产法》规定,人民法院受理破产申请后,已经开始而尚未终结的有关债务人的民事诉讼或者仲裁应当中止;在管理人接管债务人财产、掌握诉讼情况后能够继续进行时,该诉讼或者仲裁继续进行。

《民商事审判会议纪要》第一百一十条规定:"人民法院受理破产申请后,已经开始而尚未终结的有关债务人的民事诉讼,在管理人接管债务人财产和诉讼事务后继续进行。债权人已经对债务人提起的给付之诉,破产申请受理后,人民法院应当继续审理,但是在判定相关当事人实体权利义务时,应当注意与企业破产法及其司法解释的规定相协调。上述裁判作出并生效前,债权人可以同时向管理人申报债权,但其作为债权尚未确定的债权人,原则上不得行使表决权,除非人民法院临时确定其债权额。上述裁判生效后,债权人应当根据裁判认定的债权数额在破产程序中依法统一受偿,其对债务人享有的债权利息应当按照《企业破产法》第四十六条第二款的规定停止计算。人民法院受理破产申请后,债权人新提起的要求债务人清偿的民事诉讼,人民法院不予受理,同时告知债权人应当向管理人申报债权。债权人申报债权后,对管理人编制的债权表记载有异议的,可以根据《企业破产法》第五十八条的规定提起债权确认之诉。"

破产申请受理后,有关债务人的民事诉讼只能向受理破产申请的人民法院提起。但是其他法律有特殊规定的应当除外,如当事人约定仲裁解决纠纷的,仍应当以仲裁方式解决。

四、执行案件的移送破产审查

执行案件移送破产审查,简称"执转破",是实现执行程序与破产程序衔接的重要措施。

执行案件移送破产审查工作,涉及执行程序与破产程序之间的转换衔接,不同法院之间,同一法院内部执行部门、立案部门、破产审判部门之间,应坚持依法有序、协调配合、高效便捷的工作原则,防止推诿扯皮,影响司法效率,损害当事人合法权益。

执行案件移送破产审查,应同时符合下列条件:(1)被执行人为企业法人;(2)被执行人或者有关被执行人的任何一个执行案件的申请执行人书面同意将执行案件移送破产审查;(3)被执行人不能清偿到期债务,并且资产不足以清偿全部债务或者明显缺乏清偿能力。

执行案件移送破产审查，由被执行人住所地人民法院管辖。

第三节　管理人制度

一、管理人制度的一般理论

《企业破产法》在债务人财产的管理上，用管理人制度取代了旧法中以政府官员为主导的清算组制度，这是我国破产法走向市场化、规范化、国际化的重要一步。通常而言，管理人是指破产案件受理后成立的，全面接管破产企业并负责破产财产的保管、清理、估价、处理和分配等破产清算事务的专门机构或人员。管理人概念有广义与狭义之分。狭义的管理人仅负责破产清算程序中的管理工作，所以又称破产管理人，如前述概念。广义的管理人则还在重整、和解程序中承担管理、监督工作。我国《企业破产法》规定，管理人的工作自案件受理开始，横贯破产清算、和解与重整三个程序，使用是广义的管理人概念。

《企业破产法》第二十二条规定，管理人由人民法院指定，指定管理人和确定管理人报酬的办法，由最高人民法院规定。

二、管理人的资格与指定

（一）管理人的资格

《企业破产法》第二十四条规定："管理人可以由有关部门、机构的人员组成的清算组或者依法设立的律师事务所、会计师事务所、破产清算事务所等社会中介机构担任。人民法院根据债务人的实际情况，可以在征询有关社会中介机构的意见后，指定该机构具备相关专业知识并取得执业资格的人员担任管理人。有下列情形之一的，不得担任管理人：（一）因故意犯罪受过刑事处罚；（二）曾被吊销相关专业执业证书；（三）与本案有利害关系；（四）人民法院认为不宜担任管理人的其他情形。个人担任管理人的，应当参加执业责任保险。"为了进一步完善管理人队伍知识与专业结构，《破产审判会议纪要》第四条规定："人民法院要指导编入管理人名册的中介机构采取适当方式吸收具有专业技术知识、企业经营能力的人员充实到管理人队伍中来，促进管理人队伍内在结构更加合理，充分发挥和提升管理人在企业病因诊断、资源整合等方面的重要作用。"

（二）管理人的指定

根据《企业破产法》规定，管理人由人民法院指定。《指定管理人规定》设置了管理人名册制度。由人民法院根据本地破产案件发生数量从报名者中择优确定编入管理人名册的人数，并从编入管理人名册的中介机构及其取得执业资格的成员中实际指定管理人。人民法院对管理人名册实行动态管理，根据破产案件发生的数量、编入管理人名册者的工作考核情况以及社会中介机构和个人的情况变化，适时调整名册，加以增删，以适应审理破产案件的实际需要。

根据《指定管理人规定》，目前指定管理人主要有随机、竞争、接受推荐三种方式。

人民法院指定管理人时，应当同时根据中介机构或清算组的推荐，指定管理人负责人。社会中介机构或者清算组需要变更管理人负责人的，应当向人民法院申请。

管理人无正当理由，不得拒绝人民法院的指定。《指定管理人规定》第三十九条对管理人拒绝指定行为规定有相应处罚，可以决定停止其担任管理人1年至3年，或将其从管理人名册中除名。

《企业破产法》第二十二条第二款规定，管理人"不能依法、公正执行职务或者有其他不能胜任职务"情形的，债权人会议可以申请人民法院予以更换。

三、管理人的报酬

管理人履行职责，付出劳动，应当获得合理的报酬。《企业破产法》第二十八条规定："管理人的报酬由人民法院确定。"

四、管理人的职责与责任

管理人应当勤勉尽责，忠实执行职务。根据《企业破产法》规定，管理人履行下列职责：（一）接管债务人的财产、印章和账簿、文书等资料；（二）调查债务人财产状况，制作财产状况报告；（三）决定债务人的内部管理事务；（四）决定债务人的日常开支和其他必要开支；（五）在第一次债权人会议召开之前，决定继续或者停止债务人的营业；（六）管理和处分债务人的财产；（七）代表债务人参加诉讼、仲裁或者其他法律程序；（八）提议召开债权人会议；（九）人民法院认为管理人应当履行的其他职责。《企业破产法》第二十六条规定："在第一次债权人会议召开之前，管理人决定继续或者停止债务人的营业或者有本法第六十九条规定行为之一的，应当经人民法院许可。"此外，《企业破产法》对管理人在重整等程序中的职责另有具体规定。

第四节 债务人财产

一、债务人财产的一般规定

（一）债务人财产的范围

根据《企业破产法》第三十条规定，债务人财产包括破产申请受理时属于债务人的全部财产，以及破产申请受理后至破产程序终结前债务人取得的财产。债务人财产在破产宣告后改称为破产财产。据此规定，确定债务人财产范围的界定时点是破产申请受理时，而不是破产宣告时，已作为担保物的财产也属于债务人财产。

最高人民法院在《破产法司法解释（二）》中对破产财产的具体范围作出规定，指出"除债务人所有的货币、实物外，债务人依法享有的可以用货币估价并可以依法转让的债权、股权、知识产权、用益物权等财产和财产权益,人民法院均应认定为债务人财产。"但"下列财产不应认定为债务人财产:(一)债务人基于仓储、保管、承揽、代销、借用、寄存、租赁等合同或者其他法律关系占有、使用的他人财产;(二)债务人在所有权保留买卖中尚未取得所有权的财产;(三)所有权专属于国家且不得转让的财产;(四)其他依照法律、行政法规不属于债务人的财产"。

(二)债务人财产的收回

人民法院受理破产申请后,管理人的一项重要工作就是清理债务人财产,追收财产。债务人的出资人尚未完全履行出资义务的,管理人应当要求该出资人缴纳所认缴的出资,而不受出资期限的限制。

为维护债权人及债务人的合法权益,《企业破产法》第三十六条规定:"债务人的董事、监事和高级管理人员利用职权从企业获取的非正常收入和侵占的企业财产,管理人应当追回。"《破产法司法解释(二)》第二十四条规定:"债务人有企业破产法第二条第一款规定的情形(即发生破产原因)时,债务人的董事、监事和高级管理人员利用职权获取的以下收入,人民法院应当认定为企业破产法第三十六条规定的非正常收入:(一)绩效奖金;(二)普遍拖欠职工工资情况下获取的工资性收入;(三)其他非正常收入。债务人的董事、监事和高级管理人员拒不向管理人返还上述债务人财产,管理人主张上述人员予以返还的,人民法院应予支持。债务人的董事、监事和高级管理人员因返还第一款第(一)项、第(三)项非正常收入形成的债权,可以作为普通破产债权清偿。因返还第一款第(二)项非正常收入形成的债权,依据企业破产法第一百一十三条第三款的规定,按照该企业职工平均工资计算的部分作为拖欠职工工资清偿;高出该企业职工平均工资计算的部分,可以作为普通破产债权清偿。"

管理人负有依法向次债务人、债务人的出资人等追收债务人财产的责任。债权人通过债权人会议或者债权人委员会,要求管理人依法向次债务人、债务人的出资人等追收债务人财产,管理人无正当理由拒绝追收的,债权人会议有权申请人民法院更换管理人,人民法院对其请求应予支持。管理人不予追收,个别债权人代表全体债权人提起相关诉讼,主张次债务人或者债务人的出资人等向债务人清偿或者返还债务人财产,或者依法申请合并破产的,人民法院应予受理。

在人民法院受理破产申请后,管理人可以通过清偿债务或者提供为债权人接受的担保,取回质物、留置物或解除债务人财产上存在的物权担保。管理人所作的债务清偿或者替代担保,在担保物的价值低于被担保的债权额时,以担保物当时的市场价值为限。否则,就可能出现对实际上并不在担保范围内的债权优先偏袒清偿的情况。管理人拟通过清偿债务或者提供担保取回质物、留置物,或者与质权人、留置权人协议以质物、留置物折价清偿债务等方式,进行对债权人利益有重大影响的财产处分行为的,应当及时报告债权人委员会。未设立债权人委员会的,管理人应当及时报告人民法院。

二、破产撤销权与无效行为

《企业破产法》规定了破产撤销权与无效行为。撤销权是指管理人对债务人在破产案件受理前的法定期间内进行的欺诈逃债或损害公平清偿的行为,有申请法院撤销,并追回财产的权利。我国破产法上的无效行为则是针对立法当时《民法通则》《合同法》等规定的无效行为在破产程序中的表现特点作出的规定,以强调对破产逃债行为的打击。

《企业破产法》对破产无效行为和撤销权制度作有全面规定,其第三十三条规定:"涉及债务人财产的下列行为无效:(一)为逃避债务而隐匿、转移财产的;(二)虚构债务或者承认不真实的债务的。"

《企业破产法》第三十一条规定:"人民法院受理破产申请前一年内,涉及债务人财产的下列行为,管理人有权请求人民法院予以撤销:(一)无偿转让财产的;(二)以明显不合理的价格进行交易的;(三)对没有财产担保的债务提供财产担保的;(四)对未到期的债务提前清偿的;(五)放弃债权的。"

三、取回权

(一)一般取回权

破产法上的取回权分为一般取回权与特别取回权。《企业破产法》第三十八条规定:"人民法院受理破产申请后,债务人占有的不属于债务人的财产,该财产的权利人可以通过管理人取回。但是,本法另有规定的除外。"这是对一般取回权的规定。

(二)出卖人取回权

《企业破产法》第三十九条规定:"人民法院受理破产申请时,出卖人已将买卖标的物向作为买受人的债务人发运,债务人尚未收到且未付清全部价款的,出卖人可以取回在运途中的标的物。但是,管理人可以支付全部价款,请求出卖人交付标的物。"这是对特别取回权中出卖人取回权的规定。

(三)所有权保留买卖合同的处理

所有权保留买卖合同,是当事人约定买受人未履行支付价款或者其他义务,标的物的所有权属于出卖人的买卖合同。所有权保留买卖合同的标的物,不适用于不动产。出卖人对标的物保留的所有权,未经登记,不得对抗善意第三人。在所有权保留买卖合同的标的物所有权未依法转移给买受人前,一方当事人破产的,该买卖合同属于双方均未履行完毕的合同,管理人有权依法决定解除或者继续履行合同。

出卖人破产,其管理人决定解除合同的,有权依法要求买受人向其交付买卖标的物。

买受人破产,其管理人决定继续履行合同的,原合同中约定的买受人支付价款或者履行其他义务的期限在破产申请受理时视为到期,买受人管理人应当及时向出卖人支付价款或者履行其他义务。

买受人破产,其管理人决定解除合同的,出卖人有权主张取回买卖标的物。

四、抵销权

破产法上的抵销权,是指债权人在破产申请受理前对债务人即破产人负有债务的,无论是否已到清偿期限、标的是否相同,均可在破产财产最终分配确定前向管理人主张相互抵销的权利。《企业破产法》第四十条规定:"债权人在破产申请受理前对债务人负有债务的,可以向管理人主张抵销。"破产抵销权是破产债权只能依破产程序受偿的例外，抵销权实施的结果使该债权在抵销范围内得以由破产财产中得到全额、优先清偿。破产抵销权是民法抵销权在债务人丧失清偿能力时的特别适用，故具有优先于民法抵销权适用的效力。但在破产程序中并不排斥民法上的抵销在不违背破产法公平清偿原则下的适用，例如对破产费用、共益债务的抵销。

破产法上的抵销权只能由债权人向管理人提出行使，管理人（或债务人）不得主动主张债务抵销。因为抵销权作为债权人的一项权利，是可以任由其行使或放弃的，而管理人主动主张抵销，将使个别债权人受益，使破产财产减少，客观上对多数破产债权人不利，与管理人应当为全体债权人共同利益活动的职责不符，故除非抵销能使债务人财产受益，管理人不得主动主张抵销。债务人在重整程序中自行管理财产的，也应受不得主动主张抵销的限制。《破产法司法解释（二）》第四十一条规定："债权人依据企业破产法第四十条的规定行使抵销权，应当向管理人提出抵销主张。管理人不得主动抵销债务人与债权人的互负债务，但抵销使债务人财产受益的除外。"

五、破产费用与共益债务

在破产案件中，为保障破产程序顺利进行，维护全体债权人的共同利益，会产生各种各样的费用支出；为在必要时继续破产企业的营业、继续履行合同、进行破产财产的管理等，也可能会使破产财产负担一定的债务。《企业破产法》区分其性质，分别规定为破产费用与共益债务，由债务人财产随时清偿，并规定债务人财产不足以清偿所有破产费用和共益债务时的清偿顺序。

（一）破产费用

破产费用，是在破产程序中为全体债权人共同利益，因程序进行而支付的各项费用的总称。《企业破产法》第四十一条规定："人民法院受理破产申请后发生的下列费用，为破产费用：（一）破产案件的诉讼费用；（二）管理、变价和分配债务人财产的费用；（三）管理人执行职务的费用、报酬和聘用工作人员的费用。"

（二）共益债务

共益债务，是在破产程序中发生的应由债务人财产负担的债务的总称。《企业破产法》第四十二条规定："人民法院受理破产申请后发生的下列债务，为共益债务：（一）因管理人或者债务人请求对方当事人履行双方均未履行完毕的合同所产生的债务；（二）债务人财产受无因管理所产生的债务；（三）因债务人不当得利所产生的债务；（四）为债务人继续营业而应支付的劳动报酬和社会保险费用以及由此产生的其他债务；（五）管理人或者相关人员执行职务致人损害所产生的债务；（六）债务人财产致人损害所产生的债务。"

（三）破产费用与共益债务的清偿

破产费用与共益债务均是以债务人财产为清偿对象的，并享有优先于其他债权的受偿权。但是，它们优先受偿的范围原则上仅限于债务人的无担保财产，对债务人的特定财产享有担保权的权利人，仍对该特定财产享有优先于破产费用与共益债务受偿的权利。不过专为设有担保权的特定财产而支出的费用，如担保财产的拍卖费用、升值与维护费用等，应当从担保财产的变价款中支付。

《企业破产法》第四十三条规定："破产费用和共益债务由债务人财产随时清偿。债务人财产不足以清偿所有破产费用和共益债务的，先行清偿破产费用。债务人财产不足以清偿所有破产费用或者共益债务的，按照比例清偿。债务人财产不足以清偿破产费用的，管理人应当提请人民法院终结破产程序。人民法院应当自收到请求之日起15日内裁定终结破产程序，并予以公告。"债务人财产虽然不足以支付所有破产费用，但是破产案件的债权人、管理人、债务人的出资人或者其他利害关系人愿意垫付相关费用的，经人民法院同意，破产程序可以继续进行。这样可以避免因债务人财产不足，反而使债务人或其董事、监事、经理等高级管理人员的转移财产、逃避债务等违法行为无法纠正，不能追回财产，并使其逃脱法律制裁。

在债权人或债务人等提出破产清算申请时，人民法院即发现债务人财产可能不足以支付破产费用、无财产可供分配的，应当先受理破产案件，在对此情况审查确认后作出破产宣告，同时作出终结破产程序的裁定。这样可使当事人的债务关系得以合法终结，使债务人企业依法规范退出市场。

第五节 破产债权

一、破产债权申报的一般规则

破产债权是依破产程序启动前原因成立的，经依法申报确认，并得由破产财产中获得清偿的可强制执行的财产请求权，但法律另有规定者除外。《企业破产法》第一百零七条第二款规定，"人民法院受理破产申请时对债务人享有的债权称为破产债权"。据此，确定破产债权的时点与破产程序启动的时点相统一，均为受理破产申请时，对破产人的特定财产享有担保权的债权也属于破产债权。

债权申报是不确定多数债权人集体清偿程序中的必备制度，破产、清算等集体清偿程序中都存在债权申报问题。只有通过债权的申报，才能够确定有权参加清偿的债权人范围，确定不同债权人的清偿顺序，做到对全体债权人的有序、公平清偿。债权的个别清偿程序如诉讼执行程序，因债权人的权利实现与其他债权人互不影响，故不存在债权申报问题。根据破产法的一般原则，破产案件受理后，债权人只有在依法申报债权并得到确认后，才能行使破产参与、受偿等权利。债权人行使各项权利，应依照破产法规定的程序进行。

二、破产债权申报的特别规定

《企业破产法》对一些特殊破产债权的确认与申报作有特别规定。债务人的保证人或者其他连带债务人已经代替债务人清偿债务的，以其对债务人的求偿权申报债权；尚未代替债务人清偿债务的，以其对债务人的将来求偿权预先申报债权。允许保证人或连带债务人预先申报债权，是为避免在债务未到期时，债权人不参加破产清偿而待到期后再直接向保证人或连带债务人要求清偿,而保证人或连带债务人在履行保证或连带责任后却因破产人的破产财产分配程序已终结,而无法行使其代位求偿权。但是,债权人已向管理人申报全部债权的,保证人或连带债务人不能再申报债权,其履行代偿义务也不再具有代位求偿权。否则,就会出现债务人对一项破产债务向债权人和保证人或连带债务人作二次重复清偿,从而损害其他债权人的合法权益。

根据《民法典》第一百七十八条规定,"二人以上依法承担连带责任的,权利人有权请求部分或者全部连带责任人承担责任。"据此,负有连带义务的债务人,每人都负有清偿全部债务的义务。连带债务的设立通过扩大债务人的范围,使全体连带债务人的所有一般财产(无物权担保财产)都成为债务清偿的执行对象,以最大限度地保障债权人的利益。

三、破产债权的确认

债权人申报之债权需经审查确认后才能在破产程序中行使权利。

债权审查的判断原则是,凡未经发生法律效力的法律文书所确认的债权,均应在审查之列;已经发生法律效力的法律文书所确认的债权,原则上可直接列入债权确认表中,但确有证据证明该债权是虚构、不真实的,或依据破产法应做特殊调整的除外。

管理人依法编制的债权登记表,应当提交第一次债权人会议核查。经核查后,管理人、债务人、其他债权人等对债权无异议的,列入债权确认表中。

经核查后仍存在异议的债权,由人民法院裁定该异议债权是否列入债权确认表内。

《破产法司法解释三》第九条规定:"债务人对债权表记载的债权有异议向人民法院提起诉讼的,应将被异议债权人列为被告。债权人对债权表记载的他人债权有异议的,应将被异议债权人列为被告;债权人对债权表记载的本人债权有异议的,应将债务人列为被告。对同一笔债权存在多个异议人,其他异议人申请参加诉讼的,应当列为共同原告。"

第六节 债权人会议

一、债权人会议的组成

(一)债权人会议的概念

我国破产程序中的债权人会议,是由所有依法申报债权的债权人组成,以保障债权人共同利益为目的,为实现债权人的破产程序知情权、参与权,讨论决定有关破产事宜,表达债权人意志,协调债权人行为的破产议事机构。

(二)债权人会议的成员与权利

依法申报债权的债权人为债权人会议的成员,有权参加债权人会议,享有表决权。

每个债权人都享有在破产程序中的知情权。

债权人可以自己出席会议，也可以委托代理人出席债权人会议，行使表决权。代理人出席债权人会议，应当向人民法院或者债权人会议主席提交债权人的授权委托书。

为维护企业职工的权益，立法规定债权人会议应当有债务人的职工和工会的代表参加，对有关事项发表意见。通常认为，债务人的职工和工会的代表在债权人会议上没有表决权，重整程序除外。

为保证债权人会议的顺利进行，我国立法规定，债权人会议设主席一人，由人民法院在有表决权的债权人中指定。由单位债权人出任债权人会议主席的，该单位应当指定一名常任代表履行主席职务，且一般情况下不得更换。债权人会议主席依法行使职权，负责债权人会议的召集、主持等工作。

在债权人会议上除有权出席会议的债权人之外，还有其他列席人员。债权人会议的列席人员是指不属于会议正式成员，无表决权，为协助债权人会议顺利召开，因履行法定义务或职务义务而参加会议的人员。

二、债权人会议的召集与职权

（一）债权人会议的召集

债权人会议是依召集方式活动、依表决决议方式作出决策的议决机关。第一次债权人会议由人民法院召集，自债权申报期限届满之日起15日内召开。以后的债权人会议，在人民法院认为必要时，或者管理人、债权人委员会、占债权总额1/4以上的债权人向债权人会议主席提议时召开。这里的提议召开，应理解为有提议即应召开，债权人会议主席无权拒绝召开会议。召开债权人会议，管理人应当提前15日通知已知的债权人。

（二）债权人会议的职权

《企业破产法》第六十一条对债权人会议的职权作有规定："债权人会议行使下列职权：（一）核查债权；（二）申请人民法院更换管理人，审查管理人的费用和报酬；（三）监督管理人；（四）选任和更换债权人委员会成员；（五）决定继续或者停止债务人的营业；（六）通过重整计划；（七）通过和解协议；（八）通过债务人财产的管理方案；（九）通过破产财产的变价方案；（十）通过破产财产的分配方案；（十一）人民法院认为应当由债权人会议行使的其他职权。债权人会议应当对所议事项的决议作成会议记录。"

三、债权人委员会

（一）债权人委员会的概念与组成

《企业破产法》规定，在债权人会议中可以设置债权人委员会，建立了各国破产法中普遍存在的破产监督人制度。债权人委员会是遵循债权人的共同意志，代表债权人会议监督管理人行为以及破产程序合法、公正进行，处理破产程序中的有关事项，维护债权人利益的常设监督机构。在破产程序中设立债权人委员会具有重要意义，有助于保护全体债权人的利益，保障债权人会议职能的有效执行，并在债权人会议闭会期间对破产程序进行日常必要的监督。

债权人委员会为破产程序中的选任机关，由债权人会议根据案件具体情况决定是否设置。债权人委员会中的债权人代表由债权人会议选任、罢免。此外，债权人委员会中还应当有一名债务人企业的职工代表或者工会代表。为便于决定事项、开展工作,债权人委员会的成员人数原则上应为奇数,最多不得超过9人。出任债权人委员会的成员应当经人民法院书面认可。

(二) 债权人委员会的职权

债权人委员会行使下列职权:(1) 监督债务人财产的管理和处分;(2) 监督破产财产分配;(3) 提议召开债权人会议;(4) 债权人会议委托的其他职权。

第七节 重整程序

一、重整制度的一般理论

(一) 重整制度的概念与意义

《企业破产法》借鉴外国立法经验建立了重整制度。重整制度集中体现了破产法的拯救功能,代表了现代破产法的发展趋势。重整是指对已经或可能发生破产原因但又有挽救希望与价值的企业,通过对各方利害关系人的利益协调,借助法律强制进行股权、营业、资产重组与债务清理,以避免破产退出、获得事业更生的法律制度。我国重整制度的适用范围为企业法人,由于其程序复杂、费用较高、时间较长,故实践中主要适用于大中型企业,小型企业则往往采用更为简化的和解程序。

(二) 重整制度的特征

重整制度具有以下特点:

第一,重整申请时间提前、启动主体多元化。

第二,参与重整活动的主体多元化、重整措施多样化。

第三,担保物权受限。

第四,重整程序具有强制性。

第五,债务人可负责制定、执行重整计划。

二、重整申请和重整期间

(一) 重整申请

《企业破产法》规定,债务人或者债权人可以依法直接向人民法院申请对债务人进行重整。

(二) 重整期间

自人民法院裁定债务人重整之日起至重整程序终止,为重整期间。需注意的是,所谓重整期间,仅指重整申请受理至重整计划草案得到或未得到债权人会议分组表决通过和人民法院批准的期间,不包括重整计划得到批准后的执行期间。

在重整期间,债务人的财产管理和营业事务执行,可以由债务人或管理人负责。

三、重整计划的制定与批准

（一）重整计划的制定

债务人企业在重整申请受理后，应当在法定期限内制定并提交重整计划草案。重整计划草案由管理人或自行管理的债务人制作。债务人或者管理人应当自人民法院裁定债务人重整之日起6个月内，同时向人民法院和债权人会议提交重整计划草案。

根据《企业破产法》第八十一条规定："重整计划草案应当包括下列内容：（一）债务人的经营方案；（二）债权分类；（三）债权调整方案；（四）债权受偿方案；（五）重整计划的执行期限；（六）重整计划执行的监督期限；（七）有利于债务人重整的其他方案。"所谓经营方案，是指债务人重新获得营运与盈利能力的经营管理方案、融资方案以及股权、资产与业务重组方案等有关具体重整措施内容的方案。

（二）重整计划草案的表决与批准

在重整计划草案提请表决之前，债务人或管理人应当向债权人等利害关系人履行详尽的信息披露义务，利害关系人认为债务人或管理人说明不充分的，可以要求债务人或管理人补充说明或接受询问。

重整计划草案在债权人会议上进行分组表决。表决组的划分要充分体现出当事人在重整计划中的差别利益。根据《企业破产法》规定，债权人参加讨论重整计划草案的债权人会议，依照下列债权分类，分组对重整计划草案进行表决：（1）对债务人的特定财产享有担保权的债权；（2）债务人所欠职工的工资和医疗、伤残补助、抚恤费用，所欠的应当划入职工个人账户的基本养老保险、基本医疗保险费用，以及法律、行政法规规定应当支付给职工的补偿金；（3）债务人所欠税款；（4）普通债权。

为保障重整程序能够顺利进行，《企业破产法》还专门设置了人民法院强制批准重整计划草案的程序。该法第八十七条规定："部分表决组未通过重整计划草案的，债务人或者管理人可以同未通过重整计划草案的表决组协商。该表决组可以在协商后再表决一次。双方协商的结果不得损害其他表决组的利益。未通过重整计划草案的表决组拒绝再次表决或者再次表决仍未通过重整计划草案，但重整计划草案符合下列条件的，债务人或者管理人可以申请人民法院批准重整计划草案：（一）按照重整计划草案，本法第八十二条第一款第一项所列债权就该特定财产将获得全额清偿，其因延期清偿所受的损失将得到公平补偿，并且其担保权未受到实质性损害，或者该表决组已经通过重整计划草案；（二）按照重整计划草案，本法第八十二条第一款第二项、第三项所列债权将获得全额清偿，或者相应表决组已经通过重整计划草案；（三）按照重整计划草案，普通债权所获得的清偿比例，不低于其在重整计划草案被提请批准时依照破产清算程序所能获得的清偿比例，或者该表决组已经通过重整计划草案；（四）重整计划草案对出资人权益的调整公平、公正，或者出资人组已经通过重整计划草案；（五）重整计划草案公平对待同一表决组的成员，并且所规定的债权清偿顺序不违反本法第一百一十三条的规定；（六）债务人的经营方案具有可行性。人民法院经审查认为重整计划草案符合前款规定的，应当自收到申请之日起30日内裁定批准，终止重整程序，并予以公告。"

人民法院应当审慎适用强制批准权，不得滥用。

四、重整计划的执行、监督与终止

（一）重整计划的执行
根据《企业破产法》规定，重整计划由债务人负责执行。

（二）重整计划的监督
在重整计划中应当规定对重整计划执行的监督期限。自人民法院裁定批准重整计划之日起，在重整计划规定的监督期内，由管理人监督重整计划的执行，债务人应当向管理人报告重整计划执行情况和债务人财务状况。在重整计划规定的监督期内，管理人应当代表债务人参加监督期开始前已经启动而尚未终结的诉讼、仲裁活动。

监督期届满时，管理人应当向人民法院提交监督报告。自监督报告提交之日起，管理人的监督职责终止。经管理人申请，人民法院可以裁定延长重整计划执行的监督期限。管理人向人民法院提交的监督报告，重整计划的利害关系人有权查阅。

（三）重整计划的效力
经人民法院裁定批准的重整计划，对债务人和全体债权人均有约束力，包括对债务人的特定财产享有担保权的债权人。债权人对债务人的保证人和其他连带债务人所享有的权利，不受重整计划的影响，可以依据原合同约定行使权利。

第八节　和解制度

一、和解的特征与一般程序

（一）和解的概念与特征
和解是具有避免债务人破产客观作用的法律制度之一，并具有简便快速清理债权债务关系的效用。在发生破产原因时，债务人可以提出和解申请及和解协议草案，由债权人会议表决，如能获得通过，再经人民法院裁定认可后生效执行，可以避免企业被破产清算。因和解程序在债务人发生破产原因后才能提出申请，挽救企业的时机较晚，且不能约束对债务人的特定财产享有担保权的债权人，又没有强制批准程序，所以其挽救债务人的强制性效果不如重整程序，主要适用于没有重要财产设置物权担保的企业以及中小型企业，但其具有简单易行、成本低廉、时间快等优势。

（二）和解程序
和解申请只能由债务人一方提出，这是与清算申请和重整申请还可由债权人等其他主体提出有所不同的。债务人可以依法直接向人民法院申请和解，也可以在人民法院受理破产申请后、宣告破产前，向人民法院申请和解。债务人申请和解，应当提出和解协议草案。

人民法院经审查认为和解申请符合法律规定的，应当受理其申请，裁定和解，予以公告，并召集债权人会议讨论表决和解协议草案。和解程序对就债务人特定财产享有担保权的权利人无约束力,该权利人自人民法院受理和解申请之日起,可以对担保物行使权利。债务人如要避免担保物被执行,需与担保债权人协商解决。

债权人会议通过和解协议的决议,由出席会议的有表决权的债权人过半数同意,并且其所代表的债权额占无财产担保债权总额的 2/3 以上。对债务人的特定财产享有担保权的债权人,对此事项无表决权,也不受和解协议的约束。

债权人会议通过和解协议的,由人民法院裁定认可,终止和解程序,并予以公告。管理人应当向债务人移交财产和营业事务,并向人民法院提交执行职务的报告。和解协议草案经债权人会议表决未获得通过,或者已经债权人会议通过的和解协议未获得人民法院认可的,人民法院应当裁定终止和解程序,并宣告债务人破产。

二、和解协议的效力

（一）和解协议对债务人与和解债权人的效力

经人民法院裁定认可的和解协议,对债务人和全体和解债权人均有约束力。

（二）和解协议对债务人的保证人和其他连带债务人的效力

和解债权人对债务人的保证人和其他连带债务人所享有的权利,不受和解协议的影响。

（三）和解协议的终止

因债务人的欺诈或者其他违法行为而成立的和解协议,人民法院应当裁定无效,并宣告债务人破产。

债务人不能执行或者不执行和解协议的,人民法院经和解债权人请求,应当裁定终止和解协议的执行,并宣告债务人破产。

第九节 破产清算程序

一、破产宣告

破产宣告是指法院依据当事人等的申请或法定职权裁定宣布债务人破产以清偿债务的活动。

债务人被宣告破产后,在破产程序中的有关称谓也发生相应变化,债务人称为破产人,债务人财产称为破产财产,破产申请受理时对债务人享有的债权称为破产债权。

《企业破产法》第一百零八条规定:"破产宣告前,有下列情形之一的,人民法院应当裁定终结破产程序,并予以公告:（一）第三人为债务人提供足额担保或者为债务人清偿全部到期债务的;（二）债务人已清偿全部到期债务的。"因为在上述情况下,债务人已经解决了债务清偿问题,完成了破产程序的任务,自然应终结破产程序。但需注意的是,所谓"第三人为债务人提供足额担保",必须是为债权人所自愿接受的担保,从程序上讲,则应采取和解方式进行,也就是要由债务人向债权人会议提交包括第三人为债务人提供足额担保内容的和解协议草案，由其表决通过，依法定程序完成。

二、别除权

《企业破产法》第一百零九条规定："对破产人的特定财产享有担保权的权利人，对该特定财产享有优先受偿的权利。"此项权利即是破产法理论上的别除权。别除权是指债权人因其债权设有物权担保或享有法定特别优先权，而在破产程序中就债务人（即破产人）特定财产享有的优先受偿权利。别除权人行使优先受偿权原则上不受破产清算与和解程序的限制，但在重整程序中受到一定限制。在破产清算和破产和解程序中，别除权人可以随时向管理人主张就该特定财产变价处置行使优先受偿权，管理人应及时变价处置，不得以须经债权人会议决议等为由拒绝。但因单独处置担保财产会降低其他破产财产的价值而应整体处置的除外。

三、破产财产的变价和分配

（一）破产财产的变价

破产财产的分配以货币分配为基本方式。在破产宣告后，管理人应当及时拟订破产财产变价方案，提交债权人会议讨论。管理人应当按照债权人会议通过的或者人民法院依法裁定的破产财产变价方案，适时变价出售破产财产。

破产财产处置应当以价值最大化为原则，兼顾处置效率。变价出售破产财产原则上以拍卖方式进行，但债权人会议另有决议的除外。

破产企业可以以全部或者部分变价方式出售。企业变价出售时，可以将其中的无形资产和其他财产单独变价出售。按照国家规定不能拍卖或者限制转让的财产，应当按照国家规定的方式处理。

（二）破产财产的分配

破产分配是指将破产财产按照法律规定的债权清偿顺序和案件实际情况决定的受偿比例进行清偿的程序。

《企业破产法》第一百一十三条规定："破产财产在优先清偿破产费用和共益债务后，依照下列顺序清偿：（一）破产人所欠职工的工资和医疗、伤残补助、抚恤费用，所欠的应当划入职工个人账户的基本养老保险、基本医疗保险费用，以及法律、行政法规规定应当支付给职工的补偿金；（二）破产人欠缴的除前项规定以外的社会保险费用和破产人所欠税款；（三）普通破产债权。破产财产不足以清偿同一顺序的清偿要求的，按照比例分配。破产企业的董事、监事和高级管理人员的工资按照该企业职工的平均工资计算。"

四、破产程序的终结

（一）破产终结程序

破产程序终结方式主要有四种：其一，因和解、重整程序顺利完成而终结；其二，因债务人以其他方式解决债务清偿问题（包括第三人代为清偿债务、自行和解）而终结；其三，因债务人的破产财产不足以支付破产费用而终结；其四，因破产财产分配完毕而终结。在破产清算程序中主要涉及后两种情况。

人民法院终结破产清算程序应当以查明债务人财产状况、明确债务人财产的分配方案、确保破产债权获得依法清偿为基础。破产申请受理后，经管理人调查，债务人财产不足以清偿破产费用且无人代为清偿或垫付的，人民法院应当依管理人申请宣告破产并裁定终结破产清算程序。

破产人无财产可供分配的，管理人应当请求人民法院裁定终结破产程序。在破产人有财产可供分配的情况下，管理人在最后分配完结后，应当及时向人民法院提交破产财产分配报告，并提请人民法院裁定终结破产程序。人民法院应当自收到管理人终结破产程序的请求之日起15日内作出是否终结破产程序的裁定。裁定终结的，应当予以公告。

管理人应当自破产程序终结之日起10日内，持人民法院终结破产程序的裁定，向破产人的原登记机关办理注销登记。

（二）遗留事务的处理

通常情况下，管理人应于办理破产人注销登记完毕的次日终止执行职务。但是，破产案件中存在债权诉讼或者仲裁未决等情况时，管理人可以在破产程序终结后，继续办理破产案件的遗留事务。

（三）无法清算破产案件的审理与责任承担

《企业破产法》第七条第三款规定："企业法人已解散但未清算或者未清算完毕，资产不足以清偿债务的，依法负有清算责任的人应当向人民法院申请破产清算。"根据这一规定，在企业法人已解散但未清算的情况下，应当向人民法院申请破产清算的是清算义务人。在企业法人已解散但未清算完毕的情况下，因清算组已经成立，清算义务人的清算义务已经履行，所以应当向人民法院申请破产清算的是清算组即清算人，而不是清算义务人。在破产清算程序中，负有妥善保管并向管理人移交公司财产、账册、重要文件等资料义务者，是破产法规定的公司法定代表人以及财务管理人员和其他经营管理人员等配合清算义务人，而不是清算义务人。所以不能简单地认为，只要在破产程序中因债务人财产、印章和账簿、文书下落不明等无法清算，就应当追究清算义务人的连带责任或相应责任。

第十节　关联企业合并破产

一、关联企业合并破产概说

关联企业在破产程序中的合并有实质合并与程序合并之区别。实质合并是通过对各关联企业资产与负债的合并处置，在破产程序中将多个关联企业视为一个单一企业，在统一财产分配与债务清偿的基础上履行破产程序，所有企业同类债权人的清偿率按相同原则确定，各企业的法人人格在破产程序进行的期间内不再独立。在目前我国的实践中，实质合并主要以各关联企业资产与负债严重混同导致法人人格混同等为适用条件。

程序合并是对多个破产案件程序的合并审理，在《破产审判会议纪要》中称为协调审理，体现为对不同法院管辖的多个企业破产案件的程序并案审理、整体重整或破产清算,通过统一制定集团各企业相互协调衔接的重整计划、清算方案乃至整个集团企业合一的整体重整计划,达到企业挽救目的,或使破产财产实现更高的清算价值。但在程序合并中,各关联企业仍保持法人人格的独立,资产与债务清偿比例等分别确定。

二、关联企业实质合并破产

目前,关联企业的实质合并破产清算与重整已成为我国司法实践中一项新制度。但实质合并破产的具体操作模式尚未为破产法明确规定,实务中适用的方法也不统一,有时影响当事人的正当权益。为此,《破产审判会议纪要》对此问题作出一些原则性规定。纪要指出,人民法院审理关联企业破产案件时,要立足于破产关联企业之间的具体关系模式,采取不同方式予以处理。既要通过实质合并审理方式处理法人人格高度混同的关联关系,确保全体债权人公平清偿,也要避免不当采用实质合并审理方式损害相关利益主体的合法权益。

《破产审判会议纪要》指出,对关联企业实质合并破产要审慎适用。人民法院在审理企业破产案件时,应当尊重企业法人人格的独立性,以对关联企业成员的破产原因进行单独判断并适用单个破产程序为基本原则。当关联企业成员之间存在法人人格高度混同、区分各关联企业成员财产的成本过高、严重损害债权人公平清偿利益时,可例外适用关联企业实质合并破产方式进行审理。

三、关联企业程序合并破产

如前所述,程序合并破产在《破产审判会议纪要》中称为协调审理。根据纪要规定,多个关联企业成员均存在破产原因但不符合实质合并条件的,人民法院可根据相关主体的申请对多个破产程序进行协调审理,并可根据程序协调的需要,综合考虑破产案件审理的效率、破产申请的先后顺序、成员负债规模大小、核心控制企业住所地等因素,由共同的上级法院确定一家法院集中管辖。

协调审理不消灭关联企业成员之间的债权债务关系,不对关联企业成员的财产进行合并,各关联企业成员的债权人仍以该企业成员财产为限依法获得清偿。根据纪要规定,在程序合并中,也要利用其他法律手段解决关联企业成员之间尚不构成法人人格严重混同的不当资源配置关系,如关联企业成员之间不当利用关联控制关系形成的债权,应当劣后于其他普通债权顺序清偿,且该劣后债权人不得就其他关联企业成员提供的特定财产优先受偿,即物权担保失效。会议纪要关于关联企业成员之间不当债权劣后清偿的规定,对司法实践具有重要指导意义,可以在关联企业合并破产中有效的维护债权人的合法权益。

第九章 票据与支付结算法律制度

第一节 支付结算概述

一、支付结算的概念与方式

支付结算,是指单位、个人在社会经济活动中使用票据、银行卡、汇兑、托收承付、委托收款、信用证、电子支付等结算方式进行货币给付及资金清算的行为。

支付结算的方式,依不同的标准,可作不同的分类。例如,银行本票和支票是同城结算方式,托收承付、银行汇票是异地结算方式,汇兑、商业汇票、委托收款、银行卡等是同城和异地均可采用的结算方式。根据支付工具在支付结算中的功能,汇兑、委托收款、托收承付是贷记支付工具,银行汇票、银行本票、支票是借记支付工具。

从支付结算方式的法律特征考虑,可将其分为票据结算方式和非票据结算方式。

二、支付结算的特征

(1) 支付结算必须通过法律规定的中介机构进行。
(2) 支付结算必须遵循法律规定的特定形式要求。

三、支付结算的原则

(一)"恪守信用,履约付款"原则

承担付款义务的一方当事人,应当按照约定的付款金额、时间和方式进行支付。

(二)"谁的钱进谁的账,由谁支配"原则

委托人是支付结算的发起人,对其账户中的资金具有自主的处分权。

(三)"银行不垫款"原则

银行在办理支付结算业务时,只是作为中介机构,接受客户的委托,办理结算当事人之间的资金转移,不承担垫付款项的责任。

四、银行结算账户

支付结算活动,在多数情形下是通过存款人在银行开立的结算账户进行的。限于篇幅，本书仅介绍人民币结算账户，不涉及外币结算账户。

（一）银行结算账户的种类

按存款人不同，银行结算账户可分为单位银行结算账户和个人银行结算账户。

1. 单位银行结算账户

存款人以单位名称开立的银行结算账户为单位银行结算账户。个体工商户凭营业执照以字号或经营者姓名开立的银行结算账户纳入单位银行结算账户管理。单位银行结算账户按用途可分为基本存款账户、一般存款账户、专用存款账户和临时存款账户。

2. 个人银行结算账户

存款人因投资、消费、结算等凭个人身份证件，以自然人名称开立的可办理支付结算的银行结算账户，为个人银行结算账户。

（二）基本存款账户

基本存款账户是指存款人因办理日常转账结算和现金收付需要开立的银行账户，是其主办账户。

存款人申请开立基本存款账户，应向银行出具法律规定的证明文件。单位银行结算账户的存款人只能在银行开立一个基本存款账户。

（三）一般存款账户

一般存款账户是指存款人在基本存款账户开户银行以外的银行营业机构开立的用于办理借款转存、借款归还和其他结算的银行结算账户。该账户可以办理现金缴存，但不得办理现金支取。

开立基本存款账户的存款人都可以开立一般存款账户。

（四）专用存款账户

专用存款账户是指存款人按照法律、行政法规和规章，为对其特定资金进行专项管理和使用而开立的银行结算账户。

合格境外机构投资者在境内从事证券投资开立的人民币特殊账户和人民币结算资金账户（简称"QFII专用存款账户"）纳入专用存款账户管理。

（五）临时存款账户

临时存款账户是指存款人因临时需要并在规定期限内使用而开立的银行结算账户。

临时存款账户应根据有关开户证明文件确定的期限或存款人的需要确定其有效期限。临时存款账户的有效期最长不得超过2年。

（六）个人银行结算账户

个人银行结算账户是自然人因投资、消费、结算等而开立的可办理支付结算业务的存款账户。

自然人可根据需要申请开立个人银行结算账户，也可以在已开立的储蓄账户中选择并向开户银行申请确认为个人银行结算账户。个人银行账户分为Ⅰ类银行账户、Ⅱ类银行账户和Ⅲ类银行账户。银行可通过Ⅰ类户为存款人提供存款、购买投资理财产品等金融产品、转账、消费和缴费支付、支取现金等服务。Ⅱ类户可以办理存款、购买投资理财产品等金融产品、限额消费和缴费、限额向非绑定账户转出资金业务。经银行柜面、自助设备加以银行工作人员现场面对面确认身份的，Ⅱ类户还可以办理存取现金、非绑定账户资金转入业务，可以配发银行卡实体卡片。Ⅲ类户可以办理限额消费和缴费、限额向非绑定账户转出资金业务。Ⅱ、Ⅲ类户可以通过移动支付工具进行小额取现，取现额度应当在遵守Ⅱ、Ⅲ类户出金总限额规定的前提下，由银行根据客户风险等级和交易情况自行设定。同一银行法人为同一个人开立Ⅱ类户、Ⅲ类户的数量原则上分别不得超过5个。

（七）异地存款账户

存款人一般应在注册地（指存款人的营业执照等开户证明文件上记载的住所地）或住所地开立银行结算账户。依《人民币银行结算账户管理办法》的规定，存款人有下列情形之一的，可以在异地开立有关银行结算账户：(1) 营业执照注册地与经营地不在同一行政区域（跨省、市、县或区）需要开立基本存款账户的；(2) 办理异地借款和其他结算需要开立一般存款账户的；(3) 存款人因附属的非独立核算单位或派出机构发生的收入汇缴或业务支出需要开立专用存款账户的；(4) 异地临时经营活动需要开立临时存款账户的；(5) 自然人根据需要在异地开立个人银行结算账户的。

（八）银行结算账户的撤销

银行结算账户的撤销是指存款人因开户资格或其他原因终止银行结算账户使用的行为。发生下列事由之一的，存款人应向开户银行提出撤销银行结算账户的申请：(1) 被撤并、解散、宣告破产或关闭的；(2) 注销、被吊销营业执照的；(3) 因迁址需要变更开户银行的；(4) 其他原因需要撤销银行结算账户的。

存款人因主体资格终止撤销银行结算账户的，应先撤销一般存款账户、专用存款账户、临时存款账户，将账户资金转入基本存款账户后，方可办理基本存款账户的撤销。

五、支付结算的主要法律法规

与支付结算相关的基础性规定，主要包括《中国人民银行法》《商业银行法》《反洗钱法》《人民币银行结算账户管理办法》《非金融机构支付服务管理办法》《非银行支付机构客户备付金存管办法》等。

除上述规定外，另有支付结算方式的具体规定，监管部门的政策性规定。

第二节 票据法律制度

一、票据与票据法概述

（一）票据的概念和种类

票据，是指出票人签发的、承诺由本人或者委托他人在见票时或者在票载日期无条件支付一定金额给持票人的有价证券。根据我国《票据法》第二条第二款规定，我国法律上的"票据"是汇票、本票和支票的合称。

（二）票据的特征

1. 作为有价证券的票据的特征

（1）票据是债权证券和金钱证券。

（2）票据是设权证券。

（3）票据是文义证券。

2. 纸质票据和电子票据

传统的票据均为纸质。自 2018 年 1 月 1 日起，单张出票金额在 100 万元以上的商业汇票原则上全部通过电子商业汇票办理。

（三）票据的分类

（1）委托票据与自付票据。

（2）即期票据与远期票据。

（四）票据在经济上的功能

（1）支付功能。

（2）汇兑功能。

（3）结算功能。

（4）信用功能。

（5）融资功能。

（五）票据法的法律渊源

（1）法律。包括《票据法》《民法典》《民事诉讼法》。

（2）行政法规。如《票据管理实施办法》。

（3）司法解释。如《最高人民法院关于审理票据纠纷案件若干问题的规定》。

（4）部门规章。包括《支付结算办法》《商业汇票承兑、贴现与再贴现管理办法》《电子商业汇票业务管理办法》等。

（六）票据法的立法精神

票据乃是记载一定金钱债权的有价证券。为了实现票据在经济上的职能，票据制度必须作出不同于一般民法制度的特殊设计，才可以达到这些特殊效果。票据法上的这些特殊设计，可以总结为票据法的特别立法精神——促进票据流通。

二、票据关系

（一）票据关系与非票据关系

所谓票据关系，是指基于票据行为而发生的、以请求支付票据金额为内容的债权债务关系。这种法律关系的内容，一方面是票据债权，一方面是票据债务。我国通常将票据债权称为票据权利，将票据债务称为票据义务或者票据责任。

非票据关系，是指与票据有密切联系，但是并非基于票据行为而发生，并且不以请求支付票据金额为内容的法律关系。非票据关系也是票据法的规范对象，但是其内容并非请求票据金额，在票据法上居于比较次要的地位。

非票据关系分成两大类：

（1）票据法上的非票据关系。

(2) 民法上的非票据关系。

(二) 票据权利概述

票据权利，是指持票人基于票据行为而取得的、向票据债务人请求支付票据金额的权利。

票据权利的性质是金钱债权，但是相对于民法上的一般债权，票据权利呈现出相当的复杂性。这主要体现在，票据权利包括了付款请求权和追索权两个方面。

《票据法》第四条第四款规定，票据权利包括付款请求权和追索权。付款请求权一般是指持票人对主债务人的权利。追索权是指持票人的付款请求权没有获得满足或者有可能无法获得满足的情况下，在符合了法定的条件之后，可以向偿还义务人所主张的票据权利。

(三) 票据责任概述

票据责任是指票据债务人基于其票据行为而发生的向持票人支付票据金额的义务。票据责任就是票据关系上的票据义务。

票据义务人，可以区分为主债务人和次债务人。

三、票据权利的取得

(一) 票据权利的取得原因概述

1. 依票据行为而取得票据权利
（1）依出票行为而取得。
（2）依转让而取得。
（3）依票据保证而取得。
（4）依票据质押而取得。
2. 依法律规定而直接取得票据权利
（1）依票据法上的规定而取得。
（2）依其他法律规定而取得。

(二) 票据行为的概念与特征

1. 票据行为是要式法律行为

票据行为是一种要式法律行为，是说这种民事法律行为必须满足特定的形式要件才能够成立和生效。

2. 票据行为的解释以文义解释为主

票据行为的解释，原则上仅仅使用文义解释。《票据法》第四条第一、三款规定，出票人和其他票据义务人都应当"按照（票据）所记载的事项"承担票据责任。

3. 票据行为是一种"格式"化的法律行为

在民法上，有所谓"格式合同"或者"格式条款"。票据行为如同一种法定的格式化法律行为。

4. 票据行为的独立性

票据上的各个票据行为之间互相独立，是否有效乃是根据各自的要件。一个票据行为如果形式上合法但因为欠缺其他要件而无效，原则上不影响其他票据行为的效力。

5. 票据行为的无因性

（三）票据行为的成立与生效

1. 票据行为的形式要件

票据行为的行为人，须以一定方式在票据上进行记载。票据法对于票据行为的形式，有许多复杂的要求。其中较为重要的有：

（1）票据凭证。

（2）特定事项的记载方式。

（3）签章方式。

（4）一定的款式。

（5）交付。

2. 票据行为的实质要件

除了上述形式要件外，票据行为还必须满足诸多的实质要件才能生效。

（1）票据行为能力。

（2）意思表示真实。

（3）如果票据行为由代理人进行，则代理权的欠缺也会影响票据行为的效力。详见下文讨论。

（4）如果背书转让票据的背书人并不享有处分权，则背书行为无效。但是，如果符合善意取得的要件，则转让背书行为可以有效。详见下文关于票据权利善意取得的讨论。

（5）基础关系对票据行为效力的影响。基于票据行为的无因性，票据基础关系的瑕疵不影响票据行为的效力，但是，基于赠与等无偿的原因而授受票据的，持票人所取得的票据权利不得优于其前手。

（四）票据行为的代理

1. 票据行为代理的概念

票据行为是一种民事法律行为，可以由代理人进行，其法律效果归属于被代理人。《票据法》第五条第一款规定："票据当事人可以委托其代理人在票据上签章，并应当在票据上表明其代理关系。"

2. 票据代理行为的生效要件

票据行为如果由代理人进行，除了需要满足票据行为的成立要件和其他生效要件外，还必须满足法律对于票据代理行为特别规定的生效要件。这些要件包括：

（1）须明示本人（被代理人）的名义，并表明代理的意思。

（2）代理人签章。

（3）代理人有代理权。

3. 票据行为的无权代理

《票据法》第五条第二款规定："没有代理权而以代理人名义在票据上签章的，应当由签章人承担票据责任；代理人超越代理权限的，应当就其超越权限的部分承担票据责任。"对这一规定应如何解释，需要分析。

4. 票据行为的代行

票据行为的代行，是指行为人在进行票据行为时在票据上记载他人之名，或者盖他人之章,而未签署自己的姓名或者盖自己的章。此种情形,并不构成代理。代行行为的法律效力,应类推适用有关代理的法律规定,视代行人是否获得本人之授权而定。如果代行人获得了本人的授权,则应类推适用有权代理的规定,本人承担票据行为的法律效果。如果代行人未获得本人的授权,其行为构成票据签章的伪造,本人和代行人均不承担票据责任;但是,如果相对人有理由相信代行人获得了本人的授权,则类推适用表见代理的规定,由本人承担票据责任。

(五)票据权利的善意取得

1. 票据权利善意取得的含义

票据权利的善意取得,是指无处分权人处分他人之票据权利,受让人依照票据法所规定的票据转让方式取得票据,并且善意且无重大过失,则可以取得票据权利的法律制度。

2. 票据权利善意取得的要件

(1)转让人是形式上的票据权利人。

(2)转让人没有处分权。

(3)受让人依照票据法规定的转让方式取得票据。

(4)受让人善意且无重大过失。

(5)受让人须付出相当对价。

3. 票据权利善意取得的法律后果

如果符合上述要件,则有如下法律后果:

(1)受让人取得票据权利。(2)原权利人丧失票据权利。(3)无权处分人的行为导致原权利人的权利消灭,其应承担何种责任需要适用其他规定来解决。

4. 票据权利善意取得制度的类推适用

典型的票据权利善意取得虽如上述,但是,还有一些情形与此类似,应类推适用善意取得制度。

(1)形式合法的但实质上无效的出票行为所记载的收款人,将其背书转让给他人。

(2)出票人完成记载后票据遗失或者被盗。

(3)票据质权的善意取得。无权处分人如果并非将票据权利转让他人,而是为他人设定质权,也应适用善意取得制度。

(六)票据基础关系对票据行为效力的影响

1. 票据基础关系的概念

票据基础关系是指票据关系据以产生的、由民法规定的法律关系。最重要的票据基础关系是票据原因关系和票据资金关系。

2. 票据行为的无因性

《票据法》第十条第一款规定:"票据的签发、取得和转让,应当遵循诚实信用的原则,具有真实的交易关系和债权债务关系。"根据该规定,出票行为和背书转让行为,必须为了履行基于"真实的交易关系"而发生的债务。这一规定是对于票据行为效力与原因关系的关联所作的规定。问题是,如果缺乏这种"真实的交易关系"而为的出票、背书行为,其效力是否因此而受到影响。

票据原因关系瑕疵的情形，主要有以下几种情况：
(1) 作为原因关系的合同未成立、无效或被撤销。
(2) 票据授受的原因是票据权利买卖。
3. 以赠与或者其他无偿法律关系为原因的出票和背书转让
《票据法》第十一条第一款承认了赠与等原因可以是票据授受的合法原因，只是持票人所取得的票据权利不得优于其前手。

四、票据的伪造和变造

票据伪造，是指假冒或者虚构他人名义而为的票据行为。

需要注意的是，如果票据行为人在指明本人的存在并以代理人的身份在票据上签章，即使其欠缺代理权，也不构成票据伪造，而是无权代理。

五、票据权利的消灭

（一）票据权利的消灭事由概述

(1) 票据权利的一般消灭原因——付款。
(2) 因为没有进行票据权利的保全而导致追索权消灭。
(3) 消灭时效期间的经过。

（二）追索权因为未进行票据权利保全而消灭

按照票据法的规定，票据权利人原则上应当在规定的时间、地点，以规定的方法提示付款或者提示承兑（"遵期提示"）；并且，在被拒绝时，应当依法取得相应的证明（"依法取证"）。否则，其追索权将因此而消灭。因此，遵期提示和依法取证的行为在理论上称为"票据权利的保全"，也就是票据权利人为防止票据权利丧失而为的行为。

1. 遵期提示

《票据法》第二十五条规定了汇票到期日的四种记载方式，分别是：见票即付；定日付款；出票后定期付款；见票后定期付款。

(1) 遵期提示承兑。
(2) 遵期提示付款。

2. 依法取证

即使持票人遵期提示承兑或者提示付款，如果未能获得满足，还应采取措施获取相应的证明。

（三）票据时效

1. 票据时效概述

票据时效，也就是票据权利的消灭时效，是指票据权利人如果未在法定期间内行使权利，其权利归于消灭的票据法律制度。

2. 付款请求权的消灭时效（票据上的主债务的消灭时效期间）

持票人对汇票承兑人或者本票出票人的付款请求权，消灭时效期间为2年，自票据到期日起算；见票即付的汇票、本票，自出票日起算。需要注意的是，《票据法》第十七条第一款第一项所规定的持票人对汇票承兑人、本票出票人的权利，根据《票据法司法解释》第十二条的规定，包括付款请求权和追索权。就这两项权利，其票据时效分别计算。

3. 追索权的消灭时效（票据上的次债务的消灭时效期间）

（1）汇票：持票人对汇票承兑人、出票人的追索权，消灭时效期间为 2 年。起算方法同上。

（2）本票：持票人对本票出票人的追索权，消灭时效期间为 2 年。起算方法同上。

（3）支票：持票人对支票出票人的追索权，消灭时效期间为 6 个月，自出票日起计算。

（4）汇票、本票、支票的持票人对其他前手的追索权，消灭时效期间为 6 个月，自被拒绝承兑或者被拒绝付款之日起算。根据《票据法司法解释》第十七条的规定，这一期间，不适用于对出票人、汇票承兑人的追索权。

（5）汇票、本票、支票的被追索人对前手的再追索权，消灭时效期间为 3 个月，自清偿日或者被提起诉讼之日起算。

4. 票据时效的中止、中断

《票据法》并未明确规定票据时效的中止、中断问题。《票据法司法解释》第十九条规定："票据法第十七条规定的票据权利时效发生中断的，只对发生时效中断事由的当事人有效。"基于该规定，票据时效期间可以发生中断。进而，也应可以发生中止。但是，票据时效期间的中止、中断，只对发生时效中止、中断事由的当事人有效，持票人对其他票据债务人的票据时效的计算方法，并不因此而受影响。

5. 利益返还请求权

（1）利益返还请求权关系的当事人。在利益返还请求权关系上，享有权利的当事人是持票人。这里的持票人可以是票据所记载的最后持票人，也可以是在被追索并清偿后，享有再追索权的当事人，例如背书人、保证人。负有义务的当事人，是票据上的出票人或者承兑人。

（2）利益返还请求权的成立要件。根据票据法的规定，利益返还请求权的成立要件包括：①票据权利曾经有效存在。②票据权利因为消灭时效期间的经过而消灭。③出票人或者承兑人因为持票人的权利消灭而受有额外利益。这主要是指：汇票、本票、支票的出票人已经基于出票行为而取得了对价，或者汇票的承兑人已经收取了出票人提供的资金。

（3）利益返还请求权的效力。如果符合上述要件，则持票人享有请求出票人或者汇票承兑人返还所受利益的权利。该权利并非票据权利，不适用《票据法》第十七条关于票据时效的规定，而应适用民法上关于诉讼时效的一般规定。

六、票据抗辩

（一）票据抗辩概述

票据抗辩，是指票据上记载的票据债务人基于合法事由对持票人拒绝履行票据债务的行为。票据所记载的债务人，包括出票人、承兑人、转让背书和质押背书人、保证人。如果持票人向其主张票据权利，其可能基于特定的事由而拒绝履行债务。其中，有的人在实质上并非票据债务人，有的人虽然是票据债务人，但是有合法的理由拒绝履行其票据债务。

（二）票据抗辩中的"物的抗辩"

票据上的物的抗辩，又称绝对的抗辩，是指票据所记载的债务人可以对任何持票人所主张的抗辩。其具体情形可以包括以下三类：

1. 票据所记载的全部票据权利均不存在

（1）出票行为因为法定形式要件的欠缺而无效。

（2）票据权利已经消灭。

2. 票据上记载的特定债务人的债务不存在

也就是说，虽然票据上记载了特定人所进行的票据行为，但是基于法律的规定，该当事人并不因此而发生票据债务。这样，不论谁是持票人，在向其主张权利时，该当事人均可基于其并非票据债务人而拒绝付款。根据上文对各项具体制度的说明，此类情形可以包括：

（1）签章人是无民事行为能力或者限制民事行为能力人的，票据行为无效，不承担票据责任。

（2）狭义无权代理情形下，本人不承担票据责任，或者仅对不超越代理权限的部分承担票据责任。

（3）票据伪造的被伪造人，不承担票据责任。

（4）票据被变造时，变造前在票据上签章的债务人，可以拒绝依照变造后的记载事项承担票据责任。

（5）对特定债务人的票据时效期间经过，其票据债务消灭。

（6）对特定票据债务人的追索权，因为持票人未进行票据权利的保全而丧失。

根据《票据法》第四十九条的规定，即使被保证人的债务并不存在，票据保证人的保证责任原则上仍然存在，并不因此而受影响。

3. 票据权利的行使不符合债的内容

（1）票据权利人行使其权利的时间、地点、方式不符合票据记载或者法律规定。

（2）法院经公示催告后作出除权判决后，票据权利人持票据（而非除权判决）主张权利的。此种情形下，虽然除权判决所认定的权利人仍然享有票据权利，但是其票据本身已经失效，不可以再作为权利凭证。

（三）票据抗辩中的"人的抗辩"

票据上的人的抗辩，又称相对的抗辩，是指票据债务人仅可以对特定的持票人主张的抗辩事由。此类情形下，票据所记载的债务人是真正的债务人。但是，如果特定的票据权利人向其主张票据权利，票据债务人可以此类事由拒绝履行债务。如果其他人取得并向其主张票据权利，则不得对其主张该抗辩事由。其具体情形，可以包括以下几类：

1. 基于持票人方面的原因

（1）持票人不享有票据权利。

（2）持票人不能够证明其权利。

（3）背书人记载了"不得转让"字样的情形下，记载人对于其直接后手的后手不承担票据责任。

2. 在票据行为的直接当事人之间，票据债务人可以基于基础关系上的事由对票据权利人进行抗辩

《票据法》第十三条第二款规定："票据债务人可以对不履行约定义务的与自己有直接债权债务关系的持票人，进行抗辩。"

3. 票据债务人以其与持票人的前手之间的抗辩事由对抗持票人的情形

（1）持票人未给付对价而取得票据。《票据法》第十一条第一款规定："因税收、继承、赠与可以依法无偿取得票据的，不受给付对价的限制。但是，所享有的票据权利不得优于其前手的权利。"因此，票据债务人如果与持票人的前手是票据行为的直接当事人，并且对其享有基础关系上的抗辩，那么当持票人乃是无偿取得票据时，票据债务人有权以该事由对抗持票人。

（2）明知票据债务人与出票人或者与持票人的前手存在抗辩事由而取得票据。根据《票据法》第十三条第一款的规定，如果持票人明知票据债务人与出票人或者与持票人的前手之间存在抗辩事由，而仍然受让票据权利的，票据债务人可以该事由对抗持票人。这与"抗辩切断"制度是正反两面的关系。

4. 抗辩切断制度

根据《票据法》第十三条第一款，除了上文介绍的两种情形之外，票据债务人原则上不得以自己与出票人或者与持票人的前手之间的抗辩事由，对抗持票人。这一制度被称为票据抗辩的切断。

票据抗辩的切断，是票据法上的特殊制度。它使得持票人的权利通常不受前手之间的基础关系的影响，使其权利的受保障程度大大提高。因此，也大大增加了票据的流通性。

需要注意的是，在持票人无偿取得票据的情况下，如果其前手的权利已经获得了抗辩切断的保护，那么持票人的权利也受到抗辩切断的保护。

另一个需要注意的问题是抗辩切断与善意取得之间的关系。这是两个不同的制度，尽管其目的均在于保障持票人的利益。善意取得制度所处理的问题是，善意受让人是否可以在无权处分的情况下取得票据权利，并同时导致原来的票据权利人丧失其权利。该制度并不直接涉及谁要承担票据责任，以及抗辩事由的问题。从实际结果来看，由于善意取得的构成要件包括了善意且无重大过失、给付相当的对价，善意受让人必然受到抗辩切断制度的保护，其取得的票据权利是无瑕疵的权利，前手之间的抗辩事由均不得对抗善意受让人。而在抗辩切断制度所涉及的问题之下，持票人的前手并非对其无权处分。

七、票据丧失及补救

（一）票据丧失概述

票据丧失，是指持票人丧失对票据的占有。丧失了票据的票据权利人，称为失票人。

由于票据权利的行使须提示票据，因此失票人无法证明和行使其权利，甚至可能被他人所利用。因此法律上设置了几种制度对失票人提供法律救济：挂失止付、公示催告、提起诉讼。

(二) 挂失止付

1. 挂失止付的概念

挂失止付,是指失票人将票据丧失的情形通知付款人(包括代理付款人,下同),付款人接到通知后决定暂停支付,以防止他人取得票据金额的临时性救济措施。

2. 挂失止付适用的票据种类

根据《支付结算办法》第四十八条的规定,已承兑的商业汇票、支票、填明"现金"字样和代理付款人的银行汇票以及填明"现金"字样的银行本票丧失,可以由失票人通知付款人或者代理付款人挂失止付。未填明"现金"字样和代理付款人的银行汇票以及未填明"现金"字样的银行本票丧失,不得挂失止付。

3. 程序

失票人需要挂失止付的,应当在填写挂失止付通知书并签章后,通知付款人。付款人收到挂失止付通知书后,查明挂失票据确未付款时,应当立即暂停止付。付款人在收到通知书前已经依法向持票人付款的,不再接受挂失止付。

4. 挂失止付的效力

挂失止付只是一种临时性措施,申请人是不是真正的票据权利人,只能由人民法院认定。

(三) 公示催告程序

1. 公示催告程序的含义

公示催告程序,是指法院根据失票人的申请,以公示的方式催告利害关系人在一定期限内向法院申报权利,到期无人申报权利的,法院将根据申请人的申请作出除权判决的一种非讼程序。

2. 公示催告程序适用的票据种类

根据《民事诉讼法》第二百一十八条的规定,可以背书转让的票据丧失的,持票人可以申请公示催告。

3. 公示催告申请人的资格

可以申请公示催告的失票人,是指在丧失票据占有以前的最后合法持票人,也就是票据所记载的票据权利人。出票人已经签章的授权补记的支票丧失后,持票人也可以申请公示催告。

4. 公示催告的具体程序

根据《民事诉讼法》以及有关司法解释的规定,公示催告程序主要包括以下几个主要环节:

(1) 失票人向票据付款地的基层法院提出书面的公示催告申请。

(2) 法院收到申请后,应当立即审查。符合条件的,通知予以受理。

(3) 法院在受理公示催告申请的同时通知付款人或者代理付款人停止支付。付款人或者代理付款人应当停止支付,直到公示催告程序终结。

(4) 法院在受理后的 3 日内发出公告,催促利害关系人申报权利。公示催告的期间,由人民法院根据情况决定,但不得少于 60 日,且公示催告期间届满日不得早于票据付款日后 15 日。

(5) 利害关系人在法院作出除权判决之前申报权利的,法院应通知其向法院出示票据,并通知公示催告申请人查看该票据。如果该票据就是申请人申请公示催告的票据,法院应裁定终结公示催告程序,并通知申请人和付款人。如果该票据并非申请人公示催告的票据,法院应裁定驳回利害关系人的申报。

(6) 公示催告期届满,且无上述(5)所列应裁定终结公示催告程序的事由,申请人可以在届满次日起1个月内,申请法院作出除权判决。逾期未申请的,法院终结公示催告程序。

(7) 申请人提出上述(6)所述申请的,法院作出除权判决。

5. 除权判决的效力

除权判决有两个主要效力:第一,确认申请人是票据权利人。第二,宣告票据失去效力,即票据权利与票据相分离,原来的票据凭证不再是票据权利的载体。这样,申请人有权持除权判决向票据上的义务人主张票据权利。

6. 除权判决的撤销

利害关系人因为正当理由不能在除权判决之前向法院及时申报权利的,自知道或者应当知道判决公告之日起1年内,可以向作出除权判决的法院起诉,请求撤销除权判决。

(四) 提起民事诉讼

票据权利人丧失票据后,除了以公示催告程序证明自己的票据权利外,还可以提起普通民事诉讼来实现其权利。《票据法司法解释》规定了三种与票据权利有关的民事诉讼:票据返还之诉、请求补发票据之诉、请求付款之诉。在实务上,票据返还之诉的重要性相对较高,于此略作介绍。

八、汇票的具体制度

(一) 汇票概述

汇票,是指由出票人签发,委托付款人在指定的到期日向持票人无条件支付一定金额的票据。

1. 银行汇票

银行汇票,就是银行作为出票人的汇票。但是,根据我国有关规定,银行汇票又被限定为一种仅具有汇兑或者结算功能的汇票。具体而言,银行汇票有以下几个主要特点:

(1) "申请人"为办理资金结算,可以将一定款项交给银行,申请其签发银行汇票。

(2) 银行收妥款项后,签发银行汇票。

(3) 银行签发银行汇票时,基于所收妥的金额填写"出票金额"。

2. 商业汇票

商业汇票是由银行之外的企业或者其他组织作为出票人的汇票。只有在银行开立存款账户的法人以及其他组织之间,才能使用商业汇票。

商业汇票所记载的付款人可能是银行,也可能是其他当事人。以此为区别,商业汇票又区分为银行承兑汇票和商业承兑汇票。

(二) 汇票的出票

1. 出票的含义

出票,是指出票人签发票据并将其交付给收款人的票据行为。

2. 汇票出票的款式

(1) 绝对必要记载事项。根据《票据法》第二十二条的规定，汇票上必须记载以下七个事项，否则汇票无效：表明"汇票"的字样；无条件支付的委托；确定的金额；付款人名称；收款人名称；出票日期；出票人签章。

(2) 相对必要记载事项。出票人可以记载付款日期、付款地、出票地。根据《票据法》第二十三条的规定，如果未记载，出票行为仍然有效，但是应根据该条规定来确定这三个事项。其中，未记载付款日期的，为见票即付；未记载付款地的，付款人的营业场所、住所或者经常居住地为付款地；未记载出票地的，出票人的营业场所、住所或者经常居住地为出票地。

(3) 可以记载事项。出票人可以记载"不得转让"字样。如果未做该种记载，则汇票可以转让。如果记载了该事项，根据《票据法》第二十七条第二款的规定，汇票不得转让。

(4) 记载不生票据法上效力的事项。除了票据法明确规定应当记载或者可以记载的事项之外，出票人还可以记载其他事项，例如，关于利息、违约金的记载。但是这些记载不具有汇票上的效力。是否具有民法上的效力，应根据民法进行判断。

(5) 记载无效事项。《票据法》第二十六条规定："出票人签发汇票后，即承担保证该汇票承兑和付款的责任。"在法律解释上一般认为，基于该规定，出票人不得在票据上表明不承担保证该汇票承兑或者付款的责任；如有此类记载，出票行为仍然有效，但是该记载无效。即，出票人在持票人不能获得承兑或者付款时，仍应承担票据责任。

(6) 记载使票据无效事项。《票据法》第二十二条第一款第二项规定，出票人必须记载"无条件支付的委托"。该条第二款规定，未作该记载的，汇票无效。因此，如果票据上所记载的出票人对付款人的委托并非无条件的，而是附有条件，即应理解为没有记载"无条件支付的委托"，不仅该记载无效，而且出票行为也无效。

3. 汇票出票的效力

如果出票行为有效，则发生如下法律效力：

(1) 对出票人的效力。出票人成为票据债务人，承担担保承兑和担保付款的责任（参见《票据法》第二十六条）。

(2) 对付款人的效力。付款人成为票据上的关系人。付款人并未在票据上签章，并非票据义务人。

(3) 对收款人的效力。收款人取得票据权利，包括付款请求权、追索权，以及以背书等方式处分其票据权利的权利。

(三) 汇票的背书

1. 背书的含义

背书，是指持票人为将票据权利转让给他人或者将票据权利授予他人行使，在票据背面或者粘单上记载有关事项并签章，然后将票据交付给被背书人的票据行为。背书包括转让背书、委托收款背书和质押背书。对于电子商业汇票来说，"背书"指的是在电子商业汇票系统中的相应行为，不存在物理意义上的"背面"或者"粘单"。

2. 转让背书的一般问题

转让背书，除了须满足票据行为的一般成立要件和生效要件外，还必须满足的条件是：该票据权利是可以背书转让的权利，即不存在对于背书转让的禁止。原则上，汇票上的票据权利均可以转让。但是，在两类情形下，票据权利不得背书转让。

（1）出票人记载"不得转让"的情形。

（2）法定的转让背书禁止。

3. 转让背书的款式

（1）绝对必要记载事项。根据《票据法》的规定，转让背书的绝对必要记载事项包括：被背书人、背书人的签章。

（2）相对必要记载事项。根据《票据法》第二十九条的规定，背书人应当记载背书日期；背书未记载日期的，视为在汇票到期日前背书。

（3）可以记载事项。根据《票据法》第三十四条规定："背书人在汇票上记载'不得转让'字样，其后手再背书转让的，原背书人对后手的被背书人不承担保证责任。"据此，背书人如果不记载"不得转让"字样，则其后手再背书的，背书人要对后手的被背书人承担保证责任，也就是要负担追索权上的义务。但是，根据《票据法司法解释》第五十条、第五十三条的规定，如果背书人进行了该记载，那么，该记载虽然不影响被背书人（其直接后手）对他人进行转让背书（包括贴现）、质押背书的效力，但是，背书人仅对其直接后手承担票据责任，而不对其直接后手的后手承担票据责任。

（4）记载不生票据法上效力事项。《票据法》第三十三条第一款规定："背书不得附有条件。背书时附有条件的，所附条件不具有汇票上的效力。"当然，背书所附条件可能具有民法上的效力。

（5）记载无效事项。《票据法》第三十七条规定："背书人以背书转让汇票后，即承担保证其后手所持汇票承兑和付款的责任。"在法律解释上，背书人如果作出免除担保承兑、担保付款责任的记载，该记载无效，但是不影响背书行为本身的效力。当然，如上所述，背书人如果记载"不得转让"，则可以免除对直接后手的被背书人的票据责任。

（6）记载使背书无效事项。《票据法》第三十三条第二款规定："将汇票金额的一部分转让的背书或者将汇票金额分别转让给二人以上的背书无效。"需要注意的是，此种转让背书无效，意味着票据权利并未因为转让背书而转移，票据权利仍然存在，并且其归属不变，即仍由背书人享有。

4. 背书转让的效力

（1）权利转移的效力。转让背书生效后，被背书人取得票据权利，原权利人（背书人）的权利消灭。此时，并有抗辩切断制度的适用。

（2）权利担保的效力。背书人对于所有后手承担了担保承兑和担保付款的责任，从而在被追索（包括被再追索）时，承担相应的票据责任。不过，转让背书的权利担保效力，票据法在两种情形下设置了例外规定。

第一种情形，如上所述，假如背书人记载"不得转让"，则对于后手的被背书人不承担票据责任。根据相关规定，电子商业汇票的背书人记载"不得转让"事项的，汇票无法继续进行背书转让。

第二种情形是"回头背书"。《票据法》第六十九条规定："持票人为出票人的，对其前手无追索权。持票人为背书人的，对其后手无追索权。"

（3）权利证明的效力。《票据法》第三十一条第一款规定："以背书转让的汇票，背书应当连续。持票人以背书的连续，证明其汇票权利；非经背书转让，而以其他合法方式取得汇票的，依法举证，证明其汇票权利。"第二款规定："前款所称背书连续，是指在票据转让中，转让汇票的背书人与受让汇票的被背书人在汇票上的签章依次前后衔接。"

《票据法司法解释》第四十九条规定："依照票据法第三十一条的规定，连续背书的第一背书人应当是在票据上记载的收款人，最后的票据持有人应当是最后一次背书的被背书人。"

5. 票据贴现的特殊问题

票据贴现，是指商业汇票的持票人在汇票到期日前，将票据权利背书转让给金融机构，由其扣除一定利息后，将约定金额支付给持票人的一种票据行为。票据贴现是金融机构向持票人融通资金的一种方式。

票据贴现，其实质是一种票据权利的买卖。从票据关系上来说，持票人（贴现申请人，"贴出人"）须将票据权利背书转让给贴现人（或称"贴入人"），作为对价，贴现人对其支付一定的金额。由于贴现人（被背书人）必须等到票据到期时才能够取得票据金额，因此必然根据贴现日距到期日的时长，贴付一定的利息。

进行了贴现而通过转让背书取得票据权利的金融机构，在符合有关规定的情况下，还可以将未到期的汇票以贴现方式转让给其他金融机构。这种业务称为"转贴现"。贴现人、转贴现人，还可以将未到期汇票以贴现方式背书转让给中国人民银行。这种业务称为"再贴现"。

6. 委托收款背书

（1）委托收款背书的含义。委托收款背书，是指以授予他人行使票据权利、收取票据金额的代理权为目的的背书。

（2）委托收款背书的款式。与一般背书转让相同，但是必须加上"委托收款"（或者"托收""代理"）字样作为绝对必要记载事项。假如没有记载该事项，则其形式上体现为转让背书。

（3）委托收款背书的效力。委托收款背书的主要效力是，被背书人取得代理权，具备包括行使付款请求权、追索权以及收取款项的代理权。被背书人的权限不包括处分票据权利的代理权。《票据法》第三十五条第一款规定，委托收款背书的"被背书人不得再以背书转让汇票权利"。因此，假如其以代理人的身份对他人进行转让背书或者质押背书，委托收款背书的存在并不能证明其代理权，有可能构成无权代理。

7. 质押背书

（1）质押背书的含义。质押背书，是指为担保他人之债权的实现，票据权利人在票据上为了对债权人设定质权而进行的背书行为。票据质权是权利质权的一种。除了《票据法》有规定外，在《民法典》中也有相关规定。

（2）质押背书的款式。质押背书的款式，与转让背书基本相同，但是必须记载"质押"（或者"设质""担保"）字样作为绝对必要记载事项。假如未做该记载，则形式上构成转让背书。

和其他票据行为一样,质押背书也必须在票据上进行。《票据法司法解释》第五十四条规定:"依照票据法第三十五条第二款的规定,以汇票设定质押时,出质人在汇票上只记载了'质押'字样未在票据上签章的,或者出质人未在汇票、粘单上记载'质押'字样而另行签订质押合同、质押条款的,不构成票据质押。"

(3) 质押背书的效力。首先,质押背书具有设定票据质权的效力。经质押背书,被背书人即取得票据质权。票据质权人的权利体现在:第一,有权以相当于票据权利人的地位行使票据权利,包括行使付款请求权、追索权。第二,票据质权人的优先受偿权。出质人(背书人)如有其他债权人,票据质权人(被背书人)享有优先于其他债权人的权利。

需要注意的是,质押背书的被背书人并不享有对票据权利的处分权。根据《票据法司法解释》第四十六条的规定,票据质权人进行转让背书或者质押背书的,背书行为无效。但是,被背书人可以再进行委托收款背书。

其次,质押背书具有抗辩切断的效力。《票据法》第十三条关于票据抗辩的规定,尤其是其中关于抗辩切断的特别规定,也适用于票据质权人。也就是说,票据质权人在票据法上的地位,在这一点上与票据权利人是一致的。

再次,权利证明的效力。质押背书是关于被背书人取得票据质权的证明。

最后,权利担保的效力。质押背书的背书人,也就是出质人,承担了担保承兑、担保付款的责任。如果被背书人被拒绝承兑、拒绝付款,享有追索权,包括可以向背书人(出质人)行使追索权。

(四) 汇票的承兑

1. 承兑的概念

承兑,是指远期汇票的付款人,在票据正面作出承诺在票据到期日无条件支付票据金额的记载并签章,然后将票据交付请求承兑之人的票据行为。需要注意的是,实践中有人将票据债务人支付票据金额的行为称为"承兑",这是不准确的。

根据《票据法》第三十九条第一款、第四十条第一款的规定,远期汇票的持票人均应当提示承兑。未按期提示承兑的,丧失对前手的追索权。根据《票据法》第四十条第三款的规定,即期汇票(见票即付的汇票)无须承兑。

2. 承兑的程序

承兑的过程,由持票人和付款人的行为构成。

(1) 提示承兑。提示承兑,是指持票人向付款人出示汇票,要求付款人承诺付款(即"承兑")的行为。

(2) 付款人签发回单。根据《票据法》第四十一条第二款的规定,付款人收到提示承兑的汇票时,应当向持票人签发收到汇票的回单,其中记明提示承兑的日期并签章。

(3) 付款人承兑或者拒绝承兑。根据《票据法》第四十一条第一款的规定,付款人应当自收到提示承兑的汇票之日起 3 日内承兑或者拒绝承兑。

付款人承兑的,在进行承兑的记载后,应将票据交还持票人。付款人拒绝承兑的,根据《票据法》第六十二条第二款的规定,应当交还汇票,并出具拒绝证明或者退票理由书。

3. 承兑的款式

（1）绝对必要记载事项。根据《票据法》第四十二条第二款的规定，承兑行为的绝对必要记载事项包括承兑文句（"承兑"字样）以及签章。

（2）相对必要记载事项。根据《票据法》第四十二条第二款的规定，承兑日期是相对必要记载事项。如果承兑人未记载承兑日期，则以收到提示承兑的汇票之日起的第3日为承兑日期。

（3）记载使承兑无效事项。根据《票据法》第四十三条的规定，承兑附有条件的，视为拒绝承兑。也就是说，承兑行为因此而无效。

4. 承兑的效力

（1）对付款人的效力。承兑使得付款人成为票据债务人，称为承兑人。《票据法》第四十四条规定："付款人承兑汇票后，应当承担到期付款的责任。"并且，承兑人是汇票上的主债务人，承担最终的追索责任。持票人即使未按期提示付款或者依法取证，也不丧失对承兑人的追索权。

（2）对持票人的效力。经承兑，持票人即取得对承兑人的付款请求权。

（五）汇票的保证

1. 票据保证的含义

票据保证，是指票据债务人之外的人，为担保特定票据债务人的债务履行，以负担同一内容的票据债务为目的，在票据上记载有关事项并签章的票据行为。

2. 票据保证的实质要件

除了应具备票据行为的一般要件之外，票据保证行为的保证人的资格亦有特殊要求。《票据管理实施办法》第十二条规定："票据法所称'保证人'，是指具有代为清偿票据债务能力的法人、其他组织或者个人。""国家机关、以公益为目的的事业单位、社会团体、企业法人的分支机构和职能部门不得为保证人；但是，法律另有规定的除外。"《票据法司法解释》第五十九条规定："国家机关、以公益为目的的事业单位、社会团体作为票据保证人的，票据保证无效，但经国务院批准为使用外国政府或者国际经济组织贷款进行转贷，国家机关提供票据保证的除外。"

3. 票据保证的款式

（1）绝对必要记载事项。根据《票据法》第四十六条、第四十七条的规定，票据保证的绝对必要记载事项包括三项：保证文句（表明"保证"的字样）、保证人的名称和住所、保证人签章。

（2）相对必要记载事项。根据《票据法》第四十七条的规定，被保证人名称、保证日期是相对必要记载事项。该条第一款规定，保证人未记载被保证人的，已承兑的汇票，承兑人为被保证人；未承兑的汇票，出票人为被保证人。该条第二款规定，保证人未记载保证日期的，出票日期为保证日期。

（3）记载不生票据法上效力事项。《票据法》第四十八条规定："保证不得附有条件；附有条件的，不影响对汇票的保证责任。"也就是说，保证所附的条件不发生票据法上的效力。

《票据管理实施办法》第二十三条规定："保证人应当依照票据法的规定，在票据或者其粘单上记载保证事项。保证人为出票人、付款人、承兑人保证的，应当在票据的正面记载保证事项；保证人为背书人保证的，应当在票据的背面或者其粘单上记载保证事项。"

4. 票据保证的效力

（1）对保证人的效力。票据保证的主要效力是，使得签章人（保证人）成为票据债务人。票据保证人的责任具有以下三重特性。

第一，票据保证人责任的从属性。

第二，票据保证人责任的独立性。

第三，票据保证人责任的连带性。

（2）对持票人的效力。票据保证生效的，持票人（票据权利人）的权利又多了一个票据债务人。如果承兑人是被保证人，持票人有权向保证人行使付款请求权。如果出票人、转让背书人是被保证人，持票人有权对其行使追索权。

（3）对被保证人及其前手、后手的效力。票据保证行为使得持票人的权利增加了一个债务人。如果承兑人是被保证人，保证人向持票人履行票据债务后，票据关系全部消灭。如果出票人、转让背书人是被保证人，当持票人对其行使追索权时，保证人对其履行票据债务后，被保证人的后手的票据责任消灭，但是，被保证人及其前手的票据责任仍然存在，保证人成为票据权利人，可以对其行使再追索权。

保证人对前手行使再追索权时，适用抗辩切断制度。被再追索的票据债务人，不得以其与被保证人或者被保证人的前手之间的抗辩事由对抗善意的保证人。

（六）汇票的付款

1. 汇票付款的概念

汇票付款，是指付款人或者代理付款人依照汇票文义支付票据金额的行为。广义的付款还包括追索义务人对追索权利人的支付、票据保证人对持票人的支付。这里所分析的是狭义的付款。

付款主要包括两个步骤：持票人的提示付款行为，以及付款人或者代理付款人支付票据金额的行为。

2. 提示付款

提示付款，是指持票人或者其代理人向付款人或者代理付款人现实地出示票据，请求其付款的行为。

（1）提示付款的当事人。有权提示付款的，是持票人，包括持有票据的票据权利人，以及受委托收取票款的代理人。

提示付款的被提示人，也就是接受付款提示的人，可以是付款人本人，也可以是付款人的代理人（即"代理付款人"），还可以是"票据交换系统"。

（2）提示付款时应提供的文件。提示付款时，提示人应提交票据，还应提供合法身份证明或者有效证件。如果背书不连续，或者持票人乃是因为票据行为之外的原因（例如法人合并）而取得票据权利，还应提供相关证据。

（3）提示付款的期间。根据《票据法》第五十三条的规定，见票即付的汇票，自出票日起1个月内向付款人提示付款；定日付款、出票后定期付款或者见票后定期付款的汇票，自到期日起10日内向承兑人提示付款。如前所述，未在该期限内提示付款的，持票人丧失部分前手的追索权，但是对承兑人、出票人的票据权利仍然存在。

（4）提示付款的例外。如果纸质票据权利人丧失了票据，就无法正常地提交票据以请求付款，只能依照票据丧失的补救措施证明自己的权利，并持相应的法律文书请求付款。

如果持票人在远期汇票提示承兑时被拒绝，在取得付款人的拒绝证明后，可以向前手行使追索权。在此种情况下，持票人自然不必再毫无意义地提示付款。

此外，《票据法》第六十三条、第六十四条规定的几种情形，包括因付款人死亡、逃匿或者其他原因而无法对其提示付款，或者付款人被人民法院依法宣告破产或者因违法被责令终止业务活动，持票人也可以不必对其提示付款。

3. 付款

（1）付款人的审查。收到付款提示后，付款人应当进行审查。付款人的审查主要分两个方面：票据权利的真实性；提示付款人身份的真实性。

（2）汇票的签收与缴回。付款人付款时，有权要求持票人在汇票上签收并交出汇票。《票据法》第五十五条规定："持票人获得付款的，应当在汇票上签收，并将汇票交给付款人。持票人委托银行收款的，受委托的银行将代收的汇票金额转账收入持票人账户，视同签收。"《票据管理实施办法》第二十五条规定："票据法第五十五条所称'签收'，是指持票人在票据的正面签章，表明持票人已经获得付款。"

（3）付款的效力。付款人对票据权利人付款的，汇票上的票据关系全部消灭，全体票据债务人的债务消灭。

4. 错误付款

《票据法》第五十七条第二款规定："付款人及其代理付款人以恶意或者有重大过失付款的，应当自行承担责任。"根据该规定，付款人（或者代理付款人）将票据金额支付给非票据权利人时，应区分其过错状态来确定付款的法律后果。

（1）善意且无重大过失的错误付款。假如付款人不知道提示付款人并非票据权利人，并且是因为无过失或者轻过失而不知情，那么，付款人的付款行为与一般的付款具有相同的效力。也就是说，全部票据关系均消灭。这样，真正票据权利人的权利也因此而消灭，只能根据民法上的侵权责任制度或者不当得利制度向获得票据金额的当事人主张权利。

（2）恶意或者重大过失付款。如果付款人明知提示付款人并非票据权利人（"恶意"），或者虽然并非明知，但是进行一般的审查即可获知持票人并非票据权利人，却没有进行审查或者经过审查而没有发现（"重大过失"），而向持票人付款的，"应当自行承担责任"。也就是说，此时的付款并不发生通常情形下付款的效力，票据关系并不因此而消灭，真正的票据权利人的权利仍然存在，各个票据债务人（包括承兑人）的票据责任仍然继续存在。付款人因为已经对提示付款人付款而发生的损失，只能另行根据民法上的侵权责任制度或者不当得利制度向获得票据金额的当事人请求赔偿或者返还。

付款人对于票据权利的真实性问题，并无实质审查的义务，只有形式审查的义务。

关于提示付款人身份的真实性，付款人应当进行实质审查。

由于票据行为的独立性，即使付款人对于某个票据行为存在形式或者实质瑕疵处于明知或者应知的状态，假如这一瑕疵不影响持票人的票据权利，其付款不属于恶意或者重大过失付款。

（3）期前的错误付款。《票据法》第五十八条规定："对定日付款、出票后定期付款或者见票后定期付款的汇票，付款人在到期日前付款的，由付款人自行承担所产生的责任。"

（七）汇票的追索权和再追索权

1. 汇票追索权的概念

汇票的追索权，是指汇票到期不获付款、到期前不获承兑或者有其他法定原因时，持票人依法向汇票上的债务人请求偿还票据金额、利息和其他法定款项的票据权利。

追索权是票据法上的重要制度。持票人的付款请求权不能或者有可能不能实现时，追索权制度使得持票人可以向所有的票据债务人请求偿还票据金额以及利息和费用，其债权获得最终实现的可能性大大提高，从而增加了票据的信用。《票据法司法解释》第五条将付款请求权称为"第一顺序权利"，将追索权称为"第二顺序权利"。

2. 追索权的当事人

（1）追索权人。追索权人是享有票据权利的最后持票人。

（2）被追索人。追索权人的追索权所针对的义务人，称为被追索人，或者偿还义务人，其负有偿还票据金额、利息和法定费用的义务。

3. 追索权的取得

追索权是第二顺序的票据权利。与付款请求权不同，须满足更多的条件时，才能够取得该权利，并且，在特定情形下，票据权利人还会丧失对部分票据债务人的追索权。

（1）到期追索权的发生原因。根据《票据法》第六十一条第一款的规定，汇票到期被拒绝付款的，持票人可以行使追索权。

（2）期前追索权的发生原因。对于远期汇票来说，持票人还可能在到期前取得追索权。在票据记载的到期日到来之前，如果发生了特定的事由使到期付款已经不可能或者可能性显著降低，法律赋予了持票人在到期之前就进行追索的权利。这种追索权，称为"期前追索权"。

4. 追索权的保全

如上文所述，持票人须遵期提示、依法取证，才能保全其追索权。但在例外情形下，持票人可以不必提示承兑或者提示付款，即可基于有关证据而行使追索权，而不发生丧失追索权的后果。这主要包括：在票据到期之前或者到期时，出现付款人死亡、逃匿、被宣告破产、被责令终止业务活动等情形，持票人无法对其提示承兑或者提示付款。

此时，持票人无法取得拒绝证明，但是可以依法取得关于付款人死亡或者逃匿的有关证明（包括医院或者有关单位出具的付款人死亡的证明、人民法院出具的宣告付款人失踪或者死亡的证明或者法律文书；公安机关出具的付款人逃匿或者下落不明的证明等）；公证机关出具的具有拒绝证明效力的文书；人民法院宣告付款人破产的司法文书以及行政主管部门责令付款人终止业务活动的行政处罚决定。这些文件，具有拒绝证明的效力，持票人可以据以行使追索权。如果未取得这些文件，则不能行使追索权。

5. 追索的金额

根据《票据法》第七十条第一款的规定，持票人行使追索权，可以请求被追索人支付的金额包括：被拒绝付款的汇票金额；汇票金额自到期日或者提示付款日起至清偿日止，按照中国人民银行规定的利率计算的利息；取得有关拒绝证明和发出通知书的费用。

关于利率，根据《票据管理实施办法》第二十九条、《票据法司法解释》第二十一条、《支付结算办法》第四十六条的规定，指中国人民银行规定的同档次流动资金贷款利率。

6. 追索权的行使

最后持票人行使追索权的方式，《票据法》有详细的规定。

首先，持票人负有及时通知的义务。持票人应当自收到被拒绝承兑或者拒绝付款的有关证明之日起 3 日内，将被拒绝的事由书面通知其直接前手，还可以同时通知其他（甚至全部）的追索义务人。

其次，持票人应当确定被追索的对象。根据《票据法》第六十八条的规定，汇票的出票人、背书人、承兑人和保证人对持票人承担连带责任。持票人可以不按照汇票债务人的先后顺序，对其中任何一人、数人或者全体行使追索权。持票人对汇票债务人中的一人或者数人已经进行追索的，对其他汇票债务人仍可以行使追索权。票据债务人的连带责任，使得持票人获得了很高程度的保障。需要注意的是，在回头背书的情形下，持票人的追索权有限制（参见《票据法》第六十九条）。

被追索人如果依照《票据法》第七十条第一款所规定的金额履行了债务，则消灭了自己的债务。如果被追索人是票据上的最终债务人，包括承兑人，或者未经承兑之汇票的出票人，则票据上的全部债权债务消灭。如果被追索人是其他票据债务人，根据《票据法》第六十八条第三款第二句的规定，即"与持票人享有同一权利"，也就是成了新的票据权利人，可以向其前手再追索，但是对于其后手没有再追索权（基于《票据法》第六十九条的解释）。

根据《票据法》第七十条第二款、第七十一条第二款的规定，被追索人清偿债务时，行使追索权的持票人应交回汇票和有关拒绝证明，并出具所收到的利息和费用的收据。

7. 追索权行使的效力

根据《票据法》第七十二条的规定，被追索人清偿其债务后，其自身的票据责任消灭。并且，根据被追索人是否属于票据上的最后债务人，来确定票据上的全部债权债务均告消灭，抑或被追索人成为新的票据权利人，进而对其前手发生再追索权。在后种情形下，抗辩切断制度适用于再追索权人与其追索义务人之间的关系。也就是说，被追索人不得以其对于再追索权人的前手之间的抗辩事由对抗再追索权人，除非其相互之间有直接的基础关系，或者再追索权人明知这一抗辩事由的存在。

8. 再追索权

有关的票据债务人在被持票人追索而清偿了相应的债务后，就享有了作为持票人的权利，享有再追索权，有权向其前手进行再追索。再追索权人，可以包括背书人、保证人、出票人。关于保证人，《票据法》第五十二条规定："保证人清偿汇票后，可以行使持票人对被保证人及前手的追索权。"

九、本票的具体制度

（一）本票概述

1. 本票的概念

本票，是指出票人签发的，承诺自己在见票时无条件支付确定的金额给收款人或者持票人的票据。

2. 本票的特征

本票是出票人承诺自己支付一定金额的票据，因此并不存在与汇票上的付款人相当的票据当事人，进而也就不存在承兑制度。

根据《支付结算办法》等规定，我国的本票仅仅在有限的情形下使用。

（二）本票的出票

1. 本票的出票人

根据《支付结算办法》第一百条的规定，银行本票的出票人，为经中国人民银行当地分支行批准办理银行本票业务的银行机构。向银行申请签发本票的当事人（"本票申请人"）并非出票人。

2. 本票出票的款式

（1）绝对必要记载事项。根据《票据法》第七十五条的规定，本票的绝对必要记载事项包括6项：表明"本票"的字样；无条件支付的承诺；确定的金额；收款人名称；出票日期；出票人签章。未记载上述任一事项均导致出票无效。

（2）相对必要记载事项。根据《票据法》第七十六条的规定，付款地和出票地是相对必要记载事项。本票上未记载付款地的，出票人的营业场所为付款地。本票上未记载出票地的，出票人的营业场所为出票地。

（3）其他事项。根据《票据法》第八十条第二款的规定，本票的出票行为除了该章的特殊规定外，适用《票据法》第二十四条关于汇票的规定，即其他记载事项不发生票据法上的效力。

需要注意的是，出票人如果记载了"不得转让"字样，该本票不得转让。《票据法》虽然没有就本票的出票行为直接作出这一规定，但是基于《票据法》第八十条第一款的规定，该法关于汇票背书的规定适用于本票，因此《票据法》第二十七条第二款（规定在汇票的"背书"一节）的规定可以适用。也就是说，就出票行为而言，这一事项属于任意记载事项。

3. 出票的效力

出票行为生效后，出票人成为第一债务人，收款人成为票据权利人。

（三）本票的付款

1. 被提示人

与汇票不同，本票的出票人是最终的票据责任人，持票人应当向出票人提示付款。

2. 提示付款期限

现行法之下的本票均为见票即付。《票据法》第七十八条规定，持票人的提示见票并请求付款的期限最长不超过2个月。也就是说，持票人可以在出票日起2个月内随时提示付款。超过这一期限提示付款的，按照《票据法》第七十九条的规定，持票人即丧失对出票人之外的前手的追索权。

（四）汇票有关制度的适用

《票据法》第八十条第一款规定："本票的背书、保证、付款行为和追索权的行使，除本章规定外，适用本法第二章有关汇票的规定。"有关内容可以参考上文所述。

由于本票制度的特点，汇票上的有关制度并非可以全部适用。例如，仅适用于远期汇票的各种规定，不能适用于本票。其中包括并不发生所谓期前追索的问题。

十、支票的具体制度

（一）支票概述

1. 支票的概念

支票，是指出票人签发的，委托办理支票存款业务的银行或者其他金融机构在见票时无条件支付确定的金额给收款人或者持票人的票据。

2. 支票的特点

支票与汇票非常类似，其基本当事人（出票行为的当事人）有三个：出票人、付款人、收款人。其最特殊之处是，付款人的资格有明确的限制。支票的付款人，必须是办理支票存款业务的银行或者其他金融机构（以下统一简称为"银行"）。其他组织或者个人不能成为支票的付款人。

根据《票据管理实施办法》第十一条的规定，支票的出票人，必须是在经中国人民银行批准办理支票存款业务的银行、城市信用合作社（现已改制为城市商业银行）和农村信用合作社开立支票存款账户的企业、其他组织和个人。一个单位或者个人在银行开立支票存款业务后，存入一定的款项，即可领用空白的支票本，供其在需要时签发支票。

在我国，支票主要发挥的是支付手段的功能。因此，现行法不允许支票所记载的付款人进行承兑。持票人请求付款时，假如出票人在付款人处的存款金额足够支付支票金额，则付款人应当付款；如果不足，则付款人应当拒绝付款。

此外，根据《票据法》第九十条的规定，支票均为见票即付，不存在远期支票。

支票的另一特点是，收款人名称并非出票行为的绝对必要记载事项，可以授权补记。

（二）支票出票的款式

1. 绝对必要记载事项

根据《票据法》第八十四条的规定，支票的出票行为有6个绝对必要记载事项：表明"支票"的字样；无条件支付的委托；确定的金额；付款人名称；出票日期；出票人签章。支票上未记载上述任一事项的，支票无效。但是，根据《票据法》第八十五条第一款的规定，支票上的金额可以由出票人授权补记，未补记前不得使用。

2. 相对必要记载事项

根据《票据法》第八十六条的规定，付款地、出票地是相对必要记载事项。支票上未记载付款地的，付款人的营业场所为付款地。支票上未记载出票地的，出票人的营业场所、住所或者经常居住地为出票地。

3. 任意记载事项

《票据法》第八十六条第一款规定："支票上未记载收款人名称的，经出票人授权，可以补记。"并且，第八十四条并未将收款人名称列为绝对必要记载事项。可以理解为，出票人既可以授权收取支票的相对人补记，也可以由相对人再授权他人补记。

此外，基于《票据法》第九十三条第一款、第二十七条第二款的规定，出票人也可以记载"不得转让"字样。如有该记载，则支票不得转让。

4. 记载不生票据法上效力的事项

《票据法》第九十三条第二款规定："支票的出票行为，除本章规定外，适用本法第二十四条、第二十六条关于汇票的规定。"应当理解为，基于《票据法》第二十六条的规定，出票人免除其担保付款责任的记载不发生票据法上的效力。其他记载，也不发生票据法上的效力。

5. 记载无效事项

根据《票据法》第九十条的规定，支票限于见票即付；如果出票人记载了以其他方式计算的到期日，该记载无效。

6. 记载使支票无效事项

由于《票据法》第八十四条第一款第二项将"无条件支付的委托"规定为绝对必要记载事项，假如出票人记载了付款人支付票据金额的条件，即应认为欠缺该绝对必要记载事项，支票无效。

（三）支票的付款

1. 付款提示期限

《票据法》第九十一条第一款规定："支票的持票人应当自出票日起 10 日内提示付款；异地使用的支票，其提示付款的期限由中国人民银行另行规定。"根据第二款的规定，超过该期限提示付款的，持票人丧失对出票人之外的前手的追索权。

2. 支付密码

《票据管理实施办法》第二十二条规定："申请人申请开立支票存款账户的，银行、城市信用合作社和农村信用合作社可以与申请人约定在支票上使用支付密码，作为支付支票金额的条件。"

3. 付款人的责任

支票的付款人并未在票据上签章，票据法甚至未设置相当于承兑的制度，因此，付款人并未进行任何票据行为，并非票据债务人。如果持票人提示付款时，出票人的存款金额不足以支付支票金额（此时称为"空头支票"，参见《票据法》第八十七条），付款人不予付款。

第三节 非票据结算方式

一、汇兑

（一）汇兑概述

汇兑是汇款人委托银行将其款项支付给收款人的结算方式。汇兑简便灵活，适用于单位和个人的各种款项的结算,且不受金额起点的限制。汇兑分为信汇和电汇两种。

(二) 汇兑的基本流程

汇兑业务的基本流程如图9-1所示。

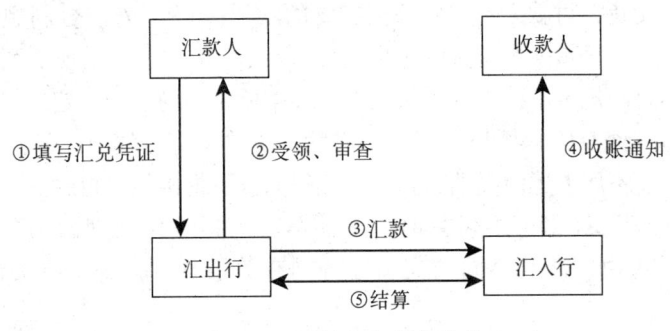

图9-1 汇兑业务基本流程

(三) 汇兑的撤销和退汇

1. 撤销

汇款人对汇出银行尚未汇出的款项可以申请撤销。汇出银行查明确未汇出款项的,收回原信、电汇回单,方可办理撤销。

2. 退汇

汇款人对汇出银行已经汇出的款项可以申请退汇。

二、托收承付

(一) 托收承付概述

托收承付,是根据买卖合同由收款人发货后委托银行向异地付款人收取款项,由付款人向银行承认付款的结算方式。托收承付结算款项的划回方法,分邮寄和电报两种,由收款人选用。托收承付结算每笔的金额起点为1万元(新华书店系统为1 000元)。

(二) 托收承付的基本流程

托收承付业务的基本流程如图9-2所示。

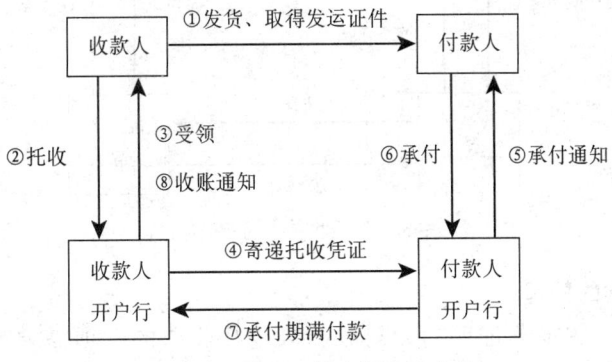

图9-2 托收承付业务基本流程

(三) 拒绝付款的处理

付款人在承付期内，对于如下情况，可向银行提出全部或部分拒绝付款：(1) 没有签订买卖合同或合同未订明托收承付结算方式的款项；(2) 未经双方事先达成协议，收款人提前交货或因逾期交货，付款人不需要该项货物的款项；(3) 未按合同规定的到货地址发货的款项；(4) 代销、寄销、赊销商品的款项；(5) 验单付款，发现所列货物的品种、规格、数量、价格与合同规定不符，或货物已到，经查验货物与合同规定或发货清单不符的款项；(6) 验货付款，经查验货物与合同规定或发货清单不符的款项；(7) 货款已经支付或计算有错误的款项。不属上述情况的，付款人不得向银行提出拒绝付款。

付款人对以上情况提出拒绝付款时，必须填写"拒绝付款理由书"，并加盖单位公章，注明拒绝付款理由，涉及合同的应引证合同有关条款，并提供有关证明，一并送交开户银行。

开户银行经审查，认为拒付理由不成立，均不受理，应实行强制扣款。银行同意部分或全部拒付的，应在拒绝付款理由书上签注意见。部分拒绝付款的，除办理部分付款外，应将拒绝付款理由书连同拒付证明和拒付商品清单邮寄收款人开户银行转交收款人。全部拒绝付款的，应将拒绝付款理由书连同拒付证明和有关单证邮寄收款人开户银行转交收款人。

三、委托收款

(一) 委托收款概述

委托收款是收款人委托银行向付款人收取款项的结算方式。委托收款结算款项的划回方式，分邮寄和电报两种，由收款人选用。委托收款的适用范围十分广泛，无论是同城还是异地都可办理。

(二) 委托收款的基本流程

委托收款业务的基本流程如图9-3所示。

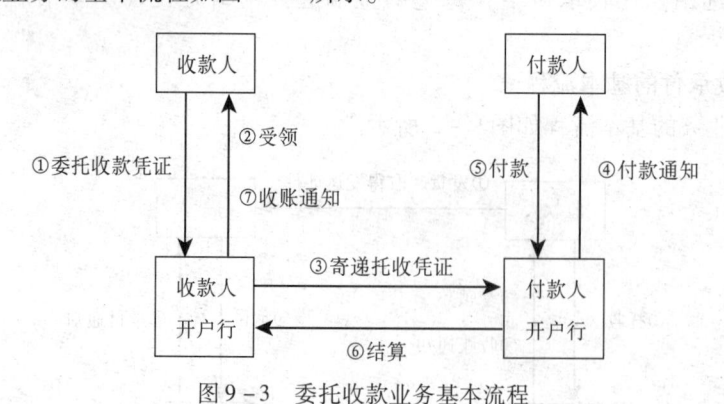

图9-3 委托收款业务基本流程

(三) 拒绝付款的处理

付款人在审查有关债务证明后，对收款人委托收取的款项需要拒绝付款的，可以办理拒绝付款：(1) 以银行为付款人的，应自收到委托收款及债务证明的次日起3日内出具拒绝证明，连同有关债务证明、凭证寄给被委托银行，转交收款人；(2) 以单位为付款人的，应在付款人接到通知日的次日起 3 日内出具拒绝证明，持有债务证明的，应将其送交开户银行。银行将拒绝证明、债务证明和有关凭证一并寄给被委托银行，转交收款人。

四、国内信用证

（一）国内信用证概述

国内信用证（以下简称信用证）是指银行（包括政策性银行、商业银行、农村合作银行、村镇银行和农村信用社）依照申请人的申请开立的、对相符交单予以付款的承诺。我国的信用证是以人民币计价、不可撤销的跟单信用证。此种结算方式适用于国内企事业单位之间的货物和服务贸易。服务贸易包括但不限于运输、旅游、咨询、通讯、建筑、保险、金融、计算机和信息、专有权利使用和特许、广告宣传、电影音像等服务项目。

信用证只能用于转账结算，不得支取现金。

（二）信用证的具体流程

办理信用证的基本流程如图 9-4 所示。

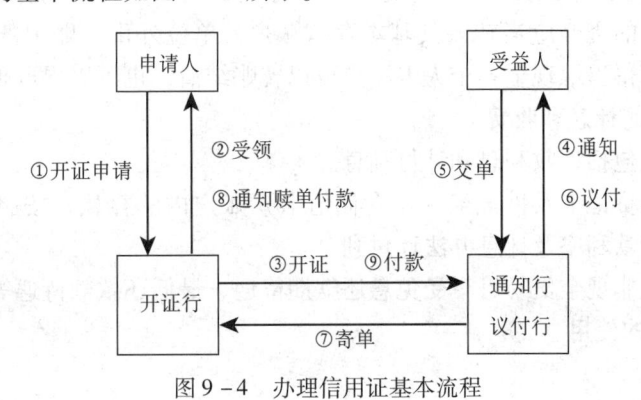

图 9-4 办理信用证基本流程

五、银行卡

（一）银行卡概述

银行卡是由商业银行向社会发行的具有消费信用、转账结算、存取现金等全部或部分功能的信用支付工具。随着商业的发展、科技的进步、人们消费习惯和用卡习惯的变化，银行卡的功能也越来越丰富，现在已成为我国居民最广泛使用的非现金支付工具。

（二）银行卡的种类

依照不同的标准，可将银行卡作不同的分类。例如按币种不同，银行卡可分为人民币卡和外币卡。按信息载体不同，银行卡可分为磁条卡、芯片（IC）卡等。按使用对象的不同，银行卡可分为单位卡和个人卡。单位卡是商业银行向企业、事业单位、学校、机关、团体、部队等单位发行的银行卡；个人卡是商业银行向个人发行的银行卡。

（三）银行卡的发行

商业银行（包括外资银行、合资银行）开办银行卡业务，应满足严格的基本条件，并经中国人民银行批准。

（四）银行卡的申领、挂失与销户

1. 申领

（1）单位卡。单位人民币卡账户的资金一律从其基本存款账户转账存入，不得存取现金，不得将销货收入存入单位卡账户。单位外币卡账户的资金应从其单位的外汇账户转账存入，不得在境内存取外币现钞。

（2）个人卡。个人申领银行卡（储值卡除外），应当向发卡银行提供公安部门规定的本人有效身份证件，经发卡银行审查合格后，为其开立记名账户。

2. 挂失

发卡银行应当提供24小时挂失服务，通过营业网点、客户服务电话或电子银行等渠道及时受理持卡人挂失申请并采取相应的风险管控措施。借记卡的挂失手续办妥后，持卡人不再承担相应卡账户资金变动的责任，司法机关、仲裁机关另有判决的除外。发卡银行对储值卡和IC卡内的电子钱包可不予挂失。

3. 销户

持卡人在还清全部交易款项、透支本息和有关费用后，可申请办理销户。销户时，单位人民币卡账户的资金应当转入其基本存款账户，单位外币卡账户的资金应当转回相应的外汇账户，不得提取现金；个人卡账户可以转账结清，也可以提取现金。

（五）银行卡的计息和收费

银行卡的计息包括计收利息和计付利息。

发卡银行对准贷记卡及借记卡（不含储值卡）账户内的存款，按照中国人民银行规定的同期同档次存款利率及计息办法计付利息。

贷记卡持卡人非现金交易可享受免息还款期待遇、最低还款额待遇等优惠条件。

（六）银行卡的使用

1. 提取现金

持卡人可以通过借记卡存取现金。

2. 购物消费

持卡人可持银行卡在特约单位购物、消费。

六、预付卡

支付机构可以在境内从事预付业务。根据《非金融机构支付服务管理办法》《非金融机构支付服务管理办法实施细则》《支付机构预付卡业务管理办法》等规定，"预付卡"是指发卡机构以特定载体和形式发行的、可在发卡机构之外购买商品或服务的预付价值，但不包括：（1）仅限于发放社会保障金的预付卡；（2）仅限于乘坐公共交通工具的预付卡；（3）仅限于缴纳电话费等通信费用的预付卡；（4）发行机构与特约商户为同一法人的预付卡。"支付机构"是指取得《支付业务许可证》，获准办理"预付卡发行与受理"业务的发卡机构和获准办理"预付卡受理"业务的受理机构。

预付卡分为记名预付卡和不记名预付卡。记名预付卡是指预付卡业务处理系统中记载持卡人身份信息的预付卡。不记名预付卡是指预付卡业务处理系统中不记载持卡人身份信息的预付卡。记名预付卡应当可挂失、可赎回，不得设置有效期。不记名预付卡一般不挂失、不赎回。不记名预付卡有效期不得低于 3 年。预付卡不得具有透支功能。

七、电子支付

（一）电子支付概述

电子支付是指单位、个人直接或授权他人通过电子终端发出支付指令，实现货币支付与资金转移的行为。与传统支付方式相比，电子支付更加方便、高效，同时也带来了风险，电子支付的安全问题一直是关注焦点。

（二）电子支付的类型

电子支付的应用极为广泛，支付方式也不断创新。根据发起电子支付指令的电子终端不同，电子支付可以分为网上支付、电话支付、移动支付、销售点终端交易、自动柜员机交易和其他电子支付等类型。依托公共网络或专用网络在收付款人之间转移货币资金的支付方式，包括互联网支付（网上支付）、移动电话支付、固定电话支付、数字电视支付等，也被合称为网络支付。其中，使用最为广泛的是网上支付和移动支付。

网上支付是指通过互联网进行货币支付、现金流转、资金清算等行为，通常仍须以银行为中介。

移动支付是指依托移动互联网或专用网络，通过移动终端（通常是手机）实现收付款人之间货币资金转移的支付服务，包括但不限于近场支付（通过具有近距离无线通信技术的移动终端实现本地化通讯进行货币资金的转移）和远程支付（通过移动网络与后台支付系统建立连接，尤其是利用网银、第三方支付平台等互联网支付工具，实现各种转账、消费等）等业务。

（三）电子支付的基本流程

电子支付的当事人一般包括发出电子支付指令的客户、接受电子支付指令的客户、提供电子支付网络环境服务或移动通信服务的经营商、银行、支付机构等。

电子支付的基本流程是：

（1）电子支付指令的发起。
（2）电子支付指令的确认。
（3）电子支付指令的执行。
（4）电子支付指令的接收。

第十章 企业国有资产法律制度

第一节 企业国有资产法律制度概述

一、企业国有资产的概念

企业国有资产,仅指国有资产中的经营性国有资产。根据《中华人民共和国企业国有资产法》(以下简称《企业国有资产法》)规定,企业国有资产是指国家对企业各种形式的出资所形成的权益。企业国有资产具有以下两个特征:

(1) 企业国有资产是国家以各种形式对企业的出资形成的。

(2) 企业国有资产是国家作为出资人对出资企业所享有的一种权益。

二、企业国有资产的监督管理体制

《企业国有资产法》对企业国有资产的监督管理体制作出了明确规定,主要内容包括:

(1) 企业国有资产属于国家所有,即全民所有。国务院代表国家行使企业国有资产所有权。

(2) 国务院和地方人民政府依照法律、行政法规的规定,分别代表国家对国家出资企业履行出资人职责,享有出资人权益。

(3) 国务院和地方人民政府应当按照政企分开、社会公共管理职能与企业国有资产出资人职能分开、不干预企业依法自主经营的原则,依法履行出资人职责。

(4) 国家采取措施,推动企业国有资本向关系国民经济命脉和国家安全的重要行业和关键领域集中,优化国有经济布局和结构,推进国有企业的改革和发展,提高国有经济的整体素质,增强国有经济的控制力、影响力。

(5) 国家建立健全与社会主义市场经济发展要求相适应的企业国有资产管理与监督体制,建立健全企业国有资产保值增值考核和责任追究制度,落实企业国有资产保值增值责任。

(6) 企业国有资产受法律保护,任何单位和个人不得侵害。

三、履行出资人职责的机构

（一）履行出资人职责的机构的概念

履行出资人职责的机构，是指根据本级人民政府的授权，代表本级人民政府对国家出资企业履行出资人职责的机构、部门。根据《企业国有资产法》的规定，履行出资人职责的机构有以下几种：

（1）国务院国有资产监督管理机构，即国务院国有资产监督管理委员会。

（2）地方人民政府按照国务院的规定设立的国有资产监督管理机构。根据地方人民政府的授权，其代表地方人民政府对国家出资企业履行出资人职责。

（3）国务院和地方人民政府根据需要授权的其他部门、机构。如根据国务院的有关规定，国务院授权财政部对金融行业的国有资产进行监管，授权财政部对中央文化企业、中国铁路、中国烟草及中国邮政集团等公司履行出资人职责。

以上代表本级人民政府履行出资人职责的机构、部门，统称为"履行出资人职责的机构"。

（二）履行出资人职责的机构的基本职责

根据《企业国有资产法》的规定，履行出资人职责的机构的基本职责主要有：

（1）代表本级人民政府对国家出资企业依法享有资产收益、参与重大决策和选择管理者等出资人权利。

（2）依照法律、行政法规的规定，制定或者参与制定国家出资企业的章程。

（3）按照法律、行政法规和本级人民政府规定，对于须经本级人民政府批准的履行出资人职责的重大事项，报请本级人民政府批准。

（4）委派股东代表参加国有资本控股公司、国有资本参股公司召开的股东会会议。被委派的股东代表应当按照委派机构的指示提出提案、发表意见、行使表决权，并将其履行职责的情况和结果及时报告委派机构。

（5）按照国家有关规定，定期向本级人民政府报告有关企业国有资产总量、结构、变动、收益等汇总分析的情况。

（三）履行出资人职责的机构的履职要求

根据《企业国有资产法》的规定，履行出资人职责的机构的履职要求主要有：

（1）履行出资人职责的机构应当依照法律、行政法规以及企业章程履行出资人职责，保障出资人权益，防止企业国有资产损失。

（2）履行出资人职责的机构应当维护企业作为市场主体依法享有的权利，除依法履行出资人职责外，不得干预企业经营活动。

（3）履行出资人职责的机构对本级人民政府负责，向本级人民政府报告履行出资人职责的情况，接受本级人民政府的监督和考核，对企业国有资产的保值增值负责。

四、国家出资企业

（一）国家出资企业的概念

根据《企业国有资产法》规定，国家出资企业，是指国家出资的国有独资企业、国有独资公司,以及国有资本控股公司、国有资本参股公司。

(二) 国家出资企业管理者的任职要求

1. 国家出资企业管理者的任免范围

根据《企业国有资产法》的规定,履行出资人职责的机构依照法律、行政法规以及企业章程的规定,任免或者建议任免国家出资企业的下列人员:(1)任免国有独资企业的经理、副经理、财务负责人和其他高级管理人员;(2)任免国有独资公司的董事长、副董事长、董事、监事会主席和监事;(3)向国有资本控股公司、国有资本参股公司的股东会提出董事、监事人选。上述第(1)、(2)项规定的企业管理者,国务院和地方人民政府规定由本级人民政府任免的,依照其规定。

国家出资企业中应当由职工代表出任的董事、监事,依照有关法律、行政法规的规定由职工民主选举产生。

2. 国家出资企业管理者的任职条件

根据《企业国有资产法》的规定,履行出资人职责的机构任命或者建议任命的董事、监事、高级管理人员,应当具备下列条件:(1)有良好的品行;(2)有符合职位要求的专业知识和工作能力;(3)有能够正常履行职责的身体条件;(4)法律、行政法规规定的其他条件。董事、监事、高级管理人员在任职期间出现不符合上述规定情形或者出现《公司法》第一百七十八条规定的不得担任公司董事、监事、高级管理人员情形的,履行出资人职责的机构应当依法予以免职或者提出免职建议。

3. 国家出资企业管理者的兼职限制

根据《企业国有资产法》的规定,未经履行出资人职责的机构同意,国有独资企业、国有独资公司的董事、高级管理人员不得在其他企业兼职。未经股东会同意,国有资本控股公司、国有资本参股公司的董事、高级管理人员不得在经营同类业务的其他企业兼职。未经履行出资人职责的机构同意,国有独资公司的董事长不得兼任经理。未经股东会同意,国有资本控股公司的董事长不得兼任经理。董事、高级管理人员不得兼任监事。

4. 国家出资企业管理者的义务

国家出资企业的董事、监事、高级管理人员,应当遵守法律、行政法规以及企业章程,对企业负有忠实义务和勤勉义务,不得利用职权收受贿赂或者取得其他非法收入和不当利益,不得侵占、挪用企业资产,不得超越职权或者违反程序决定企业重大事项,不得有其他侵害企业国有资产出资人权益的行为。

五、企业改制

(一) 企业改制的类型

根据《企业国有资产法》规定,企业改制有以下情形:

(1) 国有独资企业改为国有独资公司。

(2) 国有独资企业、国有独资公司改为国有资本控股公司或者非国有资本控股公司。

(3) 国有资本控股公司改为非国有资本控股公司。

(二) 企业改制的程序及方案制定

1. 企业改制的程序

企业改制应当依照法定程序,由履行出资人职责的机构决定或者由公司股东会决定。重要的国有独资企业、国有独资公司、国有资本控股公司的改制,履行出资人职责的机构在作出决定或者向其委派参加国有资本控股公司股东会会议的股东代表作出指示前,应当将改制方案报请本级人民政府批准。

2. 企业改制方案的制定

企业改制应当制定改制方案,载明改制后的企业组织形式、企业资产和债权债务处理方案、股权变动方案、改制的操作程序、资产评估和财务审计等中介机构的选聘等事项。企业改制涉及重新安置企业职工的,还应当制定职工安置方案,并经职工代表大会或者职工大会审议通过。

第二节 企业国有资产产权登记制度

一、企业国有资产产权登记的概念

企业国有资产产权登记,是指履行出资人职责的机构代表政府对占有国有资产的各类企业的资产、负债、所有者权益等产权状况进行登记,依法确认产权归属关系的行为。

二、企业国有资产产权登记的范围

根据《企业国有资产产权登记管理办法》和《国家出资企业产权登记管理暂行办法》等法律制度的规定,国有企业、国有独资公司、持有国家股权的单位以及以其他形式占有国有资产的企业,应当依照规定办理产权登记。根据《国有金融资本产权登记管理办法(试行)》的规定,在中华人民共和国境内或境外设立的占有国有金融资本的金融机构,应按本办法规定办理产权登记。国有控股金融机构拥有实际控制权的境内外各级企业及前述企业投资参股的企业,应当纳入产权登记范围,所属企业包括非金融企业。

国家出资企业、国家出资企业(不含国有资本参股公司)拥有实际控制权的境内外各级企业及其投资参股企业,应当纳入产权登记范围。国家出资企业所属事业单位视为其子企业进行产权登记。但上述企业为交易目的持有的下列股权不进行产权登记:

(1) 为了赚取差价从二级市场购入的上市公司股权;
(2) 为了近期内(一年以内)出售而持有的其他股权。

有限责任公司、股份有限公司、外商投资企业和联营企业,应由国有股权持有单位或委托企业按规定申办企业国有资产产权登记。有关部门所属未脱钩企业和事业单位及社会团体所投资企业的产权登记工作,由同级履行出资人职责的机构组织实施。企业产权归属关系不清楚或者发生产权纠纷的,可以申请暂缓办理产权登记。被批准暂缓办理产权登记的企业应当在暂缓期内,将产权界定清楚,将产权纠纷处理完毕,然后及时办理产权登记。

三、企业国有资产产权登记的内容

企业国有资产产权登记分为占有产权登记、变动产权登记和注销产权登记。

（一）占有产权登记

根据有关规定，占有产权登记的主要内容包括：（1）出资人名称、住所、出资金额及法定代表人；（2）企业名称、住所及法定代表人；（3）企业的资产、负债及所有者权益；（4）企业实收资本、国有资本；（5）企业投资情况；（6）国务院国有资产监督管理机构规定的其他事项。

（二）变动产权登记

根据有关规定，企业发生下列情形之一的，应当申办变动产权登记：（1）企业名称、住所或法定代表人改变的；（2）企业组织形式发生变动的；（3）企业国有资本额发生增减变动的；（4）企业国有资本出资人发生变动的；（5）产权登记机关规定的其他变动情形。企业发生上述第（1）项情形的，应当于市场监督管理部门核准变动登记后 30 日内，向原产权登记机关申办变动产权登记。企业发生上述第（2）项至第（5）项情形的，应当自企业出资人或者有关部门批准、企业股东会或者董事会作出决定之日起 30 日内，向市场监督管理部门申请变更登记前，向原产权登记机关申办变动产权登记。

（三）注销产权登记

根据有关规定，企业发生下列情形之一的，应当申办注销产权登记：（1）企业解散、被依法撤销或被依法宣告破产；（2）企业转让全部国有资产产权或改制后不再设置国有股权的；（3）产权登记机关规定的其他情形。企业解散的，应当自出资人的母公司或上级单位批准之日起 30 日内，向原产权登记机关申办注销产权登记。企业被依法撤销的，应当自政府有关部门决定之日起 30 日内向原产权登记机关申办注销产权登记。企业被依法宣告破产的，应当自法院裁定之日起 60 日内由企业破产清算机构向原产权登记机关申办注销产权登记。企业转让全部国有资产产权（股权）或改制后不再设置国有股权的，应当自出资人的母公司或上级单位批准后 30 日内由向原产权登记机关申办注销产权登记。

四、产权登记的程序

（1）企业申办产权登记，应当按规定填写相应的产权登记表，并向产权登记机关提交有关文件资料。

（2）企业申办产权登记必须经政府管理的企业或企业集团母公司（含政府授权经营的企业）出具审核意见；仍由政府有关部门、机构或国有社会团体管理的企业，由部门、机构或社团出具审核意见。企业未按上述规定取得审核意见的，产权登记机关不予受理产权登记。

（3）产权登记机关收到企业提交的符合规定的全部文件、资料后，发给《产权登记受理通知书》，并于 10 个工作日内对企业申报的产权登记作出准予登记或不予登记的决定。产权登记机关核准产权登记的，发给、换发或收缴企业的产权登记证正本和副本。产权登记机关不予登记的，应当自作出决定之日起 3 日内通知登记申请人，并说明原因。

五、企业国有资产产权登记的管理

(一) 产权登记的管理机关

根据有关规定,产权登记机关是县级以上各级政府负责国有资产管理的部门。财政部主管全国产权登记工作,统一制定产权登记的各项政策法规。上级产权登记机关指导下级产权登记机关的产权登记工作。

(二) 产权登记的年度检查

企业应当于每个公历年度终了后90日内,办理工商年检登记之前,向原产权登记机关申办产权登记年度检查。下级产权登记机关应当于每个公历年度终了后150日内,编制并向同级政府和上级产权登记机关报送产权登记与产权变动状况分析报告。

第三节 企业国有资产评估管理制度

一、企业国有资产评估的概念

企业国有资产评估,是指对企业国有资产的价值进行的评估。

二、企业国有资产评估的法律规定

为了正确体现企业国有资产的价值量,规范企业国有资产评估行为,维护国有资产出资人合法权益,防止国有资产流失,2016年7月2日第十二届全国人民代表大会常务委员会第二十一次会议审议通过的《中华人民共和国资产评估法》(以下简称《资产评估法》),以及国务院和国务院国有资产监督管理委员会、财政部先后发布的《国有资产评估管理办法》《企业国有资产评估管理暂行办法》《国有资产评估违法行为处罚办法》《国有资产评估管理若干问题的规定》等有关国有资产评估管理的法律制度,对国有资产评估管理工作作出了规范。

三、企业国有资产评估的范围

《资产评估法》规定,涉及国有资产或者公共利益等事项,法律、行政法规规定需要评估的,应当依法委托资产评估机构评估。

根据有关规定,国家出资企业及其各级子企业(本节以下统称企业)有下列行为之一的,应当对相关资产进行评估:(1)整体或者部分改建为有限责任公司或者股份有限公司;(2)以非货币资产对外投资;(3)合并、分立、破产、解散;(4)非上市公司国有股东股权比例变动;(5)产权转让;(6)资产转让、置换;(7)整体资产或者部分资产租赁给非国有单位;(8)以非货币资产偿还债务;(9)资产涉讼;(10)收购非国有单位的资产;(11)接受非国有单位以非货币资产出资;(12)接受非国有单位以非货币资产抵债;(13)法律、行政法规规定的其他需要进行资产评估的事项。金融企业除以上情形外，有资产拍卖、债权转股权、债务重组、接受非货币性资产抵押或者质押、处置不良资产等情形的也应当委托资产评估机构进行资产评估。

四、企业国有资产评估的组织管理系统

（一）国有资产监督管理机构

根据有关规定，各级履行出资人职责的机构负责其所出资企业的国有资产评估监管工作。

（二）资产评估机构

资产评估机构是指依法经市场监督管理部门登记设立并向有关评估行政管理部门备案的从事资产评估业务的专业服务机构。资产评估机构的组织形式为合伙制或者公司制。资产评估机构开展国有资产评估业务，应当按规定向省级财政部门备案，并遵守有关法律、行政法规和评估准则，遵循独立、客观、公正的原则。资产评估机构应当建立健全质量控制制度，保证资产评估报告的客观、真实、合理。

五、企业国有资产评估项目核准制和备案制

根据有关规定，企业国有资产评估项目实行核准制和备案制。

（一）核准制

经各级人民政府批准经济行为的事项涉及的资产评估项目，分别由其授权履行出资人职责的机构负责核准。国务院批准的重大经济事项同时涉及中央和地方的资产评估项目，可由国有股最大股东依照其产权关系，逐级报送国务院国有资产监督管理机构进行核准。

资产评估项目的核准按照下列程序进行：

（1）企业收到资产评估机构出具的评估报告后应当逐级上报初审，经初审同意后，自评估基准日起8个月内向履行出资人职责的机构提出核准申请。

（2）履行出资人职责的机构收到核准申请后，对符合核准要求的，及时组织有关专家审核，在20个工作日内完成对评估报告的核准；对不符合核准要求的，予以退回。

（二）备案制

经国务院国有资产监督管理机构或国务院授权的部门批准经济行为的事项涉及的资产评估项目，由国务院国有资产监督管理机构或国务院授权的部门负责备案；经国务院国有资产监督管理机构或国务院授权的部门所出资企业（以下简称中央企业）及其各级子企业批准经济行为的事项涉及的资产评估项目，由中央企业负责备案。

资产评估项目的备案按照下列程序进行：

（1）企业收到资产评估机构出具的评估报告后，将备案材料逐级报送给履行出资人职责的机构或其所出资企业，自评估基准日起9个月内提出备案申请。

（2）履行出资人职责的机构或者所出资企业收到备案材料后，对材料齐全的，在20个工作日内办理备案手续，必要时可组织有关专家参与备案评审。

六、企业国有资产评估程序

根据《资产评估法》的规定，企业国有资产评估履行下列基本程序：

（1）企业国有资产评估业务委托人应当依法选择资产评估机构，应当与评估机构订立委托合同，约定双方的权利和义务。

（2）资产评估机构受理企业国有资产评估业务后，应当指定至少两名相应专业类别的评估师承办。评估师应当根据评估业务具体情况，对评估对象进行现场调查，收集权属证明、财务会计信息和其他资料并进行核查验证、分析整理，作为评估的依据。

（3）资产评估报告应当由至少两名承办该项业务的评估师签名并加盖资产评估机构印章。资产评估机构及其评估师对其出具的资产评估报告依法承担责任。

（4）评估档案的保存期限不少于15年，属于法定评估业务的，保存期限不少于30年。

（5）委托人或者资产评估报告使用人应当按照法律规定和资产评估报告载明的使用范围使用评估报告。委托人或者资产评估报告使用人违反规定使用评估报告的，评估机构和评估师不承担责任。

第四节 企业国有资产交易管理制度

一、企业国有资产交易概述

（一）企业国有资产交易的概念和原则

（1）企业国有资产交易，是指履行出资人职责的机构、国有及国有控股企业、国有实际控制企业转让产权，或者增加资本、进行重大资产转让的活动。

（2）企业国有资产交易应当遵守国家法律法规和政策规定，有利于国有经济布局和结构调整优化，充分发挥市场配置资源作用，遵循等价有偿和公开、公平、公正的原则，在依法设立的产权交易机构中公开进行，国家法律法规另有规定的从其规定。

（二）企业国有资产交易的范围

企业国有资产交易行为包括：（1）履行出资人职责的机构、国有及国有控股企业、国有实际控制企业转让其对企业各种形式出资所形成权益的行为（以下称企业产权转让）；（2）国有及国有控股企业、国有实际控制企业增加资本的行为（以下称企业增资），政府以增加资本金方式对国家出资企业的投入除外；（3）国有及国有控股企业、国有实际控制企业的重大资产转让行为（以下称企业资产转让）。

二、企业产权转让

（一）审核批准

履行出资人职责的机构负责审核国家出资企业的产权转让事项。其中，因产权转让致使国家不再拥有所出资企业控股权的，须由履行出资人职责的机构报本级人民政府批准。

（二）审计评估

产权转让事项经批准后，由转让方委托会计师事务所对转让标的企业进行审计。涉及参股权转让不宜单独进行专项审计的,转让方应当取得转让标的企业最近一期年度审计报告。

(三) 确定受让方

产权转让原则上通过产权市场公开进行。转让方可以根据企业实际情况和工作进度安排,采取信息预披露和正式披露相结合的方式,通过产权交易机构网站分阶段对外披露产权转让信息,公开征集受让方。

产权转让信息披露期满、产生符合条件的意向受让方的,按照披露的竞价方式组织竞价。竞价可以采取拍卖、招投标、网络竞价以及其他竞价方式,且不得违反国家法律法规的规定。

受让方确定后,转让方与受让方应当签订产权交易合同,交易双方不得以交易期间企业经营性损益等理由对已达成的交易条件和交易价格进行调整。

(四) 结算交易价款

交易价款应当以人民币计价,通过产权交易机构以货币进行结算。因特殊情况不能通过产权交易机构结算的,转让方应当向产权交易机构提供转让行为批准单位的书面意见以及受让方付款凭证。

(五) 非公开协议方式转让企业产权的特殊规定

以下情形的产权转让可以采取非公开协议转让方式:(1) 涉及主业处于关系国家安全、国民经济命脉的重要行业和关键领域企业的重组整合,对受让方有特殊要求,企业产权需要在国有及国有控股企业之间转让的,经履行出资人职责的机构批准,可以采取非公开协议转让方式;(2) 同一国家出资企业及其各级控股企业或实际控制企业之间因实施内部重组整合进行产权转让的,经该国家出资企业审议决策,可以采取非公开协议转让方式。

三、企业增资

(一) 审核批准

履行出资人职责的机构负责审核国家出资企业的增资行为。其中,因增资致使国家不再拥有所出资企业控股权的,须由履行出资人职责的机构报本级人民政府批准。

(二) 审计评估

企业增资在完成决策批准程序后,应当由增资企业委托具有相应资质的中介机构开展审计和资产评估。以下情形按照《公司法》、企业章程履行决策程序后,可以依据评估报告或最近一期审计报告确定企业资本及股权比例:(1) 增资企业原股东同比例增资的;(2) 履行出资人职责的机构对国家出资企业增资的;(3) 国有控股或国有实际控制企业对其独资子企业增资的;(4) 增资企业和投资方均为国有独资或国有全资企业的。

(三) 确定投资方

企业增资通过产权交易机构网站对外披露信息公开征集投资方,时间不得少于40个工作日。

企业增资涉及上市公司实际控制人发生变更的,应当同时遵守上市公司国有股权管理以及证券监管相关规定。

产权交易机构接受增资企业的委托提供项目推介服务,负责意向投资方的登记工作,协助企业开展投资方资格审查。通过资格审查的意向投资方数量较多时，可以采用竞价、竞争性谈判、综合评议等方式进行多轮次遴选。产权交易机构负责统一接收意向投资方的投标和报价文件，协助企业开展投资方遴选有关工作。企业董事会或股东会以资产评估结果为基础，结合意向投资方的条件和报价等因素审议选定投资方。

投资方以非货币财产出资的，应当经增资企业董事会或股东会审议同意，并委托具有相应资质的评估机构进行评估，确认投资方的出资金额。

增资协议签订并生效后，产权交易机构应当出具交易凭证，通过交易机构网站对外公告结果，公告内容包括投资方名称、投资金额、持股比例等，公告期不少于5个工作日。

（四）非公开协议方式增资的特殊规定

以下情形经同级履行出资人职责的机构批准，可以采取非公开协议方式进行增资：（1）因国有资本布局结构调整需要，由特定的国有及国有控股企业或国有实际控制企业参与增资；（2）因国家出资企业与特定投资方建立战略合作伙伴或利益共同体需要，由该投资方参与国家出资企业或其子企业增资。

以下情形经国家出资企业审议决策，可以采取非公开协议方式进行增资：（1）国家出资企业直接或指定其控股、实际控制的其他子企业参与增资；（2）企业债权转为股权；（3）企业原股东增资。

四、企业资产转让

企业一定金额以上的生产设备、房产、在建工程以及土地使用权、债权、知识产权等资产对外转让，应当按照企业内部管理制度履行相应决策程序后，在产权交易机构公开进行。

资产转让价款原则上一次性付清。企业资产转让的具体工作流程参照上述关于企业产权转让的规定执行。

五、企业国有产权无偿划转

（一）企业国有产权无偿划转的概念和原则

1. 企业国有产权无偿划转的概念

企业国有产权无偿划转，是指企业国有产权在政府机构、事业单位、国有独资企业、国有独资公司之间的无偿转移行为。

2. 企业国有产权无偿划转的原则

根据有关规定，企业国有产权无偿划转应当遵循以下原则：（1）符合国家有关法律法规和产业政策的规定；（2）符合国有经济布局和结构调整的需要；（3）有利于优化产业结构和提高企业核心竞争力；（4）划转双方协商一致。

（二）企业国有产权无偿划转的程序

（1）做好可行性研究。

（2）划转双方审议。

（3）审计或者清产核资。

（4）签订划转协议。

（5）办理产权登记手续。
（三）企业国有产权无偿划转的批准
（1）确定批准机构。
（2）批准机构审查。
（3）由政府决定的无偿划转事项。

六、上市公司国有股权变动管理

（一）上市公司国有股权变动管理概述
1. 上市公司国有股权变动的概念

上市公司国有股权变动，是指上市公司国有股权持股主体、数量或比例等发生变化的行为，具体包括：国有股东所持上市公司股份通过证券交易系统转让、公开征集转让、非公开协议转让、无偿划转、间接转让、国有股东发行可交换公司债券；国有股东通过证券交易系统增持、协议受让、间接受让、要约收购上市公司股份和认购上市公司发行股票；国有股东所控股上市公司吸收合并、发行证券；国有股东与上市公司进行资产重组等行为。

2. 上市公司国有股权变动管理的立法

为规范上市公司国有股权变动行为，推动国有资源优化配置，平等保护各类投资者合法权益，防止国有资产流失，2018年5月16日国务院国有资产监督管理委员会、财政部、中国证券监督管理委员会联合发布了《上市公司国有股权监督管理办法》，对上市公司国有股权变动管理作出了具体规定。

3. 上市公司国有股权变动管理的原则

（1）上市公司国有股权变动行为应坚持公开、公平、公正原则，遵守国家有关法律、行政法规和规章制度规定，符合国家产业政策和国有经济布局结构调整方向，有利于国有资本保值增值，提高企业核心竞争力。（2）上市公司国有股权变动涉及的股份应当权属清晰，不存在受法律法规规定限制的情形。（3）国有股东所持上市公司股份变动应在作充分可行性研究的基础上制定方案，严格履行决策、审批程序，规范操作，按照证券监管的相关规定履行信息披露等义务。在上市公司国有股权变动信息披露前，各关联方要严格遵守保密规定。（4）上市公司国有股权变动应当根据证券市场公开交易价格、可比公司股票交易价格、每股净资产值等因素合理定价。

（二）国有股东转让所持上市公司股份的方式
（1）通过交易系统转让。
（2）公开征集转让。
（3）非公开协议转让。
（4）股份无偿划转。
（5）股份间接转让。

（三）国有股东受让上市公司股份

国有股东受让上市公司股份行为主要包括国有股东通过证券交易系统增持、协议受让、间接受让、要约收购上市公司股份和认购上市公司发行股票等。

1. 审核批准

国有股东受让上市公司股份,按照审批权限由国家出资企业审核批准或由履行出资人职责的机构审核批准。

2. 办理受让手续

国有股东将其持有的可转换公司债券或可交换公司债券转换、交换成上市公司股票的,通过司法机关强制执行手续取得上市公司股份的,按照相关法律、行政法规及规章制度的规定办理,并在上述行为完成后10个工作日内将相关情况通过管理信息系统按程序报告履行出资人职责的机构。

(四)国有股东发行可交换公司债券

国有股东发行可交换公司债券,是指上市公司国有股东依法发行、在一定期限内依据约定条件可以交换成该股东所持特定上市公司股份的公司债券的行为。

1. 确定可交换公司债券的价格和利率

国有股东发行的可交换公司债券交换为上市公司每股股份的价格,应不低于债券募集说明书公告日前1个交易日、前20个交易日、前30个交易日该上市公司股票均价中的最高者。国有股东发行的可交换公司债券,其利率应当在参照同期银行贷款利率、银行票据利率、同行业其他企业发行的债券利率,以及标的公司股票每股交换价格、上市公司未来发展前景等因素的前提下,通过市场询价合理确定。

2. 审批

国有股东发行可交换公司债券,按照审批权限由国家出资企业审核批准或由履行出资人职责的机构审核批准。

(五)国有股东所控股上市公司发行证券

国有股东所控股上市公司发行证券包括上市公司采用公开方式向原股东配售股份、向不特定对象公开募集股份、采用非公开方式向特定对象发行股份以及发行可转换公司债券等行为。

国有股东所控股上市公司发行证券,应当在股东会召开前,按照审批权限由国家出资企业审核批准或由履行出资人职责的机构审核批准。

(六)国有股东所控股上市公司吸收合并

国有股东所控股上市公司吸收合并,是指国有控股上市公司之间或国有控股上市公司与非国有控股上市公司之间的吸收合并。

(1)聘请财务顾问。

(2)确定换股价格。

(3)审批。

(七)国有股东与上市公司进行资产重组

国有股东与上市公司进行资产重组是指国有股东向上市公司注入、购买或置换资产并涉及国有股东所持上市公司股份发生变化的情形。

1. 信息披露

国有股东就资产重组事项进行内部决策后,应书面通知上市公司,由上市公司依法披露,并申请股票停牌。在上市公司董事会审议资产重组方案前,应当将可行性研究报告报国家出资企业、履行出资人职责的机构预审核，并由履行出资人职责的机构通过管理信息系统出具意见。

2. 审批

国有股东与上市公司进行资产重组方案经上市公司董事会审议通过后，应当在上市公司股东会召开前，按照审批权限由国家出资企业审核批准或由履行出资人职责的机构审核批准。

国有股东参股的非上市企业参与非国有控股上市公司的资产重组事项由国家出资企业按照内部决策程序自主决定。

第十一章 反垄断法律制度

第一节 反垄断法律制度概述

一、反垄断法的发展

现代意义上的反垄断法产生于19世纪末西方自由资本主义进入垄断资本主义时期。1890年美国颁布的《谢尔曼法》是早期现代反垄断立法的典型代表。目前,绝大多数市场经济国家都有较为完善的反垄断法律制度。中国《反垄断法》颁布于2007年8月30日,于2008年8月1日开始实施。2022年6月,十三届全国人大常委会第三十五次会议表决通过关于修改《中华人民共和国反垄断法》的决定,全新修订的《反垄断法》自2022年8月1日开始实施。《反垄断法》法典和与之配套的行政法规、规章、司法解释等规范性法律文件共同构成我国反垄断法律规范体系。

二、反垄断法的立法宗旨

根据我国《反垄断法》第一条的规定,其立法宗旨是:预防和制止垄断行为,保护市场公平竞争,鼓励创新,提高经济运行效率,维护消费者利益和社会公共利益,促进社会主义市场经济健康发展。

三、反垄断法的适用范围

法的适用范围是指一部法律发挥其调整功能的边界,具体包括适用的主体和行为的范围,以及适用的时间和空间范围。反垄断法的适用范围即反垄断法的规制范围。

(一)反垄断法适用的地域范围

我国《反垄断法》第二条规定:"中华人民共和国境内经济活动中的垄断行为,适用本法。"这就是属地原则。同时,该条后半段还对效果原则进行了规定:"中华人民共和国境外的垄断行为,对境内市场竞争产生排除、限制影响的,适用本法。"可见,我国《反垄断法》的效力不仅及于发生在境内的垄断行为,而且还及于发生在境外的对境内市场竞争产生排除、限制影响的垄断行为。这里所称"境内",不含我国港、澳、台地区。

（二）反垄断法适用的主体和行为

1. 以经营者为主体的垄断行为

根据当今世界反垄断法的通例，我国《反垄断法》对以"经营者"为行为主体的下列垄断行为予以规制：

（1）经营者达成垄断协议；

（2）经营者滥用市场支配地位；

（3）具有或者可能具有排除、限制竞争效果的经营者集中。

2. 行业协会参与的垄断行为

我国《反垄断法》第十四条规定："行业协会应当加强行业自律，引导本行业的经营者依法竞争，合规经营，维护市场竞争秩序。"第二十一条规定："行业协会不得组织本行业的经营者从事本章禁止的垄断行为。"

3. 滥用行政权力排除、限制竞争行为

滥用行政权力排除、限制竞争行为的主体是行政机关和法律、法规授权的具有管理公共事务职能的组织。滥用行政权力排除、限制竞争行为虽不是传统意义上的垄断行为，但同样具有排除、限制竞争的效果，因此，也是我国反垄断法的规制对象。

（三）反垄断法的适用除外

（1）知识产权的正当行使。

（2）农业生产中的联合或者协同行为。

四、相关市场界定

竞争和垄断均为特定市场范围内的相对概念。在一定范围的市场内的垄断，如果放在更大范围的市场内考察，就不一定是垄断。因此，认定垄断之前必须先界定相关市场的范围。相关市场界定是反垄断分析的重要步骤。在垄断协议及滥用市场支配地位的禁止，以及经营者集中的反垄断审查案件中，均可能涉及相关市场的界定问题。恰如其分地界定相关市场，是判断经营者之间的竞争关系（识别竞争者）、经营者的市场地位，评估垄断行为对竞争的影响的前提和条件。

（一）相关市场的概念及维度

根据《反垄断法》第十五条第二款，相关市场是经营者在一定时期内就特定商品或者服务（统称商品）进行竞争的商品范围和地域范围。正如对空间需要从长、宽、高三个不同维度界定一样，相关市场的界定也涉及不同的维度。从上述相关市场的法律定义可以看出，界定相关市场涉及的维度包括时间、商品和地域等三个维度。

（二）界定相关市场的基本标准与分析视角

界定相关市场的意义在于：明确在特定的时间段内，哪些地域范围内的哪些商品之间存在着竞争关系。判断商品之间是否具有竞争关系、是否在同一相关市场的基本标准，是商品间的"较为紧密的相互替代性"。一般来说，商品之间的可替代性越高，它们之间的竞争关系就越强，就越可能属于同一相关市场。

市场中存在着卖方和买方两个主体，因此，界定商品市场可以从需求替代和供给替代两个视角进行分析。

（三）相关商品市场及其界定

相关商品市场，是指具有较为紧密替代关系的商品范围。所有具有较为紧密的相互替代关系的商品构成同一个市场。这里的"商品"，是个广义概念，不仅包括传统意义上的货物，而且还包括服务。在技术贸易、许可协议等涉及知识产权的反垄断执法工作中，商品的概念还会拓展到技术以及为完成某项技术创新而从事的研发活动，也就是通常所说的"相关技术市场"和"相关创新市场"。

从需求角度界定相关商品市场，一般考虑以下几个方面的因素：

（1）需求者因商品价格或其他竞争因素变化，转向或考虑转向购买其他商品的证据。

（2）商品的外形、特性、质量和技术特点等总体特征和用途。

（3）商品之间的价格差异。

（4）商品的销售渠道。

（5）其他重要因素。

（四）相关地域市场及其界定

相关地域市场，是指相同或具有替代关系的商品相互竞争的地理区域。不同的地理区域之间因空间距离导致的运输成本以及关税等贸易壁垒形成的隔阻，会影响商品的自由流动，进而导致相同或近似的商品之间不具有竞争关系。

界定相关地域市场，也要从需求和供给两方面考虑。从需求角度界定相关地域市场，一般考虑以下几个方面的因素：

（1）需求者因商品价格或其他竞争因素变化，转向或考虑转向其他地域购买商品的证据。

（2）商品的运输成本、运输特征。

（3）多数需求者选择商品的实际区域和主要经营者商品的销售分布。

（4）地区间的贸易壁垒，包括关税、地方性法规、环保因素、技术因素等。

（5）其他重要因素。

（五）相关时间市场

相关时间市场，是指相同或近似的商品在同一区域内相互竞争的时间范围。

（六）假定垄断者测试

在经营者竞争的市场范围不够清晰或不易确定时，可以按照"假定垄断者测试"的分析思路来界定相关市场。假定垄断者测试是一种在相关市场界定实践中被普遍使用的计量分析方法。该方法提高了相关市场界定中的替代关系测试的客观性和准确性。

五、反垄断法的实施机制

反垄断法的实施机制，是指行政执法机构和司法机关通过执法和司法活动实现反垄断法的机制，具体包括反垄断法的实施主体、法律责任及其追究方式等内容。

我国反垄断法的实施机制采用行政执法与民事诉讼并行的"双轨制"模式。

在制度构成上，反垄断法的实施机制主要包括法律责任、行政执法机制以及民事诉讼机制等方面的内容。

（一）反垄断法律责任

1. 行政责任

反垄断法上的行政责任，是指由反垄断行政执法机构针对违法垄断行为作出的制裁措施。我国《反垄断法》规定的行政责任主要包括：责令停止违法行为、没收违法所得、罚款、限期恢复原状等形式。当事人不服反垄断法执法机构有关处罚决定的，可以申请行政复议，也可以直接向人民法院提起行政诉讼。

2. 民事责任

非法垄断行为给他人造成损失的，行为人应当承担民事责任。有关反垄断法的民事责任，主要包括停止侵害、赔偿损失等。其中，损害赔偿责任是最主要的民事责任。一般来说，在如下情形下，相关当事人可依据反垄断法和民法主张赔偿责任：一是因经营者的滥用市场支配地位行为而受损的；二是因垄断协议当事人一方对违反垄断协议的他方实施处罚，给其造成损失的；三是因垄断协议无效，协议一方当事人向另一方当事人主张返还对价，恢复原状的；四是因垄断协议无效，消费者向实施垄断协议的经营者主张返还多付价款的。

3. 刑事责任

我国《反垄断法》第六十七条规定：违反本法规定，构成犯罪的，依法追究刑事责任。因此，对于经营者以及执法工作人员所实施的违法行为，均有可能根据具体事实适用《刑法》及其相关规定承担刑事责任。

（二）反垄断行政执法

反垄断行政执法行为主要包括两个基本类型：一是反垄断执法机构依法对涉嫌构成垄断协议，滥用市场支配地位行为以及滥用行政权力排除、限制竞争行为的调查和处罚；二是反垄断执法机构对经营者集中的审查。鉴于经营者集中的审查程序的特殊性和专属性，本教材将其置于本章第四节，与经营者集中审查实体制度一并介绍。

1. 反垄断机构及执法权

反垄断机构是指负责反垄断法执法的行政机构及其他相关行政机构。我国的反垄断机构采取双层制模式：国家市场监督管理总局作为国务院反垄断执法机构，负责反垄断法的行政执法；另外，在其之上还设反垄断委员会，负责组织、协调、指导反垄断工作。

2. 反垄断调查措施

反垄断执法机构调查涉嫌垄断行为，可以采取下列措施：（1）进入被调查的经营者的营业场所或者其他有关场所进行检查；（2）询问被调查的经营者、利害关系人或者其他有关单位或者个人，要求其说明有关情况；（3）查阅、复制被调查的经营者、利害关系人或者其他有关单位或者个人的有关单证、协议、会计账簿、业务函电、电子数据等文件和资料；（4）查封、扣押相关证据；（5）查询经营者的银行账户。

3. 反垄断调查程序

调查程序包括立案、调查和处理三个阶段。

4. 反垄断约谈制度

反垄断约谈是指反垄断执法机构针对涉嫌违法的相关主体，通过信息交流、沟通协商、警示谈话和批评教育等方法，对涉嫌违法行为加以预防、纠正的行为，属于不具有处分性、惩罚性和强制性的柔性执法方式。《反垄断法》第五十五条规定,"经营者、行政机关和法律、法规授权的具有管理公共事务职能的组织,涉嫌违反本法规定的,反垄断执法机构可以对其法定代表人或者负责人进行约谈,要求其提出改进措施"。

5. 经营者承诺

经营者承诺是反垄断行政执法中的一种和解制度。根据该制度,对反垄断执法机构调查的涉嫌垄断行为,被调查的经营者承诺在反垄断执法机构认可的期限内采取具体措施消除该行为后果的,反垄断执法机构可以决定中止调查和终止调查。这一制度主要适用于垄断协议和滥用市场支配地位案件。

(三) 反垄断民事诉讼

与普通民事诉讼相比,反垄断民事诉讼在原告资格、管辖、举证责任、诉讼时效等方面均具有一定的特殊性。为此,《最高人民法院关于审理因垄断行为引发的民事纠纷案件应用法律若干问题的规定》(以下简称《反垄断司法解释》)对有关问题作出了规定。

1. 原告资格

根据《反垄断司法解释》第一条的规定,因垄断行为受到损失以及因合同内容、行业协会的章程等违反反垄断法而发生争议的自然人、法人或者其他组织,可以向人民法院提起反垄断民事诉讼。

2. 民事诉讼与行政执法的关系

根据《反垄断司法解释》第二条的规定,原告直接向人民法院提起民事诉讼,或者在反垄断执法机构认定构成垄断行为的处理决定发生法律效力后向人民法院提起民事诉讼,并符合法律规定的其他受理条件的,人民法院应当受理。可见,在我国,人民法院受理垄断民事纠纷案件,是不以执法机构已对相关垄断行为进行了查处为前提条件的。

3. 专家在诉讼中的作用

作为典型的经济法,反垄断法以法为表,以经济为里,具有很强的专业性。在反垄断诉讼中,相关市场的界定以及涉嫌垄断行为违法性的认定等,通常需借助经济学分析手段;对反垄断法律规范的解释,也涉及经济、社会等诸多因素;有时,特定产业领域的反垄断案件,还会涉及自然科学以及技术方面的专业知识。为了为法官判断案件提供专业性意见,保证反垄断诉讼的顺利进行,在较为复杂的反垄断案件中,就需要引进专家就有关专业性问题进行说明。根据《反垄断司法解释》,专家参与反垄断民事诉讼的情形有两种:

(1) 专家出庭就专门问题进行说明。

(2) 专家出具市场调查或者经济分析报告。

4. 诉讼时效

(1) 诉讼时效的起算。因垄断行为产生的损害赔偿请求权诉讼时效期间,从原告知道或者应当知道权益受到损害以及义务人之日起计算。

(2) 诉讼时效的中断。原告向反垄断执法机构举报被诉垄断行为的,诉讼时效从其举报之日起中断。反垄断执法机构决定不立案、撤销案件或者决定终止调查的,诉讼时效期间从原告知道或者应当知道不立案、撤销案件或者终止调查之日起重新计算。反垄断执法机构调查后认定构成垄断行为的,诉讼时效期间从原告知道或者应当知道反垄断执法机构认定构成垄断行为的处理决定发生法律效力之日起重新计算。

(3) 持续性垄断行为的诉讼时效抗辩。原告知道或者应当知道权益受到损害以及义务人之日起超过三年，如果起诉时被诉垄断行为仍然持续，被告提出诉讼时效抗辩的，损害赔偿应当自原告向人民法院起诉之日起向前推算三年计算。

(4) 最长诉讼时效。自权利受到损害之日起超过二十年的，人民法院不予保护，有特殊情况的，人民法院可以根据权利人的申请决定延长。

第二节 垄断协议规制制度

一、垄断协议的概念、特征与分类

(一) 概念及特征

垄断协议，也称限制竞争协议、联合限制竞争行为。根据《反垄断法》第十六条的规定，垄断协议是指排除、限制竞争的协议、决定或者其他协同行为。垄断协议具有以下特征：

第一，垄断协议的主体是两个或两个以上的经营者。

第二，垄断协议的表现形式多样化。

第三，垄断协议排除、限制竞争。

(二) 分类

根据参与垄断协议的经营者之间是否具有竞争关系，可将垄断协议分为横向垄断协议和纵向垄断协议。这是对垄断协议的最基本分类，具有十分重要的理论和实践意义。

横向垄断协议也称卡特尔，是指具有竞争关系的经营者之间达成的排除、限制竞争的协议，如生产相同产品的经营者达成的固定产品价格的协议。纵向垄断协议是指同一产业中处于不同市场环节而具有买卖关系的企业通过共谋达成的联合限制竞争协议，如产品生产商与销售商之间关于限制转售价格的协议。

二、横向垄断协议规制制度

(一)《反垄断法》禁止的主要横向垄断协议

被《反垄断法》禁止的具有竞争关系的经营者达成的垄断协议主要包括：

(1) 固定或者变更商品价格的协议。

(2) 限制商品的生产数量或者销售数量的协议。

(3) 分割销售市场或者原材料采购市场的协议。

(4) 限制购买新技术、新设备或者限制开发新技术、新产品的协议。

(5) 联合抵制交易。

(二) 横向垄断协议违法性认定规则

由于《反垄断法》第十七条明列禁止的上述五种横向垄断协议的排除、限制竞争效果十分明确,因此,由法律推定其具有排除、限制竞争效果,执法机构无须调查其效果即可予以禁止。在民事诉讼中,原告也无须为其反竞争效果承担举证责任。同时,行为人无权提出协议不具有反竞争效果的抗辩,但可以依据《反垄断法》第二十条提出豁免抗辩。

三、纵向垄断协议规制制度

(一) 反垄断法禁止的主要纵向垄断协议

在商业实践中,常见的纵向垄断协议主要包括维持转售价格协议、地域或客户限制协议和排他性交易协议。维持转售价格协议是指供应商对销售商的最终销售价格进行固定或者作出不得低于或高于某一价格水平的限制的协议。地域或客户限制协议,即供应商对不同销售商的销售区域和对象进行划分,禁止销售商越界销售的协议。排他性交易也称独家交易,通常包括一个或者一系列协议,其中约定供应商同意在特定的地区内向特定销售商独家供应商品,或者销售商同意只从特定供应商处购买用于转售的一类商品,或者双方当事人相互承担上述两个方面的约束。

(二) 纵向垄断协议的经济效果

进一步了解纵向垄断协议在正反两方面的经济效果,有助于理解和运用反垄断法中的有关规则。

1. 纵向垄断协议的消极效果

纵向垄断协议对市场竞争的不利影响主要包括:(1) 促成价格卡特尔。(2) 导致市场进入障碍。

2. 纵向垄断协议的积极效果

纵向垄断协议的积极效果主要体现在:(1) 减少"搭便车"。(2) 克服销售商加价。(3) 有利于经营者的市场进入。

(三) 纵向垄断协议违法性认定规则

对于《反垄断法》第十八条第一款第一项、第二项所列的两种纵向垄断协议,由法律假定其具有排除、限制竞争效果,但行为人可以依据第十八条第二款,提出协议不具有排除、限制竞争效果的抗辩,也可以依据第二十条提出豁免抗辩。

此外,《反垄断法》第十八条第三款还在第二款的基础上规定了纵向垄断协议的安全港规则,即经营者能够证明其在相关市场的市场份额低于国务院反垄断执法机构规定的标准,并符合国务院反垄断执法机构规定的其他条件的,不予禁止。

四、垄断协议的豁免

经营者(特别是具有竞争关系的经营者)之间的联合,乃反垄断法之大忌。但是,有些情形下,经营者之间的联合有利于防止竞争过度和无效,有利于技术进步和效率的提高,从而符合社会公共利益,故而豁免。

(一) 豁免的概念及其与适用除外的区别

豁免是反垄断法上的一项重要制度,是指对违反反垄断法的行为,由于其满足一定的条件,而不受反垄断法禁止。豁免与适用除外是完全不同的两个制度。反垄断法上的适用除外是指将特定领域排除在反垄断法的适用范围，根本不予适用；而豁免则是在适用反垄断法过程中，发现某些违反反垄断法的行为符合法定条件而不予禁止。

（二）垄断协议可被《反垄断法》豁免的条件

1. 符合《反垄断法》规定的特定情形

（1）为改进技术、研究开发新产品的。

（2）为提高产品质量、降低成本、增进效率，统一产品规格、标准或者实行专业化分工的。

（3）为提高中小经营者经营效率，增强中小经营者竞争力的。

（4）为实现节约能源、保护环境、救灾救助等社会公共利益的。

（5）因经济不景气，为缓解销售量严重下降或者生产明显过剩的。

（6）为保障对外贸易和对外经济合作中的正当利益的。

2. 垄断协议豁免的附加条件

对于符合上述第（1）至第（5）项情形的垄断协议，《反垄断法》还要求经营者应当证明所达成的协议不会严重限制相关市场的竞争，并且能够使消费者分享由此产生的利益。否则，也不能获得豁免。反垄断执法机构认定消费者能否分享协议产生的利益，应当考虑消费者是否因协议的达成、实施在商品价格、质量、种类等方面获得利益。

（三）调查的终止与重启

反垄断执法机构认定被调查的垄断协议属于《反垄断法》规定的豁免情形的，应当终止调查并制作终止调查决定书。终止调查决定书应当载明协议的基本情况、适用《反垄断法》豁免规定的依据和理由等内容。反垄断执法机构作出终止调查决定后，因情况发生重大变化，导致被调查的协议不再符合《反垄断法》规定的豁免情形的，反垄断执法机构应当重新启动调查。

五、"其他协同行为"的认定

认定其他协同行为，应当考虑下列因素：

（1）经营者的市场行为是否具有一致性；

（2）经营者之间是否进行过意思联络或者信息交流；

（3）经营者能否对行为的一致性作出合理解释；

（4）相关市场的结构情况、竞争状况、市场变化等情况。

六、对行业协会组织达成和实施垄断协议的规制

在我国，经营者通过行业协会组织协调价格联盟的案例并不鲜见。为了有效规范行业协会在市场竞争中的角色和行为，《反垄断法》要求行业协会加强行业自律，引导本行业的经营者依法竞争，维护市场竞争秩序；禁止行业协会组织本行业的经营者达成或实施反垄断法所禁止的垄断协议。根据《禁止垄断协议规定》，禁止行业协会从事下列行为：（1）制定、发布含有排除、限制竞争内容的行业协会章程、规则、决定、通知、标准等；（2）召集、组织或者推动本行业的经营者达成含有排除、限制竞争内容的协议、决议、纪要、备忘录等。

七、垄断协议的组织、帮助行为

垄断协议的组织帮助行为的主体不仅可以是行业协会，也可以是其他经营者。实践中，经营者在达成和实施垄断协议时，通常会借助其他主体在信息交换、策略协调、施加惩戒等方面来实现协同行为。组织帮助行为可以表现为达成纵向限制协议，也可以表现为其他组织协调行为，如帮助沟通交换关键信息等。

根据《反垄断法》第十九条，经营者不得组织其他经营者达成垄断协议或者为其他经营者达成垄断协议提供实质性帮助，因此，即使主体不是"具有竞争关系的经营者"和"经营者与交易相对人"，只要其为垄断协议的达成实施起到组织、帮助作用，就应承担相应法律责任。

八、法律责任

（一）民事责任

经营者因达成并实施垄断协议给他人造成损失的，依法承担民事责任。

（二）行政责任

经营者违反本法规定，达成并实施垄断协议的，由反垄断执法机构责令停止违法行为，没收违法所得，并处上一年度销售额1%以上10%以下的罚款，上一年度没有销售额的，处500万元以下的罚款；尚未实施所达成的垄断协议的，可以处300万元以下的罚款。经营者的法定代表人、主要负责人和直接责任人员对达成垄断协议负有个人责任的，可以处100万元以下的罚款。

经营者组织其他经营者达成垄断协议或者为其他经营者达成垄断协议提供实质性帮助的，也按上述规定承担责任。

行业协会违反本法规定，组织本行业的经营者达成垄断协议的，由反垄断执法机构责令改正，可以处300万元以下的罚款；情节严重的，社会团体登记管理机关可以依法撤销登记。

九、宽大制度

实践中，反垄断执法机构对垄断协议的调查取证工作面临当事人之间订立攻守同盟、直接证据难以获得等诸多实际困难。为了激励掌握情况的垄断协议成员主动向执法机构揭发违法行为，从而从内部将其瓦解，《反垄断法》特别规定了垄断协议的宽大制度。所谓宽大制度，是指参与垄断协议的经营者主动向反垄断执法机构报告达成垄断协议的有关情况并提供重要证据的，反垄断执法机构可以对其宽大处理，酌情减轻或者免除其处罚。除了《禁止垄断协议规定》，《国务院反垄断委员会横向垄断协议案件宽大制度适用指南》（以下简称《横向协议宽大指南》）专门对横向垄断协议案件宽大制度适用的具体规则作出了规定。

（一）"重要证据"的界定

向执法机构提供有关垄断协议的重要证据，是参与垄断协议经营者获得宽大处理的必要条件。根据《禁止垄断协议规定》，经营者应当在反垄断执法机构行政处罚告知前，向反垄断执法机构提出申请。所谓"重要证据",是指反垄断执法机构尚未掌握的,能够对立案调查或者对认定垄断协议起到关键性作用的证据。根据《横向协议宽大指南》,经营者提供的重要证据包括:(1)在垄断协议的达成方式和实施行为方面具有更大证明力或者补充证明价值的证据;(2)在垄断协议的内容、达成和实施的时间、涉及的产品或者服务范畴、参与成员等方面具有补充证明价值的证据;(3)其他能够证明和固定垄断协议证明力的证据。

(二)区分情况减免处罚的具体规则

参与垄断协议的经营者主动报告达成垄断协议有关情况并提供重要证据的,可以申请依法减轻或者免除处罚。反垄断执法机构应当根据经营者主动报告的时间顺序、提供证据的重要程度以及达成、实施垄断协议的有关情况,决定是否减轻或者免除处罚。对于第一个申请者,反垄断执法机构可以免除处罚或者按照不低于80%的幅度减轻罚款;对于第二个申请者,可以按照30%~50%的幅度减轻罚款;对于第三个申请者,可以按照20%~30%的幅度减轻罚款。根据《横向协议宽大指南》,经营者组织、胁迫其他经营者参与达成、实施垄断协议或者妨碍其他经营者停止该违法行为的,执法机构不对其免除处罚,但可以相应给予减轻处罚。此外,为鼓励经营者主动报告垄断协议行为并提供重要证据,《横向协议宽大指南》还规定,执法机构在减免罚款的同时还可以考虑相应减免没收经营者的违法所得。

第三节 滥用市场支配地位规制制度

一、市场支配地位的概念

(一)市场支配地位的法律界定

根据《反垄断法》的相关规定,市场支配地位是指经营者在相关市场内具有能够控制商品价格、数量或者其他交易条件,或者能够阻碍、影响其他经营者进入相关市场能力的市场地位。

(二)市场支配地位的含义

对市场支配地位的概念可以从以下三个方面进行理解:第一,具有市场支配地位的经营者未必是"独占"者。第二,具有市场支配地位的经营者可以是一个,也可以是多个经营者共同具有市场支配地位。第三,市场支配地位是一种市场结构状态。

二、滥用市场支配地位行为的概念与分类

(一)滥用市场支配地位行为的概念

滥用市场支配地位行为,是指具有市场支配地位的经营者凭借其市场支配地位实施的排挤竞争对手或不公平交易行为。滥用市场支配地位行为的构成要件有三:一是行为主体须是具有市场支配地位的经营者;二是客观方面实施了排挤竞争对手或不公平交易

的反竞争行为；三是在行为后果方面削弱了竞争，破坏了市场竞争秩序。

（二）滥用市场支配地位行为的分类

滥用市场支配地位行为可分为两个基本类型，即排他性滥用和剥削性滥用。

三、市场支配地位的认定

（一）认定经营者具有市场支配地位时应当依据的因素

在总结当今世界反垄断法立法、执法和司法经验的基础上，我国《反垄断法》规定了以下认定经营者具有市场支配地位时应当依据的因素：

（1）经营者在相关市场的市场份额，以及相关市场的竞争状况。
（2）经营者控制销售市场或者原材料采购市场的能力。
（3）经营者的财力和技术条件。
（4）其他经营者对该经营者在交易上的依赖程度。
（5）其他经营者进入相关市场的难易程度。
（6）认定互联网等新经济业态经营者具有市场支配地位考虑的特殊因素。
（7）认定共同市场支配地位考虑的特殊因素。

（二）经营者市场支配地位的推定标准

《反垄断法》规定了以市场份额为基础的经营者市场支配地位推定标准。根据该标准，一个经营者在相关市场的市场份额达到1/2的，即可推定为具有市场支配地位；对于多个经营者可能共同拥有市场支配地位的情况，两个经营者在相关市场的市场份额合计达到2/3的，或三个经营者在相关市场的市场份额合计达到3/4的，这些经营者被推定为共同占有市场支配地位。同时，对于多个经营者被推定为共同占有市场支配地位时，其中有的经营者市场份额不足1/10的，不应当推定该经营者具有市场支配地位。

四、《反垄断法》禁止的滥用市场支配地位行为

（1）以不公平的高价销售商品或者以不公平的低价购买商品。
（2）没有正当理由，以低于成本的价格销售商品。
（3）没有正当理由，拒绝与交易相对人进行交易。
（4）没有正当理由，限定交易相对人只能与其进行交易或者只能与其指定的经营者进行交易。
（5）没有正当理由搭售商品，或者在交易时附加其他不合理的交易条件。
（6）没有正当理由，对条件相同的交易相对人在交易价格等交易条件上实行差别待遇。
（7）利用数据和算法、技术以及平台规则等从事滥用市场支配地位的行为。

五、法律责任

（一）民事责任

经营者因实施滥用市场支配地位行为给他人造成损失的，依法承担民事责任。

（二）行政责任

经营者违反《反垄断法》规定，滥用市场支配地位的，由反垄断执法机构责令停止违法行为，没收违法所得，并处上一年度销售额1%以上10%以下的罚款。

第四节 经营者集中反垄断审查制度

一、经营者集中反垄断审查制度概述

（一）经营者集中的概念

经营者集中，是指经营者之间通过合并、取得股份或者资产、委托经营或联营以及人事兼任等方式形成的控制与被控制状态。

经营者集中主要包括以下三种情形：（1）合并。（2）通过取得股权或者资产的方式取得对其他经营者的控制权。（3）通过合同等方式取得对其他经营者的控制权或者能够对其他经营者施加决定性影响。

（二）经营者集中的分类

根据参与集中的经营者在产业中的位置和相互关系，可将经营者集中分为横向集中、纵向集中和混合集中。横向集中，是指因生产或销售同类产品，或者提供同种服务而具有相互直接竞争关系的经营者之间的集中。纵向集中，是指同一产业中处于不同阶段，彼此之间不存在竞争关系，但有买卖关系的经营者之间的集中，亦即某种产品的卖方和买方之间的集中或上游经营者与下游经营者间的集中。混合集中，是指生产经营的产品或服务在彼此没有关联的经营者之间的集中。参与混合集中的经营者之间既不存在竞争关系，也不存在买卖关系，即，跨行业的经营者集中，如一个移动电话制造商与一个房地产商之间的集中。

（三）经营者集中的经济效果

经营者集中的经济效果同样具有两面性。在积极效果方面，第一，经营者集中有利于实现规模经济，提高经济效率。第二，经营者集中有利于提高企业的经营效率。第三，经营者集中有利于优化市场竞争环境。

在消极效果方面，首先，横向集中必然减少相关市场中的竞争者数量，并且极易造就具有市场支配地位的经营者，从而加大经营者达成横向垄断协议及滥用市场支配地位的风险。其次，当经营者集中导致相关市场经营者数量减少并形成寡占结构时，可为垄断协议的达成和实施创造便利条件。

（四）《反垄断法》对经营者集中的规制模式

经营者集中的经济效果的两面性，决定了《反垄断法》对它的规制在于"控制"，而不在于"禁止"。这种控制制度体现为经营者集中申报制度。从各国反垄断立法和执法实践来看，经营者集中申报制度主要分为三种模式：强制的事前申报、强制的事后申报和自愿申报。目前，绝大多数国家采取的是强制的事前申报模式，我国也是如此。所谓强制的事前申报,是指法律要求当事人在实施集中前必须事先向反垄断法执法机构申报,待执法机构审查批准后才可实施集中的制度。

二、经营者集中的申报

(一) 经营者集中申报标准

经营者集中申报制度并不要求所有的集中都应申报,而是达到一定法定标准的集中才申报。经营者集中达到下列标准之一的,经营者应当事先向市场监管总局申报,未申报的不得实施集中:(1)参与集中的所有经营者上一会计年度在全球范围内的营业额合计超过100亿元人民币,并且其中至少两个经营者上一会计年度在中国境内的营业额均超过4亿元人民币;(2)参与集中的所有经营者上一会计年度在中国境内的营业额合计超过20亿元人民币,并且其中至少两个经营者上一会计年度在中国境内的营业额均超过4亿元人民币。

(二) 申报材料的提交与补正

经营者向国务院反垄断执法机构申报集中,应当提交下列文件、资料:(1)申报书;(2)集中对相关市场竞争状况影响的说明;(3)集中协议;(4)参与集中的经营者经会计师事务所审计的上一会计年度财务会计报告;(5)国务院反垄断执法机构规定的其他文件、资料。

经营者提交的文件、资料不完备的,应当在国务院反垄断执法机构规定的期限内补交文件、资料。经营者逾期未补交文件、资料的,视为未申报。

(三) 申报豁免

为了提高效率,节约国家执法资源,对于虽达申报标准,但属于关系极为紧密的关联企业之间的集中,可以免于申报。其道理在于,这些企业之间在集中前本来就已具有控制与被控制关系,集中不会产生或加强其市场地位。我国《反垄断法》规定,经营者集中有下列情形之一的,可以不向国务院反垄断执法机构申报:(1)参与集中的一个经营者拥有其他每个经营者50%以上有表决权的股份或者资产的;(2)参与集中的每个经营者50%以上有表决权的股份或者资产被同一个未参与集中的经营者拥有的。

三、经营者集中审查程序

(一) 两阶段审查

根据《反垄断法》,执法机构对经营者集中实施两阶段审查制。第一阶段为初步审查。反垄断执法机构应当自收到经营者提交的符合规定的文件、资料之日起30日内,对申报的经营者集中进行初步审查,作出是否实施进一步审查的决定,并书面通知经营者。反垄断执法机构作出决定前,经营者不得实施集中。反垄断执法机构作出不实施进一步审查的决定或者逾期未作出决定的,经营者可以实施集中。

如果反垄断执法机构决定实施进一步审查的,则进入第二阶段审查。第二阶段审查应当自执法机构作出实施进一步审查决定之日起90日内完毕,并作出是否禁止经营者集中的决定,书面通知经营者。作出禁止经营者集中的决定,应当说明理由。审查期间,经营者不得实施集中。有下列情形之一的,国务院反垄断执法机构经书面通知经营者,可以延长前款规定的审查期限,但最长不得超过60日:(1)经营者同意延长审查期限的;(2)经营者提交的文件、资料不准确,需要进一步核实的;(3)经营者申报后有关情况发生重大变化的。国务院反垄断执法机构逾期未作出决定的,经营者可以实施集中。

(二)审查期限中止

《反垄断法》规定了反垄断执法机构决定中止计算经营者集中审查期限的情形:(1)经营者未按照规定提交文件、资料,导致审查工作无法进行;(2)出现对经营者集中审查具有重大影响的新情况、新事实,不经核实将导致审查工作无法进行;(3)需要对经营者集中附加的限制性条件进一步评估,且经营者提出中止请求。

(三)简易程序

为了提高经营者集中的审查效率,降低集中方的合规成本,符合法定情形的集中交易,可以适用简易案件审查程序。

符合下列情形的经营者集中案件,为简易案件:(1)在同一相关市场,参与集中的经营者所占的市场份额之和小于15%;在上下游市场,参与集中的经营者所占的市场份额均小于25%;不在同一相关市场也不存在上下游关系的参与集中的经营者,在与交易有关的每个市场所占的市场份额均小于25%;(2)参与集中的经营者在中国境外设立合营企业,合营企业不在中国境内从事经济活动的;(3)参与集中的经营者收购境外企业股权或资产,该境外企业不在中国境内从事经济活动的;(4)由两个以上经营者共同控制的合营企业,通过集中被其中一个或一个以上经营者控制的。

(四)审查决定

根据不同情况,国务院反垄断执法机构应作出以下不同决定:

1. 禁止集中决定

国务院反垄断执法机构认为经营者集中具有或者可能具有排除、限制竞争效果的,应当作出禁止经营者集中的决定。

2. 不予禁止决定

国务院反垄断执法机构认为经营者集中不具有排除、限制竞争效果的,或者国务院反垄断执法机构虽认为经营者集中具有或者可能具有排除、限制竞争效果,但是经营者能够证明该集中对竞争产生的有利影响明显大于不利影响或者符合社会公共利益的,国务院反垄断执法机构可以作出对经营者集中不予禁止的决定。

3. 附条件的不予禁止决定

对不予禁止的经营者集中,国务院反垄断执法机构可以决定附加减少集中对竞争产生不利影响的限制性条件。

对于禁止集中决定和附条件的不予禁止决定,国务院反垄断执法机构应当及时向社会公布。

四、经营者集中审查的实体标准

(一)一般标准

我国《反垄断法》第三十四条规定,经营者集中具有或者可能具有排除、限制竞争效果的,国务院反垄断执法机构应当作出禁止经营者集中的决定。可见,我国《反垄断法》是将"具有或者可能具有排除、限制竞争效果"作为经营者集中审查的一般标准。

（二）对经营者集中竞争影响的评估

审查经营者集中，根据个案具体情况和特点，综合考虑下列因素：（1）参与集中的经营者在相关市场的市场份额及其对市场的控制力；（2）相关市场的市场集中度；（3）经营者集中对市场进入、技术进步的影响；（4）经营者集中对消费者和其他有关经营者的影响；（5）经营者集中对国民经济发展的影响；（6）应当考虑的影响市场竞争的其他因素。

五、经营者集中附加限制性条件批准制度

（一）经营者集中附加限制性条件的概念

经营者集中附加限制性条件，也称经营者集中的救济措施，是指在经营者集中反垄断审查中，为了消除集中对竞争造成的不利影响，由参与集中的经营者向执法机构提出消除不利影响的解决办法，执法机构附条件批准该项集中的制度。《反垄断法》第三十五条规定，对不予禁止的经营者集中，国务院反垄断执法机构可以决定附加减少集中对竞争产生不利影响的限制性条件。

（二）限制性条件的分类

根据《经营者集中审查规定》，限制性条件包括如下几类：（1）剥离有形资产、知识产权、数据等无形资产或相关权益等结构性条件；（2）开放网络或平台等基础设施、许可关键技术（包括专利、专有技术或其他知识产权）、终止排他性协议或者独占性协议、保持独立运营、修改平台规则或者算法、承诺兼容或者不降低互操作性水平等行为性条件；（3）结构性条件和行为性条件相结合的综合性条件。剥离有形资产、知识产权等无形资产或相关权益，简称业务剥离，是指由参与集中的经营者将自己的部分业务出售给第三方经营者，以保持这部分业务的竞争性。

（三）限制性条件的确定

为减少集中具有或者可能具有的排除、限制竞争的效果，参与集中的经营者可以向市场监管总局提出附加限制性条件承诺方案。市场监管总局应当对承诺方案的有效性、可行性和及时性进行评估，并及时将评估结果通知申报人。市场监管总局认为承诺方案不足以减少集中对竞争的不利影响的，可以与参与集中的经营者就限制性条件进行磋商，要求其在合理期限内提出其他承诺方案。承诺方案存在不能实施的风险的，参与集中的经营者可以提出备选方案。备选方案应当在首选方案无法实施后生效，并且比首选方案的条件更为严格。

（四）限制性条件的履行监督、解除与变更

对于附加限制性条件批准的经营者集中，义务人应当严格履行审查决定规定的义务，并按规定向市场监管总局报告限制性条件履行情况。市场监管总局可以自行或者通过受托人对义务人履行限制性条件的行为进行监督检查。通过受托人监督检查的，市场监管总局应当在审查决定中予以明确。

审查决定应当规定附加限制性条件的期限。根据审查决定，限制性条件到期自动解除的，经市场监管总局核查，义务人未违反审查决定的，限制性条件自动解除。义务人存在违反审查决定情形的，市场监管总局可以适当延长附加限制性条件的期限，并及时向社会公布。根据审查决定，限制性条件到期后义务人需要申请解除的，义务人应当提交书面申请并说明理由。市场监管总局评估后决定解除限制性条件的，应当及时向社会公布。限制性条件为业务剥离的，经市场监管总局核查，义务人履行完成所有义务的，限制性条件自动解除。

审查决定生效期间，市场监管总局可以主动或者应义务人申请对限制性条件进行重新审查，变更或者解除限制性条件。市场监管总局决定变更或者解除限制性条件的，应当及时向社会公布。市场监管总局变更或者解除限制性条件时，应当考虑下列因素：（1）集中交易方是否发生重大变化；（2）相关市场竞争状况是否发生实质性变化；（3）实施限制性条件是否无必要或者不可能；（4）应当考虑的其他因素。

六、对违法实施经营者集中的调查处理

我国的经营者集中反垄断控制制度，采取的是集中实施前经营者主动申报审查模式。依据这种模式，只要达到法律规定的申报标准的经营者集中，均应主动向执法机构申报，接受审查。

第五节　滥用行政权力排除、限制竞争规制制度

一、滥用行政权力排除、限制竞争行为概述

（一）概念

滥用行政权力排除、限制竞争，即通常所谓"行政性垄断"，是指行政机关和法律、法规授权的具有管理公共事务职能的组织滥用行政权力，排除、限制竞争的行为。

（二）成因

一是政府职能转变不到位。二是利益驱动是直接动因。三是观念原因。

（三）危害

行政性垄断与一般的市场性垄断一样具有破坏市场秩序，损害市场绩效，减损消费者福利的效果。此外，它还助长腐败，毒化社会风气、破坏社会主义政治民主和制度文明。因此，应予以禁止。

二、《反垄断法》禁止的滥用行政权力排除、限制竞争行为

（一）行政强制交易

行政性垄断意义上的强制交易，是指行政机关和法律、法规授权的具有管理公共事务职能的组织滥用行政权力，限定或者变相限定单位或者个人经营、购买、使用其指定的经营者提供的商品的行为。《反垄断法》第三十九条对此种行为明确予以禁止。

（二）利用合作协议实施垄断行为

行政机关为了实现行政管理的目的，有时需要与经营者合作而达成协议，这些协议中可能会制订有利于合作企业的条款，妨碍其他经营者参与竞争，损害其他市场主体的利益。根据《反垄断法》，行政机关和法律、法规授权的具有管理公共事务职能的组织不得滥用行政权力，通过与经营者签订合作协议、备忘录等方式，妨碍其他经营者进入相关市场或者对其他经营者实行不平等待遇，排除、限制竞争。

（三）地区封锁

地区封锁，是指行政机关和法律、法规授权的具有管理公共事务职能的组织滥用行政权力，限制外地商品进入本地市场，或者限制本地商品流向外地市场的行为。实践中，限制外地商品流入本地一般是为了通过限制外地商品的市场准入排除本地市场的竞争，以保护本地生产相同或类似商品企业的利益。限制本地商品流向外地则往往是针对某种紧缺型生产资料，目的也是保护本地企业，排挤外地企业。

（四）排斥或限制经营者参加招标投标

排斥或限制经营者参加招标投标以及其他经营活动，意在减少本地招标投标以及其他经营活动中的竞争，保护本地企业的商业机会。此种行为的手段包括对外地投标者、供应商设定歧视性资质要求、评审标准或者不依法发布信息等。

（五）排斥或者限制外地经营者在本地投资或者设立分支机构或者妨碍外地经营者在本地的正常经营活动

为了排除外地投资者和企业对本地投资者和企业的竞争压力，地方政府及其有关部门也可能会通过采取与本地经营者不平等待遇等方式，排斥或者限制外地经营者在本地投资或者设立分支机构或者妨碍外地经营者在本地的正常经营活动。《反垄断法》及相关行政规章均对此类行为予以禁止。

（六）强制经营者从事垄断行为

强制经营者从事垄断行为，是指行政机关和法律、法规授权的具有管理公共事务职能的组织滥用行政权力，强制经营者达成、实施排除、限制竞争的垄断协议，或者强制具有市场支配地位的经营者从事滥用市场支配地位的行为，或者强制经营者实施违法经营者集中等。地方政府实施此种行为的动机可能是保护地方经济、挽救某地方企业等。

（七）抽象行政性垄断行为

《反垄断法》第四十五条规定："行政机关和法律、法规授权的具有管理公共事务职能的组织不得滥用行政权力，制定含有排除、限制竞争内容的规定。"

三、公平竞争审查制度

公平竞争审查制度的目标是规范政府有关行为，防止出台排除、限制竞争的政策措施，逐步清理废除妨碍全国统一市场和公平竞争的规定和做法。

（一）公平竞争审查制度的基本原则

（1）尊重市场，竞争优先。
（2）立足全局，统筹兼顾。
（3）依法审查，强化监督。

（二）公平竞争审查制度的适用范围和方式

（1）行政机关以及法律、法规授权的具有管理公共事务职能的组织制定的政策措施。

（2）国务院制定的行政法规、政策措施，地方性法规、自治条例和单行条例。

（三）公平竞争审查的联席会议制度

市场监管总局、国家发展改革委、财政部、商务部会同有关部门，建立健全公平竞争审查工作部际联席会议制度，统筹协调和监督指导全国公平竞争审查工作。

县级以上地方各级人民政府负责建立健全本地区公平竞争审查工作联席会议制度（以下简称联席会议），统筹协调和监督指导本地区公平竞争审查工作，原则上由本级人民政府分管负责同志担任联席会议召集人。联席会议办公室设在市场监管部门，承担联席会议日常工作。

地方各级联席会议应当每年向本级人民政府和上一级联席会议报告本地区公平竞争审查制度实施情况，接受其指导和监督。

（四）公平竞争审查标准

进行公平竞争审查时，从维护全国统一市场和公平竞争的角度，按照以下标准进行审查：

1. 市场准入和退出标准

（1）不得设置不合理和歧视性的准入和退出条件；（2）未经公平竞争审查不得授予经营者特许经营权；（3）不得限定经营、购买、使用特定经营者提供的商品和服务；（4）不得设置没有法律、行政法规或者国务院规定依据的审批或者具有行政审批性质的事前备案程序；（5）不得对市场准入负面清单以外的行业、领域、业务等设置审批程序。

2. 商品和要素自由流动标准

（1）不得对外地和进口商品、服务实行歧视性价格和歧视性补贴政策；（2）不得限制外地和进口商品、服务进入本地市场或者阻碍本地商品运出、服务输出；（3）不得排斥或者限制外地经营者参加本地招标投标活动；（4）不得排斥、限制或者强制外地经营者在本地投资或者设立分支机构；（5）不得对外地经营者在本地的投资或者设立的分支机构实行歧视性待遇，侵害其合法权益。

3. 影响生产经营成本标准

（1）不得违法给予特定经营者优惠政策；（2）安排财政支出一般不得与企业缴纳的税收或非税收入挂钩；（3）不得违法违规减免或者缓征特定经营者应当缴纳的社会保险费用；（4）不得在法律规定之外要求经营者提供或者扣留经营者各类保证金。

4. 影响生产经营行为标准

（1）不得强制经营者从事《中华人民共和国反垄断法》禁止的垄断行为；（2）不得违法披露或者违法要求经营者披露生产经营敏感信息，为经营者实施垄断行为提供便利条件；（3）不得超越定价权限进行政府定价；（4）不得违法干预实行市场调节价的商品和服务的价格水平。

（五）例外规定

虽然在一定程度上具有限制竞争的效果，但在符合规定的情况下可以出台实施：（1）维护国家经济安全、文化安全、科技安全或者涉及国防建设的；（2）为实现扶贫开发、救灾救助等社会保障目的；（3）为实现节约能源资源、保护生态环境、维护公共卫生健康安全等社会公共利益的；（4）法律、行政法规规定的其他情形。属于上述第（1）项至第（3）项情形的，政策制定机关应当说明相关政策措施对实现政策目的不可或缺，且不会严重限制市场竞争，并明确实施期限。

四、法律责任

政策制定机关的上级机关经核实认定政策制定机关未进行公平竞争审查或者违反审查标准出台政策措施的，应当责令其改正；拒不改正或者不及时改正的，对直接负责的主管人员和其他直接责任人员依据《中华人民共和国公务员法》《中华人民共和国公职人员政务处分法》《行政机关公务员处分条例》等法律法规给予处分。本级及以上市场监管部门可以向政策制定机关或者其上级机关提出整改建议；整改情况要及时向有关方面反馈。违反《中华人民共和国反垄断法》的，反垄断执法机构可以向有关上级机关提出依法处理的建议。相关处理决定和建议依法向社会公开。

第十二章　涉外经济法律制度

涉外经济法律制度是调整涉外经济关系的法律规范的总称。涉外经济关系是指具有涉外因素的经济关系，是因国际经贸往来亦即货物（商品）、服务、资本和劳动力的跨境流动而形成的经济关系。

涉外投资和对外贸易是涉外经济关系的主要内容，涉外投资法律制度和对外贸易法律制度也因此构成涉外经济法律制度的主体部分。

第一节　涉外投资法律制度

一、外商投资法律制度

（一）从"外资三法"到《外商投资法》

2019年3月15日，十三届全国人大二次会议表决通过《中华人民共和国外商投资法》（以下简称《外商投资法》），自2020年1月1日起施行；原《中华人民共和国中外合资经营企业法》《中华人民共和国中外合作经营企业法》《中华人民共和国外资企业法》（以下合称"外资三法"）同时废止。新的《外商投资法》分为6章，包括总则、投资促进、投资保护、投资管理、法律责任、附则，共42条，对新的外商投资法律制度作出了基本的、明确的规定。作为配套法律文件，国务院于2019年12月26日发布《中华人民共和国外商投资法实施条例》（以下简称《实施条例》），最高人民法院于2019年12月27日发布《关于适用〈中华人民共和国外商投资法〉若干问题的解释》，商务部、国家市场监督管理总局于2019年12月30日发布《外商投资信息报告办法》，均自2020年1月1日起施行。

1. "外资三法"的成就与不足

总体而言，"外资三法"主要是基于外商投资企业的不同组织形式来进行相关制度安排。从制度的具体内容看，除财政税收、金融外汇、劳工保障等方面外，重点规制的是外商投资企业的组织形式、机构和设立变更。在我国当时尚无《公司法》《合伙企业法》等企业组织法的历史条件下，"外资三法"以企业组织形式作为外商投资立法的基本着眼点和出发点，应当说有其现实合理性和必要性。从实践效果看，"外资三法"及其配套行政法规为我国外商投资领域确立了基本法律依据，为吸引外商直接投资营造了良好的法律环境，为我国逐步成为全球吸引外国直接投资大国作出了积极贡献。与此同时，在上述法律法规制定、实施和修订过程中积累的经验，也为我国后续的企业组织立法提供了参考和借鉴。

但随着实践的发展，"外资三法"已经不能适应现实需要，暴露出这样那样的问题。具体来说，主要存在以下问题：

（1）针对中外合资企业、中外合作企业和外商独资企业分别立法，对于市场实践中并无实质差异的外商投资活动，在法律制度上人为地作出区分，造成法律实施和适用的烦琐化。

（2）在《公司法》《合伙企业法》等企业组织法相继出台后，"外资三法"中的部分条款与上述法律的规定存在抵牾和冲突，尤其是在司法实践中造成法律适用上的错乱与失衡，制度"双轨"现象亟待消除。

（3）外商投资的国民待遇原则未得到彻底贯彻，在市场准入方面与内资区别对待，需要进行专门审批，从而成为我国市场经济发展和进一步对外开放的制度性障碍。

（4）"外资三法"构建的管理机制是以企业组织形式为基本着眼点，以行政审批为主要规制手段，对市场准入全面管制，对外商投资全链条审批，管得过多、过宽、过死，不符合行政放权、企业自主、市场自治的大趋势。

（5）"外资三法"仅涉及新设投资这种外商投资形式，对于跨国并购未予规定，对于外国资本在资本市场上的间接投资行为也未予涵盖。

2.《外商投资法》的特色与创新

相较于"外资三法"，《外商投资法》的特色与创新主要体现在四个方面，即，从企业组织法转型为投资行为法，更加强调对外商投资的促进和保护，全面落实内外资一视同仁的国民待遇原则，以及更加周延地覆盖外商投资实践。

（二）关于外商投资的界定

根据《外商投资法》第二条的规定，外商投资是指外国投资者直接或者间接在中国境内进行的投资活动，包括以下四类具体情形：一是外国投资者单独或者与其他投资者共同在中国境内设立外商投资企业；二是外国投资者取得中国境内企业的股份、股权、财产份额或者其他类似权益；三是外国投资者单独或者与其他投资者共同在中国境内投资新建项目；四是法律、行政法规或者国务院规定的其他方式的投资。

（三）关于外商投资促进

为积极促进外商投资，《外商投资法》在总则中明确规定，国家坚持对外开放的基本国策，鼓励外国投资者依法在中国境内投资；国家实行高水平投资自由化便利化政策，建立和完善外商投资促进机制，营造稳定、透明、可预期和公平竞争的市场环境。《外商投资法》和《实施条例》为此作出了一系列具体规定。

（1）提高外商投资政策的透明度。

（2）保障外商投资企业平等参与市场竞争。

（3）加强外商投资服务。

（4）依法依规鼓励和引导外商投资。

（四）关于外商投资保护

为加强对外商投资合法权益的保护，《外商投资法》在总则中明确规定，国家依法保护外国投资者在中国境内的投资、收益和其他合法权益。《外商投资法》和《实施条例》为此作出了一系列具体规定。

（1）加强对外商投资企业的产权保护。

（2）强化对制定涉及外商投资规范性文件的约束。

（3）促使地方政府守约践诺。

（4）建立健全外商投资企业投诉工作机制。

（五）关于外商投资管理

1. 准入前国民待遇加负面清单管理制度

我国长期以来对外商投资的市场准入实行审批制，即外国投资者在我国境内投资设立企业必须经国家或地方商务主管部门事先批准，获得批准后才能办理工商登记，领取营业执照；外商投资企业的合并、分立等重要事项变更以及延长经营期限，也需要审批机关批准。

《外商投资法》明确规定，国家对外商投资实行准入前国民待遇加负面清单管理制度。所谓准入前国民待遇，是指在投资准入阶段给予外国投资者及其投资不低于本国投资者及其投资的待遇；所谓负面清单，是指国家规定在特定领域对外商投资实施的准入特别管理措施。国家对负面清单之外的外商投资，给予国民待遇；中华人民共和国缔结或者参加的国际条约、协定对外国投资者准入待遇有更优惠规定的，可以按照相关规定执行。换言之，除非国家另有规定并明确列举于负面清单之上，或者相关国际条约、协定对于外国投资者待遇有更优惠的规定，内外资在投资待遇和准入管理方面一视同仁、一体对待。《实施条例》进一步规定，负面清单由国务院投资主管部门会同国务院商务主管部门等有关部门提出，报国务院发布或者报国务院批准后由国务院投资主管部门、商务主管部门发布。

负面清单规定禁止投资的领域，外国投资者不得投资。负面清单规定限制投资的领域，外国投资者进行投资应当符合负面清单规定的股权要求、高级管理人员要求等限制性准入特别管理措施。有关主管部门在依法履行职责过程中，对外国投资者拟投资负面清单内领域，但不符合负面清单规定的，不予办理许可、企业登记注册等相关事项；涉及固定资产投资项目核准的，不予办理相关核准事项。

在此基础上，《外商投资法》相关条款还对外商投资管理作出了一些指引性、衔接性的规定，以便与投资经营领域的现有制度框架配套和衔接。

2. 外商投资安全审查制度

《外商投资法》明确规定，国家建立外商投资安全审查制度，对影响或者可能影响国家安全的外商投资进行安全审查，依法作出的安全审查决定为最终决定。

一般而言，外商投资安全审查是指以涉及"国家安全"为理由，由专门的机构和机制对归入审查范围的特定外商投资行为进行全面审查，以评估该投资行为对东道国国家安全产生的风险和影响，从而作出决策并进行风险干预管控的专门制度。该制度由美国于20世纪70年代创设，后经不断修正完善而日益成熟。由于在平衡经济利益与国家安全中发挥着重要作用，该制度逐渐为各国政府所认可和仿效。

2015年4月8日，经国务院同意，国务院办公厅印发《自由贸易试验区外商投资国家安全审查试行办法》，在自贸试验区的范围内，将国家安全审查的范围扩展为全面覆盖外商投资领域。2020年12月19日，国家发展改革委和商务部联合公布《外商投资安全审查办法》（以下简称《安审办法》），自2021年1月18日起施行。

《安审办法》规定，对影响或者可能影响国家安全的外商投资进行安全审查。国家建立外商投资安全审查工作机制（以下简称工作机制），负责组织、协调、指导外资安审工作。工作机制办公室设在国家发展改革委，由国家发展改革委、商务部牵头，承担外资安审日常工作。

下列范围内的外商投资，外国投资者或者境内相关当事人（以下统称当事人）应当在实施投资前主动向工作机制办公室申报：

（1）投资军工、军工配套等关系国防安全的领域，以及在军事设施和军工设施周边地域投资；

（2）投资关系国家安全的重要农产品、重要能源和资源、重大装备制造、重要基础设施、重要运输服务、重要文化产品与服务、重要信息技术和互联网产品与服务、重要金融服务、关键技术以及其他重要领域，并取得所投资企业的实际控制权。此处所称"实际控制权"包括：①外国投资者持有所投资企业50%以上股权；②外国投资者持有所投资企业股权不足50%，但所享有的表决权能够对董事会、股东会或者股东大会的决议产生重大影响；③其他导致外国投资者能够对所投资企业的经营决策、人事、财务、技术等产生重大影响的情形。

外资安全审查分为一般审查和特别审查。工作机制办公室决定对申报的外商投资进行安全审查的，应当自决定之日起30个工作日内完成一般审查。审查期间，当事人不得实施投资。经一般审查，认为申报的外商投资不影响国家安全的，应当作出通过安全审查的决定；认为影响或者可能影响国家安全的，应当作出启动特别审查的决定。决定应当书面通知当事人。

工作机制办公室决定对申报的外商投资启动特别审查的，审查后应当按照下列规定作出决定，并书面通知当事人：（1）认为不影响国家安全的，作出通过安全审查的决定。（2）认为影响国家安全的，作出禁止投资的决定；通过附加条件能够消除对国家安全的影响，且当事人书面承诺接受附加条件的，可以作出附条件通过安全审查的决定，并在决定中列明附加条件。特别审查应当自启动之日起60个工作日内完成；特殊情况下可以延长审查期限，但应书面通知当事人。审查期间，当事人不得实施投资。

3. 外商投资合同效力的认定

在既往外商投资审批制下，相关审批机关的审批、登记行为是投资合同的生效要件。而在准入前国民待遇加负面清单管理模式下，原则上外商投资无须再经审批，投资合同的效力应当贯彻当事人意思自治原则；只有负面清单列明采取特别管理措施的投资领域和项目，才继续涉及审批行为对投资合同效力的影响问题。

为妥当适用《外商投资法》、更好落实负面清单制度，最高人民法院《关于适用〈中华人民共和国外商投资法〉若干问题的解释》区分负面清单所列投资领域与负面清单之外投资领域两种情形，对于相关投资合同的效力认定问题作出了具体规定。

首先，对于外商投资准入负面清单之外的领域形成的投资合同，当事人以合同未经有关行政主管部门批准、登记为由主张合同无效或者未生效的，人民法院不予支持。

其次，外国投资者投资外商投资准入负面清单规定禁止投资的领域，当事人主张投资合同无效的，人民法院应予支持。

最后，外国投资者投资外商投资准入负面清单规定限制投资的领域，当事人以违反限制性准入特别管理措施为由，主张投资合同无效的，人民法院应予支持。但是，在人民法院作出生效裁判前，当事人采取必要措施满足准入特别管理措施的要求，并据此主张所涉投资合同有效的，人民法院应予支持。

（六）关于过渡问题的处理

鉴于在"外资三法"存续期间，有大量外商投资企业依据"外资三法"设立，在新法实施后，有必要给这些企业一个适应、调整的过渡时期。为此，《外商投资法》和《实施条例》规定，《外商投资法》施行前依照"外资三法"设立的外商投资企业，在《外商投资法》施行后5年内，可以依照《中华人民共和国公司法》《中华人民共和国合伙企业法》等法律的规定调整其组织形式、组织机构等，并依法办理变更登记，也可以继续保留原企业组织形式、组织机构等。自2025年1月1日起，对未依法调整组织形式、组织机构等并办理变更登记的现有外商投资企业，市场监督管理部门不予办理其申请的其他登记事项，并将相关情形予以公示。现有外商投资企业的组织形式、组织机构等依法调整后，原合营、合作各方在合同中约定的股权或者权益转让办法、收益分配办法、剩余财产分配办法等，可以继续按照约定办理。此外，《外商投资法》和《实施条例》规定，自其施行之日（2020年1月1日）起，原"外资三法"及其实施条例、细则同时废止。但除国务院制定的实施条例、细则外，在外商投资领域还存在大量部门规章、地方性法规、地方性规章、司法解释等规范性文件，既不宜一体废止，又难以在短时间内一一筛选甄别。为此，《实施条例》规定，2020年1月1日前制定的有关外商投资的规定与《外商投资法》和《实施条例》不一致的，以《外商投资法》和《实施条例》的规定为准，从而创造性地解决了这一难题。

二、对外直接投资法律制度

（一）对外直接投资概述

中国对外直接投资（以下简称对外直接投资），是指中国境内投资者以现金、实物、无形资产等方式在国外及中国港澳台地区设立或购买境外企业，并控制企业经营管理权的投资活动。

中国境内投资者对外直接投资，需要遵守投资所在国即东道国的法律和政策，以及中国与有关东道国签订的双边投资保护协定和双方共同缔结或参加的多边条约中的相关规定。与此同时，作为投资者的母国，中国国内法中的相关规定当然也要予以适用。

（二）对外直接投资核准备案制度

1. 商务部门的核准和备案

根据商务部2014年9月6日发布、2014年10月6日起施行的《境外投资管理办法》，商务部和省级商务主管部门按照企业境外投资的不同情形，分别实行备案和核准管理。企业境外投资涉及敏感国家和地区、敏感行业的，实行核准管理；企业其他情形的境外投资，实行备案管理。其中，实行核准管理的国家是指与中华人民共和国未建交的国家、受联合国制裁的国家，必要时商务部可另行公布其他实行核准管理的国家和地区的名单；实行核准管理的行业是指涉及出口中华人民共和国限制出口的产品和技术的行业、影响一国（地区）以上利益的行业。企业境外投资不得有以下情形：（1）危害我国国家主权、安全和社会公共利益，或违反我国法律法规；（2）损害我国与有关国家（地区）关系；（3）违反我国缔结或者参加的国际条约、协定；（4）出口我国禁止出口的产品和技术。

对属于备案情形的境外投资，中央企业报商务部备案，地方企业报所在地省级商务主管部门备案；对属于核准情形的境外投资，中央企业向商务部提出申请，地方企业通过所在地省级商务主管部门向商务部提出申请。两个以上企业共同开展境外投资的，应当由相对大股东在征求其他投资方书面同意后办理备案或申请核准；如果各方持股比例相等，应当协商后由一方办理备案或申请核准；如投资方不属同一行政区域，负责办理备案或核准的商务部或省级商务主管部门应当将备案或核准结果告知其他投资方所在地商务主管部门。核准境外投资应当征求中国驻外使领馆意见，涉及中央企业的，由商务部征求意见；涉及地方企业的，由省级商务主管部门征求意见。

2. 发展改革部门的核准和备案

根据国家发展改革委2017年12月26日发布、2018年3月1日起施行的《企业境外投资管理办法》，国家发展改革委和省级政府发展改革部门根据不同情况，对境外投资项目分别实行相应的核准或备案管理。

实行核准管理的范围是投资主体直接或通过其控制的境外企业开展的敏感类项目，核准机关是国家发展改革委。

所谓敏感类项目，是指涉及敏感国家和地区的项目，以及涉及敏感行业的项目。其中，敏感国家和地区包括：（1）与我国未建交的国家和地区；（2）发生战争、内乱的国家和地区；（3）根据我国缔结或参加的国际条约、协定等，需要限制企业对其投资的国家和地区；（4）其他敏感国家和地区。敏感行业包括：（1）武器装备的研制生产维修；（2）跨境水资源开发利用；（3）新闻传媒；（4）根据我国法律法规和有关调控政策，需要限制企业境外投资的行业。敏感行业目录由国家发展改革委发布。

实行备案管理的范围是投资主体直接开展的非敏感类项目，亦即不涉及敏感国家和地区且不涉及敏感行业的项目。

实行备案管理的项目中，投资主体是中央管理企业（含中央管理金融企业、国务院或国务院所属机构直接管理的企业）的，备案机关是国家发展改革委；投资主体是地方企业且中方投资额3亿美元及以上的，备案机关是国家发展改革委；投资主体是地方企业且中方投资额3亿美元以下的，备案机关是投资主体注册地的省级政府发展改革部门。此处所称中方投资额，是指投资主体直接以及通过其控制的境外企业为项目投入的货币、证券、实物、技术、知识产权、股权、债权等资产、权益以及提供融资、担保的总额；所称省级政府发展改革部门，包括各省、自治区、直辖市及计划单列市人民政府发展改革部门和新疆生产建设兵团发展改革部门。

第二节 对外贸易法律制度

一、对外贸易法律制度概述

中国对外贸易是国际贸易的组成部分，是指中国同其他国家或地区之间发生的贸易活动，包括货物进出口贸易、技术进出口贸易和国际服务贸易。

《中华人民共和国对外贸易法》（以下简称《对外贸易法》）是我国调整对外贸易的基本法律依据。

除《对外贸易法》外，《中华人民共和国货物进出口管理条例》、《中华人民共和国技术进出口管理条例》（以下简称《技术进出口条例》）、《中华人民共和国反倾销条例》（以下简称《反倾销条例》）、《中华人民共和国反补贴条例》（以下简称《反补贴条例》）和《中华人民共和国保障措施条例》（以下简称《保障措施条例》）等行政法规，以及商务部等政府主管部门颁行的管理对外贸易的相关规章，也构成对外贸易法律制度的重要内容。

二、《对外贸易法》的适用范围和原则

（一）《对外贸易法》的适用范围

《对外贸易法》规定，该法适用于对外贸易以及与对外贸易有关的知识产权保护。换言之，从对象上看，我国对外贸易法律制度适用于货物进出口、技术进出口、国际服务贸易以及与此相关的知识产权保护。

从地域范围看，我国《对外贸易法》仅适用于中国内地，不适用于香港特别行政区、澳门特别行政区和台湾地区。

（二）《对外贸易法》的原则

（1）统一管理原则。
（2）公平自由原则。
（3）平等互利原则。
（4）区域合作原则。
（5）非歧视原则。
（6）互惠对等原则。

三、对外贸易经营者

（一）对外贸易经营者的概念

对外贸易经营者是我国对外贸易活动的经营主体，是指依法办理工商登记或者其他执业手续，依照《对外贸易法》和其他有关法律、行政法规的规定从事对外贸易经营活

动的法人、其他组织或者个人。

（1）对外贸易经营者包括法人、其他组织和个人。

（2）对外贸易经营无须专门许可。

（二）关于国营贸易的特别规定

《对外贸易法》规定，我国可以对部分货物的进出口实行国营贸易管理；实行国营贸易管理货物的进出口业务只能由经授权的企业经营，但国家允许部分数量的国营贸易管理货物的进出口业务由非授权企业经营的除外；实行国营贸易管理的货物和经授权经营企业的目录，由商务部会同国务院其他有关部门确定、调整并公布。

所谓国营贸易，是指国家设立的国有企业以及国家给予排他性特权的私营企业所进行的贸易，亦即国家通过授予对外贸易经营者在特定贸易领域内的专营权或特许权的方式，对特定产品的进出口实施的管理。

国营贸易是世贸组织明文允许的贸易制度。需要指出的是，经授权从事国营贸易的企业，亦即所谓国营贸易企业，是指在国际贸易中基于国内法律规定或者事实上享有专营权或特许权的政府企业和非政府企业。判断一个企业是不是国营贸易企业，关键是看该企业是否在国际贸易中享有专营权或特许权，与该企业的所有制形式并无必然联系。换言之，国营贸易企业的判断标准并非所有制形式，其与我国过去所称的国营企业是不同的概念。

四、货物进出口与技术进出口

（一）货物和技术进出口的一般原则

《对外贸易法》规定，国家准许货物与技术的自由进出口，但法律、行政法规另有规定的除外。

（二）货物和技术自由进出口的例外情形

《对外贸易法》对于货物和技术的自由进出口规定了两类例外情形。

《对外贸易法》第十六条规定，国家基于下列原因，可以限制或者禁止有关货物、技术的进出口：（1）为维护国家安全、社会公共利益或者公共道德，需要限制或者禁止进口或者出口的；（2）为保护人的健康或者安全，保护动物、植物的生命或者健康，保护环境，需要限制或者禁止进口或者出口的；（3）为实施与黄金或者白银进出口有关的措施，需要限制或者禁止进口或者出口的；（4）国内供应短缺或者为有效保护可能用竭的自然资源，需要限制或者禁止出口的；（5）输往国家或者地区的市场容量有限，需要限制出口的；（6）出口经营秩序出现严重混乱，需要限制出口的；（7）为建立或者加快建立国内特定产业，需要限制进口的；（8）对任何形式的农业、牧业、渔业产品有必要限制进口的；（9）为保障国家国际金融地位和国际收支平衡，需要限制进口的；（10）依照法律、行政法规的规定，其他需要限制或者禁止进口或者出口的；（11）根据我国缔结或者参加的国际条约、协定的规定，其他需要限制或者禁止进口或者出口的。

《对外贸易法》第十七条规定，国家对与裂变、聚变物质或者衍生此类物质的物质有关的货物、技术进出口，以及与武器、弹药或者其他军用物资有关的进出口，可以采取任何必要措施，维护国家安全；在战时或者为维护国际和平与安全，国家在货物、技术进出口方面可以采取任何必要措施。

上述两类对自由进出口予以限制的例外情形也是世贸组织法律文件明文允许的，分别属于《关税与贸易总协定》第二十条所规定的"一般例外"情形和第二十一条所规定的"安全例外"情形。

（三）货物和技术进出口的管理制度

1. 货物进出口自动许可制度

《对外贸易法》规定，商务部基于监测进出口情况的需要，可以对部分自由进出口的货物实行进出口自动许可并公布其目录。实行自动许可的进出口货物，收货人、发货人在办理海关报关手续前提出自动许可申请的，商务部应当予以许可；未办理自动许可手续的，海关不予放行。

2. 技术进出口备案登记制度

《对外贸易法》规定，进出口属于自由进出口的技术，应当向商务部或其委托的机构办理合同备案登记。据此，我国对自由进出口技术的进出口实行合同登记制度。但需要指出的是，此种合同登记仅具有备案意义，合同自依法成立时生效，不以登记作为合同生效的条件。

3. 配额和许可证制度

《对外贸易法》规定，商务部会同国务院其他有关部门，依照该法第十六条和第十七条的规定（见上文），制定、调整并公布限制或者禁止进出口的货物、技术目录。此外，商务部或者由其会同国务院其他有关部门，经国务院批准，可以在第十六条和第十七条规定的范围内，临时决定限制或者禁止上述目录以外的特定货物、技术的进口或者出口。国家对限制进口或者出口的货物，实行配额、许可证等方式管理；对限制进口或者出口的技术，实行许可证管理。实行配额、许可证管理的货物、技术，经商务部或者经其会同国务院其他有关部门许可方可进口或者出口。国家对部分进口货物还可以实行关税配额管理。关税配额是将关税和配额制度结合起来的一种数量限制措施，是指在一定时期内对进口商品的绝对数量不加限制，但对在规定关税配额内的进口货物适用较低的关税税率，对超过规定数量限额的进口货物则适用较高的关税税率，以此来调节货物进口的数量。进出口货物配额和关税配额由商务部或者国务院其他有关部门在各自职责范围内，按照公开、公平、公正和效益的原则进行分配。

（1）货物进出口配额和许可证制度。

（2）技术进出口许可证制度。

五、国际服务贸易

《对外贸易法》规定，我国在国际服务贸易方面根据所缔结或者参加的国际条约、协定中的承诺，给予其他缔约方、参加方市场准入和国民待遇。商务部和国务院其他有关部门依照该法和其他有关法律、行政法规的规定，对国际服务贸易进行管理。国家基于下列原因，可以限制或者禁止有关的国际服务贸易：（1）为维护国家安全、社会公共利益或者公共道德，需要限制或者禁止的；（2）为保护人的健康或者安全，保护动物、植物的生命或者健康，保护环境，需要限制或者禁止的；（3）为建立或者加快建立国内特定服务产业，需要限制的；（4）为保障国家外汇收支平衡，需要限制的；（5）依照法律、行政法规的规定，其他需要限制或者禁止的；（6）根据我国缔结或者参加的国际条约、协定的规定，其他需要限制或者禁止的。此外，国家对与军事有关的国际服务贸易，以及与裂变、聚变物质或者衍生此类物质的物质有关的国际服务贸易，可以采取任何必要措施，维护国家安全；在战时或者为维护国际和平与安全，国家在国际服务贸易方面可以采取任何必要措施。商务部会同国务院其他有关部门，依照上述规定以及其他有关法律、行政法规的规定，制定、调整并公布国际服务贸易市场准入目录。

六、对外贸易救济

（一）反倾销措施

其他国家或者地区的产品以低于正常价值的倾销方式进入我国市场，对已建立的国内产业造成实质损害或者产生实质损害威胁，或者对建立国内产业造成实质阻碍的，国家可以采取反倾销措施，消除或者减轻这种损害、损害的威胁或者阻碍。

1. 基本概念

"倾销"是指在正常贸易过程中进口产品以低于其正常价值的出口价格进入中国市场。对倾销的调查和确定，由商务部负责。

"损害"是指倾销对已经建立的国内产业造成实质损害或者产生实质损害威胁，或者对建立国内产业造成实质阻碍。对损害的调查和确定，由商务部负责；其中，涉及农产品的反倾销国内产业损害调查，由商务部会同农业农村部进行。

"国内产业"是指中国国内同类产品的全部生产者，或者其总产量占国内同类产品全部总产量的主要部分的生产者；但是，国内生产者与出口经营者或者进口经营者有关联的，或者其本身为倾销进口产品的进口经营者的，可以排除在国内产业之外。

"同类产品"是指与倾销进口产品相同的产品；没有相同产品的，以与倾销进口产品的特性最相似的产品为同类产品。

2. 反倾销调查

国内产业或者代表国内产业的自然人、法人或者有关组织（统称申请人），可以依照《反倾销条例》的规定向商务部提出反倾销调查的书面申请。商务部应当自收到申请书及有关证据之日起60日内，对申请是否由国内产业或者代表国内产业提出、申请书内容及所附具的证据等进行审查，并决定立案调查或者不立案调查。

有下列情形之一的，反倾销调查应当终止，并由商务部予以公告：（1）申请人撤销申请的；（2）没有足够证据证明存在倾销、损害或者二者之间有因果关系的；（3）倾销幅度低于2%的；（4）倾销进口产品实际或者潜在的进口量或者损害属于可忽略不计的；（5）商务部认为不适宜继续进行反倾销调查的。

3. 反倾销措施

（1）临时反倾销措施。

（2）价格承诺。

（3）反倾销税。

（二）反补贴措施

进口的产品直接或者间接地接受出口国家或者地区给予的任何形式的专向性补贴，

对已建立的国内产业造成实质损害或者产生实质损害威胁,或者对建立国内产业造成实质阻碍的,国家可以采取反补贴措施,消除或者减轻这种损害或者损害的威胁或者阻碍。

1. 基本概念

"补贴"是指出口国(地区)政府或者其任何公共机构[统称出口国(地区)政府]提供的并为接受者带来利益的财政资助以及任何形式的收入或者价格支持。

"损害"是指补贴对已经建立的国内产业造成实质损害或者产生实质损害威胁,或者对建立国内产业造成实质阻碍。对损害的调查和确定,由商务部负责;其中,涉及农产品的反补贴国内产业损害调查,由商务部会同农业农村部进行。

2. 反补贴调查与反补贴措施

反补贴调查在申请、启动、实施、终止等方面的条件和程序与反倾销调查基本相同。略有差异的是,《反补贴条例》规定的终止情形之一是"补贴金额为微量补贴",而不是"幅度低于2%";还有一种终止情形是"通过与有关国家(地区)政府磋商达成协议,不需要继续进行反补贴调查",该终止情形为反倾销调查所无。

反补贴措施包括临时反补贴措施,取消、限制补贴或者其他有关措施的承诺,以及反补贴税,其具体内容和实施程序与反倾销措施基本相同。略有差异的是,临时反补贴措施实施的期限,自临时反补贴措施决定公告规定实施之日起不超过4个月,不得延长。

(三)保障措施

1. 基本概念

因进口产品数量大量增加,对生产同类产品或者与其直接竞争的产品的国内产业造成严重损害或者严重损害威胁的,国家可以采取必要的保障措施,消除或者减轻这种损害或者损害的威胁,并可以对该产业提供必要的支持。

2. 损害调查与保障措施

对进口产品数量增加及损害的调查和确定,由商务部负责;其中,涉及农产品的保障措施国内产业损害调查,由商务部会同农业农村部进行。

商务部根据调查结果,可以作出初裁决定,也可以直接作出终裁决定,并予以公告。

终裁决定确定进口产品数量增加,并由此对国内产业造成损害的,可以采取保障措施。保障措施可以采取提高关税、数量限制等形式。

采取数量限制措施的,限制后的进口量不得低于最近3个有代表性年度的平均进口量,但有正当理由表明为防止或者补救严重损害而有必要采取不同水平数量限制措施的除外。采取保障措施应当限于防止、补救严重损害并便利调整国内产业所必要的范围内。在采取保障措施前,商务部应当为与有关产品的出口经营者有实质利益的国家(地区)政府提供磋商的充分机会。

保障措施的实施期限不超过4年。符合下列条件的,保障措施的实施期限可以适当延长:(1)按照《保障措施条例》规定的程序确定保障措施对于防止或者补救严重损害仍有必要。(2)有证据表明相关国内产业正在进行调整。(3)已经履行有关对外通知、磋商的义务。(4)延长后的措施不严于延长前的措施。但在任何情况下,一项保障措施的实施期限及其延长期限不得超过10年。

第三节 外汇管理法律制度

一、外汇及外汇管理的概念

(一) 外汇的概念

根据我国《外汇管理条例》的规定,外汇包括外币现钞、外币支付凭证或者支付工具、外币有价证券、特别提款权及其他外汇资产。

(二) 外汇管理的概念

外汇管理又称外汇管制,是指一国为保持本国的国际收支平衡,对外汇的买卖、借贷、转让、收支、国际清偿、汇率和市场实施一定限制的管理制度。外汇管理的目的在于维持本国国际收支平衡、稳定汇率、限制资本外流、防止外汇投机,以及促进本国经济发展。

二、《外汇管理条例》的适用范围和基本原则

《外汇管理条例》对适用范围的规定采取了属人主义与属地主义相结合的原则。境内机构和境内个人的外汇收支或者外汇经营活动,不论其发生在境内或境外,均适用该条例;而对于境外机构和境外个人而言,则仅对其发生在中国境内的外汇收支和外汇经营活动适用该条例。

我国目前外汇管理的基本原则是经常项目与资本项目区别管理原则,即经常项目开放(可自由兑换),资本项目部分管制。

三、经常项目外汇管理制度

(一) 经常项目及经常项目外汇的概念

经常项目,通常是指一个国家或地区对外交往中经常发生的交易项目,包括贸易收支、服务收支、收益和经常转移,其中,贸易及服务收支是最主要内容。在经常项目下发生的外汇收支,就是经常项目外汇。

(二) 经常项目外汇收支管理的一般规定

我国经常项目外汇管理制度经历了严格管制、逐步放松和不予限制即完全可兑换的过程。《外汇管理条例》对经常项目外汇收支管理的一般规定主要包括以下内容。

(1) 经常项目外汇收入实行意愿结汇制。
(2) 经常项目外汇支出凭有效单证,无须审批。
(3) 经常项目外汇收支需有真实、合法的交易基础。

(三) 货物贸易外汇管理制度

货物贸易外汇管理制度的核心内容是总量核查、动态监测和分类管理,基本做法是:依托全国集中的货物贸易外汇监测系统全面采集企业进出口收付汇及进出口货物流的完

整信息，以企业主体为单位，对其资金流和货物流进行非现场总量核查，对非现场总量核查中发现的可疑企业实施现场核查，进而对企业实行动态监测和分类管理。

1. 企业名录管理

企业在依法取得对外贸易经营权后，应当持有关材料到国家外汇管理局及其分支机构（以下简称外汇局）办理名录登记手续。外汇局实行"贸易外汇收支企业名录"（以下简称名录）登记管理，统一向金融机构发布名录。金融机构不得为不在名录的企业直接办理贸易外汇收支业务。

2. 企业分类管理

外汇局根据非现场或现场核查结果，结合企业遵守外汇管理规定等情况，将企业分成A、B、C三类。核查期内企业遵守外汇管理相关规定，且贸易外汇收支经外汇局非现场或现场核查情况正常的，可被列为A类企业，在分类管理有效期内，对A类企业贸易外汇收支适用便利化的管理措施。对B类、C类企业的贸易外汇收支，在单证审核、业务类型及办理程序、结算方式等方面实施审慎监管。外汇局建立贸易外汇收支电子数据核查机制，对B类企业贸易外汇收支实施电子数据核查管理；对C类企业贸易外汇收支业务以及外汇局认定的其他业务，由外汇局实行事前逐笔登记管理，金融机构凭外汇局出具的登记证明为企业办理相关手续。

3. 货物贸易外汇收支

企业应当按照"谁出口谁收汇、谁进口谁付汇"的原则办理贸易外汇收支业务。企业应当根据贸易方式、结算方式以及资金来源或流向，凭相关单证在金融机构办理贸易外汇收支，并按规定进行贸易外汇收支信息申报。金融机构应当查询企业名录和分类状态，按规定进行合理审查，并向外汇局报送贸易外汇收支信息。

4. 非现场核查和现场核查

外汇局定期或不定期对企业一定期限内的进出口数据和贸易外汇收支数据进行总量比对，核查企业贸易外汇收支的真实性及其与货物进出口的一致性。外汇局可对企业非现场核查中发现的异常或可疑的贸易外汇收支业务实施现场核查。外汇局可对金融机构办理贸易外汇收支业务的合规性与报送信息的及时性、完整性和准确性实施现场核查。

（四）服务贸易外汇管理制度

经营外汇业务的金融机构（以下简称金融机构）办理服务贸易外汇收支业务，应当按照国家外汇管理规定对交易单证的真实性及其与外汇收支的一致性进行合理审查，确认交易单证所列的交易主体、金额、性质等要素与其申请办理的外汇收支相一致。

境内机构和境内个人办理服务贸易外汇收支，应按规定提交能够证明交易真实合法的交易单证；提交的交易单证无法证明交易真实合法或与其申请办理的外汇收支不一致的，金融机构应要求其补充其他交易单证。

办理服务贸易外汇收支业务，金融机构应按规定期限留存审查后的交易单证备查；境内机构和境内个人应按规定期限留存相关交易单证备查。

外汇局通过外汇监测系统，监测服务贸易外汇收支情况，对外汇收支异常的境内机构、境内个人和相关金融机构进行非现场核查、现场核查或检查，查实外汇违法行为。

(五) 个人外汇管理制度

个人外汇收支管理遵循经常项目可兑换的总体原则，立足于满足个人正当合理的用汇需求，采用额度管理的方式。目前，对于个人结汇和境内个人购汇实行年度总额管理，年度总额为每人每年等值 5 万美元，国家外汇管理局根据国际收支状况对年度总额进行调整。个人经常项目项下外汇收支分为经营性外汇收支和非经营性外汇收支。对于个人开展对外贸易产生的经营性外汇收支，视同机构按照货物贸易的有关原则进行管理。

四、资本项目外汇管理制度

(一) 资本项目外汇管理制度概述

资本项目，是指国际收支中引起对外资产和负债水平发生变化的交易项目，包括资本转移、非生产及非金融资产的收买或放弃、直接投资、证券投资、衍生产品投资及贷款等。在资本项目下发生的外汇收支，即资本项目外汇。

对资本项目外汇实施管制主要是为了避免短期资本流动剧烈变动引发国际收支危机或汇率波动。

《外汇管理条例》对资本项目外汇收支管理的一般规定主要包括以下内容：

1. 资本项目外汇收入

资本项目外汇收入保留或者卖给经营结汇、售汇业务的金融机构，应当经外汇管理机关批准，但国家规定无须批准的除外。

2. 资本项目外汇支出

资本项目外汇支出，应当按照国务院外汇管理部门关于付汇与购汇的管理规定，凭有效单证以自有外汇支付或者向经营结汇、售汇业务的金融机构购汇支付。国家规定应当经外汇管理机关批准的，应当在外汇支付前办理批准手续。依法终止的外商投资企业，按照国家有关规定进行清算、纳税后，属于外方投资者所有的人民币，可以向经营结汇、售汇业务的金融机构购汇汇出。

3. 资本项目外汇及结汇资金的使用

资本项目外汇及结汇资金，应当按照有关主管部门及外汇管理机关批准的用途使用。外汇管理机关有权对资本项目外汇及结汇资金使用和账户变动情况进行监督检查。

(二) 直接投资项下的外汇管理

1. 外商直接投资

对外商直接投资的外汇管理，重点在于统计监测外商直接投资项下的跨境资本流动，同时以外汇账户为核心进行相应的外商投资企业外汇资本金结汇管理。2013 年，国家外汇管理局发布《外国投资者境内直接投资外汇管理规定》，对外商境内直接投资的外汇实行登记管理制度。

无论是直接投资的汇入还是汇出，外国投资者应先在外汇局办理登记。如果登记事项发生变化，外国投资者还应当办理变更登记。境内直接投资所涉主体在办理登记后，可根据实际需要到银行开立前期费用账户、资本金账户及资产变现账户等境内直接投资账户。

外商投资企业资本金结汇及使用应符合外汇管理相关规定。外商投资企业外汇资本金及其结汇所得人民币资金，应在企业经营范围内使用，并符合真实自用原则。

银行在为境内直接投资所涉主体办理账户开立、资金入账、结售汇、境内划转以及对外支付等业务前，应确认其已按规定在外汇局办理相应登记。银行应按外汇管理规定对境内直接投资所涉主体提交的材料进行真实性、一致性审核，并通过外汇局指定业务系统办理相关业务。同时，银行应按照规定将相关信息及时、完整、准确地向外汇局报送。

2. 境外直接投资

在鼓励和完善外商直接投资的同时，我国逐步放松境外投资的相关限制。《外汇管理条例》规定，境内机构、境内个人向境外直接投资，应当按照国务院外汇管理部门的规定办理登记。国家规定需要事先经有关主管部门批准或者备案的，应当在外汇登记前办理批准或者备案手续。据此，国家外汇管理局于2009年7月13日发布《境内机构境外直接投资外汇管理规定》（2009年8月1日起施行），取消了境外投资外汇资金的来源审核，改为实行登记备案制度。

境内机构可以使用自有外汇资金、符合规定的国内外汇贷款、人民币购汇或实物、无形资产及经外汇局核准的其他外汇资产来源等进行境外直接投资。境内机构境外直接投资所得利润也可留存境外用于其境外直接投资。其中，自有外汇资金包括经常项目外汇账户、外商投资企业资本金账户等账户内的外汇资金。

外汇局对境内机构境外直接投资及其形成的资产和相关权益实行外汇登记备案制度。

境内机构将其所得的境外直接投资利润汇回境内的，可以保存在其经常项目外汇账户或办理结汇。

（三）间接投资项下的外汇管理

《外汇管理条例》规定，境外机构、境外个人在境内从事有价证券或者衍生产品发行、交易（即间接投资，相对于外商直接投资而言），应当遵守国家关于市场准入的规定，并按照国务院外汇管理部门的规定办理登记。境内机构、境内个人从事境外有价证券、衍生产品发行、交易，应当按照国务院外汇管理部门的规定办理登记。国家规定需要事先经有关主管部门批准或者备案的，应当在外汇登记前办理批准或者备案手续。目前，我国关于有价证券及衍生产品发行、交易项下的外汇管理主要涉及合格境外机构投资者和合格境内机构投资者制度。

1. 合格境外机构投资者制度

合格境外机构投资者（QFII）制度是指允许符合条件的境外机构投资者经批准汇入一定额度的外汇资金，并转换为当地货币，投资当地证券市场，其本金、资本利得、股息等经批准后可购汇汇出。QFII制度的管制性内容主要包括资格条件的限制、投资规模的限制、投资通道的控制（专用账户制度）和资金汇出入限制等。

2. 合格境内机构投资者制度

合格境内机构投资者（QDII）制度是QFII的反向制度，是指允许符合条件的境内机构经监管部门批准，在一定额度内，通过专用账户投资境外证券市场。QDII制度的管制性内容主要包括资格条件的限制、投资规模的限制和投资通道的控制等。